U0904505

CHINA COSCO SHIPPING CORPORATION LIMITED YEARBOOK

2023

中国远洋海运集团有限公司

年鉴

中国远洋海运集团有限公司/编

人民交通出版社

北京

内 容 提 要

本书是中国远洋海运集团有限公司组织编写的专业年鉴，全面、系统地记录了2022年中远海运集团在发展战略、改革创新、生产经营、企业管理、党的建设和企业文化等各方面的基本情况和重大事项。2022年，集团持续推进高质量发展，统筹做好疫情防控和生产经营，积极拓展新业务，圆满完成国企改革三年行动主体任务，资产总额历史性突破万亿，经济效益创历史新高，品牌影响力持续增强，为保障全球产业链供应链畅通、助力全球经济贸易繁荣发展贡献积极力量。

本书可供社会各界特别是企业界的读者阅读，尤其可作为航运界专家、学者、研究人员、工作人员的重要参考工具。

图书在版编目(CIP)数据

中国远洋海运集团有限公司年鉴. 2023 / 中国远洋海运集团有限公司编. — 北京 : 人民交通出版社股份有限公司, 2024. 9. — ISBN 978-7-114-19637-9

Ⅰ. F552.6-54

中国国家版本馆CIP数据核字第2024VF2235号

Zhongguo Yuanyang Haiyun Jituan Youxian Gongsi Nianjian 2023

书　　名：中国远洋海运集团有限公司年鉴2023
著 作 者：中国远洋海运集团有限公司
责任编辑：李　刚
责任校对：赵媛媛　龙　雪　卢　弦
责任印制：刘高彤
出版发行：人民交通出版社
地　　址：(100011)北京市朝阳区安定门外外馆斜街3号
网　　址：http://www.ccpcl.com.cn
销售电话：(010)85285945
总 销 售：人民交通出版社发行部
经　　销：各地新华书店
印　　刷：北京印匠彩色印刷有限公司
开　　本：889×1194　1/16
印　　张：53.5
字　　数：1438千
版　　次：2024年9月　第1版
印　　次：2024年9月　第1次印刷
书　　号：ISBN 978-7-114-19637-9
定　　价：380.00元
(有印刷、装订质量问题的图书，由本社负责调换)

当地时间 2022 年 3 月 5 日，时任秘鲁总统佩德罗·卡斯蒂略考察中远海运港口钱凯码头项目。

2022 年 12 月 26 日，随着“中远海运行星”轮靠港装卸完成，中远海运港口阿布扎比码头吞吐量首次突破 100 万 TEU。

2022 年 1 月 13 日，海洋联盟 DAY6 签约。

2022 年 6 月 1 日，中远海运特运加盟 GSBN，共建航运物流区块链新生态。

2022 年 1 月 26 日，中远海运港口与泽布吕赫港务局签署特许经营权延长协议。

2022 年 11 月 25 日，“中远海运和谐”轮靠泊中远海运港口旗下意大利瓦多码头，圆满完成中远海运特运开通的地中海商品车出口专线班轮首航任务。

2022 年 1 月 17 日，天津中远海运参加全球首个零碳码头《碳中和证书》颁发仪式，并联合发布《港口碳中和实践白皮书》。

2022 年 1 月，天津集装箱码头全力保障北京冬奥会物资接卸高效顺畅。

2022年2月25日，中远海运特运与上港集团所属上港物流合资的上海远至信供应链管理有限公司在上海成立。

2022年1月11日，大连中远海运化学品储运有限公司在大连长兴岛注册成立。

2022 年 4 月 26 日，琼州海峡（广东）轮渡运输有限公司揭牌。

2022 年 12 月 30 日，中远海运港口收购厦门海沧保税港区投资建设管理有限公司 56% 股权，并更名为中远海投供应链公司。

2022 年 11 月 7 日，中远海运能源与中国海油气电集团、中国海油能源发展合作签约。

2022 年 11 月 14 日，中远海运大连投资联合多家单位在上海举办首届（2022）中国 LPG 产业峰会。

2022 年 6 月 7 日，中远海运散运与国家电投铝电公司在银川签署几内亚项目增量运输合同。

2022 年 6 月 15 日，武汉中远海运港口与武汉港务集团签订阳逻国际港运营合作框架协议。

2022 年 7 月 1 日，天津集装箱码头全球首创传统集装箱码头全流程自动化升级改造项目竣工。

2022 年 8 月 24 日，巴拿马大陆桥物流公司助力海信海外仓项目落地。

2022 年 4 月 25 日，由中远海运提供全程物流运输服务的空客亚洲总装线项目第 600 架次 A320 飞机大部件，历经欧洲段驳运、海运、天津段全封闭陆路运输，顺利运抵交付。该项目是中欧合作的典范项目，中远海运集团至今已连续服务该项目 14 年。

激荡起民族复兴的澎湃春潮

实现科技与人权的良性互动

打造更具韧性的东盟—中国经济伙伴关系

2022 年 5 月 8 日，中波公司“皮莱茨基”轮承运中国出口非洲最大疫苗厂整套设备从上海首航。《人民日报》5 月 13 日要闻版刊发报道。

2022 年 1 月 25 日，中远海运物流供应链助力中欧班列“泸州号”首发。

2022 年 3 月，中远海运港口连云港新东方国际货柜码头开通“新乡—连云港—佳木斯”海铁联运货物专列。

2022 年 5 月 23 日，中远海运物流供应链助力中缅新通道（重庆—临沧—缅甸）国际铁路班列成功运行。

2022 年 2 月 19 日，"盐田—香港"中远海运天天班供港物资海上快线首航。

2022 年 9 月 23 日，"海南自贸港—西非"洲际远洋干线开通。

2022 年 8 月，中欧陆海快线“瓦伦西亚—里斯本 / 雷克索斯”铁路专列在中远海运港口西班牙码头首发。

2022 年 9 月 26 日，中远海运港口武汉码头“武汉—成都”水铁联运班列首发。

2022 年 5 月 14 日，中远海运散运西非项目过驳量超 2 000 万吨。

2022 年 6 月 8 日，中远海运散运“新发海”轮单船运输 16.5 万吨工业盐，刷新中国、墨西哥两港单船工业盐装卸量纪录。

2022 年 11 月 18 日，中远海运控股供应链物流拖车平台正式启动。

2022 年 9 月 26 日，中远海运携手菜鸟试水全链路合作，首柜运抵比利时泽布吕赫码头“海外仓”。

2022 年 10 月 12 日，中远海运重工“氨动力双燃料发动机及供应系统研发和示范应用专项”科研项目取得重大进展，项目首型氨柴双燃料性能试验机在上海交通大学动力装置及自动化实验室成功点火，并举办氨动力船舶和供氨系统设计 AIP 发布仪式。

2022 年 4 月，中远海运港口武汉码头引入“光伏发电”。

2022 年 9 月 22 日，中远海运散运“远津海”轮通过渤海中部新航线，安全靠泊河北唐山港曹妃甸港区 5 号矿石码头，标志着 40 万吨级巨轮进出渤海深水航路“新通道”成功。

2022 年 6 月，中波公司“赫贝特”轮装载 174 件风电设备驶入瑞典乌德瓦拉港，助力当地能源转型和清洁能源事业发展。

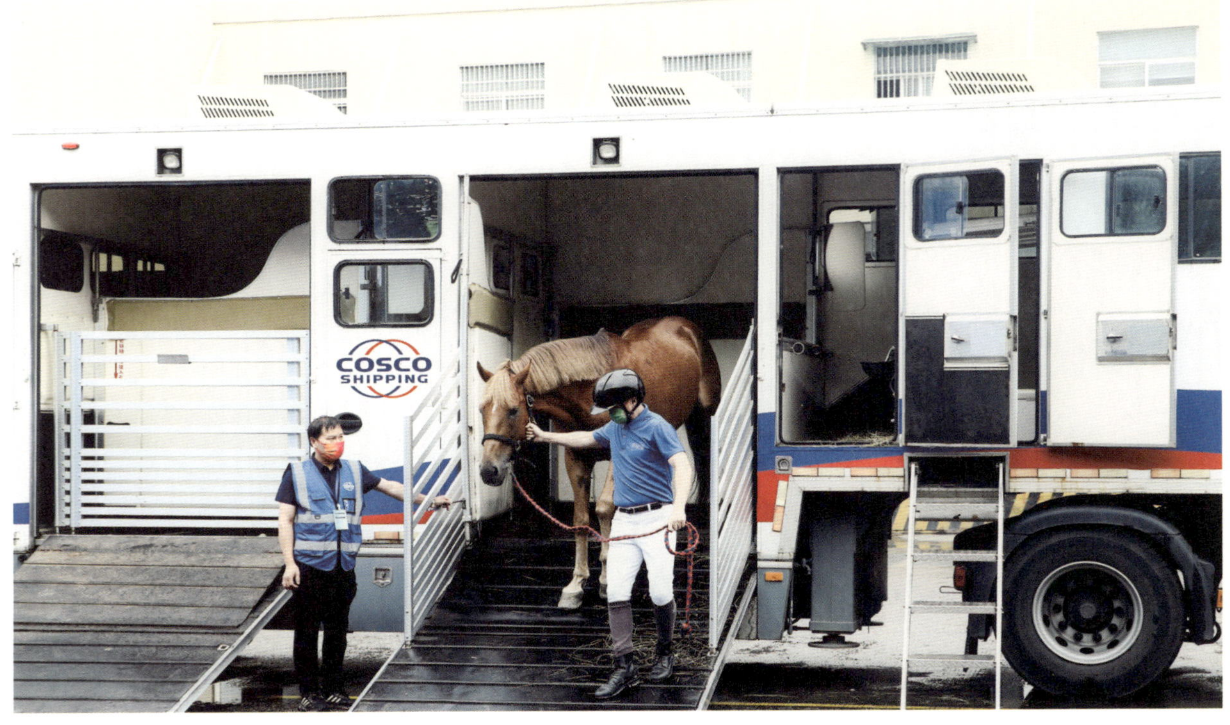

2022 年 6 月 10 日，中远海运空运圆满完成首届中国杭州（桐庐）国际马术公开赛测试演练服务。

2022 年 8 月 18 日，“中远海运·太仓港商品车出口专线班轮首发仪式”在太仓港举行。中远海运特运 62 000 吨多用途纸浆船“中远海运智慧”轮，使用公司自主创新研发的“可折叠商品车专用框架”，顺利装载 1 100 多台商品车，开启南美首航之旅。

2022 年 8 月 21 日，中远海运特运“大华”轮在青岛港装载我国出口印度尼西亚用于雅万高铁的 1 组高速动车组和 1 组综合检测列车发往印尼，标志着我国首次出口国外的高铁列车正式启运。

2022 年 4 月 23 日，中远海运物流供应链助力上海花木街道保供物资运输。

2022 年，中远海运中石油国事 LNG 项目“少林”轮、“武当”轮相继命名交船。

2022 年 2 月 28 日，中远海运能源全球首艘 LNG 双燃料动力超大型原油船“远瑞洋”轮交船。

2022 年 3 月 4 日，中远海运能源 4.99 万吨油轮“远玉河”轮交船。

2022 年 2 月 17 日，中远海运能源国内首艘甲醇双燃料 VLCC 船型设计获两个船级社 AIP 认可证书。

2022 年 1 月 19 日，中远海运特运 8 万吨半潜船“新耀华”轮入列。

2022 年 6 月 15 日，中波公司 62 000 载重吨多用途重吊船“永興”轮入列。

2022 年 1 月 18 日，大连中远海运客运“祥龙岛”轮命名交付。

2022 年 7 月 21 日，大连中远海运客运“顺龙海”轮命名交付。

2022 年 11 月 3 日，大连中远海运客运“畅龙海”命名交付。

2022年6月30日，上海中远海运13 800吨不锈钢化学品船首制船“金海瀛”轮命名交付。

2022年9月23日，上海中远海运首艘8 000吨不锈钢化学品船“金海瀚”轮命名交付。

2022年10月20日，上海中远海运第二艘13 800吨不锈钢化学品船“金海洲”轮命名交付。

2022 年 8 月 26 日，新鉴真中日轮渡新造船项目签约仪式在中国上海和日本大阪同步举行。

2022 年 11 月 11 日，中远海运大连投资“长兴源”轮举行换旗仪式，成为世界上首艘悬挂五星红旗的 VLGC。

2022年6月18日，大连中远海运重工为日本三井海洋开发公司改装的第11艘海上浮式生产储油卸油船（FPSO）完工交付。

2022年9月9日，由启东中远海运海工设计建造的世界最大天然气处理浮式储卸油平台 N999 Tortue FPSO竣工。

2022年7月6日，青岛中远海运全球首台套“智能船用装卸臂”圆满完成首船接卸。

2022年5月26日，中远海运韩国公司出席中韩企业家合作交流会。

2022年11月8日，广州海宁海务技术咨询有限公司在第五届进博会上举行“创新蝶变、数智领航”产品发布会，首次推出Haining Chart、Haining PAYS、航行安全信息服务平台、北极航道安全保障服务、软件和数据服务等多款产品。

2022年5月7日，中国船燃青岛公司全力保供“中远海运茉莉”轮，彰显疫情期间供油服务保障能力。

2022年7月13日，中国船燃在南通完成国内首次通过一般贸易出口方式供应保税润滑油。

2022年8月17日，中石化中海燃供广东分部惠州产业园燃油加注中心正式启用。

2022 年 6 月 17 日，中远海运博鳌零碳项目部授牌。

2022 年 10 月，中远海运博鳌东屿岛旅游度假区游客中心竣工。

2022 年 3 月 3 日，在阿布扎比港务集团 MAFNOOD 颁奖典礼上，中远海运港口阿布扎比码头荣获客户满意度，数字化服务和流程自动化，人工智能和大数据三项大奖。

2022 年 8 月，天津港集装箱码头 5G 智慧港口项目在世界 5G 大会中入选“世界 5G 大会十大应用案例”。

2022 年，中远海运能源荣获“金蜜蜂企业社会责任·中国榜——ESG 竞争力·双碳先锋”、国际绿色零碳节“绿色可持续发展贡献奖”、上海市企业社会责任报告“优秀典型企业”等多项荣誉。

国际绿色零碳节“2022 绿色可持续发展贡献奖”。

上海市企业社会责任报告“优秀典型企业”。

Awards Certificate of BRICS Solutions for Sustainable Development Goals Awards 2022

WINNER

This Certificate is presented for the stellar work under project

Xiamen Ocean Gate Terminal 5G Smart Port Intelligent Cargo Loading and Unloading Demonstration Area Project

to the Unit/Institution COSCO SHIPPING Ports Limited

under the Category of Technological innovation and application

from the Working Group Infrastructure

The Chinese Chapter of BRICS Business Council

2022 年，“厦门远海码头 5G 智慧港口智能装卸示范项目”荣获金砖国家可持续发展大赛技术创新和应用组优胜奖。

Awards Certificate of BRICS Solutions for Sustainable Development Goals Awards 2022

MASTERPIECE AWARD

This Certificate is presented for the stellar work under project

The first public sanitation pilot project of the UN Global Compact Belt and Road Initiative Action Platform—Containerized Integrated Ecological Toilets to Improve People's Livelihood

to the Unit/Institution COSCO SHIPPING Development Co., Ltd.

under the Category of Livelihood Improvement

from the Working Group Infrastructure

The Chinese Chapter of BRICS Business Council

2022 年，中远海运发展荣获金砖国家可持续发展目标解决方案大赛佳作奖。

2022 年，中远关西涂料化工（天津）有限公司被认定为国家级专精特新“小巨人”企业。

2022 年，中远海运发展所属启东箱厂获评推动中小城市高质量发展特别贡献企业。

2022 年 10 月 16 日，中远海运集团党员干部职工收听收看党的二十大开幕盛况。

热烈庆祝中国共产党
第二十次全国代表大会
胜利召开
中国共产党第二十次全国代表大会开幕会
东方国际

中国共产党第二十次全国代表大会

2022 年 1 月 15 日，中央党史学习教育指导组到中远海运集团现场指导。

2022 年 10 月 26 日，中远海运集团召开传达学习贯彻党的二十大精神会议。

2022 年 1 月 18 日，中远海运集团以视频会议形式召开党组理论学习中心组（扩大）集体学习会，专题学习区块链技术和应用。

2022 年 2 月，中远海运船员隆重表彰首届“海上十杰”六大系列先进典型。

2022 年 7 月 8 日，中远海运散运“幸福船员小屋”在广州揭牌启用。

2022 年 5 月 20 日，大连中远海运客运开展“小海星”服务品牌建设活动。

2022 年 4 月 8 日，中远海运特运"三个一"党建领航工程启动。

2022 年 7 月 1 日，中远海运集运开展"以音乐感悟党史，用歌声坚定信仰"主题党日活动。

2022 年 9 月，中远海运船员在山东潍坊地区开展"红蓝共建"活动，打造"线上线下互动、船舶岸基互通、船员海嫂互助"党建特色品牌。

2022 年 10 月 12 日，中远海运集团党外人士建言献策中远海运资产工作室揭牌。

2022 年 9 月 10 日，中远海运船员第十三期船舶政委轮训班组织开展党建知识竞赛活动，喜迎党的二十大胜利召开。

2022 年 8 月 16 日，天津中远海运举办首个绿色数智港航启航班。

2022 年 1 月 6 日，海南港航团委举办“高管面对面，共话新征程”座谈会。

2022 年 5 月 7 日，广州中远海运召开青年工作会议。

2022年8月17日，海南港航举行支援三亚抗击新冠疫情志愿服务队出征仪式。

2022年11月1日，广州新海医院派出医务人员参与社区防疫志愿服务工作。

2022年3月，上海新冠疫情暴发后，中海电信组织11名工程师进驻舟山地区船厂，全力保障船舶通导安全适航。

当地时间 2022 年 1 月 29 日，中远海运（比雷埃夫斯）港口有限公司举办赞助“冬奥会希腊代表团参加北京冬奥会”协议文本交接仪式。

当地时间 2022 年 5 月 17 日，中远海运（比雷埃夫斯）港口有限公司与希腊文化和体育部举行支持希腊政府水下考古博物馆建设计划有关签约仪式。

2022年，香港中远海运义工队参加香港特区政府多项志愿活动。

香港中远海运义工队获评香港中企协2022年“优秀义工队”。

中華人民共和國
香港特別行政區政府
民政事務局
The People's Republic of China
Hong Kong Special Administrative Region Government
Home Affairs Bureau

感謝狀
Certificate of Appreciation
Presented to

香港中遠海運義工隊

發揮眾志成城　團結抗疫力量
參與二零二二年全港「防疫服務包」包裝及派發大行動
特頒此狀　以表謝忱

In recognition of the valuable contribution to the territory-wide operation on packaging and distribution of anti-epidemic service bags in 2022

署理民政事務局局長
Acting Secretary for Home Affairs
二零二二年六月二日
2 June 2022

香港中远海运义工队荣获香港民政事务局颁发的“感谢状”。

2022 年 12 月 17 日，中远海运港口比雷埃夫斯集装箱码头组织员工和家属开展植树行动。

2022 年 8 月 18 日，中远海运散运“海珠荣旺”轮在印度洋海域成功救起 1 名遇险人员。

2022 年 10 月 18 日，中远海运特运“情暖通许 心系希望”校服捐赠仪式在广东英德市水边镇热水小学举行。孩子们开心地穿上了“COSCO SHIPPING”新校服。

2022 年 11 月，中远海运船员志愿者全程参加第五届进博会，展现中远海运船员的良好形象。

《中国远洋海运集团有限公司年鉴 2023》编纂机构

《中国远洋海运集团有限公司年鉴 2023》编审委员会

主　任：万　敏

委　员：朱碧新　靳宏荣　孙云飞　刘鸿炜　冯　波　陈扬帆　林　戟
张　勇　叶红军　张善民　翁　羿　韩　骏

《中国远洋海运集团有限公司年鉴 2023》编纂工作委员会

主　任：刘海涛

副主任：徐永上　朱雪峰

委　员：郭庆东　吴彦红

总部机关和直属单位（按姓氏笔画排序）

王玉洲　王庆标　王金山　王　雷　王　蕾　付晓力　白培军
冯　凭　朱春辉　刘孔明　刘　剑　刘清卿　关育德　许　超
孙　轶　纪海东　李怀东　李晓春　李倬琼　李　辉　李景石
杨宏文　杨宗辉　杨　健　吴迪换　吴春增　沈　熙　张志明
张　鹏　陈　冬　欧阳木林　金　洋　周崇沂　周媛媛　柯成钢
姜少虎　祝孝福　姚兆羽　姚　炯　顾菊根　顾霞琴　钱　萍
徐国栋　高宝明　高　原　陶卫东　黄　坚　黄　莉　黄爱新
龚韶明　崔晓楠　章晓彤　随礼贺　董宇航　董　雷　蒋玉生
蒋时飞　辜忠东　曾向峰　潘　奕

《中国远洋海运集团有限公司年鉴 2023》编辑部

组　长：佟成权

成　员：柳邦声　相熔钢

《中国远洋海运集团有限公司年鉴 2023》主要特约撰稿人

（按姓氏笔画排序）

丁　羿　于　炯　马洪进　马　嵘　王金山　王鹏飞　卢向峰
卢向峰　卢婧瑶　叶　琦　史明彪　白昌中　朱月芳　朱春辉
朱雪峰　任梦婕　刘心蕊　刘旭阳　刘　剑　刘清卿　刘福阁
孙　轶　孙洋洋　孙津生　孙臻稷　李染晨　李晓燕　李　琳
李　辉　李景石　杨　煜　吴彦红　吴勤范　张　进　张志明
张　洁　陈史奇　陈晓波　陈晓艳　范路遥　周　明　周家恺
周敏励　周涵聪　郑　斌　赵中博　赵　科　赵燕青　胡如月
胡柏青　胡　奕　胡　彧　柳　芳　姜丽莉　祝孝福　姚兆羽
顾菊根　徐国栋　徐帮林　翁　羽　高伟燔　高　原　郭　伟
郭庆东　郭　静　唐继云　黄奇萃　龚韶明　傅　奇　傅源源
詹黎明　窦文金　蔡　萍　裴　凯　薛　堃

编辑说明

一、《中国远洋海运集团有限公司年鉴2023》（以下简称《年鉴》）是中国远洋海运集团有限公司组织编纂的专业年鉴，是全面、系统、准确记录中远海运集团主要发展情况的权威性大型资料性工具书。本卷全面、系统记录了2022年中远海运集团在改革创新、生产经营、企业管理、科技研究、党的建设、企业文化和履行企业社会责任等诸多方面的总体情况和重大事项。

二、编撰《年鉴》的指导思想：坚持以习近平新时代中国特色社会主义思想为指导，全面贯彻党的十九大和二十大会议精神，紧紧围绕企业发展主线，坚持辩证唯物主义和历史唯物主义的观点和态度，尊重历史、实事求是，全面、真实、客观地记述年度重大历史事件、重大工作成就和重要历史荣誉，达到存史、资政、育人的目的。

三、《年鉴》资料记述时限为2022年1月1日至2022年12月31日，《年鉴》中引用的数据、资料等均为中远海运机关各部门、各直属单位提供，各单位主管领导对文稿进行了审阅。

四、《年鉴》框架结构由篇目、栏目、条目三个层次组成。本卷设17个篇目，即专文、概况、产业集群、船队建设、国际化经营、安全生产、企业管理、投资者关系、科技创新与数智化、企业党建、群团工作、企业文化、企业社会责任、直属单位概览、大事记、光荣册、统计资料。遵照年鉴编撰的规范要求，编辑部对撰稿人提供的稿件依据编写大纲与撰稿要求，统一全书体例，规范专业名词术语，补充部分资料，理顺语言文字，力求做到资料详实、叙述简洁、数据准确。为了便于读者查阅和检索，文前附英文目录，文后附索引。

五、卷中货币单位除另有说明外，均为人民币。

六、在本卷编辑、出版过程中，得到中远海运机关、各直属单位领导、专家及撰稿人的大力支持与帮助，在此谨向提供各种帮助的人士，致以诚挚的谢意。

由于编辑出版时限性强，疏漏和欠缺之处在所难免，恳请读者批评指正。

《中国远洋海运集团有限公司年鉴2023》编撰组

2024年2月

目　录

第一篇　专文/001

第二篇　概况／075

第三篇　产业集群／095

第四篇　船队建设 / 135

第五篇　国际化经营 / 161

第六篇　安全生产 / 177

第七篇　企业管理 / 191

第十篇 企业党建 / 249

第十二篇　企业文化 / 287

第十三篇　企业社会责任 / 311

第十四篇　直属单位概览 / 327

第十七篇　统计资料 / 685

索引 / 761

Contents

Part 1 Feature Articles / 001

Part 3 Industrial Clusters / 095

Part 10 Party Building / 249

Part 12 Corporate Culture / 287

Part 13 Corporate Social Responsibility / 311

Part 15 Chronicle of Events / 647

Part 16 Awards and Honors / 657

Part 17 Statistics / 685

Index / 761

CHINA COSCO SHIPPING
CORPORATION LIMITED
YEARBOOK

中国远洋海运集团有限公司

年鉴

第一篇

专文

工作报告

稳字当头　稳中求进
聚焦四个领航持续推动高质量发展

——在集团党史学习教育总结会议暨 2022 年工作会、党建工作会、二届一次职代会上的讲话（摘要）

董事长、党组书记　万　敏

2022 年 1 月 12 日

一、正确认识和把握当前形势和任务

党的十九届六中全会、中央经济工作会议对形势进行了深刻分析和判断，为我们指明了发展方向。我们要切实把思想和行动统一到党中央对当前形势的判断和决策部署上来，清醒认识优势和不足，准确把握发展方位，努力推动集团持续高质量发展。

2021 年以来，集团各项事业取得长足进步，高质量发展迈上新台阶，表现出五大特征。一是方向明。集团贯彻落实习近平总书记重要指示批示和党中央决策部署，坚持战略引领，按照“效益为先、全球运营、规模领先、稳健抗压”四个维度，实现了从“6+1”到“3+4”的战略跃迁，“打造全球综合物流供应链服务生态”的发展愿景更坚定了集团发展方向，提振了士气信心，形成了“上下同欲者胜”的发展态势。二是实力强。通过改革重组，集团实现了凤凰涅槃、脱胎换骨的重大转变，一跃成为全球最大航运企业，营业收入在全球航运业排名第一。航运物流全产业链体系健全，全球化发展程度高，资产、收入、利润 50% 以上来自境外，非周期资产占比 50% 以上，用 1/18 运力承运了全球 1/10 货运量，盈利能力大幅提升，净利润跨入千亿大关；利润的绝对值和相对回报率都在行业处于领先。三是地位高。随着我国经济的快速发展，航运业在国家外贸进出口和国民经济发展中的稳定器压舱石作用更加突出；集团作为全球最大航运企业集团，在党和国家战略布局中重要性日益凸显，地位作用不断提高。四是底子厚。集团重组六年，实现净利润累计近 2 000 亿元；集团资产负债率大幅降低，现金流较为充裕，船队结构明显改善，竞争能力显著提高。五是声誉好。集团坚持航运回归服务本质，整合产业链，与上下游战略合作伙伴实现共赢发展；牵头组建全球最大海洋联盟，在国际航运界影响力、带动力显著提升，社会关注度和品牌影响力明显增强。以上这五大优势是未来集团应对航运市场激烈竞争和重大风险挑战的坚实基础，也是我们实现高质量发展再上新台阶的底气所在、信心所在。

中央经济工作会议指出，我国经济发展面临多年未见的需求收缩、供给冲击、预期转弱三重压力。从需求收缩看，消费和投资增长势头减弱，外需变化存在较大不确定性。具体到航运市场，今年海运贸易量同比增长 3.5%，低于 2021 年 3.7% 的增速。克拉克森研究公司（Clarkson Research Services Limited）预计，2022 年跨太平洋线东行集装箱运量将仅增长 1%，大幅低于 2021 年的 15.4%；亚欧线西行运量增速也将从 2021 年的 6.1% 回落至 2.5%。从供给冲击看，缺柜、缺煤、缺电等仍是制约因素。产业链供应链循环不畅仍是影响当前航运业的重要因素，码头拥堵距离根本解决还需时日。由于全球供应链延滞，约有 10% 以上的运力被消耗，其中，太平洋航线约有 20% 的运力损耗。这种效率不足的刚性，一定程度上改变了航运市场的节奏和预期，市场高位期延长。与此同时，全球新船建造创了新高，价格也创了新高，大规模运力建造将直接影响航运下一个周期。我们需要从短期的不确定中寻找长期的确定性。从预期转弱看，由于疫情造成供应链不畅、消费疲弱等，导致经济发展的整体预期转弱。预计，今年全球经济增速为4.9%，低于去年的5.9%。2021年11月份，美国消费者信心指数为66.8，为10年来最低值。美联储缩表加息，有可能导致需求转弱。我们要未雨绸缪，密切跟踪市场变化和供应链动态，抓好跨周期管理，努力平抑市场风险。

虽然面临多重压力，但我国经济韧性强、长期向好的基本面不会改变，以制造业为基础的我国经济保持了良好发展态势，加之我国率先控制疫情的红利释放，对全球经济持续恢复发挥了重要支撑作用。我们既要正确看待经济的多重压力，也要看到集团自身的发展优势，更要看到中国经济发展的韧性，既要坚定发展信心，也要看到我们的短板。全系统上下必须保持清醒的头脑、谨慎的态度、谦虚的作风，确保集团持续健康发展。我们要在全系统倡导三种作风：

发展越好，越要清醒。去年，集团各项事业取得长足进步，“十四五”实现强势开局，站在了新的历史发展方位中。作为周期性行业，我们必须始终保持危机感，要看清行业发展趋势，发现存在的问题和不足，及时调整方针策略，妥善应对周期性波动，提升竞争力，保持持续健康发展的良好势头。

效益越好，越要谨慎。去年集团经营效益创造了历史，跃上了千亿台阶，我们要始终坚持稳中求进的工作总基调，坚持战略方向不动摇，抓住行业发展的窗口期，千方百计增收节支，并积极寻求符合集团实际和未来发展方向的投资机会，坚决避免盲目投资和低效投资，坚决守住不发生重大风险的底线。

肯定越多，越要谦虚。一年来，集团得到了党中央、国务院以及国务院属下的国资委等有关部委的多次肯定，得到了客户的认可和青睐。我们必须始终保持戒骄戒躁的作风，把上级对我们的肯定转化为下一步工作要求，把客户对我们的青睐转化为下一步工作动力，全力做好各项工作。要秉持谦虚作风，强化主动服务意识。要主动服务实体经济和制造业，主动服务中小微客户。集团总部要主动服务下属单位，各级公司要主动服务一线员工。

在当前形势下，要承担责任和使命，真正实现高质量发展，亟须破解五个重大课题。

一是实现全球发展的重大课题。全球化是国际航运业的发展方向，是中央赋予我们建设海洋强国、航运强国的使命，也是集团矢志不移的战略目标。在世纪疫情叠加下，百年变局加速演进，外部环境更趋复杂严峻，集团全球发展面临的不确定性大大增加。我们要进一步增强全球视野、战略思维，善于分析、准确研判内外部形势，善于危中寻机、主动化危为机，及时调整发展战略、经营策略、业务布局，抢占发展先机，赢得竞争主动。

二是平抑周期波动的重大课题。航运业是强周期行业，疫情拉长了航运高位运行周期，但我们仍面临市场周期波动和不确定性并存的重大挑战。我们要认真总结航运业发展规律，特别是集团应对航运市场周期性变化的经验教训，深刻认识后疫情时代航运市场演变的新特点，即当前行业发展相对可控，但外部环境不确定性增加；运力供给相对可控，但需求变化不确定性增加；中国产业链供应链相对可控，但海外产业链供应链不确定性增加；要综合运用深化联盟合作、客户深度绑定、产业链延伸抗压、非周期资产布局、深化产融结合等手段，提高驾驭市场、平抑周期的能力，建立可持续发展经营模式，实现稳健经营稳定增长。

三是顺应行业变革的重大课题。航运业服务国际贸易，连接各行各业。面对方兴未艾的新一轮科技革命和产业变革，航运业同样面临深刻的行业变革。习近平总书记指出，要“顺应绿色、低碳、智能航运业发展新趋势”①。我们要根据

① 《习近平向2021北外滩国际航运论坛致贺信》，《人民日报》2021年11月05日01版。

客户需求制定供应链全程解决方案；要全方位多领域参与全球海运治理，充分发挥全球最大航运企业和在海洋联盟中的作用，积极推动全球供应链畅通和行业健康发展，增强软实力，引领行业规则；要高度关注跨界竞争的新动态，进一步做强集团航运主业，进一步锻长板补短板固底板，有效增强产业链供应链核心竞争力。

四是激发内生动力的重大课题。中远海运因改革而生，因改革而兴，正是由于坚定不移深化改革重组，才能不断激发发展活力，才能取得今天的骄人业绩。内生动力是集团基业长青、生生不息的关键因素。当前集团各项事业发展势头很好，但也面临内生动力未充分激发、未有效释放的问题。具体体现在，党建与生产经营深度融合的动力不足，企业文化有效凝聚的合力不足，深化改革激发的活力不足等三个方面。我们要始终坚持党建领航不偏离，文化凝聚不放松，深化改革不停步，向党建要动力，向文化要合力，向改革要活力。要推动党建与生产经营全方位结合，建立“三做”“三舱”理念落地的工作体系，实现党建与生产经营同频共振。要推动思想政治工作与企业文化建设有机结合，深化“四个一”理念，在重大改革、重点项目、重要工作中，做好政策解读、形势教育、矛盾化解和思想稳定工作，凝聚团结奋进、干事创业强大合力。要深入落实国企改革三年行动，持续深化“三项制度”改革，不断激活企业内生动力。

五是应对风险挑战的重大课题。风险挑战是航海最突出的职业特征，斗争精神是航海文化最鲜明的精神底色。中远海运历史上经历过多次围堵封锁、战斗洗礼、制裁风险及突发事件，在斗争考验中成长壮大。当前，国际格局正发生深刻调整，全球治理体系发生深刻变革，企业面临“灰犀牛”“黑天鹅”等突发事件的种种考验。我们要统筹好发展和安全，始终保持战风斗浪的勇气，高度重视国际政治经济环境的不确定性和深远影响，坚持问题导向、底线思维，做应对挑战的充分准备。要以慎终如始的韧劲抓好疫情防控，以如履薄冰的心态抓好安全生产，以未雨绸缪的理念完善合规管理，保障企业持续健康发展。

综合上述分析，2022 年，集团工作总体要求是：以习近平新时代中国特色社会主义思想为指导，深入学习贯彻党的十九大、十九届历次全会和中央经济工作会议精神，落实央企负责人会议工作部署，坚持稳中求进工作总基调，完整、准确、全面贯彻新发展理念，积极构建新发展格局，践行大国船队使命，聚力党建领航、价值领航、科技领航、全球领航，确保经营效益稳定增长、稳中提质，弘扬伟大建党精神，以优异成绩迎接党的二十大胜利召开。

2022 年主要目标：实现“两增一控三提高”，即：完成净利润 800 亿元，力争奋斗 1 200 亿元，高于国民经济增速；资产负债率 57%，保持平稳；营业收入利润率、全员劳动生产率、研发经费投入进一步提高。

2022 年主要任务：推动落实习近平总书记重要指示批示和党中央决策部署取得进一步突破；积极落实“六稳”“六保”，在服务中国经济双循环中作出更大贡献；全面深化改革，推动科技创新，在激发活力上取得新的成效；加强党的领导，坚持“两个一以贯之”，在融合发展和成果运用上取得更大进展。

完成上述任务和目标，存在压力和挑战，但我们有信心、有决心，全力完成全年任务目标，保持健康发展的良好态势。

二、稳中求进，以四个领航持续推动高质量发展

今年是集团“十四五”全面推进之年，站在新高点上，我们要坚持四个领航，凝心聚力抓好以下五方面工作：

（一）坚持稳中求进，切实完成全年任务目标

一是稳增长。作为大国船队，我们必须始终牢记“国之大者”，主动担当、积极作为，实现经营效益的稳定增长。各单位要聚焦效益专精，紧盯任务目标，重点抓好三方面：

第一方面，要稳住基本盘。从收支两条线入手，质和量并重。在增收上，要提升运营效率，

抓好增收关键。当前，影响供应链畅通的重要因素是效率，增加收益的关键也是效率，在竞争中跑赢同行的关键还是效率。在船队效率上，双品牌要在做好自身航线布局和船舶运行的基础上，协同海外区域部，协调海洋联盟成员共同在船队效率提升上发力，比如：航线布局、舱位共享、港口协同、船期等方面，为客户提供更可靠、更有保障的服务。航运公司要根据货源流向、港口拥堵情况做好运力布排，提升自身船队效率，提高船舶营运率、装载效率、靠泊效率和作业效率。要发挥集团防疫专班机制作用，提前做好协调，做好船员换班，避免船舶超时等泊。要发挥电商平台优势，拓宽增收渠道。集运外贸电商平台、泛亚电商平台、散运船货易平台、物流远海通关务平台要强化平台线上引流的作用，全面打通线上线下服务场景联动，打造开放式公共平台，增强平台客户黏性，丰富在线产品储备，大幅提高线上收入。要强化延伸服务、端到端服务，拓展增收覆盖面。各航运公司要在全面提升航线经营效益的基础上，不断提升延伸增值服务的能力。集运要从战略出发，有计划增加全程端到端服务舱位比例，从而实现服务的提升和收入的有效增长。同时，要挖掘营销潜能，提升自身服务中小微客户增收创效能力。散运要不断提升中铝几内亚等项目运营能力和规模，增加全供应链收入。特运要依托纸浆产业链发展，不断提升产业链延伸服务能力。港口要发挥资源优势，搭建码头供应链延伸平台，大力开发码头延伸业务，加快推进海铁联运业务。物流要做强做优集装箱、散货、件杂货和仓储等综合物流业务，特别要做大集装箱、空运等基础货运业务，全力提升供应链服务能力。

在节支上，要进一步强化点滴节支的意识，不能因为效益不错，在成本管控上就有所懈怠，甚至“大手大脚”。成本管控是一种长期工作，不论市场好坏，都要持之以恒、一抓到底。2021年，集团营业成本同比增长46%，虽然低于收入增幅，但对比货量，部分项目成本增幅过大。我们要进一步强化精益管理，抓好重点成本项的管控，实现成本稳中有降。要进一步压缩管理成本，坚决杜绝因效益好而大幅增加管理成本。我们要坚持过紧日子，厉行节约，反对铺张浪费，形成全系统勤俭办企业的良好作风。

第二方面，要稳住主阵地。航运、港口、物流三大核心主业是我们稳增长的主阵地。2021年，三大主业创效1 048亿元。今年，要把握市场契机，争取更好效益。双品牌要在提升直客比例上实现更大突破，把握好长期协议的运价、货量、时间三者之间的关系，打牢创效基础。要重点关注头部企业、先进制造企业，增强资源优化统筹能力，扩大东西干线领先优势，把稀缺的运力转换为增量效益。散运要坚持“以货源为中心”，挖掘稳健运营的项目货源、高价值的基础货源，打造稳健的盈利模式。能源要抓住天然气加速开发利用的机遇，大力发展液化天然气（LNG）业务。紧随全球能源转型的趋势，探索推进乙烷、甲醇、液氨、液氢等新能源运输业务。特运要发挥“特”字优势，加大重吊船、纸浆船、半潜船，以及新能源车出口的汽车船市场开发力度，不断提升船队经营水平。厦门中远海运要持续做强对台业务，提升在细分市场的竞争力。客运要适应人车分离政策，开发货滚全程供应链运输方式。港口要持续推进精益运营，实现控股码头单箱收入提升和单箱成本压降。要发挥标杆带动作用，提升控股码头投资回报。物流要以改革为契机，全力优化三平台运营，运营平台要担当创效主力，仓储平台要提升创效能力。

第三方面，要稳住好势头。2021年，四个赋能产业在赋能主业、转型发展上取得明显成效。下一步，要着力在强化协同发展上发力。海发2021年积极为航运公司提供船舶融资租赁，共计29艘；要进一步深化产融结合，配合各航运公司尽快处置老旧不良航运装备资产；利用“租造”协同的产业链优势，保障集团主业用箱需求，大力提升效益。重工重组后第一次实现扭亏为盈，殊为不易，付出了艰苦努力；接下来，要做精造船、做优修船、做稳海工、做专配套，不断增强市场竞争力，继续为集团新造船提供支持。各地区公司要加快转型发展，进一步增强自身创效能力，着力在增强赋能主业上发力，为集团稳增长作出更大贡献；上海中远海运要着力抓好化学品船业务；广州中远海运要积极开展航运环保和电子海图业务；天津中远海运要为港口、制造企业提供“零碳”解决方案。青岛中远海运启动了全球首条LNG罐箱智能生产线，要持续做好后面的工作；大连投资公司要积极开展液化石油气（LPG）内贸运输。要着力在亏损企业治理上发力，巩固亏损企业治理两年行动成果，加大亏损企业治理力度；尤其是对于新增亏损企业，要按照“一企一策”原则开展亏损治理工作，努力扭亏控亏，有效防止返亏复亏，力争亏损户数、亏损额持续下降。

其他公司和业务也要聚焦效益专精，加强客户营销，争取更好效益，努力实现质的稳步提升和量的持续增长。

二是稳供应链。要把维护国家产业链供应链稳定安全放在突出重要位置，保链稳链，增强供应链韧性。去年，双品牌通过采取减船加速、空箱回调、市场租船、开通专列等措施，积极保障供应链畅通。今年要精准契合客户需求，持续优化航线结构，合理加大运力投放、箱源供给力度，带头稳定运价。在国家重要物资保供方面，去年，散运沿海运输占中国沿海散货运量的13%，承运煤炭进口占比9.2%，铁矿石进口占比8.3%；能源沿海运输占中国沿海能源运量的56.8%，承运原油进口占比12.1%，LNG进口占比23.9%。要坚决守住国家物资运输的安全底线，确保粮食、能源、矿产资源等关系国民经济命脉的战略物资运输通道高效畅通。

三是稳外贸。我们必须发挥好稳外贸的主力军作用，切实肩负起服务实体经济、促进我国制造业出口的使命，尽全力保障我国外贸进出口稳定。去年，双品牌开通30班中小直客专班，承运中小客户箱量330万TEU。要继续做好中小微客户服务，切实为他们纾困解难。要与行业头部客户抱团出海，探索海外仓储、陆运等全程供应链渗透延伸，协助客户增强海运贸易掌控力。

四是稳市场。要推进全球承运向承运全球转变，深耕“四个市场”。一要巩固传统优势市场。抓住疫情下“全球买中国”的有利条件，加大以中国为基点的进出口市场开发；巩固欧美主干航线、油轮内贸市场、散货沿海市场等传统优势市场。二要拓展“一带一路”沿线市场。去年，集团在“一带一路”箱量达到1 351万TEU，其中比港箱量为531.2万TEU；集运要会同海洋联盟成员加大对比港的支持，保持比港地中海大港地位。三要抢占海外新兴市场。关注区域全面经济伙伴关系（RCEP）、东盟、美加墨等区域经济贸易体系的建立和发展，进一步挖掘东南亚、中东、加勒比、非洲、南美等新兴市场、区域市场潜力，加强支线网络建设；第三国市场比例要进一步提升。四要深挖经济腹地市场。要把握新发展格局机遇，积极融入区域发展战略；要深度参与海南自贸港建设；去年，海南港航已经完成琼州海峡航运资源一体化整合；下一步，要加快推动琼州海峡航运资源融合发展，积极推动港口资源整合，强化两岸港航协同；要深化长江经济带合作，尽快完成武汉阳逻铁水联运二期项目，积极推动武汉阳逻集装箱码头合资平台组建；要积极参与京津冀协同发展，全力落实天津港集装箱码头（TCT）的经营管理融合；要主动融入粤港澳大湾区建设，发挥香港国际航运中心作用。

五是稳基础。集团的经营特点是点多、线长、面广，其沟通协调、有效运转，都依赖基础管理工作。在当前效益好的时候，更要关注基础管理问题。要在全系统树立“抓基层、打基础”的导向，强化精益管理理念，善于发现基础管理中存在的不规范、不严谨、不细致问题。目前，集团对标世界一流管理提升行动的整体完成率为92.5%，实现了重要分子公司的全覆盖。要充分利用开展“对标世界一流管理提升行动”契机，利用数字化工具，进一步规范管理流程、强化执行力度，不断提升企业管理水平，以管理促发展，向管理要效益。

（二）坚持价值领航，全力构建综合物流服务生态

企业价值的实现，体现在战略引领、投资引导、运营为本、客户驱动、资本支撑、改革催化、风险防控上，环环相扣，构成航运业价值实现的闭环。

一是以战略为起点，明确价值方向。今年，是集团实施“十四五”规划的关键一年，在保持战略定力一张蓝图绘到底的同时，要更加重视对集团发展规划的执行和落地。要聚焦世界一流发展目标。突出价值引领，着力提升产业链经营、效益专精、数字驱动三大战略主题的价值创造能力。集团价值的实现要始终围绕战略主题，强化主责主业。要加大三大核心产业投入，巩固主业核心竞争优势。要在巩固传统优势市场、传统业务的同时，前瞻性布局新业务，突破业务逻辑与模式，引领行业的发展与创新。逐步开展集团碳达峰碳中和行动方案、全球物流基础设施布局规划、区域发展规划、海外发展规划等领域的专题性战略研究。要抓好战略重点项目。加快落地一批规划明确的重大投资项目，特别是建设国内外重要的枢纽节点。要构建战略管控闭环体系。在事前提升行业研究与战略规划能力，强化年度经营计划与战略目标衔接；在事中构建与战略发展高度结合、以结果为导向、具有高约束性的执行监督和业绩管理体系中；在事后建立年度战略执行情况评估机制。

二是以投资为基础，引导价值实现。2022年集团投资计划近2 000亿元，比2021年增长46%。其中，航运、港口、物流三大主业投资占总投资的67.2%。要实现规模增长。集团是全球最大的航运企业集团，要始终保持全球第一的运力规模，打造在经营能力、船舶结构、单位成本等方面具有核心竞争力的综合性船队。要持续加大集装箱船队投资，保持世界第一梯队。在长期合约支持下，有序推进干散货、油轮更新换代。强化LNG船舶投资，做大新能源、汽车、纸浆运输船队规模。要聚焦结构优化；集团当前处于很好的窗口期，要在保持集团核心船队正常运营发展的同时，加快船队结构调整。要基于平抑周期风险，研究船队资产经营，提出优化方案和路径；加速供应链一体化投资，研究港口、航运、物流投资比例；研究中国和海外投资比例。要符合发展趋势。投资要符合未来市场预期，符合行业政策、绿色低碳等要求。要研究新能源、新船型的研发、试点和应用，聚焦数字化、环保、新能源等符合国家产业政策方向、具有良好市场前景、与集团核心主业联系紧密的产业进行投资，推动集团绿色低碳转型，提高科技策源能力。

三是以运营为根本，强化价值创造。企业的战略愿景、价值提升和创造，本质上都需要通过运营落地实现。要完善运营机制。按照国有资本投资公司管理体制，继续推进管控上移，运营前移。要建立总部、各公司，海内和海外的柔性机制，协同全球合作伙伴，全力提升运营效率。运营部要加强对航运、港口、物流公司的指导和协调，在梳理内部流程的基础上，结合数字化转型，进行流程的优化和再造。要提升运营质量；首先要体现在贸易模式引导上，要利用当前市场契机，引导直接客户，掌握运输主导权。要体现在长协货源上，加大战略客户、直接客户签约力度。航运公司、物流要把握契机，将更多客户转化为直接客户。要提高基础货源比例，处理好即期货源和长约货源的关系；对于中小客户，特别是新能源、科创、新业态等有潜在发展能力的中小客户，也要加大合作力度。要体现在合同质量上，协议运价既要保证企业效益，也要保证客户在市场中有相对竞争优势，为今后的持续合作打下坚实基础。要体现在合同的有效执行上；采取有效措施，防止市场变化带来客户的履约风险。要强化运营协同，发挥集团产业链协同优势，提高跨事业群和区域部的整体运营效率；加强船公司与船公司的协同、件杂货的协同、港航协同等。当前美国、欧洲等地港口拥堵，集团参控股码头要优先保障内部船队的运行；海外公司要发挥区位优势，加强与当地港口的协同，这是今年工作的重中之重。争取在当前良好形势下，通过海内外协同、航运公司与区域公司协同，保障船队高效运营。

四是以客户为驱动，夯实价值根基。航运的本质是服务，强调以客户为中心。我们要洞悉客户战略，实现在战略上的深度融合。要紧随客户及其所在行业的战略的跃迁，主动对接客户战略，为他们量身定制物流解决方案，开展更有针对性、精准性的营销。要满足客户需求，实现在全链条运营上的深度融合。结合集团的全球化综合资源、数字化大数据分析、产业链经营协同能力，满足客户的需求。如：在集装箱中小直接客户服务中，要挖掘客户的物流配套服务需求、电商平台应用渠道的需求，以及供应链金融需求；挖掘行业头部客户在海外市场的开拓需求、海外仓建设及海外内陆分拨配送的需求；挖掘干散货项目的分拨及生产之后的产成品的配送需求；挖掘能源在完成原油运输并炼化后，成品油、化工品等在产业链供应链方面各种可能的延伸和潜在需求等。要在提升和创造客户价值的同时，挖掘和创造自身的潜在价值，实现与客户的价值趋同、战略趋同、共生共赢。要突出项目带动，实现在项目全生命周期上的深度融合。各单位要深入研究客户全生命周期管理。在产业链经营上，我们要强化端到端业务营销，提升延伸增值收益。要强化物流端与云端的融合营销，通过线上引流，实现线下增值。特别是在电商产品设计上，要不断增加体验性功能，通过增值服务提升客户对产品的依赖度。

五是以资本运营为抓手，兑现企业价值。集团要进一步提升“管资本”的能力，通过资本市场实现经营水平提高之后的价值兑现，经由资本运作达到企业价值的再实现。2021 年，我们通过闪电配售，募资 5.66 亿美元，有效提升了东方海外的流动性。通过出售股权，实现投资收益 11.48 亿元。2022 年，我们资本性投资计划约 212.19 亿元，占集团对外投资的 24.4%，资本性投资力度进一步加大。要提升全集团的投资管理能力，加强行业和趋势研究。要坚持总部引领、各平台协作，主动布局，通过与上下游战略客户的多元化股权投资，既绑定客户价值，确保价值链协同的有效落地，又平抑周期。资本运作须做好顶层设计，始终坚持效益第一原则，从投资源头把好关，实现效益专精，守住商业回报底线。对于投资后既无话语权又不分红、投资回报率低甚至亏损的企业坚决不投。要重视上市公司作为投资载体的作用，实现效益提升及股权结构优化。要加大直接融资规模，通过对具有独立竞争力的业务和资产分拆上市、信托，以及在市场直接出售等多渠道、多模式开展资本运营；通过主业协同培育实现价值增值和资源优化配置，提升资产证券化能力。同时，要进一步强化市值管理，实现国有资产保值增值。要完善机构设置，吸收专业人才，研究探索集团基础设施经营模式，借助产业基金、投资信托等资本工具，挖掘资产价值，实现资产收益。

六是以改革为动力，释放价值潜能。要重点抓好以下几方面改革工作：

首先要按期保质，全面完成国企改革三年行动。今年是国企改革三年行动的收官之年，要在 6 月底前，高标准高质量完成各项改革任务。要进一步深化授权体系改革，推进授权清单 4.0 版落地见效，落实直属公司董事会职权，提升直属公司董事会规范运作水平。推进员工持股、上市公司股权激励、超额利润分享等中长期激励机制，不断提升企业活力与效率。要深化供给侧结构性改革，继续做好压减等工作。

其次要总结经验，持续深化改革。集团改革发展是系统、持续、动态的过程。六年来，我们高质量地完成了以重组整合为主的第一阶段改革任务。我们的改革是以整合为主，整合业务、整合组织，同时，一些改革还不能完全适应集团高质量发展的要求，需要进一步完善和深化。今后的改革将进一步以市场化为导向，积极落实中央交给我们的任务，既要完善公司治理架构，也要不断优化体制机制，努力从重组红利向改革红利转变。通过持续深化改革，对业务进行优化，对机构进行完善，不断激发改革发展活力，提升核心竞争能力。今年推动物流的混改是深化改革的一项重点工作。要以混促改，围绕集团战略，深入推进运营、仓储、待整合三个平台建设，在引进战略投资者、员工持股等方面要取得实质性进展。要通过混改进一步完善公司治理，把改革方案做实、做细，重大改革前，要履行好民主程序。要认真做好公司估值，保证国有资产保值增值。

最后要以客户为中心，以业务为导向，不断释放改革效能。要推动物流产业链全球布局转变。从集团打造全球综合物流供应链服务生态的角度出发，推动平台化、全球化和数字化建设。要综合考虑航运物流、第三方物流特点和海外区域发展目标，跨事业群统筹安排全球物流业务拓展。

要完善集团投资和资本运营体制。借鉴优秀投资管理机构成功经验，进一步完善集团的投资和资本运营体系；集团总部要提升战略引领能力，主动出击，嵌入客户产业链、供应链。要形成整体协同，建立跨部门、跨产业集群、跨业务领域的项目制柔性组织和工作体系，打破部门和产业集群之间的分割，提升集团投资和资本运营的系统性和科学性，提升集团稳健抗压能力。中远海发要充分发挥平抑周期的“效益稳定器”作用，以集装箱制造和租赁业务链为核心，积极拓展航运及物流业相关金融业务。要不断优化产融结合模式，提升上市平台的融资与价值创造能力。香港中远海运作为境外产业资本投资运作平台，要发挥香港独特区位优势，在集团总体战略指引下，配合集团核心主业产业链经营战略，向产业链上下游拓展投资，助力集团全球产业布局。同时，从集团整体实力及下一步全球发展的情况来看，全球竞争的主战场仍然在航运公司，特别是集装箱运输业务。目前我们主要的资金，包括现金流，主要沉淀在集运。下一步，集团资本部要统筹好中远海控作为投资平台的重要作用，大幅提升中远海控的资本运作能力和投资能力，使航运主业在整体的市场竞争中能处于领先地位。所以，投资不仅仅是集团资本部、海发、香港中远海运的功能，各单位特别是三个核心主业，都要完善这一功能，加强对行业趋势的研究，不断创新体制机制与机构设置，加大人才引进力度。要深化船舶服务板块重组整合和管理提升。认真研究未来新能源发展趋势、环保规则要求变化，结合数字化管理手段，建立集团统一的智慧船舶服务管理体系。管理架构方面要符合市场竞争需求，精简高效，明确管理平台与实体公司的功能作用，并结合业务需求合理布局。在拓展新能源方面，要研究船舶新燃料发展趋势，积极开展新能源供应赛道的布局，确保成为船舶新燃料供应的领先者。船舶备件、物料供应要与智慧船舶管理系统深度融合，有效挖掘数据价值，强化集中采购配送，降低船舶运营成本和提升船舶供应服务的及时性。要积极推动其他专项改革工作。认真落实国务院国资委要求，切实推动社会服务功能移交，积极推动金融业务优化调整方案。

七是以防风险为前提，保障价值实现。中央经济工作会议强调，要有效防范化解各类经济社会风险。集团要高度关注海外政治风险，密切关注相关国家政局变化和安全形势，完善重点国际风险防范长效机制，做好专项风险排查。要树立底线思维，完善应急预案，强化应急培训，妥善处理突发事件。要切实防范合规管理风险，高度重视涉外依法合规工作，重点做好反垄断、制裁、出口管制、海外反腐败等法律及贸易规则的研究，夯实风险管控基础。要依法合规开展国际化运营，强化风险管控，切实做好海外投资、运营风险防范。

（三）坚持科技领航，大力推进绿色、低碳、智能航运生态发展

习近平总书记在北外滩国际航运论坛贺信中强调，要“顺应绿色、低碳、智能航运业发展新趋势，深化国际航运事务合作，全力恢复和保障全球产业链供应链畅通，促进国际航运业健康发展”①。我们要认真落实总书记要求，加快推进绿色、低碳、智能航运发展，以科技创新和数字化转型推进高质量发展。

一是推进科技和数字化转型规划落地，以战略引领集团努力成为航运科技领航者。集团已经制定了“十四五”集团数字化转型规划和科技发展规划，志在打造以数字、绿色、智能驱动发展的“链长”企业，引领数字、绿色、智慧前沿技术依行业场景的转化与集成创新。集团制定通过了《科技与数字化创新工作体系方案》，正在筹建科技与数字化转型战略领导委员会和办公室，将分别设立数字化转型本部和科技创新工作本部。接下来，要重点做好规划和方案的推进宣贯工作；各公司也要制定相应的规划，成立自己的科技与数字化转型组织。要以科技领航推动高质量发展，推动集团发展实现质量变革、效率变革、

① 《习近平向2021北外滩国际航运论坛致贺信》，《人民日报》2021年11月05日01版。

动力变革。

要把握科技创新方向。主要是把握科技创新投资方向与目标，重点布局“3+4”产业领域中的赋能关键技术，着力提升以集成创新为主，原始创新为辅的自主创新能力，努力成为以科技驱动发展的“链长”企业。研究平台化运营、生态构造、数字化场景搭建，以及创新投资的体制机制，准确把握发展方向。要以客户为中心，以数据智能推动运营流程重构和资源配置，赋能价值链。

要抢占科技创新赛道。利用科技创新，抢占市场份额，赢得市场竞争。表现在：我们的科创在先发与首创方面有不少优势，比如：全球航运商业网络（GSBN）、极地航行、5G 港口、LNG 为动力的超大型油轮（VLCC）等项目。在跟随与引领方面也有明显成效，如电商平台及南通中远海运川崎船舶工程有限公司、大连中远海运川崎船舶工程有限公司、南京国际船舶设备配件有限公司的智能制造等。在协同和规模方面，我们还有集团产业链和船队规模优势，如智慧船舶、电子海图、岸电等项目。

要深化科技创新体制机制改革。对现有组织架构进行优化调整，建立纵向贯通集团至各板块，横向支撑协同研发的科技创新与数字化组织体系，形成主要领导抓规划落地的体系和组织，落实集团科技与数字化战略。要形成相应的配套机制，在人才、研发、资金等方面给予支持，灵活运用科技型企业激励政策，培养引进领军人才。要积极落实国家科技创新激励机制，探索赋予研发人员职务科技成果所有权和长期使用权，赋予领军人才更大技术路线决定权、经费支配权、资源调度权，实现“应给尽给、能享尽享”，促进创新领域内外合作。要加强集团内部的协同，通过“产学研用”推进与外部优势科技资源的合作协同。集团自研创新产品、新技术，内部要优先推广应用。

要加大科技创新投入。“十三五”集团科技研发共投入近 76.5 亿元，平均每年投入 15.3 亿元。2021 年，集团的研发投入为 40 亿元。今年，集团数字化创新产业投资计划为 48.68 亿元，“十四五”末，研发投入要力争达到营业收入的 2% ~ 3%。对于集团院士工作站、国家重点实验室等科技创新平台，要给予专项资金支持。

二是瞄准数字化、绿色低碳化、智能化方向，以数智和绿色发展推动集团成为航运转型升级的实践者。要以客户为中心，以交通强国试点项目为抓手，加快推进 GSBN 平台、IRIS4、数据集成平台、绿色航运、智能船、5G 智慧港口等项目建设。

要强化客户服务升级，巩固拓展数字化、智能化发展空间。经过多年的发展，集团在电商平台、GSBN、IRIS4、冷箱物联网项目、数据集成平台、5G 港口等方面，已经取得明显成效。2021 年，GSBN 合资公司正式运营，数据集成平台成为工业和信息化部大数据试点。集团与东风汽车、中国移动联合打造“智慧港口 2.0”在厦门远海码头正式启动商业化运营。IBOX 冷链产品已全面推广应用。接下来，要围绕“客户、效率、技术”三大驱动主线，巩固先发首创优势，巩固跟随和引领优势，巩固协同和规模优势，以数据为驱动，在优势赛道上加速，积极推动全链数智赋能，打造航运数字化生态。

要强化生态体系构建，优化提升绿色低碳发展空间。要探索节能环保船型，实现绿色发展；以长江 700TEU 电动集装箱船试点项目落地为契机，布局电动集装箱船产业链；探索船队的新能源动力升级方案，平衡好未来船队发展计划与替代能源的试点安排；加大技术 + 场景应用，在集团港口和箱厂应用风电、光伏等发电项目，持续推动绿色低碳运营和可持续发展。要加快智能航运建设；加大智能船研发力度，开展船岸两端数据平台建设，自主航行技术，智能运维和能效管理等技术研究；将智能船舶研发技术、船视宝等与航标平台结合运用，在船舶安全、降耗、降本管理中发挥作用；重工要提升主流船舶设计能力，提升绿色、智能制造水平。要抓好“专精特新”企业培育；积极申报小巨人和单项冠军企业，支持“专精特新”企业做强做优；推进产学研用结合，加强与大学、科研机构和企业的合作。

（四）聚焦全球领航，打造世界一流航运企业

习近平总书记强调，“流通体系在国民经济中发挥着基础性作用，构建新发展格局，必须把建设现代流通体系作为一项重要战略任务来抓”①。现代流通体系是国内大循环的基础骨架，也是国内国际双循环的接口。航运是物流的关键环节之一。作为全球最大的综合航运企业，我们有义务、有责任加快发展以“通道＋枢纽＋网络”为核心的现代流通体系，助力国家降低社会物流成本，为畅通国内大循环、促进国内国际双循环提供坚实支撑。

一要以通道建设为关键，提升服务新发展格局水平。我们要依托“一带一路”建设，多线并举打造国际物流通道。在西部陆海新通道建设上，我们要积极把握 RCEP、中西部区域发展、海南自贸港政策机遇，加强航线、区域枢纽、海铁联运建设，不断推进北部湾港与洋浦港互为中转、互为喂给建设，扩大服务覆盖面；各航运公司、物流、港口等单位要加大在北部湾、海南、重庆的战略布局和资源投入，积极参与中西部区域综合物流体系建设，增强集团的整体竞争力；海南港航要把握琼州海峡一体化航运资源运营平台公司成立契机，加快洋浦港等基础设施建设，协同合作方提升服务及效益。在中欧物流新通道上，要持续抓好中欧陆海快线建设；欧洲公司、中远海运（比雷埃夫斯）港口有限公司（PPA）、集运、物流等单位要密切协同，依托比港，做强做大中欧陆海快线，利用里耶卡通道不断扩大快线覆盖面，提升陆海快线的运营能力和效能；同时，要继续抓好比港第二阶段强投建设，进一步强化比港的战略地位；持续抓好中欧班列建设；集运、物流、欧洲公司要继续提高中欧班列数量和质量，在提升开行效率、加强运营规范、打造线路口碑等方面实现重大突破。在冰上丝路通道上，能源、特运要发挥好先发优势，积极参与北极航道常态化商业运营，重点抓好北极二期等项目落地。在能源运输通道上，散运、能源等单位要做好与能源、粮食、钢铁企业、装卸港等相关方的协调，强化内外贸航线的运力布局，全力保障重要能源物资运输安全。

二要以枢纽建设为支撑，打造“航运＋港口＋物流”三位一体物流体系。要聚焦前瞻性发展，从传统物流向综合物流和航运物流并重转变。目前，航运头部企业正在通过投资并购物流企业等方式加速布局供应链业务。各航运公司要建立专属团队研究推进“航运物流”。航运、港口、物流要集成资源，通过自建和收购，加大重要通道、枢纽、节点、区域中心物流的投资和建设力度，打造全球化供应链平台，打通“最前一公里”和“最后一公里”。要顺应后疫情时代区域贸易重构趋势，与新商业平台公司、各行业头部企业合作，不断提升全程物流的竞争力。

三要以网络建设为重点，增强物流供应链体系“四种能力”。目前，产业格局、贸易格局正在深度变革，产业链渠道更加广泛，全球供应链更加网络化，消费结构更加复杂。要顺应行业发展趋势，持续优化完善物流供应链服务网络，持续提升国际物流供应链服务保障功能。重点提升“四种能力”：一是增强要素集聚能力。按照集团“十四五”规划要求，通过整合航线、码头、场站、仓库等各类物流资源，构建包括海运、内河、铁路、公路、空运等服务在内的多元化运输网络；要促进航运要素、功能和业态向产业中高端和高质量发展集聚，充分发挥海洋联盟、CHINA POOL 等作用，将集团的规模优势转化为高质量发展优势。二是增强产业链经营能力。随着制造业升级、消费升级和贸易结构的改变，为客户提供一体化物流解决方案是必然趋势；要强化产业协同，加强在欧美优势区域和重点市场的资源配置，布局在非洲、南美等潜力市场的资源配置，在落实“一带一路”倡议、装备制造走出去等国家战略上的资源配置，实现价值最大化。三是增强服务创新能力。要充分发挥集团的资源

① 《习近平主持召开中央财经委员会第八次会议强调　统筹推进现代流通体系建设　为构建新发展格局提供有力支撑　李克强王沪宁韩正出席》，《人民日报》2020年09月10日01版。

优势、产业链优势和全球化优势，不断创新服务模式，以数字化驱动构建更具弹性的综合物流服务体系，在保障全球物流供应链体系稳定方面做出战略性安排，推出一批重点项目。四是增强市场引领能力。去年，集团牵头编制基于区块链的集装箱电子放货指南，已由交通运输部发布；此前，我们也曾参与了波罗的海指数（BDI）、远东干散货运价指数、国际海事组织（IMO）船舶能效指数的研究和完善。接下来，要继续参与航运指数、安全、技术等领域国际规则标准制定，进一步增强行业话语权，提升行业引领力；要积极利用好博鳌亚洲论坛、进博会、北外滩国际航运论坛等重要平台，进一步提升平台溢出效应，进一步扩大朋友圈。

（五）坚持党建领航，以优异成绩迎接党的二十大胜利召开

2022 年将召开党的二十大，这是党和国家政治生活中的一件大事。我们要以迎接党的二十大胜利召开为主线，坚持党建领航，为保持平稳健康的经济环境、国泰民安的社会环境、风清气正的政治环境作出应有贡献。

一是坚持“两个一以贯之”，全面加强党的领导取得新进展。把全面深入贯彻《关于中央企业在完善公司治理中加强党的领导的意见》作为党建工作的龙头工程。进一步完善法人治理结构，推动集团党组和各级重要子企业健全“三重一大”决策事项和权责清单，落实前置决策程序，完善议事决策规则，建立中国特色现代企业制度，加快推进直属单位党委书记、董事长由一人担任，在规模较大的直属单位配备专职党委副书记。

二是坚持以经济建设为中心，以高质量党建推动高质量发展体现新作为。各级党组织要强化理论武装，提高政治判断力。坚持“第一议题”制度，认真学习贯彻党的十九届六中全会、中央经济工作会和党的二十大精神，用习近平新时代中国特色社会主义思想武装头脑、指导实践、推动工作。深刻理解以经济建设为中心是党的基本路线的要求，加强党的建设是国有企业的根和魂。要坚持服务生产经营不偏离，抓党建从业务出发，抓业务从党建入手，围绕企业生产经营开展党建工作。要牢记“国之大者”，提高政治领悟力。认真领会习近平总书记在中央经济工作会议上关于正确认识把握五个方面重大理论和实践问题的重要论述，胸怀“两个大局”，在党和国家大局的坐标系中找准企业发展方位。坚决贯彻落实习近平总书记对本行业本企业十个方面重要指示批示精神，更好履行大国船队使命担当，当好国家战略践行者、可持续发展推动者、创新模式探索者、国企改革先行者、红色基因传承者。要强化责任担当，提高政治执行力。各级领导班子要注重加强自身建设，认真贯彻落实民主集中制，促进班子团结，增强班子合力。作讲政治的表率、讲团结的表率、讲廉洁的表率，带头提高政治站位，带头落实全面从严治党责任，带头深化国企改革，带头推动高质量发展，带头廉洁自律，带头服务职工群众，当好改革发展和党的建设“领头雁”，成为凝聚干事创业的强大力量。各级基层组织和船舶党支部要围绕深化改革、提质增效、安全生产，充分发挥党支部战斗堡垒作用和党员先锋模范作用，以党建工作的高度强度力度引领保障业务工作有效开展。

三是坚持弘扬伟大建党精神，强化“三基”建设获得新突破。巩固党史学习教育成果，深化“党建成果运用年”活动，推动“三做”“三舱”落地实现新突破。要突出高质量建强基层组织，推进党的组织和党的工作全覆盖；认真做好党的二十大代表选举和12家直属单位党委换届工作。深入开展特色党支部创建活动，提升党建工作价值创造。要突出高素质抓好党员队伍，不断提高党务干部和党员教育培训工作质量，组织开展“千名书记进党校”暨党务干部培训班，持续加强船舶政委队伍建设、优秀船舶政委人才库建设。要突出高标准完善融合机制，深化“党建成果运用年”活动，研究探索党建融合发展、“三做”“三舱”理念落地的创新路径、标杆项目、典型案例、理论成果、制度体系，组织基层党建特色品牌创建现场观摩交流。落实集团《党建工作责任制考核评价办法》，强化党建责任与经营责任联动，考核结果与领导班子薪酬奖惩挂钩。

四是坚持党管干部人才，实现干部队伍活力新提升。要强化政治导向，突出政治标准，选优配强各级领导班子和干部队伍。强化直属单位党委书记、专职副书记选拔、培训、考核，配齐建强外部董事队伍，加强董事培训考核。抓好后继有人这个根本大计，持续推进“四个一批”年轻干部培养工作，办好启航培训班、远航培训班、外派干部派前培训班。要强化业绩导向，激发干事创业动能。发挥党的领导作用和市场机制优化配置作用，落实董事会对经理层成员选聘权、业绩考核权与薪酬管理权，全面推行经理层任期制和契约化管理，建立管理人员竞争上岗、末等调整、不胜任退出等制度。创新市场化选人用人机制，推动实现干部能上能下、员工能进能出、薪酬能高能低，不断提升企业活力与效率。推进员工持股、上市公司股权激励、科技型企业分红激励、超额利润分享等中长期激励机制。要强化一线导向，打造航运人才高地。加大总部与基层、境内与境外、陆地与船舶、各业务板块间干部人才交流力度。深化薪酬分配制度改革，向基层一线特别是有突出贡献的骨干员工、远洋船员、困难艰苦地区员工倾斜。要强化全面能力培养，多从基层一线、急难险重岗位、艰苦地区选拔熟悉市场、有能力、有担当的干部，建立能力、业绩导向的市场化干部选拔任用机制。要加快数字化创新人才、绿色低碳人才、产业链经营复合型人才和高素质船员队伍建设，打造世界一流航运人才聚集高地。加大紧缺急需人才的引进力度，以职业经理人方式选聘外籍员工进入中高级管理层，加快构建具有吸引力和国际竞争力的人才制度体系。着眼智慧航运、智能制造关键技术领域，建立高端人才引进目录，开辟人才引进绿色通道。着力促进船岸人才交流，加快形成航运人才竞争比较优势。

五是坚持以人民为中心的发展思想，凝心聚力开创新局面。要全心全意依靠职工办企业。巩固“我为群众办实事”实践活动成果。建立长效机制，切实解决职工群众特别是一线船员急难愁盼问题，助力职工享有更稳定的工作环境、更满意的收入、更可靠的社会保障、更充足的生活福利、更丰富的精神文化生活，让职工共享企业发展成果。要巩固和谐稳定局面，正确把握改革发展稳定关系，做好集团重要改革稳定风险评估，充分听取职工意见，切实维护职工合法权益。强化主体责任落实，为党的二十大胜利召开营造良好社会环境。要深化乡村振兴，落实“四个不摘”要求，保持帮扶力度不减，充分发挥优势，全力推进产业帮扶。落实中央第七次西藏工作座谈会精神，继续做好援藏工作。

六是坚持正风肃纪，推动全面从严治党凸显新成效。要坚持一体推进“三不腐”，强化正风肃纪。始终坚持严的主基调，深入推进全面从严治党，为党的二十大胜利召开营造风清气正的政治环境。突出政治监督，强化党中央重大决策部署落实落地、全面从严治党责任落实、正确行使权力等监督检查；抓实日常监督，深化“关键少数”、重点领域和关键环节的监督。利剑高悬、毫不放松地抓好查办案件工作，严肃查处各类违规违纪违法行为。持之以恒落实中央八项规定及其实施细则精神，驰而不息纠“四风”。要坚持巡审有机结合增强监督合力；上半年已完成系统内巡视全覆盖任务；下一步要着力加强审计全周期管理，努力形成与集团创建世界一流企业相匹配的内审工作能力和水平。加大违规经营投资责任追究力度，强化重大问题线索督导。持续巩固“靠企吃企”问题专项整治成效，由集中整治转入常态化管理，构建常态化、长效化机制。要强化干部监督营造良好生态。落实《关于加强对“一把手”和领导班子监督的意见》，将“一把手”作为日常监督、专项督查重点。领导干部要带头执行规范领导干部配偶、子女及其配偶经商办企业行为规定，不断增强集团党组和各级领导班子自我净化、自我完善、自我革新、自我提高能力。

七是落实好意识形态工作责任制，坚持守正创新，思想文化建设彰显新气象。要唱响“强国有我”主题旋律。贯彻《关于新时代加强和改进思想政治工作的意见》，落实意识形态工作责任制，坚定不移举旗帜、聚民心、育新人、兴文化、展形象。聚焦学习贯彻党的十九届六中全会、党的二十大精神和习近平总书记关于本行业本企业十个方面重要指示批示，统筹做好航运强国、“一带一路”、保障供应链畅通、绿色低碳智能航运、改革创新等系列专题策划。重点关注基层一线、服务客户和先进典型，紧跟移动互联网发展趋势，大力推动集团宣传工作创新；整合内外部资源，创新宣传载体，综合运用多媒体等现代传播手段进一步增强新闻宣传的传播力、渗透力、感染力。要构建“蓝色梦想”文化体系，延伸拓展集团企业文化核心价值理念体系，推出集团企业文化发展体系 3.0 版。持续宣贯“四个一”理念，继续开展集团级先进典型、船舶“金牌三长”评选表彰，在国家、央企层面推出新时代航运业重大优秀集体、优秀人物和优秀项目案例典型。要传播“承运全球”国际品牌；构建与集团承运全球硬实力相适应的软实力基础，融入全球海运治理体系，深化国际航运事务合作，持续提升集团企业软实力和全球化品牌地位。加强舆情监测、研判、预警和应对，做好舆论引导和防控，为集团发展保驾护航。

最后，我再强调一下疫情和安全风险防控。要严防聚集性疫情风险。当前，新冠疫情还有很多不确定性。我国“外防输入”压力持续增大。近期，多个省（区、市）发生散发式疫情。各单位要切实履行疫情防控主体责任、政治责任和主要领导第一责任，继续保持现有疫情防控的机制不变、要求不降、措施不松，从严从紧从细做好疫情防控工作。要加强对船舶船员、控股港口作业人员和海外员工的人文关怀，主动了解职工及家属工作、生活情况，帮助解决实际困难和问题。要严防安全生产风险。讲安全就是讲政治，抓安全就是抓效益。今年将召开党的二十大，还将举办冬奥会等活动。国务院、交通运输部对安全工作进行了强调和部署，集团在 1 月 5 日召开了安全工作会，对今年安全工作进行了全面部署。我们要严格落实上级有关精神，持续抓好防碰撞、防火防爆、防污染、防工伤、防海盗“五防”工作，坚决守住不发生重大安全事故的底线；同时也根据当前海外形势的变化，做好危险地区海外员工的人身安全防护工作，营造和谐稳定环境。

今年是“十四五”关键之年，我们要以习近平新时代中国特色社会主义思想为指引，认真贯彻中央经济工作会议和央企负责人会议精神，坚持稳字当头、稳中求进，坚持高质量发展，牢记“国之大者”，聚力“四个领航”，以集团高质量发展的新成效，迎接党的二十大的胜利召开。

聚力稳增长 奋力创一流
以高质量发展迎接党的二十大胜利召开

——在集团2022年年中工作会暨人才工作会上的讲话（摘要）

董事长、党组书记 万 敏

2022年7月27日

一、上半年集团工作及生产经营情况

2022年以来，我们克服地缘政治冲突、全球经济下行、新冠疫情多发等不利影响，坚决贯彻党中央、国务院决策部署，完整、准确、全面贯彻新发展理念，积极履行大国船队使命，着力深化改革，奋力提质增效，企业竞争力持续增强，整体呈现出稳中有进、稳中有为的良好发展态势，具体体现在以下几方面：

拥护“两个确立”“两个维护”坚定有力。集团党组始终把政治建设摆在首位，坚持“第一议题”制度，及时传达学习党的十九届六中全会、中央纪委六次全会、中央经济工作会、全国两会、中央政治局常委会会议精神，强化党组中心组学习研讨，举办党的十九届六中全会精神轮训班。开展学习贯彻习近平总书记重要指示批示精神再学习再落实再提升活动，深入学习贯彻习近平总书记考察海南洋浦国际集装箱码头重要讲话精神，系统梳理习近平总书记对本行业本企业十个方面重要指示批示，编纂《思想领航——习近平总书记关于国资央企重要论述和本行业本企业重要指示批示摘编（2022）》，开展贯彻落实情况“回头看”。集团上下将贯彻落实习近平总书记对本行业本企业重要指示批示精神作为最大政治责任和企业发展最大机遇。通过系统学习，全集团不断增强“四个意识”、坚定“四个自信”，对“两个确立”的决定性意义认识更加深刻到位，对坚决做到“两个维护”的思想行动更加坚定自觉，对“国之大者”的学习领悟更加深入透彻。党组坚持把方向、管大局、促落实，坚决贯彻落实党中央决策部署，全力服务“六稳”“六保”，保障了内外贸安全畅通；深度融入共建“一带一路”倡议，以及长三角一体化发展、京津冀协同发展、粤港澳大湾区建设、海南自由贸易港建设、西部陆海新通道建设等区域发展战略，积极落实乡村振兴战略，为稳住经济大盘作出积极贡献。

坚持价值引领，超额完成各项经营目标。上半年，集团认真贯彻落实中央部署，按照国务院国资委要求，制定了“稳增长、促发展”12条措施，全力稳经营、挖潜能、增效益。围绕“两增一控三提高”，坚持稳字当头，强化效益专精，着力提质增效。在“两增”方面，集团实现利润总额709亿元，同比增长29%（央企平均同比增长7.1%）；净利润507亿元，同比增长7.5%（央企平均同比增长6.1%），再创历史同期最好纪录，两项指标在央企中均排在前列，总资产历史性突破万亿大关。在“一控”面，资产负债率为57.88%，同比下降3.22个百分点。在“三提高”方面，营业收入利润率为21.7%；全员劳动生产率同比增长32.29%；研发经费投入同比增长106%，主要经营指标持续稳健增长，为完成全年经营目标任务奠定了坚实基础。值得肯定的是，集团三大主业在稳增长方面表现突出，航运主业继续扛起了稳增长的“顶梁柱”重担。尤其是集装箱运输业务，上半年实现净利润777亿元，同比增长84.7%。散货运输外贸基础货源占比达到40.8%，同比提高11个百分点，实现净利润35亿元，同比增长48.9%。在本次会议上，特运、物流汇报了效益完成情况，总体都非常不错。港口、航运金融板块继续保持效益稳步增长的良好势头。制造板块和部分地区公司在去年历史性扭亏后，经营状况持续改善，业务量持续增长，经营效益稳中有升。海外公司全部实现盈利，值得肯定。

坚持保供稳链，积极践行大国船队的责任担当。我们坚决贯彻落实习近平总书记重要指示批示精神和党中央决策部署，全力做好“六稳”“六保”工作。集团及相关专业公司组织成立物流保通保畅专班，加大运力投入，全力稳链固链，确保了中国产业链供应链安全畅通。集运、物流克服疫情影响和物流运输不畅的困难，开辟了“陆改水”“陆改铁”“水水中转”等专班专线，充分发挥了电商平台作用，确保了物流运输稳定畅通。上半年，集运外贸电商平台交易量同比增长48%；内贸电商平台交易量同比增长21.2%。同时，我们主动对接各地政府发布的白名单企业，累计提供舱位6.71万TEU，积极助力复工复产。散运、能源积极保障能源、粮食等重要物资供应稳定。特运为三一重工、柳工、徐工等中国先进制造业企业定制了工程车辆“直客专班快线”方案，解决了客户海外市场保供难题。集团针对中小微客户痛点难点，主动对接各省（区、市），通过举办中小客户对接专场活动，开通中小直客专班，搭建外贸电商平台中小直客绿色通道，切实为广大中小微客户纾困解难。累计服务约9 000家中小直客、出运了65万TEU。同时，集运主动免除滞期费总金额约2亿元，集团各相关服务业单位减免中小微客户房屋租金4 000余万元，预计还将减免1亿元，有效缓解了中小微企业的经营压力，促进了其外贸进出口。

坚持深化改革，企业发展动能不断增强。我们认真学习领会习近平总书记关于国有企业改革发展和党的建设的重要论述精神，坚持以深化改革贯彻新发展理念、构建新发展格局、推动高质量发展，把推动改革同落实“十四五”规划结合起来，加快建设产品卓越、品牌卓著、创新领先、治理现代的世界一流企业。高效完成改革三年行动主要任务；截至6月底，集团改革三年行动完成率达到99.24%，重点任务考核结果位列央企第三名。对标一流提升行动整体完成率达到99.14%，实现了重要分子公司的全覆盖。持续加强子企业董事会建设，72家应建尽建子企业100%完成了董事会向经理层授权制度的制定。持续推进中长期激励；中远海运科技、能源、发展、控股等4家上市公司开展了股权激励行权，进一步激发了员工干事创业的信心和热情。集团根据新的发展情况，研究推进新一轮12项改革和优化工作。进入“十四五”时期，我们所处的内外部环境、市场和客户需求都发生了深刻变化，新技术进步和新赛道竞争日新月异，集团内部的重组整合红利已基本兑现，但还有一些深层次矛盾有待解决，集团改革正从重组整合阶段迈入以市场为导向、以高质量发展为标志的深化改革阶段。前期部分重组整合工作尚需收尾和进一步完善；以数字化和科技创新支撑产业链经营的能力亟待进一步提升；体制机制还不能完全适应市场竞争态势，企业内部内生动力尚未充分释放；组织架构还不能快速响应当前急剧变化的市场和客户转型升级的需要，总部的引领能力还需要进一步提升等。因此，在三年行动主要任务高效完成的基础上，集团党组研究决定要以促进高质量发展为目标，以数字化转型和科技创新为两条主线，进一步优化体制机制、完善公司治理，着力提升企业运营效率和服务客户的能力，确定了12项重点改革任务，以便进一步释放新的发展动能。上半年，我们已重点启动10项改革任务，其中包括物流混改、全球数字化供应链综合服务能力建设、绿色低碳新能源项目建设、数字化船舶服务平台建设、科技创新体制优化改革、数字化转型、投资体制改革、集团及下属企业机构改革、体制机制优化、党建与生产经营融合发展等；目前各项重点改革工作正按时间要求，分阶段向前推进。

坚持新发展理念，数字化转型和科技创新齐头并进。为顺应绿色、低碳、智能航运业发展新趋势，积极推进数字化转型和科技创新发展，集团强化顶层设计，制定《中远海运集团数字化供应链发展规划》《“十四五”数字化转型暨网信规划》《“十四五”科技专项规划》，设立了数字化转型本部和科技创新工作本部；中远海控组建了数字化供应链发展联合工作组；其他企业也相应地成立了相关的数字化和绿色低碳组织。集团注重发挥数字技术在航运业中的核心作用。当前供应链数字化发展正在加速，以电商平台、数字化、信息化、区块链、人工智能、5G为代表的技术正广泛应用于全球供应链、航运业和物流业。近年来，集团将数字化作为高质量发展的重要引擎之一，不断加大资源投入。目前，GSBN、数据集成平台、IRIS4等交通强国试点项目已取得积极成效，我们牢牢把握这一优势，紧跟数字经济发展方向，不断提升技术应用能力，通过数字化赋能提升生态链建设能级。上半年，以集装箱业务为核心和先行，确定了建设全球化、数字化供应链的目标。在集团打造全球一流综合物流供应链服务生态的战略愿景指引下，基于客户驱动、效率驱动、技术驱动三大动力加快推进数字化供应链规划和发展；深入了解客户的供应链运作情况及集团用户对数字化供应链的需求和愿景设想。在海外区域，欧洲公司依托中欧陆海快线，投资了铁路运营权和相关场站，为客户在比雷埃夫斯设了分拨库；美洲公司围绕集装箱业务进行供应链投资，包括港口、底盘车、冷藏箱和海外仓建设等相关业务，实现了业绩的大幅增长等。上半年，集团结合上述供应链业务、应用、数据、数字化建设现状及趋势分析，初步确定了集装箱业务数字化供应链近期“数字先行、资源并进”，中期“横向到边、纵向到底”，长期“全球领先，行业引领”的分阶段发展目标。目前，正在开展工作方案编制工作，组建了工作专班，重点推动以集装箱航运为核心、覆盖全球的数字化供应链体系建设。集团还注重发挥绿色低碳智能在航运业中的关键作用。落实党中央碳达峰碳中和决策部署，加强对欧盟排放交易体系研究，开展新能源、低碳与减排技术创新，持续推进船舶清洁能源应用，降低碳排放强度和综合能耗水平。在组织机构建设方面，树立集团科研机构品牌，优化重组“航运技术与安全”国家重点实验室，充分发挥院士工作站的示范作用，推动成立航运联合基金，努力打造集团科技创新策源地。在绿色工程建设方面，探索推进节能环保船型及船队新能源动力升级。目前，长江700TEU电动船、甲醇动力23 000TEU集装箱船、岸电等项目已在推进中，甲醇双燃料动力33万吨矿砂船项目已完成技术论证。在“专精特新”企业培育方面，业已形成第一批培育清单，共7家企业。

坚持战略引领，努力构建新发展格局。习近平总书记在视察洋浦港时强调，“振兴港口、发展运输业，要把握好定位，增强适配性，坚持绿色发展、生态优先，推动港口发展同洋浦经济开发区、自由贸易港建设相得益彰、互促共进，更好服务建设西部陆海新通道、共建‘一带一路’”[①]。集团认真贯彻落实习近平总书记重要指示批示精神，全力服务海南自贸港建设。截至2022年上半年，在海南独立运营航线16组，完成箱量118.1万TEU，同比增长19.9%，市场份额占比69%；在海南完成散货运量59万吨；注册船舶艘数达100艘；获得了保税油经营资质。继琼州海峡一体化航运资源整合完成后，海口港集装箱码头能力提升项目顺利投产；作为自贸港封关运作的标杆项目，新海港客运枢纽主体结构建设完成。积极服务国家战略，优化重点物流枢纽布局；加快推进西部陆海新通道建设，上半年，在洋浦港完成箱量60.4万TEU，同比增长46.7%；钦州港自动化集装箱码头整合加快推进，完成箱量130.6万TEU，同比增长27.5%，海铁联运完成箱量5.04万TEU；积极参与长江经济带建设，武汉阳逻铁水联运二期项目和阳逻集装箱码头统一经营有序推进；积极融入京津冀协同发展，在天津市委、市政府的支持下，天津港集装箱码头纳入集团港口产业集群和经营管理体系，上半年完成操作箱量432万TEU，东方海外与天津港完成联盟码头的股权交割。依托“一带一路”建设，加快全球战略布局；比港排除各种干扰，截至6月底，累计完成强制性投资1.24亿欧元，完成箱量249万TEU。尤其可喜的是，中欧陆海快

① 《习近平在海南考察时强调 解放思想开拓创新团结奋斗攻坚克难 加快建设具有世界影响力的中国特色自由贸易港》，《人民日报》2022年04月14日01版。

线克服了疫情等相关影响，发展势头强劲，上半年完成箱量 8.76 万 TEU，同比增长 38.3%。集团始终聚焦愿景，积极推进“十四五”规划落地；完成国务院国资委对集团“十四五”规划的评审工作；推进集团海外业务“十四五”规划，完善船队发展规划；强化集团“十四五”规划的牵引作用，突出指标约束；以规划确定的重大投资项目为指引，航运、港口、物流三大核心产业的投资总额超过集团当年总投资额的 2/3。同时，我们认真做好战略规划的闭环管理，强化实施效果考核，此举已成为集团提升“战略 + 运营”管控能力的重要抓手。

坚持联防联控，织密扎牢疫情防控网。上半年，我们坚决贯彻习近平总书记关于疫情防控的重要指示精神，坚持“外防输入、内防反弹”总策略和“动态清零”总方针不动摇，从严从紧、从早从快、从细从实落实各项防控措施。坚持“人、物、环境”同防，紧盯重点单位、重点场所和重点人群，根据疫情形势，不断调整和强化相关防控措施，扎实做好常态化疫情防控工作，守住了不发生聚集性疫情的底线。上海疫情暴发特别是全域静态管理后，集团总部和在沪单位切实扛起疫情防控的政治责任，全力支持、配合属地政府做好防疫工作，紧盯重点单位防疫关口，果断处置重工、船舶等相关突发状况，同时积极履行航运央企保通保畅的社会责任。防控期间，集团关心关爱员工、船员家属、劳模和退休员工，广大员工积极参与志愿者服务，共有 4 827 名党员向所在社区报到，充分发挥了先锋模范作用，助力上海打赢疫情防控保卫战。坚持常态化防控与应急处置相结合，不断加强制度建设、检查督导、应急处置。严格落实属地、部门、单位、个人“四方责任”，确保疫情防控相关规定和措施严格执行到位，高效统筹做好疫情防控和生产经营、安全管理等各项工作。不断强化船舶船员防疫措施，严防国内疫情输入船舶；加强国内港口靠泊期间疫情防控，对航行于境内外疫情严重区域的船舶开展视频巡检，及时督导整改存在的问题，压紧压实各级防疫责任。港口等外防输入一线单位严格落实高风险岗位人员闭环管理。上半年，集团未发生群体性感染事件，确保了一方平安。

坚持安全发展，营造安全稳定的环境。严格抓好安全管理。上半年，我们认真贯彻落实习近平总书记重要指示、李克强总理重要批示、上级有关会议精神，以及国务院关于加强安全生产工作的十五条硬措施，抓紧重要时间节点的安全生产；克服疫情影响，强化远程巡检监督，高效统筹疫情防控和安全生产各项工作，未发生一般以上等级安全事故，保持了全系统生产形势持续平稳。组织全系统开展安全风险隐患大排查大整治，共检查、自查 3 919 家单位 / 艘船舶，发现问题缺陷 7 975 项，均按要求建立台账，逐项落实整改，集团安全管理基础不断夯实。加强海外风险防控；我们认真研究国家相关法律法规、国际合规惯例及国际最佳实践，对集团合规管理现状进行细致分析；对从事海外业务的有关单位进行深入调研，多次召开海外业务合规专题研讨会，查找业务流程及环节的风险漏洞、隐患，初步形成海外风险防控体系。加强合规经营管理。开展“严肃财经纪律、依法合规经营”专项行动；加快推动历史遗留问题的解决与清零，健全风险防控机制和流程，确保了新业务开展依法合规，推动了经营管理水平不断提升。加强网络安全管理；编制《集团“十四五”网络安全专项规划》，印发《集团网络安全评价管理细则》，制定了网络安全体系架构，完善评价排名等保障机制；组织部署国资国企网络信息安全在线监管平台，完成办公终端漏洞扫描设备扩容；截至上半年，集团 28 家境内公司 2 万多台办公终端统一防护系统已在建设。

坚持选优配强，干部人才队伍持续优化。加强直属单位领导班子建设；推进多层面、多领域干部交流，大力培养综合型、复合型干部；上半年，集团总部与直属单位交流 8 人次，境内与境外交流 12 人次，各业务板块之间交流 19 人次，纪检、党务和业务交流 9 人次，进一步优化了领导班子的专业结构。加大年轻干部培养使用力度；党组管理干部平均年龄 52 岁，与年初相比下降 0.5 岁；其中，45 岁以下 12 人，二级正职 50 岁以下 18 人，占比达到 24%；制定实施优秀年轻干部选拔工作方案，采取工作表现、能力素质测评、民主推荐与党组织把关等方式，入选“远航”库164人、“启航”库448人。加强专业化人才队伍建设；制定高层次人才引进指导意见，聚焦数字化转型、科技创新、先进制造、绿色低碳智能航运、供应链管理等关键领域，加大高层次紧缺人才引进力度，从海外引才2人；集运招录数字化供应链专业人员92人，占招聘总人数的27%；重工印发《高层次人才引进管理办法》，制定了13名高层次人才引进计划。加强船员队伍建设；制定高素质船员队伍建设指导意见，从10个方面提出39条措施，有力稳定了自有船员队伍；船员流失率同比下降24.7%，其中三副、三管轮的流失率同比下降42.5%；完成首批174人调陆船员后备库建设，第一批63名船员完成调陆工作。

坚持党的领导，党建融合发展成效明显。深化“两个一以贯之”；加快落实《关于中央企业在完善公司治理中加强党的领导的意见》，制定境内直属单位在完善公司治理中加强党的领导的实施意见。实行董事长、党委书记“一肩挑”与总经理分设制度，新增6家直属单位实现董事长、党委书记“一肩挑”，9家直属单位配备专职党委副书记，进一步完善公司治理结构；推动基层单位修订“三重一大”决策事项和权责清单，把中国特色现代企业制度优势转化为治理效能。深化党建融合；深入研究党建与经营发展深度融合思路措施，明确党建融合发展重点工作任务；坚持提质增效强堡垒，急难险重鼓干劲，改革创新增活力，补齐短板解难题，和谐稳定聚人心，正风肃纪强监督，切实提高基层党组织执行力、战斗力、凝聚力。持续深化示范党支部、特色党支部创建；集团6个基层党建品牌、9个特色党建案例分获全国企业党建优秀品牌和优秀创新案例。深化主题宣传；认真做好党的二十大代表推荐选举工作；启动“喜迎二十大、奋楫新航程”文艺作品创作和“奋进新航程、建功新时代”重大主题访谈活动；制定集团党史学习教育常态化长效化意见，持续推动“我为群众办实事”项目落实。加强品牌建设；集团获“第二届中国品牌强国盛典”十大国之重器品牌。深化全面从严治党；强化政治监督，针对疫情防控、保通保畅、安全生产、廉洁风险防控、“靠企吃企”问题线索核查、助力中小企业纾困解难等开展综合检查和专项监督。坚持严肃查处违规违纪违法问题；研究制定《关于进一步完善一体推进不敢腐、不能腐、不想腐体制机制的意见》《关于进一步深入贯彻落实中央八项规定精神、严防公款吃喝等问题的通知》，不断完善推进“三不腐”体制机制；围绕重点工作和重大项目开展252项审计，实施“巡审结合”项目16项；制定集团内部巡视整改实施细则、内部巡视成果运用指导意见；深入开展“靠企吃企”、防范化解中央企业项目风险等专项整治，强化问题线索督办查办，促进整改落实和规范管理。

二、下半年主要工作任务

近段时间以来，外部环境更趋复杂严峻，多重风险挑战交织叠加，世界经济增长放缓态势明显，这些因素带来更多不确定性。一是地缘政治和高通胀影响全球经济的发展。地缘政治冲突对全球供应链稳定运行造成不利影响，大宗商品价格上涨，全球消费者物价指数（CPI）高企，美国加息和缩表导致全球汇率和利率市场大幅波动，“滞涨”风险加剧。世界银行、IMF等已多次下调全球经济增速预期。部分权威机构认为全球经济存在衰退的风险。二是疫情多发散发对经济产生较大影响。实现经济增长目标存在一定压力，需要我们付出更多努力。三是全球海运量增速放缓和效率下降影响航运业的发展。克拉克森研究公司预计全球海运需求量增速为1.4%，远低于年初4%的预测。全球海运运力增速为4.7%，但部分港口的罢工和疫情等因素导致港口拥堵持续，消耗了约15%的集装箱船舶运力，一定程度上也促进了供需平衡。下半年集装箱运输有可能从前期的高点逐渐调整。干散货运输预计好于上半年，但弱于去年同期。我国疫情缓解、稳增长政策落地，下半年经济增长将拉动国际海运需求。俄乌冲突改变粮食等贸易格局，运距拉长将提振航运市场。能源运输下半年预计好于上半年。2022年，原油轮需求增速为6.2%，供给增速为

4.6%。欧盟海运禁令贸易流向变化导致原油运输航程变长，运输效率下降，产生更多的海运需求。

尽管外部存在诸多不确定性，但我国经济长期向好的基本面没有变，同时，全球航运业当前虽处于调整阶段，但仍然处于相对高位的调整。从我们自身来看，集团近年来的高质量发展，既集聚了能力，也提升了实力，特别是增强了持续创效的信心和稳健抗压的基础。

下半年将召开党的二十大，努力实现高质量的增长是我们的使命所系、责任所在。我们要进一步强化责任意识、大局意识，坚决扛起稳增长和保通保畅的重担。为此，必须做到“三个坚决”：一是坚决完成迎接和学习贯彻党的二十大精神的光荣任务，深刻感悟习近平新时代中国特色社会主义思想的理论张力、思想魅力、实践伟力，深刻认识“两个确立”的决定性意义，坚决做到“两个维护”。二是坚决落实中央关于“疫情要防住、经济要稳住、发展要安全”的要求，坚定创效信心，大力提质增效，确保完成全年任务目标。三是坚决做好习近平总书记对本行业本企业十个方面重要指示批示精神的贯彻落实，知重负重、担当作为，以自身的稳增长更好助力稳定经济基本盘，全力维护产业链供应链畅通，切实担负好大国船队使命。就做好下半年工作，我强调几点：

（一）履行使命担当，全力稳增长、保供稳链，为稳经济大盘作贡献

坚决完成全年稳增长目标任务。为落实中央稳住经济大盘、纾困解难及国务院国资委系列会议精神，集团前期已制定出台了“稳增长、促发展”12条措施，总体要求是坚持全年“两增一控三提高”目标任务不动摇，实现全年净利润奋斗目标；在稳经济大盘中发挥顶梁柱、压舱石作用。一是稳住增长势头，确保完成全年经营任务目标。要抓住当前政策引导、预期转好、疫情可控，以及传统外贸旺季来临等有利时机。双品牌要多措并举促成客户履约，不断提升船队运营效率，全力促进经营效益的稳定。散运要继续做好市场节奏把控和客户营销，多渠道推进全球市场开拓，既强化即期货源揽取，提升整体效益，又做好船位布局。能源要不断优化船位布局，加强LNG等新项目的开发，提升LNG运输业务收入的占比；内贸业务要加强长航线优质货载揽取，进一步提升内贸市场占有率，外贸业务要加强对大西洋市场、美洲大三角航线、巴西市场开发力度。特运要积极发挥船队差异化、多样化的特点，在细分领域做精做细；要加强纸浆客户的开发力度，推进纸浆、汽车、风电等全程供应链服务。港口公司要强化供应链经营协同效应，逐步将天津港、通海港、阳逻港、厦门港、钦州港、洋浦港等建设成区域物流枢纽。全系统要强化成本管控力度；上半年，集团营业成本同比增长35.6%，其中，燃油费、货物费、集装箱费同比分别增长54.6%、44.7%、24.1%。各航运公司要做好燃油价和量的控制，持续强化货物费、集装箱费用等重点项目管控；各单位要制定下半年的成本控制目标，抓实抓细成本管控工作，提升应对市场变化的成本竞争能力。二是持续推进供给侧结构性改革。要注重运力结构的优化。在集团集、散、油、特主力船队保持稳定有序发展的基础上，从事件杂货、纸浆、汽车、化学品、LPG、客滚等运输细分市场的专业船队也要加大拓展力度，均衡船队结构，优化集团在细分领域的竞争优势。要注重运力布局的优化。当前全球化与区域化并进，我们仍然要坚持集团承运全球的目标，积极拓展新兴市场、区域市场、国内沿海，以及内陆腹地市场，持续做好运力资源全球布局，全球供应链铺设连接，形成更加全面的物流供应链网络。三是加快落实战略，提升全球服务能力。各单位要加快推进比港、海南自贸港、西部陆海新通道等战略项目的落实落地，全力完成年初制定的目标。同时要进一步加大与鄂、皖、湘、黔等内陆省份地区的交流和合作，争取在内陆的合作项目及物流通道建设尽早落地，共同拓展建设当地的运输通道和集疏运体系。

全力落实保供稳链工作。一要加快推进与战略客户的项目合作。要按照工作要求和安排，加快与大货主、大客户的合作，目前正在推进的美的、上汽、中粮、中铝、宝武等项目要加快进度，打造符合大客户要求的个性化、定制化的全程供应链服务，实现与大客户的供应链物流渗透强绑定，将供应链物流服务内嵌到制造业客户的全球供应链体系中，实现供应链物流服务与制造业的深度融合。二要持续做好中小微客户的纾困解难和供应链物流服务。当前要助力中小企业纾困解难，集团各相关单位要进一步加强对中小微客户的服务工作，形成与广大中小微客户的强连接，将短期的纾困解难行动转化为长期固化的合作模式，将自身供应链服务延伸到广大中小微客户。三要持续做好重点物资运输。散运、能源等相关公司要持续落实好“六稳”、“六保”、保通保畅等工作要求，继续保持与电厂、能源、化工、粮食等企业的密切联系，做好大宗物资库存情况的动态跟踪，严格按上级要求做好今年夏季的电煤运输工作。创新合作方式和模式，积极争取实现更多重点物资的项目合作。四要强化产业链经营。产业链经营作为集团的一项核心竞争优势，其作用在上半年的疫情应对、保通保畅及稳外贸工作中得到进一步凸显，但仍有进一步的提升空间。要继续做好内部产业链经营的协同。在全球化、区域经济、比港、海南自贸港、西部陆海新通道等网络通道建设方面持续推动各公司间强化协同，扩大协同成果，不断取得新的成效，提升在现有市场和项目领域的优势。要强化资本与运营的联动，进一步释放产业链经营价值。集团正在推动与部分大客户大货主资本和运营层面的深化合作，加强与供应链上下游企业的协同等，旨在进一步提升集团供应链能力，为平抑周期和效益稳定带来新的增量。下阶段，要关注和推动资本与运营方面的深化合作，丰富产业链供应链运营方式，推动产业链供应链合作效益倍增。

（二）强化数智赋能，全力推进全球数字化供应链建设

要加快推进数字化供应链项目落地。作为航运物流企业，我们在航运领域数字化应用上处于领先地位，但在数字化供应链建设方面与物流供应链先进企业相比还有不小差距。要建立更高质量的供应链物流体系，积极适应客户产业链升级需求，将各个产业链节点深度融合在一起，努力推动与客户建立以数字化为基础的长期、稳定的合作关系。要建立强大的数字化运营平台。一是强化前台执行力，了解细分行业趋势、客户需求，提供标准化、多元化、定制化的产品组合方案，深度服务关键客户，实现企业内部及与客户、供应链伙伴之间的信息共享，辅助客户进行供应链管理和决策支持，提升供应链效率和韧性。二是强化中台整合力，深度应用数字化技术，链接资源要素，聚合内部体系，开放外部生态，以更为迅速、灵活、共享、开放的方式为前台提供可快速调用、升级迭代的产品和服务支撑，具体包括建设资源中台（涵盖海运干线、驳船、铁路、拖车、关务、仓储和“最后一公里”配送等多种要素）、产品中台、客户中台、技术中台及数字化底座。要确保2022年第四季度实现全程供应链试点产品上线运营。要聚焦数字化组织能力建设，围绕数字化推进航运、物流等业务流程的数字化再造及组织架构调整和再造，最终要实现线上线下业务一体化运营。

要加快推进全球化供应链布局。集团和集运正在紧锣密鼓开展内部调研及外部协商合作，快速推进供应链架构体系的建设；其他相关公司也在齐头并进，积极推进全球供应链项目及合作的落地落实，共同促进数字化全球供应链建设。要立足中国着眼全球；在中国，我们要依托航线、港口、口岸、物流公司、陆运、仓配、报关等线下资源，发挥产业链优势，统筹推进国内资源布局，不断延伸拓展物流供应链，建强建优国内供应链服务能力，增强供应链韧性。要加快推进海外供应链物流能力建设和投资；全球产业链正深度调整，要充分发挥集团海外航线和港口战略支撑作用，在此基础上获取物流基础资源，加快在海外相关区域延伸服务能力建设，进而在全球主要区域内打造综合物流供应链服务平台，深度参与全球化经营；我们考虑以中远海控、各海外区域公司为投资运营主体，由集团统筹，加快海外布局，推动海外向全程供应链各环节渗透延伸，协助客户增强全球供应链能力，弥补集团海外基础资源布局的短板，其他公司根据需要也可以参与；作为核心区域，欧洲公司、北美公司、东南

亚公司要深化合作、重点发展；作为集团发展海外业务的增长极，非洲公司、西亚公司、南美公司要以集团控股码头所在节点为延伸支撑，加大投入、加快布局；作为集团发展海外业务的重要组成，日本公司、韩国公司、澳洲公司要积极寻求转型，特别是强化区域公司对集运公司在区域内相关航线布局的业务支撑和线下服务能力建设。要提升内外部协同能力；建设一个兼顾专业化、开放性、共享的内外部协同机制；对内，集运、物流、中远海科、海外区域公司等单位要进一步加强协同，通过提升智能化水平助力提升外贸企业数字化水平，以航运＋港口＋物流为支撑，提供供应链标准化、多元化和定制化服务，有效提升综合物流效率，降低物流成本；对外，要探索与各行业的头部企业及全球重要的跨境电商平台联动发展，通过与跨境电商平台合作，实现营销、接单和仓储、配送的良性互动，实现“最后一公里”的有效配送。要提升本土化运营能力；将海外仓有机融入所在国的经济和社会体系，实现共同发展，互利共赢；尊重不同国家人文风俗，提高当地员工占比；加强与当地商业合作伙伴、协会保持良好关系，积极融入当地社会，履行企业社会责任。

要加快推广数字化产品的应用。GSBN 要不断扩大生态圈，特别是与银行等金融机构的合作，以区块链电子提单为重要纽带，加强与贸易、金融领域的合作。在区块链产品方面，要持续推广无纸化放货产品在境内外港口的使用，大力宣传推广电子提单产品。围绕改造传统服务模式和单证体系，在现有产品基础上，继续延伸到危险品证书、装箱单、商业发票等单证，寻找试点客户和业务场景予以研究和落地。要加强标准制订，推进国际标准化组织（ISO）区块链海运电子提单、无纸化放货等标准的相关工作。在物联网方面，要持续推进冷箱物联网设备应装尽装工作，扩大安装范围。深化冷箱物联网应用，启动“宁德时代”冷危货的解决方案验证和推广。启动“集装箱冷链物流运输服务标准化”相关工作，输出企业和行业标准。要加强产品研发布局，推动码头在场冷箱监控方案定型并开始商用推广；争取陆地冷藏车运输监控产品示范验证；继续优化船载冷箱监控方案。对于 5G 智慧港口，在成功推出 5G 港口 2.0 解决方案中，要结合港口操作系统的升级，致力于智慧港口能力提升，全面应用智能化、智慧化产品。5G 不但体现在港口硬件上，也要体现在加强港口的智能化管理上，要在无人化、物联网、冷链、区块链、现代码头的智能化管理工作中，挖掘新的发展空间。要在港口公司控股码头和集团内企业大力复制推广，打造港口无人驾驶集卡系统商品化产品，形成开放式场景下混合运营的港口无人驾驶集卡系统方案；下半年要先在武汉阳逻码头复制推广。散运船货易平台要加大市场营销推广力度，加快核心客户的培养，建立客户分层运营和培育体系，推进平台增值服务建设，开发增值服务产品，增强客户黏性。特运要加快数字化转型，推进航运数字平台上线，积极探索区块链技术在纸浆货物供应链金融上的应用，打造特运端到端数字化供应链解决方案。物流远海通要重点提升平台智能化水平，持续扩大客户范围，实现物流体系全部上线，持续推进集团内的互联互通和协同作业，成为集团数字化供应链上的重要一环。要加强与集运的协同，共同提升数字化供应链能力。数据集成平台要结合集团云计算、大数据和客户数据集成等工作，构建统一数据底座，面向业务前端赋能。

要积极开展数据治理和算力布局。要建立健全集团数据治理体系，持续开展数据治理工作。根据集团“一套流程、一组标准、一个机制、一个团队”的建设任务，不断夯实以质量和时效为导向的数据管理机制。要大力推进集团数据底座建设，建立数据湖，提升数据开发效率，深化数据共享和应用。要优化算力布局；8 月底前印发《集团“十四五”云计算建设及应用总体方案》，明确集团及各单位建云、上云、用云，以及数据中心收敛的目标和重点举措，做好方案宣贯和任务分解，持续督导落实，确保取得实效。

（三）顺应发展趋势，持续推动绿色低碳智能化发展

要落实集团“双碳”行动方案，进一步明确

下阶段行动举措和路线图。在前阶段工作的基础上，要制定具体行动举措，面向2025、2030、2035年编制切实可行的时间表、路线图和施工图。以规划为引领，推动绿色低碳转型、能效提升、能源替代、可再生能源在航运业、装备制造业、港口和物流业的应用，建设绿色低碳供应链保障体系，构建集团绿色低碳发展格局。要依托集团国家重点实验室、工程研究中心和院士工作站等科研平台打造集团原创技术策源地，强化原创技术供给，加速创新要素集聚，加大关键核心“绿色低碳智能”技术攻关力度，实施一批重大项目，打造一批“双碳”标志性成果，加快产业转型和优化升级，发挥行业引领示范作用。

要加快船队绿色低碳发展。当前集团航运绿色低碳发展任务艰巨。主要航运公司碳排放量占集团总排放量的98.6%，三大主流船型碳排放量占集团总碳排放量约95%。下一步要加快船队结构调整，研究运力发展与碳中和的关系，深入推进船队结构调整，明确关键时间节点的运力结构，加快改造或处置高能耗等不符合绿色低碳标准要求的老旧船舶。加快低碳新能源项目建设。对于甲醇动力23 000TEU项目，集运与重工要争取在11月前完成合同签署。新能源动力33万吨矿砂船项目要在近期完成项目物量分析和市场价格分析。海峡零碳客滚船项目要尽快完成项目简要技术规格，8月底前完成项目技术详细规格和可研报告，积极推动项目落地。对于新能源纸浆船项目，特运、海发、重工和有关单位要抓紧开展新能源动力论证，形成详细技术规格。要加大岸电使用力度，加快推进渤海湾省际客滚船舶岸电常态化使用；组织制定琼州海峡省际客滚船航线相关船舶和码头岸电改造技术方案，推动落实改造计划，尽早实现常态化使用；推进沿海内贸大型干散货船受电设施改造和常态化使用；推动大型集装箱港口签署合作协议，进一步提高集装箱船舶岸电使用率。要加快推动绿色清洁能源替代燃料供应保障体系建设；加强与行业协会、院校及行业领先企业和中央及地方优势企业合作，加大科技研发和产业投资力度，积极争取国家政策支持，加快推进绿色清洁能源替代燃料保供体系建设。

（四）强化战略执行，高质量服务构建新发展格局

在“一带一路”建设上，要持续做好比雷埃夫斯港投资项目，加快3个集装箱码头统一经营，尽快启动将1号集装箱码头特许经营给PCT事宜。受疫情影响，比港吞吐量上半年未达预期，下半年要盯紧目标，加强产业链协同，并通过比港自身资源的优化，提升产能和效率。欧洲公司、PPA、集运、物流等单位要密切协同，依托比港，做强做大中欧陆海快线，利用里耶卡通道不断扩大快线覆盖面，提升中欧陆海快线的运营能力和效能。要持续跟进阿布扎比哈利法二期集装箱码头和码头前沿后沿物流分拨园区的经营，将阿布扎比码头打造成中国企业在中东的海外集疏运枢纽、配送中心。南美钱凯码头项目建设要加快进度。港口公司要在新一轮的全球布局中，根据国际贸易全球化和区域化并重的情况，尽快寻找新的投资项目。

在西部陆海新通道建设上，要加快推进与广西的战略合作协议签署和双方合资平台建设工作，年内实现洋浦区域集装箱枢纽港扩建工程开工建设，加大通道沿线14省（区、市）重要枢纽和节点的网络布局；集运与物流要加强协同，在铁路沿线加快建设相关的无水港和配送中心。集运要大力拓展北部湾港、洋浦港内外贸航线网络，提高国际航线密度，优化航线网络布局和运营组织；围绕2022年集团在北部湾港完成不低于280万TEU、力争实现320万TEU的目标进行资源布局。要推动新通道与中欧班列相衔接、与长三角一体化和粤港澳大湾区战略相融合，全力打造纸浆、沥青、粮食、煤炭等大宗商品物流、集散枢纽，建设国家战略物资储备基地。要关注中西部重庆、四川、湖南等增速显著的重点地区，确定西部陆海新通道潜在货量，并进行针对性的营销和推广。要抓住RCEP发展机遇，积极参与越南、新加坡、马来西亚、泰国、缅甸等东南亚地区国家的经贸合作和网络布局，建设海外物流分拨配送中心。

在海南自贸港建设上，要加快推动与广东省港航集团的合作，争取琼州海峡港口资源整合取得阶段性进展。要对标世界一流，做好琼州海峡港航一体化发展规划，全面提升客滚运输的安全、服务和运营等级。要统筹规划封关运作后的供应链发展布局，不断拓展客滚业务上下游产业链等业务。要充分考虑港口发展规划与国家战略及产业发展的适配性，循序渐进推进马村港、洋浦小铲滩、新海港等重点项目建设，做到港口规划建设与自贸港建设和产业发展相得益彰。

在长江经济带建设上，要加快推动阳逻集装箱码头统一经营，推动武汉铁水联运二期项目建设。根据国家物流枢纽布局和建设规划，加快已投资的上海、南通、张家港等物流节点资源建设。

在京津冀协同发展上，港口公司要积极做好天津港集装箱码头市场经营开拓，加强与天津港集团的协调，与集运发挥好协同效应，以天津港为北方枢纽港辐射渤海湾地区。

当前，各地均在大力推进多式联运体系建设，出台了相关发展规划，我们要结合国家政策积极跟进，加快推广“水水中转”“海铁联运”“公铁联运”模式。

（五）释放改革红利，实现“三个明显成效”目标

下半年，是国企改革三年行动全面收官的关键时期，我们要在已取得阶段性成果的基础上，狠抓改革“规定动作”，确保在年底前胜利收官。在公司治理、三项制度改革、市场化激励约束机制等方面形成一批标志性成果，切实发挥好双百企业、科改示范企业的带头作用。对于上级单位重点关注的新海医院改革等工作下半年要取得突破性进展。

下半年，我们要继续推进 10 项重点改革任务，打造世界一流航运企业，努力在现代企业制度、经济布局优化和结构调整、企业活力和效率上取得明显成效。具体而言：物流混改实施方案已经集团董事会审批通过，要按照要求推进各项工作，推动内部体制机制改革、业务转型升级、商业模式创新等，全面提升物流产业链竞争能力。数字化转型改革要全力推进三项任务的有效落地，包括：数字化转型本部、中远海科“一部一司”工作模式；集运建立适应数字化供应链的业务流程和组织架构体系；建立数字化转型评价体系。数字化船舶服务平台建设要在完成框架方案的同时，统筹制定船舶服务业务操作方案，尽快形成集团数字化船舶服务平台的整体方案，启动实质性业务改革实施工作。科技体制改革要研究形成集团创新型组织和评价体系，重点推进集团科技创新工作本部、船研所和重工“一部两司”深度融合的科技制造事业群改革，充分发挥重点实验室、工程中心和集团院士工作站等科研平台作用，科学谋划把准方向，精准施策强化激励。对于投资体制改革，要加快顶层设计，按照“一委（集团投资委员会）+ 两部（资本部和战企部）+ 三个投资平台（中远海控、中远海运香港、中远海发）”的投资架构设想，打造“战略管控 + 资本运营”的发展模式，以资本和投资为抓手，发挥战略引领、资源优化配置和经营价值实现等三个功能。在集团机构改革方面，要统筹制定集团总部部门职责优化方案，有序推进机构优化，确保工作取得实效。要持续优化金融业务布局，对于业务雷同的融资租赁公司、保险经纪公司等进行统筹布局、优化整合，提升资源配置效率。在体制机制改革方面，要进一步完善对直属单位经营业绩和党建的考核工作，研究出台集团综合考核管理办法，进一步提升党建考核的重要性，按照岗位一人一考核的要求做好相应工作。下一步，要在集团前期薪酬体制改革和海外薪酬方案的基础上，根据形势和阶段性任务目标的变化，进一步优化集团本部及集团管理干部的薪酬体系，包括公司的定级；同时要进一步优化海外薪酬体制方案，进一步突出战略引领，进一步突出海外薪酬与年度绩效相匹配的原则。此外，海控与集运、海发与中远海运投资要加快推进组织机构优化，完善公司治理，提升战略执行能力、管理决策效率和资本运营价值实现能力。

（六）构筑人才高地，营造干事创业的良好环境

我们要认真贯彻中央人才工作会议精神，推进人才强企战略，加快建设与世界一流航运企业相适应的干部人才队伍。

贯彻新时代党的组织路线，选优配强领导班子和干部队伍。我们要应变局、育新机、谋发展，关键是要把各级领导班子和干部队伍建设好、建设强。一是树立正确的选人用人导向。严把选人用人政治关、能力关、廉洁关，大力选拔政治过硬、对党忠诚的干部，选拔实绩突出、群众公认的干部，选拔知重负重、担当作为、解决实际问题强的干部。需要强调的是，对 2016 年重组以来采取的“拉长板凳”“保留待遇”等过渡性措施要适时停止，按照人岗匹配的原则和“重实绩、重实干、重担当”的用人导向进行调整和优化，真正做到能上能下。二是围绕事业发展需要配班子、选干部。有计划、分批次调整领导班子和干部队伍，不断优化结构、补齐短板。围绕做强主业和战略转型，注重选配熟悉产业链经营、科技创新和数字化转型的干部，注重选配具有船舶工作经历、基层企业负责人经历、海外工作经历的干部。要把选拔“船舶三长”作为培养各级管理人员的重要来源，这既是航运企业的特色，也是当前干部工作的重点。三是建立常态化干部交流制度。以正职和年轻干部为重点，推进干部交流制度化、常态化，大力推进业务与党务岗位、纪检与党务岗位、境内与海外单位、总部与基层、产业链上下游等各个层面、各个领域的干部交流，培养综合型、复合型干部，不断适应集团全球化战略需要。2022 年要重点推进各级总部与基层的交流；二级公司的总部管理人员要到口岸、海外，三级公司的总部管理人员要到网点，真正让干部流动起来。下一步要将基层经历作为优秀干部到上级公司工作的必要条件。四是加强专职外部董事和外聘董事队伍建设。要加大党组管理干部的转任力度，进一步充实专职外部董事数量。要拓宽外聘董事来源渠道，吸纳优秀的专业人选进入董事人才库。加大董事培训考核力度，优化董事监事考核评价工作，推动外聘董事与专职外部董事同步考核。选派敬业负责、工作能力较强的专职外部董事担任董事召集人，牵头做好任职单位外部董事的管理和协调工作。

抓好后继有人这个根本大计，大力培养选拔优秀年轻干部。一是树立战略眼光，坚持长远规划。干部的成长规律决定了干部培养要有足够时间，我们要着眼未来 5 年、10 年，乃至更长时间，对年轻干部培养选拔工作进行规划。今年以来，集团建立了“启航”“远航”年轻干部人才库。各单位也要建立各自的年轻干部人才库，从基层单位开始培养，把有潜力的各级年轻干部及早纳入视野。二是注重日常发现，坚持跟踪培养。要有计划、有意识地把年轻干部放到市场前沿、船舶一线、海外艰苦环境锻炼，通过递进式培养、多岗位历练、一层层考验，使年轻干部经历更加丰富、能力更加扎实。三是破除论资排辈，及时大胆使用。使用是最好的培养，早压担子早成才。要冲破平衡照顾、求全责备等观念，对年轻干部要看政治、看主流、看潜力，让各方面表现优秀的年轻干部能够脱颖而出。对入选集团“启航”“远航”库的年轻干部，各单位要重点择优使用。对政治过硬、历练扎实、实绩突出的干部，还要放到三、四级企业正职等关键岗位上。同时，统筹用好各年龄段干部，对年龄偏大但表现突出的干部也要合理使用，不简单以年龄划线，不搞“一刀切”，从而调动整个干部队伍的积极性。四是坚持从严要求，强化监督管理。对年轻干部要严管厚爱，这既是对党的事业负责，也是对年轻干部负责。越是重点培养的越要重点管理，越是有发展潜力的越要严格要求。近年来，集团查处了一些年轻干部涉嫌职务侵占、违反廉洁纪律的问题，有的刚成为单位骨干就陷入贪腐，不是晚节不保，而是早节就没保住。选拔年轻干部不能只看业绩，对政治上不合格、廉洁上有瑕疵和群众公认度不高的要挡在门外。要教育年轻干部坚守拒腐防变的底线；在年轻干部的培训培养中，要加强党建、党纪国法、遵规守纪方面的培训。要优化严管厚爱的具体措施，引导年轻干部对党忠诚老实，坚定理想信念，牢记初心使命，正确对待权力，时刻自重自省，严守纪法规矩，扣好人生的“第一粒扣子”。

贯彻中央人才工作会议精神，全方位培养、引进、用好人才。一是着眼战略需求储备人才。要统一核定各单位招录计划和岗位需求，确保科技创新、数字化、供应链、绿色低碳等重点专业招录比例不少于 20%。要从源头上招录高潜质人才，严把人员进入关，坚持“逢进必考、标准统一”，确保招聘质量。要把管培生计划作为招录工作的重中之重。要响应中央号召，适当扩大应届毕业生、社会面市场招工范围和规模，今年我们计划招聘应届毕业生 2205 人，同比增长 33%，同时，我们根据中央要求，在今年夏季计划再新增招聘 357 名应届毕业生，为国家稳就业作贡献。二是立足自主培养人才。航运、港口、物流等核心产业板块，要加快培养熟悉核心产业精髓的数字化人才；要加强与高等院校、科研院所、专业公司合作，联合培养专业人才；要加强产业链经营复合型人才培养，打通人才交流壁垒，通过轮岗锻炼、循环赋能的方式，促进产业链上下游协同融合，提升人才与战略匹配度；要全面落实《集团党组关于高素质船员队伍建设的指导意见》。各航运公司要在坚持市场化导向的同时，在船员薪酬、服务船员等方面给予大力支持。发挥集团党校/人才院培养人才的主阵地作用，推广“订单班”船员培养模式，大力开发数字化、绿色低碳等培训内容和课程。三是聚焦“高精尖缺”人才引进。各单位要认真贯彻落实《集团党组关于引进高层次人才的指导意见》，在数字化转型、科技创新、绿色低碳、智能航运、先进制造、供应链管理等关键领域引进一批高层次人才。要优化引才方式，注重引进高层次人才，引进数字化、供应链等行业的人才。各海外区域公司及国家公司要考虑国际化人才的配置，推进本土化，选聘外籍人才进入管理层。四是深化机制改革激励人才。要以事业舞台激发人才创新活力，依托重点项目、重大工程，用好院士工作站、国家重点实验室等平台，落实好攻关任务“揭榜挂帅”“赛马”等机制，为广大人才施展才华创造条件；要建立有竞争力的薪酬制度，对科技领军人才和创新团队实行工资总额单列，对科技型骨干人才实行股权激励、岗位分红等措施。集团将采取考核加分、利润加回、投入加大、激励加码、改革加力和“两金”减出、容错减压等“五加两减”政策体系，鼓励各单位用好、用足人才优惠政策，形成有吸引力和市场竞争力的人才制度体系。

（七）守住发展底线，筑牢抵御各种风险的安全屏障

全系统要坚决落实中央关于“疫情要防住、经济要稳住、发展要安全”的要求，瞄准防控重点，多维发力，营造安全稳定的发展环境。

毫不松懈，筑牢疫情防控屏障。当前国内外疫情多点散发、频发，奥密克戎毒株不断变异。集团业务面广、分布点多、业务链条长，且当前员工大规模返岗，工厂及办公场所人员密集，随着社会流动性的放开，外来物流人员、供应商和合作方人员流动频繁，巩固防控成果的任务更为艰巨。全系统要在认真总结前期疫情防控好经验好做法的基础上，始终保持慎终如始的干劲、严谨务实的作风，抓细抓实各项工作。下半年以来，我们出现了相比上半年严重的疫情突发事件，主要反映在我们对第三方的管理存在缺陷，特别是第三方的后勤、餐饮。因此，下一步在第三方的管理中，各单位要切实查找漏洞，形成更为完善的管理体系，集团防疫办将就第三方管理再做部署。要进一步提高政治站位；各单位要切实将思想和行动统一到党中央决策部署上来，坚决落实集团防疫要求，始终绷紧疫情防控这根弦，切实扛起疫情防控政治责任，毫不放松抓好常态化疫情防控，决不能让来之不易的疫情防控成果前功尽弃。要进一步落实科学精准防控；在抓好船舶船员、境外单位、港航等一线单位“外防输入”的基础上，紧盯在国内疫情严重地区靠港的内、外贸船舶，完善船员上船前各环节的防疫制度，落实好“内防外溢”的要求；继续抓好工厂、医院、宾馆、学校等重点场所，以及单位、岗位等关键环节，完善工作机制与流程；各海外公司要紧盯国外疫情发展变化，把各项疫情防控工作落实落细落到位，同时要注重防范衍生风险，常态化做好驻外员工和家属的关心关爱工作。要进一步提升应急处置能力；各单位要健全完善应急处置机制，增强底线思维，完善应急预案，加强应急演练，确保各级防疫应急指挥体系处于激活状态；遇到突发事件，第一时间启动应急指挥体系，突

出一个“快”字，确保反应迅速，措施果断有力。要进一步强化监督检查机制；要开展常态化巡检，一竿子插到底，加大对基层单位和船舶一线抽查，加强末端监管；督促各单位强化疫情防控风险隐患排查，定期开展全区域、全链条的风险排查和整改。

统筹发力，筑牢安全生产屏障。全系统要认真贯彻落实习近平总书记关于安全生产的重要指示精神，落实李克强总理的批示要求，以及7月11日全国安全生产电视电话会议要求等工作部署，把思想、行动统一到党中央决策部署上来，紧紧围绕“防风险、保安全、迎二十大”的主线，紧紧锚定遏制重特大事故的目标，将防范化解重大安全风险作为重大政治责任，严格落实安全生产十五条硬措施。要把遏制重特大事故摆在更加突出的位置，全面排查治理各类风险隐患；坚持开展安全生产大检查“回头看”，依法依规严肃事故追责问责；协调联动堵塞盲区漏洞，加强风险监测预警和现场监控，严字当头“打非治违”。要强化担当作为抓落实；敢于直面矛盾、正视问题，通过加大检查、约谈、曝光力度推动落实，全力维护安全生产形势持续稳定，为党的二十大营造良好安全环境。要认真总结提升，做好安全生产专项整治三年行动收官；不断总结、梳理、固化好的经验、做法及最佳管理实践，并转化为常态化、长效化工作机制。要坚守底线红线，持续抓好重点安全管控工作；认真开展好危化品、燃气和客滚船安全集中整治，能源、上海中远海运、物流、大连投资要严格落实油轮、化学品船、LNG/LPG 船和危化品储运管控要求，客运、海南港航要加强客运安全管理、车辆上船安检和绑扎系固，集装箱业务板块要加大危险货物集装箱瞒报谎报查处和惩处力度等。要突出预防预控，扎实做好季节性安全工作；加强预警提示，密切关注台风、长江珠江洪汛、强对流、大风大雾等气象预警信息，提前落实好安全防范工作；近期各地已多次发布高温预警，重工各修造船单位、海发箱厂、物流仓储等单位要落实好调整作息时间、加强通风降温、防火防爆等措施，全力保障安全稳定。

依法合规，高度重视合规经营。各单位特别是主要领导和分管领导要切实做好风险应对，高度关注地缘政治冲突、疫情、外部经济形势变化等带来的经营风险，积极做好应对。要依法合规，跟踪研究相关国家和地区对海运监管的变化情况，做好相关预案。要统筹安排，集团相关部门要梳理各类风险，结合形势变化，提前做好应对。要进一步完善境外风险防控体系，继续加大海外风险防控，确保海外资产安全。要继续抓好专项工作，落实好“严肃财经纪律、依法合规经营”专项治理行动，营造依法合规的良好氛围。

靠前发力，强化数字化安全管理。要加强数字化安全管理；重点从防泄漏、防篡改、防伪造三个方面考虑对关键信息进行隔离或防护。要建立有效的网络安全管控制度；7—8月份要经受住网络安全攻防演练的“实战检验”。下半年要重点做好二十大网安保障工作；守住全集团在党的二十大期间不发生重大及以上级别网络安全事故的底线；集团数转部要与安管部密切协同，重点加强船舶网络安全工作。

（八）坚持党建引领，为企业高质量发展提供坚强保证

要围绕迎接和学习贯彻党的二十大精神，全面加强党的领导和党的建设，充分发挥党的政治优势、组织优势，为打造世界一流企业提供坚强保证。

坚定不移加强政治建设。把忠诚拥护“两个确立”、坚决做到“两个维护”作为最坚定的政治立场、最鲜明的政治方向、最牢固的政治信念，抓好习近平总书记对本行业本企业十个方面重要指示批示精神和党中央决策部署的贯彻落实，围绕建设海洋强国、航运强国，牢记“国之大者”，充分发挥党组（党委）把方向、管大局、促落实的领导作用，不断提高政治判断力、政治领悟力、政治执行力，充分发挥国民经济稳定器、压舱石作用，彰显大国船队的使命担当。

坚持不懈强化理论武装。始终把学习贯彻习近平新时代中国特色社会主义思想作为首要政治任务，把学习宣传贯彻党的二十大精神作为重大政治任务，按照中央部署，积极组织收听收看、学习研讨、领导宣讲、专题辅导、干部轮训、课题研究等活动，引导干部职工把思想行动统一到党的二十大精神上来。

持之以恒深化党建融合。坚持“两个一以贯之”，把落实《关于中央企业在完善公司治理中加强党的领导的意见》作为深化党建融合的龙头工程。完善和落实“双向进入、交叉任职”领导体制，集团二级公司层面实行董事长、党委书记“一肩挑”与总经理分设制度，在规模较大的二级单位配备专职党委副书记并进入董事会，符合条件的三、四级企业也要积极推行。完善“三重一大”决策事项权责清单。完成直属单位年度党建责任制考核，将党建考核纳入集团综合考核体系，与薪酬兑现和奖惩激励挂钩。把提升组织力作为深化党建融合的重要基础，深入开展特色党支部创建、党员立功竞赛、先进典型选树、创新创效等活动。

守正创新加强宣传工作。拓展主题宣传深度，落实意识形态工作责任制，把宣传党的二十大精神作为重要政治任务，持续开展“建功新时代、喜迎二十大”主题活动、“奋进新航程、建功新时代”重大主题访谈活动、“喜迎二十大、奋楫新航程”文艺作品创作活动。围绕“四个领航”，开展集团先进典型、船舶“金牌三长”评选表彰。增强企业文化建设厚度，落实集团“十四五”企业文化建设规划，制定《企业文化建设发展体系（3.0 版）》。加强重要节点、重要改革和重大项目舆情管理，做好实时监测、分析研判和应急处置。提升品牌建设强度，持续推进传播创新和话语创新，协同全系统力量抓好视频化宣传，不断提升品牌宣传的传播力、感染力。增强对外传播投送能力，讲好中远海运故事，积极塑造“承运全球”国际品牌。

持续深化正风肃纪反腐。做深做实政治监督；围绕习近平总书记重要指示批示精神和党中央重大决策部署落实落地，加强监督检查。提高一体推进“三不腐”能力水平；持续抓好“靠企吃企”专项整治、境外腐败治理和境外违规投资经营专项整治等专项工作，及时堵塞管理漏洞；聚焦重点领域和关键环节，严肃查处各类违规违纪违法行为；加强年轻干部教育管理监督。驰而不息纠“四风”树新风；持续紧盯、严查违规吃喝、收送礼品礼金等顽瘴痼疾，对违反中央八项规定精神问题发现一起，查处一起；加大形式主义、官僚主义整治力度，持续抓好为基层减负工作。充分发挥巡审工作合力；巩固中央巡视整改成果，组织第二轮现场巡视，完成巡视巡察全覆盖，开展整改情况“回头看”；持续推动远程审计工作规范开展，加强境外企业、资产、项目审计监督，一体推进审计、巡视数字化转型升级工作。

今年是党的二十大召开之年，我们要进一步提高政治站位，全力完成全年各项生产经营任务、党建工作目标，全力保通保畅，为稳经济大盘作出中央企业应有的贡献，在稳增长、促发展中切实践行央企责任和使命，切实履行大国船队担当，持续推进高质量建设世界一流企业工作，以优异成绩迎接党的二十大胜利召开。

专论

在高质量共建“一带一路”中展现“航运力量”

中远海运集团党组书记、董事长　万　敏

“一带一路”，一个根植于历史厚土、顺应时代大势的战略决策，一个源于中国、属于世界的伟大倡议。2013 年 9 月 7 日，习近平总书记在出访中亚国家期间首次提出共建“丝绸之路经济带”①，同年 10 月在出访东南亚国家期间又提出共同建设 21 世纪“海上丝绸之路”②，二者共同构成了“一带一路”重大倡议。8 年来，“一带一路”建设从“大写意”步入“工笔画”，正朝着更高质量的发展方向迈进。党的十九届六中全会审议通过的《中共中央关于党的百年奋斗重大成就和历史经验的决议》中指出，“我国坚持共商共建共享，推动共建‘一带一路’高质量发展，推进一大批关系沿线国家经济发展、民生改善的合作项目，建设和平之路、繁荣之路、开放之路、绿色之路、创新之路、文明之路，使共建‘一带一路’成为当今世界深受欢迎的国际公共产品和国际合作平台”③。

中国远洋海运集团有限公司（以下简称“中远海运”）作为国际航运业的主力军，深入学习贯彻党中央关于“一带一路”建设的重大部署和习近平总书记相关重要论述，以舍我其谁的情怀承担起打造海上贸易通道、拓展连接“一带”与“一路”物流走廊的历史使命，不断成为共建“一带一路”中发挥先导作用的重要载体和“一带一路”沿线上一张亮丽的中国名片。

在高质量共建“一带一路”中勇当“开路先锋”

习近平总书记指出，“要深化互联互通，完善陆、海、天、网‘四位一体’互联互通布局”“各国只有开放包容、互联互通，才能相互助力、互利共赢”④。

互联互通首先是路的畅通，无论是公路、铁路、航路还是网络，路通到哪里，哪里才会有更深的合作。航运业服务“一带一路”，核心目标和重要使命就是做好“大物流”的通道和节点建设，促进基础设施互联互通和国际运输便利化，为中国和世界经济的持续增长拓宽新的路径。

围绕互联互通，中远海运通盘考虑发展定位、功能作用、空间布局、发展重点和实施路径，积极发挥海外业务以及各相关业务板块资源优势，以船舶为纽带，以港口投资为支点，以综合物流为支撑，以南北极运输为延伸，积极打造“点线面极”高效立体运营网络，为“一带一路”沿线国家和地区间贸易往来、商品流通、基础设施建设等提供全方位综合物流供应链服务。

突出支点作用，着力“一带一路”沿线港口布局。码头业务是中远海运全球网络布局的基础，也是参与“一带一路”的战略支撑点。截至 2021 年底，在全球投资经营码头 58 个，在重要枢纽布局集装箱码头 20 个，以总吞吐量计，中远海运已成为全球第一大码头运营商。

突出纽带连接，优化“海上丝路”航线网络架构。中远海运持续优化全球航线布局，相继开通欧亚等地区多条班轮航线。截至 2021 年底，在“一带一路”沿线布局集装箱班轮航线 195 条，

① 《弘扬人民友谊 共创美好未来——在纳扎尔巴耶夫大学的演讲》，《人民日报》2013年09月08日03版。

② 《习近平在印度尼西亚国会发表重要演讲时强调　共同谱写中国印尼关系新篇章　携手开创中国—东盟命运共同体美好未来》，《人民日报》2013年10月04日01版。

③ 《中共中央关于党的百年奋斗重大成就和历史经验的决议》，人民出版社2021年版第38页。

④ 《习近平在第三次“一带一路”建设座谈会上强调　以高标准可持续惠民生为目标　继续推动共建“一带一路”高质量发展　韩正主持》，《人民日报》2021年11月20日01版。

投入运力203万TEU，占集团集装箱船队总运力的68%。“一带一路”沿线油品、干散货海运量每年分别在6 500万吨和4 000万吨以上。

突出全程物流，夯实“陆上丝路”物流服务基础。中远海运加大对亚欧海铁联运、亚欧国际班列业务的投入，助推内陆沿边地区成为开放前沿，带动形成陆海内外联动、东西双向互济的开放格局。大力推进以希腊比雷埃夫斯港为枢纽的“中欧陆海快线”建设，深入中东欧腹地开辟中国与东欧之间物流新通道。此外，积极围绕“一带一路”沿线国家和地区，加强物流、仓储等基础设施的投资和建设。

突出空间拓展，开辟“冰上丝路”商业运营版图。中远海运作为“冰上丝绸之路”先行者，是全球唯一一家运营南北极航线的航运企业。自2013年开始探索北极航行以来，目前已实现北极商业运营常态化、规模化。2016年完成全球首个南极科考站建设的商业运输服务项目。未来，集团将有越来越多的船舶穿越“冰上丝路”。

作为全球最大综合性航运物流企业，中远海运持续深化航线、港口及综合物流领域的投资和布局，深入构建“航运＋港口＋物流”的立体运输大通道，在共建“一带一路”谋篇布局“大写意”的同时，着力发挥陆海协同效应，提供综合物流解决方案，精心描绘“一带一路”的“工笔画”。

在高质量共建“一带一路”中锻造“主力船队”

习近平总书记指出，“要统筹考虑和谋划构建新发展格局和共建‘一带一路’，聚焦新发力点，塑造新结合点。要加快完善各具特色、互为补充、畅通安全的陆上通道，优化海上布局，为畅通国内国际双循环提供有力支撑。要加强产业链供应链畅通衔接，推动来源多元化”①。

中远海运是交通强国、海洋强国、航运强国的重要践行者。百年未有之大变局下，中远海运在立足新发展阶段、贯彻新发展理念、构建新发展格局、推动高质量发展中找准坐标，准确把握深化“一带一路”建设的使命担当，积极发挥全球最大航运企业和海洋联盟的作用，为中国企业优化全球布局、拓展全球市场发挥积极作用。

新格局布局方面，中远海运在“一带一路”沿线布局不断优化和完善，同时持续加大第三国市场、新兴市场和区域市场开拓力度，集装箱运输、散货运输和能源运输在第三国货量已占外贸货运量的32.4%、29.6%和32.2%。集团积极参与国家构建现代物流体系，融入长三角经济一体化、粤港澳大湾区、西部陆海大通道、海南自贸区建设、京津冀协同发展等国家战略。积极提升跨境物流能力建设，关注外国港航、物流战略项目，融入全球产业链供应链，促进和战略客户的紧密合作，持续提升跨周期能力，在新周期、新格局中实现新跨越、作出新贡献，进一步提升航运对全球贸易的支撑能力。

新格局延伸方面，针对新贸易格局变化，中远海运充分发挥集团资源优势，积极推动产业链经营协同，保障国内国际双循环畅通有序。深入落实“六稳”“六保”，创新水水、海铁等多式联运，创新物流解决方案。针对今年以来国际市场能源价格大幅上涨，国内电力、煤炭供需持续偏紧的现实，中远海运主动担当、科学筹划、加大运力、海陆齐发，电煤运输跑出“加速度”，努力满足客户电煤等能源运输需求，为社会经济平稳运行和人民生产生活稳定贡献力量。

新格局驱动方面，中远海运制定了《“十四五”数字化转型发展规划》，明确了数字化发展方向。区块链技术与航运、港口等板块加速融合，实现更广泛的连接，被列入交通运输部民生实事工程之一“畅行工程”。

在高质量共建“一带一路”中当好“形象大使”

习近平总书记指出，“要规范企业投资经营行为，合法合规经营，注意保护环境，履行社会责任，成为共建‘一带一路’的形象大使”②。

① 《习近平在第三次“一带一路”建设座谈会上强调　以高标准可持续惠民生为目标　继续推动共建“一带一路”高质量发展　韩正主持》，《人民日报》2021年11月20日01版。

② 《习近平在推进“一带一路”建设工作5周年座谈会上强调　坚持对话协商共建共享合作共赢交流互鉴　推动共建“一带一路”走深走实造福人民 韩正主持》，《人民日报》2018年08月28日01版。

“合规”是高质量共建“一带一路”的首要前提。只有注重合法合规经营，规范境外投资经营行为，防范各种法律合规风险，企业才能行稳致远。作为全球化企业，中远海运从政治高度、长远角度把境外合规经营作为参与共建“一带一路”的头等大事和全球化发展的道德底线、法律红线，依法依规，做中国企业“走出去”的表率。

“绿色”是高质量共建“一带一路”的重要理念。必须践行绿色发展理念，倡导绿色、低碳、循环、可持续的生产生活方式，致力于加强生态环保合作，共同实现 2030 年可持续发展目标。中远海运积极响应“碳达峰、碳中和”要求，争做全球可持续交通运输发展的践行者。携手产业链上下游企业，共同推动全行业减排技术应用、替代燃料选择、安全标准的制定。坚持创新驱动，整合各类资源，提供端到端运输解决方案，打造全程服务生态，大幅提高物流效率，有效减少碳排放。积极探索海运、石油、航空业联动实现供应链碳中和的新策略。发展“丝路电商”，建设全球领先的绿色丝绸之路、数字丝绸之路，在新一轮科技革命和产业变革中，打造航运业新的核心竞争力。

“共享”是高质量共建“一带一路”的重要原则。共建“一带一路”追求的是发展，崇尚的是共赢，传递的是希望，彰显的是中国担当和世界情怀。中远海运秉持合作共赢的价值观，以普惠多赢的理念推动共建“一带一路”，打造了多个“样板工程”。希腊比雷埃夫斯港（比港）的“重生”，就是一个经典案例。中远海运 2008 年入股比港，2016 年全面收购比雷埃夫斯港务局。10 多年前，因欧洲债务危机，比港经营惨淡。中远海运接手比港以来，港口扭亏为盈，吞吐能力不断增长，一跃成为地中海第一大港，成为全球发展最快的集装箱港口之一。繁忙的比港为当地直接创造就业岗位约 3 000 个，间接创造岗位 1 万多个，累计为当地带来直接社会贡献逾 14 亿欧元，给当地人民带来满满的幸福感和获得感。依托比港构建的中欧陆海快线，成为辐射中东欧 9 个国家、共 7 100 万人口的中欧贸易第三条大通道。习近平总书记 2019 年视察该港时指出，“百闻不如一见。今天我在这里看到，中国倡议的‘一带一路’不是口号和传说，而是成功的实践和精彩的现实”①。

2021 年 11 月 19 日，习近平总书记出席第三次“一带一路”建设座谈会并发表重要讲话，为新时代继续推动共建“一带一路”高质量发展把脉定向，作出全面部署。中远海运将一如既往地深入学习践行习近平总书记关于共建“一带一路”系列重要论述，全面融入全球海运治理体系，深化国际航运合作，发挥在“海洋联盟”“港航联盟”主导引领作用，加强经贸文化融合发展，当好中外友好往来的重要纽带，促进“硬联通、软联通、心联通”有机结合，在高质量共建“一带一路”中展现“航运力量”。

（本文刊载于《党建》杂志 2022 年 1 月 12 日）

① 《习近平和希腊总理米佐塔基斯共同参观中远海运比雷埃夫斯港项目》，《人民日报》2019年11月13日01版。

勇当物畅其流的开路先锋

中远海运集团党组书记、董事长　万　敏

党的十八大以来，习近平总书记对建设海洋强国、航运强国建设作出一系列重要论述，特别是在上海考察期间指出“经济强国必定是海洋强国、航运强国”[①]，在海南考察期间指出“建设海洋强国是实现中华民族伟大复兴的重大战略任务”[②]，为推动我国航运业实现更可持续、更高质量发展提供了根本遵循，为加快建设海洋强国、航运强国汇聚了磅礴力量。百年变局和世纪疫情相互叠加的复杂局面下，航运业的战略性地位充分彰显。中国远洋海运集团作为全球最大综合性航运物流企业，心怀“强国使命”，把握“国之大者”，坚决贯彻落实党中央“疫情要防住、经济要稳住、发展要安全”的明确要求，在助力稳经济大盘、保障供应链畅通中勇当物畅其流的开路先锋。

一、陆海联动，担当保障产业链供应链稳定的联通者

疫情影响下，物流效率降低，部分地区跨区域、疏港运输不畅，国内供应链部分受阻，影响产业链稳定的不确定性因素增加。习近平总书记多次强调全力恢复和保障全球产业链供应链稳定有关工作。保产业链供应链稳定是畅通国民经济循环的基础，也是重塑我国经济发展优势不可或缺的一环，而物流畅通是其中的重中之重和当务之急。中远海运集团将稳经济、保畅通作为重要政治任务，发挥“航运＋港口＋物流”三位一体综合优势和全球化服务优势，助力产业链供应链高效运转。

增加运力供给，为物流畅通打通“堵点卡点”。建立协调工作机制，调整船队运力、加大市场租船、提升航行速度。推出散改集、特改集等内部协同和陆改水、陆改铁、空改水、水水中转、水铁中转等特色服务，以全球 1/18 的运力承运了全球 1/10 的货量，开足马力保货运，全力以赴保通畅。同时强化港口、物流基础资源投资力度，构建战略支撑和延伸能力，有效带动地方经济发展、就业增加和产业升级。

挖掘集疏运潜力，为战略运输开辟“绿色通道”。全力做好关系国计民生的重要物资运输保障，为服务国民经济健康平稳运行履职尽责。2021 年下半年，集团承运进口煤炭占中国煤炭进口量近 10%；承运内贸煤炭占中国煤炭下水量 31.5%，为 100 多家电厂提供电煤运输服务。承运原油进口量占我国原油进口量 12.39%，承运内贸原油占国内市场份额 56.83%。承运 LNG 进口量占我国天然气进口量的 15.4%。2022 年上半年，在上海疫情严峻形势下，集团各航运物流企业日夜兼程、火线配送，助力上海民生物资保供和企业复工复产。

成立工作专班，为中小客户化解“燃眉之急”。积极融入客户供应链体系，强化“共生、共享、共赢”合作理念，打出纾困解难“组合拳”。在国际主干航线推出 30 班中小直客专班专列，为国内大客户开通“极速通”特色专列，优先支付中小企业账款，切实落实房租减免等，让客户真切感受到国有企业在关键时刻的“顶梁柱”“压舱石”作用。

① 《习近平在上海考察时强调　坚定改革开放再出发信心和决心　加快提升城市能级和核心竞争力》，《人民日报》2018年11月08日01版。

② 《习近平在海南考察时强调　解放思想开拓创新团结奋斗攻坚克难　加快建设具有世界影响力的中国特色自由贸易港》，《人民日报》2022年04月14日01版。

二、全球布局，担当服务新发展格局的践行者

推动形成以国内大循环为主体、国内国际双循环相互促进的新发展格局，是党中央根据我国发展阶段、环境、条件变化作出的战略决策，是事关全局的系统性深层次变革。习近平总书记指出，“国内循环和国际循环都离不开高效的现代流通体系”①。中远海运集团作为航运“国家队”，以辩证思维看待新发展阶段的新机遇新挑战，充分发挥经济桥梁和文明纽带的重要功能，深度链接和服务“双循环”新发展格局，开辟“大通道”，构建“大网络”，畅通“大循环”，努力在危机中育新机、于变局中开新局。

深度融入国家区域发展战略。服务京津冀一体化方面，通过收购天津港集装箱码头公司股权，助力港航协同发展，为京津冀发展注入蓝色动力。服务长三角一体化方面，在上海港投入100多组航线，助力提升全球枢纽港地位。服务粤港澳大湾区建设方面，与广州市签署战略合作协议，推进广州国际航运中心建设。服务长江经济带方面，在国内沿海、长江布局37个港口、143条航线，主要城市均设立公司网点。西部陆海大通道建设方面，在北部湾港开设内外贸航线13条，累计完成集装箱吞吐量234.9万TEU，同比增长26.3%，占北部湾集装箱量39%。服务海南自贸区建设方面，按照习近平总书记“把海南自由贸易港打造成展示中国风范的靓丽名片”②的最新指示要求，推动琼州海峡一体化建设，在海南注册船舶101艘、824万载重吨，在洋浦港开通内外贸航线33条，确保国家战略落地落实。

深度参与高质量共建“一带一路”。围绕“大物流”通道和节点建设，积极发挥海外业务以及各相关业务板块资源优势，以船舶为纽带，以港口投资为支点，以综合物流为支撑，以南北极运输为延伸，积极打造“点线面极”高效立体运营网络。党的十八大以来，集团坚持“共商、共建、共享”，加大“一带一路”沿线港口、航线布局和物流基础设施建设，在“一带一路”沿线投资676亿元人民币，投资码头20个，航线181条，投入运力153万TEU，并打造了希腊比雷埃夫斯港、中欧陆海快线等一批标志性工程，助力国内高质量产品走出国门，带动产业链上下游企业共同走出去。2019年11月，习近平总书记考察中远海运比雷埃夫斯港，将该项目称之为“一带一路”建设的“成功的实践和精彩的现实”，并称赞“百闻不如一见”“前景不可限量”③。

三、推进合作，担当航运产业生态的构建者

习近平总书记指出，“要顺应世界发展大势，推进全球交通合作，书写基础设施联通、贸易投资畅通、文明交融沟通的新篇章”④。中远海运作为保障国际物流供应链畅通、促进世界经贸发展的主力军，持续发挥“领航者”作用，放大航运产业集聚效应，深度参与全球海运治理，引领航运新生态，不断提升行业控制力、影响力和话语权。

打造全球联盟，引领行业生态。2016年，中远海运牵手三家知名国际航运企业成立OCEAN Alliance（海洋联盟），总运力达到655万TEU，全球市场份额达到29.8%，形成全球最大集装箱航运联盟。同年，携手37家企业成立中国海工联盟，打造中国深远海海工装备中国形象和中国品牌。2020年，与16家港航企业共同发布“博鳌合作倡议2020”，开创并引领国际航运物流业以及港口业健康可持续发展新篇章。2021年，发起组建中国首家也是唯一一家

① 《习近平主持召开中央财经委员会第八次会议强调　统筹推进现代流通体系建设　为构建新发展格局提供有力支撑　李克强王沪宁韩正出席》，《人民日报》2020年09月10日01版。

② 《习近平在海南考察时强调　解放思想开拓创新团结奋斗攻坚克难　加快建设具有世界影响力的中国特色自由贸易港》，《人民日报》2022年04月14日01版。

③ 《习近平和希腊总理米佐塔基斯共同参观中远海运比雷埃夫斯港项目》，《人民日报》2019年11月13日01版。

④ 《与世界相交　与时代相通　在可持续发展道路上阔步前行——在第二届联合国全球可持续交通大会开幕式上的主旨讲话》，《人民日报》2021年10月15日02版。

VLCC POOL 联营体——CHINA POOL，采用联营池模式，控制运力规模达到 1 289 万载重吨，共运营 42 艘 VLCC，成为全球巨型油运联合体。同年，集团牵头组建的全球首个航运区块链技术联盟——全球航运商业网络（GSBN）在香港成功组建，并迅速推出首个应用产品“无纸化放货”，引领行业未来变革的基础性创新。

运用高端平台，促进行业交流。充分利用国际重大会议、国际高端论坛、国内外主流媒体以及相关国际事务活动等重要平台，发挥行业引领作用和品牌效应，代表航运积极发声、促进行业交流。作为博鳌亚洲论坛年会核心服务商和基建投资商，集团连续 22 年为论坛提供核心服务和保障，打造“金字招牌”。作为中国国际进口博览会唯一推荐的国际段运输服务商和指定主场运输服务商、特装施工服务商之一，集团连续 4 年为进博会展品提供从运输到场馆搭建、覆盖全程的“一条龙”服务。集团连续 14 届主办国际海运年会，被业界称为“海运达沃斯”。集团连续 9 年作为金砖国家工商理事会中方轮值主席单位，为助力金砖五国经济复苏、深化五国间经贸合作起到了重要推动作用。

四、勇立潮头，担当绿色、低碳、智能航运的探索者

中远海运集团积极贯彻落实习近平总书记“顺应绿色、低碳、智能航运业发展新趋势”① 重要指示，将科技创新和数字化转型作为集团义不容辞的政治责任和实现战略愿景、形成核心竞争力的必要支撑，制定“十四五”数字化转型规划和科技规划，加快推进数字化技术在航运物流领域的应用，大力发展智慧航运、智慧港口、智慧物流和智能制造，打造以数字、绿色、智能驱动发展的全球综合物流供应链服务行业“链长”企业，为全球航运业可持续发展贡献力量。

启动科技创新新引擎。中远海运建成一批创新实体、科研实体，拥有 4 个国家级企业技术中心、1 个国家级设计中心，联合高校建立院士工作站和航运科技领域国家级研究基地、国家重点实验室，通过核心技术攻关，促进产学研用深度融合。集团承担国家首个“智能船舶顶层设计项目及部分智能系统应用示范”项目，搭载集团船舶，成为首艘获得中国船级社和英国劳氏船级社“双认证”大型集装箱船，打造具有自主品牌的“智能船队”。极地航行已派 26 艘船完成 56 个航次，掌握极地航线多项数据和技术。多家企业被认定为“专精特新”，加快打造原创技术“策源地”。

强化数字化转型新动能。发挥头雁效应，推动 5G、大数据、物联网、区块链、人工智能、云计算等技术在航运、港口、物流、制造等领域融合创新。集团牵头组建的航运业区块链联盟（GSBN）在国内 11 个港口进行无纸化放货应用，发布首张金融属性区块链提单，列入交通运输部民生实事工程之“畅行工程”。集团在厦门远海码头打造“智慧港口 2.0 版”正式启动商业化运营，树立行业标杆。自主开发集装箱 IRIS4 系统在全球航运业处于领先地位，“船视宝”平台为客户提供多维度航运数字化服务。电商业务蓬勃发展，加快数字化解决方案，进一步建立“最后一公里网络”。

担当绿色发展新使命。推进碳达峰碳中和是党中央的重大战略决策，也是企业高质量发展的内在要求。中远海运积极探索船舶节能环保技术，尤其是清洁燃料技术，推动船队新能源动力升级和绿色低碳运营。加快实施船舶岸电系统安装和陆上船厂、港口、仓储及其他相关设施的绿色化改造，提升风电、光伏等绿电使用比重。实施海南博鳌零碳示范项目，助力海南打造零碳自由贸易港。密切跟踪和研究船舶新能源技术趋势，做好 700TEU 纯电集装箱船设计和建造，加快大型甲醇集装箱船技术研发，目前已交付世界第一艘 LNG 动力 VLCC。在“双碳”目标指引下，集团将紧密围绕绿色发展谋篇布局，驶向绿色减碳新航程。

（本文刊载于《学习时报》2022 年 7 月 20 日）

① 《习近平向2021北外滩国际航运论坛致贺信》，《人民日报》2021年11月05日01版。

创新合作范式，应对变革挑战

——在“2022 北外滩国际海运论坛”开场仪式上的致辞（摘要）

中远海运集团董事长、党组书记　万　敏

2022 年 11 月 22 日

一年前，习近平主席在致首届论坛的贺信中指出，要“顺应绿色、低碳、智能航运业发展新趋势，深化国际航运事务合作，全力恢复和保障全球产业链供应链畅通，促进国际航运业健康发展，为推动构建人类命运共同体作出贡献”①。

一年来，航运企业克服疫情起伏、地缘政治、通货膨胀等多重挑战，在促进贸易复苏、保持产业链供应链稳定方面发挥了积极作用，在绿色低碳、数字化转型领域也取得了显著进展：在保障国际贸易方面，海运贸易和全球供应链正在全面恢复，2021 年全球海运贸易量已超 120 亿吨，超过 2019 年疫情前的水平。在平台化、智能化方面，数字化航运服务正获得越来越多的认可。中远海运在外贸电商平台 SynCon Hub 上推出了多款数字化供应链服务产品，涵盖海运、陆运、报关、仓配等多个板块，受到了客户的广泛欢迎，今年前 10 个月，该平台成交箱量同比增长了 52%。在“碳达峰、碳中和”方面，2022 年前三季度全球新造船订单中，已经有 59% 可以使用替代燃料，显著高于 2021 年全年的 31.5%；中远海运则在不久前宣布，订造 12 艘 24 000TEU、可使用甲醇燃料的集装箱船，它们将成为全球最大的、可以使用绿色替代燃料的集装箱船。

当前，正值党的二十大胜利召开的重要历史节点，作为全球贸易最主要的载体，航运业和相关产业都正处于“世界之变、时代之变、历史之变”的关键历史时期。展望2023年，加强供应链韧性，推进智能与绿色转型，仍是航运业的主旋律。未来，要更好地实现党的二十大报告中提出的“提升产业链供应链韧性和安全水平”“确保粮食、能源资源、重要产业链供应链安全”的要求，航运业需要围绕客户价值与服务能力，创新产业链合作范式，着眼以下三个方面：

一、共同提升合作能级，增强供应链韧性

航运产业链相关方要与客户共同构建更具韧性的全球供应链生态体系，加强三方面合作：首先是长期化合作，以产业链长期稳定的合作关系和互利共赢的合作模式，共担风险、共享收益，共同应对市场周期波动；第二是定制化合作，要合作分析供应链瓶颈，打通从研发、计划、采购，到生产、运输、交付的整个链条，共同提升供应链内在的抗风险能力；第三是前瞻性合作，将创新全程解决方案与产业发展趋势和客户发展计划对接，共同研判未来的市场机遇和风险。中远海运正在与广大合作伙伴开展全方位深度合作，共同拓展海外业务，每年确立新的合作项目。未来，我们将继续积极融入客户的产业链供应链，为客户量身定制满足个性化需求的全流程供应链服务，积极助推航运服务业与现代制造业的对接融合。

二、共同开展数字化转型，提升一体化服务能力

港航产业链要将客户需求与数字化技术有机结合，以价值为导向，以应用为引领，与整个产业链、供应链共同开展“共建、共治、共享”的

① 《习近平向2021北外滩国际航运论坛致贺信》，《人民日报》2021年11月05日01版。

数字化转型。中远海运正努力构建“航运＋港口＋物流”三位一体的全球数字化供应链服务生态，聚焦“一体化的全链路产品与服务、数字化赋能的智能运营、全球化的供应链生态圈”。我们与上港集团、达飞集团等合作伙伴共同发起的、基于区块链技术的GSBN平台，已经推出了无纸化放货“畅行工程”，并在上海、厦门、青岛、宁波、广州、天津、盐田、洋浦等港口广泛应用，被评为2021年交通运输部十大民生实事工程之一；这一应用已经推广到了荷兰、新加坡、泰国、巴拿马、墨西哥等海外港口。未来，我们将继续推动港航产业链数字化转型，提供全流程可视的一站式供应链解决方案。

三、共同筹划低碳减排，促进绿色发展可持续

从货主发起的《海运货物宪章》，到航运金融和保险领域的《波塞冬原则》，越来越多航运产业链相关方已经提出了减排目标和愿景。作为服务行业，要有效、可持续地推进行业减排进程，航运业必须将自身的减排措施和规划与整个产业链的减排目标和需求对接，与研发、能源、港口、造船、货主、基础设施、监管机构等相关方紧密合作，确立产业链整体的碳达峰碳中和路径。中远海运已经与隆基集团、中国船级社等合作伙伴就绿色能源的生产、应用、技术、法规等问题进行了积极的交流与探索。未来，我们将继续与产业链合作伙伴共同努力，响应监管、市场和社会要求，逐步推出可认证、可计量、可追溯的碳中和供应链服务，助力全球产业链供应链实现绿色转型。

本届论坛邀请国内外知名专家学者、行业领袖、机构代表，围绕“绿色、智慧、韧性供应链中国际海运业发展新格局”这一主题进行对话和交流，对明确航运业发展方向，促进产业链合作共赢，具有十分重要的意义；论坛的举办，也必将进一步推动以绿色、低碳、智能为代表的新型航运要素向上海集聚，提升上海的国际航运中心地位。相信通过汇聚大家的智慧，通过全产业链的创新与合作，航运业必将在“推动建设开放型世界经济”中发挥更大作用，助力实现习近平主席在本届进博会开幕式致辞中提出的“以开放纾发展之困、以开放汇合作之力、以开放聚创新之势、以开放谋共享之福”①的美好愿景！

① 《共创开放繁荣的美好未来——在第五届中国国际进口博览会开幕式上的致辞》，《人民日报》2022年11月05日02版。

顺应全球发展新趋势 推动世界一流企业建设行稳致远

——在第五届虹桥国际经济论坛“践行全球发展倡议，建设世界一流企业”分论坛上的发言（摘要）

中远海运集团董事长　万　敏

2022 年 11 月 5 日

非常高兴在这金秋时节，相聚虹桥国际经济论坛，围绕“践行全球发展倡议，建设世界一流企业”主题进行深入交流探讨。习近平主席提出全球发展倡议，“坚持发展优先”“坚持以人民为中心”“坚持普惠包容””坚持创新驱动”“坚持人与自然和谐共生”“坚持行动导向”①。作为国际贸易发展的重要保障，航运业应当积极行动，深入贯彻倡议提出的理念，顺应绿色、低碳、智能的航运发展趋势，坚定不移推进高质量发展，加快建设世界一流企业。下面我从航运和物流业的角度与大家分享三个方面的体会：

一、举大道之行，坚持把普惠共赢作为建设世界一流企业的使命担当

航运承担着全球贸易近 90% 的运输任务，它既是支撑全球产业链供应链稳定运行的重要基石，又是沟通经贸往来、普惠经济发展成果的重要纽带。作为全球综合运力规模最大的航运企业，中远海运集团始终坚持把普惠共赢作为使命担当，充分发挥航运对全球产业链协作的基础性支撑作用，积极践行高质量共建“一带一路”倡议，促进沿线国家和地区的经济社会发展，惠及当地民生。我们投资的希腊比雷埃夫斯港，已成为地中海领先的集装箱大港和欧洲最大的邮轮和渡轮港口，为当地带来就业岗位 1 万多个，累计直接社会贡献超 15 亿欧元。以比港为枢纽的中欧陆海快线，惠及中东欧 10 国 7 100 多万民众，连续 6 年实现高速增长，已成为中欧贸易的第三大物流通道，为促进中欧经贸往来发挥了积极作用。普惠共赢让企业得到了发展，也让当地员工和社会得到了实实在在的益处，从而让企业发展也获得了更多的支持。

近年来，新冠疫情给全球产业链供应链造成的严重冲击，中远海运集团积极承担企业社会责任，全力增加船舶运力、优化航线网络，加大航运资源投入，采取陆改水、陆改铁、海铁联运等多种举措，千方百计打通物流堵点和断点，全力保障全球产业链供应链畅通稳定运转。特别是针对中小企业，我们积极推进电商平台，开通中小微客户直客专班绿色通道，为全面维护国际国内经济循环稳定畅通贡献了航运力量。

我们深刻地体会到，只有做到普惠共赢，企业才能真正行得稳走得远，而国际化的企业更是需要具备普惠共赢的大智慧和全局观。

二、走绿色之路，坚持把绿色发展作为建设世界一流企业的必由之路

绿色发展是当今世界企业参与全球化发展、

① 《习近平出席第七十六届联合国大会一般性辩论并发表重要讲话 提出全球发展倡议，强调携手应对全球性威胁和挑战，推动构建人类命运共同体》，《人民日报》2021年09月22日01版。

建设世界一流企业的必由之路。作为全球领先的航运企业，中远海运集团始终坚持走绿色、低碳、可持续发展之路。从 2006 年开始，中远海运每年发布《可持续发展报告》，加快绿色发展布局。集团全力保护海洋生态环境，积极构建智慧航运、绿色航运新生态，携手上下游价值链，全面构建低碳、绿色、循环发展体系，为推动全球更好应对气候变化贡献航运力量。

我们坚持可持续发展，在“降碳”“减排”“替代”方面多措并举，深入对接国际海事组织（IMO）能效新规，积极开展新能源、低碳与减排技术创新，推进船舶清洁能源应用，努力让海洋更环保、更清洁，不断增强绿色发展的底色。在“大江大河”中，以长江干线 700 箱全电池动力集装箱船项目为切入点，打造绿色零碳航运示范项目。加快建设航运碳排放数据监测、评估和验证体系，进行船舶清洁能源替代改造，助力长三角率先实现绿色发展。在“大海大洋”中，持续加大新能源船舶建造，投资建造世界第一艘液化天然气双燃料动力超大型油轮，计划建造 12 艘 24 000TEU 甲醇双燃料动力集装箱船舶，会同产业链上下游开展零碳船舶研究，全面推动建设绿色甲醇新能源装备产业链及绿色甲醇供应链体系，不断提升绿色发展能力。

企业是绿色发展重要的践行者。只有坚持绿色发展理念，与全球港航产业链同仁一起，全力打造绿色供应链服务，海运企业才可以做到真正的可持续发展。

三、展数字之帆，坚持把创新驱动作为建设世界一流企业的内生动力

以数字化转型为代表的科技创新已成为应对疫情冲击和世界经济发展的重要推力。中远海运坚持以数字化转型推动世界一流企业建设，推动企业变革创新、提质增效。

在集装箱运输领域，我们围绕客户需求，构建覆盖全球的“集装箱航运、物流、港口”三位一体的全球数字化供应链服务生态。聚焦“一体化的全链路产品与服务、数字化赋能的智能运营、全球化的供应链生态圈”三大核心领域，通过构建数字化的业务架构和技术架构，陆续推出海运、陆运、报关、仓配、空运等供应链物流产品，并通过智能化的产品组合和交付计划的数字化协同，为客户提供全流程可视的一站式供应链物流解决方案，推进更为高效、便捷、透明、开放的供应链运行新范式，也为持续提升全球产业链供应链韧性和安全提供了重要保障。

中远海运集团在转型发展中致力于服务好行业生态。基于自研的大数据平台，船视宝等产品已经面向行业推出，提供了船位跟踪、气象查询等多种功能。我们联合生态合作伙伴，率先发起组建基于区块链的全球航运商业网络（GSBN）平台，客户可以在链上实现全流程无纸化、无接触的放货服务，将进口单证办理时间从以往的 48 小时缩短到 4 小时，有力保障了全球供应链运转的效率。

“道阻且长，行则将至”。我们的全球发展倡议正由理念转化为行动。中远海运集团将完整、准确、全面贯彻新发展理念，顺应绿色、低碳、智能发展新趋势，努力在践行全球发展倡议中当好排头兵，推动世界一流企业建设行稳致远，与各界同仁一道，同舟共济，共建共享，为构建人类命运共同体贡献来自航运、物流业的力量！

做强全球数字化供应链服务

——央企负责人谈建设交通强国

中远海运集团党组书记、董事长　万　敏

党的二十大报告对“着力提升产业链供应链韧性和安全水平”作出重大部署。中国远洋海运集团有限公司（以下简称“中远海运”）立足“国家船队”、胸怀“国之大者”，把党的二十大精神融入企业战略规划，确立打造世界一流全球综合物流供应链服务生态愿景，注重产业链经营，在助力建设交通强国中彰显央企“顶梁柱”“压舱石”的使命担当。

一是聚焦“稳链强链”，打造全链路端到端服务产品。中远海运将保障国家外贸运输和重要战略物资运输作为企业重大责任，深度链接“双循环”，开辟“大通道”。通过加强与航运产业链相关方长期化、定制化、前瞻性合作，提升产业链上下游合作能级，构建更具韧性的全球供应链生态体系；通过积极推进“陆改水”“陆改铁”“水水中转”，以及开通中小直客专班专列等，有效疏通因新冠疫情导致的国际供应链“一箱难求”“一舱难求”等堵点问题，主动参与世界范围内的“稳链补链强链延链”；通过与广大合作伙伴开展全方位深层次合作，共同拓展海外业务，积极融入客户产业链供应链，为客户量身定制满足个性化需求的全流程供应链服务。

二是聚焦“一带一路”，构建覆盖全球的供应链生态圈。中远海运作为共建“一带一路”主力军，打造了希腊比雷埃夫斯港、比利时泽布吕赫港、阿联酋阿布扎比码头等多个标志性工程，其中比雷埃夫斯港跃升地中海第一大港，成为“一带一路”中希两国合作的典范。而以比雷埃夫斯港为依托的中欧陆海快线，覆盖中东欧腹地10个国家，已成为中欧贸易的第三大物流通道。中远海运致力于构建“航运＋港口＋物流”三位一体的全球数字化供应链服务生态，积极发挥全球化产业链优势，为促进中欧经贸往来、助力“中国制造”走出国门、高质量共建“一带一路”、构建人类命运共同体持续注入“中国航运力量”。

三是聚焦“数智赋能”，开启航运业数字化新时代。中远海运加快推进科技创新和数字化转型，做好顶层设计和全局推动，系统性配置资源，促进产业链、创新链与科技链、人才链深度融合，厚植“数字土壤”，涵育“数字生态”，努力打造全球航运业数字贸易新高地。中远海运将客户需求与数字化技术有机结合，以价值为导向，以应用为引领，与整个产业链、供应链共同开展“共建、共治、共享”的数字化转型；与合作伙伴共同发起的基于区块链技术的GSBN平台，推出无纸化放货“畅行工程”，在国内港口广泛应用，并推广至多个海外港口；新推出的智能冷箱一站式前台“MYREEFER”通过实时感知、实时控制散布在全球的4万多个智能冷箱以及覆盖全球140多个国家和地区的400多条航线，为客户提供全程可视可控、冷链自主管理的数字化解决方案，实现了万物互联、数据智能。

四是聚焦“绿色低碳”，探索航运业绿色转型之路。中远海运发挥“头雁效应”，将自身减排规划与整个产业链减排目标、需求对接，与研发、能源、港口、造船、货主、基础设施、监管机构等相关方紧密合作，确立产业链整体“碳达峰碳中和”路径。此外，在降碳、减排、替代等方面多措并举，深入对接国际海事组织（IMO）能效新规，积极开展新能源、低碳与减排技术创新，布局创新链和产业链融合。中远海运以电池动力、绿色甲醇、氨动力船舶等多个项目为试点，推进船舶清洁能源应用，并将逐步推出可认证、可计量、可追溯的碳中和供应链服务，从航运业自身做起，推动相关产业链快速驶向绿色低碳新航程。

（本文刊载于《科技日报》2022 年 12 月 14 日）

专记

向光而行

——中远海运集团深入贯彻落实习近平总书记重要指示批示精神纪实

2012—2022，十年光阴，沧海一粟，更是沧海桑田。

十年前，习近平总书记提出“建设海洋强国是中国特色社会主义事业的重要组成部分”[①]；十年后，总书记强调“建设海洋强国是实现中华民族伟大复兴的重大战略任务”[②]。

十年前，中国航运业在全球经济寒冬中举步维艰；十年后，在百年变局和世纪疫情叠加影响下，中国航运业步履铿锵、驭风远行。

十年前，中远、中海作为中国两家航运巨头，利润加在一起是负数；十年后，涅槃重生的中远海运真正成为千亿效益、万亿资产的“中国神运”。

十年间，习近平总书记对建设海洋强国、航运强国、交通强国、共建“一带一路”作出一系列重要论述，对本行业本企业作出十个方面重要指示批示，并三次亲临中远海运企业和船舶现场，为中远海运带来高光时刻，所到之处无不闪耀着思想的光辉和智慧的光芒，无不成为中远海运乘风破浪、驶向光明的灯塔。

——中远海运人牢记嘱托，向光而行、全速前进。

“百闻不如一见”“前景不可限量”——高度肯定鼓舞前行

时间是最忠实的记录者。

2013年，习近平总书记根植历史厚土、顺应时代大势，提出共建“一带一路”重大倡议。中远海运扛起打造海上贸易通道、拓展连接“一带”与“一路”物流走廊的历史使命。近十年时间里，在“一带一路”沿线，一个又一个标志性工程落地生根，一幕又一幕共商、共建、共享的动人故事不断上演。

当地时间2019年11月11日下午，爱琴海的萨罗尼科斯湾畔，波光粼粼的海面上，海鸥轻舞盘旋。比雷埃夫斯港码头一片繁忙。习近平总书记和夫人彭丽媛在希腊总理米佐塔基斯夫妇陪同下，走向挥舞着中希两国国旗的比港中外员工。

在楼顶平台上，习近平总书记远眺港口密集靠港的大型货轮、成排码放的集装箱堆场、高耸林立的蓝色桥吊和整装待发的“中欧陆海快线”班列，和大家热情愉快地交流着。“百闻不如一见。今天我在这里看到，中国倡议的‘一带一路’不是口号和传说，而是成功的实践和精彩的现实。”“比雷埃夫斯港项目是中希双方优势互补、强强联合、互利共赢的成功范例。”“我相信比雷埃夫斯港的前景不可限量，合作成果一定会不断惠及两国及地区人民。”[③]习近平总书记对比港项目给予高度评价。中远海运比雷埃夫斯港口有限公司董事长俞曾港现场聆听，激动地说：“总书记的到来，使比雷埃夫斯港更加熠熠生辉，使身处一线的每个比港人深受鼓舞，大家将铭记这一荣耀时刻！”

习近平总书记视察后一周，比港集装箱吞吐量历史性突破500万TEU大关，以565万TEU的集装箱吞吐量跃居地中海第一、欧洲第四，跻身集装箱港口世界排名榜第25位。邮轮码头靠泊超过700艘次，渡轮码头旅客吞吐量达1 450

① 《习近平在中共中央政治局第八次集体学习时强调　进一步关心海洋认识海洋经略海洋　推动海洋强国建设不断取得新成就》，《人民日报》2013年08月01日01版。

② 《习近平在海南考察时强调　解放思想开拓创新团结奋斗攻坚克难　加快建设具有世界影响力的中国特色自由贸易港》，《人民日报》2022年04月14日01版。

③ 《习近平和希腊总理米佐塔基斯共同参观中远海运比雷埃夫斯港项目》，《人民日报》2019年11月13日01版。

万人次，创希腊金融危机以来历史最高纪录，保持欧洲最大邮渡轮港口地位。截至目前，比港已累计向希腊政府上缴特许经营权费和税金超过 1 亿欧元，为希腊直接创造 3 000 个就业岗位和数以万计的间接就业机会，2021 年经营业绩再创历史新高。跨越时空的两个古老文明重新照亮了这颗孕育千年的地中海明珠。

“成功实践”需要推广，“成功范例”可供借鉴。围绕发挥比港项目辐射作用，探索推广集团在“一带一路”沿线业务的成功模式和科学路径，中远海运集团持续完善和优化全球码头布局——

战略性收购控股地中海大港瓦伦西亚码头，2021 年集装箱吞吐量达到 283 万 TEU；

增持控股西北欧门户泽布吕赫码头，并延长特许经营权，2021 年，集装箱吞吐量增长 53%；

投资西北欧枢纽港鹿特丹 Euromax 码头，雄居欧洲第一大港；

置换和新增新加坡码头泊位，拥有 500 万 TEU 吞吐能力，成为中新两国合作投资的最大项目；

收购沙特红海 RSGT 项目，中东枢纽港发展战略持续深化；

控股秘鲁钱凯码头，填补集团在南美地区港口投资空白；

收购意大利瓦多码头并启动商业运营，使其成为意大利首个自动化集装箱码头……

时光倒回 2016 年，中远海运获得哈里发港二期集装箱码头 35 年 +5 年可续期的特许经营权。这是集团继成功运营希腊比港后，在“一带一路”沿线树立的又一重要支点。2022 年上半年，通过深耕市场，码头完成箱量同比增长 25%，阿布扎比场站一期项目也已正式运营，协同推进的中国机械设备工程股份有限公司（CMEC）太阳能光伏项目，华为、美的和海信海外仓等项目陆续落地，供应链基地建设初见成效，中远海运阿布扎比码头将成为中东地区主要集装箱门户口岸、重要枢纽港和中阿共建“一带一路”合作典范。

国内布局同步发力，战略入股青岛港国际，控股京津冀最大单体集装箱码头 TCT，控股南通集装箱码头，控股武汉阳逻国际港集装箱水铁联运二期项目等，不断强化对国内关键港口资源的控制力。

截至 2022 年底，集团在全球布局 59 个港口，遍布中国沿海五大港口群、长江中下游、东南亚、中东、欧洲、南美洲及地中海。

涓涓细流汇成大海，点点星光照亮银河。如果把习近平总书记擘画的“一带一路”比喻成一条物质与文明交汇的星光大道，那么中远海运在“成功范例”标杆引领下不断开创的重大项目就是点点繁星，一个个崭新坐标，一张张中国名片，辉映着习近平总书记向世界描绘的美好愿景。

“高高兴兴起航、平平安安回家”
——深情嘱托温暖人心

当地时间 2018 年 12 月 3 日 17 时，世界闻名的巴拿马运河新船闸。船闸两岸青山连绵、郁郁葱葱，蔚蓝的天空与绚烂的彩霞呼应着、交融着，跃动在运河上，开阔的水面幻化成五光十色的“天空之镜”。“玫瑰之船”与“蝴蝶之国”在此相遇——

满载集装箱的中远海运集团“玫瑰轮”安静地停靠在第一船闸。驾驶这艘巨轮的船长吴文峰，此时的内心却波澜起伏，他正在等待一个即将到来的重要历史时刻。

17 时 09 分，习近平主席和夫人彭丽媛在巴拿马总统巴雷拉和夫人卡斯蒂略的陪同下，来到了运河新船闸。

习近平同“玫瑰轮”船长通话，询问船上工作和生活条件，慰问全体船员。习近平主席说，“希望你们善用巴拿马运河，不断优化物流运输，为促进国家航运事业和全球贸易繁荣作出更大贡献。我很关心在外远航的船员们，希望大家工作生活顺利，高高兴兴起航、平平安安回家。祝愿大家一帆风顺”[①]。

① 《习近平和巴拿马总统巴雷拉共同参观巴拿马运河新船闸》，《人民日报》2018年12月05日01版。

当吴文峰听到习近平主席“一帆风顺”的祝愿时，已经难以抑制激动，带着船员兄弟们拼命地向总书记的方向挥舞中巴两国国旗，两国元首夫妇不约而同地向船员们竖起了大拇指。金色的晚霞尽情地洒向运河，船岸的对话仿佛在那一刻凝固。

“这是至高无上的荣誉，也是我们前行的力量！”时至今日，吴文峰依然满怀激动与自豪。

四年来，吴文峰和船员兄弟们牢记习近平主席嘱托，航迹遍布五大洲三大洋，以对航运事业的无限热爱，一次次在蔚蓝大海上创造价值、连接梦想。而作为世界最大的航运企业，中远海运每年有300余艘船舶通过巴拿马运河。

人们经常说，我们的征途是星辰大海。航海是人类探索海洋的先驱，海员则是勇敢者的职业。他们远离人们的生活视野，却连接着全球65亿人的衣食住行。非洲孩子踢着的中国足球、美国家庭用着的中国家电、中国人餐桌上的智利车厘子和法国红酒，目光所及之处，每件物品都带着海水的味道。

海员的平安、海员的贡献、海运的价值，不止一次地出现在习近平总书记关切的话语中。

2021年10月14日，在第二届联合国全球可持续交通大会开幕式上，习近平总书记那句“中欧班列、远洋货轮昼夜穿梭，全力保障全球产业链供应链稳定，体现了中国担当”①的赞誉令人鼓舞。

2021年11月4日，习近平总书记向2021北外滩国际航运论坛致贺信中指出，“航运业为全球抗击疫情、促进贸易复苏、保持产业链供应链稳定发挥了积极作用”②，再次激荡人心。

而巴拿马运河畔回荡的“促进国家航运事业和全球贸易繁荣作出更大贡献”的期待和“一帆风顺”的嘱托，更让中远海运5万名船员倍感温暖和振奋，在风浪中愈加奋起，在困苦中执着前行，书写着勇闯天涯的青春传奇，铸就了战无不胜的钢铁船队。

当目光更多地投向海洋，便会给予海员更多的理解与尊重。2019年11月20日，国务院常务会议决定，为促进海运业发展，从2020年1月1日起到2023年底，对一年在船航行超过183天的远洋船员，其工资薪金收入减按50%计入个税应纳税所得额。此举充分彰显党和国家改善船员生活环境的决心和力度。

伴随着大国船队发展的春风，中远海运不断加大船员这一核心战略资源的建设。2019年，中远海运船员公司实施改革后的船员薪酬体系。统一后的船员薪酬每年增量约5.5亿元。2020年，集团享受收入减半征收个税远洋船员近1.6万人，约7700名远洋船员无需缴纳个税。2021年，集团为船员增加各类奖励、补贴等累计10.8亿元。

新冠疫情暴发后，中远海运广大船员在茫茫大海上日夜穿行，为国家战略物资运输开辟绿色通道，为国内中小微客户和出口贸易纾困解难。集团坚持把船员的生命健康放在第一位，守住船员疫情防控底线，推进船员疫苗接种，统筹推进船员换班，截至今年1月，集团在船船员疫苗接种占比99.8%，顺利完成船员换班10 486艘次、99 908人次，真正化解船员急难愁盼。

仰望星空的人，终会成为星空；追逐着光的人，也终会光芒万丈。在习近平总书记深情嘱托的激励下，广大船员不为惊涛骇浪所惧，不被繁华翳障所扰，坚决听党召唤，勇当开路先锋，展现出新时代中国航海人的奋进姿态。

“与世界相交，与时代相通”
——殷切期望催人奋进

第二届联合国全球可持续交通大会开幕式上，习近平总书记以《与世界相交　与时代相通　在可持续发展道路上阔步前行》为主题，发表了主旨讲话。不到一个月后，又在致2021北外滩国际航运论坛贺信中提出“促进国际航运业健康发展，为推动构建人类命运共同体作出贡献”③。

“与世界相交，与时代相通”，为交通作出了准确定义；“为推动构建人类命运共同体作出

① 《与世界相交　与时代相通　在可持续发展道路上阔步前行——在第二届联合国全球可持续交通大会开幕式上的主旨讲话》，《人民日报》2021年10月15日02版。

② 《习近平向2021北外滩国际航运论坛致贺信》，《人民日报》2021年11月05日01版。

③ 《习近平向2021北外滩国际航运论坛致贺信》，《人民日报》2021年11月05日01版。

贡献”，对航运提出了殷切期望。

作为航运交通业的全球领航者，中远海运一直秉承着“承运全球、链接世界”的使命，总书记的话语让中远海运这艘航船的风帆更加自信与从容。航运的本质是什么？正是“经济的脉络和文明的纽带”。航运的终极责任是什么？正是实现“基础设施联通、贸易投资畅通、文明交融沟通”，为人类幸福谋福祉！

2022年暖春四月，习近平总书记考察海南。今日的洋浦，已从30年前的贫瘠之地变成海南的窗口，并被赋予打造海南自由贸易港建设先行区、示范区的重任。洋浦展示馆里，习近平总书记在中远海运兴旺轮的船模前驻足。这是“中国洋浦港”船籍港的政策发布后，第一艘入籍的船舶。截至当前，中远海运已在洋浦港注册船舶101艘、824万载重吨。其后，习近平总书记来到位于洋浦保税港区的中远海运所属海南港航旗下的洋浦国际集装箱码头小铲滩港区。

南风吹拂，春潮涌动。习近平总书记伫立码头岸边，同现场作业人员、挂职干部代表等亲切交流，“振兴港口、发展运输业，要把握好定位，增强适配性，坚持绿色发展、生态优先，推动港口发展同洋浦经济开发区、自由贸易港建设相得益彰、互促共进，更好服务建设西部陆海新通道、共建‘一带一路’”[①]。

习近平总书记视察的第二天，中远海运集团召开第13次党组会暨中心组（扩大）集体学习会，针对学习贯彻习近平总书记海南重要讲话精神，集团党组书记、董事长万敏向党员干部提出“三个深刻”：深刻感悟习近平总书记对中远海运事业发展的重要期盼、深刻认识集团助力海南自贸港建设的重大意义、深刻理解习近平总书记对港航事业在海南自贸港建设中的重要要求。

四年前的“4·13”重要讲话精神犹在耳畔。四年来，作为最早参与海南建设的中央企业和航运企业，中远海运以深化与海南省战略合作为契机，以重组海南港航为平台，推动航运、港口、物流优势资源聚集海南，全面融入高标准高质量建设海南自贸港进程。

舵稳当奋楫，风劲好扬帆。集团大刀阔斧推进海南港口建设总体规划，把洋浦小铲滩港区作为带动自贸港建设的重点港区，加大航线布局，新增27条集装箱航线，2021年箱量首次突破百万，达到113万TEU，较2018年增长了近4倍。2022年上半年，洋浦码头完成吞吐量72.25万TEU，同比增长41.8%，并带动整个洋浦港口集装箱业务量逆势上涨，同比增长45.67%。

在此基础上加快码头扩建，投资7.8亿将洋浦国际集装箱码头通过能力从65万TEU提升至160万TEU，致力将洋浦港打造成区域国际集装箱枢纽港。

以钦州为门户港，以洋浦为枢纽港，集团积极拓展洋浦－西南粮油“水水中转＋海铁联运”组合产品，开辟新通道进出口43条铁路线路，覆盖云贵、川渝各主要内陆点，助推西部陆海新通道建设。

2022年1月1日，琼州海峡（海南）轮渡运输有限公司正式揭牌运营，标志着琼州海峡航运资源已基本实现一体化，琼州海峡大通道轮渡运营展开新篇章。2022年1月，南北岸47艘船舶实现统一运营管理，琼州海峡两岸航运资源整合宣告完成。

潮平两岸阔，风正一帆悬。航运是海南与国内外互联互通的纽带。站在长远历史纵深和新时代中谋划，中远海运正以史无前例的重磅方式，与海南省共同架起海南与世界的桥梁，助力“把海南自由贸易港打造成展示中国风范的靓丽名片”。

“经济强国必定是海洋强国、航运强国”
——重要指示掌舵领航

海洋强国、航运强国，千年夙愿，百年逐梦，十年跨越。向海而兴，寄托着无数仁人志士的追求和期盼，承载着几代航海人的理想和探索，是近代以来中国社会发展的必然选择。

① 《习近平在海南考察时强调　解放思想开拓创新团结奋斗攻坚克难　加快建设具有世界影响力的中国特色自由贸易港》，《人民日报》2022年04月14日01版。

党的十八大作出建设海洋强国的重大部署，党的十九大报告中提出“坚持陆海统筹，加快建设海洋强国”。2018 年，习近平总书记在上海考察时提出“经济强国必定是海洋强国、航运强国”[①]。这是首次提出“航运强国”概念，为航运行业、航运企业发展提供了基本遵循。2019 年，习近平总书记在天津港考察时提出“经济要发展，国家要强大，交通特别是海运首先要强起来”[②]，阐明了海运强国的重大战略意义。2022 年，习近平总书记在海南考察时提出“建设海洋强国是实现中华民族伟大复兴的重大战略任务”[③]，将海洋强国建设提升到战略高度。

——建设海洋强国、航运强国，首先要锻造强大的市场竞争力。

一组组跳跃的数据印证大国航运走向一流的步伐。中国年造船产能 6 000 万载重吨，全球第一；中国海运量世界占比 26%，全球第一；全球前 10 大货物吞吐量的港口，中国占 7 个；中远海运综合运力 1 408 艘 /1.14 亿载重吨，全球第一；中远海运集装箱码头年吞吐能力 1.32 亿 TEU，全球第一……

一个个重大的项目展示大国航运走向强大的姿态。2016 年，中远海运重组成立，成就全球最大航运企业；2017 年，中远海运收购东方海外，打造全球航运业迄今为止交易规模最大并购案例；2018 年，中远海运收购新加坡高昇物流股权，激发海外上市公司活力；2019 年，集团收购胜狮货柜旗下五家造箱公司，以造箱领域全球第三的身份收购全球第二企业；2020 年，中远海运 2 万箱级超大型集装箱船达到 17 艘，“海上巨无霸”全球瞩目；截至 2021 年，集团深入贯彻落实习近平总书记“开展北极航道合作，共同打造‘冰上丝绸之路’”[④]重要指示的重大成果——北极航道的商业运行累计完成 56 个航次，节省航行里程 218 119 海里；2022 年，中远海运为空客亚洲总装线项目运输的第 600 架次 A320 飞机大部件圆满交付，彰显全程物流供应链强大实力……

深化改革取得重大成就、经济效益取得重大突破、“十四五”规划迈出重大步伐……破局开路、劈波斩浪的进程，犹如此起彼伏的汽笛，不断鸣响动人和弦。

——建设海洋强国、航运强国，必定要打造全球影响力。

“有多大的视野，就有多大的胸怀”。作为国际化程度最高的国有企业之一，中远海运牢记习近平总书记“更好融入全球供应链、产业链、价值链”[⑤]的指示，加快全球化布局，在完全市场化环境中参与全球化竞争，以“航运 + 港口 + 物流”的业务结构，以“点、线、面”立体化格局，全面融入“双循环”新发展格局，全面打造通畅安全高效的运输大通道，再现陆上“使者相望于道，商旅不绝于途”的盛况和海上“舶交海中，不知其数”的繁华。

这是联网布局的全球化刻度。

全球化经营、全球化市场、全球化资本、全球化客户、全球化人才、全球化交流，10 大区域、1 050 家机构、59 个码头、263 条航线，覆盖 160 个国家和地区 1 500 多个港口，用 1/18 的运力承运全球 1/10 货运量，集团境外资产占比 55%，境外收入占比 54%，境外利润占比 55%，产业链上下游协同效应不断凸显，全球承运向承运全球加快转变……

这是合作共赢的全球化厚度。

以“领航者”的角色，深度参与全球海运治理，海洋联盟、海工联盟、全球巨型油运联合体、全

① 《习近平在上海考察时强调　坚定改革开放再出发信心和决心　加快提升城市能级和核心竞争力》，《人民日报》2018年11月08日01版。

② 《习近平在京津冀三省市考察并主持召开京津冀协同发展座谈会时强调　稳扎稳打勇于担当敢于创新善作善成　推动京津冀协同发展取得新的更大进展　韩正陪同考察并出席座谈会》，《人民日报》2019年01月19日01版。

③ 《习近平在海南考察时强调　解放思想开拓创新团结奋斗攻坚克难　加快建设具有世界影响力的中国特色自由贸易港》，《人民日报》2022年04月14日01版。

④ 《习近平会见俄罗斯总理梅德韦杰夫》，《人民日报》2017年07月05日02版。

⑤ 《携手消除贫困　促进共同发展——在2015减贫与发展高层论坛的主旨演讲》，《人民日报》2015年10月17日02版。

球首个航运区块链技术联盟、博鳌宣言、100 多个战略合作……一次次强强联手，引领航运新生态，不断提升行业控制力、影响力和话语权。坚持“大道之行，天下为公”，中远海运向着更开阔的水域破浪前行。

——建设海洋强国、航运强国，离不开数字时代下的创新力。

科学技术从来没有像今天这样深刻影响着国家前途命运。数字经济更是把握新一轮科技革命和产业变革新机遇的战略选择。

按照习近平总书记“实现高质量发展，必须实现依靠创新驱动的内涵型增长”①“要推动数字经济和实体经济融合发展”②等一系列重大指示，中远海运前所未有地将科技创新和数字化转型放在“十四五”战略主题的高度，顶层推动、聚力推进。

2022 年 3 月 1 日，集团科技创新与数字化转型推进会召开，集团党组书记、董事长万敏围绕打造原创技术策源地和全球综合物流供应链服务行业“链长”企业，提出三个词：顺势而为、因时而谋、应势而动。

科技和数字浪潮席卷下，中远海运各业务板块奋勇争先，重大科技和数字化项目春潮涌动。国家级企业技术中心、设计中心、院士工作站、重点实验室，埋头核心技术攻关，促进产学研用深度融合……

GSBN 在国内 11 个港口进行无纸化放货应用，“智慧港口 2.0 版”正式启动商业化运营，集装箱 IRIS4 系统在全球航运业持续领先，“船视宝”平台为客户提供多维度航运数字化服务……

随着中国港航业世界影响力的不断提升，越来越多的国际标准制定离不开中国的参与。近日，国际标准化组织 ISO/TC154 投票通过《区块链海运电子提单数据交互流程》标准正式立项，中远海运集运派出专家与联合国欧洲经济委员会及中外专家共同参与标准制定。

2022 年 7 月 12 日，集团印发“专精特新”中小企业第一批培育清单，20 家企业开启“隐形冠军”打造之路。

——建设海洋强国、航运强国，必须具备绿色低碳发展的引领力。

“绿色、低碳、智能”③，习近平总书记致 2021 北外滩国际航运论坛贺信中提及的三个词成为中国航运业的年度关键词，航运企业的“低碳之路”也随之重磅起航。

“二氧化碳排放力争于2030年前达到峰值，努力争取 2060 年前实现碳中和。”④作为世界上最大的发展中国家，用全球历史上最短的时间实现从碳达峰到碳中和，这是一场硬仗。而对于航运业这样一个传统运输企业，原本道阻且长，但中远海运的努力成为我国交通运输绿色转型驶入“快车道”的一个缩影。集团积极探索船舶节能环保技术，推动船队新能源动力升级和绿色低碳运营，在“双碳”目标指引下，快速驶向绿色减碳新航程。

一个行业要走在前列、担当先锋、走向全球，一刻不能没有理论思维，一刻不能没有思想指引。近年来，习近平总书记对海洋强国、航运强国建设的重视前所未有、对中远海运发挥行业龙头作用的期盼前所未有、对贯彻新发展理念的要求前所未有。正是这种思想引领、这种真理力量、这种关怀嘱托，为“中国巨轮”带来最大的机遇、赋予最强的动力。

世纪航程，波澜壮阔；千秋基业，浩荡前行。

向着光，中远海运正驶向千帆竞发、梦想启航的新时代！

（朱雪峰）

① 《习近平主持召开经济社会领域专家座谈会强调 着眼长远把握大势开门问策集思广益 研究新情况作出新规划 王沪宁韩正出席》，《人民日报》2020年08月25日01版。

② 《习近平在中共中央政治局第三十四次集体学习时强调 把握数字经济发展趋势和规律 推动我国数字经济健康发展》，《人民日报》2021年10月20日01版。

③ 《习近平向2021北外滩国际航运论坛致贺信》，《人民日报》2021年11月05日01版。

④ 《习近平在第七十五届联合国大会一般性辩论上的讲话（2020年9月22日，北京）》，《人民日报》2020年09月23日03版。

中国远洋海运集团：以奋楫之姿　链接世界　领航未来

十年光阴，沧海一粟，更是沧海桑田。

新时代十年，中国远洋海运集团有限公司（简称“中远海运”）这艘重组出发的“巍巍巨轮”，迎来了多个高光时刻：所属船队综合运力和集装箱码头年吞吐能力，双双跃居全球第一，年度货运量突破13亿吨，资产总额历史性突破万亿元，境外收入、资产、利润占比均超50%，营业收入在全球航运企业排名中位列第一……

聚光灯下，回望这非凡十年，历经蝶变的中远海运，始终高举习近平新时代中国特色社会主义思想伟大旗帜，牢记“为国远航”的初心使命，紧紧抓住新时代发展机遇，以奋楫之姿，冲破百年变局和世纪疫情叠加迷雾，划出属于中国航海人的千尺尾波。

向光而行　巍巍巨轮整装启航

2016年2月18日，按照党中央、国务院部署，由中国远洋运输（集团）总公司与中国海运（集团）总公司重组而成的中国远洋海运集团有限公司，于上海宣告成立，翻开了中国和世界海运史的新篇章。

中远海运坚持深改快改，坚持做强做优做大，围绕“规模增长、盈利能力、抗周期性和全球公司”四个战略维度，迅速完成集团总部、集运、航运金融、能源、散运等20项重点业务的改革工作，被资本市场称为“史上最复杂交易”的上市公司重组，打造了全新的集装箱运输、码头经营、航运金融、油气运输四大上市平台。改革重组后的中远海运，营业收入、综合运力跃居世界第一，成为全球最大的航运企业。

世界和时代的舞台已拉开帷幕，中远海运高呼：We are ready！新时代十年中，习近平总书记先后三次亲临视察集团所属“中远海运玫瑰”轮、希腊比雷埃夫斯港、海南洋浦港小铲滩码头，先后作出“航运强国”建设、共建“一带一路”、比雷埃夫斯港、阿联酋哈里发二期码头、北极航道、海南自贸港、关心关爱船员、绿色低碳智能航运发展趋势、全球可持续交通发展、“中波友谊航船”建设10个方面的重要指示、批示，成为中远海运乘风破浪、驶向光明的灯塔。

中远海运人牢记嘱托，向光而行，以奋楫之姿向着卓越全速前进。

四海纵横　产业规模迅速扩张

凤凰涅槃后的中远海运没有放缓脚步，而是迅速开启关键领域并购计划，整合上下游资源。

几年间，中远海运先后完成了对希腊比雷埃夫斯港、香港东方海外、香港胜狮货柜旗下核心主力集装箱工厂、新加坡最大物流企业高昇公司等的收购，迅速跻身全球集装箱班轮行业第一梯队，成为全球第二大集装箱制造企业，实现了继重组改革之后的第二次历史性飞跃，进一步提升了我国航运业在国际市场的话语权。

此间，积极推动提升全产业链综合服务能力，牵头组建全球最大海洋联盟、港航联盟，快速提升中国航运业的国际影响力和带动力。

作为全球排名第一的综合性航运企业，中远海运拥有40家二级单位，11家上市公司，13.8万名海内外船岸员工，其中在海外设立十大区域公司，在全球投资经营码头59个，控制经营船队1 407艘、1.14亿载重吨，其中经营348条集装箱航线，覆盖160个国家和地区的1 500多个港口，承运铁矿石、铝土矿、煤炭、粮食、原油、LNG等多种大宗商品，年承运货量13亿吨，更是用全球1/18的运力，承运了全球1/10的海运贸易量。

中远海运先后荣获波罗的海国际航运公会颁发的“年度最佳航运公司”奖项、英国海贸集团

（Seatrade）“全球最佳表现者”大奖、英国《劳氏日报》亚太区大奖和供应链管理创新大奖，并作为全球唯一上榜航运企业和排名第一的中国大陆最值得信赖企业，登上福布斯全球最受信赖公司2000强榜单……

中远海运纵横四海，逐步形成了遍布全球的网络服务优势与品牌优势，构建出日益完善的全球化综合物流供应链服务生态格局。

锚定航向　深化改革释放动力

如果说中远海运改革重组获得成功的关键，是把“两两结合”的“物理反应”变成了“化学反应”，那中远海运聚合能量的抓手，就是推动企业高质量发展，用持续深化改革，把“化学反应”变成“链式反应”“核反应”。

中远海运坚持把贯彻落实习近平总书记重要指示批示精神，作为最大政治责任、企业最大发展机遇、践行“两个维护”最重要标尺，作为企业高质量发展的根本遵循、深化改革的动力引擎，坚持党建领航、价值领航、科技领航、全球领航，突出产业链经营、效益专精、数字化驱动三大战略主题，推动集团“6+1”产业集群向“3+4”产业布局的战略跃迁，步入以市场为导向、以客户为中心、以落实国家战略为核心的深化改革阶段。

在深化改革阶段，中远海运以“航运＋数字化＋科技”创新思维，统筹推进科技创新体制改革、数字化转型、供应链建设、投资体制改革等12项深层次重点改革任务，同时加快创新链到价值链的转化进程，企业资产规模、经营效益和全球影响均实现历史性突破。

从企业深化改革中获得的红利、动力和竞争力，使中远海运向具有世界一流的业绩表现和引领行业的企业影响力的“领航者”角色，继续进发。

扎根华夏　融入国家发展战略

2022年暖春4月，习近平总书记考察海南的行程几乎环岛一周。从三亚北纬18度的阳光，到五指山海拔1867米的绿色海洋，再到洋浦经济开发区114.78平方公里涌动的蓝色经济……最后一站，到达洋浦保税港区的中远海运所属海南港航旗下的洋浦国际集装箱码头小铲滩港区。

习近平总书记伫立码头岸边，同现场作业人员、挂职干部代表等亲切交流，“振兴港口、发展运输业，要把握好定位，增强适配性，坚持绿色发展、生态优先，推动港口发展同洋浦经济开发区、自由贸易港建设相得益彰、互促共进，更好服务建设西部陆海新通道、共建‘一带一路’”①。

作为最早参与海南建设的中央企业和航运企业，中远海运以深化与海南省战略合作为契机，以重组海南港航为平台，推动航运、港口、物流优势资源聚集海南，全面融入高标准、高质量建设海南自贸港进程，大刀阔斧地推进海南港口建设总体规划，把洋浦小铲滩港区作为带动自贸港建设的重点港区，加大航线布局，新增27条集装箱航线，2021年箱量首次突破百万，达到113万TEU，较2018年增长了近3倍。2022年上半年，洋浦码头完成吞吐量72.25万TEU，同比增长41.8%，并带动整个洋浦港口集装箱业务量逆势上涨，同比增长45.67%。

洋浦港只是中远海运融入国家重大区域发展战略众多举措的一个缩影，这样的鲜活案例，在海南自贸区、长江经济带、京津冀、粤港澳大湾区、北部湾港及西部陆海新通道等建设中一一涌现，也在援藏、援滇、援湘等助力国家中西部地区脱贫攻坚、乡村振兴中一路传承。

新时代十年，中远海运援助的西藏类乌齐县、洛隆县，湖南安化县、沅陵县，云南永德县，相继实现脱贫摘帽。一艘巨轮驶进深山，完成了山与海的连接，留下了更多感人的故事。

中远海运积极融入国家区域发展战略、全力畅通全球产业链供应链，以“大国船队”的担当，为世界经贸发展和民生福祉作出了贡献。

驶向深蓝　全球影响显著提升

如果把习近平总书记擘画的“一带一路”蓝图，比喻成一幅物质与文明交相闪耀的泼墨山水，

①《习近平在海南考察时强调　解放思想开拓创新团结奋斗攻坚克难　加快建设具有世界影响力的中国特色自由贸易港》，《人民日报》2022年04月14日01版。

那么中远海运在“成功范例”标杆引领下不断开创的重大项目，就是一点一划的工笔点缀。

中远海运投资经营的希腊比雷埃夫斯港，已成为“一带一路”中希两国合作的典范，全球排名从第93位跃升至第33位，成为地中海领先的集装箱大港和欧洲最大的邮轮和渡轮港口，为当地带来就业岗位1万多个，累计直接社会贡献超15亿欧元。依托海铁联运的中欧陆海快线，惠及中东欧10国7 100多万民众，连续6年实现高速增长，已成为中欧贸易的第三大物流通道，为促进中欧经贸往来发挥了积极作用。

2019年，习近平总书记视察比港时称赞，“百闻不如一见。今天我在这里看到，中国倡议的‘一带一路’不是口号和传说，而是成功的实践和精彩现实”[①]。中远海运作为国际航运的主力军，积极发挥行业优势，为高质量共建“一带一路”和构建人类命运共同体，持续注入“中国航运力量”。

此外，中远海运把参与和服务中国国际进口博览会，作为服务国家主场外交的重大政治任务，连续为五届进博会提供优质高效的海运物流服务。作为进博会核心支持企业、虹桥经济论坛钻石会员、进博会官方唯一推荐的国际海运段运输服务商，中远海运依托全球化专业优势和进博会核心支持企业优势，助力进博会“越办越好”，不断拓展上海在全球的“软实力”影响。同时，全力支持召开北外滩国际航运论坛，共同发起“2021上海倡议”，在全球航运业产生积极反响。

中远海运积极参与国际竞争、融入全球贸易发展新格局。可以说，今天的中远海运已然成为国际航运业东方平衡西方的重要力量。

奋楫扬帆　乘风破浪勇毅前行

当前，百年变局加速演进，世纪疫情持续蔓延，数字浪潮席卷而至，绿色低碳引领未来。世界经济面临从未有过的风险和挑战，“大国船队”的航程上充满了暗流险滩，机遇与风险并存。

中远海运积极履行“航运国家队”的使命担当，畅通产业链供应链“内循环”，共同促进国内国际“双循环”，坚决保障全球供应链产业链稳定安全，全力保障煤炭、石油、天然气等重要能源物资海上运输安全畅通。面对新冠疫情导致的国际供应链“一箱难求”“一舱难求”等难点、堵点，中远海运积极推进“陆改水”“陆改铁”“水水中转”，并在美、欧、墨、澳新线等主干航线上，开通30班中小直客专班专列，为“六稳”“六保”全力以赴。

面对2022年上半年的上海疫情，中远海运作为驻沪央企，全力维护疫情封控下城市运维安全和外贸进出口稳定，保障上海地区能源、抗疫和民生物资运输，助力打赢“大上海保卫战”。在全面复工复产以后，及时足额为上海地区中小企业支付账款，主动减免内外贸客户因疫情封控造成的相关费用约1350万元，以央企担当为中小企业纾困。

中远海运坚持贯彻落实习近平总书记关于“顺应绿色、低碳、智能航运业发展新趋势”[②]的重要指示批示精神，把科技创新引领作为企业高质量发展、平抑航运发展周期、建设世界一流企业的重要抓手。随着GSBN在国内11个港口进行无纸化放货应用，“智慧港口2.0版”正式启动商业化运营，集装箱IRIS4系统在全球航运业持续领先，“船视宝”平台为客户提供多维度航运数字化服务，中远海运紧紧抓住数字化发展的“黄金期”，推动科技创新管理体制机制变革，引领打造原创技术策源地。

同时，中远海运在“降碳”“减排”“替代”方面多措并举，深入对接国际海事组织（IMO）能效新规，积极开展新能源、低碳与减排技术创新，以电池动力、绿色甲醇、氨动力船舶等多个项目为试点，布局创新链和产业链融合，推进船舶清洁能源应用，努力让海洋更环保、更清洁。此外，中远海运还将加快推进全球化数字化供应链平台建设，积极稳妥开展船舶新能源技术研发应用，加快船舶燃料甲醇供应链建设，全面打造

① 《习近平和希腊总理米佐塔基斯共同参观中远海运比雷埃夫斯港项目》，《人民日报》2019年11月13日01版。

② 《习近平向2021北外滩国际航运论坛致贺信》，《人民日报》2021年11月05日01版。

新型 5G 智慧港口，加快“链接”全球的进程。

前进路上，中远海运充分发挥航海人战风斗浪的意志品质，以“同舟共济”的企业精神，在各种风险挑战中激流勇进。

千帆竞发，奋楫者先。

百年间，中国航运业从“跟跑”渐渐走到了“并跑”；新时代十年，中远海运领航中国航运业，从“跟跑”快速走向“领跑”。新航程上，中远海运肩负链接世界、领航未来的重要使命，为全球航运业高质量可持续发展，为促进世界经济与贸易稳定增长，为推动构建人类命运共同体而继续奋楫。

（钟远海　本文刊载于《中国航务周刊》2022 年 12 月 4 日）

唱响"中远海运"品牌强音

——中远海运集团深入推进全球化品牌建设综述

2022年8月3日，2022年《财富》世界500强排行榜全球同步发布，中国远洋海运集团有限公司位列榜单127位，比2021年提升104位。自2016年重组以来，中远海运集团《财富》世界500强排名逐年大幅提升，至今排名总提升了338位，连续数年成为榜单中排名第一的国际化航运企业。

世界500强排名第127位，体现了中远海运集团引领行业"硬实力"的成色，同时也是集团品牌"软实力"的生动注释。习近平总书记高度重视品牌建设，2014年5月10日他在河南考察时提出，"推动中国制造向中国创造转变、中国速度向中国质量转变、中国产品向中国品牌转变"[①]，为推动我国企业"走出去"打造中国品牌指明了方向。

作为我国最早"走出去"的企业之一，中远海运集团始终坚持在国际化、市场化竞争中持续锻造品牌核心竞争力。党的十八大以来，中远海运集团进一步瞄准"培育具有全球竞争力的世界一流企业"目标，持续推进全球化品牌建设，"中远海运"品牌的全球知名度、美誉度、忠诚度持续提升，正日益成为中国航运业在全球的一张亮丽名片。

在使命担当中彰显"中远海运"品牌

2022年2月21日，中央广播电视总台举办第二届"中国品牌强国盛典"，凭借在全力保障我国内外贸运输和全球供应链稳定中的突出表现和重要作用，中远海运集团获得十大"国之重器"品牌殊荣。在给中远海运的颁奖词中写道："以集装箱勾连全球化，以万吨轮锚定供应链，万里碧波间为国际贸易疏通海运动脉，惊涛骇浪中，为世界经济铸就定海神针。"

保链稳链，凸显"中远海运"品牌担当。2020年初，新冠疫情全球蔓延，各国防疫政策下全球产业链供应链陷入困境甚至出现停顿，中国迅速控制疫情并开足马力生产供应全球抗疫和生产生活所需，然而国外码头拥堵、集卡短缺、公铁路运输迟滞等导致全球供应链不畅，传导至国内造成"一舱难求""一箱难求"的紧张局面。关键时刻，中远海运全力出击，积极履行"大国船队"使命，全力落实"六稳""六保"要求。集团通过大幅增加运力投入、箱源保障、推出中小直客专班专列等一系列举措，为全球产业链供应链畅通提供重要保障。

集团以全球1/18的运力承运了全球1/10的货量，开足马力保货运，全力以赴保通畅。在供应链最为紧张的2021年，中远海运集团跨太平洋航线平均周运力同比增幅约26%，亚欧航线平均周运力同比增幅约6%；集团所属中远海运集运从海外调回空箱同比增长20%；集团箱厂生产干箱和冷箱同比分别增长117%和49%。同时，为解决国内客户出运难题，集团在主干航线推出30班中小直客专班专列，解决中小客户燃眉之急；并为美的、海信等制造业重要企业开通"极速通"专列，为其出海提供助力。

保供保通，尽显"中远海运"品牌底色。2022年上半年，国内疫情多点散发，防控面临严峻形势。3月28日，上海实施封控措施，后续又实施全域静态管理，社会生产生活受到严重冲击。中远海运集团作为总部驻沪央企，在努力守住疫情防控底线同时，义不容辞、尽锐出战，充分调动航运物流资源，全力打通各地援沪物资运输瓶颈，保供上海抗疫民生物资运输。特别是在长三角公路运输受阻情况下，中远海运集团凭

① 《习近平在河南考察时强调　深化改革发挥优势创新思路统筹兼顾　确保经济持续健康发展社会和谐稳定》，《人民日报》2014年05月11日01版。

借在长江运营的 140 余艘船舶、40 多条航线，在长江沿线 55 个港口开通“陆改水”服务。集团从南京、扬州、张家港、徐州等地到上海实现了“天天班”，确保物资准时送达。

集团各航运物流企业日夜兼程、火线配送，不仅从湖北、湖南、安徽、江苏、江西、重庆、辽宁、浙江、山东、福建等地运送大量蔬果米面、生鲜肉类、油盐酱醋等各类民生物资、医疗物资原材料和方舱建造所需设备等抵达上海。同时，集团还全力保障上海地区能源运输，自 3 月 28 日上海实施疫情管控以来，截至 7 月 26 日，集团累计承运上海煤炭 95 船，351 万吨，有力保障了上海电厂企业电煤供应；累计承运上海原油 179.8 万吨，为上海高桥石化提供原材料运输保障，承运液化天然气（LNG）113.13 万立方米，全力保障上海工业和生活用气。

哪里有需要，哪里就有“中远海运”品牌的身影。从打通武汉封城期间物流通道，到迅速启动“盐田—香港”中远海运天天班助力香港抗疫；从依托希腊比雷埃夫斯港加快中欧陆海快线建设，积极打通欧洲内陆运输瓶颈，到开通行业内第一批专门针对北美航线直接客户的“美线直客特快专线”，中远海运集团以全球化品牌服务全球化客户，构筑起保障我国内外贸易畅通、服务全球供应链稳定的品牌担当。

在借势蓄力中营销“中远海运”品牌

中远海运集团围绕战略发展需求和生产经营中心工作，精心策划高质量品牌活动、深度参与高层次论坛、积极参加高水平展会，借助国际热点推进“中远海运”品牌营销推广，持续扩大品牌传播效应。

精心策划高质量活动，推进“中远海运”品牌聚焦式营销。中远海运集团成立伊始，便获知巴拿马运河新船闸即将首航。首航之日必是全球瞩目之时，如果能够参与首航，将是新成立的中远海运集团在全球展现新品牌形象的良机。机不可失，集团积极协调各方，努力争取到首航机会，成功成为全球关注的焦点。2016 年 6 月 26 日，巴拿马运河新船闸开通启用仪式隆重举行，集团旗下中远海运巴拿马轮成为第一艘、也是当天唯一一艘通过新船闸的新巴拿马型船舶。全球 120 余家媒体刊发报道 600 余篇，网络转载 16 万余条，CNN、BBC 等欧美主流媒体均作了报道。首航活动迅速提升了新集团品牌知名度，使得新集团在刚成立 4 个月之际就实现了品牌的全球化传播。此后，集团又于 2017 年组织安排新华社、央视记者跟随中远荷兰轮开展“一带一路”沿线采访，于 2018 年组织收购东方海外系列品牌传播活动，于 2019 年策划中国第一艘自主运营豪华邮轮——“鼓浪屿”号命名暨首航活动等，通过一场场大型活动，成功吸引了全球业界、社会各界对“中远海运”品牌的关注。

深度参与高层次论坛，推进“中远海运”品牌嵌入式营销。4 月 21 日，博鳌亚洲论坛 2022 年年会开幕式在海南博鳌举行。中远海运集团作为博鳌亚洲论坛核心服务商和基建投资商，一方面全力服务保障论坛年会胜利召开，自论坛成立起已圆满完成 21 届年会服务保障任务；另一方面，集团积极借助这一具有重大国际影响力的平台，大力推广“中远海运”品牌。进入博鳌论坛永久举办地，迎面而来便是巨大的中远海运欢迎标牌，新闻中心、园区绿植、酒店客房、短驳车辆……“中远海运”品牌元素随处可见。在 2018 年年会期间，集团还促成举办“物流的变革”分论坛，成为博鳌亚洲论坛自设立以来首次举办的以物流为主题的分论坛。年均超过 2 000 名来自全球的记者在报道博鳌亚洲论坛年会时，也将“中远海运”品牌传播到世界各地。此外，集团作为金砖国家工商理事会理事单位，北外滩国际航运论坛平行论坛主办方，中欧企业联盟、中意企业家委员会、中芬创新企业委员会、中西企业顾问委员会等组织的重要成员，并通过积极参与联合国全球可持续交通大会、联合国全球契约组织“一带一路”企业平台、中美工商领袖和前高官对话等，全方位发挥“中远海运”品牌在行业中的引领性作用。

积极参加高水平展会，推进“中远海运”品牌拓展式营销。2021 年 11 月 4 日，第四届中国国际进口博览会在上海开幕。中远海运集团作为进博会核心支持企业及虹桥国际经济论坛钻石会员单位，同时也是进博会境外海运段官方唯一推荐服务商和会展搭建商，自第一届进博会起，就深度参与了包括招展、展品运输、会展服务、集中采购、论坛等在内的各项重要工作。在第四届进博会上，中远海运集团有11家企业参展。同时，集团下属航运物流单位还派出营销团队，抓住进博会国际展商多的机会，进行“扫馆式”营销，积极向国际展商宣介“中远海运”服务全球客户的品牌形象。此外，集团每年都积极参加中国自主品牌博览会、中国国际服务贸易交易会、中国进出口商品交易会（广交会）、中国－中东欧国家博览会、中国－东盟博览会等国际展会，多角度、全方位展示集团品牌实力，提升集团品牌核心竞争力。

在基础工作中夯实“中远海运”品牌

中远海运集团持续夯实品牌工作基础，推进集团品牌制度、体系朝着规范化、实用化方向不断迈进，实现集团品牌建设工作从实践向战略发展，努力以高质量品牌建设，不断提升品牌价值创造能力，服务集团战略发展和生产经营工作。

制定集团“十四五”品牌战略规划，加强品牌工作顶层设计。2020年，集团结合“十四五”战略规划制定和品牌工作实际，组织制定了“十四五”品牌战略规划，涵盖品牌建设七大部分工作内容，阐述了集团品牌建设的重要意义、总体任务、核心要义、战略目标，梳理了集团品牌的总体架构，同时，规划了集团品牌建设的实施路径、保障体系等。规划明确，围绕“产业链经营”“效益专精”和“数字驱动”战略主题，集团在“十四五”期间品牌形象将重点立足于“全球化、价值化、服务引领、数字化、绿色发展、责任和安全”六个定位关键词，着力塑造集团以客户服务为中心、致力于价值创造、聚焦数字化发展、积极贯彻绿色环保理念、致力于行业健康可持续发展，关心关爱企业员工和社会发展的有温度、有理想、有担当的全球化大企业的品牌形象。品牌战略规划的出台，进一步推动了集团品牌工作体系更加完善，全系统品牌工作合力更加凝聚。

确立中远海运品牌形象符号系统，推进品牌工作规范管理。2016年，中远海运集团集团成立后，迅速推进了集团新的品牌形象创建工作。当年9月28日，集团在上海召开品牌形象发布会，正式对外公布集团新版徽标（LOGO）、新的网站域名、中英文简称等企业视觉识别系统。同时，制作集团宣传片、宣传册、官微卡通形象熊猫船长等，并积极利用海洋联盟签约、海运年会、国际展会等各类重大活动进行品牌推广，使集团新的品牌形象短时间内在全球广泛传播。2018年，集团又组织设计了集团船员服装等生产性服装，将品牌形象落实到生产一线。集团每年都要开展检查整改，以规范集团视觉标识体系（VI）的使用，同时按照需求对集团VI手册进行完善，目前，集团VI中英文手册已经更新到3.0版本，成为全系统开展品牌工作的规范指南。为进一步查找整改品牌工作短板，集团还开展了品牌对标提升行动，设立包括定性及定量指标在内的品牌评价体系，实施针对性提升举措，提升集团品牌建设水平。

打造“一带一路”倡议典范项目，树立集团全球化品牌样板。比雷埃夫斯港是希腊最大港口，也是“一带一路”倡议的重要节点。中远海运集团从2009年开始经营比港2号和3号集装箱码头，2016年控股经营整个比港。随着集团接手，比港实现了新生，并开启跨越式发展征程，年吞吐量世界排名从2010年第93位提升至2021年第26位。由于比港发展的重大成就以及为当地经济社会发展作出的卓越贡献，被中希两国称为“一带一路”典范工程。借助比港这一关键节点，集团还开辟了中欧陆海快线中国至欧洲的第三条贸易通道，可辐射中东欧9个国家、共7 100万人口。以比港为基点，集团在当地建立起较为完善的品牌推广体系，通过加强与政府和社区互动、开展公益慈善捐助、举办媒体和公众开放日、参与当地生态环保工作等举措，全方位讲好中国故事、中远海运故事，打造出品牌海外传播的样板。随着在希腊的深耕扎根，也进一步带动了“中远海运”品牌在中欧陆海快线沿线的传播推广，助力了集团业务在中东欧地区的快速发展。

开展集团品牌海外系统推广工作，拓宽品牌全球发展外延。2022年4月8日，越南第21届金龙奖颁奖典礼在胡志明市举行，中远海运集运（越南）公司被授予杰出外资企业 50 强“金龙奖”。该奖项自 2001 年发起，旨在表彰在越外资企业对越南经济作出的突出贡献。获得这一奖项，既是越南市场认可中远海运集团实力和服务的体现，同时也是“中远海运”品牌在越南市场系统性推广取得重要成效的体现。2020 年，中远海运集团明确集团品牌海外推广越南试点，集团公共关系本部牵头协调系统多家单位成立专项工作组，制定品牌专项推广方案，开通了越南语社交媒体账号，针对性投入宣传内容，同时积极推进客户关系、媒体关系、政府关系维护，有力提升了集团品牌在东南亚的知名度、美誉度。同时，集团积极总结越南推广经验，加快了在中美洲墨西哥等新兴市场的推广工作。

在社会责任中厚植“中远海运”品牌

大力开展社会公益活动，树立负责任企业品牌形象。“金宝宝”和“华豹”是两只旅居芬兰的大熊猫，深受当地民众喜爱，是密切中芬关系的“民间大使”。然而，新冠疫情使芬兰旅游业遭受重创，大熊猫居住的动物园经营陷入困境。中远海运集团获悉后，于 2021 年 12 月对旅芬大熊猫养护项目提供了 30 万欧元特殊捐赠，提供力所能及的帮助。一时间，“熊猫船长”与“熊猫使者”结缘，成为中国和芬兰民间的一段佳话。

中远海运集团一贯重视公益慈善活动，积极履行企业社会责任。截至 2021 年 12 月 31 日，集团通过中远海运慈善基金会，已累计捐资 9.86 亿元，组织实施慈善公益项目 754 个。通过参加大量的社会公益活动，“中远海运”品牌负责任的企业形象得到广泛传播。从通过中远海运比港支持当地政府建设希腊水下考古博物馆，到依托全球分支机构开展“守望相助、共同抗疫”境外公益活动；赞助运动员参加北京冬奥会，到向外国贫困家庭儿童送去圣诞礼物；从组织希腊文学名著《数星星的孩子（中文版）》翻译出版；到支持新版《现代荷汉词典》出版发行……中远海运的公益足迹越走越坚定、越走越宽广。

中远海运集团大力参与我国扶贫援藏工作，累计投入 4.32 亿元，实施项目 300 多个。2020 年底，集团对口帮扶的西藏洛隆县、类乌齐县，湖南安化县、沅陵县，云南永德县全部实现脱贫摘帽，圆满完成了脱贫攻坚任务。在推动联合国减贫事业，提升全人类共同福祉中，书写了精彩的中远海运篇章，让“中远海运”闪耀出人文的辉光，树立了集团积极履行社会责任的良好品牌形象。

大力推进绿色低碳工作，塑造可持续发展品牌形象。绿色低碳已成全球经济社会发展潮流，同时也是企业服务人类可持续发展的必由之路。作为全球经济“晴雨表”和千行万业“链接者”的航运业，对顺应绿色低碳发展新趋势，具有重要社会示范和牵引带动作用。一直以来，中远海运集团都将绿色作为自身发展的底色，努力推进在低碳、零碳发展上的行业实践。

中远海运集团坚持科技引领，密切关注国际航运减碳规则，加强减碳路径研究。目前，集团以电池动力、绿色甲醇、氨动力船舶等项目为试点，布局创新链和产业链融合，推动新能源动力船队建设。2022 年 3 月 18 日，集团 2 艘 700TEU 级长江干线电动集装箱船项目举行“云签约”仪式，这是集团以长江经济带“生态保护、绿色发展”为目标，推动“产、融、学、研”各方合作，开展全电池动力零碳排放集装箱船及产业链建设，共同推动长江航运绿色零碳转型的一次重要实践。此外，中远海运开展绿色甲醇动力多个项目研究论证工作，其中大型集装箱船和大型矿砂船已获得实质性进展；完成氨燃料动力拖轮项目签约，同时联合上海交通大学、中国船级社等 9 家单位签署成立“船用清洁燃料应用技术创新联合体”，充分发挥各自优势解决零碳能源应用共性问题，推动航运业绿色低碳化发展，持续展现了集团服务人类永续发展的品牌形象。

品牌，是企业竞争力和生命力的综合体现，也是参与全球化、市场化竞争的核心资源。中远海运人将矢志不移、接续奋斗，积极致力于构建世界一流的全球综合物流供应链服务生态，努力铸就“中远海运”品牌的长青基业，为代表我国航运业参与国际化竞争作出更大的贡献。

（黄奇萃）

观往知来　向大海更深蓝处加速远航

——中远海运集团深入推进全球化发展加快世界一流企业建设回眸

2016 年以来，中国远洋海运集团作为央企和全球最大航运企业，始终坚持“走出去”，围绕构建世界一流全球供应链综合服务生态，加快全球化布局，全球化发展能力不断增强。

集团在海外主要国家和地区设立了 9 家海外区域公司，主要承担起集团的全球业务协同、信息共享、新兴业务孵化、区域服务支持、国际人才培养等五大平台作用。

中远海运集装箱运输共经营 263 条国际干支航线，在 142 个国家和地区的 569 个港口均有挂靠；与 2016 年整合初期的 207 条国际干支航线，挂靠 76 个国家和地区的 242 个港口相比，全球服务覆盖面显著提升。

截至 2022 年上半年，中远海运参与投资并拥有权益的海内外码头 57 个，已经初步构建起以中国市场为主、国际市场持续增长的全球码头经营格局。

截至 2022 年 6 月，中远海运外派中方员工 478 人，集团现有海外员工 1.7 万余人，其中外籍员工占比超过 97%，员工的国际化程度进一步提升。

截至 2021 年末，中远海运实现海外收入占比持续提升，当年实现海外收入占集团总收入 54% 左右，接近中国领先企业的全球化水平。

见出以知入，观往以知来。回眸中远海运的全球化发展印迹，“放眼世界，走向全球”这个航海人的基因从未改变。面对百年未有之大变局，无论是新冠疫情冲击还是逆全球化挑战，中远海运科学把握全球化发展趋势，积极参与构建新发展格局，在中国更高水平的对外开放中实现了更好发展，为全球贸易畅通贡献中远海运“链接世界，承运全球”的智慧与力量。

纵览观过往　走向全球是航运人的基因

距离上海洋山深水港约 60 海里处，“中远海运星云”号巨轮正在万里晴空的护送下缓缓远离陆地，即将驶入国际航道。在驾驶台上，船长周法成和政委、轮机长一同眺望着远处，他们明白这一航次起航，又是一次跨年了。

这是 2021 年 10 月末的一天，新冠疫情仍然在世界各角落蔓延着，海外不少港口拥堵加剧、全球供应链物流不畅，国际局势与地缘政治格局多变，给世界经济全球化进程带来了一定的阻碍和各种不确定因素，这给原本伴随着风和日丽启程前往欧洲的新航程带来了一丝阴霾。

但值得周法成和船员们为之愉快的是——在这一航程满载的集装箱里，必定有不少沿途国家和地区孩子们圣诞节、新年愿望清单上的礼物，从中国食品、到小家电、玩具，以及平板电脑……彼时那一刻，作为全球最大箱位 21 000TEU 集装箱船舶的船长，他内心笃信的是：无论外部环境如何，他一定能携班子和全体船员把船开好、把货按时安全地送往大洋彼岸。

这是必然！因为“链接世界，承运全球”是中远海运集团多年来深耕不渝的课题，背靠祖国和中远海运集团日益强大、完善的全球化资源，在大洋上航行的每一艘中远海运船舶，都笃信她的每一次航程所带给世界的非凡意义。

党的十八大以来，习近平总书记在更广阔的视野上对航运业进行谋篇布局，规划“海洋强国、航运强国”建设。2013 年，中国提出了举世瞩目的“一带一路”合作倡议，得到了国际社会的高度关注和积极支持。是年起的 3 年间，相较于其他中国企业较早“走出去”的中远海运集团，在已有欧洲、北美、东南亚等公司的基础上，又在南非约翰内斯堡、巴西圣保罗相继成立了非洲公司、南美公司，投资比利时泽布吕赫码头，在国家主席习近平的见证下签署了土耳其伊斯坦布尔昆波特港口项目交割协议……

2016 年前后，世界经贸整体格局处于深度调整之中，中国经济进入新常态。在党中央国务院全面深化改革的号角下，2 月 18 日，中远海运集团重组整合，以全球最大综合航运企业的形象正式扬帆启航，驶向大海更深蓝处。当年 9 月，在全球化发展进程节点中，中远海运获得了哈里发港二期码头特许经营权。

2017 年，党的十九大作出了建设交通强国的战略部署。中远海运通过不断优化产业布局和结构调整，建立健全市场化经营机制，发展活力不断增强，全球化经营换挡加速。当年 6 月，中远海运收购西班牙瓦伦西亚和毕尔巴鄂码头。

2018 年，在中国改革开放的第 40 个年头，自 1978 年中远海运的“平乡城”轮作为新中国第一艘海上集装箱驶向澳大利亚悉尼至今，中远海运的集装箱运输早已发生了翻天覆地的变化，中远海运各种现代化船队在世界各主要港口码头靠离泊和装卸货的忙碌身影，也早已成为中国以开放姿态融入全球经济的标志性背景。

文章开篇中出现的周法成船长自2018年起，每次套派都在 AEU7 航线上掌舵，对于这条航线，周法成最熟悉的港口就是每每必定会经停作业的中远海运比雷埃夫斯港。他说，这些年，比港的变化非常大。2010 年 6 月，中远海运全资子公司比雷埃夫斯集装箱码头有限公司（PCT）开始管理比港的 2 号集装箱码头，当时最大进港船舶 13 000 箱。到了 2018 年初，比港集装箱码头大步跨入 20 000 箱时代，中远海运在比港实践的“一带一路”合作项目愈发闪耀，也正在造福沿途各国人民。

2019 年 11 月 11 日，是周法成毕生最难忘的日子。这一天，他所驾驶的“中远比利时”轮正巧靠泊比港作业，也正因此，他有幸作为习近平总书记和时任希腊总理米佐塔基斯共同参观中远海运比雷埃夫斯港的视察保障团队人员之一，以船员的身份近距离地感受到了总书记对航运业和中远海运的关怀与期许。

“总书记对比港‘百闻不如一见’的高度赞扬通过网络迅速传到了世界各地，对中远海运深度参与‘一带一路’合作建设表示肯定。我仍清晰记得当时站在比港办公楼顶平台上的情景，作为集团的一分子，我感到由衷的骄傲和自豪！”周法成激动地回忆道，“总书记对集团改革发展饱含殷切期望，于我而言，自那一天起，我更加明确我的职业目标和意义，开好船、带好船员队伍，确保全球货物安全高效运抵世界的每个角落是一名船长应当坚守的职责。我定当不忘初心、牢记使命，为开启新时代海洋强国、航运强国建设新征程贡献力量！”

逐光而行，行稳方能致远。周法成不是个例，他是中远海运集团千万船员中的一员，一年中至少有 6 个月时间都在大洋上奋楫的他们，天生就是全球化发展使命的担当者；他也同集团近 500 名外派干部一样，常年远离家乡为航运强国梦想奋力拼搏，他们都是中远海运这十年砥砺前行、全球化事业开拓的见证者，更是最一线的参与者。

党和国家的嘱托催人奋进！在党的十九届四中、五中全会后，在习近平新时代中国特色社会主义思想的指引下，面对百年未有之大变局和世纪疫情，中远海运在加强重组整合重塑产业版图的同时，畅通服务供应链，助力实现新发展格局，中远海运全球化经营实现跨越。

善治应变局　全球化经营提速升级

习近平总书记强调，“经济全球化是时代潮流。大江奔腾向海，总会遇到逆流，但任何逆流都阻挡不了大江东去。动力助其前行，阻力促其强大”①。

事实上，任何一个组织，在没有外力干预的情况下，都是熵增的。企业越是对外开放，来自外部竞争压力就越大，就越有助于推动企业将其

① 《坚定信心　勇毅前行　共创后疫情时代美好世界——在2022年世界经济论坛视频会议的演讲（2022年1月17日）》，《人民日报》2022年01月18日02版。

转化为巨大的自身变革动力和全球竞争能力。

党的十九大报告指出，开放带来进步，封闭必然落后，提出要以"一带一路"建设为重点，形成陆海内外联动、东西双向互济的开放格局。中远海运坚决服务国家战略，抓住机遇、扩大开放、管理创新，在变局中善治善作，实现了自身的跨越式发展和可持续发展。

特别是在2020年初新冠疫情暴发后，产业格局和商业模式发生了变革，RCEP和中欧投资协定的签署，直接助推了区域市场升温，产业链区域化、本地化特征更为明显，国内国际双循环新发展格局的构建，以及中国超大规模的内需市场，也已经推动全球贸易格局、货物流向产生新的变化。

面对新变化、新形势，中远海运历届领导班子"观大局、谋全局"，科学研判全球市场，坚持以码头为支点，以航线为纽带，以综合物流为延伸，构建点、线、面全球网络运输体系，同时深化产业链经营，全球化布局不断完善，全球协同效应正在释放。

比港作为得到中希两国元首充分肯定的"一带一路"项目，中远海运比雷埃夫斯港口有限公司同集运、欧洲公司、物流、中远海运香港、比雷埃夫斯集装箱码头持续做强中欧陆海快线，在全球疫情严峻、供应链梗阻严重的形势下，得益于比港枢纽战略的实施，中欧陆海快线有效提升了运输效能，得到了合作方和广大客户的高度认可。

中远海运（欧洲）公司成立钻石快航公司，开展在欧洲地区配套支线业务。钻石快航还以欧洲第二大支线公司的身份连续参加这几年在上海举办的中国国际进口博览会，在"一带一路"服务贸易展区展现了中远海运产业链经营服务的丰富内涵。

"十四五"开局以来，中远海运"承运全球"能力可谓提速升级。

"一带一路"沿线布局进一步加快加码。秘鲁钱凯码头于2019年完成项目交割后顺利进入建设阶段；中远海运完成沙特红海码头（RSGT）20%股权收购；推动与德国汉堡港口与物流股份公司的战略合作落地，收购HHLA集装箱码头托勒码头（CTT）35%的股份；中远海运港口泽布吕赫码头许经营权延长15年至2055年；以比港为基地的中欧陆海快线完成箱量在全球疫情反复下依旧逆势上扬，目前已覆盖匈牙利、捷克、斯洛伐克、奥地利、塞尔维亚、克罗地亚、保加利亚、罗马尼亚等众多欧洲国家和地区，已成为中国对欧出口和欧洲商品进入中国的便捷通道。

把握RCEP等协定签署的契机，不断提升区域市场、新兴市场和第三方市场竞争力。截至2022年6月，中远海运集装箱运输第三国航线箱运量占外贸总箱运量的比重为33.3%，第三国网络布局提升显著。中远海运散运在新加坡、印度尼西亚布局网点公司，在东南亚细分市场上有了更为有力的抓手；中远海运特运在南美设立业务平台，随着南美出口纸浆货量的快速增长，南美合资公司可为纸浆运输业务提供更好的服务和保障；中缅印度洋集装箱海公铁联运新通道正式开通，物流组织运输了首列集装箱班列；随着"一带一路"设施联通的合作深入，因基建项目需要，非洲、东南亚成了许多工程车辆的出口市场，中远海运旗下集装箱船队、滚装船队、特种运输船队先后为国产工程车出口运输保驾护航。

在区域协同上，海外公司功不可没。面对因疫情带来的全球供应链不畅，中远海运海外公司积极作为，全球控股港口、码头紧密协同，有效缓解了航运供应链物流堵点。北美公司利用在美投资码头保障双品牌和联盟船队靠泊，提升集团太平洋航线竞争力；欧洲公司加强内部协同配合，及时动态调整舱位分配，确保舱位利用率，推进欧洲区域全航线端到端业务的快速发展；东南亚公司持续强化区域内各业务板块协同，高昇控股裕廊岛综合物流中心正式运营……

善弈者谋势，善治者谋全局。企业在国际上竞争力的形成绝非一蹴而就的，既离不开企业早期的艰难开拓与经验积累，更离不开企业抓牢扩大开放的重要机遇主动转变战略思维和经营策略，通过不断实践逐步成长为在全球产业链中具有话语权和影响力的一流企业。自企业重组整合以来，中远海运集团在世界500强排行榜的位次不断攀升，2022 年排名 127 位。

融合跨山海　链接世界的价值归宿

2017 年 7 月，中远海控及上港集团联合向东方海外提出收购要约。时任中远海控董事长、现任中远海运集团董事长万敏当时在香港表示：“中远海控敬重东方海外的管理团队和专业能力，认同东方海外的品牌和企业文化。中远海控致力于香港国际航运中心的建设，收购完成后，公司将加大投入，强化行业领导地位，为东方海外的员工提供更广阔的发展平台。”

2018 年 7 月，东方海外收购完成，中远海运实现了第二次飞跃，集装箱船队规模近 300 万 TEU，迅速进入全球班轮行业第一梯队。收购完成后，在中远海运“六个保留”的承诺下，东方海外凝聚力进一步增强，实现了“客户不流失，货量不下降，份额不降低”的目标。

此后，东方海外和中远海运集运共同推动“全球化”“端到端”“数字化”“双品牌”四大战略，不断放大协同效应，竞争力不断增强。彼时，恰逢中远海运在新兴市场和第三国市场开拓业务的关键时刻，东方海外的加入与中远海运在中美洲和加勒比市场形成优势互补，不久便实现了中远海运在巴拿马运河代理中贡献量位列前三，直接减少过运河的等待时间，中远海运在中美洲市场开发上涨势喜人，当年的第三国市场开发同比增长超 400%。

这是跨越式融合带来放大效应的佐证。跨越的是管理模式，融合的是人心，前提是彼此尊重、求同存异，感知和敬重多元文化的存在。

中远海运是众多央企中较早“走出去”的企业，可以说，中远海运的全球化脚步伴随着新中国成立便开始向外探索。中远海运历任领导班子始终强调：既然是全球化的企业，就不能把自己内部的管理模式往外输出，一定要根据充分市场化、充分竞争性和全球化的特点来建立管理制度，特别是在海外，不能盲目推崇内部管理的模式和制度。

中远海运一批又一批的海外干部员工将此铭记在心。

2019 年，因出色的业务能力和资历，外籍员工保罗·纳扎罗（Paul Nazzaro）被中远海运（北美）公司任命为北美公司执行副总裁，助力企业本土化市场营销。这是中远海运旗下的海外公司首次按市场化原则，选聘美国当地人才进入高管层。此举在当年的集团工作会上被传作跨文化管理的佳话。而保罗本人也在后来的采访中表示：“中远海运北美公司给海外员工提供了一个客观的、令人鼓舞的工作环境，通过有效的沟通和内部提升可实现个人与企业共成长，这是企业在海外长续经营至关重要的条件之一。”

对跨国公司的内部经营管理是如此，对海外公司所在当地社区，中远海运更是秉持尊重、共赢的理念与之相处。

“一带一路”合作为比港带来新的机遇。自 2010 年中远海运开始参与港口运营以来，比港集装箱吞吐量从当年的 88 万 TEU 增至 2021 年的 531 万 TEU，成为地中海地区最大港口，这为当地创造大量就业机会。

自 2016 年全面接手比雷埃夫斯港口经营管理以来，中远海运比港始终以履行社会责任为己任，致力于携手共赢与当地社会共同发展，持续开展慈善公益和社会帮扶活动。中远海运比港通过当地政府每月定期对周边地区的贫困家庭提供生活救助，希腊疫情暴发以来向希腊部委和周边地区政府和医院捐赠防疫物资超过 25 万欧元，在中远海运慈善基金会 50 万欧元的资助下与希腊红十字会合作对当地贫困家庭学生提供助学帮扶。

和羹之美，在于合异。习近平总书记指出，“要坚持交流互鉴，建设一个开放包容的世界”①。

中央企业“走出去”是要站在更高的平台上参与国际竞争与合作，作为央企国家队、航运领头羊，中远海运聚焦主业和产业链延伸，在承载“航运强国”使命的同时，在经济全球化和“一

① 《习近平出席“共商共筑人类命运共同体”高级别会议并发表主旨演讲　提出构建人类命运共同体　实现共赢共享　建设一个持久和平、普遍安全、共同繁荣、开放包容、绿色低碳的世界》，《人民日报》2017年01月20日01版。

带一路”合作倡议的大背景下，中远海运能够在“链接世界、承运全球”中实现与沿线国家、地区和民众融合共赢，才是其全球化发展真正的价值归宿。

合作共成长　全链条深度服务为航运价值背书

2014年初春，惠普（HP）欧洲总监到访总部位于北京的中远海运物流，谢银作为当年惠普项目团队负责人之一，与客户一同站在地图前看着欧洲版图，他们把眼光同时停留在希腊比雷埃夫斯港。“当时，客户注视着地图上PCT的位置，与我们畅享着：以此为基点在这个项目上可以做点什么？”谢银回忆道。

彼时，比港在中远海运获得特许经营权6年后，已经打造成为地中海名列前茅的集装箱港口，其区位和航运优势已逐渐显现，吸引了不少像惠普这样的全球化客户的关注。在客户需求的指引下，中远海运牵线搭桥、资源协同，为其先后解决了希腊至捷克的铁路运输以及国际物流分拨中心两个核心难题。自此，惠普成为中欧陆海快线的先行者，直至现在，惠普都是这条线上的第一大货量客户。

“我记得，当时在讨论解决方案时，在比港的会议室里就坐着集运、物流和PCT的同事，可以说在惠普项目上已显现了港、航、物流协同模式的雏形。”谢银边回忆，边谈道。

2022年，距离惠普2010年在中国重庆投资建厂，中远海运为其开通渝深五定班列铁海联运方案，从深圳将货物运至荷兰鹿特丹，再到后来，改由经比港海铁联运至东欧及其他各目的地已有12个年头了，中远海运始终聚焦全球化客户的实际需求，立足包括比港在内的多个海外港口码头，不断打磨打造以枢纽建设为支撑的“航运＋港口＋物流”三位一体的物流体系。

惠普是一家专注供应链管理的企业，中远海运持续稳定的优质服务固然成就了惠普稳定、海量的全球化业务，但更值得一提的是，优质客户优秀的供应链管理理念也深深融入了中远海运服务团队及中欧陆海快线的运营管理中，也为现今中远海运各版块团队协同服务三星、小米、海信、索尼等国内外电子产品客户全球化经营奠定了扎实的基础，这层价值不可估量。

诚如在2016年集团整合初期，万敏在中远海运集运全球代理会议上提出的，要立足于为客户创造价值，实现与合作伙伴共同创造价值，并体现航运企业自身价值，以此开创中远海运全球化发展新局面。

2022年7月20日，盛夏的珠江畔，“中远海运摩羯座”轮缓缓驶离南沙港，标志着中远海运战略合作客户、中国最大家用空调制造企业美的，与中远海运港口阿布扎比码头首批“海外仓”业务正式启动，货物于8月5日顺利运抵阿布扎比码头。

码头总经理陈玉平欣喜地表示：“客户的信任给了我们推进‘海外仓’项目建设更强的动力，第一票货物刚完成清关、入库、分拨，完整的全链条供应链服务操作SOP就已经做出来了。”

陈玉平是集团近500名外派干部员工中的一员，职业生涯中的多轮海外调派上任，使陈玉平在集装箱运输操作和港口运营方面积累了大量的业务和管理经验，对集团这些年全球化发展的成就他感触颇深：“这些年，凭借集团完善的海外资源，中远海运人在‘一带一路’沿线打造了许多精品服务，与许多有着全球化布局战略需求的客户一同成长和发展起来。”

进入“十四五”以来，集团不断强调，要满足客户需求，实现在全链条运营上的深度融合，应通过服务，不断与客户沟通，了解客户的战略、生产、销售等一系列需求。经过前期一批又一批中远海运人的接续耕耘，一个又一个全链条深度融合的海外精品项目在这些年得以开花结果。

中远海运港口泽布吕赫码头与全球物流产业互联网公司菜鸟合作的首批“海外仓”货物乘“中远海运土星”轮日前也已从国内出发。面对疫情下国际物流供应链的痛点和新需求，泽布吕赫码头公司依托港航协同资源，为客户提供“一对一”精准服务和港航货“三位一体”的全程供应链解方案，让国际端到端履约服务得到了进一步升级。

应炼化一体化大客户盛虹石化的需求，中远海运能源助力其改变原有化工原料源于海外、而在国内加工成化纤和石化产品，再出口到国际市场的经营模式，转而形成了当前以在海外采购原油为主，经由新加坡炼厂加工生产的模式，实现了国家石化产业链向上游延伸的高端保供服务，得到了客户的高度好评。

中远海运散运借力数字化转型，打破固有思路和方式，聚焦全球客户业务开展的难点、痛点，挖掘客户的资金需求、物流配套服务需求、电商平台应用渠道需求，聚焦航运业务服务、供应链金融服务、数据应用服务等内容，创建了“船货易”平台，逐步实现数字化融合全链条运营服务，赋能传统交易和服务模式，目前取得了阶段性成效。

与航运相关的各种全球化服务在各产业链供应链中的价值，因中远海运集装箱、能源、散货、特种运输等不同版块企业的参与和深度融合正在不断被丰富和完善，一系列全球精品服务成为航运业为人类社会发展作出积极贡献的生动注脚。

乔木亭亭倚盖苍，栉风沐雨自担当。依托集团庞大的船队运力和全球航线服务网络，中远海运人正渐渐兑现了“链接世界，承运全球”的承诺。

还记得 2021 年的中秋佳节，中远海运官微发布了一则海报推文：深夜，靛蓝的天空中一轮皎洁的明月悬挂，在一望无际的深邃大海上，一艘中远海运 2 万箱巨轮在银色月光和孔明灯的陪伴下静静夜航。海报中央写着醒目的两行字：船行千万里，货畅万家圆。

而就在 2021 年中国农历中秋前几日，波罗的海国际航运公会（BIMCO）报告指出：港口拥堵和内陆运输延误正在吞噬全球集运运力，拥堵时长已创纪录……

此时的一声“船行千万里”，有力彰显了中远海运作为大国船队“链接世界”的能力和信心；一句“货畅万家圆”，无声道出了在全球经济、政治、环境等多重因素复杂交织的格局和世纪疫情叠加下，中远海运为千万客户兑现“承运全球”承诺背后的坚毅与不易。

海报在带给读者和客户佳节最美祝福的同时，给予他们的还有那份读来既有的“安心”——在全球供应链不畅、全球发展面临众多不确定性下，唯能确定的是这份来自中国的全球最大航运企业为世界贸易畅通贡献力量的确定性。

一切过往皆为序章。中远海运将始终牢记国之大者，矢志不移地坚守党和国家赋予我们的海洋强国、航运强国的使命，进一步增强全球视野、战略思维，立足中国、着眼全球，强化数字赋能，提升全球化经营效能，加速推进全球供应链布局。

中远海运，大国船队，必将向大海更深蓝处加速远航！

（李琳）

心手相携　全力以赴

——记中远海运“疫”不容辞守护船员换班之路

2021 年，中国远洋海运集团船舶三副李竞成在船上拍摄了一段“走遍世界”的求婚视频，在网上引来大量关注并收获满满祝福。视频中，他笑着对女朋友说：“我经历了 200 余天的远航，很快就要回到你的身边。但疫情之下，船员换班是全球性难题。好在我们中远海运的船员很幸福，公司一直在克服困难，尽最大的努力协调解决，想方设法优化换班方案，为的就是能让我们早日换班回家。”他最后说：“目前我要站好最后一班岗，可能还需要些日子，谢谢你等我！”不少网友被船员们为了维护全球供应链稳定畅通甘愿“舍小家为大家”的情怀深深感动，同时也感慨全球疫情给船员正常换班造成严峻挑战，祝福这些远航者们能够平安回家。在疫情当下，这何尝不是所有中远海运人都关心的“头等大事”！

竭尽所能，守护船员的回家路

据统计，截至 6 月 15 日，中远海运集团在确保船员身心健康、保障船舶安全运营的前提下，今年已累计完成主营船队船员换班 1 785 艘次、20 249 人次。这两个数字背后，凝结着集团和各相关公司不惧疫情挑战，为做好船员换班工作所付出的艰辛和努力。

“最难掌控的是时间”“最揪心的是发生突发事件”，这是船员换班工作中经常会遇到的困难和障碍。由于船舶在国内港口换班时受到疫情影响，给船员换班涉及的备员、转运和防疫措施落实等环节带来一系列的挑战。为此，集团专门设立了船员换班工作专项小组，建立各地区属地化横向联系，通过积极整合属地防疫力量，梳理打通船员换班的堵点、断点和难点，与时间赛跑，一次又一次地在心手相携中跨省接力、跨国接力，全力以赴为船员点亮平安回家之路。

4 月下旬，航行途中的“远菊湾”轮收到中远海运能源发来的邮件：“计划在锦州对你轮进行换班，根据当地防疫规定，将实行无接触交班模式，请提前做好准备。”全体船员收到消息后欢欣鼓舞，对公司千方百计地克服困难，解决船员换班难题表示感谢。这件事还得从今年初说起。

1 月中旬，“远菊湾”轮从韩国丽水回天津港和青岛港装货，公司决定对该轮第一批上船船员进行换班，并做好相关准备工作。然而由于天津和青岛突发疫情，两套换班计划被迫终止。但公司完成该轮换班的决心依旧，通过反复协调船舶代理和港口，抓住有利时机，最终做到了安全生产和船员换班两不误。

事实上，纵然深受疫情影响，但中远海运船员的换班工作从未停止。“连杨湖”轮上的 31 名换班船员近日返回国内，已顺利踏上归家旅程，历时百余天的“马拉松”式换班，最终平安抵达终点。今年 6 月，长期运营在中国到越南航线上的“密云河”轮，在洋浦港顺利完成该港口有史以来首次集装箱船船员换班，又为船员换班开辟了一条新通道……

“疫情防控期间的船员换班工作面临很多困难，极为不易，我们感谢公司始终关注我们的回家之路，让我们倍感中远海运大家庭的温暖。”船员在给公司的一封封信中，对公司“以人为本”、关爱船员所付出的积极努力表达了由衷感激。而公司在《致船员的感谢信》中也坚定地表示：“谢谢你们以及家属的理解与支持，我们一定竭尽全力！”对企业而言，这何尝不是对船员的责任与担当。

人行千里，家是港湾。集团从制定船员换班计划工作方案、推进各项实施细则落实，到船员完成换班后需要隔离的住宿酒店和预订的车辆、餐饮等都环环相扣，让每一艘船舶、每一名船员都能平安顺利完成换班，就像进行一场接力赛，每一棒都不容失误。唯有想得更细、做得更多和更贴心的优质服务，才能真正地体现出公司就是船员们坚强的后盾，才能守护好他们平安、温暖的回家之路。

逆“疫”相伴，期待再次同船

近两年，突如其来的新冠疫情打乱了原本正常有序的船员换班工作。一些因疫情到期换班受阻的航行船员主动安下心来，继续坚守岗位不松劲；正在等待接班的船员也时刻做好准备，按照疫情防控要求静候上船指令。此时疫情下的船员换班工作如同一场持久战，全体船岸员工凝心聚力、团结协作，经受住了考验。

日前，随着上海疫情形势好转，“锦云河”轮迎来了期盼已久的换班调整。当收到中远海运船员公司的换班计划后，等待下船公休船员的内心竟出现了一些矛盾的想法。一方面，他们满怀欣喜地获得了很快与家人团聚的消息，这时却又舍不得朝夕相处的船员兄弟了。于是，在将要换班离船和仍继续在船工作的船员之间，自发开启了一幕感人的“送别”模式：“老吴，我这里还有家乡带来的特产，你带着，可以在酒店隔离期间吃！”“小李，我再给你炒些花生带着，路上吃！”“小王，下船公休后你可要加强运动，我看你最近有点发福了。以后要常常联系啊……”画风突变，这些以船为家、整天与船舶钢铁构件和设备打交道的硬汉子突然变得“唠叨”起来，说得最多的一句话始终是——“期待再次同船”。

非常时期，非常牵挂。每次换班都成为大家的一段难忘经历，在并肩抗疫保安全生产的日子里，船员们也加深了兄弟情谊。“‘疫’路前行，感谢有你”“我休假结束会第一时间投身岗位，与大家重聚深蓝”……这些“表白”，是船员彼此之间相互扶持、依依惜别心情的写照，每一句话语都是那么朴实而情真意切。

为保障交接班船员在靠泊期间以最快速度完成岗位交接，集团多艘船舶根据实际情况制定了多套“无缝对接”的换班方案。即将下船的船员会与即将上船的接班船员提前通过网络“对位交接”，将岗位接触的船舶设备以及操作系统注意事项进行沟通，在完善的船舶制度和明晰的职责分工下，全体船员都会各司其职，相互补位，到岗尽责。

严谨仔细，勤勉履职，正是船员对“同舟共济，追求卓越”企业精神的认可与实践。面对船员资源结构性紧缺不利因素和受各地政府、港口防疫政策规定的影响，集团从“保证国内港口换班、保障船员在船平安、防范海外疫情上船”等三个环节入手，坚持按照“一船一方案”和“一港一疏通”，严格落实各项防疫措施，抓好各板块船员换班工作。同时做好统筹兼顾和各船队各职务船员的储备，推进紧缺岗位船员资源共享及排班安排，切实做到让每一位上船船员身心健康，让每一位下船船员心情舒畅。（胡如月）

谢谢你为全球供应链保通畅

——记新冠疫情下的“最美逆行者”中远海运船员

新冠疫情给世界经济和人们生活造成巨大影响，但中远海运船舶的航程从未停歇。其中，推动航运业繁荣的不仅仅是全球贸易，更重要的是数以万计一线船员的辛勤付出。连雨不知春去，一晴方觉夏深。广大中远海运船员早已经受了一个又一个考验，克服了一个又一个难关，打赢了一场又一场攻坚战。在此向他们致敬——新冠疫情下的“最美逆行者”，是他们与世界各国海员携手努力，让全球供应链保持通畅！

2022年农历除夕夜，在这个阖家团圆的时刻，中远海运的1.8万名船员依然坚守在大洋之上，对于他们来说，历年的春节仍是一个个普通的工作日。驾驶巨轮驰骋大洋，与朝霞为伴，与海鸥同行，肩负祖国重托，律动国民经济的脉搏——他们忙碌的身影，从未定格，始终在全球经济贸易中发挥着举足轻重的作用。从海运大国到海运强国，在实现梦想的过程中，一代又一代中国船员付出了无数辛勤的汗水和艰苦的努力。尤其是近两年新冠疫情暴发以来，广大船员不畏艰险、逆行出征，为维护国家产业链供应链安全稳定、保障全球抗疫物资和战略物资运输畅通、助力复工复产作出了巨大贡献。2022年初，中远海运船员群体荣获中远海运集团“特殊贡献奖”。

启航——我们是中国船员，与祖国一同前行

在国内外疫情防控形势依然严峻的当下，船员们舍小家为大家，夜以继日地保障着船舶的安全生产和集团各板块业务的平稳运行。

李亮是中远海运集团的一名船员，他所在的“中远海运天蝎座”轮航行在“一带一路”航线上，朝着欧洲四大港前进。疫情之下，具有强大韧性的中国经济成为推动全球发展的重要引擎。“这两年，海运变得异常繁忙。我们跑欧洲线的船型从以前13 000TEU增加到20 000TEU，每次都满载出发。”李亮在日记本里这样记载道，“12年前我刚入职，上的第一艘船只有700TEU，怎么也不会想到航运业发展如此突飞猛进。如今，我将由大副升为船长，今后无论航程有多远，只要心中有祖国，就不惧风浪，不会迷航。”

在集团，还有许许多多位像李亮这样心怀抱负、热爱航海的船员，他们身处中远海运这艘巨轮上，激情释放蓝色梦想，在岗位上传承匠心、精益求精、不断进取，为建设“海洋强国”和“航运强国”添砖加瓦。

陈进良是“中海水星”轮水手长，跑完这一航次，他就要退休了。近40年航海光辉岁月即将谢幕，可他依然奋进如初、壮心不已。他最常做的，就是把自己的船舶水手工艺和经验毫无保留地分享给年轻人，让“蓝色技艺”永续传承。他常挂在嘴边的，则是“切记在工作中一定要把安全放在首位”，只有确保生命安全和身体健康，才能为祖国的航海事业不断贡献自己的力量。

跨过船舷，踏上甲板，等待船舶驶离码头。他们望着波澜壮阔的海洋，憧憬未来十个多月在这片浮动国土上的工作与生活，那一刻是心潮澎湃的。他们把对家人的深深思念埋在心底，转化为专注工作的不竭动力，希望在专业领域取得更大成就，不辜负每一段光辉的航程。为了成为更优秀的航海人，他们一直在前进。

幸运的是，他们是中国船员，是中远海运的船员，是集团航运主业发展的核心战略资源。助力船员队伍的稳定和能力素质的不断提升，直接关系集团航运主业可持续健康发展。近期，集团印发了有关建设高素质船员队伍的指导文件，对接集团航运主业发展战略和船公司船队发展需求，科学制定船员队伍中长期发展规划，为打造具有国际竞争力的全球领先船员队伍，提供了全方位制度性的安排和保障。

每一名爱岗敬业的中远海运船员都有机会“直挂云帆济沧海”。要相信，每一次启航都是新的希望。

航行——保障船舶安全驶向未来，我们不辱使命

据有关数据，随着航运业的发展，船舶货运量的货值不断在飙升，而船员配置数量却有所减少，这就意味着船员肩上的责任有所加强。

面对疫情的严峻挑战，中远海运船员始终坚持“以客户为中心”的服务理念，及时获悉客户顾虑、洞悉客户需求，为客户提供优质和安全的货运服务。一年来，多艘船舶收到各方寄来的感谢信，高度赞扬中远海运船舶和船员在做好疫情防控的同时，用专业和敬业为货主和码头创造了最大效益，切实展现了大国船队的品牌形象，擦亮了集团的“金字招牌”。

当地时间3月6日，在卡塔尔锚地，受到新船设备磨合期的影响，“新耀华”轮此次卸货作业面临很大的挑战。为此船员们发扬能吃苦、能战斗的钢铁精神，在整个卸货过程中时刻保持高度警惕，最终齐心协力“一气呵成”完成任务，赢得了首航开门红。

常熟港是中远海运特运纸浆货物的主要卸港之一。5月中上旬，疫情扰乱了客户纸厂当月的生产计划。秉承“以客户为中心”的服务理念，船岸联动灵活解决各环节难点，中远海运特运3艘纸浆船队及时靠泊常熟港作业，在2天内圆满完成共计超5万吨纸浆的卸货任务，有效确保了客户纸浆按期交付。

兢兢业业，如履薄冰，是中远海运船员的日常工作状态。不管是船舶维修保养还是到港后的装卸货作业，为了确保万无一失，船员脑海里必须时刻紧绷安全这根“弦”，并把它贯穿在所有工作中，及时查处安全隐患，确保一方平安。

疫情就是命令，防控就是责任。当船舶停靠在海外码头时，不得不面临当地疫情防控中任务量大、风险点多的“大考”。对此，中远海运各船舶按照集团和公司的要求，以高度的政治自觉吹响疫情防控“集结号”，以严格的操作规范织密疫情防控“安全网”，以不松懈的防范意识筑牢疫情防控“防火墙”，根据疫情形势适时调整防控策略和应对举措，集中发力、合力战“疫”，最大限度减少疫情防控对船员工作和生活造成的影响，以确保船员身心健康和船舶安全运营。

一手抓疫情防控，一手抓船舶运营，保障中远海运这艘巨轮安全航行向未来，是每一名中远海运船员的责任与使命。因为，每一段航程都承载着无数人的期盼。

回归——有后方家人的支持，我们不畏前行

船行再远，心都望着家的方向。船员走遍天涯海角，航经世界大洋，也会想家。尤其是在国内疫情多点散发的情况下，他们牵挂家中年迈的父母、独自在家操劳的妻子和年幼的孩子，内心很是不舍。多少个夜晚，打开手机，翻一翻聊天记录里家人传来的照片，看一看还没有来得及回复的留言，嘴角会不禁上扬，这是船员一天中最幸福的时刻。然而他们明白，为了自己所热爱的航海事业，甘愿承受这份孤独。

俗话说，男人是船，女人是海，船要借助海的托起才能扬帆远航。每一位船员的背后，是整个家庭的默默支持与无私付出，也正是他们的成全，才成就了一个个了不起的远航梦想。袁娟是中远海运集运船长王小强的妻子，她第一次听到海嫂这个称呼就觉得很动听，当她开始拥有这一角色的时候，便将其当作一份事业开始认真经营。她常常教育自己的儿子：“你的爸爸在海上披星戴月、风雨兼程，是一个有责任有担当的好爸爸。你的小名叫航行（hang），希望你以爸爸为荣，长大以后能子承父业，也成为一名优秀的船长。”

扶老携幼、途远情牵，依然葆有乐观向上的精神品质，海嫂们用瘦弱的肩膀扛起了属于自己的一片天。她们是船员勇敢逆行路上最坚强的后盾，是船舶安全航行稳定的大后方。（胡如月）

守正创新，在数字化浪潮中追寻那道“初光”

——中远海运着力推动数字化转型护航国际贸易畅通侧记

中国贸易于千年间走过波澜壮阔的历史长河，从汉代开启中国古代最早的贸易，沧海桑田、物转星移，到今天“一带一路”描绘宏伟蓝图，千年之路印证了中国的崛起，见证了世界贸易史上中国的积极参与。

驼铃古道开新篇。当下，新丝路得到了全球关注，科技进步加速了经济全球化进程，社会经济快速发展依旧离不开国际贸易，而航运始终是其不可或缺的桥梁纽带。

在习近平新时代中国特色社会主义思想指引下，中国航运业全面落实党中央、国务院决策部署，尤其是近年来面对世纪疫情、地缘政治冲突、主要国家或经济体高通胀等风险挑战，携手共进，开拓进取，以科技创新快速应对挑战，为保障全球贸易畅通作出了贡献。

作为中国航运业领头羊，中远海运集团向光而行，积极应对、砥砺前行，以数字化、智能化创新发展为引领，扎实增强发展新动能，加强产业链上下游协同，为全球供应链稳定畅通提供了坚强的运输服务保障。

看国家战略——加速数字化转型，履行使命担当

若将全球每分每秒不间断的贸易看作一个整体，那么航运就好比遍布全身的血管。每一天、每一小时、每一分钟，全球最大综合航运物流企业中远海运在产业链各个环节迸发出创新与活力，数字化生产力正在逐步释放。

今年以来，在上海，通过数字化平台和区块链技术赋能，中远海运集团为客户提供线上订舱、无纸化提单放货的全流程、无接触服务，日均换单量近400票。

中远海运集运推出了多款数字化供应链服务产品，涵盖海运、陆运、报关、仓配等多个板块，受到了客户的广泛欢迎，外贸SynCon Hub及内贸Pan Hub电商平台累计成交近200万TEU。

中远海运散运“船货易”平台2015年11月创建以来，平台共有企业注册小店113家，成交量合计8.63亿吨，其中第三方小店成交量为1.22亿吨，成交金额合计309.49亿元。

中远海运关务平台“远海通”自今年6月18日上线以来，共申报407 316票报关业务，目前日均处理量已达到2 504票 / 天。

集团自主研发的船视宝平台自2019年9月创建以来至今，已搜集存储全球船舶自动识别系统（AIS）记录302亿条，提供全球26万艘船舶全生命周期数据、气象记录5.4亿条，识别船舶行为动态6 700余万条，记录航线800多万条，标绘全球港口6 700个、泊位45 000多个，形成了宝贵的航运数据和知识资产，目前已开放应用程序编程接口（API）641个，数据调用7.1亿次。

党的十八大以来，习近平总书记把创新摆在了国家发展全局的核心位置，高度重视科技创新，围绕实施创新驱动发展战略、加快推进以科技创新为核心的全面创新，加快数字技术与实体经济深度融合，提出一系列新思想、新论断、新要求。

中远海运自2016年重组成立以来，围绕构建世界一流的供应链综合服务能力，选取航运物流产业链中最具带动能力、最具发展潜力的关键环节，重点布局、协同开发，构建“6+1”产业集群。其中“1”是指基于“互联网 +”的商业模式创新，核心使命是推动集团信息系统资源整合，强化大数据获取、分析和处理能力，推动集团商业模式创新。

彼时，中远海运集团上下按照集团“十三五”信息化规划中明确提出的“五个一”蓝图架构，积极推进信息化建设。集团总部在人事、财务、采购等领域建立标准化信息系统。而各产业板块也积极推进业务系统建设，如集运 IRIS4、能源航标业务系统、散运生产经营管理系统（BMS）、港口 NAVIS 平台等，均为下一个五年集团数字化转型工作奠定了基石。

2021 年 3 月，国家印发《国民经济和社会发展第十四个五年规划和 2035 年远景目标纲要》，同时首次以专篇对数字化发展作出系统布局，提出迎接数字时代，以数字化转型整体驱动生产方式、生活方式和治理方式变革。中远海运集团各单位加速以“数字化推动变革”的思维升级，努力构建数字化、信息化整合的大数据库和共享平台，实现了许多技术突破和成功应用范例。

近些年，集团通过数据集成平台建设，集成了各业务板块的数字化能力。例如，建设了集团级的运营数据库，掌握即时经营情况；实现了跨地域、跨职能、跨板块、跨系统的集团级数据融合与共享分析，提供辅助决策支持；设计了生产经营数据化产品，服务二级公司的运营；开发了集团自动化报表体系，全力推进全集团各板块数据化转型。此外，集团全球航运资源的可视化也支持了总部战略管控，推动集团总部从“要数据”向“用数据”转型。同时，各业务板块也正在建设自己的数据集成平台，与集团数据集成平台保持架构统一，构建并完善全集团数据治理体系。

通过“技术 + 场景”的数字化转型尝试，IRIS4、区块链应用、数据集成平台、打造 5G 智能等数字化转型项目均已被列入交通运输部“交通强国建设试点工作”项目。2019 年 7 月，中远海运港口与中国移动签订战略合作协议，在厦门远海码头开展了 5G 智慧港口实验试点工作，共同发布了 5G 港口测试标准，制定了全场景路线图，演示了 5G 全场景作业；实现了 5G 无人驾驶集卡、实现“超 1 700 公里 5G 港机远控”等港口作业测试联动；该项目获得了国家发展改革委 5 000 万元国家专项资金支持，被交通运输部认定为“自动化码头技术交通运输行业研发中心”。

从“十三五”末期到奋进“十四五”的新征程时期，作为以综合物流供应链服务为主业的特大型国有企业和骨干央企，同时也是全球航运业领军企业，中远海运始终履行使命担当，守正创新，着力转变发展方式，积极实施科技驱动，在践行习近平新时代中国特色社会主义思想、落实国家科教兴国战略、数字强国和交通强国、海洋强国的道路上，紧密结合“一带一路”合作倡议、“双碳”目标的实现，紧抓市场发展机遇，通过数字化转型赋能集团核心竞争力提升，在保障国际贸易稳定、保障全球产业链供应链稳定等方面作出了积极贡献。

看时代发展——精准“补链”，锻造供应链韧性

当工业时代的“铁公基”项目等传统基建逐步转向数字时代的网络、数据中心、云计算平台和基础软件等“新基建”项目的加速发展，当 2020 年新冠疫情的突然暴发，倒逼众多企业开始转向将数字技术与运营管理、客户服务、市场营销等相融合，数字化转型成为了一股势不可挡的浪潮。

近年来，中远海运电商业务蓬勃发展，中远海运集运外贸电商 SynCon Hub、泛亚内贸电商 Pan Hub、中远海运散运“船货易”平台、“远海通”关务平台等都呈现了良好的发展态势。SynCon Hub 经过多年发展，目前已推广至全部东南亚国家、欧洲地区直挂港国家及部分内陆国家，以及北美、澳大利亚、韩国等境外地区，境外起运业务量、国内外成交量持续攀升，客户黏性持续增强，目前 SynCon Hub 平台和泛亚电商平台的注册客户已分别达到 12 420 家和 10 271 家。

“远海通”是中远海运集团目前唯一的关务平台，通过不断迭代升级，全面实现了关务系统智能化、数据智能识别采集和智能归类等技术。该平台可以将航运、物流、商品数据集成在端到端供应全链的数据中台，串联数字化物流服务的各个环节和节点，对供应链的组织、控制、延伸和预判起到重要作用，实现国际运输承运人与物流代理人的紧密连接，使两者间的交互和连接通过数字化手段实现。随着系统智能化升级，操作流程不断优化，人均制单由上线初期 4.2 票 / 天，到如今 14.3 票 / 天，人均效率提升 235.7%，正持续为客户提供更便捷高效的服务。

中远海运散运“船货易”平台的客户之一——河北大坛海运在中远海运集团整合前就与中远海运散运有着繁忙的煤炭业务往来，也是较早使用该平台的客户。河北大坛海运副总经理林从香表示，与传统操作方式相比，“船货易”使船与货的匹配更加高效和精准。

“市面上也有很多类似的平台，但我们使用下来，基于中远海运散运强大的资源优势，以及平台对于数据的挖掘能力，‘船货易’可信赖度相当高。”尤其是疫情下，船期变动大、不可抗力较多，一个公信度较高的平台给予客户最核心的就是效率与效益，也为打造散货运输产业链生态圈提供了数据与环境支持。据统计，截至 2022 年 10 月末，河北大坛海运在“船货易”平台成交量达 1 082.13 万吨。

蓬勃发展的电商业务为加快数字化供应链发展打下了基础。2022 年 11 月 18 日，中远海运控股供应链物流拖车平台正式投入运营，线上线下一站式数字化服务产品不断完善。该平台是中远海控“打造世界一流集装箱数字化供应链生态”愿景的重要支点，平台以集装箱运输为核心，统筹拖车运营等物流配送资源。不到一个月的时间，SynCon Hub、Pan Hub 已先后与拖车平台接口对接，SynCon Hub 上海及周边地区的拖车，携手“远海通”报关产品升级迭代，目前已覆盖华东三省一市共计多达 2 600 个拖车门点，5 000 辆专业拖车，充足运力可满足不同业务场景需求。之后，还将推出种类更多、功能更强、体验更优的数字化供应链产品，赋能全链发展，更大程度地缩短与客户之间的服务距离和响应时间，降低物流成本、提升效率。

因疫情引发的全球供应链失衡，使世界商贸网络在信息、资金、商务、物流等方面的信息协同痛点问题凸显，全球客户对航运物流供应链的数字化运营能力提出了更高的要求。同时，为构建“双循环”新发展格局，助力客户打通供应链全链条中的堵点、痛点，加快增强供应链韧性成为亟待解决的难题。

制造业企业在这其中就是一个典型。中国加入世贸组织以来，制造业从“中国制造”到“中国智造”再到“中国创造”的快速成长，对推动中国制造产品全球影响力质的提升起到了重要作用。而新冠疫情让中国制造业认识到了供应链的可控对产业链稳定的重要性。

习近平总书记指出，“构建优质高效的服务业新体系，推动现代服务业同先进制造业、现代农业深度融合”[①]。集团高度重视数字化供应链发展与制造业企业的黏性，围绕支持制造业高质量发展，助力构建国际国内相互促进的双循环新发展格局，以数字化发展思维从产业链上中下游全盘思考，如何基于航运、港口、物流三块集团核心产业，在“港、航、货”三方实现一体化协同发展，并逐步向造箱租箱、修造船、仓储服务等产业链两端更进一步延伸。

2021 年 1 月，美的集团与中远海运集团签署了战略合作协议，在集装箱运输、端到端物流供应链、海外合作、数字化转型、集中采购和技术交流等方面开展深度战略合作。中远海运通过数字化物流运营，助力客户解决订舱规划、关务系统、物流管理等一揽子问题，并且，自 2022 年 7 月开始，当美的货物运抵中东区域枢纽港阿布扎比港口，客户可以通过接入中远海运港口阿布扎比场站的操作系统实时查询货物状态，让客户体验到全流程的数字化供应链服务。

美的董事长兼总裁方洪波曾在到访集团时，对协议签署以来中远海运持续在舱位资源、管家式服务、专属数字化建设等方面进行多维度的服务升级表示肯定和感谢。美的集团全流程定制服务项目正是中远海运集团基于当前复杂多变的市场环境下，围绕客户实际需求场景而定制的数字化服务产品。

① 《高举中国特色社会主义伟大旗帜　为全面建设社会主义现代化国家而团结奋斗——在中国共产党第二十次全国代表大会上的报告（2022年10月16日）》，《人民日报》2022年10月26日03版。

与此相类似的制造业客户不胜枚举，随着中远海运不断打磨和完善数字化供应链产品，包括今年呈爆发式增长的商品车出口、炙手可热的光伏及风电新能源项目等在内的更多制造业客户将受惠于此，数字化全程供应链服务将推动工业制造逐步实现全流程供应链信息可视、可控。

看产业生态——合力“强链”，应对变革与挑战

习近平总书记指出，“区块链技术应用已延伸到数字金融、物联网、智能制造、供应链管理、数字资产交易等多个领域。目前，全球主要国家都在加快布局区块链技术发展。我国在区块链领域拥有良好基础，要加快推动区块链技术和产业创新发展，积极推进区块链和经济社会融合发展”“要构建区块链产业生态，加快区块链和人工智能、大数据、物联网等前沿信息技术的深度融合，推动集成创新和融合应用”①。

随着大数据时代的到来，中远海运集运IRIS4系统的数据积累如今已在全球航运业处于领先地位，在此基础上，如何进一步融合发展航运数字化供应链系统，是中远海运一直在完善的课题，港航企业在信息领域的广泛合作和运用，将成为产业链未来合作的重要助力。

2020年9月，中远海运与合作伙伴签约航运业区块链技术联盟——全球航运商业网络（GSBN）服务协议，通过开放的系统架构和优秀数据监管体系，为供应链提供可靠的数字化平台，加速物流供应链相关产业的数字化智能升级。2021年3月17日，在获得全球相关监管机构的审查批准后，GSBN在香港成功组建并正式运营。一年多来，GSBN成绩斐然。

GSBN推出了首个应用产品是“无纸化放货”，通过区块链实现贯穿船公司、港口等参与方的操作流程，取代了纸质单据多次传递的传统流程，将传统的需要以“天”计算的进口换单放货流程缩短到了4小时以内。

2021年，无纸化放货被列入交通运输部民生实事工程之一“畅行工程”。中远海运集运牢牢抓住机遇，在“畅行工程”的指引下，大力推广基于区块链的无纸化放货服务，并同步将成功经验向海外输出。2022年3月，在国内完成南京和镇江的区块链进口放货应用的实施；4月，携手苏美达能源、东方海外物流在鹿特丹完成区块链进口放货的试点；9月在钦州港和墨西哥恩森纳达港完成实施。此外，中远海运特运、中远海运散运分别于2022年6月、8月签署GSBN联盟协议。船公司的踊跃加盟，将从根本上解决与产业链合作伙伴的数据和资源交换问题。

作为最早使用区块链无纸化放货服务的企业，上海集运是首批与直客沟通使用区块链无纸化放货方式的，客户服务部经理蔡琪回忆起当时的场景感受颇深：“项目推进初期，大家都理解，技术的升级往往会带来更多便捷、提升效率，但面对新生事物，各方都会有焦虑和担忧。在中远海运集运总部的支持和指导下，上海集运与上海港一道，从框架搭建、系统对接、数据储存等各个方面与客户进行协商沟通，悉心指导客户注册、操作步骤等，降低客户想要拥抱新技术的门槛。”

上海集运首次成功使用区块链无纸化放货服务，不仅为中远海运其他单位积累了宝贵的经验，而且对于上海港来说，上海集运也成功扮演了“拓荒牛”的角色，可以说，不惧艰难、“向光而行”，为我国航运产业链生态构建和发展作出了积极贡献。

2022年上海经历了突如其来的封控，越来越多的客户如今主动要求注册和加入使用区块链无纸化放单的队伍。未来，随着2022年6月，区块链正本电子提单IQAX eBL获得了国际保赔协会的认证核准，标志着区块链正本电子提单无纸化具备了大规模应用推广的条件。中远海运集运已经携手中国银行和交通银行对该产品的全流程进行了成功认证，在多个客户的多种场景下验证了产品的预期效果，接下来会积极地做全球推广的准备，为客户带来更多的增值服务。

① 《习近平在中央政治局第十八次集体学习时强调　把区块链作为核心技术自主创新重要突破口　加快推动区块链技术和产业创新发展》，《人民日报》2019年10月26日01版。

在2022年北外滩航运论坛上，集团董事长、党组书记万敏表示，港航产业链要以价值为导向，以应用为引领，与整个产业链、供应链共同开展“共建、共治、共享”的数字化转型。目前，中远海运正努力构建“航运 + 港口 + 物流”三位一体的全球数字化供应链服务生态，聚焦“一体化的全链路产品与服务、数字化赋能的智能运营、全球化的供应链生态圈”。产业链共同开展数字化转型，才能真正提升一体化服务能力，应对时代的变革和挑战。

看深层需求——激活“数智”潜能，提升服务能级

简单回溯早期的信息化建设，再到数字化转型，几十年的跨越为当下及未来人工智能处理爆炸式增长的大数据积累了基础条件。现在，数字化转型尚未全面完成，数智化的风潮又裹挟着所有企业必须不断向前，这无疑将为实现中国式现代化建设再注上精彩一笔。

市场竞争的挑战、用户习惯的改变、客户需求的痛点、人工智能技术的突破都让全球航运业的“旗舰号”中远海运嗅到了这其中的紧迫性和客户的深层需求。中远海运集运的冷链箱联网就是数智化转型的典型实践，冷链物流服务在业界口碑甚好，尤其是在鲜果、生鲜产品的进出口运输中的运用，

在刚过去的11月，中远海运向全球业界同行发布了“智能冷箱一站式前台为行业提供数字化解决方案”成果。新上线的智能冷箱一站式前台——“MY REEFER”，利用搭载第三代物联网（IoT）技术的专属设备，通过实时感知、实时控制散布在全球4万多个智能冷箱的状态，结合人工智能（AI）算法，为客户提供全程可视可控、冷链自主管理的物联网数字化解决方案。通过推进冷箱物联网与业务的深度融合，中远海运将真正实现从数字化到数智化的进阶，从头部客户沉淀出行业解决方案、从单一品种复制到全类别的生鲜果蔬，用先进的物联网技术，精准描摹客户画像，不断开拓中远海运的服务边界。

随着技术的不断进步，药品、电池等也逐渐成为冷链物流的重点货品。在与锂电池客户宁德时代逐步深入合作的过程中，中远海运集运发现以往无法对温度进行全程监控一直是该类客户的痛点难题，为帮助宁德时代打开物流运输过程中的“盲盒”，经过两个多月的推介及磨合，目前宁德时代通过中远海运承运的出口货物绝大部分已采用物联网智能冷箱。客户可远程获取冷箱的实时运输状态，包括位置、轨迹、温度、湿度、气体浓度、断电情况、温度偏离情况、开关门信息和卫星定位信息，可视、可控、可追溯的增值服务让货品运输情况了然于心。

中远海运利用智能冷箱与客户共同探索典型的行业应用场景，从客户的需求出发，提供更丰富的数据维度，更专业的分析角度，更细致的服务内容，最终提升客户全球供应链的运营效率。

除了智能冷箱联网运用外，“数智化”转型在船舶工业智能制造、航运服务技术等板块也多点开花。在宽敞整洁的南京中远海运船舶设备配件有限公司的智能车间里，技术人员只需刷工作证，手指轻触智能生产设备，就可以完成从产品接单、生产计划、工艺图纸、作业列表、成品检验，至入库及物流运输整个流程，这是数字化带给制造板块最初的变化。

之后，在整个“十三五”期间，南京船配通过完全自主设计开发，以设计研发平台、生产制造平台和服务协同平台的3个平台搭建，5G通信系统的支撑，每个生产环节的智能生产设备组成，以及可靠的云端服务为基石，成功打通了各个业务信息管理系统。通过收集的大数据赋能，南京船配专家知识库在自主创建的“多场多尺度动态耦合模型”的建模运作下，数据不断积累和更新，新产品研发周期缩短50%，单一型号产品研发成本降低80%，原材料综合利用率较国际同行企业提高8%，突破了国外“卡脖子”技术痛点。“让制造更智能”不再是一句口号，数智化真正成为了传统船舶配套工业转型升级的引擎。

中远海运科技创新研发的“船视宝”平台，凭借其海量的航运相关数据以及强大的数据挖掘能力，为航运产业链上相关企业提供多维度的航运数字化服务。随着这些年平台的不断完善，“船视宝”旗下的港口宝、调度宝模块实现了集团内

外船东公司一站式信息需求，“船视宝”正逐渐为航运业全球运营和抗风险能力提供大数据支持和分析。

但数据如果只是不断地录入产生，那它可能永远只是将一些客观存在的事物显性化或者某一些现象可视化，而只有经过不断深度挖掘的数据才能产生可供使用的价值。这就是数智化的过程。

曾经每天要从多网站和平台搜集数据研究行业准班率的中远海运集运海运操作中心的同事曾表示，“船视宝”与其他船舶信息网站的不同之处，就在于大量数据采集后的精准挖掘，为实际调度提供了可靠的决策。

诚然，数智化无法实现“无中生有”，但当航运相关业务装上了“船视宝”，就如同装上了智能“推进器”，那便不是简单的加法，而是“数智化 ×”的概念。经过了自 2019 年上线至 2022 年 3 年多的数据积累，“船视宝”与许多航运相关产业开展链式互动，例如，与中远海运能源船舶安全管理平台、中远海运散运“船货易”平台、中远海运特运数据分析平台等对接，与上海打捞局、宁波海事局等项目对接，为他们提供定制化服务。

这款“推进器”被不断激活，每一次激活也让“船视宝”更加智能，持续深度的学习提升了其共创共享的合作能力，促进了航运业数字生态协同的构建。自 2019 年上线至今，系列产品已完成 14 家企业定制化研发，SaaS 服务推广至 200 多家企业，累计 34 000 多名用户。在《哈佛商业评论》创刊百年中国年会上颁布的 2022 年鼎革奖数字化转型先锋榜上，“船视宝”荣获年度新技术突破奖。

无论是工业时代、信息化时代，还是数字化时代，变革与发展都是由大量社会需求驱动的，这些需求代表着广大客户的利益。面对变化频率更快、要求更高的市场需求，中远海运将继续主动深入洞察航运产业及其相关行业、产业的变化，努力探求用户更深层需求，应时而变、应需而变，为以中国式现代化推动航运强国、促进全球国际贸易畅通持续注入动力。

党的二十大报告再次强调推动构建人类命运共同体，同时，站在了更高的历史起点上，把全面建成社会主义现代化强国作为我们党的中心任务，描绘了以中国式现代化托举“复兴之梦”的宏伟蓝图，体现了百年大党强烈的历史主动精神和高度的使命担当。

在中华民族伟大复兴之“初光”指引下，一道开启人类文明新形态之“光”照亮前进之路，这是千万航运人同舟共济、奋楫前行追寻之“光”，中远海运将牢记“国之大者”，守正创新，以中国式现代化推进中华民族伟大复兴的使命任务，以加快建设世界一流企业的务实行动助力交通强国、航运强国建设，以更加开放进取的姿态，紧紧把握数字化发展的“黄金期”，为贸易融通、物流畅达、产业生态合作共赢作出更多贡献。

（李琳）

CHINA COSCO SHIPPING
CORPORATION LIMITED
YEARBOOK

中国远洋海运集团有限公司

年鉴

第二篇

概况

集团概述

集团概述

【集团简介】

中国远洋海运集团有限公司（以下简称“中远海运集团”或“集团”）由中国远洋运输（集团）总公司与中国海运（集团）总公司重组而成，总部设在上海，是中央直接管理的特大型国有企业。中远海运集团完善的全球化服务筑就了网络服务优势与品牌优势，形成了较为完整的产业结构体系；集团以航运、港口、物流等为基础和核心产业，以航运金融、装备制造、增值服务、数字化创新为赋能和增值产业，全力打造“3+4”产业生态，致力于构建世界一流的全球综合物流供应链服务生态。

作为国家战略坚定的执行者，中远海运集团以服务全球贸易、经营全球网络、打造世界一流的全球综合物流供应链服务生态为企业愿景，以推进航运强国、深化“一带一路”建设、融入双循环新发展格局为指引，持续做强做优航运主业，不断提升全球竞争力。2016—2021 年，中远海运集团积极发挥国家航运骨干作用，在船舶综合运力、干散货船队、油轮船队、杂货特种船队、集装箱码头吞吐量和船员管理等规模上保持“六个世界第一”，集装箱船队、集装箱租赁、燃油供应、船舶代理、海工制造业务位居世界前列。

截至 2022 年底，中远海运集团资产总额 11 142.58 亿元，所有者权益 5 101.02 亿元。自 2016 年成立以来，中远海运连续六年被评为国务院国资委经营业绩考核 A 级。在 2022 年全球 500 强企业排名中，位居 127 名，较 2021 年提升 104 位，排名连续四年超越马士基集团，成为全球排名最高的航运企业。自 2016 年，中远海运集团连续上榜《财富》世界 500 强，排名逐年提升，已累计上升 338 位。

【历史沿革】

中国远洋海运集团有限公司由原中国远洋运输（集团）总公司和原中国海运（集团）总公司合并重组建立。

原中国远洋运输（集团）总公司（简称“中远集团”）最早前身可追溯到 1961 年在北京成立的中国远洋运输公司。1961—2015 年，在中远五十余年的发展进程中，中远集团历经数次变更，反映出新中国海洋运输事业的发展壮大和对外贸易运输的沧桑巨变。企业变化经历了四个阶段，即：成立初期的政企一体化——交通部远洋运输局和中国远洋运输公司合署办公阶段（1961—1966）；“文化大革命”期间的铁、交、邮合并期——交通部水运组主管阶段（1967—1971）；国营企业转型期——中国远洋运输总公司自主经营阶段（1972—1993）；改革开放大发展期——中国远洋运输集团市场化经营阶段（1993—2015）。1993 年 2 月 16 日，中国远洋运输（集团）总公司成立，由原隶属交通部管理的中国远洋运输总公司、中国外轮代理总公司、中国汽车运输总公司、中国船舶燃料供应总公司等 4 家企业组建。到 2015 年末，中远集团拥有船舶 577 艘、4 496 万载重吨；货运量 3.83 亿吨，货物周转量 16 485 亿吨海里；总收入 1 443.2 亿元，总资产 3 613.2 亿元。

原中国海运（集团）总公司（简称“中国海运”）于 1997 年 7 月 1 日在上海成立。中国海运在整合上海海运（集团）公司、广州海运（集团）有限公司、大连海运（集团）公司、中国海员对外技术服务公司、中交船业公司五家公司基础上而成立。其中，上海海运（集团）公司的前身是 1872 年成立的轮船招商总局，广州海运（集团）有限公司的前身是轮船招商局广州分公司，两家公司在新中国成立后都经历了军管、公私合营、现代企业制度改革的过程，成为中国沿海的主力航运集团；大连海运（集团）公司的前身是1949年成立的大连轮船公司，在渤海湾航线具有较强的竞争力；中国海员对外技术服务公司成立于1984年，是中国第一家海员劳务外派公司；中交船业公司成立于1993年，主业从事二手船贸易及拆船业务。1997—2015的18年间，中国海运实现了跨越式发展。到2015年末，中国海运拥有船舶544艘、4 047万载重吨；货运量5.46亿吨，货物周转量11 298亿吨海里；总收入799.41亿元，总资产2 321.59亿元。

2016年1月4日，经国务院批准，中远集团与中海集团重组成立中国远洋海运集团有限公司。许立荣同志任中国远洋海运集团有限公司董事长、党组书记，万敏同志任中国远洋海运集团有限公司董事、总经理、党组副书记。

2016年1月8日，经国务院国资委党委研究决定，孙月英、孙家康、叶伟龙、黄小文、丁农、王宇航、俞曾港同志任中国远洋海运集团有限公司党组成员；徐爱生同志任中国远洋海运集团有限公司党组成员、党组纪检组组长。

2016年1月20日下午，中国远洋海运集团有限公司（筹）召开第一届董事会宣布大会及第一届董事会第一次会议。大会宣布中国远洋海运集团董事会设立，刘章民、何庆源、钟瑞明、徐冬根为中国远洋海运集团有限公司外部董事；审议并通过了集团公司章程、组织架构以及聘任总会计师和副总经理等公司领导班子的议案；集团总部机构将按照国有独资公司框架设置。

2016年2月1日，中国远洋、中海集运及中远太平洋等三家上市公司发布公告，中远中海重大资产重组交易各项议案均以超过99%的支持率获得股东大会高票通过，充分显示了资本市场对国企改革的高度认可。

2016年2月18日，中国远洋海运集团有限公司在上海正式挂牌成立。

2016年，中远海运相继完成集装箱运输、航运金融、能源运输、散货运输、港口码头、物流、装备制造等7个核心业务板块和10大海外区域公司的重组整合。3月1日，集团集装箱运输业务合并原中远和中海两大集团旗下集装箱业务，成立中远海运集装箱运输有限公司；6月6日，集团油轮运输业务合并原大连远洋运输公司和原中海发展股份公司旗下的油气业务，成立中远海运能源运输股份有限公司；6月16日，集团散货运输业务合并原中远散运集团和中海散运公司，成立中远海运散货运输有限公司；3月18日，集团港口码头资产以中远太平洋公司吸收合并中海港口公司的方式完成股权交割实现重组，8月26日正式更名为中远海运港口有限公司；9月8日，集团航运金融业务保留了原中海集运作为金融上市平台，更名为中远海运发展股份有限公司；6月2日，原中海香港控股公司更名为中远海运金融控股有限公司在香港正式挂牌。12月21日，集团物流业务板块重组整合，中远海运物流有限公司正式挂牌。12月16日，集团装备制造业务完成整合，中远海运重工有限公司（“中远海运重工”）正式挂牌。2016年2月20日，集团海外业务整合启动，年底全部完成海外区域公司和国家公司的整合。

在2016年集团内部重组整合基础上，2017年12月26日，中远海运船员管理有限公司正式成立，成为世界上规模最大的专业化船员管理公司。2018年2月2日，集团科技与信息化平台正式启动，推动集团“数字化转型”。2019年2月21日、22日、25日，中远海运大连投资有限公司、中远海运青岛有限公司、中远海运天津有限公司等三家地区公司先后成立，集团船管体制改革顺利推进。2019年3月21日，由原中远、中海两家财务公司合并组成的中远海运集团财务有限责任公司在上海正式成立。2020年7月3日，中远海运人才发展院正式挂牌；12月30日，新校区正式动工开建。2021年，上海船研所/中远海运科技完成公司改制，有序推进科改示范工作。2022年，集团物流混改成功引入东航、南航、上港、上汽、普洛斯等战略合作伙伴。

2016—2022年，中远海运集团进入高质量发展时期。集团深入推进国企改革，大力实施海洋强国、海运强国战略，大力推进“一带一路”建设，积极应对百年未有之大变局及全球竞争，成为引领国际航运发展的重要力量，国际航运影响力及话语权不断提升，向国际领先、世界一流企业不断迈进。（周家恺）

【生产经营】

截至 2022 年底，中国远洋海运集团经营船队综合运力 1.14 亿载重吨 /1 394 艘，排名世界第一。其中，集装箱船队规模 289 万 TEU/487 艘，居世界第三；干散货船队运力 4 515 万载重吨 /437 艘，油轮船队运力 2 918 万载重吨 /228 艘，杂货特种船队 587 万载重吨 /175 艘，均居世界第一。集团全年货运量为 13.45 亿吨，货运周转量为 38 530.87 亿吨海里。船舶营运率 97.46%。在 2022 年的货物运输中，煤炭运输为 2.57 亿吨，原油运输 1.69 亿吨，金属矿石运输 1.51 亿吨，粮食 1 179.76 万吨；集团的集装箱运量为 5 439.23 万 TEU。集团在全球投资码头 56 个，集装箱码头 49 个，集装箱码头年吞吐能力 1.32 亿 TEU，居世界第一。全球船舶燃料销量 2 830 万吨，居世界第一。集团装备制造板块中新造船交付量为 66 艘 /589 万载重吨，其中海洋工程船舶 6 艘。是年，中远海运一手抓疫情防控，一手抓生产经营，效益为先、全球运营、规模领先和稳健抗压四个维度齐头并进，“十四五”实现强势开局。全年累计实现营业总收入 6 268.10 亿元，实现净利润 1 269 亿元，继续跨越千亿台阶。在“一带一路”建设中，沿线的集装箱班轮航线共开辟 181 条，投放集装箱船舶运力按装箱量计算占比达到 51.20%；中欧陆海快线箱运量达到 18.10 万 TEU，同比上升 18.30%。（于炯）

【职工队伍】

截至 2022 年底，中远海运集团员工总数 13.25 万人，其中陆岸员工 8.51 万人，船员 4.74 万人；境内员工 11.47 万人，境外员工 1.78 万人。在船员队伍中，自有船员 2.96 万人，派遣制船员 1.57 万人，其他 0.21 万人；高级船员 2.29 万人，普通船员 2.45 万人。（胡柏青）

组织结构

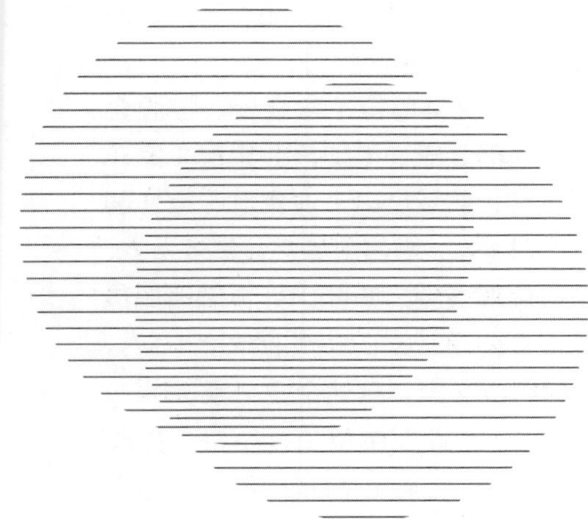

组 织 结 构

【集团领导班子及总助】

董事长、党组书记：万　敏
副总经理、总会计师、党组成员：孙云飞
副总经理、党组成员：黄小文
纪检监察组组长、党组成员：刘鸿炜
副总经理、党组成员、董事会秘书：冯　波
副总经理、党组成员：陈扬帆
副总经理、党组成员：林　戟
总法律顾问：叶红军
工会主席：张善民
安全总监：翁　羿
总经理助理：韩　骏

【集团组织机构】

中远海运集团总部设纪检监察组和 15 个职能部门，其中职能部门有：行政事务本部 / 董事会事务部以及行政事务本部（北京）、战略与企业管理本部 / 深化改革办公室、运营管理本部、安全监管本部 / 应急指挥中心、财务管理本部、人力资源本部 / 组织部、资本运营本部、公共关系本部、法务与风险管理本部、科技创新工作本部、数字化转型本部、审计本部 / 党组巡视办、党组工作部、纪检监察组、工会。另设研究咨询中心 / 技术中心、人力资源中心 / 社会保险管理中心、新闻媒体中心、财务服务中心、集采中心、审计中心等机构。除此之外，总部还设有中远海运慈善基金会。

境内设有 24 家直属单位（含全资、控股企业）：航运产业集群 8 家，港口产业集群 1 家，物流产业集群 2 家，航运金融产业集群 3 家，装备制造业产业集群 1 家，增值服务产业集群 7 家，数字化创新产业集群 2 家。除此之外，境内还设有对等持股的合资公司 2 家，非企业单位 1 家，交通运输部代管单位 2 家，其他企业 2 家。

在境外设有 13 家直属单位（含全资、控股企业）：中远海运港口、中远海运比港、中远海运金控、香港中远海运 / 中远海运国际香港、中远海运北美、中远海运欧洲、中远海运东南亚 / 中远海运国际新加坡、中远海运西亚、中远海运南美、中远海运非洲、中远海运日本、中远海运韩国、中远海运澳洲。

集团组织机构见图 2–1。　　　　（周家恺）

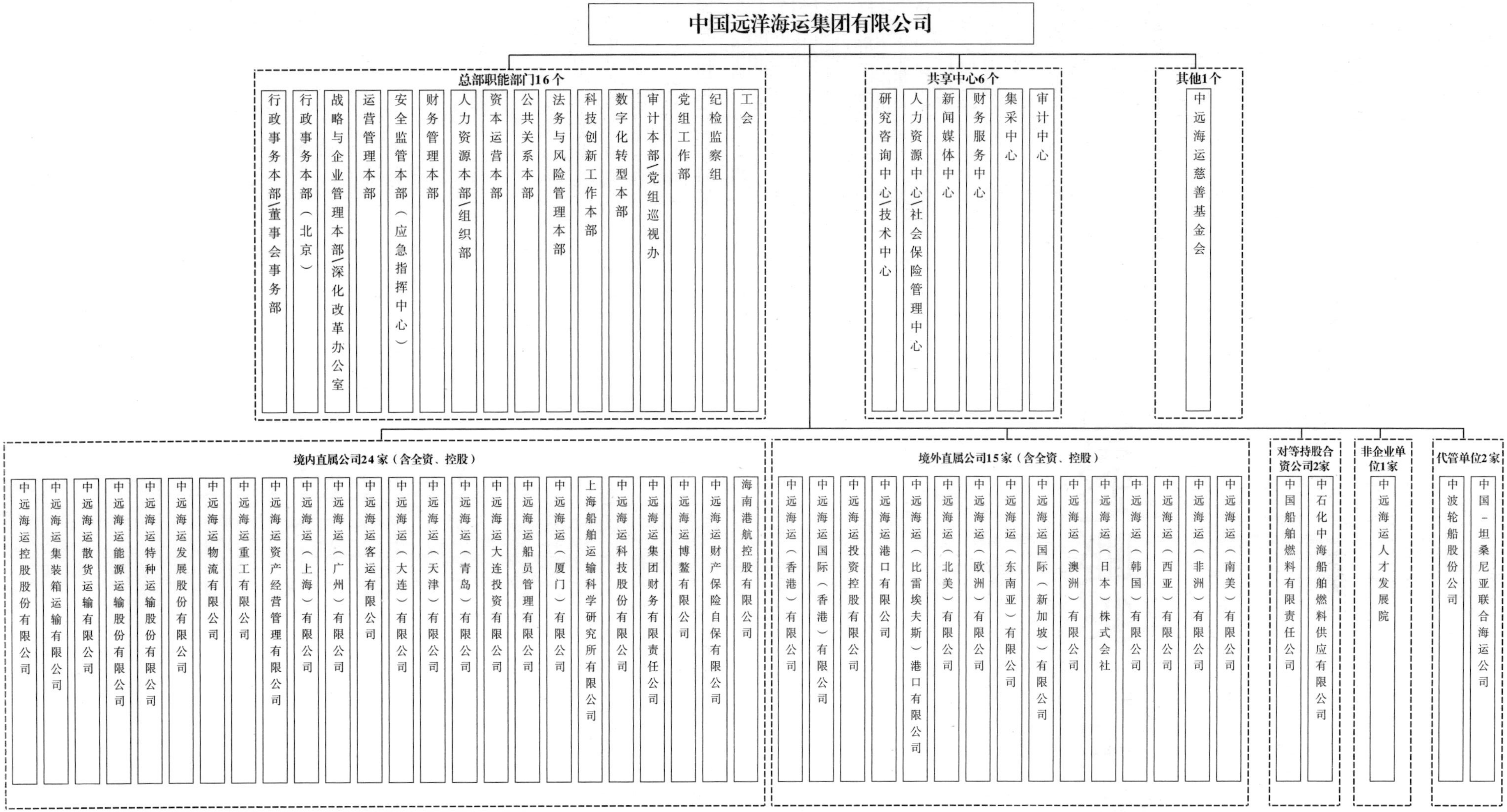

中国远洋海运集团有限公司

总部职能部门16个

- 行政事务本部/董事会事务部
- 行政事务本部（北京）
- 战略与企业管理本部/深化改革办公室
- 运营管理本部
- 安全监管本部（应急指挥中心）
- 财务管理本部
- 人力资源本部/组织部
- 资本运营本部
- 公共关系本部
- 法务与风险管理本部
- 科技创新工作本部
- 数字化转型本部
- 审计本部/党组巡视办
- 党组工作部
- 纪检监察组
- 工会

共享中心6个

- 研究咨询中心/技术中心
- 人力资源中心/社会保险管理中心
- 新闻媒体中心
- 财务服务中心
- 集采中心
- 审计中心

其他1个

- 中远海运慈善基金会

境内直属公司24家（含全资、控股）

- 中远海运控股股份有限公司
- 中远海运集装箱运输有限公司
- 中远海运散货运输有限公司
- 中远海运能源运输股份有限公司
- 中远海运特种运输股份有限公司
- 中远海运发展股份有限公司
- 中远海运物流有限公司
- 中远海运重工有限公司
- 中远海运资产经营管理有限公司
- 中远海运（上海）有限公司
- 中远海运（广州）有限公司
- 中远海运客运有限公司
- 中远海运（大连）有限公司
- 中远海运（天津）有限公司
- 中远海运（青岛）有限公司
- 中远海运大连投资有限公司
- 中远海运船员管理有限公司
- 中远海运（厦门）有限公司
- 上海船舶运输科学研究所有限公司
- 中远海运科技股份有限公司
- 中远海运集团财务有限责任公司
- 中远海运博鳌有限公司
- 中远海运财产保险自保有限公司
- 海南港航控股有限公司

境外直属公司15家（含全资、控股）

- 中远海运（香港）有限公司
- 中远海运国际（香港）有限公司
- 中远海运投资控股有限公司
- 中远海运港口有限公司
- 中远海运（比雷埃夫斯）港口有限公司
- 中远海运（北美）有限公司
- 中远海运（欧洲）有限公司
- 中远海运（东南亚）有限公司
- 中远海运国际（新加坡）有限公司
- 中远海运（澳洲）有限公司
- 中远海运（日本）株式会社
- 中远海运（韩国）有限公司
- 中远海运（西亚）有限公司
- 中远海运（非洲）有限公司
- 中远海运（南美）有限公司

对等持股合资公司2家

- 中国船舶燃料有限责任公司
- 中石化中海船舶燃料供应有限公司

非企业单位1家

- 中远海运人才发展院

代管单位2家

- 中波轮船股份公司
- 中国-坦桑尼亚联合海运公司

图2-1　集团组织机构图

“十四五”发展战略

“十四五”发展战略

【“十四五”规划整体架构】

集团“十四五”规划由战略规划总报告和产业集群分规划两部分组成。

战略规划总报告包括对集团“十三五”战略的整体回顾，集团“十四五”所面临的外部市场环境分析，集团“十四五”期间的发展愿景、经营指标，各业务集群发展原则和产业定位，包括重大投融资计划在内的集团“十四五”期间的重点工作专项规划，集团核心保障措施及关键能力建设等6个部分。

产业集群分规划包括航运产业集群“十四五”发展规划、港口产业集群“十四五”发展规划、物流产业集群“十四五”发展规划、航运金融产业集群“十四五”发展规划、装备制造产业集群“十四五”发展规划、增值服务产业集群“十四五”发展规划、创新产业集群“十四五”发展规划和国内重点区域“十四五”发展规划等8项分规划，明确各专业集群及关键地区的发展定位、发展目标、重要举措等。（张希南）

【发展愿景】

集团“十四五”期间发展愿景是：服务全球贸易，经营全球网络，以航运、港口、物流等为基础和核心，打造世界一流的全球综合物流供应链服务生态。

“十四五”发展愿景包含两方面的基本内涵：世界一流的业绩表现和引领行业的企业影响力。

世界一流的业绩表现：在“十三五”的“规模增长、盈利能力、抗周期性、全球公司”四大维度指标基础上，“十四五”期间集团实现世界一流业绩表现的具体目标可概括为“效益为先”“全球运营”“规模领先”和“稳健抗压”四个方面。

引领行业的企业影响力：“十四五”期间，集团应前瞻性布局新业务，突破业务逻辑与模式，引领行业的发展与创新。力争成为创新模式探索者、可持续发展推动者、国家战略践行者和国资改革试行者。（张希南）

【关键战略主题】

围绕“打造世界一流的全球综合物流供应链服务生态”的目标愿景，集团及各业务单元在“十四五”期间重点关注的战略主题为“产业链经营”“效益专精”和“数字驱动”。

产业链经营：“十四五”期间，集团围绕“货物流”“资金流”和“信息流”构筑产业链，形成“航运＋港口＋物流”三大业务驱动模式，并强化业务组合间的协同效应。

效益专精：提升各业务主体的盈利能力、资产周转率和投资回报。各业务主体聚焦卓越运营，改善业务板块运营效率；同时，集团积极优化资本结构，提高资本利用效率。

数字驱动：数字化从辅助工具跃升为集团未来发展架构的一部分，在明确的顶层设计指导下，推动数字化技术在各业务领域与场景的应用，加速推动各项业务转型。（张希南）

【“3+4”产业生态】

“十四五”期间，基于产业链经营理念，集团原有的“6+1”产业集群重新组合并进一步调整为“3+4”的产业生态。

航运产业集群、港口产业集群和物流产业集

群是 3 个核心产业集群。其中，航运产业集群聚焦提升盈利能力与业务韧性，打造具有端到端服务能力的航运业务；港口产业集群通过布局全球关键节点，打造市场化竞争力，成为集团核心业务“第三极”；物流产业集群重点发展第三方物流业务，成为集团产业链经营的重要构件、航运主业的流量支撑，助力集团从大到强高质量发展。通过核心产业集群间的协同合作，集团有望实现货物流业务的端到端产业链全覆盖。

航运金融产业集群、装备制造产业集群、增值服务产业集群和数字化创新产业集群是 4 个赋能产业集群。其中，航运金融产业集群通过资金流业务扩大货流价值，增强客户黏性；装备制造产业集群和增值服务产业集群助力提升主业竞争力、发展多元化服务，对集团主业以及生态圈各合作伙伴形成支撑作用；数字化创新产业集群围绕信息流业务，赋能主业。（张希南）

【“十四五”规划落实】

2022 年，中国远洋海运积极落实“十四五”发展规划，全面梳理“十四五”时期定量指标、业务总体布局以及实施的重大工程、重大项目情况，完成《中国远洋海运集团“十四五”发展规划自评报告》；聚焦主责主业和价值创造，对标世界一流，按照国家构建“双循环”新发展格局对流通体系建设的要求，全力构建具有国际竞争力的全球供应链产业链保障生态。持续打造世界领先的综合供应链服务商；编制集团“十四五”船队发展规划实施方案，制定确运力结构优化和发展计划，积极推进运力低碳绿色转型升级，推动“大国船队”高质量发展；2022 年批复新造船项目共 45 艘 / 约 490 万载重吨；截至 2022 年底，集团控制经营船队 1 394 艘/1.14 亿载重吨，集装箱、散货、能源、特种船等运输船队持续保持在世界第一梯队。积极推进全球数字化供应链建设，编制《中国远洋海运集团推进境外海港陆港海外仓布局建设实施方案》；以产业链经营为核心导向，以区块链技术领先为关键依托，以信息化建设为集成手段，发挥航线资源和客户优势，释放港口战略支点功能，持续加大仓储、关务、公铁运输、配送等延伸基础资源和要素投入力度，强化供应链数字化能力建设和创新提升，全力塑造端到端全程供应链服务能力和稳链固链能力。

（张希南）

【战略管理研究】

深入研判全球经贸走势。关注地缘政治等突发事件的进展和影响，跟踪全球经济发展状况及重点地区、国家的经贸变化，聚焦全球经贸对航运业和相关产业的影响，对全球高通胀状态对航运业及相关产业的影响开展深度解析，梳理并研究国内建设统一大市场的经济政策及其对航运等产业的影响，紧跟全球供应链的调整变化、贸易格局的变化和政策的调整。

跟踪把握航运市场变化。聚焦集、散、油三大航运市场的持续性研究，对新兴细分业务领域开展建设性研究分析；对疫情冲击状态下，物流市场及供应链的变化发展和对航运市场影响开展多角度研究；开展航运指数与集团效益关联性研究，通过基础数据搜集、验证、筛选和分析、建模方法选择和技术路线归纳等环节；关注资本市场变化及其对航运的影响，通过投资角度探索拓展业务的渠道；对原油和燃料油市场开展评述预测。

加强战略管理研究。对疫情以来全球企业并购潮流进行专题研究和梳理，对全球化走势及企业商业模式的创新进行探索研究，探索 ESG 理念在全球和中国发展实践情况；通过研究分析全球头部企业向集装箱集成物流供应商转型的战略愿景，对其战略规划落地开展研究；开展现代企业管理实践研究，同时对中小企业激励工具和实操方法进行梳理和摸索。（史莹）

董事会建设

董事会建设

2022 年，中国远洋海运董事会有 7 名成员，分别是董事长、党组书记万敏，外部董事王昌顺、罗建川、姚祖辉、郭浩、魏明德，以及职工董事杨志坚。

2022 年 3 月 28 日，国务院国资委任命姚祖辉、郭浩、魏明德为中国远洋海运集团有限公司外部董事；何庆源、钟瑞明、徐冬根不再担任中国远洋海运集团有限公司外部董事。

2022 年 6 月 13 日，国务院任命王海民为香港中旅（集团）有限公司董事，免去其中国远洋海运集团有限公司董事职务。

2022 年 6 月 28 日，国务院任命付刚峰为国家投资开发集团有限公司董事长，免去其中国远洋海运集团有限公司董事职务。

【董事会及专门委员会会议】

2022 年，集团董事会共召开 10 次会议，现场（含视频）会议 6 次，书面会议 4 次，共计审议 35 项议案，听取 8 项重大事项通报；主要审议了集团年度投资及调整计划、财务预算决算、内部控制评价、风险评估和合规管理报告、内部审计计划等，对于董事会职权范围内的重大投融资事项、重要人事任免、规章制度修订等及时做出决策。提交集团董事会审议的议案，均事先经过集团党组会和总经理办公会讨论审议。

中国远洋海运董事会设立 5 个专门委员会，分别为战略与投资委员会、提名委员会、薪酬与考核委员会、审计委员会、风险与合规管理委员会（监督委员会），委员会由 5 名董事组成，外部董事占多数。2022 年，中国远洋海运董事会各专门委员会共计召开 15 次会议，评议 20 项议题，听取 3 项报告，讨论评议的全部议题均形成专项意见提交董事会审议。

2022 年内，根据新任董事和董事成员的变动情况，董事会对各专门委员会成员进行了调整。各专门委员会的成员构成见表 2–1。

董事会专门委员会成员 表 2–1

专门委员会	主任	具体组成名单
提名委员会	万敏	万敏、王昌顺、罗建川、姚祖辉、魏明德
战略与投资委员会	万敏（代）	万敏、王昌顺、罗建川、郭浩、魏明德
薪酬与考核委员会	姚祖辉	姚祖辉、王昌顺、罗建川、郭浩、魏明德
审计委员会	魏明德	魏明德、王昌顺、罗建川、姚祖辉、郭浩
风险与合规管理委员会（监督委员会）	罗建川	罗建川、王昌顺、姚祖辉、郭浩、魏明德

【董事会制度建设】

按照改革三年行动工作部署，集团进一步落实直属公司董事会相关职权，直属公司董事会承担着更为重要的治理责任。国务院国资委对于全面提升中央企业董事会建设质量、着力推进中央企业子企业董事会建设高度重视，要求在做好集团层面董事会工作的基础上，推动工作向下贯通，着力推进子企业董事会规范运作，促进子企业董事会高质量运行。为此，集团对《中国远洋海运集团有限公司直属公司董事会运作管理办法》进行修订，进一步明确直属公司董事、董事长及董事会秘书职责，完善董事会会议制度和决策程序，加强特别重要非受限事项管理。修订后的《中国远洋海运集团有限公司直属公司董事会运作管理办法》，经2022年1月12日集团董事会第五十五次会议审议通过，于1月底下发执行。

【公司治理架构】

中远海运集团坚持贯彻落实《关于中央企业在完善公司治理中加强党的领导的意见》《中央企业董事会工作规则》等重要文件精神，深入开展中国特色现代企业制度框架下的公司治理，把党的领导落实到公司治理全过程、各环节，促进党的领导与公司法人治理结构融合、与集团"十四五"规划实施融合、与落实国企改革三年行动和对标世界一流管理提升行动融合、与应对百年未有之大变局和重大风险挑战融合。

集团持续完善公司治理，研究制定了《中远海运集团境内直属单位在完善公司治理中加强党的领导的意见》，符合条件的34家直属单位和127家三、四级企业已全部实行董事长、党委书记"一肩挑"，其中8家规模较大的直属单位配备了党委专职副书记。指导境内直属单位结合企业实际修订完善本单位清单。研究制定《直属公司董事会运作管理办法（修订稿）》《中国远洋海运集团有限公司直属单位董事考核评价办法（试行）》等重要制度文件，不断加强对直属单位董事会建设的领导，提升直属单位董事会建设和董事管理效能。2022年12月修订《中远海运集团总部"三重一大"决策事项及权责清单》，其中明确党组前置研究董事会重大经营管理事项48项，厘清党组会、董事会、董事长专题会、总经理办公会权责边界。

集团充分发挥党组（党委）把方向、管大局、保落实，董事会定战略、做决策、防风险，经理层谋经营、抓落实、强管理的作用，形成了权责法定、权责透明、协调运转、有效制衡的公司治理机制，推动党组织领导作用发挥组织化、制度化、具体化，把中国特色现代企业制度优势转化为治理效能。2022年召开党组会43次，研究议题115个，其中前置研究重大经营管理事项44个，确保企业改革发展正确政治方向。

【投资决策与管理】

2022年，集团董事会结合国家部委相关投资监管要求，依据集团"十四五"发展规划，坚持服务国家重大战略，聚焦主责主业和价值创造，年初集团董事会第五十五次会议审议通过了全年投资计划和资产处置计划，并根据实际情况在年中对计划进行了调整和优化。

在投资项目上，继续保持船队运力规模、持续优化船队结构，全年船舶建造及购置项目完成投资133亿元。2022年10月27日，集团董事会第六十三次会议审议通过了关于中远海控订造12艘24 000TEU型甲醇双燃料集装箱船的议案，积极落实国家物流供应链保通保畅的总体要求，持续巩固集装箱班轮行业第一梯队地位、提升航线竞争力。集团董事会还审议通过了关于中远海运散运所属广发航运以二手船转让方式对外处置"广州发展1"轮的议案和关于中远海运能源以二手船转让方式对外处置"远大湖"轮的议案，持续优化船队结构。进一步完善全球港口布局，推动码头建设，完成港口产业集群投资290亿元，同比增加203%；重点推进秘鲁钱凯码头建设，积极拓展东南亚、非洲等地区港口资源，持续推进海南、厦门、武汉、天津等重点区域枢纽港口资源建设。加快推动物流基础资源建设，全年物流集群完成投资约81亿元，同比增加约38%；积极推动全球数字化供应链体系建设，打通拖车、报关、空运等端到端供应链关键环节，加快西部陆海新通道、长三角、京津冀等地区物流基础资源布局，持续提升供应链服务交付能力。

坚持做好投资决策项目后评估，持续优化投资管理体系。集团董事会根据制定的《中国远洋海运集团有限公司投资项目后评估管理规定》，对投资评估和决策、项目建设与运营等投资全过程进行检视和回顾，对后评估项目进行经验总结并提出改进建议，持续优化、完善和调整集团投资管理运营体系。2022 年 7 月 25 日，集团第五十九次董事会听取了关于中国远洋海运集团 2021 年投资项目后评估工作情况的报告。2021 年，集团投资后评估工作选取了 2016—2018 年间完工的 22 个项目开展后评估工作，涉及投资总额 783.30 亿元。22 个项目中，集团董事会审议项目 5 个，涉及投资金额 596.67 亿元。除 1 个项目不涉及经济效益评价外，其余 4 个项目全部盈利，涉及投资金额 585.67 亿元，评估期实现累计收益 840.12 亿元，高于可研预期 458.55%。

坚持定期审阅集团季度重大风险监测报告及合规管理强化年管理工作报告，了解掌握企业风险内控及合规管理情况；建立项目审批风险提示函、项目实施风险警示函、项目管理风险化解函机制，推动集团完善重大投资项目全过程风险管控。集团董事会将风险委员会调整为风险与合规管理委员会，增强董事会对法治合规风控工作的指导。2022 年，集团董事会第五十五次会议听取了集团法治合规工作总结，审议了《中国远洋海运集团 2021 年度合规管理报告》。

着力推动集团健全完善内部控制体系，督促并指导集团进一步夯实内控基础管理，健全内控建设与监督管理体制，强化内控组织体系建设，统筹协调集团相关职能部门，发挥组织推动、督促落实、监督评价等作用，保障集团各项内控制度的建设、执行、监督实现全覆盖，高质量地延伸到基层单位。集团董事会注重督促境外机构在体制机制上进一步创新完善，努力提升企业的治理水平、依法合规经营和抗风险能力；督促集团进一步加强缺陷整改工作，强化源头整改和系统整改，避免低水平重复，不断提升集团内控体系的有效性；同时，对结合数字化转型要求，促进集团“管理制度化、制度流程化、流程信息化”等方面工作提出指导意见和建议。 （李锦绣）

国企改革

国 企 改 革

【国企改革三年行动方案】

中远海运集团围绕“打造世界一流的全球综合物流供应链服务生态”战略目标，聚焦“四个领航”（党建领航、价值领航、科技领航、全球领航），扎实推进国企改革三年行动，在优化产业布局、完善现代企业制度建设、推进三项制度改革等方面取得积极进展。集团高度重视、全程参与改革三年行动方案的制定、宣贯和落实、督促等工作。2020 年第 31 次党组会审议通过了《中国远洋海运集团有限公司改革三年行动实施方案（2020—2022 年）》，明确了 9 个领域的 42 项重点任务、131 项具体工作措施。2021 年，集团进一步细化完善行动方案，形成了 138 项自我加压版工作清单，进一步聚焦公司治理、活力效率、科技创新等重点难点问题，压实主体责任和工作举措。集团改革三年行动工作主体任务已完成。集团改革三年行动 2021 年重点任务考核获得 A 级，改革对发展的促进作用持续显现，体制机制活力显著增强。

【混合所有制改革】

积极探索差异化管控，激发企业活力。全面梳理参股、混合所有制企业党建工作情况，针对绝对控股、相对控股等不同类型的集团境内参股、混改企业进行分类指导，提出工作要求，督促集团混合所有制企业开展党建工作自查、完成涉及党的建设方面的问题整改工作。在确保建立授权项目风险防控体系的前提下，研究对混改试点企业董事会进行充分、全方位授权，按照“一企一策”的方式，实现混改试点企业应授皆授。

稳妥推进混合所有制改革，提高企业经营效率。泛亚航运是国务院国资委首批混合所有制企业员工持股试点单位，宁波中远海运物流是国务院国资委“双百企业”，两家企业均已完成混改工作，并同步实施了员工持股。混改后，员工积极性显著增强，企业效益稳步增长。中远海运物流是国务院国资委、国家发展改革委第四批混改试点单位，《中远海运物流混合所有制改革实施方案》已向国务院国资委、国家发展改革委备案。2022 年已完成中远海运物流供应链有限公司混改引战工作。

强化混改全过程监督，有效防范风险。制定《中国远洋海运集团有限公司混合所有制改革工作流程指引（暂行）》，加强可行性研究，严格规范操作流程和审批程序，严格执行国有资产流转程序，强化事中跟踪监控。开展项目合法合规性分析、混改总体方案及所涉及的改革改制重组等重大经营事项决策的风险评估，研究重大、重要风险制定应对措施或处置预案，并将混改专项风险评估报告作为决策审批必备支撑材料。

深化产融结合，提升资本运作能力。通过非公开募集资金、发行股份购买资产等方式，为主业发展提供资本支持，提升集团控股上市公司在资本市场中的活力。2022 年，为推动上市公司以股权为纽带与大客户的战略合作，实现现代服务业与先进制造业深度融合，集团将所持有的旗下控股上市公司中远海控 5.00% 的股份划转至上汽总公司，引入上汽总公司作为中远海控的股东；上汽总公司向集团划转其所持有的上汽集团 5.82% 的股份。同时，为落实国务院国资委提高上市公司质量工作要求，将集团旗下核心上市平台中远海控打造成具有核心竞争力和市场影响力的旗舰型龙头上市公司和世界一流全球综合物流供应链服务供应商，集团将持有上港集团

14.93% 股权及中远集团持有广州港 3.24% 股权注入中远海控，推动内部港口资源整合。集团深化上市公司改革工作获得国务院国资委的认可，在 2022 年第四次改革三年行动月例会上作了专题交流发言。

【瘦身健体及供给侧结构性改革】

集团持续推动剥离企业办社会职能，厂办大集体改革任务于 2019 年 10 月底全部完成；在“处僵治困”方面，集团 7 家僵尸、特困企业已于 2020 年底全部完成治理，同时完成退休人员社会化管理主体工作任务；建立压减长效工作机制，累计压减法人户数750户，压缩法人层级2级。对于“两非”（非优势业务、非主营业务）企业，2022 年上半年提前完成全部剥离任务，剥离数量与时间进度达到 100%。

【国企改革专项工程】

集团将抓好“双百行动”“科改示范行动”等国企改革专项工程纳入年度重点工作任务，统筹做好组织推动。2022 年，集团研究部署“双百行动”“科改示范行动”等国企改革专项工程会议 12 次；集团总部赴“双百企业”“科改示范企业”专题调研次数 18 次，对“双百企业”“科改示范企业”出台有针对性的指导支持政策，印发《中国远洋海运集团有限公司科技创新工作管理办法》《关于支持集团“专精特新”中小企业发展的工作方案》等文件。集团按照“双百九条”“科改十条”要求，“一企一策”确定对“双百企业”“科改示范企业”授权放权，建立差异化、科学化、精准化管控模式、运营机制、考核机制；对 3 家企业实行工资总额预算备案制管理、预算周期制或单列管理等更加灵活高效工资总额管理方式。围绕“双百企业”“科改示范企业”组织开展宣传推广，组织开展改革经验交流会议 3 次；组织推动 3 家企业上报改革简报 18 份；组织编制改革案例 6 份。按照国务院国资委下发《关于印发中央企业所属“双百企业”“科改示范企业”2022 年度专项考核结果的通知》精神及考核标准，集团所属 3 户“双百企业”“科改示范企业”专项考核结果全部为优秀。

（郑斌）

CHINA COSCO SHIPPING
CORPORATION LIMITED
YEARBOOK

中国远洋海运集团有限公司

年鉴

第三篇

产业集群

概述

概　述

“十四五”时期，中远海运集团的产业布局由“十三五”时期的“6+1”调整为“3+4”。“6+1”产业结构，即以航运、航运金融、物流产业为核心，以装备制造、航运服务、社会化产业为支持，以“互联网+”为商业模式创新方式。“3+4”产业结构，即航运产业集群、港口产业集群和物流产业集群3个核心产业集群，航运金融产业集群、装备制造产业集群、增值服务产业集群和数字化创新产业集群4个赋能产业集群。

航运产业集群主要包括海上集装箱运输、海上散货运输、海上能源运输、特种船运输、海上旅客运输，以及客滚船运输等业务。截至2022年底，航运产业集群营业收入、净利润分别达到4 515亿元、1 153亿元，增速分别为18.1%、15.8%，创下了历史最高水平。特别是集装箱运输业务受市场需求上涨和物流拥堵的双重拉动，运价持续上涨，全年营业收入及净利润随之大幅增加。

港口产业集群主要包括码头营运、物流仓储、集装箱处理、运输及储存等相关业务。截至2022年底，完成总吞吐量1.4亿TEU，实现营业收入、净利润分别为153亿元、32.7亿元，同比分别增长33.5%、12.1%。

物流产业集群主要包括综合货运、仓干配物流、产业物流地产、铁路货运运营、全周期工程物流、口岸公共服务、液体化学品物流及港口环保服务等业务。2022年，物流产业集群实现营业收入、净利润分别为484亿元、21亿元。

航运金融产业集群主要包括航运物流租赁、集装箱制造、供应链综合金融服务、投资管理、资金结算，以及船舶保险等业务。2022年，航运金融产业集群实现营业收入120亿元，同比下降10.3%；净利润25.1亿元，同比增长1 010%。

装备制造产业集群主要包括船舶制造、船舶修理、海工及模块制造、集装箱及物流装备制造业务等相关业务。2022年底，装备制造产业集群新造船产能为748万载重吨，海工产品产能数量6个。2022年，装备制造产业集群交付船舶66艘/589万载重吨，实现营业收入457亿元，同比下降16.7%；净利润20.8亿元，同比增长1 985%。

增值服务产业集群主要包括船舶管理、船员管理、船舶物资供应、船舶通信导航、不动产投资、教育、医疗、旅游会展等业务。2022年，增值服务产业集群实现营业收入、净利润分别为1 502亿元、25.9亿元，同比分别增长36.3%、257%。

数字化创新产业集群主要包括航运及物流供应链的科技创新与数字化、智能化业务，是集团四大赋能业务之一。该产业集群的业务主体大部分集中在上海船舶运输科学研究所、中远海运科技股份有限公司。2022年，数字化创新产业集群实现营业收入25.5亿元，同比增长4.7%。

航运产业集群

航运产业集群

航运产业集群作为集团三大核心产业集群之一，以巩固和强化国家核心主力船队地位为目标，推动集装箱运输、能源运输、散杂货运输的陆上延伸服务能力发展，立足于从行业重要参与者向行业引领者转变；发挥好国家重要基础设施和基础产业的载体功能，承担起国家“一带一路”倡议的实践平台责任，助力“以国内大循环为主体、国内国际双循环相互促进的新发展格局”，保障国家基础物资全球海上运输生命线的高效畅通，助力国民经济稳健运行和改革开放政策全面落实，全面实现从“全球承运”到“承运全球”的历史飞跃。

航运产业集群主要包括中远海运集运 / 东方海外、中远海运能源、中远海运散运、中远海运特运、中远海运客运、厦门中远海运和海南港航 7 家业务主体。其中，中远海运集运 / 东方海外主要从事集装箱运输等相关业务；中远海运能源主要从事以原油、成品油和 LNG 为主的液体、气态能源运输等相关业务；中远海运散运主要从事以矿石、煤炭和粮食为主的散货运输等相关业务；中远海运特运主要从事件杂货运输和特种船舶运输等相关业务；中远海运客运主要从事渤海湾区域内的客滚运输等相关业务；厦门中远海运主要从事台湾海峡间的客滚运输及高速船运输；海南港航旗下的上市公司海峡股份主要从事琼州海峡的客滚运输等相关业务。

截至 2022 年底，中远海运集团经营船队综合运力 1 394 艘 /1.14 亿载重吨，继续排名世界第一。是年，承运货物 13.45 亿吨 /38 530.87 亿吨海里。

集装箱运输业务：截至 2022 年底，控制经营全集装箱运输船舶 487 艘 /289 万 TEU，排名世界第四、中国第一。是年，完成集装箱运量 5 439 万 TEU，重箱运量 3 879 万 TEU，实现营业收入、净利润分别为 3 935 亿元、1 170 亿元，同比分别增长 17.6%、12.7%。

油气运输业务：截至 2022 年底，控制经营油气运输船舶 228 艘 /2 918 万载重吨，排名世界第一。其中油轮船队总运力为 178 艘 /2 565 万载重吨。是年，完成原油运量 1.69 亿吨，同比增长 7.2%；实现营业收入 187 亿元，同比增长 46.6%；实现净利润 17.2 亿元，扭亏为盈。

干散货运输业务：截至 2022 年底，控制经营干散货运输船舶 437 艘 /4 515 万载重吨，排名世界第一。是年，完成煤炭、金属矿石、粮食谷物运量分别为 2.57 亿吨、1.51 亿吨、1 180 万吨，实现营业收入 346 亿元，同比增长 7.5%。

特种船运输业务：截至 2022 年底，控制经营特种船 175 艘 /587 万载重吨。是年，特种船运输业务实现营业收入、净利润分别为 123 亿元、8.1 亿元，同比分别增长 40.5%、165.1%。

客轮运输业务：截至 2022 年底，客轮船队运力为 67 艘 /21.9 万载重吨，客位数为 6.3 万个。客轮船队还拥有 963TEU 的集装箱运力和 3 828 个车位的运力。是年，承运旅客 934.42 万人 /1.88 亿人海里，车辆 361.5 万辆。

【签约 3 + 3 艘 LNG 船超级订单框架协议】

2022 年 1 月 7 日，中国海油中长期船上交货（FOB）资源配套 LNG 运输船项目框架协议“云签约”仪式，通过北京、上海、东京三地视频连线成功举行。为满足中长期 FOB 资源运输需求，中海石油气电集团将携手中远海运能源、商船三井建造 6 艘 17.4 万立方米 LNG 运输船，包括中标的3艘船及已宣布选择权的3艘船。LNG进口运输是保障中国能源安全和冬季保供的重要支撑。中远海运能源作为能源运输国家队，始终立足“国之大者”，以保障国家能源运输安全为己任，长期致力于拓展LNG运输产业，旗下中国液化天然气运输（控股）有限公司（CLNG）和上海中远海运液化天然气投资有限公司（上海中远海运LNG）参与投资的LNG船舶总规模已达47艘，总舱容798.31万立方米，是中国LNG运输业务的引领者、世界LNG运输市场的重要参与者。

此前，在2021年第三届上海国际LNG海运论坛上，中远海运携手中国海油等合作伙伴，发出《LNG蓝海宣言》，倡导积极贡献全球气候治理，共同建设和谐美丽家园。此次签约充分体现了各方在共同拓展中国LNG产业链战略格局、构建LNG船货协同经营业态、优化LNG运输造船本地化模式上取得的硕果。（余勇）

【龙“祥”虎“耀”迎新春】

2022年1月18日和19日，新春佳节临近之际，中远海运客运第二艘1 370客位/2 800米车线客滚船“祥龙岛”轮和中远海运特运的8万吨半潜船“新耀华”轮，先后在广州命名交船。这两艘新船均由中国船舶集团广船国际建造，对于中远海运客运和中远海运特运两家公司来说，均可谓再添“猛将”。

“祥龙岛”轮是中远海运客运与广船国际签约建造的2艘新一代客滚船的第二艘船，是2021年9月3日投入营运的“吉龙岛”轮姊妹船。该轮为43 195总吨，208米长、28.6米宽，继续秉持了节能减排、低碳环保和绿色船舶的建造理念，实现了“工业化、信息化、智能化”在船舶领域的深度融合，是国内智能化最高的大型客车滚装船。船舶的“智能能效”“智能机舱”“智能平台”“智能航行”等智能系统，可以对船舶数据进行收集、分析和判断，最终给出航行规划建议。此外，该轮还可以为旅客提供一卡通、客票二维码扫码进门等酒店式智能畅享全船服务。“祥龙岛”轮的经营航线为大连至烟台。

无独有偶，“新耀华”轮也是中远海运特运半潜船队的“二号队长”。该轮载重吨仅次于中远海运特运的国内最大半潜船10万吨级的“新光华”轮，但其综合性能更为卓越，可称得上是“优化版”。“新耀华”轮总长255米，型宽57米，下潜吃水30.5米，服务航速14.5节，装货甲板长210米、宽57米。该轮的智能化程度非常高，在船上各个区域共设置了9 000多个自动化控制点，犹如人体的神经系统。船上任何一个细小的设备出现故障，操作人员都能第一时间发现并进行远程处理。值得一提的是，该轮在智能船基础上，首次搭载了国产船舶动力定位（DP）系统，标志着我国半潜船关键设备的自主配套能力进一步提升。该轮采用4套电力推进系统作为动力，并在船艏和船艉各配有两套侧推器。船上由6台功率为4 500千瓦的主柴油发电机组供电，并自带目前最先进的动力定位系统，可用差分全球定位系统（DGPS）、激光、雷达三套系统进行动力定位，误差只有0.05米，可在海上实施堪比“穿针绣花”式的高精度作业。“新耀华”轮首航执行韩国到卡塔尔的浮船坞运输项目，此后该轮参与执行远东到英国的风电导管架运输项目。

（吕同舟　王芳　朱卫　孙浩）

【中远海运散运力保雨雪寒潮期能源运输】

自2022年2月以来，中国连续受3轮雨雪天气影响，相关电厂电煤库存下降。为保证电厂电煤库存充足，中远海运散运积极履行社会责任，把国计民生放在第一位，把保障春节期间能源运输作为重点工作来部署，充分发挥沿海电煤运输主力军作用，多措并举，全力以赴保障电煤运输高效、顺畅、安全。

为应对寒冷天气下电煤运输可能遇到的困难，中远海运散运沿海业务部加强对电厂存煤量的跟踪关注，同时聚焦客户电煤运输运力需求，提前谋划运力配置，合理调整船队运力布局，协同内外部相关单位、部门，为相关电厂电煤运输提供强力运力保障。1 月 31 日至 2 月 15 日，沿海业务部成交电煤货载 39 载，执行货运量约 210 万吨。同一时间内，该公司下属船舶管理单位深圳远洋代管船舶承运电煤 274.3 万吨；其中“神华 801”轮虎年大年初一凌晨进靠天津港装煤，成为天津港虎年靠泊“第一船”。

在相关电煤运输航次任务执行过程中，该公司沿海业务部调度室及时对船舶做好北方冬季压载水排放工作进行指导，提升货运质量，确保船队各项安全和运营工作顺利进行。公司疏港代表春节期间坚守岗位，周转于北方装港港口之间开展疏港工作，加强与港口、客户等单位沟通协调；船舶在确保安全的前提下，全力缩短电煤运输各环节时间，提高船舶周转效率，把电煤安全及时地送到客户手中。

（熊子根　张海伦　曹敏　孙兴源）

【全球首艘 LNG 双燃料 VLCC “远瑞洋”轮交付】

2022 年 2 月 28 日，中远海运能源正式接入全球首艘 LNG 双燃料超大型油轮（VLCC）“远瑞洋”轮，船舶交接仪式在中国船舶集团旗下大船集团举行。该轮的交付标志着中远海运在大型油轮的绿色、环保和节能技术应用中走在了世界前沿；在全球能源转型的背景下，对大型船舶节能减排，以及航运业推动碳达峰碳中和目标落地起到了积极的示范引领作用，具有里程碑意义。

“远瑞洋”建造项目是中远海运集团实施绿色可持续发展的重点项目，也是落实国家“双碳”目标要求、践行绿色发展战略的具体实践。该轮由中国船舶集团旗下大船集团设计建造。当“远瑞洋”轮以 LNG 作为船舶动力来源时，其碳排放将比传统油轮降低约 20%，硫排放可减少 95% 以上，氮氧化物排放达到 IMO Tier III 标准，并提前达到船舶能效设计指数第三阶段要求（EEDI Phase Ⅲ，2025 年 1 月 1 日起执行）。该轮可实现 LNG 和燃料油之间的自由切换。在设计吃水、服务航速 15 节条件下，该轮 LNG 续航力可达到 12 000 海里，而 LNG 和燃料油总计续航力达 24 000 海里。（袁桢豪　刘萌）

【“盐田—香港”中远海运天天班启动】

2022 年 3 月 1 日，“盐田—香港”中远海运天天班海上快线在深圳盐田国际集装箱码头正式启动。首发驳船满载 165 万支核酸检测试剂等防疫物品和民生物资共计 748 吨驶往香港。当日上午，核酸检测试剂、日用品、生鲜食品等物资陆续运抵盐田国际，通过码头的供港物资专用绿色通道后，快速运达专用泊位。下午 4 时，这批物资被装上中远海运集运旗下五洲航运驳船“方舟 23”准时出运。据了解，此批核酸检测试剂是经盐田发往香港的最大批量防疫医疗物资。此前在 2 月 21 日，五洲航运正式开通“大铲湾—香港”供港物资天天班专线，次日又开通“蛇口—香港”供港物资天天班专线，“盐田—香港”水上专线也以一周三班的密度运作。仅一周多时间，五洲航运已先后开通深圳三港、虎门等多地供港物资水运专线，“盐田—香港”专线也于 3 月 1 日起正式升级为天天班模式，供港专线力量进一步得到强化。

据悉，自 2 月 18 日收到首批供港蔬菜并成功发往香港后，截至 3 月 1 日，盐田国际供港“海上快线”已运送 8 900 吨货物抵达香港。“盐田—香港”中远海运天天班供港海上快线用实际行动进一步助力粤港澳大湾区供港物资运输，并全力支持香港抗击疫情。截至 3 月 1 日 18 时，五洲航运在深圳大铲湾、蛇口、盐田三个港区运营供香港物资水运天天班 / 一天多班共 23 班次，合计投入运营舱位 3 400TEU，将近 1 900TEU 约 1.6 万吨供香港物资准时准点顺利送达香港。

（黄陈威　史晴　岩田　许介加）

【“阿联酋—钦州—兰州”海铁联运线路开通】

2022 年 3 月 4 日 16 时，由中远海运集运接载、承运的 100 台来自阿联酋的原装进口汽车，在广西钦州港搭乘西部陆海新通道海铁联运班列发往甘肃兰州。这标志着西部陆海新通道“阿联酋—钦州—兰州”海铁联运线路顺利开通，也是首列装载阿联酋货物的西部陆海新通道班列。在项目推进过程中，从集运亚太贸易区到西亚分部，从集运供应链发展部到华南分部贵阳分公司，从钦州海关到北部湾国际联运公司，从广西铁路部门到中国铁路南宁局集团公司，海陆牵手，强强联合，协作共赢。

“天下大事，必作于细”。在充分印证全程各服务节点的可行性、可操作性之后，中远海运集运提出为客户提供独家、首个全程定制化物流服务。最终，中远海运集运以细节制胜、专业制胜的服务方案赢得客户充分信任，并落实出货。第一票货物以“顺利出运、顺利中转、随到随装、随装随运”的高效服务得到了客户的高度评价和认可。（张敏）

【700TEU 级长江干线电动集装箱船项目启动】

2022 年 3 月 18 日，中远海运集团 2 艘 700TEU 级长江干线电动集装箱船项目举行“云签约”，51 家企事业合作单位连线见证中远海运发展航租事业部与扬州中远海运重工、上海泛亚航运分别云签署 700TEU 级电动集装箱船舶建造协议和船舶租赁协议，共同推动长江航运绿色零碳转型。长江干线 700TEU 级电动集装箱船新船型的研发和集装箱船项目签约，是中远海运集团贯彻落实“十四五”规划、践行“绿色发展”战略、推进企业高质量发展迈出的重要一步。（李琳）

【13 800 吨不锈钢化学品船“金海瀛”轮命名交付】

2022 年 6 月 30 日，上海中远海运首艘 13 800 吨不锈钢化学品船“金海瀛”轮命名暨交船仪式，以“云”交船方式在上海、重庆、北京、天津、南京等地同时举行，这是上海中远海运在川东船舶重工建造的西南地区史上最大船舶。“金海瀛”轮总长 129 米、型宽 22 米、型深 11.8 米、结构吃水 8.7 米；用于散装运输液体化学品 / 成品油，可允许同时装卸 16 种不同品种化学品；入级中国船级社（CCS），挂中国香港旗。该轮命名交付，是上海中远海运与川船重工、中国船级社、708 设计院、船舶监理等多方深化合作的显著成果。（周涵聪）

【北部湾港至北美西航线开通】

据《中国远洋海运报》2022 年 7 月 15 日报道，在泛北部湾经济合作论坛的成果发布环节，中远海运集团董事长、党组书记万敏宣布了中远海运北部湾港至北美西航线的开通。本条航线的开通标志着西部陆海新通道沿线省（区、市）首次拥有了直达北美的洲际航线，开创了东盟经北部湾前往北美地区的贸易新通道。

自 2018 年 11 月与广西壮族自治区政府签订战略合作协议以来，中远海运在北部湾港集装箱码头吞吐量连续超过 130 万、185 万、230 万 TEU 三个台阶。2022 年 1—6 月，中远海运在北部湾的贡献值同比增长 27.54%，占比北部湾 41.26%，增速显著。5 月 22 日，中远海运“钦州－南沙”内外贸同船运输路径正式开通运营；5 月 25 日，首批从越南海防出运到钦州中转的美线货物从钦州离港前往香港接驳后程美线大船，标志着中远海运在钦州港的国际中转业务顺利启动；6 月 9 日，满载着中远海运白糖柜的铁路专列从柳州南启动前往钦州港装船，标志着西部陆海新通道业务进一步得到了延伸拓展；6 月 28 日，西部陆海新通道海铁联运钦州自动化集装箱码头正式启用，应用新型 U 型工艺，也成为全国首个海铁联运自动化集装箱码头，显著提升北部湾港综合能力和智慧化水平，在助力西部陆海新通道高质量发展的同时，也为全球集装箱码头发展提供可推广复制的“北部湾方案”……在这片热土上，中远海运协同当地港航铁各方创造着越来越多的首次。

据介绍，中远海运在北部湾港开设外贸航线 8 组、内贸航线 8 组，在洋浦港开设外贸航线 7 组、内贸航线 2 组，国际航线已覆盖东亚、东南亚、南亚、非洲、南美、大洋洲和北美等地区，在两港的吞吐量占比分别达到 42% 和 79%。

中远海运着力建设以北部湾港为支点，西北、川渝、云贵等地区联动发展的海铁联运新通道。截至6月底，中远海运已开通海铁联运线路71条，海铁联运箱量持续增长。此外，通过聚焦数字化供应链体系建设，以客户为中心，中远海运提供的数字化端到端服务进一步提升了客户体验。中远海运助力打造“航运 + 港口 + 物流”一体化运作的全球数字化供应链体系，实现了供应链与产业链深入融合；在完善服务网络的同时，努力提升物流效率，降低物流成本，推动区域产业布局调整优化、产业类型迭代升级，助力沿线经济发展。（钟远海）

【中远海运能源致力引领绿色航海新趋势】

2022 年 7 月 11 日，在中国航海日到来之际，全球首艘双燃料 LNG 船“远瑞洋”轮成功挂靠烟台港，圆满完成第 2 个航次任务。同日，公司在“远瑞洋”轮发布《全球首艘 LNG 双燃料 VLCC“远瑞洋”》，总结推广绿色低碳智能船舶建造运营经验。该船自 2022 年 2 月 28 日交付并投入运营以来，共减少碳排放 1 237 吨，以实际行动向中国第 18 个航海日献礼。

保护海洋环境是航运企业的共同责任。长期以来，中远海运能源始终践行节能降碳、绿色发展，将“创新、协调、绿色、开放、共享”及可持续发展理念融入公司的运营管理中，坚持环境友好，努力实现经济增长与生态环境的和谐共存，积极开展绿色发展、低碳及替代燃料和智能航运研究，推进新能源、新技术、新设备等在船舶的运用，助力航海绿色低碳智能发展。

中远海运能源紧随全球航运业绿色趋势，全面推进企业可持续发展体系建设，持续推进绿色船队建设、积极探索绿色经营模式，加快向“绿色航运”转型；与各大央企共同拓展中国 LNG 产业链战略格局，携手构建 LNG 船货协同经营业态；积极探讨建造 LNG 双燃料船等低碳环保型船舶，研究应用数字技术、优化航行速度等降低油耗和排放的可行方案。在谋求新行业规则下技术领先优势的同时，努力打造“可持续发展引领者”的品牌形象。

“远瑞洋”轮作为中远海运能源联合大连船舶重工在原系列 VLCC 设计基础上升级建造的全球首艘 LNG 双燃料 VLCC，其成功建造及运营，开创了实现全生命周期绿色船舶管理及船员队伍培养的最佳实践，树立了公司船队绿色发展的里程碑。（刘萌）

【中远海运能源专属化服务畅通保供“最后一公里”】

据《中国远洋海运报》2022 年 7 月 22 日报道，中远海运能源始终坚持服务为本，主动贴近客户、了解客户需求，用实际行动践行“以客户为中心”的理念，不断提升服务质量。公司相关业务部门了解到盛虹石化急需苏伊士型油轮运力，主动对接，延伸服务触角，整合运输资源，帮助客户打通运输堵点，提供“专属服务方案”，助力华东地区保通保畅。

盛虹石化是国家七大炼化产业基地之一，作为公司的重要客户，双方一直以来保持着良好的合作关系。6 月份，公司获悉盛虹石化 2022 年首船外贸油进口计划，因政策等因素，靠泊连云港码头的要求升级，运输船型必须使用苏伊士型油轮，并需要尽早安排进行实靠作业。得知此情况后，公司迅速组织制定方案并安排业务人员与客户对接，了解相关物流环节的痛点、难点，与客户一同商讨解决方案。针对此次靠泊的特殊需求，前后设计了三个差异化的运输方案。由于可用的苏伊士型油轮数量很少，公司拥有的 5 艘全部在 POOL 中运营。为此，公司业务部门打通多个环节，积极协调 POOL 经营公司落实船期和用船意向。同时，综合考量新码头作业安全和靠泊期间的作业顺畅，在统筹协调运力资源后，选定了“大明湖”轮执行此次航次任务，并结合货载装期，迅速妥善安排船舶加油补给等事宜。

在各方的通力配合下，“大明湖”轮顺利承揽盛虹石化7月装期的中东至连云港货载。由于受载期紧张，船舶接到航次命令后，船长、二副及时查阅码头、航线和海图资料，并设计了最优航线，全体船员更是齐心协力做好各项准备、克服恶劣天气等不利影响，比受载期结束时间提前1个小时抵达装货港，以优质的物流方案和专业的服务质量赢得了客户的赞许。随着盛虹石化连云港码头靠泊条件的完善升级，公司继续畅通服务“最后一公里”，从运力保障与运输安全等方面给客户提供全力支持。

（李硕　邵文杰　艾洪忠）

【“中远之星”轮顺利开启新航线】

据《中国远洋海运报》2022年7月29日报道，2022年以来，厦门中远海运所属闽台轮渡有限公司及“中远之星”轮持续发挥对台窗口作用，抢抓机遇、乘势而上，不断取得经营新佳绩。7月下旬，“中远之星”轮从台湾台中港出发，满载货物到达浙江玉环大麦屿港对台直航码头。当天晚上，“中远之星”轮又从大麦屿港对台直航码头出发，仅用一个晚上就抵达台中港，这是该轮“浙江大麦屿—台湾台中”新航线的首航，标志着该轮开启了对台直航的新篇章。本次新增开的航线，继续发挥“中远之星”滚装直航、准班快捷的特点，以“快航”为核心，为客户优化了产业链、供应链，有效提升了两岸运输实效，提高了企业的产品竞争力。（朱姝蕾）

【海南自贸港—西非洲际远洋干线开通首航】

2022年9月23日，由中远海运集装箱运输有限公司开通运营的海南自贸港—西非洲际远洋干线在海南港航下辖的洋浦国际集装箱码头首航，这是海南自贸港首条至非洲的集装箱航线，也是海南自贸港第二条洲际越洋集装箱航线，标志着洋浦国际枢纽海港建设朝向远海深蓝再次迈出坚实步伐。该干线开通后，初期暂以双周班密度运营，航线境外挂港覆盖非洲加纳特马、尼日利亚奥内、贝宁科托努、科特迪瓦阿比让等港口，不仅可为海南与西非之间的货物往来提供海运直航服务，同时还能为北部湾周边地区与西非之间的货物运输提供新的中转解决方案，对洋浦港充分发挥北部湾公共出海口作用、提升区域外贸服务水平和双向辐射能力具有重要的现实意义。

（陈力）

【中国籍VLGC“长兴源”轮正式开航】

2022年11月11日，首艘中国籍超大型液化气运输船（VLGC）“长兴源”轮正式开航。“长兴源”轮是舱容量最大的中国籍LPG船（入籍中国洋山港），船东为上海中远海运液化气运输有限公司，注册成立在中国（上海）自由贸易试验区临港新片区洋山特殊综合保税区，母公司为中远海运大连投资有限公司。全球运营的VLGC约有300多艘，主要航行于美湾/中东—远东航线，除“长兴源”轮外，均为外籍船舶。

（荆晓宁）

港口产业集群

港口产业集群

港口产业集群作为集团三大核心产业集群之一，以“致力打造以客户为本、全球领先的综合港口运营商”为目标，聚焦码头品类扩增、服务升级、港区开发、腹地延伸和捕获产业链高价值机遇，努力实现“从全球经营者到全球领先者、从码头投资运营商到综合港口运营商、从外延式增长到跨越式增长”的三大转变，支撑集团整体实现“世界一流的全球综合物流供应链服务生态”的发展愿景。

港口产业集群主要包括中远海运港口、海南港航、中远海运北美和PPA 4 家业务主体。其中，中远海运港口主要从事码头营运、集装箱处理、运输及储存等相关业务；海南港航（除航运业务外）主要从事海南省的港口装卸、物流仓储、水上客货代理服务等相关业务；中远海运北美主要在美国西海岸投资运营集装箱码头业务；PPA 主要从事希腊比雷埃夫斯港的集装箱码头、邮轮码头、滚装码头、物流仓储、修船和附属设施经营等相关业务。截至 2022 年底，集团参与投资并拥有权益的海内外码头 56 个，其中集装箱码头 49 个，集装码头吞吐量能力 1.32 亿 TEU，排名世界第一。

截至 2022 年底，中远海运港口持有权益的 46 家全资及合资码头公司经营管理共计 367 个泊位，其中集装箱泊位 220 个、散杂货泊位 142 个、汽车泊位 3 个、托盘泊位 2 个。设计年处理能力 1.395 亿 TEU，散杂货 55 239 万吨，汽车 78 万辆，水果托盘 60 万 PLT。码头组合遍布中国沿海五大港口群、长江中下游，以及西北欧、地中海、东南亚、中东及南美等主要枢纽港。是年，中远海运港口完成集装箱总吞吐量 1.30 亿 TEU，同比增长 0.6%；权益吞吐量 4 206.9 万 TEU，同比增长 5.5%。公司全年度实现营业收入 97.98 亿元，同比增长 23.54%；实现净利润 26.39 亿元。

【秘鲁钱凯码头抓紧建设】

当地时间 2022 年 3 月 5 日上午，秘鲁总统佩德罗・卡斯蒂略（Pedro Castillo）一行考察了中远海运港口秘鲁钱凯码头建设现场。中远海运港口秘鲁钱凯公司总经理陈立辉向卡斯蒂略总统一行详细介绍了钱凯码头项目的整体设计、工程施工进展情况。在新冠疫情严峻形势下，中远海运港口秘鲁钱凯公司精准施策，防疫情、强质量、抓进度，正扎实推进港口项目建设。卡斯蒂略总统深入了解了码头整体设计及施工进度。他表示，钱凯港口项目离利马 80 公里，它的建成将成为秘鲁面向世界、与中国贸易往来的重要枢纽。钱凯港的建设不仅促进了国际贸易的发展，而且推动了秘鲁经济和民生发展。

钱凯项目包括多用途码头、集装箱码头及相关的基建设施。建设规划一期建 4 个泊位，其中 2 个泊位为多用途泊位，2 个为集装箱泊位，年设计总吞吐量为 100 万 TEU。该项目是中国与秘鲁在互联互通上的第一个大型交通类基础设施项目。（郭兴建）

【中远海运港口阿布扎比码头包揽三项大奖】

在 2022 年 3 月 3 日举行的阿联酋阿布扎比港务局集团 MAFNOOD 颁奖典礼上，中远海运港口阿布扎比码头斩获客户满意度、数字化服务和流程自动化、人工智能和大数据三项大奖。这次是中远海运港口阿布扎比码头首次参加阿布扎比港务局集团 MAFNOOD 奖项评选。经过半年多的初选、复选、访谈、调研，阿布扎比码头凭借平稳高效的生产操作，智能闸口和自动化堆场、太阳能高杆灯、在中东地区率先实施无人集卡等技术创新，以及快速持续的成长性，获得了客户和当地的高度认可。该奖项由阿联酋阿布扎比王储倡议，阿布扎比政府机构设立，每两年颁发一次，是当地政府不断追求卓越，提升其在全球竞争力的重要举措。（李泽华）

【厦门远海码头加快供应链延伸步伐】

据《中国远洋海运报》2022 年 5 月 27 日报道，2022 年以来，围绕集团及中远海运港口提出的供应链延伸战略，厦门远海码头发挥在港口物流供应链中的节点优势，加强与中远海运集运在厦门区域网点的协同合作。

订单数字化 + 配送可视化。5 月 20 日，由“OOCL FRANCE”轮运抵的 4 票 76 个进口集装箱顺利配送至客户仓库，这批货物是首票体验运输管理系统（TMS）运营的进口集装箱配送业务。“TMS+ 快速配送”即通过为进口集装箱匹配最优的运输资源，实现订单派送数字化、配送过程可视化，出色完成指定任务。作为供应链延伸的重要一步，“TMS+ 快速配送”业务为码头在港口物流链中发挥节点优势，推进业务与物流信息的平台化整合，提升码头效率起到积极作用。该项新业务通过中远海运港、航、货一站式接入，搭建线上线下联动平台，从而实现物流高效配送。这是厦门远海码头对于供应链延伸的创新探索，通过加强与厦门集运协同，主动联系货主，积极推介端到端服务方案，推进项目落地。

“公转铁”双向奔赴。厦门远海码头与厦门集运协同南昌铁路局漳州车务段，结合客户业务需求，共同推介海铁联运运输方案，最终促成合作成功落地。各方成立联合专项工作小组，各环节紧密衔接，精准高效，全程保障物流畅通，实现“双向奔赴”新通道。货物到港收到海关放行信息后，车队第一时间进场提重，经过消杀、铁路计划报送等手续，于当晚顺利装车运抵工厂，仅用 24 小时；厦门堆场提空箱后，由铁路发运至漳平站，货物完成装箱重返厦门前场站，顺利进港并放行，仅用 72 小时。此次启动测试的厦门—漳平“公转铁”海铁联运双向新通道，集合了码头周边优质的交通条件，为客户提供创新、安全、便捷的最佳运输路径。该项目进一步开发漳平地区进出口货物的市场，满足了客户差异化的物流需求，也为 2023 年通车的厦门远海码头铁路专用线的运营提供了重要参考意义。未来，码头还将进一步建立港口拖车服务和信息公共平台，通过一口价、竞价等方式完成业务派发，实现接单、派单、预约、作业、结算的“一条龙”服务。（蓝晋昌　徐达峰）

【中远海运港口签署战略合作协议】

2022 年 6 月 14 日上午，中远海运港口有限公司、上海泛亚航运有限公司、广东至富集团有限公司在线上签署了战略合作协议。三方根据各自资源优势，在集装箱运输、港口及配套延伸服务、端到端全程物流方案咨询、技术合作及物流产业链等多个领域展开深度战略合作，并主要围绕打造“粉体”现代物流产业供应链，实现“港、航、货”共同组成产业链的合作模式，快速推动项目产业的市场覆盖及路径延伸，实现合作共赢。

项目的货流合作方广东至富集团在淀粉产业深耕多年，拥有成熟的市场终端和网络资源。中远海运港口和泛亚航运作为中远海运旗下企业，在保障国家物流运输方面各自承担了重要职能。通过协议的签订，三方持续深耕场景化供应链服务，重塑各方价值，快速打通供应链上下游物资流通，输出产业物流解决方案。（宋普康）

【集装箱码头自动化升级改造全面竣工】

2022 年 7 月 1 日上午，“全球首创传统集装箱码头自动化升级改造全面竣工活动”在天津举办。

全球首创传统集装箱码头自动化升级改造全

面竣工，是中远海运集团与天津港集团、招商局集团倾力合作，向中国共产党成立 101 周年的献礼，是共同深入践行习近平总书记视察天津港重要指示精神，努力打造世界一流的智慧港口、绿色港口的标杆性工程。该项目的全面竣工，标志着传统集装箱码头全流程自动化升级改造“天津方案”在京津冀最大集装箱码头的大规模应用落地，为全球范围内传统集装箱码头的自动化升级改造提供可资借鉴的成功范例，也成为中远海运集团与天津港集团携手打造智慧港口、绿色港口建设的新标杆和央地合作的新典范。

天津港集装箱码头有限公司（以下简称 TCT）是天津港规模最大、功能最齐全的集装箱码头公司，也是中远海运港口旗下最大的单体集装箱码头公司。2019 年 5 月，TCT 北区堆场自动化升级改造项目竣工验收，成为全球首家通过技术改造实现全堆场轨道桥自动化升级的集装箱码头。2020 年 1 月 17 日，在习近平总书记视察天津港一周年之际，TCT 实现了全球首次无人驾驶电动集卡整船作业。2021 年 1 月 17 日，全球首创传统集装箱码头全流程自动化升级改造项目全面运营投产，打造了“自动化远程岸桥 + 无人驾驶电动集卡 + 自动化轨道桥 + 智能锁站”的全自动作业模式，开创了传统集装箱码头全流程自动化升级改造新模式，为全球港口提供了自动化升级改造的系统性解决方案。

2022 年以来，TCT 继续推动北区装卸设备自动化升级改造，同时开发了内集卡作业调度系统、外集卡管控平台，以及集成全场高清电子地图地理信息系统（GIS），实现了中控作业监控管理系统图形用户界面（GUI）整场调控，大幅提高了自动化系统生产运行的便捷性、安全性。北区 4 个泊位全部实现高效自动化作业，平均作业效率提升 20% 以上，平均单箱能耗下降 20%，综合运营成本下降 10%，项目的可靠性、稳定性、实用性得到有力印证，成为由传统集装箱码头改造、全球投产最早、建成规模最大的自动化集装箱码头。（王楷越　乔成成　周思涵）

【阿布扎比码头中东枢纽能级持续提升】

据《中国远洋海运报》2022 年 7 月 29 日报道，中远海运港口阿布扎比码头和场站凭借联手打造的“马士基全程供应链解决方案”，迎来马士基 Blue Nile Express 航线船舶如约首航。中远海运港口阿布扎比码头和场站通过内部协同，为船东客户群提供端到端全程物流解决方案，进一步延伸配套服务价值链，在增加客户黏性的同时，也为双方后续新航线合作打开了更为广阔的前景。该航线首航使阿布扎比码头实现海洋联盟（Ocean Alliance）、THE Alliance 和 2M 联盟在内的全球三大集装箱海运联盟成员齐聚，真正体现了码头“The Ports for ALL”发展理念。中远海运港口阿布扎比码头此次成功引进新航线，是在中远海运港口本部大力支持推动下，与兄弟公司希腊比雷埃夫斯码头（PCT）联动营销，充分发挥中远海运港航协同效应和港口要素资源优势，深度链接海外“双循环”的成果。

（李泽华）

【霍尔果斯无水港准轨铁路扩建项目顺利完工】

据《中国远洋海运报》2022 年 12 月 9 日报道，经过一年多的准备和施工，霍尔果斯无水港新建两条标准轨距铁路线项目顺利完工，为持续提升服务、实现跨越发展奠定了基础。

霍尔果斯无水港是中国和哈萨克斯坦“一带一路”合作标杆示范项目，是中远海运集团践行国家“一带一路”倡议重点项目之一，主要从事中欧（中亚）班列西行方向集装箱和件杂货过境换装业务，集装箱主换装场建有准轨和宽轨各 3 条铁路线。2017 年，中远海运集团携手连云港港口集团入股后，加强同哈萨克斯坦国家铁路集团战略协同和业务合作，助力合资项目驶上健康发展快车道。2017—2022 年，无水港集装箱年换装量先后突破 10 万 TEU、20 万 TEU 大关，2022 年实现 30 万 TEU，是入股前 2016 年集装箱换装量的 7 倍，产能利用率已达 100%。　（程凯）

物流产业集群

物流产业集群

物流产业集群是集团三大核心业务之一，是集团实现“打造世界一流的全球综合物流供应链服务生态”发展愿景的重要支撑。物流产业集群要通过形成特色优势鲜明、业务覆盖全面、市场地位领先的第三方物流服务，与集团的航运产业集群和港口产业集群深度协同，提供端到端物流和供应链产品服务，以第三方物流能力实现产业链经营的延伸。

物流产业集群主要包括中远海运物流、上海中远海运、中远海运北美、中远海运欧洲、中远海运东南亚、中远海运澳洲、中远海运日本、中远海运韩国、中远海运西亚、中远海运非洲、中远海运南美 11 家业务主体。其中，中远海运物流主要从事综合货运、仓干配物流、产业物流地产、铁路货运运营、全周期工程物流、口岸公共服务等业务；上海中远海运主要从事液体化学品物流及港口环保服务等业务；海外 9 家区域公司主要在所在国家及地区开展第三方物流延伸服务。

2022 年，中远海运物流为提升公司市场竞争优势，改变以代理、仓储、运输为主的传统业务结构向现代物流企业转型。公司不断提升产品化意识及服务质量，在现有业务基础上致力于打造六大主业体系；一方面，通过合同物流、综合货运和产业物流地产打造全程物流和供应链主体业务，另一方面，通过工程物流、口岸公共服务和空运业务形成差异化特色服务。为实现集团产业链经营中的重要支撑的战略目标，公司以客户为中心，不断强化产品研发能力，加快核心资源建设，努力打造专业能力突出，枢纽、通道、网络系统强大的综合物流供应链体系，推进从过去形成的以口岸（网点）公司作为经营、管理主体的业务运营管理模式向适应大型现代化物流供应链企业发展需求的业务模式逐步转变。

2022 年，中远海运物流全年实现营业收入 330.43 亿元，同比增长 10.14%；实现利润总额 15.55 亿元，实现净利润 12.98 亿元。其中，化工物流累计营业收入 6.34 亿元，冷链物流累计收入 3.17 亿元，仓储物流营业收入 19.91 亿元，工程物流累计营业收入 35.08 亿元，集装箱物流收入 155.46 亿元，散货物流收入 66.49 亿元，船代业务收入 11.06 亿元。

【中老铁路“江苏号－中粮专列”启程】

2022 年 2 月 22 日，伴随火车鸣笛声，满载 70 个标准集装箱的中老铁路国际货运列车“江苏号－中粮专列”顺利从铁路尧化门站启程驶往老挝首都万象。此趟“中粮专列”由中远海运物流、中粮集团、江苏班列供应链联合发运，标志着中远海运“江苏号”中老班列产品日益成熟完善，逐步实现从常态化开行到定制化服务的转型升级。该批货物为中粮集团旗下公司首单出口老挝的食品工艺材料。面对客户出运需求，中远海运物流由所属单位联合组成专门团队，充分发挥“前端客户化、后端平台化”运管体系优势，在综合考虑运费、出运时间等因素后，详细论证并向客户推荐了中老铁路专线产品，并量身定制了个性化专属物流解决方案，货物分三列发运，后两列分别于 25 日和 28 日开行。与原计划运输相比，铁路运输时间节省 50%、运费节省约 20%，受到了客户的好评与肯定。

自 2021 年 12 月 8 日“江苏号”中老班列首发以来，中远海运物流已顺利操作 6 个班次，在产品营销模式、客户开发、操作模式上深耕优化，日益成熟，不断为客户打造新业务、新产品，

为畅通华东地区与东盟各国的国际物流铁路新通道保驾护航。（万屹枫　徐慧）

【开启冬季冰区定制化物流服务】

芬兰当地时间 2022 年 2 月 16 日下午，随着最后一件塔筒从“天佑”轮顺利卸下，中远海运特运圆满完成大客户维斯塔斯风力技术公司（Vestas Wind System Als）交付的冬季冰区风电运输项目第一载，标志着公司成功开启为客户提供定制化的冬季冰区物流服务。

Vestas 是世界上最大的风电系统供应商，也是中远海运特运的重要战略客户，双方共同致力于风电清洁能源产业的发展。客户本次委托的冬季冰区项目为 33 套塔筒共计约 15 万计费吨，分三载运输；“天佑”轮首载承运 11 套塔筒共计 66 件货物，约 48 000 立方米。这是中远海运特运首次承接多载的冬季冰区运输项目。为确保项目安全顺利执行，公司克服困难、提前协调安排了 3 艘冰级船船期对准合同窗口期保障运力供给，并派出最年轻的 1A 冰级“三剑客”中的“天佑”轮执行本次运输任务。秉承“以客户为中心”服务理念，项目团队精心筹划为客户提供定制化服务，从装卸港精确的技术方案成型到航行中货物的严格监管措施落地，提前将各环节工作落实到位。

“天佑”轮本航次卸港拉赫港地处芬兰北部，常年受冰雪天气影响。2 月正值当地冬季，沿途及港口冰情更为严峻。“天佑”轮于 2021 年 12 月下旬从越南富美港起航，行驶至波的尼亚湾冰区后，公司业务、海务团队紧密携手，密切跟踪船舶航行情况，对该轮冰区航行路线进行精确指导，并与代理积极沟通；在芬兰当地相关指引下，尽全力满足该轮在冰区航行过程中的所有需求。“天佑”轮在公司冰情系统的实时监控指导下，避开了冰情严重的海域，在薄冰海域凭借着船舶自身出色的破冰能力全航程自主破冰，最终克服恶劣天气等重重困难安全抵达卸港，并于翌年 2 月 16 日卸货完毕，顺利完好交付货物，获得客户高度认可。

“天”字号系列 36 000 吨多用途船是中远海运特运最大吨位的多用途船，全船装货面积达 14 000 多平方米，散装货舱容 31 000 多立方米；设计有 4 个货舱，大舱口、箱型舱底，货舱内为吊离式甲板；配备 4 台船用起重机，最大并吊能力 200 吨。“天恩”“天惠”“天佑”是该型船的加强版，具有中国船级社（CCS）Ice Class B1 冰级，相当于劳氏船级社 LR Ice Class 1A，可通行 0.8 米厚的当年冰航区。

（梁宇　丁博　王剑）

【中欧陆海快线拓展伊比利亚运输网络】

据《中国远洋海运报》2022 年 3 月 4 日报道，中远海运首发伊比利亚半岛经瓦伦西亚至维多利亚的海铁联运服务双向开通试运行，前期采用周班运行的方式，后期运能、频率、服务覆盖范围持续扩展。该路径是中远海运基于瓦伦西亚和马德里“双支点”而拓展的绿色疏港网络之一。同时，通过西班牙瓦伦西亚经马德里往返葡萄牙雷克索斯 / 里斯本的铁路服务也已推进，首发铁路列车满载从瓦伦西亚港卸下的来自中国广东制造的货物，经马德里最终抵达里斯本。这条海铁联运线路避开了拥挤的鹿特丹港，相较支线转运的方案服务更低碳、更稳定，更高效，交付时间将缩短 1 ~ 2 周。

新线路一经开通，厦门中远海运集运客户销售部充分借助此项新服务、新路径优势，及时为客户完善全程物流供应链方案。厦门集运有一家客户每年有超过 6 000 个 40 尺高箱的零配件从西班牙维多利亚仓库运至福州工厂进行组装，厦门集运已连续第六年承运该项目。以往的物流路径是通过拖车 / 铁路将货物从仓库运抵毕尔巴鄂港，再通过 NBX 支线运输到泽布吕赫或鹿特丹港接驳干线船。但实际在项目运营过程中，经常会受到比斯开湾恶劣气候及中转港拥堵的影响，使干支线衔接紧张，导致交货期不稳定，进而引发客户生产线出现停工的情况。2022 年，有了中远海运在伊比利亚半岛布局的更为优越的供应链方案，厦门集运立即与这家客户联系，对通过该铁路线运输的各个环节进行充分交流与沟通，在集运总部欧洲贸易区的组织协调和西班牙集运的支持下，首批通过新海铁联运路径运输的零配件，共计 34 个 40 尺高箱，于 2 月 22 日顺利从维多利亚出运，将在瓦伦西亚转接 AEM2 航线发运至福州。该路径的打通为客户生产线的高效运行提供了更有力的保障。

（范敏敏　孙炜锋）

【新增比港直达塞尔维亚尼什线路服务】

2022 年 10 月 26 日，满载着 68TEU 中远海运集装箱的列车顺利抵达位于塞尔维亚第二大城市——尼什西郊的 MBOX 铁路场站，为中欧陆海快线再添一条新线路。该线路自比港始发，首站抵达尼什后，将继续北上停靠塞尔维亚首都贝尔格莱德，实现了对塞尔维亚全境的覆盖。对比市场上原有的“塞萨洛尼基—尼什”“里耶卡—尼什”两条铁路服务，使用中欧陆海快线这一新增服务的货物，在比港集装箱码头卸货后可无缝衔接至目的地，无论是时效性、经济性还是便捷性，都具备明显的优势。（高峻）

【第 600 架次空客大部件运输圆满完成】

2022 年 4 月 25 日，由中远海运提供全程物流运输服务的空客亚洲总装线项目第 600 架次 A320 飞机大部件，历经欧洲段驳运、海运、天津段全封闭陆路运输，顺利运抵空客公司位于天津港保税区的空客总装厂并圆满交付。

空客亚洲总装线项目是中欧合作的典范项目，自 2008 年起开始执行。作为该项目的运输总承包商，中远海运集团至今已连续服务该项目 14 年。为保证空客项目顺利运行，中远海运集团整合系统内优质资源，以中远海运物流为操作平台，联合中远海运集运、中远海运欧洲公司协同配合，确保全程物流供应链安全稳定可靠高效。14 年来，项目从最初的 2 周 1 架次，到每周 1 架次，再到每月 6 架次，见证着中远海运空客服务团队自我超越的前行步伐。特别是新冠疫情暴发以来，面对欧洲港口持续拥堵、作业效率下降等严峻挑战，中远海运积极协调全链条环节为项目运转创造有利条件，通过采取及时调整部分港口挂靠、优化部件装载运输计划等措施，确保空客全球运输供应链不中断，飞机总装交付产业链平稳高效。

（张学媛）

【定制化物流服务助力中国海缆走向世界】

据《中国远洋海运报》2022 年 4 月 29 日报道，中远海运特运租入船“DAGAT MAS”顺利将一批长 13 公里、重 1 300 吨的海底电缆及其附属设备安全运抵荷兰港口，并以导缆方式卸货到铺缆船上，为客户的欧洲 Kaskasi Ⅱ 海底电缆项目及时交付提供了有力支持，也为中远海运特运“十四五”发展战略“双核双链”之“工程项目物流产业链”落实落地提供了又一个精彩的示范案例。与此同时，通过定制化的物流服务产品，中远海运特运正积极助力中国海缆走向世界。

海底电缆运输项目技术要求高、管理要求高、操作难度大，相比常规运输任务装卸货环节更多，且对船期把控要求非常严格。通过几年的经验积累，依托成熟的货运技术、优良的船舶适货性和丰富的海外资源，中远海运特运已经将海缆物流服务打造成公司独有的服务产品，能够为客户提供量身定制的、独一无二的整体物流解决方案。通过这种定制化服务产品，中远海运特运先后于 2018 年、2020 年和 2021 年成功中标并顺利执行多个大型海缆运输项目，分别在荷兰、韩国、中国将长达 30 公里、80 公里、40 公里的海底电缆安全装船并运抵目的地顺利卸下，获得客户一致好评。

此次是中远海运特运第四次承运大型海底电缆项目运输任务。该海缆定制化物流服务专业、高效，2 天完成托盘装载和调试，2 天完成装货和绑扎，4 月初准时抵港绑扎，36 小时做好船舶准备并在 5 天内完货，作业进度及质量均得到客户高度认可，为确保项目零货损打下扎实的基础，也再次为中远海运特运团队“举重若轻的实力，

举轻若重的精神”作出了生动注解。（胡立智）

【“以箱代库”全新物流产品正式上线】

2022年6月30日上午，随着装载着塑料原料的货柜整齐“入驻”广裕码头堆场，标志着广州中远海运物流全新推出的新型物流存储方案——“以箱代库”正式上线。“以箱代库”是针对目标客户群体创新优化的产品定制服务，具有成本低、效率高、提送货快、安全性能好等四大优势。通过将集装箱变身为一个个“移动仓库”，在出厂时为集装箱加装封条，做到货物的全程可控，极大保障了货物安全。相对于传统的“货到租赁仓库”模式，“以箱代库”能为客户节省超过30%的成本，同时可以根据客户的销售计划与运营节奏，灵活选择“代库”时间，并能在24小时内极速响应客户提货送货需求，高效应对工厂急货等特殊情况，让客户全程无忧。

（冯川）

【开辟“通州湾—欧洲”出海新通道】

2022年10月1日，载着300TEU货物的“印第安纳”轮顺利离泊南通通州湾驶向欧洲，标志着中远海运物流所属南通中远海运物流成功开辟“通州湾—欧洲”出海新通道，顺利首发远洋航线，为打造“江海门户”增添生动注脚。

南通中远海运物流抢抓新出海口建设新机遇，深耕客户抢占市场先机，签约南通本地大型企业，为“南通制造”走出国门保驾护航。该客户货物以往主要经太仓、连云港等地出口，货物集港困难，运输难度大，物流费用高。南通中远海运物流紧盯客户难点，从缩短发运周期、降低物流成本角度，为客户量身定制差异化物流解决方案，成功赢得合作机会。业务实际开展中，南通中远海运物流在装船作业前提前制定安全风险防控预案，对吊装、绑扎、资源调配等细节提出合理化建议，为货物装船筑牢安全屏障，最终凭借专业实力与优质高效服务保障了货物如期交付，为客户参与市场竞争增添有力砝码，赢得高度赞誉。

（岳晴）

【中远海运物流荣获博世（BOSCH）供应商奖项】

2022年11月14日，“砥砺前行，碳就未来”博世2022亚太区供应商大会在上海举行。500多家来自制造、供应链等领域的代表性企业参与此次盛会，共同探讨和分享当今时代背景下先进制造和供应链发展的方向。会上，中远海运物流凭借在博世中国—欧洲线路进出口供应链业务的突出表现，荣获博世亚太区最佳供应商奖项，在沪上海大区和空运物流事业部相关负责人代表参会并领奖。

自2020年博世中欧班列项目取得突破以来，中远海运物流全面进入博世供应链体系，已成为博世全球第一家同时提供海运、空运、中欧班列物流服务的供应商，为博世欧洲110多家工厂和120余家中国国内工厂汽车零部件产品提供欧洲/中国进出口双向全程端到端物流解决方案。

博世项目是典型的产业龙头客户全球端到端供应链服务项目，涉及铁、海、空、仓、配业务，模式复杂、线路庞杂，时效严格，挑战巨大。自项目运行以来，博世项目组充分发挥全球控制塔（CT）的作用，构建了与博世供应链体系相匹配的战略管理架构，充分进行集团内部协同，统筹铁、海、空业务线，各大区互动，海内外联动，坚持以客户为中心，坚持产品化发展思路，面对疫情的严峻挑战，铁、海、空团队紧紧围绕客户需求，深挖每一个细节，解剖每一个环节，创新服务模式，为客户提供多种物流解决方案，力保客户供应链畅通和稳定

（戊流）

【柬埔寨电力基建项目圆满完成】

据《中国远洋海运报》2022年12月30日报道，随着柬埔寨西哈努克港2×350兆瓦燃煤电站2号机组顺利试运行，柬埔寨总装机容量最大的发电项目全部建成投产。自2020年9月发运第一批货物起，截至2022年底，中远海运物

流供应链工程物流事业部累计完成 130 批次，近 20 万立方米货物的交接，圆满完成了该电力基建项目的全部设备运输任务。在项目执行期间，作为该项目的全程物流服务商，中远海运物流供应链工程物流事业部直面工期紧张、柬埔寨本地大件运力资源匮乏、运输环境复杂等困难，与系统内单位紧密配合，共同组建项目团队，通过“技术 + 资源 + 属地化”的模式，从系统内选拔精明强干的操作人员驻扎柬埔寨项目一线，有序推动项目开展。发运期间，项目组根据每批次所运设备特性，统筹规划，精心配载，预判风险，编制了详细的物流方案，并进行方案模拟论证，确保设备安全高效运抵项目现场。得益于海内外项目团队的高效配合，所有关键设备均被安全高效运抵项目现场，成功助力项目全面建成投产。

（王超芳）

航运金融产业集群

航运金融产业集群

航运金融产业集群是集团四大赋能业务之一。航运金融产业集群以“提供拥有领先市场的产品与竞争力的产业金融类业务”为愿景，打造集团的重要“现金流贡献单元”及平抑主业周期性的“效益稳定器”。

航运金融产业集群主要包括中远海运发展、中远海运投资、中远海运财务及中远海运自保 4 家业务主体。其中，中远海运发展、中远海运投资主要从事围绕综合航运及物流产业链的租赁业务、集装箱制造业务、供应链综合金融服务及投资管理业务；中远海运财务主要从事集团体系内资金归集及资金结算等业务；中远海运自保主要从事集团内船舶保险及部分非船舶保险业务。

2022 年，中远海运发展业务稳健增长，集装箱租赁市场份额行业第三，集装箱制造市场份额行业第二，航运租赁晋升为国内非银租赁公司船舶资产前四名。截至 2022 年底，中远海运发展总资产中，航运物流特色资产约占中远海运发展总资产的 72%，集装箱制造板块设计年产能合计干箱 120 万 TEU、冷箱 12 万台（24 万 TEU），保障了集团航运主业用箱安全。集装箱租赁板块管理 386 万 TEU，总资产 55 亿美元。航运租赁板块管理船舶载重吨约 1 450 万吨。2022 年，公司全年实现营业总收入人民币 256.34 亿元，归属于母公司权益持有人净利润为 39.22 亿元。

2022 年，中远海运财务公司资产总额在央企财务公司中排名第 8 位，公司资产规模、资产质量均处于重组以来最好水平，金融服务质量全面提升。截至 2022 年 12 月 31 日，公司总资产 2 366.93 亿元，总负债 2 138.76 亿元，所有者权益 228.17 亿元。全年营业总收入 35.87 亿元，实现利润总额 6.99 亿元，净利润 5.27 亿元。公司 2022 年度联合信用评级为 AAA，评级展望为稳定。

【集团召开财企直连试点项目验收会】

2022 年 1 月 20 日上午，集团财企直连项目验收会在中远海运财务公司第一会议室举行，集团财务管理本部、科信部、财务服务中心、中远海运科技、中远海运财务公司、中远海运特运相关人员等作为项目指导方、管理方、实施小组，以及关键用户代表出席。

财企直连项目作为集团“十四五”数字化转型规划中“完善财务管理领域应用”板块的四项举措之一，是根据集团财务管理信息系统建设要求，在集团 SAP 财务核算系统与财务公司 TMS 系统之间开发接口，通过 SAP 财企直连模块配套实施，TMS 系统兼容性改造，打通财务核算和资金结算的信息流，实现收付款结果实时交互，资金余额实时查询，提高上线单位的资金收付和对账效率，并降低其二次录入差错率，防范资金支付风险。集团本部和中远海运特运共计 21 家试点单位已成功上线财企直连项目，实现了相关支付数据不二次录入、不落地，付款结果实时查询、收款交易线上认领过账、对账明细自动更新等功能，提高了财务人员在收付款、对账环节的及时性、准确性和便捷性。

会议总结了项目建设和管理情况，充分听取试点单位使用情况和优化建议反馈，对照建设目标确认实现功能及应用效果、审阅验收材料，完成项目验收。集团财务管理本部、集团科信部、财务服务中心等部室对项目后续的推广工作提出指导意见，要求项目组在总结试点单位实施经验的基础上，尽快制订推广计划并推进工作。

（嵇燕燕）

【中远海运集团持续增持中远海控股份】

2022 年 5 月 20 日，中远海运控股股份有限公司（股票代码：601919.SH/1919.HK）发布公告：控股股东中远海运集团基于对公司未来发展前景的信心及投资价值的认可，增持了中远海控 50 万股 A 股股份和 302.55 万股 H 股股份。同时公布后续增持计划，中远海运集团在未来 12 个月内，择机增持中远海控 A 股和 H 股，计划增持股份的总金额不超过 30 亿元。（马晓静）

【东方海外国际入选恒生指数成份股】

2022 年 5 月 20 日，恒生指数有限公司发布最新季检结果，中远海运集团旗下东方海外国际（HKEX.0316）被纳入恒生指数成份股，自 2022 年 6 月 13 日起生效。至此，恒生指数成份股数目将由 66 只增加至 69 只。本次东方海外国际入选香港恒生指数成份股，是其继 2022 年较早时候被纳入恒生综合指数，并即将于 6 月 1 日加入摩根士丹利资本国际（MSCI）中国全股票指数后又一次获得市场肯定，体现了市场对公司的稳健表现和不断上升的市场地位的认可，此举进一步提升了公司的声誉和公司股票对投资者的吸引力。作为恒生指数成份股，东方海外国际股票能吸引需要将该指数纳入投资的基金。同时，也有助于公司股票吸引更多来自其他市场的投资者，包括通过沪深港通南向交易的中国内地投资者。

恒生指数于 1969 年设立，是被最为广泛引用的香港股市指标。该指数纳入了在香港交易所主板上市当中规模最大及流动性最高的股票，是公认的香港股票市场代表。（马晓静）

【中远海运发展发行五年期公司债券】

2022 年 5 月 16 日，中远海运发展股份有限公司在上海证券交易所成功发行了 2022 年第二期面向专业投资者公开发行公司债券，发行金额为 15 亿元，期限 5 年，票面利率为 3.38%。本期公司债券全场认购倍数为 3.70 倍，投资人踊跃认购，为公司在债券市场树立了良好的品牌形象。随着本期债券的成功发行，公司于 2020 年注册的 80 亿元公司债完成全部的发行工作，进一步平衡了公司债务久期，优化了公司债务结构，助力公司可持续发展。（韦午悠）

【中远海运发展首笔绿色船舶抵押贷款成功落地】

2022 年 7 月 15 日，中远海运发展首笔绿色船舶贷款成功落地，就一艘 18 万立方米双动力 LNG 船向交通银行（香港）有限公司成功提用船舶抵押贷款，并同步完成了绿色船舶贷款认证工作。在国家“双碳”目标背景下，中远海运发展一贯秉持绿色生产，践行绿色低碳的社会责任。首笔绿色贷款的成功提用是中远海运发展借助金融工具向绿色低碳发展不断迈进的重要一步。

（唐浩棋）

【财务公司成为上海海关担保业务“双首”公司】

2022 年 7 月，海关总署发布《海关总署关于推广企业集团财务公司担保的公告》，对企业集团财务公司出具的税款担保保函予以效力认可。通过政策研究分析表明，此项业务的开展可有效节约成员单位的财务费用。为此，中远海运财务公司客户服务团队迅速成立项目专项小组，一方面积极主动联系海关总署及上海海关，建立对接渠道，深入咨询商讨；另一方面以重点客户为中心，整理现有和收集未来需求；采取“双线”方式，快速推进海关担保资质申请。经数轮报告修订，中远海运财务于 2022 年 10 月 28 日，成为上海海关首家获得资质的财务公司；同年 11 月 4 日，集团下属深圳中远龙鹏液化气运输有限公司成功开出首笔关税租赁保函，金额 9 286 万元，为企业节约财务费用 25 万元。（江欣）

【中远海运自保集运数字化管理又添新成果】

2022年11月28日，中远海运自保e平台与中远海运集运保险理赔ICS新系统完成数据互联对接，实现船壳保险投保、理赔报案、财务结算，以及航运保险领域特色数据的实时对接，极大地提高集运保险业务管理工作的效率和质量。数据互联项目共历时6个多月。双方在数据差异性、交互方式、异常情况处理模式、数据范围等具体问题上深入研究探讨，形成统一标准，达成数据分析口径的一致性。

中远海运集运与中远海运自保在数字化创新领域一直保持密切合作。此前，两家公司相互配合、协同创新，共同打造具有航运特色的保险e平台、特战险平台等新应用；共同制定基于区块链技术的IQAX电子提单保险保障新方案；共同研究以数字化手段提升"远海通"、货运险等业务新模式；共同探讨基于集装箱运输风险数据和场景的航运保险新产品。这一系列合作均取得了丰硕的成果。（张晓天　薛堃）

【东方海外国际首次被纳入道琼斯亚太指数】

据《中国远洋海运报》2022年12月23日报道，东方海外航运（OOCL）及东方海外物流的母公司——东方海外（国际）有限公司（HKEX.0316）（"东方海外国际"），入选道琼斯可持续发展指数（DJSI），成为道琼斯可持续发展亚太指数成份股。

DJSI成份股资格是根据企业年度可持续发展评估（CSA）结果计算得出的标普全球ESG评分而确定的，CSA是从治理及经济、环境和社会角度对公司进行的综合评估，重点关注长远股东价值。本年度共有13 800家公司获邀进行CSA评估，其中3 519家公司符合入选道指琼斯可持续发展指数（DJSI）的资格。东方海外国际首次参与CSA评估后即被纳入道琼斯可持续发展亚太指数。作为DJSI系列的一员，道琼斯可持续发展亚太指数由来自亚太地区表现最佳的156个企业组成，旨在衡量该地区可持续发展领先企业的表现。入选道琼斯可持续发展指数是对东方海外国际在环境、社会和治理实践（ESG），以及ESG披露方面的卓越表现所给予的明确且宝贵的认可。（钟远海）

装备制造产业集群

装备制造产业集群

装备制造产业集群是集团四大赋能业务之一，致力于为集团主营船队及相关产业的发展提供积极保障，并通过技术和创新提升业务竞争力，服务内外部客户，打造中国领先的造船、造箱和维修企业。

装备制造产业集群主要包括中远海运重工和中远海运发展 / 中远海运投资旗下的造箱板块 2 家业务主体。其中，中远海运重工主要从事船舶制造、船舶修理、海工及模块制造和船舶配套等相关业务；中远海运发展 / 中远海运投资旗下的造箱板块主要从事集装箱等物流装备制造业务。

2022 年，中远海运重工有限公司累计完成接单超过 560 亿元，超额完成全年接单指标，并创重工重组以来新高。造船业务自有设计船型不断获得船东认可，实现两型船舶订单突破，其中 63.6k 散货船订单累计达到 13 艘，初具系列化。修船业务脱硫塔安装和双燃料改装等关键项目继续发力，继续保持中国修船市场份额第一的行业位置。海工业务着眼新能源市场，积极践行结构转型，继续加大与风电船公司的合作，并在续签的项目实现风电新能源和甲醇新燃料的“双新”船舶。配套业务克服疫情不利因素，所属配套企业均实现盈利。是年，公司造船完工 66 艘 /589.40 万载重吨，同比增长 20%。新承接造船订单 785.98 万载重吨，年末手持订单 1 681.57 万载重吨，同比增长 13.24%。修船年度累计出厂 1 135 艘船，产值 64 亿元。海工年度累计交付 7 个海工项目和 4 个模块项目。年度项目交付完成率 100%、项目主要节点按时实现率 100%。

【节能装置设计获颁意大利船级社 AIP 证书】

2022 年 1 月 28 日，上海船舶运输科学研究所有限公司自主设计开发的桨前预旋导管获得意大利船级社（RINA）颁发的 AIP 证书。随着国际海事组织（IMO）温室气体减排规则的日趋严苛，运输船队面临着日益严峻的节能减排压力。上海船研所长期从事节能装置相关技术的研发，已在多型船开发上获得了成功应用。公司积极联合中远海运重工制造板块，共同为中远海运能源旗下的现有营运船舶开展节能装置的设计和研发，并将首次提交节能装置产品进行实船改装。此次获得 RINA 的 AIP 认证，是对公司节能装置设计能力的认可，有助于推动公司在节能减排大背景下，为中远海运集团船舶能效指数（EEXI）履约提供技术支撑。（陈伟民）

【风电安装船在启东实现重大节点突破】

2022 年 4 月 27 日，世界上首艘第四代风电安装船 1 号桩腿上部分段吊装完工，至此该船 4 条 133 米长的桁架式桩腿的吊装工作全部完成，项目建造工程取得了重要节点突破。同时，该项目主吊机完成变幅钢丝绳的安装，标志着该项目已进入完工调试攻坚交付阶段。该船是启东中远海运海工为欧洲船东定制的全新第四代风电安装船，可适用最大 18 ~ 20 兆瓦的海上风机的安装工作，作业深度超过 80 米，有效载荷约 14 000 吨，生活区可容纳 110 人居住。与自升式风电安装船相比，该船具有更好的操作性，不仅能够装载下一代风电机组和底座，更大的甲板空间也将优化海上的安装工作，并降低燃料消耗与排放。

为了保障项目顺利及快速推进，启东中远海运海工分别成立了桩腿及吊机吊装专项推进工作组以及调试工作推进组。在项目组及各部门紧密配合下，进行专项策划，梳理工序，按照全工序识别影响因素，主动沟通、协商，制定有效对策；推进当日、明确次日工作安排，协调、解决具体问题，推动日计划实现。

自 2022 年 3 月以来，国内外疫情形势日趋严峻，人员流动及货物运输受到了巨大影响，给项目执行增加了难度。启东中远海运海工迅速反应，严格落实疫情防控要求、积极采取措施化解疫情造成的不利影响，推动 N966 项目扫尾工作，为该项目的稳步推进提供了充足保障。

（林立营　殷丹锋）

【成功签署两艘 8.25 万吨散货船建造合同】

2022 年 5 月 31 日，扬州中远海运重工与希腊 Safe Bulkers Inc. 通过“云签约”成功签署了两艘由中远海运重工设计研究院自主研发设计的 82 500 载重吨散货船建造合同。中远海运重工设计研究院此前已实现了 63 600 载重吨散货船型自主研发设计与批量建造。此次签约的船型是又一款新一代精品散货船型，拥有完全的自主知识产权，产品满足国际海事组织最新 HCSR 共同规范要求和 Tier Ⅲ排放要求及 EEDI Phase Ⅲ能效指标。自 2013 年，扬州中远海运重工与希腊的众多船东逐步建立起合作关系，8 年多以来承建了近 20 艘各类大型船舶。此次成功签约，充分表明了希腊船东对中远海运重工自主研发设计和扬州中远海运重工建造能力的肯定。

（陆健）

【首获日本船东双燃料 VLCC 建造订单】

据《中国远洋海运报》2022 年 9 月 2 日报道，日本株式会社商船三井宣布与川崎重工签订 2 艘 30.9 万载重吨液化天然气（LNG）动力超大型油船（VLCC）订单，该 2 艘船由大连中远海运川崎船舶工程有限公司建造。这不仅是日本油船船东订购的首笔以 LNG 为燃料的 VLCC 建造合同，也是 2021 年 6 月以来全球新船市场的第一笔 VLCC 订单。该项目是全球最大的 LNG 动力油船，大连中远海运川崎成功承接该订单，意味着正式迈入绿色船舶设计建造方阵，实现了“零”的突破，成为全球第四家建造双燃料 VLCC 的船厂。该 2 艘 VLCC 全长约 339.5 米，宽约 60 米，载重量约 309 000 吨，满足船舶能效设计指数第三阶段要求。该型船配备了能够使用 LNG 和低硫燃料油的双燃料主机，与传统动力船舶相比，在使用 LNG 燃料时可以减少二氧化碳排放 25% ~ 30%、硫氧化物排放约 100%、氮氧化物排放约 85%。

大连中远海运川崎始终以“建世界一流船厂，造世界一流船舶”为使命，致力于绿色、数字、智能高质量发展，此次承接双燃料 VLCC 订单，也是市场对大连中远海运川崎综合建造实力的充分认可。

（夏红凤）

【远洋流体公司获评国家级专精特新“小巨人”企业】

据《中国远洋海运报》2022 年 10 月 14 日报道，根据工业和信息化部印发《工业和信息化部关于公布第四批专精特新“小巨人”企业和通过复核的第一批专精特新“小巨人”企业名单的通告》，青岛中远海运旗下的连云港远洋流体公司成功获评第四批国家级专精特新“小巨人”企业。

连云港远洋流体公司是一家从事流体装卸设备设计、制造和服务的专业生产企业，主要产品包括船用装卸臂、陆用装卸臂、阀门三个大类约 20 余个品种。公司深耕流体装卸设备领域已有 30 年，相关领域的技术实力雄厚，生产能力在业界处于一流水平。尤其是率先取得了国内第一台超低温液态乙烯船用装卸臂、LNG 陆用流体装卸臂、LNG 槽车装车撬装设备、16 寸大口径 LNG 船用装卸臂、20 寸大口径船用装卸臂以及智能船用装卸臂等产品的研发突破，并全部实现了国产化应用。连云港远洋流体公司入围第四批专精特新“小巨人”企业名单，充分说明该公司在产品创新研发、售后服务、市场表现，以及企业发展前景上得到了国家的充分认可。作为行业领头羊，连云港远洋流体公司始终致力于液体化工码头装卸领域的智能产品研发，持续为客户、为行业创造真正的价值。（王绪男）

【大连中远海运川崎船舶交付量创历史新高】

据《中国远洋海运报》2022 年 11 月 11 日报道，大连中远海运川崎建造的 8.2 万载重吨散货船 DE131 船如期实现了交船节点，该船是大连中远海运川崎年内建成交付的第 26 艘船舶。随着该项目的如期交付，大连中远海运川崎在本年度的交船工作完美收官。自 2022 年初，大连中远海运川崎克服疫情、供应链紧张等困难，实施短工期多船高质量连续建造，在坚决打赢“防疫”阻击战的同时，深入推进绿色、数字、智能高质量发展。公司操业量较 2021 年增长 16%，钢材加工量较 2021 年增长 1.45%，主要建造节点零滞后，船舶交付数量、年度操业量、钢材加工量均创历史新高、多个项目单船建造效率实现新突破。（李健）

增值服务产业集群

增值服务产业集群

增值服务产业集群作为集团四大赋能业务之一，是集团产业协同的关键力量，也是集团新业务发展的重要载体。一方面，增值服务产业集群与其他产业集群深入合作，为客户提供额外服务、实现存量资产盘活、保障主业顺利运行；另一方面，增值服务产业集群结合区域优势和自身禀赋，优化存量业务、布局新业务，形成独立并具备市场竞争力的服务能力，尤其是集团各地区公司在“十四五”期间要承担起本区域内集团拓展物流业务的阶段性任务和使命。

增值服务产业集群主要包括中远海运资产、广州中远海运、天津中远海运、青岛中远海运、中远海运大连投资、中远海运船员、中国船燃、中石化中海燃供、中远海运博鳌、中远海运大学、香港中远海运 11 家业务主体。其中，中远海运船员拥有 4.5 万名船员，是集团航运业稳健运营的重要支持；中国船燃、中石化中海燃供及中远海运新加坡船燃，年供应量超过 2 800 万吨，是集团船队燃料保供的重要力量。地区公司方面，中远海运大连投资围绕 LPG 运输产业链积极拓展市场，运力已跻身国内前列；天津中远海运围绕节能环保产业积极布局光伏、风电等设施设备节能解决方案，项目二期 15 兆瓦风电于 2022 年 12 月并网；广州中远海运围绕油污水处理和电子海图等新兴业务也取得了有益尝试；青岛中远海运发挥低温制造领域专业优势和技术积累，积极拓展 LNG 低温装备制造领域，灌浆厂顺利投产。

2022 年，中远海运资产经营管理有限公司坚持“持续做好项目经营维护，确保收入颗粒归仓”，重点做好存续项目的客户维护和应收账款管理；同时抓住市场机遇，在海尚世界、海尚源深、海尚云栖等房产开发项目租售工作中寻求突破。公司全年营业收入 14.74 亿元，利润总额 2.79 亿元，实现历史最好业绩。

是年，中国船舶燃料有限公司全球销售总量 2 203 万吨，同比增长 9%，再创经营规模的历史新高；其中，境内销量 1 131 万吨，同比下降 10%；境外销量 1 072 万吨，同比增长 40%；实现销售收入 806 亿元。中石化中海船舶燃料供应有限公司全年油品总销量 271 万吨，其中内贸油销量同比增长 7%；物资毛利 9 588 万元，同比增长 10%；营业收入 172 亿元。

截至 2022 年底，中远海运船员管理有限公司共有船员 44 811 人，其中集团主营合资板块船员 34 561 人，劳务板块船员 10 250 人，为集团主船队派员船舶 714 艘。服务船型覆盖集装箱船、油船、干散货船、特种船、客船、液化气船等各类型船舶，继续保持船员管理公司规模世界第一的位置。公司兼营船舶引航试航业务，主要为集团内部各主营船公司以及合资合营公司船舶提供海事技术服务和移泊作业业务，同时为多家造船厂新建船舶提供试航业务。2022 年，公司所属海技中心引航业务保持平稳，船舶进出长江引航 3 601 艘次、新船试航 91 艘次。

是年，中远海运（香港）有限公司实现全口径净利润 27.94 亿元，资产总额为 654.51 亿元。除去未纳入考核的中国中免股票公允价值变动收益及海南港航剔除因素后，考核口径净利润 26.93 亿元；同口径同比增加 9.61 亿元，增幅 55.5%；年营业收入为 106.74 亿元，同口径同比增加 14.92 亿元，增幅为 16.25%；公司营业收入利润率 34.07%，同比增加 13.66 个百分点。营业收入利润率、年化全员劳动生产率和资产负债率全面完成预期目标。

【加快推进长江水上绿色综合服务中心站建设】

据《中国远洋海运报》2022 年 3 月 4 日报道，为贯彻落实中远海运深度链接“双循环”、链接新生态、链接创一流的发展战略，中国船燃南京公司以更绿色、更环保、更便捷、更智能的发展思路，加快推进水上绿色综合服务区中心站建设，打造中国船燃长江流域绿色综合服务新中心，为航运提供绿色、环保、优质的燃料供应和延伸服务。长江水上绿色综合服务中心站坐落长江江苏段龙潭水道 126 号黑浮水域，位于南京、镇江、扬州三个城市的中心区域，是长江干散货、集装箱的重要集散地。中国船燃南京公司提出了服务航运、服务客户、服务员工、服务绿色发展“四个服务”理念，在前期绿色综合服务区建设基础上，对服务区进行再升级。

以打造规模更大、功能更全、服务更优的水上绿色综合服务区中心站为目标，公司在原有 3 条趸船近 260 米泊位基础上，修理改造 4 艘 90 米趸船，建设泊位近 400 米规模服务区；在原供油、商超、水上交通等基础服务功能上，引进岸电、市政自来水、垃圾接收、污水接收、光伏发电、远程医疗、船员红色驿站、水上快递收发、政务服务中心等功能。公司加快推进中心站建设，已完成垃圾接收、污水接收功能，实现了自身污染物零排放，同时还免费为客户提供服务；完成远程医疗功能，利用 5G 网络为客户提供方便快捷的医疗服务；完成水上快递功能，解决船员网购“最后一公里”难题。此外，岸电、市政自来水、光伏发电项目也在积极推进中。水电项目完工后，可为船舶提供绿色环保的岸电服务、清洁干净的自来水服务。中心站光伏发电项目完工后，可与国家电网互通，服务区可以通过光伏发电为电网提供绿色清洁的电力，成为长江上首座碳中和的服务区。（赵雄勇　李萍）

【洋浦船燃正式开展保税油加注业务】

2022 年 4 月 2 日，中石化中海（洋浦）船舶燃料供应有限公司在洋浦国际集装箱码头为受供船供应保税油。这是公司获批海南自贸港保税油经营资格后开展的首单保税油加注业务，也标志着海南自贸港保税油经营牌照开展内外贸同船加注业务正式落地，实现政策的“生于海南、用于海南、惠于海南”。（张露　汪晓军）

【广州海宁全力以赴保障海图供应链稳定】

据《中国远洋海运报》2022 年 5 月 6 日报道，受疫情影响，交通运输部东海航海保障中心所属上海海图中心的海图无法寄送出去，海图供应的正常渠道中断。全国多个海事局海图的供应站点也因此相继出现缺货现象，这直接关系到国家沿海船舶的航行安全。对此，海宁公司第一时间联系东海航海保障中心，主动承担起海事局海图的保供任务。

海宁公司是目前国内航海图书规模最大、品种最全、最具专业影响力的公司，是英国海道测量局（UKHO）、中国海事局、南京长江航道局的一级代理商，在业界一直拥有良好的口碑。截至 5 月份，公司已累计为 15 个供应站点发送了 300 余份海图，解了很多客户的燃眉之急，受到客户的肯定和好评。疫情发生以来，海宁公司未雨绸缪，承担起保航运产业链供应供链稳定的任务，建立了 24 小时响应服务机制，致力于为全球航行的商船提供优质、快捷的服务。（刘闯）

【为全球首艘 10 万吨级养殖工船配套绳索】

2022 年 5 月 20 日，作为中国船舶集团重点项目，全球首艘 10 万吨级智慧渔业大型养殖工船“国信 1 号”在中国船舶集团青岛北海造船有限公司交付运营。该船的配套缆绳由中远海运（香港）有限公司所属浙江四兄绳业有限公司（以下简称“四兄绳业”）制造。

“国信 1 号”总长 249.9 米，排水量 13 万吨，载重量 10 万吨，以“船载舱养”模式开展名优养殖鱼种养殖，标志着全球首艘10万吨级智慧渔业大型养殖工船项目顺利完成设计研发、建造及海试，正式进入产业运营阶段，国家深远海大型养殖工船产业实现了由0到1的进阶发展，为中国乃至世界深远海养殖打造“中国样本”。

四兄绳业凭借着全球领先的研发和制造技术赢得了船东和船厂的大力支持，成功取得了“国信1号”项目配套缆绳的订单。缆绳是维系“国信一号”往返深远海和港口的关键安全设备，四兄绳业根据该型船舶的特性，确保缆绳在设计、生产、测试和管理等方面符合相关规范和法规的要求。

2020年12月，“国信1号”在青岛北海造船启动建造，2022年1月出坞下水，4月30日至5月5日在黄海海域顺利完成海试，48项（套）船舶和养殖装备试验结果均达到或优于预定指标，参与试航的中国船级社、渔机所等各方专家评价超出预期。这一项目成功交付，标志着国内大型高科技养殖船舶的建造技术实现了重大突破，也意味着四兄绳业的产品在这一重要领域实现了成功应用。（李彦希）

【一线服务窗口有序恢复常态化】

据《中国远洋海运报》2022年6月10日报道，上海正在有序恢复正常的生产生活秩序，中远海运在沪单位的一线业务服务窗口也积极根据疫情防控政策逐步有序恢复常态化运行，全力跑出复工复产“加速度”。

中远海运船员公司上海分公司的服务窗口——船员服务一站式大厅6月以来恢复了线下服务。有办理业务需求的船员们可以按照公共场所防控相关要求，并持有72小时内的核酸检测阴性证明进行现场业务办理。在过去的两个多月上海市全域静态管理期间，上海分公司船员服务一站式大厅配合上海市疫情防控封控管理要求关闭，但为了服务船员“不断线”，通过及时将服务热线调整为手机号码，保持“热线电话”畅通，先后接听船员来电94次，通过回访船员、协同各职能部门，共为31名船员办理了相关业务，有效解决了疫情防控期间在沪船员的“急难事”。船员何某因居住小区突然封控，没来得及储备物资而陷入困境。一站式大厅接到热线电话后立刻将情况汇报，分公司工会迅速行动，落实物资派送，解决其燃眉之急。船员吕某等待办理退休，希望能尽快完成相关手续，一站式大厅协调公司人力资源部，及时查询社保等政策，确认退休金发放进度，并通过电话回访转告船员家属。船长王某反映个税申报时有异常导致无法退税，一站式大厅经过与公司财务管理部协调沟通，迅速指导王船长圆满解决了相关问题。

上海外代班轮代理分公司于6月1日起逐步恢复窗口业务的受理工作，打响公司复工复产的第一枪。公司提前做好窗口业务复工计划，在“上海外代”公众号和“船代在线客服平台”发布了《上海外代班轮有序恢复窗口业务的通知》，做好业务指引的同时强调了前来办理业务的安全防护提示，现场加强外来换单客户核酸报告和健康码的核查，确保当天窗口业务平稳、有序、可控地开展。上海市全域静态管理期间，上海外代班轮代理分公司本部办公室值守+外勤专班，“7×24”小时时刻在线，全力满足客户需求，保障代理业务的顺利开展，为代理船公司的船舶顺利靠泊、开航一路护航，获得了多家船公司的认可和赞扬。随着复工复产的逐步推进，上海外代班轮代理分公司将继续做好防疫不松懈，抓好业务稳发展，积极践行“六稳”“六保”，全力跑出复工复产“加速度”。（张淇　梁晶晶）

【中远海运船员实施“海上管培生”计划】

据《中国远洋海运报》2022年8月19日报道，为贯彻落实中远海运集团党组《关于加强高素质船员队伍建设的指导意见》精神，进一步建立健全高端航海人才快速培养体系，加快复合型年轻航运人才选拔培养，中远海运船员党委制定印发公司《海上管理培训生计划工作方案》，正式启动实施“海上管培生计划”。

“海上管培生计划”为专属培养计划；根据中远海运船员聚焦集团对海上人才的战略需求，

从应届航海类专业毕业生中招募选拔优秀学生到船舶一线岗位及陆岸岗位交叉工作锻炼，规划6～10年内快速培养为优秀航海人才，并择优调陆岸岗位工作，为集团培养复合型优秀年轻干部和管理人才。此次出台的方案对航海管培生的招培管考用等各环节全流程内容进行明确，重点对海上管培生的人员选拔、培养模式、管理机制、培养机制等进行详细规定，对于推进海上管培生计划的实施和落地具有较强的指导性和操作性。

（卫影）

数字化创新产业集群

数字化创新产业集群

数字化创新产业集群是集团四大赋能业务之一，旨在为集团构建数字化供应链综合服务能力，提供信息能力、数字技术、支撑平台，持续提升业内相关技术创新能力和策源能力，持续完善内部创新机制体制，打造链接内外资源、串联产业链各环节和资源要素的产业新形态。该产业集群重点依托集团物流全产业链的优势，加快推进区块链、互联网、人工智能等技术的研发和场景应用，围绕客户需求，推广相关数字化平台的场景创新和行业推广，引领行业基于数字化能力提升形成更高效率、更高质量的运营能力。

上海船舶运输科学研究所 / 中远海运科技股份有限公司是该产业集群的主体。同时，集团还借助行业影响力引入院士团队，组建院士工作站，推动产学研相结合。2022 年，围绕船舶新能源动力方面积极开展研究，推动相关试点工作。

2022 年，上海船舶运输科学研究所 / 中远海运科技股份有限公司着力拓展提质增效，积极应对风险挑战，不断巩固在舰船自动化、船舶水动力及海事技术试验研究、环境工程、智能交通系统、交通与航运信息化等领域内的优势，其研究开发及技术服务水平继续保持国内领先地位。公司全年实现营业收入 25.48 亿元，同比增长 4.45%；实现净利润 1.73 亿元，同比下降 25.98%。

【“船货易”平台多项数据创新高】

2022 年 1 月，中远海运散运“船货易”平台成交船量、货盘票数同比增长 76%，货运量同比增长 64%，入驻网店增至近百家，内外部使用人数保持良好增速，各项业务数据节节高升。随着微信小程序、“智能匹配”等增值服务功能不断完善，以及外部客户应用推广的深入铺开，中远海运散运“船货易”平台 2022 年开门见喜、捷报频传，实现虎年“开门红”，促进平台建设和运营新主体广州振华航科有限公司的改制元年数字化创新发展起好步、开好头。

春节期间，“船货易”平台建设运营各方齐心协力，全体业务支持人员坚守岗位，携手护航平台“云春运”，持续加速平台“云交易”“云管理”“云服务”等建设推广步伐，“船货易”第三方数字平台的社会声望及应用效能再添“虎”威。（于国果）

【泛亚航运持续推进内贸航运指数数字化建设】

2022 年 2 月 18 日，泛亚航运与新华社直属中国经济信息社有限公司合作的新华－泛亚航运中国内贸集装箱运价指数（XH PDCI）新增发布的 4 条区域流向指数，在新华财经客户端、移动端，新华财经快讯等渠道开始正式对外发布。XH PDCI 指数是泛亚航运打造的内贸集装箱物流数字化生态系统的重要一环，为中远海运内贸和泛亚航运的品牌认可度和社会影响力的进一步提升发挥了积极作用。该指数已成为评价内贸沿海集装箱市场的重要运价指标、反映市场变动趋势和判断物流的成本指标和行业趋势判断分析的重要依据。（徐诚）

【佛罗伦集装箱贸易平台上线】

据《中国远洋海运报》2022 年 3 月 18 日报道，3 月初，佛罗伦国际美国销售人员 Vince 于休假期间收到了来自客户的订单需求。当时他正外出用餐，未能第一时间回复客户的邮件。接着，客户通过一个 Vince 推荐的贸易平台自主下单，整个交易过程仅需 5 分钟，在 Vince 到家之前，操作便已完成。客户与 Vince 都对此次购买体验非常满意。此时正处于试运行阶段的贸易平台就是自 2021 年开始，中远海运发展旗下佛罗伦国际联合中远海运科技，共同研发打造的佛罗伦数字化集装箱销售平台。经过 8 个月研发及 3 个月的全球客户参与试运行，3 月 11 日，佛罗伦集装箱贸易平台（trading.florens.com）正式上线。该项目还于 2022 年初入选 2021 年度浦东新区科技发展基金社会领域数字化转型专项名单。

受新冠疫情影响，从 2019 年下半年开始，全球集装箱运输行业的运输需求持续上涨，集装箱结构性短缺导致全球集装箱供不应求，租箱需求不断上涨。随着市场整合速度加快，行业传统模式下操作环节多，物流资源分散，数据信息不透明等痛点逐渐显现，数字化转型已成为航运及相关企业未来竞争能力的核心。

为缓解上述市场堵点和客户痛点，佛罗伦集装箱贸易平台面向全球打造自助式销售平台。佛罗伦以客户为中心，构建“7×24”小时面向全球客户，融合“选购、下单、支付、自助提箱、线上客服、可视化跟踪”等一站式客户服务，以贸易平台为抓手，围绕客户行为，建立主动式服务互动平台，主动为客户进行业务引导，增强客户体验。

构建智能客户积分体系。通过 360 度客户画像，搭建具有佛罗伦特色的智能积分体系，自动生成精准积分激励，提高用户购买的意愿，增加客户黏性。后续，平台还将结合风控体系算法模型自动生成相关的信用分，提升风控管理精准度。

从“被动服务客户”到“主动服务客户”转型。基于贸易平台的客户服务算法模型，结合客户行为主动通过移动端信息及佛罗伦业务管理看板全方位及时推送前端销售，赋能前端销售员工数字化洞察客户的能力，同时给予团队注入数字化文化基因，使员工形成体系化的数字思维，变“被动服务”为“主动服务”。

总体来说，佛罗伦集装箱贸易平台的上线可有效满足海外销售团队及客户在疫情影响下对于线上全程自助销售平台愈加迫切的需求。此外，还使原本内部系统较为复杂的下单流程转移到线上平台，有效缩短了对新员工的培训周期，帮助销售人员尽快开展业务。（李琳）

【集团与联通“云签约”共同赋能数字航运】

2022 年 7 月 5 日，中国远洋海运集团有限公司（以下简称“中远海运”）与中国联合网络通信有限公司（以下简称“中国联通”）以视频连线方式“云”签署战略合作协议，双方进一步聚焦数字港航领域，建立全方位、多层次的战略合作伙伴关系。中远海运董事长、党组书记万敏，中国联通董事长、党组书记刘烈宏出席签约仪式并致辞。中远海运副总经理、党组成员陈扬帆，中国联通副总经理、党组成员梁宝俊分别代表双方签约。

根据协议，双方将在数字化基础设施、重点场景智能化应用、供应链物流领域、联合拓展市场、科研创新与交流培训等方面展开深度合作，推进产业数字化转型和数字产业化发展，促进双方在国内与国际市场地位和综合竞争力的增强，实现合作共赢。

万敏对中国联通一直以来给予中远海运的支持表示感谢。万敏指出，中远海运与中国联通有良好的合作基础。中远海运以科技创新和数字化转型推进高质量发展，着力构建更具韧性的全球化、数字化供应链服务体系。受新冠疫情影响，全球供应链发生严重迟滞，全球客户对供应链的稳定性和韧性提出了更高的要求，科技创新和数字化将在供应链体系中发挥更加重要的作用。

刘烈宏在致辞中表示，中国联通作为网络强国、数字中国、智慧社会建设的“国家队”和“主力军”，主动服务国家战略和经济社会发展需要，积极发挥新一代信息基础设施建设者和运营者的“先行军”作用，在全国多省开展了智慧港航实践，打造了诸多标杆案例。他表示，中远海运是中国联通的重要合作伙伴，此次签约必将进一步深化双方合作、扩大合作成果。

集团战略与企业管理本部、科技创新工作本部、数字化转型本部，中远海运科技相关负责人，中国联通相关部门及所属单位主要负责人参加签约。（钟远海）

【“船视宝”平台荣获数字化转型典型案例】

据《中国远洋海运报》2022年8月5日报道，中国上市公司协会公布了101个上市公司数字化转型典型案例，中远海运科技“航运产业数字化新基建——船视宝”项目获评技术与平台类数字化转型典型案例。

为进一步助推上市公司数字化转型与高质量发展，帮助上市公司完成好数字化转型，中国上市公司协会组织开展了上市公司数字化转型案例征集活动，并经三轮评审及一轮交叉评审，从产品与服务、技术与平台、组织与管理三个维度遴选典型案例。这些案例集中反映了我国各行业领域上市公司企业在推进数字化转型、促进行业高质量发展方面的最新成果实践。

自2019年上线，“船视宝”平台始终致力于为航运产业赋能，紧跟行业需求，着力打造航运供应链相关产业数字化转型新基建，助力行业生态建设，服务国家数字经济发展战略。基于航运数据中台的快速构建能力，先后研发了“船舶健康码”“苏伊士运河拥堵云监工”“洛杉矶/长滩工班排队”“奥克兰工班排队”“欧洲港口拥堵监控”“港口宝”“准时宝”等多个敏捷化应用服务，给行业带来便捷的同时，也彰显了数字化转型的价值。公司依托“船视宝”平台、航运管理平台等数字化平台积极打造航运数字化生态体系，推动航运、港口、海事、金融、航运服务等行业转型升级，透过数据挖掘航运价值，提升船舶资产利用率，降低船舶运营风险，坚持推进“数字化、绿色低碳化、智能化”，为建设海洋强国注入强大动能，促进航运物流业高质量发展。（王银毓）

【天津TCT码头携手打造智能化改造标杆】

2022年8月10日，由国家发展改革委、科技部、工业和信息化部、黑龙江省人民政府共同主办的“2022世界5G大会”在哈尔滨开幕。会上，由天津市工业和信息化局推荐、天津联通与天津港集装箱码头有限公司（以下简称TCT）共同报送的5G智慧港口项目，在432个参评项目中脱颖而出，入选大会年度十大应用案例，并获得揭榜赛二等奖。

作为中国大陆第一家现代化国际集装箱专业码头公司，也是中远海运旗下中远海运港口国内控股的最大单体集装箱码头，TCT紧跟数字信息技术发展趋势，赋能码头生产业务，迭代升级智慧港口建设，与天津联通合作打造5G全连接码头，相继落地5G智能无人集卡、5G岸桥远程控制、5G智能理货、5G智能加解锁站、集装箱作业任务集成管理系统五大场景应用，成为全球首个获批建设的港口自动驾驶示范区，实现全球首个无人集卡场景下陆侧“一键着箱”，建成全球首台集装箱地面智能解锁站及全球首个集装箱设备任务集成管理系统（ETMS），实现了全球首创传统集装箱码头自动化升级改造项目全面竣工，树立了传统码头智能化改造新标杆。

在数字化提升码头“货物流”效率的同时，TCT进一步推动数字化转型规划落地，致力于提升码头“信息流”服务水平，不断完善与中远海运港口总部主数据管理及决策分析系统（MIS）对接，推进SAP财务系统、设备与物资管理系统（EAM）在TCT码头落地，实现码头相关领域流程再造，以及业务协同管理创新，形成具有“线上信息广泛互联、线下资源优化配置、线上线下协同联动”的新模式，有助于实时、精确地感知和洞察业务变化，快速响应客户需求，提升港口的数字化服务水平。（乔成成　高双）

【双机联吊5G项目在大连中远海运川崎投入使用】

据《中国远洋海运报》2022年8月26日报道，

国内船舶建造行业首个造船大型门式起重机双机联合起重作业5G项目在大连中远海运川崎投入使用，标志着大连中远海运川崎在5G赋能“数智”造船领域取得了新成果。

5G技术具有安全、稳定、抗干扰能力强、传输数据快的特点。这是在造船行业门式起重设备上的首次应用，避免了起重设备作业过程中，受到意外的干扰导致突然停机的问题。大幅提升了船坞内分段搭载的效率和安全性，保证了生产作业的连续、稳定、可靠。造船门式起重机是船厂船体制作最重要的大型起重设备，在起重大型分段时，为了提高造船门式起重机的起重能力，通常由一名操作者同时操作两台造船门式起重机，以无线通信方式传输操作指令。如果在作业中出现通信问题，造船门式起重机急停会造成分段晃动，主梁结构受到较大的冲击载荷，会产生安全隐患。

大连中远海运川崎5G双机联合起重项目充分利用5G网络的低时延特性，结合5G专网的数据安全特性及5G数据切片技术，在实现数据安全的前提下，确保了800吨门式起重机双机联合起重数据传输的稳定性和抗干扰性。同时，借助中国移动专有通信信道的优越性，结合DNN技术进行SA组网，规避了工业网桥和有线网络传输的种种弊端，既提高了企业生产的安全性，也进一步提升了产品质量。（田伟　徐彻）

【中远海运散运与GSBN联盟签署合作协议】

2022年8月30日，中远海运散运与全球航运商业网络（GSBN）在线签署合作协议。中远海运散运正式成为GSBN联盟的新成员。双方以此次合作为契机，积极探索，持续创新，不断拓展航运物流业务的场景应用，打造数据共享体系，实现中远海运散运各数字平台和系统与GSBN区块链平台的有效集成，从根本上解决与产业链合作伙伴的数据和资源交换问题，全面简化整个供应链中的业务运营，共建航运物流区块链新生态，以“数字赋能”实现“智慧航运”，实现数字化转型价值最大化。此次协议签署落地，标志着中远海运散运成为GSBN拓展非集装箱业务领域、构建更完整的全球区块链平台的重要部分。中远海运散运可借助联盟的数据资源、模式创新和数字化技术，不断推进业务单证的电子化，深化数字经济模式的创新，全面带动公司数字化转型升级、业务协同升级、客户服务升级、技术创新升级。

（汤科）

【中远海运联合推出IQAX eBL电子提单服务】

2022年9月1日，在2022年中国国际服务贸易交易会的成果发布大会上，中远海运集运联合中国银行，共同推出了“中银跨境e单通（中远海运IQAX eBL）”电子提单服务。这是双方将自身传统业务优势和科技前沿创新相结合，充分利用区块链技术不可篡改、可追溯、可信任等优势，为客户提供的贸易结算全程“无纸化”新品牌服务。IQAX eBL比起传统的提单乃至非区块链的电子提单，具有安全、降本、提速、环保等优势。更重要的是IQAX eBL从安全高效的流转中，获得促成贸易的先机，提升货主对供应链的规划和管理能力，这对助力客户赢得市场竞争，实现更大价值，具有不同凡响的意义。

（吉轩）

【集团荣登2022鼎革奖数字化转型先锋榜】

据《中国远洋海运报》2022年11月25日报道，以“新百年新变局新管理”为主题的《哈佛商业评论》创刊百年中国年会在北京召开，备受业界关注的2022鼎革奖数字化转型先锋榜评选结果同期揭晓，中远海运集团战略型人力资源数字化平台项目荣获“年度人力资源转型典范奖”，中远海运科技基于全球船舶AIS数据的航运数字化新基建项目“船视宝”荣获“年度新技术突破奖”。

鼎革奖数字化转型先锋榜是由《哈佛商业评

论》中文版、思爱普（SAP）公司联合主办，清华大学全球产业研究院提供学术支持的企业数字化转型奖项，旨在探索数字化转型优秀案例，照亮中国企业数字化转型的创新之路。历经五年发展，鼎革奖已经被业界定位为颇具公信力的企业数字化转型奖项。2022 年，鼎革奖以“发现 · 新型中国企业”为主题，经过多轮评分、交流讨论，基于严格的评审标准，最终评选出评委会大奖、综合转型类、典范类、技术应用类、管理人物类五大系列奖项。（钟远海）

【远海码头入选智能交通先导应用试点项目】

2022 年 9 月 14 日，交通运输部公布第一批智能交通先导应用试点项目（自动驾驶和智能航运方向）名单，中远海运港口厦门远海码头“集装箱水平运输自动驾驶先导应用试点”（简称“集装箱水平运输自动驾驶”）成功入选。该应用试点以建设绿色、低碳、智能化港口为指引，以自动化码头技术交通运输行业研发中心为技术支撑，利用 5G、北斗、自动驾驶、人工智能等新一代技术与传统集装箱码头业务融合，解决当前港口行业智慧升级面临的关键共性问题，实现自动驾驶集装箱车与港口自动化装卸系统的无缝衔接，在港口开放式场景自动驾驶集装箱车与有人驾驶集装箱卡车全天候混合行驶运营，形成安全、高效、经济和可靠的港口水平运输智能化整体解决方案。

厦门远海码头无人集卡应用试点在阶段、技术和标准三方面实现了升级：从无人集卡 2 代车到 3 代车，从技术试验到商用交付，从传统磁钉定位、单车智能到 5G+ 北斗高精度定位、车路协同，从企业标准到行业团体标准全面升级。

（林建喜）

CHINA COSCO SHIPPING
CORPORATION LIMITED
YEARBOOK

中国远洋海运集团有限公司

年鉴

第四篇

船队建设

概述

概　　述

中国远洋海运集团有限公司（简称“中远海运”）由中国远洋运输（集团）总公司与中国海运（集团）总公司于2016年2月18日重组整合而成，总部设在上海，是中央直接管理的特大型国有企业，有着排名世界第一的庞大运输船队。中远海运致力于巩固和发展全球第一大综合航运企业的地位，保障全球海上运输生命线高效畅通，实现从“全球承运”到“承运全球”历史飞跃。

【船队综述】

中远海运拥有种类齐全的运输船队，船队由集装箱运输船队、干散货运输船队、能源（油、气）运输船队、杂货特种船运输船队和客轮运输船队等五大专业化运输船队构成。

截至2022年12月31日，中远海运经营船队综合运力11 383万载重吨/1 394艘，排名世界第一。其中，全集装箱船队规模289万TEU/487艘，居世界前列；干散货船队运力4 515万载重吨/437艘，能源（油、气）船队运力2 918万载重吨/228艘，杂货特种船队587万载重吨/175艘，均居世界第一；客轮船队运力6.3万个客位/67艘。各船队的运力具体情况如下：

1. 全集装箱船队

全集装箱船队运力为487艘/3 341万载重吨/289万TEU；其中，自有船运力为248艘/2 405万载重吨/215万TEU，租入船运力为239艘/936万载重吨/74万TEU。

2. 干散货船队

干散货船队运力为437艘/4 515万载重吨；其中，自有船运力为371艘/3 969万载重吨，租入船运力为66艘/546万载重吨。

3. 能源（油、气）船队

能源（油、气）船队主要包括油轮船队、LNG（液化天然气）和LPG（液化石油气）船队，运力为228艘/2 918万载重吨。

其中，油轮船队总运力为178艘/2 565万载重吨，自有船运力为167艘/2 257万载重吨，租入船运力为11艘/308万载重吨；LNG船队运力为40艘/345万载重吨/677万立方米，全部为自有船；LPG船队运力为10艘/7.9万载重吨/11.5万立方米，全部为自有船。

4. 杂货特种船队

杂货特种船队运力为175艘/587万载重吨；其中，自有船运力为152艘/494万载重吨，租入船运力为23艘/93万载重吨，另外，杂货特种船队还具有13.4万TEU的集装箱运力。2.5万个车位的运力。

5. 客轮船队

客运船队运力为67艘/21.9万载重吨，客位数为6.3万个。其中，自有船运力为64艘/20.5万载重吨，客位数为6万个，租入船运力为3艘/1.4万载重吨，客位数为0.3万个。客轮船队还具有963TEU的集装箱运力和3 828个车位的运力。

集团船队运力情况统计见表4-1。

中国远洋海运集团船队运力情况统计表（截至 2022 年 12 月 31 日） 表 4–1

自有运力							
船队		船舶数量（艘）	总载重量（吨）	载箱量 (TEU)	车位数（个）	客位数（个）	容积（m^3）
全集装箱船队		248	24 045 753	2 150 843	0	0	0
油气船队	原油及成品油船队	167	22 572 733	0	0	0	0
	LNG 船队	40	3 451 512	0	0	0	6 771 128
	LPG 船队	10	79 302	0	0	0	114 677
	油气船队小计	217	26 103 547	0	0	0	6 885 805
干散货船队		371	39 687 620	0	0	0	0
杂货特种船队		152	4 943 180	117 893	25 026	0	0
客轮船队		64	204 892	818	3 567	59 959	0
自有船合计		1 052	94 984 992	2 269 554	28 593	59 959	6 885 805
租入运力							
船队		船舶数量（艘）	总载重量（吨）	载箱量 (TEU)	车位数（个）	客位数（个）	容积（m^3）
全集装箱船队		239	9 362 755	743 490	0	0	0
原油及成品油船队		11	3 077 890	0	0	0	0
干散货船队		66	5 458 320	0	0	0	0
杂货特种船队		23	929 122	16 223	0	0	0
客轮船队		3	14 128	145	261	3 236	0
租船合计		342	18 842 215	759 858	261	3 236	0
控制运力							
船队		船舶数量（艘）	总载重量（吨）	载箱量 (TEU)	车位数（个）	客位数（个）	容积（m^3）
全集装箱船队		487	33 408 508	2 894 333	0	0	0
油气船队		228	29 181 437	0	0	0	6 885 805
干散货船队		437	45 145 940	0	0	0	0
杂货特种船队		175	5 872 302	134 116	25 026	0	0
客轮船队		67	219 020	963	3 828	63 195	0
集团船队总运力		1 394	113 827 207	3 029 412	28 854	63 195	6 885 805

（徐帮林）

【新造船接收】

2022 年，集团新交付船舶 16 艘 /98 万载重吨。其中，油气运输船共 4 艘 /53 万载重吨，特种船共 9 艘 /42 万载重吨，客滚船 / 货滚船共 3 艘 /3 万载重吨。2022 年中远海运集团接新船的基本情况见表 4–2。

2022 年中国远洋海运集团接收新船情况表　　表 4–2

序号	中文船名	船型	船舶性质	出厂时间	建造国家或地区	船旗	载重吨
1	祥龙岛	客滚船	自有	2022–01–18	中国	中国	8 565
2	新耀华	特种	自有	2022–01–19	中国	利比里亚	81 799
3	远瑞洋	油轮	自有	2022–02–28	中国	中国	318 451
4	远玉河	油轮	自有	2022–03–04	中国	中国	49 842
5	中远海运挚诚	特种	自有	2022–04–15	中国	中国香港	61 641
6	金海瀛	特种	自有	2022–06–30	中国	中国香港	13 692
7	顺龙海	货滚船	自有	2022–07–27	中国	中国	10 839
8	中远海运智慧	特种	自有	2022–08–10	中国	中国香港	61 570
9	金海瀚	特种	自有	2022–09–23	中国	中国	7 991
10	中远海运源泉	特种	自有	2022–09–26	中国	中国香港	61 495
11	金海洲	特种	自有	2022–10–20	中国	中国香港	13 692
12	少林	LNG	自有	2022–10–25	中国	中国香港	80 319
13	畅龙海	货滚船	自有	2022–11–11	中国	中国	10 840
14	中远海运繁荣	特种	自有	2022–11–18	中国	中国	61 537
15	武当	LNG	自有	2022–12–15	中国	中国香港	80 033
16	中远海运昌盛	特种	自有	2022–12–23	中国	中国	61 567
合计							983 874

（杨煜）

【新造船投资计划】

2022 年，集团计划投资新造船 87 艘，实际履行集团决策程序后下单订造船舶 45 艘，约 490 万载重吨。分别是中远海运发展新造 2 艘 700TEU 纯电集装箱船，中远海运控股新造 12 艘 24 000TEU 甲醇双燃料集装箱船，中远海运能源参与中海油、中化石油、卡塔尔能源 LNG 运输项目共新造 27 艘 LNG 船，中远海运石油新造 2 艘化学品船，中远海运特运新造 1 艘 6.5 万吨级半潜船，以及中日轮渡新造 1 艘五星旗客滚船。上述 45 艘船舶计划 2023—2027 年陆续交付营运。（杨煜）

【淘汰老旧运力】

2022 年，集团共处置 12 艘，其中二手船 11 艘，报废拆解 1 艘；淘汰老旧运力约 97.5 万载重吨。（赵科）

集装箱船队

集装箱船队

【中远海运集装箱船队概述】

中远海运集装箱船队的运力主要有全集装箱船队提供，杂货特种船队和客轮船队也提供少量的集装箱运力。截至 2022 年 12 月 31 日，中远海运集装箱的总运力为 3 029 132TEU，跻身全球集装箱运输的第一梯队。

2022 年，全集装箱船队自有船舶 248 艘，载箱量为 2 150 843TEU，总载重吨为 24 045 753 吨。租入船舶 239 艘，载箱量为 743 490TEU、9 362 755 载重吨。控制运力为 487 艘船舶，载箱量为 2 894 333TEU、33 408 508 载重吨。全集装箱船舶运力占集团集装箱总运力的 95.5%。

集团杂货特种船队和客轮船队拥有 135 079TEU 的运力。这些船舶集装箱运力占集团集装箱总运力的 4.5%。

中远海运全集装箱船队主要由中远海运集运、中远海运发展和东方海外（国际）有限公司〔Orient Overseas (International) Limited〕旗下的东方海外货柜航运有限公司（Orient Overseas Container Line，OOCL）的集装箱船舶组成。中远海运全集装箱船队的组成见表 4-3。

中国远洋海运集团全集装箱运输船队运力表（截至 2022 年 12 月 31 日）　　表 4-3

公司	自有运力			租入运力			控制运力		
	艘数	载重吨	载箱量（TEU）	艘数	载重吨	载箱量（TEU）	艘数	载重吨	载箱量（TEU）
中远海运集运	96	10 148 822	932 009	66	4 820 195	411 632	162	14 969 017	1 343 641
中远海运发展（集装箱）	74	6 774 762	581 603	—	—	—	74	6 774 762	581 603
中远海运英国	7	483 507	38 122	—	—	—	7	483 507	38 122
泛亚公司	7	471 737	37 626	79	1 500 731	93 314	86	1 972 468	130 940
东南亚公司（新鑫海）	—	—	—	32	741 339	53 279	32	741 339	53 279
欧洲公司	—	—	—	20	529 491	40 637	20	529 491	40 637
京汉公司	—	—	—	1	8 003	707	1	8 003	707
东方海外	64	6 166 925	561 483	41	1 762 996	143 921	105	7 929 921	705 404
合计	248	24 045 753	2 150 843	239	9 362 755	743 490	487	33 408 508	2 894 333

【中远海运集装箱运输有限公司】

1. 公司船队现状

（1）船舶数量、运力（载重吨、载箱量、载客量），包括大、中、小型船舶的数量，内贸、外贸船舶的数量

截至 2022 年 12 月 31 日，公司船队总规模 393 艘，运力 2 261 787TEU。其中，自有船 103 艘（包含表中泛亚公司），运力 969 635TEU；租入船 290 艘（包括中远海运发展 74 艘、英国

公司 7 艘、泛亚公司 79 艘、东南亚公司 32 艘、欧洲公司 20 艘、京汉公司 1 艘，同时还包括从 OOCL 租入的 8 艘船舶，以及转租 OOCL 的 3 艘船舶，共计 290 艘），运力 1 292 152TEU；扣除出租在外的船舶 10 艘，运力 116 588 TEU，公司实际营运船舶 383 艘 / 运力 2 145 199 TEU。船队自营运力包括了 10 000TEU 型以上船舶 70 艘 /1 023 321TEU，8 000 ~ 10 000TEU 型船舶 42 艘 /370 078TEU，4 000 ~ 8 000TEU 型船舶 105 艘 /501 265TEU，4 000TEU 以下型船舶 166 艘 /25 535TEU。

船队中有 92 艘船舶 /193 485TEU 运力在内贸航线服务。

（2）本年度运力增加数量，运力减少数量，年末较年初运力实际增减数（船舶艘数、载重吨、集装箱船的载箱量）

2022 年，公司共计减少船舶 21 艘 /45 634 TEU，与 2021 年 12 月 31 日公司总自营运力 404艘船舶/2 190 833TEU相比，运力减少 2.1%。

2. 公司船队建设采取的措施

（1）船队建设规划

中远海运集运围绕价值创造、高质量发展，持续推进集装箱运输的规模化与全球化发展，进一步巩固运力规模行业第一梯队的地位；积极发展航线的全球化布局，加大新兴市场、区域市场、第三国市场的运力配置；结合行业绿色、低碳发展趋势，持续推进船队的新能源转型和更新换代。

（2）重点发展船型

为贯彻落实集运“十四五”运力发展规划，实现运力增长目标，持续推进集装箱运输规模化和全球化发展，提升航线经营效益，实现绿色低碳可持续发展愿景，公司对未来船队新能源选择做了深入研究，并在与业界合作伙伴充分交流的基础上，从技术成熟度、供应链建设、安全性及可维护性等方面综合评估分析，确定以绿色甲醇燃料作为公司船队未来绿色脱碳的技术路径。结合航线规划部门制定的运力升级计划和上海港—洛杉矶港绿色航运走廊的实施方案，签署 5 艘 24 000TEU 甲醇双燃料船的建造合同，并研究制定将 4 艘 16 000TEU 常规燃料订单船升级为甲醇双燃料船的技术方案。

（3）船队结构变化

2022 年，集运本部无老旧船舶退役拆解。上海远洋运输有限公司所属中日国际轮渡有限公司于 2022 年 8 月 26 日和招商局金陵船舶（威海）有限公司签署《192 客位中日航线客滚船建造合同》，新船合同价 3.875 亿元，设计 192 客位，集装箱 334TEU。

公司船队结构得到进一步优化，公司控制自有船舶单船平均箱位达 9 414TEU；自有船舶平均船龄 10 年，单船平均箱位及平均船龄方面均在同业中处于中上水平，有效减少安全风险，释放船舶管理资源。

（4）船舶租赁情况

2022 年上半年，集装箱运输市场仍保持国内外贸出口需求旺盛、外部租船市场依旧“一船难求”且租金水平持续走高的局面。面对国内疫情管控、全球港口严重拥堵导致船舶脱班及运力紧缺等不利情况，集运积极采取整体运力统筹安排、双品牌协同、内外贸联动持续释放协同效应、灵活调配贸易区之间船舶、主动出击、打包洽谈，提前锁定优质船舶；把握时机自外部市场租入船舶，为集运外贸航线运力保供做出努力，满足经营需求。同时，紧跟市场动态，在保障运力供应的同时，严控租船风险，避免在市场高位租船。

从 2022 年下半年开始，受俄乌战争、通货膨胀等因素影响，欧美需求量放缓，港口拥堵问题也开始缓解，运力紧缺局面出现逆转，需求迅速回归正常化，集装箱外贸租船市场整体呈现“弱平衡”态势。即一方面由于货运市场需求放缓，运费下跌，租船市场运力需求也随之减少，租金水平整体呈下跌态势；但另一方面，由于前期的长约锁定和班轮公司大量二手购入，使得租船市场流动运力迅速减少，租船市场上租家可选船舶范围缩小，市场上运力供给仍较为紧缺。在此情况下，集运紧盯市场，通过研判市场，多措并举，想方设法保障外贸运力，择机在低点租入船舶，尽全力在保障公司外贸航线运力供给的同时，控制船舶租金成本。

（5）联营公司船队建设情况

中远海运集运与达飞轮船、长荣海运、东方海外共同组建的“海洋联盟”（英文名称为 Ocean Alliance）于 2017 年 4 月正式投入运营。

截至 2022 年 12 月 31 日，联盟各家船公司运力情况如下：

达飞轮船：595 艘 /3 393 190TEU（不包括订单 79 艘 /664 378TEU）；

长荣海运：209 艘 /1 661 865TEU（不包括订单 50 艘 /465 918TEU）；

东方海外：106 艘 /746 722 TEU（不包括订单 29 艘 /618 676 TEU）。（刘清卿）

能源（油、气）船队

能源（油、气）船队

【中远海运油、气船队概况】

中远海运油、气船队主营业务为从事国际和中国沿海原油及成品油运输、国际液化天然气运输，以及国际化学品运输。中远海运油、气船队由油轮船队和LNG/LPG船队组成。按运力规模统计，中远海运油、气船队是全球第一大能源运输船队。

1. 油轮船队

油轮船队由中远海运能源本部（直营）和洋浦公司、海南能源运输、三鼎公司、中远海运石油运输有限公司、北海船务等（联营）公司的船队组成。截至2022年12月31日，油轮船队运力为178艘/2 565万载重吨，其中自有运力167艘/2 257万载重吨，租入运力11艘/308万载重吨。油轮船队的运力情况见表4-4。

油轮船队运力表（截至2022年12月31日）　　表4-4

公司	自有运力		租入运力		控制运力	
	艘数	载重吨	艘数	载重吨	艘数	载重吨
中远海运能源本部	86	10 192 516	10	2 762 591	96	12 955 107
（海南）中远海运能源	48	10 909 862	1	315 299	49	11 225 161
洋浦公司	1	71 960	—	—	1	71 960
中远海运石油运输有限公司	16	429 344	—	—	16	429 344
三鼎公司	2	140 460	—	—	2	140 460
北海船务	14	828 591	—	—	14	828 591
合计	167	22 572 733	11	3 077 890	178	25 650 623

2. LNG/LPG船队

LNG/LPG船队主要由中国液化天然气运输（控股）有限公司（简称CLNG）、上海中远海运液化天然气投资有限公司（简称“中海LNG”）和中远海运大连投资3家公司所属的船舶组成，全部为自有运力。LNG/LPG船队所属公司经营LNG/LPG船舶共50艘/353万吨/678万立方米。2022年LNG/LPG船队运力的具体情况见表4-5。

LNG/LPG船队运力表（截至2022年12月31日）　　表4-5

船型	公司	艘数	载重吨	容积（立方米）
LNG	CLNG	21	1 889 238	3 477 890
	中海LNG	19	1 562 274	3 293 238
LPG	中远海运大连投资	10	79 302	114 677
合计		50	3 530 814	6 885 805

【中远海运能源运输股份有限公司】

中远海运能源运输股份有限公司（简称“中远海运能源”）主要从事油轮运输和 LNG 运输两大核心主业，拥有多年丰富的经验以及较高的品牌知名度。公司油轮船队运力规模世界第一，覆盖全球主流的油轮船型，是全球油轮船队中船型最齐全的航运公司。中远海运能源不仅是中国 LNG 运输业务的引领者，也是世界 LNG 运输市场的重要参与者。公司所属全资的上海中远海运液化天然气投资有限公司和持有 50% 股权的中国液化天然气运输（控股）有限公司（CLNG）是中国目前仅有的两家大型 LNG 运输公司，已经成为影响世界 LNG 运输市场的重要力量。

截至 2022 年底，中远海运能源控制油轮总数 178 艘，总载重量 2 565 万载重吨。其中，能源公司自有运力 134 艘（表中的中远海运能源本部和（海南）中远海运能源）/2 110 万载重吨；公司租入运力 11 艘 /307.8 万载重吨；合资合营企业运力 33 艘 /147 万载重吨。公司经营 LNG 船舶 40 艘 /677 万立方米。

2022 年，中远海运能源没有新造船订单。

（傅源源）

干散货船队

干散货船队

【干散货船队概述】

截至 2022 年 12 月 31 日，中国远洋海运集团旗下的干散货船队，拥有和控制各类散货船 437 艘 /4 515 万载重吨。其中，自有船舶 371 艘 /3 969 万载重吨；租入船舶 66 艘 /546 万载重吨。干散货船队装载铁矿石、煤炭、粮食、散杂货等全品类散装货物，航线覆盖国内沿海和世界主要港口，服务网络遍布全球。干散货船运力规模位居世界第一。船队的骨干企业为中远海运散货运输有限公司。2022 年中国远洋海运集团干散货船队的运力情况见表 4–6。

干散货船队运力表（截至 2022 年 12 月 31 日） 表 4–6

公司	自有运力		租入运力		控制运力	
	艘数	载重吨	艘数	载重吨	艘数	载重吨
中远海运散运本部	230	22 696 947	66	5 458 320	296	28 155 267
中国矿运	18	6 877 868	—	—	18	6 877 868
上海时代航运	28	1 664 497	—	—	28	1 664 497
友好航运	3	140 351	—	—	3	140 351
上海银桦	2	97 256	—	—	2	97 256
广州京海	4	34 780	—	—	4	34 780
中海华润	9	439 715	—	—	9	439 715
嘉禾航运	2	106 113	—	—	2	106 113
广发航运	4	229 579	—	—	4	229 579
海宝公司	8	1 439 348	—	—	8	1 439 348
国能远海	40	2 154 636	—	—	40	2 154 636
中远海运发展（干散货）	20	3 616 548	—	—	20	3 616 548
广东省远洋运输有限公司	1	75 486	—	—	1	75 486
中国 – 坦桑尼亚联合海运公司	1	56 962	—	—	1	56 962
广州中远海运	1	57 534	—	—	1	57 534
合计	371	39 687 620	66	5 458 320	437	45 145 940

【中远海运散货运输有限公司】

中远海运散货运输有限公司（简称“中远海运散运”），隶属中国远洋海运集团有限公司，是一家主营干散货运输的国有大型航运企业；运输货物覆盖铁矿石、煤炭、粮食、散杂货等品类，经营航线覆盖全球 100 多个国家和地区的 1 000 多个港口。截至 2022 年底，中远海运散运船队规模是 396 艘 /4 293 万载重吨。

1. 中远海运散运自有运力情况

截至2022年12月31日，公司船队总规模396艘/4 293.4万载重吨。其中，自有船308艘/3 372.7万载重吨。中远海运散运的自有船包括表4-6中的中远海运散运本部230艘、中国矿运18艘、上海时代航运28艘、友好航运3艘、上海银桦2艘、广州京海4艘、中海华润9艘、嘉禾航运2艘、广发航运4艘和海宝公司8艘；中远海运散运本部船舶包括后面船名录中的中远海运散运128艘、中远海运散运东南亚3艘、中海散运（香港）维利公司10艘、香港航运87艘、广州振华船务1艘和大唐航运1艘。

2. 中远海运散运其他运力情况

其他船舶88艘/920.7万载重吨（外部租船66艘；内部租船22艘，内部租船包括从中远海运发展租船20艘、中坦公司船舶1艘、广东远洋船舶1艘）。

3. 船队建设（包括船队建设规划、重点发展船型、船队结构变化等）

2022年，中远海运散运退役处置船舶7艘/47.8万载重吨，其中合资公司退役处置船舶1艘/2万载重吨。

中远海运散运坚持创新发展和协调发展理念，以产业链经营为核心，结合国家战略、全球经贸格局、新能源技术发展、行业趋势和客户需求等实际，深入分析公司船队在未来高质量发展过程中面临的问题，调研目标市场和核心客户运输增量需求，重新阐释了公司船队更新发展的战略支撑和五大商业逻辑，提出具体实施路径和战略举措，编制了公司2022—2030年船队发展规划。根据上述船队发展规划，公司到2030年运力规模将达到633艘/6 755万载重吨，其中自有运力242艘/3 467万载重吨，长租运力113艘/1 400万载重吨，短租运力160艘/1 120万载重吨，合资合营运力118艘/768万载重吨。

（李晓燕）

杂货特种船队

杂货特种船队

中远海运杂货特种船队主要经营管理半潜船、多用途重吊船、汽车船、木材船、化学品运输船、沥青船等类型的杂货特种船舶。中远海运杂货特种船队的运力主要包括中远海运特运、中波公司、厦门远洋、上海中远海运和中远海运客运等公司船舶的船舶。

截至 2022 年底，集团拥有和控制特种运输船舶 175 艘 /589 万载重吨，载箱量 13.4 万 TEU，汽车船和滚装船的车位数为 2.5 万个。船队中自有船 152 艘 /494 万载重吨，载箱量 11.8 万 TEU，汽车船和滚装船的车位数为 2.5 万个；租入船舶 23 艘 /93 万载重吨，载箱量 1.6 万 TEU。中远海运杂货特种船队详细情况见表 4–7。

中远海运杂货特运船队运力表（截至 2022 年 12 月 31 日） 表 4–7

自有运力				
公司	艘数	载重吨	载箱量（TEU）	载车量
中远海运特运本部	97	2 948 309	69 488	19 172
中日国际轮渡	1	3 721	229	0
中波公司本部	18	677 137	29 932	0
弘发公司	1	21 963	1 094	0
上海中波航运	10	335 715	15 550	0
厦门远洋本部（特种）	7	252 714	1 320	0
中远海运发展（特种）	10	617 338	0	0
中远海运客运本部	2	21 676	280	474
上海中远海运 / 中海化工	3	23 805	0	0
上海中远海运 / 香港公司	2	27 384	0	0
广州远海汽车船运输有限公司	1	13 418	0	5 380
小计	152	4 943 180	117 893	25 026
租入运力				
公司	艘数	载重吨	载箱量（TEU）	载车量
中远海运特运本部	13	728 630	10 108	0
中波公司本部	2	61 689	1 868	0
弘发公司	3	89 386	4 247	0
上海海运 / 中海化工	3	19 028	0	0
上海海运 / 香港公司	2	30 389	0	0
小计	23	929 122	16 223	0

续上表

控制运力				
公司	艘数	载重吨	载箱量（TEU）	载车量
中远海运特运本部	110	3 676 939	79 596	19 172
中日国际轮渡	1	3 721	229	0
中波公司本部	20	738 826	31 800	0
弘发公司	4	111 349	5 341	0
上海中波航运	10	335 715	15 550	0
厦门远洋本部（特种）	7	252 714	1 320	0
中远海运发展（特种）	10	617 338	0	0
中远海运客运本部	2	21 676	280	474
上海海运 / 中海化工	6	42 833	0	0
上海海运 / 香港公司	4	57 773	0	0
广州远海汽车船运输有限公司	1	13 418	0	5 380
总计	175	5 872 302	134 116	25 026

【中远海运特种运输股份有限公司】

中远海运特种运输股份有限公司（简称“中远海运特运”）经营管理半潜船、多用途重吊船、汽车船、木材船和沥青船等各类型特种船舶。中远海运特运的船舶结构合理、运载能力和适货性强、节能环保，能够承运包括钻井平台、机车及火车车厢、风电设备、岸边集装箱起重机、成套设备等超长、超重、超大件、不适箱，以及有特殊运载和装卸要求的货物。承运能力从 1 吨至 10 万吨全覆盖，为广大客户提供安全、高效的运输服务。

2022 年，公司继续深化船队结构调整，大力发展纸浆船、半潜船船队并成立广州远海汽车船运输有限公司，打造国内领先的汽车船队。中远海运特运自有船队详细情况见表 4–8。

中远海运特运自有船队结构表（截至 2022 年 12 月 31 日） 表 4–8

DWT 分组	项目	沥青船	木材船	汽车船	多用途船	半潜船	纸浆船	重大件船	合计
1 万以下	艘数	10	—	—	2	—	—	—	12
	DWT	68 048	—	—	18 212	—	—	—	86 260
	平均船龄（年）	9.9	—	—	15.3	—	—	—	10.8
1 万 ~ 2.5 万	艘数	2	—	4	1	2	—	4	13
	DWT	26 572	—	55 137	19 462	40 522	—	67 828	209 521
	平均船龄（年）	5.6	—	17.5	20.3	19.7	—	24.4	18.3
2.5 万 ~ 3 万	艘数	—	—	—	18	—	—	20	38
	DWT	—	—	—	500 264	—	—	574 518	1 074 782
	平均船龄（年）	—	—	—	13.7	—	—	9.3	11.4

续上表

DWT 分组	项目	沥青船	木材船	汽车船	多用途船	半潜船	纸浆船	重大件船	合计
3 万 ~ 4 万	艘数	—	8	—	11	1	—	—	20
	DWT	—	255 088	—	415 904	38 000	—	—	708 993
	平均船龄（年）	—	12.7	—	6.3	10.4	—	—	9.0
4 万以上	艘数	—	—	—	—	6	8	—	14
	DWT	—	—	—	—	372 609	496 147	—	868 756
	平均船龄（年）	—	—	—	—	6.4	3.2	—	4.6
合计	艘数	12	8	4	32	9	8	24	97
	DWT	94 620	255 088	55 137	953 842	451 131	496 147	642 346	2 948 311
	平均船龄（年）	9.2	12.7	17.5	11.5	9.8	3.2	11.8	10.8

2022 年，公司按计划共新接船舶 7 艘计 45.2 万载重吨，包括 1 艘 8 万吨半潜船和以经营性租赁方式接入的 6 艘 62 000 吨多用途专业纸浆船；无退役老旧船舶。

截至 2022 年 12 月 31 日，公司及控股子公司共拥有和控制各类船舶 120 艘，比上年增加 7 艘；总载重吨计 429.4 万载重吨，比上年增加 54.5 万载重吨。其中，自有船舶 97 艘；船队平均船龄 9.7 年，比上年增加 0.2 年；租入船舶 23 艘（包含租用中远海运发展 10 艘船舶，为内部租船），平均船龄 5.28 年。

2022 年 1 月接入的“新耀华”轮总长 255 米，型宽 57 米，下潜吃水 30.5 米，服务航速 14.5 节，装货甲板长 210 米、宽 57 米，面积接近于两个标准足球场大小。全船有 108 个压载水舱，每一个都有阀门直接通向海底，下潜作业时只要通过控制系统打开相应压载舱室的海底阀门，在不超过 6 小时之内，船就能自动潜入水中 30.5 米、主甲板以上 16 米。该轮采用四套电力推进系统作为动力，并在船艏和船艉各配有两套侧推器。船上由 6 台功率为 4 500 千瓦的主柴油发电机组供电，并自带目前最先进的动力定位系统，可用 DGPS、激光、雷达三套系统进行动力定位，误差只有 0.05 米，可在海上实施堪比“穿针绣花”式的高精度作业。该轮是“新光华”轮的优化版，综合性能更为卓越。该轮智能化程度非常高，在船上各个区域共设置了 9 000 多个自动化控制点，犹如人体的神经系统。船上任何一个细小的设备出现故障，操作人员都能第一时间发现并进行远程处理。特别值得一提的是，该轮在智能船基础上，首次搭载了国产 DP 系统，标志着我国半潜船关键设备的自主配套能力进一步提升。

（柳芳）

【中波轮船股份公司船队】

中波公司拥有一支船龄年轻、结构合理的重大件设备货专业化运输船队，环球航线连接着亚、欧、美及北非的主要市场。截至 2022 年底，中波公司经营船舶 31 艘（包括中波公司本部、弘发公司和上海中波航运的船舶以及中波公司本部的 2 艘租船），运力约 110 万载重吨，平均船龄 9 年。其中自有船舶 29 艘（包括中波公司本部、弘发公司和上海中波航运的船舶），运力约 103 万载重吨。

2022 年，中波公司 3 艘 6.2 万载重吨多用途重吊船新造船项目大幅赶超进度，陆续高质量交付，该项目圆满收官。该系列首制船“泰兴”轮，凭借领先的船型设计、极佳的适货性和节能环保的动力优势，入选英国皇家造船师学会 2021 年世界名船录。自有船队规模稳居世界多用途重吊船领域前列。公司又租入“大丹霞”轮。实现了船队规模与运力结构升级优化，为散杂兼营和全程物流模式奠定坚实的运力基础，市场竞争力显著提升，服务客户的能力明显增强，发展动力更加充沛。

中波公司对船舶主机、压载水处理设备和生活污水处理装置升级改造，推进公司船舶向绿色、低碳和环保方向转变。采取主机降速、设备改造和使用高性能油漆等措施，积极推进船舶能效指数（EEXI）和船舶营运碳排放强度（CII）履约合规工作。（陈晓波）

【中远海运客运有限公司货滚船舶】

2022 年 8 月和 11 月，中远海运客运 2 艘货滚船舶“顺龙海”轮和“畅龙海”轮分别上线运营，同年 12 月开通全新货滚航线——营口至潍坊航线。货滚航线及货滚船舶的上线运行，改善了公司运力结构，填补了公司货滚船舶及货滚航线的运输空白。（刘福阁）

客轮船队

客轮船队

中远海运客轮船队运力主要由中远海运客运、海峡股份、厦门中远海运、中远海运集运、青岛远洋等公司的船舶组成。截至2022年底，中远海运客轮船队运营船舶67艘/21.9万载重吨，客位数为6.3万个，车位数为0.28万个，载箱量为963TEU；其中自有运力64艘/20.5万载重吨，租入运力3艘/1.4万载重吨。除此之外，上海中远海运浦江旅游观光平台下属上海巴士旅游船务有限公司还经营管理4艘游览客船，客位总量为1 698位。运力具体情况见表4–9。

中远海运客轮船队运力表（截至2022年12月31日） 表4–9

自有运力					
公司	艘数	载重吨	载箱量（TEU）	载客量（个）	车位数（个）
闽台轮渡	1	5 868	256	683	136
中远海运客运本部	8	52 129	0	10 817	1 131
南海客轮	1	5 995	0	721	0
海峡股份	50	117 896	0	44 357	2 300
厦门远洋本部（客船）	1	47	0	322	0
中远海运青岛	1	11 921	312	700	0
中日国际轮渡	1	4 321	250	345	0
星旅远洋邮轮	1	6 715	0	2 014	0
小计	64	204 892	818	59 959	3 567
租入运力					
公司	艘数	载重吨	载箱量（TEU）	载客量（个）	车位数（个）
中远海运客运本部	2	10 699	0	2 726	261
大仁轮渡	1	3 429	145	510	0
小计	3	14 128	145	3 236	261
控制运力					
公司	艘数	载重吨	载箱量（TEU）	载客量（个）	车位数（个）
闽台轮渡	1	5 868	256	683	136
中远海运客运本部	10	62 828	0	13 543	1 392
南海客轮	1	5 995	0	721	0
海峡股份	50	117 896	0	44 357	2 300
厦门远洋本部（客船）	1	47	0	322	0

续上表

控制运力					
公司	艘数	载重吨	载箱量（TEU）	载客量（个）	车位数（个）
中远海运青岛	1	11 921	312	700	0
大仁轮渡	1	3 429	145	510	0
中日国际轮渡	1	4 321	250	345	0
星旅远洋邮轮	1	6 715	0	2 014	0
总计	67	219 020	963	63 195	3 828

注：1. 除星旅远洋邮轮1艘邮轮和厦门远洋本部1艘客轮外，其余均为客滚船和客箱船；

2. 上海巴士旅游船务有限公司经营的4艘游览客船没有统计，船舶具体情况见“浦江旅游观光平台”的介绍。

【中远海运客运有限公司】

中远海运客运有限公司为中远海运（大连）有限公司全资子公司，主要经营大连至烟台、大连至威海、旅顺至蓬莱、潍坊至营口航线。2022年，中远海运客运经营客滚船10艘（含合资公司2艘、光租船舶2艘），货滚船2艘，客位是13 732个，载车线为22 798米，分别占渤海湾运力总量的38.7%和39.1%。2022年，公司积极推动“十四五”规划落地，新造2艘客滚船“吉龙岛”轮、“祥龙岛”轮和2艘货滚船“顺龙海”轮、“畅龙海”轮陆续交付，完成运力更新“三步走”的前两步。（刘福阁）

【琼州海峡（海南）轮渡运输有限公司】

琼州海峡（海南）轮渡运输有限公司于2021年12月9日在政府指导下，完成琼州海峡两岸6家航运企业资源整合一体化，于2022年1月1日正式挂牌营运。该公司是琼州海峡目前规模最大的客滚航运企业，也是海南海峡股份航运有限公司（简称“海峡股份”）旗下企业，主要经营琼州海峡海口—广东徐闻、广西北海、海南三亚航线，市场占有率约83%。

2022年，公司拥有50艘客滚船舶，近12万载重吨，一次性可运载旅客44 357人，车辆2 300辆。公司船舶消防、救生系统齐全，救生设备最大额定人数共计46 316人，能满足应急情况下人员救生需求。船舶海上抗风能力可达到7～8级。

2022年，公司自有的47艘船舶（公司经营船舶51艘，其中“海口湾1”“棋子湾”“新海11”和“长乐公主”轮为海峡股份内部租船。“长乐公主”轮是1艘邮轮。“海口湾1”是1艘高速客船，总载重吨为358吨，客位数为155个，航行于A1海区，船名录没有收录）客运量867万人次，旅客周转量1.15亿人海里；货运量4 878万吨，货运周转量6.37亿吨海里。

船舶机舱均为非自动化，其中2019年投入营运的“双泰37”轮，总载重吨为3 294吨，总吨12 787吨，船体最长129.9m，主机功率最大5 860千瓦，最高航速14节，最大吃水4.999m，最大载客量999人，最大配载车辆50台。

（林春光　薛星）

【中远海运（厦门）有限公司】

中远海运厦门直营的“新五缘”轮，主要航行于厦金航线。“新五缘”轮是一艘采用世界先进制造工艺和技术水平的双体铝合金高速客船，总载重吨为47吨，船舶总长42.3米、宽10米、型深3.4米，满载322名乘客。“新五缘”轮配备了2台全球顶尖的最新喷水推进器，满载最高航速可达每小时31.5节，进一步缩短了厦金两岸往来的时间。

2022 年，由于疫情的影响，厦门中远海运的“新五缘”轮停止运营。

往来海峡两岸的“中远之星”轮，则有合营公司——厦门闽台轮渡有限公司经营。

（姚兆羽）

【客运合营公司】

1. 中日国际轮渡有限公司

中远海运集运所属的中日国际轮渡有限公司（简称“中日轮渡公司”），是原中远集团与日本日中国际轮渡株式会社创办的合资企业，成立于 1985 年 5 月 30 日。截至 2022 年底，公司运营“新鉴真”和“苏州号”轮两艘船舶。2022 年 7 月 26 日获中远海运集团批准造船计划，2022 年 8 月 26 日中日国际轮渡有限公司与招商局金陵船舶（威海）有限公司在上海正式签署造船合约。新船为一艘 192 客位中日航线客滚船，船名为鉴真，国籍为中国，合同价 3.875 亿元。因受新冠疫情影响，自 2020 年 1 月 28 日起，“新鉴真”轮停载旅客，恢复日期不定。

2022 年，公司实现全年利润总额 3 859 万元。“新鉴真”轮共完成 101 个航次，其中进口 49 航次，出口 52 航次；完成集装箱重箱运量 10 902.5TEU；完成散货 1 611.78 计费吨。“苏州号”轮完成 99 个航次，其中出口 54 航次，进口 45 航次；完成集装箱重箱运量 8 013TEU；完成散货 1 694.3 计费吨。（王琳）

2. 烟台中韩轮渡有限公司

中远海运（青岛）有限公司管理的烟台中韩轮渡有限公司（简称“中韩轮渡”），成立于 1995 年 10 月，是经营中国烟台至韩国仁川海上客货集装箱班轮航线的中韩合资企业，中韩双方出资比例各为 50%。公司具体股东及投资构成包括：中远海运（青岛）有限公司 45%、中国烟台外轮代理有限公司 5%、韩国株式会社鲜光 17%、韩国现代海运株式会社 9%、韩国株式会社国宝 9%、韩国林光开发株式会社 9%、株式会社海工 6%。

中韩轮渡原先主要经营中国烟台至韩国釜山和群山航线。2000 年中韩轮渡抓住市场机遇，开通烟台至仁川航线，并将釜山和群山航线相继关停。船期安排是每周三个往返航次，周一、三、五自烟台开航，周二、四、六自仁川返程。自 2021 年 1 月投入“新香雪兰”轮，集装箱舱位 312TEU，载客定员 700 人，由青岛中远海运投资建造，中韩轮渡以融资租赁方式光租使用。

2022 年 1—12 月，公司累计完成箱量 49 103TEU（其中出口 35 219TEU/ 进口 13 884TEU），同比增加 20.7%；受疫情影响，2022 年客运业务暂停，无客运及相关经营收入。2022 年，中韩轮渡营业收入为 39 596 万元，1—12 月份累计完成利润总额 459 万元 。（高原）

3. 厦门闽台轮渡有限公司

厦门闽台轮渡有限公司（简称“闽台轮渡”）是厦门市首家直航台湾海峡两岸的国有航运企业，总部设在厦门，浙江台州玉环设有分公司。2022 年，公司营业总收入 15 684 万元，净利润 1 597 万元。

闽台轮渡经营海峡两岸间唯一一条以厦门为母港往返于海峡两岸之间的滚装班轮航线，投入船舶为“中远之星”轮。“中远之星”轮全长 186 米、宽 25.5 米，航速 22.85 节，26 847 总吨，8 054 净吨，载客配员 683 名。船舱自下而上共计 8 层，1 ~ 3 层可同时容纳 150 辆小汽车，4 ~ 5 层是 256 个标准集装箱舱容设计的货舱层（其中包含有 80 个冷藏箱插位），6 ~ 7 层是经改装后拥有 640 个旅客卧铺的客舱层，第 8 层则是供旅客活动的公共区域。2022 年，“中远之星”轮共载客 0 人（因疫情暂停）；运载集装箱 26 915TEU、散件杂货 3 464.890 计费吨、车辆 465 台，同比分别减少 3.13%、增长 10.36%、增长 0.65%。（姚兆羽）

4. 浦江旅游观光平台

上海中远海运浦江旅游观光平台下属上海巴士旅游船务有限公司成立于 2001 年 12 月 12 日，凭借 10 余年的浦江游览行业资历、成熟的运营团队，以及良好的品牌价值，为公司带来稳定的投资收益。截至 2018 年底，公司浦江旅游观光平台共经营管理4艘游船，分别是“振宇”轮、“金灿灿”轮、“康宁”轮、“蓝森”轮，客位总量为1 698个，总载重吨为5 586吨。2018年2月，上海浦江游览集团有限公司经上海交运（集团）公司以股权转让的形式转股50%成为股东方，与上海中远海运共同经营巴士船务。2018年3月，巴士船务投资的上海水迪企业发展有限公司新项目——星愿湖旅游开发项目正式启动。2018年9月，巴士船务合资公司上海浦江游览营运服务有限公司投入运营，经营态势良好。

2022年，巴士船务受上海疫情影响较大，累计完成客运量38 316人次，比上年减少146 843人次，增幅同比减少79%；实现营业总收入827.14万元，完成利润总额 –1 234.48万元。

（周涵聪）

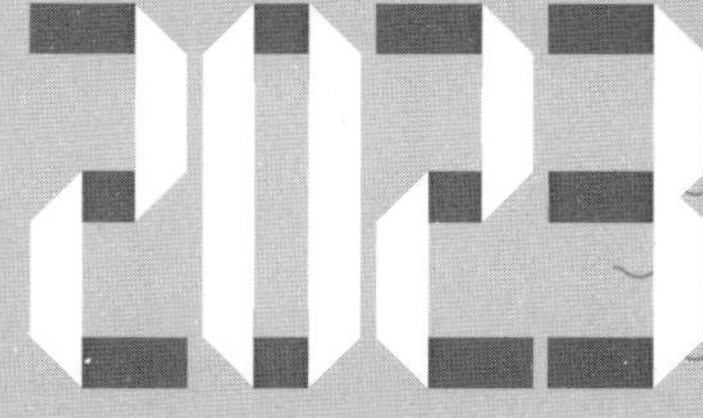

第五篇

国际化经营

概述

概　述

2022 年，中远海运集团积极发挥服务“双循环”新发展格局中的国家队作用，以推进“一带一路”和境外通道建设为目标，以加快推进沿线重要支点项目建设、加强战略性和关键性重点领域资源投资布局为抓手，继续秉承“大国船队”的使命，履行维护国家重要物资产业链供应链稳定的重大使命，不断拓展国际化经营。中远海运集团根据产权关系将境外企业分为 4 大类：

境外区域公司。在不断完善和强化总部“定战略、配班子、调资源、抓考核、控风险”五大核心管理职能的基础上，以规范董事会建设为抓手，逐步赋予海（境）外区域公司董事会和董事长相应范围的决策事项和行权额度，打造“放得下、接得住、管得好”的管控体系，构建以“管控上移，经营前移”为基本特征的集团“战略管控型”组织体系和运营模式。境外区域公司根据所在国家和地区法律法规，实行董事会领导下的总经理负责制，形成了有效的制衡机制，建立了相对完善的公司治理结构，有效承担起作为“业务管控”层应有的业务开拓和组织管控职能。

境外上市公司。2021 年，集团在新加坡、希腊等地拥有多家上市公司；在管控形式上，集团严格遵守当地上市规则和法律法规，主要通过股东会、董事会，以及委派管理人员等方式，对上市公司的生产经营进行日常管理，维护股东利益。

境外区域公司在境外设立的公司。由境外区域公司按照股权比例，行使出资人管理。其中，对全资子公司，由海外区域公司通过董事会直接履行经营管理职能；对控股 / 参股公司，由境外区域公司依据股比，通过董事会履行管理职能。

境内专业公司在境外设立的公司。由海（境）外区域公司和境内专业公司共同对其行使矩阵式管理。生产经营主要是根据行业特点以境内专业公司业务条线管理为主；海外区域公司作为“管理服务支持平台”，主要侧重于人力资源管理、内部监督管理、法律管理、行政管理、企业文化、公共关系及品牌管理、党务管理等职能。

截至 2022 年底，集团在境外 70 多个国家和地区设立机构 1 000 多家，拥有 8 家境外上市公司，布局境外码头 23 个，拥有境外员工 17 600 人，属地化率高达 97%。

是年，集团入选《财富》首份中国 ESG 影响力榜单 40 大企业，入选新华社等主办的 50 大“2022 外国人喜爱的中国品牌”。

境外投资

境外投资

2022年，集团聚焦主责主业，在境外完成投资245.65亿元。按区域划分，在亚洲、美洲、欧洲和非洲的投资分别占总投资的81.53%、12.04%、4.03%和2.39%；按投资类型划分，固定资产投资（包含船舶投资），占境外投资总额的80.84%；股权投资占境外投资总额的19.16%。

在“一带一路”倡议投资方面，在“一带一路”沿线完成投资68.5亿元。按区域划分，在亚洲、美洲、欧洲和非洲的投资分别占沿线总投资的67.4%、21.6%、8%和3%；按投资类型划分，固定资产投资24亿元，占沿线投资总额的35%；股权投资44.5亿元，占沿线投资总额的65%。自2013年“一带一路”倡议提出到2022年底，集团累计在“一带一路”沿线完成投资761亿元。截至2022年底，集团在“一带一路”沿线投资集装箱码头20个，覆盖北欧、南欧、远东、东南亚、中东、南美、非洲等区域；其中控股码头7个，参股码头13个。上述码头在集团服务“一带一路”建设中发挥着重要的支点和枢纽作用。

2022年，希腊比雷埃夫斯港（以下简称“比港”）获得希腊旅游部颁发的“旅游业突出贡献奖”和希腊最大媒体之一《希腊航运报》授予的“希腊经济贡献钻石奖”，并被雅典证券交易所纳入可持续发展公司指数。阿拉伯阿布扎比码头被阿布扎比港务局授予客户满意度、数字化服务和流程自动化、人工智能和大数据三项大奖。绿色投资方面，集团使用境外平台新建12艘24 000TEU型全球最大绿色甲醇双燃料集装箱船和27艘470万立方米LNG船舶，在运力规模保持世界第一的基础上，船队又进一步向绿色、低碳、智能化方向迈进。此外，集团还克服疫情带来的重重困难，积极推动秘鲁钱凯港项目建设，推动汉堡港“福地”集装箱码头股权交割，推进埃及苏哈纳港集装箱码头投资项目，其中与后面两港项目分别在2023年实现交割和签约。

（吴晓）

境外业务经营

境外业务经营

2022年，集团实现境外利润总额868.5亿元，同比大幅增长43.27%；境外净资产收益率达58.6%，同比提高3.9个百分点；境外总资产报酬率达17.2%，同比提高4.3个百分点，充分反映了集团境外资产保值增值的能力。

截至2022年底，集团航线覆盖全球160多个国家和地区的1 500多个港口。全年完成铁矿石进口运量约1亿吨、原油进口运量6 000万吨、LNG进口运量1 750万吨、铝土矿进口运量1 800万吨，分别占我国上述资源对外进口总量的10%、13%、20%和15%。

在服务“一带一路”建设方面，截至2022年底，集团在“一带一路”沿线布局集装箱班轮航线181条，投入运力147.2万TEU，占集团集装箱船队总运力的51.2%。2022年，集团在“一带一路”沿线完成集装箱运输1 257万TEU、散货7 058万吨、能源6 130万吨、特种货运输892万计吨，为保障“一带一路”沿线战略物资产业链供应链安全作出重要贡献。（吴晓）

境外重点项目

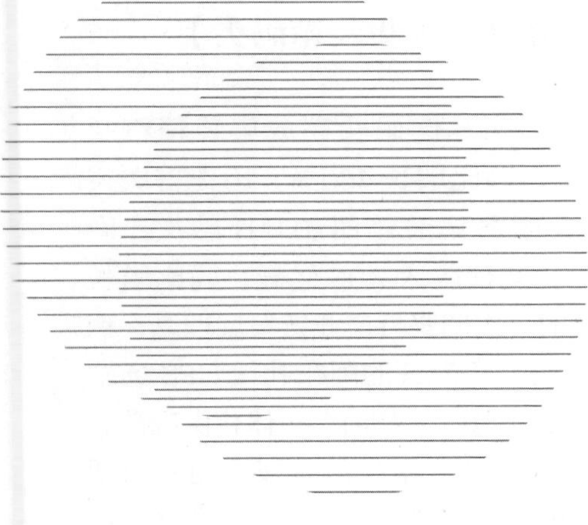

境外重点项目

【希腊比雷埃夫斯港】

2022 年，中远海运比港项目完成吞吐量 500 万 TEU，实现收入近 5 亿欧元，同比增长 23.8%；实现净利润逾 8 000 万欧元，同比增长 36%；全球港口排名保持在第 33 位，入选雅典证券交易所可持续发展公司指数；位居“新华 – 波罗的海”指数世界航运中心前十位，继续保持地中海最重要枢纽港的战略地位。是年 5 月，中远海运比港贯彻落实《中希联合声明》精神，与希腊文化和体育部签署了《希腊水下博物馆场地出让协议》，将港区内部分场地提供给希腊文化和体育部建设水下考古博物馆，待博物馆建成后开辟专区展示来自中国文化部门和中国企业的水下考古和文化展品；赞助“冬奥会希腊代表团”参加北京冬奥会，希腊奥林匹克委员会授予中远海运比港公司金牌赞助商的荣誉，高度评价中远海运集团的责任担当和奥林匹克精神；服务中央广播电视总台 2023 年春节联欢晚会，保障希腊著名歌唱家塞奥佐拉 · 巴卡在码头现场录制晚会《一带繁花一路歌》节目；该歌唱家演唱了希腊家喻户晓的民谣《比雷埃夫斯的孩子》，促进了中希两国文化交流和民心相通。

【中欧陆海快线通道】

2022 年，集团聚焦保障“一带一路”通道建设的目标，在稳定中欧陆海快线比港主通道能力的基础上，继续大力发展欧洲其他港口通道，持续扩大中欧陆海快线的服务范围。截至 2022 年底，中欧陆海快线已经在欧洲区域拓展了 4 条通道，分别是希腊比港主通道、克罗地亚里约卡辅助通道、意大利里雅斯特辅助通道和西班牙瓦伦西亚辅助通道。是年，中欧陆海快线完成运输箱量 18.10 万 TEU，同比增长 18.30%，进一步巩固了其作为中欧贸易第三条大通道的重要作用。随着中欧陆海快线的不断发展，极大地促进了沿途各国的对外进出口贸易，带动沿线国家各项产业的发展，为沿线国家的发展和人民生活水平提升带来了便利。

【阿布扎比二期集装箱码头】

2022 年，阿布扎比码头完成集装箱吞吐量 102 万 TEU，同比增长 46.1%，历史首次突破百万 TEU；服务集装箱船舶 801 艘次，同比增长 31.5%；实现收入 2.96 亿元，同比增长 33%。与此同时，集团坚持产业链发展理念，积极发挥船队、码头和配套的阿布扎比 CFS 场站项目打造“航运 – 港口 – 物流”一体化供应链。积极为中国机械设备工程股份有限公司光伏项目，华为、美的和海信“海外仓”项目在当地落地提供服务。随着项目配套设施不断完善，码头逐渐成为中国企业在中东的集疏运枢纽，为中阿贸易往来提供重要保证。

通过阿布扎比码头打造的“航运 – 港口 – 物流”供应链网络，极大地带动了地区配套的仓储、运输、物流、贸易、金融、保险、代理、信息、口岸等相关服务产业的发展。集团还协同毗邻港的中阿（联酋）产能合作示范园、阿联酋阿布扎比哈利法工业园，共同推动中阿“一带一路”建设项目，共同推动阿联酋产业转型。在 2022 年 3 月 3 日举行的阿布扎比港务局集团两年一度的 MAFNOOD 颁奖典礼上，阿布扎比码头一举斩获客户满意度、数字化服务和流程自动化、人工智能和大数据三项大奖，充分体现了阿布扎比政府对项目带动当地相关产业发展和贸易往来的高度认可和肯定。

（吴晓）

境外业务管理

境外业务管理

【制度体系】

在境外管理制度建设方面，集团出台了4.0版的《中国远洋海运集团有限公司直属公司董事会运作管理办法》，赋予包括境外直属公司在内的集团直属公司董事会更大范围的决策事项和行权额度，不断提升直属公司在境外的市场响应能力和运营管控水平。修订并下发了《中国远洋海运集团有限公司投资管理办法》；为了提高境外投资监管的针对性，加强集团境外投资关键环节的管理和内控，该办法增设境外投资管理专章，包括强化境外投资监管程序合规要求、落实特殊境外投资情形的相关规定、加强集团境外投资规划管控、细化境外投资项目论证和风控要求、加强境外投资项目的法律与风险专业审查、加强境外投资退出处置控制等内容。出台了《中国远洋海运集团有限公司境外风险防控体系建设指导意见》，作为统筹开展境外风险管理的纲领性文件；该指导意见厘清了集团现阶段全球化运营面临的12项风险大类和28项风险细类并提出了构建制度体系、健全机构设置、加强队伍建设和完善数字化支持手段四大重点任务，构建起了集团上下一盘棋、职能部门和柔性组织交互的矩阵式管理架构，实现了对境外各类风险的全覆盖。

【管理体系】

集团秉承全球化经营和管理的理念，对境内外机构、人员和项目采取一体化管理模式。“十三五”至“十四五”时期，集团着力构建“战略管控型”组织体系，塑造三层战略管控架构：集团总部作为“战略管控+资本运营”层，主要承担“定战略、配班子、调资源、抓考核、控风险”等五大核心职能；直属公司作为“运营管控”层，着力实现业务流程和管控体系“为管理服务”向“客户需求驱动”转变；三级及以下层级公司作为“业务运营”层，定位为运营成本中心。

在境外投资管理方面，集团实行事前、事中、事后管控。事前由各单位根据自身需求做好年度投资计划，由集团董事会审批后，按照权限规定履行项目审批程序；事中涉及直属单位决策的项目，由各直属单位按照内部决策流程要求，自行审议决定，并按照集团相关规定进行报备，涉及集团决策的项目，由集团相关部门按照专业分工，履行相应的审批程序；事后由集团选取各产业板块具有典型示范意义的投资项目，按照独立、科学、公正、客观要求，组织开展后评估工作。

在境外公司管理方面，集团采用条块结合的方式，由境外区域公司和境内专业公司共同对其行使矩阵式管理。其中，境内专业公司对其境外公司履行出资人职责，主要侧重于战略规划、生产经营与业务管理、投资管理、财务管理、安全管理等职能，境外区域公司作为“管理服务支持平台”，提供相应的现场协调、监督和支持，主要侧重于人力资源、内部监督、法律管理、行政管理、企业文化等管理。

【国际化人才队伍】

境外业务的本土化关键在于国际化人才的本土化，重点抓好“选、用、留”三个方面。

选，即人才吸纳。集团秉承“谁行谁上，不问出处”原则，通过境外业务平台吸引从事市场开发和投资的当地人才，主要考量境外企业管理能力，是否熟悉市场运作模式、相关法规，掌握当地人脉，以能力与匹配程度作为唯一指标，不以人才国别、出处为核心指标；动态调整境外岗位的起始标准工资和年增长比率，通过比照国内的实际收入水平并参照汇率水平变化，提供汇率补贴。

用，即人才晋升。明确能力晋升通道，不设"中国天花板"，积极培养当地本土化团队，敢用"老外高管"；从整个人力资源管理的角度启动全集团范围内关键管理岗位的职业路径规划设置；提前与外派人员就业绩表现评估方法以及评估结果对回国岗位的影响等进行沟通；外派期结束的前半年，主动与外派人员联络进行评估，并介绍最新发展动态、原有部门现状、潜在岗位机会等，做好外派收尾和新岗位衔接工作，尽量做到"人尽其用，平稳衔接"。

留，即人才挽留。坚持"市场化薪资，国际化标准"。为挽留国际化人才，采取国际标准薪资体系，在各地区和当地人才标准相匹配；设立更加人性化的人事制度，为随行家属提供更充分的生活补贴和子女教育津贴。

截至 2022 年底，集团现有境外员工 17 600 人，其中外派员工约 500 人，境外员工属地化占比超过 97%。为更好地适应集团国际化发展的战略需要，2022 年 9 月，集团发布《关于加强驻外员工管理有关事项的通知》，完善驻外员工选派机制，加强对优秀年轻驻外人员的管理与培养，进一步推进驻外人员队伍建设。（吴晓）

国际交流与合作

国际交流与合作

【重要外事会见】

2022 年 3 月 17 日，集团董事长万敏、副总经理黄小文与达飞集团董事长鲁道夫 · 萨迪召开视频研讨会。9 月 7 日，万敏董事长与达飞集团董事长鲁道夫 · 萨迪召开高层视频会议。

2022 年 5 月 12 日，国家发展改革委外资司与希腊发展和投资部秘书长共同在线上主持召开中国 – 希腊重点领域三年合作计划司局级会谈，中国驻希腊大使肖军正及外交部欧洲司、中远海运集团副总经理冯波，希腊外交部、海运部、环保部等单位代表参加会议并发言。

2022 年 7 月 20 日，集团董事长万敏与新加坡国际港务局陈敏聪总裁召开视频会议。

2022 年 10 月 11 日，举行研究北外滩国际航运论坛筹备工作会议，中远海运集团副总经理孙云飞视频参会。会上，上海市交通委员会对 2022 年第二届北外滩国际航运论坛的筹备进展作了汇报，各协办单位进行了交流发言，上海市副市长张为对下一步工作开展作了部署和指示。

2022 年 12 月 22 日，中远海运集团副总经理冯波与坦桑尼亚驻华大使姆贝尔瓦 · 凯鲁基进行了线上视频会见。双方就中坦公司合作等话题进行了交流讨论。（胡彧）

【重要国际论坛活动】

博鳌亚洲论坛 2022 年年会于 4 月 20—22 日在海南成功举办。国家主席习近平以视频方式出席本届年会开幕式，并发表题为《携手迎接挑战，合作开创未来》的主旨演讲。中远海运集团作为博鳌亚洲论坛年会永久会址核心的投资建设单位，已连续 20 余年为论坛年会提供服务保障。尽管面对疫情给 2022 年年会筹备服务保障工作带来的压力，但中远海运始终保持着服务好国家主场外交的政治站位，全力以赴做好年会的各项筹备工作，坚持年会疫情防控和服务保障两手抓，确保年会的顺利举行，再一次彰显中远海运集团作为央企的政治担当，再一次擦亮中远海运集团“金字招牌”。

7 月 8 日，第十二届泛北部湾经济合作暨 2022 北部湾国际门户港合作论坛在广西南宁举行。中远海运集团董事长万敏受邀视频出席论坛开幕式并发表题为《推动经济合作发展，携手合作共赢机遇，铸造泛北部湾美好未来》的主旨演讲。万敏董事长在演讲中指出，中远海运作为全球第一大综合航运企业，积极助力西部陆海新通道建设，以北部湾港为国际门户港，洋浦港为区域国际集装箱枢纽港，积极铺设航线网络，推进海铁联运和港口建设，并聚焦数字化供应链体系建设。在论坛的成果发布环节，万敏董事长宣布中远海运开辟了北部湾港至北美西航线；本航线的开通标志着西部陆海新通道沿线省（区、市）首次拥有了直达北美的洲际航线，开创了东盟经北部湾前往北美地区的贸易新通道。

9 月 8—9 日，第四届“丝路海运”国际合作论坛在福建厦门举行。本届论坛主题为“服务新格局，畅通双循环”，由福建省人民政府和中国航海学会共同举办。集团副总经理林戟受邀出席主论坛并发表了题为《推动航运产业链突破，促进行业可持续发展》的演讲。作为金砖国家工商理事会中方理事单位，中远海运受工业和信息化部邀请，参展了同期在厦门举办的“2022 年金砖国家新工业革命展览会”。中远海运厦门有限公司和中远海运港口厦门远海码头有限公司参加了展示。此外，在同期举行的 2022 金砖国家工业创新大赛上，中远海运发展有限公司选送的“内河及沿海水域绿色航运示范工程——基于船电分离的700TEU纯电集装箱船、箱式电源和港口交换电网络的应用与推广”项目荣获三等奖，中远海运特运选送的“船吊操作模拟培训系统”项目荣获优秀项目奖。

9月19—20日，由工业和信息化部、国家发展改革委、交通运输部、国务院发展研究中心和浙江省人民政府联合主办的“产业链供应链韧性与稳定”国际论坛在浙江杭州举行。本次论坛主题为“同舟共济、共克时艰，务实推动构建富有韧性的全球产业链供应链”。中共中央政治局委员、国务院副总理刘鹤以视频方式出席开幕式并宣读习近平主席贺信。集团副总经理林戟出席开幕式和主论坛活动，就产业链供应链韧性与稳定问题同有关方面进行了讨论和沟通，并表示中远海运始终将维护和促进全球产业链供应链韧性和稳定作为重要使命，助力打造稳定、安全、畅通的全球产业链供应链体系。

11月22日，2022北外滩国际航运论坛在北外滩世界会客厅开幕，来自世界各地的政界、企业界、学界代表和专家们汇聚上海，分享智慧，凝聚共识，共促航运业新发展。11月22日上午，上海市委常委、副市长张为在开幕式上发布了上海航运业在科技、绿色、创新等方面的成果，中远海运集团发布了2022年绿色低碳和智能化转型实施成果。中远海运集团董事长、党组书记万敏，全国人大外事委员会委员、中远海运集团原董事长、党组书记许立荣，中远海运集团副总经理、党组成员黄小文、陈扬帆、林戟受邀参加开幕式和主论坛系列活动。本届论坛由上海市人民政府、交通运输部主办，中远海运集团、上港集团承办；论坛采用线上、线下相结合的形式进行，来自国际航运产业链相关方近200名代表出席现场活动。（胡彧）

【重要国际组织活动】

2022年，中国再次接过金砖的交接棒，成为轮值主席国。中远海运坚持有条不紊做好金砖工商理事会中方主席单位的换届工作。3月1日，中方理事会2022年第一次会议在北京举行，中远海运集团与中国工商银行在会议现场就中方秘书处工作进行了正式交接。自2022年2月起，金砖工商理事会中方主席单位交由中国工商银行担任，中远海运担任理事单位。

6月8日，金砖国家工商理事会2022年年度会议举行。金砖国家工商理事会中方理事、中远海运集团董事长万敏视频出席了会议。会上，审议通过了《金砖国家工商理事会2022年度报告》和《金砖国家工商理事会关于携手共建高质量伙伴关系的联合声明》。6月22日，作为2022年金砖国家领导人会晤的重要配套活动，2022年金砖国家工商论坛以“深化金砖工商伙伴关系，共创全球发展美好未来”为主题，以线下和线上相结合的方式举行。国家主席习近平以视频方式出席论坛开幕式并发表题为《把握时代潮流　缔造光明未来》的主旨演讲。金砖国家工商理事会中方理事、中远海运集团董事长万敏受邀视频出席了论坛开幕式，并在“加强协调合作，增强产业链供应链韧性”的专题研讨会上作了交流发言。中远海运集团履行好理事单位的职责，结合航运和中远海运的有关实践，展示在航运领域的中国智慧，分享进一步促进五国经贸互联互通，稳定供应链产业链方面的建议，为年度报告增加航运元素。在核心成果设计方面，中远海运与巴西金鱼的纸浆运输合作项目和中远海运在南非投资约翰内斯堡铁路运转中心项目均纳入2022年金砖国家中方成果清单中。中远海运集团还深度参与2022年金砖国家解决方案大赛，中远海运港口的厦门5G港口项目和中远海运发展的集装箱一体化生态厕所项目分别荣获技术创新与应用类优胜奖和民生改善类优秀奖。

（胡彧）

CHINA COSCO SHIPPING
CORPORATION LIMITED
YEARBOOK

中国远洋海运集团有限公司

年鉴

第六篇

安全生产

概述

概　述

2022 年，集团公司认真学习贯彻习近平总书记关于安全生产的重要论述和重要指示批示精神，传达落实党中央、国务院决策部署，全力做好党的二十大等关键时段安全保障，扎实推进安全生产专项整治三年行动，在严、细、实上下功夫，有序推进各项安全生产工作，安全生产形势保持平稳有序，为集团高质量发展提供坚实的安全保障。2022 年，集团安全生产投入 7.69 亿元。（裴凯）

安全制度体系

安全制度体系

【安全生产责任制】

2022 年，集团党组高度重视安全生产工作，多次召开集团党组会、安委会会议及安全专题会，研究、部署党的二十大安全生产保障、安全风险隐患大排查大整治、防台防汛等工作要求；主要领导带队到基层单位、船舶开展安全检查，在党的二十大会议期间、国庆节假期等关键时段，带头执行带班值班要求，起到了良好的表率作用。

结合年度安全工作目标、任务及各单位安全生产工作实际，集团研究、制定 2022 年安全考核方案，组织签订安全生产责任书；建立健全全员安全责任制，进一步强化安全生产考核和责任追究，督促各职人员落实安全责任制，提高制度体系刚性执行力，减少“三违”现象，防范化解重大安全风险。（裴凯）

【安全制度体系建设】

2022 年，按照集团安全制度体系的总体设计和专项工作需要，集团公司组织修订了《生产安全事故隐患排查治理管理规定》和《船舶油污水处理管理规定》；贯彻落实《中华人民共和国安全生产法》《生产安全事故应急预案管理办法》等相关最新要求，修订、印发了《中国远洋海运集团有限公司生产安全事故综合应急预案（V1.2）》。（裴凯）

安全工作重点

安全工作重点

【党的二十大安全生产保障】

集团党组高度重视，紧紧围绕“防风险、保安全、迎二十大”的工作主线，多次召开党组会、安全专题会，研究、部署党的二十大安全生产保障、安全生产大检查、防台防汛等工作要求，带队到基层单位、船舶开展安全检查，带头执行关键时段领导带班值班要求，起到了良好的表率作用。

各单位认真落实集团《迎接党的二十大，加强全系统安全生产工作专项方案》和《关于细化落实国务院安委会安全生产十五条措施的具体举措》等方案、措施，靠前指挥，协同推进，压紧压实主体责任，严格落实“五防”重点和季节性安全等工作要求，认真开展隐患排查治理、值班监控、重点跟踪和信息报告等工作，各项安全工作平稳有序推进。（裴凯）

【安全生产专项整治三年行动】

2022 年是安全生产专项整治三年行动的巩固提升阶段，也是三年行动的“收官”之年。集团及各单位紧紧围绕“从根本上消除事故隐患”的目标，认真落实“理直气壮、标本兼治、从严从实、责任到人、守住底线”的要求，全面总结三年行动整治成果，突出思想引领、强化责任落实、注重长效长治，进一步深化源头管控。

集团安委会组织集体观看《生命重于泰山》专题片，深入学习习近平总书记关于安全生产的重要论述，《中华人民共和国安全生产法》企业主要负责人职责、国务院国资委对中央企业主要负责人安全考核要求，以及国务院安委会安全生产十五条措施等，进一步增强各级管理人员的责任感、紧迫感、使命感。

结合上级工作要求及安全生产实际，各单位、船舶紧盯重大安全风险防范化解，组织开展危化品、燃气和客滚船安全集中整治，认真落实自建房安全、高层建筑消防安全排查要求，集中开展船舶防失控及防搁浅、防工伤及外包工管理、船舶信息化安全管理运用等九个安全课题的专题研究，不断总结凝练经验，推进专项领域安全管控能力再提升。

【重 点 管 控】

2022 年，国内疫情呈现多点散发态势。按照防疫工作要求，集团强化特殊时段管控，统筹抓好疫情防控和安全生产工作，认真做好居家办公和公司值班安排，充分利用企业微信视频会议、视频监控抽查、航标平台系统等手段，保持对重点航区、船舶和陆岸单位的跟踪、监控不断不乱；结合防控形势，提前组织各船岸单位做好复工复产安全工作，从复工前安全工作方案、安全检查确认、现场管控和应急应对措施等方面进行布置、督促，各实体单位顺利实现全面复工复产，总体保持平稳有序，有关工作逐步转为常态化跟踪、监控。

关键时段方面，严格落实国家法定节假日及重大活动等关键时段安全管控要求，认真做好气象跟踪、预警提示、值班值守及信息报送等工作，保持节假日、春运、全国两会、党的二十大、博鳌亚洲论坛 2022 年年会、第五届中国国际进口博览会等时段集团船岸单位安全稳定。

常态化重点管控方面，每天利用集团信息化平台，密切关注台风等有关气象预警，以及全球船舶、陆岸典型事故信息，实时密切跟踪特殊水域、异常天气水域、装载特殊货物船舶、试航船舶和受台风影响单位、船舶等动态，指导提前避离，保持防台主动，及时做好有关预警、跟踪和提示；跟踪、分析全球海域安保形势的变化，及时调整防海盗警戒区、提醒区的范围，通过航标平台防海盗模块进行监控、提醒。

【安全活动】

2022 年 6 月，集团公司以“遵守安全生产法 当好第一责任人”为主题，以宣传贯彻《中华人民共和国安全生产法》为主线，组织开展“安全生产月”活动；以推动安全生产责任落实为重点，集体观看《生命重于泰山》安全专题片，深入学习习近平总书记关于安全生产的重要论述；积极开展各具特色、丰富多彩的安全宣传教育活动，全面普及安全知识，提升全员安全生产意识。

2022 年 11 月，集团公司以“抓消防安全，保高质量发展”为主题，组织开展“消防宣传月”活动，认真开展消防宣传活动、消防安全隐患专项排查，以及危险化学品 / 高层建筑 / 燃气安全等专项工作，着重加强对危化品储运及使用、燃气安全等环节的排查整治工作，不断推进安全管理提升工作。

按照上级部署和集团工作要求，各单位积极开展“安全生产月”和“消防宣传月”活动等活动，全面普及安全生产知识，提升全员安全生产意识，消除事故隐患；各船舶深入贯彻落实集团和岸基工作要求，以安全生产的实际行动确保船舶安全高效运营，确保完成客户运输托付，确保供应链产业链安全、畅通。

【防台工作】

2022 年，全球共生成命名热带气旋 80 个，其中大西洋 13 个，东北太平洋 17 个，西北太平洋 25 个，南太平洋 6 个，北印度洋 2 个，南印度洋 17 个，集团共计 1 193 艘次船舶受到影响。其中，西北太平洋是全球生成热带气旋最多的区域，影响集团船舶 969 艘次，占影响总艘次的 81.2%，是集团防台工作的重点区域。

总体上，2022 年西北太平洋和南海台风的特点是生成时间迟，登陆偏少，登陆强度整体偏弱，生成集中、群发性强。其中，12 号台风“梅花”为 2022 年登陆并影响我国的最强台风，也是近年登陆舟山、上海台风中心风力最强的台风。其先后在中国连续 4 次登陆，影响范围广、持续时间长；20 号台风“纳沙”和 22 号台风“尼格”与南下冷空气相互影响，使中国南海与华南沿海出现强风雨风浪现象，台湾海峡、南海中部、北部湾、琼州海峡、粤西一带海域出现大到巨浪，集团受影响船舶多达 107 艘次和 89 艘次。

【防海盗、防偷渡工作】

2022 年，全球海盗活动形势不容乐观，主要表现在：一是局部海域海盗活动形势依然严峻，西非几内亚湾海盗威胁高企，新加坡海峡、秘鲁卡亚俄锚地海盗集群登轮抢劫、偷盗事件多发；二是部分水域安保形势发生较大变化，主要是也门在红海南部海域和亚丁湾胡塞武装发生袭扰航行船舶和相关港口油轮码头事件；由于俄乌冲突影响，黑海水域船舶战争威胁凸显。

根据海上保安形势的变化，集团公司及时修订防海盗相关制度、规定，针对西非几内亚湾海域海盗活动扩大的现象，将“几内亚湾高风险区”范围向南扩大到南纬 2 度；针对局部海域海盗活动上升态势，增加秘鲁卡亚俄港周边、巴西亚马孙河局部水域 2 个区域为防海盗提醒区，扩大为 7 个防海盗提醒区；将“黑海区域”作为重点管控区域，要求集团船舶非必要不进入，并对进入的船舶在风险评估、审核流程、防范措施、应急预案进行跟踪监控。

2022 年，集团共有 2 630 艘次船舶航行于防海盗重点区域，其中西非几内亚湾高风险区 22 艘次、中风险区 37 艘次，印度洋高风险区 587 艘次、中风险区 787 艘次，菲律宾南部 1 099 艘次，其他水域 98 艘次，239 艘次船舶使用武装保安护航；对 7 个海盗偷盗、抢劫高发海域（港口）船舶发出警示提醒 2 821 艘次，提醒进入集团界定的偷渡重点港口的船舶622艘次。

【安全检查】

2022年，根据集团年度工作重点，安监部研究、制定2022年集团安全检查计划，分三个阶段开展检查，2—5月为第一阶段、6—10月为第二阶段，10月—2023年1月为第三阶段。立足集团安全工作主线，强化问题导向，结合安全生产月、传统台汛季节、重要节日、重大活动等有关工作要求，以安全检查推动集团重点安全工作落实，重点推进一线自查、远程检查和隐患整治举一反三工作，持续强化安全风险分级管控和隐患排查治理，重点培养“三个习惯”，大力推进闭环管理和清单管理。

按照上级有关部署，集团组织召开2次集团党组（扩大）会、安委会（扩大）会议，传达学习习近平总书记关于安全生产的重要指示及上级会议要求，研究、部署安全风险隐患大排查大整治、安全生产大检查等工作；3月24日至3月31日，组织开展安全风险隐患大排查大整治；4月份开始，持续开展安全大检查工作，重点是落实国务院安委会关于安全生产的十五条“硬措施”，以及国务院国资委、交通运输部有关检查方案要求，相关工作要求贯穿全年。

2022年受疫情影响，现场安全检查工作基本停滞。集团公司编制船舶、陆岸单位远程安全检查实施方案和远程检查表，从检查选船/单位、检查流程、评分标准等方面进行规范，有序推进远程检查工作，保持安全检查工作力度不松、标准不降、尺度不减；党的二十大期间，通过航标平台和视频监控系统，开展专项远程安全检查，对视频安全检查的工作流程、检查清单及结果应用等进行了讨论、梳理，持续推进视频检查工作，做到现场检查、视频巡检并举、互为补充。

安全文化与科技

安全文化与科技

【科技兴安】

2022 年，集团公司以数字化转型为契机，大力开展安全信息化建设工作，加强统筹研究、系统设计，加快推进以航标平台为核心的安全数字化体系建设，做好“应装尽装”“应用尽用”，持续开发、优化陆岸安全管理、生态环境保护管理、防台、大风浪、雾航、漂航监控、综合管理和学习交流等模块，构建以数字化管理为基础的安全监管体系。

2022 年，集团公司持续推进“海上避碰监控与预警系统”项目，协同有关部门、单位，做好系统开发、测试，利用信息化手段，对船舶碰撞的危险态势进行针对性提醒，及时发现特定驾驶员的危险驾驶习惯，便于提前介入，从而达到防患于未然目的；组织开展调查、研究，制定适于船舶使用的满足不同层次需求的视频系统布置标准，提升船舶安全监管、安保防护等方面的能力。（裴凯）

【职业健康】

2022 年，集团公司严格执行《中华人民共和国职业病防治法》，履行法定职责，监督推动所属企业落实主体责任，深入推进各项工作有序开展；统筹做好疫情防控常态化下的职业健康工作，一手抓职业健康培训工作，提高全员职业健康意识和技能，一手抓作业场所技改工作，加强源头管控和末端治理，大力提升职业危害防治水平；按规定做好新建、改造建设项目的职业健康配套设施“三同时”工作，中远海运发展下属 6 家箱厂加大投入，大幅减少粉尘和焊接烟尘排放，行业自律，冷箱用水性漆全面替代油性漆，升级装备，降低噪声排放；做好涉及职业病危害岗位的岗前、岗中和离职体检，排查员工职业禁忌状况，认真审核职业健康体检数据，严把入厂关；开展以《中华人民共和国职业病防治法》《健康中国行动（2019—2030 年）》为主要内容的系列宣传活动，坚持正面宣传、贴近员工，进一步落实职业病防治工作责任，普及职业健康知识，营造全集团全员关心关注支持职业病防治的浓厚氛围，切实保障劳动者的职业健康权益。

【安全文化建设】

2022 年，集团公司协同中国航海学会海洋船舶驾驶专业委员，组织召开“绿色智能航运与船舶安全研讨会”，分析相关难点问题，探讨应用推进方向；组织召开“船舶航行安全研讨会”，研讨船舶进出港、复杂水域操纵及引航操作，交流信息化技术在船舶避碰方面的应用；整理撰写《关于加强锂电池类货物运输安全管理的建议》，不断凝练航海经验。

2022 年，集团公司以《中远海运安全》杂志为平台，不断凝练航海经验。《中远海运安全》杂志共出刊 12 期，刊载文章 334 篇，主要内容涉及安全信息、航海技术、港口航道、机电管理、船员管理、检验检查、消防救生、陆企安全、通导管理、保险保赔、安全文化等，成为集团安全文化建设、展示和交流的重要平台，在行业内的影响力不断提高。

安全管理专题研究：2022 年，为解决影响安全生产中遇到的重点、难点问题，集团组织开展安全管理专题研究，主要包括船舶防失控及防搁浅、船舶封闭处所作业安全风险控制、防碰撞及防范商渔船碰撞、船舶信息化安全管理运用、客滚船安全管理、船员心理健康及对抑郁症的早发现早预防、防工伤及外包工管理、安全文化建设，以及新能源车、锂电池组运输 / 仓储安全管控实践等 9 个课题。通过研究制订措施、凝练经验，在实践中检验，不断总结完善。

在 2021 年《港口与航道参考指南》交流平台项目的基础上，集团公司组织开发航标平台“学习交流”模块，设计、开发出“文献综合检索”和“港口航道”“防避台风”“中远海运安全”等专项检索功能界面，在界面的友好度、交流功能等方面作了相应积极探索，组织做好文献的录入工作。《港口与航道》已录入 288 篇，《防避台风》已录入 48 篇，《中远海运安全》已录入审核 187 篇。

安全习惯养成：通过安全生产专项整治三年行动、安全生产月等活动，以及有关专项工作，深入推进、培养“三个习惯”，加强对“管理人员每日识别和管控安全风险”“操作人员每次作业前提醒和规避安全风险”“船舶开阔水域避让至少 1 海里距离”开展情况的检查和处置力度，使安全风险已知、在控，进一步强化全面风险管控意识；全面推广、应用“两个做法”，重点推进各项安全措施和要求，从布置、落实到反馈、验证的全过程闭环管理，以清单的形式列明并在作业前逐项对照落实的清单管理“两个做法”，推动各级管理人员、操作人员养成良好的安全习惯。（裴凯）

CHINA COSCO SHIPPING
CORPORATION LIMITED
YEARBOOK

中国远洋海运集团有限公司

年鉴

第七篇

企业管理

概述

概　述

2022年，中远海运集团全系统确立“抓基层、打基础”导向，强化精益管理理念，利用开展“对标世界一流管理提升行动”契机，利用数字化工具，进一步规范管理流程，强化执行力度，不断提升企业管理水平，以管理促发展，向管理要效益。

财务管理方面，2022年，集团以“保需求、调结构、促增长、控风险”为工作目标，通过抓好预算监控执行、优化资金债务结构、建设司库管理体系、规范会计核算报告、推进财务数智转型、加强财税政策落地、开展各类专项行动等重点工作，努力打造集团“世界一流财务管理体系”，为集团实现“世界一流企业”作出贡献。是年，集团财务决算工作连续第6年获得财政部通报表扬，财务月报编制工作第5年获得财政部表扬；主要考核指标超额完成国务院国资委预算目标，助力集团连续第6年获得国务院国资委业绩考核A级企业。

人力资源管理方面，坚持人才强企战略，全面推进干部人才队伍建设，深化干部人事体制机制改革，为打造世界一流的全球综合物流供应链服务生态提供坚强的人才保证。坚持做好“六个优化”：调整优化改革重组期间过渡性干部人事政策；优化集团总部机构与职能，突出集团总部战略引领和实际操作能力；优化集团职务职级体系，按照“宽幅对应、岗级分离”的总体思路，搭建一体化的职务职级框架；优化集团薪酬体系，完善直属企业负责人和驻外员工两个薪酬管理办法；优化集团招聘工作机制，按照陆岸与水上、境内与境外、校招与社招统筹规划、一体管理的思路，统筹推进集团各级各类人才招聘工作；优化驻外人员管理机制，加强重点关键岗位的派员管理。

资本运营管理方面，积极推进落实国务院国资委专项任务，规范产权管理行为；加强金融风险防控，筑牢合规发展基础；优化金融业务布局结构，推进内资融资租赁、保险经纪、财务公司等三大业务板块优化整合；制定集团控股上市公司质量提升方案，形成战略投资与资本运营相并行的双轮驱动新模式；开展基金自查整改，提升服务主业能级。

内部审计方面，认真学习贯彻全国审计工作会、全国巡视工作会和集团工作会等重要会议精神，以“抓质量、抓系统、抓运用、创一流”为主线，进一步把准职能定位，完善管理机制，组织实施重点项目，全力推进审计和巡视全覆盖，深化成果运用，推动审计巡视数字化转型，不断提高审计巡视工作质量和水平。

采购管理方面，进一步完善采购制度，强化供应商管理，推广范式合同，积极组织集团采购业务人员开展业务培训，积极开展采购领域专项治理，实行阳光采购数据报送，不断夯实廉洁风控基础；以保供稳链为目标，确保燃油采购、滑油采购、备件采购、营运船油漆采购、国内港口服务采购、保险服务采购等重点采购项目平稳运行；坚持科技领航、创新驱动，推进智能优选商城优化升级，推进数字化船舶服务平台建设。

法务与风险管理方面，贯彻落实国务院国资委深化法治建设、强化合规管理、加强风险管控的各项要求，服务集团改革发展战略，推进法治风控合规工作深入开展；高度关注海外政治风险，密切关注相关国家政局变化和安全形势，完善重点国际风险防范长效机制，做好专项风险排查；切实防范合规管理风险，高度重视涉外依法合规工作，重点做好反垄断、制裁、出口管制、海外反腐败等法律及贸易规则的研究，夯实风险管控基础；密切跟踪相关国家出台的针对航运企业监管的新变化和相关检查事件，切实做好有效应对；树立底线思维，完善应急预案，强化应急培训，妥善处理重大案件和风险事件。

财务管理

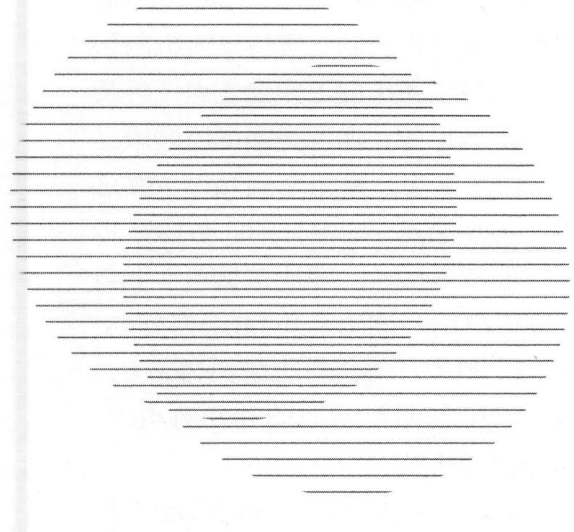

财 务 管 理

2022 年，财务部坚决贯彻落实集团党组“稳中求进”总基调，以“保需求、调结构、促增长、控风险”为工作目标，通过抓好预算监控执行、优化资金债务结构、建设司库管理体系、规范会计核算报告、推进财务数智转型、加强财税政策落地、开展各类专项行动等重点工作，努力打造集团“世界一流财务管理体系”，为集团实现“世界一流企业”作出贡献。

【预 算 管 理】

1. 突出预算引领作用

按照集团“纵横贯通的全面预算管理体系”的工作要求，突出预算引领作用。落实“稳增长”工作总基调，分解下达 2022 年度预算目标，审核各单位 2022 年度预算报告，下达年度预算复函，对关键指标提出工作要求。开展多维度预算执行监测，保障预算目标达成率；持续开展月度、季度预算执行情况监测，通报重点指标变化，提示预算执行存在问题，研究主要航运指数与收入、效益关系，开展趋势分析，监测航运单位经营效益。集团各单位积极开展效益滚动测算，为集团决策提供信息和建议。集团重组六年来，均超额完成国务院国资委预算目标，连续六年获得国务院国资委业绩考核 A 级企业。

2. 持续推动提质增效

做好稳经济大盘、供应链保通保畅、助力中小企业纾困解难相关工作，开展“稳增长、促发展”专项行动，全力挖潜能、增效益，确保集团实现年度经营目标。制定工作方案，按照强化协同、统筹推进的原则，结合集团年度工作会议重点任务，在制定提质增效五大类、121 条工作举措的基础上，进一步制定“稳增长、促发展”12 条举措。加强组织领导，成立领导小组和工作小组，要求直属单位相应成立工作机构，根据单位实际制定可量化、可操作、可考核的工作方案，细化工作目标和举措，形成重点任务清单台账，明确分工和责任人。优化推进机制，包括：分工推进机制、跟踪督导机制、定期报告机制、宣传交流机制和监督检查机制，保障集团年度工作会重点任务及各专项工作目标落地见效，实现集团提质增效经营目标。截至 2022 年底，集团净利润 1 269 亿元，利润总额 1 725 亿元，增幅分别为 20.9% 和 27.3%；资产负债率 54.2%，同比下降 3.1 个百分点；营业利润率 27.5%，同比上升 1.8 个百分点；劳动生产率人均 190.7 万元，同比增长 22.6%；研发投入强度 1.03%，同比上升 0.3 个百分点。

3. 建立常态治亏机制

根据集团 2022 年工作会议及专项行动工作要求，各单位积极开展常态化亏损企业治理工作，确保完成国务院国资委经营业绩考核指标。推动建立常态化工作机制，健全完善常态化组织机制、协同机制、闭环管控机制、监测预警和退出机制、数据化管控机制，巩固前期“处僵治困”“压减层级”“重点亏损子企业治理”等专项工作成果，进一步减少亏损企业户数和亏损金额。分析总结相关单位上年亏损治理成效，核定考核指标完成情况，制定新一年度治理思路，下达亏损治理目标。全力保障实现国务院国资委考核指标，将各单位亏损治理纳入年度经营业绩考核目标，每月通报各单位亏损治理结果，开展专项分析，总结治理经验，提出存在问题和工作建议。截至 2022 年底，集团亏损子企业合计亏损额同比下降 64.2%。

（陈史奇）

【资 金 管 理】

1. 调整优化债务结构

抓住债券市场利率下行机遇，增加直接融资规模。集团本部发行及指导所属单位年内累计发行超短融、公司债等公开市场产品170亿元；截至2022年12月末，集团直接融资占比7.67%，人民币直接融资规模比年初增加20亿元，发行利率远低于同期限银行贷款，处于同期市场可比最优水平，年内可节约财务费用1亿元。加强金融市场研判，持续优化贷款币种和利率结构；2022年以来，人民币信贷宽松、中长期利率持续下行，中美利差倒挂，对此，各单位通过提前归还美元贷款，增加人民币固定利率贷款，进一步优化集团债务结构，平衡利率和汇率风险敞口；截至12月末，集团固定利率贷款占比为39%，较年初基本持平；人民币贷款占比32%，比年初提高2.4个百分点，规模比年初增加18亿元；集团债务结构与资金需求的币种、期限结构基本匹配，风险敞口可控。

2. 多措并举降低财务成本

加强资金债务现状分析，组织重点单位压减债务规模。根据各单位资金债务现状，发挥与各大银行"总对总"合作优势，平衡集团内各单位资金债务结构，组织海控、散运等重点单位提前偿还46亿美元债务。2022年12月末，集团对外借款余额较年初下降5.3%。坚持银行资源集中管理，发挥整体规模优势，积极争取优惠利率贷款；年内取得各项优惠利率贷款低于同期市场利率约30%，贷款期内节约财务费用超10亿元。积极应对国际资金市场定价机制变化，制定美元贷款计价替代机制；加强与各大银行沟通协商，起草LIBOR和SOFR转换指引，梳理贷款合同，签署计价替代补充协议，争取最优利率条件；年内在美元大幅加息300个基点的背景下，集团平均资金成本3.2%，较上年同期增加仅0.8个百分点，低于央企平均水平。

3. 扩大内部融通规模

强化财务公司服务和管控功能。财务公司把握航运市场和资金市场变化趋势，提升综合金融服务能力，进一步发挥跨境优势，提高资金集中规模；截至2022年12月末，财务公司吸收存款同比增长48.8%；发放贷同比增长13.5%。推进财务公司股权调整及增资；根据监管要求和集团资金管理实际需要，按照"先调整、后增资"整体方案，优化财务公司股权结构；集团相关部门和各股东单位，加强监管机构沟通；11月完成增资后，财务公司金资本充足率、存贷比指标进一步优化；12月末，集团全口径资金集中度达90.97%，同比提高1.71个百分点。

4. 明确资金风险管理措施

针对突发事件统一组织采取避险措施。各单位将境外资金快速调回国内，外币收入及时结汇，资金尽量存放境外中资银行，最大程度减小突发事件的风险损失。强化集团利率汇率业务集中管理，坚持"自然对冲"策略；明确财务公司是集团利率汇率风险管理的操作平台，要求所属单位相关业务必须通过财务公司统一操作；充分发挥财务公司金融机构专业优势，采用即期结汇与远期锁汇相结合的方式，通过即期结汇动态压降汇率风险敞口，严格遵循套期保值原则，通过货币类衍生工具锁定汇率对冲剩余风险；在美元兑人民币升值9%的情况下，集团实现汇兑收益48亿元。进一步加强资金和债务风险管理；集团各单位通过开展全面债务风险排查、强化资金债务计划管理、加大内部资金统筹力度、建立债务风险预警体系、严控隐性债务等措施，确保不发生债务违约风险；重点加强高负债单位的全级次穿透式管理，资产负债率超管控线（75%）单位较年初减少3户；严格借款和担保管理，起草融资担保管理制度，编制年度融资担保预算，严格融资担保审批；截至2022年12月末，集团融资担保余额较年初下降26%，集团融资担保余额占合并净资产比重24.1%，低于40%的国务院国资委规定上限。

5. 推进人民币计价结算

在试点和创新人民币国际化基础上，制定推进人民币国际结算工作的总体方案。以"推进全业务链人民币定价和结算"为工作目标，按照"先境内后境外、先集团内后集团外"的工作思路，组织各单位稳步推进集团人民币结算各项试点工作。推进航运电商平台运费以人民币计价结算；2022年，航运电商平台人民币国际运费及附加费结算量达25亿元。推进“一带一路”沿线人民币运费结算模式；中远海运集运部分境外单位采用将当地货币直接兑换成人民币，再以跨境人民币归集至集运，有效降低换汇成本，资金回笼效率大幅提升；2022年跨境运费结算31亿元。中央企业之间合作取得新进展，与中石油、中石化、中粮等国内资源型央企达成人民币计价和结算方案，2022年交易规模3.23亿元。实行跨境分红优先使用跨境人民币支付，2022年跨境分红规模为208亿元。创新使用境外人民币贷款，降低企业融资成本；与有关银行探讨能源LNG项目人民币贷款的可行性，积极推进船舶租金人民币计价和结算、通过集团跨境资金池向境外公司提供人民币贷款等业务。（黄良贤）

【财税管理】

1. 积极推进财税政策落实

认真和理解财税政策文件，把握国家、地方和行业政策方向，全面梳理增值税留抵退税、中小微企业所得税减免，以及房产税等“六税两费”减免政策等有关内容，结合企业生产经营实际情况，把政策红利转化为发展实效。积极做好数据统计，及时掌握政策实施情况；合理利用财务报表平台，建立数据统计和报送渠道，及时准确做好数据统计，对政策的宣贯落实效果进行跟进分析，提升政策实施效果。全力落实船员个税减免，提高船员幸福感；整理远洋船员减税政策宣传提纲，深入宣传远洋船员个人所得税减免政策，并就政策实施中的堵点难点，向各级税务机关提出意见建议，争取政策顺畅实施。2022年，集团远洋船员享受个税减免15 893人次，共计减税2.14亿元，减税幅度达到87%。

2. 加强收益分配管理

统筹调配资源，保障对直属单位权益性投资的需求，不断加强国资收益管理，强化分配意识，充分利用集团年度盈利和经营性现金流双创新高的有利基础，足额上缴分红，增厚集团总部资金积累，保障“十四五”战略规划落地。做好沟通指导，促进提高分配比例；按照分类管理、应收尽收的管理原则，重点单位逐级收缴利润，保障分配能力；促境外单位提高分配比例，切实履行分配义务。对各单位上报的分配预案进行审核批复，确保收益分配要求落实到位。

3. 做好预算资金申请

积极落实2022年各项财政申请。根据财政部要求，克服疫情影响下报送难等外部障碍，及时准确做好2022年财政资金申报工作。做好2023年度国有资本经营预算和一般公共预算申报，及时完成政务外网、政务内网连通，开展压力测试，落实财政预算资金管理要求。完成2021年度财政收支报表编制及项目绩效评价工作，各项目绩效评价情况总体良好；落实项目资金管理要求，保证财政资金使用合规到位。

（赵杰）

【会计管理】

1. 高效做好报表编制

克服疫情带来的不利影响，按时完成2021年财务决算工作。迅速启动线上备选工作方案；2022年3月中上旬，积极组织审计师及所属单位，将现场审计、决算会审等工作切换为线上远程审计和线上会审方式，按单位、报表项目等多个维度进行网格化交叉审核；截至5月末，决算工作按照“计划不变、流程不减、标准不降”的要求，按时保质完成国务院国资委、财政部决算报送工作。认真落实国务院国资委提示问题整改；研究国务院国资委决算批复中提示的问题，制定提示问题清单台账，组织相关部门和单位，逐一制定整改措施及目标，及时跟进整改工作推进情况。集团2021年月报工作和决算工作均获财政部通报表扬；自2016年重组设立至2022年，集团决算工作连续6年获财政部通报表扬，月报工作也先后5次获财政部表扬。

2. 参与国家会计准则修订

2022年，集团作为财政部企业会计准则实施技术联络小组固定席位成员企业单位，积极参与财政部组织的会计标准建设与实施等管理工作，研究讨论共37项国内最前沿会计实务工作中的准则应用议题。同时认真组织参与财政部政策制定或通知发布工作，就财政部2022年内拟发布应用案例、实施问答、企业会计准则解释、2022年年报工作通知等工作，进行内容征集和意见反馈。积极配合做好财政部实务调研；针对增值税期末留抵退税等业务的会计处理，以及下一步经营、投资、融资修改利润表格式等工作，提供专业意见和建议。（杨新远）

【财务数智化转型】

1. 推动预算管理数智化转型

落实集团财务工作会议关于加快“世界一流财务管理体系建设”要求，持续推动预算管理数智化转型。推进财务数据盘点工作，梳理财务数据资产，按照统一底层架构、流程体系和数据规范要求，完善指标定义、口径和属性。提升数据平台使用功能，以集团数据集成平台为载体，按照推动、财务信息全面对接和整合目标，向平台整理推送历史年度财务决算数据，提供数据比较、图形展示、自定义筛选等功能，提升数据价值。强化经营分析工作，为经营决策提供财务支撑；航运单位开展成本支出专项分析，找出存在的问题，提出下一步成本管控重点，全面开展强化成本管控工作，推动成本管控更加精益科学，持续提升应对市场变化的成本竞争能力。完善集团数据集成平台燃油成本分析板块，对业务、财务、外部、综合分析等4类指标，设置同比、趋势、排序、因素、对标、预警等6种分析功能；通过对燃油成本数据的展示，为采购、能耗管理等提供数据支持。（陈史奇）

2. 推进集团司库管理体系项目建设

集团司库系统作为“十四五”时期集团财务数字化转型的“一号工程”，2022年8月底正式启动项目建设，推进银企直连、数据迁移、数据中台、信创数据库等系统工作。围绕集团司库管理体系建设相关的“账户管理、资金集中、结算管理、融资管理、资金预算、风险管理”等关键管理事项进行专题讨论，明确职责划分，为司库系统高阶方案提供指引。对集团境外区域公司各级子企业全部银行账户的用途、结算方式，非直连银行的SWIFT报文收发等情况逐一梳理。深入研究财司新核心系统，明确各项业务、各类数据的订单处理机制，提出业务中台、控制中台和数据中台的解决方案；形成28项管理和业务说明书、15类业务订单，以及481项数据订单，产出23份需求说明文档、28份纪要分册，重点推进银企直连对接实施、境外外汇结算及资金管理方案的制订工作。按照集团“司库系统与财司系统作为一个项目统筹推进”的原则，落实总部统筹、平台实施、基层执行“三位一体”的司库管理要求，实现司库系统与财司新核心系统之间高度集成，确保系统间数据流转实时准确、高效顺畅，实现全过程信息监控和全级次穿透式监管；初步识别两个系统间7大类、171个衔接点，明确各类数据使用场景和交互要求。（王易）

3. 推进财务统建项目

全面推广会计核算标准化项目，积极支持会计核算标准化上线实施，年内完成总部SAP上线。集团财务公司、人才发展院、自保公司等单位认真做好核算业务梳理、会计科目配置、新旧系统数据切换等工作，船员公司认真做好优化调整财务共享中心建设方案。推进集团费控平台项目建设，将管理要求嵌入系统流程；通过系统配置夯实管理基础，完成集团本部、能源、特运、港航等20余家直属单位新费控系统上线工作，并根据上线应用情况，不断优化系统配置，开发新功能。研究启动集团久其财务报表系统升级项目；根据集团科技与数字化转型总体要求，以激活数据价值并提供日常分析和决策支持为目标，设计统一报表体系，与核算系统集成，实现账表一体化和数据自动采集，快速生成多口径合并报表，对久其报表系统进行升级，2022年底完成决算报表上线。（王易）

人力资源管理

人力资源管理

【领导班子和干部队伍建设】

1. 集团党组管理干部基本情况

截至 2022 年 12 月，集团党组管理干部共计 262 人。其中，总部部门（中心）负责人及以上干部 45 人、直属单位领导班子成员 198 人、直属单位专职外部董事 19 人。中共党员 251 人，民主党派 3 人，无党派 2 人，群众 6 人。从年龄结构看，平均年龄 52.63 岁，40 岁及以下 1 人，占 0.4%；41 ~ 50 岁 76 人，占 29%；51 岁以上 185 人，占 70.6%。从学历结构来看，研究生以上学历 77 人，占 29.4%；本科学历 166 人，占 63.4%；大专及以下学历 19 人，占 7.3%。从职称结构看，高级职称 131 人，占 50%；中级职称 100 人，占 38.2%；初级及以下职称 18 人，占 6.9%；无职称 13 人，占 4.91%。（范路遥）

2. 直属单位领导班子及干部调整

坚持好干部标准和国有企业领导人员有关要求，树立正确选人用人导向，严把人选政治关、品德关、廉洁关和能力关，选优配强领导班子和干部队伍。党组共研究讨论干部调整事项 184 人次，其中提任 50 人，市场化选聘 2 人，平级调整 94 人，推动班子选优配强；严格执行干部到龄退休制度，共退休 36 人；严格做好不适宜担任现职干部退出工作，2 名干部免职调整。落实“两个一以贯之”重要要求，在完善公司治理中加强党的领导，对符合条件的 34 家二级单位全部实现董事长、党委书记“一肩挑”，完成率 100%，并在集运、散运、能源、特运、物流、重工、海发、船员等 8 家规模较大的重要直属单位配备专职党委副书记。加大干部交流力度，推动总部与直属单位之间、境内外之间、不同业务领域间的干部交流，大力培养综合型、复合型干部。2022 年，集团总部与直属单位交流 15 人次，境内与境外交流 20 人次，各业务板块之间交流 28 人次，纪检、党务和业务交流 10 人次，进一步优化领导班子专业结构。（隋彦瑞）

3. 经理层任期制和契约化管理

对照国有企业改革三年行动和集团深化改革工作部署，在各级子企业全面推行经理层成员任期制和契约化管理基础上，持续完善契约文本，提升改革工作质量。印发《关于进一步加强经理层成员任期制和契约化管理工作的通知》，部署集团各直属单位开展全面自查和整改。学习贯彻《经理层成员任期制和契约化管理契约文本操作要点》，及时与国务院国资委改革办沟通咨询，督促各单位坚决执行，不断完善契约本文。按照分级管理的原则，对 38 家直属单位报备的经理层成员契约文件进行逐户检查、逐户反馈，对不符合政策要求的地方，提出调整要求。

（隋彦瑞）

4. 直属单位董监事管理

加强直属单位董事会、监事会建设，对 38 家直属单位董事会人员情况进行梳理分析，明确董事配备基本原则和工作思路。完善直属单位董事会配备，共调整 34 家直属单位的董事 87 人次、监事 12 人次，持续推进董事和监事配齐配强。加强董事考核，印发《直属单位董事监事考核评价办法》，督促董事监事积极履行职责，提升直属单位董事会、监事会运作成效。组织开展董事履职能力提升网络培训班，对 110 名专职外部董事、集团派出兼职董事进行培训，进一步提高董事思想认识，拓宽眼界思路，提升履职能力。

（范路遥）

5. 年轻干部选拔培养

开展优秀年轻干部选拔培养计划，建立“远

航”“启航”年轻干部人才库，164名年轻干部进入“远航”库，448名陆岸干部和38名一线船员进入“启航”库。加大培训培养力度，举办2022年“远航班”“启航班”，共培训年轻干部51人，其中船舶“三长”10人。加强岗位实践锻炼，先后挑选48名优秀陆岸管理人员挂职船舶政委，选调63名优秀船员到陆岸管理岗位工作，选派53名优秀年轻干部到海外锻炼，在对口支援、挂职帮扶工作中，优先选派年轻干部挂职锻炼，砥砺品质、增长才干。开展党组管理干部后备补充人选调研访谈，为持续优化干部队伍结构、加大优秀年轻干部使用提供支撑。

（范路遥）

6. 干部监督与基础管理

从严监督和管理干部，开展直属单位选人用人“一报告两评议”工作。对26家直属单位选人用人工作和新提拔干部进行民主评议，了解并监督各单位选人用人工作。组织241名集团管理干部开展个人有关事项报告年度集中填报工作，对47名拟提拔任用、6名地方人大、政协换届的干部个人事项进行查核，按要求开展年度随机抽查、重点抽查、查核验证工作。（隋彦瑞）

7. 扶贫、援藏和干部挂职

根据中央有关部委和集团党组工作部署，选派新一批2名援藏干部进藏挂职，选派4名有潜力的年轻干部分别到湖南、云南定点帮扶县和村挂职。加强与重点地区干部挂职交流，与广西北部湾开展双向挂职8人，接收2名青岛市干部到集团下属单位挂职，通过双向挂职交流，促进干部换位思考，丰富干部履职经历。（范路遥）

【人才队伍建设】

1. 招录工作

印发《关于加强和改进境内单位陆岸岗位人才招聘工作的指导意见》，进一步规范和优化招聘工作的标准、流程和渠道。加大优质高校毕业生招录力度，组织相关单位赴清华大学、北京大学等7所国内顶尖院校开展宣讲会。2022年，集团境内陆岸岗位招录应届高校毕业生725人，其中硕士及以上学历264人，占比36.4%。组织各单位开展应届毕业生夏季招录工作，共编制招录计划357人，实际签约392人，实际到岗367人。继续推进实施第三期“集团管培生”计划。实行“逢进必考、标准统一”，建立统一的笔试题库和入职标准，统一组织考试测评，提高招录人员整体能力素质水平。2022年，集团共开展境内陆岸岗位集中笔试15场，参加笔试人数5 000人，通过笔试人数3 540人，占70.8%。

2. 高层次人才引进

印发《集团党组关于高层次人才引进的指导意见》，围绕集团战略转型发展，聚焦关键领域，提出引进高层次人才的思路方法与创新机制，确保高层次人才能够引得进、留得住、干得好。集团总部以市场化选聘方式精准引进云数据专家、数字产品专家各1人；19家直属单位引进高层次人才18人，其中海外引才2人。

3. 人才培训培养

印发《集团内训师管理办法（试行）》，从优秀员工中培养内训师，落实领导干部上讲台制度，充分发挥退休领导经验优势。组织开展集团内训师课程开发专题培训班，114名内训师参训。发挥集团党校/人才院培训主阵地作用，举办“启航/远航”年轻干部培训，共51名学员参训；举办集团党组管理干部“数字、绿色、低碳、智能”专题培训，共245人参训；举办集团深化国企改革网络专题培训，共1 893人参训。协同人才院积极筹划推进线上培训，利用iHR组织在线学习，3.8万人次登录学习。加强校企合作培养人才，与上海交通大学持续开展非全日制工程博士联合培养，联合培养5人；与同济大学联合培养工程硕博士10人，其中硕士5人、博士5人。

4. 职称评审管理

2022年，集团评审资质的5个职称系列共105人获评通过相应专业技术职务任职资格。其中，正高级工程师4人，高级工程师49人，高级经济师23人，高级会计师13人，研究员2人，副研究员5人，高级政工师7人，政工师1人，助理政工师1人，综合通过率为86.8%。

（唐继云）

【总部员工管理】

1. 总部员工基本情况

截至 2022 年 12 月底，集团总部职能部门共有员工 241 人。其中，总部部门负责人及以上干部 44 人，处室负责人 89 人，员工 108 人。中共党员 206 人；平均年龄 46 岁；本科及以上学历 237 人，占 98.3%；高级职称 68 人，占 28.2%。

2. 落实国务院国资委“总部机关化”问题专项整改

落实国务院国资委《关于中央企业开展“总部机关化”问题专项整改工作的通知》中“央企要注重从基层企业选拔优秀人才，加大总部与基层企业的人员交流力度”要求，梳理总部职能部门人员缺编情况，开展在系统内公开选拔，通过笔试、能力素质测评、面试、延伸考察，共选拔招录 54 人进入总部各职能部门。这批补充人员平均年龄 36.2 岁，研究生及以上学历 24 人，充分体现了年轻化、知识化，有效充实了总部员工队伍。（陈坤）

【派驻境外员工管理】

1. 派驻境外员工基本情况

截至 2022 年 12 月底，集团派驻境外员工共计 474 人。从年龄结构看，平均年龄 47 岁，31 ~ 40 岁 85 人，占 17.9%；41 ~ 50 岁 221 人，占 46.6%；51 岁以上 168 人，占 35.5%。从学历结构看，研究生以上学历 140 人，占 29.6%；本科学历 293 人，占 61.8%。从职称结构看，高级职称 81 人，占 17.1%；中级职称 236 人，占 49.8%；初级及以下职称 157 人，占 33.1%。

2. 派驻境外员工管理

印发《关于加强境外员工管理有关事项的通知》，进一步优化境外员工派前报备、轮换计划报告、境外员工选派等工作机制，明确集团负责统筹海外重点关键岗位的选派工作，加大集团职能管控力度。全面梳理集团整合以来派驻境外员工管理工作，聚焦境外人员选派、境外人员轮换、岗位编制管理和外派后备库建设等，深入分析管理实践中存在的各类问题，提出针对性改进建议，为优化改进驻外员工管理打下了良好基础。

3. 境外后备人才库建设

全面梳理境外后备库人员结构情况，按分布单位、年龄结构、职务职级、后备类型等维度进行深入分析，并结合集团统筹选派重点关键岗位的需求，根据人岗匹配原则，对符合集团选派条件的后备人员进行分类管理。扎实推进境外后备人员选拔工作。因疫情原因，2022 年下半年选拔工作采取非集中、线上一对一的形式开展，确保选拔工作与防疫工作两不误。全年共开展后备库选拔 2 次，通过选拔共有 78 人纳入后备库统一管理。（陈坤）

【薪酬与绩效管理】

1. 工资总额管理

2022 年，根据集团深化改革发展的工作需要，在总结组建以来工资总额管理实践的基础上，制定下发《中国远洋海运集团有限公司工资总额管理规定》，坚持考核导向、效益联动、服务战略原则，建立与集团年度综合考核评价结果、利润指标挂钩的工资总额决定机制，完善和强化内部收入分配管理。同时，贯彻落实国务院国资委及集团党组有关工作要求，进一步加大薪酬向一线倾斜力度，强化工资总额管控，加大差异化调控力度，督促各单位优化企业内部收入分配机制，有效发挥工资总额在职工收入分配中的调控作用。

2. 领导人员薪酬管理

认真贯彻上级有关中央企业负责人薪酬管理规定，做好集团领导班子薪酬日常管理工作。按照国务院国资委相关通知要求，认真编制中远海运集团企业负责人 2021 年度薪酬及 2019—2021 年任期激励收入兑现方案，并做好兑现工作。

3. 上市公司股权激励

2022 年上半年，依次推动中远海运科技、中远海运能源、中远海运发展、中远海运控股等 4 家上市公司按照约定开展股权激励行权工作。其中，中远海运科技、中远海运发展首次授予股权激励；中远海运控股预留授予股权激励于 2022 年解锁，按照约定启动第一次行权工作；中远海运能源、中远海运控股首次授予股权激励按约定启动第二次行权工作。同时，集团指导海南港航及所属上市公司海峡股份研究拟定上市公司股权激励方案，并做好方案审核工作。2022 年 11 月，海峡股份股权激励计划草案经履行集团审批程序后，行文报送上级有关部门。

4. 科技型企业分红激励

2022 年，陆续推动上海船研所、中远海运重工所属南京船配、威海科技和大连海事工程，以及香港中远海运所属江门铝业等单位，按照集团规定及分红激励方案约定，开展 2022 年度科技型企业分红激励兑现工作，进一步增强了科技人员工作积极性。（刘飞）

【船员管理】

1. 船员队伍基本情况

截至 2022 年 12 月 31 日，集团共有船员 47 374 人。其中，自有船员 29 613 人，占 62.51%；劳务及其他船员 17 761 人，占 37.49%。集团自有船员平均年龄 38.8 岁。自有高级船员本专科以上学历占比 85%。

2. 持续开展优秀船员调陆工作

根据《中远海运集团船员调陆管理办法（试行）》和《中远海运集团优秀船舶政委人才库建设及船舶政委调陆实施细则（试行）》等文件要求，集团人力资源本部和党组工作部指导船员公司和各船公司陆岸单位，完成船员调陆后备库动态更新 214 人，并落实第二批（2022—2023 年）船员调陆试岗名单 70 人。其中，集运 15 人、能源 16 人、散运 17 人、特运 6 人、客运 2 人、海发 1 人、船员公司 6 人、大连投资 2 人、中石化中海燃供 1 人、香港公司 3 人，以及集团总部 1 人。

3. 开展陆岸人员挂职船舶政委工作

按照《中远海运集团陆岸人员挂职船舶政委工作实施方案（试行）》的要求，培养陆岸管理干部"接海味、接地气"，发扬支部建在船上优良传统，持续提升船舶党建工作质量，2020 年以来共开展三批次 167 人挂职船舶政委。2022 年启动第三批挂职船舶政委工作，集团全系统 18 家单位共选拔推荐年轻优秀陆岸管理人员 51 名；经开展为期 2 个月的专项培训，陆续派船挂职船舶政委工作。第一批挂职船舶政委 68 人已结束挂职返回陆岸岗位，并按规定完成相应的考核任用，树立了良好的用人导向，有效推动船岸复合型干部培养。

4. 持续加强船员招录和关心关爱

加强校企合作，加大品牌宣传力度，增加传统航海院校本科生招生比例，把好入口关，启动"海上管培生"培养工作，吸引更多优秀航海类毕业生加入集团船员队伍。2022 年以来共招录报到航海类院校毕业生 2 096 人（含首批海上管培生 21 人）。坚持收入分配向船员倾斜，上调航海类毕业生待遇标准，对紧缺岗位发放薪酬补贴，疫情期间另外向船员发放疫情伙食补贴，持续提升船员薪酬水平。落实远洋船员个税优惠政策，近三年共 4.99 万人次享受船员个税优惠政策，累计金额 6.15 亿元，不断增强船员获得感。坚持把疫苗接种作为"我为群众办实事"实践活动重点民生项目，积极推进船员疫苗接种工作。2022 年 4 月 12 日，集团主营船队在船船员疫苗接种率达到 100%；2022 年 10 月底，在船船员加强针接种率达到 87.0%，确保符合条件的上船船员"应接尽接"。（罗开军）

【离退休人员管理】

1. 离退休人员基本情况

截至 2022 年底，集团共有离退休人员 69 117 人，其中离休干部 249 人。设有离休干部党支部 15 个，离休干部党员 212 人。

2. 引导离退休干部发挥积极作用

组织离休干部开展"关心下一代"主题活动，积极引导离休干部发挥作用。积极组织各单位引导老同志发挥政治优势和经验优势，利用"青老共建学雷锋活动"等契机，邀请参加过抗美援朝战争、保煤运动的老同志宣讲党史、海运史，发扬红色传统、传承红色基因、赓续共产党人精神血脉。组织老干部参加集团“浪花心愿”云南助学行动，老干部积极捐款资助贫困学生，有的甚至拿出积蓄在老家设立专项奖学金。为拓展老同志发挥作用新领域，组织13名退休老干部积极参加“乐龄申城E行动”志愿服务工作，创建中远海运市民巡访团，深入开展“E宣传”“E监督”“E引领”活动，为迎庆党的二十大胜利召开营造良好网络氛围贡献一份力量。上海中远海运94岁高龄离休干部金望如受聘上海市志愿团队，成为上海市植物园特邀摄影者；退休干部马浩然受聘成为普陀区老干部局党课讲师；龚浩明同志受邀成为上海泛亚航运公司党支部党建指导员。

3. 做好离退休老干部服务

统筹做好集团春节走访慰问工作。集团领导亲自带队，在上海、北京、广州、深圳、大连等地慰问离退休干部，通报集团各方面的成就。按照集团统一部署，各单位采取上门拜访、电话、微信视频连线等方式，开展老干部春节慰问，向老同志传达集团党组的祝福和关心。离退休老同志们纷纷表示，感谢集团党组对老同志的关心关爱，祝贺集团效益创历史新高，他们将一如既往地关心支持祖国航运事业的发展。

针对离休干部整体进入高龄、高发病“双高期”情况，协调各单位倍加珍惜为离休干部服务的机会，进一步把离休干部服务好照顾好保障好，努力让离休干部安享幸福美满晚年。落实中央要求，不折不扣贯彻落实提高离休干部相关待遇政策。组织在沪各单位办理38名解放战争时期参加革命工作的离休干部参照单项副局级医疗待遇。通过元旦、五一、中秋国庆等节日，以及“冬送温暖、夏送凉爽”、生日祝寿、生病探望等重要时点的慰问活动，增强老干部的获得感、幸福感。全年走访慰问离退休干部1 035人次，电话慰问2 503人次。

做好老同志的健康管理工作。老同志的健康状况是工作重点。各单位组织6 278名离退休干部进行健康体检。根据退休人员的健康状况和不同需求，对体检项目进行个性化的订制。做好体检后续的报告解读、疾病治疗、身体复查、动态跟踪等工作，切实发挥体检“有病早发现、早治疗”的作用，帮助老同志保持身心健康。

（张华）

资本运营管理

资本运营管理

【加强产权管理】

2022年8月，集团出台了《中国远洋海运集团有限公司国有资产流转管理办法》，进一步完善了产权管理制度体系。按照“大系统、大平台、大数据”理念，在开展集团产权管理综合信息系统项目前期建设基础上，重点梳理内部系统功能模块和业务流程，明确了系统建设目标。同时，为增强集团产权管理人员对国务院国资委及集团产权管理制度的理解与掌握，提升合规意识，结合集团推进的产权管理问题专项治理工作，开展集团产权管理专项培训。

积极开展产权流转具体项目审批，确保内部重组整合及战略调整工作的顺利推进。2022年共审批集团内部股权协议转让项目20余项，具体包括扬州重工股权提升、天宏力公司及连悦公司股权整合、天津租赁股权调整、财务公司股权优化整合、散运第二阶段境外公司股权调整，以及海真蓝公司股权调整等。

在产权登记方面，坚持做好日常产权登记；通过开展季度自查、年度与财务决算架构核对、不定期核实疑似问题数据、不间断跟进产权架构变动情况等多种方式，不断提升产权登记数据的及时性、准确性、完整性。共审核办理所属单位提交的产权登记申请约330余项。其中，国务院国资委授权集团直接审核80项，提交国务院国资委审核250多项，绝大多数项目国务院国资委一次性审核通过。

在资产评估方面，共审核评估项目84个，完成备案手续73个，全部为集团备案项目，涉及标的净资产账面值合计248.14亿元，评估值合计402.52亿元，评估合计增值154.38亿元，增值率62.21%；主要为内部股权整合调整、资产股权盘活处置、外部股权收购项目等。

【优化金融业务结构】

为根据国务院国资委有关金融业务优化调整工作部署，集团积极组织中远海运发展等重点子企业，认真扎实、稳妥有序推进各项工作。至2022年底，完成内资融资租赁、保险经纪、财务公司等三大业务板块优化整合，以及类金融公司清算关闭等工作，同时持续推进参股金融股权对外出售等重点项目。年内，租赁板块改革成效显著，佛罗伦天津完成工商注销；新远海集收购天津租赁，天津租赁已变更注册地址并换领新工商营业执照；中远海运租赁完成股权多元化，增资扩股30亿元，并更名为海发宝诚融资租赁有限公司。保险经纪板块重组顺利进行，深圳保险经纪全面整合接收上海海宁业务和人员，实现境内保险经纪业务统一运营，中远海运发展挂牌转让上海海宁股权，最终中海油集团摘牌。中远海运财务股权不断优化，股东由15家减少至8家，股本增加135亿元至195亿元，股权结构更加合理，资本实力显著增强，金融服务能力进一步提升。严控金融风险，关闭类金融公司，海汇保理和小贷公司已停止开展新增业务，并完成人员清退和分流。加快参股金融股权处置，完成平安财险对外出售工作，处置收入1 253.12万元，年化投资收益率约43%；同时积极推进海南银行、渤海银行、昆仑银行、广发银行等4家参股银行机构的转让工作。

【加强基金管理】

2022年，根据国务院国资委工作部署，对集团及下属单位管理参投的20只私募股权投资基金进行全面的梳理自查。在此基础上，集团积极指导各单位克服疫情影响等不利因素，协调沟通外部合作方、投资人、基金管理公司等，围绕强化集团公司管控、加快参与基金退出处置、完善基金业务风险防范等重点环节，多措并举、全力以赴推进各项整改工作，并于年内完成所有通报清单问题的整改。为减少存量风险，控制增量风险，妥善制定风险处置预案，采取了一系列措施。其中，物流基金肉牛项目于6月30日对外出售全部存栏肉牛，安全回收资金，完成业务清算；北美平行进口车业务，通过整体打包出售，实现安全退出；中远海运发展退出涉及供应链金融业务的有关基金，保障资金安全，确保风险水平总体可控。

【制定上市公司质量提升方案】

为进一步提高集团所属上市公司质量，集团成立由董事长牵头的工作专班，通过对控股11家上市公司的细致梳理和认真研究，形成了质量提升工作方案。同时，为进一步加快集团总部由“管资产”向“管资本”转变，以投资体制改革为抓手，结合上述工作方案要求，对资本运营规划进行深入研究，更新完善，形成战略投资与资本运营相并行的双轮驱动新模式。根据集团“3+4”战略规划，对集团资本结构进一步优化进行分析研究，采取多种资本运营方式实现资产证券化或资产变现，统筹考虑中远海控确立为投资平台后的资本运作方案、码头资源整合方案等；同时，坚持未雨绸缪，积极应对未来各种情况，根据各业务板块上市平台的实际需要，继续推进资本运营规划中具备条件的短期项目进程，优化调整并积极准备中长期项目，为提质增效打好基础。

【做好专项治理】

集团坚持继续做好“僵尸”、特困企业、重点亏损子企业治理后续工作，巩固治亏成果，形成治亏常态化工作机制。集团所属1户“僵尸企业”、7户特困企业、24户重点亏损子企业，已分别于2020年和2021年末完成“处僵治困”和重点亏损子企业专项治理任务，达成国务院国资委下达的各项治理任务目标。2022年，根据国务院国资委决算审核跟进落实重点亏损子企业的任务要求，持续开展“回头看”，建立常态化治亏工作机制；根据相关单位2021年财务决算数据，集团全面完成了治理任务，所有24户重点亏损子企业均已完成了治理目标。截至2022年8月31日，剩余19户企业中实现扭亏的企业户数为17户，较2021年末增加3户，合计实现利润总额29.17亿元，远高于上年水平；6户特困企业仍维持3户盈利、3户亏损。在推进专项治理工作中，集团积极落实国家关于“僵尸”、特困企业自有房产、土地房产税和城镇土地使用税的三年免税优惠支持政策，有效助力企业巩固治亏成果。

【推进投资体制改革】

2022年，集团坚持推进深化投资体制改革，旨在推动企业一体化、产业链经营，全面提升在投资方面的主动性和主导能力，积极打造“强总部”，使投资成为未来集团实现战略目标和经营创效的重要手段。对此，集团坚持加强顶层设计，研究构建集团“战略管控＋资本运营”投资管理体制，形成新的投资体系，即建立集团投资决策委员会，明确相关职责定位，对集团投资及资本运营整体规划进行方向性指导，对重大战略投资项目进行专业化决策与监督；统筹规划集团总部与直属单位投资业务的协同关系，提升总部的主动筹划、战略管控和体现集团层面意志的投资实操能力；加强投资专业化队伍建设，从集团总部、共享中心、投资平台等各个层面，通过体制改革形成柔性工作机制，逐步建立起专业化投资人才梯队。（周明）

内部审计

内部审计

【召开第四次审计委员会会议】

2022 年初，中远海运集团党组审计委员会召开第四次会议。会议要求，内部审计要把准职责定位，胸怀大局开展经济监督；聚焦重点领域关键环节开展审计，切实发挥支撑保障作用；加强贯通融合，与其他监督力量形成合力，优化管理改进方法，进一步推动传统审计向远程非接触审计转变，持续提升审计工作效能和监督实效；坚持“治已病、防未病”，深化审计成果运用；要严肃开展责任追究，促进依法合规经营。

（徐飞）

【聚焦重点领域】

2022 年，集团各级审计机构聚焦国家重大政策落实、集团重点改革任务落地、提质增效、境外国有资产安全、防范化解重大风险、权力规范运行等重点领域，共组织开展审计项目 617 项，发现问题 3 340 余个，提出意见建议 3 000 余条，促进增收节支约 3.49 亿元。集团总部紧盯工程建设领域审计监督，跟踪督导 41 个重点工程建设项目；继续开展全集团年度优秀审计项目评选，对 64 个优秀审计项目进行通报表扬。（张晖）

【审计数字化转型】

集团审计信息系统在集团总部及所有直属单位全面上线，并通过专题培训、审前轮训等方式推进系统运用，实现了全集团审计管理和作业工作由线下向线上转型。年内，集团各级审计机构积极应对疫情不利影响，深化开展远程联网审计，在审计信息系统中作业项目数 552 个，累计录入 2016 年以来审计发现问题 2.7 万条，系统成为集团审计机构的重要工作平台。（徐飞）

【审计成果运用】

2022 年，集团各类审计项目发现问题 3 340 余项，整改措施制定率 100%，本质整改核销率 84%。深化整改协同机制，与 10 个职能部门就 127 个审计问题开展协同整改。创新成果运用机制，在全集团首次开展审计、巡视巡察及监督追责共性问题对照检查，用好管理建议书工具，督促相关单位制定整改措施 178 条。坚持工作交流机制，分 4 批组织 30 家直属单位召开审计成果运用季度座谈会。（陈洁）

【规范开展责任追究】

集团健全责任追究制度，制定档案管理工作指引，规范追责业务工作流程。加大问题线索追责力度，集团各单位全年共处理违规追责问题线索 30 项，办结 12 项，责任追究 53 人次，挽回损失金额 350 万元。发挥以追责促整改的作用，形成管理提升建议书 6 份。（陈洁）

【审计队伍建设】

2022 年 6 月，集团首次建立监督追责人才库，首批入库 120 人；对集团审计人才库进行年度动态调整，财务会计、工程建设、纪检监察等非审计岗位人员比例由 16.5% 增至 30.4%，人才库专业结构进一步丰富。深化“双共享、双培养”机制，通过模型化用人需求，全年调用 98 人次参加集团审计项目，推荐集团 4 名优秀审计人员参加审计署、国务院国资委审计项目。组织参加中国内部审计协会开展的以“新形势下内部审计在应对风险挑战中的地位和作用”为主题的理论研讨活动，集团推荐的 1 个研究型审计案例和 3 篇理论研讨论文获奖，集团获得优秀组织奖。（徐飞）

采购管理

采购管理

【采购领域专项治理】

为进一步强化采购工作的反腐倡廉，强化采购各环节的依法合规，集团组织境内直属单位开展为期三个月的采购领域自查自纠工作；在对各直属单位开展采购治理专项调研基础上，督促各单位深入细致地开展全面排查，加强对下属三四级单位采购工作的管控，发现问题及时整改。

（赵博宇）

【采购业务培训】

为全面贯彻落实国务院国资委《关于进一步加强中央企业采购管理有关事项的通知》要求，规范采购行为，同时结合国务院国资委下发的《关于采购管理有关问题风险提示的函》的内容，进一步防范采购风险，提高各公司在招投标过程中的业务水平。2022 年下半年，集团组织四期“海洋慧采系列讲座”活动，讲座内容主要集中于招投标采购法律法规及实务应用，课程得到各级采购人员的广泛认可与好评。（赵博宇）

【采购信息化数字化】

通过信息化、数字化项目，进一步创新优化采购工作，重点推进协议模板优化与报批，进一步探索统建项目集采推进的可行性方案，实现众人拾柴与集思广益的高效协同体系。2022 年，集团集采中心与中远海运科技研究推进数据底座与数据治理集采框架长协机制，旨在加强集团采购协同，建立数据底座，推动数据治理，方便数据应用，覆盖全集团需求。（卢向峰）

【营运船油漆总采购】

2022 年，集团组织各航运公司开展 2023 年度营运船境内保养油漆总采购协议价格谈判。经过与库内油漆供应商多轮谈判，基本达成了谈判目标，控本效果明显。（刘永亮）

【内部商城助力兴农】

集团内部商城——智能优选设立帮扶专区，将集团帮扶点的商品有序上线，同时在商城显著页面对“央企兴农周”活动进行轮播宣传，引导集团所属单位下单。内部商城成为集团帮扶活动的展示平台和重要采购渠道。（汪家茶）

法务与风险管理

法务与风险管理

【合同管理】

完善审查机制。各单位积极落实集团相关制度规定，建立健全合法合规性审查机制，加大对重要合同的审查力度，不断提高合同审核质量，确保应审尽审。

范式合同文本建设。制定、实施2022年范式合同文本制订计划，进一步补充完善集团范式合同文本库。至2022年底，集团范式合同文本库共有范式合同文本789份。（徐步）

【重大项目法律服务】

积极参与、支持比港产能提升暨中欧陆海快线建设、西部陆海新通道建设、广州中远海运股改等重大项目，研究相关法律问题，审核合同协议等重要法律文件，为项目实施和业务开展提供法律支撑。（祁浩）

【案件管理】

重大案件督办处置。持续完善督办机制，按照“压存控增、提质增效”的原则，指导相关单位处置完毕4件重大案件，涉案金额18.4亿元。中远海运重工积极做好N381海工项目重大案件的处置，达成商务和解协议，避免直接经济损失约1.5亿元。

老旧存案处置。将老旧存案的处理纳入年度专项考核内容，督促各单位加强老旧存案处置，推动重点单位积案清理处置工作。2022年共消化2019年以前发生的老旧存案43件，结案金额16.2亿元。（杨智祥）

【公司律师管理】

对全系统38名公司律师2020和2021年度履职考核，上报司法部公司律师年度工作总结，提出加强和改进公司律师工作的意见和建议。积极尝试由公司律师作为诉讼代理人独立参加庭审和处理案件，发挥其既了解行业背景及公司业务流程和管理机制，又具备专业法律知识的双重优势，促使案件得以高效、妥善处理。（杨智祥）

【法律研究】

美国法律和航运监管发展动向研究。密切跟踪美国竞争法案、美国航运法修订进展情况，以及美国国会、联邦海事委员会（FMC）、司法部对航运业开展的执法行动，分析研究处罚案例，评估相关影响，形成分析研究报告，提出应对建议。集团相关单位建立和完善工作机制，制定应对工作方案，完善合规管理措施，主动适应监管新变化。

欧盟碳税法案研究。研究欧盟排放交易体系指令修订、FuelEU Maritime等欧盟碳税相关法案，分析可能造成的影响，撰写完成《关于欧盟碳税相关法案的报告》。（祁浩）

【规章制度管理】

1. 健全完善集团制度体系

持续优化管理机制，制定综合考核管理办法、工资总额管理办法、中长期激励指导意见、“专精特新”后补助资金管理等制度；加强国有资产监管，建立健全国有资产流转管理办法、境外国有产权管理规定等制度；加强重点领域风险防控，修订油污水处理管理规定、网络安全管理规定、网络安全工作评价管理细则等制度。按照“一企一策”原则指导直属单位完善制度体系，2022年针对29家直属单位共提出审核意见66项，涉及投资管理、投资项目后评估、客户资信和应收账款管理、科研项目管理、安全生产职责等相关领域。

2. 加强制度执行监督

按照集团“严肃财经纪律 依法合规经营”综合治理行动统一部署，各单位将企业内部管理制度执行情况纳入本单位经营业务违法违规问题排查范围，对制度执行情况进行全面排查，提高制度执行力，督促所属单位分析和评估排查发现问题，加强违规事项整改。

3. 开展制度专项提升

发布《关于深入落实集团规章制度专项提升工作要求的通知》，进一步加强年度制度计划管理，及时增补重要领域规章制度；提升规章制度质量，督促各单位将法律合规、风险内控和违规追责要求融入规章制度，强化制度约束；落实集团制度备案要求，以直属单位董事会规则、投资管理、合规管理等为重点，推动各单位完成相关制度的制定和报备；加强基层单位制度管理，将管理要求延伸至三、四级基层单位；建立常态化制度培训机制，推动各级人员知规学规、遵规守规。同时，将制度专项提升工作落实情况纳入集团年度内控监督评价、总法述职和法治风控考核。（邱晨）

【合规管理强化年】

根据国务院国资委和集团综合治理专项行动部署，组织实施“合规管理强化年”工作。

加强合规管理制度建设，制定集团合规管理办法，细化集团合规管理领导体系、组织体系、制度体系、运行体系、文化体系相关规定，突出重点领域和境外业务合规管理的要求，进一步提升全系统合规工作体系化管理水平；指导和督促直属单位建立完善合规管理办法，规范合规管理机制，细化组织运行各项要求。37家直属单位2022年全部完成合规管理办法的制定发布。

研究制定集团开展合规管理强化年实施方案，下发关于开展合规管理强化年暨专项治理相关工作的通知，统筹推动“合规管理强化年”与依法合规专项治理活动各项工作，对16家直属单位开展监督检查评价，下发关于部分典型问题的通报，形成集团“合规管理强化年”工作总结报告。（邱晨　孙津生）

【普法宣传教育】

2022年，集团持续加强法治宣传，认真学习宣传习近平法治思想，把习近平法治思想落实到普法工作全过程、各环节。秉持“法治伴你远航，风控创造价值”法治宣传主题口号，组织开展2022年法治宣传月和总法律顾问述职活动。全年组织开展14期“法险讲堂”，组织举办一期合规经营管理培训班。（孙津生）

【风险管理与内部控制】

年度重大风险管理。在全集团开展年度重大风险评估，分解落实重大风险管理责任，各部门、各单位制定风险应对措施45项。通过定期开展重大风险监测工作，推动各项管控措施落实落细，确保集团重大风险总体可控在控。集团2022年度排名前列的风险依次为境外政治政策变化风险、航运市场波动风险、公共卫生健康风险、境外资产及人员安全风险、信息系统安全风险、能源供应风险、利率波动风险、汇率波动风险、应收账款风险、投资项目实施风险。

内控监督评价。持续优化完善、积极推动落实年度内控自评价和监督评价工作机制，督导系统内各级单位开展2022年度内控体系自评价，共发现内控缺陷881项，均为一般缺陷。按照集团年度监督评价计划，对25家子企业开展内控监督评价，共发现内控缺陷152项，均为一般缺陷，识别风险提示事项34项，提出管理提升建议37项。按照国务院国资委要求，集团已完成第一轮监督评价“三年全覆盖”。结合监督评价等形式，组织核查部分所属单位的整改过程与成果质量，进一步提升内控体系运行有效性。

（徐彦　袁帅）

CHINA COSCO SHIPPING
CORPORATION LIMITED
YEARBOOK

中国远洋海运集团有限公司

年鉴

第八篇

投资者关系

概述

概　　述

中远海运集团控股上市公司秉持最大程度回报股东、回报社会理念，持续完善与市场投资者等利益相关方多层次、多方位的沟通渠道，优化合规、诚信的对话机制，围绕“高质量召开业绩说明会、建立多层次投资者良性互动机制、加强ESG 信息披露”等三个重点事项，加强投资者关系管理，打造资本市场良好形象。

集团控股上市公司坚持高质量组织业绩说明会，确保董事长或总经理参加会议；高质量举办半年度、季度业绩说明会，增加投资者沟通频率，增进投资者对公司的了解；探索利用数字化技术，通过直播、视频、语音等多种形式进行互动，采用可视化年报、云参观等多种方式展示公司经营情况；深入分析公司股东结构，积极邀请机构投资者、券商分析师参加业绩说明会。

集团控股上市公司注重建立完善多层次的投资者良性互动机制，扎实做好信息披露工作，夯实投资者互动的合规基础；加强与机构投资者的主动沟通，提高机构投资者对公司的关注度；关注中小投资者需求，保持沟通渠道畅通，争取理解和认同；积极拓展投资者沟通渠道，增加与市场交流的机会；加强舆情监测和引导，传递公司价值；提高投资者沟通材料的质量，完善投资者关系管理的基础工作。

集团控股上市公司坚持可持续发展理念，加强 ESG 建设；积极做好 ESG 信息披露工作，根据监管机构的要求和指引，对标同业优秀上市公司，不断提高 ESG 报告质量；通过公司官网ESG 专栏加强信息披露；重视 ESG 评级对投资者决策的重要性，努力争取提升评级。

截至 2022 年底，中远海运集团在境内外共有 11 家控股上市公司，包括：中远海控、中远海能、中远海发、中远海特、中远海科、海峡股份、中远海运港口、中远海运国际香港、东方海外国际、中远海运国际新加坡、中远海运比港（PPA）。上市公司股票代码及上市地见表 8–1。

上市公司股票代码及上市地　　表 8–1

公司名称	股票代码	上市地
中远海控 A 股 中远海控 H 股	601919.SH 1919.HK	上海 香港
中远海能 A 股 中远海能 H 股	600026.SH 1138.HK	上海 香港
中远海发 A 股 中远海发 H 股	601866.SH 2866.HK	上海 香港
中远海特	600428.SH	上海
中远海科	002401.SZ	深圳
海峡股份	002320.SZ	深圳
中远海运港口	1199.HK	香港
中远海运国际香港	0517.HK	香港
东方海外国际	0316.HK	香港
中远海运国际新加坡	F83	新加坡
中远海运比港（PPA）	PPA（英文代码）/OLP（希腊语代码）	雅典

（叶琦）

上市公司资本市场大事记

上市公司资本市场大事记

【主题投资者交流活动】

为了贯彻落实《国务院关于进一步提高上市公司质量的意见》要求，加强集团控股上市公司与机构投资者的沟通交流，增进上市公司市场认同和价值实现，中远海运集团控股的4家沪市上市公司于2022年9月20日下午在上海远洋宾馆联合举办了“机构投资者走进中远海运”主题投资者交流活动。中远海控、中远海能、中远海发、中远海特等4家上市公司的董事会秘书向参会的机构投资者介绍了公司及行业情况、公司的投资亮点等内容，并回答了投资者提出的问题，整个活动历时近3个小时。

本次活动得到了投资者的积极响应，报名非常踊跃，来自66家投资机构的88位投资负责人或行业研究员参会，达到了预期的沟通效果。本次活动虽然没有对媒体开放，但在活动结束后，多家媒体根据上市公司公告的内容、集团和上市公司的官微官网信息进行了报道。

【中 远 海 控】

1. 控股股东增持公司股份

2021年10月18日，中远海运集团通过上海证券交易所交易系统增持公司A股股份7 900 000股（“首次增持”），并承诺自首次增持发生之日起6个月内，以自有资金择机增持公司A股和H股股份，总金额不低于10亿元人民币，且不超过20亿元人民币（含首次增持股份）。截至2022年4月15日，中远海运集团及附属公司已增持公司A股股份66 243 907股（包括首次增持），累计增持金额约为10.74亿元人民币；H股股份76 074 500股，累计增持金额约为10.04亿港元（约合8.18亿元人民币），累计增持金额约为18.92亿元人民币。

2022年5月20日，中远海运集团通过上海证券交易所交易系统增持了公司A股股份500 000股、H股股份3 025 500股，并承诺自本次增持开始之日起的12个月内，拟增持公司A股和H股股份的总金额不低于15亿元人民币，且不超过30亿元人民币（含本次已增持股份）。

2. 收购并增资中远海运财务

2022年5月19日，公司与天津中远海运、青岛中远海运、中国船燃等单位共同签署附条件生效的《股权转让协议》，购买交易方持有的中远海运财务股权（占中远海运财务总股本的15.125 8%）。本次股权调整后，公司及全资子公司中远海运集运合计持有中远海运财务的股权比例为22.968 8%，为中远海运财务第二大股东。

同日，公司及子公司中远海运集运与中远海运集团、中远集团、中远海发、中远海能、中远海特及中远海运物流共同签署附条件生效的《增资协议》，向中远海运财务增资合计人民币135亿元。本次增资完成后，中远海运财务的注册资本从人民币60亿元（含2 500万美元）增加至人民币195亿元（含2 500万美元），公司及中远海运集运合计持有中远海运财务股权比例不变。

3. 未来三年股东分红回报规划（2022—2024年）

2022年8月30日，公司董事会审议通过《中远海运控股股份有限公司未来三年股东分红回报规划（2022—2024年）》的议案；在符合公司章程规定的前提下，公司年度内分配的现金红利总额应占公司当年度实现的归属于上市公司股东净利润的30% ~ 50%，从而进一步提升公司未来现金分红政策的稳定性和透明度。同日，公司发布《2022年中期利润分配方案公告》，向全体股东（A股及H股）每股派发现金红利人民币2.01元（含税）。

4. 收购上港集团和广州港股份

2022年10月28日，公司与中远海运集团签订《上港集团股份转让协议》，受让其持有的上港集团14.93%股权，交易价格为人民币18 944 479 029.10元；同日，公司与中远集团签订《广州港股份转让协议》，受让其持有的广州港3.24%股权，交易价格为人民币778 697 948.60元。

5. 中远海运集团无偿划转公司股份给上汽总公司

2022年10月9日，中远海运集团与上汽总公司签署协议，中远海运集团拟通过无偿划转方式将所持有的中远海控5.00%的股份划转至上汽总公司；上汽总公司拟向中远海运集团无偿划转其所持有的上汽集团5.82%的股份。

本次股权合作是中远海运集团与上汽总公司携手打造跨行业“央地混改”的新标杆，不仅有助于稳固中远海控在汽车物流领域的领先地位，同时也为中远海控与上汽集团进一步深化业务合作奠定了资本基础，为双方在汽车供应链、零部件进出口物流等领域的深度协同，在新市场条件下拓展汽车行业全球数字化供应链合作，实现现代服务业与先进制造业深度融合夯实基础。

2022年11月1日，国务院国资委批复同意本次股权无偿划转事宜。同日，完成了本次无偿划转股份的过户登记手续。

【中 远 海 能】

1. 股权激励行权

截至2022年5月6日，公司收到100位股权激励对象缴纳的8 084 510股的行权股款合计人民币46 405 087.40元，其中计入股本人民币8 084 510元，计入资本公积人民币38 320 577.40元。公司于2022年5月27日在中国证券登记结算公司上海分公司办理完毕本次行权股份的登记手续，合计新增8 084 510股A股股份。上述股份于2022年6月2日上市流通，公司股份总数由4 762 691 885股增加为4 770 776 395股。

2. 增资中远海运财务

为提高中远海运集团财务有限公司的资本充足率，增强抗风险能力，充分发挥金融服务保障的功能，经中远海能2022年第五次董事会会议审议，公司与其他中远海运财务股东同比例现金增资135亿元，其中公司增资人民币14.73亿元。

3. 发行中期票据获批

经公司股东大会审议批准，公司向中国银行间市场交易商协会申请发行中期票据。2022年8月18日，公司收到中国银行间市场交易商协会接受注册通知书，同意接受公司中期票据注册，公司本次中期票据注册金额为50亿元，注册额度自通知书落款之日起2年内有效。

【中 远 海 发】

1. 发行五年期公司债券

中远海运发展充分发挥上市平台功能，积极抓住直接融资市场窗口，全年累计发行2期公司债，累计发行金额为30亿元。

2022年3月3日，公司在上海证券交易所成功发行了2022年第一期面向专业投资者公开发行公司债券，发行规模为15亿元，期限5年，票面利率为3.50%。2022年5月16日，公司在上海证券交易所成功发行了2022年第二期面向专业投资者公开发行公司债券，发行金额为15亿元，期限5年，票面利率为3.38%。受益于公司良好的企业信用，两次债券发行均得到了投资者的踊跃认购，为公司在债券市场树立了良好的品牌形象，市场专业投资者对公司综合实力和发展前景表示认可。

2. 增资中远海运财务

2022年6月30日，公司召开股东大会审议通过了中远海运财务股权结构调整及增资的相关议案。公司按照人民币911 638 820元的交易价格向中国远洋运输有限公司转让中远海运财务10% 的股权，并由公司与其他中远海运财务股权调整后的股东按各自股权比例共同向中远海运财务以现金方式增资人民币 135 亿元，其中公司增资人民币 18.68 亿元。该项目的成功实施，进一步优化了公司的产业结构布局，聚焦公司航运租赁及集装箱租造主业。

【中远海特】

1. 增资中远海运财务

为提高中远海运集团财务有限公司的资本充足率，增强抗风险能力，充分发挥金融服务保障的功能，经中远海特第 7 届董事会第 34 次会议审议通过，公司与其他中远海运财务股东同比例现金增资 135 亿元，其中公司增资人民币 9.08 亿元。

2. 开展纸浆船经营性租赁

为持续推进公司船队结构调整，丰富自身经营模式，更好地应对市场变化，经公司第 7 届董事会第 35 次会议审议通过，由公司全资子公司中远航运（香港）投资发展有限公司分别与交银金融租赁有限责任公司、招银金融租赁有限责任公司和浦银金融租赁有限责任公司在香港设立的全资项目公司开展 12 艘 7 万吨级多用途纸浆船经营性租赁项目，期租经营 15 年。

3. 投资建造 1 艘 6.5 万吨半潜船

为加快推进公司战略转型升级，持续做大做强公司半潜船船队，经公司第 7 届董事会第 36 次会议审议通过，由公司全资子公司中远航运（香港）投资发展有限公司作为投资主体，在广船国际有限公司投资建造 1 艘 6.5 万吨半潜船，船价 11 980 万美元。

4. 合资成立汽车供应链公司

为有效整合各方优势资源，强化船东与货主之间、航运和港口物流企业之间的协同合作，经公司第 7 届董事会第 37 次会议审议通过，公司与上港集团物流有限公司、上汽安吉物流股份有限公司共同投资成立一家汽车供应链公司，注册资本为 6.5 亿元，公司持股比例为 42.5%。

【中远海科】

2022 年 8 月 19 日，公司第 7 届董事会第 11 次会议审议通过《关于变更注册资本并修改公司章程的议案》，完成对 2 名退休激励对象的限制性股票回购注销后，公司的总股本将由 372 098 880 股变更为 371 904 560 股，注册资本由 372 098 880 元变更为 371 904 560 元。2022 年 12 月 29 日，公司召开 2022 年第二次临时股东大会审议通过上述议案。

【海峡股份】

2022 年 9 月 23 日，公司第 7 届董事会第 11 次会议（临时）审议通过关于公司《2022 年股票期权激励计划（草案）》及其摘要的议案。公司通过进一步建立、健全公司长效激励约束机制，吸引和留住优秀人才，充分调动公司董事、高级管理人员、中层管理人员，以及相关核心骨干等人员的积极性，有效地将股东利益、公司利益和核心团队个人利益结合在一起，使各方共同关注公司的长远发展。

【中远海运港口】

2022 年 1 月 26 日，公司与比利时泽布吕赫港务局举行云签约仪式，双方同意将中远海运（CSP）泽布吕赫码头特许经营权延长 15 年至 2055 年。

2022 年 6 月 15 日，CSP 武汉码头与武汉港务集团有限公司签订阳逻国际港运营合作框架协议。

2022 年 8 月 26 日，中远海运港口改革重组 6 周年。公司以“The Ports for ALL”为理念，坚持以“全球布局”和“精益运营”为双轮驱动，围绕“一体化、数智化、绿色低碳化”为发展路径。

2022 年 12 月 26 日，作为公司首个海外绿地码头和场站，中远海运（CSP）阿布扎比码头年度吞吐量首次突破 100 万 TEU。一期场站自 2021 年 11 月正式运营起，场站累计操作箱量已超过 1.6 万 TEU，向成为中东地区枢纽港更迈进一步。同月，公司与厦门海投供应链运营有限公司订立股权转让协议，收购其控股的厦门海沧保税港区投资建设管理有限公司 56% 的股权，总价为人民币 628 399 700 元。

上述收购为公司发展港口物流延伸业务、提升综合竞争力提供了广阔的空间，对公司长远发展具有非常重要的战略意义。通过供应链业务的开发，公司致力于打造港口物流联动效应整体网络，为航运上下游产业创造最大价值的共赢共享平台。

【中远海运国际香港】

2022 年 6 月 28 日，公司向中国船舶燃料有限责任公司出售连悦有限公司 18% 股权，代价为 8 804 200 美元（相当于约 69 078 000 港元）。连悦有限公司主要在香港从事燃油及石油产品贸易，以及船舶燃料供应服务，同时从事采购轻柴油及燃油等产品。

2022 年 9 月 19 日，公司公告当日回购公司股份 230 万股，耗资约 488 万港元。自 2022 年 9 月 19 日起至 2022 年 12 月 31 日止，公司累计耗资约 1.18 亿港元，共回购 5 126.2 万股公司股份。

【东方海外国际】

2022 年 10 月 28 日，公司以每艘 2.40 亿美元（折合约 17.20 亿元人民币）的价格共计订造 12 艘 24 000TEU 甲醇双燃料动力集装箱船，总价为 28.78 亿美元（折合约 206.36 亿元人民币）。

【中远海运国际新加坡】

2022 年 3 月 18 日，公司完成对中远海运散货（东南亚）私人有限公司 60% 股本的处置。

2022 年 9 月 12 日，公司进一步完成收购马来西亚 4 家物流公司股份。

【中远海运比港（PPA）】

2022 年 11 月 28—29 日，公司参加雅典证券交易所联合摩根士丹利在伦敦举行的希腊投资路演活动，与 Palm Harbour、City of Dana Point、Amundi、Compass Asset Management Fund、T–Rowe Price、Morgan Stanley 等多家投资机构开展现场交流，推介公司业绩，阐述希腊港口业的商业价值和发展潜力，深入交流比港的经营管理理念、业务运营情况、财务业绩和未来投资规划等事宜。投资者对公司的经营业绩和发展前景给予肯定和期待。此次希腊投资论坛是雅典证券交易所组织的年度最大路演活动，对加强公司形象宣传和密切投资者等相关方的关系有重要促进作用，引起了广大投资者和资本市场的强烈反响。（叶琦）

资本市场荣誉

资本市场荣誉

【中远海控】

2022年，公司荣获智通财经和同花顺财经共同主办的第六届金港股“2021年度金港股大奖”；荣获第十七届中国上市公司董事会“金圆桌奖”最佳董事会奖项；荣获证券时报第十三届中国上市投资者关系天马奖“最佳董事会”奖项；在每日经济新闻与清华大学经济管理学院中国企业研究中心联合推出的“2022中国上市公司品牌价值榜”位居总榜39位，活力榜TOP100中居首位；入选中国上市公司协会发布的2021年度A股上市公司现金分红榜单丰厚回报榜；位列2022年《财富》中国500强排行榜第37位；荣获2022年度财联社上市公司年度治理奖“十大优秀公司治理案例”；荣获第十六届中国上市公司价值评选“中国上市公司年度卓越管理团队”与“主板上市公司价值百强”奖；荣获财联社颁发的“2022年度致远奖——ESG先锋奖”；荣获2022第一财经“资本市场价值榜年度影响力企业”；荣获《证券市场周刊》第十六届水晶球奖“2022最具社会责任（ESG）奖项”；荣获《中国证券报》2022年上市公司金牛奖“最具投资价值奖”和“社会责任奖”。公司A股先后被纳入恒生A股可持续发展企业指数、恒生内地及香港可持续发展企业指数与恒生A股可持续发展企业基准指数成份股。

公司在上海证券交易所2021—2022年度信息披露工作评价中获得B级。

【中远海能】

2022年，公司连续5年（2017—2021）发布社会责任报告，获得良好社会责任绩效，在上海市经济团体联合会等主办的“2021上海市企业社会责任报告发布暨十周年经验总结会”上荣获“优秀典型企业”和“社会责任报告达到优秀级”；荣获腾讯网和财华社共同发起“香港上市公司第九届港股100强评选——最具投资价值奖”；入选金蜜蜂智库和《可持续发展经济导刊》——“2022金蜜蜂企业社会责任·中国榜”，并荣获“ESG竞争力·双碳先锋”，公司履行企业社会责任实践案例入选《2022金蜜蜂责任竞争力案例集》；荣获CFS财经峰会“CFS2022第十一届财经峰会暨2022第二届可持续商业大会”——2022企业社会责任典范奖；在数央网、数央公益联合国内众多大众及财经媒体共同主办的“2022年国际绿色零碳节暨2022ESG领袖峰会”上荣获“2022绿色可持续发展贡献奖”；荣获《证券之星》《新闻晨报》主办的第十届证券之星“资本力量”年度评选活动“2022年度最具投资价值奖”；在国务院国资委社会责任局指导、中国社会责任百人论坛（ESG专家委员会）承办“共建ESG生态共促可持续发展——ESG中国论坛2022冬季峰会”上入选“央企ESG·先锋50指数”，公司《打造全球首艘LNG双燃料VLCC，推进绿色航运》项目入选ESG优秀案例；在可持续发展导刊、中国可持续发展工商理事会、金蜜蜂智库联合主办的“第十五届中国企业社会责任报告国际研讨会”上荣获“金蜜蜂2022优秀企业社会责任报告·成长型企业奖”；荣获中国上市公司百强高峰论坛组委会、华顿经济研究院主办，“第二十二届中国上市公司百强高峰论坛”——“中国道德企业奖”；荣获Roadshow China路演等主办的“2023上市公司投资者关系创新峰会暨第六届中国卓越IR颁奖盛典”——“最佳股东关系奖”；荣获《证券市场周刊》“2022 年上市公司峰会暨第 16 届水晶球颁奖典礼”——“2022 年最具投资价值上市公司”。

公司先后被纳入以下指数成份股：恒生可持续发展企业指数、恒生 A 股可持续发展企业指数、恒生内地及香港可持续发展企业指数、恒生可持续发展企业基准指数、恒生 A 股可持续发展企业基准指数、恒生 ESG50 指数、FTSE4Good Index Series、恒生国企股息点指数、恒生 AH 股 H 指数、恒生 AH 股 A 指数、恒生 AH 股 A+H 指数、上证 380、上证指数、MSCI 中国 A 股、富时罗素 A400 指数。

公司在上海证券交易所 2021—2022 年度信息披露工作评价中获得 B 级。

【中远海发】

荣登 2022 年《财富》中国 500 强排行榜；荣获证券时报社主办的“第十六届中国上市公司价值评选”——“中国上市公司成长百强奖”；公司 2021 年可持续发展报告荣获“金蜜蜂 2022 优秀企业社会责任报告·环境责任信息披露奖”；荣获责任云集团举办的首届“ESG 金牛奖”评选的“2022ESG 金牛奖——治理先锋”奖；公司董事会秘书荣获中国上市公司协会——“2022 上市公司董事会秘书 5A 评级”（最高评级）；公司董事会秘书获聘上海证券交易所第六届复核委员会委员。2022 年，公司先后被纳入中证 800ESG 基准指数成份股、中证国新央企股东回报指数成份股。

公司在上海证券交易所 2021—2022 年度信息披露工作评价中获得 A 级。这已是公司连续 8 年获得 A 级评价。

【中远海特】

2022 年，公司荣获第十八届中国上市公司董事会金圆桌奖“公司治理特别贡献奖”；公司董事长陈威荣获第十八届中国上市公司董事会金圆桌奖“企业家精神奖”。

公司在上海证券交易所 2021—2022 年度信息披露工作评价中获得 B 级。

【中远海科】

获评中国上市公司协会 2022 年上市公司数字化转型典型案例。

公司在深圳证券交易所 2021 年度信息披露考核中获得 B 级。

【海峡股份】

荣获中国上市公司协会颁发的《上市公司 2021 年报业绩说明会优秀实践奖》；获纳入中国上市公司协会“A 股上市公司真诚回报榜”；公司董事会秘书荣获中国上市公司协会 2022 上市公司董事会秘书履职评价 4A 评级，并荣获第十八届新财富金牌董秘奖。

公司在深圳证券交易所 2021 年度信息披露考核中获得 A 级。

【中远海运港口】

2022 年，公司荣获 *International Business* 杂志颁发的“最佳港口运营商（码头组别）”“最佳投资者关系（码头组别）”“最佳可持续发展公司（码头组别）”及“最佳企业社会责任公司（码头组别）”；荣获 *International Finance* 杂志颁发的“最创新港口运营商”；荣获 *Global Business Outlook* 杂志颁发的“最佳集装箱运营商奖”及“最佳社会责任港口运营商”；荣获 *Finance Derivative* 杂志颁发的“最佳码头运营商”和“最佳投资者关系企业奖”；荣获立信德豪会计师事务所环境、社会及管治大奖颁发的“ESG 最佳表现大奖——主板中市值”；获纳入恒生企业可持续发展基准指数成份股；荣获香港管理专业协会颁发的“优秀 H 股及红筹股公司年报奖”；在 ARC Awards International（国际年报大奖赛）的评选活动中，荣获“年报封面设计优异奖”；荣获香港会计师公会颁发的“最佳企业管治及

ESG 大奖 2022 特别表扬”。

【东方海外国际】

2022 年 8 月 17 日，东方海外航运因其持续致力于促进环保和低碳最佳实践方面的承诺，在香港工业总会主办的“中银香港企业环保领先大奖 2021”颁奖典礼上荣获“服务业金奖”；8 月 23 日，东方海外航运荣获新加坡环境理事会（Singapore Environment Council）在“2022 年度新加坡环保成就奖（2022 Singapore Environmental Achievement Awards，SEAA）”上颁发的“区域奖”（Regional Award），该奖项表彰公司在环境管理方面的长期承担及奉献，这也是公司在 SEAA 颁奖典礼上所赢得的第六个奖项；11 月 22 日，东方海外航运荣获香港管理专业协会颁发的“2022 香港可持续发展奖典范奖（大型机构组别）”。

公司先后被纳入以下指数成份股：恒生综合指数（Hang Seng Composite Index）、恒生气候变化 1.5 ℃目标指数（Hang Seng Climate Change 1.5 ℃ Target Index）、恒生指数（Hang Seng Index）、恒指 ESG 增强指数（HSI ESG Enhanced Index）、恒指 ESG 增强精选指数（HSI ESG Enhanced Select Index）；恒生可持续发展企业指数（Hang Seng Corporate Sustainability Index）、恒生 ESG50 指数（Hang Seng ESG 50 Inde）、道琼斯可持续发展亚太指数（Dow Jones Sustainability Asia/Pacific Index）；富时发达市场社会责任指数（FTSE4Good Developed Index）。

【中远海运国际香港】

2022 年，公司荣获香港社会服务联会颁发“15 年 Plus 商界展关怀”标志殊荣。

【中远海运比港（PPA）】

公司荣获希腊《海运报》（*Naftemporiki*）颁发的 2022“希腊经济钻石奖”（Diamonds of the Greek Economy）荣誉；荣获希腊 Ethnos Events 与 banks.com.gr 联合颁发的“XPHMA Business Awards”——2022 年度最佳公用事业公司一等奖；荣获 Quality Net Foundation 评选的 2022 年希腊最可持续发展公司（The Most Sustainable Companies in Greece 2022）荣誉；获纳入雅典证券委员会发布的希腊上市公司 ESG 35 强指数。（叶琦）

上市公司业绩

上市公司业绩

集团上市公司业绩见表 8–2。

2021—2022 年集团上市公司业绩表 表 8–2

上市公司名称	货币	2021 年净利润	2022 年净利润	同比变化
中远海控	人民币	893.49 亿	1 095.95 亿	+22.66%
中远海能	人民币	–49.75 亿	14.57 亿	+129.29%
中远海发	人民币	60.91 亿	39.22 亿	–35.61%
中远海特	人民币	3.0 亿	8.21 亿	+173.28%
中远海科	人民币	1.57 亿	1.82 亿	+16.05%
海峡股份	人民币	2.66 亿	1.52 亿	–42.84%
中远海运港口	美元	3.55 亿	3.05 亿	–13.95%
中远海运国际香港	港元	2.88 亿	3.47 亿	+20.37%
东方海外	美元	71.28 亿	99.65 亿	+39.80%
中远海运国际新加坡	新加坡元	3 011 万	–8 860 万	–394.23%
中远海运比港（PPA）	欧元	3 676 万	5 289 万	+43.86%

集团 11 家控股上市公司先后公布 2022 年度业绩，从 2022 年全年的股价表现来看，集团控股上市公司的股价表现处于行业中等或中等偏上水平。其中，中远海能、东方海外国际、中远海运港口、中远海发的全年股价表现好于同业可比公司。其中，有 7 家公司净利润同比增长；增幅较大的包括：中远海特增长 173.28%，中远海能增长 129.29%，中远海运比港（PPA）增长 43.86%，东方海外增长 39.80%；10 家上市公司公布现金分红派息方案，回报股东。

中远海控: 每股派 1.39 元，连同中期股息 2.01 元，全年派息率 49.8%；

中远海能：每股派 0.15 元，派息率 49.1%；

中远海发：每股派 0.087 元，派息率 30.0%；

中远海特：每股派 0.16 元，派息率 42.1%；

中远海科：每股派 0.12 元，派息率 24.2%；

海峡股份：每股派 0.045 元，派息率 65.98%；

中远海运港口：每股派 11.6 港元，连同中期股息 16.7 港元，全年派息率 40%；

中远海运国际香港：每股派 11.5 港元，连同中期股息 11 港元，全年派息率 98.9%；

东方海外国际：每股派 35.568 港元，连同中期及特别股息 46.8 港元，全年派息率 69.98%；

中远海运比港（PPA）：每股派 1.04 欧元，派息率 49.16%。

2022 年集团控股上市公司股份表现见表 8–3。

2022 年集团控股上市公司股价表现 表 8–3

上市地	上市公司	货币	2022 年 12 月末收市价	市账率（P/B 倍数）	股价较上年末变化
中国内地	中远海控 –A	人民币	10.29	0.75	–44.9%
	中远海能 –A	人民币	12.05	1.89	103.5%
	中远海发 –A	人民币	2.42	1.13	–25.5%
	中远海特	人民币	5.96	1.21	18.3%
	中远海科	人民币	11.00	2.90	8.7%
	海峡股份	人民币	5.50	3.14	–8.3%
	上证指数	—	3 089	—	–15%
中国香港	中远海控 –H	港元	7.96	0.52	–47.4
	中远海能 –H	港元	5.98	0.84	101.3%
	中远海发 –H	港元	1.04	0.43	–26.8%
	中远海运港口	港元	6.20	0.50	–8.4%
	中远海运国际香港	港元	2.52	0.48	5.6%
	东方海外国际	港元	141.00	0.88	–26.3%
	恒生指数	—	19 781	—	–15.5%
新加坡	中远海运国际新加坡	新加坡元	0.179	0.69	–29.8%
	海峡指数	—	3 251	—	4.1%
希腊	中远海运比港（PPA)	欧元	15.8	1.31	–11.7%
	雅证指数	—	930	—	4.1%

注：市账率，指的是每股现价除以每股账面值（即净资产）所得的比率，又称市净率。由于航运股的盈利波动性较大，航运股的估值水平通常以市账率来衡量，而不是市盈率。

（叶琦）

上市公司市值

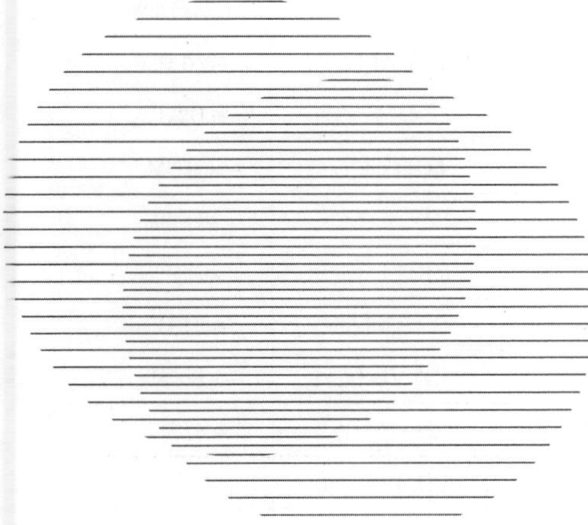

上市公司市值

截至 2022 年 12 月末，集团控股上市公司的市值规模合计约 3 709 亿元人民币，较上年末下降 25.3%。各公司具体市值见表 8–4、图 8–1。

2022 年 12 月末集团控股上市公司市值　　表 8–4

公司名称	A 股市值（人民币）	港股市值（港元）	新加坡市值（新加坡元）	希腊市值（欧元）	市值合计（人民币）	较上年末变化
中远海控	1 310.95 亿	267.04 亿元	—	—	1 549.49 亿元	–44.3%
中远海能	418.71 亿元	77.50 亿元	—	—	487.94 亿元	+106.1%
中远海发	239.83 亿元	38.23 亿元	—	—	273.98 亿元	–24.9%
中远海特	127.94 亿元	—	—	—	127.94 亿元	+18.3%
中远海科	40.91 亿元	—	—	—	40.91 亿元	+8.6%
海峡股份	122.59 亿元	—	—	—	122.59 亿元	–8.3%
中远海运港口	—	213.32 亿元	—	—	190.55 亿元	+3.8%
中远海运国际香港	—	37.34 亿元	—	—	33.35 亿元	+11.8%
东方海外	—	931.13 亿元	—	—	831.75 亿元	–19.5%
中远海运国际新加坡	—	—	4.01 亿元	—	20.78 亿元	–22.9%
中远海运比港（PPA）	—	—	—	3.95 亿元	29.32 亿元	–5.7%
合计					3 708.61 亿元	–25.3%

注：以按期末汇率折合为人民币的市值计算。

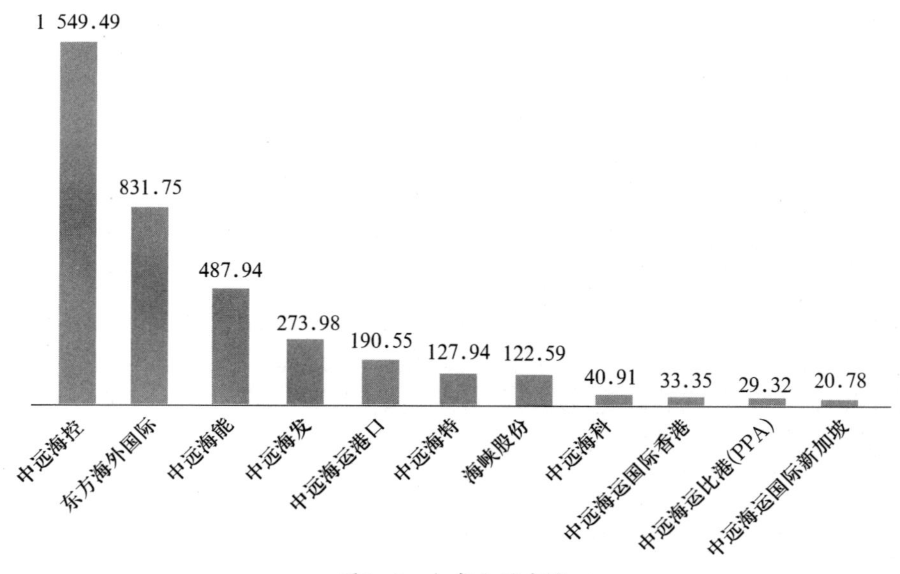

图8–1　上市公司市值

（叶琦）

CHINA COSCO SHIPPING
CORPORATION LIMITED
YEARBOOK

中国远洋海运集团有限公司

年鉴

第九篇

科技创新与数字化

概述

概　述

2022年，中远海运集团以科技规划为引领，深化科技体制改革，强化科研平台建设，加大科技投入，全面推进绿色、低碳、智能转型。

2022年伊始，为加快提升集团科技创新与数字化水平，集团着手建立起三级组织架构，即“集团科技与数字化转型战略领导委员会”为战略层，“委员会办公室”和科技创新工作本部、数字化转型本部两个工作部门组成的管理层，各板块业务成立的“公司科技与数字化转型工作委员会”为执行层；形成纵贯集团至各板块、横向支撑协同的科技创新与数字化组织体系，统筹协调人、财、物，以及数据、技术、流程等资源要素，实现由要素投入驱动向创新驱动、数字驱动的转变。

是年，集团出台了《中远海运集团“十四五”科技发展专项规划》。该规划以“打造以数字、绿色、智能驱动发展的全球综合物流供应链服务行业‘链长’企业”为愿景，明确9项重大工程、7个专项任务和28项重点任务、8大保障措施，强化协调创新，共同推进科技规划落地。同年开始筹划通过国家重点实验室、工程研究中心、院士工作站等科研平台开展基础研究，以打造原创技术策源地为依托，以重工装备制造企业为主体，以设计研究院、国家工业设计中心、国家级企业技术中心等为支撑，建设兼具科技创新和成果转化于一体的科技制造事业群，带动集团科技整体水平提升，逐步实现船研所与重工制造事业群的深度融合，实现创新组织体系明晰、创新能力提升、创新资源协同和创新成果产业化的发展目标。

是年，集团研发投入64.64亿元，同比增长52.20%。依据集团“十四五”科技专项规划布局的重点技术方向和主要任务，按照需求导向、突出成果、体现平台价值、布局基础科研、分步有序推进的基本原则，围绕“绿色、低碳和智能”发展方向，提出“十四五”第一批科研项目立项建议，共计11个项目，41项专题立项。大力推进科研专项积极开展前沿性、关键性和共性技术研究，对标国际先进技术规范及体系，服务行业重大现实需求，推动实现集团科技创新高质量发展。

为顺应绿色低碳智能发展新趋势，落实“双碳”战略，推进智能航运发展，集团组建工作专班，开展碳盘查、绿色甲醇标准及需求研究，探索节能环保船型及船队新能源动力升级方案，组织编制碳达峰行动方案，明确目标、战略路线、重点任务和重大项目，形成全方位系统化布局，支撑碳达峰目标实现。

在绿色低碳方面，2022年，全球首艘LNG双燃料超大型原油船“远瑞洋”号交付；投资建造长江干线首艘700TEU电动集装箱船，开展电池箱、推进系统集成及控制和船舶能量管理等自主产品的研制，打造绿色零碳航运示范；研究建造12艘2.4万TEU世界最大甲醇双燃料集装箱船，以需求推动大功率绿色甲醇双燃料主机及系统等核心装备的研制；甲醇双燃料动力33万吨矿砂船项目充分考虑CII不同阶段的要求，创新性地提出甲醇兼用舱的设计，提高中国至西非航线铝土矿运输的能力和效率；启动“氨动力双燃料发动机及供应系统研发和示范应用专项”科研项目，作为国内首个氨燃料燃烧和实船应用项目，提升未来氨燃料船舶及其主要配套设备的核心竞争力。2022年，集团新造船订单中新能源动力船舶占比约91%（含LNG运输船），在绿色、低碳发展道路上迈出坚实步伐。

在智能航运方面，积极开展智能船面向中短期的数据价值提升和面向中长期的有条件自主航行核心技术攻关；融合 AIS、雷达目标数据，研发船舶避碰行为监测系统，开展开阔水域避碰与电子海图融合研究。截至 2022 年底，集团船队共计 105 艘船舶应用智能化技术，其中新造船安装 75 艘（其中 59 艘取得 CCS 智能符号、16 艘实现功能）、营运船改造 30 艘（实现功能）；另有 39 艘新造船采取了预留预埋以备后装。基于前期数据管理和标准研究，形成了国际标准工作提案《智能船舶岸基数据管理技术要求》，并通过中国国家标准委员会评审。

科技创新

科 技 创 新

【主要科技创新成果】

1. 5G 港区车联网云平台及 3D 可视化试点示范

该项目利用 5G 无线通信大带宽、低时延特性等技术，在智慧港口水平运输系统技术应用和集成应用上有新的突破；从场内拖车安全、调度管理需求出发，开发港区车联网车路协同系统所需的分析和预测算法模型；整合业务系统、设备系统、管理系统的数据，通过 3D 可视化工具增强港口作业的数据汇集、设备联动、调度管理能力。系统上线后，2022 年度码头内拖集卡时效率平均提高了 5.53%，重进重出比例提升了约 5.79%。系统正式上线以来，内拖集卡未发生安全事故。

2. 阿布扎比自动化集装箱码头建设关键技术

为世界首个采用单悬臂自动化轨道吊工艺布局，创新单悬臂侧内外集卡混合作业的自动化模式，较双悬臂布局增加堆场容量 20%；首创适应全自动化集装箱码头发展趋势的柔性平面布局新模式，实现前期快速建设投产；随无人驾驶技术发展，后期自动化程度快速升级；在中东地区首次使用北斗导航定位系统，实现码头集卡的智能调度。2022 年，中远海运港口阿布扎比码头全年箱量首次突破 100 万 TEU，业务增长 46%，为整个阿布扎比港口集团的发展作出了巨大贡献。同期，阿布扎比港口全球排名从第 57 位上升至第 47 位，首次跨入全球前 50 大港口行列，成为海湾地区具有竞争力的重要航运枢纽。

3. 超大型船舶结构安全监测系统研制

通过有限元模型分析和三维水弹性分析方法，对船舶结构监测点优化布置，设计出合理可行的布点方案；系统运用光纤传感技术，滤波及船舶结构监测多源数据融合技术；当船体发生弹振或颤振时，将监测得到船体响应与三维水弹性方法计算得到的响应进行对比分析，进而分析弹振或颤振对船体强度的影响。本项目研制的结构安全监测系统研发和应用涉及多领域、多学科技术与理论交叉融合。该监测系统不仅可以在目标船型上直接应用，还可推广应用于各类海洋平台结构、各类大型远洋船舶，具有广阔的产业化应用前景。

4. 在航船舶安全风险辨识与防控平台

该项目开发了面向“人－船－管理－环境”的安全信息的在航船舶安全风险防控信息融合系统；突破了感知测量数据在时间和空间配准的方法，实现了船舶航行环境信息数据的融合，为船舶安全风险防控技术应用提供了更丰富的数字化基础资源；突破了内河、近海航区水文演进计算与航行风险评估融合技术，实现了特定航区基于水文信息预测的动态航行风险预测预警。该项目对提高中国水上交通安全管控能力，缩小甚至超过国外先进水平都具有重要意义；取得的成果可应用于海事监管部门、航运企业的安全和应急管理，为安全监管和应急救援提供有力的决策依据，具有显著的社会效益。

5. 氨动力双燃料发动机及供应系统研发和示范应用

中远海运重工与上海交通大学通过校企合作，建立全球首个带有 SCR 全套后处理装置的氨柴双燃料发动机系统。该系统初步试验实现 80% 能量替代下发动机的稳定运行，达到国际领先水平。首台氨柴双燃料性能试验机在上海交通大学动力装置及自动化实验室成功点火，同时大连中远海运重工、威海重工科技分别获得中国船级社及美国船级社供氨动力拖轮设计 AIP 证书和供氨系统设计 AIP 证书，成为全球首个取得基于实船建造项目氨燃料拖轮设计 AIP 证书和国内首个船用四冲程发动机氨燃料供应系统 AIP 证书的企业。

6. 可折叠商品车专用框架

针对商品车“出海难”问题，中远海运特运公司自主研发“可折叠商品车专用框架”。该项目充分考虑商品车主流尺寸和运输质量要求高的特点，结合多用途纸浆船的货舱结构，采用 48 英尺（约 14.63 米）的长度，可平铺装载 3 台整车，在船舶货舱内堆叠 8 层高，单船一次可运载商品车 1 000 多台，相当于一艘小型专业汽车船的运量。2022 年 10 月 24 日，中远海运特运旗下的“中远海运和谐”轮整船装载 2 387 台商品车顺利开航前往意大利，标志着特运商品车出口地中海航线专班首班正式启运。

【创新平台建设】

1. 优化重组全国重点实验室

在原企业国家重点实验室“航运技术与安全”基础上，上海船研所联合武汉理工大学、大连海事大学两所航运领域知名高等院校，围绕内河、近海、深远海和极地运输的战略需求，组成三依托联合体申报“水路交通控制全国重点实验室”，瞄准船舶及船载装备运行控制、水路交通系统状态控制和安全控制等应用基础研究，创建“一图一网、四系统”的新一代水路交通系统控制体系，实现水路交通控制核心组件和模块自主化率大于 75%，支撑水路交通控制的核心装备与系统自主可控，形成水路交通科技自立自强、保障国家安全的战略科技力量。

2. 优化整合国家工程研究中心

为加强集团创新链与产业链的能级，搭建国家重点实验室与国家工程中心成果转化的桥梁，上海船研所于 2022 年成立以严新平院士为主任的技术委员会，并明确工程中心未来五年技术发展的方向。上海船研所与大连海事、上海海事、武汉理工、上海交大、重工、海科等签署共建工程研究中心合作框架协议，以服务国家重大战略任务和重点工程实施为目标，聚焦工程中心发展定位，推动形成布局更加完善的工程中心体系。

3. 推进院士工作站建设

院士工作站作为集团科技创新体系中关键技术策源地的重要组成部分，为集团科技创新和技术发展提供支撑。对此，集团组织院士工作站完成交通运输部自动驾驶和智能航运先导示范项目建议书评审和答辩，港口无人驾驶集装箱车应用示范项目（港口）获交通运输部批复；完成国家科研专项 700 箱零碳电池动力船舶课题的申报答辩，重点开展智能避碰、航行态势感知和辅助靠泊等方面技术攻关；开展船舶设备能效监控和评估关键技术研究，建立船用设备能效标准体系构架，形成船用设备能效优化验证与评估能力并开展实船示范，申报国家科研专项。

【协 同 创 新】

1. 联合共建“智能研究与实训”两用船

围绕“绿色、低碳、智能”，上海船研所、中远海运重工与大连海事大学共同推进建造“智能研究与实训”两用船项目，打造“海上综合试验平台”，增强实验室基础研究和试验验证能力。

2. 加强产业创新联盟建设

中远海运发展股份有限公司联合内外部相关单位组建以业务合作为纽带的中国电动船舶创新联盟。联盟以市场为导向，助推航运业绿色零碳发展；通过搭建各单位之间沟通联系的桥梁，发挥上下游联动合作创新优势，为联盟成员的成长发展、技术项目合作、信息互联互通和交流学习创造条件，促进行业良性发展。

3. 推进产学研合作

青岛中远海运与北京航天实验技术研究所签订战略合作框架协议，建立高水平产学研合作平台。连云港流体公司与江苏省产业技术研究院共同成立企业联合创新中心，进行关键技术的突破与研发。组织 14 家集团内分中心与武汉理工大学、大连海事大学、上海海事大学等 5 家集团外分中心联合召开 2022 年中国远洋海运集团技术分中心工作交流会，邀请武汉理工大学、北京持国创新信息服务公司等单位专家就水路交通技术发展、国家企业技术中心建设等内容作专题报告和辅导，并就如何充分发挥集团技术中心体系在集团新的科技与数字化创新体系中的作用交流经验做法、意见建议。

【知识产权情况】

截至2022年末，集团共拥有有效专利1 992件，其中有效发明专利429件，分别同比增长18.57%和21.88%；2022年当年申请专利839件，获授权407件，其中发明专利申请448件，获授权发明专利69件，分别同比增长52.55%、33.88%、64.10%和200%。2022年当年PCT等国际专利申请4件。（卢艳雯）

数字化转型

数字化转型

【数字化转型规划】

在集团“十四五”数字化转型规划的基础上，2022年各下属单位完成编制“十四五”数字化转型规划，各单位按照新规划要求，对各项任务进行分解，全面推动数字化转型升级。同时，编制完成《中远海运集团“十四五”网络安全专项规划》，进一步完善网安管理体系，明确蓝图愿景和重点任务。结合规划的各项要求和举措，对各项任务进行分解，形成任务分解表，落实责任人，推动网络安全的顶层设计。此外，还以集装箱运输为核心，编制数字化供应链整体规划；开展数字化供应链顶层设计，聚焦客户、资源、运营三个重点领域设计核心业务流程，设计客户中台、产品中台、资源及运营中台、客服中台、技术中台等5个重点支撑，确定11个数字化产品。

【数字化转型组织变革】

建立全集团数字化转型组织机制，进一步强化业务驱动、提升能力、加强协同。赋能各二级公司的数字化转型能力，支持重点数字化项目建设。深化数字化转型考核体系建设，细化考核指标，不断加大考核权重。深化中远海运科技公司（以下简称“海科”）的体制改革，明确改革的原则和目标；建立管理分离、海科改革、集运数字化供应链、数字化转型评价4个专项工作组，确定人员和分工；推进海科总部管理机构优化调整方案、子公司/分公司配套改革方案，以及智能交通业务数字化转型；启动数据产品市场销售体系改革试点。以数字化业务平台和重点项目为抓手，提升数字化转型对集团发展的赋能驱动能力。

【集团统建系统建设】

1. 启动数字化协同办公平台建设

选用企业微信作为集团数字化协同办公平台的即时通信和会议系统，在2022年3月开始投入使用，有效解决了疫情防控期间办公难题。企业微信全面推广使用，累计有5.3万用户使用，实现了集团内员工通信无缝对接，全集团协同使用。完善OA移动应用的功能，在企业微信上对接移动OA，丰富了公文、公务等应用；引进了企业微信视频会议，平均每天召开会议180场。建设统一认证系统，实现了企业微信、OA、视频会议等应用融合，统一入口、统一待办，提升用户体验；建设了云盘，为员工提供云存储服务，提高了文件共享能力。强化企业微信的信息安全管理；所有账号实名认证，消息对话框在腾讯加密的基础上，增加了卫士通二次加密，进一步提高信息安全。

2. 费控系统上线使用

2022年6月30日，集团总部和3家试点单位上线，实现了国内差旅行前申请、业务招待和异地返家报销、对公支付、成本费用的预算管控、发票查验等功能，实现员工出差订机票和酒店不用垫支即可出行的体验。深入开展第一批次7家二级及所属单位的推广实施工作，同时启动第二批次8家二级及所属单位的推广实施工作。

3. iHR系统一阶段建设

iHR系统为战略型人力资源数字化平台。2022年进行一阶段项目建设，集团相关业务部门开展技术人员协调、软硬件资源支持、系统对接等各项工作，年底系统630版本已上线；同时启动二阶段工作，根据业务调整开展技术转移等工作，为系统运维和长期优化做好准备。

4. 财务系统建设

进一步推进会计核算标准化系统在各单位实施上线，2022 年全年实现 439 家单位的上线，基本完成会计核算标准化国内单位实施。启动集团司库系统建设，制定了 2023 年底基本建成全集团“智能友好、穿透可视、功能强大、安全可靠”的司库信息系统的目标，项目覆盖集团境内境外各层级单位。启动久其财务报表系统升级项目，以建立健全统一的财务报告体系，实现对账、出表及合并自动化、智能化，满足跨板块、跨法人的多维度管理会计报表的编制需求，提升财务分析的决策支持能力，推进集团财务数字化转型。

5. 航标平台升级

启动航标平台升级，重建航标平台移动应用，对接船舶视频和陆岸视频监控，优化技术架构，推动微服务应用，为安管部和党工部增加 11 块应用模块。完成证书等基础数据梳理，升级数字化应用能力，研发安全检查、风险辨识、应急反应等智能数据应用。至 2022 年底，累计安装航标平台船舶 894 艘，完成 17 套系统 92 组数据接口上线。

6. 陆岸安全管理系统

完成系统一期建设，各单位全面上线，完成项目验收工作。系统共有风险分级管理、隐患排查治理等 10 个模块。推进中远海运发展股份有限公司等 19 家境内陆岸企业全面上线；累计登记 31 876 个危险有害因素，进行了 29 432 次安全检查，完成 11 192 条隐患整改，管理 1 600 次危险作业，接入 1 432 个现场作业重点监控摄像头；开展对系统二期需求的调研，形成二期建设规划。

【主要数字化项目】

1. 建设集装箱数字化供应链

以集装箱运输为核心，围绕“一体化的全链产品与服务、数字化赋能的智能运营、全球化的供应链生态圈”，聚焦客户、资源、运营三个重点领域设计核心业务流程，设计客户中台、产品中台、资源及运营中台、客服中台、技术中台等重点支撑，确定 11 个数字化产品，推动数字化供应链实施落地；推出第一个全链产品“泰鸿”。

2. 推广 GSBN 区块链平台和物联网应用

全球航运商业网络（GSBN）：新增 9 家会员，拓展无纸放货服务，新增无纸化放货箱量 63 万 TEU。2022 年 2 月，区块链电子提单在 ISO 通过国际标准立项，6 月电子提单产品通过国际保赔协会的审核，7 月《区块链电子提单数据交互及业务流程》和《基于区块链的港航集装箱信息交换平台及接口技术要求》两项行业标准在交通运输部立项。在 IDC 未来企业评奖活动中，GSBN 获未来行业生态领军者优秀奖。

物联网（IoT）：新增冷箱物联网设备安装约 15 000 个，覆盖率达 41%；中远海运集运成为全国集装箱标准委员会下设冷链物流组长单位，牵头冷链物流相关标准；完成冷箱终端标准指南编写工作并由交通运输部发布该文件。

3. 全面推广船货易平台

开展船货易平台优化，优化智能匹配、自动发盘功能；加强宣传，开展线下论坛、公众号推广等活动，积极吸引外部市场参与者的加入，拓展船货易用户。

4. 推广物流远海通项目

完成 2022 年度应用目标，线上应用功能全部完成开发并上线，智能化水平不断提升；平台与集运外贸电商业务实现集成，实现产品协同，为数字化供应链提供相关产品服务。

5. 推广 5G 智慧港口实践成果

加快推进港口自动化，提升整个供应链效率。境内外控股码头共有 21 台岸桥安装自动化远控系统、90 台场桥安装自动化远控系统、24 台无人驾驶集卡、98 套智能理货系统和 161 道智能闸口系统投入使用。厦门远海项目被交通运输部列入第一批智能交通先导项目，同时获得 2022 年金砖国家可持续发展目标解决方案大赛技术创新与应用类优胜奖，荣获 2022 年度卫星导航定位科学技术创新应用最高奖项白金奖。

【数字化基础设施】

按照《中国远洋海运"十四五"数字化转型暨网信工作规划》总体部署，打造集约、稳定、安全、高效的新型数字化基础设施；发布《中远海运集团"十四五"云计算建设及应用总体方案》，明确"逻辑统一、云边协同、开放融合的集团一朵云"的总体蓝图和目标任务；发布《关于统筹开展集团中心云计算应用工作的通知》，组织开展"三年上云"专项行动；引入私有云平台和硬件，启动集团中心云专有云池底座一期建设，5个应用已试点上云。"中国远洋海运集团航运物流云——万舸云"平台被列入国务院国资委"中央企业行业领域第一批公有云"项目清单。

（高伟燔）

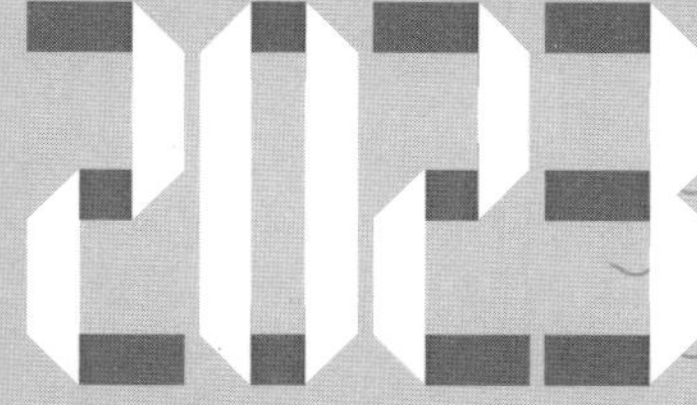

CHINA COSCO SHIPPING
CORPORATION LIMITED
YEARBOOK

中国远洋海运集团有限公司

年鉴

第十篇

企业党建

概述

概　述

2022 年，集团党组以习近平新时代中国特色社会主义思想为指导，把学习宣传贯彻党的二十大精神作为首要政治任务，落实习近平总书记对本行业本企业重要指示批示精神和党中央决策部署，胸怀“两个大局”，坚持党的领导、加强党的建设，深刻领悟“两个确立”的决定性意义，坚决做到“两个维护”，自觉承担举旗帜、聚民心、育新人、兴文化、展形象使命任务，当好“大国船队”，服务交通强国、贸易强国建设，以高质量党建引领保障企业高质量发展。

在宣传思想工作方面，集团按照“守正创新加强宣传思想工作，进一步增强传播力、渗透力、感染力”部署，围绕“十四五”战略和“四个领航”（党建领航、价值领航、科技领航、全球领航）主题，聚焦深化改革、科技创新和数字化转型，唱响庆祝党的二十大主旋律，强化科学理论武装知信行，把握高质量发展宣传时度效，激发迈向世界一流企业精气神，引导全系统干部职工团结奋斗迈向航运强国新征程，为集团加快建设世界一流企业提供了思想保障、凝聚了精神力量。

在党风廉政建设方面，统筹推进中央纪委六次全会精神贯彻落实，持续深化政治监督，抓实抓细日常监督，精准有力执纪执法，驰而不息纠治“四风”；不断健全监督体系，持续强化纪检监察机构规范化、法治化、正规化建设；不断提高一体推进“三不腐”的能力和水平，深化纪检监察体制改革，推动制度优势转化为治理效能；在服务集团中心工作中更好发挥监督保障执行和促进完善发展作用，推动集团纪检监察各项工作取得新进展、新成效。

在内部巡视方面，集团深入贯彻落实党中央关于巡视工作的重要部署和习近平总书记重要指示要求，不断深化政治巡视，强化政治监督；坚持把中央巡视组反馈意见整改落实作为一项重要政治任务，高标准、严要求，持续巩固中央巡视整改成果；认真履行巡视整改统筹协调、跟踪督促、汇总分析职责，推动巡视整改融入日常工作，融入深化改革，融入全面从严治党，融入班子队伍建设；充分发挥巡视利剑作用，为集团高质量发展保驾护航。

信访维稳工作方面，按照“围绕中心、保障主线、推进重点、确保稳定”的工作思路，坚持开展稳定风险排查治理；及时化解职工群众信访诉求，全力开展积案化解矛盾攻坚；圆满完成了以党的二十大为主线的信访安全保障工作，全面完成了中央下达的治理重复信访、化解信访积案年度工作任务，实现了全年无集体上访、无极端上访事件、无因信访问题处理不当而引发的舆情事件，有力保障了集团改革发展稳定大局。

党建工作

党 建 工 作

【贯彻落实习近平重要指示批示精神】

集团党组把学习贯彻习近平总书记重要指示批示精神作为最重要政治责任、企业发展最大机遇、践行“两个维护”重要标尺，及时学习贯彻习近平总书记考察海南洋浦小铲滩码头重要指示精神，助力高质量建设海南自贸港。开展落实习近平总书记对本行业本企业重要指示批示精神情况“回头看”。开展“建功新时代、喜迎二十大”习近平总书记重要指示批示精神再学习再落实再提升主题活动。系统梳理习近平总书记关于航运强国、共建“一带一路”、比雷埃夫斯港、阿联酋哈里发二期码头、北极航道、海南自贸港、关心关爱船员、致北外滩国际航运论坛贺信、在联合国全球可持续交通大会主旨讲话、“中波友谊航船”等十个方面重要指示批示精神，编纂《思想领航——习近平总书记关于国资央企重要论述和本行业本企业重要指示批示摘编(2022)》。坚决贯彻习近平总书记关于“疫情要防住、经济要稳定、发展要安全”重要指示，统筹疫情防控和经济社会发展，千方百计做好物流保通保畅工作。克服港口拥堵困难，提高船舶营运效率，保障煤炭、铁矿石、原油、LNG等重要战略物资运输，全力服务上海、香港等城市运维安全。围绕落实习近平总书记与“中远海运玫瑰”轮船员通话殷切嘱托，打造高素质船员队伍，不断增强船员获得感幸福感安全感。围绕贯彻习近平总书记关于“顺应绿色、低碳、智能航运业发展新趋势”重要指示，推进数字化转型提级增速，制定《数字化供应链发展规划》《“十四五”数字化转型暨网信规划》，编制碳达峰行动方案、船用绿色甲醇供应链建设方案，绿色低碳全面展开。（窦文金）

【党建工作会】

集团党组于2022年1月12日召开中国远洋海运2022年工作会议、党建工作会议暨第二届职工代表大会第一次会议，印发2022年集团党组工作报告。党组工作报告的主题是：突出党建领航 推进高质量发展 以优异成绩迎接党的二十大胜利召开。明确2022年集团党建工作的总体思路是：以习近平新时代中国特色社会主义思想为指导，以迎接和贯彻党的二十大为主线，深入贯彻落实习近平总书记关于国有企业改革发展和党的建设重要论述，全面贯彻落实党的十九大、十九届历次全会和中央经济工作会议精神，巩固党史学习教育成果，弘扬伟大建党精神，坚持党的全面领导，坚持高质量、深融合、重实效、抓落实，以高质量党建引领保障高质量发展，以优异成绩迎接党的二十大胜利召开。对2022年工作进行了六个方面的重点部署，即坚持“两个维护”，服务国家战略展现新作为；坚持党建融合，“三舱”精神（理想信念坚定“压舱”、工作责任落实“满舱”、精神状态迸发“爆舱”）落地获得新突破；坚持人才强企，干部队伍活力实现新提升；坚持正风肃纪，全面从严治党凸显新成效；坚持守正创新，思想文化建设彰显新气象；坚持为民情怀，和谐企业建设开创新局面。

（吴彦红）

【党 组 会 议】

2022年，党组坚持把方向、管大局、保落实，坚决贯彻落实党中央决策部署，召开党组会43次，研究议题115个，其中前置研究重大经营管理事项44个，始终保持企业改革发展和党的建设正确方向。集团深入落实《关于中央企业在完善公司治理中加强党的领导的意见》，制定集团境内直属单位实施意见。持续完善公司治理，符合条件的34家直属单位和127家三、四级企业已全部实行董事长、党委书记“一肩挑”，其中8家规模较大的直属单位配备了党委专职副书记。修订集团总部“三重一大”决策事项和权责清单，提高党组（党委）前置研究决策质量，推动领导作用发挥组织化、制度化、具体化，把中国特色现代企业制度优势转化为治理效能。（窦文金）

【民主生活会】

按照中央统一部署，2022年1月15日，集团党组召开党史学习教育专题民主生活会。集团党组书记、董事长万敏同志主持会议，党组班子成员付刚峰、王海民、孙云飞、黄小文、刘鸿炜、冯波、陈扬帆同志参加会议。中央企业党史学习教育第二指导组组长卢纯同志到会指导并作点评，中央企业党史学习教育第二指导组成员张兴旺、王昭岳同志，上海市委组织部企业干部处副处长顾永波同志到会指导。集团党组工作部、党组组织部、党组巡视办、纪检监察组负责人列席会议。集团党组和班子成员围绕大力弘扬伟大建党精神、坚持和发展党的百年奋斗历史经验，坚定历史自信，践行时代使命，厚植为民情怀，勇于担当作为，团结带领职工群众走好新的赶考之路这一主题，结合对照党章党规找出的问题、调研中发现的问题、谈心谈话指出的问题、向职工群众征求的意见建议等，进行深刻对照检查剖析，严肃开展批评与自我批评，明确努力方向和改进措施。班子成员还如实报告了本年度个人有关重大事项、配偶子女从业情况，以及巡视反馈、组织约谈函询等问题，达到了统一思想、增进团结、互相提醒、强化监督、共同提高的目的。

（吴彦红）

【发挥党员党组织作用加强疫情防控】

2022年，党组印发《关于充分发挥党组织战斗堡垒作用和党员先锋模范作用 进一步从严抓好疫情防控工作的通知》，并在全系统组织开展“党员身边无事故、疫情防控做先锋”主题活动，进一步激发集团广大党员干部、职工坚定信心、顽强拼搏、无私奉献的精神，充分发挥基层党组织“两个作用”。上海疫情暴发以来，集团在沪在职党员共有4 827人向社区一线报到，其中1 957名党员参与志愿服务，党员上传上岗信息累计8 966人次。根据上海市委组织部要求，集团党组于6月份推荐上报2022年上海市抗疫先进集体（23个）和先进个人（19人）。

（吴彦红）

【党建现场考核及述职评议考核】

2022年3月1日，中远海运集团党组召开2021年度直属单位党委书记抓基层党建工作述职评议会。集团党组书记、董事长万敏进行点评并作重要讲话。党组副书记、董事、总经理付刚峰，党组成员、纪检监察组组长刘鸿炜，工会主席张善民出席会议，集团党组副书记、董事王海民主持会议。会上，中远海运发展、中远海运物流、中远海运资产、厦门中远海运、中波公司、中远海运博鳌、中远海运人才发展院、海南港航等8家直属单位党委书记围绕2021年度抓基层党建工作分别进行了述职。万敏党组书记、董事长对参加现场述职的党委书记逐一点评，既客观公正肯定成绩，又直面问题提出要求。

2022年3月8日，集团召开2021年度党建工作责任制考核评价工作启动部署会议。对2021年度党建工作责任制考核评价工作进行动员部署。这是集团首次启动现场考核形式，对直属单位开展党建工作责任制考核评价工作。集团党组高度重视，党组书记、董事长万敏同志亲自审定考评方案，对组织实施好本次党建工作考核评价，更好发挥党建考核“指挥棒”“风向标”“助推器”作用提出明确要求。党组副书记、董事王海民作动员讲话指出，要深刻认识开展党建工作责任制考核评价的重要意义，扎实做好2021年度党建工作责任制考核评价各项工作，以高质量党建工作责任制考核评价，推动高质量党建工作开展。会后，集团五个党建工作责任制考核小组深入各直属单位开展现场考核。（吴彦红）

【深化党建融合】

集团党组坚持促进党建与生产经营深度融合，明确党建融合发展重点工作任务，制定任务分解表，围绕深入贯彻习近平总书记重要指示批示、积极稳妥抓好疫情防控、持续提高船舶管理水平、有效凝聚改革创新共识等党建融合重点项目，深化开展特色党支部创建、青年创新创效、立功竞赛、党员突击队、先锋岗活动，引导基层党支部和全体党员围绕提质增效强堡垒、急难险重鼓干劲、改革创新增活力、补齐短板弱项解难题、和谐稳定聚人心、正风肃纪强监督，切实提高党组织执行力、战斗力、凝聚力。持续深化示范党支部、特色党支部创建，培育特色鲜明、成效明显、可塑性强的基层党建特色品牌。各单位党委通过制定《党建工作品牌创建管理办法》《支部建在项目上工作指导意见》，召开党建品牌创建推进会，实施“三个一”党建领航工程、党建文化提升工程，创建“标杆船舶”“四强”“五好”双示范党支部，打造“党建+”工作载体，开展“重大项目保节点保交付”竞赛，深化党员责任区建设等方式，形成一批立得住、叫得响、过得硬的党建特色品牌。集团6个基层党建品牌、9个特色党建案例分获全国企业党建优秀品牌和优秀创新案例。（吴彦红）

【统 战 工 作】

2022年，集团党组深入学习贯彻习近平总书记关于做好新时代党的统一战线工作的重要思想和《中国共产党统一战线工作条例》精神，落实中央统战工作会议和国务院国资委统战工作部署，团结带领全系统统一战线成员担当作为、真抓实干，凝心聚力，为加快建设世界一流企业贡献统战力量。集团组织举办2022年统战工作培训班，462名统战干部成员参加培训，组织党外代表人士参加中央企业侨联举办的“中央企业侨界人士代表学习研讨习近平总书记在中央统战工作会议上的重要讲话精神座谈会”。经统战工作部门依照相关程序审核认定5名无党派人士，其中3名为处级干部，2名为45岁以下年轻干部，分别在船舶工程、物流装备制造、物流运输、航运金融、财务数字化等领域担当重任。2022年10月，在中远海运资产经营管理有限公司设立中国远洋海运党外人士建言献策工作室。

（吴彦红）

【直属党委工作】

1. 直属党委换届选举

2022年6月8日，中国共产党中国远洋海运集团有限公司直属第二次代表大会以视频形式召开。大会以差额选举、无记名投票方式选举产生了中共中国远洋海运集团有限公司直属第二届委员会、纪律检查委员会和集团出席上海市第十二次党代表大会代表。6月8日和6月14日，分别召开直属第二届纪委第一次全体会议和直属第二届党委第一次全体会议，选举产生直属纪委书记和直属党委书记、副书记。

2. 在抗疫中发挥战斗堡垒和先锋模范作用

坚持党建引领社会动员，组织上海地区各单位和广大党员“双报到”，积极投身到疫情防控工作中；集团在沪在职党员4 829人向社区一线报到，根据统一调配一线参与志愿服务。在集中隔离救治点、党员突击队、集中居住小区等建立临时党支部和党小组，组建中远海运集团支援上海疫情防控党员突击队。鼓励党员干部积极参与社区楼栋临时党支部工作，35名同志在抗疫临时党支部中担任书记、副书记、委员或党小组组长职务。响应上海市级机关工委倡议，组织在沪单位开展捐款活动，共收到捐款57.47万元，捐款人数7 626人。

3. 加强党费收缴使用管理

组织布置上海和北京地区各单位开展春节慰问困难党员、老党员、老干部工作，2022年春节期间上海和北京地区各单位党组织慰问人数达到 509 人，共使用党费 103.69 万元。下拨党费支持基层党组织建设，从直属党委党费中下拨基层党组织建设工作经费和走访慰问经费至上海及北京地区各单位党委党费账户，下拨活动经费至集团总部机关各支部，同时按要求下拨上海市党代表工作经费，共计 227.35 万元。坚持使用党费加强党员学习教育，先后使用党费购买《习近平谈治国理政》《习近平在上海》《中央企业靠企吃企案件警示录》等书刊杂志。对“学习强国”学习先进表彰和总部机关党建知识系列答题活动从党费上予以支持。

4. 做好发展党员工作

统筹抓好上海和北京地区各单位的发展党员工作，印发《关于做好 2022 年发展党员工作的通知》，根据上海市委组织部下达的 2022 年发展党员指导性计划，对 2022 年党员发展指标进行分解，并根据各单位发展情况及时进行内部调剂，督促各单位用好用尽发展指标，按计划、高质量完成全年 377 个发展指标。　　（赵中博）

【总部机关党委工作】

起草印发《关于总部机关 2021 年度基层党组织组织生活会和民主评议党员有关事项的通知》，并根据疫情形势，指导各支部以视频形式召开组织生活会、民主评议党员。加强对总部机关党支部工作的考核，完成总部机关党支部书记 2021 年度书面述职工作，制定《中国远洋海运集团有限公司 2023 年度总部部门 / 共享中心党建工作责任制考核评价要点》。组织召开 3 次总部机关党委会议，研究审议发展党员有关事宜。协调集团党校开办集团总部 2022 年度基层党组织书记培训班，参加培训的 72 名学员均完成全部课程的学习，并获得集团党校颁发的结业证书。　　（赵中博）

宣传思想文化工作

宣传思想文化工作

【学习宣传贯彻党的二十大精神】

集团抓住党的二十大召开时代机遇和主题主线，提前谋划、精心策划、全面部署、系统推进，掀起学习宣传贯彻党的二十大精神热潮。

早预热早部署谋篇布局。集团党组会多次研究部署，印发《关于做好迎接党的二十大宣传工作的通知》，推动主题学习活动、主题实践活动、主题宣传活动、主题文化活动等 4 大类 14 项活动，印发《学习宣传贯彻党的二十大精神工作提示》，部署 18 项工作，大力营造喜迎党的二十大、奋进新航程的浓厚氛围。大会召开当日，集团所属 2 466 个党支部组织全体党员干部收听收看开幕会盛况。聚焦党的二十大报告，各级党员领导干部、重大典型、远洋船员、青年职工等畅谈心得体会。会后，第一时间密集召开党组会、传达部署会、党组中心组学习会，对集团学习宣传贯彻工作进行动员部署；第一时间印发《关于认真学习宣传贯彻党的二十大精神的方案》和工作计划表，全面启动学习研讨、集中培训、基层宣讲、主题宣传、研究阐释、对标落实、职工活动、督导检查等 8 大类 29 项工作，以快速行动和扎实举措掀起学习宣传贯彻热潮。

全覆盖全层级系统推进。突出“七个聚焦”，立足全系统全层级全覆盖，让学习宣传党的二十大成为全系统 14 万党员干部职工的集体政治盛会。集团党组和全系统各级党组织结合实际，制定各类学习、培训、宣讲计划，集团和各企业领导率先垂范分赴各地各单位和联系点开展宣讲。集团党校打造专题课程，应用于各类培训班。全体党员干部结合《党的二十大报告辅导读本》等辅导材料，原原本本、逐字逐句研读党的二十大报告，真正做到学深悟透、融会贯通。各级基层党组织通过举办竞赛答题等活动，检验党员干部学习效果。集团党工团联合举办“喜迎二十大、奋楫新航程”文艺作品创作活动，评选展出 414 件优秀作品。集团改革发展重大成就图片、文字、实物入选中央“奋进新时代”主题成就展和国务院国资委举办的习近平总书记“国企足迹”成果展。中远海运特运开展“展现新风采、喜迎二十大”企业文化月活动，广州中远海运举办“喜迎二十大”诵读《习近平用典》百篇音频作品展播活动，青岛中远海运推出迎接党的二十大“1 + 10”措施，各企业上下联动做好学习宣传贯彻，营造了浓厚氛围。

举办党的二十大精神专题研讨会。集团党组于 12 月上旬利用 5 天时间分 5 大专题举办学习贯彻落实党的二十大精神专题研讨会，深入研究集团改革发展和党的建设亟须解决的重大问题，集思广益形成系列战略举措和创新变革实践，推动集团在新的历史起点上实现高质量发展再出发再领先。12 月 7 日，召开贯彻落实党的二十大报告关于“加快构建新发展格局，建设现代化产业体系，提升企业核心竞争力，加快建设世界一流企业”重要任务专题研讨会。12 月 9 日，召开贯彻落实党的二十大报告关于“坚持稳中求进，着力推动高质量发展”重要任务专题研讨会。12 月 13 日，召开贯彻落实党的二十大报告关于“深化国企改革，着力破解深层次体制机制障碍”重要任务专题研讨会。12 月 16 日，召开贯彻落实党的二十大报告关于“加快实施创新驱动发展战略，加快数字经济发展，加快建设交通强国、贸易强国，推动绿色发展”重要任务专题研讨会——构建全球数字化供应链体系专场。12 月 27 日，召开贯彻落实党的二十大报告关于“坚定不移全面从严治党，深入推进新时代党的建设新的伟大工程”“推进文化自信自强，铸就社会主义文化新辉煌”重要任务，持续推进党建领航专题研讨会暨集团宣传思想工作会、集团政研会二届二次会议。

高质量高标准贯彻落实。以党的二十大精神为指引，聚焦集团“打造世界一流全球综合物流供应链服务生态”企业愿景，结合集团改革发展、党的建设实际，集团党组和各级党组织集中精力、逐条逐项研究党的二十大报告中关乎集团发展的重大决策部署，将贯彻落实报告精神分解到推动改革发展稳定、提升服务保障能力、加快科技创新和数字化转型、防范化解风险挑战、坚定不移全面从严治党、凝聚同舟共济奋进合力等各个领域，对标报告内容，设置研究议题，提出任务举措，以坚定决心和务实行动推进贯彻落实，在确保圆满完成全年各项工作任务的基础上认真思考谋划未来重点工作，推动党的二十大报告作出的决策部署转化为企业高质量发展的生动实践。

（朱雪峰）

【开展“再学习再落实再提升”主题活动】

按照国务院国资委党委工作部署，集团党组在全系统开展“建功新时代，喜迎二十大”习近平总书记重要指示批示精神再学习再落实再提升主题活动。

学习研讨。2022 年 4 月，集团党组、各单位党委集中学习研讨党的十八大以来习近平总书记对本行业本企业十个方面重要指示批示精神，主动对照梳理习近平总书记对本企业本行业业务领域相关的重要指示批示，习近平总书记考察调研国有企业时发表的重要讲话、作出的重要指示等，系统重温习近平经济思想，通过党组（党委）会、中心组学习、党支部“三会一课”和联学讲座、培训交流等方式，有针对性地开展学习研讨。

查摆问题。同年 5 月，各单位党委对党的十八大以来本企业贯彻落实习近平总书记重要指示批示精神进行全面“回头看”，与贯彻落实国家战略、集团“十四五”发展规划、“六稳”、“六保”、疫情防控、提质增效、科技创新等中心工作相结合，深入查摆问题，深刻检视问题差距产生的根源，一体推动自查自纠与整改工作。对当下能解决的，立行立改；对需要长期努力、持续推进的，提出了阶段性任务清单、责任清单、措施清单；对取得阶段性成效的，进一步巩固拓展、扩大成果。集团对各单位贯彻落实情况进行督查督导。

深化提升。同年 6—7 月，各单位党委对党的十八大以来本单位贯彻落实习近平总书记重要指示批示精神工作进行了全面总结、归纳经验，深化对贯彻落实工作的规律性认识，探索建立长效化贯彻落实举措，明确了下一步工作计划，融入企业改革发展和党的建设各项工作。

（朱雪峰）

【学习习近平重要讲话精神】

2022 年 7 月 13 日，集团党组印发《关于认真组织学习〈习近平谈治国理政〉第四卷的通知》，要求各级党组织和党员领导干部深刻认识学习《习近平谈治国理政》第四卷的重要意义，并作为各级党组织学习重要内容。集团各级党组织精心组织安排，通过各种形式促进学懂弄通做实。对《习近平谈治国理政》第四卷中的重点篇章有针对性地深入开展学习研讨，既注重从总体上系统把握，又分专题分领域深入领会。基层党组织和船舶党支部探索将《习近平谈治国理政》第四卷重点内容转化成船舱微课、线上云课，形成情景教学、观影研学、线上送学、实践比学、联建共学“五位一体”学习模式。集团党校（人才发展院）把《习近平谈治国理政》第四卷纳入各级干部培训教学重要内容，加强对象化、分众化理论宣传阐释。

同时，集团党组还将学习好、宣传好、贯彻好习近平总书记在省部级主要领导干部专题研讨班上重要讲话的精神作为重要政治任务，第一时间召开党组成员例会进行传达学习和工作部署。7 月 29 日，集团党组理论学习中心组举办扩大集体学习会，以“加快建设世界一流企业、打造原创技术策源地”为主题，邀请中央党校（国家行政学院）公共经济教研室主任樊继达教授作专题辅导报告。9月5日，集团党组印发《关于认真组织学习习近平总书记省部级主要领导干部专题研讨班重要讲话精神的通知》，要求各级党组织充分发挥理论学习中心组示范引领作用，认真组织开展专题学习，把握好主题、把握好基调、把握好导向，切实增强学习贯彻重要讲话精神的针对性实效性。集团全系统各级党组织按照通知精神，通过各种形式开展学习活动，在系统内掀起学习热潮。9月26日，集团党组举办深入学习习近平总书记在省部级主要领导干部专题研讨班上的重要讲话精神专题研讨班，结合学习《习近平谈治国理政》第四卷、《习近平经济思想学习纲要》，进一步深入开展交流研讨。

（朱雪峰）

【党组理论学习中心组学习】

2022年，集团党组全年印发学习通知8次，编印《中心组学习》12期，修订《思想领航——习近平总书记关于国资央企重要论述和本行业本企业重要指示批示摘编(2022)》，集中学习研讨21次，举办以科技创新与数字化转型、区块链、加快建设世界一流企业、统筹疫情防控和安全生产、供应链保通保畅等为主题的中心组扩大集体学习7次，举办六中全会精神轮训班5期，举办深入学习习近平总书记在省部级主要领导干部专题研讨班上的重要讲话精神和《习近平谈治国理政》第四卷、《习近平经济思想学习纲要》专题研讨班，将科学立场观点方法充分运用到改革发展中。（朱雪峰）

集团党组理论学习中心组2022年学习情况见表10–1。

集团党组理论学习中心组2022年学习情况一览表 表10–1

序号	时间	议题
1	2022年1月4日	专题研讨学习贯彻中央经济工作会议、中央企业负责人会议精神
2	2022年1月18日	邀请蚂蚁集团智能科技事业群战略部总经理罗少文作区块链、产业形势及典型应用专题报告
3	2022年1月25日	学习贯彻党的十九届中央纪委六次全会、国务院国资委党风廉政建设和反腐败工作会议精神，中共中央办公厅《关于加强巡视整改和成果运用的意见》文件精神
4	2022年2月14日	学习贯彻中央企业“严肃财经纪律、依法合规经营”综合治理专项行动动员部署会和有关通报文件精神，《中共中央、国务院关于加强和改进新时代人才工作的意见》文件精神
5	2022年3月1日	专题学习研讨科技创新与数字化转型工作
6	2022年3月23日	传达学习贯彻习近平总书记重要指示精神，研究部署开展安全风险隐患大排查大整治
7	2022年4月1日	传达学习国务院安委会全国安全生产电视电话会议、国务院国资委中央企业安全生产视频会议精神，研究部署集团下阶段安全生产工作
8	2022年4月13日	传达学习贯彻全国两会精神
9	2022年4月15日	传达学习贯彻习近平总书记在海南考察时的重要讲话精神
10	2022年5月9日	传达学习贯彻习近平总书记5月5日在中央政治局常委会上的重要讲话精神，对进一步统筹做好疫情防控和保障物流畅通、促进产业链供应链稳定作出部署安排
11	2022年6月2日	传达学习贯彻国务院、国资委会议精神，研究部署集团稳经济大盘、助力中小企业纾困解难有关工作
12	2022年6月29日	传达学习上海市第十二次党代会精神
13	2022年7月29日	邀请中央党校（国家行政学院）公共经济教研室主任樊继达教授作加快建设世界一流企业的专题辅导报告
14	2022年9月13日	传达学习贯彻郝鹏同志9月2日在扎实做好近期重点工作专题会上的讲话精神
15	2022年10月24日	传达学习贯彻党的二十大精神

续上表

序号	时间	议题
16	2022 年 11 月 14 日	学习党的二十大报告关于推进高水平对外开放、建设贸易强国重要论述及习近平总书记在第五届进博会开幕式重要讲话精神；学习《中共中央关于认真学习宣传贯彻党的二十大精神的决定》及习近平总书记在中央政治局第一次集体学习重要讲话精神
17	2022 年 11 月 21 日	学习《中央政治局关于加强和维护党中央集中统一领导的若干规定》《中共中央政治局贯彻落实中央八项规定实施细则》，学习党的二十大报告关于弘扬伟大建党精神重要论述，学习习近平总书记考察延安、安阳重要讲话精神
18	2022 年 11 月 25 日	传达学习贯彻中央企业安全生产和疫情防控专题视频会议精神
19	2022 年 11 月 28 日	学习《中国共产党章程》
20	2022 年 12 月 5 日	学习贯彻习近平总书记在二十届一中全会重要讲话精神
21	2022 年 12 月 12 日	学习党的二十大报告关于“坚持全面依法治国，推进法治中国建设”重要论述

（窦文金）

【宣传思想工作】

2022 年，集团党组对宣传思想工作提出全新要求，作出重要部署，印发《中国远洋海运集团党组 2022 年宣传思想工作要点》《加强和改进宣传思想工作落实方案》，把宣传思想工作摆在全局工作的重要位置，加强党对宣传思想工作的全面领导，奋力开创宣传思想工作新局面。年度工作目标包括：聚焦“国之大者”，选准重大主题；聚合专业力量，讲好企业故事；聚集平台效应，推进媒体融合；聚力手段创新，推出精品力作。全年开展的重点工作包括：坚持不懈用习近平新时代中国特色社会主义思想武装头脑、教育职工、指导实践；持续巩固拓展党史学习教育成果；大力营造迎接宣传贯彻党的二十大精神的浓厚氛围；统筹组织改革发展系列主题宣传；坚决维护意识形态安全；着力塑造全球化企业形象；全力打造企业文化 3.0 升级版；努力推动宣传思想文化工作协同与创新。

是年，集团三次召开专题会议研究改进宣传工作，制定加强和改进宣传思想工作落实方案。紧扣集团服务国家战略、服务广大客户和深化改革、创新数智、推进高质量发展等中心任务，各级党组织和各级宣传部门组织策划重大主题。《中国远洋海运报》开辟“在习近平新时代中国特色社会主义思想指引下——航运强国新篇章”专栏，集中展示贯彻落实坚实行动。开展“奋进新航程、建功新时代”重大主题访谈，开辟“扬帆十年”专栏，全景展现十年重大成就。以国企改革三年行动收官为契机，编撰《改革潮涌》书籍，积极参与国务院国资委改革典型选树。在集团党组统一领导下，集团宣传工作部门完善年度宣传会、季度联席会、月度通气会、重大策划专题会及重大信息报送、新闻宣传与媒体采访等统筹协调机制，建立产品报送考评机制，完善评优表彰机制，促进全系统自有媒体平台深度融合。（朱雪峰）

【意识形态工作】

2022 年，集团党组注重加强党对宣传工作、意识形态工作的领导，压紧压实意识形态工作领导责任，意识形态工作质量水平不断提高。

1. 捍卫“两个确立”，推动科学理论武装学懂弄通做实

开展习近平总书记重要指示批示精神再学习再落实再提升主题活动，做好科学理论和主流政治话语“翻译”转化。聚焦习近平总书记关于航运强国、交通强国重要论述，在 700 多艘自有船舶开辟船舱微课。集团政研会、集团党校开展 32 项重大课题研究。

2. 落实主体责任，以实际行动践行“两个维护”

注重顶层设计，坚持“两个一以贯之”，严守组织纪律和宣传纪律，在思想上政治上行动上同党中央保持高度一致。牢牢抓住关键领域、关键节点、关键群体，专题研究分析研判意识形态工作。开展专题培训，增强责任意识，提高政治鉴别力。健全考核体系，将意识形态工作纳入党建工作责任制考核、领导干部个人考核和政治纪律监督检查范围。

3. 赓续红色血脉，以航海文化传承企业精神

牢记初心使命，发扬“支部建在船上”优良传统，聚力干部员工干事创业的积极性、主动性和创造性。上半年上海地区 4 827 名党员职工向所在社区党组织报到，将党旗插到战“疫”一线。积极推选“央企楷模”“感动交通人物”，以先进标杆引领企业文化和航海文化，展现矢志一流的核心价值理念。

4. 强化阵地管理，牢牢掌握意识形态工作主导权

坚持融入中心服务大局，以重大活动、重要论坛及国际平台为抓手，持续提升集团国际影响力和行业话语权。加强干部职工理想信念教育和形势任务教育，开展“强国复兴有我”群众性主题活动，为党的二十大胜利召开和集团发展营造稳定的政策、社会和舆论环境。制定落实《党委（党组）网络意识形态工作责任制实施细则》工作方案，做好舆论阵地清查整改，开展风险隐患排查。

（朱雪峰　马晓静）

【“强国复兴有我”主题活动】

根据《中共中央宣传部关于迎接党的二十大胜利召开组织开展“强国复兴有我”群众性主题宣传教育活动的通知》精神和国务院国资委党委部署要求，集团党组在全系统广泛组织开展“强国复兴有我”群众性主题宣传教育活动，以昂扬姿态唱响“强国复兴有我”时代大歌。集团注重科学理论的分众化学习阐释，在《中国远洋海运报》开辟专栏，制作系列理论微党课、微解读，使理论宣传在基层入脑入心。广大干部职工纷纷表示“功成不必在我”“功成必定有我”，绝不辜负总书记殷切期望，向党中央交出满意答卷。结合中国近代以来百年航海史中的红色历史文化资源，以《中国远洋海运发展史》为基础，启动编纂集团历史文化故事、航海精神谱系，传承红色基因、赓续红色血脉。以高质量、大手笔、密集型宣传高举“航灯”、鸣响“汽笛”，书写航运强国的时代篇章，讲好新时代新航程上的精彩故事，形成系列通讯、综述和报告文学，编印《改革潮涌——推进国企改革三年行动优秀案例辑》，汇聚改革发展正能量。

（朱雪峰）

【思想政治工作】

2022 年，集团各级党组织注重加强和改进思想政治工作，深化拓展党史学习教育，充分调动广大干部职工聚力“四个领航”干事创业的积极性、主动性和创造性。2022 年 5 月 25 日，集团党组印发《关于新时代加强和改进中远海运集团思想政治工作的实施意见》（简称《意见》）。《意见》对集团思想政治工作进行了顶层设计和统筹谋划，特别在适应时代要求、满足职工期待、解决实际问题方面，从基础工作、路径方法上提出了思路和举措。2022 年 9 月 20 日，国务院国资委党委召开中央企业思想政治工作会议。

1. 激励“强国有我”，思想政治工作凸显力量

坚持融入中心服务大局，把思想政治工作与立足新发展阶段、贯彻新发展理念、构建新发展格局结合起来；加强干部职工理想信念教育和形势任务教育，系统总结梳理集团深化改革重大经验、重要成果、突出成就，浓墨重彩宣传集团在百年变局和世纪疫情叠加挑战下高质量发展的生动实践，引导广大干部职工在加快建设海洋强国、交通强国、航运强国中凝聚“强国有我”的澎湃力量。各级基层党组织发扬“支部建在船上”优良传统，推动思想政治工作进车间、入班组、上船舶。中远海运发展创建“智圆行方、同心向党”“金号角·先锋有我”“三耕”等特色品牌。上半年，上海地区 4 827 名党员向社区党组织报到，将鲜红党旗插到战“疫”一线，为打赢“大上海保卫战”作出积极贡献。

2. 强化“立心铸魂”，党史学习教育走向长效

集团认真总结党史学习教育成功经验，召开党史学习教育总结大会，印发《关于推动党史学习教育常态化长效化的意见》，把不忘初心、牢记使命作为加强党的建设的永恒课题和全体党员干部的终身课题，弘扬伟大建党精神，用好中国近代以来百年航海史中的红色历史文化资源，强化教育功能、传承航海基因、赓续红色血脉。编纂《波澜壮阔》航运百年图志、集团年鉴，制作集团历史文化融媒体产品，讲好企业历史文化故事，构筑航运精神、航运价值、航运力量。集团案例入选由党史学习教育领导小组办公室主编、人民出版社出版的《百年初心成大道——党史学习教育案例选编》。

3. 落实“人民中心”，为群众办实事形成常态

坚持解决思想问题与解决实际问题相结合，集团构建“我为群众办实事”实践活动“一二三四五”常态化机制，以服务客户纾困解难、解决职工急难愁盼为重点，2022 年全系统立项 6 大类 212 项实事项目清单，其中服务客户类占 38%、服务职工类占 35%。各级党组织落实主体责任，各企业领导牵头挂帅，坚持问题导向、目标导向、结果导向，抓好跟进落实，对重点项目一抓到底，全力解决。各级基层党组织和工会走好新时代党的群众路线，牵头开展职工思想状况调查。各级信访部门及时有效做好各类矛盾化解，保障重大会议活动期间安全稳定。各级宣传部门加大办实事案例宣传，营造了客户至上、员工为本的和谐氛围，进一步强信心、聚民心、暖人心、筑同心。（朱雪峰）

【党史学习教育】

党史学习教育自 2021 年开展以来，集团各级党组织以习近平总书记围绕党史学习教育作出的一系列重要论述为根本遵循，在国务院国资委党委和中央企业第二指导组的指导下，按照学史明理、学史增信、学史崇德、学史力行的要求，提高思想站位，压实政治责任，突出时代主题，密切联系实际，精心组织实施，有力有序推进，真正做到学党史、悟思想、办实事、开新局。

党史学习教育做法、经验与成效。主要做法概括为“六个坚持”：坚持思想统领，以创新理论指导工作实践；坚持学史筑基，以航程百年注解建党百年；坚持精神传承，以红色基因融汇蓝色梦想；坚持人民中心，以家国情怀践行初心使命；坚持强根铸魂，以政治优势引领发展优势；坚持向史而新，以一流业绩推动航运强国。通过认真开展党史学习教育，集团党员领导干部真正做到学史明理、学史增信、学史崇德、学史力行，取得实实在在的成效，主要体现在“六个更加”：通过学思践悟学党史，“两个维护”更加坚决；通过培根铸魂强党建，“两个一以贯之”更加有力；通过用心用情办实事，“国之大者”更加突出；通过谋篇布局定规划，“航运强国”路径更加清晰；通过学史力行促发展，“世界一流”更加接近；通过守正创新传基因，“精神脊梁”更加挺立。

巩固拓展党史学习教育成果，以史为鉴、开创未来。2022 年，集团在中央企业第二指导组的指导下，将巩固拓展党史学习教育成果作为一项长期重要任务，建立常态化、长效化制度机制，牢牢掌握集团事业发展的历史主动。在知信行上见真章，学深悟透习近平新时代中国特色社会主义思想和党的百年奋斗历史经验，始终把党的政治建设摆在首位；在办实事上深拓展，探索建立党史学习教育长效机制，推动“我为群众办实事”实践活动常态化；在担使命上强行动，持续发挥综合性航运物流企业优势和央企顶梁柱作用，坚定履行“大国船队”的更大担当；在开新局上下功夫，把党史学习教育中形成的好经验、好作风，转化为贯彻落实“十四五”规划和奋进“航运强国”的强大动力。

集团党组贯彻和遵循习近平总书记关于党史学习教育重要指示精神和 2021 年 12 月 24 日中央党史学习教育总结会议精神，制定《关于推动中远海运集团党史学习教育常态化长效化的意见》，就推动集团党史学习教育常态化长效化提出了 6 个方面要求和部署，即着眼坚定历史自信，坚持不懈把党史作为必修课、常修课；着眼增强理论自觉，坚持不懈用习近平新时代中国特色社会主义思想武装头脑；着眼提高政治能力，坚持不懈领悟“两个确立”决定性意义、坚定做到“两个维护”的高度自觉；着眼强化宗旨意识，坚持不懈为职工群众办实事办好事；着眼激发昂扬斗志，坚持不懈以伟大建党精神引领企业文化建设；着眼永葆初心使命，坚持不懈推进自我革命。（朱雪峰）

【“我为群众办实事”实践活动】

2022年，集团深入贯彻落实党的二十大报告“坚持以人民为中心的发展思想”重要部署，第二年开展“我为群众办实事”实践活动，推动党史学习教育常态化长效化。集团编印活动重点项目手册，列出6大类212项重点项目清单，把清单作为推进实践活动的重要抓手，坚持大抓基层的鲜明工作导向，确保实践活动组织到位、落实到位。截至2022年度末，完成率达到98%。主要做法包括：

1. 突出宗旨使命，围绕贯彻落实新发展理念办实事

聚焦全球产业链供应链稳定，发挥海上运输主力军作用，全力以赴“保链稳链固链延链”；聚焦“绿色低碳智能”航运业发展趋势，推动新能源船舶建造、新能源供给体系建设、节能减排技术应用、绿色航运国际合作、岸电改造等方面实现新突破；聚焦国家物流枢纽与通道建设需求，推进“一带一路”共建国家、海南自贸港、中缅通道、西部陆海新通道等建设取得新进展；聚焦科技创新和数字化转型，推进物联网产业的研究和实际场景应用、海上漂浮式风机、智慧仓储等项目跨上新台阶。

2. 突出责任担当，围绕助力乡村振兴办实事

集团工会、团委和慈善基金会搭建帮扶平台，各单位聚焦消费帮扶、共建帮扶、项目帮扶、捐赠帮扶，带动合作方和客户一同参与，继续在产业、就业、教育、培训、消费、党建等方面开展帮扶，精准对接帮扶当地群众需求，持续开展定点帮扶和对口支援、“浪花·心愿”爱心助学等项目，进一步发挥广大干部员工凝聚、引导、服务群众的作用，助力乡村振兴工作向纵深发展。

3. 突出优势特色，围绕服务保障社会民生需求办实事

聚焦解决疫情期间民生物资保供难题，组建疫苗、药品、粮食、能源、冷链等保供专项工作组，持续为上海、北京、广州等地区提供民生保供物资的物流、仓储服务；聚焦解决外贸出口难题，预判客户需求和物流堵点，依托专班机制延伸，开设“陆改水”“公转铁”“水水中转”等联运方式，发挥整合运力资源优势，保障各条产业链供应链安全稳定。

4. 突出为民惠民，围绕关心关爱职工群众办实事

加大关心关爱船员力度，始终把为集团五万余名船员服务作为“办实事”重点项目，针对船员疫情防控期间“换班难”，整合内部优势资源，用心用力用情为船员织密疫苗防护网、完善换班政策、铺设急病救助通道，进一步提高服务船员水平。

5. 突出客户至上，围绕服务和客户与合作伙伴办实事

聚焦疫情防控期间中小微企业经营难点，开展应付账款清欠专项工作，落实服务业小微企业和个体工商户房租减免政策，对疫情导致的滞期费、修理第三方索赔开展减免，协助中小微企业申报RCEP减免，盘活中小微企业资金池。

（朱雪峰）

【党建思想政治工作研究会】

2022年，集团党建思想政治工作研究会将做好习近平总书记重要论述阐释作为理论研究“第一课题”，以深入研究集团党建思想政治工作重大理论和实践问题、满足集团改革发展和党的建设工作需求为出发点，结合党建思想政治工作重点、难点、热点问题，确定年度32个重点研究课题，组织开展课题研究，形成218篇课题成果，数量上再创新高，质量上大幅提升。承担中国政研会委托课题 1 项，获奖 1 项，完成央企政研会重点课题 2 项。2 项课题获评央企党校智库优秀成果，26 项课题获评交通政研会优秀成果，近 20 篇理论文章、经验案例在《学习时报》《党建》《思想政治工作研究》等党媒刊登，入编国务院国资委、人民日报社等编纂的各类理论图书。系列研究成果通过各种形式转化为工作规划、指导意见，有效推动实践，彰显研究价值。

部分获奖集体、获奖课题

一、中国政研会

1. 中国远洋海运集团有限公司课题组承担的中国政研会 2022 年度委托研究课题获评优秀成果。

2.《“马真”作风的时代回响》（作者：朱雪峰）被评为中国政研会 2022 年度基层思想政治工作优秀案例。

二、国务院国资委党委

中远海运集团党组理论学习中心撰写的《扬帆壮丽航程 建设海洋强国》被评为国务院国资委学习贯彻习近平总书记关于发展国有经济重要论述优秀理论研究成果。

三、中央企业政研会

中远海运集团党组工作部撰写的《发挥“支部建在船上”优势，构建新时代远洋船舶思想政治工作“领航力”体系研究》（作者：刘海涛、朱雪峰、吴彦红、相熔钢）荣获中央企业政研会 2022 年度优秀课题研究成果一等奖。

四、中央企业党校智库

中远海运集团党校推荐的《混合所有制企业党建工作研究》（作者：徐永上、齐晖、葛军、陶广昭、郭燕萍、孙勇志、高世龙、刘霞、陈洪达）荣获中央企业党校智库 2022 年度立项课题结项优秀课题二等奖。

五、中国交通职工政研会

中国交通政研究会印发《关于表彰 2020—2021 年度全国交通运输行业优秀政工论文的决定》，集团 1 篇论文获一等奖，2 篇论文获二等奖，6 篇论文获三等奖，17 篇论文获优秀奖。

一等奖：

《百年党史领航初心理想 赓续薪火开拓奋进航程——上海中远海运从党史学习教育中汲取智慧力量的思想实践》

作者：中远海运（上海）有限公司党委课题组

二等奖：

1.《习近平航运强国重要论述理论框架下的思想政治工作思考与实践》

作者：中国远洋海运集团有限公司　朱雪峰

2.《坚持“支部建在船上”为航运事业持续蓬勃发展提供坚强政治保障》

作者：中远海运散货运输有限公司　苗圣英　张志新　张丽伟　方鹏

三等奖：

1.《学习力就是竞争力 培训就是生产力——广州中远海运全方位打造学习型企业的实践与思考》

作者：中远海运（广州）有限公司 陈晓艳

2.《以“三做”理念为指引 以“标杆”创树为抓手——中远海运能源加强船舶党建的思考与实践》

作者：中远海运能源运输股份有限公司党委课题组

3.《国有企业共青团组织在新时代加强青年思想引导中的对策研究》

作者：中远海运散货运输有限公司　张艳

4.《战略为基、基层为本、创新为要，求好国有企业党建工作绝对值——以高质量党建推动企业高质量发展机制模型研究》

作者：中远海运特运公司课题组

5.《把定航行之舵 突出亮点特色 把基层党组织建设成坚强战斗堡垒——中远海运集运特色党支部建设实践探索与经验启示》

作者：中远海运集装箱运输有限公司　李伟　周培军　刘清卿　方叶

6.《开展高质量集中轮训 培育高素质船舶政委——加强船舶政委集中轮训工作的实践与思考》

作者：中远海运船员公司党委课题组

优秀奖（名单略）

六、中远海运集团政研会

集团政研会印发《关于公布中国远洋海运集团2022年度党建思想政治工作优秀研究成果的通知》，表彰一等奖论文15篇，二等奖论文25篇，三等奖论文30篇，优秀奖论文40篇。

一等奖（共15篇）：

1.《会解三秋叶，能开二月花——从2022年舆情大事件谈新舆情时代国资央企舆情管理和网络生态建设》

作者：中远海运散运纪委工作部/监督审计部　林于暄

2.《运用系统观念构建多维立体“大党建”工作格局引领装备制造企业高质量发展的思考》

作者：中远海运重工党委课题组

3.《党建引领推进产业工人思想政治建设研究——以上海寰宇各箱厂产业工人为例》

作者：中远海运发展上海寰宇课题组

4.《以党建引领国有上市企业社会责任治理的思考》

作者：中远海运能源董事会办公室/证券事务部　倪艺丹

5.《党的思想引领之火点燃国企改革之擎——以青岛中远海运改革发展为例》

作者：青岛中远海运党委课题组

6.《激发强党建促业务的内生动力实践研究——以党建引领激发国有企业内生动力的探索》

作者：海南港航通用码头有限公司政研论文课题小组

7.《中远海运集运推动党建与生产经营深度融合实践研究》

作者：中远海运集运党委工作部

8.《抓好后继有人这个根本大计，大力培养选拔优秀年轻干部——新时代国有企业培养选拔优秀年轻干部探索实践》

作者：中远海运特运组织部/人力资源部课题组

9.《推进党的领导与公司治理有机融合的实践与思考——以中远海运散运为例》

作者：中远海运散运党委工作部　杨静

10.《国有航运企业指数化党建管理研究与实践——以中远海运能源“三力”指数为例》

作者：中远海运能源党委课题组

11.《以“全周期管理”一体推进“三不腐”——浅析新物流重组以来构建“三不腐”机制的路径和方法》

作者：中远海运物流纪委工作部

12.《应用“全周期管理”理念，开展“全航次云监督”船舶廉洁风险防控的实践》

作者：中远海运集运纪委工作部/监督审计部

13.《“三大机制”在新员工成长初期作用发挥的实证研究》

作者：中远海运人才发展院 刘若刚 蒋璐 赵杨 夏玲 马荣超

14.《党建品牌放光彩——“小·微课堂我来讲”党建品牌建设经验浅析》

作者：青岛中远海运财务部课题组

15.《浅析文化融合对企业整合及发展所起的积极作用——琼州海峡港航一体化开展文化融合成果案例研究》

作者：海南港航海峡股份党群工作部 叶志翔

二等奖、三等奖、优秀奖（名单略）

（朱雪峰）

【典型培育和选树】

2022年，全体干部职工同舟共济、奋楫前行，在服务国家战略、践行央企责任中勇于担当，在抗击疫情、保链稳链中拼搏奉献，在服务客户、拓展市场中创先争优，在深化改革、提质增效中主动作为，在科技创新、数字攻坚、绿色转型中开拓进取，在党的建设、服务群众等各项工作中尽职尽责，推动企业以优良业绩迈向高质量发展新航程。

一、上级荣誉

1. 2021年感动交通年度人物

刘宗昌　中远海运船员管理有限公司上海分公司轮机长

天津港集装箱码头有限公司全流程自动化升级改造创新攻坚团队

2. 第一届（2021 年度）“最美港航人”

蔡连财　中远海运特种运输股份有限公司总经理助理

滑恒茂　中国厦门外轮代理有限公司班轮部船务科经理

二、集团 2022 年表彰的特别贡献奖、钻石团队、劳动模范、先进集体、先进个人名单

集团党组印发《关于表彰中国远洋海运集团 2021 年度先进典型的决定》，授予 1 个团队“特别贡献奖”称号，授予 7 个团队“钻石团队”称号，授予 100 个集体“先进集体”称号，授予 100 名同志“先进个人”称号。（名单见第十六篇 光荣册）

三、集团 2021 年度船舶“金牌三长”

集团党组印发《关于表彰中国远洋海运集团 2021 年度船舶“金牌三长”的决定》，授予 29 名同志五星“金牌三长”称号，授予 116 名同志四星“金牌三长”称号，授予 261 名同志三星“金牌三长”称号。（名单见第十六篇 光荣册）

（朱雪峰）

党风廉政建设

党风廉政建设

【党风廉政建设和反腐败工作会议】

2022 年 2 月 28 日，中国远洋海运集团党组召开 2022 年党风廉政建设和反腐败工作会议，总结 2021 年党风廉政建设和反腐败工作，部署 2022 年重点工作任务。集团党组书记、董事长万敏出席会议并讲话，从 6 个方面对全年党风廉政建设和反腐败工作提出要求。集团党组副书记、董事王海民主持会议并就落实会议精神提出要求。集团纪检监察组组长、党组成员刘鸿炜传达学习十九届中央纪委六次全会、国务院国资委党风廉政建设和反腐败工作会议暨警示教育大会精神，并作题为《永葆自我革命精神 守正创新做实监督 为“大国船队”行稳致远保驾护航》的党风廉政建设和反腐败工作报告。报告总结了集团 2021 年纪检监察各项工作，深入分析了存在的问题和不足，从 6 个方面部署 2022 年工作任务。会议以视频形式召开，集团在沪领导，各部门、在沪共享中心负责人，在沪直属单位党政主要负责人、纪委书记在集团总部主会场参会；集团在京共享中心负责人，境内各直属单位、代管单位领导班子成员，中层及以上干部在各分会场参会。

【监 督 检 查】

围绕深入学习贯彻习近平新时代中国特色社会主义思想和习近平总书记关于本行业本企业的重要指示批示精神，贯彻落实十九届六中全会和中央纪委六次全会精神等情况，对 26 家直属单位开展综合监督检查；围绕贯彻落实习近平总书记在海南考察时的重要讲话精神，督促驻海南单位深度参与海南自贸港建设，督促中远海运博鳌公司做好 2022 年博鳌亚洲论坛年会服务保障工作；组织开展贯彻落实新发展理念、安全风险隐患排查落实情况等专项监督，召开重点单位专题汇报会、监督工作推进会，指出短板，提出建议；持续督促直属单位做好稳外贸、产业链供应链保通保畅、中小企业纾困解难、电煤运输等工作，推动落实“六稳”“六保”要求，发挥“大国船队”保供稳链作用；压茬推进中央巡视整改监督，督促集团巡视办对中央巡视反馈意见整改情况再次组织“回头看”，督促集团航运金融单位对照十九届中央第八轮巡视向 25 家金融单位反馈中指出的问题，举一反三，排查风险隐患；协同审计本部开展对口帮扶工作监督检查，推动党中央“四个不摘”政策成果持续巩固。

在日常监督工作中，注重抓好“一把手”等“关键少数”监督，研究制定加强对“一把手”和领导班子监督的 29 项具体举措。纪检监察组和直属单位纪委约谈各级领导班子成员、关键岗位人员 1 978 人次。严把政治关、廉洁关，全系统规范回复党风廉政意见 436 人次，会同组织部门强化换届纪律风气监督。加强年轻干部监督，纪检监察组为集团“远航”“启航”等多个年轻干部培训班讲授廉洁从业课，27 家直属单位纪委书记亲自为本单位年轻干部讲授廉洁教育课。加强对境外企业和“一带一路”项目建设的监督，通过电话、视频检查，外派人员回国后约谈等方式，加强对境外单位领导干部监督。紧盯关键环节、关键领域和重点场所，毫不放松抓好疫情防控监督。

【一体推进“三不腐”】

制定《关于不断提高一体推进不敢腐、不能腐、不想腐能力和水平的意见》，压实党组（党委）

及各部门、各单位共同承担一体推进“三不腐”的政治责任。始终坚持从严的基调，落实“五个精准”工作要求，集团全系统全年收到信访举报436件，立案90件，处分74人，其中集团纪检监察组立案查处16件。全系统运用“四种形态”批评教育帮助和处理389人次，第一种形态304人次，占比78.2%；第二种形态43人次，占比11.1%；第三种形态30人次，占比7.7%；第四种形态12人次，占比3.0%。坚持失责必问，精准问责，全年全系统处理问责事项15起，问责领导干部17人。

开展“靠企吃企”“严肃财经纪律、依法合规经营”、采购领域问题专项治理及船舶船员违纪违法问题整治等。对集团采购领域违纪违法问题进行专项分析，推动开展采购领域专项治理，清理出问题供应商268家。对涉及“严肃财经纪律、依法合规经营”专项行动和采购领域的问题线索进行“大起底”，对靠企吃企问题线索持续跟踪督办，对138件重点问题线索提级审核，已办结127件，共立案审查32人，处分21人，组织处理154人。深入整治“靠船吃船”问题，组织查处违纪违法船员44人，制定严禁走私的“四条禁令”。集团靠企吃企专项整治得到中央纪委国家监委肯定，印发中管企业。

在加强廉洁文化建设方面，印发《集团关于推进新时代廉洁文化建设的意见》《关于进一步加强反腐倡廉警示教育工作的意见》等，深化以案促改和警示教育工作。印发《关于进一步深入贯彻落实中央八项规定精神 严防公款吃喝等问题的通知》，重申七个“严禁”的纪律要求。集团各级党组织和纪检监察机构常态化开展廉洁教育，引导广大党员干部遵规守纪，营造风清气正的生产经营环境。梳理分析党的十九大以来集团各级纪委查办的违法违规经营典型案件，提出对策建议并通报，发挥典型案件治本功效。全系统订阅《中央企业靠企吃企警示录》8 000余本，作为警示教育必选教材。加强《中国远洋海运集团反腐倡廉网》的宣传教育，及时发布上级纪委相关工作要求、集团有关党风廉政建设的制度和规定。

【作风建设】

坚持纠治“四风”全面从严、一严到底。严肃查处违反中央八项规定精神问题，全年全系统查处违反中央八项规定精神问题30件，处理处分39人。紧盯元旦、春节、五一、端午、中秋、国庆等重要节点，发布提示、提出要求，持续开展监督检查。落实以案促改，重申严格执行中央八项规定精神的“七个严禁”和预防“节日病”的“十八个严禁”的纪律要求。建立长效工作机制，紧盯玩忽职守，搞形式、走过场等问题，持续纠治形式主义、官僚主义。印发《信访举报工作指引》，设立集团纪检监察信访举报专用电子邮箱和在OA系统中开设信访举报平台，进一步畅通职工群众举报渠道，推动深化整治职工群众身边腐败和不正之风。

【纪检监察体制改革】

严格落实纪检监察工作双重领导体制。认真落实请示报告制度，全年向中央纪委国家监委报送各类请示、报告、信息等150件；向集团党组书面请示报告工作、提出意见建议74次。贯彻落实《纪检监察机关派驻机构工作规则》，制定贯彻落实规则的任务分工方案。全覆盖约谈21个总部职能部门、共享中心负责人，面对面提示各部门主要廉洁风险，促进主体责任、监督责任贯通联动、同频共振。

各类监督贯通协同。召开集团党风廉政建设和反腐败工作协调小组会议，通报工作、解决问题、明确要求；制定纪律监督、监察监督、派驻监督和巡视监督贯通衔接的48项具体措施。开展“室组”联动监督、“室组地”联合办案；加快推进数字化监督平台建设。

完善改革配套制度。制定印发《关于规范集团所属企业礼品礼金登记上交若干事项的意见》《党纪政务处分决定执行工作规程》《关于船员违纪违法问题线索及案件办理的若干规定》等13项规章制度；编印《纪检监察工作指引》，推动工作合法合规有序开展。　（沈海龙）

内部巡视

内部巡视

【加强对内部巡视工作的领导】

集团党组会、巡视工作领导小组共听取巡视工作情况汇报、中央巡视及内部巡视整改情况汇报2次，加强党组对巡视重要工作、重大事项、重要环节、重要问题的研究部署。集团党组书记强化第一责任人责任，对巡视工作作出指示批示5次。

【持续深化中央巡视整改】

2022年，中远海运集团对持续深化中央巡视整改工作进行复盘，形成工作总结。组织开展中央巡视整改情况“回头看”检查工作，26家直属单位对落实中央巡视整改情况进行全面自查，对8家重点单位开展现场检查。督促总部相关职能部门、各直属单位定期对中央巡视整改工作进行全面回顾，更新工作台账。

【完成巡视全覆盖任务】

集团对中远海运海控/中远海运集运党委、中波公司（中方）党委、中远海运人才发展院党委开展常规巡视，顺利完成巡视全覆盖任务。巡视中，聚焦“两个维护”强化政治监督，紧盯被巡视党组织职能责任，推动集团各级党组织更好发挥“大国船队”的职责使命，助力党建领航、价值领航、科技领航、全球领航，为实现集团实现“打造世界一流的全球综合物流供应链服务生态”发展目标保驾护航。

【探索巡审结合工作方法】

采取上下联动、巡审结合等方式，在巡视工作中嵌入式开展2家单位的财务收支审计、1家单位的提级审计，以及4个专项审计等，打通巡视与其他各类监督的内在联系，有效提升监督质效。

【构建上下联动工作格局】

加强对各单位巡察工作情况的了解跟踪、督促指导，全年共指导重点巡察任务24个。充分运用下级巡察成果，推动举一反三，提升监督效果。下级巡察机构将上级巡视巡察反馈的问题及整改落实情况纳入监督重点，积极推动解决问题。

【内部巡视整改及成果运用】

开展巡视整改回头看检查，在全面自查自纠基础上，对8家单位开展现场检查。全面回顾2018—2022五年来巡视发现的问题，认真进行总结分析巡视发现的普遍性问题、倾向性问题、典型问题，形成情况报告。推进巡视监督、整改、治理有机贯通，2022年向相关职能部门提出意见建议16条。（裴志杰）

信访、维稳、综治工作

信访、维稳、综治工作

【落实“三到位一处理”要求】

中远海运集团坚持以人民为中心的发展理念，始终牢记为民解难、为党分忧的政治责任，自觉践行初心使命，端正服务态度，不断改进工作方法；按照“诉求合理者解决问题到位，诉求无理者思想教育到位，生活困难者帮扶救助到位，行为违法者依法处理”的要求，争取让上访人“最多跑一次”，结合防疫实际，适时调整和规范集团信访接待流程，加快网信办理速度，做到有访必办、有诉必应，事事有着落，件件有回音。2022 年，集团接待办理职工群众来信来电来访 288 批（件），完成中央交办的化解积案 13 件、集团梳理的积案 5 件，化解（办结）率达到 100%。

【《信访工作条例》宣贯】

中共中央、国务院印发的《信访工作条例》（以下简称《条例》）自 2022 年 5 月 1 日起施行。为抓好《条例》宣贯，组织开展了以下四项活动：一是组织一次专题学习活动。下发学习宣传贯彻《条例》的通知，要求各直属单位党委开展一次专题学习，原原本本学原文，抓好《条例》贯彻落实。集团信访办积极参加国务院国资委举办的《条例》宣讲视频会，并把学习贯彻《条例》与学习贯彻第九次全国信访工作会议精神结合起来。二是组织开展正能量网络创作活动。征集展示《条例》宣传微视频、微电影、微动漫等作品，并在集团企业微信开辟“学习贯彻《信访工作条例》”专栏，刊发展示集团各级学习贯彻《条例》情况，进行滚动播放，征集发布 28 部作品，并择优上报 3 部作品，提升《条例》宣贯成效。三是组织开展网上答题活动。七一前夕，组织开展《条例》知识网上学习答题活动，发动全系统员工积极参与。在此基础上，组织集团系统员工先后参加了上海市信访办、国务院国资委信访办和国家信访局开展的网上答题竞赛，进一步提升《条例》的知晓度。四是组织网上集中学习培训。12 月下旬，集团信访办将举办信访工作培训班，专题学习《条例》，交流分享工作体会，进一步推动《条例》入脑入心，积极营造办事依法、遇事找法、解决问题用法、化解矛盾靠法的良好环境。

【积案矛盾化解】

坚持法治思维，引导上访对象采取司法途径化解矛盾。先后多次接访约谈上访对象，动之以情、晓之以理，最终同意采取诉讼化解矛盾。成立工作专班，协调两家单位化解上访对象信访矛盾。集团信访办认真研究有关诉求，对其合理部分给予了支持。鉴于问题由来已久，涉及两家单位，集团信访办明确由责任单位牵头，另一家单位配合，组成工作专班，推进矛盾化解，集团信访办加强督办，最终得以完成化解。积极做好成果巩固工作。坚持每季度开展一次“回头看”，要求责任单位持续保持与上访对象联系沟通，及时回应诉求。对再次信访事项，主动与属地和上级信访部门沟通，指导责任单位把工作做深做细做实，并及时更新化解（办结）报告。截至 2022 年 6 月底，集团已全部完成了中央交办的 13 件信访事项。集团梳理并交办的 5 件信访事项也全部办结。集运 1 个积案化解案例被收录为中央企业信访工作领域“我为群众办实事”典型案例，汇编成册供各中央企业工作交流参考。

【党的二十大等重大活动信访保障工作】

2022年8月，组织召开集团信访工作会议，全面分析了集团信访工作形势，对做好党的二十大信访保障工作进行了再动员再部署。制定下发集团二十大信访安全保障方案。在全系统开展信访稳定风险大排查，共梳理出了48个信访稳定风险事项，并逐一压实了主体责任，制定了稳控预案。落实了信访重大信息“零报告”机制，加强了对重点对象稳控。党的二十大期间，处置了扬言信1起，网上涉稳舆情事件1起。在各单位的共同努力下，确保了集团在党的二十大期间安全稳定。参照党的二十大信访安全保障工作的要求，做好了北京的冬奥会、冬残奥会、全国两会、第五届进博会、第二届北外滩国际航运论坛等重大活动信访保障工作，达到了目标要求。此外，还加强总部机关安保工作，配合职能部门完成了52批次重要外事活动和重要会议的现场安保和稳控工作。

【信访督查督办督导】

对全年交办的信访事项进行督查；及时交办职工群众来信来访，确保交办率达到100%。对交办的事项进行跟踪督办，按时间节点予以反馈。重点加强对初信初访的督查，办结率达到100%。坚持对重点事项进行督办。2022年，先后围绕央企三年改革、涉疫矛盾等重点信访事项，加强督办；要求相关单位落实每周一报工作机制，加强指导，有效防止了群访事件；针对涉疫矛盾，集团信访办加强与责任单位和属地职能部门协调，共同推动矛盾化解。对容易引发极端事件的信访事项加强督办。针对扬言信、网上不当言论等，集团信访办第一时间加强指导和跟踪督办，确保了极端事件发生。

【“三共三联”机制】

认真落实“工作共建、事务共商、责任共担；矛盾联调、积案联办、应急联动”的要求，积极走访上海市信访办，共同商议矛盾积案化解工作。与上海市边防和港航公安分局和属地塘桥派出所建立共建关系，组织开展共建活动。2022年，警方协助集团总部及时有效处置了75批次闹访事件，有力维护了总部机关正常办公秩序。在重大活动中，加强与属地政法部门沟通联系，通报相关信息，取得有力支援。积极开展国家安全和人民防线建设，加强国家安全教育，筑牢全体员总体国家安全观。是年，集团总部被上海市治安总队评为治安合格单位，信访接待中心被评为先进单位，有7名个人、4家单位分别被上海市边防和港航公安分局评为先进个人和先进单位。在参加“维护国家安全、护航城市发展”征文比赛中，集团获得优秀组织奖，2名个人分别获得三等奖、优秀奖。（刘辉华）

CHINA COSCO SHIPPING
CORPORATION LIMITED
YEARBOOK

中国远洋海运集团有限公司

年鉴

第十一篇

群团工作

概述

概　述

2022 年，集团工会围绕中远海运年初确定的各项目标任务，认真履行职责，为奋力夺取疫情防控和企业发展双胜利发挥了重要作用。在疫情防控工作中，组织动员各级工会积极配合本企业全力做好疫情防控工作，关心关爱广大职工群众，落实职工生产、生活各项保障举措，开展健康讲座及各类线上文体活动，有效排解和疏导职工因疫情所带来的负面情绪，营造积极向上的企业文化氛围。在助力企业提质增效方面，注重充分发挥工人阶级主力军作用，牢牢把握时代主题，大力弘扬劳模精神、劳动精神、工匠精神，精心组织参加首届大国工匠创新交流大会，积极参与 2022 年度全国五一劳动奖相关推荐评选工作，广泛深入开展劳动和技能竞赛，组织动员职工为建设交通强国、航运强国建功立业。工会坚持以人民为中心的发展思想，贯彻全心全意依靠工人阶级方针，切实维护职工权益，认真履行维权服务基本职责，不断增强职工群众的获得感、幸福感、安全感。在定点帮扶对口支援工作中，工会强调找准帮扶工作切入点、突破口，发挥集团各部门、各板块协同作用，积极参与乡村建设和乡村治理，推进产业振兴、人才振兴、文化振兴、生态振兴、组织振兴。

是年，集团团委全面落实集团党组和上级团组织工作部署，巩固深化党建带团建工作，不断增强共青团政治能力和服务水平；组织广大团员青年学习宣传贯彻党的二十大精神，以迎接和学习宣传贯彻党的二十大为主线，结合庆祝建团 100 周年，在全系统各级团组织开展“喜迎二十大、永远跟党走、奋进新征程”主题教育实践活动；集团团委注重强化思想引领，坚定广大青年理想信念；聚焦价值引领，推进精神素养的提升；坚持立足岗位建功，引领广大青年成长成才；突出典型示范作用，开展五四先进表彰活动；积极参与疫情防控工作，组织广大青年开展志愿服务活动，为集团打造全球综合物流供应链服务生态作出应有贡献。

工会工作

工会工作

【企业民主管理】

召开集团二届一次职代会，听取党组工作报告，审议总经理工作报告，通报集团年度企业负责人履职待遇与业务支出情况和集团一届五次职代会职工代表提案的征集处理情况，坚持职工董事向职代会述职制度，依法保障了职工的知情权、参与权、表达权和监督权。会议共征集到职工代表提交的合格提案 10 件，分送各职能部门进行承办并出具了处理意见；集团工会将承办意见反馈至提案人，职工代表对 10 件提案的处理答复均表示满意。中远海运散运获得全国和谐劳动关系创建示范企业称号。（张洁）

【职工劳动竞赛】

聚焦全年重点工作目标，全集团共组织劳动竞赛 737 次、3 万余人次参加，技术比武 141 场（次）、1.3 万余人次参加，提出合理化建议 4 228 条，评选表彰 10 个优秀劳动竞赛项目。在 2022 年全国水运系统职工岗位创新成果征集活动中，获港口组一等奖和二等奖各 1 项，航运组三等奖 1 项，优秀奖 5 项。加大职工创新工作室创建力度，中远海运发展劳模和职工创新工作室组织 19 项研发课题 / 项目，有 3 项获得省级认定；海南港航创新工作室获得 7 项国家专利。在首届大国工匠创新交流大会上，集团以“链接世界 匠心筑梦”为主题，分“海运强国 全球领航”“乘风破浪 工匠力量”“凝聚智慧 创新发展”三个篇章，对 12 家单位的 5 个省部级劳模创新工作室、35 个集团级劳模、职工创新工作室进行展览展示，获点赞数 6 万余次。2 家单位获评全国五一劳动奖状，1 名船长获评全国五一劳动奖章，1 个基层班组和 1 艘船舶获评全国工人先锋号。

（张进）

【关心关爱职工】

坚决贯彻中央和集团党组关于疫情防控的要求，召开上海地区各单位疫情防控专题部署会议，先后下拨防控专项资金 550 万元；在上海封控物资供应和物流配送最困难时期，为各单位解决物资采购和配送渠道 2 万余份；向 50 艘船舶送上慰问品 25 万元；向 100 名因疫情导致困难的船员发放帮困慰问金 10 万元；向海嫂联络站配送慰问品 20 余万元。

坚持冬送温暖、夏送清凉。全年全系统走访慰问一线职工 29 万人次，慰问困难职工 5 800 人次，发放帮困慰问金 959 万元；做好劳模关心关爱工作，完成新版劳模 VIP 卡换领和集团 339 名省部级及以上劳模信息与集团社保中心对接工作；组织开展“航运强国有我”诗词歌赋创作大赛及“喜迎二十大、奋楫新航程”书画摄影大赛作品征集活动，共征集到各类作品 1 454 件，获奖作品汇集成册并在集团微信公众号进行云展示；认真学习贯彻《中华全国总工会关于加强新时代工会女职工工作的意见》，普遍开展女职工“两癌”筛查相关工作；海南港航林淳夫妇获评 2022 年全国最美家庭；中远海运集运机关爱心妈咪小屋被评为上海工会五星级爱心妈咪小屋。

（张洁）

【工会自身建设】

按程序要求，各直属单位积极做好工会换届选举工作和主席、副主席、经审委主任人选调整工作，共批复同意新任职工会主席 9 人、工会副主席 6 人、经审委主任 7 人；协助 33 家所属工会完成法人资格证书到期更新（延期）工作。落实地方工会两库升级及扫码入会工作，引导广大劳务派遣工、外包工加入工会组织。组织 1 073 名工会专兼职干部参加国务院国资委培训中心线上工会干部培训班。加大经费回拨力度，对上海地区 18 家小微企业返还经费 233 万元；加大对抗疫资金使用和小微企业经费返还等重要政策和领域、重点项目和资金的检查监督力度。集团工会被全国总工会评为 2022 年度基层工会财务会计工作先进单位。（张洁）

【定点帮扶和对口支援工作】

中远海运集团高度重视巩固拓展脱贫攻坚成果同乡村振兴有效衔接工作，加强对定点帮扶和对口支援工作的组织领导，赴现场开展调研考察。集团董事会、党组会、总经理办公会专题听取定点帮扶和对口支援年度工作汇报，研究审议年度帮扶资金计划，组织学习和贯彻落实中央及上级主管单位有关精神。

2022 年，集团在定点帮扶和对口支援 5 个县共投入帮扶资金 9 091 万元，实施项目 59 项；利用 240.7 万元结余资金开展 4 个帮扶项目。引进帮扶资金 1 657.65 万元，培训基层干部 479 人次，培训技术人员 1 986 人次，购买及帮助销售农产品 1 370 万元，实施助学 2 608 人次，超额完成各项任务指标。在中央农村工作领导小组 2022 年度中央单位定点帮扶工作成效考核评价中获评为“好”，在 91 家中央企业中列第 25 名。（张进）

共青团和青年工作

共青团和青年工作

【青年理想信念教育】

党的二十大召开后，集团团委采取收听收看大会盛况、集体学习、交流心得体会、开展专题研讨等多种方式，组织全系统广大团干部和团员青年认真学习党的二十大精神，制定印发《中国远洋海运集团团委学习宣传贯彻党的二十大精神的方案》，在全系统迅速掀起学习宣传贯彻党的二十大精神的热潮；组织各级团干部和广大团员青年深入学习习近平总书记“5·10”重要讲话，积极撰写理论文章、学习体会，各级团干部带头开展研讨式学习，充分发挥领学导学作用，面向团员青年灵活开展各种形式的宣讲活动；积极开展庆祝建团百年系列活动，各在沪单位团委举办100场各类五四主题线上活动，聚焦工作在防疫物资运输、民生物资保障岗位的一线青年，拍摄专题宣传片，做好庆祝建团百年集中宣传报道，讲好中远海运青年理想信念和奋斗故事，唱响“请党放心，强国有我”主旋律。

【青年精神素养提升】

集团团委积极开展集中理论学习，各直属单位党委书记面向船岸青年讲授“第一课”，团委书记上讲台讲授“专题课”，团员青年线上线下学好“理论课”，把习近平总书记“5·10”重要讲话精神作为首要篇章和必学内容，贯穿青年精神素养提升工程全过程。集团团委组织举办“集团首期青马工程暨2022年度团干部培训班”，强化对青年政治骨干培养锻炼，团结引领青年职工为企业高质量发展贡献青春力量。各直属团委组织系列青年大讲堂活动，结合船舶一线工作经历和陆岸管理经验就职业发展道路、工作思考等内容，邀请企业劳模与青年员工分享互动。通过前期大学习、大讨论，广大青年对标方枕流、贝汉廷、鲍浩贤、杨怀远等老一辈中远海运人，在党性观念、理论学习、思想认识、拼搏意识、艰苦奋斗等方面认真查找差距与不足。集团团委牵头组织开展“领航·新时代”原创音乐创作大赛，营造出喜迎党的二十大的浓厚氛围。

【青年岗位建功行动】

围绕集团“十四五”战略规划，引领青年以奋进的姿态扛起“大国船队”的使命担当，始终保持“状态在线、管理在线、经营在线”，坚持将抗疫和本职工作两手抓，在全力做好稳链保供、决战国企改革三年行动、助力企业科技创新、落实巡视整改等各项工作中，积极发挥生力军作用，助力企业高质量完成生产经营目标任务。在全系统积极开展青年创新创效大赛，持续以“号、手、岗”等“青”字号品牌创建为载体，开展岗位建功和创新创效活动，多家所属单位青年创新创效工作室获评市级“青工创新创效工作室”。各直属团组织将“青”字号品牌创建工作与集团提质增效、安全生产紧密结合，并以“青春心向党·建功新时代”为主题，开展2022年度全国青年安全生产示范岗创建活动，配合有关部门开展好“安全生产月”活动。

【青年先进典型选树】

开展2020—2021年度中国远洋海运集团五四评选表彰活动，拍摄制作五四先进集体和个人代表的短视频，以“百年心向党，奋进新征程”线上五四表彰为主线，以荣获2020—2021年度集团五四红旗团组织、优秀共青团员、优秀共青团干部为视角，集中展现全系统团组织、广大团员青年在集团重大工作中发挥生力军和突击队作用，以短视频展播线上活动方式，分多期在集团报纸及微信号展播，讲述集团青年理想信念和奋斗奉献故事，以青年先进典型的榜样力量感召团员青年，引导广大青年崇尚先进、学习先进、争当先进，为实现各项任务目标贡献青春力量。

【青年志愿服务活动】

面对 2022 年异常严峻的防疫形势，全系统团干部团员青年踊跃参与抗疫志愿服务活动，各级团组织、广大团员青年，以实际行动深入贯彻习近平总书记关于疫情防控的重要指示精神，积极响应集团党组号召，在疫情防控与统筹社会经济发展中，闻令而动、迅速响应，积极开展青年志愿服务，参与社区疫情防控，共同筑牢群防群控严密防线，坚决打赢疫情防控大仗硬仗。在沪单位组建“青年抗疫突击队”，积极投身街道、社区防疫志愿服务工作，参与社区物资保障、代配药品、抗原试剂发放、核酸检测引导、宣传“扫楼”、信息发布等志愿服务工作，展现团员青年战斗力。船舶团支部在船员换班、船舶防疫、船员生活环境改善、提升船员青年安全生产技能等方面积极主动作为，为企业生产经营安全工作保驾护航。

各单位团组织围绕青年关注的职业发展、压力排导、婚恋交友等问题，邀请专家为青年解答职业发展困惑，集团内单位及驻地单位开展青年婚恋交友联谊活动，增强青年获得感。开展“我为青年办实事”主题实践活动，搭建为青年办实事平台载体，开展调查问卷，积极探索团员青年思想调查、谈心谈话机制，密切联系和主动走近团员。集团团委持续开展“浪花心愿”爱心助学活动，为对口支援的云南永德 400 余名贫困学生搭建一对一助学平台，新学年增加 100 名学生，共募集爱心助学款近百万元。（马洪进）

CHINA COSCO SHIPPING CORPORATION LIMITED YEARBOOK

中国远洋海运集团有限公司

年鉴

第十二篇

企业文化

概述

概　述

2022 年，中远海运集团聚焦“四个领航”，推动文化承优创新、转型升级，树立旗帜鲜明的价值引领，夯实与集团承运全球“硬实力”相适应的“软实力”基础，为航运强国建设赋能。结合进入高质量发展新时期的战略转变和文化迭代，集团制定“十四五”企业文化建设规划，明确集团文化文明建设的政治导向、战略导向、价值导向、人本导向和创新导向，提出树立航运强国的文化自信、打造世界一流的文化实力、构建完善健全的文化体系、推出喜闻乐见的文化精品等主要任务，并确立十大重点工作。广大船岸干部职工积极做企业文化建设者和传播者，推动价值理念走进船舶码头、车间班组、项目网点，促进文化深入人心。

在品牌建设及对外宣传方面，坚持导向为魂、移动为先、内容为王、创新为要，制定《中远海运集团 2022 年加强和改进宣传思想工作落实方案》，明确集团宣传工作指导思想和目标，推进工作协同，明确各类宣传平台定位。建立集团宣传工作月度策划例会、季度联席例会制度，加强集团宣传主题策划。2022 年，集团积极参加第二届中国品牌强国盛典、“郑和航海风云榜”2022 年评选等重要品牌推广活动，统筹做好集团参与第五届进博会工作。在世界 500 强排位中，集团连续第三年位于全球航运企业首位，并成为《财富》首份中国 ESG 影响力榜单 40 大企业；同时，入选新华社等主办的 50 大“2022 外国人喜爱的中国品牌”。

企业文化核心价值理念纲要

企业文化核心价值理念纲要

《中国远洋海运集团企业文化核心价值理念纲要（2022版）》由5条核心理念和4条工作理念构成，形成集团企业文化核心价值理念“5+4”主体框架。

【核心理念】

1.“四个领航”文化旗帜：党建领航、价值领航、科技领航、全球领航

跨步历史交汇，面对百年变局，胸怀强国梦想，中远海运紧握逐浪之桨、高扬实干之帆，树立“四个领航”新的文化旗帜。

党建领航：突出一个“融”字，坚持“全面建设社会主义现代化国家、全面推进中华民族伟大复兴，关键在党”，深刻领悟“两个确立”的决定性意义，坚持不懈用习近平新时代中国特色社会主义思想凝心铸魂，全面落实“两个一以贯之”重要要求，在完善公司治理中加强党的领导，深化党建和经营发展深度融合，以高质量党建引领保障高质量发展。

价值领航：突出一个“稳”字，锚定高质量发展首要任务，完整、准确、全面贯彻新发展理念，融入双循环新发展格局，服务保障产业链供应链韧性，以价值链为核心，在战略引领、投资引导、运营为本、客户驱动、资本支撑、改革催化、风险防控上环环相扣，构成航运业价值实现的闭环。

科技领航：突出一个“创”字，坚持科技是第一生产力、人才是第一资源、创新是第一动力，顺应绿色低碳智能航运发展新趋势，瞄准数字化、绿色低碳化、智能化方向，推进科技创新和数字化转型规划落地，勇当原创技术策源地、供应链策源地、绿色低碳智能航运策源地和现代产业链链长，开辟企业新领域新赛道，塑造发展新动能新优势。

全球领航：突出一个“引”字，融入国家区域协调发展战略和高水平对外开放，发挥全球最大综合航运企业引领作用和全球化产业链优势，加快发展“通道＋枢纽＋网络”现代流通体系，加快构建“航运＋港口＋物流”全球数字化供应链服务生态，推进全球交通合作，参与全球海运治理，助力海洋强国、交通强国、航运强国、贸易强国建设，推动共建“一带一路”高质量发展，为构建人类命运共同体作出贡献。

2. 企业使命：承运全球，链接世界

习近平总书记在上海考察期间提出“经济强国必定是海洋强国、航运强国”①的重要定位，在同“中远海运玫瑰”轮船长通话时提出“不断优化物流运输，为促进国家航运事业和全球贸易繁荣作出更大贡献”②的殷切期望，在第二届联合国全球可持续交通大会开幕式上作出“顺应世界发展大势，推进全球交通合作”③的重要论述，在向2021北外滩国际航运论坛致贺信中作出“为推动构建人类命运共同体作出贡献”④的重要指示，在党的二十大报告中再次提出加快建设

① 《习近平在上海考察时强调　坚定改革开放再出发信心和决心　加快提升城市能级和核心竞争力》，《人民日报》2018年11月08日01版。

② 《习近平和巴拿马总统巴雷拉共同参观巴拿马运河新船闸》，《人民日报》2018年12月05日01版。

③ 《习近平出席第二届联合国全球可持续交通大会开幕式并发表主旨讲话　强调坚持开放联动，坚持共同发展，坚持创新驱动，坚持生态优先，坚持多边主义，书写基础设施联通、贸易投资畅通、文明交融沟通的新篇章》，《人民日报》2021年10月15日01版。

④ 《习近平向2021北外滩国际航运论坛致贺信》，《人民日报》2021年11月05日01版。

“交通强国”[①]的重大部署。习近平总书记的重要讲话和重要指示深刻阐明了航运与全球经济、航运与国家战略的关系，为航运事业发展提供了方向指引。

航运即国运。中远海运集团作为新中国航运业的开创者和世界最大航运企业，最朴素的价值是航运报国、航运强国，最核心的追求是货通天下、物畅其流。集团将服务全球贸易，传递商业文明，为全球客户提供优质服务，为人类生活带来便捷、创造幸福作为使命，70多年来一以贯之、矢志不渝，成为具有国际影响力的全球化企业。进入“十四五”时期，百年变局和世纪疫情叠加之下，中远海运集团将进一步坚定承运全球、链接世界的使命，打造以数字、绿色、智能驱动发展的“链长”企业，深化国际航运事务合作，全力保障全球产业链供应链畅通，在推动全球贸易繁荣、构建人类命运共同体中体现“大国船队”的担当和贡献。

3. 企业愿景：打造世界一流的全球综合物流供应链服务生态

集团“十四五”愿景为“服务全球贸易，经营全球网络，以航运、港口、物流等为基础和核心，打造世界一流的全球综合物流供应链服务生态”，包含两方面的基本内涵。

世界一流的业绩表现

效益为先：达到全球领先的盈利能力与效益水平。

全球运营：在业务、资产、人员和影响力四个维度上加强国际化布局，实现从“全球承运”到“承运全球”的飞跃。

规模领先：拥有全球范围内领先的规模体量，掌握行业话语权。

稳健抗压：具备合理、多元业务组合，有效平衡单一业务风险，实现穿越周期的稳健增长能力。

引领行业的企业影响力

成为国家战略践行者：积极承载国家发展的战略使命与航运“国家队”任务，践行蓝色梦想，做建设交通强国、航运强国的主力军；牢记“国之大者”，做服务“六稳”“六保”的先锋队；拓展全球视野，做共建“一带一路”的先行者；担当央企责任，做促进国家外贸进出口和国民经济发展的压舱石。

成为国资改革试行者：以推动高质量发展为主题，深化改革，加快布局优化和结构调整，完善中国特色现代企业制度，不断激发企业活力，提升企业核心竞争力，推动企业做强做优做大，实现从改革重组向以高质量发展为标志的深化改革转变。

成为创新模式探索者：通过创新引领业务模式变革和升级，坚决当好建设世界一流企业的主力军、排头兵，坚决当好国有企业打造原创技术策源地的先行军、国家队。

成为可持续发展推动者：顺应绿色、低碳、智能航运业发展新趋势，发挥头雁效应，积极开展新能源、低碳与减排技术创新，布局创新链和产业链融合，成为行业可持续发展的倡导者和践行者。

4. 企业价值观：客户为上，人才为本，安全为基，创新为魂

客户为上：始终坚持航运服务本质，以客户为中心，承载客户托付，发挥专业精神，致力于为全球客户提供更先进、更优质、更高效的服务。洞悉客户战略，实现战略上的深度融合；满足客户需求，实现全链条运营上的深度融合；突出项目带动，实现项目全生命周期上的深度融合；整合产业链，与上下游战略合作伙伴实现共赢发展。

人才为本：始终坚持“人才是企业第一资源”的理念，打造世界航运人才聚集高地，为优秀人才提供精彩赛道。打造企业与员工责任共同体、利益共同体、命运共同体，让员工与企业共担荣辱、共享成果、共同成长。

安全为基：始终将人的生命和国家财产安全作为企业基石，确保企业运行绝对安全，确保人

① 《高举中国特色社会主义伟大旗帜 为全面建设社会主义现代化国家而团结奋斗——在中国共产党第二十次全国代表大会上的报告（2022年10月16日）》，《人民日报》2022年10月26日03版。

民生命绝对安全。强化全面、全员、全过程、全方位安全管理，狠抓生产安全、经营安全、形象安全、网络安全、廉洁安全，实现企业安全发展、健康发展、稳定发展。

创新为魂：坚持创新在企业发展全局中的核心地位，形成具有行业竞争力的开放创新生态。始终保持创新思维，以创新推动质量变革、效率变革、动力变革。以科技创新和数字化转型引领集团成为航运科技领航者；以数智和绿色发展推动集团成为航运转型升级实践者。

5. 企业精神：同舟共济

百年沧海航程，同舟共济的航海精神在航运事业发展中薪火相传、发扬光大，成为中远海运的精神特质、力量之源。这种精神特质体现在中远海运人稳健领航的气度、团结奋斗的激情和合作协同的风范。

领航精神：面对世界之变、时代之变、历史之变，以航海者纵横全球的视野、勇立潮头的气魄、敢为人先的精神，稳健前行，一往无前，永远坚定目标，永远忠于职守，永不迷失方向。

奋斗精神：牢牢把握团结奋斗的时代要求，以“笃行者”的姿态担当使命、勇立潮头，以“引领者”的姿态坚守正道、勇当标杆，以“奋楫者”的姿态风雨兼程、乘风破浪。发扬越是艰险越向前的斗争精神，在航运强国的梦想砥砺中、在为国远征的旗帜引领下，铸造战风斗浪、无坚不摧的“钢铁船队”。

合作精神：从构建“综合性物流供应链”到打造“世界一流的全球综合物流供应链服务生态”，从牵头“海洋联盟”到发起“博鳌宣言”，从服务“六稳”“六保”到积极参与共建“一带一路”，中远海运坚持与全球客户和全球伙伴和衷共济、守望相助，共同提升合作能级，共同开展数字化转型，共同筹划低碳减排，携手迎接挑战，合作开创未来。

航海精神蕴含爱国主义情怀、开放的视野和不畏艰险的探索精神、勇立潮头的创新精神，这些精神特质和同舟共济的企业精神共同构成新时代中国航海人的精神谱系，在基层、在船舶不断繁衍。“三舱”精神就是其中最具特色的精神理念表达。

“三舱”精神——理想信念坚定“压舱”、工作责任落实“满舱”、精神状态进发“爆舱”

“三舱”精神是对基层党员干部职工特别是广大船员精神状态最具航海特质的表达，也是中远海运意气风发迈向“航运强国梦”最生动的注解。

理想信念坚定“压舱”：坚守航运强国的初心使命，坚如磐石，矢志不渝，推动事业行稳致远、破浪前行。

工作责任落实“满舱”：聚焦世界一流的远景目标，全力担当，实干兴企，促进企业提质增效、做强做优。

精神状态进发“爆舱”：砥砺领航全球的壮志豪情，创新变革，奋楫扬帆，引领企业再次出发、再次领先。

无论是大刀阔斧的改革途中还是逆流而上的攻坚路上，无论是远赴重洋的风雨航程还是抛家舍业的海外创业，无论是直面艰苦卓绝的历史大考还是应对惊心动魄的时局之危，中远海运人始终以“把稳舵、定好锚、扬起帆、拧成绳”的坚守，点亮希望之光，激荡进取之心，汇聚磅礴之力。

【工作理念】

1. 党建理念：“三做三力”，即党建工作做实了就是生产力，做细了就是凝聚力，做强了就是竞争力

中远海运集团党组坚持以习近平新时代中国特色社会主义思想为指导，认真贯彻落实全国国有企业党的建设工作会议精神，全面落实“两个一以贯之”重要要求，坚持把方向、管大局、保落实，以高质量党建引领保障高质量发展的显著成效有力证明：党建工作做实了就是生产力，做细了就是凝聚力，做强了就是竞争力。

在集团迈向世界一流企业的新航程中，各级党组织和党员干部要深入学习贯彻党的二十大精神，深刻领悟“两个确立”的决定性意义，增强“四个意识”、坚定“四个自信”、做到“两个维护”，紧紧围绕党的中心任务，落实新时代党的建设总要求，进一步加强党的领导，推动党建工作做实做细做强。

做实党建：在完善公司治理中加强党的领导，深化党建和经营发展深度融合，坚持党建服务生产经营不偏离，确保党的领导、党的建设在企业改革发展中制度上有规定、程序上有保障、落实上有抓手、实践上有成效。

做细党建：把握思想政治工作规律，发挥思想政治工作生命线作用，从做细思想政治工作入手，准确把握职工群众思想脉搏，强信心、聚民心、暖人心、筑同心。

做强党建：突破传统工作思维和方法，以严的基调强化正风肃纪，把党建工作转化为推动企业持续发展的独特优势和独特竞争力，党组织充分发挥战斗堡垒作用，党员充分发挥先锋模范作用，形成“党建强、发展强”的生动局面。

2. 融合理念：坚持“四个一”，即坚持“一个团队、一个文化、一个目标、一个梦想”

“四个一”是中远海运集团党组在实施改革重组初期为统一全员思想、促进文化融合而实施的系统工程，为集团大刀阔斧推进重组整合，打造国有企业深改快改优秀案例和现代企业改革重组杰出样本奠定了坚实的思想基础。“四个一”是集团文化的灯塔，将永远照耀中远海运驶向卓越的壮丽航程。

一个团队：打造一个积极进取的优秀团队；

一个文化：建设一个同舟共济的和谐文化；

一个目标：确立一个世界一流的奋斗目标；

一个梦想：构筑一个航运强国的共同梦想。

3. 作风理念：务实高效，廉洁自律，居安思危

长期以来，中远海运大力弘扬劳动精神、劳模精神、工匠精神、航海精神和企业家精神，企业呈现全力创效、合力创业、大力创新的昂扬面貌和跑赢市场、跑赢变革、跑赢时代的高效氛围，近 14 万员工彰显务实高效、廉洁自律、居安思危的优良作风。

务实高效：牢记“空谈误国、实干兴邦”，敢于直面问题、敢于动真碰硬，在“落实”上下功夫，在求真求实求效中破解复杂疑难问题，形成干事创业的战斗力。

廉洁自律：言有所戒、行有所止、心有所畏，崇廉拒腐、清白做人、干净做事，杜绝官僚主义、形式主义，以清风正气助力“钢铁巨轮”行稳致远。

居安思危：以全球化思维提前预判和审慎面对各类法律风险、竞争风险、商务风险、改革风险、安全风险，永远居安思危、如履薄冰，遵纪守法、合规经营，不断增强风险防范意识和企业抗风险能力。

4. 企业广告语：We are ready

中远海运对外形象宣传的广告语是：We are ready，代表着中远海运基于企业实力、专业素养、职业精神、服务理念的一种自信，一种承诺，一种态度，一种力量，适用于大多数对外展示场景。

中远海运集团企业文化核心价值理念蕴含了为国远征的报国之志，体现了客户至上的服务之本，彰显了纵横全球的领航之势，展示了数智领先的创新之魂，汇聚了同舟共济的磅礴之力。让我们在文化引领下，找到每个人的精神坐标，凝聚加快建设世界一流企业的精神力量，巩固奋进海洋强国、交通强国、航运强国的共同思想基础，融入中国式现代化建设的洪流，为实现中华民族伟大复兴而努力奋斗。

企业文化建设

企业文化建设

【部署“十四五”文化规划】

修订企业文化核心价值理念纲要，全新发布2022版本，明确“5+4”核心理念和工作理念，制作文化招贴，拍摄系列视频片、动漫片，打造近10个企业文化课件，着手编纂《企业文化发展体系（3.0版）》。各企业在集团文化统一性原则下，采取多种形式进行文化宣贯，培育创造具有行业特点、企业特色的子文化。中远海运物流在深化改革中形成“为岗赋薪、为能赋薪、为绩赋薪”的人才队伍建设鲜明价值导向；中远海运资产“三品”理念、“三业”精神深入人心；中远海运大连投资以“文化塑造”活动为基础，形成企业文化理念纲要；中国船燃以庆祝公司成立50周年为契机，开展“初心如磐、奋楫扬帆”系列文化活动；中石化中海燃供推进“一条船、一条心、一家人”家文化建设，提升文化认同感；集团人才发展院/集团党校通过各类培训班大力宣讲传播集团文化。

【拓展航海特质文化内涵】

聚焦集团核心价值体系和弘扬航海文明使命，发挥全系统力量和船员智慧，大力推动航海特质文化精品创作，拍摄微电影、微视频、微纪录片等视频作品，创作文学、音乐、书画、摄影等优秀文艺作品和数字化产品，加大文创产品规范化、创意化设计制作，促进文化作品质量提升和航海文化传播。抓好七一、国庆、航海日、海员日等重大节庆日纪念日，利用各种重大标志性节点，组织开展喜迎党的二十大系列活动、“社会主义核心价值观主题实践教育月”活动，积极参与交通运输部《大国海运》纪录片拍摄，与中国航海博物馆联合举办“一江一河”地铁区域展示和第六届“航海生活节”活动，深入拓展加快建设世界一流企业的精神文化内涵。

【树立旗帜鲜明文化导向】

坚持多维度、高标准选树典型，侧重基层一线和船员群体，关注奋战在产业链经营、效益专精、数字驱动、绿色低碳等领域的先进典型，持续开展年度集团级先进典型评选和船舶“金牌三长”评选，参加“感动交通人物”“最美港航人”评选，推出新时代航运业重大典型，以先进标杆引领企业文化和航海文化。坚持注重实际、突出主题，深化文明单位、文明窗口、文明班组等创建活动，做好全国文明单位、全国交通运输行业精神文明建设先进集体、上海市文明单位创建，推动文明创建拓展新领域。各级党组织加大重大典型和基层典型学习宣传，《中国远洋海运报》开设“奋楫者”专栏，对先进典型开展持续报道，不断催生榜样力量。（朱雪峰）

【集团展示厅】

2022年度，集团展厅累计接待各类参观访问68批次/1 100余人次，其中省部级及以上领导28人；包括中国国防大学，江西省委、省政府，福建省委、省政府，国务院国资委工作组，中组部工作组，工业和信息化部工作组，银保监会工作组，上海市总工会，上海市委统战部，上海浦东新区委区政府，上海临港片区管委会，上海市委常委，云南省大理州白族自治区政府，国家世博局，国家会展中心，湖南省政府代表团，黑龙江双鸭山市委、市政府，湖南益阳市委、市政府等共计 40 余批次 /600 余人次的访问接待工作。接待包括中国国防大学专题研讨班、中国浦东干部学院共建高质量“一带一路”专题研讨班、中国海关学院、上海市九三学社等专业院校团队共计 9 批次 /280 余人次的访问交流。接待东方航空、上汽集团、保利集团、上交所、马士基中国区公司等相关行业客户来访参观 10 余批次。接待系统内各级单位组织的党史学习教育主题专场计 3 批次，接待集团党校集团内部干部培训班现场教学 2 次，接待中国浦东干部学院现场教学 4 次、中国国防大学现场教学 2 次。应复旦大学邀请线上为复旦学子进行航海文化和新中国航运发展授课 1 次。（傅奇）

品牌建设

品牌建设

【对外宣传】

围绕服务“六稳”、“六保”、防疫抗疫保供保畅、共建“一带一路”、国企改革三年行动、绿色环保、科技创新、社会责任等内容加大外宣策划，开展主题宣传。截至2022年12月底，在集团官微、视频号、海外社交平台等自有媒体刊发新闻及宣传稿件3 600余篇，对接中央及省（区、市）媒体采访98次，境内外媒体刊发集团各类宣传稿件合计1.15万余篇。对接央视做好“喜迎二十大，一线展风采”系列宣传报道，央视新闻联播刊发喜迎党的二十大特别报道《勤于创造 勇于奋斗 以劳动托起中国梦》，采访远洋船长严正平。集团比港入选央视大型纪录片《非凡十年：中国的十个维度》大型专题报道等。

在对外宣传工作中，注重加大视频化宣传创新力度。集团于2022年元旦开通集团官微视频号，按照“新闻宣传报道能够视频化的尽量视频化”这一原则，加大视频制作和投放，推动集团宣传方式逐步过渡到以视频宣传为主。2022年，在集团视频号刊发视频稿件176个，总阅读量超300万。

上海疫情期间，集团统筹全系统力量开展抗疫保供保畅主题宣传，各类媒体密集报道集团保供上海民生物资，保障上海进出口运输、能源安全等工作成效，有力传播了集团全力履行央企责任、服务保障经济社会稳定的良好品牌形象。圆满完成习近平总书记视察海南洋浦国际集装箱码头、博鳌亚洲论坛年会等重大活动任务保障工作，积极参加金砖国家工商理事会等国际平台事务，深度参与进博会、服贸会、东盟会、消博会等国家级重要展会，筹办北外滩国际海运论坛，持续提升集团品牌引领力和国际影响力。进博会期间，集团荣获“中国国际进口博览会5周年突出贡献奖”。2022年，集团入选世界500强并位列榜单127位；入选《财富》首份中国ESG影响力榜单40大企业；入选中央广播电视总台第二届“中国品牌强国盛典”十大“国之重器”品牌；入选新华社50大“2022外国人喜爱的中国品牌”。

（马晓静）

【重大品牌推广活动】

1. 参加重要品牌活动

全力做好集团参加第二届中国品牌强国盛典等工作。2022年2月21日，在中央广播电视总台举办的第二届“中国品牌强国盛典”活动中，集团凭借在全力保障我国内外贸运输和全球供应链稳定中的突出表现和重要作用，获得第二届“中国品牌强国盛典”十大“国之重器”品牌殊荣。

圆满完成上海博物馆希腊文化展品的运输。为庆祝中国和希腊建交50周年，上海博物馆于2022年7—10月举办希腊文化画展。为此，集团积极协调内部资源，做好展品运输支持工作；利用该展会平台，通过宣传海报，门票、宣传册等形式做好企业品牌宣传。

组织参与郑和航海风云榜2022年评选活动。受中国船东协会邀请，中远海运参加2022年郑和航海风云榜推选活动。集团共计9个报名项目入选，展示了集团在疫情期间对保障供应链产业链稳定、服务全球贸易方面所作的贡献。

2. 参加高层次展会

统筹做好集团参与第五届进博会工作。第五届进博会于11月4—10日在沪成功举办，集团全方位参与进博会各项重要活动，充分利用进博会平台推广集团品牌。集团共邀请48家展商参展，参展面积2 016平方米。其中，集团内单位11家，参展面积594平方米。集团作为进博会官方唯一推荐的国际段运输服务商和指定的主场运输商之一，陆续承运了来自南非、日本、韩国、新西兰、瓦努阿图等9个国家和地区的展品，涵盖技术装备、食品与农产品、消费品等多个展区。集团负责本届进博会5.1馆、6.1馆及人文馆主场运输服务，总计参展团组391个，向500余家参展商提供了展品主场运输服务。作为进博会会务保障核心单位，集团下属中远海运博鳌选派230名骨干及专业人才，参与会务服务工作合计128场次。集团在进博会实现采购金额9 535万美元。

在进博会期间，集团及所属单位积极参加进博会开幕式和虹桥经济论坛等重要论坛活动，共计9场。集团董事长、党组书记万敏，副总经理、党组成员黄小文、冯波、林戟等出席开幕式。集团董事长、党组书记万敏出席第五届虹桥国际经济论坛"践行全球发展倡议 建设世界一流企业"分论坛，并发表题为《顺应全球发展新趋势 推动世界一流企业建设行稳致远》的主旨演讲。集团副总经理、党组成员黄小文出席第五届进博会中国矿产资源国际高峰论坛，并发表题为《加强产业链供应链合作，保障铁矿石运输畅通，实现航运与资源产业共同发展》的主旨演讲。集团还派员出席了中欧企业家大会、2022全球贸易与国际物流高峰论坛、粤港澳大湾区智能制造与智慧物流国际合作论坛、第六届中国国际进口博览会参展商签约仪式等相关活动。

集团境外参股控股单位在服务贸易展区以"链接世界的航程"为主题集中展示集团形象，并首次在展区创新设立主题沙龙，以"灯塔之光，点亮航程"为主题，组织了集团系统内重工、海科、船员公司等11家单位，举办了共16场主题活动。国务院国资委、上海市、海南省等多位上级和地方领导前来巡馆参观。

参展2022年中国国际服务贸易交易会。8月31日，由商务部和北京市政府共同主办的"2022中国国际服务贸易交易会"在北京国家会议中心隆重开幕。集团于年度主题展区设立190平方米线下展位，旗下中远海运集运、中远海运港口、中远海运物流和中远海运科技4家单位参展，以"服务合作促发展 绿色创新迎未来"为主题，旨在积极展示、发布和推广在航运科技、物流，以及港口等领域的前沿科技成果，利用多元化的航运数字化创新成果和应用场景实践，展现中远海运集团顺应航运业绿色、低碳、智能发展趋势。

参展第19届中国－东盟博览会。9月16日，由商务部和东盟10国政府经贸主管部门及东盟秘书处共同主办，广西壮族自治区人民政府承办的"第19届中国－东盟博览会"在广西南宁开幕。集团于中央企业展区设立210平方米线下展位，旗下中远海运集运、中远海运港口、中远海运物流和一海通等4家单位参展，展示集团参与中国－东盟合作、北部湾国际门户港建设，以及西部陆海新通道建设的主要成果和最新实践。

参展第24届中国国际高新技术成果交易会。11月15日，由商务部、科技部、工业和信息化部、国家发展改革委、农业农村部、国家知识产权局、中国科学院、中国工程院、深圳市人民政府联合主办的第二十四届中国国际高新技术成果交易会在深圳开幕。集团旗下7家单位参展，全方位展示集团各业务领域在航运及航运相关业务板块的绿色、低碳、数字化最新科创成果。

参展2022年全球数字经济大会。7月29日，由北京市人民政府、国家发展改革委、工业和信息化部、商务部、国家互联网信息办公室、中国科学技术协会共同主办的"2022全球数字经济大会"在北京开幕。集团于精品主题展区设立216平方米展位，旗下中远海运集运、中远海运散运、中远海运物流、中远海运港口和中远海运科技5家单位参展，以"启航数字文明，服务全球贸易"为主题，积极展示、发布和推广在航运科技、物流，以及港口等领域的前沿科技成果，利用多元化的航运数字化创新成果和应用场景实践，展现中远海运集团顺应航运业绿色、低碳、智能发展趋势。

参加第二届中国国际消费品博览会。7月26—30日，第二届中国国际消费品博览会在海南海口举办。集团首次参加消博会，中远海运集装箱运输有限公司、中远海运物流有限公司、海南港航控股有限公司及深圳一海通全球供应链管理有限公司参加本次展会。

3. 推进海外品牌传播

按照差异化、属地化原则，深化在各细分市场的特点，因地制宜开展集团品牌海外推广专项试点，持续推进集团品牌全球化建设。伴随集团高质量共建"一带一路"实践，以及比港战略和中欧陆海快线的实施，持续做好在希腊、意大利等欧洲国家和地区的品牌推广，配合欧洲公司统筹做好中欧陆海快线海信专列首发、第四条通道开通等业务宣传。《人民日报》、新华社、环球等重量级媒体多次刊发比港故事，"新华·波罗的海国际航运中心发展指数"首次在希腊发布。欧洲公司做好芬兰熊猫援助活动，讲好中远海运温暖故事。结合集装箱航运板块的重点市场，积极推进越南等新兴市场国家的品牌建设与推广，促进集团品牌深耕当地。（黄奇萃）

【舆 情 管 理】

面对国际舆论形势复杂多变、国内疫情多点散发，以及全球供应链持续加剧的情况，集团坚持"防患于未然"原则，持续加强外部舆情监测、预警、研判和处置，完善风险防控应急预案，积极开展舆论引导，全力为集团生产经营保驾护航。同时，积极通过新闻通气会、专项自查等形式，发挥集团总部指导协调功能，统筹全系统力量推进舆情工作体系优化，强化全系统风险意识，严控舆情风险。截至 2022 年 12 月底，累计完成《每日舆情要点》237 期，舆情专项报告 46 期，处置舆情风险 16 起。（黄奇萃）

【外宣及品牌工作荣誉】

1. 持续跟进《财富》世界 500 强参评工作，组织参评材料，推动集团入选世界 500 强并位列榜单 127 位，比 2021 年提升 104 位，连续第三年位于航运企业首位；推动集团入选《财富》首份中国 ESG 影响力榜单 40 大企业。

2. 推动集团入选新华社等主办的 50 大"2022 外国人喜爱的中国品牌"。集团选送的中远海运特运《全优 + 呈现，打造世界一流纸浆运输一流品牌》入选国务院国资委 2021 年度中央企业品牌建设"品牌创建路径"典型案例。

3. 集团荣获"中国国际进口博览会 5 周年突出贡献奖"，比雷埃夫斯港荣获"中国国际进口博览会 5 周年合作共赢奖"。

4. 统筹做好集团品牌越南市场推广专项工作，持续提升集团品牌在越南市场的知名度、美誉度。中远海运集运越南公司凭借在越南经济社会发展中作出的卓越贡献，得到当地政府部门、企业的认可并荣获越南经济时报 21 届杰出外资企业 50 强"金龙奖"。（黄奇萃）

文化传媒

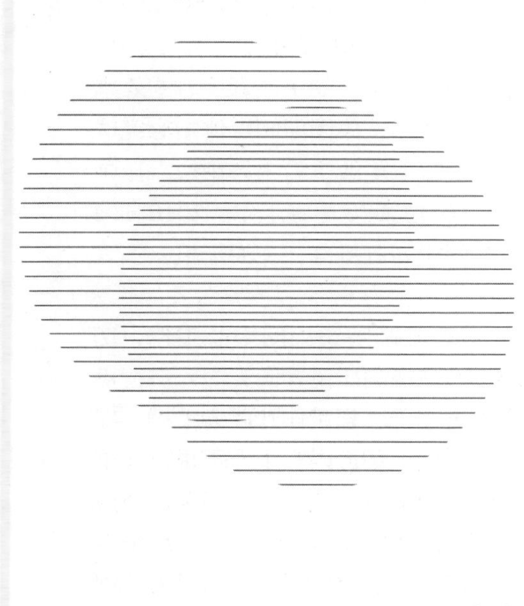

文化传媒

【报　纸】

1.《中国远洋海运报》

《中国远洋海运报》由《中国远洋报》和《海运报》两家报纸重组整合而成，国内统一连续出版物号 CN 31–0116。《中国远洋海运报》出版内容分纸媒和新媒体两大部分。纸媒部分对开 8 版，逢周五出版，每期印刷基本数 23 000 份；新媒体部分微信公众号为工作日每天更新，每天发文 4 ~ 6 篇。

《中国远洋报》是原中远集团的企业报。1994 年 1 月 24 日，《中远集团报》社成立。1996 年 3 月 27 日，北京市新闻出版局批准《中远集团报》更名为《中国远洋报》，成为“国字号”报纸。1998 年 9 月 9 日，经国家新闻出版总署批准，《中国远洋报》实现由内部报刊向公开发行报刊的历史性转变。当年 9 月 2 日，北京市新闻出版局正式办理《中国远洋报》报刊证，国内统一刊号为 CN 11–0261。2002 年 1 月 4 日，《中国远洋报》荣获企业报评选最高奖——“第三届中国先进企业报”称号。

《海运报》是原中国海运集团的企业报。该报前身《上海海运报》1956 年由上海海运局创办。1998 年，该报转由中海集团主管、主办，改名为《海运报》，国内统一刊号 CN 31–0050，由创刊时的 4 开 4 版，改为对开 8 版，仍为周刊，每周五出版，成为反映集团员工工作、学习、生活和为集团广大海员提供新闻阅读及服务的专业性报纸。《海运报》始终坚持符合海运企业特点的办报方针，扎根于广大海员职工之中，1998—2015 年间，多次被评为上海市优秀企业报。

2016 年 2 月 18 日，中远海运集团成立后，按照集团改革重组相关工作的推进，集团新闻媒体中心迅速启动了一系列更名、变更工作。2016 年 3 月，经上级主管部门批准，原《中国远洋报》更名为《中国远洋海运报》。2016 年 10 月，《中国远洋海运报》注册地由北京转至上海，国内统一连续出版物号 CN 31–0116。更名后的《中国远洋海运报》以崭新形象在博鳌亚洲论坛 2016 年年会上亮相，得到了参会的集团领导、中外嘉宾的认可和赞赏。随后，集团新闻媒体中心完成了《中国远洋海运报》更改主管主办单位、《中国远洋海运报》社的工商变更等工作。2016 年 4 月，经上海市新闻出版局批准，《海运报》正式休刊。

2022 年，报社紧紧围绕集团中心工作，切实提高政治站位，坚持高质量导向，深入贯彻落实集团加强和改进宣传思想工作专题会精神，在内容定位和选题策划上贴近内宣工作需求，注重“上传下达”的渠道建设，注重宣贯反馈，注重视角、落脚点与集团各平台的互补效应，积极自我变革，推动内容和形式创新，从改革发展、提质增效、安全生产、疫情防控、企业文化建设等各个方面，推出了一批精品力作，展现集团改革发展取得的成就，大力弘扬同舟共济的航海精神，为集团改革发展稳定和实现可持续发展提供强有力的舆论支持。

2022 年，因国内及上海疫情防控带来影响，给报纸工作带来较大挑战，但报社全体员工坚持大局意识、服务意识，在集团党组、相关职能部室和部门党支部的领导下，迎难而上，围绕企业中心工作，创新宣传方法，挖掘企业报刊及配套平台特点，组织相关策划和系列新闻报道，充分发挥了积极的舆论引导作用。

《中国远洋海运报》2022 年共计出版 51 期，刊载新闻报道及各类文章 2 000 余篇，新闻图片及各类配图 1 000 余幅。从 2 月起开辟了“学思践悟·深入学习贯彻党的十九届六中全会精神”专栏，刊发各单位党委中心组、党委书记结合本单位实际学习贯彻六中全会精神的理论探索文章，共刊发 14 家集团主要直属单位党委中心组、党委书记署名文章 15 篇。从 8 月起，开辟了“奋进新航程，建功新时代”重大主题宣传专栏，共刊发中远海运“奋进新航程，建功新时代”主题系列综述 7 篇。同时，还开设了“奋楫者”“国企改革三年行动”“集团优秀党建品牌”专栏，分别重点报道集团年度优秀集体和个人事例，以及集团各级单位在国企改革进程中的样板性、示范性案例。

报社进一步加强本报评论员文章的阵地建设。2022 年共刊登本报评论员文章 6 篇，包括《开年第一会，致航安》《人勤春早，百舸争先》《春风浩荡满目新》《为中国品牌出海扬帆》《做好科技创新、数字化转型这道必答题》《坚决扛起安全生产责任》等，总计 4 000 多字，在关注集团重大事件和发展节点的同时，及时将宣传导向进一步明确，及时将集团部署进一步阐释，为系统各单位开展相关工作明确思想导向，营造舆论环境，提供信息支持。

报社积极做好全媒体延伸工作，更加关注传统平面纸质报道与新媒体、多媒体的结合，特别是在视频约稿方面，做了很多尝试。有时在短视频素材比较少的情况下，尝试将短视频与图片剪辑起来，形成短视频，用二维码配合在文字下方延伸阅读。一些栏目如客户访谈等，更加关注与公众号的联动，在追求时效性、编读互动和阅读深度上开展探索。此外，还根据稿源情况，适时开展专题化组稿，以“同心战疫保安全，优质服务不掉线”“发挥党建引领，做强做优船员在船管理”“数字孪生技术助力安全培训多样化”“船岸联动，齐心协力除隐患保安全”等专题，分别关注当前一段时间集团各单位普遍性较高的工作内容，在兼具可读性的同时，形成一定的互鉴效应。（孙臻稷）

2.《广州海运报》

《广州海运报》1966 年 5 月 7 日由广州海运局创刊，1967 年 8 月 18 日因“文化大革命”停刊，1985 年 9 月 25 日复刊。广东省画院院长、广东美术家协会主席、著名老画家关山月，闻《广州海运报》复刊的消息，欣然命笔，为《广州海运报》题名。1987 年 8 月 31 日，《广州海运报》获得国家新闻出版署报刊登记证，批准《广州海运报》的刊期、发行范围和主编人选，该证由广东省新闻出版局颁发。1992 年 7 月，经国家新闻出版署批准，国内统一刊号 CN44–0128。《广州海运报》随着企业的改革发展，不断进步和成熟，报纸由原来的旬刊扩展为周报，4 开 4 版，每周三出版。进入 21 世纪后，亚丁湾海域和印度洋海域事件是全球性新闻热点；企业船舶常年在此海域执行生产任务，在防抗海盗的工作中，广大海员作出积极的贡献，涌现出许多先进人物和可歌可泣的英雄事迹。为此，《广州海运报》动员组织一批通讯员开展新闻报道，刊发一系列的消息、通讯、图片等不同新闻体裁的稿件。如“嘉宁山”轮击退海盗的武装袭击后，《广州海运报》及时开展报道，推荐在该事件中涌现出的先进人物参加广东省、广州市先进人物评选。行业特色鲜明的报道在读者和同行中受到广泛关注，《广州海运报》的多篇新闻报道在全国企业报好新闻评比中获奖。1997 年，《广州海运报》荣获全国企业报晋京展一等奖。

《广州海运报》是广州地区出版物新闻工作者协会副会长单位，2022 年有 44 篇作品在首届广州地区新闻宣传业务技能竞赛中获奖。2022 年，《广州海运报》紧密围绕喜迎、学习宣传贯彻党的二十大精神，以及广州中远海运实施“十四五”规划、生产经营、疫情防控等重点工作，开设“学习宣传贯彻党的二十大精神”“党组织书记谈二十大”“先进风采”等专栏，刊登企业干部职工学习党的二十大精神、改革发展、经营管理工作的亮点成效，以及企业党员干部职工学习党的二十大精神心得体会文章和中远海运船员广州分公司船员撰写的新闻报道、文学作品等，凸显“海味”特色，营造了同舟共济、砥砺奋进、齐心协力推动企业高质量发展的浓厚氛围。

（陈晓艳）

【杂　志】

1.《中国远洋海运》

《中国远洋海运》于 1995 年 1 月创刊，原名为《中国远洋航务》，2016 年 3 月更名为《中国远洋海运》，由中远海运集团主管、主办，国内统一连续出版物号为 CN 31–2140/U，国际标准连续出版物号为 ISSN 2096–3890，国内外公开发行。《中国远洋海运》创刊 20 多年来，始终坚持创刊理念，即关注全球航运业热点，发布行业前沿信息；搭建与国际航运业界良性互动与交流的平台，提升中国企业品牌形象；引导舆论导向，提升中国航运业的国际话语权；反映中远海运集团各业务板块关切，为航运企业提供资讯服务。

2022 年，《中国远洋海运》杂志充分运用全媒体平台，以习近平新时代中国特色社会主义思想为指导，坚持正确的政治方向、舆论导向、价值取向、新闻志向，大力唱响主旋律，服务海运强国建设，履行正确引导责任，为中国航运业高质量发展提供舆论及智库支持。

是年，杂志向海内外约撰文章 300 余篇，邀请专家点评热点、前瞻趋势，并与国际知名机构合作专栏、把脉全球动向。例如，针对美国航运改革法的出台，第一时间推出“美国航运改革法之我见”专题，邀请多位海内外专家从多个角度对美国修法及其影响进行了解读，后续还推出微信问卷调查活动，通过融媒体线上线下相互呼应，有效增强了宣传效果。在对航运业影响广泛的新版金康合同发布之际，第一时间邀请国际航运组织相关负责人、参与修订工作的中国代表、知名高校教师，以及律师等专家学者撰文，从不同的视角向读者介绍金康合同修改的背景、历程、主要内容及实践案例，特别是后续使用过程中的注意事项，以便业界更好地熟悉和掌握这一新的“游戏规则”；此次中英文对照出版受到业界的关注与赞誉，英文版内容提供给相关国际航运组织参考。此外，在《中共中央 国务院关于加快建设全国统一大市场的意见》发布后，杂志第一时间特邀国务院发展研究中心市场经济研究所结合航运物流业进行解读；围绕党的二十大报告中与行业相关的内容，第一时间向相关领域的权威专家约撰解读文章；邀请国家级智库专家、国际知名分析机构、国内航运及相关产业链专家就 RCEP 供应链重塑、美联储双紧缩政策对中国进出口贸易的影响、“一带一路”面临的新机遇与新挑战、数字化人民币、数据合规、金砖国家合作、中国 – 东盟跨境电商合作、供应链拥堵、海外仓建设、中欧班列运行情况、氢能源、船舶燃料选择、电动船、风帆助力船、燃油质量隐忧等数十个热点话题进行了深度分析。与此同时，还刊发了克拉克森、德路里等国际航运咨询公司对国际航运业前景的分析与预警，以及航运各细分市场走向的前瞻分析。这些具有前瞻性、启示性的专稿拓展了航运从业者的视野和思路，具有较高的学术价值和创新价值。

杂志 2022 年成功上线数字版，在探索融媒体发展方面迈出新步伐，形成纸媒 + 数字版 + 微信 + 微博新型传播矩阵。尤其值得一提的是，微信发布的《油价再次上涨》首次突破 10 万，达到 54 万阅读量；微博最高阅读量达 243 万。为拓展海外读者，杂志还在 2022 年下半年推出两期海外数字版（英文），进一步扩大杂志在海外的品牌影响力。在纸质版方面，继 2021 年绿色金融相关文章被社会及专业媒体转发之后，2022 年登载的智慧法务文章被今日头条等众多媒体转发。（姚亚平）

2.《上海船舶运输科学研究所学报》

《上海船舶运输科学研究所学报》创刊于 1978 年，是船舶科学和船舶运输领域的综合性学术期刊，国内统一刊号为 CN 31–2023/U，由上海船舶运输科学研究所主管、主办，国内外公开发行。该刊曾用名《交通部上海船舶运输科学研究所学报》，2005 年更名为《上海船舶运输科学研究所学报》，2012 年由半年刊改为季刊，国际标准连续出版物号为 ISSN 1674–5949。

该刊自创刊以来，始终坚持党的基本路线，坚持“百花齐放、百家争鸣”和“理论联系实际”的办刊方针，突出理论与学术服务于丰富的实践，充分发挥科技期刊在成果转化方面的交流和传播作用，助推行业科技进步。刊登的内容主要反映船舶运输系统、船舶设计、船舶控制、交通工程、环保工程、港口工程、工业自动化、电子信息、船舶动力机械和水运经济等方面的科研成果，同时刊登具有一定学术水平的试验报告和科研管理研究报告。经过数十年的办刊历程，期刊的影响力指数逐年提升，已成为行业知名的专业学术刊物，是中国核心期刊（遴选）数据库来源期刊、中国学术期刊（光盘版）全文入编期刊、中国学术期刊综合评价数据库来源期刊，同时被国家图书馆、上海图书馆、中国知网、万方数据库和维普数据库等数据库收录。

2022 年，该刊正式由季刊变更为双月刊，双月出版。全年共刊登 75 篇论文，比 2021 年增长约 19%。本年度刊登的论文涉及专业领域主要包括船舶系统工程、船舶水动力及海事技术试验研究、环境工程、智能交通系统、交通与航运信息化等，均具有较高的学术推广价值，为我国交通运输和造船行业共性技术、前瞻性技术的交流传播，以及行业的科技进步作出了积极贡献。本年度该刊投入建设了期刊采编系统，于 2023 年上半年投入使用。（胡奕）

3.《青岛远洋船员职业学院学报》

《青岛远洋船员职业学院学报》创刊于 1980 年 7 月，原名《远洋科技》，由中国远洋海运集团直属的青岛远洋船员职业学院主办。

1980 年 7 月，青岛远洋船员进修学院刊物《远洋科技》创刊。1986 年 10 月，青岛远洋船员学院刊物《远洋教育研究》创刊。1996 年 1 月，经中国远洋运输（集团）总公司报交通部同意，并经山东省新闻出版局批准，决定自 1996 年起，青岛远洋船员学院原来主办的《远洋教育研究》和《远洋科技》并刊，改为综合性学报《青岛远洋船员学院学报》。从 1999 年第 1 期起，《青岛远洋船员学院学报》公开发行。2012 年 2 月，经国家新闻出版总署批准，更名为《青岛远洋船员职业学院学报》，国内公开刊号为：CN37 – 1489/U，国际标准刊号为：ISSN 2095 – 3747。2014 年 12 月，《青岛远洋船员职业学院学报》入选原国家新闻出版广电总局第一批认定学术期刊。该刊每 3 个月出版 1 期，为季刊。

自创刊以来，学报始终坚持编辑刊载学术论文和科研报告、为发展我国远洋科研事业服务的办刊宗旨，面向远洋，突出航运特色，主要设置航海技术、船舶通信与信息工程、轮机管理与船舶工程、船舶电子电气、海事法律管理与公约、航运物流、航海（高职）教育等栏目。中远海运集团成立后，《青岛远洋船员职业学院学报》密切关注集团航运各大业务板块，充分发挥科技期刊的媒介作用，架起行业产业和高校科研之间协同创新发展的桥梁。

经过 40 余年的发展，学报办刊质量不断提高，社会影响力不断扩大，被重庆维普《中文科技期刊数据库》、清华知网《中国学术期刊（光盘版）》《中国学术期刊综合评价数据库》、万方数据库《中国核心期刊（遴选）数据库》全文收录。2008 年，学报被评为“全国高职高专优秀学报”。

2022 年，学报共组稿 201 篇，发文 70 篇，其中自然科学论文 18 篇，社会科学论文 52 篇；航海技术、轮机管理与船舶工程、船舶信息工程、航运物流和航海（高职）教育等五大栏目载文 67 篇，占比达 96%，充分体现了学报的航运特色。2022 年，学报刊载基金论文 33 篇，国内外机构用户达 5 300 多个，期刊综合影响因子学科平均值 0.295，全年文献下载量 1.4 万多次。

（孙宸）

4.《航海》

创刊于 1979 年的《航海》杂志，国内统一连续出版物号为 CN 31–1121/U，国际标准连续出版物号为 ISSN 1000–0356，是中国航海界向国内外公开发行的综合性科技期刊，由上海市航海学会主办，上海市科学技术协会主管。该杂志是中国学术期刊综合评价数据库统计源期刊，被中国核心期刊（遴选）数据库全文收录。

《航海》杂志融航海学术交流、科技信息传播、航海文化发掘、航海知识普及、航海生活展示等为一体，成为社会各界朋友了解航运发展态势、开拓航海科技视野的窗口，航海爱好者的文化园地，中外航运界同仁交流信息、情感的渠道。

2022年，《航海》杂志发表业界学术论文130篇（含论文集）。报送的6篇科技论文入围中国航海学会学术年会，3篇获优秀论文三等奖。杂志围绕“绿色低碳智慧航运，科学航海兴海强国”主题，编印第十一届“苏浙闽粤桂沪”五省（区）一市航海学术研讨会论文集。期刊特别关注“新修订的海上交通安全法研究”“‘双碳’战略背景下绿色航运建设路径”“俄乌冲突对航运业的影响”“长江口二号古船打捞新技术”“中国航海日——引领航海绿色低碳智能新趋势”“北斗卫星导航系统”“第39次南极科考”等主题，请业内专家从不同层面发表学术观点，进行解析。期刊推出的封面人物及事迹继续弘扬劳模及先进的榜样作用和科学航海精神，如全国五一劳动奖章获得者、中远海运“新金洋”轮船长倪迪，全国工人先锋号——舟山引航站，中国远洋海运集团劳模、中波轮船股份公司船长汤红兵，交通运输部模范机关先进个人、东海救助局救助船队船长盛王森，上海工匠、上海海事测绘中心“探海先锋职工创新工作室”领头人陈正伟，青岛市劳模、青岛港引航站副站长宋学斌，等等。

（罗斌）

5.《中国海员》

《中国海员》杂志创刊于1926年，创办者是成立于1921年4月6日的中华海员工业联合总会。在不同的历史时期，中国海员工会曾四次出版《中国海员》杂志。在改革开放的新时期，中国海员工会全国委员会决定第四次出版《中国海员》杂志。经过半年筹备，《中国海员》杂志于1985年6月正式出版。1986年起，杂志与交通部合办，主管单位为交通部，主办单位为上海（海运）集团公司。

2019年9月，经由国家新闻出版总署批准，《中国海员》杂志的主管单位更改为中国远洋海运集团有限公司，主办单位更改为中远海运船员管理有限公司。

《中国海员》杂志面向交通职工，面向社会，面向海内外。讲述海运、远洋、内河、港口、筑港等广大航运企业职工身边的事情，讲述交通系统职工海内外的见闻，报道全国交通系统发生的重大事件，交流工会工作的经验，发表工会领导人的重要文章。

2022年，杂志增设了《学习贯彻党的二十大精神》栏目，为水运系统职工提供“学习贯彻党的二十大精神”的交流平台，为奋力谱写全面建设社会主义现代化国家的崭新篇章贡献力量。同时，为推进全社会关注航运、关爱海员，促进海洋文学的繁荣，培植、挖掘和发现更多的海洋文学关注者、爱好者、参与者，《中国海员》杂志与中国远洋海运作协上海分会于2022年6月25日世界海员日和7月11日的中国航海日期间联合举办了“2022航海人有奖征文活动”，活动得到水运系统内外读者、作者的关注与支持，此外，《中国海员》杂志还重点报道了于涛、罗海林、秦涛、马建忠、刘云飞等水运系统先进人物事迹。《中国海员》杂志全年共出版杂志6期，共发表约200篇文章，新开辟了《工会动态》等栏目。

（严永强）

【新　媒　体】

1. 集团网站

中国远洋海运集团有限公司网站设立于2016年，域名为http://www.coscoshipping.com，是中远海运集团官方主办的网络平台，网站分中文、英文两个版本，主要承担对外发布集团信息、宣传集团业务、传播集团价值理念等功能，是集团面向社会和公众展示企业品牌形象的重要窗口。网站成立以来，遵从“服务企业价值创造”核心理念，坚持易用性、安全性原则，注重从航运业特色和企业特点出发，结合当下网站发展流行趋势和新媒体环境下网民阅读习惯，推进版式、内容和功能等方面与时俱进、持续创新。网站设有“关于我们、新闻中心、业务领域、社会责任、人才招聘、信息公开、订舱平台”等常备栏目，可系统展示集团核心业务和主要工作；同时，可通过飘窗、临时栏目和链接等，实现重要内容的临时性展示。经过近年来的持续运营和维护，包括客户、投资者、业务伙伴、内部职工等在内的网站受众群体不断扩大，已经发展成为业内知名、社会关注的企业网站。

2022 年，集团网站围绕党的二十大和集团重点工作，聚焦集团宣传主线，加强主题宣传策划。平台先后开辟“航运强国新篇章”“献礼二十大 一线展风采”“这十年·中远海运”等专栏，策划了集团抗击新冠疫情、保障全球产业链供应链稳定畅通、深化国企改革、数字化创新、绿色可持续发展、履行社会责任等主题宣传，有力展示了集团全力推进全球化发展、积极履行社会责任的品牌形象。2022 年，集团官网发布中文新闻 437 篇，英文新闻 274 条。

（马晓静　黄奇萃）

2. 集团新媒体平台

集团新媒体平台包括集团官方微信公众号“中远海运”，以及以集团名义开办的“COSCO SHIPPING”英文脸书（Facebook）账号和推特（Twitter）账号，三者均于 2016 年设立。此外，集团还于 2022 年 1 月 1 日开通了微信视频号“中远海运”。这些平台是集团在新媒体发展形势下，结合业务拓展需要和品牌传播需求设立的新型网络传播平台。集团新媒体平台内容涵盖集团业务介绍、新闻信息、品牌标识、船海知识、人才招聘等，是集团对外推广品牌、传播行业知识的重要窗口。集团新媒体平台设立以来，以“服务企业价值创造、紧跟媒体发展潮流”为工作方针，坚持在版式设计上突出活泼性、在内容编排上突出时新性、在运营维护上突出互动性；在持续打造全媒体时代下，成为展现集团品牌、为受众喜闻乐见的新型对外传播窗口。

2022 年，集团官方微信公众号“中远海运”共发布、推送新闻 833 篇，总阅读量近 200 万次。集团官微关注用户人数突破 14.2 万人，比上年同期增长近 4 万人。集团官方微信视频号“中远海运”刊发视频 185 个，总阅读量超过 310 万次。集团今日头条号共推送新闻超过 800 条，推荐浏览数超过 1 500 万次。（朱江）

【图书、音像制品】

1.《大国海运》

2022 年，为贯彻落实中宣部迎接党的二十大宣传活动部署，宣传我国海运事业取得的辉煌成就，中国交通运输协会按交通运输部要求，牵头筹拍制作大型纪录片《大国海运》。中远海运集团作为纪录片支持单位，给予全力支持。《大国海运》系列纪录片共 10 集，深入探寻人民海运事业扣人心弦的事迹，通过小故事表现大事业，描绘中国海运发展和崛起的强劲步伐。该片在中央广播电视总台中文国际频道（CCTV4）《国家记忆》栏目作为党的二十大献礼片播出。

2.《地铁站里看“一江一河”》

2022 年 6—7 月，集团联合中国航海博物馆、黄埔区委宣传部、上海申通地铁在上海市人民广场地铁站、南京东路地铁站、陕西南路地铁站举办《地铁站里看“一江一河”》展览。本次展览是为迎接第 18 个“中国航海日”、向党的二十大献礼的系列活动之一。展览以上海“江河巨变”的微观视角，引导人们感受中国航海事业的沧桑巨变，提升向海而兴的海洋意识，砥砺海洋强国、航运强国的伟大梦想，以沧海一粟的“江风河韵”为党的二十大营造了人文、喜庆氛围，受到观众广泛好评。据地铁方统计，观展人数逾千万。

3.《改革潮涌》

2022 年 2 月，集团战企部和党工部联合编纂《改革潮涌——中国远洋海运集团推进国企改革三年行动优秀案例选辑》一书。该书收集了中远海运集团切实贯彻落实《关于深化国有企业改革的指导意见》，扎实推进国企改革三年行动的生动案例和媒体报道，集中展现了中远海运大刀阔斧深化改革、蹄疾步稳纵深推进的生动实践和切实成效。

4.《思想领航》

2022 年 6 月，集团党组工作部修订《思想领航——习近平总书记关于国资央企重要论述和本行业本企业重要指示批示摘编 (2022)》一书，形成 2022 版。该书以图文并茂、简明形象的方式，展现了习近平总书记对本行业本企业十个方面重要指示批示精神，并以交通强国建设、海洋强国建设、航运强国建设、共建“一带一路”、经济建设、国有企业党的建设 6 大篇章，摘录了习近平总书记重要论述，作为集团各级党组织和党员干部开展理论学习的必读书目。

5.《中国远洋海运集团 2022 年度党建思想政治工作优秀研究成果集》

2022 年 12 月，集团政研会评选表彰 2022 年度党建思想政治工作优秀研究成果 11 篇，并将一等奖论文 15 篇、二等奖论文 25 篇汇编成册，供各企业共享和成果推广转化。

6.《中心组学习》内参

2022 年，集团党组工作部编印《中心组学习》月刊 12 期，收录习近平总书记最新重要讲话、重要论述和重要指示批示等，供党组成员和各级党委学习参考。

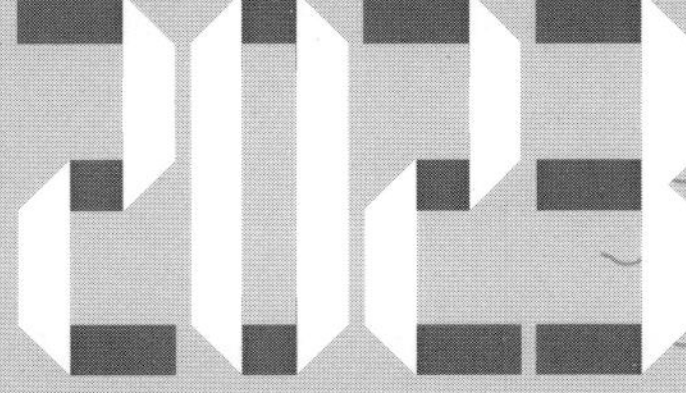

CHINA COSCO SHIPPING CORPORATION LIMITED YEARBOOK

中国远洋海运集团有限公司

年鉴

第十三篇

企业社会责任

概述

概　　述

“十四五”期间，中远海运集团着力践行创新、协调、绿色、开放、共享的新发展理念，积极迎接可持续发展机遇和挑战，在全球航运业发展中传播中国智慧：秉持“义利并举”的价值观，坚持“普惠共赢”的发展原则，把积极履行社会责任作为打造企业文化的根基，争做优秀的社会责任践行者；经过不断努力和探索，建立了履行全球契约的管理体系和长效机制，以优秀的发展成果履行社会责任和全球契约；关注全球环境，关爱欠发达地区，参与国际援助，做优秀企业公民，推动企业与社会的协调发展。

2022年，集团坚持统筹做好疫情防控和生产经营，持续推进全球化拓展和全程供应链打造，切实保障全球供应链产业链稳定。在资产总额历史性突破万亿的同时，企业环境、社会、治理水平也得到进一步提高，品牌影响力进一步增强，荣获第二届“中国品牌强国盛典”十大“国之重器”品牌殊荣。

是年，集团持续完善环境经营体系，积极响应“双碳”战略；在集团内宣贯绿色环保文化，使用清洁能源、控制温室气体排放，顺应绿色、低碳、智能发展新趋势，努力实现经济增长与生态环境和谐共存；支持和带动行业积极稳妥向绿色低碳演进，为碧海蓝天和实现人类命运共同体贡献“中国航运力量”。

是年，集团坚持共建共享，社会事业稳步发展；尊重企业员工自我价值的追求，为员工搭建干事创业的成长舞台和广阔的发展平台，创造丰厚的物质基础和良好的人文环境；携手合作伙伴，协同共建高质量的产业生态圈，实现融合发展与合作共赢；以优秀的发展成果履行社会责任和全球契约，帮扶欠发达地区，参与国际援助，做优秀企业公民，推动企业与社会的协调发展。

是年，集团认真履行社会责任，践行人道主义精神；在中国海上搜救中心和国际海上搜救组织的统一指挥下，集团公司积极配合、参与25起海上搜寻和救助任务，协调派出船舶27艘次，共成功、协助救起38人，认真履行航运企业应尽的海上救助责任，共同做好海上搜救应急保障工作。

扶贫工作

扶 贫 工 作

【中远海运慈善基金会】

中远海运慈善基金会（前身为中远慈善基金会，2017 年 1 月 20 日经民政部批准正式更名），由中远海运集团及成员单位捐资 1 亿元作为原始基金发起，经国务院批准、民政部注册登记，于 2005 年 12 月 20 日正式设立，是全国性的慈善基金会。2017 年 2 月，该基金会被民政部认定为慈善组织，2018 年被民政部评定为 4A 级社会组织；是我国首批由中央企业发起设立的非公募、非营利性慈善机构，是中远海运集团履行企业社会责任的重要平台；多次荣获“中华慈善奖”“慈善透明卓越组织”等荣誉。

2022 年，基金会有序推进项目实施工作，积极开展项目品牌建设，年内共实施项目 84 个，资金支出 1.59 亿元，较上年增长 19%，较好完成了年度任务，有效发挥了基金会的平台作用，展示了集团良好的社会形象。在帮扶工作上，基金会深入落实国家关于乡村振兴的有关要求，稳步推进乡村振兴，持续聚焦乡村建设，全力改善民生设施，加大医疗保障力度，进一步提升教育环境；是年，全集团共投入帮扶资金 9 091 万元，实施项目 59 个，其中基金会自主实施项目 5 728 万元。截至 2022 年 12 月 31 日，集团通过中远海运慈善基金会已累计捐资 11.45 亿元，支持慈善公益项目。

【西藏定点帮扶】

2022 年，在西藏洛隆县投入资金 2 000 万元，实施 9 个公益慈善项目，总受益人数 90 252 人。其中：400 万元用于洛隆县自来水厂净水设施升级改造工程项目，对自来水厂原有净水设施进行升级改造，主要包括土建工程及安装工程、取水口工程维保费用等，受益人数为 19 040 人；830 万元用于洛隆县硕督镇乡村振兴示范点项目（一期），以硕督镇为示范点开展人居环境整治，硕督古街风貌提升改造，新建污水处理厂一座及配套污水收集管网，受益人数为 5 659 人；100 万元用于防疫专项资金，帮助洛隆县应对疫情，购置防护服、隔离服、N95 口罩等各类防疫物资，受益人数为 59 164 人；150 万元用于“中远海运－格桑美朵”助学基金项目，为洛隆县家庭贫困的学生提供助学金，对品学兼优考上大学和内地班的学生提供奖学金，受益人数为 375 人。

是年，在西藏类乌齐县投入资金 491 万元，实施 3 个公益慈善项目，总受益人数 13 230 人。其中：89 万元用于“远航暖流”项目，为各县中小学学生和老师每人配一个保温杯，受益人数为 10 348 人；102 万元用于教育基础设施改善项目，将类乌齐县第二小学阶梯教室改造为多功能报告厅和为师生宿舍配备桌椅，受益人数为 1 500 人；300 万元用于类乌齐县青少年活动中心改造项目，将老旧的原类乌齐县小礼堂改造为青少年活动中心，以解决教学楼不足问题，受益人数为 1 382 人。

【云南定点帮扶】

2022 年，在云南永德县投入资金 2 200 万元，实施 16 个公益慈善项目，总受益人数 21 886 人。其中：210 万元用于崇岗乡道路硬化工程项目，修建崇岗乡的硬化道路，并配套排水沟等附属设施，受益人数为 3 645 人；229 万元用于忙见田村石门寨自然村“美丽村庄”建设项目，受益人数为 103 人；100 万元用于林下红托竹荪种植科研示范项目，在大雪山乡蚂蟥箐村大棕箐自然村林下种植红托竹荪菌 2 公顷、硬化道路等，受益人数 816 人；140 万元用于乡村人居环境整治工程项目，用于永德县全域安全饮水、道路，以及文化活动场所等基础设施建设，受益人数为 824 人；200 万元用于“远航暖流”项目，为 25 所学校的供暖系统安装太阳能等设施，为 22 所小学学生发放保温杯，受益人数为 6 869 人；500 万元用于亚练乡中心完小教学楼建设项目，新建教学楼、厕所、活动场，受益人数为 800 人；200 万元用于人才培训项目，实施“果、糖、茶、菜、烟、畜”等六大特色产业等的人才培训、宣传国家帮扶政策、教育培训，以及集团帮扶成果宣传展示等，受益人数为 1 162 人。

【湖南定点帮扶】

2022 年，在湖南安化县投入资金 2 200 万元，实施 19 个公益慈善项目，总受益人数为 95 490 人。其中：100 万元用于清塘铺镇鱼水村安全饮水项目，修建蓄水池、采购安装饮水净化设备，受益人数为 5 100 人；74 万元用于冷市镇饮水项目，为冷市镇区、大桥自来水厂增加两套提水设备，建提水泵房 2 个和配套泵房供电设备、管道等，受益人数为 20 000 人；357 万元用于东坪镇槎溪村建设项目，建设文化墙、架设路灯、修建过溪设施、修补乡村公路、集体果园维管，美丽乡村建设、宣传等，受益人数为 9 948 人；180 万元用于冷市镇卫生院改善项目，对医疗区老旧设施进行修缮，受益人数为 31 000 人；100 万元用于“远航暖流”项目，为县里的学生购买保温杯，为学校添置宿舍热水洗浴设施，受益人数为 11 718 人；700 万元用于龙塘完小教学楼建设项目，新建一栋 4 253 平方米的教学楼，受益人数为 1 080 人；150 万元用于人才培训项目，为安化茶旅产业培养电商运营人员，助推学员进行电商创业，掌握经营管理、线上销售推广等方面的知识，受益人数为 116 人。

是年，在湖南沅陵县投入资金 2 200 万元，实施 12 个公益慈善项目，总受益人数 230 725 人。其中 :500 万元用于借母溪人居环境和美丽文明乡村建设项目，以借母溪至张家界 G241 国道沿线为重点，开展人居环境整治、道路除险、危房改造、村庄绿化美化、文化宣传活动基础设施等，受益人数为 20 000 人；210 万元用于乡村道路基础设施建设项目，在沅陵镇兰溪口村至麻溪铺镇马家村和凉水井镇修建公路，受益人数为 14 000 人；500 万元用于国道 319 沿线茶旅融合项目，以麻溪铺镇马家村为中心点、辐射周边村庄开荒种植茶园 30 公顷、修建茶旅公路 3 千米、休闲观光游步道 3 千米及配套设施等，受益人数为 4 500 人；100 万元用于茶树良种繁育基地项目，助力碣滩茶产业提质工程，加强茶产业标准化建设，受益人数为 120 000 人。

【其他地区帮扶】

项目涉及基础设施建设、产业扶持、助学等，金额总计 1 085 万元。主要包括：中远海运（广州）有限公司捐赠 300 万元定点帮扶广东省潮州市潮安区登塘镇，用于登塘镇基础设施建设和产业帮扶；中远海运特种运输股份有限公司捐赠 300 万元定点帮扶广东省英德市水边镇，用于驻水边镇乡村振兴帮扶建设项目；中远海运散货运输有限公司捐赠资金 300 万元定点帮扶广东省高州市新垌镇，用于广东省高州市新垌镇高良村帮扶项目等。

社会捐赠与公益活动

社会捐赠与公益活动

【“公益送”项目】

为支持中国境内社会组织走出去，为中国境内社会组织在“一带一路”共建国家和地区实施的物资捐赠，提供专业、高效、安全、无偿的物流援助，集团2022年实施了多批次“公益送”项目，投入资金62.1万元。主要项目包括：为中国乡村发展基金会向埃塞俄比亚运送“空气净水机”4台、向柬埔寨运送“爱心单车”1 000辆，为中国红十字基金会向汤加运送净水设备260套，向尼加拉瓜运输50万支新冠病毒疫苗注射器，在“一带一路”共建国家和地区播撒着中远海运的浓浓大爱。

【医疗健康公益项目】

2022年，集团打出医疗健康公益项目“组合拳”。与中国乡村发展基金会合作，投入资金300万元，在云南省永德县实施“顶梁柱健康公益保险项目”，为低收入人员负担部分医保外住院费用，并提供意外伤害保障，缓解病返贫问题。与中国宋庆龄基金会合作，投资资金1 000万元，设立“中远海运公益基金”，其中800万元用于帮助永德、安化、沅陵三县采购急需的医疗设备。与北京尤迈慈善基金会合作，投入资金90万元，在云南省永德县，湖南省安化县、沅陵县组织实施“中远海运－尤迈医疗培训项目”，通过线上课程和远程会诊的方式有效提升帮扶地区医务人员的专业水平和临床诊治能力。资助上海交通大学医学院附属瑞金医院200万元，用于支持瑞金医院老年医学中心建设，助力推动老年医学事业发展。

【教育文化公益项目】

在软件方面，与北京为华而教公益发展中心合作，投入资金100万元，开展“为中国而教”活动，为湖南省沅陵县、安化县偏远山区学校派遣50名优秀大学生志愿者教师提供全职支教服务，有效弥补了当地师资的缺口；在大连海事大学设立“中远海运奖学金”，捐赠周期为2021—2025年，每年捐赠金额为150万元，2021—2022年捐赠奖学金共计300万元；在上海交通大学设立“中远海运奖学金”，捐赠周期为2020—2022年，每年捐赠100万元，2022年度捐赠金额为100万元。在硬件方面，由中远海运发展定向捐赠资金495万元，用于大连海事大学“中远海运报告厅”升级改造，改善校内教学环境。

【四川地震救助】

2022年9月5日，四川省甘孜藏族自治州泸定县发生了6.8级地震，造成房屋损毁和人员伤亡。集团坚决贯彻落实习近平总书记对四川地震救灾工作作出的重要指示，始终把保障人民群众生命财产安全放在第一位，第一时间启动“远航·赈灾”应急捐赠程序，向四川省慈善总会捐赠2 000万元，用于采购救灾物资和支援灾后重建工作。

【旅芬大熊猫养护救助】

为提升国家和企业的海外公益形象，促进中远海运集团在海外市场的业务发展，集团实施了旅芬大熊猫养护救助项目，向芬兰探访与养护协会一次性捐赠30万欧元（约合220万元人民币），定向用于两只旅芬大熊猫的饲养开支和大熊猫保护相关费用。该项目有助于改善大熊猫的自然栖息地环境，提高中国大熊猫整体保护及繁衍水平，更促进了中芬两国的友好交流事业发展。

绿色环保

绿 色 环 保

【概　　述】

2022 年，集团公司认真贯彻党中央、国务院关于能源节约与生态环境保护的决策部署，严格落实大气、水、土壤三大攻坚战的要求，积极融入“一带一路”倡议，继续着力建设资源节约型、环境友好型企业，通过推进技术创新和新型技术应用，加大产业结构调整力度，主动淘汰高能耗、高排放设施等举措，提升能效管理水平，努力构建低碳、绿色、循环的发展体系。　（裴凯）

【节 能 减 排】

2022 年，集团公司积极开展“节能宣传周和全国低碳日”活动，紧紧围绕“绿色低碳，节能先行”的节能宣传周活动主题和“落实‘双碳’行动，共建美丽家园”全国低碳日活动主题，深入开展节能宣传教育；通过宣传学习、建立信息监控系统和加强指标考核等手段促进管理节能，所属企业共淘汰燃油锅炉 3 台、燃油叉车 15 台、运输车辆 11 辆、其他高能耗生产设施 1 000 多台套等；报废处置老旧营运船舶 12 艘，共 57.35 万载重吨；加大成熟型节能技术应用的推广力度，不断探索和尝试采用新技术、新产品和新工艺，实施船舶节能技改推进技术节能，稳步推进能源总量控制和能耗强度控制。　（裴凯）

【生态环境保护】

2022 年，集团公司严格执行党中央、国务院有关生态环境保护的要求，组织开展以“共建清洁美丽世界”为主题的宣传活动，举行“六五环境日”“美丽中国我是行动者”等话题互动，充分利用新媒体平台，加强线下活动的线上宣传，丰富宣传形式和内容，提升宣传覆盖面和参与度；动员全体员工深入打好污染防治攻坚战，促进提升生物多样性保护和应对气候变化意识。

保障资金投入，主要用于油库储油罐挥发性有机化合物（VOCs）治理改造、港作船生活污水处理装置加装、船舶压载水处理装置安装和改造、港口油气回收设施建设，以及生活区污水处理设施改造、排污设施和污水处理池改造、雨污分流改造等，并新建涂装房、预处理线 VOCs 治理设备项目 11 个、移动调漆间 8 个、移动式 VOCs 收集治理装置 14 套。

结合第二轮中央生态环境保护督察，集团公司深入研究国家现行生态环境保护法律法规，编制《生态环境保护管理须知》《固体废物污染防治管理》和《排污许可管理》等培训教材，开展生态环境保护法律法规和管理培训，提升企业生态环境保护管理能力和全员生态环境保护意识。

2022 年，集团工业制造板块积极开展“清洁生产”“绿色工厂”认证活动。下属 6 家企业通过清洁生产审核，1 家企业被工业和信息化部评为“国家绿色工厂”，3 家企业获得省级绿色工厂称号。下属天津码头通过中港协四星绿色港口认证，南通码头通过江苏省三星绿色港口认证，厦门码头通过亚太绿色港口奖励计划（GAPS）认证。下属中远佐敦青岛工厂被列入第五批国家绿色工厂名单。　（裴凯）

【参与国际规则研究】

2022 年，集团公司积极参加国际海事组织（IMO）《CII 修正免除导则（G5）》制定，利用视频参加国际海事组织（IMO）船舶温室气体

（GHG）减排第 11 次会间工作组会议、波罗的海国际海运理事会（BIMCO）第 5 届海洋环境委员会会议等交流机会，了解相关方意向，提出集团工作诉求与建议；牵头与船研所、能源通力合作，在 IMO《CII 修正免除导则（G5）》制定过程中，通过大量数据分析，提出应将液货船卸货油耗进行修正的提议；布置对船舶的 IMO 温室气体减排 2023 年短期具体实施措施实际效果进行综合评估。（裴凯）

【首艘加装高压岸电系统船舶通过测试】

2022 年 11 月 22 日，中远海运特运“天恩”轮加装的 6.6kV/60Hz 高压岸电系统顺利通过高压测试，取得中国船级社签发的证书，成为公司第一艘随时可用岸电的特种船舶。作为首艘加装船，“天恩”轮于 11 月 5 日进入上海中远海运重工进行特检，计划修期 16 天，期间除执行特检常规项目，还要完成压载水系统设备履约升级、货舱除湿机加装及高压岸电系统安装等工程任务，时间紧、任务重。为确保在修船期间保质保量完成岸电改装工作，项目组精心统筹，船舶进厂前充分准备，最终“天恩”轮一次性完成高压岸电系统安装、调试并测试成功，并顺利取得证书。

中远海运特运在实施船舶岸电加装和改造的同时，积极总结经验，努力探索一套适合特种船队的高压岸电改造流程和标准方案。作为试点项目，特种船的岸电系统改装没有成熟的技术方案可供借鉴，项目组人员必须根据船舶实际情况制订和不断优化、完善改装方案；另一方面，特种船设计紧凑、内部空间有限，且船舶靠港期间经常需要启用船用起重机、压载水处理系统等大功率设备，用电负荷大、温度高、负荷工况复杂。项目组经过与船舶设计院、主要配电厂商等相关方一起反复研讨，最终确定采用输入电制为 6.6kV/60Hz 的高压岸电系统，同时在岸电间配备大排量风机。高压岸电设备相对低压岸电设备占地空间更大、费用更高，不论技术方案编制还是现场实际施工，都比低压岸电系统建设更为复杂。此次“天恩”轮岸电系统的成功安装，为特种船舶岸电改造工作在技术提升、施工协调等方面提供了非常有益的示范和借鉴，同时也为后续高压岸电系统在特种船队的推广使用培养了人才队伍，积累了宝贵经验。除“天恩”轮外，中远海运特运其他 7 艘营运船岸电改装工作也在结合修船计划稳步推进。（殷华兵　胡浩帆）

【混合动力 RTG 设备购买协议签订】

据《中国远洋海运报》2022 年 9 月 23 日报道，中远海运港口西班牙码头技术团队分别与上海振华重工、香港八号码头（COSO-HIT）、美国南卡罗来纳码头进行视频交流，从供应商和用户不同的渠道了解混合动力橡胶轮胎门式起重机（Rubber Tyre Gantry，RTG）特点；在此基础上，西班牙码头与供应商正式签订混合动力 RTG 设备购买协议。混合动力 RTG 在国内很多码头已经使用很多年，但是截至 9 月没有一家欧洲码头采购该新能源的设备。因此，中远海运港口西班牙码头则成为欧洲首家采用混合动力 RTG 设备的码头。混合动力 RTG 可以节省 45% 左右的燃油费用，同时可减少废气排放，更好地保护环境。西班牙码头新设备的签约，是中远海运集团践行“绿色低碳战略”的重要体现。（徐茂兵）

海上救助

海 上 救 助

【概　　述】

2022年，在中国海上搜救中心和国际海上搜救组织的统一指挥下，集团公司积极配合、参与27起海上搜寻和救助任务，协调派出船舶29艘次，共成功、协助救起38人，认真履行航运企业应尽的海上救助责任，共同做好海上搜救应急保障工作。

其中，1月22日，中国船燃镇江水上加油站员工在长江镇江段成功救助3名落水船员；6月20日、11月29日，中远海运散运益丰船务先后2次在几内亚成功救起8名遇险渔民；8月19日，中远海运散运“海珠荣旺”轮在印度洋成功救起1名澳籍失事帆船遇险人员；9月4日，中远海运集运“天福河”轮在泉州海域成功协助转运13名遇险船员；11月28日，中远海运能源“辽油123”轮在大连长兴岛海域成功救助3名遇险渔民。　（裴凯）

【“海珠荣旺”轮救起遇险人员】

2022年8月18日18时28分，印度洋上风力9级，涌浪近4米高，航行在南印度洋上的中远海运散运“海珠荣旺”轮接到来自澳大利亚搜救中心的高频指令，距船舶110海里处有一单人筏遇险，请求火速前往救助。接到指令后，船长立刻向公司报告，中远海运散运随即启动应急程序，指挥船舶立刻前往事发海域，并从航行安全、人员防疫、救助程序等方面进行周密部署。

“海珠荣旺”轮迅速设计出到达遇险地点的最优航线。18时40分，轮机部把无人机舱值班状态调整为机动操纵，船舶以最快速度在星夜里驶向110海里外的指定地点。救助人员做好各项准备工作，备好救生圈、缆绳、抛绳器、食物等用品，制定防疫措施，还为遇险人员腾出了临时住所。经过10个小时的全速航行，8月19日4时20分，该轮抵达单人筏最初遇险海域附近。船员在驾驶台及甲板两侧对海面进行全面搜索。

此时天还没亮，月黑、风高、浪急，为搜寻工作带来很大困难。为尽快找到遇险单人筏，该轮同时与澳方派出的搜救飞机取得了联系，并通过搜救飞机确认到遇险人员所处的最新位置。到达指定位置后，船员们很快发现在船舶右前方有一道若隐若现的微光，船长用望远镜仔细辨认后，确认这道微光来自于远处的一艘小筏。

5时40分，船舶开始减速，缓慢向遇险筏靠近。救援人员各就各位，紧张高效完成各项准备工作——穿戴防疫着装、放好引水梯、备妥救助艇。“海珠荣旺”轮与遇险筏距离仅0.3海里，航速降至0.1节。船长根据海况及时调整航向。5名船员登上救助艇，迅速放艇，开足马力向遇险筏驶去。在“海珠荣旺”轮的人道主义救助下，遇险单人筏上一名年近60岁的澳大利亚籍男性成功获救。

7时40分，救助艇搭载遇险人员返回船舷边。由于涌浪较大，救助艇上下颠簸，极难控制。通过训练有素的船员们共同努力和良好配合，载有救助人员和遇险人员的救助艇很快从海面上安全回收。遇险人员获救后惊魂未定，在询问其身体情况后，船员们将其带到提前备好的住所，送上早餐、相关药品和口罩等用品。之后，澳洲搜救中心协调印度尼西亚龙目当局，在驶经龙目海峡时，将遇险人员转运至救援船舶，安全送岸。

（彭宁）

【“昆仑油 206”救助遇险渔船船员】

2022 年 9 月 4 日，中远海运能源所属中远海运石油“昆仑油 206”在山东威海成山头附近海域全力参与倾覆渔船“琼昌渔 20318”船员搜救，成功救起 1 名落水船员；同时作为现场搜救协调船，配合“北海救 111”及其他参与搜救的商渔船，成功救起多名落水遇险船员。

受 2022 年第 11 号超强台风“轩岚诺”外围影响，山东威海成山头附近海域风高浪急，渔船“琼昌渔 20318”遇险倾覆，船员落水急需救援。9 月 4 日中午 12 时，“昆仑油 206”航经成山头水域。值班驾驶员收到成山头交管中心通知：在船舶左后方一艘渔船遇险，要求协助查明具体情况。“昆仑油 206”立即前往事发海域。当时所在海域受台风外围影响，西北风 7 ~ 8 级，海面涌浪较大，驾驶台值班人员经过仔细观察，发现有橙色物体在海浪中若隐若现，进一步观察确认为遇险船舶救生筏。船长立即将该情况报告成山头交管中心，并得到公司“保证船舶安全，服从交管指挥，全力参与搜救”的指示，第一时间开展现场救助。

13 时，“昆仑油 206”接近遇险救生筏。由于当时海况恶劣，释放本船救助艇实施救助作业危险性较大。船长经过安全评估后，决定操纵大船慢慢向救生筏靠近，并使之处于下风舷一侧，将撇缆投掷到救生筏上，由筏上落水船员将绳子与救生筏绑牢。随后，船员们合力将救生筏拖到大船边，落水船员通过引水梯顺利登船。13 时 50 分，一名落水船员被成功救起。被救船员登船后，大副立即安排其到房间休息，并换上已经备妥的衣服和鞋子，准备热水和食物。通过询问了解到遇险渔船已经沉没，渔船上共计 12 人，船长立即向交管中心报告，并指挥“昆仑油 206”轮继续在附近水域搜救其他落水船员。14 时 20 分，再次发现约 3 海里处有多名穿着救生衣的落水船员。由于“昆仑油 206”吨位较大，大风浪中操纵性能不如渔船灵活，遂通知附近参与搜救的两艘渔船立即前往救助。“昆仑油 206”作为现场协调船，协助“北海救 111”直升机将获救的船员接走。经与“北海救 111”直升机确认，此次救援行动共救起 11 名落水船员。其中两名落水船员由直升机携带立即返航进行救治。“昆仑油 206”按照交管中心指示，19 时结束搜救，续航开往大连。（李勇）

【益丰船务成功救助 2 名几内亚渔民】

几内亚当地时间 2022 年 6 月 19 日 16 时 51 分，益丰船务公司所属“京海盛”轮报告称在拦门沙附近有 2 名抱着漂浮物的落水人，不停挥手呼救。益丰船务接报后，立即启动应急救助预案并快速展开行动，同时报几内亚博法省海事局。17 时 05 分，益丰船务派遣正在附近作业的拖轮全速驶往落水人员水域，并做好救助准备。抵达幸存者水域后，拖轮克服海况恶劣等困难，经过近 1 个小时的救助，成功救起两名遇险人员。经询问，该两名遇险人员为当地渔民。当地时间 6 月 20 日 12 时 12 分，拖轮施救船员将获救渔民转交博法省海事局。随后，博法省海事局发来感谢信。该海事局局长表示，益丰船务曾于 2021 年 8 月救助了 4 名几内亚渔民，本次又救起 2 人，体现了益丰船务崇高的国际人道主义精神，增进了中国人民与几内亚人民的友谊。（李晓燕）

CHINA COSCO SHIPPING CORPORATION LIMITED YEARBOOK

中国远洋海运集团有限公司

年鉴

第十四篇

直属单位概览

中远海运控股股份有限公司/中远海运集装箱运输有限公司

中远海运控股股份有限公司/中远海运集装箱运输有限公司

【中远海运控股股份有限公司概况】

中远海运控股股份有限公司（简称“中远海控控股”，英文简称 COSCO SHIPPING Holdings），原名中国远洋控股股份有限公司（简称“中国远洋”），成立于 2005 年 3 月 3 日，2005 年 6 月 30 日在香港联交所主板上市（股票代码 01919.HK），2007 年 6 月 26 日在上海证券交易所上市（股票代码 601919.SH）。2015 年 12 月，按照中远、中海两大集团重组的整体部署，同步实施重大资产重组，集中资源重点发展集装箱运输和码头业务；2016 年 11 月 4 日更名为中远海运控股股份有限公司。至 2022 年 12 月 31 日，中远海控注册资本人民币 16 012 917 249 元；注册地天津空港经济区；法定代表人万敏；中国远洋海运集团有限公司及其所属公司合并持有本公司股份共计 46.74%。中远海控主要通过全资子公司中远海运集运和控股子公司东方海外国际，经营国际国内海上集装箱运输服务及相关业务；主要通过中远海运港口从事集装箱和散杂货码头的装卸和堆存业务。中远海运港口的码头组合遍布中国沿海的五大港口群，以及欧洲、南美洲、中东、东南亚、地中海等主要枢纽港。中远海运港口致力于在全球打造有意义的控股网络，从而为客户提供于成本、服务及协同等各方面具有联动效应的完善网络。

【中远海运集装箱运输有限公司概况】

中远海运集装箱运输有限公司（以下简称“中远海运集运”，英文简称 COSCO SHIPPING Lines，过渡期 2016 年 3—12 月亦称新集运），由原中远集团旗下原中远集装箱运输有限公司（以下简称“原中远集运”）与原中国海运旗下原中海集装箱运输有限公司（以下简称“原中海集运”）集装箱业务及其服务网络整合而成，于 2016 年 3 月 1 日正式运营。2022 年，根据中远海运集团集装箱航运业务组织架构优化方案，对中远海运控股股份有限公司与中远海运集装箱运输有限公司本部组织架构进行优化调整，8 月，中远海运控股和中远海运集运本部顺利合署办公（以下简称“中远海运控股/中远海运集运”）。

【中远海运集装箱运输有限公司沿革】

20 世纪 90 年代，原中远集团结合世界航运业普遍由专业化分工向集约化经营发展的新趋势，对远洋船队经营管理体制实施改革，组建专业化船队。1993 年 4 月底，原中远集团对集装箱船队实行改革，将原来分散在广州、上海、天津等几大远洋运输公司的集装箱船舶实施集中经营、分散管理。1997 年 10 月 21 日，经原交通部批复同意，由原中远（集团）总公司和原中远对外劳务合作公司共同出资，组建原中远集装箱运输有限公司；同时上海市人民政府函复原中远集团，同意在上海市浦东新区注册成立原中远集运。同年 11 月 11 日，原中远集运在北京成立；12 月 29 日，原中远集运搬迁至上海试营业，办公地点为长阳路 1555 号。1998 年 1 月 27 日，原中远集运在浦东外高桥保税区举行成立揭牌仪式，时任中共中央政治局委员、国务院副总理吴邦国为原中远集运揭牌。2001 年 10 月 10 日，原中远集运完成“债转股”工商变更，并领取新营业执照。注册资本由原来的 10 亿元增至 61 亿元。股东在原中远（集团）总公司、原中远对外劳务合作公司基础上，增加中国东方资产管理公司。2002 年 1 月 28 日，位于上海市东大名路 378 号的远洋大厦落成，原中远集运搬迁至此。2004 年 9 月，原上海远洋运输公司实施重组，以船员和船舶管理为重心，拓展多元化产业经营。该公司由原中远集团授权原中远集运管理。2005 年 6 月 30 日，原中国远洋控股有限公司（2005 年 3 月 3 日注册成立）在香港联交所主板成功上市（股票代码 1919.HK），继而于 2007 年 6 月 26 日在上海证券交易所成功上市（股票代码 601919.SH）。作为原中远集团上市的资本平台，拥有原中远集运 100% 的权益。原中远集运由此进入境外和境内两个资本市场。2010 年，原中远集运作为原中远集团所属专门从事国际国内海上集装箱运输的核心企业，亦为上市公司——原中国远洋控股股份有限公司重要组成部分。公司主要经营国际国内海上集装箱运输，接受订舱、船舶租赁、船舶买卖、船舶物料备件、伙食燃油供应及与海运有关的其他业务，以及陆上产业、国内沿海货物运输及船舶代理、通信服务、船员劳务外派业务、仓储及货物多式联运。2015 年底，原中远集运拥有集装箱船舶 174 艘 /88.28 万 TEU 位。

原中海集运成立于 1997 年 8 月 28 日，是原中国海运所属从事集装箱运输及相关业务的多元化经营企业，经营业务以国内外海洋集装箱运输为主，同时涉及船舶代理、揽货订舱、运输报关、仓储、集装箱堆场、集装箱制造、修理、销售等多个相关行业。公司本部设在上海，成立初期注册资金总计 18.01 亿元，其中原中国海运持有 40.06% 的股份，原中海发展持有 25% 的股份，原广州海运持有 15.44% 的股份，原上海海运持有 19.5% 的股份。2002 年 9 月，原中海发展将其持有的该公司 25% 股权转让给原中国海运；2004 年 1 月，原上海海运和原广州海运亦将所持有的该公司股权转让给原中国海运。至此，原中国海运成为原中海集运的唯一股东，持有该公司 100% 股权。同年 6 月 16 日，公司在香港联交所主板上市（股票代码 2866.HK）；2007 年 12 月 12 日，原中海集运 A 股在上海证券交易所成功上市（股票代码 601866.SH）。原中海集运业务涉及集装箱运输、码头经营、仓储物流等领域。而船队、码头、集卡、仓储、铁路、空运等供应链资源整合，更产生了“1+1>2”的集群效应；海铁联运、海空联运、水水联运、水陆联运等综合物流供应链经营，极大地增强了集装箱运输及集团整体市场竞争力。2015 年底，原中海集运拥有集装箱船舶 172 艘 /90 万 TEU 位。

2016 年，新成立的中远海运集运（简称“新集运”），是中远海运控股股份有限公司（简称“中远海控”）全资子公司，注册资本 2 366 433.716 5 万元，注册地为中国上海自由贸易区。公司主要经营国际国内海上集装箱运输服务及相关业务，是集团核心业务板块。截至 2016 年底，新集运共有集装箱船舶 346 艘（包括非营运及计划处理船舶）/178.18 万 TEU 位。

2022 年 8 月，为进一步增强中远海运控股对中远海运集团集装箱航运事业群的总体协同发展能力，提升中远海运集运全球数字化供应链能力，提升资本运作能力，提高决策效率，根据《关于中远海运控股 / 中远海运集运本部组织架构优化调整的通知》要求对中远海运控股 / 中远海运集运本部组织架构进行优化调整。调整后，同步履行中远海运控股和中远海运集运职能的部门：供应链物流事业部（筹）、战略发展部、协同管理办公室、收益管理部、证券事务部 / 公共关系部、法务及风险管理部、企业资讯发展部、财务部、资本运营部、财务共享中心、董事会 / 总经理办公室、党委工作部、组织 / 人力资源部、人力资源服务中心、纪委工作部 / 监督审计部、工会、计算机中心。履行集装箱业务管理的部门：美洲贸易区、欧洲贸易区、亚太贸易区、拉美 / 非洲贸易区、冷箱贸易区、双品牌运力及航线网络规划中心、全球销售部、客户服务部、全球海运操作中心（应急指挥中心）、双品牌箱管中心、双品牌采购管理中心、安全技术管理部、陆上产业事业部。

2022 年，中远海运控股 / 中远海运集运领导班子成员为：中远海运控股执行董事、总经理、党委书记 / 中远海运集运董事长、党委书记杨志坚，中远海运控股董事、副总经理 / 中远海运集运董事、总经理、党委副书记张炜，中远海运控股/中远海运集运党委副书记袁健，中远海运控股/中远海运集运副总经理叶建平，中远海运控股/中远海运集运副总经理辜忠东，中远海运控股/中远海运集运副总经理陈帅，中远海运控股/中远海运集运副总经理于涛，中远海运控股/中远海运集运总会计师郑琦，中远海运控股/中远海运集运董事会秘书、总法律顾问肖俊光，中远海运控股/中远海运集运副总经理钱明，中远海运集运副总经理冯国华，中远海运控股/中远海运集运副总经理吴宇，中远海运控股/中远海运集运纪委书记徐飞攀，中远海运控股/中远海运集运副总经理戈和悦，中远海运控股/中远海运集运工会主席王瑾。

【发展战略、经营创效】

2022年，中远海运控股/中远海运集运以习近平新时代中国特色社会主义思想为指引，认真学习贯彻党的二十大精神，坚定以中远海运集团“四个领航”为指引，在公司董事会的正确领导下，锚定“把握主导、效率驱动、价值创新”三大坐标不动摇，准确识变、科学应变、主动求变，下好先手棋，把握主动权，为中远海运控股/中远海运集运“十四五”高质量发展添加了新动能，提供了强有力的效益支撑。

适应市场变化，实现资源最大产出。面对百年未有之大变局下市场格局的快速深刻演化，公司通过灵活配置资源，实现了创效与发展的良性循环。上半年牵头海洋联盟，推出了DAY6航线新产品，共投入352艘船舶/443万TEU位运力，运营42条航线，提供519个港到港之间服务，在市场上频率最高、覆盖最广、品质最优，在帮助客户打破供应链瓶颈的同时，也使运力资源收获了最大回报。下半年面对东西航线走弱的态势，公司紧抓全球产业转移和区域全面经济伙伴关系（Regional Com-prehensive Economic Partnership，RCEP）生效带来的机遇，及时将运力向新兴、区域和第三国市场转移，在规避传统市场风险的同时，挖掘了增量效益。全年新兴市场航线收入比2021年增加6.5%，占公司整体外贸货量比例增加2.3%。公司以习近平总书记海南重要讲话精神为指引，积极投身海南自贸港和西部陆海新通道建设，全年实现北部湾箱量295万TEU，增长25%；实现洋浦港箱量131万TEU，增长38%；完成海铁联运箱量11万TEU。

贯彻“稳健经营”，客户结构不断优化。一方面高位锁定运价，转化为即期效益；另一方面努力搭建更为稳健的“王”字型客户结构，以平抑中长期市场波动。推动基础客户履约，全年完成总签约箱量602.2万TEU，超额完成600万TEU的签约指标，比2021年增加12%，占外贸货量比例43.7%。分贸易区维度看，所有航区均完成既定签约任务，且均实现双位数增长。推进大客户战略产业融合，整理全球战略融合客户名单，涉及美的、海尔、海信、隆基、晶科等众多国内家电、汽车、化工、光伏、机械行业的头部企业49家。在成功推出美的、小米数字化解决方案、家电行业海外仓产品、汽车整车运输服务产品基础上，复制推出了更多综合物流解决方案，通过深度链接客户、融合客户的产业链供应链，吸引并留住客户。

经营创效方面，2022年，中远海运控股上市公司层面围绕“以集装箱航运为核心的全球数字化供应链运营和投资平台”这一自身定位，坚持顺应行业趋势和客户需求，数字化转型和低碳化发展进程按下“快进键”，数字化供应链服务生态构建成为“抢答题”，在提质增效、全球布局、数智转型、低碳发展、资本运作、风险防控、回馈社会等方面取得了优异成绩，迈入以市场为导向、以高质量发展为标志的改革转型新阶段。

2022年，中远海运控股实现营业收入3 910.58亿元，比2021年增加573.65亿元，增幅17.19%。集装箱航运业务收入3 840.36亿元，比2021年增加561.08亿元，增幅17.11%（其中：中远海运集运2 577.51亿元，比2021年增加346.04亿元，增幅15.51%）；中远海运港口码头业务收入97.98亿元，比2021年增加18.67亿元，增幅23.54%。

2022 年，中远海运集运层面实现提单箱量 1 728.23 万 TEU，同比减少 10%；全年实现营业收入 2 601 亿元，增收 370 亿元；发生营业成本 1 521 亿元，增长 11%；实现净利润 675.5 亿元，盈利水平刷新年度纪录。从中远海运集运航线经营维度看，继 2021 年之后，2022 年所有贸易区和所有航线再度实现全年盈利。

2022 年，中远海运港口层面共完成计费权益吞吐量 3 885 万 TEU，与 2021 年持平；实现营业收入 97.8 亿元，增长 23.3%；发生营业成本 66.9 亿元，增长 18.9%；录得净利润 26.3 亿元，剔除一次性损益，同比增长 6.2%。

【上市公司运营】

2022 年，中远海运控股通过上海证券交易所网站发布了 155 份信息披露文件，通过香港联交所网站发布了 196 份信息披露文件，其间未收到监管机构的任何疑义警告，未发生任何信息披露违规事件。公司重视与广大投资者及潜在投资者的沟通，管理、运行和维护投资者关系管理的相关渠道和平台，通过公司官网、上证 e 互动平台、新媒体平台、投资者热线、电子邮箱等渠道，采取股东大会、投资者说明会、路演、分析师会议、接待来访、座谈交流等方式，与投资者进行沟通交流，听取投资者的意见建议。公司管理层高度重视资本市场的有益意见建议，公司董事会经研究后制定了 2022 年中期分红方案，并已向全体股东派发 2022 年中期股息每股现金 2.01 元（含税），合计派发现金红利总额约 323.50 亿元，约占中远海运控股 2022 年上半年归属于上市公司股东净利润的 50%。同时，公司董事会还制定了《中远海运控股股份有限公司未来三年股东分红回报规划（2022—2024 年）》，明确年度内分配的现金红利总额应占公司当年度实现的归属于上市公司股东净利润的 30% ~ 50%，保证公司利润分配政策的连续性和稳定性的同时，兼顾了全体股东的整体利益和公司的长期可持续发展。公司荣获“金港股”“中国上市公司年度卓越管理团队”“主板上市公司价值百强”等多项业内权威奖项。

【上市公司资本运作】

2022 年，中远海运控股新增设资本运营部，围绕主业开展一系列资本运作项目，在链接产业资源、构筑产业生态的同时，提升自身运营及收益质量。通过参股中远海运物流供应链公司，强化中远海运集团内部集装箱综合物流服务网络和基础资源的融合，拓展客户服务边界。通过引入上汽总公司作为中远海运控股战略投资者，促进上汽集团与中远海运控股在整车出口、零部件进出口等领域的深度协同。通过股权收购，将持有上港集团及广州港的股份分别提升至 15.55% 和 6.50%，通过二级市场增持，将持有中远海运港口的股比提升至 58.36%，为深化港口协同，增强自身运营及收益质量提供了支撑。

【服 务 客 户】

坚持以客户为先，强化业务模式创新。面对国内疫情多点散发，特别是上半年上海实施静态管控的不利局面，公司以整体优势对冲局部风险，双品牌携手港口公司、物流公司，常态化推出“陆改水”“陆改铁”物流方案，力保客户供应链安全稳定和航线稳健经营。特别是与阿布扎比、泽布吕赫、厦门远海等多个码头、场站，打造了全流程一体化供应链物流服务模式，共同促进与客户的深化合作。对关键客户，通过数字化融合、迭代，使数字化直接服务方案再向两端延伸，通过搭建舱保协同中台，对接客户物流订单，形成与客户更完整的数字化供应链协作体系。对普通客户，进一步优化电子商务平台、智能手机 App（第三方应用程序）可视化功能，推出业务查询、异常提醒推送服务，提升客户体验。

深入推进 IRIS4 系统（全球集装箱信息系统）客服相关模块应用。结合 IRIS4 截关航次控制（Cut off Voyage Control）功能上线，规范中国地区各项截止时间内容的维护。进一步更新维护包括制裁风险防范、疑似危险品审核等接载规则在内的货物品类（Commodity 类）接载规则 60 条、路径类（Route 类）接载规则 44 条、文件要求类(Required Document 类)规则 316 条，完成系统内公路限重（Weight Limit）配置 59 条，以及涉及 32 个国家和地区的 48 条目的港国家特殊单证规则。全年共计收集并维护更新了涉及 49 家关键大客户（KA BCO 客户）的 1 624 条客户额外要求（CEL）个性化需求，共计维护更新涉及 12 个目的港国家 19 类单证模板（条款）及提单不允许显示敏感词 48 个词条。

运营“中远海运集运”微信平台。截至 2022 年底，“中远海运集运”公众号全年推送文章 244 篇，微信点击量超过 80.4 万次，微信用户关注总量超过 13.1 万人，较 2021 年增长 17.1%。细分服务场景，优化微服务功能，根据客户需求偏好，增加直接查询功能、丰富查询内容。更新推文标签分类，直达“端到端”“全球化”等专题合集，享云端阅读便利。服务功能应用方面，微信各项功能查询总量达 2 667.76 万次，货物主动推送 1.74 万次，非工作时间“联系客服”功能受理咨询 237 次。

客户满意度调查。进一步优化调研工作方案，结合全球供应链实际，对问卷题目进行调整，恢复了准时交付、舱位、用箱等服务环节的评价。同时，针对供应链服务、电子商务可视化服务及智能客服功能，增加相应的服务评价及需求收集，使问卷设计更加贴近业务实际。中国地区共发放问卷 1 647 份，最终回收有效问卷 1 647 份；海外共发放问卷 755 份，最终回收有效问卷 677 份。所有有效问卷由第三方上海众标科技发展有限公司，运用顾客满意指数（CSI）测评模型和方案，进行了顾客满意指数测评。调查结果显示“中远海运集运”的总体顾客满意指数为 91.89，处于“很满意”水平。

【企业管理】

2022 年，中远海运控股 / 中远海运集运在中远海运集团的整体部署下，进一步推动两个层面的中后台深度融合，进一步完善了管理架构，提升了运营效率。按照集装箱航运 + 港口 + 相关物流的发展脉络，公司开展了一系列资本运作项目：收购中远海运供应链 13.46% 的股权；收购上港集团 14.93% 的股权、广州港 3.24% 的股权；增持中远海运集团财务公司 11.92% 的股权；中远海运控股与上汽集团开展股权互换等。这些项目都进一步织密了全程综合物流服务网络。

同时，双品牌中后台业务领域进一步融合：在运力管理领域，提前研判租船市场动向，多措并举，公司在租金相对低位锁定了核心运力 19 艘次 /2.5 万 TEU；通过内外贸协同、双品牌协同，使运力资源得到充分利用，实现了运力最优匹配，以上共节约船舶成本 3 626 万美元。在采购管理领域，双品牌两侧团队聚同化异，稳定管理，加速融合，全年中远海运集运侧外贸燃油采购成本节支 1 875 万美元。远东地区港口码头协议费率实际涨幅控制在 0.89%（目标为低于 1%）。在箱管领域，通过加大到期租箱退租和旧箱处置力度、落实新箱建造项目、续租到期箱、合理安排新箱启用、数字化赋能等措施，一方面较好完成了用箱保障任务，另一方面克服了新箱成本大幅增加的困难，全年双品牌箱固定成本比 2021 年下降 2 200 万美元，降幅 2.2%。此外，针对船队运营效率，成立专项工作组，进一步提高了快速反应和应急处理能力，在上半年全球供应链不畅的情况下，确保准班率排名保持行业前三。中远海运集运全年实际油耗 497.4 万吨，比预算节油 41.7 万吨，降幅 7.7%，单天单标准箱降耗 5.7%。财务领域切实推进“降杠杆、减负债”工作，加强汇兑管理，优化存款操作，中远海运集运全年共实现财务收益 36.3 亿元。

【安全生产】

2022 年，中远海运集运聚焦重点难点，狠抓关键措施落实，紧紧围绕“防风险、保安全、迎二十大”工作主线，持续推进“全国安全生产专项整治巩固提升年”“中央企业安全生产提升年”“交通运输安全生产强化年”“安全风险隐患大排查大整治”等活动，认真排查隐患，有效落实整改，全面防范化解重大安全风险，确保了公司安全生产工作持续平稳。

航行安全方面，2022 年，对陆岸重点单位开展专项检查 29 次，督促整改缺陷 133 项；协调组建驻港检查专班 7 批次，对船安全检查 562 次，督促整改缺陷 5 309 项。抽查 1 381 艘次船舶驾驶台视频记录，跟踪指导进出港船舶 12 808 艘次，过运河船舶 450 艘次，雾航船舶 291 艘次，“三自”（自引、自靠、自离）船舶 2 229 艘次，海盗活动高风险区船舶 475 艘次，成功防避西北太平洋热带气旋 25 个。

应急管理方面，针对各种安全生产风险，持续推进应急管理体系建设，协同内外部资源，利用信息化手段，构建监测预警、联系畅通、统一高效的指挥调度体系，强化应急队伍建设，健全联动处置机制，提高应急演练的针对性、实效性，实施好员工应急处置意识培训，确保应急处置科学、有序、有效，提升快速响应能力和应对处置能力。严格落实行业要求和制度规定，修订完善综合、专项应急预案，健全科学完备的应急保障体系，努力建成与高质量发展相适应的现代化应急管理体系和能力。编制印发《2022 版突发情况综合应急预案及专项预案》，各级单位开展各类演习 372 次，参与人数 10 092 人次，有效提升突发事件预警预判和事故应急救援处置能力。

企业安全文化建设方面，牢固树立“培训不到位是重大安全隐患”的理念，强化安全培训主体责任，坚持依法培训、计划培训、按需施教的工作理念，以落实持证上岗和先培训后上岗制度为核心，以提高安全培训质量为着力点，拓展远程培训方式，实现优质资源共享，不断加大员工培训方面的投入，持续推进安全培训内容规范化、方式多样化、管理信息化、方法现代化。2022 年，共开展各类安全培训 2 667 次，参加培训人员到达 178 633 人次，有力促进了安全生产和安全管理水平的提高。

【风险管理】

2022 年，面对外部风险的积聚，中远海运控股 / 中远海运集运从夯实内控基础入手，努力提升风险控制力和综合竞争力。全面落实“党政同责、一岗双责、齐抓共管”和“三管三必须”的工作要求，强化企业第一责任人的安全生产责任，全面开展安全风险隐患大排查大整治，年内未发生等级以上事故和人员死亡事故，事故险情总量为历年最低。

财务风险管理方面，全力夯实会计基础工作，不断健全、完善财务规章制度；配合中远海运集团司库建设，持续加强财务管理；提高整体资金使用效率，降低财务成本和资产负债率，落实降杠杆工作；推进全面预算管理，进一步提高公司预算工作与战略目标的契合度；深化税收政策研究，加强税收合规性管理，切实防范税务风险；加强信用管理工作，催收运费，提高资金周转效率，增强客户信用风险管控能力；结合生产经营实际，努力推动财务系统建设和升级；深入贯彻落实国企改革三年行动方案，配合中远海运集装箱航运业务组织架构优化，按照提质增效和业财融合的要求，各项工作按时有序推进。

廉洁风险防范方面，全年共计召开有关巡视巡察工作的党委会议 7 次，巡察工作领导小组会议 3 次，组织专题学习上级巡视巡察相关会议精神和要求，研究部署公司巡察工作。2022 年 10 月，提前完成公司系统巡察 5 年全覆盖任务。全年完成审计项目 147 项，计划实施率 100%，其中经济责任审计 52 项、清算关闭审计 5 项、专项审计 4 项、工程审计 25 项和机务审计 61 项；完成抽查审核船舶航次修理费用 3 884 艘次；完成物料、备件、通导费用抽审船舶 2 717 艘次。针对审计提出的 594 个问题，到期整改完成率 100%；促进公司增收节支共计 8 998.37 万元；通过审计，完善各项规章制度 125 项；全年发现违纪违规问题 12 个，移送审计发现问题线索 12 件，责任追究 35 人次，个人违规退赔、追责处罚款资金 72.33 万元。上报公司领导要情简报 2 份、专题报告 7 份；向中远海运控股 / 中远海运集运职能部门发出审计整改协同通知书 2 份；下达直属单位审计意见通知书 6 份、管理建议书 3 份；全系统通报 2 次。开展咨询类服务 9 次；审计监督政策落实 5 项；开发审计模型 1 个。

在中远海运控股 / 中远海运集运全系统集中开展以“同心共庆二十大，清廉护航促发展”为主题的廉洁从业主题教育月活动。全系统各级党组织共组织集中学习、专题研讨、主题党日等 1 628 场次；邀请专家授课 26 场次；开展“亲清客我关系”头脑风暴 60 次；组织观看廉洁教育片 507 场次；征集廉洁作品 748 幅、廉洁警句 682 条。

【境 外 业 务】

2022 年，中远海运集运境外企业坚持以客户为中心，聚焦供应链建设和价值创造，坚持疫情防控与经营生产并重的原则，积极面对全球疫情及全球经济变化带来的各种不确定性和挑战，克服地缘政治风险和供应链严重受阻等困难，务实开展各项工作。

加快推进全球数字化供应链建设。依托物流北美公司、海贸公司等现有及外采资源，扩展报关、仓储配送、转装（Transload）等供应链业务，引导销售从“航线导向”向“供应链导向”转变，力求业务覆盖海运加非海运段全链条，并大力推进北美端电商平台建设，启动部分供应链产品北美平台上线事宜，推动线上线下相结合，实现数字化对全链产品的赋能作用，推动数字化供应链业务在北美的快速发展。根据 SynCon Hub（外贸电商平台）在欧洲地区的推进计划，对相关代理进行上线前的培训，协同外贸电商小组逐步优化操作流程和系统功能，成为最早上线 FOB 和数字化签约的海外区域，全年 SynCon Hub（外贸电商平台）累计货量达到 128 897TEU，占当地出口总量的 8.14%。无纸化放货产品在荷兰鹿特丹顺利试点，为衔接无纸化进口放货打下良好基础。

紧抓全球产业转移和 RCEP 机遇，及时将运力向新兴、区域和第三国市场转移，在规避传统市场风险的同时，挖掘增量效益。中远海运集运北美公司在对中国市场维持优势的同时，继续提升较为薄弱的第三国市场份额。中远海运集运加拿大公司稳步推进第三国市场开发，出口货量的 22.7%、进口货量的 19.7% 来自中国以外市场。2022 年，完成美湾—巴西航线（BZX 航线）升级改造，单舱成本下降 34%。改造后的 BZX 航线是串联北美、加勒比和南美的区域次干线，经一次中转可连接 7 条航线、辐射 20 个港口，作为美洲区域 H 型网络的重要一极起到连线成网的作用。中远海运集运西亚公司与华为公司签订端到端年度合约，打通阿联酋—钦州—兰州海铁联运服务通道，承接汽车平行车进口项目，阿联酋地区端到端箱量大幅增加。利用区位优势，积极拓展新兴市场的综合物流业务，创建具备竞争优势的物流新平台。

【陆 上 产 业】

2022 年，中远海运集运陆上产业在“三网合一、五位一体”战略新格局框架下和持续“稳中提效、稳中提质、稳中求进”发展新境界中，生产经营和疫情防控“两手抓、两手硬”，统筹协调各方资源，确保陆上产业安全稳定，收获阶段性成效。

开展“数字供应、链接未来”数字化供应链主题活动。结合陆上产业发展规划，将数字化融入生产经营中，2022 年完成数字化项目 4 个：供应公司“引入 MTBC 二维码物流系统，实现仓储物流数字化管理”、国贸公司“远洋壹号 App 客户端订单及物流状态追踪功能改进项目”、国贸公司“远洋壹号主仓商品库存实时同步功能改进项目”和远洋宾馆“酒店管理中的大数据运用”项目。

推进落实陆产系统协同效应。陆产系统协同效应的挖掘和发挥，对各单位提高经营效率、提升资源利用效率、降低成本起到促进作用。2022 年共开展可量化陆产系统协同效应项目 18 项，涉及业务、办公用房（仓储、车辆）协同等方面。国贸公司分别与通导公司、越洋公司协同完成船舶备件进口代理项目；物业公司与远洋宾馆协同完成海湟工程维修项目；通导公司、供应公司、海图公司通过资源整合，进行客户群共享协同；

供应公司分别与通导公司、越洋公司、国贸公司协同进行房产盘活项目。

助力小微企业和个体工商户纾困解难。按照国务院国资委、上海市政府，以及中远海运集团关于减租纾困相关工作要求，中远海运集运积极推进服务业小微企业和个体工商户房租减免工作。年内，对44家符合减免条件的服务业小微企业和个体工商户减免房屋租金合计501万元，进一步履行社会责任，展现央企担当。

【队伍建设】

深化干部人事体制机制改革。根据中远海运集团要求，全面优化中远海运控股/中远海运集运本部管理架构，实现“两块牌子、一套班子”的深度融合；统筹推进泛亚航运深化改革项目，进一步整合内贸营销资源、提高管理效率；成立供应链物流事业部，加快推进全球数字化供应链建设工作。深入实施职业经理人管理制度，完成8名职业经理人聘任合同、年度绩效合约，以及任期绩效合约签署工作；积极推进中层管理人员任期制和契约化管理工作，完成中远海运控股/中远海运集运境内190名中层管理人员和境外单位52名经理层成员的契约签署工作，进一步激发干部人才队伍干事创业的内生动力。

深入推进干部人才队伍建设。坚持党管干部、党管人才，编制“十四五”人才发展规划；选优配强各级领导干部队伍，调整干部312人次，对16家直属单位领导班子进行调整，确保干部队伍结构合理、优势互补，发挥整体合力和战斗力；加大年轻干部选拔培养使用力度，精选20人入选中远海运集团“远航”库，158人入选中远海运集团“启航”库；制定《关于激励干部担当作为实行容错纠错的实施办法（试行）》，健全干部担当作为的激励和保护机制，进一步促进干部人才担当作为。

不断提高人力资源配置效率。以内部培养、外部招聘等相结合的方式，加强数字化供应链、绿色低碳、智能航运等相关紧缺专业化人才的引进、培养、使用；做好船舶挂职政委上船跟踪管理，完成10名船舶“三长”和5名中远海运集团启航班学员调陆试用；克服境外疫情影响，推进31名境外常驻人员增派轮换计划，持续加强人才队伍国际化建设；积极开展2022年校园招聘，做好第一批9名管培生的培养跟踪、第二批11名管培生接收工作，为公司高质量发展持续注入新生力量；采用“直播平台+学习平台”双平台的新培训模式，开展精准培训；打造“人才发展训战营”（蓝色系列）培训项目，对各级干部人才实施分级分类培训，推动年轻干部成长成才。

【党群工作】

中共中远海运控股股份有限公司委员会简称“中远海运控股党委”，直属中远海运集团党组。现任党委班子由12人组成。截至2022年12月底，中远海运控股所属党支部16个，共有党员401人，其中正式党员394人、预备党员7人。

中共中远海运集装箱运输有限公司委员会简称“中远海运集运党委”，直属中远海运集团党组。现任党委班子由12人组成。截至2022年12月底，中远海运集运直属党委17个、挂靠党组织1个，所属各级基层党组织共计556个（其中党委34个、党总支25个、党支部497个，含船舶党支部149个）。中远海运集运党委全系统党员5 056人，其中正式党员4 931人，预备党员125人；在职党员4 982人，离退休（退职）职工党员数27人，其他党员47人（组织关系在年底还未转出）。

2022年，中远海运控股/中远海运集运党委坚持以习近平新时代中国特色社会主义思想为指导，把学习宣传贯彻党的二十大精神作为首要政治任务，坚持“党建领航”，聚力融合发展，双品牌关键指标再创历史新高。及时印发《关于认真学习宣传贯彻党的二十大精神的方案》和工作计划表，全面启动学习研讨、集中培训、基层宣讲、主题宣传、研究阐释、贯彻落实、主题活动、督导检查等8大类26项工作，在全系统掀起学习宣传贯彻党的二十大精神热潮。全面加强党的领导，落实《关于中央企业在完善公司治理中加强党的领导的意见》，制定实施方案和工作推进表，深入推进“党建入章程”。完善公司法人治理结构，构建“3+1”决策制度体系，修订党委会、董事会和总经理办公会议事规则，完善“三重一大”决策制度、决策事项、权责清单。坚决贯彻落实党中央和中远海运集团党组决策部署，召开党委会70次，研究议题187个，其中前置研究重大经营管理事项90个。上海地区实施疫情“静默”管理期间，公司党委切实负起政治责任，统筹疫情防控和生产经营，号召广大党员积极参与社区抗疫，共有585名党员参与社区志愿服务近8 000人次，20名党员报名参加中远海运集团援助上海抗疫党员突击队，2 273名在沪员工共捐款近20万元。规范基层党建工作开展和党员日常教育管理，加强与中远海运集团党校合作，共组织248名支部书记、74名发展对象、60名入党积极分子参加培训，进一步提升党员队伍的政治素质、履职能力。

党政工共同组织策划开展“数字供应·链接未来”主题活动，持续开展合理化建议征集活动。召开中远海运控股二届二次职工大会及工会第二次会员代表大会，召开中远海运集运二届一次职工代表大会，协调做好职工代表提案审理工作。各级工会共计慰问劳模52人次、困难职工650人次、一线职工14 480人次，共计发放慰问金、慰问品合计522万元。推进落实对口帮扶工作，落实3 000万元帮扶资金，完成西藏洛隆县第一小学食堂改造与文化长廊建设项目和云南永德县乌木龙乡人居环境改善项目，积极参与“央企消费帮扶兴农周”活动，采购帮扶产品235万元。各级团组织以庆祝建团百年为主线，以深化党建带团建为主轴，扎实推进基层团组织按期换届，深入开展“青年大学习”、青年风采视频展播、党史团史线上联合答题等活动，引导广大青年坚定理想信念、爱岗敬业，积极献青春力量。制定实施《公司青年精神素养提升工程实施方案》，将青年工作与公司重点工作相结合，激发青年干事创业内生动力。

【企业文化】

2022年，中远海运控股／中远海运集运围绕“十四五”企业文化建设规划，聚焦“稳中求进”总基调，深化“多元一体化、绿色低碳化”两大发展理念，开展重点宣传和舆论引导，展现“国之重器”的市场形象，进一步增强员工的自豪感、使命感和事业发展信心。

加强品牌建设，引导舆论合力。积极参展全球数字经济大会、服务贸易促进会、智能博览会，加强与中国日报社、中国交通报社、中央电视台等主流媒体的交流合作，全力配合第一财经、凤凰卫视等媒体访谈节目的录制，加强为中小客户纾困解难、援“港”守“沪”、全力落实“六稳”“六保”等宣传。接受中国日报社、上海电视台、东方卫视等主流媒体关于数字化供应链的专访，为公司的转型发展营造良好声势。做好服务第五届进口博览会的宣传，在海外当地积极联系媒体采访，并在人民网、中国经济网等10余家媒体平台报道，“首单出运”“首单到沪”等新闻在中央电视台、上海电视台等主流媒体黄金时段播出。搭建覆盖全系统的舆情工作组织机构，逐渐形成风险识别、风险防控、舆情管理等整套工作流程，建立每日舆情监测、周舆情监测，以及专项舆情监测机制，切实提高舆情响应速度，提升舆情管理能力，积极维护公司正面形象。

强化宣传赋能，讲好身边故事。围绕“保供稳链”“现场值守”“关心关爱”“建团百年”等重点开通视频号，推出《齐心战疫，共同守沪》《初心耀航程》等微视频、音乐视频作品13部，用动感活泼的方式讲好身边人、身边事。指导协调各直属单位充分利用网、刊、微平台，挖掘身边微岗位、微故事。全年《中远海运集运轩》微信平台共推送新闻1 042篇，阅读量38.9万人次，《一周要闻》推送54期，《中远海运集运新视界》中英文杂志编发6期。

（金佳慧　蔡宏　林欣　范祝莲）

中远海运散货运输有限公司

中远海运散货运输有限公司

中远海运散货运输有限公司（简称“中远海运散运”，英文简称 COSCO SHIPPING Bulk），是中远海运集团旗下的全资子公司，由原中远集团旗下的中远散货运输（集团）有限公司（简称“中散集团”）和原中海集团旗下的中海散货运输有限公司（简称“中海散运”）整合而成，于 2016 年 6 月 2 日在广州南沙自贸区注册成立，6 月 16 日正式挂牌运营。

【公司沿革】

2011 年 6 月 7 日，中远集团的控股子公司——中国远洋控股股份有限公司（以下简称“中国远洋”，H 股代码：1919，A 股代码：601919）董事会执行委员会批准通过进一步推进散货体制改革基本原则和基本框架。根据中国远洋第三届董事会第二次会议决议，决定独家出资设立中散集团，实现对中国远洋旗下中远散货运输有限公司、青岛远洋运输有限公司、中远（香港）航运有限公司 / 深圳远洋运输股份有限公司 3 家散货公司生产经营、企业管理、人力资源、财务策划、发展战略等全方位的整合。中散集团于 2011 年 10 月 26 日取得企业法人营业执照，注册资本为人民币 10 亿元，注册地为天津市东疆保税区，中国远洋持有其 100% 的股权。2011 年 12 月 13 日，中国远洋以其持有的中远散货运输有限公司 100% 股权、青岛远洋运输有限公司 100% 的股权，以及深圳远洋运输股份有限公司 51.72% 的股权对中散集团增资，金额为 106.97 亿元。增资后中散集团注册资本变更为 116.97 亿元。2012 年 3 月 31 日，中国远洋以其持有的对中散集团的债权对中散集团增资，金额为 142.71 亿元，增资后其注册资本变更为人民币 259.68 亿元。中散集团的经营范围包括：国际船舶普通货物运输；国内沿海及长江中下游普通货船运输；船舶租赁、买卖、管理及相关信息咨询；货运代理；企业管理。截至 2015 年底，拥有和控制干散货船舶 225 艘 /2 199.6 万载重吨。其中包括自有船 176 艘 /1 748.16 万载重吨，光租船 4 艘 /19.73 万载重吨，期租船 45 艘 /431.71 万载重吨。

1998 年 4 月 22 日，中海集团的控股子公司——中海发展股份有限公司（以下简称“中海发展”，H 股代码：01138，A 股代码：600026），在广州市南沙区成立中海发展股份有限公司货轮公司（以下简称“中海货运”）。中海货运拥有中海集团下属的中国沿海最大的货轮运输船队，由上海海运集团公司、广州海运集团公司、大连海运集团公司所属的三家专业货运公司组建而成。2011 年 11 月，中海集团着手进行干散货运输资源的再次整合，决定设立新的独立法人——中海散运，将其作为中海集团干散货船队统一经营管理平台，逐步将中海集团所属的干散货船舶的资产、业务（含中海货运）及中海发展所属散货联营公司的股权划转到中海散运。中海散运于 2012 年 6 月 12 日取得企业法人营业执照，注册地为广州市南沙区，注册资本 5 亿元，中海发展持有中海散运 100% 股权。2012 年 6 月 30 日，中海发展以其持有的对中海散运的债权对中海散运增资，金额为 11.67 亿元，增资后其注册资本变更为 16.67 亿元。2012 年 9 月 28 日，中海发展向中海散运增资 26.33 亿元，其中货币资金出资 797 240 200.00 元，以其所持有的中海散货运输（上海）有限公司 100% 股权和天津中海华润航运有限公司 51% 股权出资 1 835 759 800.00 元，变更后中海散运注册资本为 43 亿元。中海散运的经营范围包括：国际船舶管理；国内船舶管理；国际船舶运输；内贸普通货物运输；水上运输设备租赁服务；水上货物运输代理；国际货运代理；水上运输设备批发；船舶修理；船舶零配件销售；船舶、海上设施、岸上工程的技术检验；煤炭及制品批发；谷物、豆及薯类批发；金属及金属矿批发（国家专营专控类除外）；钢材批发；钢材零售；非金属矿及制品批发（国家专营专控除外）；货物进出口（专营专控商品除外）；建材、装饰材料批发。截至 2015 年底，中海集团控制和拥有干散货船舶 265 艘 /2 053.68 万载重吨，其中自有船舶 248 艘 /1 921.65 万载重吨，租船 11 艘 /132.03 万载重吨。中海集团旗下的中海散运拥有和控制船舶 106 艘 /927.35 万载重吨，其中自有船舶 95 艘 /835.43 万载重吨，租入船舶 11 艘 /91.92 万载重吨。其余船舶为中海集团下属的其他公司或合营公司的船舶。

2015 年下半年，为了加快推进中远集团和中海集团散运板块业务的整合工作，中散集团、中海散运分别派人参加筹备工作，进行深入调研，拟写整合重组方案，并协助散运资产从上市公司剥离，为后续改革重组做好前期准备。2016 年 2 月 18 日，中远海运集团成立。2 月 24 日，集团召开了散运整合工作会，宣布集团散运改革重组工作组成立。整合方案前后修改 83 稿，经过反复论证，精雕细琢，最终完成《中国远洋海运集团散货运输板块业务整合总体建议方案》，经集团审议通过后，3 月 30 日，集团宣布任命公司领导班子。4 月 20 日，公司召开第 2 次总经理办公会，确定十项重点任务，包括新公司工商注册、总部“三定”（定岗、定责、定编）、总部人员选配、业务切换方案、基本规章制度、信息系统切换和上线、办公及后勤保障、新公司总部开业仪式、方案宣贯、履行民主程序等。6 月 30 日，公司获得水路运输许可证、国际船舶运输经营许可证，并成功启动业务切换工作。11 月 19 日，公司完成海南海盛 100% 股权的收购工作。12 月 28 日，公司在完成自身增资 66.12 亿元的同时，通过对中散集团增资扩股，成为其股东并拥有 56.5% 表决权。

截至 2022 年 12 月底，中远海运散运建有跨国、跨地区的全球营销网络，散货运力规模位居世界第一。2022 年，公司紧紧围绕“四个领航”的总体要求，以“保持坚实增长，提升发展内涵，实现韧性成长”为工作主线，紧抓市场机遇，全力攻坚创效，持续扩大盈利能力，充分构建发展优势，向着高质量发展迈出了坚实有力的步伐。公司管控架构见图 14-1。

【经营效益】

2022 年，受地缘政治冲突升级、疫情形势迅速变化、通胀压力持续攀升、多国开启激进加息等多重因素的影响，国际干散货运输需求不振，市场呈震荡回落态势。全年 BDI 指数均值 1 934 点，同比下跌 34.3%；沿海市场持续低迷，CBCFI 指数 830 点，同比下跌 27.6%，市场形势跌宕起伏。全年散运合并报表口径完成货运量 3.81 亿吨，完成周转量 1.34 万亿吨海里；实现营业总收入 345.98 亿元，同比增长 7.4%；利润总额 58.6 亿元，完成了集团下达的奋斗目标。

【服务升级】

2022 年，中远海运散运坚持回归服务初心，“以客户、货源为中心”的理念逐渐深入人心，价值营销的作用不断显现，货源质量和稳定性明显提升，客户合作层次不断深化。随着国家电投项目商业运营年的开启，以及十年期 1 500 万吨驳运和海运增量合同的落地，中铝及国家电投项目全年出货量比 2021 年翻了一番，进入了规模化运营新阶段，有效平抑了市场波动风险。公司始终以客户需求为导向，致力于提供优质的差异化服务。在“一体两翼”的格局下，公司高层营销成效显著，不断开发出新客户、新航线、新货源。2022 年，外贸基础货源占比同比提升 6.2 个百分点，高出集团指标 6.7 个百分点；第三国运输货量占外贸货运量比例 28.2%；战略客户货量占比 38.4%，高于集团指标 0.4 个百分点。

图14-1　中远海运散运管控架构图

【风险管控】

2022年，中远海运散运持续推进风险防控。在应收账款风险方面，明确催收计划，强化考核激励，年底商务口径超期应收账款余额合计4 956万美元，较年初减少3 171万美元。在经营风险防控方面，不断加强合同风险管理、内部风险控制体系，以及规章制度建设，有效防范俄乌冲突下的国际经济制裁等风险，为经营保驾护航。在网络安全保障方面，按照集团部署，严防值守，清除隐患，圆满完成了网络安全攻防演习和各项重大活动保障任务。加强政治监督，认真组织开展对学习贯彻党的二十大精神情况、学习贯彻习近平总书记对本行业本企业重要指示批示精神情况、“六稳”、“六保”等上级重大决策部署落实情况的监督检查。精准监督疫情防控，督导所属单位细化完善防疫措施54项，通过视频系统抽查船舶548艘次。强化大厦建设工程、几内亚等重点项目监督，保障项目廉洁高效推进。开展采购领域专项监督检查，发现问题44个，提出建议13条，督促制定立行立改措施22项。组织完成对3家单位党组织的巡察工作，实现党的十九大以来公司党委对所属单位党组织巡察全覆盖。开展全面覆盖、及时高效审计监督，加强总部、直属单位、合资合营公司、海外经营网点监督，推进实施年度审计项目20项，披露审计发现问题89个，提出审计意见建议53条，审计节约费用2 293.35万元。制定《礼品礼金登记上交处置管理规定》《反商业贿赂管理办法》等制度，规范员工廉洁从业行为。开展纪律教育学习月活动，加强节日廉洁提醒，典型案例教育月推和纪律教育周课常态化，巩固落实中央八项规定精神成果。2022年，公司未发生重大风险事件。

【企业管理】

中远海运散运始终坚持精益管理的理念，不断挖掘提质增效潜能。国企改革三年行动圆满收官，70 项重点工作全部完成。在具体举措上：持续优化治理结构，落实“双向进入、交叉任职”领导体制，实现了总部和直属单位董事长、党委书记“一肩挑”，以及董事长、总经理分设。持续深化三项制度改革，在所属单位全面推行经理层成员任期制和契约化管理，并推广到总部中层管理人员，有效激发了干事创业活力。持续优化产权结构，进一步提升境外公司的法人层级，持续推进落实亏损子企业专项治理、高资产负债率管控专项工作，“压减”“治亏”专项工作与“两资”“两非”处置工作达到了预期效果。同时，积极探索高效协同路径，通过构建跨部门、跨单位的工作组、项目组、沟通群，打破横向沟通壁垒，为解决焦点难题、攻坚重大项目提供了高效的组织范式。

【稳健创效】

中远海运散运始终坚持稳字当头、稳中求进，持续打造稳健的收入结构和开拓新的利润增长点，不断提升抗周期能力。得益于项目货源规模扩大、中小船型结构性行情等因素，公司经受住了市场大幅震荡的考验，公司全部船型平均租金水平高于对标市场水平 18.6%。同时，经营部门把握市场节奏，坚定不移地实施逢高锁定等稳健经营策略，2022 年外贸固定收益锁定比例为 39.0%，同比提升 11.3 个百分点，有效地保证了市场大幅调整时期的持续稳定创效局面。在粮食业务方面，成立了粮食工作小组，加大与中粮油脂等粮企合作力度，签署了南美大豆运输框架协议。全年承揽粮食同比增加 27.8%。在件杂货业务方面，不断拓展经营思路，打造件杂货揽货团队，践行“双向经营”理念，巩固维护了宝钢美洲等价值客户，开发了巴西—波斯湾等第三国航线，成功完成 3 个中美航线“散改集”航次，为后续创新业务、开拓市场积累了宝贵经验。聚焦船舶载重量利用率的提升，加大沿海回程矿的揽取力度，创新开拓了从北部湾装运石灰石至北方港口等精品闭环航线，构建起内贸大循环运输格局。聚焦租调一体化作用的发挥，从合同洽谈到航次执行等全环节，加强租调协同。聚焦疏港能力的强化，通过各地驻港网点，进一步打通港口资源环境，以效益最大化的原则做好兼营船投放决策，实施加装抓斗等技改措施推进运能优化，多举措深挖创效空间。

【市场引领】

中远海运散运始终注重运力结构调整，充分发挥规模优势，持续巩固市场引领地位。为做好船队结构顶层设计，2022 年散运在集团的指导下，编制了《中远海运散运“十四五”船队发展规划（规划期 2022—2030 年）》，并在规划指引下，从细从实开展了各项工作。从规模增长来看，运力租入力度不断加大，全年新增租入营运天 31 934 天，同比大幅增加 8.5%，市场活跃度明显提升。从结构优化来看，优质运力占比不断提升，目前控制的卡姆萨尔型运力达 20 艘，极限灵便型运力 4 艘，运力结构的短板得到一定改善；同时，把握机会窗口期，全力推动高能耗老旧船舶处置。从运营模式来看，继续推进产融结合模式，轻资产模式得到了有力践行。履行“大国船队”使命，积极落实“六稳”、“六保”要求，自主创新开发“电煤保供专题”程序，运用数字化手段预判电厂库存，及时调度自有及市场租入运力，全方位保障客户电煤运输需求。引领规则制定，代表集团全程参与《统一杂货租船合同 2022 版》(GENCON 2022）的修订，这是 BIMCO 100 多年历史中，中国内地船东第一次以修订委员会成员身份参与标准合同修订，反映了中国航运企业的利益诉求，得到了业内高度认可。推动沿海散货日租金指数落地，与多家市场客户达成指数定价期租合作，并在 2022 北外滩国际航运论坛上，与中信金租签署中国沿海散货船舶日租金指数挂钩框架协议。发挥协同效应，总部与合资航运公司加大船货资源共享，深挖股东方货源增量，强化协同、深入对标，管理水平和创效能力不断提升。

【创新转型】

2022年，中远海运散运的创新转型工作已经初步形成了统筹规划、系统推进、重点突破的良好格局。在集团部署下，顺利完成了科技与数字化相关的组织架构调整，依托数转部、数科公司及振华航科，形成了一支专业化IT技术团队；成立科创部，组建了科技人才库，建立健全了从立项到实施的全过程规章制度，构建起较为完备的科技创新组织体系。对外，“船货易”平台市场影响力不断提升。通过举办线下沙龙交流会、优化智能匹配等服务产品，用户体验和黏性不断提升，为提升沿海板块的协同运作效率、强化与市场船东的联合提供了有力抓手。此外，与全球航运商业网络（GSBN）签署了合作协议，为解决与产业链合作伙伴的数据和资源交换问题，实现航运物流的多方互利共赢提供了数字化解决方案。为广东省能源局开发的“广东省电煤信息数据平台”也顺利上线。对内，数据集成分析平台一期PC端功能上线试运行，有效整合了现有数据资源，为公司决策层、部门管理层和业务操作层提供了丰富的数据服务与应用；航标平台、SAP系统数字运用能力和信息安全管理水平显著提升，各类功能持续优化；BMS-PAS电子商务系统全面上线，与中远海船务之间实现港使费账单电子化，有效提升了账单审核效率。在绿色低碳上，积极落实交通强国建设试点要求，完成56艘内贸船舶岸电改造项目，超额高标准完成任务，打造沿海干散货运输绿色航线。密切对接Vale、BHP、中铝等大客户的减碳需求，完成33万吨甲醇双燃料矿砂船船型的研发，为探索新能源船舶技术积累了宝贵经验。在科技研发上，公司研发投入强度符合集团年度考核要求。在绿色低碳、智能智慧等联合攻关方向，已有科研项目15项，其中1项已申报集团重点科研任务清单，2项课题同时参加国家部委级项目；在智能船管等方面，2022年成功受理8项发明专利。

【成本管控】

中远海运散运降本增效潜力不断挖掘。预算管理方面，强化刚性执行，把成本管控效果和预算执行情况纳入考核，进一步压缩全链条管理成本。运营管控方面，经营部门、船管部门和共享中心把成本意识贯穿于租约谈判、航次执行、船舶修理、采购供应等各个环节。通过综合采取固定价、浮动价批量滚动操作，以及现货逢低采购等多种策略，全年燃油采购成本节支2.32亿元；通过使用优惠协议等方式，港使费节支3 571万元。资金管控方面，积极应对美元加息影响，灵活制定整体资金债务策略，抓住人民币利率低的时机多措并举，同时充分发挥香港航运资金平台的优势，全年累计节支财务成本9 821万元。成本对标方面，逐步建立机务船员单船成本对标评价模型，由单船预算编制向预算管控转变。审计降本方面，聚焦燃油、机务、工程建设等重点领域，全年实施审计项目20项，披露问题89个，提出审计意见建议53条，共计审减2 293万元。

【安全管理】

2022年，中远海运散运加强“三重点”船舶跟踪指导，逐船落实预防预控措施，确保了党的二十大、全国两会等重大活动期间的安全生产稳定。以安全生产专项整治三年行动为抓手，持续开展航行安全、劳动安全等专项整治行动，抽查船舶驾驶台值班纪律、DCPA不小于1海里等情况共计8 627艘次，发现问题193项，并督促落实整改。抓好防台防汛、冬防、雾航等季节性安全工作，防台成功率100%。针对大型船舶船体结构、船舶燃油管理、船舶应急设备维护等专项工作开展检查、强化管理，为船舶营运提供良好技术保障。强化生产经营与安全管理的有效协同，内贸航道自引率达99.7%，港口自引率达到96.4%以上，一次性验舱通过率为97.86%，镍矿、甲板货、散改集等特殊货物运输安全率达到100%。尤其是“远津海”轮成为首艘直航曹妃甸的40万吨级散货船，刷新了该港三项纪录，实现了公司、港口和货主多方共赢，充分体现了散运船舶管理水平。

疫情防控方面，在船舶开展防疫培训学习，定期组织防疫应急演练，抓实“船员自身防护”和“外来人员管控”两个关键环节。同时，面对严峻的国外船员换班形势，强化全员套派力度，争取“应换尽换”，完成船员换班 1 133 艘次 17 203 人次，其中国外换班 92 艘次，并全力实现国外休假滞留船员“动态清零”。岸基按照集团及属地防疫管理的要求，动态调整防控政策措施，细化完善各项应急预案，多措并举做好关心关爱工作。特别是在年底国内疫情形势及防疫政策的较大调整变化下，合理安排员工居家办公及返岗复工方案，确保了公司生产经营工作的正常有序。

【队伍建设】

中远海运散运始终坚持“人才强企”“文化兴企”，为每一名员工构建实现个体价值的平台，激发整体创新创效的动能。人才发展方面，落实公司“十四五”人才发展规划，锚定“3+5+N”人才队伍建设目标，深入推动经营、航运支持、船舶管理、综合管理、党群工作等 5 类专业人才队伍发展。搭建了数字化等专业人才库，推动船管人才的常态化储备、海外人才的长效化培养，有效畅通了各类人才发展通道。全年共调入 19 名试岗船员，向海外派驻常驻人员 14 人，职务提拔 36 人。科学合理确定用工总量，深化员工公开招聘、竞争上岗、劳动合同到期续签考核及市场化退出等用工举措，各项市场化指标执行情况均达到集团规定水平。同时，完善立体化培训体系建设，覆盖各级管理人员、贯通员工职业发展全周期，并克服疫情影响搭建了“云培训平台”。举办“远海 A 计划”培训班、“金牌内训系列课程”等特色课程 37 期，参训人数达 37 394 人次。激励机制方面，落实国企改革三年行动部署，推动三项制度改革持续深入开展。在散运系统 20 家子企业全面实施经理层成员任期制和契约化管理。坚持业绩贡献导向，合理拉开考核分差，实施动态考核制度，以刚性兑现体现正向激励。典型选树方面，评选“经营创效”“安全管理”“成本管控”标兵 23 名，发挥典型引领作用。

【党建融合】

2022 年，中远海运散运积极贯彻落实中央和集团党组关于在完善公司治理中加强党的领导的有关要求，实现了公司党委书记、董事长“一肩挑”，配备了专职党委副书记。修订完善公司《党委议事决策规则》，厘清党委发挥领导作用、董事会发挥决策作用、经理层发挥经营管理作用的基本功能。严格履行党委决策前置程序，召开党委会 37 次，研究决策重大事项 96 项，其中研究前置议题 31 项。拓展党史学习教育成果，完成重点项目 20 项。

2022 年，中远海运散运党委坚持“四同步、四对接”原则，围绕公司数字化转型、中心调整优化等党建重点工作，科学设置党群组织和职能机构，组织 81 名基层党支部书记及专职党务干部参加集团举办专职党务干部轮训班。制定《党建工作品牌创建管理办法》，打造了 12 个党建工作品牌优秀项目及 24 个党建工作品牌创建项目。

贯彻集团《关于加强和改进船舶政委队伍建设的意见》《关于加强高素质船员队伍建设的指导意见》，逐步提高船舶党建工作规范化、科学化水平。

【群团工作】

公司工会紧密结合公司年度工作主线，开展第四届职工劳动竞赛，结题 105 个项目，公司 2 个劳动竞赛项目荣获全国水运系统职工岗位创新成果。圆满承办广东省海事英语技能竞赛，开展“降本增效 勇当先锋”第三届船舶劳动竞赛，成立“吕宏志劳模创新工作室”和“胡丁山劳模创新工作室”，有效激发了广大员工立足岗位、创新创效的奋斗激情。深入开展“工会进百家”调研慰问活动，慰问船舶 1 136 艘次，慰问船岸员工和家属、劳模、老干部等3万多人次。2022年9月，公司被命名为全国和谐劳动关系创建示范企业。制定《对外捐赠管理办法》和《乡村振兴帮扶工作管理规定》，加强帮扶资金使用和项目全过程监督管理。公司团委深入实施青年精神素养提升工程，开展"喜迎二十大，建功新航程"主题实践及深入开展青年"五小"创新创效活动，17个项目完成结题。资助24名困难学生完成学业，帮助19名来自广东省新垌镇的困难学生圆梦校园。

【宣传工作】

2022年，中远海运散运印发《2022年宣传思想文化工作要点》，召开公司2022年宣传文化政研工作会，围绕学习贯彻党的二十大精神、疫情防控、安全生产等重点工作，开展专题策划宣传50余次。加强与主流媒体对接，全年在集团级以上媒体发稿98篇，其中益丰船务救助几内亚渔民、"远津海"轮成功开辟渤海新航道等重大事件报道分别在人民网、商务部网站、《中国日报》、《光明日报》等高端媒体平台刊发，提升了企业品牌形象和美誉度。持续推动内刊、微信、外网、展厅等创新与优化工作，进一步提高宣传效能。编印《远航》内刊，优化"写"平台、"摄"平台。组织开展年度优秀政研论文评选，编印《2021年度党建思想政治工作研究优秀论文集》，持续提升宣传文化专兼职队伍业务能力。

【企业文化】

2022年，中远海运散运持续做好"十四五"企业文化建设规划宣贯工作。以"喜迎二十大、奋楫新航程"为主题开展第六届"企业文化月"活动，组织庆祝公司成立六周年职工文艺作品展播、诗词歌赋创作大赛、书画摄影比赛、原创歌曲大赛等系列文化活动，在集团文化作品评比中取得优异成绩。设计制作企业文化核心价值理念海报电子日历，推进海报上船上墙，打造船舶"文化长廊"。公司《海纳百川 融合创新 为建设世界一流干散货航运企业提供强大文化支撑》获评中国企业文化研究会"2022年度企业文化与经营管理深度融合典型经验"。公司连续6年获评"全国交通运输文化建设卓越单位"，同时获评"2022年度交通运输党建文化建设优秀单位"。修订《先进典型评比表彰管理办法》，积极组织开展评优推优工作。

2022年中远海运散运主要情况见表14–1。

2022年中远海运散运主要情况表 表14–1

类别	项目	2022年
运力	艘数（艘 / 万吨）	396/4 293.4
	自有船舶（艘 / 万吨）	308/3 372.7
	其他船舶（艘 / 万吨）	88/920.7
	新船订单（艘 / 万吨）	—
运量	货运（亿吨）	3.8
	周转量（亿吨海里）	1.34
财务状况	总资产（亿元）	712.20
	净资产（亿元）	79.84
	总收入（亿元）	345.98
	利润总额（亿元）	58.6
员工队伍	年末员工总数（人）	1742

（李晓燕）

中远海运能源运输股份有限公司

中远海运能源运输股份有限公司

【公司概况】

中远海运能源运输股份有限公司（简称“中远海运能源”，英文简称COSCO SHIPPING Energy），成立于2016年6月6日，依托原中海发展股份有限公司上市平台，由中海油轮运输有限公司、大连远洋运输有限公司和中海集团液化天然气投资有限公司等组建而成，总部设在上海。中远海运能源注册资本为403 203.286 1万元，注册地为中国（上海）自贸试验区。公司主要从事油品、液化天然气等能源运输及化学品运输等业务，是集团核心业务板块。

【运输生产】

2022年，中远海运能源全面落实集团各项工作部署，坚持稳字当头、稳中求进，牢记“国之大者”，聚力“四个领航”，在国际局势动荡、国内疫情复发等复杂形势下，扎实推进生产经营。

踩准市场节奏，外贸经营灵活度有效提高。俄乌冲突爆发以后，AFRAMAX船型供需关系发生根本性变化，以北海—波罗的海为代表的区域市场由于运力紧缺运价高涨，外贸中小型油轮代表航线日收益较2021年同期涨幅在100%以上。公司迅速调整外贸AFRAMAX船舶航线，航次等价期租租金（TCE）最高达10万美元/天以上。同时，抓住VLCC市场2022年触底反弹机遇，及时调整航线布局，合理把握定载节奏，通过长短线结合等方式聚集运力在相对高位大量定载，利用大三角航线衔接提高航次整体收益，全年VLCC船队平均TCE达到24 742美元/天，超市场平均水平7 857美元/天。

优化资源配置，内贸经营质效有效提升。加大了重点客户的营销力度，积极开拓新航线、新货源，成功揽取中石油广东石化新建炼厂投产所需的首批次40万吨高附加值原油货载，中标广西石化大连至钦州20万～50万吨长航线原油中转业务，开辟曹妃甸至锦州管道油运输新航线，承运中船燃首载天津至惠州燃料油运输业务。全年共签署20家内贸客户包运租船合同（COA），基础货源占比90%，锁定了稳定的收入来源。全年完成内贸运输收入59.40亿元（含并表合资合营公司），创下内贸收入历史新高；内贸原油市场份额为57.43%，同比提升0.63个百分点。

寻求重点突破，LNG业务开拓成效明显。一方面，重点项目推进扎实有效。践行国家能源发展战略，顺利接入中石油项目首制船“少林”轮、二号船“武当”轮，实现了中国船东、中国租家、中国造船等中国企业、机构的全链条合作。2022年以来，在集团的指导和支持下，公司抢抓全球LNG市场长周期黄金机遇，成功开发中海油气电、卡塔尔能源、中化石油、新奥、深燃等5个LNG运输项目，对应新增LNG船舶31艘，将在2023—2028年间陆续建成交付，全部投入营运每年预计可以实现项目收入3.22亿美元，租期内平均每年实现净利润6 691万美元。另一方面，LNG船管平台建设取得实质性进展。香港船管公司已正式运行，船岸人员队伍建设及体系运行等方面工作稳步推进，LNG全链条能力建设取得积极进展。LNG板块全年累计贡献净利润8.29亿元，比2021年增加0.44亿元。

提升服务能力，产业链经营深入推进。组建跨部门专项工作小组，制定了《中远海运能源融入客户产业链体系的专项工作方案》，梳理工作流程、确立工作机制、细化组织分工，进一步强化资源配置与内部协同。目前，公司已与气电集团、海油发展就LNG运输及加注业务签署了合约，三方根据合作协议约定的合作项目任务，组建了项目推进团队，正在对接开展项目合作细节方面的沟通，制定具体行动计划。积极与集团和兄弟单位沟通协调，深入推进中远海运石油新造2艘化学品船项目。2022年9月29日，公司完成与船厂签约，实现了化学品船发展的突破。聚焦新能源业务发展，对绿甲醇、绿氨、绿氢、氨产业链等新能源行业，以及国际碳排放权交易市场和二氧化碳运输前景开展了研究，与中石油国事新加坡公司签订液化二氧化碳运输项目合作备忘录，与中石化碳科公司、中海油炼化集团探讨碳捕集利用和封存项目合作可行性。

精准对接战略，持续提升合作能级。国内方面，实现了从直接客户向集团总公司的转变，直接对接中石油集团、中石化集团、中海油集团、中化集团，积极与振华、恒力、荣盛等核心客户就企业战略规划和未来产业链发展方向开展深度交流，努力寻找契合双方目标的产业链融合项目；国外方面，实现了新的产业挖掘和战略对接，发挥各海外网点作用，积极对接英国石油公司（BP）、荷兰皇家壳牌石油公司（Shell）、美国埃克森美孚公司（Exxon Mobil）等国际大石油公司未来发展重点和策略，探讨可行的产业链融合渠道。

强化双轮驱动，开展资本运作与资产运作。在资本运作方面，2022年4月28日，经内地和香港资本市场检验和两地证券监管机关严格审核后，公司圆满完成49.6亿元大额船舶资产减值项目。资产减值后，每股净资产减少1.04元达到6.00元/股，年内公司的总市值最高点为821亿元。在资产运作方面，顺利接收全球首艘LNG双燃料VLCC“远瑞洋”轮，把握二手船价处于相对高位的有利时机，完成3艘苏伊士型老旧船舶处置工作，同步推进3艘老旧VLCC的处置并完成相关决策程序。针对当前高低硫油价差较大的现状，已经启动部分船舶脱硫塔安装工作，进一步优化了船队发展结构，扩大了成本优势。

2022年，公司全年完成货运量1.73亿吨，同比增长5.78%；实现营业收入186.82亿元，同比增长47.12%；实现净利润17.21亿元，同比增长136.95%，第三国货量占比、内贸原油市场占有率、战略客户占比等重要指标均如期达成，超额完成集团下达的利润奋斗指标，出色地完成了集团下达的各项任务。

【运力情况】

中远海运能源目前控制油轮总数178艘，总载重量2 565.2万载重吨。其中，能源公司自有运力134艘/2 110万载重吨，平均吨位15.7万载重吨，平均船龄10.6年；能源公司租入运力11艘/307.8万载重吨（含租入中化5艘VLCC，148.7万载重吨）；合资合营企业运力33艘/147.4万载重吨。公司经营LNG船舶40艘/676.9万立方米，平均船龄5.7年。2022年，公司没有新造船订单。

中远海运能源2022年运力情况见表14-2。

中远海运能源2022年运力情况 表14-2

公司	自有运力		租入运力		控制运力	
	艘数	万载重吨	艘数	万载重吨	艘数	万载重吨
中远海运能源	12	94.5	3	66.7	15	161.2
中远海运能源（原上海油运+HK+S’）	75	935.7	7	209.6	82	1 145.3
（海南）中远海运能源（原大连油运）	13	242.6	0	0.0	13	242.6
（海南）中远海运能源（原寰宇+新造）	34	837.6	1	31.5	35	869.1
广州市三鼎油品运输有限公司	2	15.1	0	0.0	2	15.1
洋浦公司	1	7.2	—	—	1	7.2
中远海运石油运输有限公司（含华海公司）	16	42.2	0	0.0	16	42.2

续上表

公司	自有运力		租入运力		控制运力	
	艘数	万载重吨	艘数	万载重吨	艘数	万载重吨
上海北海船务股份有限公司	14	83.0	0	0.0	14	83.0
上海 LNG	19	156.2	0	0.0	19	156.2
CLNG	21	190.7	0	0.0	21	190.7
合计	207	2 604.8	11	307.8	218	2 912.6

注：集团内部租船统计为自有运力。

【人事管理】

公司坚持党管干部和市场化选人用人机制共同发力，全面推行经理层成员任期制和契约化管理，全面实施薪酬分配决定机制，与时俱进优化体制机制，激发干部队伍干事创业活力。坚持因岗择人、公开透明，强化考核结果运用，选拔安排优秀员工担任新组织架构重要岗位。新选用45岁以下干部6人，派出4名驻外干部，推荐8名员工到集团交流学习，12名员工到基层单位、主要客户单位、船舶一线锻炼，选拔1名陆岸优秀员工到船舶担任政委，23名优秀船员到陆岸挂职。继续实施“5+N精准”教育培训，组建内训师队伍，启动全员网络培训，不断提升人才能力素质。强化作风建设，大力倡导“三严三实”“三老四严”，加强先进典型选树，推动形成干事创业良好氛围。

【安全管理】

中远海运能源始终从讲政治的高度全力做好安全工作，全面落实集团关于安全生产专项整治三年行动“巩固提升年”及“迎接党的二十大，安全管理严细实”相关工作部署，重点做好船舶“五防”工作，安全形势总体保持平稳。实施“赋能船员”五大工程，强化船员技能培训、在船管理，从基础上提升本质安全水平。公司11项安全生产考核指标符合考核要求，11项能源节约和生态环境保护考核指标均在目标值范围内；接受石油公司检查295艘次，通过率100%；社会综合治理全面达标。同时，坚持“以客户为中心”理念，以“安全营销”为出发点，发挥船队船型全，黑白油、内外贸兼营的独特优势，在中石油揭阳开港项目、钦州扩深港口吃水项目、民营炼厂盛虹连云港开港项目等项目上，全面融入客户的产供销链条，为客户设计个性化运输解决方案，提供运力和技术支持，助力相关项目顺利落地。

2022年，公司编制和印发2022年网络安全工作计划，完善应急预案及2022年演练计划，持续做好对下属单位、合资合营公司监管，重点加强节假日及重大活动期间网络安全工作布置落实，全面排查网信安全风险及缺陷，及时堵塞漏洞。

【法务与风险管理】

强化系统防范，牢牢守住合规风险底线。牢固树立全局意识和系统观念，坚持“三道防线”，将合规风控全面融入公司经营发展中心任务。针对地缘政治风险高企，国际环境日趋复杂、不稳定性不确定性明显增加等新形势新变化，根据“统筹发展和安全、坚决防范化解重大风险”的要求，对高风险业务加强制裁动态跟踪、风险排查、风险预警、风险评估和风险监控，系统梳理风控策略，进一步明确了在不同情况下的公司风险防范举措。稳步推进“合规管理强化年”各项工作任务，启动“1+N”大合规管理体系建设工作，建立健全公司“法律法规库”“合规风险库”和“内控清单”，全面摸清经营管理活动各环节合规风险底数，梳理识别合规风险点共计232个，审核防控措施663条，提出管理提升建议23条，为油轮及LNG运输业务项目开发及运营保驾护航。

【制度改革】

为全面推动“十四五”规划有效落地，更好服务企业高质量发展和战略转型，2022年，公司深入推进实施了组织架构优化调整，深度整合主责主业，重新配置资源要素，设立4个业务单元、4个业务引领与支持部门、8个职能管理部门、3个区域中心、各海外公司/网点及其他二级公司等，11月7日已正式开始运行；实现了发展动能上从“单业务发展”向“多业务组合、产业链发展”的转变，经营理念上从“资源驱动”向“价值驱动”的转变，管理模式上从“直线式管理”向“矩阵式管理”的转变。经过组织架构优化，公司的内生动力得以全面激发，协同效应得以充分发挥，踏上了转型升级的新赛道。

2022年，公司进一步明确将绿色船舶作为“十四五”期间运力的发展方向，聚焦智能船舶、新能源船舶的研究建设。“远瑞洋”轮被选入中宣部主办的二十大成果展“中国制造”的八个代表之一。积极研究氨燃料、甲醇燃料等绿色船用燃料的选择可能性，公司与大船重工研究的甲醇双燃料VLCC船型设计方案，已获相关船级社AIP认证。与大船集团联合开发的应用碳捕捉系统的VLCC和苏伊士船型研发设计方案，分别获得了相关船级社原则性认可。

【党群工作】

中远海运能源牢牢把握“央企姓党”的政治属性，以认真学习宣传贯彻党的二十大精神为首要政治任务，及时跟进学习习近平总书记最新重要讲话精神，2022年共开展21次党委会集中学习和20次党委中心组学习。开展“建功新时代，喜迎二十大”习近平总书记重要指示批示精神再学习再落实再提升主题活动。专题研究制定公司学习宣传贯彻党的二十大精神实施方案，围绕“七个聚焦”，重点策划8个方面24项重点任务，组织开展学习研讨、集中培训、基层宣讲、主题宣传、研究阐释等多种活动。深入贯彻落实《关于中央企业在完善公司治理中加强党的领导的意见》，作为A+H股上市公司顺利完成党建入章工作，在上海LNG等重要子企业设党委，实行董事长、党委书记“一肩挑”。完善“三重一大”事项和权责清单，制定《公司党委议事决策规则》，着力构建党委统一领导，董事会和经理层权责明晰的现代化企业治理机制。

强化党建经营深度融合，整体推进一支部一品牌创建和标杆船舶选树活动，建立健全具有自身特色的创树工作机制和对应船舶管理50余项指标的船舶党建“三力”指数体系，评选第一批4个特色党支部，形成一批可复制、可借鉴、可推广的基层党建创新成果。扎实推进“深入贯彻习近平总书记重要指示批示、积极稳妥抓好疫情防控、持续提高船舶管理水平、有效凝聚改革创新共识”等党建融合年度重点项目。在推进组织架构优化、保通保畅、安全生产等重点党建环节中，进一步形成了“党委领导、行政参与”的科学融合治理模式。各项工作力度大、成效足，党建融合有了明确的方向、重点和路径。通过建立领导船舶联系点和船岸党支部结对子两项制度，建立船岸共建长效机制，启动“赋能船员”五大工程。开展重点领域党建研究，公司“党建‘三力’指数”和“党建引领，数字赋能”分获全国企业党建优秀品牌和创新优秀案例。

强化“大党建”，召开公司党委第二次党代会，开展中央、集团巡视整改“回头看”和基层党建工作调研，研究明确党建工作具体思路。持续深化“三基”建设，新组织架构优化方案体现“四同步、四对接”，明确船舶党委、直属党委，以及总部部门（中心）党组织的党建机构和力量配备。坚持把“党员先锋队、党员突击队、党员示范岗”作为“党建+市场开拓”的重要载体，党支部战斗堡垒和党员先锋模范作用持续发挥。扎实做好集团党建信息化平台维护，各项数据排名集团前列。

公司切实履行全面从严治党主体责任、监督责任和“一岗双责”，深化“四责协同”机制建设。

召开 2022 年党风廉政建设和反腐败工作会，加快推进“大监督”工作格局，建立“查堵点、破难题、解痛点、促发展”联动机制，坚持一体推进“三不腐”，严肃查处违反中央八项规定精神问题。有效运用监督执纪四种形态，处置问题线索 3 个，诫勉和提醒谈话 11 人次。加大备件和油污水管理、燃油物资、机务管理等重点领域和关键环节监督力度。开展对 2 家党组织常规巡察、3 家党组织巡察整改回访。组织 170 余人签署廉洁自律承诺书，为 10 名调陆船员开展专题培训，纪委书记为 97 名团员青年讲授廉洁教育课。三聚焦一落实，完成审计项目 11 项。

【战 略 改 革】

高标准推进企业改革。根据上级有关国企改革三年行动整体规划安排，公司采取倒排任务、进度提速、责任强化等多种方式，加强攻坚阶段重点部门改革现场督导工作，集团下达的重点改革任务指标与公司制定的 82 项改革任务清单已圆满完成，实现了高质量收官。通过改革，完善了经理层任期制和契约化工作，在能源总部及 11 家单位推行任期制和契约化管理，另有 1 家单位实施职业经理人制度；巩固深化了管理人员竞争上岗、末位调整和不胜任退出机制，推进了用工市场化工作，完成年度应届毕业生招聘和市场化招聘室经理级员工，实现公开招聘率100%。同时，及时总结公司改革经验及成果，上报集团 7 篇国企改革三年行动优秀案例，被集团改革优秀案例汇编采用。

高起点实施数字化转型。根据集团数字化工作总体部署，发布了“十四五”数字化转型规划，明确了“十四五”期间数字化转型的愿景、蓝图、实施路径，以及重点工程等。坚持面向公司客户群体，聚焦“经营生产、商业安全”，加速推进了航标系统、POOL 运营系统等核心业务系统和船舶智能监控系统优化工作，以及公司统一门户建设、整合 SAP BW/HR 数据、船舶检查 / 缺陷分析、客户画像与分析等新项目和功能建设。通过建立“客户画像、客户群分析、经纪人分析、大客户专属报告”等板块，以大数据分析可能会对公司经营业务产生重大影响的关键要素，以数据画像结果反哺营销策略和发展战略，从而辅助公司进行更加精准的客户服务，达到“稳定优质客户、消除风险客户、挖掘潜力客户”的目的，并通过公司客户服务水平的提升，进一步加强客户黏度。

高质量开展科技创新。完成“十四五”科技发展工作规划的编制和发布，明确“十四五”期间的重点工程和具体任务。完成船舶设备能效监测与标准评估、船舶航行风险与关键操作智能识别等 6 个项目的科研立项，立项级别覆盖公司级、集团级，以及参研国家级，包括行业标准制定层面、数据应用和优化层面的软科学研究，以及船舶技术改造、新材料应用示范等方面的合作研究。同时，公司与中科院宁波材料所在海洋新材料研究与应用方面开展了深入合作，基于转锈稳锈、螺旋桨蒙皮减阻、高温隔热等技术发展和实船应用，进一步推动船舶的节能降碳，助力实现企业绿色低碳发展。（傅源源）

中远海运特种运输股份有限公司

中远海运特种运输股份有限公司

中远海运特种运输股份有限公司（简称“中远海运特运”，英文简称 COSCO SHIPPING Specialized），是中远海运集团控股的上市公司，也是集团的战略产业集群之一，主营特种船运输及相关业务。中远海运特运拥有规模和综合实力居世界前列的特种运输船队，2022 年，经营管理半潜船、多用途船、重吊船、汽车船、木材船和沥青船等各类型船舶 110 多艘 /400 多万载重吨。公司船舶可全球航区航行、靠泊于 160 多个国家和地区的 1 500 多个港口。公司也是全球唯一同时运营南北极航线的航运企业。

【公司沿革】

中远海运特运的前身——中国远洋运输公司广州分公司（简称“中远广州分公司”），成立于 1961 年 4 月 27 日，是新中国成立最早的国有远洋运输企业，被誉为新中国远洋运输事业的摇篮和发源地。1979 年 5 月 1 日，经交通部批准，中远各分公司改称为所在地区的远洋运输公司，中远广州分公司从此改称为广州远洋运输公司（简称“广州远洋”或“广远”）。1999 年 12 月 3 日，由广远作为主发起人，联合广州海运服务公司、广州外轮代理公司、深圳远洋运输股份有限公司和广州中远国际货运有限公司共同发起组建的中远航运股份有限公司(简称“中远航运”)在广州创立；同年 8 日，该公司正式注册成立。2002 年 4 月 18 日，中远航运成功在国内 A 股市场上市，成为中远集团航运主业进入国内资本市场的第一家公司。2012 年初，广州远洋和中远航运本部实施机构整合，新机构于 1 月 9 日起正式运作。同年 12 月 5 日，中远航运董事会通过决议，以自有资金收购中远集团持有的广州远洋 100% 股权，至此，广州远洋整体上市项目圆满完成。2016 年 2 月 18 日，原中远集团与原中海集团实施合并重组，成立中国远洋海运集团有限公司。新集团成立后，同年 12 月 7 日，公司更名为“中远海运特种运输股份有限公司”。

【生产经营】

2022 年，中远海运特运面对复杂多变的外部环境和激烈的市场竞争，努力推动创新，凭借完善的全球营销网络和有船东物流特色的全流程管理体系，进一步推动实现服务从“港到港”的海运向“门到门”的全程供应链物流服务延伸，“海上运输”向“海上运输加安装服务”转变，不断满足客户期望并引领行业发展。公司坚持以“打造全球领先的特种船公司，实现向‘产业链经营者’和‘整体解决方案提供者’转变”为战略愿景，紧紧围绕“产业化经营、产业链经营、效益专精”三大战略主题，创新服务方式和经营模式，经营效益实现跨越式提升，超额完成全年奋斗目标，创造近年最好经营效益。

2022 年，公司累计实现营收 122.07 亿元，历史性越过百亿元大关；利润总额 10.68 亿，净利润 8.27 亿；资产负债率 57.54%。公司全年完成货运量 1 442.3 万吨，比上年增加 109.2 万吨，周转量 877.9 亿吨海里。

2022 年，各船队不仅全部超额完成奋斗指标，指标也都实现突破性增长。其中，重吊船项目部利润同比增长 2.7 倍；纸浆事业部利润同比增长 1.5 倍；半潜船部利润同比增长 1.4 倍；沥青公司盈利同比增长 1.4 倍。

半潜船进一步巩固行业地位，市场引领力逐步提升。2022 年公司拥有和长期控制的半潜船总艘数达到18艘，超过90万载重吨。其中，自有半潜船9艘，通过“期租＋管理”和更具深度的POOL经营模式，拓展市场运力9艘，规模全面超越竞争对手。半潜船项目执行能力再上新台阶，公司投入7艘半潜船执行23个航次，圆满完成首个超大型海上风电导管架运输项目——SEAGREEN项目，并在海运服务基础上，拓展支墩建造与安装项目，为客户提供定制化整个解决方案，彰显了公司卓越的品牌实力。积极开发新市场、新项目。公司抓住全球转型清洁能源的机会，加大海工直接客户经营力度，积极开发海缆铺设、“运输＋安装”等海上风电全产业链业务。2022年，半潜船中标12个即期项目和8个中远期项目，并包揽中海油服2023年所有平台服务合同。

把握市场机遇，迅速做强商品车产业链服务。2022年，公司抓住中国自主品牌汽车海外事业发展的新机遇，迅速做强商品车产业链服务。一是打造卓越服务团队，积极落实保供稳链。公司派精英骨干加入集团专项工作组，并组建商品车端到端服务项目，根据客户不同车型需求，量身定制解决方案，举全公司之力确保商品车出口供应链畅通稳定。2022年公司承运商品车共计14万辆。二是创造性研发系列专用可折叠框架，开创商品车运输新模式。为化解汽车船舱位紧缺难题，公司发挥技术和服务优势，创造性研发48英尺（约14.63米）可折叠框架、40英尺（约12.19米）斜框架、40英尺超宽框架等一系列产品。搭配纸浆船、多用途船，实现大规模、批量化、定制化运输，在行业内引起强烈反响。公司相继与江淮、吉利等多家商品车客户签订合作协议，利用框架运输商品车2.4万辆。三是组建新平台，打造国内领先的汽车船队。公司新成立广州远海汽车船运输有限公司，并着手“双碳”绿色发展需求，锁定24艘7 000～8 600车位LNG双燃料汽车船，开辟中东汽车船班轮航线，获得行业高度认可，相继与东风柳汽、一汽签了10年和5年长约，全年承运商品车5.2万辆。

强服务控节点，纸浆产业链经营不断开新局。中国纸浆供需缺口不断扩大，纸浆进口需求长期向好。公司采取措施，在为客户提供优质的服务的同时，也增加了效益。一是加强货源揽取，锁定长约。2022年，公司相继与Suzano、Metsa签署新的10年长约，并与Arauco续签新约，运价提升5%。成功开发溶解浆业务，纸浆货物品类不断丰富，战略大客户数量增加到9家。二是提升船队服务，保障履约。2022年，公司接入5艘62 000吨多用途纸浆船，锁定5艘68 000吨纸浆船、20艘77 000吨纸浆船和4艘72 000吨纸浆船租赁合同。此外，公司积极推进船舶自引自靠，加大港口优惠商谈，配齐专业吊梁，提高船舶作业效率，提升船舶适货性，千方百计保障纸浆COA履约。全年承运纸浆同比增长47%，占公司总货量的比重达到35%。三是加快节点布局，提速物流。在集团和上港集团主要领导的亲自见证下，公司合资组建远至信平台，并圆满完成50万吨年度卸货量目标，将罗泾港快速打造为与公司深度合作的国内第三大纸浆物流核心枢纽港。积极建立以青岛港为核心，覆盖日韩的国际转运通道，转运纸浆16.2万吨。新签纸浆分拨项目4个，累计操作纸浆物流货量33.3万吨，同比增长206%。

创新解决方案，持续提升客户服务水平。公司集合船队、技术、服务等资源优势，为客户定制整体解决方案，攻坚克难，不断创新解决方案，让客户满意。一是首创多船型组合方案，打造差异化服务。公司推出“半潜船＋重吊船”“纸浆船＋汽车船”等联合解决方案，为客户降本，解决客户舱位短缺难题的同时，也迅速占领市场，建立差异化竞争优势。相继中标并执行塞班TORTUE和加拿大LNG模块运输项目，打开重吊船迈向高端市场的通道。二是打造直客专班快线，助力工程车辆出海。根据工程车辆货量集中、批次大、流向相对固定的特点，公司相继为一汽、三一、柳工、徐工等客户量身定制“端到端”的“直客专班快线”，提升服务水平，获得客户青睐，签订3个年度COA。公司全年承运工程机械126万计费吨。三是深化战略合作，实现与客户共赢。携手东方电缆圆满完成英国SSE全程物流项目，助力客户打开欧洲市场，并包揽其全年出口项目运输业务，开创公司与客户深度绑定的战略合作新模式。2021 年，公司相继与润邦、广东中集等 11 家客户签署战略合作协议，新签项目 54 个，项目执行期最远至 2024 年。四是加快海外平台建设，提升全球经营能力。在海外人才队伍建设上，选派 8 名经营骨干充实欧洲、北美、南美公司的经营团队，扩大当地雇员规模，强化本部经营人员海外轮训制度，进一步提升海外经营能力。

【船队建设】

2022 年，公司继续深化船队结构调整，大力发展纸浆船、半潜船船队并成立广州远海汽车船运输有限公司，打造国内领先的汽车船队。2022 年按计划共新接船舶 7 艘计 45.2 万载重吨，包括 1 艘 8 万吨半潜船和以经营性租赁方式接入的 6 艘 62 000 吨多用途专业纸浆船；无退役老旧船舶。截至 2022 年 12 月 31 日，公司及控股子公司共拥有和控制各类船舶 120 艘（自有船汽车船“玉衡先锋”由于公司不控股，没有统计在内；另外“中远海运和谐”等 10 条纸浆船是租入中远海运发展的船舶，属内部租船），比上年增加 7 艘。其中，自有船舶 97 艘；船队平均船龄 9.7 年，比上年增加 0.2 年；总载重吨计 429.4 万载重吨，比上年增加 54.5 万载重吨。

【公司治理】

2022 年，公司严格依照相关监管法规要求，不断优化公司治理结构，充分整合内部资源，加强与投资者的交流沟通，强化内部和外部的监督制衡，追求公司治理的健全性、有效性及透明性，形成了较为完善、相互协调、相互制衡的公司治理体系。一是修订了公司章程、股东大会议事规则、董事会议事规则、监事会议事规则等制度，制定了合规管理办法等制度，用制度的形式保障公司依法经营、合规管理。二是有效开展投资者关系工作，建立了以投资者交流会、业绩说明会、电话会议、现场调研、上证 e 互动平台等多种渠道丰富了信息披露和沟通工作。三是建立了由股东大会、董事会及其各专业委员会、监事会、经营管理层为主体结构的权力制衡机制，确保了公司生产经营的健康合规运行。公司已设立战略与决策委员会、审计委员会、薪酬与考核委员会、提名委员会 4 个董事会专门委员会。各委员会能根据其工作细则积极开展工作，多提有价值的建议。

2022 年，公司加大科技创新，数字化转型取得突破。公司全年投入科研资金营收占比达到 2.3%，申请专利 4 项，形成一系列转化成果，有效提升公司核心竞争力。经过为期一年的攻坚，公司数字航运平台一期项目在 2021 年 9 月成功上线，超过 90% 的航次已经在新平台运作，有 70 家客户、20 家供应商加入平台，体验“6E”数字化服务。2022 年 10 月 27 日，公司正式组建数字化部，启动二期建设项目，标志着公司数字化转型迈入新阶段。公司还加快区块链技术探索落地应用，作为非班轮公司率先加入 GSBN 联盟，积极探索无纸化放货和电子提单技术在纸浆物流领域的应用，成功签发公司历史上首张区块链电子提单，携手客户共建航运物流新生态。

2022 年，公司坚持深化改革，汇聚高质量发展新动能。一是动态优化“十四五”战略。战略聚焦从“双核双链”升级为“三核三链”，战略视角从供给导向切换为需求导向，“核心”从聚焦生产工具向聚焦产业化业务主线转变，加快发展成为产业化“链长”企业。二是圆满完成国企改革三年行动任务。对照任务清单自我加压，规范下属单位董事会建设，配齐配强管理团队，全面推行经理层任期制和契约化管理。

公司各下属岸产企业积极布局，融入特运“十四五”战略全局，发展持续向好，岸产产业再创佳绩。建设实业积极响应号召，为中小企业减免租金，展现央企担当，中远海运大厦项目获评广东省优质工程奖。供应公司承接船队物料采购与绑扎业务，提升纸浆物流和项目物流服务能力，收入同比增长 6.66%。船技工程聚焦打造“专精特新”企业，抓好船舶监造，提升技术研发能力，协助公司研发 48 英尺可折叠框架，利润增长46%。

截至2022年底，公司所属全资及参股企业18家，即：广远公司、上海公司、天津公司、滚装公司、特运欧洲公司、特运美洲公司、半潜船欧洲公司、特运南美公司、特运东南亚公司、香港公司、洋浦公司、远海特运、远鑫投资、安吉海特、远海汽车船、远至信公司、中远海运财务公司，以及通过上海公司持股的南华物流公司。公司通过广州远洋运输有限公司出资管理全资及参股企业8家：沥青公司、天星船务及其名下广裕公司、远洋宾馆、东海大厦、船技工程、供应公司、道达尔润滑油公司。公司代管广州远洋投资有限公司及其出资管理全资及参股企业8家：远海建设及其名下远海投资、东苑公司、物业公司、金桥学院（海员学校）、湛江供应公司、广东省远洋、东山投资。根据国务院国资委的要求和集团总体部署，公司积极推进低效无效资产处置和“压减”工作，年内完成广州中远海运船舶电子科技有限公司、广州中远海运德利新能源工程有限公司的清算注销。

【安全生产】

2022年，公司按照集团统一部署，围绕公司发展战略，克服俄乌冲突、疫情防控和安全波动等影响，抢抓各项安全保障工作，保证了全年安全形势整体稳定，圆满完成集团下达的安全环保考核指标，为公司高质量发展提供了坚实的安全保障。

强化责任担当，化解各类安全风险。2022年初，公司安全形势出现较大波动，党委立即召开专题会议，剖析原因、制定对策，稳住了安全生产局面。2月24日，俄乌爆发战争冲突，“大良”轮被困乌克兰切尔诺莫斯克港码头，历时半年多。公司成立专班组，开展应急处置，协调内外资源力量，圆满完成“大良”轮25名船员转移回国、船舶滞留期间维护保养、船舶成功撤离乌克兰等重大任务，取得了安全、风险和成本管控的最优效果，保障了船员生命和国有资产安全，有效化解俄乌冲突的外溢风险。

加强重点监控，稳定全局安全形势。2022年，在航行安全方面，跟踪指导大风浪航行船舶675艘次，雾航93艘次，进出港5 452艘次，复杂航区4 883艘次，防避台风114艘次，防抗台成功率100%。公司北极航行项目团队荣获“2021年航海风云人物·创新探索先锋”。跟踪指导航经高危海域船舶673艘次，为123艘次船舶安排武装保安护航，防海盗、防偷渡和防偷盗成功率100%。劳动安全方面，建立船舶政委现场工班组管理责任制，强化“作业现场工班组”管理，全年工伤事故数量同比大幅减少。完成重特大件货物运输846艘次，半潜船货物38艘次，双林货物50艘次，民用危险品运输32艘次，易流态化货物17艘次，特种货物运输安全持续向好。防火和港口国检查（PSC）检查方面，狠抓明火作业风险评估，加大岸基许可作业审批力度，强化作业现场监管。全年监督指导船舶明火作业2 913艘次，连续3年没有发生火灾事故。全年接受PSC检查182艘次，无缺陷通过率80.77%，平均单船缺陷数0.46；船旗国检查（FSC）检查15艘次，无缺陷通过率80%，平均单船缺陷数0.47。陆岸安全方面，陆岸企业结合自身安全工作特点，突出抓好危化品储运、防火防爆、防台防汛、道路交通、群体性食品卫生和治安保卫等工作，安全形势持续稳定向好。

强化能力建设，护航新兴战略发展。一是为工程物流项目提供坚实安全保障。持续改进和有效运行“五位一体”工程项目协同机制，扎实做好大项目QHSE管理和半潜船OVMSA评估，全年完成各种工程项目30多项，为SEAGREEN、Arctic LNG2等大项目运营提供了坚实的安全保障。二是业务拓展带来的风险得到有效控制。为有效管控新业务、新工艺可能带来的新风险，建立和完善了新能源汽车运输相关安全管理制度体系，将新能源汽车列入“四重船舶”，强化岸基跟踪指导，全年运用新工艺安全高效运输汽车2.4万辆。三是船舶经营管理创新的风险基本可控。聚焦公司船舶经营管理模式多样化特点，制定并发布了“三个文件”和“两本手册”；扎实开展对租赁和委外管理船舶的风险评估，依据评估结果，果断收回 4 艘船舶的安全管理权，着力从源头上管控风险；探索半潜船“期租 + 管理”的安全管理模式，顺利接管和安全运营振华海服 2 艘 5 万吨半潜船。

强化专项整治，排查治理安全隐患。2022 年，公司圆满完成由国务院和集团统一部署、精心策划的安全生产专项整治三年行动（2020—2022 年）。在制度建设方面，为满足公司发展战略转型、组织机构优化对安全监管工作提出的新要求，建立和修订了公司安全生产职责管理规定共 12 项安全监管制度，完成了 QHSE 体系第六版改版工作；在专项整治方面，对标识的 12 个专项整治项目开展集中整治行动，除防碰撞、防工伤两个项目外，其他项目取得良好安全绩效，基本实现行动预期目标。在整治行动中大力开展安全大检查活动，活动详细列出了按照国务院安委会和集团的统一部署，在系统内开展安全大检查，活动详细列出检查清单 13 份，排查安全隐患 10 129 项，完成整改 9 754 项，整改率 96.30%，未整改项正按照“五落实”跟踪整改。公司领导率先垂范，组织参与了“新光华”轮等 30 多艘船舶“云检查”和“线上亲情祝安全”活动；在整治行动中增加开展劳动安全专项活动。针对船队甲板作业工伤事故多发的突出问题，组织为期 6 个月专项整治，突出《船舶作业安全指导手册》的学习运用，开展对不安全行为的集中整治；建立和推行船舶政委现场工班组管理责任制，注重政委履职能力提升，以及监督职责落实，提高船舶政委现场安全管理水平。在整治行动中重点开展了火灾隐患治理活动。根据集团统一部署，公司组织开展了火灾隐患排查治理活动，针对船舶危险货物、新能源汽车、货舱热工作业、机舱防火和陆岸企业防火防爆等重点领域，建立了详细的检查清单，共排查消防安全隐患 346 项，全部完成整改。

强化人本安全，提升安全综合素质。一是船舶疫情风险得到有效控制。全年召开 12 次防疫专题会，持续完善船舶疫情防控预案，制定了第五版《船舶防控指导手册》；强化对防疫“四重船舶”的跟踪指导，全年监督指导船舶 2 524 艘次；强化岸基支持，全年投入船舶防疫和医疗资金投入约 863 万元；强化船员关心关爱，完成船员换班 324 艘次 /6 166 人次，为船员提供远程医疗指导 180 艘次，开展船岸“线上亲情话安全”“云交流”互动 18 艘次。二是安全队伍建设稳步推进。制定落实集团加强高素质船员队伍建设指导意见的工作方案，完成“岸上、船上、线上”立体化培训框架，建立船员职业生涯规划、船员队伍发展规划、人才梯队培养的船员培训体系。全年举办船舶“三长”管理提升培训班 5 期，参培 230 人次；岸基管船人员能力提升培训 7 期，参培 560 人次；审核推荐 24 名优秀船员进入船员调岸后备人才库，安排 5 名优秀船舶“三长”到岸基管理岗位挂职锻炼。三是船员安全教育培训见成效。注重课件质量，围绕海务安全、机务安全、劳动安全、船舶保安、货运安全和船员心理健康等课题，开发培训视频课程 45 个；创新船员培训方式，开发中远海运特运测评与培训系统 App，完成上船船员线上测试 585 人次；积极推进送学上船，挑选送船书籍 494 册；严把船员入库面试关、上船前培训关，全年完成上船前培训 264 艘次，参培船员 2 766 人次。

强化体系建设，打造 QHSE 安全品牌。2022 年，公司聚焦战略发展，突出全程物流、工程项目、重特大件、半潜船货物等重大项目风险评估，以及分承包方管理等重点，有序推进供应链安全管理体系建立。在船舶迎接重大检查方面，公司根据《海工船舶行业检查指南》，提前指导船舶制定 OVID、CMID 检查迎检策略，全年协助“大泰”轮、“大庆”轮等接受 CMID 检查，协助“祥安口”轮、“新耀华”轮等接受 OVID 检查均获得顺利通过。

【人才队伍】

2022 年，公司坚持“人才强企”，突出组织赋能，强化责任担当，深化国企改革，为公司改革经营发展各项工作开展提供了坚实的人力资源保障。

完善培养体系励才。通过系统规划，公司完

善“四三三三”人才培养体系。结合员工职业生涯发展“丰翼、展翅、腾飞、翱翔”四个阶段，打造“青年员工职业规划、干部继任管理方案、高级经营管理人才培养方案”三个载体，绘制“人才地图、学习地图、继任地图”三张地图，并逐步在教育培训中持续开展“通用、专业、管理”三项赋能。为确保培养体系落地，成立公司人才工作机构，明确机构设置、工作职责、工作机制，形成公司党委统一领导、组织部门牵头抓总，职能部门各司其职、密切配合的人才工作格局。

强化“内外并举”引才。公司加大人才引进及干部选用力度，2022 年完成应届毕业生招录 20 人，社会招录 16 人；副经理及以上干部提拔 81 人次、交流 48 人次，组织轮岗 27 人次、驻外干部调整 16 人次、陆岸交流 31 人次；丰富选用渠道，优化人才选拔机制，组织岗位公开竞聘 2 次，开展技术通道评审 1 次，进一步拓宽员工职业发展通道，为年轻干部成长才提供广阔平台。

优化薪酬体制留才。一是通过修订员工薪酬管理办法，明确外部薪酬对标水平、设置浮动薪酬分配机制、合理缩小不同职系及新老员工薪酬差距、设置“高级主管”职级打开员工晋升通道等，进一步提升员工获得感及干事创业的积极性。二是公司企业年金计划平稳运行。企业年金计划对企业吸引优秀人才、促进人才队伍稳定，推动人才队伍的持续优化。三是完善经理层成员考核及薪酬激励机制，经理层成员结合工作职责及工作分工分别签署经营业绩责任书，并根据经营业绩责任书完成情况兑现薪酬。按照“业绩升薪酬升、业绩降薪酬降”思路，进一步激发经理层成员干事创业的积极性。

突出政治标准选才。严把政治关，坚持严管厚爱，完善干部人才库管理办法、本部员工管理办法等制度，落实“凡提必审”“凡提必听”，提拔 C2 级别以上干部全覆盖函询，全过程纪实。全年完成 93 名领导干部个人事项申报，审批领导干部对外兼职 15 人次，干部监督、“八小时以外”管理持续改进加强。

分层分类培训育才。围绕公司战略和人才培养重点，突出组织调训，年内开展中层干部领导力提升培训、新经理领导力提升培训、商务英语、青年员工职场培训等专题培训与中远海运人才发展院签订框架合作协议，年内累计组织各类培训 89 项，参培人数 3 062 人次，员工覆盖率达 100%。

【风险管理】

2022 年，公司对涉外业务、合规风险、国有资产管理、业务运营等重点领域的内部控制制度建设情况进行梳理、修订，编制了公司 2022 年度规章制度制定计划。全年新增或修订公司合规管理办法、公司投资管理办法、公司风险评估管理规定等规章制度 42 项，充分发挥内部控制体系强基固本、预防风险的重要作用。同时，公司加强规章制度管理，通过强化对制度的合法合规性审核，将法律合规、风险内控和违规追责要求融入规章制度，建立上下贯通的制度备案管理机制和常态化的制度培训机制等措施，保障规章制度得以严肃、有效地贯彻和执行。

2022 年，公司开展内部控制自我评价，对内部控制制度的设计和执行有效性进行了评价。根据公司缺陷认定标准，未发现存在重大和重要内部控制缺陷。公司已按照内部控制规范体系和相关规定的要求，在所有重要领域保持了内部控制体系的有效性。

【党群工作】

2022 年，公司党委认真学习贯彻党的二十大精神，为公司深化改革、战略实施、安全稳定提供了坚强政治保证和组织保障。公司超额完成全年奋斗目标，经营效益再创近年新高，高质量发展进入新阶段。货运技术部被授予全国工人先锋号，远海建设荣获全国五一劳动奖状，多个先进集体和个人受到上级表彰。

学习党的二十大精神扎实深入。组织船岸 1 400 多名党员、职工收看党的二十大盛况，聆听学习习近平总书记所作报告；会后第一时间进行传达部署，制定学习宣传贯彻方案，通过中心组学习、专题研讨、报告宣讲、在线竞答、“送学上船”等形式掀起学习热潮，各党组织举办专题学习70多场次，超千人参加线上学习竞答。

党的领导作用充分发挥。坚持以习近平新时代中国特色社会主义思想凝心铸魂，全年党委中心组学习24次，开展“第一议题”学习19次，有力引领党员干部深刻把握“两个确立”的决定性意义，提高政治判断力、政治领悟力、政治执行力。修订“三重一大”决策事项及权责清单，完善党委决策督办制度，明确党委在决策、执行、监督各环节权责和工作方式。坚决贯彻党中央保通保畅、稳经济增长等重大决策部署，推动国企改革三年行动圆满收官，圆满接回“大良”轮，确保船员生命和国家财产安全，创新方式保障国产汽车出口取得积极成效，全年为中小企业纾困解难减免租金6 400多万元。

基层党建质量稳步提升。一是党建领航工程深度融合。实施“三个一”党建领航工程，一体推进“一支部一示范、一书记一项目、一党员一旗帜”实践活动，各党组织找准服务生产经营、管理提升、市场开拓等切入点，创建特色支部，公司“三个一”党建经验入选“全国企业党建创新优秀案例”。二是基层党建基础逐步夯实。在区域公司调整，机构整合、新设、优化过程中同步建设党的组织，延伸工作覆盖面。加强对基层换届选举、“三会一课”、民主评议党员等工作的督导，基本制度更加落实落细。三是船舶党建质量稳步提升。制定年度船舶党建工作要点，推动“双示范”船舶建设，落实集团关于加强高素质船员队伍、船舶政委队伍建设意见，推进后备政委人才库建设，有力牵引船舶党建质量稳步提升。

全面从严治党落实有力。紧盯船舶一线违纪违法、违反中央八项规定精神等问题，深化“靠企吃企”专项整治；新建修订党风廉政谈话工作、用好用足“第一种形态”等制度10余项，强化制度约束；跟进案件查办力度，开展纪检建议整改落实情况“回头看”，促进企业管理提升；开设“清风远航”线上平台，举办纪律教育学习月活动，组织各类廉洁教育12场次。全年收到信访举报3件，处置问题线索6件，办结2021年未结案件4件，党政纪处分4人，释放一严到底强烈信号。

加强监督。突出“关键少数”、聚焦重点领域做实日常监督，加强对年轻干部教育管理监督，健全基层党组织纪检委员全流程管理制度，各类监督贯通融合的大监督格局持续完善。开展船舶党建专项巡察，做实巡察“后半篇文章”，相关被巡察单位党委制定推进整改任务183项，整改完成率100%。

群团组织价值有效彰显。各级工会组织重视职代会建设，提升职工参与企业管理自主性积极性；创建劳模创新工作室，发挥示范引领作用，引导职工创新创效；建设职工活动室，开展“亲情祝安全”、“现身说法话安全”、线上健步走、心理健康讲座等活动，丰富职工工作生活；用心为职工排忧解难，帮扶困难职工693人次，发放补助救助金148.86万元，慰问船舶300余艘次，职工超9 000人次。各团组织以庆祝建团100周年为主线，组织学习习近平总书记重要讲话精神，开展“喜迎二十大、永远跟党走、奋进新征程”主题教育实践；实施青年素养提升工程，举办“青年大讲堂”，连续召开四场青年座谈会，倾听青年心声、回应关切诉求、凝聚青年共识，充分激发团员青年生力军和突击队作用。

【企业文化】

公司坚定文化自信，不断深化对企业文化建设的规律性认识，传承公司历史优良传统，担负国有企业的社会责任与文化使命，培育企业员工的主人翁意识，加强员工的使命感、认同感，形成团队合力，营造勇于创新、敢于突破的向上氛围。通过推进企业文化与企业发展深度融合，使企业愿景和使命融入党和国家方针政策、重大部署国家发展规划，企业道德深拓社会主义核心价值观，企业经营理念深融高质量新的发展理念，切实将企业文化优势转化为生产力优势。

加强正面宣传引领。公司把握员工思想脉搏，做好理论宣传阐释，宣传改革发展业绩。全年发布短视频 60 余条、微信内容 580 多篇、官网新闻 90 余条，学习宣传党的二十大精神、党史学习教育、建团百年等主题形成正面引领。

精耕企业文化建设。制定企业文化“十四五”规划，发挥文化在战略实施中的引领推动作用。开展“展现新风采 喜迎二十大”第二届企业文化月活动，举办展厅开放日、讲解员比赛、职工风采展示和知识竞赛等活动，累计征集百余件职工文化作品，组织接待业务参观、文化培训等 60 余批次广受好评，宣扬了特运“光我中华”企业传统与“两举并重”文化理念。

强化传播能力建设。聚焦“三核三链”战略，统筹话题策划，加大媒体通联，全面阐释公司发展战略和重大项目成果，讲好“特运故事”。全年集团媒体转载公司报道 196 条，国内外媒体报道公司信息 200 多条，“可折叠商品车专用框架”“承运雅万高铁首批列车”等题材被《人民日报》、新华社、央视、凤凰卫视等权威媒体转载报道，特运纸浆运输品牌入选国资委 2021 年度中央企业品牌建设“品牌创建路径”典型案例。1 篇研究成果入选集团庆祝建党百年党建案例集。

【社 会 责 任】

大力推进低碳运营。2022 年，为顺应“绿色、低碳、智能”航运发展趋势，公司科学推进碳评估和新能源船型研究工作，成立碳排放评估和新能源船型研究工作小组，负责收集和研究“双碳”及新能源船型相关政策，监督指导各部门“双碳”工作执行，组织开展公司船队 EEXI、CII 评估，做好新能源先进技术和设备的研究和应用等工作。2022 年，公司继续执行降速节能措施，根据船舶航次任务要求，动态调整船舶航速，尽量使用最佳经济航速，减少燃油消耗，提高船舶能效。公司通过以下几个方面来实现节能减碳：强化经营性管理节能，通过优化航线设计，合理制定船队货运计划和运力分配，以及合理配载三个方面来采取最佳航线，减少非生产性停泊时间和充分利用船舶载运能力，使计费吨达到最高，从而提高船舶运营能效；有效推进船舶岸电设施安装，年内完成 1 艘船舶岸电设施安装，投入使用后直接减少碳排放 373 吨；推广太阳能光伏技术在公司滚装船队应用，对中远腾飞光伏发电系统进行升级，由集中式改为分布式光伏发电系统，年减少碳排放 1 018 吨；加大无锡自抛光油漆应用，共有 34 艘船舶实施应用，减少碳排放 10 588 吨；推广消涡鳍技术应用，在新造 6 艘船中积极安装消涡鳍，有效减轻螺旋桨“毂涡空泡”，提升推进效率，减少碳排放 2 149 吨；进行设备淘汰更新及改造，更新道路运输车辆 2 辆，改造蒸汽锅炉 2 个，减少碳排放 72 吨。

积极开展帮扶工作。2022 年，公司聚焦乡村振兴重点任务，指导驻水边镇帮扶工作队采取建章立制、强化党建引领、开展职工助学帮扶、加强监督管理、发挥人才优势、提升治理水平等综合举措，依托公司丰富资源的支持，认真落实省委省政府赋予的乡村振兴驻镇扶村任务，扎实推进水边镇乡村振兴工作，各项工作卓有成效。为规范推进乡村振兴驻镇扶村工作，工作队根据省（区、市）相关规定，结合水边镇实际和组团帮扶单位领导座谈会要求，先后向组团帮扶单位联席会议编报乡村振兴工作联席会议制度、工作经费使用管理规定、帮扶项目立项管理办法，以及教育基金实施方案，向省妇儿活动中心编报基金管理规定，协调水边镇党委政府发文成立水边镇乡村振兴自筹资金帮扶项目实施工作组。

突出组织引领作用。一是严格落实基层党组织各项制度，与镇党委中心组同步组织理论学习，党组织战斗堡垒作用明显加强。二是常态化建立党员先锋岗、党员先锋队等平台，推动党员勇于担当作为，发挥基层党员先锋模范作用。开展“党建 + 重点项目”“党建 + 复耕复种”“党建 + 合作社”活动，促进产业振兴，提升集体经济，成功完成乡村产业项目——热水村合资的罗湾水电站升级改造工程，年收入为 4 万元。三是把公司“支部建在船上”的独特党建传统融入到热水村党建工作，推行热水村老党员模范带头，激发妇女党员工作热情，抓出热水村党建特色。四是先后在省乡村振兴局专栏、《新快报》、《中国远洋海运报》等刊登工作队通讯稿，推进乡村振兴战略深入民心，激发工作队干事创效热情。2022 年度工作队党支部在镇党委被评为先进基层党组织。

规范帮扶资金管理。公司捐赠 200 万元项目帮扶资金，支持水边镇基础设施、党建文化、人才教育、产业发展及监测帮扶四大类四个项目建设。其中，白坑村供水设施建设项目（预算 156 万元）2022 年已验收；热水小学功能场室改造项目（预算 10 万元）、热水村党建文化广场建设项目（预算 30 万元）等两个项目 2022 年已完成建设；水边镇重点监测户慰问项目（预算 4 万元）2022 年已完成。公司向水边镇捐赠职工募捐款 14.2 万余元，支持工作队开展助学帮扶工作，并为热水小学生量身定制了 30 套校服、运动鞋，助力热水学子求学圆梦。

协调公司消费帮扶。公司投入 52.5 万元资金，以“央企帮扶兴农周”形式，在水边镇实施消费帮扶，通过热水村办合作社和水边村民合作社，先后 4 次采购水边特色农产品，既提高了水边村民和热水村集体收入，又大大提高了村民种养积极性。此外，公司投入资金近 100 万元，在湖南安化、云南永德、阳江彭村，以及政府采购平台采购一批帮扶农产品；向彭村小学捐赠 630 善款 10 万元，用于学校助学活动。指导热水村委成立禾粮专业合作社，创建“热水人家”品牌，提前实现村集体年收入达到 10 万元的目标。

通过驻镇帮镇扶村项目申报和资金使用，实现乡村风貌、人居环境提升。目前，全镇所辖 117 个自然村，已达干净整洁自然村标准 115 个，其中美丽宜居村 69 个、示范村 19 个、特色村 1 个。全镇已建成并投入运营的农村生活污水处理池 75 个、公厕 59 座，卫生厕所普及率达 100%。其中热水村总共 16 个村组，已完成整洁村改造 15 个。现在水边群众逐步改掉了旧的生活习惯，好习惯蔚然成风。

（徐飞星　万剑波　张朝辉　谢志达　陈溪连　米军喜）

中远海运发展股份有限公司

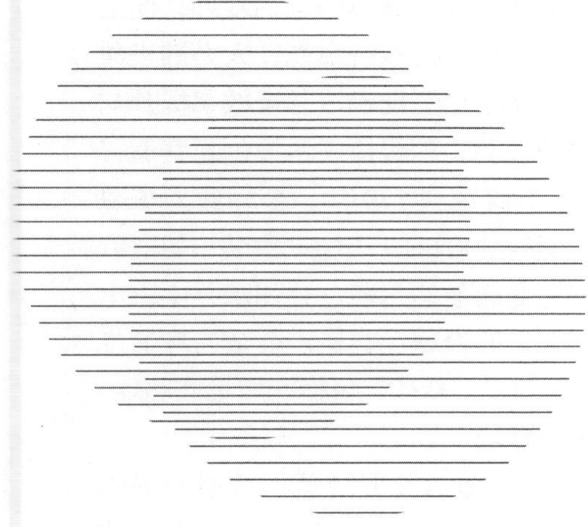

中远海运发展股份有限公司

【企业概况】

中远海运发展股份有限公司（简称“中远海运发展”，英文简称 COSCO SHIPPING Development），是中远海运集团所属专门从事产业链综合金融服务的公司，前身为中海集装箱运输股份有限公司。该公司成立于 1997 年，总部设在中国上海，是一家在香港、上海两地上市的公司，企业注册资本 135.73 亿元，在职员工共 13 338 人（含劳务工）。

2022 年，面对错综复杂的国际形势，中远海运发展上下一心，顶住压力，迎难而上，按照集团工作部署，全力做好各项工作，总体实现了“稳字当头、稳中求进”的年度工作要求。中远海运发展专注聚焦“十四五”高质量发展的核心任务，突出高质量发展首要任务，紧密围绕公司“产融结合，协同联动”战略定位，在航运产融业务特色领域不断拓展，持续深化产业链协同发展，逐步提升公司核心竞争力。

【生产经营】

2022 年，公司面对复杂的市场环境和行业发展新机遇，紧紧围绕“十四五”发展战略，聚焦航运产业链拓展产融业务领域，强化企业管理，细化经营举措，持续推进公司高质量发展。航运租赁业务方面，公司不断优化产融结合模式，进一步加强“租造结合、租运结合”的产业链协同联动，推进细分领域的业务拓展，助力航运业绿色转型。集装箱租赁业务方面，公司始终坚持“大客户战略”，推进多元化租赁服务，积极拓展冷箱、特种箱业务，同时积极推进数字化转型，通过搭建以客户为中心的数字化经营体系，驱动整体运营效率的提升。集装箱制造业务方面，公司不断优化产品布局，积极推进产品研发，关注低碳环保对储能箱等高端特种箱的需求，布局绿色环保领域，推动集装箱应用场景的开拓。投资管理业务方面，公司围绕航运物流主业，以产融结合助推航运新技术、新产业及绿色航运的发展，促进产业结构升级。公司坚持数智赋能，大力推进数字化平台和“数字工厂”建设，营运效率提升与智能化生产成效显著；积极抢占科技创新赛道，2022 年公司新申请专利 179 件。公司致力于绿色零碳发展，两艘 700TEU 级电动集装箱船陆续开工，打造绿色零碳航运示范。公司承办中国电动船舶创新联盟，整合绿色航运产业链各环节优势资源，更好地推动“双碳”目标在航运业落地。

1. 租赁业务板块

2022 年，中远海运发展经营租赁租出船舶共 25 艘，全部为自有船舶，较 2021 年经营租赁船舶增加 5 艘。全年融资租赁租出船舶共 138 艘。

箱队规模为 386 万 TEU，较 2021 年增加 4 万 TEU，全球租箱行业规模排名第三。

2. 集装箱制造板块

中远海运发展 2022 年全年累计生产干货集装箱 76.44 万 TEU，冷藏集装箱 8.62 万 TEU，在全球集装箱行业排名第二。累计销售集装箱 96.19 万 TEU。

3. 投资及服务板块

2022 年，中远海运发展所持金融资产和长期股权投资项目共计 37 个，较年初的 41 个减少 4 个，主要由于收回理财产品投资，并处置股票和基金产品。期末所持金融资产规模 297.94 亿元，较期初的 295.57 亿元增加 2.37 亿元，主要受金融股权投资确认投资收益影响。

【经营效益】

2022年，公司实现营业总收入256.34亿元，较上年同期降幅31.03%；归属于母公司权益持有人净利润为39.22亿元，比上年减少21.69亿元，降幅35.61%，营业收入及净利润同比下降的主要原因是2021年结构性缺箱导致造箱市场异常火爆，超出行业正常经营水平，2022年集装箱短缺逐步缓解，空箱回流加速，造箱市场高位回落，回归常态。

2022年，中远海运发展业务稳健增长，集装箱租赁市场份额行业第三，集装箱制造市场份额行业第二，航运租赁晋升为国内非银租赁公司船舶资产前四名。中远海运发展总资产中，航运物流特色资产约占中远海运发展总资产的72%，集装箱制造板块双班设计年产能合计干箱120万TEU、冷箱12万台（24万TEU），保障了集团航运主业用箱安全。集装箱租赁板块管理386万TEU，总资产55亿美元。航运租赁板块管理船舶载重吨约1 450万吨。公司国际化能力稳步增强，海外资产结构占比超过59%，海外员工近200人，有效配合了集团国际化发展要求。

【创新发展】

公司完善了科技创新和数字化转型顶层设计，发布《“十四五”数字化转型暨网信工作规划》和《“十四五”科技发展专项规划》，明确重点项目，指明发展目标方向。

积极抢占科技创新赛道，持续推进科技创新和数字化转型建设。深入贯彻落实集团关于加快数字化发展的决策部署，推动数字技术与生产经营、用户服务和产业协同深度融合。佛罗伦基于自主设计研发的iFlorens和集装箱贸易平台的数字化能力，形成数字赋能业务、电商提升客户体验的全新业务场景。经过一年的努力，平台线上注册用户超400家，线上订单51 201箱，取得喜人成绩。推进上海寰宇“数字工厂”建设，推动集装箱制造业绿色化、智能化发展，重点领域关键技术实现应用与突破、绿色智能化产品及工艺装备更新升级成果显现。加大科研投入，专利技术等科研成果斐然。2022年，科研研发投入约1.21亿元，新申请专利179件，截至2022年末，公司拥有专利454件。积极开展船舶电动化，助力集团绿色智能航运发展，2艘700TEU电动集装箱船于2022年12月正式开工建造，并与泛亚完成租赁协议签约；绿水零碳项目有序推进，船用电池箱取得中国船级社全部认证。

【公司治理】

中远海运发展强化完善公司治理和规范运作，根据监管法规及指引的变化，完成了治理制度的修订工作。公司不断致力于提升上市公司质量，2022年8月，中远海运发展再次获得2021—2022年度上海证券交易所信息披露A级评价，连续8年获得最高评价。同年9月，中远海运发展获得由证券时报主办的第十六届中国上市公司价值评选“中国上市公司成长百强奖”。公司积极回报股东，连续第四年实施现金分红，分红比例逐年提升，顺利完成了对A、H股投资者2021年度的分红派息工作，向全体股东合计派发现金红利总额约30.6亿元。

此外，公司不断提升ESG治理水平，公司披露的2021年度ESG报告中的“气候变化风险与机遇分析”部分，被香港联交所作为培训优秀案例进行展示，并荣获“金蜜蜂2022优秀企业社会责任报告·环境责任信息披露奖”和“2022ESG金牛奖——治理先锋”奖项。

【党的建设】

2022年，中远海运发展党委以习近平新时代中国特色社会主义思想为指导，以迎接党的二十大、学习宣传贯彻党的二十大精神为主线，深入贯彻落实习近平总书记关于国有企业改革发展和党的建设重要论述精神，弘扬伟大建党精神，坚持党的全面领导，深化党建领航，践行“三做”理念，聚力融合发展，全面提升党建工作水平，以高质量党建引领企业高质量发展，持续推进打造世界一流的具有中远海运特色的卓越航运产融运营商。

认真迎接学习宣传贯彻党的二十大精神。公司党委将迎接党的二十大、学习宣传贯彻党的二十大精神作为贯穿全年最重要政治任务。党的二十大召开前，公司党委靠前统筹谋划，系统部署安排，制定印发《关于做好迎接党的二十大相关工作的通知》《关于开展中远海运发展喜迎二十大系列活动》等通知，积极动员组织全系统各级党组织认真做好迎接党的二十大相关工作，切实营造喜迎大会召开的浓厚氛围；做好收听收看大会盛况组织工作，全系统境内外共 8 700 余名党员干部职工通过各种形式学习习近平总书记重要讲话；公司党委第一时间学习党的二十大精神，集体研读党的二十大报告，研究部署学习宣传贯彻党的二十大精神各项工作；举行党委理论学习中心组（扩大）学习会，进行深入研讨交流，深刻领会总书记“五个牢牢把握”的明确要求；制定印发党的二十大精神学习方案，部署推进全系统各级党组织学习宣传贯彻党的二十大精神；先后召开两场学习宣传贯彻党的二十大精神专题研讨会，就党建领航、优化战略、创新发展等专题进行深入研讨，深化学用贯通、知行合一。

发扬党内民主，规范政治生活。严格按照集团党组要求部署，组织全系统党员认真参与做好党的二十大代表、上海市第十二次党代表大会代表和集团直属第二次代表大会代表选举相关工作，推动党员正确行使权力，认真履行义务。按照党内相关工作要求，指导公司各级党组织开展换届选举，明确总体要求和目标任务，为基层党组织换届工作提供工作指引，公司 2022 年度任期届满的 4 个直属党组织全部完成换届。

打造工作闭环，推进责任落实。认真做好全年党建工作统筹部署，制定印发《中远海运发展党委 2022 年党建工作要点》，修订完善党建工作责任制考核评价指标体系，同各直属党组织签订党建责任书，认真落实全面从严治党要求，层层压实党建工作责任。做好过程性督促工作，通过定期召开党群工作例会、制定印发《党建工作提示》等方式，推动党建工作责任落到实处。2022 年底公司党委组织开展年度党建考核评价，并结合年度党建工作责任制考核自评、述职评议、台账检查等相关工作开展，进一步检视全年基层党建工作成效。

聚焦“三基”建设，夯实党建基础。坚持党的一切工作到支部的鲜明导向，编制印发《党建工作手册》，进一步规范党内政治生活，为基层党组织日常工作开展提供“业务指导书”，同时结合党建信息化工作开展，推动各基层党组织工作标准化规范化水平不断提升。深入研究总结党建工作成果，结合党建融合、思想政治建设、企业文化等方面工作成果，充分利用集团及公司政研会工作平台，推动形成了一批具有中远海运发展特色的党建思想政治研究工作课题成果，本年度荣获集团年度党建思想政治工作优秀研究成果一等奖 1 篇、二等奖 2 篇、优秀奖 2 篇。

【群 团 工 作】

公司积极推进民主管理，认真履行职工代表大会制度，保障职工知情权、参与权和监督权。加强工会组织建设，召开工会第二次代表大会，选举产生新一届工会委员会、经费审查委员会和女职工委员会，为扎实履行工作职责奠定坚实基础。积极参与集团“喜迎二十大 奋楫新航程”各项活动，获评一等奖项目 2 个、二等奖项目 2 个、三等奖项目 5 个、优胜奖项目 3 个，完成中远海运集团喜迎党的二十大职工摄影作品集《航程》出版工作。公司所属上海寰宇物流装备有限公司荣获上海市五一劳动奖状，所属 4 家职工创新工作室在首届大国工匠创新大会上进行了交流展示。

公司聚焦党的二十大及建团百年工作主线，组织全系统各级共青团组织全体团员深入贯彻落实习近平总书记关于共青团和青年工作的重要论述、习近平总书记在庆祝中国共产主义青年团成立 100 周年大会上重要讲话精神和党的二十大精神，持续开展“青年大学习”“党的青年运动史”等线上主题团课学习，累计参与数达 4 700 余人次，进一步推动团员青年提高政治站位，强化使命担当。积极发动团员青年参与“领航·新时代”原创音乐创作大赛、“航运强国有我”诗词歌赋创作大赛等文艺作品创作，多个作品获集团表彰。积极组织团员青年参与抗疫志愿服务，广泛招募团员青年组建临时青年志愿突击队，在抗疫一线充分展现青年风貌；组建多支志愿者服务队，积极开展社会志愿服务与“浪花心愿”爱心助学。以五四青年节为契机，策划开展“看见青年的力量”主题影像纪录活动，广泛宣传青年投身创新创效、抗疫攻坚的先进事迹。

【队伍建设】

中远海运发展始终关注员工切身利益，护航员工职业发展，不断完善招聘与人力资源管理制度，优化薪酬绩效激励体系，打造公平、公正、多元的职业发展平台，增强员工的归属感和积极性，激发员工自身潜力，实现企业与员工共发展。积极构建具有航运特色和金融行业特点的员工成长体系，致力于培养懂航运、懂金融的复合型人才。不断完善员工教育与培训体系，制定了《中远海运发展教育培训体系建设方案（试行）》，旨在进一步增强员工素质培养的系统性、持续性、针对性和有效性。同时，通过工作调研识别有助于员工能力提升的培训需求，整合内外部教学培训资源，组织开展分层分级的培训课程，促进员工成长与企业发展的有机统一。

全面贯彻新时代党的组织路线，持续探索党管干部同市场化管理有机结合，着力干部培养，着重梯队建设，着眼人才储备，为企业各项事业发展奠定坚实组织基础。结合行业特点和企业发展需要，面向司管干部及核心岗位人员组织开展干部领导力提升专题培训班，从政治思想、理论体系、创新实践等维度赋能各级领导干部不断坚定政治信仰、提升战略思维、拓宽国际化视野。多维度推进年轻干部梯队建设，通过市场化选聘和内部培养方式构建数量充足、素质优良、结构合理的高素质专业化年轻干部队伍，结合集团优秀年轻干部推荐工作，建立优秀年轻后备干部人才库。

【社会责任】

公司坚持履行央企责任担当、牢记“国之大者”，以服务国计民生为己任，支持地方经济社会发展，严格做好疫情防控，确保员工健康；主动应对气候变化，打赢蓝天保卫战；积极开展精准扶贫，践行公益慈善；助力企业复工复产，服务国家发展战略，以实际行动履行企业社会责任。

强化定点帮扶方面，作为一家成熟的规模型企业，公司有基础、有条件、有义务持续推动脱贫地区发展，巩固拓展脱贫攻坚成果。公司积极参与中远海运集团的精准扶贫相关实践，全年共向集团捐赠 10 900 万元用于帮扶援藏项目及其他各类定点帮扶和对口支援项目。中远海运发展组织系统内各级工会在云南、湖南等定点帮扶地区采购 44.09 万元的扶贫特色产品，以消费扶贫的形式助力当地产业发展。

践行公益慈善方面，公司不断探索企业参与社会公益的模式和路径，将温暖和爱心送往千家万户。整合内外部资源，组织员工参与社区公益活动和慈善捐赠，用实际行动传递公益爱心，促进社会良好氛围的形成。公司主动联系西藏自治区昌都市洛隆县小学，帮助员工将洁净完好的闲置衣物捐赠给当地孩子，将来自中远海运发展的温暖送上雪域高原。公司下属启东箱厂与清华大学无锡应用技术研究院合作研发了联合国全球契约组织公共卫生健康试点项目，为云南省富宁县量身打造新型智能移动式的节能环保卫生间。该产品施工周期短、绿色环保，助力联合国可持续发展卫生目标的实现。2021 年，公司所属上海寰宇连续第 7 年开展帮扶“宝贝之家”公益日，举办爱心义卖和“DFIC 东方慈善快闪”活动，为病症孤儿进行捐助。

【企业文化】

中远海运发展根据自身改革重组实际和所处的航运金融产业定位，提炼并搭建以“追求卓越，务求实效”为核心理念的“卓实”企业文化体系。自 2018 年以来，中远海运发展围绕构筑“发展型”企业文化生态，以解决企业转型过程中的突出问题为导向，持续开展企业文化深植建设，打造富有行业特色的企业文化品牌，推动企业文化体系在全系统范围内的落实落地、入脑入心，把企业文化建设作为促进企业发展、提高管理水平的重要驱动，形成独特的企业精神内核。2021年，结合公司“十四五”战略规划的实施，积极推进“卓实”企业文化体系2.0建设，精心研究和打磨文化升级方案，召开项目评审会，初步确定体系建设方案；开展庆祝公司成立五周年主题宣传，拍摄《五年，感谢有你》记录影像，制作各业务板块五年巡礼宣传图册，进一步深化员工对企业文化的理解与情感的共融。

2022年中远海运发展基本情况见表14–3。

2022年中远海运发展基本情况表 表14–3

类别	项目	单位	数据
生产情况	融资租赁租出船舶	艘	138
	集装箱租赁	TEU	3 860 000
	集装箱制造	TEU	干箱764 400 冷箱86 200
	集装箱销售	TEU	961 900
	投资及服务板块	亿元	297.94
财务情况	营业总收入	万元	2 557 679.69
	税前利润总额	万元	482 600
	归属于母公司股东的净利润	万元	392 200
人力资源	员工人数（含劳务工）	人	13 338

（任梦婕）

中远海运物流供应链有限公司

中远海运物流供应链有限公司

【公司概况】

中远海运物流供应链有限公司是中远海运集团控股子公司，是国家发展改革委第四批混改试点企业，引入了普洛斯、上港集团、上汽集团、东航集团、南航集团等战略投资人。作为中远海运集团内全球综合物流供应链服务平台，中远海运物流供应链是目前市场地位领先的第三方物流服务提供商。公司以服务国家战略为己任，秉持“以客户为中心”的核心理念，目标愿景是打造中国B2B物流市场领先的综合性数字化物流供应链企业。

中远海运物流供应链依托数字化驱动实现产业链服务端到端全覆盖，通过综合货运、仓干配物流、产业物流地产、工程物流、口岸公共服务形成立体层面的全程物流与供应链综合客户服务体系。中远海运物流供应链积极参与“一带一路”、西部陆海新通道、中欧班列建设，依托产业覆盖广泛、物流场景丰富的综合优势，打造以数智化和专业化为支撑、以产品化为基础、以定制化为保障的全程物流供应链服务体系，为全球贸易产业链和供应链的畅通贡献力量。

中远海运物流供应链与中国外代、中国外理为“一套人马、三块牌子”。2022年全系统共有职工9 967名，劳务派遣用工3 154名。

【发展战略】

凭借强大的股东背景、强劲的综合业务实力、庞大的国内外服务网络和高质量的客户合作关系等竞争优势和行业地位，公司把企业的发展战略定位为集团三大核心业务之一，将企业打造成为特色优势鲜明、业务覆盖全面、市场地位领先的第三方物流服务提供商。为实现上述战略目标，公司立足合同物流、综合货运、产业物流地产、全周期工程物流、口岸公共服务及空运六大主业，通过总部赋能、数字化赋能及供应链金融赋能三大举措，凭借组织运营体系变革和跨越式增长两大关键抓手，抓住混合所有制改革等改革契机，补足公司欠缺的能力和资源，完成多业务主体的集团化公司的转型，打造综合第三方物流业务的持股和管理平台。实现以“七大变革”破解“十大瓶颈”，打造“六化能力”突出的“三型组织”的战略目标。

组织架构 根据“十四五”规划，组织运营体系变革的四大核心原则，即：扁平化架构＋穿透式管控、总部赋能一线、专业能力集约、网络化高效协作。新的组织机构彻底打破以区域和口岸网点公司为经营管理主体的垂直式分散型运营管理体系，全面构建以总部事业部、能力中心、共享中心为后端能力平台，以各城市公司为前端服务平台，以大区实现集约共享和业务协同的“矩阵式＋扁平化”运营管理体系。实现总部对整个系统的专业化赋能式集约管控，实现“城市公司——大区——总部”三层集约化管控目标，匹配产业链经营需求，真正发挥中远海运物流“一张网”功能，实现跨业务、跨区域的深度、高效协作。

业务结构 为提升公司市场竞争优势，改变以代理、仓储、运输为主的传统业务结构向现代物流企业转型，公司不断提升产品化意识及服务质量，在现有业务基础上致力于打造六大主业体系。一方面，通过合同物流、综合货运和产业物流地产打造全程物流和供应链主体业务；另一方面，通过工程物流、口岸公共服务和空运业务形成差异化特色服务。

业务模式 为实现集团产业链经营中的重要支撑的战略目标，公司以客户为中心，不断强化产品研发能力，加快核心资源建设，努力打造专业能力突出，枢纽、通道、网络系统强大的综合物流供应链体系，推进从过去形成的以口岸（网点）公司作为经营、管理主体的业务运营管理模式向适应大型现代化物流供应链企业发展需求的业务模式逐步转变。

一方面，通过“七大变革”，彻底打破现有的多层级、有点无网、缺少协同、缺少产品、低水平重复建设严重的业务模式，全面构建“前端客户化、后端平台化”的扁平化、专业化、赋能型高质、高效的集约化运管体系。对标一流企业，以“总部＋大区＋城市公司”构建“矩阵式＋扁平化”组织架构，从而实现向数字化引领的综合物流供应链业务模式的转型目标。物流总部定位为战略性、专业化、集约化、赋能型的运营管控核心，通过事业部＋能力中心＋职能部门实现战略引领、创新区域、专业赋能、集约管控、战略客户营销、资产资本运营、风险管控、服务保障八大职能；大区分公司作为总部派出机构，负责对辖区内公司提供共享服务、市场和社会资源开发维护、跨事业部和跨城市公司的协同营销等；城市公司作为一线作战单元，承接现场操作服务、客户洞察、市场开拓、产品营销、社会资源开发维护、企业品牌形象宣传维护等职能。

另一方面，将通过公司内外部路径积极寻求轻资产模式运营的物流业务资源支持和重资产模式运营的仓储资源支持，搭建轻重两个平台，业务模式通过轻重两个平台的发展规划加以实现。

功能定位 运营平台定位为公司第三方物流业务的运营载体，具备相应的业务储备和盈利能力，具有清晰的上市前景和引战潜力。运营平台以合同物流业务为核心，同时开展综合货运、工程物流、口岸公共服务、空运等业务；后续将引入战略投资人，实施员工持股，最终实现上市。仓储平台定位为公司产业物流地产运作主体，负责投资、开发、运营管理仓储资源，同时面向集团内部和外部第三方客户提供仓储租赁服务。未来公司将紧随国家战略布局及规划指引，一方面匹配运营平台以合同物流及综合货运等业务的仓储需求，另一方面同时兼顾外部市场需求、顺应行业发展趋势，以高度专业化、市场化的资源网络支撑公司第三方物流服务体系的发展。

【主营业务】

2022 年，全系统克服我国内外需持续低迷影响，在总体业务量下滑、成本费用上升情况下，加快业务结构调整和核心能力构建，深化企业内控管理，切实顶住压力，完成了全年主要经营管理任务目标。

化工物流 2022 年累计营业收入 63 414 万元，同比增加 15.2%；营业毛利 8 762 万元，同比下降 0.6%。

持续丰富产品功能，升级产品化内涵，成功推出船舶污水处理，低闪点罐箱、食品罐箱清洗等新服务产品。加快资源获取、整合，完善平台网络。天津南港项目：初步完成项目工可研报告，推进规划调整、安评、环评工作的开展。在争取南港工业区优惠政策确定后的基础上，力争尽快获得工可研批复，与南港工业区管委会签订投资协议，以及与泰港公司成立合资公司。苏州化工三期项目：依托总部仓储工程建设中心的赋能指导，有序推进工程建设工作。厦门夏商项目：完成资产预评估、法律尽职调查、财务尽职调查、工程质量安全综合咨询评估及二期工可研工作。南京项目：在三方战略合作协议基础上，完成停车场运营团队组建工作；围绕园区封闭化管理要求，结合园区管理目标，配套信息化解决方案，力争实现停车场安全有秩序运营。成功拓展杜邦、陶氏、利安德巴塞尔危化品仓储、分装及公路运输业务，并依托苏州化工灌装资源及服务能力，成功开发科思创甲类液体化学品灌装业务，年业务量约 5 000 吨。连续中标、引入沙比克、道达尔润滑油、LG 化学、霍尼韦尔、可口可乐等世界 500 强新客户项目。

聚力科技成果转化工作，年度取得实用新型专利 5 项，正在跟进 10 项发明专利，1 项软件著作权申报。

冷链物流 2022 年累计收入 31 728 万元，同比下降29.1%; 毛利 3 671 万元,同比增加5.3%。

积极推动冷链物流的基础网络布局，厦门冷链项目和日照远海冷链项目按照工作安排有序推进。北建通城项目：与对方经营层沟通未来经营管理的安排，进行园区运营、仓库操作、中转消杀等业务方面的交流，获得其对天津、宁波冷链团队的营销优惠，推动项目挂牌前准备工作。青岛城市保障示范基地项目：与青远签署商务协议，同时完成政府、青远、物流的立项工作。广州宝丰项目：推动项目立项和投资计划的安排。

拓展与各类电商平台合作，推动一件代发服务的产品。积极研发冷库代运营服务、冷链物流园区运营 6S、冷链安全标准化等冷链的运营产品和管理产品，在冷链的精细化运营上提质增效。冷库代运营服务方面，与浙江海盈公司、中信梧桐港合作，共同推进金华金义综保区冷库代运营项目，提供从宁波、上海口岸进口的冷柜提供清关、消杀服务，并利用客户自身资源优势，提供国外到国内的端到端全程物流解决方案。拓展冷链生态圈，开发了水果冷链全供应链业务，为上海佳农、海昆农业、广西凭祥等客户的进口香蕉、火龙果、椰青等产品提供清关、仓储、消杀、配送一站式服务。厦门冷链引进大客户“厦门怡海”入驻，进行进口榴莲的分拣加工，增强客户黏性，拓展延伸增值业务，完善园区功能。广裕冷链物流部新开拓了雅培进口药品项目，以及与深圳 KN 签署业务合作协议，分别提供中港跨境医药运输服务和开展进口冷藏医药香港进口 + 内陆冷藏药品车配送业务。冷链物流事业部以宁波 101 冷链电商团队上半年在保供方面的创新实践为典型，带动厦门冷链和日照冷链在电商直播领域的共同发力。厦门冷链以“远海 COOL 购”为品牌的小程序正式上线加入冷链电商平台，初步构建宁波“远海库购”、厦门“远海 COOL 购”、日照“远海品质生活”三个子品牌协作联合，互为入口的差异化发展局面，各品牌实现精品共享，联合上架。

仓储物流 2022 年累计营业收入 199 072 万元，同比增长 8.9%；营业毛利 16 469 万元，同比下降 24.1%。

丰富优化业务结构，青岛物流供应链基于纯碱期现货仓储业务基础，有序推进实施纯碱业务的“北上南进”多式联运和全程物流。上海国储公司开发奶粉、光伏设备仓储、短驳、运输和清关，以及租箱业务，贡献毛利 643 万元。百丰泰公司将业务链条从仓储向两端进行延伸，水稻、玉米从黑龙江省各铁路站发运，同时拓展港口代理业务。优化成本效率，沈阳分公司成功将宝马铁西外仓项目由年初 6 000 平方米外仓发展到年末的 28 000 平方米，同时中标引进大东宝马红箱业务 72 000 平方米，夯石淀粉项目 10 000 平方米，益海嘉里淀粉 5 000 平方米。拓展业务战略合作，扩大与期货交易所战略合作关系，青岛物流供应链、镇江公司 PP、PE 交割库获大商所审批通过，完成郑商所蚌埠新增纯碱交割库新开运营，完成大商所 PVC 集团库和分库、上期所铝锭和纸浆、广期所工业硅、郑商所尿素等交割库资质材料组织、内审和申请递交。天合光能项目协同赋能青岛供应链、河南公司、武汉公司成功中标和续约仓储面积 2.5 万平方米，同时巩固合作关系。与象屿股份展开多轮深入磋商并成功签订战略合作协议，持续推进与银河期货、浙江物产、杭州实业等头部客户“总对总”业务战略合作。

密切沟通大商所，共同设计并推动淀粉集装箱免检品交割规则和首单仓单顺利注册落地，获得益海嘉里、象屿生化、浙江物产等行业龙头企业热烈响应。协助大商所继续开发集装箱运力期货产品、协同大连大区推进东北亚原油期货。成功申请成为大商所产融合作基地。通过宝马项目投标和北京大区、西南大区汽车供应链产品调研，着手开发精益汽车物流服务产品。全力推动“全仓登”项目，中远海运物流供应链成为首批入股股东。

工程物流 2022 年累计营业收入 350 827 万元，同比增长 3.3%；毛利 24 060 万元，同比增长 14.6%。

圆满完成长五 B 遥三遥四、长七遥五遥六、梦天舱、问天舱等一系列重大任务设备运输。空客亚洲总装线累计完成 617 架次飞机部件运输任务，上海疫情期间，为国电投集团“国和一号”示范工程首批货物建立了复工复产绿色通道。万华福建苯胺项目及时完成硝酸吸收塔出运。中核霞浦核电场外项目灵活调整运输方案，变“海运”为“空运”，通过包机运输保证了时间节点。中车株机调车机车项目保证货物跨境交付。中钢设备阿尔及利亚钢厂项目、土耳其热轧项目克服压港问题。中航工业埃及斋月十日城项目顺利完成超过100辆各型车辆、近2 000TEU工程设备运输。中船海装一揽子风电设备运输项目保障货物运输。

成功中标万华化学瑞士进口压缩机项目，中广核陆丰三期核电场外项目有效整合事业部、相关大区及城市公司优势资源，在激烈的竞争中以次高价中标。在能源建设板块，中标陆丰核电场外项目、霞浦核电场外项目等；开发了特斯拉美国德州工厂总承包、音飞集团泰国新工厂建设等新能源车项目；中标中石油工程公司西非地区尼日尔和贝宁油田项目，伊拉克GPP天然气，马季努酸气和祖拜尔天然气项目，填补了相关领域业绩空白；上海工程陆续中标了利柏特模块运输、盛虹炼化一体化、中石化中原石油、华鲁恒升等一系列项目。在工业产线板块，再次被空客选定为A321新机型的运输承运商，将负责共计69架次321全套总装部件的运输任务；电子产业团队相继中标TCL深圳华星t9项目、昆山友达项目、深圳华星光电2022年度成品项目、苏州华星2022年设备物流服务项目、武汉京东方B17扩产项目、印度华星光电第四季度设备进口项目等，总签约额约1.5亿元；天津工程聚焦航空产业链上下游，中标赛象工装夹具欧洲运输项目、赛闻包装材料欧洲运输和天津地面服务项目。在基础建设板块，中标了中钢设备阿尔及利亚综合钢厂项目、土耳其耐材运输项目；中标中车株机2023年度整车国内运输，香港市区线工程车运输，德国、荷兰调车机车运输，中车国际莫桑比克铁路货车等多个项目。在特种保障板块，成功拓展了国内民营资本火箭技术公司零壹空间的火箭发射车车箭一体化运输业务。

空运物流 2022年累计收入412 220万元，同比上涨11.0%；毛利19 438万元，同比下降1.5%。

“远海通”关务平台跻身集团四大电商平台之列，关务事业部正式成立运行。已完成58家物流单位线上线下推广工作，上线单位持续增加。积极与大客户接洽。完成了歌尔、广汽改动机、张家港青山项目等客户的清关定制方案，与松下电器（中国）有限公司关务中心建立了战略合作关系，与华南集运建立“合署办公，联合开发”的工作机制，完成了TCL、米波智联、维达纸业等多家客户的关务合作签约工作。在线下网络建设方面，陆续推进与重点海港口岸的对接。2022年，公司被商务部评选为全国供应链创新与应用示范企业。

深化平台客户业务合作。与菜鸟、京东、抖音、洋葱等主要平台客户顺利完成新年度合同续签，争取到菜鸟关包配项目、洋葱CC项目，完成抖音80余家店铺的接入工作，同时成功与得物、别样、华润堂达成新的业务合作。烟台公司与菜鸟达成速卖通烟台出口仓合作项目。大力推广公共仓业务。争取到逸仙电商、悠可、源美等优质大商家入驻公共仓，并对膳魔师、健民国际等老客户进行二次开发。打造并优化专线产品。对英国专线产品的SOP进行梳理，强化关键环节的管控；加强巴西干线资源的采购，成功引入菜鸟、深圳星纬、极兔等包机供应商；推进与新加坡邮政的沟通与合作，引入新加坡邮政的东南亚小包产品；与飞特进行合作，引入飞特经济平邮产品渠道，拓展业务产品线；聚焦深圳地区出口电商客户的开发，成功引入了安特科技、南京万胤俊、承讯通供应链等客户。

全面加快上海枢纽港建设。出口业务方面，持续优化华东出口平台的运营模式，不断降低成本、提升效率。上海新增了国航法兰线，东航巴黎线、悉尼线、雅加达线，南航洛杉矶线，增强了平台的综合航线运力；加强了与汉莎航空的合作。进口业务方面，开发了东航美线、韩国线的回程产品；投标南航欧洲、美国回程线路（FRA/ORD/LAX）并中标。持续推进“广州南向发展战略”的落实。

集装箱物流 2022年累计营业收入1 554 562

万元，同比上涨 17.7%；营业毛利 58 344 万元，同比下降 1.2%。

落实国家和集团战略项目，成功中标博世中国发往塞尔维亚、匈牙利海运货物增量，推动木材产品复制，成功推动逆锋木材启动。深化集运内部协同，双方修订并续签了 2022 年揽货合作协议，欧贸区 Name Account 客户签约量同比上年增加 20%，美贸区新合约箱量较上年提升 10 倍至 17 000 TEU/ 年。

搭建大客户服务交付体系，成功中标惠普陆海快线增量每周 80 TEU，惠普亚太区印度线、日本线业务，全年 1 500 TEU。紧随戴尔项目东南亚产能布局需求，协同成都公司提供多模式灵活解决方案为客户供应链提供多重优质保障：中国 – 东南亚全程物流解决方案，跨境卡车、经钦州公海、铁海西部陆海新通道方案；越南—中国转口接美森快船方案，从越南海运经钦州到上海，接美森快船到美国，缩短供应链周期；疫情期间，通过跨境卡车及陆海新通道铁海联运提供资源及操作支持，确保戴尔供应链稳定。

加强与集运美贸的协同，获得美线 NVOCC 业务上舱位和运价方面的支持；加强与 EMC 及 OOCL 在华北、华东地区的业务联系，在青岛与 EMC 签订了美线合约，在上海与 OOCL 签订了美线合约，结合城市公司需求争取特定航线的舱位保障，为口岸赋能，提升口岸揽货实力；开展与 SML 及 MSC 的合作洽谈，尝试拓展加拿大线业务。义乌 TX 项目（智捷元港供应链公司）三季度正式成立公司。

散货物流　2022 年累计营业收入 664 898 万元，同比上涨 6.3%；营业毛利 25 278 万元，同比下降 12.3%。

京唐凤凰云港项目、黄骅综合物流园区项目完成了项目选址实地考察、项目建议书起草与汇报演示工作，推动京唐港战略业务客户的拜访交流、合作意向签约、立项申请报告完善等相关工作。先正达中化粮谷项目，中标陆运段业务，已签订大合同项下的四份合同订单，除受疫情影响外，3 份订单均已进入实操阶段。北京中散回程货项目重启合资公司“北京中散船务有限公司”，打造中西非物流通道平台，构建中远海中西非海上丝路物流通道的特色服务品牌和核心竞争力。宝英合资公司项目、疆煤外运项目持续推进。推进中远海运物流 – 中远海运散运一体化运营平台、石化平台、粮食平台、长江黄金水道平台四大平台搭建。

船代业务　2022 年累计营业收入 110 618 万元，同比下降 11.3%，营业毛利 62 095 万元，同比下降 19.3%。

与核心客户地中海航运、中远海运散运、中远海运能源协商一致，同意在代理费率保持不变的基础上续签 2022 年度代理协议；牵头外代广州分公司投标并获得海洋石油工程广东区域（非深圳）船舶海事服务三年期项目；完成与中远海运石油、友好航运、时代航运、浙江协海、宝钢等集团内外客户的协议续签与新签。

成功获得葡萄牙船公司 GS line 在国内独家订舱代理业务。帮助英国全海航运（DKT）取得交通运输部班轮资格证书，启动以宁波为母港的中英定期集装箱班轮航线运营，成功揽取该船东在宁波、深圳、东莞等多口岸船代及延伸服务业务；帮助富兴航运、疆捷航运取得交通运输部班轮运输资格证并取得其华东、华北至俄罗斯定期班轮航线船代、单证相关业务；把握集装箱班轮市场对多用途船需求激增的市场形势，调研并发布《MPP 船装集装箱业务标准操作流程 SOP 汇编》服务产品，指导口岸合理合规争取和操作 MPP 船代理业务。

理货检验业务　2022 年累计营业收入 45 700 万元，同比增加 3.2%；营业毛利 16 751 万元，同比下降 7.2%。

理货：严把“三会”材料审核关。通过结构化分析、多渠道数据对比等措施核实年度会议材料。高度关注公司经营效益变化、重要投资、重大事项等因素。对异常情况、不合规事项坚守底线原则，维护公司方股东利益。对标客户档案管理水准，以标准化、个性化、流程化的要求，完善外理合资公司档案。

2022 年 3 月 4 日，在北京签署了必维集团与中国外理、中理检验三方战略合作协议。发挥各自资源优势，运用产业链经营理念，在检验市场开发、大客户营销、技术创新、网络布局、实验室协同、资本运营等方面全面深入合作，实现优势互补、资源共享、互利共赢，推进检验业务高质量发展。通过检验合作新模式赋能全系统，秦皇岛、沧州等公司与BV的业务合作正在积极推进中。

检验：并购项目方面，2022年9月30日，集团正式批复KPS项目评估备案，签订合作协议，项目正式落地。GIC项目尽调、审计和评估已处于收尾阶段。积极推进港口合资合作，优化股权结构，顺利完成了常熟股权项目的进场挂牌转让，积极推进汕头理货股权整合，完成中理检验日照实验室挂牌，加快与青岛港合资合作。

新业务持续开拓。聚焦市场和业务趋势，不断提高矿产品检验能力，由传统能源矿向工业有色金属矿转变，矿产品检测年度营收2 968万元，比上年增加915万元，同比增长45%。突破理货传统服务模式，特别是年度与法院、海警、海关等合作，营收150万元，累计非传统理货收入从上年4 000万元提升至5 000万元，同比增长近25%。“双碳”领域扎实突破。成为中国不动产低碳数字化产业联盟创始成员，参与起草《物流企业温室气体排放核算方法》和《企业绿色物流评估指标》两项行业标准。编写并报送集团《航运业碳标准制定及提升能效管理精度的关键：“双碳”实测综合技术》。资质获取快速有效。成功取得产品和管理双认证、专精特新企业、ISO9000质量体系认证等新资质。截至2022年底，检验检测资质共1 295项，比上年增加404项，上升45%；成功备案温室气体声明审定与核查、碳足迹评价和碳中和认证实施规则及相关认证标志，标志着公司可独立开展商品、服务、活动及组织等各个层面的碳认证业务。

【经营效益】

2022年实现营业收入330.43亿元，同比增长10.14%；发生营业成本306.08亿元，同比增长12.62%；完成营业毛利24.34亿元，实现利润总额15.55亿元，实现净利润12.98亿元，超过集团下达年度必保指标12.84%。

截至2022年底，全系统资产总额383.50亿元，较年初增长42.58%；负债总额160.35亿元，较年初下降12.59%；所有者权益223.15亿元，较年初增长160.93%；资产负债率41.81%，较年初下降26.39%。

【公司治理】

董事会建设 2022年，中远海运物流供应链第二届董事会成员共8人，其中董事长为韩骏，董事为蒋恺，外部董事为吕靖、刘新权、高名湘，专职外部董事为胡兵、曹斌，职工董事为骆志月。董事会秘书为高伟。2022年12月15日，中远海运物流随着混改的推进完成换届，第三届董事会成员共5人，其中董事长为韩骏，董事为朱昌宇、陶卫东、胡兵、戈和悦，未设职工董事和董事会秘书。2022年度，董事会全体董事会成员认真履行忠实义务和勤勉义务，为公司重大战略和重要事项作出科学决策。

2022年，第二届董事会设立审计与风险管理委员会、战略与投资委员会、提名与治理委员会和薪酬与绩效考核委员会四个专门委员会。审计与风险管理委员会主任委员为刘新权董事，战略与投资委员会、提名与治理委员会、薪酬与绩效考核委员会主任委员为韩骏董事长。各专门委员会根据议事规则和职责分工，对相关议案进行讨论研究，对董事会负责，为董事会科学、高效决策提供决策支持。

2022年，共召开15次董事会会议，其中4次定期现场会议，11次通讯会议。根据年度工作实际需要，召开了1次审计与风险管理委员会，审议年度内控体系工作报告和内部审计报告。

中远海运物流供应链董事会拟设立战略与投资委员会、提名委员会、薪酬与考核委员会、风险管理委员会，相关方案正在拟定中。

监事会建设 物流供应链监事会：白石任监事会主席，石朝民、杨兼文任监事，张淑芳、门凌飞任职工监事，日常办事机构为监督审计部，支持配合监事会开展工作。

2022 年 12 月 30 日，召开第一届第一次监事会，审议通过 2 项议案：同意选举白石同志为公司监事会主席，任期三年；审议通过《中远海运物流供应链有限公司监事会议事规则》，明确了监事会议事方式和决策程序，围绕监事会四项职能，进一步明确了监事会工作内容、工作方式和经费保障渠道，促进监事会和监事有效、规范履行职责。

物流监事会：白石任监事会主席，王威任监事，李斌任职工监事，日常办事机构为监督审计部，支持配合监事会开展工作。

2022 年，召开二届七次、二届八次监事会，审议通过了公司监事会 2022 年主要工作计划、2021 年财务决算报告、2022 年财务预算报告，并就强化公司内控及风险防控管理方面提出了工作建议。

2022 年，监事会组织开展了对广州大区、大连大区、宁波大区三家直属单位的调研工作，重点围绕总部重大决策部署执行情况、企业重大风险控制和生产经营情况、重点项目开展情况等方面开展，并对直属单位反映的相关问题和困难及时协调总部相关职能部门予以推动解决，取得良好效果。

先后与公司人力资源中心 / 组织部、法务与风险管理部等 2 个职能部门进行访谈，听取有关情况汇报。

监事列席公司董事会会议 15 次。对重要议案充分研究，并在会上积极主动发表意见，从监事履职角度提出加强合规管理、防范化解风险等意见，得到公司的高度重视与采纳。

领导班子建设 公司始终将班子建设放在第一位，不断抓紧抓牢抓实，充分发挥党委班子把方向、管大局、保落实的领导核心和政治核心作用，坚持好班子是“配”出来的，更是“练”出来的理念不放松。中远海运物流供应链实行董事会领导下的总经理负责制。截至 2022 年底，领导班子成员共 9 名，其中董事长、党委书记为韩骏，董事、总经理、党委副书记为蒋恺。

【组 织 结 构】

中远海运物流供应链有限公司（运营平台）总部机构设置如下：

业务部门：运营管理部 / 大客户服务中心 / 集采中心。

能力中心：数字化中心、人力资源中心 / 组织部、财商中心。

职能部门：改革办公室 / 资本运营部 / 发展研究中心、战略与企业管理部、法务与风险管理部、理货运营部、董事会办公室 / 总经理办公室；党委工作部（含直属机关党委）、纪委工作部 / 监督审计部、安全监管部、工会、党委巡察办公室。

企业管理层级情况 截至 2022 年底，公司管理层级最多为 4 级。母公司合并范围内二级子企业及分公司 20 家，三级及以下法人企业 207 家，分公司 124 家。

企业法人层级情况 截至 2022 年底，按照企业法人层级划分，中远海运物流系统合并范围内子公司共计 215 家，一级法人企业 1 家、二级法人企业 7 家、三级及以下法人企业 207 家；分公司共 140 家。截至 2022 年底，中远海运物流境外子公司共 12 家，分别为中远海运物流供应链（香港）有限公司、中远海运物流（日本）有限公司、中远海运物流（欧洲）有限公司和中远海运物流（非洲）有限公司、中远海运物流（北美）有限公司、中国外轮代理（香港）有限公司、中远海运物流（西亚）有限公司、中理检验几内亚有限公司、中远海运物流（香港）有限公司、中欧陆海快线有限公司（Ocean Rail Logistics S.A.）、中海物流（香港）有限公司和乐天釜山新港物流有限公司。

压缩管理层级、减少法人单位工作目标及落实情况 2022 年，公司完成 21 家法人单位压减工作。

【信息化建设】

按照数字化转型规划整体实施路径和建设计划，结合当前数字化建设情况，重点聚焦“远海通”

平台的持续建设、数据中台的建设和基础资源建设等工作，启动 18 个重点项目的立项工作。

"远海通"智能关务平台项目，实现了政府合作宁波电子口岸对接，全方位赋能平台优化升级。推动制单效率的倍速增长，识别率在市场平均基础上提升约 5 个百分点。与市场关务平台进行对标，梳理产品需求及数字化产品机会点，推动远海通关务产品的落地。近期和中集的 SynCon Hub 平台进行了对接，完成了从服务物流到服务集团的跨越式发展。

金港 2.0 智能化升级项目升级，在三维总控平台、应急响应系统、巡检机器人等场景上进行功能的持续迭代，目前已完成升级场景方案和实施计划的制定。同时，在废水智能检测、多光谱气体检测等方面进行各类方案输出与论证。初步完成智慧园区 2.0 版本的升级，可在"安全监控、预警和应急处理"的智能化方面凸显出较为先进的产品能力。

"义乌"全程供应链数字化平台，已完成义乌数字化全球履约服务体系打造，实现了物流和义乌数字化产品复用和业务双向引流，助力中小微企业"走出去"，体现央企责任担当。

"远度"管理一体化体系建设，完成平台向上海数据中心的迁移，扩充了平台可使用资源，大大提高了会议支持能力。升级会议整体架构提高视频清晰度，降低会议流量，提升部分会议控制能力。完成了差旅报销上线集采统结模式的上线，以及电子印章和数字化中心知识库的开发和测试。

云链仓数字化管控平台项目获得中国物流与采购联合会 2022 年科技进步奖三等奖。中远海运物流智慧园区物联网安全可视化项目获得中国物流与采购联合会 2022 年科技进步奖一等奖。中远海运物流远度办公协同平台获得中国物流与采购联合会 2022 年优秀案例奖。中远海运物流在线关务平台获得中国物流与采购联合会优秀案例奖。

【风险管控】

2022 年，按照国务院国资委"合规管理强化年"和集团法治风控工作要点的要求，完善公司法务风控体系工作，推进合规体系建设，配合混改顺利进行。

2022 年，全系统共处理涉诉案件近 140 起，涉诉标的额超 13 亿元。2022 年，全系统新发案件数量和金额分别同比上升了 14% 和 36%，涉诉标的额超 1 000 万元的重大案件金额占比近 80%。

制定并下发《中远海运物流系统法律纠纷案件管理工作暂行规定》，对三平台所涉纠纷案件特别是重大纠纷案件的管理机制和决策机制作了明确，进一步厘清各主体根据主导管理权限对纠纷案件管理工作的分工。

在混改项目各阶段推进过程中，借助外聘律师的专业经验，建立了与其他混改小组的对接机制，确保法律小组全程参与重大事项的决策，以对依法合规底线思维的专业判断，及前瞻预判可行路径的务实指导，全程为混改工作逐阶谋划、落实保驾护航。

在引战工作中，根据混改时间表要求拟定《增资协议》《股东协议》《公司章程》等法律文件，参与与战投的协商谈判、与集团的沟通解释工作，针对战投和集团的各类诉求调整条款内容并多次出具法律意见书，确保相关文件既符合公司方利益又不存在合法合规性风险。在员工持股工作中，严格按照法律法规要求审核持股方案和有限合伙的各类日程安排、决议事项外，还拟定了《持股认购书》《合伙章程》《合伙协议》等文件，参与并购贷方案的拟定和谈判工作，审核相关法律文件并提出意见和建议。

聘请专业机构对混改相关各类方案、项目进行风险评估，根据风险问卷调查结果编制了混改项目《社会稳定性风险评估报告》。对风险管控措施建立动态跟踪落实机制，跟进风险管控的责任部门措施的执行情况，确保相关措施得到有效执行、风险得到有效控制。

【安全管理】

中远海运物流供应链坚守红线意识、强化底

线思维，坚持“三个必须”和“四不放过”原则，按照本质安全标准，围绕战略落地、深化改革、提质增效、数字化转型和全程物流供应链和产品化建设，推动建立“本质安全、绿色高端”的安全生产、生态环保运营、监管体系。

推动物流系统各目标建设项目落地，密切跟踪天津南港项目推进进度，与安科院共同开发打造可复制的第三方危化品物流服务管理平台，形成危化品停车场安全、环保、应急一体化成套保障专有技术。针对化工物流夏商项目、武汉、合肥等各重点项目，与安科院、石化联合会、交通运输部公路科学研究院等保持密切沟通，对项目顺利推进提供专业技术支持。联合交通运输部公路科学研究院，积极参与2023年科技部科技司公共安全交通方向项目建议指南的研讨工作。

着力锻造专业化、可复制的安全产品。国家、行业标准产品化方面，参加《化工园区开发建设导则》国家标准的编制印发；推动《化工园区危险品运输车辆停车场建设规范》团体标准申报国家标准立项；推动危化品停车场及配套设施合规建设，深度参与交通运输部牵头组织的《化工园区对外危险货物运输风险论证工作指南》编制工作；编制团体标准《罐式集装箱容器清洁服务要求》；参与编制《化工品自动立体仓库设计规范》团体标准。企业标准产品化方面，完成第一批的危化品仓库安全管理、化工灌装安全管理、危化品停车场安全管理、消防物联网建设、安全文化建设、“四知卡”建设六项企业标准规范编制工作；全系统推广实施《普通仓库安全生产管理标准》和《中远海运物流普通仓库安全生产标准推广实施工作方案》；制定了《中远海运物流新能源汽车废旧动力电池回收业务安全生产标准》；编写并印制了《粮食物流安全生产标准》手册；制定《中远海运物流供应链有限公司场站安全管理标准》。

【队 伍 建 设】

领导干部队伍配强配优　深入贯彻新时代党的组织路线和中央人才工作会议精神，坚持好干部“20字”标准和党政正职“七条要求”，全面开展了三平台体系下的总部、事业部、大区分公司的全员人岗适配，各级管理岗位职数由改革前的1 948人，减少至1 404人，降幅为27.9%；管理人员退出管理岗位（含转专业序列、转任顾问、内退等）的人数为625人，退出比例为36.7%；管理人员岗位变动率达到72.7%；提拔重用302人，占比为32.7%；降职使用52人，占比3%；司管干部平均年龄下降2岁。本次全员人岗适配倒逼干部走出了舒适区，充分激发了干事创业的积极性、主动性、创造性，取得了远超预期的效果。

专业化人才队伍建设提级加速　修订高层次人才引进管理规定，进一步健全“能进能出、能上能下、能高能低”的市场化管理机制，建立任期制、契约化、差异化的选人用人机制，推动建设汇聚海内外高层次优秀人才的人才制度体系，进一步为企业高质量发展提供人才保障。为数字化中心引进头部企业数字化专才，为发展公司引进首席运营官（COO），为研发中心引进专职研究人员，相关人员迅速补齐企业发展专业短板，促进了公司相关业务和管理工作的顺利开展，产生良好的综合效应。

干部人事体制机制持续优化　初步构建了岗位一体化、薪酬一体化、绩效一体化的现代人力资源管理体系。全面推行“公开岗位、自主报名、双向选择、逐级提名、党委决定”的干部选配机制，在坚持“党管干部、党管人才”的前提下，充分发挥了市场在人力资源配置中的重要作用，彻底打破了论资排辈和无过则不便调整的传统，真正实现了“能者上、平者让、庸者下”，也大大提升了每个新组团队的凝聚力和战斗力。全面推行“岗、级、薪分立、岗与级宽幅对应（一岗对三级）”新机制，彻底打破了岗、级、薪一一对应的传统机制，根本提升了能力与岗位的匹配度、薪酬与绩效的关联度，为干部队伍的充分分流、岗位能上能下、收入能增能减提供了坚实制度保障。全面通过推行“核心骨干人员自主有序流动”和“组织与个人双向自主选择”新机制，彻底打破制约人才高效流动和优秀人才脱颖而出的种种边界与天花板。积极推进以“一条主线，七个结合”

为核心内容的项目制改革，以项目公开揭榜挂帅方式，一体化赋予项目小组劳动、人事、分配的自主权限，探索以项目为载体的市场化改革路径，不断激发干部员工的主观能动性和创造性。

【党工团建设】

2022 年，面对复杂多变的国际政治经济形势和异常严峻的新冠疫情考验，公司党委坚持以习近平新时代中国特色社会主义思想为指导，以迎接学习贯彻党的二十大精神为主线，坚持党建领航，践行“五大理念”，推动“五大转变”，实现“五大提升”的目标导向，团结带领全系统广大干部职工运用“四抓一突破”方法，深化“七大变革”，以高质量党建引领保障企业高质量发展，充分发挥出党委把方向、管大局、保落实的领导作用。

党组织建设情况 截至 2022 年 12 月 31 日，公司党委所属基层党组织 368 个，其中党委 45 个、党总支 20 个、党支部 303 个。其中：直属单位党委 14 个，直属单位党总支 5 个（含关务事业部党总支）；直属机关党委 1 个。共有中共党员 4 358 名，其中在职党员共有 4 309 名，离退休党员 20 名，其他党员 29 名。各直属单位党组织在接受中远海运物流供应链党委领导的同时，遵循属地化管理原则，接受属地上级党组织的管理。

坚持“两个一以贯之”，全面加强党的领导 公司党委坚持“两个一以贯之”，把贯彻落实《关于中央企业在完善公司治理中加强党的领导的意见》精神作为建设现代企业的龙头工程，持续深化领导体制、决策机制和决策流程标准融合，推动总部及 18 家直属单位修订“三重一大”决策事项和权责清单，建立健全“四会一层”法人治理结构和“权责法定、权责透明、协调运转、有效制衡”的治理机制。公司党委全年共完成 102 项审议事项、91 项前置研究事项，充分发挥党委在谋大局、议大事、抓重点过程中总揽全局、协调各方的领导作用，党委、董事会、经理层既做到了卡准位、不缺位、不越位，又做到了相互补位，分工不分家，形成了党的领导与公司治理的有机统一，切实把中国特色现代企业制度优势转化为治理效能。

聚焦混改落地，强化责任担当 增强党建工作的指导性和针对性，召开公司党建工作会制定年度党建工作要点，明确 27 项重点内容和 93 项具体工作任务。结合公司混合所有制改革中组织变革和党组织设置情况，针对各直属单位年度党建工作责任指标，签订 2022 年度党建工作责任书，对 360 余家企业的党组织隶属管理关系和企业党建有关情况开展全面排查梳理，召开直属单位党委书记抓基层党建述职评议会，全面推进企业在改革发展中管党治党责任同步落实落地。

聚力融合发展，发挥引领作用 坚持抓党建从业务出发、抓业务从党建入手，深入落实“党建成果运用年”工作要求，总结梳理“融合发展、赋能未来”特色党支部品牌创建工作经验和创新成果，坚持“135N”（贯穿“一条主线”，发挥“三个作用”，落实“五个标准”，形成“N 个品牌”）特色党支部创建工作模式，切实推动党建融合，赋能发展。结合公司战略性、全局性推行“项目制”管理的实际需要，逐步构建与项目制管理相配套的“支部建在项目上”党建工作模式，推动党建工作与项目建设一体谋划、整体联动、协同推进。

同步三基建设，建强战斗堡垒 同步健全基层组织设置，开展党建入章程、党组织工作机构和党务工作人员同步配备，推进混改期间基层党建“四同步、四对接”落实。明确北京、上海属地管理权责，落实党建“双重”领导工作机制，着力建设守信念、讲奉献、有本领、重品行的基层党组织带头人队伍和党务干部队伍，组织 153 名党员领导干部参加党建专题培训班，组织 247 名党支部书记和党务工作者参加年度党支部书记轮训班，组织 340 名党建信息化平台管理员开展操作技能培训。着力发挥党员先锋模范作用，开展“党员身边无事故、疫情防控做先锋”“让党旗在楼道一线高高飘扬”等主题活动，落实体制对接、机制对接、制度对接和工作对接。

发挥工会作用，助力发展赋能改革 组织召开专题职代会审议《员工持股方案》《混合所有制改革实施方案》等方案，深化混改中民主管理。

大力弘扬劳模精神、劳动精神和工匠精神，上海中远海运物流BOS中心项目组被评为2022年上海市工人先锋号，3家创新工作室命名为“中远海运物流职工创新工作室”。加强工会自身建设，印发《基层工会组建与换届选举工作指引》《中远海运物流工会组织管理机制调整方案》，实现工会组织建设标准化、规范化、产品化，更好地适应企业改革发展的需要。

坚持党建带团建，凝聚青春力量 公司团委班子由1名书记、6名委员组成。2022年11月成立中远海运物流供应链有限公司团委。2022年，全系统35周岁以下青年共4 417名，团员1 057名（含保留团籍的党员148名），分属16个团委、2个团总支、93个团支部。坚持党建带团建，指导系统团委以“青年精神素养提升工程”为抓手，围绕“学习二十大、永远跟党走、奋进新征程”主题，聚焦“四抓一突破”重点任务，深挖“青”字号品牌的新时代内涵，引导各级团组织和广大团员青年积极参与创新创效工程、项目制、青年突击队，引领团员青年在提质增效、创新创效中发挥生力军和突击队作用。指导直属团组织换届工作规范有序进行，深化“三力一度两保障”的工作格局，依托“职工创新工作室”“青创先锋工作室”等载体平台，不断强化引领凝聚青年、组织动员青年、联系服务青年的使命担当。

【廉政监督】

全面贯彻落实公司党风廉政建设和反腐败工作会议精神，充分发挥监督保障执行、促进完善发展作用，护航集团重点工作和公司改革任务落实落地。

“三不腐”一体推进 强化不敢腐的震慑，全系统受理处置问题线索56件，初步核实36件，谈话函询5件。其中，党纪行政处分9人，运用第一种形态处理9人次，第二种形态处理7人次，第三种形态处理3人次。扎牢不能腐的笼子，制定、修订《发挥基层纪检委员作用实施细则》《礼品礼金管理办法》《审计项目发现问题移送管理办法》《纪检监督会议制度》等多项重点制度。增强不想腐的自觉，印制我身边的廉洁小故事宣传册，召开全系统警示教育大会，制作警示教育片，从严惩治群众身边腐败和不正之风，核查涉及各级“一把手”违纪问题线索7件，靠企吃企问题线索11件，招投标问题线索2件。

反“四风”不断加强 深入学习贯彻习近平总书记关于反对形式主义官僚主义重要论述，开展反对形式主义为基层减负“回头看”。持续开展重要节点监督，加大监督检查力度，严肃查处顶风违纪案件。截至2022年10月底，全系统处置涉嫌违反中央八项规定精神问题线索22件，共立案6件，处分处理23人次，通报违反中央八项规定精神典型案例3件，释放纠治“四风”全面从严、一严到底的强烈信号。开展新组织架构下工作作风转变专项监督，深入查找影响新组织架构平稳有序及高效运行的关键问题，共收到涉及作风方面13项问题和29条意见建议，持续推动整改落实。

监督合力持续发挥 党委全面扛起巡察工作主体责任，制定9项巡察制度，将日常巡察与推进企业战略落地、深化改革有机结合，加大对基层巡察全流程跟踪指导，健全完善“远程＋现场”新模式全面提升两级巡察质量。全系统共开展巡察项目165个，共发现问题2 500个，整改完成率88.5%，如期实现全覆盖。构建“2+2+N”内部审计组织架构，全面落实“上审下”垂直审计管理机制，将常态化“经济体检”和重点工作相结合，开展11项重大基建项目跟踪审计，累计核减工程结算款3 438.8万元、核减招标控制价等11 606万元。持续强化审计成果转化运用，坚持“三不放过”整改原则，对审计问题进行“建账销号”管理。强化违规经营投资责任追究，年度累计追责9人次，开展组织处理5人次，扣减薪酬4人次。

【企业文化】

公司党委以深入学习贯彻党的二十大精神为工作主线，开设“喜迎二十大，奋楫新航程”“学习二十大，奋进新时代”等多个专题宣传栏目，巩固强化企业新时代主流思想舆论。持续推动28个"我为群众办实事"项目落地。围绕"宣传谁、给谁看、怎么宣传"，推进宣传工作理念、内容、手段创新，突出客户视角、员工视角、一线视角，深化融媒体建设，开通视频号，提高宣传工作传播力、渗透力、感染力和参与度。坚持典型引路，策划了"改革进行时""四抓一突破""项目制""奋斗者风采"等主题宣传，大力弘扬"以客户为中心，以奋斗者为本，自我革命"的企业文化，崇尚奋斗者、争做奋斗者已成为公司核心价值观。

在2022年中国物流业大奖"金飞马"评选中，公司荣获"2021物流业'金飞马'综合实力企业""2021物流业'金飞马'社会责任企业""2021物流业'金飞马'供应链服务企业""2021物流业'金飞马'冷链物流企业"和"2021物流业'金飞马'智慧物流企业"称号。韩骏获评2021物流业"金飞马"物流时代年度人物。在2022年第十九届"金轮杯"中国货运服务质量跟踪调查活动评选中，公司荣获"中国货运代理TOP50"称号，中国外代荣获"用户满意的无船承运人"和"用户满意的船舶代理企业"称号。

【战略合作】

2022年4月28日，中远海运物流供应链与临沧市人民政府、山东省港口集团在青岛签署合作协议。临沂市委书记任刚，市委常委、秘书长薛峰，副市长毕黎明，山东省港口集团党委书记、董事长霍高原，党委常委、常务副总经理蔡中堂，党委常委、副总经理孙正甫，中远海运集团总经理助理兼中远海运物流董事长、党委书记韩骏（线上参会），中远海运物流供应链总经理蒋恺（线上参会）、总会计师段永桓（线上参会）等领导参加活动。签约仪式上，中远海运物流供应链与临沂市人民政府签订了战略合作协议，与临沂市经济技术开发区、山东港口产城融合集团有限公司签订了临沂中远海运智慧物流园项目合作框架协议。

同年5月10日，中远海运物流供应链与临沧市人民政府、德阳市人民政府战略合作框架协议签约仪式在四川德阳举行。临沧市委副书记、市长杜建辉，德阳市委副书记、市长刘光强出席签约仪式，中远海运物流供应链西南大区受总部委托参加仪式。在新的框架协议下，各方将按照"有事互补、市市合作、政企合作、共同发展"的原则，依托德阳产业重镇的地位，利用临沧口岸枢纽的优势，充分发挥中远海运物流供应链网络优势和综合物流能力，共同推进中缅印度洋新通道高质量发展，实现以通道带物流、以物流带商贸、以商贸带产业、以产业促发展的目标，在全力贯通国内国际双循环、构建新发展格局中勇担重任，为服务"一带一路"建设、西部陆海新通道建设贡献积极力量。

同年7月28日，中远海运集团总经理助理兼中远海运物流供应链董事长、党委书记韩骏带队拜访了包头钢铁（集团）有限责任公司（以下简称"包钢集团"），并调研内蒙古中远海运包钢物流有限公司。包钢集团董事长、党委书记魏栓师等接待了韩骏一行，双方就扩大和深化合作进行了深入交流。会上，双方签署了战略合作协议。双方一致表示，要积极进行战略对接，本着优势互补、合作供应方针，强化顶层设计，接轨战略重点，聚焦关键项目落地，以新的商业模式推动战略落地；要进一步探讨资本合作，抓住合适契机在资本层面开展更深度合作，提升战略融合度。

【社会责任】

发挥保供稳链价值贡献 坚决落实"疫情要防住、经济要稳住、发展要安全"重要要求，在守住不发生聚集性疫情底线的基础上，充分发挥产业覆盖广泛、物流场景丰富的综合优势，积极助力上海民生保供、保通、保畅，中小微企业纾困解难，收到客户感谢信120余封，央视、《人民日报》等主流媒体转载宣传报道100篇，行业社会媒体480余篇，彰显了央企责任担当。在助力保通保畅方面，创新"陆改水""陆改铁"等服务模式，全力打通物流供应链堵点和断点，保障客户供应链畅通，为重点客户完成能源保供煤炭、农业原料、化工原料、电子原件、机械设备及各类产成品的物流服务共计 30 711TEU/478 万吨 /16 238 立方米。在助力上海保卫战方面，疫情期间为上海地区运送 5 万吨蔬菜，集中配送肉类、水产品等民生食品 15 万吨、防疫物资 1.2 万吨。在助力中小微企业纾困解难方面，与集运协同为中小微客户提供美线专用舱位保障服务，截至 2022 年 10 月底累计为 1 089 个中小微客户完成订舱 5 361TEU。落实国务院国资委房租减免政策，为 192 家小微企业和个体工商户减免房屋租金 1 166.2 万元。

落实帮扶兴农和对外捐赠任务 按照集团和物流总部关于"央企消费帮扶兴农周"活动工作安排，各级工会积极推进，充分调动各方面资源，完成 194 万元消费帮扶金额，超额 175% 完成集团下达的任务指标，彰显了物流的央企本色和责任担当。研究制定《中远海运物流供应链有限公司对外捐赠管理办法》，并协调落实集团下达的 600 万元对外捐赠资金任务。

加快绿色低碳转型发展 紧跟新兴行业发展形势和传统行业升级机遇，优先选择具备绿色低碳服务意识和服务能力的供应商，加大在仓储资源项目上使用新型环保材料和节能减排设施，加大在通道平台项目上使用新能源车辆和自动化设备；加快绿色低碳智能场景落地。加快在甩挂物流平台上的数字化引领，实现开放平台、自动派单，拓展大数据可视化应用，打造环渤海湾数字化供应链服务平台。探索开发快递联运新产品，积极创建海上冷链新通道，通过投入车船资源、缩短运输距离、使用重复包装等，大幅提高运输时效和双向利用率。加力推广华南化销"集改散"、贵州磷化"散改集"、镇江孚能"双仓联动"、浙江青山"闭环航线"、长江通道"陆改水""陆改铁""海铁联运"等先进产品的理念思维模式，通过复制迭代增强客户价值的有效驱动。

中国外轮代理有限公司

中国外轮代理有限公司

【公司概况】

中国外轮代理有限公司（简称“中国外代”或 PENAVICO），原为中国外轮代理总公司，成立于 1953 年 1 月 1 日，是中国国际船务代理和国际运输代理行业的领导者，其专业经验和市场地位被业界所公认，“PENAVICO”作为其注册商标，代表着准确、及时、文明、周到的服务。中国外代总部设在北京，下设 80 多家口岸外代，有遍布全国的 300 多个业务网点，在美国、欧洲、日本、韩国、新加坡、中国香港设有代表处，具有完善的服务网络。

1992 年底，随着中远总公司更名为中国远洋运输（集团）总公司，在经过了 31 年“一套机构、两块牌子”体系之后，外代总公司从中远总公司分离出来，恢复了企业法人独立运作体制，成为中远集团的重要一员。2004 年 2 月 19 日，中国外轮代理总公司更名为中国外轮代理有限公司，从 2002 年起与中远海运物流为“一套人马、两块牌子”。

【经营效益】

在国内外疫情反复、地缘政治冲突、港口外贸吞吐量下降等不利的外部情势下，各口岸公司从增强客户关心关怀、提升代理服务水平、深挖客户需求痛点等细微处着手，努力稳定船代业务份额，并积极推进项目制、船代数字化、船代物流化等固本强基和转型升级工作，努力寻找和拓展新的业务增长点。2022 年，公司全年实现箱量 1 596 万 TEU，货量 10.93 亿吨；船舶代理业务实现累计营业收入 45 700 万元，同比增加 3.2%；营业毛利 16 751 万元，同比下降 7.2%。

【业务发展】

重要协议签署：经过多轮艰苦磋商，与核心客户地中海航运、中远海运散运、中远海运能源协商一致，同意在代理费率保持不变的基础上续签 2022 年度代理协议，为船代业务线的收入稳定提供了重要保障；牵头外代广州分公司投标并获得海洋石油工程广东区域（非深圳）船舶海事服务三年期项目，显示出船代板块海工船一体化服务已得到业主的专业性认可；完成与中远海运石油、友好航运、时代航运、浙江协海、宝钢等集团内外客户的协议续签与新签。

开拓新增业务：紧抓葡萄牙船公司 GS line 对原合作代理不满的契机，积极向客户推介公司优质服务，牵头上海外代成功获得该客户在国内独家订舱代理业务；帮助英国全海航运（DKT）取得交通运输部班轮资格证书，启动以宁波为母港的中英定期集装箱班轮航线运营，成功揽取该船东在宁波、深圳、东莞等多口岸船代及延伸服务业务；帮助富兴航运、疆捷航运取得交通运输部班轮运输资格证并取得其华东、华北至俄罗斯定期班轮航线船代、单证相关业务；把握集装箱班轮市场对多用途船需求激增的市场形势，调研并发布《MPP 船装集装箱业务标准操作流程 SOP 汇编》服务产品，指导口岸合理合规争取和操作 MPP 船代理业务。

【品牌建设】

适逢中国外代成立 70 周年，带领各口岸公司妥善筹备和稳步推进相关庆典活动，包含宣传视频、纪念画册、主题徽标、小型展览、征文活动、老领导座谈、客户招待会、优秀外勤评选、周边纪念品等，力争通过形式多样、内容丰富的纪念活动，生动展现中国外代历史沿革和文化底蕴，凝聚系统员工归属感和使命感，强化对外形象和品牌价值。

中国外轮理货有限公司

中国外轮理货有限公司

【公司概况】

中国外轮理货有限公司（简称“中国外理”或COSTACO），原为中国外轮理货总公司，成立于1961年，是经交通部批准、国家工商管理总局登记专门从事船舶理货业务的国有重要骨干企业。先后隶属交通部、中央企业工委、国务院国资委管理；2005年，根据国务院国资委国企改革精神，成为中远集团所属全资子企业；2017年，与中远海运物流整合重组，并完成了公司制改制，名称变更为中国外轮理货有限公司。重组后，中远海运物流与中国外理为“一套人马、两块牌子”。

中国外理经营范围为：国际国内航线船舶货物及集装箱的理货、理箱；集装箱装、拆箱理货；货物计量、丈量；船舶水尺计量；监装、监卸；货损、箱损检验与鉴定；出具理货单证及理货报告；理货信息咨询相关业务；易流态化固体散装货物取样、监装等业务；石油化工品、农产品、矿产品、木材、设备等商品的检验鉴定、检测服务，海事鉴定服务，保险公估服务。

中国外理以“严守公正立场，遵循实事求是原则，维护委托方合法权益”为公司从业准则，所属各口岸合资合营公司在全国有60余家，主要是以参股为主（且股比较低），公司遍布我国沿海、沿江对外开放口岸，通过股东会、董事会、监事会“三会”实施管理，向广大客户提供全方位、全天候的理货、检验等第三方公正服务。

中国外理始终以客户为中心，努力提高理货服务质量，不断改进服务手段和服务技能，借助理货第三方公正性和24小时无间断工作在货物进出口交接现场的优势，积极协助海关监管，成为维护国家经济贸易安全的一支重要力量。近年来，中国外理以优质的理货服务品牌为基石，大力拓展检验等第三方公正业务，以研发理货大数据平台与智能理货产品为创新驱动，逐步从以投资管理为主，向物流产业链中第三方公正经营人转变，着力打造一流的综合性第三方公正服务平台。

【经营效益】

2022年，中国外理秉承为客户提供优质服务的理念，创新服务模式，提升核心价值。全系统积极融入全国智慧港口建设，智能理货覆盖率大幅提升，各口岸依托良好的理货数据基础，积极开展数字化产品研发，为客户提供更多增值服务，为固本强基赋予了科技力量。

2022年，全系统理货收入29.82亿元，其中：集装箱业务收入19.59亿元，占比65.69%；件杂货业务收入6.26亿元；延伸业务收入3.97亿元。全系统实现理货艘次477 842次；完成理箱量1.69亿TEU；完成理货量22.75亿吨；完成装拆箱量174.42万TEU。

【政策维护与业务拓展】

坚持固本强基，提升行业地位。全系统依托港口资源背景，充分发挥第三方公正性、7×24小时作业、遍布全国口岸的网络等优势，以客户为中心，深挖客户需求和痛点，积极拓展延伸业务，确保主业稳定。中国外理总部会同理货协会，积极研判行业发展趋势，顺应改革要求，持续优化理货行业发展环境。一是持续跟踪关注《中华人民共和国港口法》《中华人民共和国海关法》《港口经营管理规定》和《港口收费计费办法》等对理货行业有重要影响的法律法规的修订情况。二是与交通运输部、海关总署等政府主管部门保持密切联系，及时向政府主管机构及有关部门反映意见和建议。三是关注国家对港口收费的价格检查和反垄断调查的工作进展情况和工作要求。四是推进理货行业标准化建设工作，及时将《进出境件杂货船舶理货业务规程》向口岸公司推广执行。

理货数字化转型：智能理货持续深化。全系统在集装箱智能理货的基础上，继续加大新技术、新设备的应用，助力理货工艺向自动化、智能化创新升级，实现数据人工采集向智能采集的转变，不断提升数据采集的效率和效能，持续优化客户体验和服务品质，在科技转型方面取得了新成果。坚持总部数字化引领。年度全系统各口岸公司智能理货建设已经取得了显著成果，特别是集装箱智能理货发展较快，技术相对成熟，覆盖率达到85%以上。件杂货智能理货、无人机水尺、木材智能理货等技术创新正在持续推进中。在完成智能理货建设的目标后，各口岸公司对数字化转型也提出了更高的要求。为进一步推进全系统数字化转型，发挥总部赋能和服务职能，中国外理总部于2021年11月初举办了系统智能理货发展暨数字化转型交流会议，谋划信息化发展和理货数据应用方向。特别邀请上海海事大学专家团队，分享数据应用新思路和路径，发挥产学研相结合的优势，共同为口岸公司智能化数字化建设赋能。口岸公司高新技术企业不断涌现。南京、大连、广州等口岸公司成功申请国家高新技术企业资质。通过积极开展技术创新和产品研发，核心自主知识产权、实用新型专利、软件著作权专利、研发产品及研发技术成果转化等指标均达到了国家评定标准。

理货向检验业务转型：加强顶层设计，创新合作模式。中国外理总部加强内外部资源整合，引领系统检验业务转型发展。2022年3月4日，中国外理、中理检验与BV集团在北京签署了战略合作协议，进一步发挥各自资源优势，运用产业链经营理念，在检验市场开发、大客户营销、技术创新、网络布局、实验室协同等方面全面深入合作。2022年，秦皇岛、唐山、沧州、莆田等多家口岸公司与BV在铁矿石、铜精矿、铝矾土等大宗商品检验，以及化工厂审核认证等方面成功合作，形成了“现场＋技术＋品牌”的合作新模式。加强政策学习，赋能口岸发展。中国外理总部紧随检验行业发展趋势，组织开展检验行业新政策解读、分析头部企业发展动态、加强系统培训、业务座谈交流、引导项目合作。组织系统口岸公司参加了市场监管总局《进出口商品检验机构资质认定准入特别条件》、海关总署《中华人民共和国海关进出口商品检验采信管理办法》相关培训5次；参加了中国进出口检验检疫协会主办的检验机构和实验室内审员培训班、检验鉴定业务培训班、中国海事局危险品装箱员培训共21次。2022年，全系统205人取得了协会培训证书，6人取得了检验机构和实验室内审员专业证书，9人取得了中国海事局危险品装箱员证书，为口岸公司加快拓展检验业务奠定了坚实的基础。

【企业管理】

建立健全现代企业制度。全系统积极落实《国企改革三年行动方案（2020—2022年）》，把加强党的领导和完善公司治理统一起来，建立和完善以公司章程为核心的制度体系。进一步厘清党委（支部）、董事会、经理层等各治理主体的权责边界，落实董事会职权，持续健全公司治理机制。依据《中华人民共和国公司法》及公司章程，股东双方推进相关制度的修订，包括任期制和契约化管理实施方案、董事会授权管理办法、董事会对经理层授权清单等制度，提升公司治理水平。

不断完善现代企业治理机制。全系统各公司已建立“四会一层”的法人治理结构，初步形成“权责法定、权责透明、协调运转、有效制衡”的现代企业治理机制，明确不同治理主体权责边界。党委会、董事会、监事会、经理层发挥各自职责，把方向、定战略、强监督、抓落实，推动公司高质量发展。

加强亏损微利企业治理。根据国务院国资委

关于加强中央企业参股公司治理的相关要求，外理总部对全系统连续亏损、微利，以及超过三年未分红的个别企业进行了梳理，处置了持有的股权或推动清算关闭，收回了中理品牌字号，进一步推动全系统瘦身健体，提升发展质量。

【品 牌 建 设】

坚持以提升中国外理品牌知名度和行业公信力为目标，通过多角度聚焦，讲好外理故事，筑牢宣传阵地。一是聚焦保通保畅。着力报道全系统在疫情反复影响下，开展的供应链服务保通保畅、纾困解难助力发展、全力保障复工复产等多样化工作举措，展现外理人抗疫情、稳经营、保畅通的责任担当与大局意识。二是聚焦创新动力。有全景、有特写，全方位展示全系统在智能理货建设、数字化转型、实用新型专利等方面所取得的成就，反映了外理人大胆创新、锐意进取的奋斗故事。三是聚焦榜样典型。持续报道外理人在疫情防控和复工复产中先进集体和个人的光荣事迹；专栏宣传交通运输部第一届“最美港航人”事迹，集中展示入围、获奖者风采。通过传播榜样正能量，增强理货行业自豪感。四是聚焦基层风采。借助传统节日开展丰富多彩的宣传活动，展示员工风采，展现企业活力。通过生动有趣的图文、影音素材，描绘出可敬可爱、鲜活生动的外理人形象。

2022 年中远海运物流供应链生产经营情况见表 14–4。

2022 年中远海运物流供应链生产经营情况表 表 14–4

类别	项目	单位	数据
生产情况	仓储物流	万吨	3 370
		亿件 / 台	5.19
	化工物流	万吨	271
	冷链物流	万吨	62.7
	空运物流	万吨	18.57
		万单（电商）	1731
	散货物流	亿吨	4.72
	工程物流	万吨	289.2
	集装箱物流	万 TEU	338
	船舶代理	万 TEU	1 547
		亿吨	10.93
	理货业务	万 TEU	1 593
		万吨	9 394
	检验业务	票	75 897
财务情况	总资产	亿元	383.50
	净资产	亿元	223.15
	总收入	亿元	330.43
	利润总额	亿元	15.55
	净利润	亿元	12.98
人力资源	职工人数	人	9 967

（孙洋洋）

中远海运重工有限公司

中远海运重工有限公司

中远海运重工有限公司（简称“中远海运重工”，英文简称COSCO SHIPPING Heavy Industry）隶属于中远海运集团旗下的装备制造产业集群，是以船舶和海洋工程装备建造、修理改装及配套服务为一体的大型重工企业，是世界知名航运公司和海洋石油服务商在中国的重要业务合作伙伴。中远海运重工致力于振兴中国船舶与海洋工程装备制造产业，为国际航运和海洋开发提供一流装备和服务，努力打造中国领先、世界一流的船舶和海洋工程装备制造企业。

中远海运重工致力于打造技术领先的装备制造企业，拥有多个国家级企业技术中心、一流的海洋工程装备研究院，以及2 500余名技术研发设计人员和10 000余名高素质的技术工人。在中国率先倡导并探索智能建造的新模式，公司致力于推动产品优化升级，向“绿色化、智能化、高端化”发展。

2022年，中远海运重工在集团的正确领导下，坚定贯彻落实年初提出的“坚持‘价值创造’核心理念，提升三个‘发展新动能’，夯实六大‘关键基础’”的工作思路，积极把握有利因素，稳妥防控各项风险，高效统筹疫情防控和经营生产科研等工作，较好地完成了2022年度各项任务。

【生产经营】

2022年，中远海运重工坚持“数量充足、质量合格、节奏均衡、风险可控”的工作方针，做到系内系外、国内国外、近中远期的三个相对均衡。面对纷繁复杂的国际形势和跌宕起伏的市场环境，以及汇率、通胀等成本压力，中远海运重工累计完成接单超过560亿元，超额完成全年接单指标，并创公司重组以来新高。

中远海运重工造船业务自有设计船型不断获得船东认可，实现两型船舶订单突破，其中63.6k散货船订单累计达到13艘，初具系列化。修船业务脱硫塔安装和双燃料改装等关键项目继续发力，继续保持中国修船市场份额第一的行业位置。海工业务着眼新能源市场，积极践行结构转型，继续加大与风电船公司的合作，并在续签的项目实现风电新能源和甲醇新燃料的“双新”船舶。配套业务克服疫情不利因素，所属配套企业均实现盈利。

2022年，中远海运重工造船完工66艘/589.40万载重吨，比上年增长20%。新承接造船订单785.98万载重吨，年末手持订单1 681.57万载重吨，比上年增长13.24%。修船年度累计出厂1 135艘船，产值64亿元。海工年度累计交付7个海工项目和4个模块项目。年度项目交付完成率100%，项目主要节点按时实现率100%。

中远海运重工积极赋能集团航运主业，贯彻落实集团关于推进“新能源业务转型”总体工作部署，通过组织新船型专题研讨会、定期召开工作跟踪会及现场巡回等方式确保项目前期研讨、生产技术准备等各项工作稳步推进。进一步强化精益管理工作，通过对标川崎，推进“一企一策”管理改善等工作开展，企业生产效率不断提升，产品质量逐年提高，核心竞争力进一步增强。结合集团“党建领航”的引领，积极开展“基层党支部学川崎精益管理”项目评比、“重大项目保节点保交付”竞赛评比活动，充分发挥基层党支部战斗堡垒作用和广大党员先锋模范作用，高效促进生产经营能力不断提升。

2022年，公司实现营业收入249.65亿元，完成规划指标222亿元的112.65%；利润总额是

4.19亿元，净利润3.78亿元，完成考核净利润3亿元，实现连续考核盈利；全年接单555.47亿元，同比增长15.2%。关键绩效、关键经营、科技研发等各项指标均有不同程度涨幅。

【防疫复产】

2022年3月，上海暴发新冠病毒疫情，中远海运重工始终把疫情防控工作作为首要任务，坚决贯彻落实中央及上级关于疫情防控工作的重要指示精神，坚持一手抓经营生产，一手抓疫情防控，确保了企业防疫形势稳定、经营生产连续。在公司总部大楼封控期间，大部分干部员工居家远程办公，部分人员留守办公，确保公司总部功能正常运转和人员健康安全。公司先后组织召开各类防疫专题会70余次，统筹指导和协调在沪企业战疫工作，强化疫区综合保障服务，开展爱心物资配送，建立员工服务热线，帮助解决员工“急难愁盼”问题，选拔推荐40名骨干员工加入上海市党员先锋突击队，动员在沪企业200余名党员志愿者向社区报到，参与市、区和街道疫情防控工作900余人次。针对上海重工“322”涉疫情况，果断采取封闭停产、人员静态管控等有力措施，第一时间阻断疫情传播，为上海和集团抗疫全局作出了贡献。

上海疫情防控形势平稳后，积极做好总部员工规模化返岗工作，第一时间恢复总部办公，部署在沪企业落实恢复正常生产生活，实现了非常时期企业生产经营的有序恢复。严格落实造修企业高风险岗位人员“两点一线”的集中封闭管理，强化各项海外防感染和境外疫情输入的防疫监督，成功处置多起船员涉疫工作。指导支持启东海工12名海外项目人员分批按期回国，多方争取帮助南通重工装备滞留俄罗斯的工程项目人员返回，保障了企业生产经营稳定和员工生命健康安全。

经营中心严格落实重工防疫办及集团要求，积极配合做好防疫工作。居家办公期间，经营中心积极与公司防疫办做好对接，指派专人跟踪员工抗原与检测核酸结果，了解居住小区封闭情况等，每日将相关防疫信息进行图表滚动更新并与重工防疫办进行报备。同时，经营中心各部门在居家状态依然每周召开部门例会，通过视频、电话等多种形式保持沟通，充分利用条件克服困难，确保工作有序推进。

为帮助国外船东客户赴国内进行建造、修理等相关业务，中远海运重工多方争取，在集团公共关系本部等部门的大力支持帮助下，积极做好国外船东、机务、服务商等人华签证的申请，为企业生产经营作出了重要支持。

2022年，中远海运重工共办理来华人员邀请函申请6批次，共开具526人次，涉及澳大利亚、希腊、英国、法国、巴西、印度等23个国家和地区。项目紧急时，积极与相关部门进行联系沟通，加急办理邀请函，确保关键人员按期到厂开展工作，减少对疫情对项目推进的影响。

【企业改革】

全面贯彻落实国务院国资委和集团关于国企改革三年行动方案。聚焦重点领域，制定并印发《中远海运重工改革三年行动实施方案工作清单》，自我加压部署10个方面89项改革工作，明确节点和责任人，截至2022年底已经全部完成。

持续推动供给侧结构性改革，重大投资项目落地，产业布局进一步优化。一是将造船产能向扬州重工和两家川崎集中，其他修造并举企业资源加大力度向修理改装业务转型，造修船产业链进一步得到优化。大连川崎2号坞正式启用，形成两坞产能。二是推进华南基地选址、南京船配智慧工厂、启东海工坞（已经投产）、舟山重工四号坞、扬州重工管子车间等重大战略项目研究推进和建设，为重工长远发展奠定坚实基础。

优化资本结构，盘活土地资源，资产利用效率进一步提升。上海黄浦江两岸地块收储取得实质性进展，已经签署收储协议；广东重工东莞厂区、获港船厂闲置场地出租取得良好收益。

落实助企纾困政策，与小微企业共战疫、共渡难关。全面排摸自有物业出租情况，积极与租户沟通，梳理符合减免条件的租户单位共58户，出租面积合计约241 186平方米。积极贯彻减免政策，对58户租户普遍减免3个月租金，对28户在中高风险所在区域租户，再减免额外3个月租金，全年企业减免租金约797万元，切实减轻服务业小微企业和个体工商户的经营负担。

【科技创新】

2022年，公司贯彻落实“提升科技创新‘发展新动能’，积极践行科技领航”，修订完善《中远海运重工“十四五”科技发展规划》和《中远海运重工“十四五”数字化转型规划》，落实并链接了集团规划，擘画了公司科技发展和数字化转型蓝图，以规划系统性引领公司科技创新发展。

2022年，设计研究院、扬州中远海运重工、大连中远海运重工等单位参与重工《长江大型船舶充电/换电零碳动力及智能技术应用研究》《氨燃料供应及辅助系统集成与配套设备研制》《智能船舶技术协同研发平台研究》《新燃料动力船排放在线监测与控制技术研究》等项目获工业和信息化部批复；大连中远海运重工依托《氨燃料动力船舶新技术与新装备应用研发》申报2022年交通运输行业重点科技项目获得立项批复。

中远海运重工首个指定研究“氨动力双燃料发动机及供应系统研发和示范应用专项”立项，中远海运重工科研项目取得重大进展。2022年10月12日，项目首型氨柴双燃料性能试验机在上海交通大学动力装置及自动化实验室成功点火，实现了80%能量替代下的稳定运行，大连中远海运重工、威海重工科技分别获得中国船级社及美国船级社供氨动力拖轮设计AIP证书和供氨系统设计AIP证书。

南京船配荣获国家级专精特新“小巨人”企业的认定，大连海事工程、南通重工装备、南通远洋配套、广东中远海运重工获得省级专精特新中小企业认定。南通远洋配套和威海重工科技先后获得江苏省、山东省级企业技术中心认定，南通中远海运川崎和舟山中远海运重工分别获得国家级、浙江省博士后科研工作站设站。

南京船配“船用低速柴油机排气阀阀杆关键技术研究”获得第五届全国设备管理与技术创新成果一等奖，“船用低速柴油机气阀制造关键技术及产业化”获得全国商业科技进步奖一等奖。大连中远海运川崎“船舶水下检测智能装备关键技术与应用”项目获得2021年中国产学研合作促进会产学研合作创新成果一等奖（第3位完成单位）；启东中远海运海工“复杂海底地质大型风电基础安装关键技术与系列装备”获得中国机械科学技术奖一等奖（第6位完成单位）；舟山中远海运重工“152 000DWT DP2穿梭油轮建造项目”获得浙江省工业大奖。

【智能制造】

2022年11月16日，中远海运重工与中船集团第十一研究所在上海联合举办“2022第四届船舶工业智能制造论坛”。论坛采用主题讲座+专家研讨会议模式，“线上+线下”相结合，船舶行业组织、中远海运集团、中国船舶集团、骨干船企、研究院所、高校等单位约20多位专家学者参加了现场会，约2 000余人次行业内人员收看了网络直播。此次论坛聚焦贯彻落实造船强国战略，围绕船舶总装建造数字化转型展开交流与研讨，持续打造船舶行业智能制造交流平台，助推船舶工业数字化转型。进一步探索数字化制造的现代新型制造方式，培育新兴经济增长点，中远海运重工委托南京船配开展建设增材制造实验室。

【风险管控】

2022年，中远海运重工始终践行“管业务必须管风险、管业务必须管合规”的基本理念，持续健全、优化法务、合规与风险管理体系。紧盯重点工作领域和业务流程关键环节，坚持问题导向和风险导向并行，体制机制的建立健全同步，做好风险动态跟踪研判、应对处置，积极发挥法务合规风控工作的强管理、防风险作用。

公司积极完善汇率风险防控长效机制，强化

风险管控，扩大远期结汇年度额度，并将远期锁汇方案纳入项目评审。合理管控外币资金，尽可能平衡外币资产负债规模；推动集团内船舶修理项目跨境人民币结算，采用同币种收支相抵的手段，减少外币风险敞口。

争取到进出口银行免担保政策性低息贷款，向财务公司为专精特新企业落实优惠成本专项贷款，降低重工整体资金成本。

跟踪企业年度经营现金流和“两金”年度指标完成情况。要求“两金”增幅较大的企业落实既定的压控措施，通过加强资金管理和统筹安排，确保重工整体资金安全。

【安 全 环 保】

2022 年，按照集团的统一部署，中远海运重工坚持“三严”安全工作准则，以“学川崎、强管理、抓三基、促改善”为工作重点，全面推进公司安全环保工作，全年安全生产形势保持稳定。

引领融合，深度推进“党建 + 安全”系列活动。各基层企业按照重工党委和安委会联合开展“党建 + 安全”活动安排，积极开展了党建 + 安全改善和党建 +6S 强化行动，通过活动，进一步降低或消除了作业现场的安全风险，推动安全改善向源头改善、本质改善、自发改善迈进，促进作业现场更规范、更整洁、更安全，推动全系统“党建 + 安全”同步提升、深度融合、创出品牌。

深入推进，自主安全“学川崎”工作取得成效。按照重工 2022 年初工作会的部署，先后印发《中远海运重工 2022 年自主安全“学川崎”工作实施指导意见》和《中远海运重工 TBM 班组安全晨会规范指南》，全面推动 2022 年自主安全“学川崎”工作，促进基层班组自主安全能力提升。

加大投入，生态环保治理水平稳步提升。按照上级的指示要求，稳步推进各项生态环保举措。印发实施《中远海运重工挥发性有机物 (VOCs) 治理减排工作指导意见》，组织企业制定《生态环保改进提升三年滚动行动计划》。2022 年，重工全系统生态环保投入达到 1.4 亿元，有效保障环保资金投入，重点环保治理工作有序推进。

科技兴安，设备设施本质安全水平不断提升。探索智能化安保、维保技术，完成龙门式起重机防碰撞系统、结构应力动态监控系统和门座机智能润滑系统等项目的技改，提高设备本质安全。借助用数字化、信息化手段，完成了重大危险源极早期预警系统、有限空间作业人员生命保障系统等科技兴安项目，促进安全管理再上新台阶。

【人 力 资 源】

中远海运重工深入贯彻落实国务院国资委和集团党组关于国企改革三年行动、优秀年轻干部队伍建设、高层次人才引进等重大工作部署，统筹疫情防控与干部人才队伍建设，加强干部选拔任用、年轻干部培训培养、高层次人才引进、专业人才素质提升、薪酬分配机制完善等重点工作，推动干部人才队伍建设取得一系列新进展、新成效。

持续优化干部队伍结构。全年调整干部 24 人次，其中总部与企业、企业间交流调整 6 人次，提拔使用 4 人，退出领导岗位 8 人。党委管理干部中 45 岁及以下 25 人、占比 17%，正职 50 岁及以下 22 人，初步形成老中青相结合的年龄结构。制定印发《优秀年轻干部队伍建设管理办法》《优秀年轻干部培养选拔工作指导意见》，选拔首批优秀年轻干部库，其中“云帆”库 12 人、“竞帆”库近 70 人、“扬帆”库 400 余人，形成了梯次递进、结构合理的重工年轻干部储备队伍。

全面推进人才引进培养。制定印发《高层次人才引进管理办法》，推进 6 家单位完成高层次人才引进任务。全年社会招聘 333 人，校园招聘 222 人，“双一流”院校和重点海事院校毕业生比例持续提高。推进校企联合培养工作，与上海交通大学签订《研究生专业实践基地合作协议》，与同济大学联合培养研究生 3 人。制定印发《管培生培养管理办法》，建立实施管培生选拔培养制度。

优化薪酬激励机制。修订《所属企业工资总额管理办法》，明确所属企业工资总额与净利润、经营业绩考核得分线性挂钩。修订完善《总部员工薪酬管理办法》，通过宽带薪酬结构和差异化分配，激发员工积极性。实施科技研发激励措施，对6项重点扶持科技研发项目给予工资总额单列，在南京中远海运船配、大连海事工程、威海重工科技3家企业实施科技企业项目分红激励。按照集团政策，组织实施企业年金补缴，为员工谋取利益。

【企业党建】

2022年，面对复杂多变的国际政治经济形势和复杂严峻的新冠疫情考验，中远海运重工党委坚持以习近平新时代中国特色社会主义思想为指导，认真贯彻落实党中央和集团党组的决策部署，把学习宣传贯彻党的二十大精神作为首要政治任务，统筹疫情防控和生产经营，聚焦价值创造，坚持党建领航，推动融合发展，凝聚奋进力量，以高质量党建引领保障企业高质量发展。一是坚持围绕主题主线，学习宣传贯彻党的二十大精神富有成效；二是坚持加强政治建设，贯彻落实党中央决策部署坚强有力；三是坚持夯实党建根基，基层党建质效稳步提升；四是坚持深化改革创新，干部队伍建设不断优化；五是坚持严的基调，全面从严治党向纵深发展；六是坚持服务中心大局，宣传思想建设再上新台阶；七是坚持凝人心聚合力，和谐稳定基础进一步巩固。公司党委召开第二次党代会，完成两委换届选举工作，总结过去五年工作成绩，分析公司推进高质量发展所面临的形势，提出今后五年奋斗目标和工作任务。深化"3+2"特色党建品牌建设，命名表彰第四批"特色党支部"。所属南通中远海运船务/启东中远海运海工、舟山中远海运重工、大连中远海运重工积极开展项目党建、分包方党建、党建共建的5个典型实践案例，获评全国企业党建工作优秀课题成果、案例和品牌。

2022年，中远海运重工纪委坚定不移深化全面从严治党，一体推进"三不腐"，为公司高质量完成年度目标任务提供了有力保障。具体化精准化常态化开展政治监督，围绕绿色数字智能发展实施21个重点监督项目，抓好疫情防控和安全隐患排查整治专项监督，为生产经营保驾护航。贯彻"三不腐"一体推进"一一九工程"，两级纪委处置问题线索62件，运用"四种形态"处理69人次，挽回经济损失92万元。制定完善《关键岗位人员监督管理办法》等12项纪检监督制度，推动所属企业建立廉洁风险防控、反腐败制度机制174项，强化制度建设和执行情况监督检查。聚焦"关键少数"，对"一把手"和领导班子成员约谈提醒14人，对全系统1 200余名年轻干部、关键岗位人员开展集体廉洁从业谈话。以集团"七个严禁"和"十八条红线"为抓手，持续防范纠治"四风"，筑牢中央八项规定精神堤坝。对5家单位开展巡察，完成一届任期巡察全覆盖，深入开展巡视巡察整改"回头看"。编发《巡察工作手册》，推动巡察工作规范化。实施各类审计项目86项，促进增收节支1 340余万元，日常监督核减1 700余万元。制定《中远海运重工监督工作"十四五"数字化转型规划》及实施方案，有序推进"智慧监督"基础建设。

【企业文化】

2022年，中远海运重工宣传系统聚焦"绿色化生产、数字化运营、智能化制造"开展系列主题宣传，及时全面地反映重工改革发展新成效。重工自主研发设计的82 500DWT散货船等多个船型订单签约、全球首艘第四代自升式风电安装船交付启航等新闻报道引发良好反响。TBM班组安全晨会规范指南发布、南通中远海运川崎"无监造"管理纪实、大连中远海运川崎百船交付、统一经营二十年等报道，被中央、集团和行业媒体刊登和转载。在第二十六届船舶新闻奖、第十五届船舶新闻先进企业报刊评比中获得一等奖1个、二等奖2个、三等奖5个，先进企业报刊2个。

创建重工微信"视频号"，推出18期视频作品。推进融媒体机制建设，完善宣传工作策划、联动、考核和激励机制，组建重工微信小编队伍，加强重工及所属企业微信公众号管理及推广工作，做到应建尽建、规范管理。增强传播质效，不断提升品牌影响力。

制定《新闻宣传工作管理办法》《舆情管理与处置实施细则》和《新媒体平台管理规定》。组织召开重工宣传思想工作会暨党建政研会年会，表彰宣传报道工作先进典型和党建思想政治工作优秀研究成果，重工党建特色品牌工作研究成果获交通运输部政研会优秀奖。全系统完成101 项研究课题，8 个党建政研成果获得集团政研会表彰。完善重工中英文网站的维护管理，及时更新网站和微信平台的产品信息。对重工企业文化展厅进行升级改造，制定完善重工《企业文化纲要》，更新制作重工企业宣传片，提升重工文化内驱力。

2022 年，中远海运重工工会通过推进“职工好食堂”（2.0 版）建设，进一步提升全系统职工食堂精益管理工作，把职工食堂办成深受职工喜爱的温馨家园；工会紧密围绕坚持一个核心理念，突出提升三个“发展新动能”，夯实六大“关键基础”，进一步发挥好劳动竞赛对企业发展的推动作用；“王益飞劳模创新工作室”挂牌成立。黄剑劳模创新工作室、卜育才劳模创新工作室、苏宇职工创新工作室等在大国工匠创新交流大会线上进行展播；工会以“岗位建功，创新有我”为主题，开展了 2022 年职工科技节活动；2022 年 4 月 26 日，中远海运重工工会召开二届一次全委会和二届一次经审委员会，选举了重工工会主席、副主席、常委，以及经审委主任，同年指导 9 家基层企业工会进行了换届选举，工会委员、主席补选。

中远海运重工团委以迎接和学习宣传贯彻党的二十大精神为主线，结合庆祝建团 100 周年，组织开展主题教育、党史团史学习活动。组织开展重工青年创新创效大赛，18 个入围总决赛的参赛项目以直播形式发布推广，推动广大团员在科技研发、创新变革中挑大梁、当主角。3 家所属单位青年创新创效工作室获评地方级“青工创新创效工作室”称号。

【社会责任】

2022 年，中远海运重工肩负央企重担，做好疫情防控，助推复工复产。大连中远海运重工党工团联合组织开展以“战疫情 保达产”为主题的为无偿献血志愿服务活动，共有 104 人成功参与献血，献血重量达 2.7 万毫升。舟山中远海运重工工会开展“微心愿”活动，各分工会还开展为职工免费理发、修理家电、为职工开展英语培训等志愿者活动。威海中远海运重工科技工会牵头组织了一次对困难职工家庭的募捐活动。舟山重工工会共慰问职工 106 人次，发放慰问救助金 9 万元；为 400 余名员工统一办理了舟山市职工医疗互助；工会借助“舟山市职工帮扶中心”“金秋助学”等帮扶平台，为 6 名困难职工发放了 3 万元补助金和慰问金；工会还积极参加社会公益活动，向六横中心小学捐赠 20 万元用于学校基础设施改造，展现了企业良好的社会公益形象。

中远海运重工 2022 年主要财务指标、人力资源见表 14–5、表 14–6。

中远海运重工 2022 年主要财务指标 表 14–5

项目		2021 年	2022 年	同比
财务状况（亿元）	总资产	372.19	426.83	14.68%
	净资产	–73.21	–72.19	1.39%
	总收入	218.47	249.65	14.27%
	利润总额	–47.53	4.15	108.73%
板块收入（亿元）	船舶建造	89.89	113.33	26.08%
	船舶修理	50.70	61.95	22.19%
	海工建造	52.56	47.39	–9.84%
	船舶配套	20.04	22.91	14.32%

中远海运重工 2022 年人力资源　　表 14–6

项目	数量
中远海运重工员工总数（人）	13 528

（马嵘）

上海船舶运输科学研究所有限公司 / 中远海运科技股份有限公司

上海船舶运输科学研究所有限公司 / 中远海运科技股份有限公司

【公司概况】

上海船舶运输科学研究所有限公司（简称“船研所”，英文简称 SSSRI），成立于 1962 年，位于上海浦东陆家嘴功能区，占地面积 8.67 公顷，注册资本 3.5 亿元，资产总额为 28.5 亿元，净资产 17.77 亿元，是我国最大的交通运输综合技术研究开发基地。

中远海运科技股份有限公司（简称“公司”，英文简称 COSCO SHIPPING Technology），成立于 2001 年，总部设在上海，主要从事智能交通系统，交通和航运信息化，工业自动化，安全防范工程领域的软、硬件产品科研、开发、销售、系统集成，承揽相关工程项目的设计、施工和工程承包；网络技术开发，互联网信息服务；自营技术产品的进出口业务，以及技术咨询、技术开发、技术转让和技术服务。2010 年 5 月，公司在深圳证券交易所成功挂牌上市。

【历史沿革】

船研所原为交通部直属科研事业单位，2000 年转制为中央科技型企业，改由中央企业工作委员会领导。2003 年，转由国务院国资委管理。2010 年，整体并入中国海运（集团）总公司，成为其全资子企业。2014 年，按照中海集团的战略规划整体部署，原中海集团直属单位中海电信有限公司和中海信息系统有限公司整体划归船研所管理。2016 年，随着中国远洋运输（集团）总公司与中海集团合并成立中国远洋海运集团有限公司，船研所成为其全资子企业。2021 年 12 月，船研所实施公司制改制，更名为上海船舶运输科学研究所有限公司。

公司原系船研所控股子公司，2010 年随船研所整体并入中国海运（集团）总公司后，更名为中海网络科技股份有限公司。2016 年随船研所整体进入中国远洋海运集团有限公司后，更名为中远海运科技股份有限公司。2017 年 8 月，根据中远海运业务重组工作安排，上海船舶运输科学研究所与中远海运科技股份有限公司实施战略重组（以下简称“船研所 / 公司”）。2022 年 8 月，根据集团深化科技体制改革和数字化转型工作要求，船研所与公司从“两块牌子、一套班子”过渡到“两块牌子、两套班子”管理。

【组织架构】

船研所组织架构由管理部门和基层部门 2 部分组成。其中，管理部门包含十部一办；开展科研生产经营业务的基层部门（公司）主要包含 1 个国家工程研究中心、1 个国家重点实验室、1 个行业重点实验室、3 个事业部和 4 个二级公司。

时任领导：党委书记、董事长为梁岩峰；党委副书记、总经理为陈弓；副总经理为瞿辉；总会计师、工会主席为俞建忠；纪委书记为陈楚健；团委书记为朱辰初（截至 2022 年 12 月 31 日）。

公司的组织架构由管理部门和基层部门 2 部分组成。其中，管理部门包含十部一办；开展科研生产经营业务的基层部门（公司）主要包含 6 个事业部、2 个中心、1 个二级公司、5 个分公司和 1 个办事处。按照上市公司要求，设置股东大会、董事会和监事会，董事会下设战略委员会、提名委员会、薪酬与考核委员会、审计与风险委员会。

时任领导：党委书记、董事长为梁岩峰；党委副书记、总经理为王新波；副总经理、总工程师为吴中岱；总会计师、工会主席为戴静；纪委书记为周晓梅；副总经理为林亦雯；总法律顾问、安全总监为杨阳；智能交通业务总监为杨忆明；团委书记为朱辰初（截至 2022 年 12 月 31 日）。

【主 要 业 务】

船研所 / 公司在舰船自动化、船舶水动力及海事技术试验研究、环境工程、智能交通系统、交通与航运信息化等领域内，研究开发及技术服务水平均处于国内领先地位。

1. 舰船自动化

研制的各型机舱监控系统技术性能处于国内领先地位，被广泛地应用于各类船舶。

2. 船舶水动力及海事技术试验研究

通过航运技术与安全国家重点实验室和航运技术行业重点实验室承担国家科研项目和行业共性技术的研究开发。作为 ITTC（国际拖曳水池会议）会员及顾问委员会成员单位，在行业内具有较大的影响力和核心竞争力，业务约占国内同类市场份额的 60%。

3. 智能交通系统

主要从事智能交通、智能交通产品、工业及港航电气自动化、智慧城市和安防、软硬件系统运营维护等领域技术研发和系统集成，包括高速公路、大桥、隧道、轨道交通、城市道路等监控、通信、收费系统机电工程项目的设计、施工和总承包。

4. 交通与航运信息化

船研所承担了集团本部及下属各专业公司信息化建设的规划设计、研发实施、运维保障、系统集成等工作，以及集团数据中心的建设与运营。承建了集团综合管理平台、集团辅助决策系统（DSS）、集团内网门户、SAP 财务系统、船东 IMIS 系统、集装箱代理系统、全球资金管理系统、集中采购管理平台、海员管理系统等建设、咨询和服务，并负责运营中海数据中心和灾备中心，为集团信息化建设提供有力的技术支撑和运维保障。

5. 船舶通信导航

从事船舶通信导航与通信工程专业技术服务，开展船舶通导设备的技术设计与检验服务、海上通信代理、通导信息技术服务、船舶通导产品销售代理和各类通信系统、有线和无线通信工程等综合服务。

6. 环境工程

从事建设项目和区域开发项目的环境影响评价，港口、工矿企业的油污水、化学污水、生活污水、工业废水的治理及高速公路、城市高架轨道交通噪声治理。

【经 济 指 标】

2022 年是“十四五”规划关键之年，船研所 / 公司在集团的坚强领导下，坚持以新发展理念为指引，紧密围绕“四个领航”，着力拓展提质增效，积极应对风险挑战，全年实现营业收入 25.48 亿元，同比增长 4.45%；实现净利润 1.73 亿元，同比下降 25.98%，整体经济走势平稳。

【科 技 创 新】

船研所持续推进国家重点实验室优化重组，于 2022 年 5 月完成学术委员会换届，并召开首次学术委员会会议。同时，加快推进国家工程研究中心纳新，提出由理事会领导、技术委员会支持的中心主任负责制模式，完成组织架构搭建、技术委员会组建，明确工程中心未来五年技术发展方向。在原“航运技术与安全国家重点实验室”基础上，船研所与武汉理工大学、大连海事大学联合申报“水路交通控制全国重点实验室”，签订三方共建框架合作协议，共同完成实验室申报方案并提交国务院国资委。

公司“云平台”荣获中国港口协会科学技术进步一等奖、上海市科技进步二等奖。“高速公路联网收费系统”荣获鲲鹏应用创新大赛 2022 全国总决赛银奖。以“船视宝”平台为代表的航运新基建，荣获 2022 年度鼎革奖新技术突破奖、中国上市公司数字化转型典型案例、浦东航运最佳创新案例、全球产业链供应链数字经济杰出案例等十余项荣誉，并入选工业和信息化部2022年大数据产业发展试点示范项目、上海市促进现代航运服务业创新项目。

【科研成果】

2022年，船研所面向航运前沿技术和科技管理工作，组织集团单位开展专业培训5次，促进集团科技能力整体提升。牵头申报获得省部级以上奖项5项，其中一等奖1项，二等奖4项；参与申报获得省部级以上奖项7项，其中一等奖4项，二等奖3项；获得授权发明专利10件，申请受理55件，获得实用新型专利授权15件；登记软件著作权16件；发表科技论文59篇，其中SCI1篇、EI4篇；参编国家标准4项，并正式发布有效提升科研成果水平。

公司获批国家和省部级科研项目6项，包括国家发展改革委1项、工业和信息化部1项、国务院国资委1项、上海市3项；申请受理发明专利56件，获得授权发明专利8件、软件著作权证书16件；发表科技论文20篇，其中SCI 2篇。

【国企改革三年行动】

经过两年多的努力，船研所涉及的84项改革任务全面完成。加强任期制和契约化管理，全面推进市场化用工，深化薪酬分配制度改革，实施科技型企业岗位分红激励，印发《容错纠错管理暂行办法》等科技创新配套制度，进一步优化科技创新环境，激发改革创新活力。

2022年，在国务院国资委“科改示范企业”2021年度改革创新情况专项考核中，船研所被评为“标杆”，在中央企业所属138户“科改示范企业”名列前茅，受到国务院国资委和集团的通报表扬，作为集团唯一入选“科改示范行动”的企业。同时，为更好发挥引领示范作用，按照国务院国资委要求，船研所/公司进一步提升改革目标、优化改革路径、细化改革举措，研究制定了《2022—2025年“科改示范行动”综合改革方案及工作台账》，报国务院国资委备案。

【市场经营】

2022年，船研所/公司全面完成集团下达的年度经营业绩指标。在市场开拓方面，船研所签订合同额12.16亿元，同比增长27.60%。舰船自动化部市场经营成效显著，智能船舶、岸电业务、特品业务收入大幅增长。航运技术与安全部市场整体运行平稳，继续深耕水动力性能试验与研究、安全与桥梁防撞、船舶设计等重点领域。置业部经营工作平稳有序。中海电信持续拓展传统通导业务，成功开拓了国家海洋局南海标准计量中心等新客户，并将服务领域延伸至豪华邮轮。中海环境聚焦“绿色交通、绿色制造、绿色港航”，围绕集团主业深挖市场潜力，强化业务协同，在集团环保技术支撑领域取得新的突破。

公司坚决贯彻集团“稳中求进”总要求，围绕增收节支、结构调整、做优做强等方面，深入开展提质增效专项行动。面对今年严峻复杂的发展形势，各业务单元紧盯年度目标任务，多措并举、多管齐下，增收拓市“广开源”，降本增效“深挖潜”，经营业绩和财务绩效取得积极成效。全年实现营业收入17.52亿元，同比增长2.62%；全面较好地完成年度经营业绩指标。

【数字化转型】

2022年，公司以集团“十四五”科技发展专项规划、数字化转型规划为指引，制定印发《“十四五”科技发展专项规划》《“十四五”数字化转型暨网信工作规划》，明确科技创新、数字化转型工作的战略愿景、目标和路线图，提出数字化转型重点工作和重大科研任务清单，重点面向航运、物流、高速公路和城市治理行业，围绕“绿色低碳、运行安全、效率提升”三个主题开展科技研发，打造数字化产品。

公司围绕“数字化智能船舶服务平台建设项目”是集团改革任务，承担平台设计建设以及数字化产品研发工作。项目启动以来，围绕“绿色、低碳、智能、安全、经济”主题，以数字化理念为引导，构建全球开放式多服务融合能力，为行业客户提供船舶全生命周期数字化解决方案和集成供应链服务，组建了一支 30 人的专职核心团队，外围搭建了航标、船视宝、智能船和云数据中心互相协同的柔性组织和工作机制，共同开展平台建设。

【人才培养】

截至 2022 年 9 月底，船研所 / 公司共有在职职工 1 455 人，具有高级技术职称人员 239 人，中级以上职称人员 370 人，本科以上学历人员 1 260 人，享受政府特殊津贴的高级专业技术人员 50 人。

作为以人才为核心资源的高新技术企业，船研所 / 公司不断加大引才力度，持续拓宽人才引进渠道，加快引才载体建设，搭建引才聚才平台，拓宽人才识别路径和渠道，吸引、集聚和引进一批数字化转型紧缺人才。公司尤为重视高层次人才的引进遴选，按照候选人专业背景和既往经历，个性化设计面试流程；根据人才属性，采用半结构化方式，既考察应聘者的专业素养，又给予双方充分的交流空间。2022 年，公司收到并筛选评估高层次人才简历共 77 份，邀约面试 46 人，完成 2 名高层次人才的引进，其中一名为海外博士柔性引才，作为国务院国资委候选人参加了海外高层次人才的评选并获得批复。

健全中长期激励约束机制，加强对核心骨干人员的激励与约束，使其利益与企业的长远发展更紧密地结合，充分调动被激励对象的积极性和创造性，助推公司战略、业务转型成功落地，公司建立并实施股权激励计划，完成首次授予二批次，预留授予一批次共计 119 人的限制性股票解锁工作，增强了核心关键人才信心。

【干部任免】

2022 年 1 月，集团党组宣布船研所 / 公司干部任免，梁岩峰同志任船研所 / 公司党委书记、董事长。

同年 7 月，集团党组宣布船研所 / 公司干部任免，陈弓同志任船研所党委副书记、总经理；王新波同志任公司党委副书记、总经理。

同年 8 月，集团党组宣布船研所 / 公司干部任免，俞建忠同志任船研所总会计师、工会主席；陈楚健同志任船研所党委委员、纪委书记；周晓梅同志任公司党委委员、纪委书记。

【抗击疫情】

大上海保卫战期间，船研所 / 公司党员领导干部值守园区，战疫情、保经营、促发展，有效统筹疫情防控和生产经营工作，确保公司“重大项目、重要保障、重点任务”正常有序开展。各级党组织动员在沪在职党员积极响应“双报到、双报告”要求，在疫情防控、复工复产、深化改革、打赢提质增效攻坚战中充分发挥党组织战斗堡垒作用和党员先锋模范作用，涌现出一批优秀共产党员、党务工作者和先进基层党组织，得到表彰。

【风险管控】

2022 年，深入开展“合规管理强化年”活动，将综合治理行动要求与“合规管理强化年”工作有机结合、同步推进，着力推进合规管理融入生产经营，服务改革发展大局。印发公司《合规管理办法》，完善法治建设合规管理领导机构，设置风控合规专员，组织与特定范围人员签订了合规履职承诺书。针对国企改革、船研所公司制改制等重大举措，提供法律风控保障，积极参与方案设计、制度建设、合规审核及风险评估等工作。

落实“全员参与、全过程管理、全要素配置”的管理要求，提高预算质量与水平，充分发挥预算作为管理工具在提质增效中的作用。优化集中采购的管理职能，强化对现有集中采购的执行监控。要抓好“两金”压降，加大应收账款催收和存货管理。

【质量安全】

船研所/公司继续推进GJB5000A体系试运行，年内达到预评价要求，持续改进质量管理体系，消除“两张皮”现象，切实把质量管理工作落到实处，提升产品质量。

压紧压实安全生产责任，持续完善安全制度体系，修订《生产安全事故应急预案》《生产安全事故隐患排查治理管理规定》。扎实推进双预控机制建设，分阶段组织开展安全风险隐患大排查大整治工作，全面深化安全教育培训，依法有序维护各类安全资质，不断夯实安全基础管理。2022年，未发生一般以上等级事故，保持安全环保形势的持续稳定。通过引入技术专家、创新检查手段、细化检查内容，逐步强化对重点区域、重点部位、重点环节、重点人群的安全检查和隐患排查，确保了安全生产的有序推进。

【党的建设】

船研所/公司党委坚持“第一议题”制度，将学习贯彻落实习近平总书记重要论述和重要指示批示精神作为重要的政治责任，筑牢捍卫“两个确立”，做到“两个维护”的思想根基。组织开展“科技赋能转型 喜迎二十大”党员教育月活动，扎实推进“我为群众办实事”，高质量开好党史学习教育专题民主生活会和专题组织生活会。党的二十大召开后，第一时间召开党委会、传达部署会、党委中心组学习会，对公司学习宣传贯彻工作进行动员部署。2022年，共组织党委中心组（扩大）集体学习7次，党委专题学习11次。

完成对船研所/公司下属子公司执行董事、党委书记“一肩挑”，全面、系统、完整推动“两个一以贯之”落实见效。修订公司“三重一大”决策事项及权责清单，明确党委会、董事会、总经理办公会、董事长专题会权责边界，充分发挥各治理主体功能作用，提高党委前置研究决策质量。2022年，船研所/公司共召开党委会84次，研究讨论议题212项，党委把方向、管大局、保落实的领导作用充分发挥。

船研所/公司党委对标对表认真做好现场考核评价的各项工作，开展年度基层党组织贯彻落实党建工作责任书情况考核评价，召开公司党组织书记抓基层党建述职评议考核，强化党建责任与经营责任联动，推动实现年度党建责任制考核结果与部门领导班子和班子成员综合评价、绩效年薪挂钩，形成基层党建工作闭环管理。

船研所/公司党委强化信访事项督查督办，开展网络舆情自查、稳定风险排查和重点时段重点排查，完善应对预案，加强内保、国安工作，形成齐抓共管的工作合力。在春节、国庆、党的二十大、进博会等关键节点，严格落实每日“报平安”常态制度，确保重大活动期间企业和谐稳定。

【执纪监督】

全面督导推动重要决策部署落实落地，督促推动落实国企改革三年行动方案。深入开展利益输送、设租寻租、化公为私问题专项整治。抓实巡察监督，完成智能交通业务板块党组织巡察反馈，对航运业务板块、智能交通业务、中海电信完成常规巡察。编制年度党风廉政建设和反腐败工作任务分解，实现巡察全覆盖；抓实疫情监督责任，督促各级纪检组织积极履行疫情防控监督责任，保障园区安全有序复工。

严格落实选人用人监督，加强选人用人全程监督，从严把好政治关、品行关、作风关、廉洁关，针对问题线索慎重提出监督意见，防止“带病提拔”。紧盯关键节点严防“四风”，两节前下发《工作提示》，强调严防“四风”纪律要求。假期派员前往园区检查公车停放情况，对节日期间公车外出的部分单位、部门在节后要求提交用车说明，促进了反“四风”有效落地。

【廉政建设】

为落实反腐倡廉建设责任，船研所/公司党委书记、所长和纪委书记分别代表所党委、行政和纪委与设立党委纪委的直属单位的党、政、纪主要负责人签订党风建设主体责任书、“一岗双责”责任书和监督责任书；船研所/公司党委书记与下属单位、所属基层部门党政主要负责人签订党风建设责任书。同时，把党风廉政建设和反腐败工作责任传导给各直属单位、所属部门，所管干部及关键岗位人员签订廉洁承诺书，签订率100%。

落实集团部署，组织开展“科改示范行动”回头看检查，完成集团数字化转型赋能专项审计；围绕“十四五”加大科研投入等要求，完成“国产化高速公路联网收费研发”专项审计，促进科研项目经费的规范管理和绩效提高；以巡审结合方式开展“船货易V3.0”创新项目专项审计监督，加强创新项目全过程管理，提高工作效率；组织原董事长离任审计整改，压实整改责任，促进管理提升；开展合规监督，堵塞风险漏洞。

【企业文化】

根据企业文化建设三年规划工作要求，编制下发2022年宣传思想暨企业文化建设工作要点，围绕庆祝建党活动和企业中心工作，聚焦构建新发展格局和高质量发展，着力推进宣传思想和企业文化建设。积极利用“中远海运科技”“上海船研所”公众号等新媒体平台拓宽宣传范围，向《中国远洋海运报》提供素材发稿并登载24篇，《中国远洋海运报》微信公众号发稿并推送11篇，集团官微发稿并推送1篇，集团党建要情及“学习强国”发稿并刊登5篇。同时，公司团委不断提升外部影响力，在《青年版》发布专题特稿一篇，展示企业文化和企业形象。

2022年12月底，围绕船研所建所60周年，船研所组织编辑近十年（2012—2022）改革发展成就奉献录，举办改革发展历程图片展，征集建所60周年庆祝活动徽标设计，策划举办“深化改革启航新程 赓续品牌再创佳绩”庆祝活动等，以史为鉴、笃行不怠，汇聚起推动船研所高质量发展的磅礴动力。

【群团工作】

船研所/公司工会紧紧依靠职工办企业，推进企业民主管理。召开公司十三届五次职代会和职工代表视察工作会议，续签新一轮集体合同和女职工特殊权益专项集体合同；征集处理职工提案4份；大力弘扬劳模精神、劳动精神、工匠精神，深化劳模创新工作室创建，开展“数据管理与融合应用”劳动竞赛；关心关爱职工，出台职工疗休养实施办法（试行），组织职工爱心募捐25 988元，为35名困难职工发放援助金6.6万元，开展“同心守‘沪’，携手抗疫”居家抗疫才艺秀活动、“书香船研”第十三届职工读书节暨“我的抗疫生活”主题征文活动。

船研所/公司团委深入开展“喜迎二十大、永远跟党走、奋进新征程”主题教育实践活动，注重把青年精神素养提升工程同青年大学习工作贯通起来，指导各直属团组织开展专题团日活动18次，组织开展“听党话、跟党走——学习贯彻习近平总书记在庆祝中国共产主义青年团成立100周年大会上重要讲话精神网络专题班”培训。

【社会责任】

船研所/公司党员代表和青年志愿者积极参与上海市、浦东新区、洋泾街道的各类志愿服务工作，与洋泾团工委连续多年开展国家重点实验室开放活动，组织六师附小等中小学生参观船研所国家重点实验室；充分发挥生力军和突击队作用，积极投身民生路园区疫情防控战斗，配合大上海保卫战期间后勤保障服务工作；在志愿者服务月中、重阳节期间连续多年开展“阳光之家爱心志愿活动”“九九重阳节、浓浓敬老情”敬老爱老活动；积极参与集团团委“浪花心愿”云南永德爱心助学活动。通过参与社会公益服务，进一步体现企业社会责任和社会担当。（吴勤范）

中远海运资产经营管理有限公司

中远海运资产经营管理有限公司

【公司概况】

中远海运资产经营管理有限公司（简称“中远海运资产”，英文简称COSCO SHIPPING Property），原名中海集团资产经营管理有限公司，是经上海市工商行政管理局虹口区分局批准，由中国海运（集团）总公司、广州海运（集团）有限公司、上海海运（集团）公司、大连（海运）集团公司于2014年6月10日共同出资设立的有限责任公司，公司注册资金为20亿元。2016年9月13日，公司更名为中远海运资产经营管理有限公司。2017年，中国远洋海运集团有限公司和香远（北京）投资有限公司共同向公司增资。增资后，公司注册资本由人民币200 000.00万元增至411 553.00万元。公司经营范围：资产管理、投资管理、实业投资、投资咨询、商务咨询、企业管理、企业管理咨询、企业形象策划、市场营销策划和自有房产经营。

【目标定位】

中远海运资产积极融入集团“3+4”产业生态，赋能集团产业布局，践行集团产业链经营战略，立足“产业赋能、产业协同、产业创新”的集团增值服务产业大定位，打造不动产统一开发经营平台，创造增值服务，努力建设国内优秀资产经营管理公司。按照集团战略发展规划，制定公司发展规划、投资计划，具体在不动产领域开展各项投资和经营活动。按照集团统一部署，稳步推进集团存量土地、房产盘活开发和运营，以及集团内兄弟单位办公楼新造任务。

【经营效益】

2022年，中远海运资产在集团坚强领导下，聚焦“四个领航”，积极践行产业链经营战略，全面贯彻落实“疫情要防住、经济要稳住、发展要安全”的要求，坚持稳字当头、稳中求进，不断改善资产经营效率，推动存量资产转型与企业效益的稳步提升。

截至2022年末，公司资产总额1 537 642.06万元，负债总额574 468.78万元，净资产963 173.28万元，资产负债率37.36%。本年营业收入147 371.74万元，营业成本109 849.42万元，管理费用14 797.87万元，财务费用9 522.40万元，利润总额27 949.41万元，净利润13 748.69万元；考虑本年因新冠疫情关系，助企纾困减免租金因素，实际完成考核净利润16 435万元，实现历史最好业绩，超额完成集团下达考核净利润目标。

2022年底纳入中远海运资产合并报表范围的企业情况见表14–7。

2022年底纳入中远海运资产合并报表范围的企业情况一览表（单位：万元）　　表14–7

序号	企业名称	级次	公司性质	实收资本	法人代表	持股比例（%）	合并时间
1	中远海运资产经营管理有限公司	2	本部	411 553	严李浩	—	—
2	中海工业建设（上海浦东）有限公司	3	项目公司	90 000	金备军	100	2014年10月
3	中海海运（上海）资产经营管理有限公司	3	平台公司	52 000	金备军	0	2015年4月

续上表

序号	企业名称	级次	公司性质	实收资本	法人代表	持股比例（%）	合并时间
4	广州中远海运资产经营管理有限公司	3	平台公司	12 000	金备军	51	2015 年 4 月
5	上海超昆实业有限公司	3	房产项目公司	3 000	金备军	100	2015 年 4 月
6	上海越昆实业有限公司	3	房产项目公司	3 000	金备军	100	2015 年 4 月
7	上海峥锦实业有限公司	3	房产项目公司	8 000	金备军	100	2015 年 4 月
8	广州海鸿房地产经营有限公司	4	项目公司	10 000	俞加荣	70	2015 年 8 月
9	上海卓昆实业有限公司	3	房产项目公司	500	金备军	100	2016 年 7 月
10	上海海璟置业有限公司	3	项目公司	75 000	金备军	0	2017 年 6 月
11	上海海瑄置业有限公司	3	项目公司	70 000	金备军	0	2017 年 9 月

【项 目 运 营】

2022 年，中远海运资产全面贯彻落实“持续做好项目经营维护，确保收入颗粒归仓”的生产经营要求，重点做好存续项目的客户维护和应收账款管理；同时抓住市场机遇，在海尚世界、海尚源深、海尚云栖、海尚明珠等项目租售工作中寻求突破。

截至 2022 年末，公司经营项目 14 个（较 2021 年增加海尚源深和海尚云栖项目），可出租面积 18.07 万平方米（不含年内新增的上述两项目），综合出租率 88.43%。在约总面积 15.98 万平方米，同比增长 2.22%（不含年内新增的上述两项目）。服务客户 171 户，同比增长 30.53%，其中 1 000 平方米以上规模客户 30 户，占比 17.54%。租金回款率 98.78%。

海尚世界项目，办公租赁方面累计已签约面积 4 757.67 平方米。商业租赁方面累计已签约面积 9 689.37 平方米。养老租赁方面累计已签约面积 5 776.76 平方米。推动中远海运集运 5 栋办公楼及 200 个停车位销售工作，全年销售签约额超 7.30 亿元。可售办公楼部分成交面积 21 159.54 平方米，去化率 100%，可售车位去化率 83%。2022 年末整体出租率 53.92%。

海尚源深项目，办公租赁方面累计签约面积 24 876.38 平方米。商业租赁方面累计签约面积 4 434 平方米。2022 年末整体出租率 62.48%。

海尚云栖项目，办公租赁方面累计已签约面积 3 068.58 平方米。商业租赁方面已完成整体出租，累计已签约面积为 11 739.27 平方米。2022 年末整体出租率 31.17%。

海尚明珠项目，2022 年新增面积 3 337.81 平方米，续租面积 2 287.6 平方米，退租面积 2 891.31 平方米，年末已出租面积为 38 211.7 平方米，按总可出租面积 39 633.85 平方米计算，出租率为 96.41%。

【项 目 建 设】

2022 年，中远海运资产克服疫情封控、劳动力紧张等多重不利因素影响，秉持“追求品质、涵养品味、打造品牌”理念，弘扬“专业、敬业、创业”精神，攻坚克难推进项目建设。

海尚源深项目、海尚云栖项目虽然受上海疫情封控影响较大，但公司在疫情防控、复工复产等工作中充分发挥主观能动性，迎难而上，与项目总包、分包、监理单位同向发力，克服因疫情导致工厂停工、物流停运等影响材料供应等多重不利因素，确保两项目在 2022 年 8 月底完成集团租赁房竣工交付。广州国际航运大厦项目克服疫情反复、时间紧、任务重等不利因素，通过加派人手、加班加点等有效手段，全力以赴抢抓进度，项目于 2022 年 3 月 31 日完成主体结构封顶，同年 10 月 27 日完成水电工程送电，较目标节点提前一个月。集团人才发展院二期项目一手抓防疫，一手促生产，领导力主楼主体结构于 2022 年 5 月 18 日完成封顶，同年 8 月 27 日通过“山东省优质结构”初步验收。项目部不断创新推广标准化施工工艺，强化精细化施工控制，努力打造精品工程。

【重点地块盘活】

青岛江西路项目，公司牵头制定江西路校区开发规划方案，包括开展规划设计、可研报告编制、组建合资项目公司等，并与政府沟通。项目的控规调整经过与市、区自然资源与规划部门和区相关部门的艰苦协商与充分沟通，政府主管部门同意调整地块规划，并于 2022 年 7 月 25 日完成社会公示，7 月 28 日完成社会公示意见采纳情况论证会，8 月 2 日市自然资源与规划部门下发项目建设用地规划设计条件通知书，规划调整完成。受客观因素影响，项目暂无后续推进计划。

天津远洋大厦二期项目，公司作为建设管理方已陆续派驻多名专业工程师及项目管理人员，公司领导亦多次召开专题会并赴现场沟通指导，推进项目开发建设工作。此项目于 2022 年初获得集团立项批复；4 月底完成对已完工桩基围护工程的检测工作，为施工图设计提供依据；在施工总包招标方面，充分发挥各条线专业优势，根据项目历史遗留问题及实际情况，深入细致研究，按时按质完成项目 EPC 招标文件；在 EPC 招标未能预期完成后，及时于 2022 年 12 月完成招标模式的调整；同时持续深化设计方案，梳理抗震、超限、地下室停车位、消防登高场地、共享大堂消防认定等疑难问题，研究解决路径，为下一阶段工作做好充分准备。

厦门枋湖路地块已完成项目初步意向报告，代业主单位拟写致厦门政府协商推进项目工作的函，持续跟进政府及集团的相关意见反馈。

广州海运技校项目完成相关政策收集及市场数据调研工作，研究区域规划指标及与政府初步沟通，组织项目初步意向可能性及可行性讨论及论证，完成项目初步意向报告。

海南博鳌项目完成各地块土地预评估工作和置换方案的集团汇报。

【土 地 收 储】

黄浦江沿岸六厂区地块收储工作取得突破，与政府部门达成相关协议。其中三林、东沟、家华、中远船务华泾和船研所等五厂区已签订正式土地收储协议，中远海运重工已收到家华厂区 100% 收储资金款、三林厂区 90% 收储资金款、东沟厂区 40% 收储资金款、中远船务厂区 40% 收储资金款；高桥厂区已签订收储框架协议，锁定收储价格。船研所收到船研所厂区 30% 收储资金款。2022 年，三林厂区、家华厂区已完成交地工作。

【管理提升和改革发展】

完善薪酬兑现机制。结合经理层成员任期制和契约化管理和职业经理人制度实施，强化业绩目标的制定和考核管理，形成与市场经济体制和现代企业制度相适应的薪酬与业绩考核机制，真正做到“强激励、硬约束”。

营销体制机制改革。公司由建设转入建设加运营阶段，新设华东运营中心，将项目营销具体工作和相关职能下放至一线，即由总部市场营销部调整至华东运营中心，总部市场营销部着重营销管理制度体系和业务运营管控。公司营销权责更加清晰，业务更加顺畅，运营效率有所提升。

经理层成员任期制和契约化管理。全面推行公司总部、所属单位经理层成员任期制和契约化管理，与相关经理层成员签署聘任协议书与任期和年度业绩责任书，覆盖率达 100%；积极推行职业经理人制度实施，在所属广州资产试点实施。2022 年，广州资产积极克服新冠疫情、市场低迷等多重挑战，狠抓当期经营，立足挖掘“增量点”，开拓“增收点”，促进园区运营质量和经济效益提升。全年实现考核净利润同比增幅 28%；营业收入同比增幅 13.14%；出租率达到 96.41%，同比增幅近 2 个百分点。

优化薪酬分配管理。优化薪酬结构，提高绩

效薪酬比例，取消经营考核保底值和封顶值，考核结果上不封顶、下不保底；根据公司员工季度弹性奖励实施细则、员工考核管理规定和员工薪酬管理办法，将季度奖励与公司、部门/所属单位、个人绩效紧密挂钩，建立科学合理的考核分配机制。从2022年一季度开始，改革华东运营中心季度弹性奖励分配方案，根据其所属各业务板块综合考核结果，给与其相应额度奖金包，由华东运营中心自行分配。

【内部管控】

2022年，中远海运资产坚持以问题和风险为导向，围绕建设项目筹备、推进、施工管理和持有物业租赁运营等重点领域，完善制度流程建设，持续健全内部控制工作体系。公司积极推进管理提升，优化组织架构，规范管理行为；强化高风险环节有效控制；认真梳理总结经验，积极应对疫情影响风险，全面部署落实常态化疫情防控；推动监督合力建设，建立健全内部控制长效机制，提高抗风险能力和全员风险管控意识，促进提质增效，为公司的稳健发展筑牢基础。

优化治理机构履职。全年共计召开董事会会议5次、审议议案21项，专门委员会会议10次、审议议案11项，包括审议通过公司风险与内控手册、公司2022年度内控评价报告及2023年度风险管理报告等内控工作相关议案。制定公司总部董事会议事规则、董事会专门委员会议事规则、董事会授权规则、“三重一大”决策制度实施办法，进一步规范公司董事会议事方式和决策程序，促进董事会和董事有效履行职责，提高董事会规范运作和科学决策水平。修订优化公司股东会议事规则、董事会专门委员会议事规则等治理文件，进一步规范董事会运作，发挥专业委员会作用；修订更新公司合规管理办法，完善合规管理流程、节点及控制措施，健全贯穿内部控制始终的合规管控机制。

合规管理队伍进一步加强。公司合规管理委员会于2022年6月16日、10月26日两次召开会议，推进设立兼职风控合规专员，搭建合规管理框架，进一步完善公司总体内部控制体系，提升风控准确性、务实性及有效性，审议公司合规管理强化年工作情况，强化合规管理，推进合规融入管理融入业务，切实防范合规风险。印发《关于设立公司兼职风控合规专员的通知》《关于加强兼职风控合规专员履职的提示》《兼职风控合规专员2022年度述职及考核的通知》，进一步强化公司合规管理力度，落实兼职风控合规专员年度履职评价和考核，推进合规管理工作迈上新台阶。

落实工作职责。以问题为导向，着力完善公司风险、合规、内控体系建设，重点推动公司内控手册升级、规章制度专项提升，以及落实“合规管理强化年”的要求等各项工作。建强制度基础、增强法治观念、持续推进重大风险防控、内控体系升级、强化合同管理、落实合规管理强化年等各项工作，将企业内控体系健全完善工作与生产经营、改革发展等中心工作有机融合。

【安全生产】

2022年，全体员工坚持“敬畏生命、敬畏责任、敬畏制度”的安全理念，抓实抓细抓牢各项工作，安全形势持续平稳，为公司保持高质量发展态势提供了坚实保障。

提高政治站位，精心组织安排，圆满完成迎接党的二十大安全生产保障工作。公司制定《公司迎接党的二十大加强安全生产工作专项方案》，深入开展安全生产大检查，聚焦重点难点，狠抓关键措施，做到安全风险底数清、情况明，全面防范化解重大安全风险，消除重大事故隐患，为党的二十大胜利召开营造良好安全环境。

2022年是安全生产专项整治三年行动的“巩固提升年”，公司结合“排查整治年”和“集中攻坚年”工作成果，认真开展安全风险回头看，全面总结、固化好的经验和做法，持续完善常态化、长效化工作机制，切实提升安全管理水平。一是推进专项治理工作上新台阶。持续深入推进安全风险分级管控和隐患排查治理双控机制建设，全面培养每日安全风险辨识和作业前安全风险提醒等“三个习惯”，着力推进清单管理和闭环管理“两个做法”，有效减少安全风险，防止事故发生。二是开展安全风险回头看，落实隐患清零工作。公司对专项行动排查整治、集中攻坚阶段已形成的“两个清单”进行回顾、梳理、总结和评估，结合公司在建项目和存量项目安全特点，共梳理出 12 大类 34 项风险隐患，全年共开展专项排查 49 次，发现隐患 88 项，所属单位开展安全隐患自查 493 次，发现隐患 808 项，均落实整改，有效提升公司安全生产风险管控能力。三是固化经验做法，形成制度成果。公司全面总结巩固典型经验、做法及工作实践，2020—2022 年，公司共修订 39 项安全制度，纳入安全管理体系文件。

公司通过视频会议参加所属单位各类安全会议 20 余次，针对项目现场安全自查发现的问题和隐患，从源头上分析问题，从源头上进行整改，加强对整改措施落实情况的跟踪。

强化安全教育培训，提升全员安全素质。一是组织观看《生命重于泰山》电视专题片，树牢“人民至上、生命至上”理念，把安全生产工作摆在重要位置，进一步增强工作的责任感、紧迫感、使命感，筑牢安全发展基石。二是认真学习宣贯新修订的《中华人民共和国安全生产法》，深刻理解、准确把握精神实质，强化员工安全生产法治意识、敬畏意识。三是广泛开展安全宣传活动，利用“安全生产月”、“119”消防宣传月、“安全生产六个一”等专项活动，组织开展“安全生产大讲堂”活动，引导员工遵法、知法、学法、懂法、守法，使“我要安全”的理念入脑入心。四是按照公司年度安全教育培训计划，组织公司及所属单位安全管理人员持证培训，认真组织落实新进员工三级安全教育，所属单位按要求组织开展职工岗位安全教育、外来施工人员安全教育等培训工作，使员工掌握本职工作所需要的安全生产知识。五是组织召开陆岸安全管理系统专题培训会议，邀请集团陆岸安全管理系统开发运维专业工程师来公司作专业培训，帮助公司发挥平台在安全管理中的重要作用。

【科技创新】

2022 年，中远海运资产坚持方向明确、切合实际、重点突出、适度超前原则，聚焦“以智赋能、智慧驱动”规划先行，分步落实。6 月，公司正式印发《中远海运资产“十四五”科技创新专项规划》； 7 月，公司召开科技创新工作推进专题会议，传达集团科技创新与数字化转型推进会会议精神，对公司“十四五”科技创新专项规划进行宣贯，并启动任务分解工作。2022 年，公司全年投入研发经费 306.2 万元，研发投入强度为 0.21%。

公司坚持党管人才、高端引领、坚持创新驱动、坚持市场导向、坚持能力建设，形成人尽其才、充满活力的人才发展环境。公司拥有科技专项人才 3 名。随着科技创新工作的深入开展，公司正在大力加强并加快人才队伍的建设。

2022 年，结合公司科技创新专项规划，公司完成中远海运资产“海尚光华”数字平台在云的部署；完成校区智慧应用交付；完成广州海尚明珠智慧园区的智慧化提升项目。与外协单位合作开展业财一体化解决方案的研发和应用，实现了电子化开票和业务数据与集团云税务系统的应用对接，并在所属单位试点，相关项目完成了上海市科委和深圳市科委技术合同认证和备案。

公司积极探索 BIM 技术在建设工程中的应用。在青岛人才发展院的建设过程中，项目存在工程体量大、施工场地大及单体管线复杂等问题，公司在项目早期设计阶段引入 BIM 技术，利用该技术具有可视化、仿真化的技术特点，对建造全过程进行模拟，通过碰撞检查及净高分析工作，在项目中共计检查处理碰撞点达 548 处，分析剖面优化高达 99 处，为项目在节约成本、控制质量、优化工期、确保安全等方面取得了较为显著的效果。

在创新文化建设方面，公司坚持科创文化与培训工作相结合，积极开展全员科普活动。举办了 2 次面向公司全员的专题培训，使全员加深理解科技创新对公司发展的促进作用，增强科技创新意识，加强科技创新成果在工作上的全面应用与价值创造。

【党建工作】

2022年，中远海运资产党委以习近平新时代中国特色社会主义思想为指导，认真学习领会党的二十大、二十届一中全会精神，切实落实党中央和集团党组关于全面从严治党的重大部署，按照“党建领航”的要求，坚持围绕中心、服务大局，主动担当、积极作为，不断提升党的建设质量和水平，为公司“十四五”战略落地、实现高质量发展等目标任务发挥引领保障作用。

1. 坚持政治引航。坚持“第一议题”制度，2022年共召开43次党委（扩大）会，其中29次及时跟进学习习近平总书记系列重要讲话精神和重要指示批示精神43项，切实把班子成员的思想和行动统一到党中央各项决策部署上来，自觉把分管领域的工作放在大局下思考、谋划和行动，并转化为公司高质量发展的实际成效；党的二十大召开后，公司党委及时组织学习宣传贯彻，并深入基层一线宣讲党的二十大精神，督促各支部、各部门、所属各单位以“三会一课”为载体，认真学习研讨党的二十大精神；坚决贯彻落实“疫情要防住、经济要稳住、发展要安全”的要求，统筹抓好公司疫情防控、生产经营和安全生产各项工作。上海封控期间，面对商城路、栖山路项目现场严峻防疫形势，向125家服务业小微企业和6家个体工商户减免房租约3 581.29万元，将党中央关于稳经济的政策措施落实到位。深入开展安全生产专项整治三年行动，持续推进隐患排查整治专项行动，确保年度生产安全整体平稳有序。

2. 强化思想建设。明确年度工作28条措施，根据集团要求，对公司董事会的授权规则和议事规则、董事会专门委员会的议事规则、“三重一大”决策制度实施办法、“三重一大”决策事项及权责清单实施修订。年内党委会前置研究讨论重大经营管理事项32项，发挥好党委把方向、管大局、保落实作用，推动公司完成集团下达各项经营指标，做好国企改革三年行动收官之年的改革任务销项，聚焦业财一体化、费控系统上线、商办园区智慧管理项目建设等推进数字化转型，强化合规和内控体系建设。

3. 坚持组织建设。将党委抓基层党建工作主体责任，党委书记第一责任人责任和其他领导班子成员“一岗双责”相贯通，推动全面从严治党向基层延伸；进一步树立大抓基层鲜明导向，召开党建工作会，与各支部书记签订党建责任书。召开2021年度党支部书记抓党建工作现场述职评议会，以考促进，不断压实党建工作责任链。加强对支部工作的日常服务指导，编发6期工作提示，督促各支部围绕“五个走在前”和“五个战斗堡垒”的要求，聚焦公司各项中心工作任务的推进彰显党建工作绩效。严格“三会一课”制度落实，提升基层党支部的组织力、战斗力；加强党组织书记、党务工作者和党员“三支队伍”建设，组织党支部书记、党务干部共计21人参加国有企业党建工作网络培训班、集团党校基层党组织书记轮训、国有企业基层党务工作网络培训班等专题培训，进一步提高基层党务工作人员素质能力。牢牢把握“控制总量、优化结构、提高质量、发挥作用”的总要求，高质量落实党员发展工作，年内，完成2名党员发展和1名预备党员转正；围绕向党建要动力、向改革要活力、向文化要合力，开展党建课题研究，4篇课题论文获集团表彰，通过总结提炼基层党建融合案例，带动公司基层党建工作水平整体提升，促进党建服务生产经营不偏离。

4. 推动队伍建设。聚焦干部人才队伍“选、育、用、管、带”，稳步推动公司“十四五”人才发展规划落实落地。坚持面向市场，优先招聘符合公司战略发展和紧缺急需人才，严格招录程序，把好人才质量关，年内共招录各类高素质人才11名；坚持人才培养，年内参加集团“启航”班培训和选拔干部入选集团“远航库”，选送年轻员工挂职船舶政委，年内干部员工岗位交流10人次；举办4期“高质量发展讲坛”，4场内训师成果展示与品鉴活动，各部门、所属单位开展29次制度宣贯培训、业务交流。疫情期间创新培训形式，完成702学时线上培训，共

1 841 人次参训，提升素质能力；坚持强化考核结果应用，2 名管理干部退出领导岗位，晋升 12 名工作表现较突出、综合素质较好员工职级，晋升 29 名年度考核优秀干部员工薪档；深化任期制契约化改革，公司领导班子经理层成员 5 人、司管干部 5 人签订了年度及任期业绩责任书；深入推进国有企业三项制度改革，在公司领导班子、华东运营中心经理层成员、公司市场营销部负责人签订聘任协议书、经营业绩责任书，开展公司各部门岗位价值和部门贡献度评估工作，为“三能”改革提供有力支持。

5. 构建企业文化。落实意识形态工作责任制，围绕“追求品质、涵养品味、打造品牌”理念、“专业、敬业、创业”精神开展主题宣传，及时跟进报道公司党员干部职工学习贯彻落实党的二十大情况，在公司内迅速掀起学习贯彻党的二十大精神热潮；推出公司成立八周年图片集，拍摄公司形象宣传片，集中展示“产业赋能、产业协同、产业创新”成果，提升公司竞争软实力；加强公司网站和微信平台建设，推出微信视频号，共发布各类文字稿件 298 篇，短视频 6 个。加强各类信息报送，集团报纸刊登 23 篇，同比增加 35.29%；党建要情采纳 15 篇，同比增加 50%。发挥群团组织桥梁纽带作用，积极为企业改革发展、项目建设等建言献策。

6. 加强廉政建设。坚持“三不腐”一体推进，抓好公司党风廉政建设和反腐败斗争；突出公司所在行业的特点，聚焦工程招投标、工程建设、物资采购等重点领域加强监督执纪问责，坚决打赢防范“楼盖起来、人倒下去”攻坚战、持久战；坚持锲而不舍落实中央八项规定精神，紧盯 2022 年春节、中秋、国庆重要节点，加强对公司干部职工的廉洁自律教育，持之以恒纠“四风”树新风；完成公司机关党支部履行政治功能专项巡察和青岛人才院项目的常规巡察，认真查找存在的问题和不足；加强纪检、监督、审计、风控、合规、组织人事等的相互协同，着力构建大监督工作格局；加强党风廉政制度建设，修订印发纪检制度 8 项，扎紧制度篱笆，构建高效监督制度体系；积极推动基层党组织专（兼）职纪委委员、纪检员体系健全，推动纪检监督向基层延伸。

【企业文化】

2022 年，中远海运资产根据集团党组《中国远洋海运集团“十四五”企业文化建设规划》相关要求，围绕公司“十四五”发展规划和“建设国内优秀资产经营管理公司”的愿景，制定《中远海运资产经营管理有限公司“十四五”企业文化实施意见》，坚持稳中求进、守正创新，让企业文化内化于心、外化于行，以文化建设凝聚强大动力，以文化发展打造企业软实力，以文化融合促进业务协同，以文化倡导营造创新氛围，以文化传播塑造企业形象，不断提升企业文化的引领力、感召力、凝聚力、影响力，发挥文化铸魂、育人、塑形、赋能的强大力量，为建设国内优秀资产经营管理公司提供坚强的文化支撑。

【社会责任】

2022 年，中远海运资产牢记使命，勇挑重担，积极履行社会责任，服务经济社会发展，认真践行央企责任担当。

助企纾困方面，公司坚决贯彻落实党中央、国务院、集团决策部署，积极落实房租减免政策要求，持续贯彻落实 2022 年助企纾困减免服务业小微企业和个体工商户房租工作。截至 2022 年 12 月 31 日，公司及所属单位共向北京、上海、广州、青岛、连云港五城市 131 家服务业小微企业和 8 家个体工商户减免房租约 3 581 万元。

绿色低碳方面，认真学习领会习近平总书记关于安全生产和生态文明建设的重要论述，深入践行绿色发展理念，大力推进绿色建筑建设。公司建设项目施工按照《绿色建筑评价标准》，选用节能环保型设备设施。参加全国节能宣传周活动，组织所属单位严格按照集团、公司相关要求，充分利用微信、LED 显示屏、宣传工具等，开展形式多样的宣传活动，取得了明显成效。

（王钰涛　卢婧瑶）

中远海运（上海）有限公司

中远海运（上海）有限公司

【公司概况】

中远海运（上海）有限公司〔简称“上海中远海运”，英文简称 COSCO SHIPPING（Shanghai）〕，是中远海运集团旗下全资子公司，主要从事液体化学品仓储与运输，兼顾资产管理、投资经营、航运海事技术及陆岸业务等综合服务。

公司前身可追溯到清末时期的招商局，1949 年 5 月上海解放后，市军事管制委员会接管招商局，此后历经多次更名、重组与改制，于 1953 年 5 月 1 日更名为交通部上海海运管理局，1993 年 6 月 18 日改组为上海海运（集团）公司，2016 年 7 月 28 日更名为中远海运（上海）公司。2017 年 12 月 13 日，公司由全民所有制综合性企业改制为有限责任公司，更名为中远海运（上海）有限公司，简称上海中远海运，坐落于上海市虹口区北外滩。

近年来，公司坚持战略引领与集约经营，以成为集团内液体化学品仓储与运输专业化企业为目标，大力推进液化仓储和化学品运输板块发展，产业建设与升级不断加速，从集团的社会服务板块转型至集团三大核心主业之一的物流产业集群，成为集群内唯一从事液体化学品仓储与运输的专业物流企业。2022 年，公司不断提升“一主一基”平台运营能力、经营质量和核心竞争力，主业平台立足物流战略定位，实现里程碑式新突破，基业平台不断做优祖业，发挥稳健压舱保障，发展质效稳步增长，各项工作取得较好成效。

【企业治理】

2022 年，上海中远海运本部设置办公室、党委工作部、战略与企业管理部、财务部、人力资源部 / 组织部、安全监督管理部、法务与风险管理部、纪委工作部 / 监督审计部 / 党委巡察办、液化储运营运部、信息管理部等 10 个部门；设立采购管理中心 / 综合保障中心、信访接待中心 / 综治管理中心等 2 个中心；代管上海市航海学会、人民武装部 / 集团人武部。公司下属有 5 家企业：上海亿升海运仓储有限公司 / 上海中远海运仓储有限公司、中海化工运输有限公司 / 上海中远海运（香港）有限公司、福建中远海运化工码头有限公司、上海中远海运资产经营管理有限公司 / 上海海运服务有限公司和上海海运海事技术有限公司。

深化国企改革三年行动，质效提升突显效益专精。一方面，上海中远海运积极推进人事制度改革。一是开展 2022 年国企改革三年行动评估工作，经自查 2019—2021 年国企改革三年行动相关评估指标，公司市场化用工、人员退出、薪酬分配等相关评估指标整体呈改善趋势，企业人才机制更加充满活力。二是实施经理层任期制和契约化管理，推动公司和所属单位经理层成员的市场化转型。公司及所属单位共 16 名经理层成员完成契约签订，签约率 100%。根据集团和国务院国资委最新指导要求，推动契约文本的规范化、科学化、精准化，夯实刚性考核兑现和岗位退出等工作基础。三是公司所属单位均已实现董事长、党组织书记“一肩挑”，进一步完善了公司治理结构。四是全面推行市场化用工，公司的全员绩效考核覆盖率、劳动合同到期续签考核率、员工市场化招聘率达到 100%。严把选人用人入口关，加大引进液化储运核心主业人才和信息化管理人才。推动内部冗员退出，通过内部退养、合同到期终止等方式，有效提升了人才队伍活力。另一方面，上海中远海运高度重视公司内部架构重建，以组织去臃肿、人员去富余、提高管理效率精简机构突出职能为目标对公司及所属单位的架构不断重塑。帮助公司打通专业人才引进通道，助力人才强企。2022年，公司对各部门的部门职责重新梳理更新，确保公司降本增效，稳步向专业化公司转型。一是公司采购管理中心和离退休人员服务中心/社保中心合并管理，以落实“一主一基”战略定位，淡化公司社会服务职能，解决机构臃肿的痛点，实现效益专精降本增效，确保公司稳步向专业化公司转型。二是在液化储运营运部新设设备工程室，以对标中化能源物流有限公司，提升各液化仓储库区的设备设施管理水平，推进设施设备管理自动化、信息化，为设施设备改造升级做准备。三是调整上海中远海运香港公司管理模式，以提前布局，开拓外贸运输市场，打造高效运营管理模式，由中海化运/香港公司统一履行经营管理职责。

【战略规划】

在已经上报公司“十四五”规划基础上，上海中远海运根据集团要求对相关内容及数据进行完善，并获得集团认可和正式批复，组织印发系统内各单位贯彻落实。

“十四五”期间，在公司“一主一基”发展战略指引下，公司依托现有业务资源积极打造国内领先的液体化工物流“端到端”业务。一是在产业链经营方面做强做大，强化物流链各关键节点的能力建设、扩大运力及仓储规模。公司自建三条新船“金海瀛”“金海瀚”“金海洲”分别于2022年6月、9月、10月命名交付营运。截至2022年底，公司船队运营船舶10艘，控制运力10万吨，其中自有船舶5艘，租入船舶5艘，尚有船舶1艘在建、运力0.8万吨，船队规模实现了较为明显的提升。二是公司全力推进福州建滔股权收购项目实施。公司克服疫情影响，在集团支持批准下，所属海运仓储于2022年5月28日同福建富宝签订了福州建滔49%股权转让协议，实现了对福州建滔的全资控制，并正式更名为福建中远海运化工码头有限公司，为库区后续发展打下了坚实基础。同时，协同中远海运化工码头着手启动后方二期库区建设项目，进一步实现业务和效益规模扩大。三是在服务价值链经营方面做深做优。中海化运积极维护中石化华南、万化、恒力等长期合作客户的关系，稳定内贸航线收益，外贸方面积极抓住良好市场环境与新船下水时机成就运营新亮点。

【经营效益】

2022年，上海中远海运在“十四五”发展规划指引下，以“营业收入和经营利润双增长”实现较好经营业绩。全年公司实现营业收入82 992万元（包含对小微企业及个体工商户减免租金），同比增长28.47%；实现净利润27 041万元，剔除考核约定事项后，完成年度指标的113.58%，其中全年实现经营利润4 600万元，超额完成奋斗指标；营业收入利润率为28.81%，同比上升14.92个百分点。公司营业收入、经营利润和营业收入利润率等关键指标同比均实现增长并超过预算；“两利四率”指标持续优化，达到国务院国资委“两增一控三提高”和领先集团考核要求，企业经营效率和发展质量持续提升。全年公司主业收入和利润远超公司平均增长率，实现同比大幅增长，确保疫情防控与经营发展两不误。

【投资管理】

“十四五”期间，公司战略方向进一步聚焦，主业经营思路进一步清晰，对于各业务板块产业扩张、业务开拓、精益运营等提出了更高的发展要求。各单位投资项目数量和规模显著增加，“十四五”初年的年度投资总额7.04亿元，为“十三五”初年的147%，投资项目数为“十三五”初年的225%。

公司加强重点项目管理，推进跟踪公司内生性、外延式发展投资并购项目机会。

1. 重点项目逐月跟踪管理，协调公司内外部资源协助推进。公司及所属单位作为有效落实公司“十四五”规划、推动公司专业化转型发展的重要载体，结合集团对直属企业各类项目管控要求日益提升的形势要求，对公司及所属单位与“十四五”规划密切相关的投资类、商务类，以及管理提升类年度重点项目进行了上报汇总，每月实时关注重点项目进展，必要时介入参与或协助推进。其中，投资类项目 10 项，商务类项目 4 项。

2. 积极搜寻、推进内生性及外延式发展机会。并购型项目方面，围绕“十四五”规划新增布点计划进行研究、考察，以及机会搜寻；受疫情影响，完成东营、连云港港区 2 个库区拜访调研，同时结合集团新能源产业链布局需求，对上海、舟山等区域进行标的筛选，在推进库区项目同时，择机了解危化品陆运相关合作机会；目前与山东海科集团已有良好的沟通，旗下油化品陆运企业可作为潜在合作对象之一。

【安 全 生 产】

公司坚持安全发展理念，坚持“安全第一、预防为主、综合治理”的方针，深入开展安全风险分级管控和隐患排查治理双重预防机制建设，不断强化现场工班组建设和安全管理信息化建设，进一步提升了安全管理能力。2022 年，公司未发生一般及以上生产安全事故、火灾事故、环境污染事故、职业病事故、工伤事故及船舶 PSC/FSC 被滞留和被海盗劫持事件，公司及所属各单位安全生产工作保持平稳可控。

公司与所属单位签订安全生产及环境保护工作责任书，层层压实工作责任，开展年度履职情况监督考核，检验安全责任落实情况。为了强化安全生产基础、消除各类安全隐患、解决历史欠账问题，公司持续加大安全生产投入，按规定计提安全生产费用，全年累计投入安全费用 1 053.11 万元。2022 年，修订完善安全管理制度 2 项，及时将国家有关法律法规和集团的最新要求转化为安全生产规章制度，使生产各环节有据可依、有章可循。

以危险化学品隐患排查和风险管控工作为重点，结合双重预防机制建设，深入开展“危险化学品安全专项排查整治”“安全风险隐患大排查大整治”“燃气安全整治百日行动”和“迎接党的二十大，加强全系统安全生产工作专项”等工作。通过开展专项行动，有效提升了公司危险化学品运输、装卸和仓储作业管理水平和能力，涉危环节安全风险始终处于受控范围内。

扎实推进安全管理宣传教育，以“安全生产月”、“119”消防宣传月为契机，提高员工处置突发应急事故和防止事故扩大的能力。全年，公司共组织开展职工岗位安全教育培训 83 次，受训 156 人次；对外来及施工人员安全教育培训 1 798 次，受训 2 309 人次；组织应急培训 99 次，受训 2 574 人次；实施各类应急演练活动 65 次，参演人员 1 565 人次。

【合 规 风 控】

2022 年，公司强化合规风控，夯实法治保障。一是健全领导责任体系，法治建设顶层引领更加有力。持续健全企业主要负责人履行法治建设第一责任人职责长效机制，坚持党委对依法治企工作的全面领导，切实发挥党委把方向、管大局、保落实作用。持续完善法治建设考核评价体系，切实做到责任层层传递，步步压实。二是坚持靶向发力出实招，法治保障更加有为。不断完善合同全生命周期管理，合同集中管理持续优化，范式合同业务覆盖率和签订率均得以提升，进一步强化合同履行管理。持续发力加强对重点项目和维权创效的支撑保障，全过程推动重大收购项目落地，妥善处理商务纠纷和案件。有效开展疫情下法律风险预警和排查应对，动态汇集整理疫情防控相关政策，为经营活动提供法律和政策支持，重点加强合同履行、劳动用工、项目进展、诉讼纠纷等重点领域合规风险排查，依法依规落实小微企业房屋租金减免政策。三是聚焦强内控防风险，合规管理更加强化。坚持建评并举，持续推动公司风控体系有效运行，修订完善总部风险管理与内控手册；制定发布公司风险、内控、合规等“三项标准”，制定资金内控监督专门制度，分别启动2家公司风险管理与内控体系建设，开展内控评价并落实缺陷整改、公司对下属子企业内控监督评价，实现对子企业监督评价“三年全覆盖”的目标。严守底线固根本，健全风险防控机制，强化重大风险跟踪监测和应对，加强境外业务风险防控。四是强化全流程管控，规章制度体系更加健全。完善公司规章制度体系建设，开展规章制度“立改废释”，优化制度体系框架。多途径提升基层单位制度管控实效，衔接体系避免制度效力逐层衰减，对下穿透指导主业单位并购后规章制度建设。提升规章制度宣贯和执行效果，针对发布的新规，职能部门制作制度解读课件，利用部务会、班组会等开展线上、线下培训，提升员工学习制度效果。五是提升法治素养和能力，法治文化氛围更加浓厚。坚持苦练内功加强队伍能力建设，结合管理要求变化，公司建立了两级兼职风控合规专员队伍，覆盖至两级单位各部门，进一步完善了以法务风控两级联动、专兼职结合的工作队伍格局，持续加强培训培养，促进法务风控合规人员和重点岗位人员提升专业能力和素质提升。加强宣传教育厚植公司法治文化，营造良好的专项活动氛围，确保教育全面覆盖。

【环 保 业 务】

2022年，浦东地区封控近4个月时间，环保产业收入2 934万元；船舶油污水处理量6.98万吨。受疫情影响，剔除一个季度的封控时间能完成以上数据实属不易。

污水处理厂污泥减量化项目阶段投运，实现减量379.2吨。为寻求物理方式实现污泥减量、含油污水预处理产物再利用，以实现资源回收、绿色发展。2022年6月初到福乐伟分离技术（上海）有限公司技术交流，确定以中试设备解决现有的污泥存量及验证工艺可行性。同年7—8月中试设备运行，固液分离效果较好，实现减量生化污泥379.2吨，产出脱水污泥约40吨，实现生化污泥减量89.5%。

【科 技 创 新】

上海中远海运制定了《“十四五”科技发展专项规划》《“十四五”数字化发展规划》，坚持以数字化转型不断推动企业变革、科技创新、提质增效。公司本部和所属单位分别成立了科技与数字化转型工作委员会及办公室、科技创新工作委员会和工作组等，打造企业智囊团、项目攻关队、人才孵化器，带动群众性科技创新活动持续深化。此外，福建化工码头成立了劳模创新工作室，研发码头油化库区VR智能线路、MR仿真实训进程控制系统等专利技术。

经过三年多的孵化挖掘，公司及下属企业在科技人才和经费投入、知识产权保护能力、自动化识别与控制等方面大幅提升。亿升海运、福建化工码头、中海化运走化工产品专业化储运产业链之路，做差异化产品，不断提升企业自身竞争力。2022年，公司总的研发经费达到1 174.48万元，投入的量变产生了科技创新的巨大质变。

截至2022年12月底，公司已提交5件发明专利、5件实用新型专利（又称“小发明”）及4个软件著作权申请，其中2项目发明专利和5项实用新型专利获得国家知识产权局授权，4个软件著作权已获得国家版权保护中心授权，不断提高科技成果转化和产业化水平。

【品 牌 建 设】

2022年6月30日，由中国船舶集团重庆川东船舶重工有限责任公司为上海中远海运（香港）有限公司打造的、首制13 800吨不锈钢化学品船，在重庆交付并命名为“金海瀛”。该型船总长129米、型宽22米、型深11.8米，结构吃水8.7米、载重量13 800吨，创造了西南地区建造最大吨位船舶的新纪录。

同年9月23日，首艘8 000吨不锈钢化学品船新一代高端不锈钢化学品船“金海瀚”号以“云”交船方式在上海、重庆、北京、天津、南京等地同时举行命名交船。该船总长约119米、型宽18.5米、型深9.4米，设计吃水6.3米，航速 12.8 节，续航力约 6 000 海里，入 CCS 级，挂五星红旗；符合中国船级社散装运输危险化学品船舶构造与设备规范 II 型船要求。这艘 8 000 吨不锈钢化学品船是我国首艘配置自主研发“化学品船智能液货集成控制系统”的船舶，集绿色、智能、环保等科技元素为一体，全船排放满足国内最新的法规要求。“化学品船智能液货集成控制系统”由七〇八所所属上海中船船舶设计技术国家工程研究中心有限公司（工程中心）、中国船舶集团旗下武汉船机、大连海事大学共同参与研制，该项目依托工业和信息化部课题“化学品船智能液货系统开发”，以提高化学品船液货装卸效率、缓解装卸货期间人员疲劳、增加船舶和人员安全、缩短船舶在港停留时间，全面提升化学品船货物管理作业安全性、作业质量与作业效率为目标，开发具有独立知识产权的智能液货集成控制系统。

同年 10 月 20 日，第二艘 13 800 吨不锈钢化学品船“金海洲”举行命名暨交船仪式。这是川船重工继 6 月 30 日向上海中远海运交付西南地区“史上最大船舶”13 800 吨不锈钢化学品船首制船之后，交付的第二艘同型船；也是上海中远海运 2022 年继“金海瀛”“金海瀚”轮后，投入运营的第三艘新造化学品船，标志着上海中远海运在聚焦主责主业、做强做优做大主业平台化学品运输板块迈出了突破性的一大步。

公司顺应行业发展趋势、紧抓市场有利时机，布局新建的不锈钢化学品船，已经硕果丰收、颗颗落地，这是各方单位深入践行“海洋强国、航运强国”战略，加快融入到以国内大循环为主体、国内国际双循环相互促进的新发展格局中最务实的举措。“金海洲”轮的顺利交付，为公司主业平台化学品运输板块的专业化发展增添强劲动能，公司化运船队规模取得跨越式发展，控制运力突破“10 艘船 /10 万载重吨”大关；内外贸兼营的运营模式和运力分布日趋完善，在行业市场的竞争实力和品牌影响力得到了实质性提升，公司向着化学品物流行业国内第一梯队的目标更进一步。

以上信息国内新华网、新浪财经网、新闻头条，以及业内船舶网站相继转发。

【数字化建设】

2022 年，上海中远海运数字化围绕“十四五”数字化转型发展规划目标，立足智能运营、服务提升、商业创新“三个维度”持续发力，上下坚持数字化赋能业务“场景 + 技术”，把科技创新作为新旧动能转换、助力企业实现本质安全和高质量发展的重要驱动力，持续推动公司数字化、智能化、绿色低碳化进阶。

围绕数字化运营做实做强重点项目，打通数据孤岛，推动质效提升。通过对标和调研多家危化仓储行业先进企业，引入并启动智慧安全库区项目，完成两家库区 5 大类 74 小类合计 4 880 个设备的全面梳理建档，构建公司设备管理制度体系；在亿升海运推动电子巡检、电子作业票审批、网格化管理、双预控、在线培训等功能的集成上线，实现库区安全生产多终端一体化应用和可视化展现，切实消除生产经营过程中存在的安全风险，全面提升本质安全水平。同时，公司进一步对标学习集团应急指挥中心管理模式，扩展可视化应用场景，完成应急指挥中心系统开发，为库区安全生产、船舶安全航行及维护提供充分保障。另一方面，围绕主营业务信息化全覆盖，根据集团推广实施要求，公司费控报账平台已正式上线启用，实现公司及所属单位费用报销业务流程规范化、智能化、共享化，为深化网络安全治理和数字化变革打下扎实基础。

围绕产业链经营持续发力，全面提升服务效率和专业化水平。公司积极探索“以客户为中心”的数字化变革，基于亿升 ERP 及智慧安全库区平台形成可供客户自助实时查询订单、库存容量及供政府等相关方掌握库区运营动态的手机端应用方案；福建化工码头聚焦客户需求，改进车台工艺，通过采用撬装技术和自编批控仪程序，实现一车多仓同时作业，同时创造性提出跨公司 ERP 管理系统连通，提升客户黏性、实现质效提升；中海化运结合自身实际推动航标系统各模块“应用尽用”并建立化运经营平台，积极探索与船员公司共建船员管理档案，以及时更新船员信息和评估，实现船员管理自主化，全面提升船员素质。海运资产全面引入招商蛇口物业管理模式和平台，推动以700号为试点的资产及物业管理标准化运作。另一方面，公司以自动化控制减少人为操作和智能化管理提高工作效率为目标，继续开展液化仓储库区生产自动化控制改造，相继完成亿升库区电子虚拟围栏等建设，针对福建化工码头库区5个罐组118个点位的消防阀手动改远程控制工程；在福建化工码头率先推动VR虚拟仿真培训系统应用于化工仓储行业，达到在安全环境中进行危险化学品装卸、巡检作业的实景模拟培训和考核。通过一系列自动化技改，不断提升管理过程的自动化、智能化管理，不断降低安全生产对人的依赖，逐步实现“机械化换人、自动化减人、智能化无人”的技术目标，助推公司“十四五”期间安全生产管理水平再上新台阶。

探索实施新路径，以科技创新驱动商业模式、运营模式创新。公司数字化工作坚持以客户体验为核心价值，不断强化数据治理。公司于年内启动数据仓库项目，探索和寻求实现内部协同和市场信息分享的全公司统一的商务信息管理模式，为未来打造液体化工品供应链与物流数字化平台打下基础。

【疫情防控】

2022年，上海中远海运医疗卫生系统和相关部门积极推进基本公共卫生服务、职业卫生服务和医疗服务，圆满完成各项医疗保障工作。在上海疫情封控时期，全力以赴投入到抗击疫情工作当中，为保护集团、公司员工的身体健康和生命安全贡献力量。在集团大楼封控期间，派医务人员全程坚守防疫抗疫第一线，积极应对职工看病难、配药难的困难局面，全力以赴寻找有资质、尚在营业的供应商、药房、医院进行代买药、代配药。封控期间，共为集团配药278人次，药品165余种，总计金额46 134.91元。同时，医务人员还尽力帮助兄弟公司员工解决买药难、配药难问题，消除员工用药后顾之忧。为进一步服务集团，卫生所建立了集团总部员工个人健康档案，配合上海海运信息科创建集团总部医务室小程序，及时更新卫生所药品库存信息，以及正确录入员工用药信息。2022年共计就诊挂号595人，药费总计金额96 367.34元，确保了各项活动协调有序进行。

【队伍建设】

上海中远海运始终坚持党管干部、党管人才原则和国有企业好干部标准，着眼公司改革发展大局，紧紧围绕建设“忠诚、干净、担当”的高素质干部队伍公司，把牢政治关、素质关，干部队伍活力持续得到激发。

坚持正确选人用人导向。根据“十四五”发展战略，着力优化干部配置，实现选优配强。2022年以来，总部部门负责人、所属单位领导班子共提任、调整20人次。深入推进干部人事制度改革，干部队伍年龄结构进一步优化，持续激发干事创业活力。

继续优化收入分配机制。公司总部结合组织架构调整，优化综合保障中心绩效管理机制，激发工作潜力。坚持推进薪酬分配差异化改革，工资总额分配突出效益导向，对所属单位及经营班子坚持硬考核、硬兑现，发挥好薪酬绩效对企业效益的撬动作用。所属单位结合自身实际，对创效者实行精准激励，充分调动广大员工积极性。

贴合管理实际，培养使用年轻干部。公司积极落实集团关于加强年轻干部队伍建设的工作要求，选调综合素质优秀的公司管理干部参加集团2022年“启航/远航”培训班，着力提升综合能力和工作视野。打通人才交流壁垒，推动年轻干部在公司总部、所属单位、合资单位之间交流赋能，通过推荐、挂职、轮岗等方式，促进优秀年轻干部多岗位锻炼，提升了干部人才与战略匹配度。在内部培养年轻干部的同时，也通过集团竞聘、挂职等方式，向集团总部输送了优秀年轻干部1人。

加强关键引才，多措并举打造专业化队伍。公司在液化储运产业链建设、数字化、设备安全管理等方面加强外引力度，注重以关键引才提升经营管控能力和专业化素质。2022年至今，市场化引进2名高级专业人才担任化学品运输板块、液化仓储板块公司总经理助理，引进1名专业人才担任液化仓储板块公司部门负责人，引进总部财务管理专业人才1人。公司创新人才用工形式，引进数字化专业人才，持续提升专业化素质和数字化运营能力。不断优化完善“两栖船员”管理模式，市场招聘引进具有国际化工船龙头企业思多尔特、中化（君正）、台塑等服务资历的两栖船长及轮机长，加大船岸联动和指导，持续提升行业板块核心人才的规模和质量。

坚持需求导向，不断提升人才能力素质。学习贯彻《集团党组关于完善教育培训体系建设的意见》，全年公司干部参训率、人均网络培训学时数等指标，均达到集团教育培训量化指标要求进度。进一步加大网络在线学习力度，开展多次线上直播课程活动，为员工提供丰富的在线学习资源。积极利用好集团人才院平台，开展职场能力提升、深化国企改革、董事履职能力建设、商务英语等各类培训项目，为干部员工开拓视野，提升改革创效本领，创造了有利条件。结合集团IHR培训系统上线工作要求，通过系统操作培训，推动公司教育培训从“职能管理”向“智能管理”转型升级。

【党群工作】

2022年，上海中远海运党委以习近平新时代中国特色社会主义思想为指导，深入贯彻落实党的二十大精神和十九届历次全会精神，坚定落实新时代党的建设总要求，坚持党建领航、强根铸魂，以新担当、新作为在新时代新征程上全面提升党建工作质量，为公司深化改革和高质量发展提供坚强保证。

党建工作方面。一方面，把政治建设摆在首位，坚决贯彻落实党中央决策部署。党的二十大胜利召开后，公司党委第一时间组织召开专题会议，就全面学习、全面把握、全面落实党的二十大精神作出具体部署。坚持用马克思主义中国化时代化最新成果武装头脑、坚持不懈学懂弄通做实习近平新时代中国特色社会主义思想，开展党委会“第一议题”学习25次，党委中心组集体学习7次，组织48名党员领导干部参加集团学习贯彻党的十九届六中全会精神专题培训班。疫情封控期间，所属各单位在职在沪党员积极投身社区疫情防控一线参与志愿服务，441名党员完成“先锋上海”党员线上报到，27名党员参与集团志愿者突击队，188名党员担当社区抗疫一线“大白”，6名党员担任社区抗疫临时党支部书记、党小组组长等职务，与所居住社区共筑疫情防护墙。深抓基层组织建设，提升企业党的建设质量，以喜迎党的二十大专题推动党史学习教育常态化长效化。开展“建功新时代、喜迎二十大”习近平总书记重要指示批示精神再学习再落实再提升主题活动。专注改革发展，干部人才工作取得新进展新成效，积极落实集团关于加强年轻干部队伍建设的工作要求，选调综合素质优秀的公司管理干部参加集团“启航”“远航”培训班，积极利用好集团人才院平台，开展职场能力提升、深化国企改革、董事履职能力建设、商务英语等各类培训项目。

党风廉政建设和反腐败工作方面。2022年，上海中远海运深入落实集团党组和公司党委有关部署，全面实施集团纪检监察组“一一九工程”，坚持“三不腐”一体推进。对各级班子成员、关键岗位人员开展广泛约谈，对4家在沪所属单位开展现场检查。持续开展“8+N”监督工作，督促落实国企改革三年行动、农民工工资支付、“十四五”规划推进、中小微企业、个体工商户租金减免等工作。组织开展安全生产领域的监督检查，督促推动隐患排查整改和责任落实；结合疫情防控转段前后的工作重点，开展监督检查，督促职能部门按照上级要求持续优化调整疫情防控措施。通过约谈指导职能部门负责人、印发工作提示等形式统筹推进巡视、巡察、审计整改落实，督促问题整改形成“闭环”。有案必查、有腐必惩，坚持严的主基调，规范处置问题线索，实现政治效果、纪法效果、社会效果相统一。制定公司以案促改工作方案，印发纪律检查建议书，放大监督功效，推动标本兼治。聚焦境外企业内部决策、佣金管理等重点环节，督促有关单位建立健全管理制度。紧盯重大工程项目开展监督，聚焦工程项目建设、招标投标、设备采购等领域开展监督，及时揭示风险、督促整改、完善内控。

坚定落实集团党组、集团纪检监察组关于疫情防控和安全生产部署，开展监督检查83次，提出意见建议91条，针对检查发现的重点领域问题及时组织协调推动公司有关职能部门和所属单位落实整改，强化对“一把手”和领导班子监督。约谈公司各级领导干部37人次；全年收到问题线索13件，受理处置11件；运用“第一种形态”批评教育帮助12人次；并就有关不实信访举报问题向当事人予以反馈澄清，保护干部职工干事创业的积极性。

工会工作方面。公司工会坚持以习近平新时代中国特色社会主义思想为指导，认真落实党的二十大精神，切实发挥了工会组织的桥梁和纽带作用，为公司高质量发展提供强力保障。扎实推进民主管理，营造和谐氛围，依照《中华人民共和国工会法》《中华人民共和国公司法》等法律规定，开展合理化建议活动，收到各单位采纳职工建议47条。深入开展“建功‘十四五’、奋进新征程”主题劳动竞赛，把职工的技术创新嵌入大数据应用、安全库区、精益运营、智慧航运等重大项目的研发链中，融入公司主业主责；落实上海市总开展“五小”活动要求，围绕开源节流、增收节支、安全生产、改进工艺、改善管理等大胆创新。全力支持开展好“兴农周”活动，采购物资6.7万元，以实际行动谱写助力乡村振兴工作新篇章。推动健全职工群众利益表达、利益协调、利益保护机制，印发《中远海运（上海）有限公司关于开展职工疗休养工作的实施意见（试行）》。深入一线开展“战酷暑、送清凉、守安康、严防疫、保生产”活动，开展2022年度职工劳动保护、防暑降温等综合联合检查，一年来共深入一线、重点项目53次。深化“安康杯”竞赛活动，参加2022年上海市节能低碳知识竞赛，开展“查身边隐患、献安全一计、讲预防故事”系列活动。坚持开展常态化解困帮扶工作，全年共来筹集帮扶资金24.53万元，帮困90人次。配合公司党政做好疫情防控工作，下拨防疫专项资金75.91万元，配送生活物资1 400余人次，关心慰问一线驻岗值守员工587人次，建立职工服务热线，组织参与上海市总心理健康系列活动及培训。元旦春节期间，通过组织开展“周周乐”、“三八”节女职工趣味项目、“七一”协助开展红色主题活动、“喜迎二十大、奋楫新航程”书画摄影、“航运强国有我”诗歌作品征集、“同心‘守沪’ 携手抗疫”线上文体活动、“学习二十大 奋进新征程”消防技术比武等活动，展示职工文化成果。

共青团工作方面。深入贯彻落实党的二十大报告、习近平总书记关于共青团和青年工作的重要论述和在庆祝中国共产主义青年团成立100周年大会上的重要讲话精神，持续深入推进“青年大学习”，扎实推进青年素养提升工程“四个阶段”工作任务，引导教育广大团员青年坚定理想信念，增强行动自觉，在实战历练中创造价值。开展青年抗疫志愿服务，近70名团员青年深入所在社区，在坚决打赢疫情防控阻击战和复工复产复市中发挥团员青年生力军、突击队作用。开展公司所属及属地管理单位团组织负责人述职评议。坚持先进青年典型示范引领，开展2020—2021年度公司五四先进评选表彰。加强团干部队伍建设，参加集团首期青马工程暨2022年度团干部培训。

【企业文化与社会责任】

宣传思想和企业文化建设方面。2022年，上海中远海运认真贯彻落实中央和集团党组宣传思想和企业文化建设总要求，紧紧围绕公司改革转型发展大局，把牢政治方向、高举思想旗帜、传承红色文化，把宣传思想工作摆在全局重要位置抓实抓好。一是围绕学习宣传贯彻习近平新时代中国特色社会主义思想这一首要任务持续发力。认真落实“第一议题”制度，组织党委会跟进学习习近平总书记最新重要讲话精神。公司党委学习贯彻全会精神心得体会署名文章《以“十个坚持”赋能上海中远海运跑出“十四五”加速度》，获《中国远洋海运报》和中远海运学习强国号刊发。二是突出疫情防控这一重大主题统筹推进防疫生产两手抓思想宣传。吹响防疫战疫“集结号”，发布《各级党组织、全体党员：发挥党组织和党员作用，从严从实抓好疫情防控工作》微信倡议，明确防疫目标及要求，进一步统一思想、凝聚共识、坚定信心、齐心协力打好防疫大仗硬仗。三是紧密围绕迎接宣传贯彻党的二十大精神这一主线落实相关重点任务，推进实施“三微”作品创作、“航运强国有我”诗词歌赋创作、“喜迎二十大”书画摄影创作、“领航新时代”音乐创作等群众性文艺作品创作活动，营造迎接宣传贯彻党的二十大精神浓厚氛围。四是聚焦选树先进典型这一重要抓手积极传递正能量深化文明创建，策划“每周双星”宣传，在公司官微开办专栏，推送获表彰对象的先进事迹，以典型标杆为引领，营造积极向上的舆论氛围，累计完成 10 期宣传推送工作。

带头履行央企社会责任方面。公司始终坚持以“两个一以贯之”为指引，深入贯彻总书记针对疫情防控“三个坚决”重要指示，扎实开展疫情防控和复工复产各项工作，履行好央企政治责任、社会责任与经济责任，在打赢打好“大上海保卫战”过程中彰显了中央企业战疫“顶梁柱”、经济“压舱石”的责任担当。打响志愿服务“发令枪”，公司党员线上报到完成率达 96.9%，共 188 名党员根据社区统一调配参与现场志愿服务，以实际行动彰显先锋模范作用。奏响防疫促产“进行曲”，在公司官微开辟“志愿同心 战疫有我”专栏，对 11 处基层生产一线员工坚守岗位保生产情况进行图片新闻报道，对总部及所属单位党员代表（34 人）参与社区防疫志愿服务情况集中推送。亿升海运领导层带头驻厂值班，厂区“网格化”管理与基层党组织建设深度融合，党员干部职工响应驻厂号召、义无反顾投身一线，落实厂区闭环管理，保障生产作业有序运行。专班团队发扬“奉献、专业、苦干、协调”的精神，以客户需求为导向，为客户协调解决海事申报、商检服务及外轮油污水申报等业务阻碍，得到客户高度认可。疫情封控期间，亿升在确保安全生产的同时，紧锣密鼓推进成品油罐区整体改造和智慧安全库区项目建设，并通过开展安全网格化、智慧安全库区“在线教育”等专题培训，确保闭环期间厂区硬件水平和员工专业化能力素质素养不断增长。福建化工码头切实响应“保供稳链”号召，主动联系当地政府争取企业名额落实货运“绿色通道”措施，缩短车辆卡口通关时间；对接政府部门加强沟通联系，纾解船舶引水问题，全力以赴保供应、促生产。中海化运加强船岸联动，组织开展每周一次的船舶安全防疫“云检查”，确保船舶营运安全可控。海运资产各项目点派员 24 小时驻守办公区域，做到“保障全方位、服务不打烊”；做好对浦东成山路办公楼在内的各政府部门物业项目点服务保障工作，确保政府机构高效运转；高度重视统筹疫情防控和经济发展，协助公司做好落实房租减免具体工作，全年上海中远海运范围涉及房租减免的小微企业、个体工商户 23 家，辐射至最终承租人后惠及企业 58 家，累计减免租金总额达 3 348.39 万元，切实帮助中小企业纾困解难。（周涵聪）

中远海运（广州）有限公司

中远海运（广州）有限公司

【公司概况】

中远海运（广州）有限公司〔简称“广州中远海运”，英文简称 COSCO SHIPPING（Guangzhou）〕，是中远海运集团全资子公司，注册资本 319 120.240 6 万元，注册地广州市海珠区滨江中路 308 号。公司成立于 1949 年 10 月 22 日，企业名称和管理体制多次变更。2016 年 6 月 28 日，公司正式更名为中远海运（广州）有限公司。至 2022 年末，公司总资产 431.70 亿元，总负债为 88.48 亿元，资产负债率为 20.50%。

【公司治理】

广州中远海运董事会聚焦“四个领航”总要求，坚持稳字当头、稳中求进总基调，指导公司经理层稳步推进公司“十四五”发展规划，积极融入集团产业链，抓好人才引进与培养，不断深化改革转型。在集团对董事会的授权范围内，开展规范治理，将法治风控融入董事会建设当中，不断提升董事会决策的科学性和合规性，用好对经理层的考核和分配权，确保公司经营决策得到有效执行。

针对公司近年来董事会人数与公司章程不符等情况，及时配齐配强董事，及时修改公司章程，在符合《中华人民共和国公司法》等法律法规的前提下，确保董事会合规运作。同时，督导经理层启动三级单位董事会改设执行董事工作，逐步理顺所属企业治理逻辑，提升整体运营质效。截至 2022 年末，下属 12 家公司制全资子企业已全部按执行董事模式设置。

根据集团对直属单位推动法治风控融入公司治理的工作要求，公司在二届二次董事会上将集团对法治建设、合规管理等相关工作的指导责任列入审计与风险管理委员会职责，并将该委员会更名为审计、法治、合规及风险管理委员会，压实法治、合规体系建设责任。根据集团相关任命文件，2022 年 10 月 26 日洪文兴任公司副董事长。根据董事会工作需要，经董事长提出，二届二次董事会通过陈缨担任公司董事会审计、法治、合规与风险管理委员会主任委员，文吉任委员，李国荣不再担任主任委员；通过李国荣担任公司董事会薪酬与考核委员会主任委员。

2022 年，董事会共召开会议 10 次，其中定期会议 4 次。召开董事会审计、法治、合规及风险管理委员会 6 次，为公司内控及合规体系建设、年度预算及利润分配方案等提供专业意见；召开董事会战略与投资委员会 3 次，前置审议公司“十四五”数字化转型工作规划及年度投资与处置计划，为董事会决策提供充分的参考建议；召开董事会薪酬与考核委员会 1 次，审议公司工资总额管理规定，为科学制定公司内部分配机制提供专业参考。

【战略发展】

“十四五”期间，广州中远海运重点围绕集团“3+4”产业生态，遵从“为集团作贡献”“符合集团要求”两大关键发展原则，打造航运环保、航运数字服务两大核心战略产业，成为特色增值服务的产业公司。

航运环保产业方面，搭建标准可控的“船舶油污水接收平台”，完成净海公司油污水处理基地投资升级改造，废水处理能力可达 20 万吨 / 年。打通废矿物油跨省转移陆海“双通道”。完成海南航运环保基地 1 个新增落地实施项目（海南中远海运环保科技有限公司）并投入运营，设计废水处理能力5万吨/年，年内实现经营收入87万元、净利润47万元。联合广东省航海学会建立船舶污水处置标准体系，年内发布了《船舶含油污染物接收处理总则》《船舶含油污染物接收处理接收》两个团体标准。全年实现经营收入7 616万元。

航运数字服务在自主研发上，完成基于自有电子海图引擎开发的传统船端软件全部替换，2022年底装船量为868艘；随航付费（PAYS）项目研发取得重大突破，获得挪威船级社（DNV）认证和英国海道测量局（UKHO）商业销售合同等多项国际业务资质，软件装船118艘；海宁航海保障信息服务平台多账套业务服务模式实现顺利推广及运行，已有3家UKHO一级代理商在使用。参与国家和集团重点项目建设，完成"北极航道"冰情资料收集和原型开发；积极申报交通强国项目，并参展第五届"进博会"和深圳"高交会"。全年实现收入4 847万元。

【深化改革】

2022年，公司以落地企业改革任务为关键，紧盯重点领域抓落实，持续推动落实改革三年行动工作措施，不断强化宣传、协调、督办机制，改革工作成效明显，整体累计完成改革工作任务101项、完成具体工作措施253条，完成率100%，改革成效已通过公司专项审计，按计划全面完成改革三年行动工作任务。继续按照集团部署做好广州新海医院成建制移交的各项准备，建立完善工作周报、专项汇报、定期见面沟通等工作机制，制定了《广州新海医院移交工作预案》《广州新海医院改革工作整体推进方案》，及时梳理更新和向集团提供医院改革基础资料，并从2022年2月起每月向广东省卫健委投递见面洽商函（共计10份），争取推动医院改革工作实质性进展。进一步加快"压减"和"两非"剥离工作进程，完成广州迪施有限公司机构注销收尾工作，并积极配合广州中远海运健康管理有限公司实施新海颐养苑应收账款清理、清算审计和机构注销，顺利在6月份完成集团下达年度专项工作任务。以改革为抓手，开展包括旅游业务优化改革、健康产业布局发展、子企业治理结构调整等改革方案研究，7家未纳入集团董事会应建尽建范围的单位完成撤销董事会（管委会）、改设执行董事的改革事项，助力推动业务转型和提质增效。

【生产经营】

2022年，公司认真落实"疫情要防住、经济要稳住、发展要安全"的重要要求，以集团"四个领航"为指引，锚定主责主业，积极融入集团航运产业链，稳步推进"十四五"规划，统筹疫情防控和生产经营。

公司航运环保产业坚持抓存量扩增量双措并举，汇聚产业发展新动能。在抓存量方面，广州净海油污水工程有限公司持续优化"油污水接收–处理–废矿物油资源化利用"业务模式，搭建标准可控的"船舶油污水接收平台"，平台接驳运力已达2 000多吨。加大研发投入力度，完成MBR膜升级改造等10项工程，持续提升系统处理效能，巩固技术领先优势。顺利完成深圳海关1.67万吨罚没船舶油污水处置项目，展现了广州净海油污水工程有限公司在油污水转运、存储、处理全链条协同整合能力。充分运用产能优势，紧盯高附加值领域，按计划打通废矿物油跨省转移陆海"双通道"，全年累计转移废矿物油3.61万吨。在扩增量方面，公司航运环保事业部积极对接深圳、粤西等地区船舶油污水处置需求，探索布局油污水接收网络，延伸航运环保产业链，努力拓展产业业态。成功注册成立海南中远海运环保科技有限公司，完成海南马村沥青库资产交接工作，成为海南首家航运环保科技企业，为集团参与"一带一路"建设、融入"西部陆海新通道"发展提供绿色支撑。

做优做实航运数字科技产业，着力攻难点、创亮点，不断增强产业竞争力。广州海宁海务技术咨询有限公司通过自主研发，成功推出随航付费（PAYS）系统，先后获得挪威船级社（DNV）

认证和英国海道测量局（UKHO）商业销售合同，成为全球第9个获得该项业务资质的海图公司。通过自主营销、新设服务网点、建立分销代理机制等方式，先后在上海、南沙设立办事处，贴近客户开拓市场，实现电子海图软件装船868艘，服务船东82家，产品境内市场占有率排名第一。积极发挥技术优势，主动融入国家和集团重点项目建设，参与“北极航道”项目，顺利完成中远海运特运北极项目冰情资料收集和原型开发。深入挖掘电子海图引擎价值，主动对接市场对电子海图引擎开发工具（SDK）等产品的需求，努力实现数字化能力再变现。作为集团第一批专精特新培育企业，广州海宁海务技术咨询有限公司以电子海图系统为基础，积极申报交通强国项目，先后亮相第五届进博会和深圳高新技术成果交易会，宣介科技创新成果，取得良好反响。

广州中远海运船舶工程有限公司从机制创新上抓效率、谋突破，分类建立考核激励体系，克服疫情期间登船难、营销难的影响，围绕货轮、油轮等业务，开展专人跟踪营销，对接船舶配套设备研发工作，加快向产品型企业转型。广州海星国际旅游有限公司围绕水上观光客运产业，全力推动珠江全电动新能源游船项目实施。2022年12月15日实现游船下水，完成关键节点目标。中远海运（广州）有限公司海员宾馆努力克服疫情影响，持续加大OTA线上营销力度，优化客源结构，竭力服务防疫流调工作，全年平均开房率达到56.05%。广州中远海运健康管理有限公司深入研究船员健康管理解决方案，主动探索船员健康管理与航运数字科技结合点，寻求服务航运主业增量赛道。积极应对养老政策调整变化，大力推进居家适老化改造、智能设备部署、医养专业服务“三入户”，实现24小时智能化动态监测预警与人工坐席值守服务“双保障”模式，将专业养老服务延伸到老年人床边。广州新海医院在做好改革稳定和疫情防控的基础上，积极参与广东省海上搜救中心重大海上搜救演习，为海上救助提供专业医疗服务保障。广州中远海运物业发展有限公司不断丰富营销手段，大力拓展物业招商渠道，想方设法提升整体出租率。在管物业整体出租率达到94.55%，广州海运大厦出租率87.5%。广州海建工程咨询有限公司以强化市场营销为着力点，加大重点市场开拓力度，实现逆势增长，成功中标深圳盐田港东区集装箱码头工程，拿到该公司成立以来单项合同额最大的自营监理项目。

2022年，公司实现营业收入75 451万元，投资收益128 286万元，利润总额138 917万元，净利润134 962万元，超额完成了集团下达的考核指标；管理费用15 250万元；净资产收益率为3.93%。

【科技创新与数字化建设】

公司按照集团数字化建设工作部署，持续深化科技创新和数字强企工程，编制印发公司“十四五”数字化暨网信工作规划及“十四五”科技发展规划，明确了科技与数字化转型的工作目标、实施路径、重点任务和保障措施，为科技、数字化工作指明方向。2022年启动信息化建设项目17个，总投资预算近3 000万元，全面开启数字化转型进程。

公司创新中心成立后，积极探索创新中心运行机制，强化创新支撑，综合运用多种手段，优化科研创新环境。公司所属海宁海务、净海油污水和船舶工程3家公司于2022年申报并获得了“专精特新中小企业”认证和“创新型中小企业”认证。净海油污水公司还获得了2022年高新技术企业认定。知识产权构建方面，公司拥有专利14项，其中发明专利2项，实用新型专利12项，软件著作权12项。2022年，公司申请专利9项，其中发明申请专利量3项，实用新型申请专利6项。海宁海务公司团队自主研发PAYS（随航付费）项目成功，获得挪威船级社（DNV）形式认可及UKHO授权。

在管理系统层面，推进集团SAP财务系统建设，推动各下属单位业务系统与SAP系统对接，提升公司财务业务一体化能力。通过广州中远海运船舶工程有限公司核心业务系统与SAP系统的对接，大幅提高工作效率、数据时效与准确度，树立业财一体化融合标杆，并逐步向各单位推广。推进公司数据治理建设，组建公司数据治理工作组，开展数据资产盘点工作。

在业务系统层面，推进公司所属各单位构建本单位的核心业务系统，提升经营层业务数字化能力。通过对公司各业务系统进行技术现状分析，制定应用上云整体策略，定义具体的上云路径，制定老旧系统、机房的归并方案，提升业务系统综合管理能力及网络安全防护能力。广州海建工程咨询有限公司、广州海宁海务技术咨询有限公司分别开始了核心业务系统建设，广州中远海运船舶工程有限公司、广州新海医院等分别进行了核心业务系统升级改造，为公司数据平台建设夯实基础。

【法 治 风 控】

2022 年，公司以“强内控、防风险、促合规、保发展”为目标，积极探索建立法律、合规、内控、风控“四位一体”的协同运作体系和机制。

公司开展了合规管理办法、董事会议事规则、投资管理办法等 28 项制度的废改立工作。同时，根据公司经营管理实际情况，修订完善了内部控制和风险管理办法、安全职责规定、安全生产事故隐患排查制度、工资总额管理规定、内训师管理规定等 12 项制度，进一步规范公司内部管理工作，为风险管理各项工作提供更贴合实际的管理标准。

落实中央企业“合规管理强化年”部署，公司全年审查各类经济合同 216 份，处理纠纷案件 24 件，其中 2 个重要督导案件已取得实质性进展。规范客户信用评级管理，对《客户信用评级管理规程》进行了全面修订，完成新规标准下 221 家客户的年度评级更新工作，为经营管理保驾护航。编写并发布公司《投资并购法务风控管理手册》《资产收购与股权收购归纳分析》，明确投资并购风险防范措施及合规管理要点，切实提升市场化运作能力。坚持推进内控缺陷整改，深入开展三年全覆盖的内控监督评价工作，以长效机制推进责任落实，实现闭环管理。建立健全“三级”合规工作机制，选聘公司合规管理负责人，设置各层级风控合规专员，强化组织保障，不断筑牢“三道防线”。

【干部人才队伍建设】

公司党委坚持党管干部、党管人才的原则，强化党组织的领导和把关作用。坚持组织配置与市场配置相结合，解决企业内部人才培养选拔使用滞后的问题；加大干部提拔交流使用力度，加强岗位历练，夯实培养平台，让干部带项目、带任务挂职锻炼。2022 年，公司各部门、各下属单位共组织开展 328 项教育培训项目，覆盖参培人员 8 414 人次，培训学时共计 131 096 学时。加强公司专业技术任职资格评审、职务聘任规范化管理工作，修订《中远海运（广州）有限公司专业技术职务聘任管理办法》，推荐 4 名员工申报并获评 2022 年度经济、工程系列高级专业技术职务任职资格评审，组织评定集团内相关单位及公司 55 名员工取得政工、工程系列中、初级专业技术职务任职资格。

截至 2022 年底，公司共有职工 1 337 人，平均年龄 39 岁。工资总额 23 546 万元，公司不断探索深化薪酬分配体制机制改革，围绕薪酬管理制度建设、薪酬激励机制完善、工资支付行为规范等领域开展工作，不断夯实公司薪酬管理基础工作，激发员工内生动力。

【疫 情 防 控】

公司以抓好常态化疫情防控为重点，慎终如始落实各项防疫部署，保障生产运营稳妥有序。公司认真贯彻落实集团、属地防控部署，时刻保持清醒认识，慎终如始抓好疫情常态化防控。2022 年组织开展专项防疫巡检 5 次，重点部署医院、宾馆、养老院、大厦等场所及第三方外包人员防疫管理。充分发挥集团地区疫情防控组长单位职责，支持常态化核酸检测近百场，累计检测近万人。坚持疫情期间开展为老服务工作，上门为 110 位离退休人员送上防疫用品，用行动体现企业关心关爱。公司坚决贯彻落实国家和集团助力中小企业纾困解难工作部署，严格按照政策要求推动房租减免政策落地，明确落实到实际承租人的具体措施，按照“应免尽免、应免快免”的要求，为107户小微企业和175户个体工商户减免6个月租金共计2 468万元，切实为受疫情影响经营困难的服务业小微企业和个体工商户租户纾困解难，树立了良好的社会形象。

【安全生产和生态环保】

公司党委坚持“党管安全”，坚持“以人为本、生命至上”安全发展理念，全面完成集团下达的各项考核任务。公司安委会坚持每季度召开一次会议，吸取典型事故教训，对下一阶段重点工作作出安排部署和风险提醒，做到各项工作有布置、有落实、有检查、回头看、再提升。公司自主开展燃气安全、食品安全、电动车充电和存放等专项检查。全年累计对下属单位开展安全检查70次，发现隐患108项；下属单位自查226次，发现隐患119项。对检查发现的隐患，各单位积极落实整改，整改完成及时率100%。2022年，公司接受中远海运集团安全督查3次，两家单位被评为“管理优秀”单位，一家单位被评为“管理督导”单位。公司对集团督查发现的典型隐患进行通报，对个别典型隐患，从安全检查员、使用人、培训师、供货商等多个维度进行溯源分析，查找错误根源，制定有针对性的整改措施，从源头上防范和消除同类隐患。修订《生产安全事故应急预案》等规章制度，加大安全信息技术建设推广应用，投入194万元为下属单位4处人员密集场所建设了消防物联网，利用视频监控系统对重点生产单位开展安全检查，全力推广使用集团航标平台陆岸安全管理模块，不断提升公司安全管理信息化水平。

公司全面落实生态环保主体责任，全面完成中远海运集团下达考核指标，没有发生突发环境事件。2022年初，公司召开安全环保工作会议，与下属单位签署生态环境保护工作责任书，每季度召开一次生态环境保护工作会议，年末对各下属单位的生态环境保护工作进行考核。公司节能减排和生态环保体系完备，有效运行。发挥广州净海油污水工程有限公司在珠三角船舶含油污染物处理行业龙头地位的作用，以广州净海油污水工程有限公司业务流程为蓝本，发起并出资完成了《船舶含油污染物接收处理标准体系框架》的梳理工作，完成《船舶含油污染物接收处理 总则》与《船舶含油污染物接收处理 接收》两项团体标准的编制和发布。组织开展了“全国低碳日”“节能宣传周”等系列宣传活动，广泛宣传活动主题“绿水青山就是金山银山”绿色发展理念。持续保障环保投入，广州净海油污水工程有限公司投入500多万元用于升级改造环保设备设施；广州新海医院投资105万元改扩建污水隔渣池、增设污水提升系统、安装污水排放实时监控装置。

【党工团工作】

公司党委坚持以习近平新时代中国特色社会主义思想为指导，以迎接和学习宣传贯彻党的二十大为主线，以高质量党建引领保障企业高质量发展，公司经营业绩再创新高，安全生产和职工队伍稳定，为公司改革发展稳定提供了坚强的政治和组织保证。

把政治建设摆在首位，强化思想引领和理论武装，认真落实“第一议题”制度。全年党委会安排“第一议题”13次，组织中心组学习12次，撰写体会和感悟文章120余篇，组织参加“国资国企系统宣讲报告会”，以及集团传达学习贯彻党的二十大精神会议，结合实际制订宣贯方案和工作安排，召开专题研讨会，举办专题读书班和专题党课，组织参加各类网络培训班学习，公司党委成员深入基层宣讲，迅速掀起学习宣贯热潮。注重学用结合，用党的创新理论武装头脑，撰写理论文章或调研报告共12篇，形成29项政治工作课题研究成果，为公司改革发展提供理论支持和思想保证。

紧盯高质量转型改革发展目标，积极践行党建“三做”理念，推动党建工作与生产经营融合，发挥党建引领保障作用。修订完善《公司党建工作责任制考核评价实施细则》，召开党建工作会议，下达党建工作责任书。开展党组织负责人述职评议考核，召开落实全面从严治党主体责任约谈会。建立基层党建工作季度检查通报工作机制，加强督促指导，召开季度党群工作例会、半年党风建设专题会，总结成绩、交流经验，查找不足、促进提升。开展落实中央巡视和集团扶贫工作专项巡视整改情况，持续巩固巡视整改成果。优化调整 1 个单位党组织建制，指导 4 个党总支和 6 个党支部规范做好换届选举，选优配强基层党组织班子。严肃党内政治生活，持续提升“三会一课”、民主生活会、组织生活会、谈心谈话等党内制度落实质量。全年共发展党员 65 人，激发建功立业内生动力。落实党内帮扶机制，慰问 48 名困难党员，发放慰问金 9.6 万元。下拨 33.3 万元党员教育活动经费，鼓励有条件的单位设置“党建活动室”。各单位党支部深化拓展“一支部一品牌”创建活动，形成 35 个各具特色、富有代表性的党建品牌集群，实现党建工作与企业安全生产、经营管理同频共振。

公司工会服务大局、服务职工，深入开展职工劳动和技能竞赛，积极推动 48 项合理化建议成果运用，有力推动生产经营及项目落地。大力弘扬劳模精神、劳动精神、工匠精神，及时发现培育、宣传推广先进典型。海宁公司被授予广东省五一劳动奖状，中远海运船员广州分公司黄海明被授予广东省五一劳动奖章。坚决贯彻公司党委防疫工作部署，开办疫情防控知识讲座，主动靠前提供关爱服务，倾力做好维权维稳工作。积极参加全国“安康杯”竞赛及安全文化宣传，全力推进企业安全生产标准化建设。各级工会交叉联动，对基层单位安全生产、防暑降温、劳动保护等进行巡视检查，累计投入资金 22.02 万元，走访慰问 1 950 名职工，切实改善职工生产生活环境，有效防范高温作业引发的危及职工身心健康和生命安全事故。充分发挥公司职工帮扶维稳、救急解困、医疗互助保障制度优势，构建多方位帮扶工作格局。发放 9 名患重病职工医疗互助金 18 万元、114 名特困职工救急解困金 16.56 万元、25 名职工及退休人员大病救助金 47 万元、10 名退休运输船员特困帮扶金 2.37 万元、36 名困难职工子女金秋助学金 7.2 万元；组织 2 041 名职工参加广东省职工互助保障基金会“住院二次医保”计划，使工会成为职工遇到困难想得起、找得到的力量。推动“我为群众办实事”实践活动走深走实，坚持深入基层单位、生产一线、防疫一线，察民情听民意解民需，做好春送祝福、夏送清凉、冬送温暖、金秋助学，以及七一慰问、疫情期间“战‘疫’有你、关爱有我”走访慰问活动等，许多惠民生、暖民心的举措增强了员工的幸福感与获得感。全年下拨防疫专项资金 42.5 万元，发放慰问品（金）231.81 万元。全面启动公司职工疗休养工作，全年完成两批次 71 人疗休养。

公司团委积极落实公司党委关于党建带团建工作实施方案，深入开展“学习二十大、永远跟党走、奋进新征程”主题教育实践活动，认真组织“青春心向党、建功新时代”庆祝建团百年系列活动，深入学习贯彻习近平总书记在庆祝中国共产主义青年团成立 100 周年大会上的重要讲话精神；深入 4 家基层单位开展蹲点学习调研，推出“一企一策”服务措施；开展青年岗位成才专项调研，协助公司党委召开 2022 年青年工作会；“线上 + 线下”结合强化青年思想教育，组织团员青年到广州市团一大纪念馆开展“团一大・重温历史使命”红色团建活动；积极落实公司青年精神素养提升工程，充分利用“青年大学习”网络平台开展常态化思想教育引导，开展青年英语培训、公文写作培训、短视频创作培训等。启动第六届青年创新创效竞赛活动，突出科研开发、工艺改进、流程优化、降本增效等导向，竞赛活动共征集到 9 个项目，涵盖公司核心产业发展策略、关键生产工艺改进、商业模式优化创新、业务经营降本增效等方面，体现了公司青年主动作为、关注创新、努力创效的良好精神面貌。主动加与中石化中海燃供团委、中远海运船员广州分公司团委共同研究落实在粤央企团工委下达的各项任务，向在粤央企团工委推荐先进典型，中石化中海燃供团委获评“在粤央企 2021 年度红旗团委”。加强与中远海运散运团委、中远海运特运团委的沟通交流，维护集团统一品牌形象。

【企业文化建设】

公司党委制定实施公司“十四五”企业文化建设规划，发挥文化引领作用，营造昂扬向上的良好氛围。扎实开展“喜迎二十大”系列活动。积极参加集团“喜迎二十大、奋楫新航程”主题活动，有 17 件作品荣获集团表彰。举办海运系统职工“喜迎二十大”诵读《习近平用典》百篇音频作品展播活动，感悟伟大思想，激发奋进力量。加强公司“十四五”发展规划宣贯工作，制作公司新版宣传画册，更新公司企业文化展览室相关内容。积极协助中央电视台《国家记忆》栏目组《大国海运》纪录片采编组到公司现场采访拍摄，挖掘公司 70 多年发展历程中丰富的红色文化资源，做好 2022 年鉴和相关史志编纂工作。广州海宁海务技术咨询有限公司代表公司首次亮相进博会，获广泛关注，反响良好。做好先进典型评比表彰活动，在公司媒体开设“先进风采”专栏，宣传先进典型事迹，营造比学赶超氛围。聚焦改革发展中心任务，开展各类主题宣传，全年共出版《广州海运报》49 期，官微推送信息 520 条，在集团各类媒体刊发公司信息 170 条，在首届广州地区新闻宣传业务技能竞赛中有 44 件作品获奖。

2022 年是原广州海运“1018”轮七位烈士（含三位护船战士烈士）牺牲 56 周年和“红旗 151”轮五位烈士牺牲 50 周年。虽然几经更名变迁，但企业始终没有忘记援越抗美烈士的英雄事迹和可歌可泣的献身精神。早在 1997 年，原广州海运就做出了“每五年去一次越南悼念烈士”的决定，从当年开始组织烈士家属到越南扫墓缅怀烈士，寄托哀思。受新冠疫情影响，原计划 2022 年组织烈士家属赴越南开展悼念活动的行程无法照常进行。为遥寄哀思、缅怀先烈，清明节期间，广州中远海运组织开展走访慰问烈属活动，并在广州海星国际旅游有限公司的协助下，设法安排当地代表到越南广宁省锦普乡蒙阳烈士陵园和义安省荣市越南英雄公墓祭奠烈士，敬献花圈。至此，已组织过 6 次悼念活动。

高度重视职工文化体育活动，全力支持职工文体协会围绕喜迎党的二十大等主题，成功举办主题舆论宣传、书影画作品征集、各类体育赛事等群众性文体活动。全年开支文体设施及活动经费 24.5 万元，为 11 个文体分会开展比赛、组织活动提供有力保障，成为集团广州地区弘扬企业文化、凝聚发展力量的重要载体。各级工会以争创职工之家、职工小家、职工书屋为载体，努力建设充满生机与活力、文明与和谐的职工之家，被授予广东省海员工会“海员模范职工之家”1 家、“海员模范职工小家”1 家，“中远海运集团模范职工小家”2 家。

【党风建设和纪检审计】

公司党委、纪委深入贯彻党的二十大、十九届中央纪委六次全会精神，大力实施不敢腐、不能腐、不想腐一体推进的“一一九工程”，突出重点，强化监督，发挥监督执纪问责工作综合效能，坚定不移将全面从严治党推向纵深，为公司改革发展提供坚强纪律保障。年初组织召开公司 2022 年党风廉政建设和反腐败工作会议，把年度工作细化为 8 项 58 条具体任务。加强对“一把手”和领导班子的监督，约谈直属单位领导班子、重点岗位人员 32 人次，强化干部以身作则、担当履责意识。把“三不腐”一体推进的理念和方法渗透到党风廉政建设和反腐败工作的全过程各方面，2022 年收到信访举报 5 件，处置问题线索 5 件，已全部办结。坚持重要节日前发送廉洁提醒信息和典型案例通报，强调“七个严禁”纪律要求，结合集团纪检监察组进一步加强反腐倡廉警示教育工作的意见，及时制定廉洁从业教育方案，根据不同节点廉洁风险、疫情防控重点，6 次发出廉洁过节的工作提示，督促 92 名领导干部和关键岗位人员以身作则，从严教育管理亲属和身边工作人员，带头廉洁修身齐家。在全公司范围内开展公务用车管理专项检查，统一规范各下属单位重要节点公务用车的管控模式。以巡审结合方式对公司直属党委开展专项巡察，把推进落实集团改革三年行动方案作为监督重点，促进完善12项制度，助推高质量完成落实集团改革三年行动方案各项任务，完成五年巡察全覆盖目标。对2021年被巡4家单位党组织开展回访检查，收回的150份回访问卷显示整改满意率均在90%以上。结合“靠企吃企”“严肃财经纪律，依法合规经营”等专项治理，协同有关职能部门，对供应商管理和招标采购管理等工作进行综合整治。

公司审计立足围绕中心、服务大局，聚焦发现问题、防范风险、提升管理，深化成果运用，拓展赋能价值，确保按质按量完成全年审计工作计划，为推动公司发展起到支撑保障作用。全年完成审计计划项目11个，提出并被采纳审计意见和建议46条，促进各单位建立和修订完善制度64个。以巡审结合方式开展公司落实集团改革三年行动方案情况的专项审计，审计和巡察工作同部署、同推进、信息共享、相互印证，取得了“1+1>2”的协同效应。同时对直属党委和总部各部门进行政治和经济多维度的全面体检，为公司高质量完成集团改革三年行动方案的各项任务提供有力保障。加强与巡察、纪检、风控、运营、财务等监督力量的协同，发挥信息共享优势，通过联合专项检查和联网审计等方式，加强对党中央、国务院重大政策措施贯彻落实情况的监督，认真履行中央企业政治责任和社会责任。审计关口前移，以改善企业管理、防范风险为切入点，着力深化过程监督，促进增收节支，使审计工作为企业实现价值增值。监审部加强对审计中介机构的管理，持续对新海医院新业务大楼建设项目进行全过程审计监督，及时发现问题，督促落实整改。全年完成的4个工程项目审计累计核减投资额81.50万元。

【乡村振兴】

按照《关于做好乡村振兴驻镇帮镇扶村组团结队帮扶工作的通知》要求，广东省委网信办作为牵头单位，与公司等成员单位结对组建驻镇帮扶工作队进驻潮州市潮安区登塘镇，推进落实广东省乡村振兴驻镇帮镇扶村工作。2022年3月，成立由公司董事长、党委书记担任组长，公司工会主席担任副组长的公司乡村振兴工作领导小组，全面负责公司定点帮扶及乡村振兴工作的组织领导；确定定点帮扶工作任务、基本思路、指导原则；研究确定定点帮扶工作的重大事项及决策；督促指导责任落实等。成立由公司工会办、总经办、党工部、战企部、财金部、运营部、资产部/信息部、组织部/人力部、监审部负责人担任组员的乡村振兴工作小组。负责研究定点帮扶及乡村振兴有关政策；编制工作计划，对帮扶项目进行调研和论证，向领导小组提出方案建议；负责挂职干部日常管理，听取述职和工作汇报；负责审核定点帮扶专项资金，及时跟踪、监督资金使用情况；对帮扶项目进行考察及评估，对重点项目实施验收；定期总结定点帮扶工作，向领导小组和上级进行汇报、开展宣传等。修订实施公司乡村振兴定点帮扶一系列工作制度，按月小结、按季统计、全程跟进，确保政策落实、措施合规。公司领导多次前往定点帮扶镇考察调研，了解群众所需所想，指导驻镇工作队制定并落实帮扶计划。投入帮扶资金300万元，主要用于提升镇域公共服务能力、补齐必要的镇村人居环境整治和镇村小型公益性基础设施建设短板、防止返贫致贫的帮扶措施、提升乡村产业发展水平等方面。购买农产品近100万元用于消费帮扶；组织开展“6·30广东扶贫济困日”捐款活动，募集职工捐款18.04万元；认真落实集团消费帮扶政策，集中采购集团对口帮扶地扶贫产品23万元；开展“喜迎二十大·帮扶促振兴”消费帮扶活动，下拨消费帮扶款项72.6万元。按照广东省总工会《关于深化拓展消费帮扶工作的通知》要求，公司工会系统各单位购买农产品近100万元用于定点帮扶地区消费帮扶。深化企村党建共建，全镇534户、1 324名脱贫户未发生返贫现象。

（陈晓艳）

中远海运（大连）有限公司 / 中远海运客运有限公司

中远海运（大连）有限公司 / 中远海运客运有限公司

【公 司 概 况】

中远海运（大连）有限公司〔简称“大连中远海运”，英文简称 COSCO SHIPPING（Dalian）〕，为中远海运集团直属二级企业；中远海运客运有限公司（简称“中远海运客运”，英文简称 COSCO SHIPPING Ferry），是大连中远海运的全资子公司，为专业化客滚运输船队，集团按二级公司管理。两个公司实行“一套班子、两块牌子、机关合署办公”的管理模式。大连中远海运注册资本金 89 843.9 万元。大连中远海运主要承担物业租赁管理、离退休人员管理、代管部分驻连单位人员社保及党组织关系，并为客运业务经营提供配套服务。

大连中远海运法人层级共分 3 级，除母公司外共有各级子企业 5 家。其中，四级子企业 3 家，即中远海运客运有限公司、大连海运船舶服务有限公司和大连万益房屋开发有限公司；五级子企业 2 家，分别为大连中远海运国际旅行社有限公司和中海港联航运有限公司。同时，参股合资公司三沙南海之梦邮轮有限公司、烟台同三轮渡码头有限公司、烟台中远海运甩挂物流有限公司和蓬莱港客运码头有限公司。截至 2022 年末，公司资产总额 37.9 亿元，所有者权益 19.3 亿元。

中远海运客运为大连中远海运全资子公司，注册资本金 223 452.46 万元。经营客滚船 10 艘（含合资公司 2 艘、光租船舶 2 艘），客位、载车线分别为 13 732 个、16 798 米，货滚船 2 艘，载车线为 6 000 米，分别占渤海湾运力总量的 38.7% 和 40.3%。公司新造的大型客滚船“祥龙岛”轮于 2022 年 1 月交付并上线运营，新造的大型货滚船“顺龙海”轮和“畅龙海”轮分别于 2022 年 8 月和 11 月交付并上线运营。目前经营 3 条客滚航线：大连至烟台航线，大连至威海航线，旅顺至蓬莱航线。截至 2022 年末，公司资产总额 33.6 亿元，所有者权益 18.4 亿元。

【改 革 重 组】

按照国务院国资委关于经理层任期制契约化新的工作要求，修订公司经理层年度 / 任期经营业绩考核责任书。结合本年度预算及重点工作，调整编制“三个中心”经营业绩责任书。对旅行社、洗涤分公司试点职业经理人改革。有效发挥授权激励作用，制定下发产业中心授权事项清单。

【发展战略（客运）】

1.“十四五”整体目标及完成情况

整体目标：根据渤海湾市场格局变化和集团整体战略导向，以新运力上线契机，巩固和壮大企业综合实力，努力实现“两优”“两融”“两回”的战略目标，推动企业向实现发展愿景目标稳健前进。

完成情况：

“两优”：一是优化运力结构。完成运力更新“三步走”战略的前两步，新造 2 艘客滚船和 2 艘货滚船全部投产，达到运力更新计划阶段目标。二是优化航线布局。开通了旅顺至蓬莱、营口至潍坊航线，拓展渤海湾西部市场，航线布局得到进一步优化。

“两融”：一是融入深化改革进程。严格落实集团改革三年行动要求，按时完成全部 80 项任务指标，坚持董事会规范运行，发挥决策核心作用。总结扩大综合改革范围和经验，推行经理层任期制契约化，给予基层单位合理授权，对旅行社等单位试点实施职业经理人，激发员工干事创业热情和企业活力。二是融入集团“3+4”产业生态构建。与中远海运物流、烟台打捞局合资成立烟台中远海运甩挂物流有限公司，积极融入物流产业链，开展“集装箱”“甩挂”等项目合作，依托双方船、货、渠道等优势资源，创新商业模式，畅通环渤海物流高速通道。

“两回”：一是回升市场份额。货滚船上线后，公司运力份额（船舶艘数）占渤海湾总量的40%，同比增加4.3个百分点，与竞争对手在运力数量质量上的差距逐步缩小。积极发挥安全服务等传统品牌优势，市场份额逆势回升，2022年渤海湾车运总量增加1.8万台次，公司车运量比上年增加6.6万台次，增幅18.4%，货运市场份额高于运力份额0.8个百分点，领先市场变化。二是回归行业地位。随着运力和市场份额增加，公司船队市场竞争力和话语权进一步提升，媒体关注度显著提高。在保民生、保供应等重大项目中，公司行业影响力得到充分展示。

2. 主要业务、重点项目建设规划目标及完成情况

规划目标：为了不断增强公司在渤海湾客滚运输市场的竞争实力，探索更加广阔的主业发展空间，计划实施运力“三步走”战略，盘活现有运力指标，陆续淘汰老旧小型运力，缩小与竞争对手的差距；融入集团物流产业链，加深战略合作，共同开展渤海湾甩挂业务，谋划货滚业务产业链经营新模式，为社会物流成本降低作出贡献。

完成情况：公司按照“三步走”的运力滚动更新计划平稳推进，完成运力更新“三步走”的前两步，新造两艘货滚船在2022年底前全部上线运营，公司的市场份额和竞争能力大幅提升；与中远海运物流协同合作，入股烟台鲁辽甩挂公司，融入物流产业链，创新商业模式。中远海运大连库建成投产，形成陆岸产业新的收入来源。

【企业管理】

1. 深化供给侧结构性改革

（1）去产能

2022年，公司新造1艘客滚船和2艘货滚船上线，优化了运力结构，“海洋岛”轮退出营运，淘汰老旧落后产能。

（2）去杠杆

提升“两金”压控精准性，夯实资产质量，减少资金占用，将应收账款和存货类指标纳入重点单位经营责任考核，确保完成集团考核指标；严控投资项目融资比例，妥善选取融资方式，公司资产负债率控制在集团规定范围内。

（3）降成本

燃油成本管控。一方面对各船舶燃油单耗、海里单耗、燃、润料考核指标，严格进行监督考核，把握进度情况。结合气温情况，调整供热设备的开放时间；做好航速控制，严控燃油消耗。2022全年，船舶的燃油消耗量较预算指标减少1 352吨，节约费用905万元。另一方面，制定《船舶岸电使用管理细则》下发船舶和相关单位，要求认真执行。配合烟台港、威海港、蓬莱港开展码头岸电设施的联合调试工作，根据交通运输部水运局岸电调度会议要求，已完成“吉龙岛”“棒槌岛”“普陀岛”轮的岸电使用工作；并跟进光租船舶“万通海”“万荣海”轮的岸电改造项目。2022年，船舶使用岸电110艘次，使用电量合计19.2万千瓦时，按照每度电节约0.20元的情况估算，大约可节约燃油成本4万元。

代理点代理费支出管控。一是压降代理费支出，增强售票自主权，下调货车代理费标准，与威海港经多轮洽谈后商定，自2022年7月1日至2022年12月31日，威海航线在达到特定条件下，早班船执行临时优惠费率，车辆港口作业包干费费率下调至20%，半年共减少车辆港口作业包干费9.6万元。二是将营销重点转向自营网络售票、集团内企业、大宗货源直营等渠道。与小红书、抖音等社交自媒体合作，对公司形象与船舶进行推介推广。2022年，自营售票实际收入占运输收入比重累计11.9%，网络售票实际收入占运输收入比重5.8%。

压缩“四项费用”费用支出。加强办公用品和家具采购前的审核管理，业务招待费的使用应根据业务实际需要，提倡利用信息化手段和工具，推进网上办公和视频会议，持续压缩差旅费、会议费等支出。及时清退空置办公电话，与电信服务商协商，争取优惠服务价格，降低办公通讯费用。根据与通讯供应商沟通达成优惠协议，每月节省 0.25 万元；计划拆除 9 部港线座机，更换为月租更实用优惠的联通小号座机，每月节省话费 180 元。2022 年，四项费用完成年初预算 51%。

降低资金成本。加强现有资金账户集中管控，充分利用集团定期存款优惠利率和大额资金活期存款利率政策，加大资金归集管理力度，增加利息收入，提高资金使用效能。将尚无支出计划安排的活期本金转存七天通知存款，较存放活期形式下多增收利息收入 35 万元。

船舶修理厂提前统计需要更换的备品、属具及配件数量，有计划进行集中采购，降低采购成本。洗涤分公司在保证洗涤质量的前提下，通过实践调试洗涤物料的投放量和使用液体料分配器自动加注液体料，降低洗涤物料费用；采用午餐轮换工作制，确保机器不停转，降低机器和能量的损耗，节约水电汽费用。船舶服务公司积极开展船舶清洁物料、防疫物资、办公设备等寻源工作，联系厂商或大连地区总代经销商洽谈采购业务或合作事宜，在保证物资物料质量的前提下，从源头降低采购成本。

（4）补短板

近年公司面临的最突出问题是运力结构存在短板，老旧小船多，脱节市场需求，大型运力港口股东锁定，难以拓展市场空间。为此，公司将本轮运力更新作为突破口，做好新造运力的上线排布工作。2 艘货滚船舶“顺龙海”和“畅龙海”轮分别于 2022 年 8 月和 11 月上线，12 月开通全新货滚航线——营口至潍坊航线。货滚航线及货滚船舶的上线运行，改善了运力结构，填补了公司货滚船舶以及货滚航线的运输空白，其与新造客滚船舶“吉龙岛”和“祥龙岛”一同组成了大型海上运输方阵，整体提升了公司的承运能力和市场竞争力，降低社会物流成本，积极促进国内物流供应链服务生态高质量发展，为国内物流供应链服务生态高质量发展贡献了力量。以运力更新为依托，扩大航线布局，开拓渤海湾西部市场，调整传统航线运力布局，打造营口潍坊新航线，增开了旅顺蓬莱航线。

2. 企业管理的主要举措成效

聚焦经营模式创新。深入挖掘市场，加强产业链协同经营，拓展市场货源。借助新运力投入运营契机，与大连港、烟台港等方签署集装箱甩挂合作协议，开发海铁联运新模式，东北地区粮食货物首次以“海铁联运 + 客滚甩挂”方式进行跨海跨省运输。通过集装箱甩挂跨海北上运输，助力“中欧班列”。持续推进罐链物流项目，为海铁联运项目再赋新能。与知名车企开展运输合作，促进产业链服务延伸。

严控各项费用性、非生产性开支。加强成本费用管控，修订预算管理办法，实行预算外支出报批制度，强化刚性约束。通过航标平台动态监控运输成本支出。严把燃油质量和数量审核关，合理设定经济航速，减少船舶油耗支出。降低卧具报废率，节约采购成本。按照新造船付款节点，统筹安排自有资金支付进度款；注重精益运营，统筹安排班期，最大限度地控制营运成本，并提前在运输淡季集中安排船舶修理；密切关注油价走势，适时锁油，为企业减少燃油成本。

持续深化改革。深入推进规范董事会建设，完成董事会换届工作，设立公司董事会薪酬与考核委员会，做好授权事项管理，确保董事会行权合规、决策高效。通过公司经理层成员任期制和契约化管理工作方案，完成聘任书和协议书的签订。

打造高质量服务品牌。组织“跨越时空的对话”活动，与劳动模范杨怀远进行对话交流，学习传承杨怀远“为民服务到白头”的“小扁担”精神，提炼、打造并发布“小海星”服务品牌，组建“小海星”服务团队，促进服务品牌建设；完成《客运服务手册》编制，对船舶服务标准进行全面规范与细化，在公司客滚船舶全面推行新的客运服务与管理标准；举办船舶服务技能大赛，选拔出优秀作品；开发船舶客运智慧管理平台，实现电子化客舱管理和升舱服务。

【企业改革】

1. 深化“三个中心”综合改革

全面推广“三个中心”综合改革试点经验，扩展两家基层单位职业经理人试点。通过整合船舶服务公司、船舶修理等业务，切实提高业务拓展能力。引入市场化考核机制，建立超额利润分红奖励，激发基层员工活力。

2. 完善中国特色现代企业制度

制定《“三重一大”决策事项及权责清单》、公司《党委前置研究重大事项清单》等文件，明确治理主体权责边界，厘清党委会、董事会、经理层等各级治理主体的权责关系，落实党委研究讨论重大事项前置程序，切实把党的领导贯穿到生产经营各方面、公司治理各环节。坚持围绕“党要管党、从严治党”，严格落实党委会议事规则和议事决策范围清单、前置程序规程。凡属重大问题都按照集体领导、民主集中、个别酝酿、会议决定的原则，由党委集体讨论作出决定。制定公司《党委落实全面从严治党主体责任实施细则》，细化《党委落实全面从严治党主体责任清单》88 项。

3. 国有经济布局优化和结构调整

按照公司“十四五”发展规划，制定运力更新“三步走”方案，坚定迈出“前两步”，2 艘客滚船和 2 艘货滚船获得集团支持建造。其中，客滚船“祥龙岛”轮于 2022 年 1 月上线运营，货滚船“顺龙海”轮、“畅龙海”轮分别于 2022 年 8 月和 11 月全部上线运营。

加强与集团物流产业集群的内部协同，试水开展“灌装水泥”“亚欧班列”等项目。至 2022 年 12 月，与中远海运物流合作开展的甩挂业务全年完成运量超过 3 400 辆。

在现有大客户服务专员负责制的模式基础上，组建以业务科室为主的战略客户服务团队，其中经营科长担任战略客户服务经理，将经营科室、港口业务室、票务中心纳入战略客户服务团队，形成团队化服务模式，及时收集、梳理分析、反馈客户需求，优化服务流程和产品，增加客户黏性。依托与物流协同，为客户提供全方位物流解决方案，全面提高战略客户服务效率和能力。

积极推进数字化转型工作，制定“十四五”数字化转型及网信工作规划，统筹顶层设计，围绕服务安全生产和经营服务，持续提高科技研发投入，提高岸基安全保障能力，发挥中远海科信息化平台资源优势，优化推广集自主售票、数据统计等多功能于一体的企业微信程序，积极参与渤海湾统一售票平台建设，便捷旅客购票服务。

4. 国有资产监管体制改革

审计计划、制度、重大事项等报党委审批后执行；加强审计问题整改监督检查力度，落实专人跟踪整改工作，按进度完成审计问题的整改核销工作；审计工作已全部纳入审计信息系统，实施信息化办公；严格依据集团批复审计项目实施，完成全部审计项目。

5. 国企改革专项工程

截至 2022 年 6 月底，集团下发的《集团改革三年行动自我加压版清单大连中远海运 · 中远海运客运工作》，公司已完成全部 80 项，完成率为 100%，并形成《大连中远海运 · 中远海运客运改革三年行动工作总结》向集团汇报。

【生产经营】

1. 大连中远海运

大连中远海运目前无主营业务，其他业务收入主要为投资收益、不动产租赁、档案管理、船舶多种经营收入，企业整体持续发展能力不强。

2. 中远海运客运

渤海湾共有 3 家船公司从事客滚运输，近几年，各公司都致力于运力更新。截至 2022 年末，渤海湾共有 29 艘客滚运输船舶，其中 28 艘为 2005 年及以后投入营运的新船，仅 1 艘为老旧船舶（“棒棰岛”轮）。新船趋于大型化，运能大幅增加，渤海湾客滚总运力 2020 年船舶 26 艘、总客位 33 955 个、总载车线 44 868 米；2021 年船舶 28 艘、总客位 35 330 个、总载车线 50 368 米；2022 年船舶 29 艘、总客位 35 505 个、总载车线 56 533 米。

截至 2022 年底，中远海运客运经营客滚船

12 艘，客位 13 732 个，载车线 22 798 米，分别占渤海湾实际投入运力总量的 41.4%、38.7% 和 40.3%。同比，运力份额上升 5.7 个百分点，客位份额上升 0.3 个百分点，载车线份额上升 10.9 个百分点。

2022 年，中远海运客运完成客运量 73.4 万人，比上年减少 7.7 万人，降幅为 9.5%；完成车运量 42.5 万辆，比上年增加 6.6 万辆，增幅为 18.3%。全年完成旅客周转量 0.71 亿人海里，同比降幅 9.0%；货运量 3 921 万吨，同比增幅 25.6%；货物周转量 36.0 亿吨海里，同比增幅 24.1%。2022 年，客运市场份额为 34.7%，同比提高 4.6 个百分点；车运市场份额为 37.2%，同比增加 5.3 个百分点。

2022 年，中远海运客运营业收入为 69 554 万元。

【安 全 生 产】

2022 年，公司安全生产形势总体平稳，没有发生海损上报事故和 FSC 滞留事件，没有发生机损、火灾、人员严重伤亡事故，顺利通过安全管理体系、质量管理体系外审，以及安全生产标准化年度复查及船舶 SMC 和保安审核，保持公司、船舶相关资质证书有效。

为了提高公司安全管理体系的有效性和可操作性，对公司 3.0 版安全体系文件进行修订完善。公司组织人员对质量管理体系文件进行改版，于 2022 年 4 月 1 日正式生效。组织人员对安全生产标准化文件修订，对相关制度进行补充完善，保持公司体系文件、管理制度的相容性。

公司制定陆岸应急演习计划、岸船联合演习计划和船舶应急演习计划，各轮船长负责组织各轮应急演习计划的实施，船管中心负责组织岸船联合演习计划的实施和船舶应急演习计划实施情况的监督检查，安委办负责公司陆岸应急演习的组织实施。公司通过应急演习和训练，提高了员工、船员的应急安全意识和应急反应能力，提高了应对突发事件的能力。

公司建立风险分级管控和隐患排查治理双重机制。公司组织制定风险分级管控程序和船舶风险管理须知，作为公司风险管理制度性文件，公司组织人员进行风险识别和评估，建立风险识别清单，根据评估对风险进行分级，并制定相应的防范措施和应急反应措施，为船舶风险管控提供保障和指导，确保风险得到有效控制。公司制定隐患排查治理须知文件，通过日常监督检查、内审、外审、集团安检及 FSC 检查等对船舶隐患进行排查，对发现的隐患和缺陷进行原因分析并制定整改措施，确保缺陷和隐患得到有效整改，定期对发现的缺陷和隐患进行统计分析，举一反三，逐步减少隐患和事故风险。

通过体系运行监督和内部审核检验公司体系运行情况，并通过对内审发现不符合及问题的整改，逐步改进体系运行情况，提高体系运行质量。公司及时完成公司 DOC 审核、船舶 SMC 审核、船舶保安审核及整改，确保各类正式持续有效，保证公司安全营运顺利开展。

【风 险 管 控】

公司内控体系建设工作始于 2013 年 7 月，通过培训、访谈、调研、修订、测试等方式，建立了公司风险管理手册、内部控制管理手册、内部控制评价手册和廉洁风险防控手册为主体的内控和风险管理体系。法务部按照集团要求和管理实际有序开展风险管控各项工作。公司按照年度风控规划，开展了内控缺陷整改、风险评估、内控季度监测、内控评价等工作，切实保证各项工作得到有效落实。

2022 年 11 月，公司引入集团统一外聘的深圳迪博风控管理技术有限公司，开展了为期一周的内控评价工作。项目组出具了 2022 年内部控制评价报告。公司以评价中发现的内控体系设计和执行缺陷为目标，分阶段系统检查和改进，切实揭示和防范风险，进而合理配置资源，优化公司管理。当月，公司还召开了 2022 年度风险评估及培训专项会议，公司各主要部门负责人参加，会议成立了风险评估工作小组，并对公司 2022 年风险评估工作情况进行了总结，对 2023 年公司风险评估工作进行全面规划。

【服务客户】

根据鲁辽两地疫情防控政策随时调整班期、运力保持海上通道畅通；成立大客户服务部与港口、协议客户及代理商保持实时沟通，大客户专员第一时间响应处理客户反馈问题；利用微信公众号加强防疫政策宣传，及时告知客户最新防疫政策，为旅客、司机出行提供实时信息；协调港口开启司机安检快速专用通道，在烟台港增设自营售票窗口，销售司机票，节约司机登船时间；协调港口为运输疫情物资的车辆开通绿色通道，保证防疫物资的顺利登船；依托甩挂平台和货滚新运力，做好与物流的产业协同，组建以业务科室为主的战略客户服务团队，形成团队化服务模式，优化服务流程和产品，增加客户黏性。

面对疫情和“人货分离”管控政策影响，以及市场出现运量下滑的局面，公司组建以业务科室为主的战略客户服务团队，及时收集、梳理分析、反馈客户需求，优化服务流程和产品，依托与集团内部协同，为客户提供全方位物流解决方案，全面提高战略客户服务效率和水平。为减少疫情及“人货分离”管控措施带来的损失，积极拓展长期客户，稳定基础货源。持续开发商品车货源，充分利用载车线，2022 年商品车运输 9.4 万辆。

【员工队伍】

通过人才引进加强人力资源储备。2022 年度校园招聘 8 名应届毕业生，均为研究生学历；严把劳务招聘入口关，严格履行组织参加集团统一笔试、综合能力素质测试及面试小组面试等程序，全年面向社会共招聘 11 名劳务派遣员工，均为大专以上学历，且分布在生产经营一线岗位。加强与劳务派遣公司合作，持续推进船员社会招聘工作，招聘船员 198 人；强化校企合作，完善大中专院校相关专业学生到公司船舶实习的工作机制，53 名学生上船熟悉相关业务；实施船舶政委、客运经理岗位社会化招聘，引进 4 名军转干部身份的船舶政委，2 名客运经理。

组织推荐夯实干部队伍建设。2022 年完成集团“启航”“远航”库入库人员的推选及线上考核工作；推荐 1 人到村任第一书记，选派 1 人参加集团 2022 年远航班培训；对 6 名公司管理干部进行岗位调整，推进船员到陆岸任职交流 15 人；安排 2 名 2021 年选拔的船舶挂职政委人选到公司所属船舶任职政委，推荐 1 人参加集团 2022 年陆岸人员挂职政委选拔；配合完成运管中心机构改革中人员编制及职级审核；完成对 2021 年底新提职 20 名干部任职情况阶段考核。

加强培训提升员工能力素质。扎实推进公司内部各项培训任务，完成对 8 名新入职员工的入司培训；牵头举办了“高绩效团队是如何建成的”主题讲座；协助各部门 / 单位开展公司内部培训 10 次，168 人次参加。组织公司领导、公司管理干部等人员参加集团内训师、深化国企改革、董事履职能力提升、营销能力提升、运营管理选调等领域的各项培训 50 人次；组织 3 人完成中国大连高级经理学院 2022 年专题选学。

优化陆岸单位薪酬体系。为更好地落实 2022 年公司经营管理考核指标，提高独立经营单位内部员工经营和管理效率，结合自身经营和成本管控特点，采取多样的考核方式，进一步完善年度薪酬绩效分配方案，将考核指标落实到岗位，充分体现薪酬绩效考核与经营业绩挂钩。

截至 2022 年 12 月末，公司在职职工 322 人，其中在岗职工 308 人，不在岗职工 14 人。劳务派遣员工 580 人（含劳务船员）。公司管理干部年龄结构：中层干部 29 人（不含总经理助理和工会主席），平均年龄 49.7 岁；室经理 51 人（含助理 6 人），平均年龄 45.6 岁。

【党群工作】

1. 举旗铸魂，政治建设统领全局

充分发挥党委领导作用。制定落实集团党组《关于境内直属单位在完善公司治理中加强党的领导的实施意见》工作方案和任务清单，推进党的领导与完善公司治理相统一。全年召开党委会15次，研究议题85项，前置研究董事会、总经理办公会议题17项，围绕落实国家发展战略、贯彻“六稳”“六保”要求、国企改革三年行动80项任务、“十四五”规划等重大事项把关定向保落实，推动公司在贯彻新发展理念、积极融入集团综合物流供应链服务生态、实现“陆改水”服务升级、产业链经营拓展上取得新突破。

持续深化政治理论学习和教育培训。深入开展“建功新时代·喜迎二十大”习近平总书记重要指示批示精神再学习再落实再提升主题活动，建立周例会学习制度，创新学习形式内容，全年组织中心组学习14次，组织31名党组织书记参加集团基层党组织书记轮训班，36名中层干部参加集团十九届六中全会精神专题培训班，通过发挥“头雁”引领作用，带动党员领导干部用党的最新理论武装头脑、指导实践、推动工作。

2. 党建领航，融入中心开展工作

巩固深化党史学习教育成果。制定《推动党史学习教育常态化长效化实施方案》，明确11项具体措施，切实推动教育成果转化为干事创业的动力、举措。深入开展“我为群众办实事”实践活动，分层分级制定“我为群众办实事”重点项目及责任清单，如期完成17个重点项目26项具体工作。

推动党建发展深度融合。制定2022年度党建融合发展重点工作任务清单，把党建工作制度渗透、融入到公司改革发展各个环节。在抗疫工作中，各级党组织深入开展“党员身边无事故、疫情防控做先锋”主题活动，努力克服风险挑战、降低疫情影响，守住了公司陆岸不发生聚集性疫情和船舶“零感染”两条底线;结合集团“十四五”企业文化建设规划和打造渤海湾客运服务新标杆的目标要求，聚力打造“小海星”服务品牌，实现党建融合有目标、有抓手，推动工作有组织、有力度。发挥党支部政治功能，持续深化“小海星”品牌创建和典型培树，修订《客运服务手册》V2.0版，开展服务明星评比，推动企业文化和品牌创建迭代升级、服务质量持续提升。

3. 提质赋能，队伍建设持续优化

推进干部人才管理机制建设。调整公司管理干部岗位6人；持续推进船岸轮岗交流15人；强化选人用人管理，严格干部监督；突出抓好船舶政委队伍建设，完成船舶政委船舶测评90人次。

做好人才队伍梯队建设。落实年度校招计划，完成新员工招录8人；制定新员工双向选岗工作方案和培养计划，通过行政、党务与专业技术岗位多通道交流，延展岗位成长路径。

加强船员队伍建设。制定《关于贯彻落实〈集团党组关于加强高素质船员队伍建设的指导意见〉的工作计划》，明确具体工作12项、工作措施35项。积极应对船员队伍短缺问题，研究调整优化部分船员薪酬结构；推进船员社会化招聘工作，社会化招聘船舶政委、客运经理、厨师长等7人；通过校企合作拓宽客运部船员来源，共有52名大中专院校相关专业学生上船熟悉业务，做好高素质船员人才队伍的建设和储备。

4. 强基固本，基层党建全面规范

加强组织建设。坚持“应建尽建”，公司党委下设党总支2个、党支部27个，专兼职党支部书记29人，实现党的建设和企业改革同步谋划、党的组织及工作机构同步设置。坚持“应配尽配”，规范设置基层党组织纪检委员，统一船舶党支部委员设置。坚持“应换尽换”，1个党总支、5个陆岸党支部和9个船舶党支部完成换届选举。

坚持规范管理。持续开展季度党建信息化平台与《党建体系》运行情况督导检查，确保“三会一课”“主题党日”“组织生活”等工作标准化、规范化。认真开展领导班子民主生活会、基层党支部组织生活会，严格党建责任制考核和基层党组织书记抓党建述职评议、星级党支部评定。全年发展党员102名，规范使用党费20余万元，走访慰问6名困难党员，发放慰问金1.8万元。

【纪检审计】

全面加强政治监督。召开公司党风廉政建设

和反腐败工作会议，全面部署 8 个方面 28 项纪检监督工作任务。加强对“一把手”等关键少数的监督，全年约谈各部门、单位“一把手”19 人次，修订下发31名中层干部党风廉政建设责任清单，督促履行好“一岗双责”。印发《关于进一步加强年轻干部监督的若干措施》，开展廉洁从业教育暨集体约谈 71 人次，组织开展 4 期 258 人次纪律教育课；制定《关于发挥基层党组织纪检委员作用的实施细则》，明确纪检委员履职、监督事项。强化重点领域的审计监督，全年开展审计项目 10 项，提出审计意见 19 条，促进节支 8.6 万元。

持续深化“三不”一体推进。严格查信办案，用好用足“第一种形态”，对 2 名相关责任人进行诫勉谈话，提醒谈话 5 人。公布纪检信访举报邮箱、电话，充分发挥群众监督、舆论监督作用。推进廉洁文化建设，组织开展“廉政教育月”等专题活动。开展巡视整改“回头看”，做好巡视巡察整改“后半篇文章”。制定《推进以案促改制度化常态化的实施办法（试行）》，对落实中央八项规定精神及实施细则开展自查自纠；督促党员干部坚守中央八项规定精神，严防“四风”回潮。

【群 团 工 作】

切实发挥工会“维护”职能。组织学习新《中华人民共和国工会法》，自觉践行以职工为中心的工作理念；组织开展全国“安康杯”知识竞赛答题、“十四五”规划及女职工权益保护知识竞赛活动；制定职工文化活动阵地建设方案，持续组织开展多种形式的文体娱乐活动；做好对内帮扶助困工作，元旦、春节期间慰问困难职工 48 人；慰问受疫情影响的一线船员 2 840 人次，发放慰问品 48 万元；落实集团和大连市关于助力乡村振兴工作部署，完成瓦房店市驼山乡泡子村帮扶任务。

加强青年员工思想引领。深入学习贯彻习近平总书记对青年工作的重要讲话和指示精神，制定公司《青年精神素养提升工程实施方案》，持续深化青年思想引领和素质提升，“棒棰岛”轮、“吉龙岛”轮团支部被评为 2020—2021 年度集团五四红旗团支部。

【企 业 文 化】

充分发挥公司报纸、企业微信媒体作用，强化宣传阵地建设。开展“喜迎二十大、奋楫新航程”宣传和文艺作品创作活动。拍摄制作《粽情四海》《乘祥龙岛轮，跨海看美景》《吉祥入海，行稳致远》等宣传作品，增强企业凝聚力影响力。加强政研工作和媒体平台建设，修订《宣传工作管理办法》，编辑出版 12 期《大连中远海运》报。

增添企业文化活力。以新造船上线为契机，充分发挥各类宣传阵地和融媒体作用，借助央广新闻、大连电视台、中国新闻网等 13 家媒体，突出宣传公司新船上线运营、产业链延伸、服务品牌建设、保通保畅等创新发展新成效。与大连市公安局海运分局开展警企联建、“小海星”服务品牌建设之“星”暖旅途活动，展示央企责任担当，提升企业品牌价值。

调整公司党建思想政治研究会，印发 2022 年党建政研会工作要点和参考课题。深化党建思想政治工作研究，组织编纂二期《管理论坛》。完成 3 个政研重点课题，上报集团党建政研会论文 3 篇，1 篇获得集团政研论文优秀奖。

（杨健　刘福阁　陈晓雨）

中远海运（天津）有限公司

中远海运（天津）有限公司

【公司概况】

中远海运（天津）有限公司（简称“天津中远海运”，英文简称COSCO SHIPPING（Tianjin）），是中远海运集团直属二级企业，是集团在京津冀地区发展绿色数智港航产业的核心力量，注册资本888 500万元。公司前身是1970年成立的中国远洋运输公司天津分公司（天津远洋）及1998年落户天津的中远散货运输有限公司，至今已经走过了50余年的发展历程。2019年2月25日，公司正式挂牌转型为集团地区公司。

截至2022年12月31日，天津中远海运合并报表范围内企业共计18家（含公司本部1家、非法人单位2家），参股10家。公司共有职工736人，其中公司本部职工142人，所属单位在岗职工594人。

天津中远海运股权架构图见图14–2。

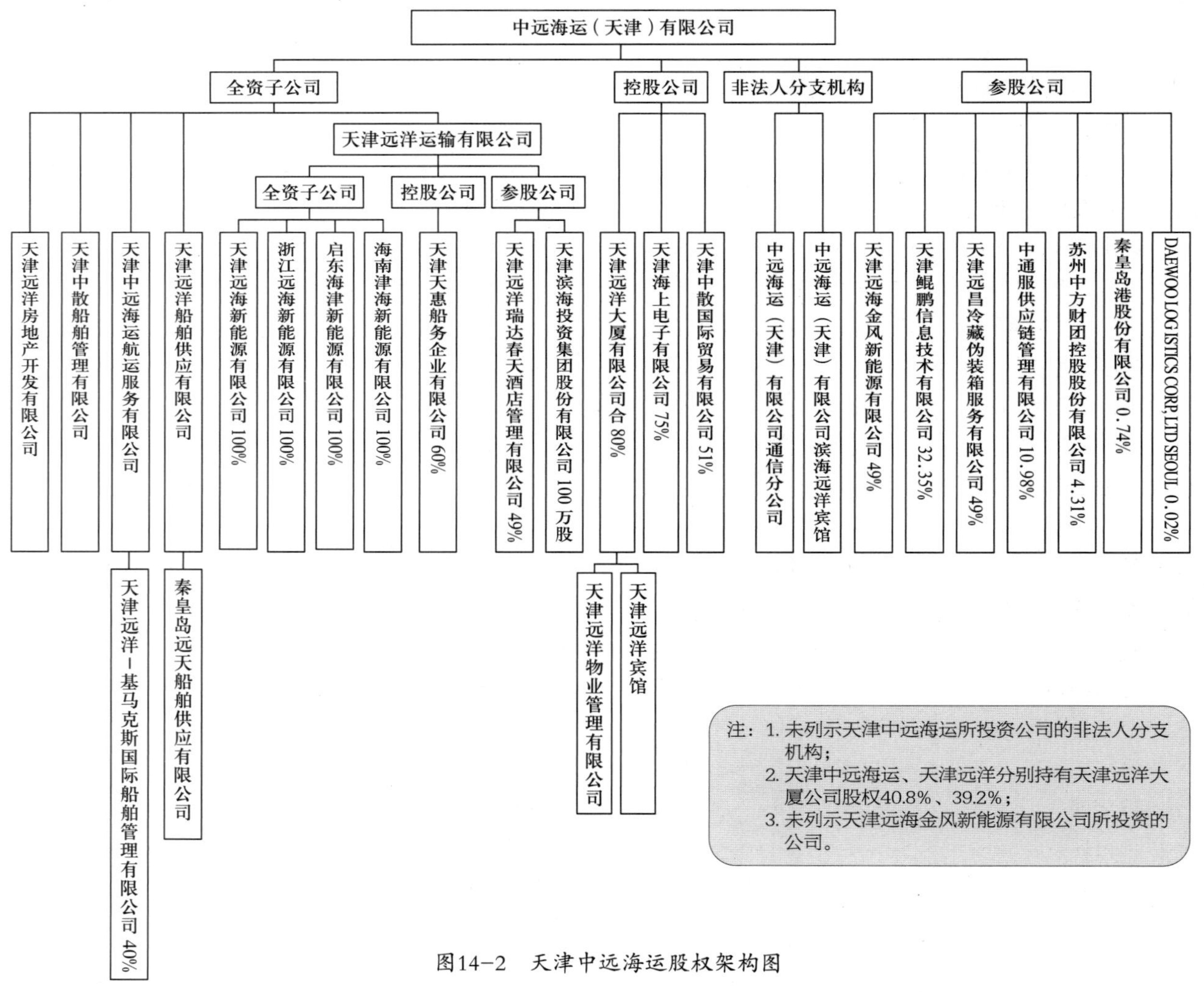

图14–2 天津中远海运股权架构图

【生产经营】

截至 2022 年底，公司业务主要包括绿色数智港航业务（主业）、航运服务经营业务、物业资产经营业务。

绿色数智港航业务是公司结合地区公司定位与国家战略性新兴产业、现有客户深度合作的契合点，选择绿色能源、物联网等新兴产业技术与港航产业进行融合创新，与行业技术龙头合作建立的新主业。主要企业包括：天津远海金风新能源有限公司、天津鲲鹏信息技术有限公司、天津中远海运数智新能源筹备组（2022 年未成立实体公司，以天津远洋为股权投资平台）。

2022 年，面对国内多发性疫情，公司绿色数智港航板块，确定了以港航生态圈分布式能源为根基业务，以船舶清洁能源替代为创新业务的“一基一新”双轮驱动战略。“一基”方面，新能源公司年内并网发电项目合计容量 63.77 兆瓦，分布式发电业务规模已位居全国前三，每年可减少碳排放 6.98 万吨。助力天津港打造全球首个“智慧零碳”码头，其中，C 段码头项目两台风机已成功并网发电，年发电量约 2 400 万千瓦时，可减少碳排放 1.99 万吨。为集团所属箱厂、船厂、码头、仓库等出具新能源方案 20 余个，已签署合同 5 个，共 14 兆瓦，年碳减排 1.1 万吨，节约电费近 200 万元。同时，成功拓展了鞍钢集团、徐工集团、维维集团、百丽物流等港航生态圈企业。“一新”方面，协同集运、重工等兄弟单位持续跟进并深入参与海发电动集装箱船舶项目；成立电动车船团队，与上海寰宇所属青岛箱厂、青岛港通达公司积极研究电动重卡项目；与阳光氢能等达成合作共识，积极推动甲醇重整制氢、光伏风电制氢、氢燃料电池船舶应用等项目合作。鲲鹏公司与青岛箱厂联合研发用于航运物流货物全球位置跟踪和状态监管的广域定位产品，为启东箱厂建设的集装箱调度管理系统已部署试运行。参与寰宇集团 CMCP 数字化堆场及运输管理项目的开发，该项目为国内首创。完成了宁波、青岛、连云港、锦州、启东箱厂等的智慧备品备件库项目及宁波、青岛箱厂的智慧资产项目。

公司成立了绿色数智港航发展委员会和发展中心，从产业扶持培育的高度，为绿色数智港航扩大业务规模、形成稳定盈利能力、塑造核心竞争力提供全面支持，绿色数智港航业务发展逐渐步入正轨，绿色数智港航板块、新主业发展方向得到集团认可。

航运服务经营业务是围绕原航运主业而存续的传统业务，经营范围涵盖无船承运和货运代理、船舶代理和海外工程保障，船舶物料备件供应、第三方船舶管理、通信导航设备维护服务、船舶监造和技术咨询谈判等。主要企业包括：天津中远海运航运服务有限公司、天津天惠船务企业有限公司、天津中散船舶管理有限公司 / 天津远洋基马克斯国际船舶管理有限公司、天津远洋船舶供应有限公司、天津海上电子有限公司、天津中散国际贸易有限公司。

航运服务板块内各企业主动维系优化客户关系，全力做好系统内外客户服务保障工作。航服公司继续与海关、港航局、边防、海事及防疫指挥部等相关部门配合，协助集团内兄弟公司完成共计 200 艘次船舶 698 名船员换班，完成外部客户船员换班 3 234 人次；海上电子努力克服疫情严重冲击，安排工程师轮换进驻天津港专班和重点船厂开展检修服务；国贸公司科学安排、多方协调，克服厂区疫情影响和用工短缺对工期的不利影响，尽力保障船舶订单按时交付。

受益于国际航运市场景气度较高，航运服务板块各单位经营创效能力有所提升。船管公司实际管理船舶 52 艘，业务规模保持稳定增长；供应公司稳步扩大集团内服务范围的同时，集团外供船业务也取得较大突破，新业务方面网商业务增收效果明显；天惠公司积极推进股权改革，同时航次经营取得较好的经济效益。

物业资产经营的业务范围包括对天津中远海运存续的物业资产、房产土地、宾馆等的经营管理和资产盘活。主要企业为：天津远洋大厦有限公司及所属的物业管理公司和天津远洋宾馆、滨海远洋宾馆、天津远洋房地产开发公司。积极推进存量资产盘活开发，在南疆码头资产盘活方面，通过招商比选，引入专业运营机构，签订合作协议，码头收益实现大幅度提升；在天津海员学校交接方面，与集团人才发展院保持对接，研究制定《天津海员学校结束过渡期管理工作推进方案》，完成《委托管理终止协议》签订，并于2022年12月1日完成海校资产和管理交接；中远里和龙门大厦公寓项目实现预期目标，远洋瑞达春天酒店实现盈利。落实集团对小微企和个体工商户租金减免政策，共计减免小微企业和个体工商户68家。

酒店物业板块方面，大厦公司转变经营思路，实施精准营销，新开发了中远海运核能物流、东方海外货柜、天津航天宏图等大客户，整体出租率一直稳定在90%以上；通过搭建“远洋社区服务平台”项目，实现客户餐厅功能线上化。大厦二期项目稳步推进，结合实际情况调整招标模式重新进行招标；完成项目监理招标及合同签订工作；完成与资产公司《天津远洋大厦二期项目管理合作协议》的签署；资产公司入股大厦公司已获集团批复。天津远宾及时调整营销方向，抢抓防疫政策窗口期大力拓展业务，承揽河北区防疫工作组、联通公司等重点客户，同时积极开展自制产品促销、节日福利产品售卖。滨海远宾在疫情期间完成5～6层客房改造，新增加1个中型和1个小型会议室，形成大中小会议室综合布局；成功中标天津港集装箱码头有限公司员工食堂外包项目、天永高速外包食堂项目。

2022年，天津中远海运公司全体干部员工继续深入贯彻落实集团“三会”部署，全力克服多发性疫情对生产经营的影响。2022年，公司合并口径营业总收入86 456.57万元，企业盈利能力、经营质量持续改善。

【风险管控】

公司将防控风险作为发展的工作主线之一，力争系统全面强化风险管理能力，切实提升各个层次的风险应对水平，筑牢稳健经营稳定发展局面，这也是公司业务发展不断拓宽的必然选择。公司立足为集团主业增值赋能，持续推动绿色数智港航发展为集团主业发展战略提供业务拓展和储备。进一步完善围绕公司主业的规章制度体系，根据新能源行业特点，修订内控手册、合规指南；提升一线业务人员的合规风险意识，紧密围绕业务开展风控工作；加强公司及所属单位自评价的质量，对重点业务开展多层次、多领域、全方位的风险把控。

内控体系架构方面，公司董事会下设审计与风险管理委员会。审计与风险管理委员会对公司内部审计、内部控制监督、风险管理和法治建设等方面履行指导、督促、检查和审核的职能。在此基础上，为进一步服务于港航领域的新能源事业，公司以天津远洋为投资主体，成立数智新能源筹备组。通过内部兼职与外聘专家的形式，目前筹备组已配备市场开发、技术、工程、投资、财务、法务、招采、综合等业务板块，建立筹备组立项会机制，完善投资决策审批流程及合规指南。从内外部加强风险防控及合规管理，提高决策的科学性、集体性、可控性。

内控制度建设及执行方面，2022年度计划新建修订行政类规章制度共计32项，包括12项制度的新建及20项制度的修订。截至2022年12月31日，公司共计规章制度104项，涉及公司治理、行政综合管理、战略与企业管理、运营管理、法务与风险管理、财务管理、纪委审计、人力资源管理、安全监督等各个方面，基本形成全面覆盖。公司先后于2022年2月和4月分别对本部及所属单位组织开展规章制度执行情况的检查工作。法务与风险管理部联合监审部成立工作小组，汇总整理各部门、各中心自查情况，梳理关键环节，制作规章制度执行情况检查提纲。工作小组到相关部门、中心，通过询问、检查记录、现场核实、抽样调查等方式对34项规章制度进行了现场检查和验证，并对检查情况进行记录。以“强内控、防风险、促合规”为目标，公司建立三位一体的管控格局，建立健全内控制度改进完善工作机制，确保将外部监管要求及时转化为企业内控规定。

内控体系建设成效方面，加强智慧港航新主业开拓等重点项目的法律研究论证，做好源头防控，把好第一道关。选派法务风控人员在新主业项目中兼职，直接参与合同审核、项目调研论证。协助开展武汉阳逻港项目、海南洋浦项目等合作协议的谈判，针对合同条款逐条进行商务合理性、法律合规性商讨。新主业在项目实施过程中，通过前期审慎的法律尽调，及时发现债务风险点，并以法律手段实现风险转移。编写《新能源开发投资阶段合规指南》，梳理风电光伏项目前期的法律法规，结合公司实际工作，对合规要点及责任部门、规范性依据及违规责任进行明确，作为前期投资阶段的行动指南。

【企业管理】

2022年，公司集中优势力量拓展绿色数智港航主业，高效推动各项重点工作开展，顺利完成了全年任务目标。

“一体”筹备组自年初成立以来共积累和储备重点项目21个，合计约60兆瓦。积极探索清洁能源应用，聚焦新能源动力车船项目的开发落地，持续加强与天津港集团、天津浦海、青岛箱厂等合作方就天津港短驳新能源船、新能源混动拖轮，以及环渤海400TEU新能源船、纯电动重卡、短倒运输车等项目的技术测算、盈利点综合评估进行方案交流，力争有落地机会。

同时“两翼”保持快速发展，增厚公司主业基础。新能源公司并网规模完成年度任务要求，全年并网项目25个，共计80.69兆瓦。累计并网项目49个，共144.558兆瓦；分布式储能项目1项，共1.38兆瓦时。鲲鹏公司以价值引领和需求驱动持续发力，完成A轮融资，深耕数智港口、物流和仓储等港航业务，寻求典型场景树立标杆案例，稳步推进海南博鳌、青岛箱厂等重点项目落地。

其中，博鳌零碳示范区建设中公司负责开展的CIM+运营智慧化项目取得重要阶段性进展，岛内光伏项目也按照计划顺利完成，工作业绩得到集团及相关方面的肯定。关于船用绿色燃料研究布局工作，切合集团实际需要，积极开展绿甲醇相关研究，在绿甲醇制备资源方面，联合华北电力设计院梳理全国重点风光、生物质资源，厘清未来可用的资源池；在绿甲醇制备技术路径方面，经实地调研山东生物质电厂、吉林绿电制氢等产业项目，对目前生物质制甲醇和电制甲醇技术路径开展量化对比研究；紧跟集团投资导向，寻求甲醇产业项目机遇，通过与重要合作伙伴多方沟通建立战略合作关系，为公司深入相关领域开拓交流奠定了良好的基础。

另外，公司持续优化绩效考核体系，强化落实集团关于“亏损企业治理”“规划分解落地”“对标管理”等各项专项工作的考核要求，提高公司绩效管理水平。研究设计本部薪酬与净利润完成情况挂钩机制，强化部门绩效与公司本部盈利情况的关联程度和考核力度，提升公司本部各部门、中心降本创效的内生动力。自2021年以来，在紧密贴合各部门、各单位经营创效和管理实际，编制各部门、中心经营任务指导书，以及所属单位经营业绩责任书的基础上，对公司主业“一体两翼”（即天津中远海运“一体两翼”主业发展框架，“一体”为绿色数智港航业务发展平台，“两翼”为天津远海金风新能源有限公司及天津鲲鹏信息技术有限公司）。相关部门及单位同步制定下发年度任务书，通过发挥考核激励正向引导作用，为公司战略规划落地、主业培育发展提供有力支撑。

【财务管理】

2022年是公司推动“十四五”规划落地实施的关键之年，聚焦集团下达的任务指标以及公司“四会”确定的重点工作，财务管理工作围绕服务业务、创造价值、防范风险等目标，逐步构建适应公司高质量发展财务管理体系，不断推动公司高质量发展。

SAP财务系统全覆盖，实现标准化财务管控，所属单位财务核算系统的统一，结束了公司近20年来财务软件、核算规则各异的局面。公司财务信息化工作取得了里程碑式突破，财务信息化水平再上新台阶。发挥SAP系统平台优势，着力推进业财融合，天惠、船管、供应公司均完成业务系统升级改造。完成快月报系统上线切换工作，实现了天津地区公司及所属单位快月报数据填报的全级次信息化。费控系统如期顺利上线，进一步规范费用报销管理。

突出财务转型，财务价值功能显著提升。陆续与建设银行天津分行、中国银行天津分行、渤海银行天津分行等多家外部金融机构接洽，充分沟通绿色新能源项目的融资政策、审批流程等具体内容，并与建设银行天津分行、中国银行天津分行签署了合作备忘录，为后续数智港航、智慧物联等领域的深入业务合作打下了坚实的基础。积极寻找低成本融资渠道，推进“一体”项目融资安排落地。为争取最优的融资方案，经过多次研讨，逐渐在确定了项目拓展初期，争取集团财务公司融资资源支持的思路和方向，为新能源项目的开展提供了有力的财务支持保障。

做好财务支持，赋能公司“一体”主业发展。深入研究，分析编制主业财务管理规范。一是结合公司新能源项目特点及进展，深入了解项目开发及建设各环节业务流程及财务影响，研究编制《公司分布式新能源项目财务管理规范》初稿，明确相关工作流程及会计核算规则，实现公司分布式新能源业务财务管理的标准化和规范化。二是梳理数智新能源筹备组资金支付审核流程和审批权限清单。三是根据项目公司注册成立情况，完成银行账户开立和与财务公司账户挂接工作，完成网上税务申报，做好 SAP 系统上线和久其报表配置。

聚焦集团下达的任务指标以及公司“四会”确定的重点工作，扎实推进财务基础工作。一是高效推进会计管理工作。组织公司本部和所属企业圆满完成 2021 年度财务决算及财务审计工作；妥善处理审计提出航服公司问题相关事宜；本部及所属企业财务决算报告均通过集团审核并取得无保留意见审计报告。二是组织做好公司 2022 年度任务指标的分解落实，压实目标，明确责任。以预算管控为抓手，深化业财融合，有效推动财务管控能力和预算执行力的提升。三是优化存量资金安排，加强利息收益管理。精细测算，实时跟进项目投资资金动态，着力存款期限结构动态优化，有效提高存量资金收益。四是认真梳理国务院国资委、天津市出台的稳经济及助企纾困相关税收优惠政策，积极与主管税务局沟通政策解读，督促并指导各所属企业应享尽享税收优惠将减税降费优惠落到实处。

坚守财务合规守底线，不断提高风控能力。一是按照集团《关于开展专项行动有关事项的通知》要求，制定公司专项行动实施方案，按照集团下达的自查自纠任务清单，牵头逐项排查问题，落实问题整改。通过专项行动，促使公司牢固树立依法合规经营意识，夯实经营管理基础。二是加强对高负债子企业的全级次穿透式管理，推动高负债子企业债务风险尽快回归合理水平。三是防范“两金”风险。合理控制“两金”规模，关注超期应收和非正常存货，加强现金流跟踪分析，防范坏账损失及流动性风险。四是防范资金内控风险。重点关注银行账户管理、银行授信、融资担保、货币金融衍生品、跨境人民币结算等新业务的开展情况，加强对政策的掌握和对风险提示和管控，规避防范相关金融风险。

【安全生产】

2022 年，公司及各所属企业未发生责任性安全生产事故和生态环境事件。

深化安全风险管控，推进隐患排查治理。组织持续开展安全风险的辨识、评估和分级管控，细化、更新安全风险管控清单；公司及各单位共辨识出风险点 224 个，无 A 级风险，B 级风险 28 个，C 级风险 83 个，D 级风险 113 个，落实管控措施；对安全生产过程进行排查，共开展安全检查、自查及接受外部检查 515 次，发现安全隐患 142 个，除个别隐患正在推进整改中外，其余已全部整改完毕。

强化安全重点管控，开展安全监督检查。把船舶安全作为安全工作的重中之重，以驾驶台班组管理为重点，严格落实“五防”要求。全年共接受港口国检查 65 艘次，无缺陷通过 48 艘次，无缺陷通过率 73.8%；有 29 艘次航经亚丁湾等海盗高发区，防海盗成功率 100%；坚持一港一议，一船一议，做好疫情防控工作，并对前往重点疫区的船舶，开展防疫专项检查，提出问题和隐患 44 项并督促进行整改；组成安全专家团，对陆岸单位开展安全督查、隐患排查和专项指导服务，提出针对性安全管理建议 124 条，组织船舶及时整改；对大厦宾馆、码头、新河大院等重点单位开展防汛检查，督促各单位落实防范极端灾害天气及防台防汛工作要求，认真开展隐患排查，做好应急准备工作；协同船管公司督促指导各船舶严格落实防台工作方针，有 34 艘次船舶受台风影响，防台成功率 100%。

加强安全宣传教育，提升安全防范意识。向各单位发送习近平总书记关于安全生产的重要论述和重要指示批示精神、《中华人民共和国安全生产法》、安全月主题宣传视频、生产安全事故警示案例、安全风险提示等相关信息 20 余次，开展各种形式应急演练 57 次，参与人数达 858 人次；组织《中华人民共和国海上交通安全法》、安全生产月“遵守安全生产法，当好第一责任人”主题培训、特殊作业安全规范培训、安全合规培训、消防安全培训等集中学习培训，提升基层单位合法合规经营意识。

【员 工 队 伍】

天津中远海运按照“四会”精神要求，紧扣经营任务指导书和党建工作责任书任务部署，以“创新、融合、突破”为主线，不断夯实工作基础，激发内生动力，服务公司改革发展，扎实推进重点工作有序开展。发布人才规划，完善人力资源制度体系。加强顶层设计发布“十四五”人才发展规划，持续推进人才结构优化与梯队建设。规范员工管理和工资总额管理，先后起草下发员工手册、员工管理办法和工资总额管理办法，完善员工管理工作流程，规范工资总额管控流程。拓宽引才通道，助力转型发展。先后下发了项目开发人员管理办法（试行）、船员调陆管理办法（试行），优化资源配置，加快复合型人才培养。加强内训师培养，起草内训师管理办法，建立和培养高素质、专业化的内训师队伍。多措并举，推进国企改革三年行动相关工作。推进“三能”机制，落实集团党委书记、董事长“一肩挑”等工作部署，安全管理监督部副总经理等 6 个岗位组织开展竞争上岗，建立健全优秀人才脱颖而出平台。完善公司治理结构，年度调整董监事 3 批次，涉及董事 44 人次、监事 23 人次，推进所属企业董事会建设。自查并完善公司本级及所属单位实行任期制契约化和职业经理人重点要素，积极探索市场化用人机制。平稳推进股权混改工作，做好基马克斯班子调整及相应混改工作，全面梳理机构人员和用工情况，确保平稳过渡。服务主业发展，配合数智新能源筹备工作。多方协调，补充、选调 15 名筹备组人员，确保人才配置激励及时、有效。派员直接任筹备组专项工作负责人，业务开发工作取得实效。积极配合做好筹备组人员招聘、人工成本测算、薪酬发放、制度起草等相关工作，完成校园招录、社会化招聘和劳务派遣人员招聘共计 7 人次，有效支撑了筹备组人力资源的启动运转。围绕主业发展，做好人才选聘选拔。坚持“优中选优、全面考察、多方选拔”推进人才梯队建设。选聘南开大学、山东大学等 7 名硕士应届毕业生，其中“985”“211”“双一流”学校占比为 85.7%，为企业发展注入新生力量。优化基层单位人员结构，配合财务管理数字化及基层单位实际工作需求等，年度完成社会化招聘共计 15 人。深化干部交流，夯实人才支撑。2022 年完成干部选任交流三批次，年度提职 12 人，平均年龄 41.6 岁。年度开展干部交流 22 人次，员工岗位交流 28 人次，全面提升干部员工综合素质。开展“远航”“启航”优秀年轻干部库建立工作，推荐公司符合条件的优秀年轻干部进入集团干部库，进一步拓宽年轻优秀干部的发展空间。深化培训体系建设，为绿色港航主业赋能。紧扣“十四五”发展规划，围绕领导力管理、中青年骨干培训、法人治理结构及董监事履职培训等方面，分级制定 66 项培训内容。重点围绕绿色能源等主业领域开展“绿色智慧港航启航班”培训项目，采用“集中面授专题讲授 + 现场参观与实景教学 + 结构化研讨和成果输出 + 知识答题竞赛”等多种综合性培训方式，赋能公司绿色港航主业发展转型。

【企业文化】

天津中远海运凝聚奋进氛围，构筑文化宣传新格局。持续做好公司学习贯彻党的二十大精神跟踪宣传报道，精心策划主题宣传、形势宣传、政策宣传、成就宣传、典型宣传，营造浓厚学习氛围；抓好集团《企业文化核心价值理念纲要（2022 版）》宣贯实施，配合公司“十四五”规划的推进提炼推出公司新版企业文化纲要，统筹做好公司企业文化展厅的设计筹建工作，建立公司企业文化标识系统，以进一步展示公司辉煌发展历史和转型发展成绩，发挥存史资政育人作用；制作完成地区公司成立四周年宣传视频片，全方位、立体化展示公司成立以来取得的成绩和员工干事创业的浓厚氛围；围绕中心工作，努力挖掘企业文化的实践价值，推动文化建设工作与创业创新创效实践紧密结合，强化上下联动，统筹协调并加强公司各板块、各单位服务能力的宣传策划，构建点线面有机统一的整体宣传格局，营造“大宣传”格局，激发创效创业创新正能量；加强融媒体建设，做精做活公司公众号、视频号的运营，抓好视频创作和采编能力建设，推进宣传工作视角创新、内容创新、形式创新。公司内部网共发布稿件 110 余篇，官微关注用户 5 485 人，发稿 150 余期，200 余篇推文。

【党群工作】

2022 年，在集团党组的坚强领导下，天津中远海运党委及各级党组织深入学习贯彻习近平新时代中国特色社会主义思想及党的十九届历次全会和党的二十大精神，认真贯彻落实集团“党建领航”总体部署，全面体现党委把方向、管大局、保落实领导作用和党组织战斗堡垒作用，为公司深化转型发展提供了坚强保证。

公司各级党组织和广大党员自觉加强思想理论学习。通过“第一议题”、中心组、班子集中研讨、专题培训班等各种形式深化学习内容；以基层党组织建设为抓手全面从严管党治党，做好党员发展及教育管理、党组织换届选举工作，持续优化组织设置，实现党建工作全覆盖；明确党建融合发展的重点工作和年度任务，强化党组织政治功能和组织功能；坚持底线思维，增强领导领航能力，坚定把党的领导贯穿企业改革发展全过程，发挥好党组织“把、管、保”领导作用，巩固深化国企改革三年行动工作成果，抓实三项制度改革，盯紧改革重要指标整体完成情况，不断完善经营风险防控机制，提升公司治理能力；积极发挥公司深耕天津、服务京津冀的区位优势，进一步统一思想，凝聚力量，同舟共济，开拓进取，组织区域内集团兄弟单位、合作伙伴、主管单位加强合作共赢，从业务协同到工作协同，再到党建协同，区域内组织共建、资源共享、工作联动的格局进一步深化。

公司纪委充分发挥纪检、巡察、审计等监督融合优势，协助公司党委深化全面从严治党，为企业转型发展提供纪律保障。细化“一把手”监督具体举措，就所属单位领导班子落实全面从严治党责任、执行民主集中制、依规依法履职用权等情况形成报告。指导所属单位围绕工程建设、采购和供应商管理及资产管理等确定立项监督项目。围绕大厦二期项目招标控制价、招标文件、评标办法等关键要素强化监督，会同二期项目部编写《廉洁风险防控手册》。严格把关光伏、风电等新能源投资项目，针对客户评估规范性、财务测算准确性、合同约定严谨性等提出意见建议。截至 2022 年底协助党委完成 12 家所属单位和 10 个本部职能部门、中心巡察项目，顺利完成巡察全覆盖。对所属单位巡察整改情况开展回访检查，推动建立整改长效机制。对相关人员涉嫌插手和影响原单位经营业务活动、搞擦边球等情况给予通报批评。聚焦党政“一把手”、年轻干部和纪检委员等重点岗位人员开展约谈，推出年轻干部镜鉴手册。开展“重温廉洁家风好故事”征集展示活动，用身边人身边事教育党员干部廉洁修身、齐家、从业。

公司积极推进文化宣传工作，落实集团“四个一”文化理念，弘扬“三舱”精神，做到“四个坚守”，凝心聚力促发展。印发《天津中远海运 2022 年宣传思想工作要点》，加强公司转型发展主题宣传，围绕首批电动重卡正式交付、助力天津港打造全球首批“零碳”滚装码头、海南洋浦项目并网等内容进行宣传报道；加强宣传团队建设，统筹多方资源，推动宣传工作内容、形式创新，从多个角度挖掘宣传好基层单位保障客户服务、提质增效、坚守岗位的故事，完成天津海上电子公司协同天津 CCS 黄骅船检处为客户单位提供技术交流培训服务、供应公司为集团定点帮扶村安装太阳能路灯、天津中远海运先进典型巡礼等基层故事，加强媒体公关，积极做好外宣工作。

持续开展“我为群众办实事”活动，完成四大类 13 项民生项目，提升职工群众获得感。公司不断深化企业民主管理，建立完善厂务公开民主管理领导体制和工作机制，拓展监督渠道；组织召开一届四次职代会，按程序签订集体合同、工资集体协议和女职工专项集体合同；开展群众性创新创效暨劳动技能竞赛活动，完成创新创效项目 24 个，完成“集思广益点亮转型发展之路”专项 41 条合理化建议的评比表彰；推进创建劳模（职工）创新工作室，建立健全工作制度和机制，完成海上电子公司俞宝职工创新工作室等 3 家创新工作室的创建工作；做实做细“四季送”慰问品牌和帮扶救助工作；丰富职工文化体育生活，组织开展“喜迎二十大”系列活动；开展春、秋两季健步行；扎实做好女职工工作，完成“三八节”表彰活动；规范工会内部管理，完善 4 项工会制度，推动工会工作蓬勃有序发展。

深入推进共青团和青年工作，组织团员青年以党委中心组学习、形势任务教育、主题团日、青年宣讲、“三会一课”、知识答题等多种形式，做好重要讲话精神的学习宣讲和贯彻落实；落实集团《青年精神素养提升工程实施方案》要求，组织开展“喜迎二十大、永远跟党走、奋进新征程”主题教育实践活动，举办特色主题团日，以公司“十四五”发展规划宣贯和青年形势任务教育为载体，增进各部门、各单位团员青年学习交流和素质提升；组织公司团干部和团员青年参加集团团委举办的首期青马工程暨 2022 年度团干部培训班；召开年度团青工作会，制定印发《2022 年共青团和青年工作要点》，推进年度共青团工作落实；组织召开 2022 年共青团和青年工作会暨团组织书记述职评议会，首次对基层团支部书记履职进行述职评议，推动团组织工作交流和共同成长；组织开展“号”“手”“岗”等青年典型的宣传推广和经验交流工作，积蓄公司发展的后备力量。

公司逐步完善信访维稳管控处置体系，确保企业和谐稳定。贯彻落实《信访工作条例》，修订完善公司信访工作制度，进一步规范信访工作秩序，完善工作机制，密切关注历史遗留问题的解决，全面提升信访工作质量。

（李文娟　丁建龙　李鹏　李辛　王祺　宋涛　刘心蕊）

中远海运（青岛）有限公司

中远海运（青岛）有限公司

中远海运（青岛）有限公司〔简称“青岛中远海运”，英文简称 COSCO SHIPPING（Qingdao）〕，前身是成立于 1976 年 7 月 1 日的青岛远洋运输有限公司。1976 年 7 月 1 日，中国远洋运输总公司青岛分公司（简称“中远青岛分公司”）正式成立，是我国首家专门经营干散货运输船舶的专业公司。1979 年 5 月 1 日，中远青岛分公司更名为青岛远洋运输公司。2007 年 6 月 27 日，青岛远洋运输公司又更名为青岛远洋运输有限公司。2016 年 6 月 16 日，中远海运散货运输有限公司在广州成立，青岛远洋运输有限公司成为其全资子公司。2019 年 2 月 22 日，按照中远海运集团的改革部署，中远海运（青岛）有限公司成立，青岛远洋运输有限公司转型成为集团直属的地区公司。

【公司机构】

2022 年，青岛中远海运本部设 10 个职能部门，分别为董事会办公室 / 总经理办公室、战略及企业管理部 / 法律风险部、安全监督管理部 / 安委办、财务管理部、人力资源部 / 组织部、党委工作部、纪委工作部 / 监审部、党委巡察工作领导小组办公室、工会和运营中心；设 3 个共享中心，分别为资产 / 项目管理中心、人力资源中心 / 保险统筹中心和后勤保障中心。

【生产经营】

2022 年，青岛中远海运累计实现营业收入 157 441 万元，发生营业成本 128 133 万元，完成集团考核净利润 8 218 万元，在集团下达的年度任务指标基础上实现了大幅度增长，超额完成集团下达的必保指标。截至 2022 年 12 月底，公司资产总额 46.37 亿元，资产负债率 26.03%。

【安全管理】

2022 年，青岛中远海运认真贯彻党中央、国务院有关安全生产的指示批示，认真贯彻落实中远海运集团的部署要求，紧紧围绕防范化解安全生产重大风险，及时消除重大安全隐患的目标和任务，认真履行企业安全生产主体责任，加强对各直属单位的安全生产监督管理，围绕客滚船、第三方船舶、危化品安全、防火防爆、防工伤等重点，始终坚持高位推动抓、上下联动推、创新机制干，保证了公司 2022 年安全生产形势稳定局面。2022 年，青岛中远海运未发生责任性生产安全事故，未发生上报的生态环保违规、船舶污染、海盗登轮和 PSC 滞留事件。

【人事管理】

贯彻落实新时代党的组织路线和干部人才工作新要求，立足新发展阶段，贯彻新发展理念，以集团和公司“十四五”人才发展规划为纲领，在国企改革三年行动的收官之年，深刻总结国企改革三年行动成果，不断创新管理机制、优化干部员工队伍、持续加强自身建设，统筹“选、育、管、用、留”各环节，建设与集团战略相契合、与企业发展相匹配的干部人才队伍。

按照“公平公正、因事择人、人岗相适、相对平衡”原则选干部、配班子，鲜明“能上”导向，注重实绩选拔干部。2022 年，公司共调整公司管理干部 12 批次 92 人次，大力选拔具备较高素质、经历实践检验、具有发展潜力的年轻人才充实到干部岗位，优化干部队伍结构，提升队伍活力。

坚持精准考核，继续推行强制分布、结果刚性运用。围绕公司生产经营重点工作和业绩指标，结合干部岗位职责，科学设置考核权重，深入现场考察识别干部，多渠道、多层次、多侧面了解掌握干部的真实情况，做到标尺精准、对象精准、方式精准、结果精准，通过文字描述和数据打分，精准绘制干部个体和干部群体“画像”，采取“排名＋谈话＋督促”的“闭环式”反馈手段，在打通年度考核工作“最后一公里”上持续发力。

构建干部使用“一盘棋”，辩证统一做好“交流”和“扎根”。抽调年轻干部进入集团巡视组与选人用人专项检查组，开展公司优秀年轻干部调研工作，对公司年轻干部情况进行摸底，从基层一线选拔优秀青年进入公司本部，结合年度培训计划及人才梯队培养方案，选调部分领导干部和青年人才参加集团、青岛市、公司培训，持续提升干部的综合素质和业务能力。

强化“业绩升薪酬升、业绩降薪酬降”的联动效应，进一步树立效益导向，将员工薪酬与公司整体绩效、部门绩效、个人绩效“三挂钩”；强化考核结果运用，结合各直属单位年度经营任务考核情况将工资总额下达工作做实做细，分别对各企业班子工资额度和职工工资总额进行核定，避免相互占用；协调引导各直属企业做好二次分配工作，落实“以员工为中心”发展思想，向关键岗位、贡献大、业绩突出人员倾斜，树立“凭业绩、靠能力、看贡献”的鲜明导向，真正实现按劳分配，多劳多得，进一步鼓舞士气，激励干部职工奋力拼搏。

【企业管理】

2022 年，公司坚持高质量落实国企改革三年行动任务要求，灵活运用国企改革“工具包”，修订、制定《中远海运（青岛）有限公司董事会授权规则》等 4 项制度，调整董事会专门委员会机构设置，进一步规范董事会运作流程；根据集团授权清单，结合中韩轮渡实际，协助中韩轮渡修订《烟台中韩轮渡有限公司董事会授权规则》，实现合资企业精准授权放权；持续推进市场化经营、契约化管理、差异化薪酬，完善细化公司经营业绩考核管理办法，制定直属单位董事会经营业绩考核管理办法，建立“摸高”业绩考核机制，着力完善公司内部治理体系，科学构建考核激励机制，进一步激发企业经营创效能力。

公司围绕强化“LNG 能源物流供应链”竞争优势，突出“科技领航”“数字驱动”核心要求，编制完成“十四五”科技发展专项规划和“十四五”数字化转型暨网信工作规划，同步编制各直属单位“十四五”战略发展子规划，为各业务板块制定未来五年的战略性、前瞻性、指导性文件。加快数字化转型步伐，积极推进各管理条线、各业务板块信息化建设，逐步打通各平台接口，推进一体化平台建设。

完成集团费控平台项目和财务快月报报表项目上线，推进 iHR 系统上线，完成 SAP HR、iHR 双系统对接；稳步推进安全信息化监管平台应用，上线集团航运管理信息化平台的安全生产模块；全面推广应用集团企业微信，规范企业微信使用管理，提升行政办公质量。加快构建数据治理体系，梳理数据资产，打造统一的数据底座，加速数据价值呈现，推动板块间实现安全高效的数据共享、互联互通，赋能公司高质量转型发展。

公司持续推进风险防控，完善合规管理体系。修订、增补重要领域管理制度 24 项，协同联动纪检审计、巡察监督，重点抓好经营合规、项目投资、财务风险、网络安全等领域的隐患排查和风险防控，贯彻全过程风险防控，持续健全风险防控体系，为公司高质量发展保驾护航。

【党工团工作】

2022 年，公司党委强化思想政治引领，开展“庆七一，喜迎二十大”党课活动、“建功新时代，喜迎二十大”习近平总书记重要指示批示精神再学习再落实再提升主题活动，组织各基层党组织开展主题党日活动，充分利用公司“两网一微一屏”宣传平台和远洋大厦场景空间，从“党的建设”“生产经营”“安全管理”“改革创新”“和谐发展”5 个方面发布专题报道。

公司党委注重强化学习的系统性、全面性，进一步放大党委理论学习中心组的示范带动效应，组织开展集体学习、个人自学、交流研讨、外邀专家培训等多种方式的中心组学习 12 次，其中集体学习研讨 7 次，党委会落实第一议题 18 次，组织参加各类培训 16 批次，深入学习党的十九届六中全会、习近平在省部级主要领导干部专题研讨班上的重要讲话精神和《习近平谈治国理政》第四卷等内容，还统筹组织法治学习，全面推进公司法治建设。

确定“我为群众办实事”年度重点任务 73 项，制定项目清单和落实计划并推动实施，不断增强职工群众的获得感幸福感安全感。组织基层党务工作者赴红色教育展馆进行现场教学，重温入党誓词，寻找红色记忆，传承百年初心。

公司党委贯彻落实国务院国资委和集团助力中小企业纾困解难促进协同发展有关要求，为服务业小微企业和个体工商户减免租金 3 200 多万元，为中小企业纾困解难。坚决落实“疫情要防住、经济要稳住、发展要安全”的要求，公司党委多次召开党委会，专题研究部署防疫抗疫工作，开展“党员身边无事故、疫情防控做先锋”主题活动，激发基层党组织和党员在防控生产中“顶在前面、干在难处”的使命担当，为公司抗疫保产发挥了积极作用。

落实集团加强区域党建共建要求，组织集团驻青单位开展共建联学活动，释放互促共进的聚合效应，为集团加快建设世界一流企业贡献更大力量。连云港公司党委坚持技术创新，布局“智能制造”，成功获评国家级第四批专精特新“小巨人”企业。中韩轮渡党支部坚持党建引领，克服疫情影响，深入挖掘市场潜力，业绩显著，在中韩航运市场上一枝独秀。船贸公司党支部党员充分发挥先锋模范作用，战高温、斗酷暑，顺利完成现场监造项目。

公司党委细化党建工作考核内容，量化党建工作考核标准，与各基层党组织签订 2022 年度党建工作责任书。推动党建工作在继承中发展、在创新中提质。召开领导班子党史学习教育暨巡视整改专题民主生活会，公司各直属单位领导班子召开党史学习教育专题民主生活会，各基层党组织高质量开好 2021 年度组织生活会，不断提高基层党组织政治功能和组织力。

公司党委党务人员定期培训工作。组织各基层党组织书记分批分次参加集团党校举办的基层党组织书记轮训班，30 余名党务工作者参加党务工作培训；安排公司入党积极分子、发展对象共 32 人参加集团相关培训班。

持续深入推进公司党建思想政治工作研究，专门部署年度重点研究课题，将思想政治工作渗透到企业的生产经营之中，发现新情况、形成新思路、破解新问题。年内形成政研会论文 40 余篇，公司党委《以“党政同责、一岗双责”推动党政深度融合》基层党建创新案例成功入选全国企业党建创新优秀案例，公司党委课题组经调研总结提炼的《党的思想引领之火点燃国企改革之擎》理论研究成果获集团 2022 年度优秀研究成果表彰。

公司工会开展弘扬劳模精神五一劳动节主题系列活动、高质量发展创新创优劳动竞赛、“高质量做好本职工作”全员创新创效活动、“安全1000”优秀班组创建和“一答一秀一争”“安康杯”群众性安全生产活动。开展工会工作人员“面心实”活动。组织开展“喜迎二十大”线上运动会、职工达人秀作品征集、职工户外团队建设活动、悦己·达人女职工主题活动、“粽叶飘香，品味端午”手工制作体验活动、“悦纳自我、你更精彩”心理关爱活动等，以公司茶歇室为载体打造“职工之家”，组织本部直属工会会员 692 人次开展跨部门交流建家活动 64 次，文体协会组织会员 1 223 人次开展活动 130 次，慰问单位 / 部门 58 家次，慰问员工 3 066 人次，帮扶员工 102 人次。

公司团委组织青年通过多种方式学习党的二十大、十九届六中全会精神，进一步坚定理想信念。开展“喜迎二十大、永远跟党走、奋进新征程”主题团日活动，组织团员青年“学讲话、悟初心、强素质”，深化党史学习，庆祝建团百年。开展集中学习，加强传统教育，讲授精神素养提升“第一课”，推进青年精神素养提升工程，激发青年奋进力量。积极发动、组建十七支青年突击队，加强青年突击队品牌建设，开展集中授旗仪式，发布青年倡议，持续引领青年岗位建功。组织五四先进评选，连云港中远海运团委等3个集体、3名同志获集团团委、共青团青岛市委表彰。举办青年素质能力提升培训，加强团干部培训，充实团的工作力量。聚焦青年精神文化需求，青年原创音乐作品获集团一、二等奖表彰。完善团的组织体系，严格督导直属团委等基层团组织规范有序完成换届，夯实基础建设。

【党风廉政建设】

2022年，公司党委贯彻落实集团关于不断提高一体推进不敢腐、不能腐、不想腐能力和水平的意见，研究拟定公司指标体系。严格执行党规党纪和集团有关制度，规范办理信访举报14件次、问题线索5件次。按公司“合规管理强化年”和集团纪检监察组的“制度建设年”的要求，新建、修订制度5项；组织各单位开展廉政风险点排查防控工作，全员参与、全面排查出廉政风险点52个，拟定落实防控措施159项。加强廉洁教育，组织开展廉洁从业主题教育月活动，选编廉洁过节、疫情防控等题材的“清风廉语”28期。日常监督聚焦突出“关键少数”，回复廉政意见9人次，新员工招聘监督30人次；开展廉洁集体谈话125人次，提醒谈话32人次，新建廉洁档案2人次，更新档案13人次；开展“一企一项一策”监督，从重点项目实施、安全生产管理等方面立项10个。

把准政治定位，不断提高巡察精准度，细化实施方案，围绕“四个落实”巡察监督重点，在充分征求职能部门意见的前提下，根据被巡察党组织实际建立巡察重点清单，盯住关键业务和关键环节，确保完成巡察全覆盖。同时不断探索巡审结合，对本年度的巡察项目均采用巡察与经济责任审计同步进行的方式，发挥了巡察监督权威性和审计监督专业性优势。加强整改和成果运用，不断完善长效机制，积极探讨与监督审计、企管、风控、财务等多个职能部门紧密协作，充分发挥巡察的震慑力，剑指问题，倒逼改革，促进发展，全面完成了集团下达的巡察全覆盖工作任务。

全面落实意识形态工作责任制，定期总结归纳公司意识形态工作，通过座谈交流、调查问卷等形式，及时了解和掌握公司职工的思想动态，推动职工思想意识再提升、再聚力。加强宣传平台的管理，建立健全网络舆情应对机制，发布《中远海运（青岛）有限公司网络舆情处置与管理办法》，为公司发展营造良好的舆论环境。加强公司“两网一微一屏”宣传平台建设，开设视频号，进一步强化公司网络、画册等新媒体管理，全方位讲好企业发展故事。

【企 业 文 化】

统筹策划“公司率先为服务业小微企业和个体工商户减免租金3 200多万元”、“国产化”16寸LNG卸料臂接收站圆满完成首船接卸、流体公司获评国家级专精特新“小巨人”企业等专题新闻宣传，在青岛电视台、青岛人大官网、《青岛日报》、《中国交通报》、青岛新闻网、凤凰网、中远海运官微等多家内外部媒体进行报道，充分展现公司良好企业形象，提升企业影响力。全年在集团、地方媒体推送宣传专题50余次，公司微信公众号推送宣传信息500余篇、视频近20个，制作《3周年，驶向深蓝》《远航》《天空和海洋》等多部文化视频，在集团“喜迎二十大、奋楫新航程”宣传和文艺作品创作活动中共有16部作品获奖。

【直 属 企 业】

2022年，公司以运营中心统合LNG产业链布局企业和核心产品，密切联系国内外知名能源与港口企业，建立LNG产业资源价值创造新渠道，定制核心产品融资租赁方案，探索公司层面经营模式。特装公司定制罐箱产品成功首航加拿大和俄罗斯，为LNG罐箱的规模化销售奠定了基础；积极跟踪LNG船和LNG燃料舱改造市场动态，发挥LNG薄膜舱技术优势，深度对接扬子江船业8 200TEU集装箱双燃料船的薄膜型燃料舱施工项目，全力做好集团“双碳”领域技术储备。连云港公司围绕突出“专精特新”发展优势，高质量开展流体公司转型升级并建设智能制造基地项目，按计划完成目标土地的招拍挂，充分调研论证智能产线规划和项目建设方案，确保项目实现预期效果；高标准推进智能产品研发应用，依托集团科研专项“智慧液体化工码头关键技术与装备”项目加大攻关力度。在中海油海南八所港成功举办“全球首台套智能船用装卸臂首船作业仪式”上，流体公司智能装卸臂首台套市场化应用获得圆满成功；2022年8月，流体公司成功获评国家级专精特新“小巨人”企业，进一步夯实在液体化工装卸设备行业的领先地位。

公司坚持以改革机制发掘创效潜能，以精益管理严控经营成本，以创新业务激发发展活力，各业务板块克服疫情造成的停航、停工、停业冲击，经营业绩稳中有进。中韩轮渡持续丰富货源渠道，积极扶持战略性合作大客户，推进船员专业化、市场化管理，严控燃油成本。“新香雪兰”轮2022年货运箱量、营业收入及净利润同比均大幅增长；供应公司坚持“海陆并举”，实现代理、物资、贸易三项支柱业务稳中有升，持续拓展新业务增长点，拓宽创效增收渠道；船贸公司直面新业务新挑战，深入研究船舶新技术，以高标准高要求推进油轮/化学品船的监造工作，成功揽取中远海发700TEU电池推进动力集装箱船监造项目；船务公司精益高效保坞期、保船期，大力开拓合作船厂，积极协调船厂坞期安排，实现修船业务量持续增加；远洋华林坚持公司整体效益最大化，积极开展内部协同。连远化工储运公司坚持高质高效建设，于2022年9月成功举办项目综合楼封顶仪式暨大干100天决战全年目标动员大会，全力推进项目建设，为投入运营做好准备。

公司立足地区公司职能定位，积极履行社会责任，贯彻落实国务院国资委和集团部署要求，第一时间启动服务业小微企业和个体工商户房租减免工作，助力中小企业纾困解难，全年为客户减免房租3 200多万元，展现了央企责任担当，产生了良好的社会反响。资产中心协同物业公司深入调研客户需求，进一步优化服务配套业态，完成远洋广场服务升级项目，同步推进楼宇更新，改造甲级小单元“精制房”，广受市场好评，年内远洋广场房产出租率达95.1%，创历史新高，成为区域市场的领跑者；房地产/大酒店公司坚持“一站式”特色服务，全力以赴做好中远海运人才发展院后勤服务保障工作，各项服务工作获得了学校师生及参训学员们的一致好评。通导科技公司在集团和公司数字化转型整体思路指导下，充分发挥技术储备力量，积极推进各管理条线、各业务板块信息化建设。

【大 事 记】

2022年3月31日，青岛中远海运与中建八局第四建设有限公司在青岛中建大厦董事会会议室签署战略合作协议。

2022年4月，青岛中远海运彰显央企责任担当，在疫情下为服务业小微企业和个体工商户减免租金3 200多万元。

2022年5月20日，青岛中远海运与山东港口日照港集团有限公司在日照港办公楼第二会议室签署战略合作协议。

2022年6月20日，青岛中远海运领导班子调整宣布会在远洋大厦30楼综合会议室召开，刘家琰同志任公司党委委员、纪委书记。

2022年6月30日，市南区香港中路街道举办以“争先创新绩 喜迎二十大”为主题的迎七一表彰活动，青岛中远海运荣获区域高质量发展“最强合伙人”称号。

2022年7月5日，青岛中远海运党委《以“党政同责、一岗双责”推动党政深度融合》基层党建创新案例成功入选全国企业党建创新优秀案例。

2022年7月6日，由青岛中远海运旗下连云港远洋流体设备装卸有限公司独立研发制造的全球首台套具备“一键”智能对接功能的“智能船用装卸臂”，在海南八所港第二装卸区圆满完成首船接卸作业，标志着流体公司在流体装卸设备制造领域迈入世界领先行列。

2022 年 8 月，青岛中远海运旗下连云港远洋流体公司获评国家级专精特新“小巨人”企业。

2022 年 9 月 7 日，连云港公司化工储运项目举行综合楼封顶仪式。

2022 年 11 月 22 日，青岛中远海运与中建八局发展建设有限公司在远洋大厦 30 楼综合会议室签署战略合作协议。

2022 年 12 月，青岛中远海运政研会论文《党的思想引领之火点燃国企改革之擎——以青岛中远海运改革发展为例》和《党建品牌放光彩——“小・微课堂 我来讲”党建品牌建设经验浅析》荣获集团一等奖。（高原）

中远海运大连投资有限公司

中远海运大连投资有限公司

【公司概况】

中远海运大连投资有限公司（简称“中远海运大连投资”，英文简称 COSCO SHIPPING Investment Dalian），成立于 2019 年 2 月 15 日，是中远海运集团新设二级地区公司，其前身是 1975 年国务院批复筹建、1978 年成立的大连远洋运输公司。中远海运大连投资注册资本金 114 700 万元。业务主要包括 LPG 船舶运输、化学品仓储、航运配套服务、酒店及写字楼租赁等。

公司立足集团“3+4”战略布局，聚力“十四五”规划，挖掘自身在 LPG 领域的管理优势、规模优势、安全优势，确立以“打造一流的 LPG 端到端物流服务商”为发展愿景，积极构建以 LPG 端到端物流服务为主业，以危化品仓储物流业务为战略补充的业务布局，致力于建设成为“国内第一、国际领先”的气体化工品专业运输企业。

公司总部设有 10 个职能部门和 1 个区域服务中心。截至 2022 年底，公司合并范围内共有 9 家单位，公司本部及龙鹏公司、招港公司、上海液化气公司、储运公司、大厦公司、供应公司、电子公司、希云公司，另有非并表参股企业一家大仁公司。LPG 运输业务共有 10 艘 LPG 船舶，总仓容量 114 677 立方米。

2022 年，中远海运大连投资深入贯彻落实集团党组各项决策部署，全体员工齐心协力，攻坚克难，用顽强的拼搏意志和创业精神全力发展 LPG 运输主业，重点项目、疫情防控、风险管控、巡视整改、经营管理、人才建设等均取得了良好成果，为更好实现“十四五”规划奠定了坚实基础。

【公司治理】

公司实行董事会、监事会、高级管理层共同管理的治理结构。9 家所属企业中，大厦公司、供应公司实行执行董事、监事、高级管理层共同治理的结构模式，储运公司实行董事会、监事会、高级管理层共同治理的结构模式，龙鹏公司、招港公司、上海液化气公司、电子公司、希云公司、大仁公司实行董事会、监事、高级管理层共同治理的结构模式。截至 2022 年底，公司共有全资所属企业 4 家：上海液化气公司、大厦公司、供应公司、希云公司；控股所属企业 4 家：龙鹏公司、招港公司、储运公司、电子公司；参股企业 1 家：大仁公司。

公司党委坚持“两个一以贯之”，加快建设中国特色现代企业制度，紧扣完善法人治理结构这个核心，突出权责边界划分这个关键，着力构建定位准确、权责衔接、有效制衡的治理机制。修订完善“三重一大”决策事项及权责清单，进一步明确党委前置研究讨论重大经营管理事项，确保党的领导坚强有力。修订完善 6 项董事会规章制度，切实保证在合规行权的基础上实现科学行权、高效行权。2022 年，共召开党委会 32 次，总经理办公会 30 次，董事会 7 次，为公司各项决策提供了坚实保障。

公司全面贯彻落实国企改革三年行动，成立改革三年行动工作领导小组和工作小组，制定改革三年行动工作清单，共计 63 项改革任务。深入开展管理提升、数字转型、文化塑造“三个年”活动。统筹做好疫情防控和生产经营，实现净利润 4 211 万元（考核口径），完成集团下达的年度必保指标。

【发展战略】

2022年是“十四五”规划的第二年，公司围绕“以LPG为主业、危化品仓储物流业务为战略补充”的产业布局，积极践行“打造LPG端到端物流服务商”的发展目标，以LPG船队为核心，聚焦气体化工产业链客户，全力扩大公司运力规模，建设国内领先的气体化工品专业航运企业，全力开创“十四五”发展新局面。

LPG主业方面，把握沿海LPG运输市场运力分散、船东运力规模小、准入门槛高、供需相对均衡的特点，通过股权并购、买旧造新等手段，将运力规模提升至行业领先水平。同时，以LPG进口增量为目标市场，聚焦目标客户，积极开拓外贸市场发展机会。加快公司LPG主业架构搭建，进一步探索从单纯的LPG船公司向LPG端到端全流程物流解决方案服务商的转变。

危化品仓储物流方面，以“智安全、智仓储、智运输”为管理理念，对标国际一流危化品仓储物流企业技术与服务水平，积极建设长兴岛化学品物流园项目，将项目建设成为大连市乃至东北地区设计存储量最大的现代化、多功能、综合性第三方大型危化品储运中心，并将其打造为公司与中远海运化工物流业务协同合作、产业链协同经营、共建集团产业生态的样板工程。

酒店业务方面，积极推进大厦酒店资产盘活工作，与相关外部机构沟通对接，积极寻求调整大厦公司资本结构和根本改善财务状况的具体路径，同时积极克服疫情挑战，抓好生产经营和安全管理，推进配套会议中心项目的建设，积极采取措施推进减亏增效。

航运配套业务方面，按照“业务独立性、业务开放性、市场化合作”三大原则，推进转变现有的、依靠集团内部发展的态势，立足自身技术及经营管理优势，向科技型企业转型，做优存量业务。同时积极探索体制机制创新改革举措，激发企业活力，打造企业新形象。

【财务管理】

信息系统建设方面，2022年，在集团财务信息数字一体化统建下，公司完成了费控系统、EPIC银企直连、税务管理平台的建设工作，并于7月初正式上线运行使用。2022年新设成立的大连中远海运化学品储运公司、上海中远海运液化气运输有限公司和新购入的海南招港海运有限公司，均完成了SAP财务信息系统的建设工作，并按计划完成正式系统上线工作。同年10月，开展SAP财务信息系统与久其系统之间的快、月报自动填报项目的实施工作，计划于2023年试运行。

制度建设方面，公司制定并发布了《财务管理办法》制度，修订了《固定资产管理规定》《差旅费管理规定》《资金支付审批手续与审批权限规定》《费用报销管理细则》等制度。

经营效益方面，截至2022年底，公司资产总额23.14亿元，负债总额1.82亿元，年末资产负债率约为7.87%，较年初的4.96%增加2.91%。所有者权益合计21.32亿元，较年初增加0.61亿。资产负债率的增加和所有者权益的增加主要由于2022年公司取得集团内部贷款和增资。至2022年底，公司合并口径净利润亏损1.24亿元，包含公司房屋资产减值损失1.26亿元。其中，营业总收入发生4.53亿元，较上年同期增加1.22亿元，同比增长37.06%；营业总成本4.49亿元，较上年同期增加0.96亿元，同比增长27.24%；营业总收入增长超营业总成本增长9.82个百分点。

【重点项目】

LPG业务方面，一是结合内贸LPG运输行业新增运力审批受限的实际，为加快运力发展速度，积极寻找合作发展机会。2022年3月，公司控股收购海南招港公司，增加内贸运力3艘，船队规模跃居内贸LPG运输企业第一梯队。海南招港项目的落地，不但实现了公司船队规模的有效增长，拓展了公司与大货主的业务合作，进一步扩大了公司在沿海内贸LPG航运领域的市场份额，而且为公司带来了稳定可观的主业收入和效益贡献。二是基于内贸市场容量有限的实际情况，为提升船队盈利规模，依托集团与中国中化控股有限责任公司的战略合作协议，立足中化国际连云港 PDH（丙烷脱氢）项目 VLGC 运输需求，通过与中化国际签署战略合作协议，锁定长期租约，积极推进了两艘二手 VLGC 购置项目，2022 年 10 月完成首艘 VLGC 船舶接船，并以此为契机正式进军外贸 VLGC 市场。公司牢记集团指示和央企使命担当，首艘 VLGC 接入后入中国籍，成为了全球首艘悬挂五星红旗的 VLGC 船舶。

长兴岛化学品物流园项目方面，物流园是公司落实与长兴岛经济区战略合作的重点项目，园区占地 11.8 万平方米，位于大连长兴岛经济技术开发区，主要经营化学品仓储物流业务。园区以“智安全、智仓储、智运输”为管理理念，为客户提供“从储到运”一站式服务，建成后，将成为东北区域最大的现代化、多功能、综合性化学品储运中心。2021 年 7 月项目一期正式开工建设，同年底全部库房和办公楼封顶；2022 年，公司克服大连多轮疫情停工影响，最大限度抢抓项目工期，项目一期试运行广受市场好评。项目入选大连东北亚国际航运中心和国际物流中心建设“靓点”案例。项目数字化建设得到大连市工业与信息化局的肯定和表扬，《大连日报》对此作了专门报道，公司应邀参加了 2022 年全球工业互联网展会，得到了同行业的高度评价。

会议中心项目方面，洲际酒店会议中心是由中远海运大连投资有限公司投资兴建，坐落于大连市中山区友好广场，项目总用地面积 2 500 平方米。2022 年，会议中心建设项目以坚守精品工程为原则，克服疫情及防疫政策导致的缺材少工等多重困难，协调施工各方尽最大努力保障材料供应，合理调整施工作业计划，最大限度地减少疫情对工程进度的影响，完成项目主体结构，室内土建、机电配套施工、内装饰工程进入收尾阶段。计划将该项目打造成为品牌化、专业化和国际化的会议中心，成为城市新地标。

【安 全 生 产】

2022 年，公司坚决贯彻执行“统一 LPG 运管平台”的工作部署和安全工作要求，认真履行安全生产主体责任，紧紧围绕 LPG 船舶运输、危化品仓储物流两个重点业务开展安全管理工作，不断夯实公司总部“一个团队、一个体系、一个 DOC”的船舶集中管理基础，全力做好党的二十大等关键时段安全保障。全年接受 FSC 检查 9 艘次、PSC 检查 1 艘次、石油公司 SIRE 检查 4 艘次、CDI 检查 3 艘次，接受集团船舶安全检查 9 艘次，通过率 100%，防海盗和防台成功率 100%，ISPS 检查通过率 100%。船舶未发生上报等级机损、海损、火灾爆炸和污染事故，未发生船舶滞留事件。陆岸单位未发生任何责任性生产安全事故和环境污染事件，安全检查无重大缺陷，安全形势持续稳定。

落实主体责任方面，严格落实安全生产责任制，领导带头履职，宣传讲解《中华人民共和国安全生产法》和“十五条措施”，带队访船检查及慰问船员 6 艘次，陆岸安全检查 20 次。登轮检查 39 艘次，排查整改隐患 199 项。船舶开展隐患自查，排查整改隐患项和未遂事项共 253 项。督导陆岸单位安全检查 34 次、排查并整改安全隐患 36 项。各单位自查 255 次，排查并整改隐患 50 项。开展楼宇房产现场安全检查 6 次。着重以安全管理、生态环保、职业健康、风险管控、消防逃生等为重点，开展企业内训 80 余人次。制定年度 HSE 培训计划表，组织安全员培训 31 人次。

船舶安全方面，持续完善统一安全管理平台运行模式。2022 年 3 月 18 日，将招港公司“招港”“招洋”“招源”三艘船舶纳入公司统一管理。10 月 23 日，成功接入首艘 VLGC“长兴源”轮并纳入统一管理，至 2022 年末，船舶安全运营 2 个航次，通过石油公司检查 2 次。成立防台指挥小组，科学谋划、有效指导船舶应对台风，实现防台成功率 100%。“招洋”轮被评为 2022 年度海南八所港“安全标杆船舶”称号。公司以劳动安全、环境安全、雾航安全、进出港离靠泊作业安全、货物作业安全为重点，强化责任落实和体系执行，确保设备维护使用完好，安全管理体系运行良好，实现了零伤害、零事故、零污染的目标。

陆岸安全方面，组织开展“安全生产月”“消防宣传月”等宣传活动，落实“安全生产专项整治三年行动”“安全生产提升年”“交通运输重点领域和关键环节燃气安全排查整治工作”等年度重点工作。推进集团“安全大排查大整治”工作部署，深入推进习近平总书记关于安全生产重要论述精神在全公司范围内的贯彻学习，并根据年度安全和生态环境保护任务书及 HSE 绩效考核管理细则要求，对各部门、单位年度安全工作落实情况进行综合考核。

体系建设方面，在完成船舶安全管理体系运行一年的船岸内审工作后，2022 年 3 月 16 日向辽宁海事局申请初次审核，并于 2022 年 4 月 26 日获得 5 年有效期的 DOC 证书，该证书的获得标志着公司在向航运公司发展的道路上迈出了坚实的一步。在初次审核期间，审核组专家对公司安全管理提出意见和建议，安管部组织精干力量按照国际公约、规则及相关法律法规等的要求着手对现行体系进行修订，并于 2022 年 7 月 18 日发布生效。

船员管理方面，针对船队规模小、船员少、底子薄、船员素质参差不齐等情况，加大年轻干部船员提拔力度，重视对优秀船员的配员，注重启用专业性、知识性、技术性的有生力量。根据集团相关规定和船员政策限制，公司在不能招募自有船员的情况下，积极应对社聘船员稳定性差、流动性大等困难，将船员派遣模式从散派模式改变为套派模式，并实行船舶船员定船管理模式，提高了派员主观能动性，强化了船员管理和船舶保养力度。

【风险防控】

2022 年，公司坚持以习近平法治思想为指导，贯彻落实国务院国资委《关于进一步深化法治央企建设的意见》精神，不断健全完善法治风控合规工作体系，充分发挥法治风控强管理、促经营、防风险、创价值的作用，着重提升公司依法治企、合规经营和风险防控能力，为公司高质量发展提供了坚实保障。

法治建设方面，公司党委切实履行法治建设组织者、推动者和实践者的职责，充分运用党委中心组学习、“八五”普法、法治讲堂等渠道，实现习近平法治思想在公司落地和覆盖。2022 年，公司出台了“十四五”期间进一步深化法治央企建设落实计划，以“八五”普法规划为统领，制定并实施公司本年度法治宣传与培训工作计划，为不断深化法治央企建设，进一步提高全员法治素养和企业依法治理能力奠定了坚实的法治基础。

合规经营方面，进一步完善领导和组织体系建设，对现行的法治建设和防范国际制裁领导机构、人员、职责进行调整，合署为“公司法治建设领导小组暨合规委员会”，组建了一支由业务骨干组成的兼职风控合规专员队伍。分级分类建立合规制度体系，制定合规管理办法，编制投资业务合规指南。研究制定一组清单，梳理重点岗位合规职责，识别重点领域合规风险，梳理关键业务流程中的合规管控。组织开展覆盖全级次、各领域的经营业务违法违规问题排查工作和两次专项境外风险识别排查工作。积极培育合规文化，开展合规承诺书签署工作，组织各类法治合规业务培训。

风险防控方面，汇聚合力形成业务机构、法务风控机构、审计监察机构协同运行的风控三道防线并有效运行。聚焦 LPG 主业，围绕安全、运营、市场、投资等重要领域，辨识评估关键风险，建立健全关键风险监测预警机制，形成年初有预测、季度有监控、年终有总结的风险管控机制。高质量实施项目风险评估，为新造 2 艘 5 500 立方米 LPG 运输船、收购海南招港、购置二手 VLGC 等项目决策、报批提供有力保障。组织开展专项排查、境外法律风险排查、重大风险隐患排查，坚决守住不发生重大风险事件的底线。

【党群工作】

公司党委班子由4人组成。公司总部及所属企业建有党委2个，党总支1个，党支部21个，党员数163人。公司党委坚持围绕中心，服务大局，紧扣转型发展中心任务，扎实开展党建各项工作，为公司改革发展提供强有力的政治保障。

制定学习宣传党的二十大精神活动方案，系统推进工作落实。组织开展以“喜迎二十大、奋楫新航程”为主题的系列活动，创作原创音乐1首、诗词5首、微视频1部、微纪录片2部、摄影作品9组、书画作品16幅，多个作品荣获集团荣誉。党的二十大召开之后，根据集团党组安排部署，印发公司学习宣传贯彻党的二十大精神方案，把党的二十大精神学习宣传贯彻作为首要政治任务，在公司内迅速掀起学习贯彻党的二十大精神热潮。全年党委中心组学习10余次，专题读书班2次。组织集团驻连单位180余人观看红色京剧《邓稼先》，赓续红色基因，砥砺奋斗征程。

加强班子建设，保证企业党组织领导核心作用。持续健全党委发挥领导核心作用的制度机制，完善党委会议事规则、董事会工作规则、总经理工作规则等制度。不断细化“三重一大”决策事项清单，明确党委会、董事会、总经理办公会研究讨论重大事项的责任范围。修订党委会议事清单，明确党委会前置研究事项，充分发挥党委的领导核心和政治核心作用，切实加强党的领导融入公司治理各个环节。组织召开公司党员大会，选举产生本届两委，凝聚各级党组织和全体党员智慧力量，为公司实现“十四五”高质量发展奠定良好组织基础。坚持民主生活会制度，先后召开党史学习教育专题民主生活会、党员领导干部民主生活会，严肃党内政治生活，抓好问题的落实整改，有效提升领导班子发现和解决问题的能力。

加强党组织建设，提升党建工作水平。严格落实党建工作责任制，党委书记切实履行党建工作第一责任人职责，带头贯彻党的基本路线和各项方针政策，带头贯彻执行民主集中制，带头密切联系群众。完成集团年度党建工作责任制考核评价自评工作和现场考核评价工作。完成党组织书记抓基层党建工作述职评议和基层党建工作责任制考核，并上报集团党组。组建储运公司党支部，完成10个支部换届选举。完成全部所属企业党建入章程工作，开展基层党支部“五个星级”评定特色活动，评定五星党支部5个。强化党员队伍建设，通过“线上＋线下”形式相结合，定期组织党员领导干部、党支部书记，以及广大党员参加专题培训，提升党组织凝聚力和战斗力。

发挥纪检巡察审计合力，深入推进全面从严治党。公司深入贯彻落实集团和公司党风廉政建设和反腐败工作会议精神，及时分解任务，紧盯“十四五”规划、国企改革三年行动、“三重一大”决策、安全生产、选人用人、疫情防控、中央八项规定精神落实等监督重点，通过参加会议、下发通知、现场检查、下发建议书等方式，做实做细日常监督。依纪依规开展问题线索处置，持续健全规章制度，深入推进反腐倡廉宣教，一体推进“三不腐”机制建设。完成对供应公司党委、区域服务中心党总支、龙鹏公司党支部和大仁公司党支部的巡察任务，实现巡察全覆盖。发挥内部审计效能，开展龙鹏公司总经理任中经济责任审计和大厦公司总经理离任经济责任审计项目。推进工程项目全过程跟踪审计，促进监督关口前移，审核工程项目招标文件、设计变更、工程款付款等资料，以工程审计促进项目增收节支。扩大审计监督覆盖面，实现对公司重点环节、重要项目、重大经济决策的日常监督。

巩固深化群团工作，激发职工创新创效活力。规范企业民主管理和工会组织建设，召开一届四次职代会和一届四次工代会，续签集体合同，充分维护职工合法权益。认真履行民主程序，选举公司职工董事、工会副主席。组织开展“最美不过遇见你”春季徒步，“喜迎二十大、奋楫新航程”书画摄影活动，以及“航运强国有我”诗词歌赋创作大赛活动。深入推进“送温暖”工程，全年累计“送温暖”30万余元。疫情封控期间，工会启动应急预案，为300名职工发放“爱心物资包”，解决职工燃眉之急；积极争取市总工会政策支持，为公司及下属4家单位争取到工会经费返还，全年返还款达45万余元。制定《青年精神素养提升工程实施方案》，引导团员青年坚定不移听党话、跟党走。组织建团100周年系列主题活动，通过举办青年读书会、主题团日、五四先进评比等，激励青年员工怀抱“家国情怀”。

【队伍建设】

干部队伍建设方面，牢固树立“以奋斗者为本”的用人导向，严格民主推荐和考察谈话等关键环节全程纪实，考准考实干部实际表现和履职能力，选拔使用政治立场坚定，务实担当、实绩突出的干部。立足公司干部队伍和船舶统一运管平台管理工作实际，依法委派7名干部兼任上海临港公司董监高，为推进主业发展提供干部支撑。选派总部干部到所属企业进行挂职交流锻炼，加快提升年轻干部综合能力素质。充分发挥个别谈话在干部管理监督中的重要作用，加大干部约谈力度，促进干部变“被动履职”为“主动担当”。运用岗位调整、领导序列转非领导序列等方式，畅通考核末等干部“下”的渠道，强化考核结果运用，持续推动干部作风转变。

人才结构优化方面，开展“雏鹰计划”第二批青年后备人才校招工作，招录5名具有“985”“211”院校学习背景的硕士研究生，30周岁（含）以下青年人才比例由8.6%进一步提升至12.9%。紧扣VLGC重点项目，提拔运营部、安管部5名干部，并综合运用公开招聘、内部调整、内部选聘、兄弟公司借用等方式，引进1名投资管理人员、2名“雏鹰计划”储备人才。合理配备1名买造船工程师、1名备件物料管理员，自上而下充实LPG主业攻坚团队。

青年人才培养方面，开展“师带徒、传帮带”工作，由室经理级及以上干部亲自带徒，用优秀干部涵养后备干部，实现共性与个性并存的青年人才培养。创新线上展播“师带徒”中期和结业汇报成果的方式，搭建新进青年人才展示平台，促进青年人才全面进步和成长。突破选人用人隐形台阶，组织开展兼职团委副书记竞聘工作，加快选拔培养优秀青年人才，推动“压担扛责”，进一步激发动力潜能。

市场化改革方面，积极落实国企改革三年行动任务要求，全面推行经理层成员任期制和契约化管理，公司总部和4家所属企业建立经理层任期制和契约化管理，2家所属企业建立职业经理人制度，实现经理层成员人人肩上“有指标”，推进领导人员干事创业、担当作为。稳步推进用工市场化改革，管理人员退出比例和员工市场化退出率均有提高。深化收入分配制度，进一步优化总部员工薪酬、绩效考核体系，员工绩效与企业效益紧密挂钩，对突出贡献者给予即时精准激励，充分鞭策企业员工与企业同舟共济，激发拼搏创效谋发展的内生动力。

教育培训方面，坚持把教育培训作为持续提高员工履职能力的有效抓手，为公司发展夯实人才基础。修订公司教育培训制度，优化公司教育培训体系。加强“雄鹰”干部培训，提升政治素质和领导能力，领导干部培训覆盖率100%。突出“精鹰”专业人才培训，选派业务人员参加质量管理体系、合规管理、国企改革、船舶安全管理、境外安全风险防范等专项培训。策划开展两期LPG“精鹰”人才专题培训，累计培训92学时，480余人次参加，靶向提升主业人才业务能力。全年开展组织安排各类培训337次，累计参培员工3 318人次。

【企业文化】

加强正面宣传，提升舆论引导能力。落实《新时代加强和改进思想政治工作的意见》，持续开展先进典型评选和典型宣传，发挥榜样力量。聚焦公司“十四五”规划、LPG项目、长兴岛化学品物流园项目等，开展主题宣传，全年公司媒体平台刊发宣传稿件200余篇，集团媒体平台刊发公司稿件20余篇，大连电视台、《海南日报》、信德海事等官方和行业自媒体刊发报道10余次。

多维整合传播，宣讲企业文化。组织开展企业文化宣讲会，精心准备诗朗诵、业务介绍、企业故事讲述等环节，激励广大员工努力奋斗。充分发挥短视频作用，拍摄 3 部基层团队微纪录片，推动企业文化深入人心。扎实开展政治理论课题研究工作，论文《企业文化助力高质量转型发展的研究与实践》荣获集团评比三等奖，论文《探索“党建 +”协同新模式，构建区域党建共建新格局》荣获 2020—2021 年度全国交通运输行业优秀政工论文。

畅通媒体渠道，提升品牌形象。严格落实信息公开制度，做好公司总部及所属企业信息公开全覆盖工作的再自查，统筹公开和保密信息，强化公开审核，打造阳光央企。以长兴岛化学品物流园项目合资签约仪式、海南招港股权转让协议签约仪式、上海临港新片区发展推进大会、VLGC 签约等重要事件为契机，进行全方位、多层面公关活动，整合报纸、电视、网络等，进行融媒体式全方位传播，提升公司行业影响力。

2022 年中远海运大连投资基本情况见表 14–8。

2022 年中远海运大连投资基本情况 表 14–8

类别	项目	单位	数据
船队	船舶艘数	艘	10
	载重吨	万吨	7.93
生产情况	运量	万吨	63.20
	周转量	亿吨海里	5.16
财务情况	总资产	亿元	23.14
	净资产	亿元	21.32
	总收入	亿元	4.53
	利润总额	亿元	–1.13
	纯利润	亿元	–1.24
人力资源	员工总数	人	586

（王鹏飞）

中远海运船员管理有限公司

中远海运船员管理有限公司

【公司概况】

中远海运船员管理有限公司（简称“中远海运船员”，英文简称 COSCO SHIPPING Seafarer），是中远海运集团从事船员管理的专业化公司。公司于 2017 年 12 月 26 日挂牌成立。

截至 2022 年底，公司共有船员 44 811 人，其中集团主营合资板块船员 34 561 人，劳务板块船员 10 250 人，为集团主船队派员船舶 714 艘，为市场船舶整套配员 200 多套。服务船型覆盖集装箱船、油船、干散货船、特种船、客船、液化气船等各类型船舶，是目前世界规模第一的船员管理公司，也是目前国内最大的船员劳务外派公司。公司兼营船舶引航试航业务，主要为集团内部各主营船公司，以及合资合营公司船舶提供海事技术服务和移泊作业业务，同时为多家造船厂新建船舶提供试航业务。2022 年，公司所属海技中心引航业务保持平稳，船舶进出长江引航 3 601 艘次、新船试航 91 艘次。

【公司治理】

坚决贯彻落实“两个一以贯之”要求。准确把握中国特色现代企业制度的内涵，把党的领导融入公司治理全方位各环节。一是发挥党委把方向、管大局、保落实的领导作用。结合集团最新制度及授权清单（V4.0）要求，修订公司《“三重一大”决策事项和权责清单》。二是全面推进党的领导与加强企业治理深度融合。认真组织学习贯彻党的二十大精神，深入贯彻《关于中央企业在完善公司治理中加强党的领导的意见》，牢牢把握“船员管理、党的建设、干部人才”三个基本问题，进一步完善中国特色现代企业制度建设。

全方位加强董事会建设。董事会全体成员恪尽职守、勤勉尽责、忠实履职，扎实开展各项工作，董事会规范运作、有效履职。一是有力推进董事会“三基”建设。全年召开 4 次董事会定期会议，审议通过 15 项议题，上会事项严格履行决策程序，会后及时规范做好行权事项自查报备。结合集团最新制度及授权清单（V4.0）要求，修订完善公司董事会运作管理办法、公司董事会议事规则、公司董事会专门委员会议事规则、公司董事会秘书工作规则等制度。梳理 2018 年以来 200 项公司治理文件及决策程序，编制印发公司决策事项程序清单。二是全面完成国企改革三年行动。推进改革三年行动任务，公司 66 项任务完成率 100%。进一步完善公司和直属单位两级经理层成员契约文本，做细做实岗位聘任、目标制定、绩效考核、薪酬兑现和岗位退出等关键环节，有效激发工作活力和效率。三是充分发挥董事会“定战略、作决策、防风险”作用。董事会审议通过公司总部部门机构和职能设置调整方案，依照法定程序和公司章程决策公司重大经营管理事项，审议年度财务预决算、投资计划和资产处置计划，推动公司落实集团发展规划、降低资产负债率、提高投资完成率，降本增效可持续发展。听取法治建设工作报告暨全面风险管理报告、内控体系工作报告，指导推动公司风控合规工作、健全完善公司内部控制体系。四是夯实外部董事履职支撑保障。积极开展与外部董事的会前沟通交流，充分听取反馈董事的意见建议。积极开展外部董事调研活动；加强公司管理信息共享，年内累计向各位董事发送公司船员管理简报、财务管理简报、高素质船员队伍建设综合信息、例会摘要等材料 60 余份，加深外部董事对公司生产经营状况及风险管控等方面的了解，提高外部董事决策信息对称性。

多维度强化监事会职能。监事会聚焦监督、制衡、服务、评价职能定位，规范有效运作。年内审议通过公司监事会议事规则，全年公司监事列席4次董事会。监事会深入推进与内部审计、巡察、内控评价等监督主体的贯通融合，职工监事积极参与公司日常管理监督，形成完善设置合理、运转规范、制衡有效的监事会工作机制。

着力提升公司治理效能。经理层切实发挥“谋经营、抓落实、强管理”作用。一是全力打赢“三大攻坚战”。坚持科学精准防控，坚决扛起疫情防控的政治责任，全覆盖推进疫苗接种，高效推进船员换班，为集团航运主业提供坚实的船员资源保障。二是全力提升“三个服务”。全面落实集团党组《关于加强高素质船员队伍建设的指导意见》，船员队伍发展规划更加科学，优秀航海类毕业生招录成效显著，船员管理工作质量进一步提升；进一步强化“三总师”机制作用发挥，加快推进对内管理机制变革，以业务流程再造为重点，加快推进数字创新驱动变革；加大关心关爱力度，提升船员获得感、幸福感、安全感。三是推进“三大变革”。全力推进2021年清算费用回收和2022年服务协议签订，实现了从“包干费”模式向“透明化、成本加成”的转变，2022年度实现扭亏为盈，为船员公司健康持续发展夯实基础。全方位推动“三个下降”。制定成本管控实施方案，推动成本管控工作更加精益高效，全面完成集团下达的经营业绩考核指标，为集团船公司降本增效。

【战 略 发 展】

制定船员队伍中长期发展规划。贯彻落实集团党组《关于加强高素质船员队伍建设的指导意见》，与专业咨询机构联合开展规划调研访谈和专项研究，提炼船员队伍规划目标愿景，搭建船员队伍标准配置数字化模型，完成全板块、全职务、全用工形式、全可用船员的全口径后备系数测算，充分发挥船员管理信息系统的大数据优势和数字化模型的算法优势，编写《中远海运船员管理有限公司船员队伍中长期发展总体规划（试行）》《中远海运船员管理有限公司船员队伍建设管理报告（2022年）》。

做好应届航海类毕业生招录工作。研究国际国内船员市场状况，结合集团对船员的数量需求和船员队伍现状，加强航海类毕业生招录工作统筹谋划，创新“线上+线下”相结合宣介模式，提升集团和公司品牌形象，保质保量完成应届航海类毕业生招录工作；做强做实“定向人才培训培养”项目，推进“订单班”培养计划，从源头引导学生投身航海事业。

加快推进对内管理机制变革。研究制订《中远海运船员管理有限公司总部部门机构和职能设置调整方案》，完善“三总师”组织机构、人员配备、制度建设等，提高船员管理效率和效能；深入研究劳务外派基本定位和长远发展，制定印发《中远海运船员管理有限公司关于健全完善劳务外派管理体制机制的指导意见》，探索推进劳务事业分部高质量发展工作。

推进船员管理数字化转型。编制印发《中远海运船员“十四五”数字化转型暨网信工作规划》，做好公司科技创新与数字化转型的顶层设计；加快船员管理信息系统迭代升级，强化数字赋能，全面推进数字治理工作，制定《中远海运船员管理信息系统数据标准规范》；落实创新要求，推动数字化创新工程，积极开展船舶管理智能化、数字化改造和创新示范工程项目，推动传统船员管理、船舶管理转型升级，提升集团航运主业核心竞争力；推进移动App建设，优化程序，丰富功能，提升服务船员能力。

加强公司管理体系和管理能力建设。完善董事会建设，加强企业治理工作，编制上报《中远海运船员管理有限公司2022年董事会建设工作报告》等；健全劳务公司、劳务子公司法人治理结构，强化内/外派业务集中一个平台管理；按照集团要求做好2021年度企业负责人经营业绩考核结果核定工作，持续优化公司和直属单位两级经理层成员任期制和契约化管理，制定直属单位2022年业绩考核方案；推进改革三年行动任务，公司改革三年行动 66 项任务的完成率为 100%。

加强公司法治建设和风险内控。编制 2022 年法治建设工作报告；组织开展“合规管理强化年”活动，初步建立公司风险识别清单、岗位职责清单、流程管控清单等合规管理“三项清单”，编制公司合规风险排查报告等；加强内控管理，编制《中远海运船员内控体系工作报告》，修订完善《中远海运船员管理有限公司制裁风控手册》《船舶兼职风控合规专员管理规定》等公司风控合规制度文件。

【船员管理】

公司牢记“国之大者”，面对全球疫情持续蔓延的巨大挑战，临危不乱，勇担使命，全力确保船员队伍的基本稳定，全面保障集团船舶在全球的正常运营，为集团落实“六稳”、“六保”，服务国家经济双循环奠定了坚实基础。广大船员不畏艰险，逆行出征，经受住了严峻的疫情考验，为集团经营效益“创造历史”发挥了巨大作用。

1. 船员队伍基本情况

2018 年 1 月，6 家分公司船员队伍规模为 40 911 人。截至 2022 年 12 月底，船员总数下降到 34 561 人，净减少 6 350 人，降幅为 15.5%①，详见图 14–3。

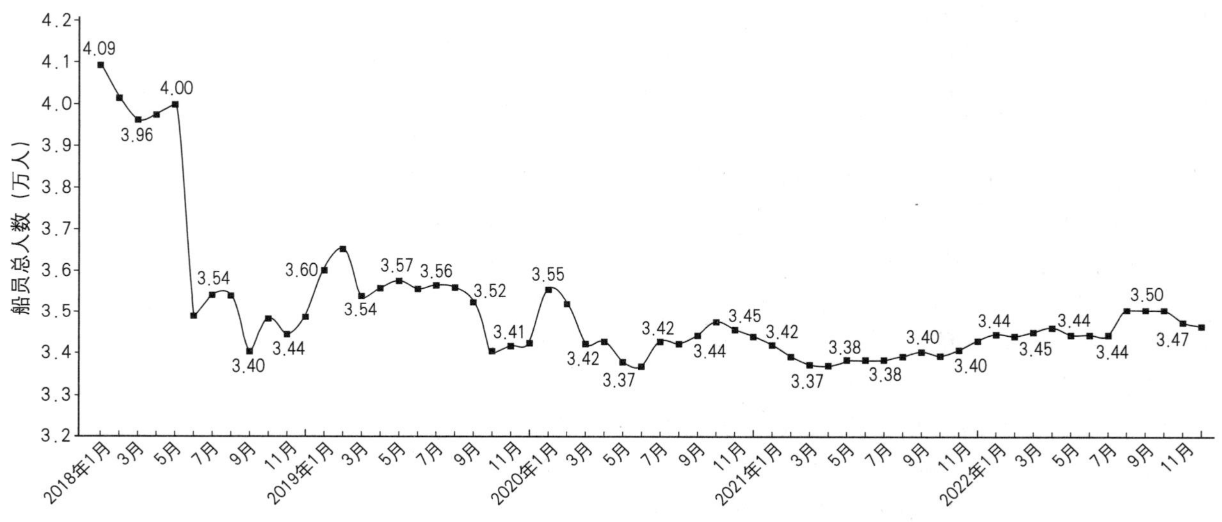

图14–3　公司历年船员总人数变化趋势

截至 2022 年底，集团主营合资板块共有船员 34 561 人②，其中：

（1）按劳动合同属性分：自有船员（含劳务自有合同船员）22 072 人，占比 63.9%；供方船员 12 489 人占比 36.1%，详见表 14–9。

① 数据统计说明：船员公司成立初，分公司外派业务规模在船3 581人，需按“人随业务走”要求划转至劳务公司。2018年6月，分公司集中划出船员4 114人，船员总数由年初4.09万降至3.49万，之后基本保持平稳。

② 根据公司数据治理工作要求，自2022年9月起主营合资船员数据统计口径调整：一是将原不统计的原2004年不适航船员219人、残疾人67人、改革前借用船员47人纳入统计；二是将在岸市场外聘船员235人、在岸6～12个月供方船员1 435人纳入统计，集团主营合资板块船员总数增加，相关数据随之调整，下同。

船员劳动合同属性情况表　　表 14-9

板块	自有船员		供方船员		合计（人）
	人数（人）	占比	人数（人）	占比	
集运	5 120	59.2%	3 530	40.8%	8 650
能源	5 024	65.6%	2 634	34.4%	7 658
散运	7 763	65.8%	4 040	34.2%	11 803
特运	2 450	56.3%	1 904	43.7%	4 354
客运	448	69.7%	195	30.3%	643
厦门	180	49.3%	185	50.7%	365
其他①	1 087	99.9%	1	0.1%	1 088
小计	22 072	63.9%	12 489	36.1%	34 561

（2）按劳动状态分：在船船员 18 125 人，占52.4%；在岸船员 16 436 人，占 47.6%，详见表 14-10。

船员劳动状态情况表　　表 14-10

板块	在船船员		在岸船员		合计（人）
	人数（人）	占比	人数（人）	占比	
集运	4 744	54.8%	3 906	45.2%	8 650
能源	4 124	53.9%	3 534	46.1%	7 658
散运	6 335	53.7%	5 468	46.3%	11 803
特运	2 074	47.6%	2 280	52.4%	4 354
客运	433	67.3%	210	32.7%	643
厦门	201	55.1%	164	44.9%	365
其他	214	19.7%	874	80.3%	1 088
小计	18 125	52.4%	16 436	47.6%	34 561

（3）按船员岗位属性分：高级船员 17 791 人，占 51.5%；普通船员 16 770 人，占 48.5%，详见表 14-11。

船员岗位属性情况表　　表 14-11

板块		高级船员		普通船员		总计（人）
		人数（人）	占比	人数（人）	占比	
集运	自有	3 880	75.8%	1 240	24.2%	5 120
	供方	705	20.0%	2 825	80.0%	3 530
	小计	4 585	53.0%	4 065	47.0%	8 650
能源	自有	3 425	68.2%	1 599	31.8%	5 024
	供方	448	17.0%	2 186	83.0%	2 634
	小计	3 873	50.6%	3 785	49.4%	7 658

① 其他（板块）：包含在集团外任职船员和分摊库船员，下同。

续上表

板块		高级船员		普通船员		总计（人）
		人数（人）	占比	人数（人）	占比	
散运	自有	5 217	67.2%	2 546	32.8%	7 763
	供方	905	22.4%	3 135	77.6%	4 040
	小计	6 122	51.9%	5 681	48.1%	11 803
特运	自有	1 700	69.4%	750	30.6%	2 450
	供方	495	26.0%	1 409	74.0%	1 904
	小计	2 195	50.4%	2 159	49.6%	4 354
客运	自有	192	42.9%	256	57.1%	448
	供方	13	6.7%	182	93.3%	195
	小计	205	31.9%	438	68.1%	643
厦门	自有	150	83.3%	30	16.7%	180
	供方	39	21.1%	146	78.9%	185
	小计	189	51.8%	176	48.2%	365
其他		622	57.2%	466	42.8%	1 088
合计	自有	15 185	68.8%	6 887	31.2%	22 072
	供方	2 606	20.9%	9 883	79.1%	12 489
	小计	17 791	51.5%	16 770	48.5%	34 561

（4）按服务板块分：集运8 650人，能源7 658人（主营6 909人、合资749人），散运11 803人，特运4 354人，客运643人（主营585人、合资58人），厦门365人，详见表14–12。

各板块船员情况表 表14–12

板块			高级船员		普通船员		总计（人）
			人数（人）	占比	人数（人）	占比	
主营	集运	在船	2 514	53.0%	2 230	47.0%	4 744
		在岸	2 071	53.0%	1 835	47.0%	3 906
		小计	4 585	53.0%	4 065	47.0%	8 650
	能源	在船	1 908	51.2%	1 818	48.8%	3 726
		在岸	1 602	50.3%	1 581	49.7%	3 183
		小计	3 510	50.8%	3 399	49.2%	6 909
	散运	在船	3 227	50.9%	3 108	49.1%	6 335
		在岸	2 895	52.9%	2 573	47.1%	5 468
		小计	6 122	51.9%	5 681	48.1%	11 803
	特运	在船	1 024	49.4%	1 050	50.6%	2 074
		在岸	1 171	51.4%	1 109	48.6%	2 280
		小计	2 195	50.4%	2 159	49.6%	4 354

续上表

板块			高级船员		普通船员		总计（人）
			人数（人）	占比	人数（人）	占比	
主营	客运	在船	118	28.9%	290	71.1%	408
		在岸	64	36.2%	113	63.8%	177
		小计	182	31.1%	403	68.9%	585
	厦门	在船	103	51.2%	98	48.8%	201
		在岸	86	52.4%	78	47.6%	164
		小计	189	51.8%	176	48.2%	365
	主营小计		16 783	51.4%	15 883	48.6%	32 666
合资	能源	在船	193	48.5%	205	51.5%	398
		在岸	170	48.4%	181	51.6%	351
		小计	363	48.5%	386	51.5%	749
	客运	在船	8	32.0%	17	68.0%	25
		在岸	15	45.5%	18	54.5%	33
		小计	23	39.7%	35	60.3%	58
	合资小计		386	47.8%	421	52.2%	807
其他			622	57.2%	466	42.8%	1 088
合计		在船	9 298	51.3%	8 827	48.7%	18 125
		在岸	8 493	51.7%	7 943	48.3%	16 436
		小计	17 791	51.5%	16 770	48.5%	34 561

（5）集团主营合资板块自有船员情况。

截至 2022 年 12 月底，主营合资板块自有船员 22 072 人，其中：

（1）按年龄结构分：50 岁以上 5 029 人，30 ~ 50 岁 11 525 人，30 岁以下 5 518 人，详见表 14–13。

自有船员年龄结构表 表 14–13

年龄结构	高级船员		普通船员		合计	
	人数（人）	占比	人数（人）	占比	人数（人）	占比（人）
56 岁及以上	574	3.8%	964	14.0%	1 538	7.0%
51 ~ 55 岁	2 148	14.1%	1 343	19.5%	3 491	15.8%
46 ~ 50 岁	2 280	15.0%	864	12.5%	3 144	14.2%
41 ~ 45 岁	1 282	8.4%	362	5.3%	1 644	7.4%
36 ~ 40 岁	2 523	16.6%	606	8.8%	3 129	14.2%
31 ~ 35 岁	2 742	18.1%	866	12.6%	3 608	16.3%
26 ~ 30 岁	1 002	6.6%	659	9.6%	1 661	7.5%
25 岁及以下	2 634	17.3%	1 223	17.8%	3 857	17.5%
小计	15 185	100.0%	6 887	100.0%	22 072	100.0%

（2）按学历结构分：本科及以上 5 947 人，大专 8 205 人，中专 4 979 人，高中及以下 2 941 人，详见表 14–14。

自有船员学历结构表 表 14–14

学历结构	高级船员		普通船员		合计	
	人数（人）	占比	人数（人）	占比	人数（人）	占比
本科及以上	5 671	37.3%	276	4.0%	5 947	26.9%
大专	7 298	48.1%	907	13.2%	8 205	37.2%
中专	2 041	13.4%	2 938	42.7%	4 979	22.6%
高中及以下	175	1.2%	2 766	40.2%	2 941	13.3%
小计	15 185	100.0%	6 887	100.0%	22 072	100.0%

（3）按毕业院校分：高级船员、普通船员分别取毕业院校来源人数前 5 位，详见表 14–15。

自有船员毕业院校来源情况表 表 14–15

高级船员		普通船员	
毕业院校	人数（人）	毕业院校	人数（人）
青岛船院	2 369	广州海运技校	618
大连海大	2 042	原大远船员培训基地	152
集美大学	1 297	广州海员学校	259
江苏海院	1 104	天津海校	214
上海海大	838	青岛船院	109
其他	7 535	其他	5 535
小计	15 185	小计	6 887

（4）按地区分布分：高级船员排名前 5 位的地区为山东、辽宁、江苏、上海、广东；普通船员排名前 5 的地区为上海、山东、广东、辽宁、河南；取船员地区分布总人数前 20 位，详见图 14–4。

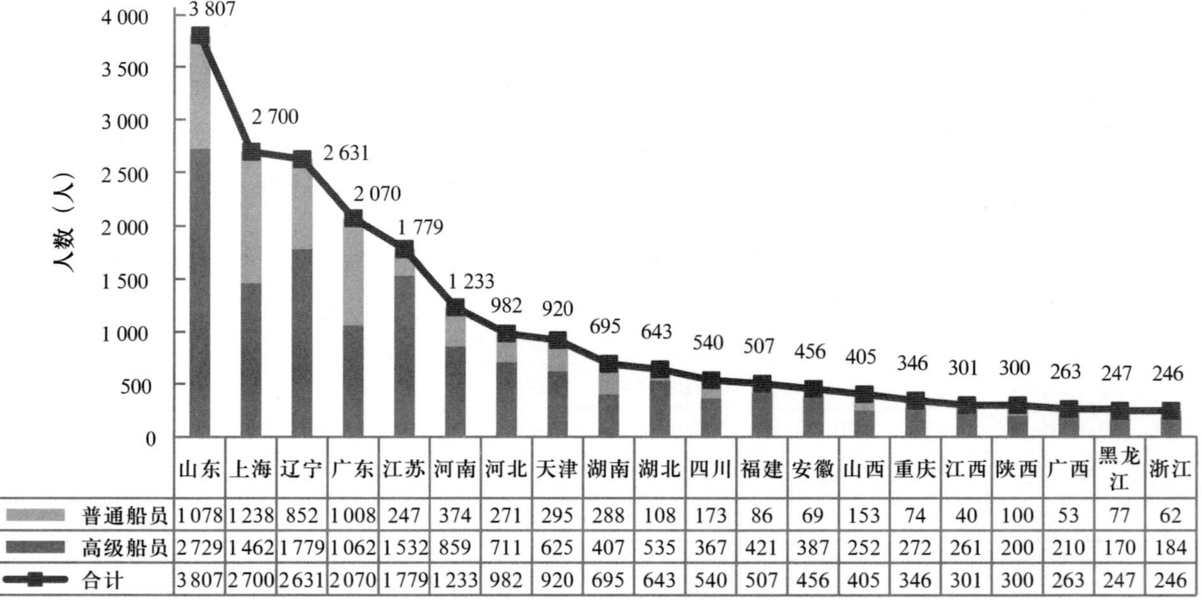

图14–4 自有船员地区分布情况

2. 统筹推进船员疫情防控工作，确保船员队伍稳定

自疫情暴发以来，按照公司要求，统一思想、坚定信心，持续做好“疫情防控、疫苗接种、船员换班”三项重要工作，为集团船员身体健康、船员队伍稳定及船舶安全运营奠定了坚实基础。

密切关注疫情变化，持续抓好船员疫情防控工作。根据疫情情况及公司实际，持续修订升级《新型冠状病毒肺炎疫情防控指南》至 V9.0 版，持续做好所属各单位船员疫情防控远程检查工作，持续指导各单位做好常态化下船员疫情防控工作，坚决阻断疫情上船传播链，确保船员生命健康和船舶安全营运。

统筹协调部署，持续推动船员疫苗接种工作。认真总结 2021 年推动船员疫苗接种积累的经验，明确将推进疫苗加强针列入年度工作重点，要求满足接种条件的船员必须完成加强针接种后才能上船工作。截至 2022 年 12 月，集团主营合资在库船员两针剂疫苗接种 33 517 人，接种率 99.1%①；劳务板块在库船员完成疫苗接种 11 839 人，接种率 90.1%。

紧扣目标重点，持续推动船员换班工作。持续做好突发疫情下港口换班工作，制定操作流程，并根据实际情况不断修订，加强与船公司协调协同，全力协同协调国内港口船员换班工作，跟踪驻外使领馆对境外人员回国政策，持续推动海外滞留船员回国，推动船员换班休假保持身心健康，保障集团船舶安全运营。2022 年，集团主营合资板块累计完成船员换班 3 068 艘次、35 077 人次，平均单次上船 5.7 人。

【经 营 效 益】

2022 年，公司全年实现营业收入 108.36 亿元，发生营业成本 102.71 亿元，管理费用 7.38 亿元，账面净利润 1 247 万元，2022 年度经营效益实现扭亏为盈的预算目标。

【人才队伍建设】

在集团党组和职能部室的指导帮助下，船员公司认真贯彻落实党的二十大精神，聚焦“四个领航”，聚力“三个服务”，推进“三大变革”，全力推进干部人才队伍建设，为公司提供坚强的组织和人才保障。

加强年轻干部选拔培养。2022 年，推荐 141 人参加集团“远航”“启航”库人选选拔和测评，首批 4 人入选“远航”库、5 名陆岸职工和 38 名船员入选“启航”库；按照“一人一规划”“一人一档案”标准分层制定针对性培养计划。

推进高素质船员队伍建设。深入学习贯彻集团党组《关于加强高素质船员队伍建设的指导意见》，研究制订《贯彻落实集团党组〈关于加强高素质船员队伍建设的指导意见〉实施方案》，合理分解各阶段目标，建立全流程工作机制，细化 39 项任务推进措施，确保工作落实落地落细。

构建高端海上人才培养体系。积极探索构建富有中远海运特色和“橄榄型”特征的“一总三分”船员资源开发和船员人才培养体系。“一总”即以集团党组《关于加强高素质船员队伍建设的指导意见》为总遵循；“三分”为海上管培生计划、“五十百千”人才工程，以及船员调陆制度。2022 年下半年，经报集团批准，筹备开展第一届海上管培生招生工作。截至 2022 年底，“五十百千”工程入库人数达到 1 955 人，其中国际名家 6 人、行业名人 100 人、海上名匠 779 人；62 名优秀船舶政委进入集团优秀政委人才库，174 名优秀技术干部船员进入船员调陆后备库； 63 名船员到各船公司试岗，其中 27 人试岗后正式调陆；选拔 100 名优秀船员到陆岸岗位交流工作，2022 年内实现“双栖制”岗位交流 75 人次。

① 根据公司数据治理工作要求，年内对主营合资船员数据统计口径做过调整，具体包括：将原不统计的原2004年不适航船员219人、残疾人67人、改革前借用船员47人纳入统计；将在岸市场外聘船员235人、在岸6～12个月供方船员1 435人纳入统计，集团主营合资板块船员总数增加，相关数据随之调整，下同。

【党建工作】

细化落实措施，加强党建融合创新。深入贯彻落实集团2022年度党建融合重点工作任务，制定公司2022年党建融合发展重点工作任务实施方案及推进表，将党建与业务融合发展作为长期性工作来抓，明确7个方面、23项重点任务、59条主要措施、95个具体工作，设定时间节点，落实部门责任，推进公司党建融合工作深入发展。坚持大抓基层的鲜明导向，推进公休党支部优化设置和活动方式，打造"红蓝共建"特色党建品牌。先后在山东潍坊、江苏南通、福建莆田等船员居住相对集中地区举办"红蓝共建"活动，做到"线上线下互动、船舶岸基互通、船员海嫂互助"，实现"海陆通、无空档"有机衔接，解除在船船员后顾之忧，稳定船员"大后方"。在"红蓝共建"特色品牌建设上，年内把迎接庆祝宣传贯彻党的二十大精神作为主线，持续组织公休船员党支部开展"五个一"活动，突出党建引领，加强分类指导，推进公休船员党支部"规范、达标、提升、创优"，取得了实效。

强化素质提升，加快党务"百千万"工程建设。加快推进公司党务"百千万"工程建设，以公司总部"三个典范"作风建设为抓手，着力抓好陆岸100多名党务人员作风建设和能力提升。落实集团党组《关于加强和改进船舶政委队伍建设的意见（试行）》要求，持续加强船舶政委的队伍建设，年内完成2期船舶政委轮训、99人参加轮训，大轮训以来共组织13期共576名现职船舶政委完成培训，船舶政委政治素质和业务能力大幅提升。常态化抓好后备船舶政委选拔培养工作，举办第七期后备船舶政委培训班，63名军转干部、管理级船员参加培训，自公司成立以来已培养后备船舶政委378人，船舶政委队伍整体素质大幅提升。协助做好集团第三批陆岸干部挂职船舶政委培训，做好第一批陆岸干部挂职船舶政委考核工作。按照向基层一线倾斜的原则，重点在优秀船员中发展党员，年内新发展党员157人。在上海疫情保卫战中深入开展"党员身边无事故、疫情防控做先锋"主题活动，公司在沪党员干部主动下沉一线，参加社区防疫工作，公司在沪船岸党员主动向社区报到525人，279名党员参加志愿服务2 774人次。

持续优化完善，强化船舶党建主体责任制度建设。落实船舶党建主体责任，狠抓基本制度建设，贯彻集团党组加强船舶政委队伍建设要求，主动加强与船公司船管单元协同协作，建立船舶政委综合素质评价"三分一总"制度。区分服务集团"集能散特厦"不同船型板块，制定《船舶政委综合考核评价实施办法》，推进船舶政委综合素质考核评价"三分一总"成绩录入系统。把"履职考核、作用发挥民主测评、日常调配管理"等三个维度的考核评价要求落实到位，统一全系统所有船舶政委的综合素质评价维度与考评标准，促进考核标准化、科学化、规范化。持续加强党建信息化平台建设，及时完善船舶党建"三基建设"信息检查督导机制，通过推进"规范、达标、提升、创优"工作，全面提升船舶、公休党支部的标准化、规范化、信息化建设水平。

【纪检监督】

精准有效实施监督。制定2022年监督工作实施方案，确定"1+8+3"监督重点内容。围绕贯彻落实习近平新时代中国特色社会主义思想和党的二十大精神，聚焦公司年度中心工作，做实政治监督，做深日常监督，做准专项监督，做强基层监督，深入开展"加强高素质船员队伍建设""疫情防控、疫苗接种和船员换班工作推进情况""船员超休待派管理"和"船员调陆管理"等监督检查。研究制定《中远海运船员管理有限公司基层党组织纪检委员管理实施细则》，强化船岸纪检委员队伍建设，进一步推动监督下沉落地。全年共开展监督检查127次，发现问题66个并督促完成整改。

持之以恒正风肃纪。在公司总部开展"深化作风建设，争当'三个典范'"专项活动，不断提升公司总部"三个服务"意识和能力。在OA平台开设"清风护航"纪法教育专栏，紧盯重要时间节点，加强对各级党员干部的提醒提示和监督检查。组织系统内 100 名 35 岁以下年轻干部开展集体廉洁教育谈话会，引导年轻干部扣好廉洁从业“第一粒扣子”。以业务招待费等“十项费用”为重点，组织开展党的十九大以来公司系统落实中央八项规定精神情况监督检查。

持续深化“两项治理”。深化“吃拿卡要”专项治理，全年开展廉洁谈话 612 人次，组织公开承诺 878 人次，访谈船岸职工 1 006 人次。年内共查实 2 个“吃拿卡要”船员问题线索，对相关责任人进行严肃处理。巩固深化船员违法违纪专项治理成果，强化对年轻船员和新入职船员的廉洁教育，持续推进船舶“三长”廉洁档案和船舶领导班子廉洁“画像”机制。创新方式方法，组织开展“船舶政委上讲台”活动，探索实践“船员教船员”新模式。建立船舶“三长”纪法教育测试分析评估机制，从职务、用工、板块等方面查找薄弱环节并进行通报，督促提升纪法教育质效。充分利用集团船舶政委集中轮训授课平台，精心做好关键岗位纪法教育。全年共开展船员廉洁教育 55 992 人次。

从严执纪精准问责。精准运用监督执纪“四种形态”，注重在第一种形态上下功夫，对苗头性问题及时约谈提醒。对违规违纪违法行为坚持“零容忍”，发现一起，查处一起。全年各级纪检组织共收到信访举报和问题线索 22 件，办结 17 件。全年公司系统共党纪立案 17 件，党纪处分 17 人；行政立案 11 件，行政处分 11 人。

【关心关爱】

全心全意服务，凝聚职工合力。大力弘扬劳模精神、劳动精神、工匠精神，积极营造尊重劳动、争当先进、关爱劳模的良好氛围。完成新获评各级五一劳动奖先进集体和个人的宣传，组织“王新全劳模工作室”船舶蔬菜保鲜项目参加大国工匠展。加快推进船舶果蔬保鲜技术，在向集团 143 艘船舶成功推广的基础上，积极推进集团内近 800 艘船舶船端数据的同步升级，让更多船员吃得新鲜、吃得健康。广泛开展“红蓝共建”活动，形成党建特色优势，有力助推和谐稳定大局。

开展主题活动，丰富文化生活。开展了公司第一届海嫂联络站“金牌站长”和先进海嫂联络站的评选工作，进一步发挥海嫂联络站作用。与中国船东协会等单位联合举办“海员子女亲子陪伴成长与教育指导”公开课，1000 多名船员和海嫂参加培训，受到广泛好评。续订为期三年的海员电子书屋服务协议，力争为船员及船员家属提供更好的线上阅读服务。筹建“海缘职工艺术团”丰富职工精神文化生活，征集集团“航运强国有我”诗词歌赋创作大赛参赛作品，举办“欢庆六一儿童节，船岸大手牵小手”书信和短视频征集活动，完成《我的梦航海梦》MV 拍摄任务。

加大慰问力度，“四必到”暖人心。2022 年共开展“四必到”慰问 18 652 人次。特别是上海疫情防控封城期间，及时启动“同心抗疫，共同守‘沪’”专项慰问活动，克服重重困难，前后两次为 5 140 余户在沪船员家庭配送“蔬菜 + 肉类”的慰问礼包，受到船员及家属广泛欢迎，《劳动报》专门刊文《同心守“沪”送家“蔬”——一切为了在“沪”船员的身心健康》进行报道。

【宣传文化】

强化宣传阵地建设。年初及时开通公司视频号，形成公司“一总两刊一网两号”的宣传主阵地和“海员天地”专栏新宣传格局。聚焦疫情防控、船员换班、集团党组《关于加强高素质船员队伍建设的指导意见》、“海上管培生”、航海类毕业生招募等重点内容开展专题宣传策划。在传统宣传方式的基础上，编发“一图速览《指导意见》”，同时推出“对话熊猫船长”系列解读宣贯视频，通过生动的卡通形象进行文风转变，得到广大船员广泛好评。公司视频号先后推出了“航海实习生的隔离体验”“疫中下船”“船员兄弟隔离的赋能时刻”“大洋上的刘畊宏男孩”“学长说”等短视频，视频号上线一年来，推出短视频 100 余个，单个视频最高播放量近 10 000 次。在《中国远洋海运报》刊登各类稿件 200 多篇，出版《中国海员》6 期，微信推送各类新闻信息

1 000 余条。以图文并茂、生动鲜活形式，一周宣传一人的节奏，滚动宣传公司首届六大系列“海上十杰”60 人的先进事迹。认真落实意识形态工作责任制，压实各级主体责任，加强重要时段和重点群体的舆情监控，有针对性地加强宣传引导，传递正能量。

加强企业文化建设。贯彻落实集团“十四五”企业文化建设规划，统筹谋划推进公司“以人为本”、“以船员为中心”企业文化建设，逐步完善具有时代特征、航运特色、集团特点有浓浓海味的海员文化。与中国航海博物馆合作，推荐 7 名优秀船长在中国航海博物馆云直播平台现场直播，讲述航海故事，传播航海精神，扩大海员社会影响力。

注重培育先进典型。发挥典型示范作用，讲好海员故事，弘扬航海精神。重点从首届“海上十杰”受表彰人选中向上级推荐各类先进典型，上海分公司轮机长刘宗昌获评“2021 年感动交通年度人物”，上海分公司船长倪迪荣获全国五一劳动奖章，广州分公司政委黄海明荣获广东省五一劳动奖章，深圳分公司船长娄国浩荣获深圳市五一劳动奖章，上海分公司岳东海船长、倪新军轮机长获上海市五一劳动奖章，4 名船员荣获“中国郑和航海风云榜杰出海员”称号。

（詹黎明）

中远海运（厦门）有限公司

中远海运（厦门）有限公司

【公司概况】

中远海运（厦门）有限公司（简称“厦门中远海运”，英文简称 COSCO SHIPPING（Xiamen）），前身是厦门远洋运输公司，是中远海运集团在福建地区唯一的一家全资二级子公司。原中远集团为履行中央企业的使命与责任，迎接海峡两岸“三通”，于 1993 年 10 月 28 日成立厦门远洋运输公司。厦门远洋公司成立后，在两岸海上交流实践中做了大量首创性工作，2007—2009 年间开通了对台客货运业务。“新五缘”轮经营厦门 / 金门客运航线；“中远之星”轮经营厦门 / 基隆、厦门 / 台中和浙江大麦屿 / 基隆三条对台客滚直航航线，为扩大两岸人员往来、促进两岸“三通”和闽台经贸合作人员往来、促进两岸融合发展作出积极贡献。

2017 年 10 月 27 日，根据国务院国资委、中远海运集团的相关要求，厦门远洋运输公司改制更名为中远海运（厦门）有限公司。

【生产经营】

2022 年，厦门中远海运面对经济下行、通胀压力、地缘政治和疫情冲击等多重考验，围绕集团对公司的发展定位，一手抓疫情防控与安全管理，一手抓生产经营，确保公司发展平稳有序，经营效益再创新高。

1. 经营业绩

2022 年，厦门中远海运营业总收入 145 827 万元，同比增长 33.43%；净利润 13 584 万元，比上年增加 13 249 万元；营业收入利润率 17.02%，同比增长 15.15%。

厦门中远海运资产状况良好，截至 2022 年 12 月 31 日，资产总额为 16.07 亿元，资产负债率为 28.60%。

2. 远洋货运业务

2022 年，厦门中远海运坚持“以客户为中心，为客户创造价值，与客户共同成长”的营销理念，不断优化客户服务质量，提升客户服务水平，经营效益实现历史性突破。

稳定长约客户。厦门中远海运重点做好铜陵有色、中集特顺达等客户年度 COA 合同的执行，不断深化客户产业链供应链合作，为重点客户定制全程物流解决方案，持续为客户提供增值服务，增强客户黏性。

抢抓重点项目客户。积极跟进国家在拉美地区的“一带一路”建设项目，签订了中钢玻利维亚穆通综合钢厂项目、青山阿根廷锂矿项目、Noatum 智利矿建项目、Ausenco 智利铜矿项目等一批重点项目货源，有力地支持了国家“外循环”政策，提升航线经营创效水平。

打造差异化航线。通过加强与港口合作，创新规划、精准营销，为客户提供差异化服务。开发“同港卸同港装”的准班轮航线，实现船舶快速周转。2022 年，船队出口航次期租水平最高达 5.5 万美元 / 天，平均期租水平达到 42 384 美元 / 天，同比增长 108%。

2022 年，厦门中远海运远洋货运量 747 万计费吨，周转量 242.1 亿吨海里；基础货源比例 57.5%，同比上升 43.4%；载重量利用率 84%，同比增加 6.2%；货运收入 14.6 亿元，同比增加 51%；贡献毛益 5.77 亿元，同比增加 52%。

3. 对台业务

2022 年，受到疫情的影响，对台客运业务仍未恢复；对台货运业务保持运营。在这种情况下，厦门中远海运充分利用“中远之星”轮高速快航、准班准点的优势，努力克服疫情等不利因素的影响，积极开展客户营销，努力拓宽货源渠道，实现了货运量大幅增长。

持续加大直接客户开发力度，尤其是在长约客户的开发上下功夫，并取得积极成效。2022年，与友达光电等大客户签订集装箱货运量近7 000TEU，占年度集装箱货运量超1/4。厦门线累计新增直客9家，贡献箱量4 780TEU；大麦屿线累计新增直客17家，贡献箱量872TEU。

客户服务水平持续提升。通过开展自船自代业务，规范口岸操作，明确各方权责，规避潜在风险，为客户、供应商提供端到端的供应链服务方案，解决客户出货难题，在江浙沪、闽粤等地区疫情期间发挥了关键作用，赢得了客户认可，为国家“稳外贸”提供助力。

开辟新航线。“中远之星”轮于2022年7月17日成功实现“台中—大麦屿”首航。新航线的开通吸引了更多两岸企业成为公司的合作伙伴，更有力地推动两岸经贸合作与交流互通。

2022年，“中远之星”轮全年运营140个往返航次，累计运载集装箱26 915 TEU、贸易车辆465台、散杂货3 465计费吨。货运收入1.57亿元，同比增长15.6%；利润总额超2 130万元，同比增长29.0%。

除此之外，公司积极关注两岸疫情形势，加强对“新五缘”轮停航期间的安全保障，关心关爱在船船员，保持船舶随时处于适航状态，为厦金客运航线复航做好准备。

【邮轮管理】

“鼓浪屿”号邮轮受疫情影响自2020年1月29日起停航。截至2022年底，“鼓浪屿”号邮轮一直处于停航状态，导致合资邮轮公司星旅远洋面临生存危机。厦门中远海运积极发挥集团及自身优势，主动协调，确保星旅远洋资金不断链，并协助和指导星旅远洋降成本、强管理，以及积极推动邮轮复航。一是邮轮全面实现自主管理。指导星旅远洋梳理、重建组织架构及岗位职责、搭建安全管理体系等，助力星旅远洋获得百慕大船旗国颁发的5年期长期DOC，获签5年期SMC、ISSC、MLC，成为国内首家获取中大型邮轮全证自运营管理资质的中资邮轮公司。二是邮轮实现绿色升级。“鼓浪屿”号邮轮利用停航期间圆满完成岸电安装改造建设、压载水新增安装、邮轮公共区域改造等13项重点工程，全面优化船风船貌，显著提升船舶运营的经济性、环保性和安全性。

【安全生产】

2022年，厦门中远海运船队安全生产总体平稳有序，对台航线安全面保持100%。全船队船舶接受PSC检查无批注通过率为79.2%。

【企业改革】

厦门中远海运坚持问题导向和目标意识，以“改革永远在路上”的韧劲和执着，持续巩固国企改革三年行动成果，推动全面深化改革向纵深发展，借助数字化、智能化平台工具，促进企业管理能力不断提升，助力公司转型发展。

1. 持续推进国企改革三年行动

2022年，公司按照集团的通知要求，进一步梳理、自查，及时查遗补漏，确保各项改革任务的完成质量符合相关要求。开展改革工作台账全面梳理，持续动态更新各项改革任务的进展并认真提炼改革标志性成果。

2. 全面提质增效稳增长

在集团的指导和支持下，公司将对标体系建设工作与战略规划的制定，以及改革三年行动等工作结合起来，并梳理汇总自对标管理提升行动开展以来的工作材料，根据公司实际选取对标领域撰写标杆推荐材料，一并上报集团；积极落实集团提质增效、稳经济大盘和强化成本管控相关要求，加强资金管理，调整债务结构；强化预算管理，实施预算执行动态监控，建立预算预警机制，有效管控各项费用成本。

3. 积极推进数字化赋能

公司成立数字化项目工作小组，以项目为抓手，加强企业数据资源的梳理分析和价值挖掘；与船员公司、中远海科、人才院签署四方协议，发挥各自优势，共同推进智能化船舶管理平台建设，以智能方式和数字化技术为船舶管理赋能，提升公司远程管理能力。积极推进供应链服务平台建设，重点围绕战略客户，挖掘应用场景，实现物流轨迹全过程和单证流转的可视化，为客户提供全程供应链数字化的客户服务，进一步强化客户黏性。

4. 强化风险管理

截至 2022 年底，公司共识别风险源 421 项；落实重大风险信息监测与报告，将风险识别和跟踪监测工作进一步覆盖到闽台轮渡；密切关注高风险国家和地区法律法规与政策变化，关注两岸政策对公司对台业务的影响，提前做好预案；关注重点领域和关键环节内控提升，召开专题会对内贸租船业务进行研究讨论，分析上年度该业务应收账款数额较大的原因，并从制度、行动和程序三个方面落实改进措施，完成《客户资信和应收账款管理办法》的修订，完善相关的体系文件，让业务开展有章可循、按规办事，进一步提升应收账款的管控水平。

【人力资源管理】

2022 年，公司党委以深入学习贯彻党的二十大精神为指引，按照国务院国资委和集团对于深化国企改革的目标要求，聚焦提质增效，继续深化人才发展体制机制改革。

1. 对接战略，重视人才队伍质量建设

根据公司“十四五”发展规划中公司的经营业务特点和改革发展目标，首先积极采用引、借、培等多种方式搭建核心人才梯队。在集团的大力支持下，充分发挥集团人力资源平台优势，在集团系统内单位积极选聘和引进了一批具有优秀经验的船舶管理人才和经营管理人才，充实和补充了公司现有的业务人才队伍，极大提升了市场开拓和船员管理水平。同时以经理层任期制和契约化管理改革为契机，强化目标导向，优化绩效管理，不断激励各级干部围绕公司关键 KPI 指标，提升部门绩效和岗位绩效；不断激励各级员工在工作中不断复盘，勇于创新，加强协作，共同为公司提质增效贡献力量。

2. 对接发展，重视能力素质培训

公司分层分类组织培训，多维度多层面提高队伍整体协同性，提高培训针对性有效性，做好组织赋能，提高组织绩效。首先从公司层面抓重点，突出数字化和领导力培训，积极推进干部人才的管理理念、创新思维、行业和系统内专业培训。建立部门内训机制，通过加强部门员工场景学习、定期复盘，抓好从思想认识、理论学习到实践运用三个环节，提升队伍能力，加强协调，提高部门绩效。再是从个人层面促学习，重点建立“厦门中远海运书苑”电子书库。公司从整体构建学习型组织，加快团队学习速度，提升组织活力，促进员工突破传统思维定式，开拓创新，实现员工和企业的共同发展。

3. 对接新业态，重视创新型队伍培养

公司领导深入一线调研，亲自带领相关职能和业务部门，对准公司发展关键难点，搭建公司数字化、物流供应链小组，打破部门界限，同时引入第三方技术团队，以柔性工作小组的方式，专攻业务技术领域，实现新的突破。在实现业务突破的同时，锻炼了队伍，激发了一批有创新思想的优秀年轻干部人才，为公司持续的高质量发展开拓新的增量。

【企 业 党 建】

公司党委立足集团“四个领航”总要求，牢牢把握全面加强党的领导和党的建设这一根本，锚定“改革、效益、创新”三大坐标不动摇，统筹疫情防控和生产经营，不断创新发展实践，增强内在价值创造，推动公司高质量发展取得新的成绩。

公司党委不断强化政治建设，坚持深化公司治理与加强党委领导的有机融合，确保党组织发挥作用组织化、制度化、具体化。一是以新思想统揽发展大局。紧扣迎接宣传贯彻党的二十大精神工作主线，组织广大党员干部认真贯彻习近平经济思想和新发展理念，通过“第一议题”和党委中心组学习，以及各类前沿性的学习培训，增强干部员工的信心、格局和视野，完成好集团下达的各项任务指标。二是贯彻好“两个一以贯之”。修订完善党委会议事规则和“三重一大”事项清单，进一步厘清党委会、董事会、经理层的责权边界，确保公司各治理主体高效运作。三是落实好基层党组织定位。为确保党组织“把、管、保”作用落地，以构建“精美企业”为纲要，明确了市场竞争力、品牌影响力、科技创新力和党建引领力的“四个标准”和工作方向，使支部党建工作有目标有抓手。四是夯实好党组织基础工作。在做好基本组织、基本队伍、基本制度等“三基”建设的基础上，进一步推动企业文化建设、干部队伍建设、党建制度体系现代化建设的“新三基建设”，为打造一流党建创造前提条件。五是传承好“支部建在船上”优良传统。实施《船舶党建工作指南》，加强船舶党建室人员配备，强化对船舶政委履职作用的考核评价，并推选年轻干部参加集团挂职政委培训，有力发挥船舶党建作用。

公司党委坚持各级责任一体贯通，巩固企业风清气正的政治生态和干事创业的良好氛围。一方面，严格落实党建工作责任制。加强党风廉政建设和反腐败工作的总体谋划，注重基层党支部压力传导和支部书记素质提升，盯紧集团、公司各项党建任务的落地进度和质量，通过做实党建考核打通全面从严治党的“最后一公里”。另一方面，加强廉洁从业体系建设。持续紧盯权力集中的“关键岗位”，健全全面廉洁风险识别和防控机制，开展对下属企业的巡察“回头看”工作，促进各项廉洁要求在基层落地生根。

【企业文化与社会责任】

公司开通微信公众号官方视频号，每个季度推出一个新的宣传专题，制作了一系列主题新颖的视频作品，开展“迎接二十大、建功新征程”等系列主题活动，以“喜迎二十大、筑梦向未来”为主题开展庆祝厦门经济特区建设40周年活动、第三届员工“抖音”短视频大赛、“巧编领航舵，巾帼绽芳华”女神节活动等，持续擦亮企业文化名片。

公司在第一时间向台湾地区重点客户、合作伙伴、安养中心及偏远地区学校学生等台湾同胞捐赠快筛试剂，并向铜陵有色等重要客户捐赠抗疫物资，积极组织党员干部到厦门社区开展“双报到”志愿服务活动，为疫情防控贡献央企力量。同时，开展对湖南安化的捐资助学，助力乡村振兴，展现央企社会形象。（姚兆羽）

中波轮船股份公司

中波轮船股份公司

【公 司 概 况】

中波轮船股份公司（简称“中波公司”，英文简称 CHIPOLBROK），成立于 1951 年 6 月 15 日，是新中国第一家中外合资企业。中波公司的成立，是为了冲破当时西方国家对我国实行的经济封锁和海上禁运，开辟我国至世界各国的海上通道。公司的创建、运营和发展，得到了历任党和国家领导人的亲切关怀和大力支持。

毛泽东主席指示“好好办”。政务院总理周恩来亲自确定公司名称，为公司制定“平等互利、协商一致”合作原则，并视察中波公司。政务院副总理兼财政经济委员会主任陈云亲自为中波公司签发营业执照。1991 年、2001 年，在中波公司成立 40 周年、50 周年之际，李鹏总理、朱镕基总理分别发来贺信，称赞中波公司是我国对外开放的示范窗口和经济合作的典范。

2016 年 6 月，国家主席习近平访问波兰前夕，在波兰《共和国报》发表题为《推动中波友谊航船全速前进》的署名文章，文章指出，“1951 年成立的中波轮船公司是新中国第一家中外合资企业，至今运营良好”①。

自成立以来，中波公司始终保持稳健发展，不仅为我国经济建设作出重要贡献，更成为两国合作的典范、友谊的象征。从 4 艘旧船起家，如今已发展成为全球重大件设备货专业化运输领军企业。

【经 营 情 况】

2022 年，面对复杂严峻的国际环境和国内经济发展形势，中波公司以习近平新时代中国特色社会主义思想为指引，牢记习近平总书记“至今运营良好”殷切嘱托，在交通运输部和中远海运集团的正确领导下，全体船岸员工同舟共济，团结协作，高效统筹疫情防控和安全生产，全面推进五年战略发展规划实施，持续巩固改革创新成果，管理质效不断提升，安全形势平稳良好，经营效益创历史新高。公司双方合并口径完成总营收 9.41 亿美元，净利润 2.03 亿美元。

经中波双方协商一致，第 35 次股东会对公司 5 年战略发展规划予以确认，明确了公司打造专业化、领先型的航运物流综合服务商的愿景目标。公司第 72 次管委会以书面形式顺利召开，决算委员会受双方股东指派，分别在波兰和上海圆满完成了 2018—2021 年决算审计工作，对公司取得的改革发展成绩予以肯定。双方成功组织召开年度经营管理会、新船云命名交接仪式、71 周年庆祝等活动，不断深化合作与共识，形成持续良性互动的和谐局面。

坚持统筹运力调配，持续深化一体化经营效果，将不同船型灵活投放到全球各航线，在提升品牌覆盖率的同时增强服务客户能力。坚持散杂兼营策略，立足项目和客户需求，加大风电、模块、钢材等优质项目底货揽取；发挥船型隔舱优势，重点开发工程车辆等货源；跟踪大宗市场贸易流向，开拓美洲市场粮食货，强化回程经营能力。坚持效率优先，将船舶调度职能与航线经营整合，在航次设计、港口速遣方面进一步细化措施，综合考虑往返程货源，提前安排部署，主船队平均航次时间同比缩短 9 天，弘发船队同比缩短 7 天，船舶使用效率大幅提升。

① 《习近平在波兰媒体发表署名文章 推动中波友谊航船全速前进》，《人民日报》2016年06月18日01版。

公司加大东南亚、印度、日韩第三国市场货物揽取力度，重点开发项目货及SOC货源，成功安排多个东南亚快航次，较好应对中美贸易量下滑的影响。紧跟产业转移趋势，开发东南亚—美国航线，成功实现月班轮服务。公司参股的华波公司与合作方正式成立印度尼西亚华波环球公司，进一步加大东南亚区域的新市场开拓，扩大公司航线服务辐射范围。

“一体两翼”物流平台基本成型。一方面长三角物流平台建设初见雏形。公司陆上产业中最大的投资项目——中波物流嘉兴全自动化立体货架仓库竣工开仓，为客户提供集仓储、配送、海运等于一体的全供应链物流一站式服务。另一方面中东欧物流平台建设正式启动运行。公司完成收购波方下属企业Polbrok公司，并在罗马尼亚成功设立合资物流网点，迅速开发了中铁匈塞铁路、台湾电厂等中东欧物流项目，在波罗的海、黑海地区提供良好的物流服务。

中波公司6条航线分别为：

1. 北美航线：远东—美湾—远东；
2. 欧洲航线：远东—欧洲—远东；
3. 红海/黑海航线：远东—红海/黑海—远东；
4. 东南亚航线：东南亚—美国；
5. 南美航线：远东—南美—远东；
6. 澳新航线：远东—澳新—远东。

【改革创新】

研究制定物流业务子规划。为进一步落实“航运+物流”的战略目标，增强公司全程物流服务能力和分散航运周期性风险的能力，制定形成《中波公司物流业务发展规划》，作为中波公司五年战略发展规划的补充，将积极做好与波方沟通协调，推动规划落地实施。

成立货运技术中心。对航运部调度室升级优化为货运技术中心，为包含航行安全、吊装配载在内的全过程运输提供专业化、领先型技术解决方案，为市场营销和项目货投标筑牢专业基础，为安全高效的运输提供技术保障。货运技术中心以创新思维钻研更广泛适货的新技术、新手段，与整车厂商、箱东直接洽谈利用超尺寸商品箱承运小型客车的解决方案，研究以最佳的成本经济性，满足车辆、超尺寸自有箱等热门、特种货物的出运需求。

有序推进信息化建设。根据公司数字化转型战略规划，建立了中方业财一体化工作机制，制定了《中波公司信息化改造及数字化转型设想方案》，明确了信息化建设的总体目标、实施路径和时间安排。根据方案整体进度，完成了建设总、分公司共同使用，覆盖航运、财务、船舶管理等主要职能的业财一体化综合管理平台需求的深度调研，并形成了初步的建设蓝图方案。推进航标平台在中方船队率先运行，“长江”“黄河”“太湖”“东海”四轮航标系统已在船岸两端同步上线。

【精益管理】

燃油成本控制方面，积极开拓供应商合作渠道，采取多渠道比价。严把燃油采购、供应、消耗各关口，密切关注船舶存油情况，切实实现降本增效。加强对船舶燃油消耗的监控，结合市场情况和航次燃油成本预算，分析地区差异及短期的价格波动，适时适港安排加油工作，努力降低燃油成本，比如部分美线船舶安排单挂韩国港口加油。

提升船舶运营效率方面，通过货源择优、尝试不同形式拼货和压减摆位成本等手段，坚持“短平快”经营策略，加强船舶航次时间动态管理。采取减少挂港、加开“专班”服务，减少码头拥堵对船舶经营的影响。加大疏港力度，必要时安排加班作业，缩短作业时间。在全球港口效率低下的大环境下，航次平均装卸港数从2021年的9个缩减至2022年的5.4个。

加强制度建设方面，经双方协商一致，对关键绩效管理指标进行了重新修订。为进一步加强供应商和协作方廉洁风险管理，推行反商业贿赂契约化工作，正式发布反商业贿赂示范协议/条款。对下属企业经营者绩效管理模式进行改革，研究制定下属企业经营者绩效管理办法，进一步增强企业活力。

【船队建设】

2022年，3艘6.2万载重吨多用途重吊船大幅赶超进度，陆续高质量交付，新造船项目圆满收官。该系列首制船“泰兴”轮，凭借领先的船型设计、极佳的适货性和节能环保的动力优势，入选英国皇家造船师学会2021年世界名船录。自有船队规模达到31艘，共计109万载重吨，稳居世界多用途重吊船领域前列，实现了船队规模与运力结构升级优化，为散杂兼营和全程物流模式奠定坚实的运力基础，市场竞争力显著提升，服务客户的能力明显增强，发展动力更加充沛。2022年，公司还租入了“大丹霞”轮。

开展主机、压载水处理设备和生活污水处理装置升级改造，推进公司船舶向绿色、低碳和环保方向转变。采取主机降速、设备改造和使用高性能油漆等措施，积极推进船舶能效指数EXII和船舶营运碳排放强度CII履约合规工作。

【人力资源】

考核激励机制不断强化。加大干部考核力度和结果运用，突出政治标准，强化实干实绩，推动形成能者上、优者奖、庸者下、劣者汰的正确导向。持续优化岗位聘任管理和干部员工考核评价机制，充分发挥绩效联动作用，加大薪酬激励向绩优员工倾斜力度，激发干部员工干事创业的动力。规范下属单位薪酬管理办法，实现绩效联动，奖勤罚懒，有效发挥正向激励作用。推动公司“十四五”人才发展规划实施，围绕公司新发展格局，调整升级部室职能，加大船岸关键岗位后备人才梯队、干部梯队建设。

船员队伍建设不断加强。加大船舶人才招录培育力度，积极推进校企合作，推动实施《中波公司“卓越班”人才培育激励方案》，增强船舶人才储备。加大协作中心优秀骨干船员的考核转编力度，着力解决关键岗位人员紧缺问题。加强教育培训，构建以提升船员安全素养和业务技能为重点的“岸上、船上、线上”三位一体船员人才培训体系，组织安排各类培训班168期，培训船员1 215人次，各轮开展在船培训2 315人次。持续加大岸基交流力度，推荐优秀船员公休交流23人次，安排拟提任船长、轮机长到岸基相关部门培训5人次。年内提任船长9人、轮机长7人、大副9人、大管轮8人。

【风险防控】

公司确立以“强内控、防风险、促合规”为目标，以内控体系建设与监督评价等相关机制为主要工作抓手，各类指引指南规范为支撑的风险防控工作体系。

公司紧密跟踪研究市场形势及变化，持续关注境内外相关重大风险事件，积极做好风险识别、评估及应对工作，在年度风险评估、重大风险季度跟踪监测、重点领域专项合规风控、法务咨询及合同审核、内控自评价、内控监督评价等一系列工作机制的基础上，全面系统和有序地做好企业的风险防控工作。公司全系统内2022年度均没有发生重大经营管理的风险事件，为公司又一年实现高质量发展和高水平安全提供了有力有效的保障支撑。

【安全生产】

2022年，中波公司安全工作形势总体平稳，船岸未发生任何上等级以上事故，在安全管理上强监管、抓落实、重实效，安全基础不断夯实，安全质量体系得到有效运行。防台防汛、防海盗成功率100%，内外部检查成绩总体较好，“安全诚信公司”证书获得了主管机关年度签注，连续三年被上海市应急管理局评为安全达标单位。

修订和完善公司安全监管文件。根据新版《中华人民共和国安全生产法》，对安全生产委员会条例、安全管理职责规定、安全生产责任追究规定、生产安全事故隐患排查治理管理规定等进行修订，进一步明确了党政领导“一岗双责”、“三管三必须”要求，强化了全员安全生产责任。通过签订安全生产承诺书，明确年度安全工作指标和考核重点，将生产安全与干部履职、员工绩效考核相挂钩。

强化过程管理，确保航行安全。形成预防指导、过程跟踪、效果反馈、持续优化的管理闭环，以坚决的态度，充足的投入，持之以恒做好安全工作。加强对船舶在关键水域、关键航道和关键操作上，在应对温带气旋、寒潮大风和热带气旋引发的极端恶劣天气方面，在防海盗、防偷渡事件等的监督指导。

认真开展“安全生产专项整治提升年”、“安全生产月”、“消防安全月”、“责任主体谈主体责任”和安全生产“六个一”活动。积极推进“三个习惯”和“两个做法”管理实践，组织开展“防碰撞”“防工伤”“防火防爆”等集中攻坚活动，有效防范重大安全风险。认真开展安全检查和隐患排查治理，通过公司领导带队检查、一线自查、部门检查和安监督查等举措，全面排查整治问题隐患，加强源头管控。

【企业党建】

2022年，在中远海运集团党组的领导下，中波公司党委把迎接和学习宣传贯彻党的二十大精神作为首要政治任务，坚持党的领导，加强党的建设，弘扬伟大建党精神，巩固拓展党史学习教育成果，深入推进党建融合发展，以高质量党建引领保障高质量发展，推动公司改革创新实现新突破、经营效益跃上新台阶、品牌形象得到新提升、党的建设取得新成效。

深刻领悟“两个确立”的决定性意义，增强“四个意识”、坚定“四个自信”、做到“两个维护”。坚持党委中心组学习制度，开展集体（扩大）学习27次，跟进学习习近平总书记系列重要讲话精神，系统学习《习近平谈治国理政》第四卷、《习近平在上海》，持续学习贯彻习近平总书记对本行业本企业十个方面重要指示批示精神，加强交流研讨，深化学习效果，切实用理论学习武装头脑、指导实践、推动工作。

全力推动改革发展行稳致远。认真抓好中共中央《关于中央企业在完善公司治理中加强党的领导的意见》和集团实施方案的落地落实，坚持党的领导和完善公司治理相统一，推动党的领导融入公司治理各环节，召开党委会36次，研究议题66项，其中前置研究总经理办公会等议题16项。增强政治意识，加强组织协调，自觉接受监督，积极配合做好集团对公司党委的巡视工作。认真开展中央巡视整改“回头看”专项自查，持续巩固整改工作成果，进一步加强整改成果运用。深入推进党建工作与生产经营融合发展，充分发挥党委把方向、管大局、保落实的领导作用，积极探索“中波”特色合资企业新路，在持续增进双方友谊、不断深化双方合作中确保公司双方五年战略发展规划落实落地，推动公司高质量发展。

全面提升基层党建工作质量。一是组织建设方面。召开公司第三次党代会，选举产生公司新一届党委会和纪委会。组织开展“党员身边无事故、疫情防控做先锋”主题活动，扎实推动党史学习教育常态化长效化工作，研究制定“我为群众办实事”实践活动重点项目清单，明确责任人、明晰时间表，确保取得实效。坚持以“特色党支部”创建活动为抓手，持续推动基层党建与生产经营有效融合，在总结创建经验、推广创建特色的基础上，持续深化创建活动，着力激发基层党建活力。二是队伍建设方面。坚持集中教育和经常性教育相结合、组织培训和个人自学相结合、理论学习和实践锻炼相结合、网上和网下相结合，组织14名党支部书记参加基层党组织书记培训班，44名入党积极分子、党员发展对象参加党的理论培训，80名休假船舶一线党员骨干参加基层党建理论培训考核。三是制度建设方面。贯彻落实集团党建工作要求，制定实施《中波公司（中方）党建工作责任制评价实施细则（试行）》，细化完善公司党建工作责任制考核评价指标体系，推动党建责任考核和经营业绩考核有效联动。疫情期间，采取线上、线下等多种方式，认真落实“三会一课”、民主生活会、组织生活会、民主评议党员等党的组织生活基本制度。

充分发挥群团作用。围绕公司改革发展主题，做好职代会提案征集和分解落实工作，倡导职工当好主人翁，奋斗新征程，为推进公司改革创新出谋划策。评选表彰并展示中波“十佳海嫂”风采，更好发挥家属站作用，支持开展各项工作。组织开展“温馨船舶”主题活动，持续深化“船舶美食”活动成效，积极打造具有中波特色的船舶“家园”文化。公司团委获评“2021 年度上海市基层团组织典型集体”荣誉称号，公司 3 名青年事迹入展中国航海博物馆建团百年大展，1 名船舶三副荣获央企团工委优秀共青团员表彰。

【党风廉政】

加强政治监督。围绕企业发展中心任务，把政治建设摆在首位，把各项监督职责落到实处，把纪律规矩挺在前面，把党风廉政建设和反腐败工作引向纵深，为公司重点任务落实提供坚强保障。组织召开公司党风廉政建设和反腐败工作会议，细化分解 6 方面 47 项具体任务，印发全面从严治党主体责任清单，压紧压实全面从严治党责任。紧跟疫情形势变化，紧盯重要时点、重点单位，督促各项防疫工作不脱节、不断档，保障生产经营平稳有序；紧盯船员换班、疫苗接种、船舶防疫等重点环节，督促筑牢船舶疫情防线；紧盯因疫情影响导致供应链不畅，督促各单位统筹自身资源优势，全力服务保障供应链畅通。

聚焦重点业务领域和环节加强监督，印发《订舱业务“六严禁”》《船舶和船员管理作风建设“六不准”》《船员遵纪守法和廉洁从业“六不得”》，进一步强化市场营销廉洁风险防控、陆岸人员作风建设，以及船员队伍素质提升。聚焦船舶廉洁风险加强监督，组织编写《中波公司船舶党支部纪检监督工作操作指导手册》，督导船舶党支部定期对 10 类廉洁风险事项检查报告。聚焦物资采购加强监督，对 13 家下属单位采购及供应商管理情况进行监督检查。利用集团审计巡视管理和联网审计平台两套软件系统，对相关工作资料、审计问题，以及审计整改情况等数据进行同步维护。完成审计项目 4 项，发现审计问题 31 个。完成巡察项目 3 项，发现巡察问题 34 个。强化整改落实，组织开展巡察整改问题自查自纠，督促被巡察党组织进一步压实主体责任，实行整改闭环管理。

坚持节前提醒和常态化检查相结合，牢固树立党员干部的底线思维和红线意识，让廉洁过节成为习惯。印发《关于进一步深入贯彻落实中央八项规定精神严格执行“七个严禁”的通知》，持续巩固和拓展落实中央八项规定精神成果。利用远程监督手段，常态化对下属单位招待、礼品、差旅、车辆等费用开展联网抽查。系统性开展以案促改工作，深入开展案件剖析和警示教育，督促开展船员奖金奖励发放、保险箱现金管理、党费管理等专项治理工作。制定《中波公司关于加强新时代廉洁文化建设的实施方案》，系统构建公司廉洁文化。

【社会责任】

全力以赴保通保畅。公司充分发挥党的领导政治优势，始终胸怀“国之大者”，始终坚持服务不停、质量不降，积极履行企业保通保畅的社会责任，倾力服务“六稳”“六保”，全力保障国际供应链畅通。2022 年 5 月 13 日和 14 日《人民日报》要闻版，6 月 20 日《瞭望》新闻周刊“治国理政纪事”专栏，特别关注报道“皮莱茨基”轮装载中国出口摩洛哥疫苗工厂的整套设备从上海罗泾码头首航启程，彰显中波公司为助力全球抗疫和“一带一路”建设贡献力量。5 月 11 日和 7 月 3 日《解放日报》头版重点宣传报道中波公司助力上海复工复产，彰显中波公司在助推长三角一体化建设中的积极作为。依托“红海 + 黑海”航线，开辟“苏丹快线”服务，开行 4 个航次，承运货量超过 6 万计费吨，搭起又一座中非合作的海上桥梁。承运中亚最大燃气电站乌兹别克斯坦锡尔河燃气电站项目，助力高质量共建“一带一路”。公司积极为客户纾困解难，持续投入运力开行集装箱专班，利用船型优势为客户提供差异化服务，全方位满足客户需求，承运集装箱超过 1.6 万 TEU。

勇担企业社会责任。上海疫情封控期间，公

司现场办公人员实行封闭管理、全天候驻守，居家办公人员离岗不卸责任、封控不断工作，广大船员持续坚守一线、勇挑重担，全体船岸员工同舟共济、共克时艰，凝聚起众志成城的强大正能量，保证了公司生产经营不断不乱，各项工作有序开展。广大党员干部发挥先锋模范作用，亮明身份、主动担当，带头做好疫情防控各项工作，积极参与社区疫情防控志愿服务，在抗疫一线践行社会责任，展现中波风采，赢得广泛赞誉。公司先后有109名船岸员工在疫情防控志愿服务中当先锋、作表率，其中党员85人。近40名团员青年踊跃加入集团抗疫青年突击队，有序开展志愿服务活动。公司在沪党员干部积极响应倡议，带头捐款支持抗疫工作。

2022年中波公司基本情况见表14–16。

2022年中波公司基本情况 表14–16

类别	项目	单位	数据
船队	船舶艘数	艘	31
	载重吨	万吨	109
生产情况	运量	万吨	319.15
财务情况	净利润	亿美元	2.03
人力资源	员工总数	人	880

（陈晓波）

中国船舶燃料有限责任公司

中国船舶燃料有限责任公司

中国船舶燃料有限责任公司（简称“中国船燃”，英文简称 CHIMBUSCO），其前身是中国船舶燃料供应总公司，1972 年 4 月经国务院批准成立，先后隶属于交通部、中远集团，是国内最大的水上供油供水专业性公司。2003 年 12 月 26 日，公司改制为有限责任公司，股东为中国远洋运输有限公司和中国石油国际事业有限公司。

中国船燃现有国内外成员企业 30 余家，在国内主要港口拥有实力雄厚的下属公司，在新加坡、韩国、日本、荷兰、美国等地区和国家设立了海外专业公司或网点。截至 2022 年底，公司拥有各类船舶共 55 艘 /7.98 万载重吨，油库 17 座，总库容 180 万立方米，以及设施完备的油码头和火车装卸线，为世界各地的船东、租船人、投资者和设备厂商提供全方位服务。公司的主营业务是为航行国际航线和从事国内沿海运输的船舶供应燃油、润滑油、LNG 和淡水；同时从事成品油的进口贸易和各类油品的运输及仓储；开展各类油品的代储、代供、代销、代运；进行润滑油的来料加工。

【生 产 经 营】

2022 年，中国船燃积极践行两大股东工作部署，主动承担中国石油国产低硫船燃销售主渠道和中远海运船队燃油保障的使命，坚持以市场为导向，以客户为中心，聚焦高质量发展，不断提升综合竞争力，向“国际一流船舶燃料服务商”迈出坚实一步。

2022 年，中国船燃全球销售总量 2 203 万吨，同比增长 9%，再创经营规模的历史新高。其中：境内销量 1 131 万吨，同比下降 10%；境外销量 1 072 万吨，同比增长 40%。公司全年实现销售收入 806.86 亿元，完成全年预算 540 亿元的 149%；利润总额 1.98 亿元，纯利润 1.26 亿元。

2022 年底，公司总资产为 123.53 亿元，净资产为 23.80 亿元。

1. 保税油业务实现规模和效益的稳定

2022 年，公司以“稳健经营、精耕细作”为总体要求，全年实现保税油销售量 722 万吨，同比减少 14%，规模虽有下降但稳住了效益，一改 2021 年亏损的局面，为公司超额完成效益目标奠定了基础。

（1）经营策略有效调整。公司对保税油业务经营策略进行了深入研究和科学调整，确定了“量效平衡”主策略，将中石油国产低硫船燃作为资源重心，停止了进口低硫资源。积极优化定价机制，有效缓解成本压力，公司作为中石油资源销售主渠道的作用更加稳固。

（2）物流和调和持续优化。大连、天津和河北等公司配合总部有效衔接股东炼厂，保障了物流畅通。中燃航运和上海中船燃等公司与总部协同开展调和操作，调和效益大幅提升。中燃远邦公司积极拓展高硫油调和，为境内提供资源的同时努力提升自身创效水平，为全系统超额完成效益目标作出关键贡献。

（3）“差异化”营销不断深化。总部根据各区域成本情况调整销售策略、把握机遇提升销价水平，低硫油销售贴水同比增长 279%。在环渤海区域通过“差异化”营销吸引客户需求，尽量做到“本地资源本地消化”。青岛和日照公司配合总部经营策略，维护了泛黄海区域的市场份额。在华东、华南区域，宁波和福建公司克服困难坚守区域市场阵地，舟山和珠海等公司积极开拓属地客户取得实效，江苏等公司积极开拓小品种市场成效显著。总部与湛江、广西公司在西南区域协同提升营销和服务能力，供应量逆势增长 14%。

（4）境内外联动明显加强。境内外营销团队加强交流机制建设，联动服务水平明显提升。创新客户拜访方式，及时对接客户需求，中燃新加坡、欧洲、韩国和美洲等海外公司积极与总部协同，有效稳定了对重点客户的销售规模，提升了销售质量。

2. 内贸油业务实现购销两端质量提升

“内贸强企”理念不断强化，在资源和销售两端共同发力提升经营质量。全年完成内贸油销量 391 万吨，同比持平，业务创效水平保持稳定。

（1）与股东合作更加紧密。强化与股东各单位各炼厂的协同，采购中石油 DMA 资源增量创效。与中石油广东销售分公司达成战略合作，通过采购协同和油库资源合作增收明显。

（2）紧盯客户强化服务。总部与曹妃甸等多家公司发挥内部协同优势、开展业务联动，及时共享中交系统、长江航道局和中谷海运等大客户运力增加和航线调整等信息，制定差异化服务方案，销售规模和客户满意度明显提升。

（3）细分市场营销有效推进。在西江市场，广州公司金沙加油站持续增量。在长江市场，开发新客户 50 家，增量超过 1.2 万吨，南京公司水上加油站“中燃易购”网上商城非油业务同比增长 153%。在京杭运河市场，连云港公司开发物流及海河联运客户并形成稳定客户群。克服疫情和高油价等困难，全系统实现陆上终端销售量 56 万吨，同比增长 21%。进一步加强投标业务内部协同和外部竞合，投标业务利润率整体提升，回款周期缩短。

3. 润滑油业务实现量效双创历史新高

公司持续增强润滑油业务软硬件竞争力，经营质量稳步提升。全年完成供应总量 17.7 万吨，同比增长 4%；业务利润大幅增长，量效再创历史新高。

（1）服务能力有效提升。积极对各保税仓库进行改造升级，客户满意度不断提升。上海公司何家湾仓库立体化改造大幅减少外租库成本。启用青岛胶州上合仓库，导入 6S 管理体系优化业务流程，保税代供量显著增长。

（2）弘扬“客户至上”的服务理念。在疫情封控、缺货严重的形势下，各公司多次转仓调货、协同供应解决了客户的燃眉之急。各公司彰显国企担当，一线干部员工发扬奉献精神，保证了服务质量，南通等多家公司获得了品牌商的表彰和感谢。

（3）自营销售创出新高。不断拓展资源，增加 3 处配套油采购渠道；积极参与竞争，成功开发申龙海运等新客户，配合船东航线转换的需求，提供内外贸滑油销售一体化服务，全系统自营销量突破万吨。积极开发中谷海运、浦源船务等客户需求，保税销售取得突破。烟台等公司积极开发山东区域港口机械和港航船舶用油业务，收效显著。

4. 贯彻三保要求，为集团船队保供“显担当”

2022 年，公司坚持将保供中远海运集团船队作为重大责任，全年为集团船队加油 386 万吨，其中境内 199 万吨，海外 187 万吨，有效助力集团完成“保通保畅”任务。

（1）保税油业务在环渤海区域为集团船东提供质价双优的供应服务，在华东区域提前预留资源优先保障集团船东的供应。通过提前锁价与合约销售等多种组合方式为集团船东降低成本。提前安排供油驳船，做好计质量管理，现场服务获得好评。公司全年为集团船东供应保税燃油 161 万吨，节约成本 465 万美元。

（2）内贸油业务发挥集团集采优势和公司内部协同优势，开展差异化服务。为集运开展网络化服务，为散运供应打包订单和锁油订单，与能源加强沟通拓展需求，为重工个性化需求做好保供，在长江和西江地区为泛亚外租船供油并积极推广 DMA 资源。公司全年为集团船东供应内贸燃油 38 万吨，节约成本 836 万元。

【安全环保】

2022 年，中国船燃全系统未发生一般及以上生产安全事故，未发生船舶碰撞及其他类小事故，船舶和油库防抗台风成功率为 100%；安全环保指标全面控制在集团下达指标之内，实现了“零事故、零污染、零伤亡”的追求目标。

1. 外部检查情况

2022 年，各公司接受当地主管机关陆岸安全环保检查 195 单位次，船舶 FSC 检查 48 艘次；接受集团陆岸安全环保检查 4 单位次，船舶安全检查 2 艘次。外部安全、环保检查没有出现重大隐患和停产事件，没有发生船舶 FSC 检查滞留和集团跟踪检查事件，缺陷发生率维持相对低位。

2. 总部检查情况

2022 年，总部开展安全检查 70 余次，共计检查船舶 54 艘次，检查油库等陆上单位 86 次；总部实施视频抽查及值班电话查岗 385 单位次，组织召开安全巡查会议 8 场次。

3. 安全及科研经费投入指标

2022 年，全系统安全投入 6 600 万元，完成部分油罐大修、检测及部分船舶厂修等工作。同时大力开展科技创新工作，全系统实施科技项目 11 项，各公司加大科技兴安、技术创新投入，全系统归口科研经费投入 1 870 万元，完成了集团下达的考核目标。

4. 坚持统筹兼顾，筑牢疫情防控和安全生产“双防线”

2022 年，公司统筹发展和安全，以“培养安全习惯活动”为抓手，克服疫情不利影响，保持了安全生产工作的稳定状态。

（1）安全文化氛围不断提升

以“落实新安法，压实安全责任，养成安全习惯”为主题开展了“培养安全习惯”活动。各公司大力组织“安全大讲堂”“安全竞赛”等活动，领导带头宣讲新《中华人民共和国安全生产法》，带头开展安全检查，安全行为习惯微视频、安全行为清单等成果丰富，营造了良好的安全文化氛围。

（2）安全生产治理机制不断完善

扎实推进安全生产专项整治三年行动“巩固提升年”活动，持续完善风险分级管控和隐患排查治理机制。开展安全大检查，实施精准防控，安全责任、投入保障、安全培训、安全管理和应急反应五大体系日臻成熟。

（3）计质量管理不断强化

多种方式开展计质量管理检查和化验指标比对，加强问题整改，开展经验交流。跟踪分析航运界燃油质量问题，对新加坡有机氯化物超标、钙指标争议等问题进行研究，提出了有效的风险管控措施。建立业务安技会商机制，及时研讨风险点及应对措施，全系统年内计质量争议大幅降低。

（4）疫情防控扎实有效

履行主体责任，总部通过多次专题会及时研讨和指导各阶段防疫工作。增强防控精度，将防疫重点细化为船舶油库、办公场所和境外单位三个层次，分别制定防疫政策和措施。细抓应急处置，各公司建立应急值守和“零报告”制度，跟踪疫情动态，先后稳妥处置多个地区的突发疫情。落实疫情防控新十条，及时优化防控政策，较好统筹了疫情防控、生产经营和安全管理工作。

【风 险 管 控】

2022 年，公司围绕预防为主，实现风险管控水平“上台阶”。

1. 深入开展合规管理

公司按照集团部署开展了“合规强化年”活动与业务合规管理综合行动，围绕燃油购销、贸易等业务，以及供应商、租入船管理等重点领域开展了经营合规的自查、督查和整改提升工作，系统各单位高度重视，立行立改、建账销号，整改完成率达 97%。

2. 持续完善风险防范机制

开展年度风险评估，将重要风险防控及合规管理责任分解细化，按季度开展重大风险监测，推进了重大风险早发现、早预警、早处置的长效机制建设。

3. 切实保障资金链安全

积极争取两大股东支持，美元业务融资额度获得调增；有效恢复外部市场对公司经营创效的信心，获得了北京银行等机构的新增授信。平衡汇率风险，主动缩小美元负债敞口，减少了汇兑损失。境外资金归集率进一步提高，有效提高了境外各公司资金使用效率和利息收入。

4. 谨慎防范库存跌价风险

为应对油价的急涨慢跌和大幅波动，公司市场风险管理委员会全年召开4次会议，及时调整风险管理策略，美元业务团队谨慎操作，有效化解了库存跌价风险。

【企业改革】

1. 深化改革创新，按下公司高质量发展“加速键”

（1）圆满完成国企改革三年行动任务

2022年是国企改革三年行动的收官之年，公司贯彻落实国务院国资委和集团的工作要求，持续推动重点改革措施走深走实，完成全部66项改革任务，完成率100%，实现了各项改革工作目标，有效提升了公司发展质量。

（2）全力推动美元业务体制改革

公司将美元业务体制改革作为2022年改革工作的重点。全力推进中国船燃香港公司股权收购项目，多方共同努力顺利完成股权交割，使香港公司成为中国船燃全资子公司，为改革创造了重要条件。梳理确定保税油销售的协同管控流程和商业模式优化方案，明确了各部门职责和管控关键节点，细化了合规风险和物权风险的管控措施。谋划关务集中管控的路径，为改革后提高关务管理能力提供解决方案。

（3）深入开展绿色低碳新能源研究

坚持科技领航，编制了“十四五”科技发展专项规划，以“智慧中燃、绿色中燃、创新中燃”为方向细致谋划了17项重点科研任务。跟踪行业前沿动态，开展了“船用替代燃料研究”科研项目并获得验收，为集团和公司绿色发展提供了知识储备。积极对接集团船用绿色甲醇供应链建设，开展绿色甲醇燃料采购和加注能力建设研究，为推进替代燃料加注能力建设奠定基础。

2. 致力精益求精，确保公司管理水平“步步高”

（1）提质增效工作扎实开展

细化制定了提质增效重点任务清单，建立了分工推进、跟踪督导、宣传交流与监督检查等工作机制，有效推进各项工作举措形成闭环管理。梳理亏损企业情况，建立治理台账，制定具体措施并将治理成效纳入考核。

（2）干部人才队伍建设稳步向前

创建优秀年轻干部后备库，对126名年轻干部实行动态管理。建立各层级干部人才素质模型，结合“精准画像”做好干部人才梯队建设。强化能力素质培养，建立起各层级全覆盖、贯通员工职业发展全周期的“4+4”培训体系。深化三项制度改革，更好发挥考核导向和薪酬激励作用，明确了新的工资总额决定机制。

（3）信息化建设取得重要进展

编制“十四五”数字化转型规划，明确了公司数字化转型路线、目标和工作措施。以规划为指引，在总结前期经验基础上重启CDP项目建设，总部各部门和各公司共同奋战，于2022年9月和11月分别成功上线了保税油业务香港账套和总部账套，为美元业务体制改革打下了坚实基础，更是公司数字化转型迈出的关键一步。

（4）审计监督工作有效赋能

在常规审计和各公司自主审计基础上，高质量完成了PPP业务、境外违规投资、中小微企业租金减免等专项审计工作。推进经营与风控一体化建设，深入排查风险隐患。对审计成果和发现问题进行汇总分析，推进总部职能部门对系统管理“双整改”机制建设，为公司稳健经营和健康发展赋能。

【人力资源】

紧盯“选人用人”抓队伍、强活力，着力锻造干事创业的中坚力量。

1. 提升活力，推进干部人事制度改革

全系统28家企业，53名经理层成员签订了“两期”业绩责任书。开展职业经理人试点工作，制定配套制度，选择青岛中燃实业公司作为试点单位。制定印发了中国船燃“十四五”人才发展规划，持续深化三项制度改革，制定了教育培训体系建设实施方案、工资总额管理规定等制度。

大连、河北、珠海、连云港、日照等公司强化队伍建设，提升干部素质，转变工作作风，加快锻造优秀团队。

2. 激发动力，强化人才队伍建设

贯彻落实新时代党的组织路线，全年累计调整党委管理干部 19 人次，开展“启航”优秀年轻干部初筛工作，推荐年轻干部参加集团“启航”库测试。建立优秀年轻干部后备库，对人选的 126 人分类实行动态管理。举办年轻后备干部培训班，开展了内训师培训。

3. 形成合力，强化组织工作效能

督促指导系统二级单位召开党史学习教育专题民主生活会，公司党委成员按分工到 18 家二级单位进行督导。开展“四好”领导班子争创评选活动，对青岛、河北、珠海、南京 4 家公司领导班子进行了表彰。研究制定了《中国船燃党委激励领导干部担当作为实施办法》及《中国船燃党委管理干部综合考核评价办法》，为加强干部建设提供制度保障。推行全员绩效考核，全系统员工绩效考核覆盖率 100%。

截至 2022 年底，公司员工总数为 2 464 人。

【企业党建】

1. 围绕“政治统领”抓学习、强党性

（1）认真学习党的二十大精神

中国船燃学习党的二十大精神，制定印发了《关于认真学习宣传贯彻党的二十大精神的工作方案》。认真组织学习了《习近平谈治国理政》第四卷。2022 年，共开展中心组学习 15 次，其中集中学习研讨 3 次。

（2）聚焦集团重点工作落实

2022 年，公司主动服务和融入集团产业布局，围绕生产经营中心，切实采取有效措施，圆满完成年度奋斗目标。修订了《中国船燃党委议事规则（2022 修订版）》，持续完善“三重一大”议事决策制度。2022 年共召开党委（扩大）会议 22 次，研究议题 126 项，前置研究经营管理重大事项 51 项。推进所有二级单位完成了制定或修订“三重一大决策事项及权责清单”工作，实现了全覆盖。坚决落实好集团“三保”工作，为集团降本增效作贡献。

（3）聚焦疫情防控

公司严格按照集团党组疫情防控要求，落实单位主体责任、部门管理责任和员工个人责任。特别是党的二十大召开前后，公司严格进出京审批，严控外部人员来访。在全系统健全人员信息台账，完善应急处置机制，开展船岸联合演习。持续强化船舶船员疫情防控，继续严格执行无接触供油模式。采取各种有效措施，把疫情对生产经营的影响降到最低，保证广大干部职工的健康。

2. 立足“固本培元”抓基层、强基础

（1）重点抓支部建设，推动发挥战斗堡垒作用

树立“党的一切工作到支部”的鲜明导向，大力弘扬“支部建在船上”优良传统。落实党组织换届选举提醒机制，做到应建必建，应换必换。在全系统开展规范党务工作自查，注重建强支部书记队伍，组织基层党组织书记 83 人参加基层党组织书记轮训班和十九届六中全会培训班。不断完善党建信息化系统，督促指导系统各支部加强对党建信息化系统的应用。青岛、广州、南京、湛江、广西等公司注重党建品牌建设，抓创新、创一流，打造具有鲜明特色基层党组织品牌。南通、福建、中船燃、宁波等公司广泛开展各类主题活动，创新学习方式，进一步提升党员素质。

（2）重点抓党建融合，推动企业发展高质量

坚持推动党建工作和生产经营深度融合，坚持围绕中心抓党建、抓好党建促业务。按照集团党组《关于境内直属单位在完善公司治理中加强党的领导的实施意见》等文件精神，正确处理党委和其他治理主体的关系。积极发挥基层党组织作用，在党建工作中突出业务特点，创建特色党支部品牌。布置落实集团党史学习教育常态化长效化的意见要求，全系统“我为群众办实事”重点项目共计 90 项，密切跟踪落实情况。航运、烟台、江苏、上海中燃、舟山等公司扎实推进党建与业务深度融合，打造专业性更高、创效更强的战斗堡垒。

（3）重点抓责任落实，推动夯实基层党建根基

不断强化考核激励和考核结果运用，按照“分层负责、一抓到底”原则，与17家直属单位签订下达党建目标责任书。制定印发党建责任制考核评价办法，按照党建工作责任制考核评价指标体系开展年度考核，考核结果与领导人员年薪挂钩。认真落实党组织书记向上级党组织和所在基层党支部党员大会述职制度。开展系统党组织书记抓基层党建工作述职评议考核，9家单位进行了现场述职。

【企业文化】

以“五十载初心如磐，新征程奋楫扬帆”为主题开展系列纪念活动，成功组织庆祝公司成立50周年大会，在中国远洋海运报刊发专稿，展示公司50年辉煌形象。制定印发了《中国船燃“十四五”企业文化建设规划》，完成了公司新版宣传片的制作，组织开展了“船播力量，燃动未来”短视频大赛。开展系统年度先进典型评选，对生产一线、疫情防控涌现的先进典型进行了表彰。

制定了中国船燃新闻宣传管理办法及配套规定，规范新闻宣传工作。组织召开意识形态专题工作会，开展通讯员培训。注重新媒体宣传能力的提升。2022年，公司网站新闻版块更新发表43篇，推送微信公众号72期187篇。在《中国远洋海运报》共刊发稿件52篇，航务杂志刊发12篇。集团报微信公众号29篇，集团官微30篇，党建要情14篇，学习强国4篇。在集团宣传平台的发声力度进一步增强，数量和质量进一步提升。

【群团工作】

用心用情服务职工群众。召开公司四届四次职代会，审议并表决通过了《中国船燃集体合同（2022年版）》和《关于中国船燃开展职工疗休养工作的实施意见》。围绕公司成立50周年，开展了“我与中燃共成长”主题演讲比赛、“我爱中国船燃”图片展和“同呼吸共命运”主题文艺作品创作和征集等活动。参加集团“航运强国有我”诗词歌赋创作大赛、“领航新时代”原创音乐创作大赛。开展送温暖活动，慰问全系统困难职工和离退休困难老职工22人，发放慰问金4.7万元。

尽职尽责狠抓综治维稳。做好重要时期综治维稳工作，印发《关于做好春节、北京2022年冬奥会和冬残奥会、全国两会期间服务保障和信访安全保障工作的通知》，指导系统各单位做好负面舆情排查、矛盾纾解工作。严格执行综治维稳信访日报制度，做到“有事报情况，无事报平安”。毫不松懈抓好安全环保，听取安全工作汇报，严格落实公司主要责任人作为企业安全生产第一责任人职责，有力维护了企业安全、和谐、稳定的局面。

锐意进取引领团员青年。开展“喜迎二十大、永远跟党走、奋进新征程”主题教育实践和庆祝建团100周年系列活动，实施青年马克思主义者培养工程。印发《中国船燃系统青年精神素养提升工程实施方案》，党委书记为全系统讲授青年精神素养提升工程“第一课”。大力推进“青春建功‘十四五’行动”，在各类急难险重任务中彰显青年担当。持续开展“我为青年办实事”实践活动。

2022年中国船燃基本情况见表14-17。

2022年中国船燃基本情况

表14–17

类别	项目	单位	数据
船队	船舶艘数	艘	55
	载重吨	万吨	7.98
生产情况	销量	万吨	2 203①
财务情况	总资产	亿元	123.53
	净资产	亿元	23.80
	总收入	亿	800.86
	利润总额	亿	1.98
	纯利润	亿	1.26
人力资源	员工总数	人	2 464

（赵硕　郭静）

① 其中：境内销量1 131万吨，同比下降10%；境外销量1 072万吨，同比增长40%。公司全球销量总量同比增长9%。

中石化中海船舶燃料供应有限公司

中石化中海船舶燃料供应有限公司

【公司概况】

中石化中海船舶燃料供应有限公司（简称“中石化中海燃供”，英文简称 SINOBUNKER），是由中国石油化工股份有限公司（简称“中国石化”）与中国海运（集团）总公司（简称“中海集团”）于 2003 年 12 月共同出资组建的合资公司。中石化中海燃供注册资本为 87 666 万元，注册地位于广州市黄埔区港前路 195 号 4 楼。公司总部设在广州，在广州、佛山、深圳、湛江、海口、厦门、南京、上海、宁波、舟山、天津、秦皇岛、大连、香港等地设分（子）公司。公司主营燃料油、成品油、保税油、润滑油等石油化工产品，同时在沿海港口为船舶提供各种燃油、物料、备件，以及船舶消防、救生检修、舱容检定等配套服务。公司在全国主要港口城市拥有多处油库、码头、仓库、铁路装卸站等设施，船舶燃料供应业务覆盖国内沿海、长江中下游、珠江三角洲等主要港口水域。截至 2022 年底，公司总资产 23.13 亿元。

【发展战略】

2022 年是公司实施“十四五”规划的关键之年，也是高质量发展的关键之年。公司按照股东双方和董事会要求，认真领会“四个领航”的深刻要义，统筹疫情防控和生产经营，以增强企业的“价值创造能力，市场竞争能力，管控治理能力和可持续发展能力”为目标，在发展方向上，坚定有力推动“十四五”规划落地，推进油物互促，强化责任担当，更好体现燃供企业价值；在经营创效上，坚持把稳增长、防风险放在突出位置，保持高质量发展态势，坚决完成各项任务目标；在深化改革上，坚持创新发展，深化落实改革三年行动任务，持续检视改革成效，全面激活企业发展新引擎。

【经营效益】

2022 年，中石化中海燃供坚持稳中求进工作总基调，准确把握“双循环”新发展机遇，科学统筹疫情防控和生产经营，集中精力办好燃供自己的事。在全体员工的共同努力下，公司全年实现考核利润 4 952 万元，完成董事会下达的奋斗指标，同比增长 187%；营业收入 172 亿元，同比增长 45%；油品总销量 271 万吨，其中内贸油销量同比增长 7%；物资毛利 9 588 万元，同比增长 10%；营业收入利润率和净资产收益率均实现同比增长。下属 10 家单位完成必保目标，其中 5 家单位完成奋斗目标，经营水平稳步提升。

公司全年实现油品总销量 271 万吨，同比减少 22.79%（董事会未下达年度销量指标）。全年对集团内供应油品 104 万吨，同比增长 41%；其中供应保税油 60 万吨，同比增长 75%。物资销售收入 6.2 亿元，同比增长 5%；其中集团内物资销售收入为 4.8 亿元，同比增长 17%。

2022 年末，公司资产负债率为 75.93%，较年初的 76.17 % 减少 0.24 个百分点；所有者权益为 55 673 万元，较年初增加 5 160 万元。

【风险管控】

公司各级坚决贯彻疫情防控要求，严格“管好人、看好门、做好事”，妥善应对上海、海南、广州等突发疫情，扎实筑牢疫情防控安全屏障，守住了不发生聚集性疫情的底线。锚定“安全生产提升年”行动目标，重点抓好隐患排查治理和风险管理“双预防”机制建设，落实落细防台防汛、防高温等季节性安防工作，抓实“防碰撞”“防污染”“防工伤”三个攻坚工程。线上线下结合，加强油库、仓库、船舶安全检查，累计排查事故隐患767项，有效落实隐患治理。组织各项实战化应急演练276次，应急处突能力稳步提升。严格实施重大节假日和重要敏感时段领导带班值班和应急值守，公司安全生产持续稳定。

公司开展“深化合规管理综合行动”，推动合规风险排查，以问题为导向，促进合规管理与业务经营深度融合。强化风险靠前防范，开展重大风险评估及跟踪监测，动态测评调整客户授信，发布风险预警。2022年，面对油价宽幅震荡和资源持续紧张局面，公司采取稳健经营策略，紧贴市场加强库存管控，经营风险有效控制。夯实法务管理基础，深化总部和所属单位“两级”法律资源共享，细化重要环节法律风险提示和关键节点法律督导。全年无新发重大案件，历史遗留案件执行取得重大突破，成功收回财产权益5 916万元。

公司党委深入贯彻党的十九大及十九届历次全会精神、党的二十大精神，推进落实全面从严治党各项要求，坚持“一岗双责”，压实“两个责任”，做好党风廉政和风险防控等工作。公司纪委从严抓好监督，完善监督网络，开展巡审联动，促进巡察“政治体检”和审计“经济体检”深度融合，凝聚监督合力，实现“1 + 1 > 2”的叠加效应。公司开展合同履约、工程项目等专项审计，充分发挥审计“治已病、防未病”功能，构建全面审计监督屏障。深化联网审计，通过加强协同沟通、高效协查，进一步发挥联网审计时效性强、覆盖面广的优势，实现系统数据分析预警，推进审计监督上下联动、纵深发展。

【服务客户】

公司深耕船燃主业，践行服务航运初心使命，充分发挥合资企业优势，巩固拓展资源渠道，融入集团发展战略，服务航运保障能力持续提升。公司克服油价快速变化、市场资源紧张、监管政策调整等实际困难，加强资源统筹能力，全年为集团船队供应燃油88.6万吨（同比增长10%），供应船用物资金额超5亿元。其中保税油争取到中石化配置低硫船燃28.3万吨（同比增长32%），强化外采渠道，开展自主调兑，落实外部优质保税资源71万吨。全面落实集团供应“三保”要求，克服台风恶劣天气、疫情管控等不利影响，加强全天候保供能力，积极协调各方资源及时为集团船岸单位提供燃油、物资和防疫保障服务，助力集团有效履行保通保畅责任。公司贯彻“诚信服务，客户满意，以人为本，追求卓越”的质量方针，2022年公司体系内11家经营单位顾客满意度为99.71%。

【企业管理】

2022年，公司坚持强化“五个建设”，推动重要机制类改革任务见实效，积极融入新发展格局，国企改革三年行动实现高质量收官。

人才队伍建设活力迸发。深化“三能”机制，开展公司总部“三定”工作，压减D级岗位数量，开展公开竞聘，13名干部跨单位、跨部门、跨岗位任职，8名E级优秀人才走上D级领导岗位，3名原D级干部转任为非领导职务；对公司10名履职表现一般或违规违纪的干部实施降免职、岗位调整或解聘处置，干部退出比例达6%。强化干部管理，加强干部选配，对12名司管干部进行了交流调整。全面推行经理层任期制和契约化管理，选取广东分部安泰公司试点职业经理改革，激发内生动力取得良好成效。优化人才梯队，引进科技创新、数字化新型人才，年内招录的23名应届毕业生中，硕士研究生占比48%，同比增长8%；重点院校占比70%，同比增长50%，公司人才队伍进一步充实。

重大网点建设显效发力。全力服务股东海南发展战略，2020年，公司主动先行先试，向股东提出落实集团内外贸混装船舶在海南洋浦港加注保税油方案，当年6月在洋浦港顺利完成首例内外贸同船保税燃油加注。2021年，随着国家政策的落地，公司在海南洋浦圆满举办了政策落地后的首船保税油加注仪式，抓住机遇开启新篇章。同年8月，公司注册成立洋浦船燃，海南网点布局初具雏形。2021年，洋浦船燃取得海南保税油经营资质和商务部批准的成品油（燃料油）非国营贸易进口许可，内外贸同船加注业务常态化开展，保税油经营量在海南区域“小牌照”保税油经营企业中排名第一，有效为集团船舶保供降本。主动融入粤港澳大湾区发展大势，紧跟国家政策导向，充分利用南沙优惠政策，打造广东分部南沙总部型企业，加速提升公司紧跟湾区发展的竞争力。深耕宁波/舟山布局谋篇，深挖舟山市场潜力，浙江地区领先的船舶燃料及物资综合服务商建设初见成效，推动宁波舟山区域乘势而上攻坚突破。

创新能力建设大幅提升。健全科技领航顶层设计，成立科技创新和数字化工作委员会，编制“十四五”数字化转型、网信工作和科技发展等专项规划，以“科技领航、数字驱动”为引领，落实国家、集团科技与数字化发展战略。加速推进数字化转型，融入集团数字化战略布局，扎实推进数字营销中台、燃易购－云商平台、SAP财务核算系统、RPA机器人等多个重点数字化项目实施，启动油库现场移动智能监控监测系统建设，公司船舶燃油物资综合服务智能化协同场景项目一举入围国务院国资委首届“国企数字场景创新专业赛”决赛。助力集团绿色智能研究，成立专门团队，主动融入集团“数字化智能船舶服务平台”和“绿色甲醇”项目建设，深入船用氨燃料供应链系统研发项目研究，探讨船用尾气处理液产品经营和配套服务，为集团减碳工作提供助力。

业财融合建设卓有成效。有效提升财务管控能力，全力落实“降杠杆、减负债”要求，加强“两金”压控，降低负债规模，全年带息负债规模下降21%，综合资金成本下降7%，完成资产负债率管控指标，公司亏损子企业户数实现清零。落实落细成本费用管控，贯彻“全员、全要素、全价值链和全生命周期”成本管控要求，灵活使用多种贷款、融资模式压减筹资成本，强化采、销、储、运各环节成本控制，全年与经营规模匹配的利息费用节省约960万元，经营费用减少约850万元。天津船燃通过“三比”分析，层层分解强化费用管控，加大过程监督，降本压费成效明显。有力保障经营资金需求，聚焦资金“保量、保价、保时效”工作，加速资金周转，加快逾期账款清收，经营现金净流入1.3亿元，实现较快增长，造血功能持续增强。

体制机制建设有效有力。持续加强董事会建设，推动公司董事会治理文件、“三重一大”决策事项及权责清单修订，在完善公司治理中进一步加强党的领导。公司考核体系不断优化，综合考核指挥棒作用持续发挥，油品经营月度考核在明确阶段目标、引导发力方向、督促计划落实等方面取得重要成果，物资月度考核也已全面推开。对标一流管理提升圆满收官，对标提升任务完成率100%，开展对标经验交流和展示，助力全系统对标意识和能力稳步提高。

【安全生产】

2022年，公司对安全生产专项整治三年行动“巩固提升年”再部署，对各项专题工作措施再细化，定期组织“回头看”活动，推动工作任务再落实再深入。抓住事故易发环节，高风险部位和作业，以及隐患、习惯性违章频发、重复发生险情的群体，针对安全制度未更新、老油库环保设施不合规、应急设备不符合新规范等重点问题制定专项整治措施，盯住薄弱环节逐项查隐患、扣整改、抓验收，确保安全生产专项整治三年行动取得实效。运用安全风险分级管控和隐患排查治理科学管理原理，定期组织各单位对单位安全风险再识别和辨识、评级，动态完善管控清单，辨识了较大以上安全风险共194项，针对这些大的安全风险制定安全措施，组织隐患排查，强化日常管控。积极采取有效措施，在油库、仓库固化一项制度、一张清单、一份表格、一本日志等“四个一”工作法。着重抓好船舶安全航行、防泄漏和车辆安全行驶及油库、仓库防火防爆、防污染等较大风险安全工作。全系统组织安全培训

4 760 人次，组织综合演练、专项演练、现场处置演练共 276 次。2022 年，公司没有发生各类生产安全责任事故及生态环境保护事件。

【员 工 队 伍】

公司加大干部选拔任用力度，对下属 9 家单位及总部 7 个部门的 12 名司管干部进行了交流调整；大力推行“赛场选马”，以竞聘上岗方式选拔了 4 名 C3 级干部、40 名 D 级干部，通过竞聘上岗选拔干部的比例达到 85%；制定出台《公司“十四五”人才发展规划》，明确“十四五”期间公司人才工作的目标、任务和主要举措；优化招聘程序，在全系统推进建立两轮面试和外部评委机制，严把人员入口关，提升引才质量，全年校招录用的 23 人中硕士研究生学历占比 48%，毕业于境内“双一流”“985”“211”院校、重点海事类院校或境外全球 QS 排名前 100 院校的占比 70%；在总部开展“三定”工作，重新审定各部门 D 级领导职务编制，压缩 D 级领导职务编制 27%，按照“全体起立、竞争择优、双向选择”的原则，推行 D 级员工竞争上岗和 E 级员工双向选择，通过“三定”，推倒部门内部“科室墙”，推动人才内部流动，促进优秀员工的成长；构建市场化经营机制，在公司及所属单位中全面推行任期制和契约化管理，在下属安泰公司中开展职业经理人试点，有效激发经营主体活力；配套完善经理层经营业绩和薪酬激励，实行“一企一策”“一人一表”差异化考核，实现从考核班子整体向考核经理层个人的转变，构建短、中期激励相结合，强激励、硬约束相统一的薪酬分配机制，强化薪酬“能高能低”；坚持市场化方向，加大考核力度，对状态不在线、履职不到位的干部给予免职、降职、调整工作岗位，对不胜任岗位工作的员工采取解除（终止）劳动合同、内退等措施，管理人员退出比例 6.02%，员工市场化退出比例 2.35%，进一步深化“能上能下”、“能进能出”机制实践。

【企 业 文 化】

公司认真学习宣贯《中远海运集团“十四五”企业文化建设规划》，根据集团新版企业文化纲要，修订完善《中石化中海燃供企业文化核心价值理念纲要（2022 修订版）》，加强核心理念宣讲解读，提升文化引领力、认同感。认真践行“四个一”文化理念，大力推进“一条船、一条心、一家人”家文化建设，营造了浓厚企业文化氛围。

发挥思想政治工作的引领作用，充分利用“一刊一网一平台”阵地开展主题宣传，开通视频号推动宣传视角创新、内容创新和形式创新，讲好燃供故事，为公司改革发展稳定营造良好舆论环境。2022 年共出刊《燃供简讯》475 期，官微推送信息 316 条，19 篇稿件被《中国远洋海运报》及其微信公众号采用，其中 3 篇被“学习强国”平台采用。组织开展员工思想动态问卷调查和专题讨论活动，引导广大干部员工在深化改革、提质增效中担当作为、争作贡献。

认真落实《新时代加强和改进思想政治工作的意见》，研究制定实施方案，强化主体责任落实。修订完善新闻宣传工作管理办法，组织开展自查自纠，明确官微及网站新闻稿件审核流程，做好新媒体平台日常维护，加强宣传媒体阵地管理和舆情监控，维护了意识形态安全。

【党 群 工 作】

2022 年，中石化中海燃供党委班子由 4 人组成：鄂宏达任党委书记、总经理，李智任党委副书记、副总经理、工会主席，李小挺任党委委员、纪委书记，刘汉坤任党委委员、总会计师。公司党委下辖 3 个二级党委、1 个机关党委、3 个党总支、37 个党支部（含直属党支部 5 个、机关党支部 5 个），共有党员 399 人（约占职工总数的 44.63%）。公司坚持“党要管党”和“两手抓、两手都要硬”的原则，抓好党委和基层党组织建设，工会、共青团等工作，推进公司两个文明建设同步发展。

公司党委坚持以习近平新时代中国特色社会

主义思想为指导，以党的政治建设为统领，深入学习宣传贯彻党的十九大和十九届历次全会精神、党的二十大精神，以集团党组“四个领航”为指引，践行“三做三力”理念，弘扬“三舱”精神，着力推动“12345”党建工作部署落地实施，全系统改革发展和党的建设取得了新成效。

夯实“三基”建设，基层党组织规范化建设取得进展。把党建责任考核作为重要抓手，开展党组织书记抓基层党建述职评议，定期召开党建工作例会，以季度考核督促推动重点任务落实落地，有效激发了各级抓党建、强党建的内生动力。督促指导基层党组织换届选举，辑印《党支部工作操作指引》，及时维护党建信息化平台，推动基层支部建设逐步规范，建成标准化党员活动室15个。上海中燃、海南国盛、广东分部积极推进“两个覆盖”，在空白班组建立党员联系点制度，推进党员结对帮扶机制，为夯实基层党建奠定了基础。认真贯彻落实党员教育培训工作规划，坚持抓实“三会一课”“3+X”主题党日等制度落实，组织基层党支部书记分批参加轮训班，党支部书记、党务干部和党员的素质能力得到提升。

坚持党建领航，融合发展进一步深化。认真落实集团党建“成果运用”年部署，明确党建与生产经营融合发展的方式、载体和路径，扎实推进体制、机制、制度、工作和理念“五个深度融合”，切实把党的建设优势转化为企业发展优势和竞争优势。2022年，公司全年考核净利润5 200万元，完成年度奋斗目标130%，取得集团重组以来最好成绩，党建融合发展成效显著。坚持“四强”“五好”建设标准，持续推进“双示范”党支部创建，河北燃供党支部推行“五感”文化理念，上海中燃何家湾油库党支部探索党建网格化管理，海南国盛马村油库党支部深化党员责任区管理，通过持续用力抓建设，具有燃供特色的党建品牌进一步凸显，党建业务相融互促推动公司改革发展取得新成效。

坚持党建带工建促和谐。聚焦企业改革发展，组织开展“安康杯”竞赛、劳动竞赛等活动，发挥职工主力军作用，增强职工主人翁意识。完善民主管理制度，推动《厂务公开实施细则》落地实施，保障了职工的知情权、审议权和监督权。积极推进关心关爱各项政策措施执行，组织开展两批次68名职工疗休养活动，举办职工集体生日会，常态化开展帮扶慰问，职工的幸福感、获得感、安全感进一步增强。公司工会荣获广东省海员工会“模范职工之家”荣誉称号。

坚持党建带团建促活力。加强共青团政治建设，开展“学习二十大、永远跟党走、奋进新征程”主题教育、庆祝建团100周年系列学习活动，实施青年精神素养提升工程，组织团员集中学习必读书目、相关论述等，持续推进“青年大学习”，引导团员青年听党话、跟党走。开展“浪花心愿”爱心助学活动，组织志愿服务活动，团员青年在疫情防控、科技创新、数字化建设等重要任务中的突击队作用得到充分发挥。公司团委荣获“在粤央企五四红旗团委”称号。

【社会责任】

各级工会积极落实集团扶贫援藏、消费扶贫工作部署，完成集团下达的2022年捐款100万元的扶贫援藏任务；认真落实上级要求，工会系统共采购中远海运定点地区扶贫产品18万元；组织广州地区各单位254名职工参加广东省“6・30扶贫济困日”活动，捐款1.69万元，为助力国家实现脱贫攻坚目标作出了有益贡献。

公司全面完成集团下达的各项环保指标，认真落实环保管理要求，开展2022年六五环境日宣传等环保活动，组织学习《排污许可管理条例》，通过微信、画报、动漫等丰富多彩宣传，入心入脑，树立环保意识，加强低碳和节能理念，自觉遵守环保要求。组织生态环境保护督查“回头看”，印发“五核查、十做好”要求，组织油库单位对照问题自查自改行动，强化依法治理环保，依法依规做好排污管理工作，完善排污管理台账，堵塞环保管理漏洞。如广东分部新造油库建设了生活污水处理系统，净化后的水用来浇花，减少污水排放，避免环境污染，节约了处理费用。通过环保整治和各项环保措施的落实，公司环保工作上了一个台阶。

2021—2022 年中石化中海燃供主要情况见表 14-18。

2021—2022 年中石化中海燃供主要情况表 表 14-18

项目	单位	2021 年	2022 年	备注
船舶	艘数	10	10	
	总载重吨	17 259	17 259	
油库	座	7	7	
	容积（万立方米）	59.81	59.81	
	吞吐量（万吨）	272.43	272.43	
仓库	座	3	3	
	面积（万平方米）	3.03	3.03	
财务状况	总资产（亿元）	21.19	23.13	
	净资产（亿元）	5.05	5.57	
	总收入（亿元）	119.09	172.27	
	利润总额（亿元）	0.36	0.73	
员工队伍	年末员工总数（人）	923	894	含公司方委派到合资企业及上海中燃员工

（史明彪）

中远海运集团财务有限责任公司

中远海运集团财务有限责任公司

【公司概况】

中远海运集团财务有限责任公司（简称“中远海运财务”，英文简称 COSCO SHIPPING Finance），为中远海运集团直属二级公司，前身中海集团财务有限责任公司，是经中国银行保险监督管理委员会批准成立的企业集团财务公司。公司于 2009 年 12 月 30 日成立，2018 年吸收合并中远财务有限责任公司，2019 年 1 月 18 日正式更名为中远海运集团财务有限责任公司。

公司初始注册资本 3 亿元人民币，2011 年增资至 6 亿元人民币（含 500 万美元），2017 年增资至 12 亿元人民币（含 500 万美元），2018 年完成吸并后增至 28 亿元人民币（含 2 500 万美元）。2020 年，公司股东同比例对公司增资至 60 亿元人民币（含 2 500 万美元）。2022 年 8 月，公司股东变更为 8 家；同年 11 月，增资至 195 亿元（含 2 500 万美元）。

作为非银行金融机构，公司主要经营范围为：对成员单位办理财务和融资顾问、信用鉴证及相关的咨询、代理业务；协助成员单位实现交易款项的收付；经批准的保险代理业务；对成员单位提供担保；办理成员单位之间的委托贷款及成员单位的委托投资；对成员单位办理票据承兑与贴现；办理成员单位之间的内部转账结算及相应的结算、清算方案设计；吸收成员单位的存款；对成员单位办理贷款及融资租赁；从事同业拆借；承销成员单位的企业债券；有价证券投资；代客普通类衍生品交易业务（仅限于由客户发起的远期结售汇、远期外汇买卖、人民币外汇掉期产品的代客交易）；银保监会批准的其他业务。

【经营概况】

2022 年，公司坚持以集团“十四五”规划为指引，围绕“建设一流创新型财务公司”发展目标，对标业内一流，以改革创新为根本动力，坚持新发展理念，构建新发展格局，深化国企改革，持续推动公司实现由规模增长向高质量发展的转型。参照财协统计数据，公司资产总额在央企财务公司中排名第 8 位，公司资产规模、资产质量均处于重组以来最好水平，金融服务质量全面提升。截至 12 月 31 日，公司总资产 2 366.93 亿元，总负债 2 138.76 亿元，所有者权益 228.17 亿元。全年营业总收入 35.87 亿元，实现利润总额 6.99 亿元，净利润 5.27 亿元。公司 2022 年度联合信用评级为 AAA，评级展望为稳定。

【主要业务】

公司全力支持集团实体经济发展，为集团及成员单位打造安全、稳定、高效的结算服务平台，2022 年全年资金结算金额折合人民币 9.27 万亿元，结算业务笔数 622.56 万笔。为加强保稳纾困金融支持，公司全年提供 15 亿元纾困专项贷款，给予中小企业贴现业务利率优惠 30BP，为纾困白名单内 112 家企业 2.43 亿美元的结售汇业务提供优惠报价，票据承兑和保函业务免收手续费。上述金融助企纾困政策共计为中小企业节约财务费用 270 余万元。

公司持续加强资金归集，重点推进上市公司、合资公司、资本金账户的资金集中，以及境外成员单位的跨境资金归集。截至 2022 年 12 月末，集团成员企业账户集中度 82.94%，全口径资金集中度 54.61%，境内资金集中度 91.58%。

公司合理安排资金业务结构，抓住资金市场波动机会，统筹流动性和收益性运营管理。2022年，公司资金业务平均规模 1 030.96 亿元，同比增长 99.79%；利息收入 215 590 万元，同比增长 108.29%；平均利率 2.09%，比上年增加 9 个基点。

公司以“稳增量、调结构、降成本、控节奏”信贷政策目标为导向，灵活执行信贷政策，精准投放贷款资金，在确保资本充足率留有一定安全边际前提下，合理把握新增信贷投放节奏，助力集团降杠杆、减负债。年末信贷规模563.44亿元，全年平均信贷规模496.74亿元。在绿色信贷方面，完成首批“双碳融”额度发放，年末“双碳融”发放 51.43 亿元，其中绿色信贷 4.56 亿元，用于成员单位建造 LNG 双燃料大型油轮。在专精特新专项信贷方面，推出“专精特新”专项信贷产品，向 2 家省级专精特新企业提供 0.88 亿元专项贷款，助力集团提升中小企业核心竞争力和创新能力。

公司有序推进投资业务，投资品种主要以货币基金为代表的短期流动性管理工具为主，2022 年实现收益 2 133.19 万元，其中投资收益 3 835.79 万元（不含同业存单资本利得），公允价值损益 –2 486.62 万元，债权类投资产品利息收入 784.02 万元。公司以财务顾问方式参与成员企业债券、中期票据等 13 单直融项目、金额 183.07 亿元，万得资产支持证券中介机构（财务顾问）排名产品总数第三、金额总数第七。

公司统一授信管理，满足成员单位贷款、票据、保函、信用证、衍生品等业务授信需求，全年为 179 家成员单位提供授信 1 163 亿元，其中已使用授信 698 亿元，占比 60%。年末公司存量保函 231 笔，合计金额 57.59 亿元。全年累计开票 2 329 笔，合计金额 34.79 亿元，票据贴现 75 笔，合计金额 2.50 亿元。

2022 年，累计办理即期结售汇业务 125.87 亿美元，远期结售汇业务 17.82 亿美元，外币对业务 3 396.51 万欧元。跨境借入外债 23.77 亿美元，境外放款 16.34 亿美元。通过新增夜单挂盘服务，协助成员单位把握市场时机提升汇兑收益。

【企 业 管 理】

2022 年是国企改革三年行动收官之年，公司对照《改革三年行动实施方案》及工作清单的时间节点有序推进各项改革任务，已全面完成改革三年行动工作清单 47 项工作任务，完成率达到 100%。党的领导全面加强，中国特色现代企业制度进一步完善，董事会、经理层行权履职机制进一步完善。

公司不断夯实监管数据治理，稳定监管评级，对标业内一流财务公司，建立完善的监管评级月度自评工作机制，扎实做好季度定量指标监控工作。加快监管数据报送标准化建设，进一步规范 1104、EAST 等五套监管报表填报规则，确保公司监管数据报送质量的稳定。根据银保监会评级结果反馈，公司 2021 年度监管评级继续保持 1B（行业最高评级）。

【业 务 创 新】

公司积极推动投行业务转型发展，参与中远海发两期公司债券、中远海运租赁多期资产支持专项计划发行工作；参与中远海能 50 亿元中期票据注册发行项目，拓展投行业务服务范围，将服务品种从交易所延伸至银行间市场。积极开展公募 REITs、绿色债券等创新型融资产品研究和推介，力求助力成员单位丰富直接融资工具，拓展融资渠道。

此外，公司进一步规范创新工作流程，通过线上全流程实现系统化统筹管理。全年召开创新研究会 7 次，确定产业链金融、绿色“双碳”、国际化业务、司库体系建设、客户经理机制、深化合规专员机制、投行业务、数字化转型等 8 个重点创新方向，以及同业公会绿色航运金融、跨国公司财资中心建设、数字人民币支付业务等 3 项研究选题，有 14 个金点子通过创研会审核。

【数字化转型】

公司将司库体系建设作为促进财务管理数字化转型升级的切入点和突破口，通过“十四五”发展规划进一步明确数字化转型的发展愿景及目标、战略主题和重点任务，全面服务集团高质量发展战略，助力集团打造世界一流财资管理平台。公司成立金融数据部加强“企业级”数据管理，进一步推动科技与数字化创新工作。以“符合集团管控要求、匹配财务公司定位、强化企业服务能力、奠定数字化转型基础”作为基本目标，建立公司新核心系统，聚焦客户服务，立足长远发展，充分利用新兴金融科技手段，不断提升和完善公司各系统功能应用场景，实现智慧型数字信息科技体系建设和数字化赋能。

【风险管控】

公司建立合规指标监测预警体系，对合规指标进行日常监测。截至2022年末，公司各项合规指标均符合监管要求，关联交易额均在限额范围内。根据集团合规管理专项治理工作要求，公司开展经营业务合规风险与违法违规问题排查，制定“风控合规数字化”“产业链金融业务管理”“流动性风险管理”3项合规指南，修订合规管理办法等基本管理制度，通过完善审核机制，确保公司合规风险处于较低水平。

公司内部审计工作以集团审计工作会议精神为指导，立足审计监督与服务职能定位，以问题和风险为导向，以数字化转型为手段，保障公司合规稳健运营，防控金融风险，规范内部管理。2022年，修订完善《存放同业审计操作规程》等6项制度，完成审计项目10项，每日资金监控月报12期。审计发现问题28个，提出并被采纳审计建议28个。初步完成整改审计问题24个，完成率86%，为公司高质量发展提供了支撑保障。

【疫情防控】

2022年，面对严峻复杂的疫情形势，公司抓紧抓实疫情防控和生产经营等各项工作。坚决贯彻落实集团防疫工作要求，公司在上海全域静态管理、办公楼实施封闭管理、全员集中隔离，在员工出现大面积感染等特殊时期，及时完善应对措施，启动防疫应急预案，严格按照规范指引带领全体员工共克时艰，践行使命担当，全力以赴抓好疫情防控和安全生产工作。在员工居家办公和隔离期间，公司工会积极开展“暖心活动”，通过多渠道为员工提供新冠预防药品、消杀用品、抗原试剂等，筑牢后勤补给线，为员工身体健康保驾护航。

【人才队伍】

2022年，公司完善国有企业领导人员管理机制，调整完善经理层成员协议内容，修订相关制度，进一步强化经理层成员的权责和义务，充分激发经理层成员的活力和创造力。

深入推进“三项制度”改革，按照公司业务转型发展方向，进一步调整和明确各部门公司管理干部编制，同时，结合公司“十四五”发展规划，首次开展公司部门负责人职位公开竞聘，提任干部6名，退出管理干部岗位7人，实现管理人员能上能下，进一步深化选人用人机制，拓宽选人用人渠道，优化干部队伍结构，激发广大干部干事创业的内生动力。

加大紧缺人才的引进力度，持续推进金融专业、数字化创新等人才引入引进，进一步拓宽选人用人渠道，为改革发展充实专业人才。

充分运用培训资源，开展各类培训。举办新任期公司管理干部、新入职员工培训等，组织开展业务讲坛27次，进一步加强中心业务工作交流，提升员工业务能力，营造浓厚学习创新氛围。

【党建工作】

公司坚决贯彻落实党中央、集团重大决策部署，把学习宣传贯彻党的二十大精神作为公司当前和今后一个时期首要的政治任务。研究制定《中远海运财务关于认真学习宣传贯彻党的二十大精神的方案》，分重点、分层次组织领导班子成员、司管干部和党支部开展广泛深入的学习。全面加大宣传力度，在公司官网主页增设“学习宣传贯彻党的二十大精神”专栏，全面反映公司上下对党的二十大的热烈反响和深入学习贯彻党的二十大精神的有力举措，营造学习宣传浓厚氛围。

坚决执行党委理论学习中心组学习、“第一议题”制度，开展党委学习《习近平谈治国理政》第四卷、“读书班”，结合工作业务开展心得交流，自觉将习近平新时代中国特色社会主义思想转化为指导实践、推动工作的强大动力。

举办“马克思主义哲学十讲”讲堂，使全体党员进一步领会马克思主义哲学的立场、观点和方法，不断提高理论思维能力和思想政治水平，持续提高运用马克思主义分析问题、解决问题的能力，更加坚定马克思主义信仰和共产主义理想。

坚持规范科学民主的决策制度。健全董事会授权清单，细化党委前置研究清单。在重大问题决策上，严格落实民主集中制，对涉及“三重一大”等重大事项，坚持党委会事先研究，提出意见，把党组织的政治优势与建立现代企业制度、规范法人治理结构的优势结合起来，保证重大决策的科学制定和有效实施。

压实党建主体责任，深入推进党建责任考核，与各支部签署党建工作责任书，积极推动基层党组织切实担负起党建工作主体责任，不断强化党建责任考核与经营业绩考核综合运用。

严格执行、重点规范做好“三会一课”、主题党日、谈心谈话等制度性安排工作，各支部定期开展谈心谈话，更好地将党建工作融入生产，助力公司改革发展。坚持党建工作与生产经营深度融合，完善月度工作交流机制，了解支部编制部门工作实际情况，深入了解党员群众工作开展、思想动态，协助解决工作困难，共同挖深根源、找准措施，凝聚支部工作合力。

成立司库及新核心项目组临时党支部，进一步促进公司党建工作与中心工作有效融合，更好地发挥公司党建引领作用。通过开展“党员示范岗”创建、打造党建文化墙等特色活动，进一步增强党员的党性观念及服务意识，使党员先进性在岗位上得到充分体现。

积极探索统筹国有企业、农村基层党建工作经验，大力推进基层党组织工作方式和活动方式创新。公司第一党支部与借母溪村党总支开展结对共建活动，加强企业与地方交流，促进支部优势互补、党建工作互动，实现协同发展。

【社会责任】

公司坚持履行社会责任，积极投身公益事业，向中远海运慈善基金会捐款 700 万元。助力乡村经济振兴，为借母溪乡现场捐赠帮扶资金 30 万元，用于打造最美景观长廊，并对道路沿线人居环境进行提质升级。在疫情期间，党员干部积极响应集团号召，踊跃抗疫捐款，为战胜疫情贡献一份力量。

2022 年，中远海运财务基本情况见表 14–19。

2022 年中远海运集团财务有限责任公司基本情况 表 14–19

类别	项目	单位	数据
财务情况	总资产	亿元	2 366.93
	净资产	亿元	228.17
	营业总收入	亿元	35.87
	利润总额	亿元	6.99
业务规模（年末规模）	吸收存款	亿元	2 126.13
	同业业务	亿元	1 800.98
	信贷业务	亿元	563.44
	投资业务	亿元	10.23
人力资源	员工总数	人	134

（赵燕青）

中远海运博鳌有限公司

中远海运博鳌有限公司

【公 司 概 况】

中远海运博鳌有限公司（简称“博鳌公司”，英文简称 COSCO SHIPPING BOAO），成立于 2001 年 8 月，是中远海运集团直属二级单位，属于集团“3+4”增值服务产业集群，是博鳌亚洲论坛核心服务商和基建投资商。

博鳌公司一方面服务于博鳌亚洲论坛，另一方面积极参与市场竞争，核心业务主要集中在会议和度假两大产业。业务范围包括会务、酒店餐饮和客房、高尔夫、景区观光、温泉等。客户广泛分布于汽车、医药、IT、金融、保险、制造、教育等行业。

截至 2022 年底，博鳌公司成功完成 21 届博鳌亚洲论坛年会的服务保障任务，先后接待了 12 位中方领导人、147 位外方领导人、3 万余名嘉宾代表。习近平总书记分别参加了 2010 年、2013 年、2015 年、2018 年、2021 年（线上出席）、2022 年（线上出席）年会。公司还参与服务保障了首届、第二届、第三届、第四届、第五届进口博览会，首届、第二届中国国际消费品博览会等重大活动。博鳌公司全力服务国家外交大局，擦亮集团“金字招牌”。

【深 化 改 革】

2022 年是国企改革三年行动的收官之年，公司严格贯彻落实集团要求，在集团改革任务的基础上自我加压，超额完成 99 项改革任务，并开展“回头看”工作，确保各项深化改革工作不偏离、不走样。根据集团上位制度，研究修订《中远海运博鳌有限公司董事会授权规则》，完善了董事会、董事长专题会、总办会、党委会授权议事清单，形成以“党委把关定向、董事会最终决策、专门委员会分类指导、管理层经营管理，各治理主体独立运作、各司其职、各负其责、协调运转、有效制衡”的现代法人治理架构，推动公司各项工作持续、稳定发展。结合战略重点任务实行目标与关键成果法（Objectives and Key Results，OKR）考核机制，确保各项整改措施有步骤、有计划推进。结合“十四五”战略规划，制定《中远海运博鳌有限公司关键人才队伍建设方案》《中远海运博鳌有限公司中层管理人员“启明星计划”项目实施方案》，为干部人才队伍建设工作提供机制保障，启动“启明星计划”招募；完善了经理层成员经营业绩责任书等相关“契约”，确保经理层成员任期制和契约化管理发挥的作用，有效激发经理层活力。加强对下属单位任期制和契约化管理工作的指导和监督，制定公司《直属单位和中心经理层成员实施任期制和契约化管理操作要点》。持续推动 PCO 与 DMC 打造工作。以数字化转型工作为媒介探索 PCO 和 DMC 融合模式，完成内部会务系统规划顶层设计并研究推出博鳌会议生态平台，建立线上线下相结合的会议业务模式，有效整合产业链相关方资源。立足于轻资产公司的成立，完成了 DMC 轻资产运作的项目可行性研究报告，并开展了组织架构优化方案初稿的编制工作，为下一步公司整体战略规划调整工作，以及改革方向奠定良好基础。

【发 展 战 略】

围绕“十四五”战略落地，根据海南省及集团领导的要求，公司积极探索未来业务布局打造，开展了世界级旅游目的地的规划研究工作，组织召开专业评审会，邀请行业专家对旅游业务进行研讨并完成初步方案，进一步思考公司战略定位，邀请专业咨询机构在顶层设计上为公司定位量身打造业务布局，明确公司会议会展产业链的定位。深化与集团内兄弟公司的合作，积极推动与中远大昌合作汽车租赁业务，当年实现盈利。零碳示范区创建工作有序实施，公司负责统筹推进投资实施建筑绿色化改造和运营智慧化项目，以“博鳌零碳示范区建设项目作战图”为纲领，细化东屿岛绿建改造流程，制定工作计划，严格按照时间节点落实工作。公司紧盯岛内项目机会，积极利用团餐供应和住宿出租服务创效；深入开展商业模式研究。结合公司“十四五”发展规划指引及公司 DMC 业务打造方向的相关要求，开展工作调研，并编制完成了公司项目输出管理指导文件（试行）。同时，为加快推进落实二、三增长极相关工作任务，公司专门组建 2 个研究小组对二、三增长极商业模式进行分析研讨，利用商业画布为抓手，融合理论与实践形成商业计划书雏形，并在此基础上对公司战略相关的业务开展商业模式研究全覆盖，更好地融合理论与实践，为公司可持续发展提供强劲动能。

【经营效益】

2022 年，博鳌公司实现营业总收入 19 442.62 万元，比上年减少 2 049.63 万元，减少 9.54%；营业总成本 42 019.13 万元，比上年增加 2 493.16 万元，增长 6.31%；净利润 –19 764.37 万元，比上年减亏 6 924.31 万元，减亏幅度为 25.94%。

受全国和海南省疫情散发和管控等叠加因素影响，公司全年累计暂停营业达 4 个月之久。在疫情对海南省服务业的冲击下，公司全力保障外拓服务项目，实现收入 1 733.29 万元，项目收入稳中有升。

【风险管控】

2022 年，博鳌公司以开展对标一流管理提升行动为平台，以加强风险管理、提升合规经营能力为目标，加强内控体系建设，构建全面、全员、全过程、全体系的风险防控机制，树立积极正面的合规形象。全面推动企业合规建设，建立制度化、常态化合规管理培训机制，加大合规人才队伍建设力度，不断健全完善合规管理制度，加强对重点领域、重点环节和重点人员的管理，推进合规管理全面覆盖、有效运行。深入推进法律管理与经营管理深度融合，突出抓好规章制度、经济合同、重大决策的法律审核把关，切实加强案件管理，着力打造法治国企。

【年会服务】

2022 年 4 月 20—22 日，以“疫情与世界：共促全球发展，构建共同未来”为主题的博鳌亚洲论坛 2022 年年会在海南博鳌举行。国家主席习近平以视频方式在开幕式上发表题为《携手迎接挑战，合作开创未来》的主旨演讲。中共中央政治局常委、国务院副总理韩正出席会议。

本届年会时值世界疫情与时局变动交织叠加，公司坚持“一手抓疫情防控，一手抓年会筹备”，出台《2022 年博鳌亚洲论坛年会闭环管理区疫情防控工作方案》等，为打赢疫情防控阻击战，细化优化与完善年会机制化体系文件，制定 2022 年年会服务保障专项任务表，分解下发 104 项重点具体专项任务，为年会服务保障稳打稳扎奠定基础。为全面提升论坛年会服务保障能力，新建东屿岛旅游度假区游客中心 / 博鳌亚洲论坛注册中心项目。该项目投资 4 800 万元，占地面积约 3 210 平方米，建筑面积约 7 900 平方米，室外开放空间约 9 000 平方米。其中，半地下 1 层，建筑面积约 4 700 平方米，主要用于停车和充电桩，设计车位 138 个，其中充电桩 63 个，极大程度上解决了以往年会停车位不够的问题。“智慧办会”“绿色办会”是今年年会的亮点工程。博鳌亚洲论坛大酒店通过南方区域绿色电力交易系统，完成了 100 万千瓦时的“绿电”交易，实现了博鳌亚洲论坛全部场馆用电 100%“绿电”保障。由中共五指山市委、五指山市人民政府主办的“寻觅雨林 · 万物共生”2022 博鳌亚洲论坛公园雨林文化展于4月20日正式开展，再次成为媒体关注的焦点。此次雨林文化展主要围绕全景式动植物生态影像、黎苗民族文化风情、乡村振兴蝶变新貌等三大主题在博鳌亚洲论坛主题公园的看苑、久苑、饰苑、木苑等9个院落进行了布展，展区总建筑面积为2 090平方米，用地面积约1.5万平方米。会期3天论坛公园区域共计接待约1 200人次，会客活动接待7场，接待海南省领导、集团外董等重要嘉宾93人次，户外草坪演出观看约500人次。各项接待活动取得圆满成功，获得参展商感谢信5封，海南省政府赞誉有加，得到了五指山市委市政府等的高度认可。

年会期间累计接待国内外嘉宾及媒体记者约2 245人次，其中含论坛理事咨委、外国政府与国际组织嘉宾、秘书处合作伙伴、国务院国资委、央企负责人等VIP65人。获题词、感谢信92封。李保东秘书长在年会闭幕新闻发布会上专门感谢中远海运集团为年会所付出的巨大努力和贡献，并题词“管理精细，服务一流，为国争光”。

【服务客户】

2022年，度假区秉承回归经营本质，着力聚焦价值创造，成功接待各类会议233场，其中千人大会4场，500人以上会议19场，会议满意度达到95%以上，OTA好评率96%，领先行内整体水平。东屿岛旅游度假区凭借优美的地理环境、优异的配套设施、优质的服务标准被评为海南省康养旅游示范基地创建单位。

旅游度假客户服务方面，一是产品设计上，度假区积极开拓本地旅游市场，精心设计推出符合节假日主题式的组合套餐。以金海岸酒店为主阵地打造亲子酒店目的地，五一期间首次开发园区内自有及合作伙伴产品活动，分为休闲体育、雅道体验、现场演出、美食品鉴4大类，共计9款产品；六一端午期间以粲然丨初夏童趣时光为主题，打造游乐园活动，以“场地＋活动”的方式举办2场专场活动；国庆期间充分利用周边水上资源与逸景冲浪共同策划冲浪营产品。二是营销策划上，增设餐饮营销区域，推出4场美食节推广活动，7月份聚贤阁中餐厅推出“五指山美食节”活动，生动阐述了PCO和DMC的深度融合；明确“宣销一体化”目标，坚持以抖音新媒体平台为基点，利用视频挑战赛及探店等方式活跃平台粉丝，持续拓展线上收入渠道，提升线上盈利能力，开发2个新开拓渠道途牛及飞猪，结合节假日全面实现东屿岛旅游度假区品牌的知晓率。

会议客户服务方面，通过多渠道共同发力实现创收。一是疗养服务上，引入丽滋卡尔康养业务及集团疗休养实现全年34场活动，打造“场地＋活动＋增值服务”业务链，以“3+2”的合作模式在金海岸棕榈岛原租赁基础上增加场地租赁合作。二是在自主挖掘上，以打造自有研学IP为主，搭建研学基地教学体系，与研学公司进行合作，以东屿岛为基地，西沙资源、论坛资源、乐城资源为抓手，以“自然科学＋人文科学”为主线实现研学市场的新突破，重点做好本地研学市场开发，加强与省内研学机构及教育机构进行直接合作，落地论坛公园开发久久见书馆及与樊登读书合作推出研学套餐产品。

管理服务输出方面，以优质服务创造价值，以专业态度赢取信任。一是完成第二届消博会服务保障工作。作为首届消博会核心服务单位，公司派出一支由23人组成的“博鳌铁军”团队，全过程提供专业化、标准化、精细化、国际化服务，实现了“零投诉、零事故、零差错”的目标，受到组委会、海南省商务厅、海南省经发局、欧美同学会等单位的高度肯定和一致好评，擦亮了集团“金字招牌”。二是完成第五届进博会服务保障工作。第五届进博会是继党的二十大后首场重要国际展会，也是继第一、二届进博会之后再次拿回主会场服务板块，责任重大，意义非凡。公司派出一支由230名专业素质过硬的服务保障队伍，圆满完成了含开幕式在内的128场活动，接待重要VIP124场，累计服务15 148人次，实现了服务零投诉、安全无事故、防疫零感染、满意百分百的既定目标，获得各方好评。

【安全生产】

在集团的直接领导下，牢固树立“以人为本、安全发展”的理念，贯彻落实“安全第一，预防为主，综合治理”的方针。坚持“一手打伞、一手干活”的要求，以习近平新时代中国特色社会主义思想为指导，深入学习贯彻习近平总书记关于安全生产重要论述和安全生产法，贯彻落实党中央、国务院关于安全生产重大决策部署，落实集团安全生产有关要求，认真履行安全生产、疫情防控、生态环境保护等主体责任，实现公司安全生产、生态环境形势总体稳定，未发生重大生产安全事故、重大财产损失事件及严重环境污染事故，疫情防控有惊无险，圆满完成博鳌亚洲论坛年会服务、集中隔离酒店服务、大型商务会议服务等工作的安全保障，实现了零伤亡、零事故、零污染、零感染的“四零”工作目标，职业病预防率 100%。公司荣获琼海市 2022 年度安全工作优秀企业称号。

按照“党政同责、一岗双责、齐抓共管、失职追责”的要求，完成横向到边纵向到底的全员安全生产责任书签订。认真落实安全隐患排查治理，开展各类安全检查 10 次，并做到闭环管理。积极参加属地政府应急管理部门组织的安全生产培训，实现安全工作负责人培训合格率 100%；严格落实三级培训制度，全年完成各类安全培训共 98 场，参训员工 2 860 人次；组织消防、船舶、电梯困人、泳池救生、食品安全、锅炉、安全驾驶等各种场景的应急演练 14 场，参与人员 700 余人次；公司与属地消防部门联合开展消防培训及演练 1 次，参加 200 多人。持续加强公司区域道路交通整治，扎实开展安全生产月主题活动，常态化开展生态环境保护工作监管，坚持以人为本、生命至上，全面统筹做好发展和安全工作，将防风防汛、抢险救灾工作与生产经营同谋划、同部署、同落实，有效应对汛期各类灾害风险。公司以抓企业“本质安全”为着力点，逐级开展“安全生产标准化”建设、消防物联网建设，不断提升公司本质安全能力。

【队伍建设】

2022 年，博鳌公司正式执行任期制和契约化管理工作，完善公司经理层成员经营业绩责任书等相关“契约”，并对下属单位任期制和契约化管理工作加强指导和监督。下发《直属单位和中心经理层成员实施任期制和契约化管理操作要点》，指导所属单位完善“契约”目标，组织各单位经理层成员召开沟通交流会，引导人员正确理解要求与执行。同步督促各单位根据领导分工调整按时完成契约文本的签订。完成会务公司党支部书记、董事长“一肩挑”。

2022 年，公司持续深化干部人事制度改革，健全完善了公司工资总额、中长期激励等 8 个方面制度及中远海运博鳌有限公司员工手册，为各项工作提供保障。

2022 年，公司对员工队伍结构再优化。一是大力选拔任用优秀年轻干部。结合公司实际，制定完成《中层干部选用工作方案》《关于董事会办公室 / 总经理办公室总经理助理选用工作方案》《关于中远大昌（海南）服务有限公司副总的选用方案》，完成了董事会办公室 / 总经理办公室总经理助理、投资发展部 / 法律与风险管理部 / 安全监管部总经理、度假区副总经理以及中远大昌（海南）服务有限公司外派副总的选用工作。截至 2022 年 12 月，公司管理干部（含职业经理人及外派干部）共 22 人，45 岁以下干部 10 人，占总人数的 46%（其中 35 岁以下 6 人，占 27%），公司管理干部平均年龄约为 44 岁。二是有效推动关键人才队伍机制化建设，建立关键人才队伍管理机制。结合公司“十四五”战略规划，细化明确了公司关键人才队伍建设常态化、差异化措施和机制，制定了《中远海运博鳌有限公司关键人才队伍建设方案》，为干部人才队伍建设工作提供机制保障。三是启动“启明星计划”项目。制定了《中远海运博鳌有限公司中层管理人员“启明星计划”项目实施方案》。同时组织内部符合条件人员进行笔试和能力测评报名，并在 2022 年底完成“启明星计划”项目人员的引进和内部选用。四是推进公司专业人才计划。在各部门推行实施HRBP模式，组建了公司本部HRBP团队，并采用笔试、测评等措施按照应入进入原则完成公司人才库名单制人才选定工作，并结合公司2021—2022年度人才课题汇报同步发布。五是持续做好管培生项目。结合公司管培生课题组项目，经过集团笔试、测评、面试等环节，引入公司2022届管培生10人。

2022年，公司强化了培训培养工作。一是持续推进人员轮岗交流。按照公司轮岗工作三年行动方案部署，做好2022年度3人轮岗交流安排。经过3批次轮岗挂职，已基本实现公司本部现在职人员具备基层单位工作履历100%。二是积极向集团推荐“启航”“远航”库人选。完成远航库和启航库的人选推荐及测评工作，报送了“两库”名单并组织18位推荐人选参加集团能力素质测试，组织公司本部及各单位179位干部员工对推荐人选进行民主测评及推荐。三是强化人才库内人才培养。结合公司生产经营需要，设立了7个研究课题并组建了7支课题小组，12月底召开课题成果汇报会，有关课题研究成果将在中工作实践中应用，为公司高质量发展提供助力。四是不断完善培训管理工作。结合公司实际，修订完善了培训相关机制体系，制定《中远海运博鳌有限公司教育培训体系工作规划》，并进行培训宣贯。五是不断改进培训方式，针对新员工开设了为期1～2周的管理培训生专题培训班及应往届员工座谈交流会等培训，并采用小组讨论等方式让新入职员工掌握岗位相关知识，积极投入工作。六是推行线上线下相结合的培训模式，运用集团党校学习平台、掌上学苑开展员工培训，并超额完成年度整体培训计划，各项培训指标均已达标。

2022年，公司对动力机制再健全，根据国家法规政策及集团有关指导意见探索建立中长期激励机制。参照任期制和契约化管理要求，统一公司司管干部和本部员工薪酬绩效管理，优化完善公司薪酬、绩效等相关制度。结合集团用工市场化指标相关要求，梳理公司用工市场化现状，实现全员绩效考核率100%，对劳动合同到期续签考核率100%，公开竞聘率100%。

【企业文化】

突出论坛年会宣传。精心策划集团品牌宣传策划方案，提前两周将集团3块大型广告安装到位，提前一周完成更新电瓶车、球车、星光路两侧灯柱、观景台栏杆悬挂救生圈、论坛公园等均印制集团名称和LOGO 105处。40名引导员身着黎族服饰，佩戴熊猫船长胸卡，在酒店和会议中心人流集中区域和路段提供方向引导和咨询服务。在新闻中心制作28个沙箱展示集团名称和LOGO。三家酒店所有的客房、对客区域竖式屏、电梯内电子屏共21处，投放集团英文版宣传视频，加深集团品牌形象的渗透力。央视、新华网等30余家媒体报道筹备服务保障情况，共计10余人次接受各类媒体采访，报道数量达100余篇。中运海运官微、《中国远洋海运报》各刊登了《服务保障博鳌亚洲论坛2022年年会，我们准备好了！》《中远海运圆满完成博鳌亚洲论坛2022年年会服务保障任务》等稿件。公司官微开展《2022年年会，我们一起奋斗》系列报道21期，激励全体党员干部员工站好岗、担好责、带好头，以实际行动服务国家外交大局。

突出公司内部宣传。贯彻落实《关于新时代加强和改进中远海运集团思想政治工作的实施意见》精神，结合巡视反馈意见，引导全体员工辩证认识年会保障和经营创效两者之间互促互进的关系。组织开展“面对新机遇 我该怎么办”大讨论活动，通过交流研讨提升把握新机遇能力。加强舆情管控和网络舆情管理，完成《风雨同舟二十年》书籍印发发放。深入开展“喜迎二十大、奋楫新航程”宣传和文艺作品创作活动，集团重大题材报道多次提到公司项目党建、集团品牌宣传等重点工作。《我想去博鳌》荣获集团原创音乐作品一等奖。协调集团官微视频号对东屿岛旅游度假区进行多次推介，提升了度假区品牌影响力。公司官微发布稿件253篇，公司视频号发布视频13部，视频号发布的西普会、东屿岛迷你马拉松比赛等作品点击量、转载率创新高。

【党群工作】

2022年，公司党委组织开展“建功新时代，喜迎二十大”习近平总书记重要指示批示精神再学习再落实再提升主题活动，及时跟进学习习近平总书记考察海南时的重要讲话精神、在博鳌亚洲论坛2022年年会开幕式上的主旨演讲，以及关于博鳌零碳示范区建设的指示精神等，统一思想、提高认识。全年召开党委会11次，完成73项议题。专题研究东屿岛区域新冠疫情应急处置和筹备服务保障2022年年会工作，以及集中隔离酒店服务保障工作，形成2个专项报告报集团党组。召开5次党委中心组学习和5次双月党群例会。强化党员责任区作用，秉承“四化”服务，成功服务保障“一年三盛会”。结合特色党支部创建，推进“三服务”“双精”制度化常态化，建立487人的党员突击队和团员预备队，198人次深入远洋大道、环岛路区域和酒店周边开展环境美化活动，80余人次参加搬运物资等各类突击行动。累计超过400人次参加。组织动员党员骨干参加核酸检测现场秩序维护、扫码录入、餐食打包、厨房切配等志愿服务779人次，累计协助打包三餐数量超过3万份。发扬“支部建在船上”优良传统，坚持党建工作与重大活动服务保障同步谋划、同步部署，助力重大活动圆满完成。坚持党建促乡村振兴，制定《中远海运博鳌2022年度东方市江边乡老村定点帮扶工作实施方案》，投入资金近32万元，开展产业、就业、消费、文化扶贫，受到当地群众的一致好评。

组织召开四届一次职代会，完成公司工会换届。全年慰问帮扶员工9 536人次，发放食品饮料、劳保用品等合计124万元。举办2022年“工会杯”酒店服务技能大赛，以赛促服务水平提升。组织开展本年度职工疗休养活动，印发活动实施方案，本年度组织150名职工参加活动。组织公司团干部、团员青年代表集中收听收看党的二十大开幕式、庆祝建团100周年庆祝大会，并向集团报送心得体会。印发庆祝建团百年“八个一”主题活动方案，深入学习贯彻习近平总书记重要讲话精神，组织召开五四表彰大会暨团员青年代表座谈会，分享防疫和年会保障故事。前往红色娘子军成立旧址等地开展“青春心向党、奋进新征程”主题团日活动，与海南港航、海南集运联合举办联谊活动，加强论坛公园对外宣传推介，助力生产经营。组织30余名团干部、团员青年参加第十一期博鳌青年大讲堂，邀请企业前辈讲好青年精神素养提升第二课，提升新入职员工进一步了解企业文化，激励广大团员青年坚定信念、奋发有为。

【零碳项目建设】

零碳示范区是深入贯彻落实习近平生态文明思想，在我国开展的通过更新改造实现的首个区域零碳试点项目，建设地点主要集中在琼海市博鳌镇东屿岛。2022年6月17日，公司零碳项目部正式成立。为保障高效快速推进项目建设，加强内部管理，确保相关工作依法合规，零碳项目部已完成相关管理体系及规章制度的建立，共建立14项部门管理细则，12项安全管理制度，形成科学、合理、精细、规范的科学管理体系。

2022年11月，公司签订建筑绿色低碳改造及配套改造项目（一标段）施工合同，标志零碳示范区建设正式开始动工。截至2022年12月末，项目建设方面，一是已完成建筑绿色化改造项目的初步设计工作，完成东屿岛酒店和新闻中心改造项目的施工图设计工作，对接琼海市审批局完成规划方案的技术初审工作；二是已完成招标代理单位、设计单位、监理单位、造价咨询单位、审计单位、东屿岛酒店及新闻中心改造项目施工总承包的选聘工作；三是已完成零碳项目省指挥部及零碳项目部办公场所及会议室的施工改造工作，完成会议中心三层CIM屏展示大厅的拆除工作；四是建筑绿色化改造项目一标段整体进度约完成60%。

【国创项目】

2020年6月，公司成功获批为海南省级旅游度假区。公司2021年成立专项项目部，于当年完成机构组建、建章立制、项目立项、总体规划等各项前期工作。

博鳌东屿岛国家级旅游度假区创建项目主要由培兰游客中心项目、培兰设备设施更新改造项目和东屿岛国家级旅游度假区创建项目三个项目包构成。在 2021 年工作的基础上，2022 年培兰游客中心项目、培兰设备设施更新改造项目全面开工。根据海南省政府提出的“游客中心在年会期间部分投入使用”的部署要求，国创项目部科学谋划，精心部署，有序组织，克服新冠疫情的不利因素，春节不停工，一天当成三天干，圆满完成目标任务，保证了 2022 年论坛年会期间培兰注册中心顺利运行。

截至 2022 年底，工程建设项目中培兰游客中心项目、培兰设备设施更新改造项目已完成进度 100%，于 2022 年完成建设并投入使用。创建的两个核心关键得分项目——标识标牌和精神堡垒工程已完成进度 100%。涉及核心产业、休闲度假产品、基本保障项目、人文环境项目、国创冲刺阶段 5 个方面工作任务计划已完成进度 100%。国家级旅游度假区创建申报材料已准备完成 100%。

同时不断改善提升自身管理和服务工作，为前面迎检做好充足准备。

2022 年博鳌公司基本情况见表 14–20。

2022 年博鳌公司基本情况 表 14–20

项目	单位	数据
财务状况	总资产（亿元）	15.72
	净资产（亿元）	–6.82
	总收入（亿元）	1.94
	利润总额（亿元）	–1.97
员工队伍	年末员工总数（人）	1070

（李染晨）

中国远洋海运人才发展院

中国远洋海运人才发展院

【学校概况】

中共中国远洋海运集团有限公司党校/中国远洋海运人才发展院/中国远洋海运研究院/青岛远洋船员职业学院（简称“一校三院”，对外统称“中远海运人才发展院”或“人才院”），于2020年7月3日在青岛揭牌成立（揭牌时“中远海运人才发展院”名称为“中国远洋海运大学”），是中远海运集团直属的教育培训机构。该院由集团分布于上海、天津、广州、大连、青岛五地的11家教育培训机构重组整合而成，是集教育培训、战略品宣、文化传承、科技创新四项职能为一体的企业大学和国有公办普通高校。2021年8月13日，集团批复同意中国远洋海运大学更名为中国远洋海运人才发展院，与中共中国远洋海运集团有限公司党校、中国远洋海运研究院、青岛远洋船员职业学院合称“一校三院”。

人才院新校区位于青岛市西海岸新区，陆域面积约47.5公顷，海域面积约6.7公顷，一期工程于2021年9月投入使用，当月人才院整体搬迁至新校区。新校区建筑面积约18.5万平方米，拥有国际先进水平的航海操纵模拟器、全任务轮机模拟器等设备，共有各类实训中心28个、实训室140余个，图书馆藏书30万余册。老校区坐落于青岛市市南区，地处青岛市政治、经济、文化核心地段，占地约11.2公顷。

人才院下设党校教学部/企业管理分院、职业培训分院、职业教育分院3个二级分院，数字信息中心、党建研究中心/科研创新中心、服务保障中心3个中心，上海分部1个异地派出机构，育远劳务公司、上海海事职业技术学院2个校属单位，以及行政事务部/安委办、战略发展部/法律与风险管理部、党校工作部/培训管理部、教学管理部/学生工作部、财务管理部、人力资源部/组织部/党委教师工作部、党委工作部/人民武装部/团委、纪委工作部/监督审计部/党委巡察办、工会9个职能部门。

人才院是集团人才赋能的重要平台，服务集团发展战略，以建设“中国一流企业党校、世界一流企业大学”为目标，以教育培训为主业，为集团健康持续发展培养培训具有国际视野、战略思维、专业能力的高端航运人才，输送高素质、专业化的船员队伍。

人才院以干部教育培训、职业技术培训、职业学历教育为主体，将人才培养作为首要和核心任务，聚焦人才培养，发挥教育培训职能；依托教学平台，聚焦战略发展能力，发挥战略品宣职能；借助干部培训，聚焦文化软实力建设，发挥文化传承职能；打造科创基地，聚焦科技研发能力，发挥科技创新职能。

人才院教育培训坚持全员培训理念，培训对象涵盖党员干部、专业人才、普通员工等各层级，培训项目涵盖党性教育、业务管理、企业文化等各类别，年培训量约6万人次。学校拥有海船船员培训等39项国际认可的证书培训资质，培训项目140余个，具备37种国家职业技能鉴定资质。

职业教育现开设航海技术、轮机工程技术等6个专业，2022年底在校生2 200余人，年招生规模为900人；上海海事职业技术学院开设港口与航运管理、物流管理、港口机械与智能控制等3个专业，在校生420余人，2023年计划招生120人。学校拥有国家级教学改革试点专业2个，国家级精品专业1个，教育部创新发展行动计划骨干专业2个，省级高等职业教育高水平专业群2个，省级特色（示范）专业7个，市级重点专业5个。

人才院是中远海运集团技术中心分中心、山东省高等学校工程技术研发中心，具有省级科技成果转移转化机构服务资质。学校先后有 80 余项科研成果获得中国航海科技奖等科研奖励，获得国家专利、软件著作权 70 多项，并逐步形成了在航海技术、轮机自动化、船舶通信等领域的研发优势，同时不断加强绿色、“双碳”、LNG 运输等方面的最新政策和前沿技术研究，促进优秀成果转化为服务企业的生产力。学校加强对外交流与合作，亚洲船东协会海员委员会秘书处设在学校。

人才院坚守初心使命，胸怀“国之大者”，服务“大国船队”，立足教育资源改革“再出发、再深化、再完善”关键阶段，加快构建“一校三院一分部”和“职业教育双品牌”的办学格局与发展战略（“一校三院一分部”，即集团党校、人才发展院、研究院、青岛船院和上海分部）(“双品牌”，即青岛远洋船员职业学院和上海海事职业技术学院），推动实现“3+2+1”（即“人文校园、绿色校园、智慧校园”+“中国一流企业党校、世界一流企业大学”+“中远海运人的精神家园”）发展目标，努力为集团人才强企战略提供基础性战略性支撑，为建设海洋强国、交通强国、海运强国作出贡献。

【战 略 发 展】

2022 年，人才院坚定建设“中国一流企业党校、世界一流企业大学”愿景目标，紧密围绕“1+2+3”（即“教学”+“管理和党建”+“发展、改革、建设”）工作任务，推进“十四五”规划重点任务取得显著成效，全面深化改革，办学治理体系和能力不断提高。

教育资源整合过渡期全面结束 人才院积极落实集团教育资源改革总体方案，坚持改革督导机制，顺利结束上远海培、天津海校、广海技校过渡期改革，实现了从“11”到“1”的集中和统一，完成了培训业务的集中统一管理和实施，集团教育资源整合圆满收官。集团教育资源改革过渡期的结束，标志着集团教育资源改革重组完成，人才院进入“再出发、再深化、再完善”关键阶段。随着“大学大事”各项重点任务的顺利推进，人才院正在逐步实现“转型”、“成型”向“定型”的转变。集团董事长、党组书记万敏到校专题调研视察，充分肯定了人才院改革发展工作成效，提出了具体工作要求，人才院党委贯彻落实集团领导要求，重点部署了“深化改革，创新发展”十大举措。

学校改革三年行动高质量收官 贯彻落实集团改革三年行动，聚焦目标任务，建立工作台账，强化进度管理和考核监督，72 项、132 个具体改革任务举措全面落实完成。全年完成投资 34 155.82 万元。学校贯彻落实集团改革三年行动取得了一系列重要成果和实质性突破。

优化服务管理 贯彻落实集团党组《关于完善教育培训体系的意见》《关于加强高素质船员队伍建设的指导意见》，在“一站式”服务专班团队的基础上，进一步创新服务管理模式，组织优化完善“一站式”服务工作机制，组建了 29 支“1 总 3 专”跨部门的教育培训“一站式”服务专班。印发了《人才发展院项目制管理办法（试行）》，项目制全面展开，20 个校级“项目制”项目和近百个部门级“项目制”项目立项实施，为人才院高质高效转型发展，加强团队建设，提升工作绩效，增进精益管理，优化薪酬分配，发挥了重要作用。

研究部署、贯彻落实职业教育法重点攻坚任务 深入学习贯彻《中华人民共和国职业教育法》，把握有利因素和政策机遇，聚焦学校职能定位和可持续发展，结合集团对职业教育的要求，主动研究、设计谋划学校教育培训事业长远、可持续、健康发展的路径和策略，印发实施《中远海运人才发展院关于贯彻落实职业教育法 深入推进重点攻坚任务的指导意见》，促进我校教育培训事业长远、可持续、健康发展。

全面推进合规管理 将“合规管理强化年”工作纳入学校法治建设领导小组暨合规委员会统一领导，制定实施方案，结合综合治理专项行动，统筹谋划，一体推进。出台《中国远洋海运人才发展院合规管理办法（试行）》，制定了《招标业务合规指南》《网络安全合规指南》，制定了“三个清单”，健全了合规管理“三道防线”，建立健全了合规审查机制、合规培训机制、违规举报机制、合规管理委员会工作机制。

加强法制和风险管理，提升一体化管理水平 建立合同合法合规性审查机制，加强合同全生命周期管理，2022 年共订立 538 份合同，与 2021 年相比增长 25%；制定了 3 项风险管理制度，建立了人才院风险评估标准、内控缺陷认定标准、合规评价标准并逐级推广应用；组织开展学院年度风险评估工作，对学校的战略、财务、运营和法律等一级风险进行了评估，涵盖了二级和三级风险共计 56 项，确定了学院前十大风险；开展了国际风险 / 国际制裁研究并制定防范手册，加强合规普法宣传，开展了法律、合规、风控、体系建设完善工作。

完成年度质量管理体系评审，加强规章制度建设 组织完成了2022年度质量体系管理评审，评估了2022年度质量管理体系运行、内部审核、质量方针和目标的达成情况及其适宜性、充分性和有效性，确认学校质量管理体系持续有效运行，并提出了改进机会以实现持续改进。为完善人才发展院制度体系，编制印发《中国远洋海运人才发展院2022年度规章制度制定计划》，2022年度共新建（修订）规章制度55项。

【在职培训】

人才院积极贯彻落实《中共中远海运集团有限公司党组关于完善教育培训体系建设的意见》，构建“一总三分N配套”配套规章制度框架（“一总”即《关于全面落实〈集团党组关于完善教育培训体系建设的意见〉的实施意见（试行）》；“三分”即回答好集团干部人才培养培训环节之“教什么”“谁来教”“教得怎么样”的三个基本问题；“N配套”是在“一总三分”制度框架的基础上，着力在业务流程、沟通协调、经费保障等方面配套切实可行的实施操作细则），明确培训服务管理标准，推进培训能力持续提升。优化“一站式”服务专班模式，持续优化完善服务工作机制，高效对接、精准服务集团总部和各单位培训需求。统建项目全面覆盖集团境内二级单位，服务 363 家各层级单位，培训影响力明显提高。

围绕集团“数字化转型”和“科技创新”战略主题，积极与集团数转部、科技部等部门密切合作，制定了“数字、绿色、低碳、智能”培训体系框架，针对管理干部、专业干部开发了模块化培训内容，2022 年围绕“数字、绿色、低碳、智能”开展专题培训 20 项。加强培训与职业需求匹配度，深化提升全职业生命周期培训能力，全方位服务集团高素质船员队伍建设和高技能人才队伍建设。

坚持“党校姓党”根本原则，坚决贯彻集团党组决策部署，坚守初心使命，把党校建设成为集团各级干部思想淬炼、素质提升、能力锻造的主渠道主阵地。2022 年，在集团相关职能部门的指导下，开展中央党校国资委分校中远海运党校 2022 年分校班、集团学习贯彻党的十九届六中全会精神专题培训、集团直属单位学习贯彻党的十九届六中全会精神专题培训、集团 2022 年陆岸人员挂职船舶政委培训班、基层党组织书记培训班、船舶政委轮训、集团国企改革三年行动线上培训、集团 2022 年董事培训、党员发展对象线上培训、入党积极分子培训、船舶新政委培训等重点培训项目，提升干部培训层次。

2022 年，人才院共完成培训 1 122 期，101 680 人次。其中，党校培训 53 期，8 127 人次；陆岸培训 300 期，51 129 人次；船员培训 513 期，21 808 人次；学生培训 104 期，3 409 人次；网络培训 142 期，17 207 人次。企业培训满意度 98.29%，培训学员项目质量评价满意度 94.89%，其中定制化培训学员满意度 98.04%，履约培训学员满意度 91.74%。

人才院充分利用集团内外资源，建设培训师资库、课程库、机构库。建立课程、师资、机构“三库”动态更新和反馈体系，构建中远海运特色资源平台。师资管理实现数字化、模块化，截至 2022 年底，培训师资库共有师资 558 人，其中集团内部师资 186 人，人才院自有师资 43 人，集团外部师资 329 人；培训课程库共有课程 963

门，其中政治理论与党性教育课程 356 门，管理能力课程 290 门，专业能力课程 138 门，基础知识课程 107 门，职业技能课程 72 门，2022 年共举办内训师培训 8 期，组织校级培训课程开发 12 门；外部机构库分 3 批共入库 60 家。

2022 年，人才院与中远海运集团下属各公司、中国船级社、大连中国高级经济学院、上海海事大学、大连海事大学、上海交通大学、武汉理工大学、浙江大学、古田干部学院等单位保持良好沟通，在人才培训培养、师资设备共享、科创党建研究等方面开展了全方位的合作与交流。

【学 历 教 育】

在人才院"四位一体"职能定位中，职业教育是重要职能之一，三大海上专业是集团自有船员队伍的稳定可靠来源，三个陆上专业精准服务集团岸上产业集群。人才院多年来形成了鲜明的办学特色，积累了丰富的办学经验，确立了在中国航海职业教育中的优势地位，广受行业、企业的好评与赞誉。为贯彻落实党中央、国务院加快发展现代职业教育的重大战略部署及集团人才强企战略，加快构建职业教育"双品牌"，人才院组建加快推进职业教育高质量发展工作专班，制定发布《关于加快推进职业教育高质量发展的实施意见》，提出工作举措、制定节点任务，定期召开专题会议协调推进职业教育高质量发展工作，职业教育整体水平迈上新的台阶。

加强专业建设 2022 年，人才院申报的航海技术专业群获评山东省高等职业教育高水平专业群，通过着力打造工学结合紧密、教学团队顶尖、培养模式先进、课程体系科学、核心课程优质的航海教育特色专业群，不断增强专业创新发展能力和社会服务能力，对人才院进一步提高航海教育培训的水平起到了重要作用。

注重师资队伍建设 人才院着力提升教师队伍师德师风、教育教学和科研创新水平。2022 年，航海技术专业教师团队获评 2022 年山东省职业教育教学创新团队；李昕辉获评第六届"青岛高校教学名师"；王杰获外研社"教学之星"大赛全国复赛一等奖；张彩霞获第二届青岛市高校思想政治理论课教学比赛一等奖；娄惠茹、张雪伦分别获得山东省第九届高校青年教师教学比赛优秀奖。

提高人才培养质量 截至 2022 年 12 月 31 日，全日制在校生 2205 人，年内招生 850 人，其中航海类专业 709 人，12.5% 的新生分数超过本科线；毕业生人数 580 人。2019 级航海类专业学生参加海船船员全国适任证书统考一次性通过率 82.86%，较 2021 年提升 4 个百分点；其中航海技术专业一次性通过率 89.73%，位列全国第一；轮机工程技术专业一次性通过率 81.15%，位列全国第一。

推进教育教学改革 完善优化教学管理制度，修订《青岛远洋船员职业学院听课制度》《青岛远洋船员职业学院学生实习管理规定》等制度文件；积极推动"订单班"人才培养模式改革，校企合作编制专业人才培养方案。组织开展教学研究，"AI 时代职业学校技能型人才工匠精神培育研究与实践"获 2022 年度山东省职业教育教学改革研究项目立项；"信息技术环境下高职数学课程知识体系研究与实践""基于移动互联网络环境的海洋工程专业课程教学模式研究"两项山东省职业教育教学改革研究项目通过山东省教育厅组织的结题验收；"冰上丝绸之路视域下极地水域船舶航行课程开发与教学实践"获 2022 年山东省职业教育教学成果二等奖；"航海英语听力与会话""轮机英语""船舶货运"等三门课程获评山东省职业教育在线精品课程；《船舶柴油机拆装与检修》《船舶通信技术与业务》两本教材获评山东省第一批"十四五"职业教育省级规划教材。

强化学生教育管理 严格实行半军事化管理，组织半军事化管理强化月，重点加强校风建设。开展丰富的文体活动，开展"青春有我，不负韶华"大学生辩论赛活动、"喜迎二十大 滔海颂华章"朗诵大赛；组织开展大学生暑期"寻找良好家风"主题实践活动。推进创新创业教育改革，重视技术技能培养，举办了"咖啡厅设计创新创业大赛""智汇有我，共赢未来"大学生职业规划大赛等活动；联合中远海运船员管理有限公司天津分公司举办“‘扬帆’杯金工工艺技能比赛”；联合中波轮船公司举办“中波杯”撇缆技能大赛；举办“酒店营销策略”技能大赛、“货物积载与系固”技能大赛、“航线设计”技能大赛等一系列校级技能竞赛活动。组织参加各类省级及以上竞赛，在2022年全国大学生英语竞赛、全国第二届尖峰时刻酒店管理模拟大赛、2022年山东省大学生数学竞赛、山东省大学生科技节智慧企业管理创新设计大赛——新零售仿真精英赛高职组等各级大赛中均取得了优异成绩。关注学生心理健康，举行心理经典阅读会、“‘疫’路同心，温暖守护，健康成长”心理座谈会、开心笑脸展、“用音乐点亮心灯”草坪音乐会、缤纷伞绘展、“放飞心灵”风筝制作放飞活动、心随影动－优秀心理电影赏析等系列活动。

【科 技 研 发】

2022年，学校先后召开数字化转型与创新驱动专题会、中远海运研究院赋能集团“四个领航”专题会，对研究院的发展和科技研发工作作出总体部署，提出要充分发挥中远海运研究院的品牌价值，开拓创新，积极作为，主动对接集团“科技领航”，实现“一硬一软一前沿”总体目标。

坚持“党建领航”，加强党建研究 到集团系统内和中国东方航空股份有限公司山东分公司等11家公司就国企党建、廉洁文化等方面开展调研，完成中央企业党校智库课题“混合所有制企业党建工作研究”的研究工作；中央企业党校智库课题“国有航运企业助力现代化产业体系建设研究”获批立项。在《中央党校国资委分校工作简报》《中国远洋海运报》《青岛晚报》上发表党建类文章共计3篇。

坚持战略引领，加强科技合作 研究《中远海运集团“十四五”科技发展专项规划》，完成《中国远洋海运人才发展院“十四五”科技创新发展规划》的编制与发布。按照集团法务与风险管理本部要求，研究欧盟碳交易政策、IMO温室气体减排中期措施和同业竞争对手碳交易应对措施，完成《欧盟碳交易和IMO温室气体减排中期措施梳理与分析报告》。与青岛杰瑞工控技术有限公司签订科技合作协议，并成功申报青岛市智慧港科技创新示范工程项目“基于国产化温振传感器的大型工业装备健康诊断技术研究与应用”。与中远海运船员管理有限公司、中远海运科技股份有限公司、中远海运（厦门）有限公司签订四方共创合作协议，共同开展船舶管理数字化研究。

坚持“科技领航”，加强科研管理 全年管理科研项目20项，课题总经费325.3万元。组织学校2023年度科研计划项目申报，完成7个项目的立项评审，5个项目获批立项。组织中国交通教育研究会2022—2024年度教育科学研究课题等项目申报5次，获批2项。1项课题获得青岛市2022年度“双百调研工程”立项，实现科研渠道新突破。组织完成4项课题验收／鉴定，其中集团级课题1项。青岛市西海岸新区“高校校长基金”到账资金400万元；“基于航标平台的港口航道信息模块设计与研究”项目签订36万元的科技成果转化合同；“船舶压载水管理系统实船符合性验证研究”课题到账资金18万元。完成《中国远洋海运人才发展院科技创新工作管理办法》等4项制度的制定、发布与实施。与北京天盾知识产权代理有限公司等3家代理机构签订《知识产权事务代理协议》。

坚持价值导向，加强学术管理 获得1项发明专利受理、5项实用新型专利授权。参与编制的国家标准《船员健康检查要求》（GB 30035—2021)正式发布实施。5项研究成果获得中国交通教育研究会2019—2021年度交通教育科学优秀成果奖，其中二等奖1项、三等奖4项。3项成果获得2021年度中国航海学会科学技术奖（优秀航海科技论文奖）。180人参加2022年中国航海日全国航海科普周航海科普知识竞赛，5人获得一等奖，13人获得二等奖，9人获得三等奖，学校获得优秀组织奖。组织教师向《技术前沿》投稿3篇，向集团研咨中心报送技术分中心工作动态6次。学校成为青岛市海上搜救咨询机构成员单位。

【人才队伍建设】

推进三项制度改革 根据人才院一届一次职代会通过的《薪酬管理办法》以及《非领导职务员工职级管理办法》，逐一对照落实《三项制度改革任务清单》，持续深化人事、劳动、分配三项制度改革。完成人才院新、旧薪酬方案转轨，统一标准，严格纪律，清晰“原则、制度、底线”，客观公正地开展完成人才院本部及原天津海校非领导职务员工职务职级认定和学校薪酬制度改革落实落地，通过强对标、控总量、调结构使人才院激励约束机制更加健全，领导职务序列、教师序列、管理技术序列的“三通道”发展格局逐步“成型、定型”。对改革过渡期机构设置、人员编制、职责分工情况开展回头看，深入研究改革过渡期机构设置、人员编制、职责划分优化调整方案，对改革过渡期部门职责划分进行优化调整。开展以“三定”改革为主题的专题结构化研讨，根据拟定的《三定实施方案》，明晰岗位职责，优化人员配置，盘活冗余存量，人岗有效匹配。制定出台了《中国远洋海运人才发展院员工管理办法（试行）》《中国远洋海运人才发展院非领导职务员工职级管理办法（试行）》《中国远洋海运人才发展院员工培训管理办法（试行）》《中国远洋海运人才发展院员工岗位交流管理规定（试行）》《中国远洋海运人才发展院员工考勤及请假管理规定（试行）》《中国远洋海运人才发展院“十四五”人才发展规划》《中国远洋海运人才发展院外聘兼职教师管理办法（试行》等制度文件，为持续深化改革、完善组织架构、提升员工素质、规范员工管理、保障员工权利提供制度遵循。

加强干部队伍建设 加强干部管理和教育，完成领导人员人事档案整理完善和出国（境）证件管理工作；组织校领导完成个人事项申报；开展校领导及校管干部参加党的十九届六中全会精神学习培训活动；组织开展“全员营销”培训；组织开展集团远航库、启航库遴选工作；组织2022年集团援藏干部推选工作。加强后备干部队伍建设，构建科学干部队伍梯度；协助集团完成校领导干部推荐考察、工作调动、退休等事项办理；组织开展校管干部、内设机构负责人选拔、竞聘、交流，按照“公平公正、因事择人、人岗相适、相对平衡”原则选好干部、配好干部。开展中层干部调整、交流16人次；补充内设机构负责人13人（其中竞争上岗12人），促进员工多岗位锻炼。本年度共提拔使用“80后”年轻干部12名（其中“90后”1名），干部队伍的年龄结构进一步优化。

加强员工队伍建设 根据集团批复，人才院2022年度计划招聘员工12人，完成招聘7人，均按程序统一组织入职测试，规范招聘程序，加强招聘监督，确保人才引进质量。推进优秀员工岗位交流，全年员工岗位交流25人次，通过多层面、多岗位锻炼丰富阅历，提高综合素质。办理11人退休、8人离职手续。充分发挥学校的资源优势，结合学校转型发展需要，坚持“政治与业务并重、理论与实践结合、教学与科研兼顾”的原则，通过培训班、专题讲座等形式组织开展内训师培训、“双师型”教师业务学习、管理人员技能提升培训等。2022年完成各级各类线上线下培训24 000多学时、参训人次达817人次，其中5名员工上船顶职、3名员工上船挂职政委、18人参加省培项目“双高计划引领双师型”，20人参加国培、省培项目，10人参加高校学校教师岗前培训。2022年，航海技术专业教师团队获评2022年山东省职业教育教学创新团队；1名教师获评第六届青岛高校教学名师；1人获评山东省学籍学历管理工作先进个人，13人入选国资央企党校“名师工程”，1人获评第三届在青高校“优秀思政名师”，1人获评第三届在青高校“十佳辅导员”。开展2022年度会计（正高）、教师、教育管理、船舶、政工、工程系列的职称评审工作，2022年共有研究员2人、副研究员3人、助理研究员7人、政工师2人、助理政工师2人、工程师3人通过评审。

【党 群 工 作】

人才院党委坚持以习近平新时代中国特色社

会主义思想为指导，认真学习贯彻党的十九届六中、七中全会和党的二十大精神，坚持和加强党的全面领导，坚持“党建领航”，推进党建与业务深度融合，为人才院“双一流”建设提供坚强政治保障。

突出政治引领，强化理论武装 坚持和加强党的全面领导，充分发挥党委把方向、管大局、保落实的领导作用，严格执行“三重一大”议事决策制度，组织召开党委会21次、校长办公会19次，审议议题165项，其中“三重一大”事项94项。聚焦历史盛会，深入学习宣贯党的二十大精神，将学习宣传贯彻党的二十大精神作为首要政治任务，组织全体教职员工、学生学员收听收看党的二十大开幕会盛况，组织召开传达学习党的二十大精神会议，以“全面学习、全面把握、全面落实”为要求，迅速掀起学习宣传贯彻党的二十大精神热潮。坚持“第一议题”制度，人才院党委共组织召开党委理论学习中心组集体学习19次，坚持以“一总三分十落地”（“一总”即学习习近平总书记关于“学习”的重要论述文章；“三分”即分类学习习近平总书记关于“党校”“教育”“思政”三个方面的重要讲话精神；“十落地”即深入贯彻习近平总书记对本行业本企业10个方面的重要指示批示精神）为总抓手，深入学习习近平新时代中国特色社会主义思想、习近平总书记对本行业本企业10个方面重要批示指示精神等。组织8名院领导、38名中层干部参加各层级学习贯彻党的十九届六中全会精神专题培训班。各级党组织认真落实“三会一课”制度，共组织开展理论学习268次，专题党课98次，提高党员干部理论素养，提升政治能力。开展“建功新时代，喜迎二十大”习近平总书记重要指示批示精神再学习再落实再提升活动，组织学习《习近平谈治国理政》第四卷，建立党史学习教育常态化长效化工作制度，结合集团和人才院实际，开展典型案例经验总结和政研课题研究，以理论研究成果指导工作实践，形成45篇论文报告，落实“我为群众办实事”项目55项。

推动党建融合，提升基层党建实效 组织召开人才院2022年工作会、党建工作会，与10个党组织签订党建工作责任书，传导党建压力、压实党建责任。制定人才院2022年党建工作要点，明确8个方面28项重点任务。开展2021年度基层党组织书记抓基层党建现场述职评议，完成对10位基层党组织书记考核评议。加强“三基”建设，根据机构改革情况，增设3个基层党支部，优化基层组织设置；指导6个基层党组织完成委员补选，3个新设党支部完成委员选举，增强组织战斗力。制定《关于加强党建带团建工作方案》《纪检监督建议工作办法》等11项党建制度，持续推进制度体系完善健全。推进落实人才院《2020—2022年基层党建工作规划》，开展基层党组织党建品牌创建活动，进一步加强基层党组织标准化规范化建设。落实《2019—2023年全国党员教育培训工作规划》，组织党支部书记、党务工作人员参加各类专题培训共计892人次，打造“三懂三会三过硬”的专业队伍。做好党员发展工作，全年共发展党员20名。贯彻落实《集团2022年度党建融合发展重点工作任务分解》，促进党建工作与业务中心工作联动促动、相辅相成。组织召开人才院党委党史学习教育专题民主生活会，指导2个基层党委、8个党总支高质量召开专题民主生活会，督促指导34个党支部召开年度组织生活会，完成民主评议党员工作。

加强党风建设，推进全面从严治党 坚持从严治校、从严治学、从严治教，持续完善党委主体责任、纪委监督责任、党委书记“第一责任”、班子成员“一岗双责”的“四责协同”体制机制，做到齐抓共管、上下联动、左右协同。积极主动配合，接受集团巡视，组织召开专题党委会，成立迎检领导小组及工作专班，积极配合集团巡视组各项工作，对发现问题立行立改、真改快改。组织开展中央巡视整改、内部巡视整改“回头看”，做好8个具体问题整改落实情况的自查检视。推进内部巡察，完成对总部机关、服务保障中心、职业教育分院、网络教育分院等4个党总支的政治巡察，发现问题51项138个。大力督促做好巡察“后半篇文章”，达到“发现问题、形成震慑，推动改革、促进发展”的目标。

坚持守正创新，宣传思想工作再上台阶 贯彻集团宣传工作专题会议精神，抓好党中央及集团重大决策部署、集团企业文化、人才院改革成果的宣传。加强宣传阵地管理，维护意识形态安全，制定《关于新时代加强和改进中远海运人才发展院思想政治工作的实施意见》《中国远洋海运人才发展院媒体平台管理办法》，利用多种媒体讲好集团故事、人才院故事，提升宣传实效。全年共向集团报送新闻通讯数十篇，其中党建要情采纳7篇、远洋海运报及公众号采纳20余篇，共发布人才院官方微信公众号新闻184期，OA内网新闻通讯387篇。强化师风师德建设，加强先进人物、典型事迹宣传，巩固拓展“学习争先、推动转型”主题活动成果，共有2个集体和3名职工获评集团2021年度先进集体和先进个人，1名教工获评山东省高校教学名师，1名教工获评青岛高校教学名师，1个团支部、3名团员、2名团干部获集团和青岛市五四先进表彰，1名职工获评山东省校园安全工作先进个人。推进人文校园建设，组织开展美丽家园建设系列活动，制作人才院宣传片、校园文化标识，开展航海文化园建设、群众文体活动等；同时，通过培训班等大力宣讲传播集团企业文化，将企业文化浸透校园管理和服务各方面。

搭建桥梁纽带，提升群团工作质量 落实党建带团建主体责任，制定人才院党委党建带团建工作方案。聚焦建团百年，强化青年理想信念教育，组织广大青年职工和团员学生收看庆祝中国共产主义青年团成立100周年大会现场直播，掀起学习贯彻习近平总书记重要讲话精神的热潮。召开人才院2022年五四总结表彰大会，表彰优秀团支部5个、优秀团干部43名、优秀团员49名。组织开展青年教工“同心·奋楫”团建等多项活动，激发青年热情，助力青年成长；组织推进“青年大学习”活动、青年精神素养提升工程，开展青年创新创效活动，完成创新创效立项14项，搭建青年服务新平台。加强工会建设，组织召开工会委员会（工会主席）例会10次，制定职代会实施细则等8项制度，完善制度体系。完成中国远洋海运工匠学院申报，目前已列入全国工匠学院名录。推进3个集团职工创新工作室建设。组织开展系列关怀慰问活动，走访慰问21户职工家庭、63人次。启动退休人员独生子女父母一次性养老补助发放工作，惠及219名退休职工，发放金额约500万元。全年共有3个集体、4名职工获山东省水运系统和青岛市总工会表彰。梳理汇总一届一次职代会提案36项，完成立项24项，推进提案落实。组织开展教学技能竞赛，表彰10位教学能手。举办职工文化体育节，推进“我为新校区增光添彩”活动，共组织开展各类文体活动20多项。参加集团“喜迎二十大、奋楫新航程”书画摄影大赛和“航运强国有我”诗词歌赋创作大赛，4个作品获三等奖，3个作品获优秀奖。

强化综合治理，筑牢安全稳定防线 坚持精准防控，守好疫情防控底线，贯彻落实集团党组、教育条线和属地政府各项防疫要求，压实“四方”责任，定期召开疫情防控会，聚焦人员密集场所管理要求，从严从实从细从快抓好校园疫情防控。修订完善应急处置方案，组织应急演练，组建志愿者队伍，按要求实施校园封闭管理措施，做好服务保障工作，提升科学精准防控水平，在防疫新十条发布前保障了在校广大师生零感染。严格落实意识形态工作责任制，组织开展风险隐患自查自纠，接受青岛市委对意识形态工作的专项督查。学习贯彻《中华人民共和国安全生产法》，开展“安全生产月”活动，组织召开安委会例会12次，推动安全工作各项举措有效落地。制定《迎接党的二十大加强安全生产工作专项方案》，印发《矛盾纠纷管理和处置实施办法》等5项规章制度，加强风险排查管控，落实“三级”值班制度和“零报告”制度，确保了国庆节、党的二十大期间安全稳定。

【纪检监督审计】

人才院纪检监督审计工作坚持以习近平新时代中国特色社会主义思想为指导，聚焦主责主业，充分发挥全面从严治党引领保障作用，为人才院“深化改革，创新发展”提供了坚强保障。

聚焦“两个维护”，做实做细政治监督 协助党委推进习近平新时代中国特色社会主义思想、党的十九届六中全会、十九届中央纪委六次全会、党的二十大等精神的学习贯彻落实，积极督促各基层党组织对党的十八大以来习近平总书记有关重要指示批示进行再学习再落实再提升，对开展学习情况进行专项督察。开展“三大机制”（即纵队制、项目制、师徒制）建设专项调研督导，组织专题座谈会议，形成专项调研报告，推动党委“三大机制”建设落地见效。协助党委抓好意识形态领域监督，约谈职业教育分院等 4 个党总支班子成员，把集团船舶政委培训、集团“五十百千”高端航海人才培训、学生思想政治教育课等纳入政治监督，组织召开思政课教师座谈会 1 次，深入思政课课堂开展现场监督 8 次，对发现的问题予以指导提示。印发《关于开展安全生产和疫情防控专项督查的通知》《关于严明纪律要求 保障打赢防控阻击战的通知》，开展防疫督查 19 次，提出督导意见 23 条，开展专项安全监督 2 次，发现问题 29 项（处），完成 3 份上报集团报告，发出纪检监督意见书 1 份。

加强专责监督，提升监督工作质效 加强对“关键少数”的监督。与 90 余名校管干部和重点岗位人员签订廉洁承诺书，开展对校管中层干部和重点岗位人员的专项约谈 31 人次，发出纪检监督意见书 2 份。运用监督执纪“第一种形态”开展批评教育 1 人、诫勉谈话 1 人、提醒谈话 1 人。严把干部选拔任用廉洁关，完成党风廉政意见回复 61 人次，常态化开展新提拔干部任职廉洁谈话 16 人次。加强对重点领域和关键环节的监督。纪委积极落实学校新校区建设“1+3+N”保障监督机制（“1”即监督审计关口前移，发挥专业监督作用；“3”即对总目标、质量与进度、资金进行监控；“N”即集团相关职能部门，学校部门、分院、中心，外部专业监理公司、造价咨询公司等专业机构），对学校相关部门履行业主方责任实施全过程监督，对后勤服务转型、运营管理、外协服务等开展监督检查，发现问题 12 项。参加 2022 年新员工招聘现场监督 7 次，印发《关于严明招生和教育收费工作纪律的通知》，加强物资采购、合同执行、费用结算等日常经济业务监督，完成合同审核 546 项，结算审计 357 项，参与采购现场监督 56 项。开展重点领域廉政问题专项整治和廉洁风险排查，形成廉洁风险清单 81 项，指导相关单位制定风险防控措施。

坚持严的主基调，一体推进“三不腐” 进一步加大问题线索处置力度，查办问题线索 4 件。进一步加大“四风”问题监督检查力度，开展职工福利费专项审计、落实中央八项规定精神严防公款吃喝专项监督，印发《进一步落实中央八项规定精神持续纠“四风”树新风的通知》，持之以恒做好节假日廉洁提醒和监督检查，印发廉洁过节的通知 3 次，通报典型案例、编发警示教育学习材料 23 篇。深入开展廉洁文化建设，印发人才院《关于开展廉洁文化建设的实施意见》《关于开展 2022 年廉洁文化建设活动的通知》，开展“寻找良好家风”主题社会实践等廉洁文化建设系列活动。加强经常性警示教育，党委副书记、纪委副书记对党总支书记、年轻干部、关键岗位人员、新员工、青年学生等开展理想信念教育、廉洁从业教育和案例警示教育 2 次，印发《关于开展案件警示教育的通知》。推动常态化纪律教育，充分发挥纪委“大学 · 清风”微信公众号的新媒体优势，开设 8 期“清风讲堂”，编发党风廉政建设学习材料 105 期共计 245 篇，持续开展“纪律教育大家谈”活动。

加强体制机制建设，完善大监督工作格局 纪委协助党委部署分解、督促落实年度党风廉政建设和反腐败工作任务，印发《2022 年党风廉政建设和反腐败工作任务分解表》，明确责任分工，加大监督考核，推进反腐败各项工作落实。加强制度建设，建立健全监督基本制度体系，2022 年制定并印发了人才院《纪检监督建议工作办法》《基层党组织纪律检查委员工作管理办法（试行）》《礼品礼金登记上交管理规定》《关于审计部门向纪检监督部门移送问题线索工作的实施细则》《关于加强政治监督的实施办法》《党纪政务处分决定执行工作实施细则》等 6 个制度。

加强政治巡察，完成巡察全覆盖 2022 年，纪委协助党委深入贯彻落实集团党组巡察工作部署，认真执行年度巡察工作计划，共对总部党总支、服务保障中心党总支、职业教育分院党总支、网络教育分院党总支等 4 个基层党组织开展政治巡察，累计发现问题 51 项 138 个，按要求完成集团巡察五年（2018—2022 年）全覆盖的工作要求。

【新校区建设】

顺利完成一期项目收尾 2022 年 1 月 20 日，古镇口核心区管委召开表彰大会，新校区建设项目获评“2021 年度优秀建设项目”；1 月 24 日，取得新校区一期图文信息中心楼等共计 60 873.80 平方米建筑不动产权证书；10 月 17 日，新校区一期学生公寓楼工程取得《关于青岛远洋船员职业学院项目消防设施报验技术审查意见》，完成消防竣工验收；11 月 28 日，新校区一期学生公寓楼工程完成质量监督竣工验收；12 月 9 日，新校区一期学生公寓楼工程完成竣工验收备案。至此，新校区一期建设项目全部顺利完成。

扎实推进二期项目建设 建设过程中，建设管理组协调参建各方克服疫情影响，笃行不怠抓建设，精耕细作提品质，扎实推进标准化施工、样板间打磨、匠心示范岗等精益管理措施。2022 年 3 月 18 日，学员宿舍 A/B 楼完成主体结构验收；3 月 29 日餐厅楼完成主体结构验收；5 月 9 日通过青岛市标准化示范工地评选；5 月 18 日领导力主楼主体结构封顶，8 月 20 日通过主管部门组织的主体结构验收并获评“优质结构工程”；7 月 8 日地下人防、车库完成主体结构验收；6 月 18 日室内体育中心楼主体结构封顶；10 月 27 日完成主体结构验收；新校区二期项目主体结构全部顺利完成建设。

深化完善实训室建设 设施设备组密切跟踪实训室建设进度，先后组织开展 2 个批次 18 个实训室的联合验收，累计完成一期工程 137 个实训室的验收工作；通过反复测试及不断反馈，有效保障了实训室教学活动安全、有序地开展；组织专业技术人员对 144 个实训室编写简介及讲解词，图文并茂地展现出实训室的先进性和领先性；组织各分院结合各自实训室的技术特点，编写了 95 本实训指导书，有效的指导师生们开展实训教学，进一步提升实训质量；立足于“再出发、再深化、再完善”，于 10 月组织开展了一期建设“回头看”工作，从实训室建设情况、使用情况、问题整改情况，建设材料归档情况、下一步需要开展的工作、需要学校协调的事项等方面进行认真、全面地梳理、总结和分析，进一步推动实训室建设质量的提升，保障了实训室安全稳定运行，促进了实践教学的再发展。

加快“数字化”校园建设 智慧校园组完成新教务系统和学工系统（含二次开发）并于 2022 年 9 月上线运行，英语考试系统 12 月上线运行，在秋季新生入学报到工作中，全程提供全方位技术支持，首次完成了“智慧迎新”，对学生“从离家到入校”的全过程数字化支持，给新生全新的入校报到体验，为服务部门提供了精准的服务信息；配合完成集团 iHR 培训模块建设并已于 7 月上线运行；智慧校园门户于 10 月上线运行，为教职工校内生活服务；智慧党校系统于 11 月上线运行并贯通财务收费流程、职业培训业务流程、党校业务流程，实现了 ERP 对人才院主要业务流程的覆盖，移动端已经通过“中远海运人才发展院”微信公众号发布使用，为培训学员学习生活服务；按照集团规划部署已实现数据底座的对接，根据进度进行报表盘点、指标数据盘点、基础数据盘点、系统盘点，实现系统、数据库联通对接，建立了初步的数据运营机制，形成了以数据治理推动人才院数字化转型发展的良性工作循环。 （姜丽莉）

中远海运财产保险自保有限公司

中远海运财产保险自保有限公司

【公司概况】

中远海运财产保险自保有限公司（简称“中远海运自保”，英文简称COSCO SHIPPING Insurance），由中远海运集团全资设立，于2017年2月8日成立，注册资本金20亿元，注册地位于中国（上海）自由贸易试验区。作为中远海运集团航运金融产业集群的重要组成部分，中远海运自保紧紧围绕中远海运集团战略发展和产业布局，积极履行集团赋予的“风险管理工具、保险管理平台、风险成本中心”的核心职责，为集团提供专业的风险保障，助力集团提升防灾防损和安全生产能力。为集团构建全球综合物流供应链服务生态赋能，同时，中远海运自保在集团的领导下，以成为国内自保翘楚为目标，积极贯彻卓越经营理念。2017年，中远海运自保保持银保监会风险综合评级为最高的A类评价；连续2年在银行业保险业公司治理评估中，位列1 800多家银行保险机构的前20%头部位置；连续4年获得国际著名评级机构贝氏（A.M.Best）的“A级（卓越）”财务实力评级和“a级”长期发行人信用评级；在中央财经大学中国精算研究院公布的《2021中国保险公司综合竞争力评价榜单》中，综合竞争力位列国内73家财产保险公司第20位。

【历史沿革】

中远海运集团成立后，围绕“规模增长、盈利能力、抗周期性和全球公司”四个战略维度着力布局6+1产业集群。为推进实施集团航运金融产业集群发展战略，进一步发挥金融产业集群在集团内的效益稳定器作用，提高集团整体风险管理水平，从而更好地践行国家“一带一路”倡议和海洋强国战略，中远海运自保成立，是上海市第一家自保公司，也是国内首家航运自保公司。

中远海运自保是中远海运集团成立后获得的首块金融牌照，也是集团内的第一家实行职业经理人制和全员市场化考核的公司。

2017年7月1日，中远海运自保正式承保集团所有船舶的保险业务，当年实现保险业务收入2亿元，实现利润总额6 234万元，顺利实现集团成立自保公司的阶段性目标。2018年10月，公司首次获得国际著名评级机构——贝氏（A.M.Best）信用评级“A级（卓越）”，并保持至今。

【经营业绩】

2022年，中远海运自保实现保险业务收入66 567万元，同比增长9.7%；完成净利润12 009万元，同比增长4.3%，生产经营保持稳中有升。

【保险业务】

1. 大力支持集团细分船队发展，促进集团船舶风险防控

在集团运营部的指导和各航运公司的支持下，中远海运自保发挥“船壳险续保机制”的内部市场化业务协调作用，确保集团902艘船舶的年度续保工作得以顺利高效完成，整体保费同比再降350万元。公司积极跟进集团各船队布局，探讨新兴船型、绿色能源船型的风险分析，为能源LNG双燃料船、LNG船、特运纸浆船、大连LGP船、大连客滚船、海发电动船项目等提供专属保险保障方案，支持各细分市场的专业船队发展。

2. 协同航运企业开发货物运输相关保险，提升集团货主客户体验

为贯彻集团产业链经营战略，2022年中远海运自保进一步加大货运险业务开发力度，加强与航运公司经营协同，将货运险和货运责任险等保险保障服务嵌入到航运公司与其上下游客户的合作过程中去，增强航运公司与客户间的黏性。

2022年，中远海运自保继续承接散运国电投几内亚的货运险项目、承保中铝几内亚项目设备出口的货运险、优化“远海通”保险产品助力集运竞标耐克和阿迪达斯项目，新增中石化中海燃供油品运输、散运旗下嘉禾航运煤矿货运、集运华南公司集装箱电动平衡车运输和中远国贸沥青国内运输等的货运险业务。

3. 积极服务集团港口建设，为构建新发展格局提供稳定保障

中远海运自保积极服务集团融入共建“一带一路”倡议，以及长三角一体化、京津冀协同发展、海南自贸港建设等区域发展战略，为集团海内外码头提供保险保障服务。

国内码头方面，积极配合港口公司的统保需求，协助完善风险防控、优化保险方案。关注集团国内码头业务的拓展，在武汉码头建设阶段即积极沟通，项目交付后及时提供保障，2022年承保武汉铁水联运二期项目部分财产保险；集团控股天津港集装箱码头后，积极与天津港集装箱码头协同，承接天津港集装箱码头一揽子保险业务；参与承保海口新海滚装码头客运综合枢纽站工程项目和新海港综合交通枢纽（GTC）及配套设施建筑工程的建工一切险。

海外码头方面，承接比港、阿布扎比、比利时、西班牙等码头保险项目。不仅为当地港口风险防控提供有益的建议，也协助其有效地控制了保险成本。

4. 为IQAX电子提单平台提供电子提单责任保险，助力集团加快区块链平台建设和数字化转型

为促成IQAX电子提单平台尽快获得国际保赔协会（IG）审批，在与集运和经纪公司的共同努力下，以共保形式自2022年4月1日起为IQAX提供电子提单责任保险，协助IQAX电子提单业务在6月获得IG的认可，助力集运加快区块链平台建设及业务数字化转型。

5. 推动责任险保障覆盖面，降低集团各企业管理风险

针对当下国内董监高责任风险状况和典型事件，主动承办集团第11期“法险讲堂”，传播普及责任风险防范意识。通过推广，已承保集团10多家公司的董监高责任险、119家企业的雇主责任险。

【绿色保险】

一是加入海上保险波塞冬原则（简称PPMI）。2022年9月23日，中远海运自保以联合会员的身份正式加入PPMI，成为亚洲第一家加入PPMI的保险公司，如图14–5所示。加入PPMI倡议，符合集团和公司关于绿色航运和绿色金融的战略，有利于推动航运减碳和可持续发展。

图14–5　中远海运自保加入海上保险波塞冬原则

二是反复推敲为长江电动船项目提供多角度保险方案。全程参与海发700TEU电动船项目的保险研究和设计，为船舶及其储能电池箱提供了全新的风险解决思路和量身定做的方案，并结合电池箱在陆岸的风险实际状况，匹配船舶险进行风险识别和分析工作，尝试用数字化手段来管理新产品、新风险。

【服务“专精特新”企业】

为贯彻落实国家关于扶持“专精特新”中小企业高质量发展的政策，在集团战企部和科创部的支持下，中远海运自保主动与相关单位联系，认真研究客户需求，设计优化保险方案，并承保部分集团“专精特新”培育清单企业的产品质量保证保险和产品责任险，保障企业产品和服务顺利推向市场，助力集团培育发展“专精特新”企业。

【防 损 减 灾】

1. 积极稳妥应对俄乌冲突影响，确保风险保障持续有效、成本可控

面对俄乌战争及后续影响，及时反应，为从乌撤离船员提供全程人身保障，并争取到全球最低费率的船舶特战险保障，为涉俄运输企业提供支持。

2. 密切关注风险信息、深度分析行业热点事件，为集团和各公司风险管理和经营决策提供参考

将防损理念融入日常工作，密切关注制裁、战争、海盗、冰区、台风等风险变化及安全事故处理等信息，及时向集团及相关公司提供分析报告、提出意见建议。对各类生产安全风险进行深入研究，定期发布自保通函，细化防灾防损举措。

3. 提供专项风险查勘增值服务，协助企业提升安全管理水平

实施贯穿保前、保中、保后的风险评估工作机制，全面提升公司对客户的增值服务水平。充分利用内外部技术力量，完成对天津港集装箱码头、上海中远海运重工、江苏中燃油运码头、南通海港码头、上海亿升仓储、中远关西涂料珠海工厂的专项风险查勘，并对海南港航进行远程风险筛查。通过查勘，向有关单位指出风险管理的薄弱点，协助其进一步提升安全管理水平。

4. 未雨绸缪，协助集团整合全球海上应急资源

协助集团安管部全面推进全球海上应急资源整合工作，先后前往散运、特运，以及广州打捞局开展调研，并利用公司在救助机构和应急专家等资源方面的优势，初步搭建了系统性救助资源储备网络，协助集团完善全球应急响应机制，提升应急管理能力。

【资 金 运 用】

中远海运自保遵循监管部门对保险业资金运用安全性、流动性、收益性的规定，本着以稳健追求绝对收益、做好资产与负债良性匹配的投资原则，开展保险资金运用。在2022年国际国内资本市场均大幅震荡的背景下，公司各季度投资收益情况均跑赢市场平均，处于前30%水平，尤其是在自营投资方面保持了较强的稳定性。

【数字化转型】

1. 完善科技创新与数字化转型顶层设计

在集团数转部及科创部的指导下，编制完成《自保公司“十四五”数字化转型规划》《自保公司“十四五”科技发展专项规划》，确立未来发展方向和目标。

设立科技发展与数字化转型战略领导与工作委员会，实施业务与技术双项目经理制，形成自上而下、高效务实的科技创新与数字化转型组织体系。

2. 明确重点，统筹推进项目建设

一是优化、丰富“自保e平台”功能，打造更加全面的客户服务业务协同平台。自保e平台集团内平台用户访问量持续增多，业务操作范围逐步扩大。

二是完善船舶智能防损项目建设。不断修正改善风险指标设计思路、风险评级方法论。并根据最新研究成果，完成指标规划、风险评级设计、取数开发、数据展示，以及调整修正的正向迭代循环。

3. 筑牢数字化基础，推动落实高质量数字化转型

一是做好标准化数据采集工作。按时、保质、保量完成银保监会信息化非现场监管报送、银保监会 EAST 标准化数据采集及上报工作。

二是筑牢网络安全防线。落实上级及监管机构发布的各类网络安全要求。做好日常各项工作，加强风险排查，发现问题及时整改。推进公司异地灾备项目建设。

三是优化系统运维。持续优化业务、财务、产品管理、风险管理、审计管理等信息系统。

【企业改革】

1. 加强改革实践总结，确保改革三年行动圆满收官

为确保全面、按时、高质量完成集团改革三年行动目标任务，公司进一步压紧压实工作责任，加强对改革工作完成时序进度的管理，提前完成各项改革任务。为确保改革工作圆满收官，公司加强了对改革实践的总结提炼，在人力资源管理和风险管理领域形成了具有代表性的改革经验和模式。

2. 全面推行经理层成员任期制和契约化管理，继续深化市场化用工管理

按照中央、集团关于国企改革三年行动的工作部署，紧紧扭住经理层成员任期制和契约化管理这个“牛鼻子”，结合公司实际，完善经理层成员任期制和契约化管理材料，做实做细岗位聘任、目标制定、绩效考核、薪酬兑现、岗位退出等关键环节。公司已按规定程序与职业经理人签订了岗位聘用协议书和年度（任期）经营业绩责任书，严格实行任期制和契约化管理。加大员工考核管理力度，对 1 名表现不佳、不胜任岗位要求的员工提前解除劳动合同，畅通员工进出通道。

【合规管理】

按照新实施的偿付能力监管规则，加快完成公司制度修订，研究评估变化和影响，平稳完成偿付能力监管规则切换期的过渡。

开展“2022 合规管理强化年”暨“经营业务合规管理问题专项治理工作”。根据集团要求，针对重点领域和经营业务合规管理问题完成相应的专项排查和自查自纠。

按要求落实“严肃财经纪律、依法合规经营”专项治理行动。根据集团总体部署，制定公司方案和专项的分解自查计划，压紧压实自查自纠工作责任，认真自查。

【企业党建】

公司党委坚持把方向、管大局、保落实，坚决贯彻落实党中央和集团党组决策部署，服务实体经济，为集团提供全产业链保险保障。

一是深入贯彻落实“两个一以贯之”。坚持党的领导和完善公司治理相统一。完善公司“三重一大”决策事项及权责清单，厘清党委会、董事会、总经理办公会权责边界，不断完善中国特色现代企业制度。

二是聚焦融合发展。开展“建功新时代，喜迎二十大”习近平总书记重要指示批示精神再学习再落实再提升主题活动，对贯彻落实情况进行系统督查、深入调研，总体回顾、总结经验。开展中央巡视整改和内部巡视整改“回头看”自查自纠，持续深化整改落实和长效机制建设。将《推进公司党建与经营管理融合发展的实践与探索》确定为公司年度创新项目，通过课题研究不断深入实践探索深化党建融合。

三是积极学习贯彻党的二十大精神。第一时间安排部署学习宣传贯彻党的二十大精神工作，各党支部和党员干部以多种形式学习研讨党的二十大报告，全面准确深刻理解把握报告精神。全体党员干部参加了学习贯彻党的二十大精神网络学习班，中层以上干部开展了 5 期集中学习研讨，召开了学习贯彻党的二十大精神专题研讨会四是深化全面从严治党。持续强化政治监督，通过“六个坚持”严把入职、调岗、提拔三关，紧盯元旦、春节等六个节点，精准布防各廉洁风险点。持续深化对照检查，对十九届中央第八轮巡视25家金融单位反馈的问题进行梳理，督促各部门、各支部开展对照检查，制定12项具体举措。（薛堃）

海南港航控股有限公司

海南港航控股有限公司

【历史沿革】

2004年底，海南省政府对琼北三港海口港集团公司、海南省海运总公司的国有资本权益及马村港岸线资源进行重组整合。2005年1月24日，由三港重组组建的海南港航控股有限公司（简称“海南港航”，英文简称Hainan Harbor & Shipping）正式挂牌成立。2006年3月13日，公司由海南省国资委移交海口市国资委管理。2018年10月29日，公司重归海南省国资委管理。2019年5月18日，中国远洋海运集团有限公司（以下简称“集团”）与海南省国资委签订股权无偿划转协议，并启动公司重组整合工作。2019年11月27日，公司股权重组完成，正式纳入集团管理体系，按照集团直属二级公司运营管理。公司注册资本金1 174 456 629.10元，股东为海南中远海运投资有限公司、海南省国资委、国投交通控股有限公司、海南省财政厅和海口市城市投资有限公司，持股比例分别为53.169 8%、26.914 6%、9.203 4%、7.245 9%和3.465 4%。

公司主营业务包括码头（集装箱、散件杂货）装卸业务、客滚运输、临港物流、航运旅游、港航服务等，是目前海南省最大的国有港航企业。控股子公司海南海峡航运股份有限公司是琼州海峡客滚运输龙头企业，于2009年12月16日在深交所上市，股票代码为002320。

【总书记考察洋浦国际】

2022年4月10—13日，中共中央总书记、国家主席、中央军委主席习近平在海南三亚、五指山、儋州等地进行考察。4月12日上午11时30分，习近平视察洋浦国际集装箱码头，对洋浦港的建设作出了重要指示。公司董事长王善和陪同海南省交通运输厅厅长巴特尔并汇报了海南省港口布局和洋浦国际集装箱码头发展和建设规划有关情况。习近平同现场作业人员、挂职干部代表等亲切交流互动后，在现场作了重要讲话。

习近平强调，振兴港口、发展运输业，要把握好定位，增强适配性，坚持绿色发展、生态优先，推动港口发展同洋浦经济开发区、自由贸易港建设相得益彰、互促共进，更好服务建设西部陆海新通道、共建“一带一路”。他指出，党中央选派干部来自由贸易港挂职，既体现了党中央对自由贸易港建设的关心和支持，也是对干部的培养锻炼，要发挥挂职干部的积极作用，让他们在基层一线增长才干。①

习近平总书记考察洋浦国际集装箱码头，是载入公司史册的一件大事，对于公司未来的发展具有重大的指导意义和历史意义。

【经营情况】

2022年，俄乌战争引发国际局势动荡，加上国内多次受到新冠疫情冲击，海南港航生产经营受到一定影响。公司坚决贯彻落实党中央“疫情要防住、经济要稳住、发展要安全”的要求，切实扛起央企担当，全力做好保供保畅工作，各业务板块迎难而上，保存量、拓增量，生产经营维持在正常水平，圆满完成全年经营目标和工作

① 《习近平在海南考察时强调　解放思想开拓创新团结奋斗攻坚克难　加快建设具有世界影响力的中国特色自由贸易港》，《人民日报》2022年04月14日02版。

任务。

轮渡板块充分发挥琼州海峡航运一体化整合完成的优势，制定《琼州海峡港航一体化服务质量提升方案》《过海VIP客户服务机制》，推行船舶一体化客运服务标准。积极构建"四个统一"运营模式，打造两岸船舶统一调度体系。稳打稳扎，拓展经营，先后推出"商品车专线""货车专班""大客户专线""小车快船"及"精品航线"运输专线，为过海车辆提供精细化、流程化、高效化物流运输装卸服务。拓展经营，突出产业提质，免税提货点、新海港船舶供水供电智能化控制系统等业务，实现收入近千万元。大力发展非主营业务，推出秀英港精品航线航班、小客车专班、商务舱等特色产品，重点提升船舶二次消费收入，全年实现非主营收入同比增长约9.33%。同时，加强精细化管理，千方百计节省成本开支，全年较预算降低成本和锁油操作节约上亿元。2022年8月1日海南暴发重大疫情，8、9月份海南多个市县多次实行静态管理。为防止疫情外溢，轮渡生产停运近半个多月，经受了前所未有的冲击。

集装箱板块从保量增收、管理模式创新、深化改革、绿色智慧港口建设、党建引领等五大方面精准发力，顺利完成全年经营目标；集装箱吞吐量同比增长16.24%，是五大业务板块表现最好的板块。积极推进港口能力建设，海口港一期扩能建设工程顺利投产，通过能力从190万TEU提升至280万TEU；完成了小铲滩码头原木进境口岸开放，港口通过能力大幅提升。调整运力结构，加密航线布局。根据"按货定船，按需定船"原则，实现3艘驳船运力梯级配置，全年累计完成25.62万TEU。在进一步优化海防、新加坡航线的基础上，开通洋浦—东莞内外贸同船航线，纵深推进防城航线运营。9月23日，协同中远海运集装箱运输有限公司开通"海南自贸港—西非"洲际远洋干线，该线是海南自贸港第二条洲际越洋集装箱航线，带动外贸箱大幅增加。联合海南集运推动内贸木材"散改集"，并开发了漂白阔叶木浆、PET、PAT、聚丙烯、硫磺等货物的"散改集"业务。

散杂货板块以市场开拓为导向，主动出击，在持续低迷的市场环境下，深挖潜力、找米下锅，全年散杂货吞吐量同比略有增长。实时关注市场趋势，跟进岛内重点工程项目动态，西海岸生态整治与修复项目、万宁月岛拆岛项目，实现砂石项目货源增量94万吨；主动跟踪散货船海运市场的变化，成功引导广西进岛碎石业务落地，带来碎石增量约20万吨；成功争揽马村电厂码头、金牌港废铁来港作业，全年带来废铁增量约13万吨。利用"保量业务+仓库租赁"的业务模式，分别与中粮深圳、厦门建发签订10万吨/年的粮食保量业务。此外，海砂、进口白糖、新西兰进口种牛、商品车等货种都有一定的增幅。

物流板块前瞻谋划"十四五"产业布局，初步形成构建自贸港"三位一体"供应链体系思路。通过"三新三链路"，形成服务图谱和服务生态，推进业态及产品导入，完善产业链经营。新口岸开启"投–融–建–管–运–退"战略模式，立足资源优势打造经济效益，全年总营收1.11亿元，完成率为120%；新园区全年总营收2 821万元，新消费全年总营收309万元；集装箱链路打造"一窗口一平台"，树立海南自贸港集装箱货运代理行业标杆，全年总营收1.87亿元；散杂货链路归集港航散件杂货业务，打造一体化链化产品，全年总营收1.32亿元；公路链路践行数字化创新之路，成功孵化新业态，全年总营收4 347亿元。

服务板块以打造港航现代服务综合平台为主基调，固本培元，稳中求进开展经营管理。信息科技完成了服务公司劳务综合管理系统和物业综合管理系统开发建设；能源供应与15家物流公司达成长期燃油供应合作，私家车保有客户达3 600余辆。实现燃油收入4 329万元，同比增长21.7%；资产运营方面引进实力合作方重新装饰汽配中心，整体提升汽配中心资产价值；劳务服务强化劳务平台日常管理，成立劳务培训基地，加强对劳务工的安全和技能培训。

【企业改革】

2022年是国企改革三年行动收官之年。公司勇涉改革深水区，持续推进改革工作，提升改革综合成效。进一步压紧压实“高质量完成改革三年行动任务”工作责任，认真研究集团下达的改革目标，准确把握改革方向，优化改革方法，圆满完成改革三年行动细化清单中的185项措施和重点改革任务清单中的15项任务，完成率达100%。扎实推动“机制类”改革，在建立党委前置研究讨论重大经营管理事项清单、配齐建强董事会、推进经理层成员任期制和契约化管理、健全管理人员竞争上岗机制、建立核心关键人才薪酬制度等方面取得重大进展。加强制度建设，组织修订《岗位任期制和契约化管理规定》《岗位聘任业绩考核实施细则》《岗位聘任任期制和契约化管理中层管理人员薪酬管理实施细则》等制度，为机构改革提供坚强的制度保障。在重组改革和国企改革三年行动的成果基础上，2022年底公司总部启动二次改革，不断优化总部组织机构和业务流程，致力于打造精简高效、运转顺畅、富有活力的公司总部。制定并印发了《海南港航控股有限公司总部组织机构调整方案》《海南港航控股有限公司中层管理岗位“百舸争流”任期选聘方案》等改革文件，总部由原13个部门调整为11个；6个共享中心只保留应急指挥中心（调度指挥中心/安全监督中心）、采购中心、创新研发中心3个，项目中心、财务中心、人力资源服务中心、档案中心、消防救援队整建制装入服务板块。通过组织机构优化、管控权限厘清，明确总部运营管控型定位，强化战略管控作用，进一步推动公司高质量发展。按照新的组织机构全面启动2023—2025年中层管理岗位任期选聘工作，采用了组织选聘和公开竞争相结合的方式，完成了14名中层正职和46名中层副职选聘上岗。各直属单位也继续推动内部改革，建立健全多元激励机制。海峡股份制定股权激励方案、通用公司实行“揭榜挂帅”改革、信通公司制定岗位分红激励方案及配套材料，紧抓重点领域、关键人才的薪酬激励，健全中长期激励机制。

【人力资源】

人力资源紧密围绕公司年度重点工作要求，贯彻落实人才规划任务，紧抓干部队伍建设，强化人工成本管控。采用内部推选方式，4名民主推荐得票率高、干部职工满意度高的干部人选得到提拔；通过公开选聘完成了通用公司副总经理的选聘工作；采用公开招聘，引进了1名专业性强、工作经验丰富的高层次人才聘任为公司创研中心总经理，有效拓宽了选人用人视野和渠道，提高了干部配置效率。聚焦年轻干部队伍建设，共向集团推荐6名“远航”库和31名“启航”库的优秀年轻干部参加选拔，其中共有2名干部入选集团“远航”库和5名干部入选集团“启航”库。新提拔任用的6名中层干部中，“80后”有5名，最年轻的仅35岁；6名中层干部均为大学本科学历以上，其中研究生学历2人，干部的年龄结构和学历结构得到明显的改善。加大专业队伍建设，组织专业人才库主管部门开展4大专业类别、14个小类人才库建库工作，完成共计249人、328人次选拔入库。跟踪各专业人才库的使用情况，巡查、采购、安监等专业人才库均已开展常态化的专业人才培训和使用工作。聚焦公司数字化、供应链等关键岗位加大人才引进力度，充分利用集团平台通过社会招聘和校园招聘两个渠道，全年完成123人招聘工作。其中陆岸岗位55人，船员岗位68人；校园招聘18人，社会招聘105人。引进1名高层次人才，实行议薪制，确立了职业经理人使用方式。制定内部用工市场化的实施方案，搭建配套信息化平台，完善内部人才市场基本规范和系统支撑。进一步完善总部员工绩效管理工作，优化总部员工年度绩效管理实施方案，组织各部门分解年度绩效计划，按季度落实绩效辅导，切实促进员工工作绩效提升。同时，指导各单位加强员工绩效过程管理，充分发挥绩效管理的指挥棒作用，增强员工的工作目标意识和绩效意识。

【安全管理】

海南港航压实安全责任、严控指标，安全形势持续平稳。全年未发生一般以上等级安全事故和突发环境事件，未发生重伤及亡人事故，未发生30万及以上经济损失事故，事故总起数和人员伤害事故持续保持低位，全面完成了集团安全生产、生态环境保护考核要求和年初公司制定的安全环保工作目标。制定《“安全生产提升年”行动实施方案》，提出21项安全提升任务，紧盯事故易发多发的环节，注重专项措施的针对性、实效性和可操作性，全面加强安全管理。公司精心准备，先后制定印发了《迎接党的二十大安全生产工作实施方案》《防风险除隐患迎二十大安全生产检查工作方案》《“防风险保安全迎二十大”工作实施方案》，多次召开安全专题会议，多次开展全覆盖、无死角排查检查，特别是对客滚船舶、大型设备、危险品、燃气等高风险点开展高频次、不间断现场督查，落细落实防范措施，有效化解安全风险，为党的二十大胜利召开营造良好的安全环境。2022年是琼州海峡航运一体化整合后的第一年，公司牢固树立“客滚船舶安全无小事”的理念，全面加强船舶安全运营。制定《琼州海峡港航一体化安全保障工作实施方案》，进一步规范《客滚船载运车辆禁止和限量运输的危险物品目录》，加强对特殊车辆、特种货物的车辆、电动汽车等安全待渡、调配和船舶装载管理。制定系固手册标准，推动船舶载运车辆绑扎工作，持续提升客滚船舶安全保障能力，构建安全保障长效机制，确保琼州海峡一体化安全生产平稳有序，重大风险可控在控。加快推进危险品运输合规管控能力建设，完成了马二危险品泊位规划调整与规划环评审批工作，同步配合完成马村港区二期斜坡泊位改造工程项目建设；完成集装箱公司海口港区18号、20号泊位安全现状评价，增加了第9类危险货物，重新取得危险品作业资质的同时扩宽危险品集装箱业务；完成集装箱公司洋浦港危险货物作业附证取证工作。强化安全培训和应急演练，累计组织安全教育培训2 253期，40 342人次；组织开展消防、防台、设施保安等陆岸演练94期，1 974人次参加，组织开展船舶演练4 005期，119 886人次参加。全面开展安全检查和隐患排查，共组织开展4次季度综合性大检查和6次安全专项检查，以及25次“双随机”安全检查，排查安全隐患和缺陷900余项。

【风险防控】

海南港航持续完善依法合规治理体系，及时修订公司章程、董事会议事规则、“三重一大”事项决策制度实施办法等法人治理文件，制定董事会授权规则。全年共完成《海南港航控股有限公司合规管理办法》等25项规章制度的修订，其中修订16项，新增9项，公司现行的行政规章制度173项。不断加强风险防控工作，内控管理整体运行情况良好，未发生重大风险事件及集团标准重大案件。落实党委学法机制，加强法治教育，党委理论学习中心组系统学习习近平法治思想、《中国共产党党内监督条例》等党内法规、公司党委管理制度、《海南自由贸易港建设总体方案》等政策文件，推进党委书记、董事长、总经理等主要负责人履行法治建设第一责任人职责，提高规章制度执行力。组织总部职工制度考试，提高职工对制度的掌握和执行力度，并把制度考试推广到5家直属单位，共有1 458职工参加制度考试，平均分为97.42分。开展企业合规与刑事法律风险防控专题培训、发出一个合规倡议、编制和签订合规承诺书、刑事犯罪警示教育等企业合规专题系列活动。开展直属单位内控监督评价检查。成立内控监督评价检查工作组，采取交叉检查方式，进行直属单位年度内控监督评价有效性检查，共发现14项问题已下发整改通知。严格执行规章制度、重大决策、重要项目涉法事项、经营合同等合法合规性审查，保障生产经营合法合规。依法主动维权，马三集项目土地被征缴闲置费行政复议取得胜诉，避免公司经济损失3 900多万元。

【疫情防控】

自2020年武汉暴发新冠疫情以来，2022年是海南遭受疫情影响最严重的一年。4月，上海疫情暴发波及海南，公司全面进入紧张的疫情防控状态。7月，全国疫情呈现多点散发、局部暴发、多地频发的态势，海口也发现多起病例，公司又进行了半个多月的防控。8月1日，三亚发现新冠病毒阳性感染者，为国内首次发现的奥密克戎BA.5.1.3变异毒株，迅速传播到海南多个市县，使海南发展成为继武汉、上海后的第三个疫情重灾区。8月9日，公司及时召开强化部署疫情防控及保供保畅工作专题视频会议，传达省委省政府决战疫情的总动员和冲锋令精神，全力做好疫情防控和保供保畅工作。公司根据《港口及一线作业人员疫情防控指南（第九版）》的规定，组织指导防控疫情、保安全生产、保职工健康、保物流通畅的“一防三保”工作，筑牢口岸抗疫防线。8月8日至9月初，海口及相关市县多次实行临时性区域静态管理，封锁主要道路、限制人员流动。公司及时调整机关管理人员出勤机制，非静态管理期间实行AB岗错峰上班，静态时各部门安排人员值班，切实关心关爱职工身体健康。各生产单位及时调整作业方式，码头作业区域实行闭环管理，作业人员全部集中在生产单位，同吃同住同生产，既确保了生产的顺利进行，又避免因道路封锁无法上班及交叉感染的风险。公司还扛起央企担当，选派20名志愿者于8月18日奔赴三亚支援抗疫，直到三亚解除静态管理才凯旋，连续奋战33天。11月11日后，国务院联防联控机制综合组先后出台二十条防控措施、新十条规定，并将新型冠状病毒肺炎更名为新型冠状病毒感染，实行“乙类乙管”。在疫情大面积传染的情况下，公司又及时调整疫情防控措施，总部机关实行AB岗轮班，做到疫情防控和生产工作两不误。

【项目建设】

海南港航根据国家战略规划、集团和省政府的相关部署要求，按计划推进港口建设。在建项目实行专班管理，海口新海滚装码头客运综合枢纽站项目完成金属屋面、玻璃幕墙、室内装修80%的施工，全年完成形象投资40 000万元，累计完成形象投资134 300万元，占概算总投资的92%。新海港综合交通枢纽（GTC）及配套设施建设工程，已完成项目工程形象进度90%。海口港能力提升项目完成投资3.98亿元，设计通过能力提升90万TEU，达280万TEU。洋浦港小铲滩起步工程能力提升项目于2022年6月30日完成整体竣工验收（尾留宿舍楼工程）。宿舍楼工程主体结构和内部装修已基本完成，完成形象投资3 200万元，占总体90%。海南洋浦国际智慧供应链中心项目（一期）完成形象投资5 327.2万元，累计完成形象投资17 571.5万元，占工程总投资的44.7%。

筹建项目海南洋浦区域国际集装箱枢纽港扩建工程用海审批取得突破性进展，已完成测量勘察、工可研、备案、安全条件审查、职业病预评价、红树林移植、海洋现状调查、珊瑚礁白蝶贝海洋生态本底调查和填海物料检测等前期工作；初步设计已通过省交通运输厅审查。海口港马村港区三期散货码头靠泊能力提升项目、马村港二期滚装泊位（兼顾危险货物作业）应急改造工程、马村港三期码头工程项目等前期工作事项基本完成。

【科技创新】

为落实《中国远洋海运集团科技与数字化创新工作体系》相关工作要求，公司在科技与数字化创新方面做了大量的工作，数字赋能迈出了坚实步伐。2022年1月25日，公司下发通知决定成立科技与数字化转型工作委员会及办公室，全面加强数字化建设，加快提升公司科技创新与数字化水平。制定并印发了《海南港航控股有限公司“十四五”数字化转型暨网信工作规划》《海南港航“十四五”科技发展专项规划》，明确公司数字化建设和科技发展目标定位和发展路径。3月17日，公司印发《关于设立公司创新研发中心的通知》，决定新设创新研发中心，由公司科技信息部分管，聚焦技术与业务场景深度融合，服务于总部及各板块。各直属单位也相应设立科技信息部，负责科技创新与数字化转型工作，并与总部科信部建立对接机制。大力推动重大应用落地，B 端商服平台打破服务分散局限性，逐步集成各板块对外各项服务；C 端商服平台持续丰富生态功能，完成海口—海安航线船舶商务舱、过海保险、免税购物等场景上线，服务能力得到提升。建设运管平台加快各主要业务单元数字化覆盖，已应用于 7 个职能部门和 3 个业务板块，管理效能有所提升。以“业务流程 + 数据 + 技术”为抓手赋能生产作业转型，各业务板块通过数字赋能，主营业务效率都有明显提升。此外，公司科技成果推动工作也取得较好成绩，获得授权 1 项发明专利、13 项实用新型专利，完成 6 项发明专利申请。通用公司被认定为国家高新技术企业，海口港轮渡预约过海项目获得“中国港口协会科学技术奖二等奖”；港口一体化及其水路集装箱集疏运体系建设研究项目获得“中国物流与采购联合会科技进步二等奖”。基于轮渡危险品场景申报“2023 年交通运输科技项目”；基于琼州海峡一体化数字化建设申报“交通强国建设增补项目”。

【企业党建】

党建工作以迎接党的二十大胜利召开和学习宣传贯彻党的二十大精神为主线，深入贯彻落实习近平总书记对本行业本企业十个方面重要指示批示精神和考察海南重要讲话精神，大力实施党建文化提升工程，以党建领航，统筹疫情防控和生产经营各项工作。严格落实“第一议题”制度，强化政治理论学习。以党委会、理论学习中心组会议方式，专题学习习近平新时代中国特色社会主义思想重要文献、党的十九届六中全会、党的二十大精神，以及习近平总书记考察海南重要讲话精神，不断夯实理论基础，提升领导能力。根据集团《关于境内直属单位在完善公司治理中加强党的领导的实施意见》精神，制定公司工作方案，把党的领导体现到公司治理决策、执行、监督各环节，强化党委在公司治理结构中的领导作用。优化决策机制，修订印发《党委议事决策规则》《“三重一大”决策制度实施办法》《公司总部“三重一大”决策事项及权责清单》，严格落实党委前置研究讨论程序的“六个步骤”，紧扣“四个是否”，确保党委前置研究讨论重大经营管理事项把关到位。共召开次党委会 30 次（包含 1 次党委扩大会议），研究讨论党的建设、干部人事和经营管理重要事项 129 项，其中党委决定事项 48 项，党委前置研究事项 81 项，涉及“三重一大”事项 120 项。签订党建工作责任书，压紧压实党建工作责任。公司党委把党建工作责任制年度考核同领导干部综合考核相衔接，同薪酬奖惩挂钩，形成有力倒逼机制，切实压紧压实党建工作责任。根据万敏党组书记、董事长在集团 2021 年度直属单位党委书记抓基层党建述职评议会上提出的工作要求，公司党委以解决基层党建与集团要求相比仍存在较大差距、各级党组织和党员作用发挥不明显等问题为突破口，实施“党建基础提升工程”。制定工作方案并开展“铸魂工程”“强基工程”“凝心工程”三大工程，定期跟踪落实情况，组织开展专项检查，确保 30 项重点工作落实落细，推动公司党建工作根本性提升。充分利用好集团党建信息化平台，加强党支部规范化建设，每个月对基层党组织使用维护党建信息化平台情况进行通报，不断提高信息化管理水平。成立巡视整改工作领导机构，高质量完成集团巡视整改工作。坚持以问题为导向，认真研究、深入分析，全力解决巡视反馈的 50 个问题，在整改期内已有 46 个完成整改，完成率为 92%。守住宣传阵地，内宣方面公司重点打造订阅号、《远航》2 个阵地，建立融媒体工作平台，成立融媒体工作室，以多种媒介讲好港航故事。全年通过订阅号发布公司各类新闻共 300 多篇，出版《远航》4 期。外宣工作也取得新成效，向集团和主流媒体推送并被采用的宣传稿件 82 篇。其中，《中远海运报》23 篇，集团订阅号 24 篇，集团党建要情 2 篇，学习强国 8 篇，主流媒体 25 篇。党建思想政治工作理论成果再创新佳绩。共收到政研课题成果28篇，其中2篇获得集团一等奖。

海南港航控股有限公司基本情况见表14–21。

海南港航控股有限公司基本情况 表14–21

	项目	单位	数据
船队	船舶艘数	艘	58 （含49艘客滚船、1艘邮轮、6艘拖轮、1艘供水交通船和1艘高速客船）
	载重吨	万吨	45.62
生产情况	客运量	万人次	866.7
	旅客周转量	万人公里	21 314
	运量（航运企业）	万吨	4 878
	周转量（航运企业）	万吨公里	118 016
	轮渡进出口旅客数	万人次	886.62
	轮渡进出口车辆数	万辆次	309.72
	散杂货吞吐量	万吨	961
	集装箱吞吐量	万TEU	365.23
财务情况	总资产	亿元	154.34
	净资产	亿元	108.05
	总收入	亿/万元	40.44
	利润总额	亿/万元	4.97
	纯利润	亿/万元	3.24
人力资源	员工总数	人	5 158

注：客运量866.7万人次，是指海峡股份47艘船舶的数据；轮渡进出口旅客数886.62万人次，是包含2艘租赁船舶、1艘北海航线船舶的数据，这3艘船舶属于内部租船。

（曾涛）

中远海运（香港）有限公司

中远海运（香港）有限公司

【公司概况】

中远海运（香港）有限公司〔简称“香港中远海运”，英文简称 COSCO SHIPPING(Hong Kong)〕，是中远海运集团重要的境外区域管理公司。公司主营业务包括：航运服务、高速公路、资讯科技、工业制造、货运服务、物业投资管理等，拥有并统一管理在中国内地、中国香港以及新加坡、美国、德国、日本地区所有独资、合资企业。其前身是原中国远洋运输（集团）总公司（简称“中远集团”）旗下的中远（香港）集团有限公司（简称“中远香港集团”），1994 年 8 月 28 日在香港成立。2016 年 11 月 1 日，公司名称变更为中远海运（香港）有限公司。

【公司沿革】

1994 年 8 月 28 日，中远香港集团在港成立。经过初期整顿和改革，形成船舶运输、集装箱租赁和制造、码头和房地产 4 大支柱性产业，同时建立船货代理、贸易供应、工业能源、金融保险、科技资讯、劳务、旅游、酒店等 8 个具有较强实力的行业门类。1997 年经过架构调整，中远香港集团组成中远（香港）航运有限公司（简称“香港航运”）、中远太平洋有限公司（简称“中远太平洋”）、中远国际控股有限公司（简称“中远国际”）、中远（香港）工贸有限公司和中远（香港）货运控股有限公司等 5 家行业归口管理公司，同时还拥有包括置业、保险、科技资讯、旅游、酒店等在内的其他产业。

为配合原中远集团 LUCKY 项目的推进，2004 年 12 月 28 日，中远香港集团将持有的中远太平洋已发行股本约 52.4% 的权益转让予中远太平洋投资控股有限公司；2004 年 12 月 31 日，中远香港集团的中远（香港）货运控股有限公司将中远货柜代理有限公司 100% 股权和深圳市景华峰国际货运代理有限公司的股权转让予中远集运。

2005 年 5 月，原中远集团决定将中远实业公司、幸福大厦和北京远洋酒店划归中远香港集团，并将 3 家公司的所有股份委托给中远香港集团管理。2006 年，中远香港集团通过香远（北京）投资有限公司完成了 3 家公司改制和股权转让工作。

为配合中国远洋推进集装箱海外网点收购项目，2006 年 6 月 30 日，中远香港集团将中远菲律宾代理有限公司 55% 股权转让予中远集运（香港）。2006 年 9 月 13 日，中远香港集团将中远（香港）货运服务有限公司 100% 股权转让予中远集运（香港）。

2009 年 4 月，中远香港集团完成中燃（新加坡）公司 65% 股权转让手续。2009 年 6 月 1 日，中远香港集团收购中远控股（新加坡）有限公司持有的中燃（新加坡）公司 30% 股权，中燃（新加坡）公司成为中远香港集团的所属全资公司。

2009 年 11 月 19 日，中远香港集团在新加坡注册成立中远石油有限公司（简称“中远石油”）。自 2010 年 1 月 1 日起，中远石油正式运作并逐步承接原由中燃（新加坡）公司承担的中远船队燃油集中采购业务，执行原中远集团批准的年度套期保值计划；中燃（新加坡）公司转为存续公司，2012 年注销。

自 2010 年 11 月 6 日起，中远香港集团将寰宇船务企业有限公司 100% 股权转让予大连远洋，全力配合 F6 项目运作，积极配合境外油轮船队重组，将 3 艘新造 VLCC 油轮转让予大连远洋。

2010 年 3 月，原中远集团对中远香港集团退出远洋地产进行了部署并提出要求。中远香港集团于 2010 年 12 月 16 日一次性全数出售持有的远洋地产股权，溢价率达 10.2%，创香港资本市场先例，当年实现收益 7 105 万美元。中远国际持有远洋地产股权约 7.5 年，历年投入累计 9 亿港元，出售净得加上历年分红达 57.21 亿港元，总投资回报率达 635%，年平均投资回报率约 85%。

根据原中远集团 2009 年第 18 次总裁办公会决议，决定由中远国际重组原中远集团海外船舶备件供应业务。中远国际于 2010 年 7 月完成了对中国香港、新加坡和日本三个地区中远系内境外备件供应网点的重组工作，建立了船舶备件供应平台。

2011 年，中远香港集团获独家受让济菏高速 40% 股权。

2012 年，中远香港集团以锚定投资者身份及每股 3.93 港元的价格认购了中铝国际工程 IPO 共 59 210 000 股（市盈率约 7.5 倍）。中远香港集团通过所属中远（香港）置业有限公司出资 150 万元人民币持有泸州老窖香港公司的 15% 股份。该项目进一步加深了双方的合作关系，并为原中远集团进入消费品行业做了有益的尝试。

2013 年 6 月 10 日，中远国际全资附属公司远通海运设备服务有限公司收购汉远技术服务中心有限公司全部已发行股本，收购代价为 1 180 000 欧元（约 11 977 000 港元）。收购完成后，汉远技术服务中心有限公司成为中远国际在欧洲地区的第一家全资附属公司，标志着中远国际在拓展亚洲地区以外的船舶备件供应服务网络方面迈出重要的一步。

2013 年 6 月 27 日，中远香港集团所属全资子公司长誉投资有限公司以 12.2 亿美元的价格受让中远太平洋所持有的中远集装箱工业有限公司 100% 股权和债权。2016 年 3 月 31 日，中远香港集团将长誉投资有限公司的全部股权转让予中海集装箱运输（香港）有限公司，转让价为 277 097.26 万元人民币，为集团改革重组和搭建金融产业集群作出贡献。

2013 年，中远香港集团所属裕航投资有限公司以 20.58 亿元人民币的价格受让青岛远洋持有的青岛远洋资产管理有限公司 81% 的股权；中远香港集团所属领惠投资有限公司以 16.8 亿元人民币的价格受让中远集装箱有限公司持有的上海天宏力资产管理有限公司 81% 的股权。

2014 年，中远香港集团所属中远（香港）工贸有限公司与英达公路再生科技（集团）有限公司在香港设立合资公司英达智能道路再生工程投资有限公司，中远（香港）工贸有限公司持有 49% 股权。英达项目初步建立推广循环利用道路养护技术的平台，成功进入环保新兴市场。

2014 年 8 月 6 日，中远国际附属公司远通公司以 472 800 美元（约 3 668 000 港元）作价收购远华技术与供应公司 51% 股权，标志着境外备件供应平台的初步建立。

2015 年，中远香港集团认购中集集团定向增发 H 股，投资金额 7 540 万元人民币。

2016 年 4 月 8 日，中远香港集团与希腊共和国发展基金正式签署比雷埃夫斯港口管理局股权的转让协议和股东协议，以 3.685 亿欧元（约 27.145 亿元人民币）收购比港管理局 67% 的股权。2016 年 8 月 10 日完成了第一阶段的股份交割，中远香港集团持有该公司 51% 的股份，为第一大股东；希腊政府通过希腊共和国资产发展基金持有 23.14% 的股份，为第二大股东。2021 年 10 月，公司如期完成了 PPA 第二阶段 16% 股权交割，持 PPA 的股比提高到 67%。

2016 年 5 月 10 日，中远海运集团按照整合重组的工作安排向中远香港集团下发了《关于中远（香港）集团有限公司名称变更的通知》，确定中远香港集团的名称变更为中远海运（香港）有限公司（简称“香港中远海运”），新公司名从 2016 年 11 月 1 日起正式生效。

2017 年 6 月，香港中远海运的改革重组工作正式启动，与原中远国际、工贸公司、置业公司的机构和人员，组建新的香港中远海运本部，实现两个层级的管理型公司向一个层级的经营管理型转变，“一套班子，两块牌子”；由中远海运国际（香港）有限公司（简称“中远海运国际香港”）与香港中远海运签署受托管理协议，香港中远海运、工贸公司、置业公司的日常管理业务全部委托中远海运国际香港依法进行管理。改革重组工作于 2018 年 3 月完成，同年 4 月，公司按新架构正式运作。

2018 年，香港中远海运落实了耐素项目的投资、底盘车及冷藏箱业务的开拓、鼎晖产业基金的入伙等相关工作。

2019 年，香港中远海运无偿受让了海南港航 45% 股权，并实现了合并报表。

2022 年 4 月 21 日，中远海运集团批复通过了香港中远海运“十四五”规划，确定了香港中远海运作为“集团境外产业资本投资运作平台、稳定收益的重要来源、集团主产业投资的重要参与者”的发展定位，明确了产业投资业务、产业经营业务、其他存量资产管理业务等三大业务板块的发展方向。

【经营效益】

2022 年，香港中远海运坚决落实关于“疫情要防住、经济要稳住、发展要安全”的总体要求，紧密围绕集团“四个领航”工作总目标总要求和公司“两个平台”建设，高效统筹疫情防控和生产经营，统筹发展和安全，严防风险守底线，全面组织推进战略落地，全面释放改革红利，持续推动绿色低碳数智化高质量发展，全力追求运营质量和创效能力，全年提前超额完成创效目标任务，交出了一份满意的答卷。

聚焦经营质量，经营效益迈上新台阶。香港中远海运 2022 年实现全口径净利润 27.94 亿元，资产总额为 654.51 亿元。除去未纳入考核的中国中免股票公允价值变动收益及海南港航剔除因素后，考核口径净利润 26.93 亿元，完成全年奋斗指标；同口径比上年增加 9.61 亿元，增长 55.5%。2022 年全年营业收入为 106.74 亿元，同口径比上年增加 14.92 亿元，增幅为 16.25%。公司营业收入利润率 34.07%，同比增加 13.66 个百分点。营业收入利润率、年化全员劳动生产率和资产负债率全面完成预期目标。

着力价值营销，灵活应对市场变动。香港中远海运把握市场机遇，实现营销突破。备件业务利用全球业务网络和一站式备件采购及配送服务优势，全力保供稳链，疫情期间全力保障系内各船队以及系外客户设备采购和各项紧急援助，系内外业务均实现同比增长。保险经纪以系内带动系外客户资源，系外业务同比上升超两成；深圳保险网络营销工作进展顺利，做好开展在线保险业务准备。船贸业务拓展系外业务，取得很好成效。香远北京公司狠抓经营创效，超前完成奋斗指标。箱标业务积极开发新客户，有效保持生产经营稳定。中远旅行社积极拓展系外客户，逆市实现扭亏为盈。公司优化市场布局，实现逆势增效。箱漆业务面对受疫情影响核心工厂停工，以及集装箱市场下行、箱体需求量下滑的压力，果断转向主攻铁路箱和特箱市场，经济效益基本稳定。铝加工业务强势进入国内整车供应链和家具制造市场，汽车轻量化业务和家具制造业务同比大幅增长。高速公路企业以联合营销、投资收益对冲等多元化模式提升收益，下半年加速提升盈利。本港物业经营业务在香港受疫情影响市场空置率高、租金下滑压力等环境下，适时调整市场策略，实现年度“保双稳、两提升”（在确保租金收入和出租率“双稳”的基础上，努力提升租金水平及客户质量）总体目标，主营业务收入超过年度指标 5.2%。永丰大厦项目顺利开展，在不做任何投资的情况下，以优于市场价格锁定了未来 20 年物业经营收益。

加快内部协同体系建设，取得显著成效。为了从管理源头进一步整合资源，形成合力，深入开展协同营销，平抑周期性风险，公司进一步深化改革，高效决策，将原航服和工贸板块经营管理进行合并，设立运营部，在战略定位把控、经营策略实施督导、系外业务拓展等方面协助所属公司提升经营能力；加速推进香港中远海运协同营销专项工作小组工作方案，建立供应链上下游、产业链捆绑、客户、产能、技术、市场六种协同营销模式，常态化推动协同营销工作。经过各相关单位共同努力，香港中远海运协同营销工作取得显著成效。船贸公司与客户采取捆绑式协同营销模式，为中远佐敦和四兄绳业争取到船舶油漆和缆绳订单，为远通争取到ABB轴发带项目订单。常熟耐素成为中远佐敦的合格在库供应商，为中远佐敦、中远关西核心原材料保供等方面均作出贡献。深圳保险和香港保险协同开发国银租赁客户业务，成为新保费收入增长点。中远关西为河北京石提供高速路围榄养护工业涂料，为实践跨板块、跨业务协同积累了经验。

注重精益管理，降本节支。香港中远海运严控“两金”，制定完善“两金”压控工作方案，“清存量、限增量”，想方设法降低资金占用成本，结合前端管理，落实催收措施。加强对各所属单位“两金”压控指标完成情况的跟踪监测和分析，压实主体责任，定期通报完成情况。公司推动实施战略采购、原材料国产化替代，提升产品成本竞争力。制造业企业2022年仍然面临原材料价格处于高位的艰难困境，各单位通过实施战略采购，低位锁定部分核心原材料价格；通过实施原材料国产化替代，大幅降低原材料成本。中远关西在核心原材料水性成膜助剂等国产替代方面取得突破，成功将此类助剂成本下降17% ~ 32%不等，提升产品的成本竞争优势。虽然受市场影响箱漆销量下跌，但毛利率同比提高了3个百分点达到17%。中远佐敦在价格波动中低位锁定部分氧化铜采购价格，在船舶重防腐漆实现进口替代，综合毛利实现同比上升。深圳新世纪通过与供应商磋商，有效控制原材料、物流采购成本，在原材料采购价格上涨22%的情况下，相关成本同比仅上升1.8%。

突出价值营销，市场开拓硕果累累。香港中远海运一贯重视市场营销，鼓励各企业开拓系外业务，积累高价值客户资源。各企业积极实践，取得亮眼成绩。中远关西系外大客户数量显著增长，系外业务订单占比由33%增至50%，效益同比大幅增长304%。中远佐敦市场份额创10年以来新高，分销业务年均增长率达30%，已成为其重要的利润增长点。远通紧贴行业发展潮流，开拓了具有绿色环保低碳循环竞争优势的特种设备备件供应。保险经纪系外业务拓展同比增速达12%。北京船贸成功进入LNG船等新兴造船领域。江门铝业积极拓展与大客户的合作空间，提升高端客户的业务占比，大客户订单增幅超过30%。深圳新世纪积极把握国际海运对集装箱的旺盛需求，市场占有率进一步提升至37%。

强化业务协同，形成创效合力。香港中远海运认真梳理业务单元内横向、纵向、交叉业务链之间的协同营销关系，编制形成协同营销管理办法，逐步落实协同营销机制。在内地以北京船贸为上游企业，组织中远佐敦、国贸、保险经纪、四兄绳业争取一揽子服务订单。在香港以远通为主导，将中国液化天然气运输（控股）有限公司（CLNG）、华光船务、香港特区政府所属船队、东方海外货柜航运公司（OOCL）等大客户的备件、船务、保险、租赁等业务引流至航服板块相关企业，合力拓展业务，在聚焦产业链经营上又迈进一步。

狠抓技术攻关，提升科技创效能力。科技创效是近年来香港中远海运一直在强调的重点工作，也是各制造业企业在提升自我价值的中心任务之一。近年来，各单位在科研、新技术和产能方面都有所进步。江门铝业全年新开发产品销售额占比为51%，创效能力大幅提升；积极参与国家“专精特新”政策扶持，强化自主研发和校企合作，为下一步的申报工作打好基础。深圳新世纪完成自动化生产和管理系统的升级，大幅增加产能，全年净利润同比增加749%，为历史最佳。常熟耐素顺利通过二期项目的试生产验收，获江苏省“天然植物酚基新材料工程技术研究中心”认定，为产品升级和多样化提供技术助力。

把握市场机遇，抓住核心客户。香港中远海运一贯重视市场营销，鼓励各企业开拓系外业务，积累高价值客户资源。各企业积极实践，取得亮眼成绩。

中远佐敦2022年总体市场份额38%，继续保持市场份额第一。年内新造船业务签单量超过20亿元，突破历史记录，全年新造船、修船和分销业务全面超过2021年新船市场份额57%，远超其他竞争对手。

中远关西受2022年上半年上海新冠疫情暴

发及全年集装箱市场需求萎缩的双重影响，经历了前所未有的重大挑战和严峻考验。公司上下一心，保持定力，共克时艰，较好地化解了公司发展中的风险，并取得了一定的经营成效。2022年全年实现销量44 902吨，完成销售收入91 702万元，实现净利润2 818万元。

远通公司应集采中心要求，开展批量订购活动，先后与曼（MAN）、瓦锡兰、中船动力、洋马等厂商签署备件供应框架协议；同时与系内外多家客户签订备件物料供应协议，维护公司与客户、供应商之间稳固互信的合作关系，主动为船东争取大额折扣，实现降本增效。2022年完成船舶备件供应业务营业额为21 532万美元，同比增加6%。

保险经纪系外业务拓展成效显著，年内系外业务累计收入达378万美元，同比上升26%。同时，香港保险在既定的经营方针和目标指引下，努力为系内客户争取到了满意的续保费率，2022年完成系内水险及非水险业务的各类保单续保等业务。新开发CPI/Gard保赔险再保项目续保时为256艘各类型船舶安排再保险，总吨位达到历史最高水平近2 008万吨。香港保险2022年营业收入1 478万美元，同比增加11%。

北京船贸在造船市场火热、船厂船位紧张的情况下，全力协助各航运公司积极开展新造船项目，并深度参与大型LNG运输船项目商务谈判，推动各项目顺利落地。经过不懈努力，北京船贸促成中远海运能源上海LNG公司2艘中石油国事LNG运输船项目、3艘中石化LNG运输船项目顺利签约；促成特运新造1艘闽台轮渡客滚船项目签约；促成上海中远海运1艘11 500吨化学品船项目顺利签约。系外业务方面，北京船贸促成远海汽车3艘7 000CEU汽车船项目签约；促成中信租赁20艘8.45万吨多用途船项目签约；促成洲际船务2艘6.2万吨多用途船项目签约；促成中海化运化学品船期租项目续租，进一步扩大北京船贸租船业务佣金收入。

国贸坚持大客户营销战略，2022年主要执行了广西都安至巴马项目、重庆眉山基建PPP、广平高速、云临高速、那兴高速、广那连接线等项目。在传统西南市场，国贸中标广元至平武高速公路项目沥青采购3.2万吨项目，以及中建西部建设西南有限公司沥青厂2022年沥青采购1万吨项目。在广西市场，国贸参加巴马—凭祥公路巴马至田东段材料集中采购项目投标，获得2万吨订单；中标信都至梧州高速公路一期沥青采购项目2万吨订单。在云南市场，国贸近年来首次中标云南省高速公路网项目，即获得广南至西畴高速公路项目2.3万吨订单。耐素公司开发新产线、新工艺、新产品，使其在精细化工领域具备更多的资质，为成功进入供应商名录奠定了坚实的基础，进一步形成自身在行业内的竞争壁垒，提升了核心竞争力。2022年，耐素全年实现销售19 692吨，实现营业收入22 024万元，净利润2 100万元，营收同比增长5.3%。

本港物业经营业务实现年度“保双稳、两提升”的总体目标，在受疫情影响艰难的市场环境下，物业出租率和租金水平保持稳定，并超过市场水平。2022年在全港物业租赁市场持续滑落的形势下，物业经营业务在确保租金收入和出租率“双稳”的基础上，两项指标都大幅跑赢市场，本港物业租金收入3 523.2万美元，超过年度指标5.2%。中远大厦平均呎租①比对标对象高33.8%；九龙贸易中心（KCC）平均呎租比对标对象高8.9%。中远大厦出租率97.3%，大大高于同区同级写字楼的水平。

深圳新世纪得益于2021年四季度提前锁定的中远期高贡献订单，在全年量价双降阶段确保收益稳中有升。全年净利润实现3 417.5万元，与近三年平均水平538万元相比提升了5倍。

江门铝业研发团队通过对制造过程的技术创新，对型材结构的优化，进一步降低铝材成本。公司家居产品、汽车配件产品的用材降低36%，不断推进铝材轻量化项目研发进程。2022年江门铝业铝合金生产量12 700吨，较上年同期增长12.41%；销售收入较上年同期增长9.81%；

① 呎租，即每平方英尺的租金。

实现净利润 2 684.2 万元。

公路板块克服新冠疫情点状散发的影响，做好新旧经营模式转换和衔接，强化降本增效，围绕“效益、服务”两大主题，突出抓好收费运营、道路养护、保安保畅，不断提高服务质量和水平，实现投资收益的不断提高。2022 年共实现通行费收入 38.49 亿元，净利润达 14.34 亿元。

香远北京公司坚持保安全、拼效益、强基础、促发展。虽然所属公司业务因疫情受到较大影响，但全体员工团结一致，攻坚克难，经营利润超额完成全年奋斗指标。2022 年完成净利润 5 202.2 万元，同比增长 30.3%。

泉州公司以提升创效工作质量为抓手挖潜创收，加强原有客户二次营销，并利用场地资源增加非击球收入，效益同比增长 13.63%。

【发展战略、改革重组】

立足全新定位，科学编制“十四五”规划。香港中远海运紧密围绕集团确定的“十四五”期间“集团重大投资项目运作平台”及“集团新产业孵化平台”的战略定位，采取多种形式，广泛听取意见和建议，反复研究论证，编制公司“十四五”发展规划，并经公司二届七次董事会审议通过上报集团。2022 年 4 月，集团批准香港中远海运“十四五”发展规划，明确“十四五”期间公司的发展愿景，即围绕集团“十四五”发展愿景，赋能集团主业，推动“产业链经营”和“稳健抗压”等战略目标落地，实现稳定收益，打造集团境外产业资本投资运作平台。香港中远海运作为集团境外产业资本投资运作平台，向产业链上下游投资拓展，顺应新一轮科技革命和行业变革趋势，助力集团全球产业布局，巩固主业核心竞争优势，引领行业的发展与创新；作为稳定收益的重要来源，进一步做好存量业务的优化整合，提高资产运营效率和收益水平，实现穿越周期的稳健增长能力；作为集团主产业投资的重要参与者，根据集团总体战略部署，搭建境外物流等基础设施投资平台；不断深化对供应链生态及资本运作规律的把握，在物流基础设施投资和运作过程中，不断提升固定资产获取、专业建设与采购、资产维护与物业运营，以及资产证券化等 4 大资产平台能力；不断强化价值创造，努力建设成为以价值为导向、不断创新的专业投资公司，助力集团实现国有资本在市场化运作中保值增值的目标。

完成“十四五”科技发展规划，明确科技创新发展目标。香港中远海运根据集团 2019—2025 科技发展专项规划，完成《2020—2025 年科技发展规划》，明确了科技创新发展目标，即在集团科技创新发展战略的指引下，建立健全具有市场协同效能、充满活力的科技创新体系，努力提升科技创新能力、企业竞争实力，逐步形成在涂料、铝材加工、箱标制造等工业制造领域较为完备的技术体系，为将中远海运集团打造成为全球综合物流供应链服务行业以科技驱动发展的“链长”企业作出积极的贡献。

全力推进公司转型发展。香港中远海运成立 7 个专项工作小组，包括组织架构改革调整、投资及资本运作人才队伍建设、航运服务业务整合、上市公司市值管理、“专精特新”企业建设、业务协同营销及所属旅行社 / 中远宾馆转型发展专项工作小组，完成公司组织架构改革调整专项工作小组工作方案、公司投资及资本运作人才队伍建设工作小组工作方案，并协助其他 5 个专项小组编制完成工作方案。公司于 2022 年内完成运营管理部、数字化转型及科技创新管理机构的设置工作；积极配合跟进深圳保险与上海海宁保险整合重组相关工作；协调中远海发制定整合方案，并按集团批复意见组织开展人员接收的政策调研、意向摸底及稳妥安置，顺利完成人员重组及新公司领导班子配备工作，指导新公司落实整合方案、优化组织结构、配好中层干部；在 2022 年 3 月成立专精特新企业培育工作专班，全面启动专精特新企业培育工作，中远关西天津公司一举获得国家级专精特新“小巨人”企业称号，并获得天津市专精特新中小企业认证。

着力开展“两个平台”建设人才配置工作。香港中远海运切实推进投资人才招聘及队伍建设工作。公司全力争取集团支持，多次向集团人力资源本部专项汇报，编制上报关于投资人才队伍建设相关事宜的请示；广泛搜集汇总香港、内地投资人才的招聘渠道，并与有关渠道建立初步工作联系；加强与集团人力资源中心的沟通；同步推进投资人员薪酬体系及绩效考核配套制度的出台，初步建立投资业务人员薪酬体系，编制《投资业务人员薪酬体系设计方案》《投资业务人员KPI考核办法》《投资项目跟投管理办法》等配套制度（初稿）。公司谋划研究数字化船舶服务平台人才队伍搭建工作，积极协调集团人才发展院，联系落实内外部培训资源，组织开展新能源及数字化平台建设专题培训；在公司系统内对平台所需人才进行调研摸底，掌握有能力、有意愿进入和参与数字化船舶服务平台的自有人才现状。

高质量完成国企改革三年行动收官工作。香港中远海运根据国务院国资委和集团改革三年行动的总体部署和要求，成立主要领导挂帅的领导小组和工作小组，组织推进、落实改革三年行动任务。公司制定改革三年行动任务计划，挂图作战、落地执行；建立月度通报工作机制，动态跟踪各项改革任务的进度，针对重点、难点改革任务，细化排查、分类施策、督导推进；先后通过组织开展专项检查、配合集团专项审计、对照重点改革任务自查要点开展自查评估等工作，查缺补漏，立行立改，确保按时、高质量完成改革任务。特别是在推进落实董事会职权、董事会应建尽建子企业授权、任期制契约化管理等重点改革任务上，按周明确工作目标，逐项落实责任，抢抓时间，狠抓质量，严格标准，规范程序，全力以赴完成重点改革任务。在集团自我加压版的138项具体工作中，涉及香港中远海运的有61项工作，都已全部完成，完成率为100%。

香港中远海运落实《经理层成员任期制和契约化管理契约文本操作要点》，配合组织25家所属企业对2019—2021年经理层任期制文件进行自查，按照《经理层成员任期制和契约化管理契约文本操作要点》，完成11项修订内容，制定8份契约范本文件，并要求各直管单位严格执行；完成新一届任期制文件签署工作和公司管理层成员2022—2024年任期制契约化工作，组织23家所属单位完成51位经理层成员新一届任期（2022—2024年）契约文件的报批和签署工作；配合完成专项审计及改革三年行动收官工作，做好国企改革三年行动自查自纠工作，梳理人力部工作台账支撑性文件近180份；配合完成改革三年行动专项审计工作，先后协助提供各项文件材料440份，并多次接受集团审计组约谈介绍具体情况，获得集团认可；对照6项重要“机制类”改革任务的完成情况进行再检查、再评估，并做好改革工作台账自查工作；密切跟进用工市场化等关键指标数据，指导各所属企业加强员工考核管理，严格执行劳动合同期满续签标准，全年管理人员竞争上岗比例83.33%，管理人员退出比例5.26%，员工市场化退出率1.51%，均优于集团平均值。

【企业管理】

保质保量完成治亏压减考核指标。在治亏方面，香港中远海运2022年亏损子企业8家、亏损额2 011万元，剔除物业评估价值下跌、计提递延所得税、处置长期股权投资损失等因素后，亏损子企业1家、亏损额607.44万元，完成集团下达的“亏损子企业不超过8户、亏损额不超过2 202万元”的年度治理目标。在压减方面，香港中远海运2022年完成4家子公司的关闭注销工作，超额完成集团下达的“2022年关闭3家公司”的压减任务。

严抓增收节支。香港中远海运在财务管理上重点突出节流降本工作，一以贯之树立成本控制与创效同等重要的理念，牢固树立“过紧日子”思想，立足自身、眼睛向内，强化管理。公司以一切成本皆可控的理念，坚持实施全员、全要素、全过程成本管控，层层分解任务、落实责任，可控费用按月追踪，严控各项费用性开支，以及生产性支出，严格预算刚性约束。2022年，公司成本费用占营业收入比重为81.76%，比去年同期下降5.6个百分点。香港中远海运本部制定费用、支出管理办法及实施细则，完善涉及履职待遇等方面的9大类管理细则，全面加强费用控制。经过长时间、多方面的努力，公司（不含PPA公司及海南港航）四项重点可控费用（差旅费、办公费、会议费、业务招待费）自“四合一”改革以来平均数下降44.9%，其中差旅费及业务招待费分别大幅下降49.7%及47.3%，有效实现了以成本管控保障整体创效的目标。

提高财务风险防控能力。香港中远海运加强财务制度建设，防范财务风险；加强运营资金动态管理，确保资金链安全；发挥公司融资优势，合理筹划资金，加强与金融机构紧密合作，提高存量资金收益；强化资金集中统筹使用，挖掘内部资源，降低对外融资风险；加强对汇率、利率风险的管理，优化债务结构，有效控制汇率、利率风险。

做好“两金”压控工作。香港中远海运加强账款催收工作，特别针对一年以上以及超期款项，有效防范拖欠和损失风险，要做到“应收尽收”。为加强对所属公司客户信用及应收账款的前端管理，香港中远海运出台下发了《客户资信和应收账款前端管理办法》，规定了客户资信的管理机构、审批步骤和程序，以及应收账款的前端管理原则等，加强了应收账款的源头管理，形成长效管控机制，完善了公司以及对所属公司的应收账款前端管理内涵。公司强化存货源头控制，从实际需求出发，在不影响生产经营的前提下，按照“以销定采、以耗定采”的原则合理安排采购量和采购时点；注重工作实效，坚持严格实行“黑名单”制度，对集团下发的应收账款客户黑名单内的企业不再开展业务，加强防范客户风险。2022年，集团下达给香港中远海运的“两金”压控工作目标共7项，剔除特殊因素后7项指标都顺利完成。

加强数字化转型工作。香港中远海运结合公司数字化转型需要，完成数字化转型管理机构的设置，明确职责分工，确保数字化转型工作的落实；完成对直管公司2021年数字化转型工作情况的调研、公司数字化转型专项实施方案提纲的编制；推动落实“十四五”数字化转型工作规划、系统构建和数据治理指引的培训，加深对集团数字化转型工作的理解，督促各单位开展分级管理流程梳理工作；建立公司数据治理组织架构，成立相关工作小组，制定工作计划，配合集团完成数据资产盘点等相关工作。

持续优化采购管理。香港中远海运通过开展本部服务类采购专项评估工作，督促各单位对采购管理工作进行整改，不断完善现行制度，提高服务类采购效率，优化服务类供应商结构，达到有效控制成本、提升服务类采购绩效的目的。

【经营管理】

香港中远海运航运服务板块加强业务单元内部协同管理，实现多赢局面。

为解决中远关西和中远佐敦原材料上涨困境，香港中远海运主动协调引领航服业务单元内部供应链上下游企业之间的合作，全力推动中远佐敦及中远关西在重要原材料供应和替代方面不断扩大与常熟耐素的协同合作，使常熟耐素成为中远佐敦最主要的水性环氧固化剂供应商之一。此外，公司还督导中远佐敦确定生产外包规则，与中远关西珠海工厂签订2年外包合同。

香港中远海运通过多方面的努力，协助四兄绳业成为中远海运多家船队及船厂的供应商，并在2022年取得中远海运集运新造6艘14 000TEU集装箱船、4艘16 000TEU集装箱船和2艘700TEU电推内河集装箱船项目的缆绳供货合同。四兄绳业还与中远海运客运签署年度合作协议，提供该公司新造船和营运船所需的缆绳，2022年已为4艘营运船和新造船供应缆绳产品。

北京船贸作为内地企业牵头单位，带领和协助中远佐敦、四兄绳业、远通公司开拓客户、拓展业务，获得OOCL 24K TEU集装箱船项目、中海化运11 500吨化学品船、招银租赁77K纸浆船项目、交银租赁177K纸浆船和汽车船项目、浦银租赁77K纸浆船和汽车船项目、中信租赁7 000标准车位（CEU）和8 600标准车位（CEU）汽车船项目等新造船项目订单。

远通公司作为香港地区牵头单位，向核心客户重点推荐航服所属各个板块的业务，包括备件、油漆、缆绳、物料、滑油、保险等业务，宣贯一条龙服务和一揽子解决方案。

深圳保险与香港保险积极协同，共同深挖系统内、外客户资源，发掘客户需求，推动系外业务不断增长，在2022年开发了国银租赁无辜船东利益保险、ESM 5艘油轮的所有保险、Clipper/Seacon/福建海通/浙江海运等的战争险加保/KR/LoH，以及OOCL财产险/货运险等业务。

基础设施业务板块，香港中远海运各公路企业克服经济下行压力和新冠疫情散发的影响，努力稳中求进，按照公司重点工作的部署，进一步开拓思路、深度挖潜、精准施策，采取各项引流增收措施积极对冲不利影响。尤其是京石公司以主业数智化转型为目标，将科技创新作为创新创效主攻方向，持续提升京石高速的科技内核，积极打造“智慧京石”“绿色京石”品牌，制定“123+N”科技创新战略，实现“京石高速2022年CPC卡管理机技术研究”等7项科研项目立项，制定40个创新创效项目方案，实施新兴业态财政奖励等36个创新创效项目。

物业经营业务板块，香港中远海运以精准的营销服务及多方位的营销渠道，成功锁定大部分客户续约及提升直接客户比例，在受疫情影响、艰难的市场环境下，本港物业经营业务实现年度“保双稳、两提升”的总目标，物业出租率和租金水平保持稳定，并超过市场水平。中远海运香港置业永丰大厦改造项目合作方受疫情影响未能到港现场开展工作，数次提出租金减免的要求，公司项目小组主动向合作方提供支持，并积极沟通协商，督促合作方履约，同时提供兼顾双方要求、保障公司利益的租金支付解决方案，通过努力，在未减免租金额度的条件下，双方成功签署新的租赁合同，推动项目于2022年3月1日顺利进入租赁期，进一步保证了公司未来20年的稳定收益。中远宾馆转型发展项目实现“开门红”，创效成效显著。中远宾馆根据2021年底形成的业务转型方案，在公司专项小组全力推进下，项目顺利开局，各项阶段性计划任务和指标均超额完成，首年实现“开门红”。

香港中远海运督导各企业狠抓技术攻关、提升科技创效能力，在科研、新技术和产能方面都取得了进步。2022年，中远关西获得天津市2022年度第一批专精特新中小企业认定和工业和信息化部第四批专精特新“小巨人”企业称号，获得发明专利2项、实用新型专利5项；常熟耐素顺利通过高新技术企业复审，并获批江苏省专精特新中小企业认定。深圳新世纪依托科技引领，多措并举打造科技创新强劲引擎，推动数字化工厂落地成形，率先在行业内推动自动化生产工艺，现代化、自动化工艺水平逐年提升，按工艺计算，生产自动化覆盖率达到64%，成功获得国家级高新技术企业认证，实现了从传统密集型制造企业向现代化智能制造企业转型进程的阶段性成果；公司全面落实有关专精特新工作方案，成功获得深圳市创新型中小企业认定，目前已拥有专利30项，其中2022年获得发明专利2项、实用新型专利5项。江门铝业以专精特新“小巨人”为未来三年的工作目标，以“劳模创新工作室”“教授工作室”“新品开发室”为公司创新发展的“三驾马车”，建立分层次的研发体系，以需求为导向，进行应用性研发，2022年通过广东省专精特新中小企业认定，4项科技成果获实用新型专利授权。

【资本运作】

香港中远海运积极协助集团构建新发展格局，完成海南港航增资20亿元的实缴出资，有力支持了海南洋浦港的建设，助力集团优化完善全球港口投资布局。

香港中远海运高度重视绿色低碳数字化智能船舶服务平台建设，坚持提高站位，强化责任担当，在短时间内调配、集中优势资源和力量加强组织推进。平台公司由中远海运国际香港和中远海运科技强强联手合资成立，目标是建设成为提供航运产业全生命周期绿色低碳数智化解决方案的全球领先航运服务企业，公司在2022年年底前完成了合资方案的设计和可行性论证并上报集团审批。

香港中远海运参与的鼎晖产业基金项目取得良好投资回报，已投项目总体增值40%，在落实新产业平台规划定位方面取得实效。

香港中远海运与北美公司合作的富通项目业务规模与效益在2022年创出新高，年内完成富通公司的三次增资共计4 633万美元，支持了6 500台冷藏集装箱的购置。在双方股东的通力合作下，富通公司运营势头良好，全年实现利润总额超过1 100万美元，为香港中远海运带来良好投资收益。

香港中远海运继续配合集团实施中远海控H股增持工作，按照增持操作方案合规有序推进，增持价格和增持数量均在集团授权范围内。

香港中远海运为配合集团实施航运生态圈策略，根据集团批复，以基石投资者身份认购中国中免H股IPO，促进集团与港中旅的战略合作。

香港中远海运京华高尔夫重整项目取得进展，公司积极配合制定破产重整方案，与管理人和意向重整人就破产重整方案的条款细节展开沟通，力争提高债权赔偿比例，保障公司合法权益。

香港中远海运积极推进泉州高尔夫股权处置，年内完成了法律尽调、审计和资产评估的工作，继续通过各种途径努力寻找新的潜在买家，包括在集团协助下请上海联合产权交易所对泉州高尔夫做了推介宣传。

香港中远海运积极回应兄弟公司诉求，继续推进集运回购天宏力81%股权项目。在2021年完成方案论证和报批、资产评估等工作的基础上，2022年双方经友好协商完成了项目交割。

为落实集团相关工作要求，香港中远海运与中国船燃商定协议转让连悦公司18%股权，克服疫情影响和时间压力于2022年6月28日如期签署股权转让协议，2022年底前完成交割；公司通过退出与战略发展方向不符的业务，为上市公司平抑损益波动，进一步改善资产结构和收益水平。

中远海运国际香港股份回购项目获得集团批复和上市公司董事会支持，并制定了工作细则、实施流程及交易计划，实施效果良好。

【安全生产】

香港中远海运认真贯彻落实集团要求，注重实效，安全生产形势持续保持稳定，没有发生上报等级生产安全事故，实现了第十一个“三零”目标年。安全生产管理工作取得了较好成效，获得集团安全生产过程考核督查组充分肯定。

公司层层传导压力，全面落实企业主体责任和员工岗位责任。2022年初，香港中远海运召开年度安全工作会议，认真分析安全形势，研究落实集团安全工作整体部署，结合实际对全年安全工作作出具体布置，悉心指导各企业抓住、抓好重点工作，牢牢把握安全工作的主动权。公司各所属单位按照“谁主管、谁负责”的原则，坚持“一岗双责、齐抓共管”，层层落实安全生产主体责任，组织签署各级安全管理责任书，自觉担责，体现了良好的大局观。

提高站位，有效保障关键时期安全。香港中远海运坚定不移抓紧抓实抓细春节、冬奥会、两会、五一、七一、香港回归25周年、中秋、国庆和党的二十大等重大节日和重大活动期间的安全检查、值班、维稳和保障工作。对重点时段安全工作进行周密部署，预判风险，严查隐患，细化分解和专项布置，密切跟踪，对各基层单位进行现场安全督查，做到基层企业全覆盖，确保在重要节日和重大活动期间不发生任何安全事故。

高效务实，有效强化安全全过程管理。香港中远海运安全管理存在企业数量多、分布地点多、境内外规定多和行业类型多的“四多”特色，安全管理难度大。公司安全管理团队人数少，精简高效，强化管理，抓好安全责任落实，首次向各直管公司下发2022年安全生产和生态环境保护工作责任书，将安全目标责任层层分解，确保责任到岗，责任到人；推动安全制度标准化，督导所属单位完成制定修订200余项安全管理制度、规定和操作规程，建立健全涵盖安全风险分级管控和安全隐患排查治理的双重预防机制，重要子企业取得安全生产标准化二级企业认证，确保公司安全环境良好；探索联动检查方式，根据地域和疫情防控，创新组建4个联动检查小组，既发挥人员的专业特长，又推动各单位互相学习借鉴;狠抓整改落实，从源头抓整改，动态跟踪更新问题及整改清单，督促及时整改，实现关口前移。

聚焦重点，有效推动安全专项整治。香港中远海运聚焦抓好“五防”及危化品管控、防台防风、防搁浅等工作，以“安全管理提升年”为主线，以“安全生产月”“安全风险隐患大排查大整治”“老旧设施隐患排查和风险防范”“燃气安全排查整治”等系列安全活动为契机，统筹安排，有序推进，持续提升，深挖成效。

践行节能环保，倡导绿色发展理念。香港中远海运科学设定 2022 年度节能减排考核目标建议值，圆满完成 2022 年集团下达的节能减排考核目标值；并行开展了六五环境日和 2022 年全国节能宣传周和全国低碳日等多项活动，督导安装光伏设备，有效加强员工环保意识教育，夯实节能环保工作基础；针对重点安全风险，疫情防控、节假日人员管控、季节性安全隐患等，加强排查，不断创新“双控”模式，积极践行绿色低碳和节能环保。

强化科技兴安，提升安全管理信息化水平。香港中远海运一方面继续积极跟踪、配合集团安全信息系统建设工作，年内先后推动各单位上线使用航标平台的生态环保管理模块、应急管理模块、防台模块等，及时完成相关单位平台摄像头管理和调整，用户设置与培训等，进一步提高公司安全管理工作的规范度和工作效率。另一方面加强对 SIMS 系统的功能、数据的挖掘和应用，探索数字适用技术的推广和引进，引导各单位强化数字技术对构建双重预防机制的支撑作用，推动实现信息对日常管理、安全监管的支持。

慎终如始，有效筑牢安全生产防线。香港中远海运加强危化品安全管理，强化现场工班组建设，扎实推进固化“两个习惯”和“两个做法”，将安全风险管控重心下沉，坚持问题导向、目标导向和结果导向，不断总结推广相关经验和做法，重点瞄准重大风险和典型问题，加大专项整治攻坚力度，圆满完成安全生产专项整治三年行动的全部任务。

【法务风控】

香港中远海运按照集团的工作要求，认真落实国务院国资委关于法治央企建设的战略部署，优化公司治理结构，强化内控体系建设，增强风险防控效能，发挥法治风控“强管理、促经营、防风险、创价值”的积极作用，进一步提升依法治企、合规经营和风险管控能力。

持续优化公司治理结构。香港中远海运对照上级单位内控体系建设的工作要求，继续加强和完善法治建设顶层设计，公司董事会、审计与风险管理委员会、管理层构成公司法治风控领导组织架构，履行决策、领导、协调职责。法律与风险管理部、相关部门、各直管单位在领导组织架构框架下，履行执行、监督职责，形成科学有效的职责分工和协作机制。公司落实中央企业主要负责人履行推进法治建设第一责任人职责，并设立公司总法律顾问；成立由主要领导组成的法治建设领导小组暨合规委员会；在各部门设置兼职风险合规专员，并组织直管单位在各职能部门设置兼职合规专员，实现全级次、全覆盖。

重视国际制裁风险管理。面对错综复杂的国际经营风险环境，香港中远海运组织各直管单位对俄乌相关制裁风险进行梳理和排查；向直管单位发送《关于持续加强国际风险管理的提示通知》，重申国际风险管理工作相关要求，对主要国家对俄制裁情况，以及俄罗斯采取的反制措施相关风险进行提示；组织直管单位排查多边银行制裁风险;组织本部各部门和各直管单位参加“当前国际环境下的制裁风险与防范”等集团、国务院国资委专项培训，提升国际制裁风险管控意识。

强化合同全周期管理。香港中远海运确保本部合同法律审核全覆盖，持续加强对直管单位重大合同审核；组织各直管单位制定 2022 年范式合同文本制定计划，协助相关单位对范式合同文本进行审核，推进范式合同的应用，提升合同审核效率；持续强化合同季度报备制度。公司以自查和专项调研相结合的方式，加强对各直管单位合同管理相关制度建设、执行等环节的监督：一方面组织各直管单位开展年度合同管理专项自查与整改工作，对制度设计和执行方面是否存在缺陷进行自查，并形成报告和台账、跟进整改；另一方面结合《关于进一步细化对直管单位合同管理要求的通知》的要求，通过资料收集、现场访谈、抽样测试等形式，对 3 家直管单位的合同管理业务进行了专项调研，进一步了解直管单位合同管理工作的开展情况和对相关规定的落实情况，查找制度建设、操作执行、评价检查等各个环节中存在的问题和不足，找出共性问题，及时提示各直管单位核实改进，间接督促和推动重点业务领域制度建设。

持续开展内控监督评价工作。香港中远海运为贯彻落实集团 2022 年度内控评价工作要求，制定内控评价工作方案，加强对内控评价工作实施的组织保障，确保评价工作高效有序进行，采取直管单位自评自查与聘请第三方专业咨询机构独立评价相结合的方式，积极组织各直管单位开展内控评价工作。公司法律与风险管理部与中介机构组成联合工作组，对 4 家直管单位进行监督评价，通过查阅单位各类制度文件和业务档案，对单位业务进行全面梳理，明确各业务环节，识别分析关键风险点，围绕内部控制设计及执行有效性进行评估，促进各单位内部控制体系的建立和健全；督促其他单位开展内控自评价，厘清问题根源，在风险评估的基础上查漏补缺，揭示管理中存在的风险、缺陷和合规问题。

增强项目法律审核及风险管控。香港中远海运继续坚持法律审核“全覆盖”，以强化法律尽职调查为抓手，推动法律审核关口前移。除了提供日常的法律咨询和服务之外，公司法险部的人员积极参与重大投资项目和决策的法律及风险审核，如耐素项目、广聚增资项目、泉州高尔夫项目、LS 项目、中免 H 股基石项目、PPA 项目、鼎辉产业基金项目等，对项目中涉及的法律和风险问题提供专业意见，深入梳理分析核心风险，发现风险管控的盲区，完善风险管控的薄弱点，加强法律审核把关的力度。

有效降低纠纷事件的法律风险。香港中远海运与集团法务部和中远石油协调沟通，处理燃油供应商丹麦宝运石油破产遗留 New Ocean 案件，指导中远石油进行了接洽和谈判，并多次组织律师团队研究应对策略，使对方同意和解方案，放弃索赔油款本金和利息的诉求，有效解决了历史遗留问题，维护了集团的利益。

加强经营业务合规管理。香港中远海运为完善合规运行机制要求合规管理融入业务，健全经营活动和管理措施，组织修订公司内部控制手册，梳理业务流程、管控措施和控制活动，明确公司实施内部控制的内容和标准，强化企业合规运行机制的建设，全面提升公司内部控制、风险管理及合规管理水平。

积极推动风险评估和检测。香港中远海运完成战略风险、市场风险、运营风险、财务风险、法律风险等 5 类一级风险，以及所属的二级风险 48 项、三级风险 150 项、四级风险 220 项的风险数据库的修订工作，并从风险数据库中挑选出五大类别的 52 项风险，组织各单位通过问卷调查、自查评分等形式，开展年度风险评估工作，明确前五大风险，包括销售价格波动风险、应收账款风险、原材料价格波动风险、经济波动风险和人才储备风险。同时，通过进一步研究分析风险情况和应对措施，确定责任部门，按照“管业务同时管风险”的原则，组织各部门和直管单位按季度对重点风险进行跟踪监测。

【审计监督】

香港中远海运深入贯彻落实集团年度审计工作会议精神，坚持围绕中心开展审计工作，充分发挥服务保障作用，对集团重大决策部署落实、“十三五”规划、境外国有资产管理和资金管控、“三重一大”决策事项管理、“两金”压降、亏损企业治理等情况进行重点关注。在疫情情况下，公司审计人员积极克服困难，利用现场和远程审计相结合的方式全力推进各项工作，很好地完成了集团下达的全年审计计划，落实了审计全覆盖的要求。2022 年共实施各类审计项目 17 项，审计总资产 14.6 亿元，审计发现问题 98 条，初步整改率 100%，促进建立和完善制度 34 项。

在审计管理信息化方面，香港中远海运严格

按照集团要求，积极做好2022年审计项目在审巡管理系统中的使用及数据录入工作，很好地实现了线下线上同步，为审计管理信息化的进一步提升奠定了很好的基础。

在审计成果运用方面，香港中远海运对2016年以来未整改的内部审计发现问题进行了再跟踪，共核销以前年度及当年发现的内部审计问题39项，通过整改落实共纠正事项14项、完善制度建立长效机制37项，推动了公司客户信用与应收账款管理、合同管理及采购与供应商管理等重要制度的制定和完善。

在审计监督制度建设方面，香港中远海运修订完善了《内部审计协同管理办法》及《员工职业道德及行为守则》两项管理办法规程，进一步确保了审计监督工作机制健全完善。

【队伍建设】

香港中远海运多方位加强队伍建设，全面提升人才素质。公司扎实开展人才盘点，持续加大员工培训工作力度和高素质干部队伍建设，从严开展任期考核评价，打通本部、直管单位、参股企业干部交流渠道。

加大干部队伍建设力度。香港中远海运开展对公司境内外直管单位领导班子及班子成员、参股企业派出干部2019—2021年任期综合考核评价工作；增强优秀年轻干部关键岗位历练，公司提拔6名司管干部（包括2名优秀年轻干部），向集团推荐7名“远航”、24名“启航”优秀年轻干部初筛人选，最终6人入选，其中1人被选调参加2022年集团年轻干部“远航”班学习；打通本部、直管单位、参股企业干部交流渠道，1名参股企业司管干部外派到本部工作，推荐直管单位1名优秀年轻干部任参股企业总经理助理，拓宽干部成长路径；配齐做实董事监事管理；持续加强领导干部队伍及优秀年轻干部培养，组织78位内地及内派司管干部及优秀年轻干部参加专项培训。

加强员工队伍建设。香港中远海运扎实开展人才盘点，结合集团工作安排，完成内派内地1855名员工的盘点定位工作；在此基础上，根据岗位能力素质模型的要求，初步完成全公司（除境外当地员工外）所有岗位能力素质模型的搭建；成立人才队伍建设研讨专班，建立了各单位人事部门负责人参加的干部人才队伍建设专题研讨小组，围绕公司“两个平台”定位，结合各单位实际，全年共召开4次线上专题研讨会；协助各直管单位人才队伍规划建设。

广泛开展全员教育培训。香港中远海运组织编制年度培训计划，根据《教育培训管理办法（试行）》，首次汇总编制本部2022年教育培训计划表（9个部门共32项），组织12家直管单位根据自身实际编制相应年度培训计划，并上报集团；落实线上培训形式，公司综合考虑年度培训计划完成情况及疫情防控要求，与集团人才发展院多次沟通商洽，选择线上课程形式，确保各单位完成培训学时等量化指标；积极参加集团培训，组织12家直管单位开展人力资源数字化项目人才分类统计培训，组织员工参加“做好碳达峰碳中和工作，推进企业高质量发展”等线上培训。

认真做好内派员工管理。香港中远海运密切关注各地疫情，推动内派员工有序交接；做好内派员工后备人选选拔，组织境内单位推荐8名符合条件员工参加集团驻外后备人选选拔，1名员工成功入库；协助做好日常手续办理；落实上级培训要求，组织12名新赴港内派员工参与2022年度适岗培训，组织区域内全体内派员工参加国务院国资委、集团专项培训6次；加强驻外工作纪律管理。

【企业文化】

香港中远海运弘扬“爱国、爱港、爱中远海运”企业文化，继续积极响应上级号召，参加各类社会参与及企业文化活动。

公司积极履行央企社会责任，全力配合参与抗击疫情活动，在年初香港疫情严峻时期，先后5次组织58人次义工支持全港防疫抗疫工作，公司义工队伍获得了特区政府民政事务局表彰和上级单位的肯定，充分彰显央企责任担当；助力新一届特区政府施政，多次协助提供有关航运产业发展、“一带一路”建设相关研究报告、意见建议，主动参与政府倡议的“共创明 TEEN”帮扶底层青少年成长计划，组织联谊会骨干、青年人才过百人参加“中资企业青年座谈会”等活动；严格按照国务院国资委有关通知要求做好相关工作，有效保障香港回归 25 周年庆典、国庆、党的二十大期间形势整体稳定；踊跃参加上级单位举办的文体活动，共组织 14 名员工代表公司参加中企协保龄球比赛及羽毛球比赛；深入开展“庆祝香港回归 25 周年系列活动”，首次通过线上形式举办“喜迎中华人民共和国成立 73 周年暨庆祝香港回归 25 周年线上知识竞答活动”，公司本部近百名员工积极参加；组织 351 名员工及家属分 6 批次参观香港故宫；于七一前夕组织各公司悬挂国旗区旗、标语横幅等，营造回归喜庆氛围。

公司继续通过举办不同形式的活动，传递关爱社会、服务社群的信息，发扬“根植香港，服务香港”的精神。中远海运国际香港获香港社会服务联会颁发 2022/2023 年度“商界展关怀”标志证书，以表扬及嘉许公司在关怀员工、环境及社会所作出的贡献和承担，中远海运国际香港获联合国儿童基金会颁发“感谢状”，感谢公司支持和推广母乳喂哺，提供友善工作间。

中远海运国际香港与“联合国儿童基金会”合作，捐款 5 万港元，支持该会儿童项目；加入“Say Yes to Breastfeeding”运动，在公司设置母乳喂哺友善工作间，为有需要的母乳喂哺妈妈提供适切的支持。

中远海运国际香港与世界自然基金会继续合作，成为该会纯银会员，捐款 5 万港元资助该机构在香港地区开展环境保育和教育工作。

中远海运国际香港赞助苗圃行动相关项目，以“金赞助”（根据出资不同，赞助分金银铜身份）身份签署苗圃挑战 12 小时慈善越野马拉松 2022 赞助协议书，捐款 13 万港元，用于赞助比赛活动经费、学生资助及其他助学项目；支持挑战 12 小时慈善越野马拉松线上跑活动，组织 46 名公司员工参加比赛；在“苗圃行动”成立 30 周年启动礼上获颁发“感谢状”，感谢公司多年来在资助内地贫困学生、义工参与、助学筹款等方面的持续参与和作出的贡献。

中远海运国际香港与邻舍辅导会继续合作，捐款 5 000 港元，资助购买部分中秋节长者关怀探访物资；捐款 5 000 港元，赞助举办 10 月 5 日“表达艺术工作坊”活动，增加独居长者社交活动，纾解疫情下各种压力；捐款 1.3 万港元，赞助举办 11 月 23 日“与耆同游”户外活动，让深水埗独居长者体验全新缆车及游览太平山顶，并参观西九文化区艺术公园，到户外舒缓身心。

香港中远海运坚持不懈做好疫情防控工作，持之以恒贯彻好上级防控要求，全年 365 天安排专人轮班统计上报疫情情况、防疫措施落实情况；坚持各项“常态化”防控措施不放松，落实好各项办公室防疫措施；持续做好人员管控，进一步加强公务出差管理；坚持防控关口前移，将员工家庭社区防疫风险纳入整体管控；强化员工健康管理和跟踪，巩固自下而上快速反应机制；坚持做好防疫物资和药品储备；不断完善应急预案；坚持推进疫苗接种工作。

香港中远海运优化特殊时期关心关爱员工工作，根据公司返工政策不断变化的情况，适时调整对员工节日、生日等关怀的形式；对于不幸确诊的员工，联谊会通过微信、电话、物资派送等多种形式表达慰问，有效凝聚人心。（朱月芳）

中远海运投资控股有限公司

中远海运投资控股有限公司

中远海运投资控股有限公司（简称“中远海运投资”，英文简称COSCO SHIPPING Investment），为中远海运集团全资子公司，注册地在中国香港，注册资本5亿港元，与中远海运发展股份有限公司（以下简称“中远海运发展”）为两大企业主体，合力打造具有航运特色的中远海运产融平台（以下简称“产融平台”）。2022年，公司经营业务板块主要涉及战略性投资、不良资产管理及物业租赁。

【公司治理】

2022年，在集团指导下，中远海运投资与中远海运发展深化体制机制改革，推进组织架构优化整合工作，以中远海运发展为主体，受托管理中远海运投资，构建中远海运集团航运产融平台。产融平台两家公司除董事会、党建职能外，经理层、部门设置和境内外人员配置按内部管理一体化、部门管理一体化的原则进行优化，并重新签订了《中远海运投资控股有限公司管理服务协议》，通过强化上海、香港两个产融、航运中心的境内外联动，发挥“上市”和“非上市”双平台运作优势，打造国际领先、具有中远海运特色的综合物流产融服务平台。2022年8月，集团批复中远海运产融平台组织架构优化方案，正式启用“产融平台”名称，2022年9月1日起，产融平台组织架构优化模式正式运行。组织架构优化调整后，履行产融平台一体化管理职能的共享部门包括综合管理部、战略发展部、财务管理部、资金管理部、人力资源部、法务与风险管理部、战略投资部、产业投资部、运营管理部、纪委工作部/监督审计部，公司运营成本进一步降低，平台协同集成效应进一步显现。

公司完善公司法人治理结构，进一步规范董事会建设，按照《中远海运投资控股有限公司关于落实企业董事会职权的实施方案》，围绕进一步规范董事会运作、落实经理层向董事会负责要求、经理层成员业绩考核权、经理层成员薪酬管理权、职工工资分配权、重大财务事项管理权6个重点领域，建立健全公司董事会职权配套管理制度共计11项，为加快企业高质量发展步伐，提升管理决策效率，建设专业尽责、规范高效的董事会，全面提升董事会建设质量。

【发展战略】

2022年，公司完善战略规划管理、企业管理、经营业绩管理、投资管理、战略研究为一体的战略管理机制，紧密围绕“十四五”战略规划的分解阶段目标，聚焦航运物流产业链、强化战略研究职能，关注国家政策支持行业、加快战略性产业布局，拓展产融服务领域、细化生产经营举措，发挥中远海运投资作为产融平台“非上市”单元的境外桥梁作用，依托集团在航运市场的卓越引领力，保持与境内外中外资企业及金融机构紧密联系，密切跟踪，挖掘产业链上下游优质战略投资机会，以更高水平参与“一带一路”建设、粤港澳大湾区建设，加快打造集装箱租造、船舶租赁的现代产业链链长，以产融结合助推航运新技术、新产业，以及绿色航运发展，构建产业链协同先发优势，共同把握航运主业发展节奏，形成抗航运周期性波动风险合力，助力放大集团产业结构升级乘数效应。

2022年为国企改革三年行动收官之年，根据集团整体工作部署，产融平台在“开局‘十四五’、奋进新征程”的同时，纵深推进国企改革三年行动对标工作。截至2022年末，产融平台改革三年行动工作清单共计69项任务，对标工作清单共计8大项重点工作36项任务，均已完成或已建立有效常态管控机制，改革清单任务完成率达100%，按期保质完成冲刺收官任务。国企改革三年行动以来，产融平台效益不断提升，市场化经营机制不断健全，企业活力效率显著增强。

【业务经营】

中远海运投资作为产融平台中的"非上市"平台，围绕产融平台"3+2+2"业务主线，以集装箱制造、集装箱租赁和航运租赁为核心，以重点拓展供应链产融服务、创新投资为辅助，以战略性投资和不良资产管理为支撑，构建产融投一体化发展。2022年以来，境内外资本市场波动巨大，持续承压，公司致力于产融服务能力再升级，以改革对冲下行压力，抓重点成本管控，筑牢创效底板，稳健开展境内外投资和生产经营。

集装箱租造方面，切实保障集运双品牌新箱提用需求，主动为集运双品牌提供"应收尽收"退租策略，有效应对集装箱市场用箱需求萎缩情况。航运租赁方面，不断优化产融结合业务模式方案，进一步实践"租造结合、租运结合"的全产业链内部协同联动模式。金融投资方面，全面梳理自查金融业务，扎实落实金融业务优化调整。优化公司现有投资组合，提升投资回报，确保效益稳定，加强对资本市场研判，把握市场节奏，择机退出非战略性投资业务，锁定投资收益，提升存量资产管理的投后管理效率。

【经营效益】

中远海运投资围绕集团"打造世界一流的全球综合物流供应链服务生态"的愿景，聚焦产融结合、以融促产的战略定位，进行战略投资和不良资产管理，深耕新兴行业、细分市场，以强化资产盘活、收购整合、孵化创新职能，创新经营策略，优化资产运营，以资本运作为抓手，将优质资产注入上市公司，优化上市公司产业布局，赋能集团主业价值提升。

公司经营业务主要分为三个板块，其中，以公司本部、Ocean Fortune、Oversea Lucky及远海投资为投资板块，以战略及财务性投资为主要业务；以中远海运资产管理（宁波）有限公司（以下简称"远海资产管理公司"）为不良资产管理板块，以盘活集团内不良资产为主要业务；以中海繁泰、荣泰、昌泰及盛泰为物业租赁板块，以出租办公楼为主要业务。

截至2022年底，公司总资产为259.39亿元，总负债为188.95亿元，净资产为70.43亿元。投资板块，公司持有战略性投资股票5只、财务性投资股票7只，全年实现投资收益总体与去年持平。不良资产管理方面，远海资产管理公司投放5个债权项目，结清16个债权项目；另投资中波平台项目、集团房产盘活项目、集团实物资产周转桶项目等。物业租赁方面，自2020年新冠疫情暴发以来，各行各业的发展受到冲击，公司与各方积极保持沟通，维持租金水平，物业租赁经营情况与往年基本持平。

【风险管控】

2022年，公司将稳增长、防风险摆在更加突出位置，构建法律、合规、内控、风险管理协同运作机制，加强统筹协调，夯实基础管理工作，以风险管理为导向，以流程管控为基础，以提高经营效率和效果为目标，持续完善境外风控体系建设。

合规管理方面，公司对境内外企业按照统一的规则进行一体化管理，并结合境外企业特点，开展针对性管控。公司持续做好制度"立改废释"工作，并根据集团要求落实制度备案工作。2022年，公司制定、修订规章制度22项，现行制度合计154项，制定完善了外资金内控监督管理、合规管理相关制度，以财务内部控制为切入点，强化境外企业合规经营要求、关键节点控制，分解管理流程，细化操作指引。公司将法治建设要求融入到年度工作计划和日常工作中，认真落实日常合规管理及专项合规风险识别工作，本年度在公司各职能部门设置了兼职合规人员，压实各职能部门的第一道风险防线责任，进一步健全了合规管理组织体系、加强合规人才队伍，完成全员合规承诺，将抓好境外合规管理作为“合规管理强化年”重点任务进行落实。截至2022年末，公司合规经营、风险管控情况良好。

内控管理方面，2022年，公司从内控环境、控制活动、风险管理、信息化、文化建设、监督与评价，以及内控复杂度等维度，着手搭建“内控体系成熟度评估模型”，通过识别内控体系要素与执行差距，提出补短拉齐的建议，推动内控工作从“有形”“有质”向“有神”逐步提升，探索形成符合产融平台业务特点、具备内部持续推广价值的内控体系建设应用成果。

风险管理方面，公司根据境外企业特点，动态跟踪地区政治经济和法律环境变化、影响公司及所属单位经营的政策法规、与产融平台主营业务板块紧密相关的航运及资本市场重要指标等，就重大风险事项作出风险提示及建议，为各业务板块的涉外投资经营活动提供支持；坚持以市场化、商业化、法治化原则开展国际化经营，规范境外投资经营秩序，推动相关境外投资经营活动全流程、全方位合规。

【信息化建设】

公司坚持科技领航，加强科技创新和数字化转型顶层设计，于2022年6月初正式发布《“十四五”数字化转型暨网信工作规划》《“十四五”科技发展专项规划》，明确重点目标任务。各业务板块在坚持创新数智赋能，确保重点信息化建设项目优先开展的基础上，推进数字技术与生产经营、用户服务深度融合，致力于服务行业生态，搭建业务数字化运营平台，有效支撑各业务板块的业务拓展及运营。

信息化建设及管控方面，产融平台境内外分阶段、全覆盖一体推进信息系统建设，公司现有信息系统包括OA系统、财务管理系统、人力资源管理系统、投资和项目管理系统、费控管理系统、投资业务管理系统、全面风险管理系统和一站式供应链金融服务平台，覆盖公司日常审批、制度发文、财务管理、人事管理、投资管理、费用控制、风险管理等主要工作范围，并在系统运营中持续优化模块功能，按步有序推进相关业务系统间数据打通及共享工作，推动产融结合类业务与数字转型深度融合。

境外网络安全方面，公司做好境外数据安全盘点，夯实关键信息基础设施建设，提升产融平台在港各单位网络安全等级保护水平，搭建网络安全态势感知平台，从安全事件处置、护网行动支持、应急响应及风险评估等多方面提升网络安全保障能力。公司配合集团作为防守方参与了2022年度网络攻防实战演习，在各单位的共同努力下，演习期间未发生系统被入侵、攻陷控制事件。2022年，各项重大活动前期，公司根据集团网安办的统一部署，全面排查各系统和设备，重大活动期间无网络安全事件发生，圆满完成了重大活动期间网络安全保障工作。

【员 工 队 伍】

产融平台组织架构优化调整，公司坚持以境外员工人心稳、队伍稳为原则，按期完成公司39名员工雇佣关系转入中远海运发展（香港）有限公司（以下简称“中远海发香港”）各项工作，在把稳产融平台改革“方向盘”的同时，坚定基层员工干事创业的信心。截至2022年末，中远海运投资、中远海发香港及产融平台在港其他所属4家单位在港员工总数为170人，其中内派人员7人，当地员工163人。

公司根据产融平台发展战略需要，积极落实年度员工培训计划，统筹利用集团及当地培训资源，结合公司要求、岗位需求、员工诉求，于2022年组织开展中央企业境外中方员工安全风险防范培训、员工职场能力提升数字化培训、普通话及粤语培训等，得到境外员工热烈响应。公司在动态发展中加强境外员工综合素质能力建设，充分调动员工参与积极性，不断拓展青年员工视野，强化青年岗位培训力度，有效提升境外人才队伍核心竞争力，持续优化人才队伍结构，激活干事创业“动力源”。

【企业文化】

中远海运投资为集团驻港中资企业，多年来坚持发挥背靠国家、连通世界的中资企业特有文化优势，笃行融入当地、融入日常的文化强企战略，在关键时刻冲得上去，扛得起来，帮助解决员工急难愁盼问题，不断增强员工的获得感、幸福感、安全感，画出最大同心圆。2022年上半年，香港地区疫情暴发，单日新增确诊人数达疫情三年以来最大峰值，疫情防控形势空前严峻。公司组织各部门、产融平台境外各单位深入学习贯彻习近平总书记关于香港抗疫“三个一切”“两个确保”重要指示精神，组织境外各部门、各单位疫情防控主要负责人驻守疫情防控指挥一线，加强紧急疫情应对处置，全力保障防疫物资供应，团结引导全体员工形成抗疫合力，传导集团驻港中资企业人文关怀理念，守住不发生聚集性疫情的底线，在最大限度地保障员工生命安全、降低疫情对生产经营活动影响的同时，组织员工做好抗疫志愿服务工作，践行中资企业责任担当，凝聚人心凝聚力量。

2022年10月8—9日，香港中企协举办庆回归25载“而立杯”羽毛球邀请赛。“而立杯”羽毛球邀请赛作为香港地区疫情逐步回落、疫情防控常态化后，当地重要社会团体组织举办的大型赛事，共有近80家驻港中资企业报名参加。公司组织员工以集团驻港单位联队形式参赛，在赛场上与多家中资企业联队挥拍竞技，以中远海运人踔厉奋发的精神风貌、团结拼搏的赛场表现向国庆73周年华诞献礼。（刘旭阳）

中远海运港口有限公司

中远海运港口有限公司

【历史沿革】

中远海运港口有限公司（简称“中远海运港口”，英文简称COSCO SHIPPING Ports），是中远海运集团旗下港口投资、建设和运营平台。公司前身为中远太平洋有限公司，于1994年12月在香港联合交易所（即现在的香港交易所）上市，当时仅从事集装箱租赁业务。中远太平洋有限公司于2015年12月11日签订协议，以76.32亿元收购中海集团旗下港口业务，同时以77.84亿元向中海集装箱运输有限公司出售佛罗伦集团全部股权。2016年交易完成后（2016年3月完成重组），中远太平洋业务集中于码头港口营运，2016年7月22日正式更名为“中远海运港口有限公司”，是全球领先的码头运营商。

【经济效益】

中远海运港口控股股东为中远海运控股股份有限公司（股份代号：1919）（以下简称“中远海控”），其母公司为全球最大的综合航运企业集团中远海运集团。截至2022年12月31日，公司持有权益的46家全资及合资码头公司经营管理共计367个泊位，其中集装箱泊位220个、散杂货泊位142个、汽车泊位3个、托盘泊位2个。设计年处理能力1.395亿TEU，散杂货55 239万吨，汽车78万辆，水果托盘60万PLT。码头组合遍布中国沿海五大港口群、长江中下游，以及西北欧、地中海、东南亚、中东及南美等主要枢纽港。

2022年，全球疫情反复、地缘政治冲突升级、供应链不畅等诸多不利因素给全球经贸活动带来重大挑战。面对复杂多变的外部环境，中远海运港口坚持“十四五”规划目标不动摇，持续推进精益运营战略，布局全球市场，充分发挥协同优势，在码头拓展、商务营销、码头运营、绿色低碳及数字化转型，以及供应链项目拓展等方面不断深耕细作。2022年，中远海运港口完成集装箱总吞吐量13 010.7万TEU，同比增长0.6%；权益吞吐量4 206.9万TEU，同比增长5.5%。公司2022年度实现营业收入97.98亿元，同比增长23.54%；实现净利润26.39亿元，完成了集团下达的25.5亿元净利润考核指标。

2022年底，公司总资产为786.88亿元，资产负债率41.49%，公司财务状况健康稳健。

【企业管理】

在公司治理方面，中远海运港口重视规章制度对公司运营的管控作用，常态化开展公司规章制度年度计划管理工作，于2022年初组织公司各职能部门，根据公司运营管理模式优化完善的情况，制定2022年度规章制度计划并按时报送集团。同时，保持制度制订计划执行的跟踪，在每季度末将公司规章制度新建及修订的情况上报集团相关部门。另外，按照集团要求，公司建立规章制度备案的工作机制，并将相关规章制度向集团完成了报备。

在考核方面，公司与集团做好各项考核沟通工作，厘清各项指标的具体管理要求并分解至总部各职能部门，以及下属公司，明确责任部门、责任人和牵头领导，强化责任意识。强化内部跟踪及阶段性评估，动态跟踪指标完成情况，及时发现缺口和不足，深入分析原因并查找改善提升的路径。根据下属公司任期制和契约化管理的相关要求，完成下属公司年度及任期考核指标，以及考核方案的制定及经营业绩建议书的签署下发。

2022 年，公司注重加强对参股公司的管理，逐步健全与参股码头管理层、委派人员的日常沟通和信息传导机制，通过对参股码头提交总部的管理层月度报告、季度业绩考核报告等相关信息质量进行把关，关注数据异常变动，分析参股公司经营效益数据，以寻找参股公司效益改善点。同时还建立了参股码头的周例会制度，每周与公司下属参股码头召开沟通会议，就参股公司每周经营业绩、重点关注事项推进情况等进行及时沟通，以提高港口公司对参股公司日常运营情况的了解。

在法人公司管理方面，截至 2022 年底，中远海运港口已超额完成法人公司压减工作目标，并保持管理层级在 4 级及现有最长法人层级数不再增加。

【企 业 改 革】

按照集团推进国企改革三年行动的部署要求，中远海运港口围绕集团改革三年行动的重点工作任务，细化了工作目标并上报了公司三年改革规划清单。并依据清单内容，制定《港口公司国企改革三年行动工作台账》，一方面对照集团各项任务时间节点和量化目标，另一方面按照“既抓进度又抓质量”的工作要求，逐步推进落实。截至 2022 年底，公司各项改革工作全部完成。

【码头和供应链产业布局】

中远海运港口在推进国内码头资产战略投资的同时，发展港口物流延伸业务，提升综合竞争力，完善全球码头网络布局，推进下属码头多式联运一体化，把握全球发展机遇，优化码头资产组合。

1. 2022 年 3 月，公司下属中远海运港口（西班牙）有限公司（CSPS）正式签署协议，收购西班牙 Logitren 铁路公司 51.01% 股权，并于同年 4 月 4 日正式完成交割。该项目有助于 CSPS 多式联运一体化，巩固提升其综合市场竞争力。

2. 2022 年，赤沙码头公司原股东方之一广西钢铁集团退出合资公司，广西钢铁所持股份由北部湾港股份全部受让，各股东方对合资合同等协议进行修订。2022 年下半年，合资公司开启第二次增资工作，公司于 2022 年 11 月完成了增资。

3. 2022 年 12 月 30 日，公司全资附属公司中海码头发展有限公司与厦门海投供应链运营有限公司订立股权转让协议，收购厦门海沧保税港区投资建设管理有限公司 56% 的股权。该项目于 2023 年 2 月 28 日完成交割。该项目收购是对公司港口后方物流资源的有效补充，进一步提升和完善公司在厦门的业务布局，实现从码头经营到港口经营、到供应链产业链经营的转变，提高服务能力和核心竞争力。

积极推进港口场站和供应链项目。泽布吕赫场站建设。两座仓库总仓储面积为 41 580 平方米，利用率超 95%。阿布扎比场站建设。现有仓库面积为 50 666 平方米，堆场面积 44 134 平方米。场站公司立足于“海外仓”定位，致力于从工程项目物流、家电类、海外仓、本地货源承揽（拼箱 / 整箱业务及件杂货业务）、电商业务发力，打造“港航货一体化”供应链服务新模式。

【重点建设项目】

2022 年，秘鲁、希腊、武汉、厦门、泉州等一批国内外重点工程安全、平稳推进，并如期完成多个项目节点目标。

1. 秘鲁钱凯港一期项目是近年公司投资最大的绿地港口建设项目，2022 年是秘鲁项目的攻关之年，码头、辅建区、隧道、连接道路等各单位工程的施工稳步推进。2022 年，码头工程总形象进度 25.73%，主防波堤推进 1 960 米，次防波堤建成，陆域形成完成超 60%，码头沉桩施工超 400 根，启动 1 号泊位上部结构施工、辅建区房建施工；隧道工程总形象进度 40.46%，隧道总进尺超 530 米；启动大型港机设备招标，完成招标文件编制。具体情况见图 14-6 ~图 14-9 所示。

图14-6 主防波堤

图14-7 次防波堤

图14-8 1号泊位桩基及横梁施工

图14-9 3号泊位桩基及横梁施工

2. 继 2021 年 8 月 1 日武汉阳逻铁水联运二期项目开港通车以来，2022 年继续推进项目的二阶段施工建设，2022 年底工程建设总形象进度达 95.52%，完成联检楼主体施工；码头第二批设备安装完成，全部取得特种设备许可，如图 14–10 所示。

图14-10 武汉阳逻铁水联运二期项目

3. 希腊 PCT 2 号码头东侧堆场改造项目一阶段西侧码头岸桥陆侧轨道延长段施工完成，并正式投产使用，如图 14–11 所示。

图14-11　希腊PCT 2号码头东侧堆场改造项目一阶段项目

4. 泉州 5、6 号泊位工程项目 A 标段水工主体施工完成。2022 年 12 月 2 日，中远海运港口泉州码头 5、6 号泊位工程码头工程通过交工验收，为实现工程全面竣工验收并投产迈出坚实一步，如图 14-12 所示。

图14-12　泉州5、6号泊位工程项目

5. 厦门远海码头 A02—A09 共 8 个自动化作业箱区延伸项目，2021 年 4 月开工建设，2022 年 7 月竣工并投入使用，如图 14-13 所示。

图14-13　厦门远海自动化堆场延伸项目

6. 作为公司近年第一个供应链物流项目，厦门海沧供应链项目于 2021 年 12 月底开工建设，截至2022年底，完成2座仓库的混凝土框架施工，如图 14-14 所示。

图14-14　厦门海沧供应链项目1、2号仓库混凝土框架施工完成

【市 场 营 销】

以实现财务效益为工作目标，2022 年中远海运港口推出了力度超前的商务优化计划，通过采取主动措施提升控股码头的单箱收入，缓解能源价格上升和海外通胀对港口经营带来的冲击，最终实现商务优化超过 10 亿元。

市场扩展方面，2022 年，泽布吕赫、阿布扎比箱量首次突破百万 TEU，厦门远海箱量创下了历史新高，公司致力于服务中远海双品牌船队，围绕内部船队业务规划投资建设枢纽，借着航线合作，引流外部箱量，复制比港模式，不断拓展市场，提升市场占有率。

1. 以单箱收入为抓手提升整体效益

致力成为港口运营行业的世界先进，中远海运港口控股码头在业务中的占比不断提高。随着业务不断丰富，公司不断提升管理职能，在 2021 年首次推出商务优化计划，结合外部市场利好形势，统筹各下属控股码头制定年度商务计划的具体目标。一方面尽量提高目标的难度，提高码头争取更好结果的积极性；另一方面每家客户的目标都是个性化制定，具体手段除了实现涨价，也包括对标其他先进港口丰富费收项目内容、推动当地港务集团统筹统一的商务政策、采取约束性措施提升堆场效率等，以维护码头的市场竞争力。

通过其他商务项目大面积优化，PCT 码头的单箱收入较 2021 年上升超过 30%。公司 2022 年实现了单箱收入 349.9 元，剔除汇率影响同比提升 9.6%，大幅增加公司收入体量。

2. 在市场复杂多变形势下继续争取保存促增

2022 年，公司完成了计费箱量 26 649 695 TEU，同比上升 17.2%，剔除新增的天津和武汉码头，完成箱量 22 394 023 TEU，同比上升 0.1%。对比 2022 年四季度德鲁里发布的集装箱市场展望报告，预测市场整体箱量下降 0.5%，公司的箱量情况略优于市场整体。

在市场拓展方面，2022 年 1—12 月公司合计引进航线 19 条，新增箱量约 97.3 万 TEU，其中包括海洋联盟 NEU3 线（集运 AEU7）加挂瓦伦西亚码头。针对运力短缺期间支线船租和舱位成本上升，公司组织有关的专项工作小组，围绕阿布扎比如何建设交通枢纽港集思广益，提出多种解决方案，最终通过不断梳理当地的中转和空箱路径，在当地增加了木卡拉及印巴流向的支线航线。另外亦争取了多班的集运加班船到当地进行整船换装，最终 2022 年码头完成箱量 101.9 万 TEU，同比上升 46.1%。

在西北欧主要港口处于拥堵期间，公司总部与泽布吕赫码头主动出击，争取外部客户的加班船挂靠，于 2022 年合计引进加班船 166 艘次，合计贡献箱量 30.0 万 TEU，下半年更引进 MSC 的 AE1 及 AE6 线挂靠。2022 年，泽布吕赫码头完成箱量 107.1 万 TEU，首次突破百万。

【科技创新】

1. 智慧港口建设

厦门远海智慧港口示范区项目完成既定建设目标，实现自动化岸边装卸 + 智能理货 + 无人集卡水平运输 + 自动化堆场 + 智能闸口全流程全要素作业工艺的无缝衔接和协同作业，平均运行效率达到每小时 24 自然箱。项目取得了 6 点成效，实现了从单路到多路作业、F 区到 E 区的全流程作业场景延伸；实现了垂直装卸到水平运输的 5G 全自动化装卸系统升级改造；实现了无人集卡在武汉阳逻码头的复制和应用；实现了无人集卡从海港场景到内河港口场景的适配；完成了交通运输部自动驾驶先导应用试点基础设施及 5G 专网一体化监控中心建设；新增无人集卡自动泊车、自动充电等 20 多项功能。项目生产运营情况见图 14–15。

图14–15　厦门远海智慧港口示范区生产运营情况

推动无人集卡项目复制推广，武汉阳逻码头无人集卡实现常态化作业目标，阿布扎比码头实现无人集卡在码头全场作业。

2022 年 6 月 30 日，天津 TCT 码头“传统集装箱码头自动化升级改造项目”竣工，为全球传统集装箱码头自动化升级提供了“天津样板”。

完成国家发展改革委、工业和信息化部“5G 智慧港口系统建设与改造项目”各应用场景建设任务，完成项目验收准备工作。

2. 科技创新工作

积极申报由集团组织的国家 AI 示范工程项目获得国家发展改革委批复，承担“智能港口示范子工程”；牵头申报的“厦门远海码头集装箱水平运输自动驾驶先导应用试点项目”，被交通运输部列入第一批智能交通先导应用试点项目，该项目入选港口自动驾驶方向特定场景 4 个项目之一。

推进科研平台建设工作，加速公司数字化转型，研究全流程管理 5G 数字化港口解决方案；做强做优自动化码头技术交通运输行业研发中心，成功举办首届“自动化码头前沿技术国际论坛”。

共取得 30 项技术改造和创新成果；“5G 港区车联网云平台及 3D 可视化试点示范”“阿布扎比自动化集装箱码头建设关键技术研究”两个集团级科研项目通过验收。

聚焦“绿色、低碳、智慧港口”方向的科技发展趋势，做好顶层规划设计，编制完成《中远海运港口 " 十四五 " 科技发展专项规划》。

“5G 智慧港口厦门远海码头智能装卸示范区项目”获金砖国家可持续发展目标解决方案大赛技术创新优胜奖；“自动化集装箱码头设计规范”获中国水运建设行业协会科学技术奖一等奖；“基于 5G 的自动化码头关键技术研发与应用”获全国水运系统职工岗位创新成果一等奖；“超限治理智能管控系统”和“基于三维立体照度研究的一种场桥投光灯布局方案”获第五届全国设备管理与技术创新成果二等奖；“基于 5G+ 北斗高精度定位的智慧港口创新应用项目”获卫星导航定位科学技术奖白金奖；“智慧港航多云服务关键技术研究及应用”获 2022 年度中国港口协会科学技术奖一等奖；“港口疫情防控数字化管控平台”获 2022 年度中国港口协会科学技术奖二等奖；“场桥幕墙式照明系统”获 2022 年度中国港口协会科学技术奖三等奖。

3. 绿色低碳港口建设

制定公司绿色低碳港口建设规划和实施路径，聚焦一个码头实现全流程全要素绿色低碳，作为示范试点，打造行业标杆；聚焦一项成熟绿色低碳技术，在控股码头范围内全面复制推广。公司成立绿色低碳工作领导小组、工作小组，对公司以绿色低碳工作为主题的项目组实施统一领导、管理，并结合绿色低碳项目推进需要，成立项目小组。

持续开展船舶岸基供电工作、推进清洁能源在港口的应用、发挥数字化智能化支撑作用开展港口作业工艺的优化、推进港口设备深度电气化，根据绿色低碳工作 22 条实施措施，开展绿色低碳港口建设。2022 年，公司实现岸电设施集装箱泊位全覆盖，全年累计接电 2 869 艘次，同比增加 42%；接电量 117.5 万千瓦时，同比增加 139%，等效减排二氧化碳 1 058 吨。2022 年，公司总体能耗排放强度和二氧化碳排放强度分别同比减少了 19.18% 和 12.37%，进一步降低能耗和碳排放。

4. 信息化建设

2022 年，公司按照集团数字化规划工作总体部署，形成《中远海运港口“十四五”信息化规划报告》。公司数字化将围绕业务本身和企业商业价值进行数字化转型，最终体现在应用场景的落地、效率效能的提升，以及客户价值的创造上。

在报表平台基础上，公司启动 MIS 管理信息系统建设。2022 年基本实现与码头 TOS 数据及 SAP 数据对接，完成控股码头运营管理驾驶舱 4 大板块全部上线，总部拥有了可直接查看每日码头前沿、堆场、闸口作业情况的可视化工具。根据实际业务需要，设立标准化数据的输入规范及配套流程，形成相应规章制定和制度发布，实现数据定义一致及数据唯一性。

从2021年起，公司启动集中式部署的EAM资产项目，旨在打造公司的资产管理数字化能力，2022年完成国内所有控股码头，以及海外阿布扎比码头上线，同步启动希腊PCT码头实施工作。

从2018年起，公司以统一控股码头核心操作系统TOS为切入点，解决码头TOS系统各自为营的问题。截至2022年底，下属控股码头中泽布吕赫、连云港新东方、泉州太平洋、晋江太平洋码头和南通通海码头相继成功实施TOS切换上线工作，并在已上线码头实施高阶模块。在实施TOS更替的过程中，一定程度上解决了单体码头内部系统遍布、烟囱林立的状态。

对外生态方面，作为GSBN的创建成员，积极推进GSBN在控股码头的应用。2021年，公司独立开发统一的GSBN端口，端口上线后完成了厦门远海的迁移。2022年，公司完成厦门远海码头、泉州码头、晋江码头、连云港新东方码头、武汉码头、南通码头、锦州码头、海外PCT码头等8家控股码头上链工作。集运双品牌，内贸业务区块链应用等也进行了持续推进。

【风险管控】

2022年，中远海运港口继续贯彻落实国务院国资委和集团关于进一步加强公司风险管理和内控体系建设、提高公司合规与风险管理意识的有关要求，在集团法务与风险管理本部的指导下，以“强内控，防风险，促合规”为目标，积极围绕公司创效目标和生产经营活动，采取全覆盖形式持续优化风控体系，切实增强风险防控能力，提高公司规范管理水平。

1. 完善内控合规体系

公司持续关注合规体系建设，在各部门设置兼职合规专员，加强对日常经营活动中各项业务的合规管理，发挥三道防线的作用。

（1）建立健全合规管理体系。年内，制定并发布了《合规管理办法》，进一步提升依法合规经营管理水平，保障公司持续健康发展；制定并发布了《重大经营风险及重大经营风险事件报告管理规定》，完善风险防控机制，增强防范化解重大风险能力；制定并发布了《资金内控监督管理办法》，进一步加强资金内控监督管理；此外，修订《风险管理及内部监控管理办法》，明确及细化了合规工作流程。

（2）加强合规培训，根据内外部监管要求，结合公司实际业务情况，开展合规教育培训，提升合规意识。

（3）定期向集团汇报合规管理情况，按月编制合规管理报告，汇报每月合规管理过程中的组织推动、制度建设、运行机制、责任体系、境外合规、组织建设、合规文化等情况。

（4）开展合规经营风险隐患排查。年内，公司严格落实集团有关开展合规经营风险隐患排查工作，并就经营相关合规风险和违法违规问题、多边银行制裁情况及可能存在的风险隐患、下属公司出口管制情况等方面开展全面摸排。检查结果显示公司及其附属公司日常经营活动符合法律法规和监管的各项要求。

2. 加强风险防范工作

公司于2021年11月组织开展了2022年风险评估工作，识别出公司2022年面临的重大风险为：境外经营合规风险、国际贸易格局变化风险、能源价格波动风险、生产安全风险、信息系统规划风险。公司将防范风险工作分解到相关责任部门，于2022年每季度进行跟踪落实，并汇总形成季度报告上报董事会。

2022年，公司继续严格按照相关要求进行项目前期调研和论证（包括风险评估论证），充分了解投资所在地区的政治经济及法律环境，并按需要聘请专业的第三方机构对项目标的进行全面深入的尽职调查，确保全面了解及评估项目标的情况，识别潜在法律及合规风险事项，并在项目法律文件中落实风险防范及应对措施条款，充分保障公司的合理商业诉求及合法权益得以实现。

3. 推动重大风险预警监测

根据公司面临的2022年重大风险，公司于每季度开展风险分类监测指标体系的相关工作，紧密跟踪风险监测预警指标，包括：每季度被美国列入“实体清单”、受关税政策影响的子企业数量、境外中高风险地区境外资产总额、境外重大建设项目逾期数量、境外重大法律诉讼案件、境外重大合规案件、账龄三年及以上的应收账款、逾期应收账款、亏损子企业数量及金额、非主业项目投资金额及占比、年度投资计划完成率、重大安全生产事故数量、境内重大法律诉讼案件，以及其他对企业经营发展造成重大影响的风险等，并于每季度结束后将上述报告汇报集团及海控。据统计，公司 2022 年度风险监测预警指标正常，无重大风险事件。

4. 推广风控信息化平台的应用

积极向下属公司宣传推广集团客户合规风险系统，定期跟进该平台的应用情况，督导下属公司充分利用该平台精准识别客户信息并及时规避相关风险；此外，认真落实集团要求，配合集团做好风控信息化平台的前期建设及探索工作。

5. 加强风控工作小组的工作机制

2022 年，公司进一步加强风控工作小组在风控、内控及合规工作事项的决策参与力度，通过提前审核风控、内控及合规工作相关的各项重要报告，风控工作小组积极出谋献策，提供极具建设性的意见和建议，充分发挥了其“第一道防线”的重要作用。同时，风控工作小组亦不定期讨论各项风控、内控及合规管理工作的开展情况，集思广益，稳步提升风控及内控管理的整体水平。

6. 加强内控缺陷整改

公司积极配合集团加大内控缺陷整改力度，及时制定 2021 年度缺陷整改工作计划，明确整改责任部门和完成时间，定期跟进整改情况，持续跟踪公司缺陷事项整改后的履行情况，及时提示风险，避免缺陷情况再次发生。截至 2022 年 12 月，公司总部及下属码头已圆满完成内控缺陷整改工作，整改率达 100%。

2022 年 11 月，公司聘请了第三方专业机构对各职能部门开展内控评价。在评价过程中，通过访谈、抽查、测试，以及横向类比等方式对公司总部及各下属单位的规章制度、业务流程等进行总体评价，准确梳理和揭示出存在的风险和缺陷点，并提出整改意见和管理提升建议。2022 年，公司总部及 3 家下属单位第三方评价发现缺陷问题共计 14 项（其中港口公司 1 项、南通通海码头 3 项、广州南沙码头 4 项、锦州新时代码头 6 项），主要涉及采购及供应商管理、合同管理、信息系统管理、安全生产管理、人力资源管理等。

通过本年度内控评价，未发现对本单位治理、经营管理及发展有重大影响之缺陷及异常事项。

7. 集团内控监督评价工作

集团于 2022 年初对公司开展了 2021 年内控监督评价，并于 2022 年 7 月下发问题缺陷清单。根据缺陷整改工作要求，将问题缺陷细化分解至相关责任部门及各单位，并定期密切跟进问题缺陷整改进度。截至 2022 年 12 月，公司总部及下属公司已经圆满完成全部问题缺陷整改工作。

【安 全 生 产】

2022 年是港口公司作为集团三大核心产业全力建设“全球领先综合港口运营商”和“全面提升精益运营能力”的关键之年，按照公司 2022 年安全工作会的总体部署，全体员工深入践行安全发展和绿色发展理念，统筹抓好安全环保和疫情防控，加大安全生产科学投入，从严从实从细抓好各项工作，持续维护了公司安全生产和疫情防控的平稳态势。

2022 年，公司及下属境内外码头未发生上报等级及以上生产安全责任事故，也没有发生上报等级以上的生态环境污染事件，安全环保形势总体平稳可控。全年共投入安全专项资金约 2 500 万元，为维持企业生产经营秩序和安全稳定局面提供了强有力的资金保障。

1. 提高政治站位，统一思想认识。始终秉持安全生产“红线”“底线”思维，坚持“一岗双责”和“三管三必须”安全工作要求，坚决履行企业安全生产主体责任和第一责任人的安全责任。制定和签署《中远海运港口有限公司 2022 年安全生产工作责任书》，做到安全责任“横向到边、纵向到底”，确保安全责任体系有效运行。

2. 制定《中远海运港口分承包方安全管理规定》和《中远海运港口安全生产费用提取和使用管理指南》，修订《中远海运港口安全生产事故隐患排查治理管理规定》《中远海运港口安全生产职责管理规定》《中远海运港口安全风险辨识管控指导意见》，完善公司安全管理制度体系，做到制度对安全生产管理过程的全覆盖，起到制度引领作用。

3. 指导协调控股码头开展形式多样的“安全生产月”、“安全生产专项整治三年行动‘巩固提升年’活动”、“119”消防宣传月、节能宣传周等专项活动。积极营造活动氛围，充实和丰富员工安全生产知识，有效提高全员安全意识和防护技能，提升整体安全管理水平。

4. 切实做好季节性安全工作。组织召开公司 2022 年防台防汛工作专题视频会，部署防台防汛和防范季节性强对流天气等相关工作。根据极端恶劣天气动态信息，多轮次发布安全预警，起到提醒警示，并及时部署应对措施，真正做到“早布置、早落实、早防范”，确保防台防汛等季节性安全工作取得成功，持续维护安全稳定局面。

5. 加强事故管理，避免事故重复发生。根据事故性质特点，在系统内下发《事故通报》，督促指导各单位举一反三，深刻吸取事故教训。全面梳理和完善管理制度和操作规程，开展案例专题研讨，制定防范措施，避免类似事故发生。

6. 以“中远海运集团 2022 年安全检查计划”三个阶段安全检查专项工作为指导，以季度综合督查为抓手，有效开展安全隐患排查治理工作：

（1）2022 年，下属单位共开展安全隐患自查活动 1 213 次，无重大安全隐患；一般安全隐患共 1 137 项，已完成整改 1 127 项，整改率 99.1%；共投入事故隐患治理资金约 292.3 万元，有效遏制生产安全事故发生。

（2）根据属地疫情形势，对控股码头组织开展 2 次现场安全综合督查和 2 次视频巡检工作，对检查中发现问题隐患提出整改建议。并对隐患整改工作“回头看”，做到“闭环”管理，确保隐患整改到位。

7. 科技兴安，夯实安全基础。积极参与集团《陆岸安全信息平台》软件系统模块功能开发和应用，在系统内对软件系统平台查询功能开展“云检查”，通过科技手段，强化安全管理基础工作，进一步规范管理方法，实现安全管理标准化。系统内年度科技兴安及设备技改项目投入约 321.4 万元，有力促进和夯实了企业本质安全。

8. 持续跟进指导下属企业开展安全教育培训工作，确保全员安全培训到位，通过培训全面提升员工安全意识和安全防范技能，达到本质安全。年度内，系统内全员培训达 15 880 人次，总授课时达 35 624 课时，全员安全培训投入约 42.7 万元，培训率达 98.5%；专职安全管理人员培训 378 人次，培训投入约 8 万元，培训率达 100%；严格新进员工“三级安全教育培训”制度，培训合格率达 100%；实现企业负责人和特种作业人员 100% 持证上岗。

9. 组织应急预案演练，提高应急处置能力。系统内各单位根据年度计划，实施应急预案演练共 125 次，共完成应急预案演练 119 次，完成率达 95.2%。其中，港口设施保安演练已完成 25 次；消防演练完成 23 次；防风抗台应急演练完成 27 次；交通运输应急演练完成 2 次；危化品应急演练完成 11 次；人身伤害应急演练完成 7 次；特种作业演练完成 10 次；其他专项预案演练完成 14 次。共投入应急管理资金约 104.4 万元。通过演练，查找不足和缺陷，及时修改完善预案，使预案更具可操作性；检验了应急物资、设备设施，以及资金保障情况，从而提高了企业应急救援队伍自救能力和整体应对港口突发事件应急处置能力。

【人力资源】

2022 年，公司着力按照战略发展及目标，拟定人才工作方向及重点，积极推进，主要包括：

1. 深化契约管理。在 2021 年完成港口公司、下属 8 家境内控股企业及 6 家境外控股企业的经理层成员任期制契约化管理的契约文件制定及签署的基础上，2022 年完成下属管理输出控股企业境内及境外各 1 家企业的经理层成员任期制契约化管理的契约文件制定及签署。同时，按照集团关于进一步加强国企改革三年行动工作的通知要求，完善经理层成员的经营业绩考核指标及有关契约，保质保量完成相关工作。

2. 强化激励机制。持续推进实施控股码头成本控制专项奖励机制，以及营销成果专项奖励机制，进行有强度的激励，为公司精益运营持续有效开展、运营管理不断提升提供动力。在继续实施现有的公司股权激励计划的同时，以科学高效规范地开展中长期激励、充分调动关键岗位核心人员的积极性和创造性为目标，逐步推进研究制定新一期股权激励计划的相关工作。

3. 完善人才结构。在全面梳理分析公司人才结构现状的基础上，根据公司战略发展目标，制定《港口公司“十四五”人才发展规划》，确定 6 类关键人才梯队（码头运营管理类、信息技术类、工程建设类、设备与技术管理类、商务营销类、财务审计类）的建设规模目标，积极推进落实。

4. 拓宽引才渠道。

（1）筹备举办第二期全球码头运营管理选调培训班。制定工作方案，并在集团的指导和支持下，推进报名、选拔、培训安排及考核等各项筹备工作。经对报名人员的资质进行审核及初筛，并安排第三方咨询机构测评选拔，从集团兄弟单位、港口公司总部、境内下属单位尤其是控股码头的属地员工中选拔年富力强、综合素质高、干事热情高的业务和管理骨干人才，分类别、分层次培养。在校阶段的培训于 2022 年 11 月中下旬开班。

（2）引进高层次紧缺人才。根据公司“十四五”发展规划的发展愿景、实现蓝图及发展举措，为快速补充人才缺口，制定科技数字化、自动化与创新数字化、工程基本建设、港口自动化等 4 个引才方向的高层次紧缺人才引进计划，采用市场化的选聘任用机制，积极推进引入数字化转型和科技创新方面的高层次紧缺专业人才，通过猎头公司在市场上猎聘人才。公司制定人才聘用契约，将对引入人选实施任期制契约化的管理。

5. 强化内部培训。公司根据“十四五”战略规划及对标体系建立要求，经与集团人才发展院充分沟通，进行公司商务英语培训等线上培训，举办智慧港口讲习班；举办 2022 年公司中高级管理人员培训班、中层管理人员培训班、中青年骨干培训班。4 月，公司制定、发布了公司内部培训师管理办法（试行），选拔人员、组建“内训师”队伍，整合公司内部培训资源，增强公司的自主培训能力，实现业务技能知识的共享和公司内部沉淀经验的有效传承。

6. 重视年轻人才培养。配合集团对于年轻干部选拔实施方案，积极推荐港口公司优秀年轻人才进入集团年轻干部“远航”“启航”库。拓宽引才渠道，除了从兄弟公司重点引入信息化、海外财务管理等专业人才外，还积极从下属控股码头筛选选拔优秀年轻人才，将优秀年轻人才及早纳入总部视野，着眼战略需求储备人才。2022 年，公司已接收集团管培生 5 名，量身定制管培生培养方案，通过香港、上海总部及境内外码头的轮岗交流，进行全方位培养和潜能开发，不断充实我司干部人才队伍。

【企业党建】

2022 年度，中远海运港口坚持以习近平新时代中国特色社会主义思想为指导，以迎接和学习贯彻党的二十大精神为主线，坚持党建领航，厚植“根”和“魂”，深化党建“融合式”创新发展，大力践行“三做”理念，弘扬“三舱”精神，做到“四个坚守”，面对加速演变的市场环境和艰巨繁重的经营创效、转型升级重任，团结带领广大干部职工守正创新、笃行不怠，以高质量党建引领打开公司高质量发展新局面。

1. 深入宣贯党的二十大精神

（1）将党的二十大精神落到实处。通过上党课、集中学习、专题研讨等多种方式，组织全系统学习贯彻党的二十大精神；组织班子成员结合分管工作带头撰写学习体会和理论文章；组织各基层党委书记、职工代表交流感言体会，开展党的二十大精神知识竞赛等活动，引导广大党员干部进一步增强“四个意识”、坚定“四个自信”、做到“两个维护”，为建设世界一流港口砥砺前行；分主题、分批次召开五组专题工作研讨会，重点围绕高质量发展、党建引领、服务新发展格局等方面设置讨论议题，将贯彻党的二十大精神落实到加强党的领导、优化全球化布局、推进一体化发展、提升精益运营和保通保畅能力等具体工作的全过程、全方位。

（2）融入和服务新发展格局。公司党委始终把贯彻落实习近平总书记对本行业本企业重要指示批示精神和党中央决策部署作为最大的政治责任、最大发展机遇，充分发挥港口作为国家重要基础设施和重要枢纽作用，完整、准确、全面贯彻新发展理念，主动融入和服务新发展格局。在践行“一带一路”中找准“坐标方位”，积极把握 RCEP 和区域经济发展等机遇，成功推进西班牙 Logitren 铁路公司 51% 股权收购，签署厦门海投供应链项目 56% 股权收购协议，全力抓好汉堡 CTT 项目交割、签署埃及索哈纳码头 Term Sheet 等，扎实有序推进秘鲁钱凯码头、中东阿布扎比码头枢纽港建设，公司全球布局持续走深走实。积极推进企业资产管理（EAM）系统建设、搭建内部管理决策系统（MIS）、建设数字中台等，促进公司数字化转型步入“快车道”。

（3）扛起抗疫保供使命职责。公司严格落实常态化疫情防控精准举措，筑牢码头疫情防控“堡垒”，确保生产经营不断不乱；全力落实“保通保畅”，大力推动构建“港口 + 航运 + 物流”一体化大通道，开拓了“陆改水”“陆改铁”“海铁联运”等多式联运通道，开辟了瓦伦西亚—里斯本 / 雷克素斯陆海快线，标志着中欧陆海快线在欧洲大陆第三条通道正式打通，为全球供应链产业链稳定作出积极贡献。

2. 全面升级党建管理质效

公司党委坚持把加强党的领导和完善公司治理统一起来，持续优化完善公司治理体系，年内，公司党委共计召开党委会 27 次，前置研究讨论“三重一大”事项 91 项；组织各部门修订总部“三重一大”决策制度实施办法、权责清单，以及党委议事决策规则，开展基层控股码头“三重一大”决策制度建立健全及执行情况自查整改工作，不断推动党的制度优势转化为企业治理效能。

年内，公司党委研究出台了包括《公司党委关于建立容错纠错机制激励干部改革创新担当作为的实施办法（试行）》《公司党委综合监督检查工作指导意见》《公司境内党建工作责任制考核评价办法（试行）》等制度，多方位完善党内制度体系。

全面推动落实各级组织换届选举，组织上海总部党总支换届选举，撤销外派党员党总支，优化组织管理条线，确保胜利完成两委换届任务。

3. 提升基层战斗力

公司党委围绕公司“十四五”战略和年度重点工作，加大“党建 + 业务”同轴共转步伐，打造了一批党建融合发展、“三做”“三舱”理念落地的标杆项目和典型案例。武汉、厦门两地港航单位依托“江海互济”临时党支部，开拓厦赣鄂海铁联运通道建设总计达到 11 条；武汉码头联合武汉集运、武铁物流和武汉长江国贸开展“党建领航聚合力 数智赋能链四方”党建共建，在服务长江中上游地区一体化发展中勇当开路先锋；面向全员开展“金点子”征集与实施活动，经审核评选 12 条“金点子”脱颖而出，进入专班化推进、项目化运作，让“金点子”转化成为公司发展的助推器。

【纪检监督审计】

坚持和加强党对纪检工作的领导，研究提出了《关于进一步加强中远海运港口纪检监督力量方案》，要求各直属单位党委设立纪委一级组织架构，总部提名了 5 家直属单位纪委书记人选，推动各直属单位年内完成纪委设立的全覆盖。同步推动相关码头设立相关岗位，配齐配强基层专兼职纪检工作人员；认真做好集团移交有关违规招待问题相关处理工作，依纪依规对涉及有关违规招待问题的 10 名同志做出处分处理，认真落实有关问题整改，找准和堵塞制度漏洞，建立长效机制；组织廉洁从业教育月活动，开展了制度学习和案例警示教育、座谈会、纪委书记上廉洁教育课等一系列活动，公司总部及直属单位共计 122 名年轻干部通过现场参会、视频连线的方式参加了公司纪委书记主讲的廉洁教育课；持续发挥审计利剑作用，2022 全年正在实施或已完成了 30 个审计项目，其中专项审计 1 项、经济责任审计 2 项、效益及财务收支审计项目 10 项，内控管理审计 2 项，工程建设审计项目 15 项。发现问题及需要改善的环节共 95 个，并提出审计意见和建议，促进增收节支 171.15 万元，护航精益运营和战略落地。

【群 团 工 作】

1. 坚持为民宗旨。工会坚持以职工需求为导向，面对疫情多点散发考验，努力打造更全面的保障与服务体系，开展常态化、人性化、精准化的慰问工作。年内，工会在防疫拨款、重大节日及帮困慰问、物资采购等方面，合计投入资金 226.08 万元；持续推动劳模创新工作室成为码头攻坚先锋，下属码头的朱少杰劳模创新工作室和张向阳劳模创新工作室均获集团命名并参加“首届大国工匠创新交流大会”展示。

2. 深化党建带团建。团委围绕喜迎党的二十大胜利召开，持之以恒抓好青年理想信念教育，积极推进落实“青年大学习”行动，组织团员青年积极参加主题团日活动、学习交流、文艺比赛等，掀起学习宣贯高潮；贯彻集团关于青年素养提升工程实施方案要求，涌现出一批优秀青年集体和个人，下属锦州新时代码头、天津港码头等多家团组织和青年个人获得集团荣誉表彰。

3. 落实综治维稳责任。重点加强党的二十大等特殊期间组织领导，压紧压实综治维稳主体责任，严密部署信访安全稳定等各项任务，加强风险排摸、评估、预案和“零报告”制度，并组织各码头深入学习贯彻《信访工作条例》，坚决杜绝影响稳定性事件发生。

【企业文化与社会责任】

2022 年，公司围绕“The Ports for ALL”企业品牌，聚焦“全球化”“精益运营”“创新发展”“企业公民”四大核心内涵，从内部人员认同，外部受众感知两个层面，持续推进企业文化建设，建立多渠道、系统性、互动对话的传播体系，全方位赋能品牌管理工作，持续打造“以客户为中心的全球领先综合港口运营商”品牌形象。

构建升级内外宣传平台矩阵。面对复杂的传播生态环境和公司点多面广、股权各异情况，为进一步加强外部链接和内部沟通，增进各方对港口品牌的认同感和企业品牌影响力。对内，发布《港情周报》电子内刊，开辟红色领航、阳光治企、保通保畅、链接价值、创新 DNA 等专栏专题，讲好公司党建引领和改革创新的故事；对外，持续优化官网建设。建立“港口轩”和开发“服务号”，形成“服务号 + 订阅号”双平台格局，以增强公司运营商的形象。此外，继续推动外宣内容“视频化”制作，通过 5G 智慧港口、秘鲁钱凯码头开工建设一周年等短视频，对外展现更丰富立体的中远海运港口品牌形象。

聚焦主业，展示公司发展新形象。积极宣传秘鲁钱凯码头、中东阿布扎比码头枢纽港建设；围绕“港航货”一体化建设，宣传推广公司新业务；以阿布扎比场站、泽布吕赫仓库、西班牙码头和武汉码头水铁联运等为切入点，展示公司“一体化”供应链发展新优势；宣传菜鸟国际、CMEC 光伏项目、海信、美的、华为等服务案例，推介公司“海外前置仓”等优势产品，输出“一对一”服务和稳定可靠的供应链解决方案，不断用品牌效应助推业务营销。同时，聚焦数智化和绿色低碳新成果，包括：公司信息化系统的完善与统一，天津 TCT 码头“全球首创传统集装箱码头自动化升级改造项目”成功入选“世界 5G 大会十大应用案例”，厦门远海码头“集装箱水平运输自动驾驶”入选交通运输部首批智能交通先导应用试点项目，落实推进集团“交通强国”绿色航运试点项目，境内控股码头集装箱泊位岸电全覆盖等等，获得广泛关注。

加大品牌整合营销力度。全年参加全球数字经济大会、金砖国家新工业革命展、服贸会、东盟博览会、进博会、高交会等 6 个展会，贴近市场和消费者声音，提炼和展示公司出海“一带一路”“数智化”“绿色低碳”品牌标签，通过把握主流媒体、放大主流声音，突出宣传公司战略发展新愿景、改革发展新成果、数字低碳转型成效，讲好中远海运港口品牌故事，提升品牌曝光度。

积极践行社会责任。公司开辟“六稳”“六保”主题宣传，报道一线统筹生产经营和疫情防控的同时，加大宣传“陆改水”“陆改铁”“散改集”等多样化产品，助力中小企业纾困解难措施。接受《凤凰卫视》中远海运“六稳”“六保”专题拍摄专访，在《中国航务周刊》“中国水运这十年”特刊文章和《英才》杂志文章投放专题文章，积极传达公司在后疫情时代抗疫服务、畅通全球供应链等方面的举措，展现公司践行“六稳”“六保”新贡献。加大宣传希腊PCT、秘鲁码头等海外企业公益慈善、社区关怀等企业软实力，公司品牌美誉度、认同度在践行社会责任中稳步提升。

公司全年获得17个奖项。包括：入选“中远海运集团落实国企改革三年行动、创建内部管理提升标杆活动”之品牌管理类“标杆企业”；短视频作品“红与蓝”在第四届“一带一路”百国印记短视频大赛中获“最佳技术奖”；在可持续发展方面，凭借在绿色低碳及节能减排方面的杰出贡献获2022年度中华企业社会责任盛典“环境杰出贡献奖”；*International Business* 杂志颁发的“最佳可持续发展公司（码头组别）”及“最佳企业社会责任公司（码头组别）”奖项，立信德豪会计师事务所颁发“ESG大奖2022—ESG最佳表现大奖－主板中市值”，并于9月获纳入“恒生可持续发展企业基准指数成份股”，11月则获香港会计师公会颁发“最佳企业管治及ESG大奖2022—特别表扬”；在资本市场方面，2月获 *International Business* 杂志颁发的“最佳港口运营商（码头组别）”、“最佳投资者关系（码头组别）”，4月获 *International Finance* 杂志颁发“最创新港口运营商”、获 *Global Business Outlook* 杂志颁发“最佳集装箱运营商奖“及“最佳社会责任港口运营商”、获 *Finance Derivative* 杂志颁发“最佳码头运营商”和“最佳投资者关系企业奖”，7月获新城电台颁发“香港回归25周年企业贡献大奖（贸易）”，10月获香港管理专业协会颁发“优秀H股及红筹股公司年报奖”等。

2021—2022年中远海运港口主要情况见表14–22。

2021—2022年中远海运港口主要情况表　　表14–22

项目		2021年	2022年	备注
吞吐量	总吞吐量（万TEU）	12 928.6	13 010.7	—
	权益吞吐量（万TEU)	3 987.4	4 206.9	—
财务状况	总资产（亿元）	766.41	786.88	—
	净资产（亿元）	441.72	460.43	—
	营业收入（亿元）	79.31	97.98	—
	利润总额（亿元）	32.31	31.19	—
人力资源	员工总数（人）	191	199	总部人数

注：1. 以上财务数据为中国企业会计准则下数据；

2. 2021年金额采用平均汇率为1美元：6.453 3人民币，期末汇率1美元：6.375 7人民币计算；2022年金额采用平均汇率为1美元：6.727 9人民币，期末汇率1美元：6.964 6人民币计算。

（翁羽）

中远海运（北美）有限公司

中远海运（北美）有限公司

【公司概况】

中远海运（北美）有限公司〔简称“北美公司”，英文简称 COSCO SHIPPING（North America）〕，是中远海运集团全资子公司，注册资本 2 071 万美元，注册地在美国加利福尼亚州。北美公司业务主要涉及航运代理、货运代理、散货运输、油轮运输、物流服务、码头经营、燃油供应、技术服务、社会化服务、设备租赁等。

1982 年 8 月 6 日，原中国远洋运输总公司在美国加利福尼亚州注册成立中远美国公司。1996 年 6 月 27 日，中远美国公司更名为中远（美洲）公司，成为中国远洋运输（集团）总公司在美洲地区的区域管理中心，履行北美洲、中美洲、南美洲和西印度群岛地区的管理职能，业务网点分布于美国、加拿大、巴拿马、巴西、阿根廷、秘鲁、乌拉圭、智利、墨西哥等 9 个国家。2000 年 2 月，中国海运（集团）总公司在美国特拉华州注册成立中国海运（北美）控股有限公司，注册资本 50 万美元，主要负责管理美国、加拿大、巴西、阿根廷、智利、墨西哥等地区的集装箱代理业务。

2016 年 4 月 12 日，根据集团的统一部署，中远海运（北美）有限公司宣布成立。原中国远洋运输（集团）总公司的中远（美洲）公司和原中国海运（集团）总公司的中国海运（北美）控股有限公司正式开始整合重组，历时 5 个月的时间，于同年 9 月底全面完成整合，实现了合署办公。

改革重组后的北美公司成为集团的全资子公司和区域公司，是集团在北美地区业务拓展的唯一平台。北美公司对包括美国、加拿大、墨西哥、巴拿马等北美、中美洲及加勒比地区公司实施区域管理，公司业务范围涉及投资及区域管理、集装箱、码头、物流、设备租赁、社会化服务、散运、能源运输、船代、无船承运人、燃料供应、船舶备件与技术供应、特种船及多用途船等多个领域，形成了多元化产业布局，具备打造成为集团航运主业及相关专业公司在北美的现场服务支持和保障中心的业务基础。同时，作为集团的驻外窗口，北美公司积极履行社会责任，积极配合区域内中国使领馆，服务广大中资企业，促进与当地企业经贸合作。

北美公司 2022 年组织结构图（按法人层级）见图 14–16。

2022 年 5 月，丁农不再担任中远海运（北美）有限公司董事长，由陈哲瑜接任；冯波不再兼任北美公司总裁，由张峰接任。

【发 展 战 略】

根据集团“十四五”战略规划对北美公司的定位，北美公司是集团在北美地区综合物流供应链服务平台，是集团全球综合物流供应链服务平台的重要组成部分和关键节点。目前，公司主要业务为综合物流、码头经营和设备租赁业务。2022 年，按照北美公司“十四五”发展规划确立的任务和目标，继续贯彻落实项目组工作机制，积极推进战略落地工作。

1. 持续推进北美区域数字化供应链建设

区域内物流基础资源获取取得显著进展。2022 年，根据物流板块仓干配业务的发展规划，重点聚焦仓储、卡车和底盘车资源掌控。稳步扩张北美地区仓储网点，对洛杉矶、达拉斯和休斯敦 3 个网点的仓储市场开展调研，并对达拉斯和休斯敦两个仓储项目的预期业务收入和成本进行

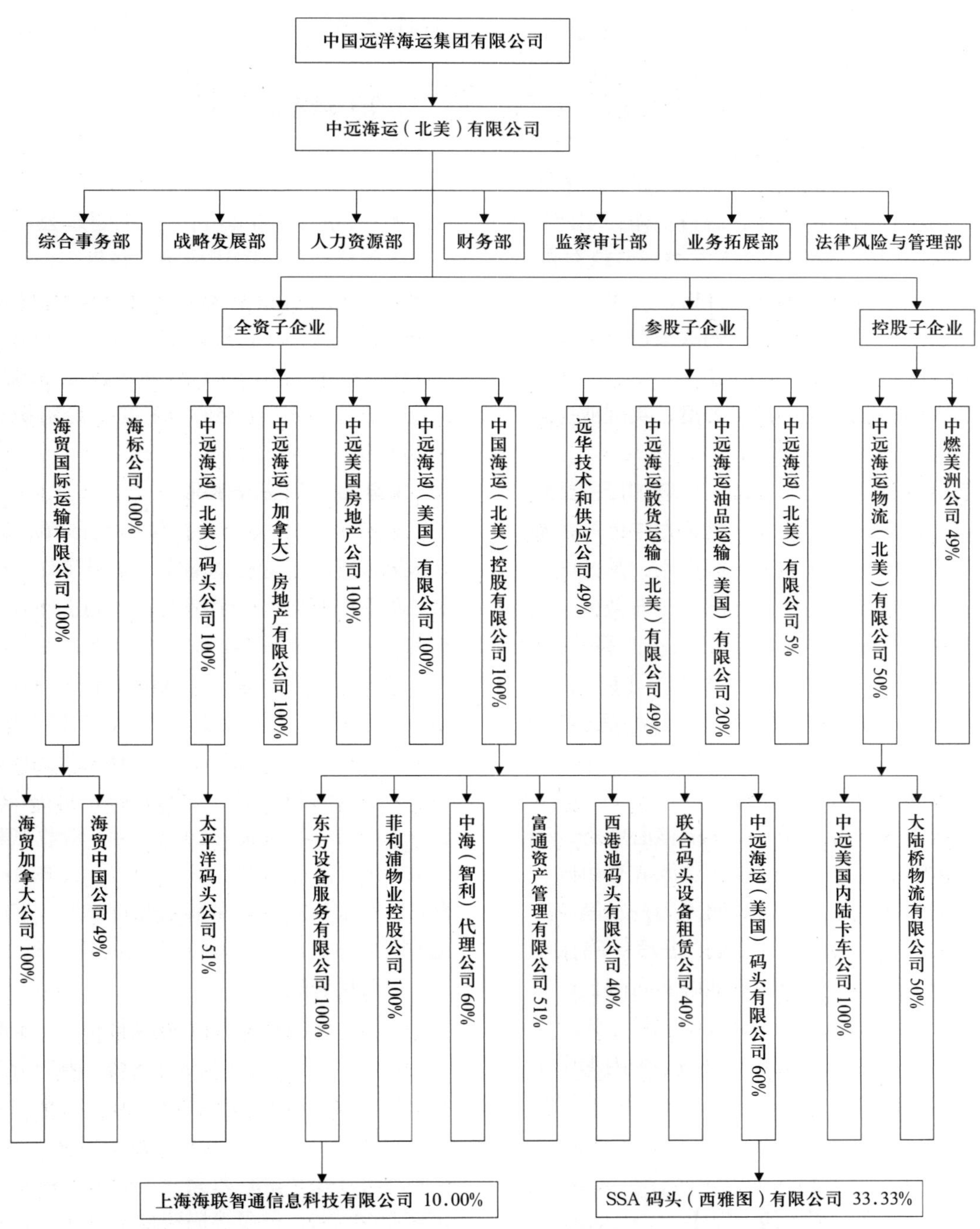

图14-16　北美公司2022年组织结构图（按法人层级编制）

了测算，初步完成可行性分析报告。截至 2022 年 12 月底，物流北美在美国的仓储网点已经覆盖到5个城市，仓库运营面积达到30万平方英尺，同比增长 30%；掌控卡车数量扩大至 22 台，签约卡车 200 台，在供应链资源紧张的情况下，一定程度保证了客户服务，并响应了加利福尼亚州对运输行业的绿色环保要求；经过与 TRAC 公司洽谈，签署 100 台底盘车租赁协议，计划投入 IBT 公司美西拖车运输。另外，从 TRAC、CLC 等公司长期租赁 96 台底盘车用于加强查尔斯顿和芝加哥地区的拖车业务。

积极拓展供应链产品业务量。除标准化供应链拖车产品，针对特定行业和特别业务需求，为客户提供行业解决方案产品。小米、海信海外仓项目运营平稳顺畅，海外仓运营模式日趋成熟，项目成果显著。2022 年，仓库使用面积、二程分拨箱量同比实现翻倍。

加快推进区域重点物流项目。南加州仓库租赁平台公司并购项目已经开展实地调研，并着手准备推进项目立项和启动尽职调查工作；墨西哥曼萨尼约堆场项目，已经与合作方进行多轮沟通，基本完成了项目调研和可行性分析；海贸公司自建报关行项目已经完成了公司的决策审批流程，各项启动工作已经开始全面推进。

2. 加大设备租赁业务投资力度，实现业务规模提升

设备租赁板块持续扩大投资，增加设备数量及资产规模，提升盈利能力。继续为中远海控提供设备租赁服务，发挥战略协同作用；与此同时积极开拓北美本土化、市场化的第三方业务。设备租赁板块在发挥与中远海运集运、东方海外“双品牌”协同效应的同时，成为北美公司重要盈利点。2022 年，设备租赁板块完成投资冷箱 6 500 台、底盘车 1 100 台，以及冷箱发电机 150 台项目。

3. 持续巩固存量码头业务

码头板块继续巩固存量码头的核心业务，确保规模和效益的稳定。坚持内部资源充分协同，积极为集团船队保驾护航，同时大力开发第三方客户，努力提升业务量。积极推进落实码头设备和场地升级改造工作，西港池码头有限公司完成 1 300 万美元设备更新改造投资项目，太平洋码头公司完成 3 台门式起重机和码头场内牵引车（UTR）项目投资，并圆满完成公司合营协议续签工作。

【经 营 效 益】

1. 效益情况

2022 年，北美公司实现营业收入 666 203.10 万元，同比增加 23.63%；发生营业成本 547 247.43 万元，同比增加 25.17%；发生管理费用 50 614.87 万元，同比增加 19.52%；发生财务费用 11 677.07 万元，同比减少 19.58%；录得投资收益 23 499.87 万元，同比减少 11.44%；实现利润总额 80 295.41 万元，同比增加 14.75%；实现净利润 64 527.96 万元，同比增加 12.92%。

2. 财务状况

截至 2022 年末，北美公司资产总额 1 250 281.45 万元，比年初增加 12.10%，其中固定资产同比增加 28.11%，主要是公司持续发展设备租赁业务，购置冷箱、底盘车、发电机等设备；负债总额 903 498.35 万元，比年初增加 4.67%，其中银行借款比年初减少 1.74%，租赁负债比年初增加 5.50%；所有者权益 346 783.10 万元，同比增加 37.54%，主要是经营积累和汇率变动的影响。

3. 年度指标完成情况

2022 年，北美公司持续深化改革，在集团总体部署下，坚持贯彻落实“防疫工作、生产经营，两手都要抓、两手都要硬”的工作方针，全年实现决算净利润 64 527.96 万元，完成集团下达年度盈利考核指标。完成集团下达的 8 项综合对标指标中的 6 项；因受前两年供应链拥堵影响，航运市场高涨，造成对标基准值失真，营业收入增长率和营业利润增长率两项指标视同完成。“两金”压控各项考核指标均已达标：应收账款周转率 17.89 次，完成集团不低于 2021 年 16.16 次的考核要求；应收款净额增幅 0.46%，不超过收入增幅 23.63%，一年以上应收账款为零。

4. 财税管理

持续优化境外资本收益管理，进一步规范利润分配工作流程。通过利润分配、集中资源、优化分配，集中资金推进重点的战略发展项目，保障年度重点投资项目资金需求，2022 年收到各级子公司分红 7 980 万美元。针对上级部委外债备案新的要求，积极筹措资金、盘活自有资金，提供重点租赁业务板块资金保障，完成 5 500 台冷箱投资项目全部资金保障。根据集团新加强担保管理要求，与中远海运香港完成 2.83 亿美元反担保协议的签订。鉴于美国不断加强合规监管，北美公司积极配合集团做好在美税务政策跟踪、研究，坚决做好在美税务风险防控工作。2022 年，公司协助所属东方设备、富通资产完成为期近两年的 IRS 关于美国 FET 税务稽查工作，大幅降低补税、罚款、罚息，并举一反三，对在美企业进行了全面税务梳理，进一步降低税务风险。积极利用美国疫情税务减免政策，年内各公司共收到 42.11 万美元 ERC 退税。

【企业管理】

1. 改革三年行动完美收官

按照集团发布的改革三年行动 138 项任务清单，结合公司实际情况，北美公司制定了改革三年行动自我加压版工作清单，由各部门牵头积极推进落实。2022 年，北美公司改革三年行动总体任务完成率为 100%，重点任务均实现提前完成。

2. 对标提升持续见效

按照集团对标提升行动统一部署和工作要求，北美公司定期与优秀同行进行对标，通过对标查找自身短板弱项，学先进、抓落实，并将对标提升纳入各部门和所属公司考核，强化对标在业绩考核中的引领作用。2022 年，北美公司 8 项综合对标指标优于对标对象，下属各单位的对标考核完成情况均有显著提升。

3. 加强投资管理工作

严格按照集团投资管理规定和北美公司投资管理规章制度开展相关投资工作，履行逐级决策审批流程，不开展非主业投资项目。对重大投资项目，加强项目可行性研究工作，科学决策，严控风险。在投资方面加强与集运及各兄弟公司的合资合作，达到了“协同发展、合作共赢”的目的。

4. 加强北美公司所属公司董事会建设和规范运作工作

定期梳理北美公司下属实体企业董事会的构成状况，及时更新、登记下属公司董事会成员变动。严格按照集团对下属公司董事会管理规定及当地的企业治理要求，根据《北美公司下属公司董事会管理办法》的规定，做好下属公司董事会管理工作，督促下属公司按照董事会运作管理办法的规定安排召开董事会会议，规范董事会会议材料。

5. 强化产权管理工作

严格执行集团关于国有资产交易的有关规定，履行资产、产权对外转让、增资扩股等事项的逐级审批决策流程，确保相关操作依法合规进行，加强对产权交易的监督管理。

6. 保持压减常态化管理的工作方式

根据企业发展需要，继续做好对存续企业的压减工作；严格审批新设企业，控制公司法人层级和管理层级，进一步优化管理链条，守住管理层级不超过 4 级的底线。

【海外营销】

1. 多措并举，确保业务开展依法合规

过去两年，美国政府及相应监管机构对供应链问题高度关注，并陆续出台相关法律和政策，使得船公司在北美的经营持续处于监管机构的高压态势下。一方面，为保证业务开展依法合规，北美公司先后组织关于美国联邦海事委员会（FMC）规则、OSRA 2022、反垄断政策等主体的宣贯和培训，使得员工构筑牢固的依法合规经营理念，并将其渗透到日常业务中。另一方面，公司与监管机构保持紧密联系，及时配合监管机构的询问和核查，提前化解相关矛盾和潜在风险。

2. 圆满完成 2022 年太平洋东行签约工作

2022 年新年伊始，全球贸易销售部对签约目标客户开展宣传，强调强劲的市场需求、舱位资源的被动损失和客户至上的服务理念，为签约运价打下坚实基础，同时完成既定的签约指标任务。全球贸易销售部还引入亚马逊、Khols 等跟踪多年的头部零售客户，为太平洋航线高质量经营打下坚实基础。

3. 脱离传统签约季的时间限制，做好新客户开发工作

2022 年，随着美国通货膨胀大幅上涨并持续居高不下，家具、电器等货类市场需求受到抑制，进而延展到多数行业，很多进口商在第四季度集中调整库存、缩减订单，叠加第四季度传统淡季，市场需求跌入低谷。为稳定装载，提高2023年签约客户储备，在总部政策支持下主动出击，公司针对TOP100的东行目标客户有针对性开展营销工作，如Home Depot、Electrolux、Hasbro、Raymour & Flanigan、Michaels等均建立了直接、密切的沟通渠道，并成功与Raymour & Flanigan签订试运行合约，Hasbro也已进入报价阶段。

4. 做好客户维护工作，妥善处理费用纠纷

随着消费市场疲软，部分客户库存周转延长，现金流紧张，财务、销售联动，对少量重点客户紧密跟踪，对于拖欠运费等行为采取各种措施，促使收入颗粒归仓，处理Bedding Acquisition、BBB等客户的超期欠费问题，并在此方面继续加强力度，保证运费回收安全。此外，由于供需端转向，及OSRA 2022法令生效，多家大客户利用此时间段对过去两年因供应链瓶颈产生的滞箱费、堆存费反馈争议，在可控的前提下，有礼、有利、有节与客户开展磋商，尽最大努力达成与客户和解，在谈判中也将长期与客户绑定合作的精神贯彻始终。

5. 大力拓展第三国市场，进一步优化货流和货源结构

按照中远海运集运的东南亚战略要求，持续发力第三国货量市场开发，通过销售拜访和运价调节措施，第三国货量在太平洋航线的开发中取得积极的进展。前三季度北美出口东南亚地区的货量完成18.5万TEU，增长8%，出口越南、印度尼西亚、马来西亚三国合计实现同比增加21%。出口印巴地区完成4.1万TEU，同比增长284%。大西洋航线完成销售箱量5.8万TEU，同比增长36%。ILA航线完成销售箱量2.5万TEU，同比增长29%。

6. 深化北美冷箱市场开发，推动冷箱工作再上新台阶

2022年，北美出口冷箱4.2万TEU，比2021年减少8 000TEU；虽然受制于上半年部分远东区域疫情原因导致的设备供应短缺，但充分利用箱源的稀缺性推动运价上涨，单收2 153美元/TEU，比2021年提高590美元/TEU，增长38%；单贡三1 178美元/TEU，比2021年提高528美元/TEU，增长80%。在对中国市场继续维持优势的同时，继续提升较为薄弱的第三国市场份额，新增美国头部客户Tyson及Havi。

7. 引领行业发展趋势，推进北美数字服务平台跨越式发展

在总部贸易区的指导下，2022年初完成对COSAG订舱团队入编Syncon Hub服务平台，北美门店就此解决了订舱操作“瓶颈”问题，当地（local）出口订舱已具备实现全货流接载的条件，自此北美门店带约上线功能迈上新台阶。结合总部提出的“六稳”“六保”的要求，2022年北美门店新开发电商客户12家，总计出运3.5万TEU，同比增长190%。

【客 户 服 务】

1. 集运业务客服重点指标方面

（1）进口客服部主要指标完成情况：电话接听80 000个，电话接听率99%；进口邮件处理201 000封；Portal系统处理票据（ticket）共93 000个；进口提单操作340 000票。

（2）出口客服部主要指标完成情况：电话接听66 000个，电话接听率99%；完成出口订舱262 000票，其中电子订舱比例97%；电子装船单据书（Electric Shipping Instruction，ESI）比例80%，99%的订舱能在2小时内给予回复；完成出口提单签发117 000份；Portal系统处理单据共271 000个。

（3）VIP客服部主要指标完成情况：出口VIP完成电话接听7 000个，电话接听率99%；完成Portal系统处理单据共30 800个；邮件回复27 000个；进口VIP邮件回复76 000个。

（4）多式联运方面：内陆进出口箱火车码头直送（On Dock Rail，ODR）率为88%左右，平均火车订舱（Rail Billing）时间低于90分钟。预计共完成铁路运量65.4万个Unit；完成拖车运量20.5万个Unit（含MLB，Mini Land Bridge，码头至火车站短驳）。

2. 集运业务客服重点工作和成效

（1）强化客户体验，提高客服质量。2022年，北美集装箱运输市场波动剧烈，影响集装箱疏运的事件频发：铁路运能不足、码头拥堵等情况都给客户日常操作带来了很大困难。客服团队一方面积极协调内外部资源，尽全力协助客户加快货物的运输；另一方面积极收集各方信息，通过 APB 系统和 Portal 系统向所有客户提供各种突发事件的进展情况，并告知的解决方案。2022年服务的 VIP 客户数从 2021 年的 42 个增加到 45 个，持续打造北美集装箱市场良好的服务品牌形象。

（2）细化舱位管理，提升回程效益。2022年上半年，北美码头拥堵异常，且上年大部分时间都在家办公，给团队的管理造成了很大的困难。为此，一方面强化部门的管理能力，做好日常居家办公的监督工作；另一方面，继续按照区块小组操作各区域内航线的模式，将“重空平衡，满载满仓”的要求落实到岗。在共同努力下，航线管理团队克服了码头拥堵、铁路不畅、空箱积压等一系列困难，较为圆满地完成了各项任务，全年出口装载率 99.4%。没有达到 100% 的原因主要是部分时段码头空箱集结不够。

（3）积极统筹供应链资源，平抑货物拥堵风险。2022 年前三季度，北美地区码头拥堵、铁路不畅，以及底盘车和拖车资源的紧缺，造成部分进口内陆货物被滞留在码头较长时间。为此主要做了以下几项工作：一是继续统筹码头及铁路资源，努力保障 CRP“北美内陆箱极速通服务”顺利进行，全年完成超过 2 500 个 CRP 集装箱，获得了市场的好评。二是每天联系各家铁路公司，细化每天的铁路舱位分配，尽全力获得更多的铁路舱位供给，要求铁路优先确保增加自有码头 LBCT、PCT 和 WBCT 的车皮，提高 ODR 比例，ODR 比例已经从上年同期 82% 上升到当前平均 88% 的水平。三是严密监控铁路资源紧缺的内陆网点，协调码头分拣不同区域的集装箱，细化到每个堆垛，并结合每天每个流向的铁路舱位分配，努力确保铁路资源能够被充分的利用。四是全年全美新合作的拖车公司数量增加 10 家，扩充了合作拖车公司的数量。同时，针对铁路资源紧缺或者无法提供拖车服务的内陆点，及时整理清单给总部，请求适当控制后续订舱，从而降低该些流向货物在码头的长期积压。

3. 非集运业务方面

做好与各非集装箱船舶公司的业务协同，积极协助各非集装箱船舶公司拓展海外市场，为非集装箱船舶公司提供现场支持。北美公司业务拓展部发挥了承上启下作用，加强与各非集装箱船公司的互动，进行宏观协调，不断完善和增强各非集装箱业务，进一步提升国家公司的发展高度。

【员 工 队 伍】

北美区域是集团发展海外事业的重要区域之一，打造高质量的国际化人才队伍，为集团拓展北美区域产业布局提供人力资源保障任重道远。北美公司始终围绕“选才、留才、理才、用才”开展国际化人才建设工作，为区域年轻干部提供了发展、历练的平台。

1.“选才有道”，建立人员选拔聘任机制

北美公司加强了人才队伍的整体规划，聚焦科技创新、数字化转型的战略需求，预备储备一批供应链管理，数字化等相关领域的专业人才，以人才优势赢得未来发展优势。公司拓宽了员工招聘渠道，利用广告招聘、校园招聘、猎头招聘，以及从同行业公司招揽人才等渠道，打破了唯学历为唯一标准的做法，依岗定人，将合适的人安排到合适的岗位上，使每位员工都能充分发挥主观能动性和创造力，提高公司员工的工作积极性和企业归属感，吸引、留住企业优秀人才。

2.“留才有度”，营造契约式用人环境

针对关键岗位当地员工，北美公司打破了劳资双方“自愿”式的雇佣关系，建立了合同制聘用关系，明确任期、职责，与 24 位关键岗位员工签订了雇佣合同，有效解决了关键岗位员工离职以及不适岗人员调整难的问题。

3.“理才有方”，做好人力资源经营

为做好人力资源经营，实现人力资本增值，北美公司建立了行政等级、工作资深度、现实工作表现等互不制约的多维度薪酬等级调整体系；在部分符合条件的单位试点推行与单位自身年度指标完成情况挂钩的员工奖金兑现方案，根据员工所在岗位设定奖金基数，根据北美公司年度考核得分设定绩效奖金系数。试点推行的超额利润分配方案使员工享受到了创造增量效益的实惠；新的奖金兑现方案将员工奖金与企业经营情况紧密联系在一起，调动了员工干事创业主动性的同时，增强了员工为企业创效的自觉性和责任感。

4.“用才有效”，确保人尽其才

北美公司用有效的人才管理，调动每个岗位、每个员工的积极性。公司战略项目推进工作采用并不断深化项目组工作机制，抽调各单位、部门优秀员工进入战略项目推进工作组，并根据项目推进的不同阶段动态调整各项目组的组员。此举不仅最大限度地发挥了有限人力资源的效能，还为优秀员工提供了更多接触、参与公司发展项目的机会。

【内 控 建 设】

1. 总体情况

2022 年，北美公司继续完善和有效实施内部控制，由董事会全面负责企业内控工作的管理，公司经理层负责组织领导企业内部控制的日常运行，北美公司总部部门管理层及下属单位领导负责内控工作的下达及执行，公司内审部门按照集团内审工作安排，负责内审监督。考虑到北美公司及下属公司地缘环境的特殊性，业务种类复杂等实际情况，结合以往的工作经验，明确各职能部门的责任及有效合理地分配公司有限资源，确保重大项目均有专业人员参加工作组，明确工作职责，做到各尽所职，切实发挥了事前防范的作用。

2. 内控制度建设方面

为促进企业法治建设，保障北美公司的运作依法合规，逐步实现规范化、系统化的科学管理，北美公司根据集团、中远海运集运的统一部署，持续积极推行规章制度和业务流程的修订和完善工作。考虑到北美区域各下属公司地缘环境的特殊性，业务种类复杂等实际情况，结合以往的工作经验，从风控、合规、实操等多角度制定与公司实际需求相匹配、符合各所在国法律要求的内控管理制度及业务操作准则。本年度，北美公司及下属各单位共同修订及完善相关内控管理制度 6 项，内部工作流程操作细则 4 项。

3. 信息化管控方面

北美公司将内控管理信息化建设作为年度内控工作重点，从合同管理信息化建设入手，在公司现有信息系统的基础上，建立了新的合同管理信息系统，做到了合同上传、工作分配、法务审核、意见反馈、合同定稿、领导审批、签署与归档各环节数字化管理，该系统现已在试点运行中。

4. 培训工作方面

由于受疫情的持续影响，年度大型培训项目仍无法安全举行。针对这一情况，北美公司应时改变培训模式，充分利用小型网络工作会、专题会等形式，对关键岗位工作人员进行法律与风险宣传与培训，并针对年内美国地区相关监管条例的修改，及时对集装箱销售、运价管理、供应商管理等重点内容作出调整，进行针对性较强的培训，提升了员工的法律风险防范意识。

5. 应对 2022 美国海运改革法案工作

美国总统拜登于 2022 年 6 月 16 日签署了《2022 年海运改革法案》。综合来看，该法案加强了美国政府对船东的监管力度，提升了 FMC 的调查能力，对滞期费和滞箱费（“D&D”）收取的合理性、发票信息及争议解决方式等进行了规范，对未来仓位分配等行为提出了意见，并要求 FMC 与美国海岸警卫队协商制度细则，解决仓位分配不公的问题。针对这一新情况，北美公司一方面提前组织内外部团队全程跟踪，第一间准备分析报告上报集团、中远海运集运；另一方面就立法后 FMC 出台的各项操作细则，准备培训材料，为关键岗位员工组织了特项培训。

6. 应对美国联邦海事委员会的审查工作

自 2021 年下半年以来，FMC 按照白宫的相关要求，进一步加强对承运人征收 D&D 费用的监管，并针对美国进出口进一步失衡等情况，对各家班轮公司进行审计。北美公司在收到 FMC

发来的审计调查通知后，第一时间向集团、中远海运集运报告了相关情况，并由北美公司领导亲自带队，按照集团与中远海运集运的相关指示就 FMC 提出的 7 项审计要求，对业务进行了梳理和研究，并按照 FMC 的审计要求，按时提供相关信息。

7. 应对美国联邦司法部反垄断调查工作

受美国内部经济与政治影响，美国联邦司法部于 2022 年 2 月末陆续向各家集装箱班轮公司颁布了大陪审团反垄断调查的传票，要求各家公司配合调查、并提供相关信息。北美公司在收到传票后立即组织应对小组，由公司领导带队，通过与集团、中远海运集运法务部的商议，锁定了外部代理律师团队，明确了应对基本方针，信息提供范围及工作流程。截至 2022 年 12 月底，工作组按照既定方针，一方面做好信息保全，材料收集与审核；另一方面通过外部律师，逐步向司法部提供其所要求的相关信息。司法部也数次对公司配合此次调查的态度表示认可。

8. 内控体系审核与整改工作

2022 年，北美公司积极配合集团内控整改工作的整体部署，参与由外部机构主导的 2021 年度内控体系自查工作，虚心接受外部专业机构对公司现有内控体系提出的提升建议，对在自查工作中发现的不足，积极开展整改。截至 2022 年底，北美公司共计完成整改 13 项。

【信息化建设】

1. 发布北美公司数字化转型暨网信工作规划

根据集团的要求，北美公司各单位协同完成了北美公司数字化转型暨网信工作规划的编写和发布。规划紧紧围绕北美区域业务发展战略，以集团“十四五”数字化转型规划为指导，以为客户创造价值为目标，以满足公司战略管控和日常生产需要为信息化工作总体原则，兼顾“专业航运公司信息系统在北美落地”和“建设有北美特色的物流业务管理系统”，建设具有创新服务能力、产业协同能力及管理助推能力的中远海运北美信息化架构体系。在规划发布后又制定了明确的任务分解表和时间表，以加强跟踪督导，确保有效落实。其中，包括将在 2023 年启动北美公司网站建设和海标公司开发业务系统的项目。

2. 继续实施集运业务 IRIS4 模块，深化 IRIS4 使用

为满足 FMC 提出的滞期费发票计费要求，更新 IRIS4 DD 模块扣留通知和 AR 模块；开始使用 API 接口获取码头进口可用状态（Import Availability Status），并准备通过 API 接收最早接收日期（ERD）；完成美国 CBP 电子出口舱单实施和测试；完成危险品审批管理（DGAM）系统实施；梳理各业务部门日常使用的管理报表，优化数据来源和报表生成机制；协助业务部门提高管理报表制作效率、优化管理报表的使用效果；选择试点客户，签发基于区块链技术的电子正本电子提单，优化进口放货流程，提高数字化服务能力。为 2023 年上线 N2C3 开展需求调研并做好系统切换准备。

3. 加强网信安全工作，保障系统稳定运行

实施网络设备标准化项目和服务器设备标准化项目。年内已完成美国和加拿大的网络和服务器标准化实施；持续强化网络安全措施，并适时通过邮件培训提高员工网络安全意识。根据集团要求，在重保期间加强网络安全防护；按照“最小生产环境”理念建设休斯敦灾备中心，持续强化网络风险防范。

【安 全 生 产】

2022 年，北美公司持续落实一把手安全管理责任，各单位没有发生上报等级生产安全事故，员工人身安全处于可控状态。

公司不断强化网络安全措施，并适时通过邮件培训提高员工网络安全意识；根据集团要求，在重保期间加强网络安全防护；按照“最小生产环境”理念建设休斯敦灾备中心，持续强化网络风险防范。

【公共关系】

海外社交媒体是集团全球化品牌形象传播的重要渠道，北美公司配合集团打造海内外一体化新媒体矩阵；组织拍摄“海外员工看中国”采访视频；进一步加强与公关公司合作，密切与核心媒体的沟通，持续开展对美国相关机构的拜访和关系维护；密切与核心行业媒体的沟通，加深媒体对集团和公司品牌的了解；持续开展对美国联邦海事委员会等机构的拜访和关系维护，及时获取反馈和指导性意见。

加强与驻外使领馆、总商会的联系，加强与所在地政府和社区的沟通与合作，参与当地社区和客户的公益和捐赠活动，践行绿色低碳发展方针，支持当地绿色环保项目，提升全球企业公民形象。与中远海运集运一起积极致力于保护海洋环境和海洋生物。2022 年 3 月 11 日，协助中远海运集运被美国当地环保组织 NOAA 授予 2021 年度“保护蓝鲸 保护蓝天”项目综合金奖。“中海之夏”轮于 2022 年 12 月 12 日在鲁伯特王子港成功连接岸电，王子港港务局授予公司 Green Wave 奖，树立了中远海运的绿色环保形象。

北美公司 2022 年主要情况见表 14–23。

北美公司 2022 年主要情况表 表 14–23

项目		2022 年	备注
业务量	集装箱销售箱量（万 TEU）	129.1	
	集装箱 local 箱量（万 TEU）	74.04	
	码头吞吐量（万 Unit）	76.2	注
	租赁设备保有量（台）	46 294	
	干散货揽货量（万吨）	253	
	件杂费揽货量（计费吨）	67 134	
	船舶燃油供应量（万吨）	47.74	
	船舶代理（艘次）	526	
	物流卡车业务运输量 (Move)	80 618	
	物流内陆运输量（Unit）	2 532	
	物流货运业务量（TEU)	19 775	
财务状况	总资产（亿元）	125.03	
	净资产（亿元）	34.68	
	总收入（亿元）	66.62	
	利润总额（亿元）	8.03	
员工队伍	年末员工总数（人）	996	

注：合资码头按权益比例统计。

（王金山）

中远海运（比雷埃夫斯）港口有限公司

中远海运（比雷埃夫斯）港口有限公司

【公司概况】

中远海运（比雷埃夫斯）港口有限公司（简称“中远海运比港”或“PPA”）前身为比雷埃夫斯港务局，于1930年在希腊成立，是希腊大型国有公共服务企业，1999年改制为股份有限公司。2002年，比雷埃夫斯港务局与希腊政府签订了为期50年的特许经营权协议，并依据该协议经营和管理比雷夫斯港。比雷埃夫斯港务局于2003年在雅典证券交易所挂牌上市（股票交易代码为“PPA”）。

2016年8月10日，中远海运集团通过中远（香港）集团有限公司与希腊国有资产开发基金正式签署股权转让协议，收购比雷埃夫斯港务局67%股权，并将其改组成为中远海运（比雷埃夫斯）港口有限公司。

中远海运比港注册地为希腊比雷埃夫斯市，注册资本5 000万欧元。公司主要经营业务包括：邮轮码头、渡轮码头、滚装船（汽车）码头、集装箱码头、船舶修理物流仓储业务。截至2022年底，公司从业人员962人。

【经营业绩】

2022年，中远海运比港各部门积极落实集团工作部署，紧密团结中希团队，面对世界形势的不确定性锐意进取，攻坚克难，实现了各业务板块经营业绩提质增效，保持港口领先地位。截至2022年底，公司营收再创佳绩，营业额共计1.946亿欧元，同比增长26.2%；毛利润7 470万欧元，同比增长51.7%；净利润5 290万欧元，同比增长43.9% 。公司董事会拟议每股股息为1.04 欧元，同比增长65%。公司依托集团的持续建设发展，坚持码头扩建提升服务水平，稳居“新华－波罗的” 指数世界港口第9位，是地中海地区重要的邮轮母港，对希腊港口行业和地区经济发展作出了重要贡献。

2022年，集装箱码头加大市场营销的力度，全力保存量、抓增量，有效缓解堆场拥堵和客户服务效率，提升了码头操作效率和降低操作成本。比港1/2/3号码头吞吐量达到500万TEU，同比下降6%，其中1号码头吞吐量65万TEU，同比增长5%。邮轮和渡轮码头业务强劲增长，有效支持希腊经济和旅游业的恢复。邮轮码头靠泊艘次达674艘次、旅客88万人，同比分别增长77%、190%。渡轮码头运送旅客1 500万人次，同比增长26%。汽车船码头尽管受到俄乌战争的影响，吞吐量仍然达到35万辆。物流业务板块加强精益管理提质增效，货物吞吐量和经营业绩大幅增长，预计全年操作货物吞吐量为14万吨，同比增长47%。修船业务板块持续引入现代修船理念和投资示范效应，有效推动比港和希腊的修船产业振兴，船务工作天数达到1 301天，同比增长9%。

数字化港口方面。协同中远海科完成中远海运比港“十四五”数字化转型暨网信规划编制，完成的数据中心升级夯实了比港数字化基础设施保障能力，启动港区监控、无线网络升级、IP电话升级、集团统建供应商管理系统、集装箱码头操作系统更新等项目不断提升数字化水平，落实交通强国工作部署完成5G港口方案可行性研究和方案设计助力比港数字化转型。

【大事记】

2022年1月20日，公司管理层与到访的加拿大驻希腊使馆商务参赞Neil Swain举行会谈。双方就中远海运互利共赢开展比港投资建设和经营管理、商业、贸易、物流、航运等领域合作前景进行了交流。

2022 年 1 月 21 日，公司俞曾港董事长拜会希腊海运与岛屿政策部部长普拉基奥塔基斯，介绍了 PPA 所有强投项目均完成合同签署、正按照计划有序推进的情况。普拉基奥塔基斯部长表示，希腊政府对 PPA 强投项目高度关注，对 PPA 与各部委保持良好沟通高度赞赏。

2022 年 1 月 29 日，中远海运比港赞助“冬奥会希腊代表团参加北京冬奥会”的协议文本交接仪式在中国驻希腊大使馆、希腊奥委会、希腊体育部和运动员代表的见证下圆满完成。希腊奥林匹克委员会授予中远海运比港金牌赞助商荣誉，高度评价中远海运的责任担当和奥林匹克精神，真诚感谢中远海运比港对本届希腊冬奥代表团和希腊奥林匹克事业的贡献。

2022 年 2 月 15 日，中国驻希腊大使肖军正到访公司进行慰问和调研，公司管理层向肖大使汇报了公司疫情防控和经营发展情况等。肖大使高度评价公司在做好自身业务发展的同时，大力支持推动中希关系发展，积极履行当地社会责任，为两国友好发挥了重要作用。

2022 年 3 月 18 日，公司俞曾港董事长先后与希腊海运与岛屿政策部普拉基奥塔基斯部长和司法部齐亚拉斯部长进行了会谈，就希腊高院对相关政府部门的裁决事项进行沟通。

2022 年 3 月 23 日，公司俞曾港董事长率队会见了到访的希腊劳工部米哈丽都副部长，就劳工保护和比港社会责任情况进行了调研和交流。

2022 年 3 月 28 日，公司领导代表在使馆参加使馆组织的 “更好按经济规律办事，青年怎么办” 为主题的交流活动，向与会人员开展了比港项目贯彻落实习近平经济思想做好港口投资建设的经验交流。

2022 年 4 月 6—9 日，中远海运比港完成德尔菲论坛的筹备和参展工作，并受邀在论坛中发表主旨演讲，介绍了中远海运比港项目合作共赢的经营理念和成果，阐述了希腊港口业的商业价值和发展潜力，强调了比港推动建设绿色港口和促进比港可持续发展的信心和规划。德尔菲论坛是当地最具影响力的区域经济论坛，对加强公司形象宣传和密切投资者等相关方的关系有重要的促进作用。

2022 年 4 月 14 日，按照年度投资者关系工作计划，中远海运比港管理层带队与希腊基金和资产管理协会组织的 24 家分析师和投资机构，以视频会议的形式召开网上业绩交流会，并详细介绍了公司 2021 年度经营业绩，深入交流了投资者关心的问题，有效密切了投资者关系。2021 年度经营业绩，全年实现营业收入 1.54 亿欧元，同比增长 16%；净利润 3 680 万欧元，同比增长 39.4%；拟议每股股息 0.63 欧元，较 2020 年的 0.40 欧元增长了 57.5%。公司分红比率从 2020 年的 40% 提升至 45%。同日，公司领导代表率队会见了派拉马市长 Mr. Ioannis Lagoudakis 一行，并举行 PPA 向派拉马市捐赠五辆汽车的交接仪式，得到派拉马政府积极评价。同日，为加强公司形象宣传和跨文化传播，公司完成照片墙（Instagram）账号的开通准备并正式上线，将通过公司经营生产、文化交流、员工关爱、绿色发展等主题持续开展比港项目形象宣传。

2022 年 4 月 25—28 日，公司派相关部门参加在美国迈阿密举办的海贸邮轮展，与有关邮轮组织和邮轮客户开展交流和推进，进一步宣传了比港邮轮码头的服务优势和作为欧洲重要邮轮港口的行业实力。

2022 年 4 月 26 日，公司领导代表按要求参加了中国驻希腊大使馆组织的党建学习会议。会上，中远海运比港党委荣获使馆颁发的 “促进中希经贸合作创新奖” 集体奖，中远海运比港第一、第二党支部的 4 名党员荣获 “促进中希经贸合作创新奖” 个人奖。

2022 年 4 月 29 日，公司俞曾港董事长应邀完成希腊最具影响力媒体 Proto Thema（希腊头条）的专访。该媒体刊发整版报道，全面阐述了比港项目秉承义利并举、合作共赢理念开展经营管理和投资建设的成果和贡献，引起希腊各界积极反响，为比港项目的投资建设和业务运营营造了更加和谐的社会氛围。

2022年5月17日，中远海运比港与希腊文化和体育部在比港成功完成“希腊水下博物馆场地出让签约”仪式，希腊文化和体育部部长门佐尼和中国驻希腊大使肖军正出席仪式。该项目是中远海运集团秉承合作共赢理念投资建设比港，促进两国文化互鉴和造福当地社会的又一重大举措，得到希腊文化和体育部和中国驻希腊大使馆的高度赞扬，引起希腊社会的积极反响和希腊主流媒体广泛报道。

2022年5月19日，公司俞曾港董事长率队会见到访的雅典证券交易所新任总裁孔多布罗斯先生。俞曾港董事长介绍了PPA在上市公司治理、投资者关系管理、ESG体系建设、信息披露等方面的情况，双方就希腊雅典交易所和上市公司共同推动当地资本市场健康发展等话题交换了意见。

2022年5月20日，中远海运比港作为希腊中资企业协会会长单位出席欧盟中国商会2022年度大会，公司俞曾港董事长作为协会会长代表希腊中资企业协会参加了有关议题表决，听取欧盟商会年度报告和中欧经贸关系发展有关研究报告。

2022年5月24日，公司俞曾港董事长率队会见了到访的中银欧洲公司董事长、欧盟商会会长、中国银行卢森堡分行行长徐海峰先生一行，双方就比港项目发展历程和经营成绩，以及中资企业在欧洲的营商状况进行了深入交流。

2022年5月27日，公司俞曾港董事长应邀参加了由中国社会科学院、希腊拉斯卡瑞德斯基金会、中国驻希腊大使馆联合举办的“纪念中希建交50周年：古老文明与现代伙伴”研讨会，并发表题为《新时期中希关系》的主旨演讲。

2022年6月6—10日，中远海运比港圆满完成世界最具影响力的海事展之一——波塞冬海事展的参展工作，充分展示中远海运集团全球化形象，宣传比港项目的瞩目成就，作为希腊港口领军企业推介港口专业服务能力和合作共赢开展绿色港口、数字化港口建设的高质量发展理念。其中，6月6日，米佐塔基斯总理率海运与岛屿政策部部长普拉基奥塔基斯等政府代表到访展台，公司俞曾港董事长率队欢迎并生动介绍了比港项目作为欧洲领先大港在促进中西贸易互联互通方面作出的积极贡献，以及中远海运比港全力打造绿色港口、数字化港口的成果和可持续发展愿景。中国驻希腊大使参观比港展台、比雷埃夫斯市市长、希腊船东联盟主席等嘉宾先后莅临展台。

2022年6月18日，中远海运比港领导代表率队会见了到访的万科集团创始人、深圳市国际交流合作基金会主席王石先生一行，并带领参观了港口。

2022年7月11日，公司领导代表与比雷埃夫斯市政府代表共同参加“新华·波罗的海国际航运中心发展指数”线上发布活动并作主题演讲，雅典－比雷埃夫斯港依托希腊发达的航运业和中远海运在比港的持续建设发展，稳居世界第9位，体现了比港项目对希腊港口行业和地区经济发展作出的重要贡献。

2022年7月19日，公司俞曾港董事长应邀与海运与岛屿政策部普拉基奥塔基斯部长会见，双方就比港战略环评报告和邮轮码头扩建项目复工许可事项进行了沟通交流。海运部重申了对中远海运和比港强投项目的支持。

2022年8月23日，公司俞曾港董事长按要求率队在中国驻希腊大使馆与肖军正大使进行会谈，沟通了强投项目进展、比雷埃夫斯市和萨拉米斯市政府有关活动邀请、中希文化交流有关活动计划等事宜。

2022年9月20日，公司派出员工代表参加由国家能源集团主办的“全球青年多维对话”活动，围绕两国传统友谊、历史文化、企业故事等话题进行了热烈、友好的交流。

2022年9月22日，公司管理层参加中国驻希使馆举办的中希建交50周年庆祝活动，活动中使馆向两位公司希腊员工颁发友谊奖。中远海运比港的蓬勃发展离不开中国驻希腊大使馆的支持合作。中远海运比港积极配合使馆工作，积极参加使馆组织的中资企业相关党建、安全会议，定期向使馆汇报公司发展及强投项目进展。

2022 年 9 月 24 日，公司与中国驻希使馆、当地华文机构，以及比雷埃夫斯市政府联合举办的 “天涯共此时——比雷埃夫斯国际美食节” 在比雷埃夫斯市亚历山大广场拉开帷幕。活动为当地民众提供全方位了解中国的平台，参与其中的各国友人纷纷表示对中国文化的赞扬和喜爱。25 日，公司俞曾港董事长应邀带队参加萨拉米斯岛举办的萨拉米斯海战 2 500 周年活动。比港秉承“合作共赢、义利并举”原则，自接手运营比港以来在高质量发展同时，积极融入当地经济、文化生活，并通过慈善捐助方式对当地儿童和特殊家庭定期慰问关爱，营造良好的合作共赢社会氛围。

2022 年 10 月 1 日，中远海运比港在希腊雅典证券交易所发布上半年业绩公告，实现营业收入 9 310 万欧元、税前利润 3 320 万欧元、净利润 2 590 万欧元，分别同比增长 29%、59% 和 72%。比港项目的蓬勃发展印证了中远海运集团全面、可持续发展战略的先进性，在提升公司效益及发展韧性的同时也有效推动了当地经济的发展。

2022 年 11 月 5—10 日，中远海运比港参加第五届中国进出口博览会参展工作，充分展现了作为中远海运集团 “一带一路” 示范项目近年来的瞩目成就，作为地中海重要枢纽港为保证进出口贸易顺畅提供的高质量专业服务，在促进中西贸易互联互通所作出的突出贡献，同时展现了比港在打造“智慧港口”“绿色港口”的突破性成果，加强了比港国际营销，拓展了比港对外合作业务发展。11 月 6 日，中远海运比港参加中远海运集团进博会 “灯塔会”沙龙主题活动。在活动中，公司发布了公司自 1930 年成立以来首份 ESG 报告，分享交流了中远海运比港在 ESG 方面的实践成果及心得。11 月 9 日，中远海运比港公司（比雷埃夫斯港务局）荣获“进博会 5 周年合作共赢奖”。

2022 年 11 月 28—29 日，中远海运比港参加雅典证券交易所联合摩根士丹利在伦敦举行的希腊投资论坛，公司领导代表和比港团队与 Palm Harbour，City of Dana Point，Amundi，Compass Asset Management Fund，Morgan Stanley 等多家投资公司召开了现场投资者交流会，推介了中远海运比港 2021 年全年、2022 年上半年的经营业绩，阐述了希腊港口业的商业价值和发展潜力，深入交流了比港投资经营的理念、主要业务板块的经营情况、公司财务状况和未来投资规划等情况，投资者对公司的经营业绩和发展前景表示肯定与期待。此次希腊投资论坛是雅典证券交易所组织的年度最大路演活动，对加强公司形象宣传和密切投资者等相关方的关系有重要的促进作用。

2022 年 12 月 2 日，公司俞曾港董事长代表比雷埃夫斯港参加希腊港口联合会（ELIME）董事会，与会成员包括 13 家希腊主要港口公司及 13 家公共港务局。会上俞董事长表示，比港作为希腊最大的港口，将继续与 ELIME 各成员秉承“合作共赢”的理念，推动希腊港口共同发展和进步。

2022 年 12 月 5 日，公司俞曾港董事长受邀参加贝尔格莱德经济论坛，并与当地中资企业举行座谈。

2022 年 12 月 13 日， 公司俞曾港董事长受邀与中国驻希腊大使共同参加 2022 年巴尔干和黑海论坛，并在 “连通性和基础设施，对新投资日益增长的需求” 的论坛讨论中作主旨演讲。

2022 年 12 月 14 日，公司俞曾港董事长受邀参加由希腊最具影响力的媒体——《海运报》主办的 “2022 年希腊经济钻石奖” 颁奖典礼，中远海运比港以出色的经营业绩和瞩目的投资贡献，以及卓越的社会贡献，荣获 2022 年希腊经济钻石奖。

2022 年 12 月 15 日，公司俞曾港董事长向比港所在的三个行政市的贫困家庭儿童送上 4 000 份节日礼物。阿提卡省省长帕图里斯、比雷埃夫斯市市长莫拉利斯、派拉马市市长拉贡达基斯和萨拉米斯市文化副市长迪奥蒂斯出席并接受了礼物。

2022 年 12 月 22 日，公司俞曾港董事长与希腊资产发展基金（HRADF）总裁替换现有《股权购买协议（修订版）》保函，新开具的保函减额至 2 500 万欧元。

2022 年 12 月 29 日，公司俞曾港董事长会见到访的议会议员特拉卡其斯先生，双方就共同关心的未来希腊政治经济走向、比港发展情况等充分交换了意见。

【安 全 合 规】

疫情防控方面。2022 年，在欧洲和希腊陆续取消疫情防控措施的情况下，公司继续要求所有员工坚持佩戴口罩等防疫措施，有效保障中外方员工健康安全和港口生产经营不断不乱，对保障当地物流通道畅通和社会经济民生发挥了重要作用。截至 2022 年底，全体员工疫苗接种率超过 87%，远高于社会平均水平，中方员工无感染，希方员工未发生聚集性感染。

安全生产方面。比港建章立制，不断完善公司安全管理体系。比港开展了操作流程制度建设专项工作，根据各板块的业务特点，梳理和完善公司安全管理制度，各部门都制定了作业基准 SOP，并由公司管理层批准执行，实现了作业基准 SOP 全覆盖。高度重视应急机制建设，制定了 PPA 历史上首份中希双语版应急预案，并由公司管理层批准执行。

【队 伍 建 设】

人才队伍建设方面。比港坚持党管干部、党管人才原则，以集团“十四五”发展战略为指引，围绕全球发展、高端引领、市场导向、创新驱动、开放共享，持续加强人才队伍建设和选人用人机制，为比港项目高质量发展提供了人才支撑。2022 年，比港加强市场化用工机制，管理人员退出比例高于集团平均值达 3.66%，招聘 39 人全部为社会化招聘并且重心转为当地高级人才、数字化和供应链人才。

【文 化 融 合】

对外宣传方面。中远海运比港结合海外工作要求，以社会责任为抓手、以公关工作为依托，做好舆论引导和比港形象建设，传播中国方案、讲好比港故事，有效加强了比港的社会形象和社区融合。中远海运比港在当地主流媒体刊发 3 次对公司董事长的专访，有效开展舆论引导和宣传比港项目对当地经济社会的贡献，配合《中国日报》、新华社、《人民日报》、《上海日报》等国内媒体对比港的宣传报道工作，并面向希腊社会持续在脸书、推特、领英、照片墙发送信息超过 100 条。

投资者关系方面。中远海运比港结合 2021 年度和 2022 年度经营业绩持续创历史新高的机会，高质量开展投资者交流活动，先后与 40 多家来自希腊和世界各地的投资者召开投资者交流会议，有效增进投资者关系和传递企业价值。公司通过业绩发布，保证比港经营情况透明公开。比港在顶住疫情负面影响下保持稳定经营的能力和保障当地民生所作出的贡献，不仅加强了投资者的信心，更吸引了实质性的投资。

社会责任方面。中远海运比港与希腊文化和体育部在比港成功完成“希腊水下博物馆场地出让签约”仪式，希腊文化和体育部部长门佐妮和中国驻希腊大使肖军正出席仪式。该项目是中远海运集团秉承合作共赢理念投资建设比港，促进两国文化互鉴和造福当地社会的又一重大举措，得到希腊文化和体育部和中国驻希腊大使馆的高度赞扬，引起希腊社会的积极反响和希腊主流媒体广泛报道。希腊奥林匹克委员会授予中远海运比港金牌赞助商荣誉，感谢比港赞助冬奥会希腊代表团参加北京冬奥会，高度评价中远海运的责任担当和奥林匹克精神，以及对希腊奥林匹克事业的贡献。公司与中国驻希使馆、当地华文机构，以及比雷埃夫斯市政府联合举办“天涯共此时——比雷埃夫斯国际美食节”，收到良好的社会反响。圣诞节日期间，中远海运比港与比港所在的 3 个行政市开展节日送温暖活动，向比雷埃夫斯市、派拉马市、萨拉米斯市的贫困家庭儿童送上 4 000 份圣诞礼物，体现了比港以履行社会责任为己任，致力于与当地社会共同发展，未来将持续高标准高质量发展比港，促合作、惠民心，为比港进一步投资建设营造良好的社会氛围。

【荣获奖项】

2022年，中远海运比港扎实做好投资者关系管理能力建设和上市公司价值传播，获得了以下荣誉和权威机构认可。

2月14日，PPA凭借在环境保护和可持续发展方面的贡献，获得希腊非营利机构Quality Net Foundation（QNF）授予的“2021年最可持续发展公司”（The Most Sustainable Companies in Greece 2021）荣誉称号，表彰PPA坚持绿色发展道路，做好港口的投资建设，为区域经济和相关产业开创机遇、持续共赢。

PPA荣获希腊Ethnos Events与banks.com.gr联合颁发的“XPHMA BUSINESS AWARDS”（“金钱”商业奖项）2021年度最佳投资奖二等奖。

6月9日，中远海运比港领导代表参加劳氏船级社举办的国际标准质量认证颁发仪式，ISO9001质量管理、ISO14001环境管理和ISO50001能源管理证书，充分体现了公司坚持科技领航、持续发展的高质量发展模式。

11月9日，中远海运比港公司（比雷埃夫斯港务局）荣获“进博会5周年合作共赢奖”。

12月14日，中远海运比港以出色的经营业绩和瞩目的投资贡献，以及卓越的社会贡献，荣获由《海运报》颁发的“2022年希腊经济钻石奖”。（张志明　郭秋宁）

中远海运（欧洲）有限公司

中远海运（欧洲）有限公司

【公司概况】

中远海运（欧洲）有限公司（简称“欧洲公司”，英文简称COSCO SHIPPING（Europe）），是中远海运集团全资子公司，注册资本419.11万欧元，注册地为德国汉堡，主要业务范围涵盖船舶租赁、船舶代理、货运代理、物流延伸服务，以及商业地产租赁等。

欧洲公司原名中远欧洲有限公司，前身是中远驻汉堡代表处，成立于1989年2月15日，注册资本50万西德马克，2009年增资至378万欧元。根据集团海外整合工作的总体部署，2016年3月，原中国远洋运输（集团）总公司所属中远欧洲有限公司和原中国海运（集团）总公司所属中国海运欧洲控股有限公司正式开始整合重组。2017年9月11日，中远欧洲有限公司更名为中远海运（欧洲）有限公司。2018年6月27日，欧洲公司无偿受让中国海运欧洲控股有限公司的全部股份，注册资本增至419.11万欧元。

作为集团在欧洲地区的区域管理公司，欧洲公司管辖范围包括：欧洲地区；非洲北部地区，包括摩洛哥、埃及、利比亚、突尼斯、阿尔及利亚；中亚地区，包括哈萨克斯坦、乌兹别克斯坦、塔吉克斯坦、土库曼斯坦、吉尔吉斯斯坦；西亚地区，包括以色列、土耳其、塞浦路斯、阿塞拜疆、亚美尼亚、格鲁吉亚等；俄罗斯远东地区。公司管辖单位业务涉及集装箱运输、散杂货运输、油品运输、物流服务、码头业务、船舶技术服务和船舶燃料供应等。

欧洲公司对区域内各公司行使属地化管理职能，在区域内负责提供行政、人事、财务、法务、监审、战略等共享服务。截至2022年末，欧洲公司本部设行政管理部（法律风控部）、人力资源部、战略发展部、运营管理部、财务管理部、审计分部等6个部门，有所属各级企业28家（其中全资15家、合资13家），管理中远海运集运在欧企业18家，代管其他单位在欧企业12户。

欧洲公司班子成员为傅向阳董事长、王明峰总裁、苏旭东副总裁、胡华副总裁。根据集团人事任免通知，原董事长林戟同志于2022年8月1日调回国内任职，原总裁孙军同志于2022年12月3日调回国内退休，原副总裁郭京同志于2022年5月31日调回国内退休，原副总裁王松文同志于2022年8月1日调回国内任职，原副总裁田东同志于2022年12月5日调任其他海外区域。

欧洲公司2022年组织结构（按法人层级）见图14–17。

【发展战略】

欧洲公司深化落实国家“一带一路”倡议，主动融入集团“十四五”的“3+4”产业战略布局，衔接集团“比雷埃夫斯港”主战略，为集团物流板块迈向“全球综合物流供应链服务平台”提供重要支撑。

1. 贯彻落实集团全球数字化供应链综合服务能力建设专题会精神，协同中远海运海控推动欧洲地区数字化供应链基础资源建设。所属意大利考斯里奇公司继续推进仓储物流收购项目；所属英国公司继续推进位于London Gateway的外部堆场和仓库扩租计划；所属英国集卡公司维持55辆拖车资源，巩固市场地位；希腊、埃及、意大利、英国、荷兰、法国、比利时、中欧等相关公司，在中远海运海控/集运牵头下，与美的、海信、隆基等大客户就数字化全程供应链业务开

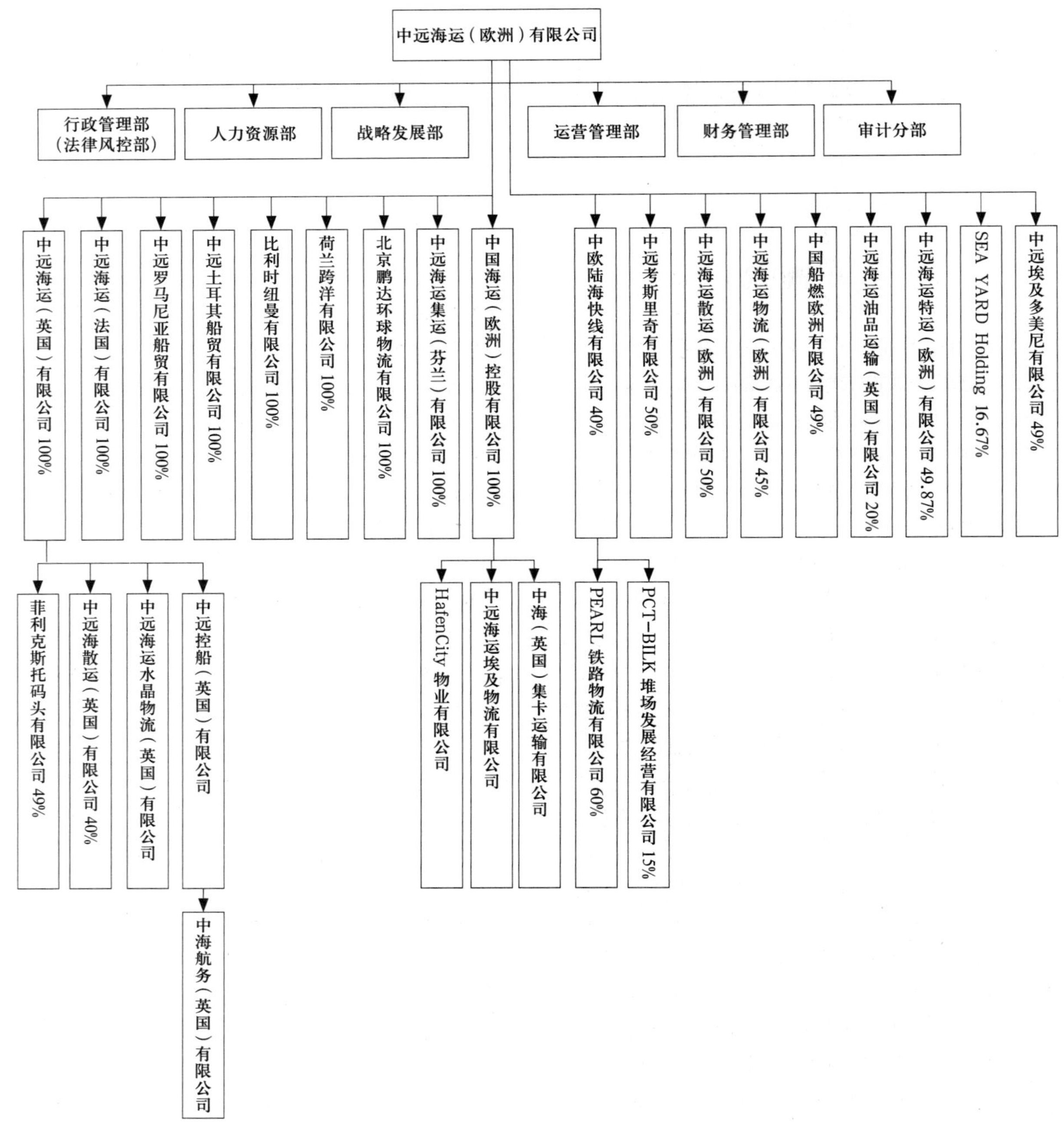

图14-17 欧洲公司2022年组织结构图

展合作，取得积极进展和良好效果。

2. 落实欧洲公司“十四五”数字化转型发展规划，加快数字化转型步伐。与中远海运海控、OOCL 数字化团队研究系统建设方案，将 OOCL 物流开发的 TMS 拖车管理系统和 WMS 仓库管理系统列入使用计划。所属英国水晶物流公司于 2022 年 9 月 22 日正式上线新操作系统 Azyra，助力各业务板块提质增效。所属意大利考斯里奇公司开发当地 E-Global portal 工具（平台），将货物动态和报关信息与客户、船公司和报关公司共享，实现了信息交互共享处理。所属荷兰跨洋公司采购了 Docware（文件传输处理工具）

用于优化博世项目的日常操作，提升效率和服务水平。

3. 把握市场脉搏，推动钻石快航品牌影响力进一步提升。积极应对俄乌冲突导致波罗的海、黑海地区的业务影响，通过调整 RFS 航线结构，增加波兰、德国挂港获得 IET 出口市场，TBX1 航线(Turkey Black Sea Express 1) 新增格鲁吉亚巴统及配套服务，将原黑海支线进行拆分，比雷埃夫斯港为枢纽再次推出新航线 LGX1 (Greece－Levant Express 1，希腊至黎凡特快航)，进一步完善地东地区的网络布局，提升市场竞争力。钻石快航有限公司 2022 年完成 IET 销售箱量 40.87 万 TEU，实现运费收入 3.9 亿美元。

4. 坚持稳中求进，保持中欧陆海快线业务稳定增长。克服匈塞铁路全面施工的不利影响，2022 年 2 月，围绕瓦伦西亚和马德里“双支点”组建绿色疏港网络新布局，陆续开通“中欧陆海快线—伊比利亚号”和瓦伦西亚—里斯本 / 雷克索斯铁路专列。2022 年 6 月，新开辟中欧陆海快线比雷埃夫斯港第二辅助通道意大利的里雅斯特—匈牙利、斯洛伐克等新线路，试点开行了海信斯洛文尼亚韦莱涅专列，从 10 月下旬起海信班列稳定运营，新增比雷埃夫斯港直达塞尔维亚尼什线路服务。加快中欧陆海快线有限公司所属 Pearl 公司车板等重要资源更新。截至 2022 年末，Pearl 公司车板数已达 880 台，90% 以上为 80 尺新车板。

5. 强化战略引领，完善战略实施运行机制。欧洲公司成立战略项目领导小组和工作小组，制定战略项目推进工作方案。按照集团海外数字化供应链能力建设和布局总体要求，研究提出供应链基础资源投资主体、供应链运营平台，以及海外组织管理架构建设方案。

【经 营 情 况】

1. 经营效益。欧洲公司 2022 年累计实现营业收入 148 406.46 万元，比上年增加 10 829.71 万元；累计发生营业成本 109 848.03 万元，比上年增加 4 561.02 万元；累计实现营业毛利 38 558.43 万元，比上年增加 6 268.69 万元，增长 19.41%。全年累计实现利润总额 23 486.17 万元，比上年增加 11 016.34 万元，增长 88.34%；实现净利润 20 621.84 万元，比上年增加 9 999.09 万元，增长 94.13%。

2. 综合物流业务。欧洲公司 2022 年完成海运综合物流业务量 119 424TEU，同比增长 21.5%；仓储业务周转量 19 540TEU，同比增长 12.0%；报关业务量 17 035 票，同比增长 20.7%。受全球集装箱业务下行影响，集装箱代理业务量 145 855TEU，同比减少 15.6%；内陆运输量 237 331TEU，同比减少 10.1%。

3. 中欧陆海快线业务。欧洲公司 2022 年完成运输量 181 091TEU，同比增长 18.4%；总火车开行 2 615 班次，同比增长 15.1%。其中，比雷埃夫斯港主通道运输量为 101 328TEU，里耶卡通道运输量 55 625TEU，的里雅斯特通道运输量 2 244TEU，伊比利亚通道运输量 21 894TEU。

4. 协同业务。欧洲公司 2022 年协同完成特运揽货总量 346.46 万计费吨，其中第三国市场货量 143 万计费吨，为集团年度指标 80 万吨的 178.75%。协同完成散货揽货量 420 万吨，其中第三国市场货量为 360 万吨，为集团年度指标 300 万吨的 120%。协同完成油品揽货量共计 700 万吨，第三国市场揽货量为 233 万吨，为年度指标 80 万吨的 291%。协同完成空客项目飞机大部件运输 52 架，中欧班列业务为 1 500TEU。

【企 业 管 理】

1. 加强董事会建设制度化、规范化。欧洲公司修订《董事会授权规则》《董事会议事规则》《董事会专业委员会议事规则》等制度，规范会议议事规则与流程；健全董事会专业委员会，结合海外实际设立董事会提名委员会 / 执行委员会，制定《董事会提名委员会 / 执行委员会议事决策细则》，进一步完善内部议事机制，发挥董事会把方向、管大局、保落实的作用。

2. 不断强化风险管控能力。排查评估 2022 年度重点风险点，修订《公司投资管理办法》《公司合规管理办法》等，加强对投资、合同、资金等关键领域管控力度。关注欧美对俄罗斯制裁措施，评估政策影响，对所属单位进行风险提示与合规指导，及时调整相关业务和制裁风险管理措施和流程，强化对货物、客户的全面排查。指导所属单位开展制裁合规管理的专题培训，从源头防控业务风险，与各所属单位负责人签署确保不发生制裁风险承诺书，压实压紧合规管理责任。

3. 推进综合治理专项行动。深入开展综合治理专项行动，组织所属单位围绕经营业务合规、会计信息虚假、国有产权管理、投资管理、债务风险等重点工作认真进行自查。继续开展“提质增效”专项行动，编制“欧洲公司 2022 年度提质增效专项行动重点任务清单台账”，推动提质增效各项工作实施。

4. 落实集团“降杠杆减负债、有效降低财务成本”的管理要求，推进所属英国航务有限公司提前归还中远海运香港部分内部借款 3 000 万美元。欧洲公司 2022 年末资产负债率已降至 24.72%，较 2021 年末降低了 10 个百分点；资产负债率高于 75% 的企业户数仅 2 户，比上年减少 3 户。

5. 加强审计监督和问题整改。持续围绕落实上级决策部署、重大事项科学决策、提质增效、风险防控、反腐败等重点领域加强监督，全年实施经济责任审计项目 7 项，跟踪完成 2016—2020 年期间 16 个审计问题的整改工作。

6. 稳步推进疫情防控工作。坚持生产经营和疫情防控“两手抓，两手硬”，严格落实办公室疫情防控管理措施，不断提高中外员工加强针接种率，加强对当地员工和家属 8 小时以外生活的合理引导，加强区域内疫情防控视频巡检力度，不断提高各公司新形势下疫情防控应对能力，确保员工生命健康安全。

【企业改革】

1. 深入贯彻落实改革三年任务。欧洲公司持续推进工作清单上 52 项任务切实落地。截至 2022 年末，完成改革任务 51 项，完成率 98%。

2. 稳步推进任期制契约化工作。2022 年完成公司领导班子、中欧陆海快线公司、北京鹏达国际物流有限公司的任期制契约化签约工作，完成集团下达的区域内全覆盖的工作目标，并完成公司经理层成员薪酬管理办法、任期制契约化管理实施办法和任期制契约化经营业绩考核管理办法等配套管理制度的制定。

3. 积极落实压减与“两非剥离”任务。2022 年度，集团下达压减关闭目标 12 家：中海法国代理有限公司、中海德国集卡有限公司、中海比利时代理有限公司、中海英国代理有限公司、中海英国房产有限公司，以及 7 户境外单船公司，其中 9 家公司已在年内完成产权注销；中海比利时代理有限公司采用母公司中国海运欧洲控股有限公司吸并方式关闭，2022 年底完成工商注销及剩余财产分配；中海英国代理有限公司、中海英国房产有限公司已取得清税证明，12 月完成剩余财产分配。

【人力资源】

截至 2022 年末，欧洲公司管辖中外员工总数约为 3 150 人（不计代管单位中非集团控股单位的当地员工），其中欧洲公司 331 人，中远海运集运（欧洲）有限公司 1 954 人；中方外派员工 106 人（其中代管单位 25 人），占员工总数的 3.42%。中方外派员工平均年龄 47 岁。

【企业文化与社会责任】

1. 确保人员和财产安全。在俄乌冲突发生后，欧洲公司启动快速响应机制，立即成立乌克兰危机应急处理工作小组，紧急处理中方人员撤离及集团国有资产保全等相关工作。欧洲公司通过搭乘政府包机、商业航班转机等方式累计撤离中方人员 30 人，其中中远海运集运（乌克兰）有限公司中方外派人员及随任家属 4 人、特运“大良”轮船员 26 人；组成专项工作小组，安排当地船员驻守封存的“大良”轮，定期上船检查船况，确保集团国有资产安全并在集团的统筹安排下，协助船舶于 2022 年 8 月 21 日安全驶离乌克兰战区回到祖国。

2. 关心关爱船舶船员。欧洲公司充分履行海外区域管理职责，为系统内船舶船员提供优质服务，全年协助完成超 1 000 人次的船员换班及回国手续。在中秋、国庆、元旦和春节期间，向挂靠欧洲港口的船舶发送慰问信，开展船舶慰问活动。

3. 积极履行社会责任。所属罗马尼亚公司响应中国驻罗马尼亚使馆及驻摩尔多瓦使馆要求，协助从罗马尼亚布加勒斯特机场运送两批人道主义物资至乌克兰和摩尔多瓦。

4. 助力传播中国航海历史文化。欧洲公司胡华、王刚、马江峰、龚韶明等同志受聘为上海中国航海博物馆海外志愿者。

2022 年度欧洲公司基本情况见表 14-24。

2022 年度中远海运欧洲有限公司基本情况 表 14-24

项目		单位	数据	备注
船队	船舶艘数	艘	7	
	载重吨	万吨	48.38	
生产情况	干散货揽货量	万吨	420	第三国市场货量 360
	件杂费揽货量	万计费吨	346.46	第三国市场货量 143
	油品揽货量	万计费吨	700	第三国市场货量 233
	中欧陆海快线	万 TEU	181 091	
	海运综合物流业务量	万 TEU	119 424	
	内陆拖车业务	万 TEU	237 331	
	船舶代理	艘次	3 010	
财务情况	总资产	亿元人民币	22.28	
	净资产	亿元人民币	16.77	
	总收入	亿元人民币	14.84	
	利润总额	万元人民币	2.35	
人力资源	员工总数	人	331	

（龚韶明）

中远海运（东南亚）有限公司

中远海运（东南亚）有限公司

【公 司 概 况】

中远海运（东南亚）有限公司（简称“中远海运东南亚”，英文简称 COSCO SHIPPING (South East Asia)），是代表中远海运集团在东南亚和南亚地区行使区域管理职能的公司。中远海运东南亚为中远海运集团全资子公司，2017 年 4 月 13 日股东由中国远洋运输有限公司变更为中国远洋海运集团有限公司，注册资本为 10 238 万新加坡元。2022 年，中远海运东南亚拥有 9 家全资子公司、5 家控股子公司和 5 家参股公司。除中远海运国际（新加坡）有限公司（简称“中远海运国际新加坡”）及所属 22 家公司外，作为区域管理公司，中远海运东南亚还有代管公司 22 家。公司经营范围包括物流及仓储、集装箱堆场、船舶及航线运营、船舶及货运代理、燃油采购及供给、油品贸易、油品仓储、油品检验、海事咨询、房产及物业管理、海工制造、船舶物料供应、劳务和租船中介等。其中，燃油采购及供给、代理业务和船舶供应等业务的客户主要是集团内成员单位；油品存储是公司主要业务之一，在马来西亚巴西古当拥有当地最大的油库，总容积达 23.1 万立方米。

【企业大事记】

2022 年 9 月 12 日，中远海运国际新加坡完成了对马来西亚 Guper 等 4 家公司第二期收购工作，区域内物流服务能力进一步加强。

【经 营 效 益】

2022 年，中远海运东南亚全体员工推进落实公司“十四五”发展规划，进一步完善区域集运延伸业务、物流业务网络，以现有业务为支点，以未来的区域物流服务网络为支撑，发挥高昇控股陆地运输板块优势，在新加坡及马来西亚等地区为客户提供“岸到门”和“门到门”的陆地运输服务，进一步提高客户服务能力和水平，加大直客和全程货业务比例，完善延伸服务业务网络，提升端到端服务能力，提高创效能力。

2022 年，中远海运东南亚积极履行区域管理职能，同时深化落实精细化管理理念，圆满完成了集团下达的各项财务考核指标。公司实现营业收入 42.49 亿美元，净利润 407.65 万美元，“十四五”规划 2022 年关键绩效目标均按计划完成；完成考核口径净利润 2 744.59 万元，超额完成全年 2 700 万元的考核指标。综合指标对标包、第三国揽货量、战略实施效果指标等均超额完成集团下达的任务目标，经营业绩考核得分为 110.19 分。

【疫 情 防 控】

历经了 3 年严峻考验，公司扎实履行疫情防控主体责任，坚决守住海外疫情防控底线。坚持积极防控、协同防控原则，确保了船员换班，截至 2022 年底，完成 180 余艘船舶、1 200 多名船员换班。自疫情开始以来累计巡检 102 艘船舶；全年接受集团视频巡检 5 次，国务院国资委境外安全巡检 5 次。公司始终把员工安全和关心关爱员工放在第一位，各单位均很好地把控了疫情防控节奏，确保了员工和公司安全。

【内部控制】

中远海运东南亚持续优化完善内控体系，跟踪、监测和排查重大风险，明确了预警机制，夯实事前防控体系。组织各部门、直属公司分析俄乌局势相关风险并制定应对措施。各公司通过集团合规系统对存量及新增交易对象开展筛查，确保合规经营。加强负债管理和动态监测，及时调整货币结构，降低外币风险敞口，平抑汇率波动影响。根据集团 2022 年度规章制度制定计划，结合合规管理强化年实施方案、内控监督评价整改要求，公司研究出台了 2022 年规章制度制定计划，包括新建 9 项制度、修订 9 项制度，涉及公司治理、投资、人事、财务、风控、产权、采购、行政、安全等领域。管理制度的不断完善，不断为内控体系“打补丁升级”，为企业的可持续发展提供有力保障。为贯彻集团修订后的投资管理制度要求，公司修订了《中远海运（东南亚）有限公司投资管理办法》，强化了投资计划管理、项目研究论证管理、项目实施和运营管理、项目审查和决策的主体责任、投资项目监督管理，增加投资管理体系建设、风险合规全过程管理等方面的要求。为落实集团加强产权登记管理要求，及时、真实、动态、全面反映所属各级公司产权状况，公司制定了《中远海运（东南亚）有限公司产权登记管理办法》。为加强资金内控监督管理，进一步提升防范重大资金损失风险能力，保障资金安全，公司制定了《中远海运（东南亚）有限公司资金内控监督管理规定》。根据集团修订后的直属公司董事会运作管理办法和相关授权清单，公司修订了《中远海运（东南亚）有限公司董事会授权规则》。为加强中远海运东南亚安全生产管理与监督，建立健全公司安全生产问责机制，严格安全生产纪律，督促各级生产经营公司落实安全生产主体责任，公司制定了《中远海运（东南亚）有限公司安全生产责任追究规定》。为全面加强合规管理，加快提升依法合规经营管理水平，着力深化法治建设，保障企业持续健康发展，公司制定了《中远海运（东南亚）有限公司合规管理办法》。根据合规强化年工作计划，公司聚焦“利益冲突”开展合规指南专题研究，解决利益冲突相关情况分散在不同制度上提及且没有较详细流程指导的问题，制定了《中远海运（东南亚）有限公司利益冲突合规指南》。

【社会责任】

2022 年，中远海运国际（新加坡）有限公司继续向新加坡华乐团捐助 2 万新加坡元，保持上市公司的良好社会形象。

【安全管理】

中远海运东南亚狠抓安全管理，区域安全形势保持平稳。2022 年召开了 4 次安委会会议，布置安全工作。组织区域各公司开展安全隐患排查，落实安全生产、生态环境保护有关任务。各公司开展了安全风险隐患大排查共 331 次，自查整改缺陷 1 014 项，均整改完毕。对海事工程、高昇控股、远东油库等多家单位进行了安全检查和督导。组织区域各公司参加安全保障、防暴恐等培训，提高员工安全意识，提升应急处置能力。根据当地局势，及时向巴基斯坦、斯里兰卡等公司发出预警，加强防范和应急准备。

【员工队伍】

截至 2022 年底，中远海运东南亚及所属企业员工 1 213 人，区域内代管公司员工 1 605 人。按规定推进中方外派干部到期轮换、转点、任免等工作。2022 年，集团在东南亚区域（含代管企业）共计有 38 名外派干部派出、调回、岗位交流、职务调整，其中派出 18 人、调回 13 人、岗位交流 4 人、职务调整 1 人、退休 2 人。

（朱春辉　王歆）

中远海运（澳洲）有限公司

中远海运（澳洲）有限公司

【公司概况】

中远海运（澳洲）有限公司〔简称“澳洲公司”，英文简称COSCO SHIPPING（Oceania）〕，是中远海运集团的全资子公司，由原中远集团旗下的中远（澳洲）有限公司（以下简称“中远澳洲”）和原中海集团旗下的中国海运（澳大利亚）代理有限公司（以下简称“中海澳大利亚”）重组合并而成，于2016年6月2日正式完成公司更名。澳洲公司作为集团海外区域管理公司之一，代表集团行使对澳大利亚、新西兰（澳、新）等大洋洲地区所有企业的管理及业务协调、市场研发、投资决策及资产经营等职能。澳洲公司前身中远澳洲和中海澳大利亚，分别于1995年8月和1998年12月在澳大利亚新南威尔士州注册登记成立，注册资本分别为254.83万澳元和8万澳元。截至2022年底，改革重组后的澳洲公司净资产规模达到31 024.82万元人民币。

澳洲公司六大业务板块见图14–18。

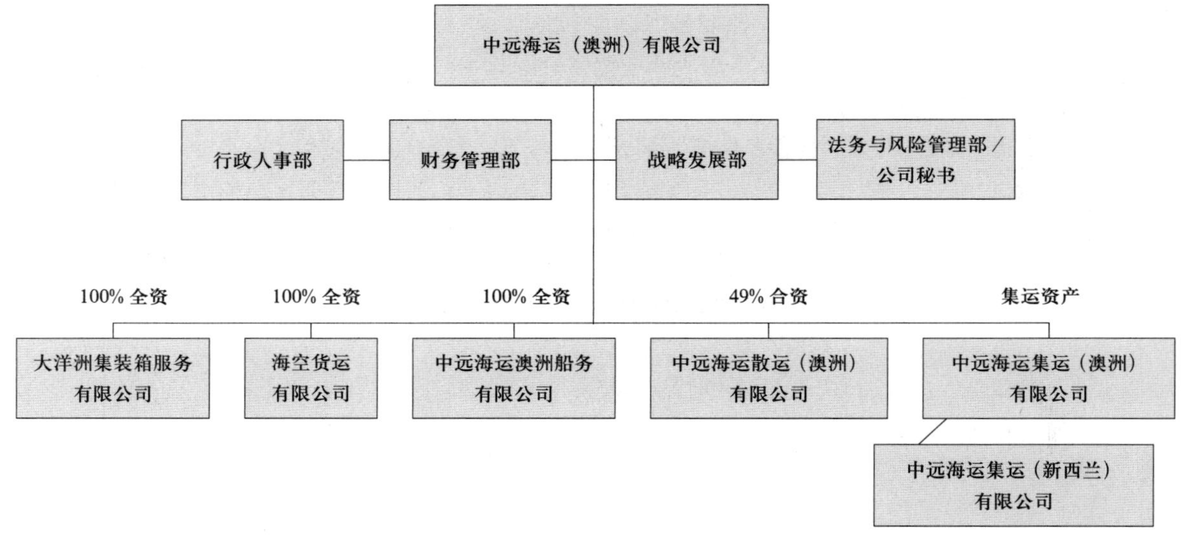

图14–18　澳洲公司六大业务板块

【经营情况】

2022年，在集团的坚强领导下，澳洲公司努力克服疫情反复、通胀加剧、供应链拥堵，以及中澳经贸摩擦等多重不利因素的影响，坚定不移贯彻落实集团和董事会“稳字当头、稳中求进”的工作总基调，聚力“四个领航”，凝聚思想共识，强化责任担当，生产经营持续保持稳中向好势头，并实现了区域公司重组整合以来历史最好成绩。2022年，区域公司营业收入接近29 910.04万元，同比增长25%；净利润是4 023.84万元，同比增长32%，取得历史性突破；营业收入利润率达到 18%，继续保持较高增长水平；资产负债率 36.4%，同比下降近 1 个百分点，财务状况持续稳健。区域直属各业务板块积极拼抢市场，开拓创新，效益实现全面增长，海空货运实现营业收入 1.6 亿元，大幅增长 52%；实现净利润 575 万元，同比增长 54%。大洋洲集装箱服务有限公司实现营业收入 9 636 万元，同比微增；实现净利润 2 227 万元，同比增长 22%，收益率表现良好。船务公司实现营业收入 3 200 万元，同比增长 16%；实现净利润 538 万元，同比增长 39%。

【企业改革】

2022 年是改革三年行动收官年。澳洲公司坚决贯彻落实集团改革三年行动部署要求，围绕改革三年行动的重点任务和关键领域全面发力，破局闯关。在逐项对照集团改革三年行动重点任务考核指标实施方案要求后，结合区域运营治理的实际情况，对区域实施方案进行再细化再完善，明确了 17 项改革举措和 33 项具体工作，推动全面完成改革重点任务。在规范董事会建设、三项制度改革、治亏压减、内控体系建设等方面取得了较好的工作成效。

以目标为导向，开展对标管理。在盈利能力方面，澳洲公司净资产收益率达到 14.01%，较近三年平均水平提升 38.51%；总资产报酬率达到 13.94%，同比提升 63.62%。在发展能力方面，区域公司营业利润和营业收入增长率分别达到 33.01% 和 25.16%，较三年平均水平分别提升 35.32% 和 110%。集运澳洲公司在主要航线的同船对标中保持领先，其中在 A3 航线合计利用率比 ANL 高 14%，比 OOCL 高 12.5%；在 AAA 和 ASAL 航线和东南亚合计舱位利用率超 OOCL 近 9 个百分点。澳洲公司各单位通过对标对表，促进运营质效的持续改进和提高。

协同发展合力进一步凝聚。澳洲公司各单位加强协同合作，相互搭台补台，延链补链，推动产业链经营协作共赢，共同发展。海空货运协同集运澳洲和新西兰公司，加快澳、新地区延伸服务市场布局，全年延伸服务收入达到 2 315 万元，完成目标值 127%。散运澳洲协同海空货运和集运澳洲，完善了客户物流运输解决方案，巩固与 CBH、PMI 多家优质客户的合作关系。

【发展战略】

澳洲各单位紧紧围绕集团“十四五”战略规划总体要求，深度融入“双循环”发展格局，持续推进配套服务能力、多元化增值服务能力建设，在构建大洋洲区域发展新格局征程中迈出坚实步伐。

完成公司“十四五”数字化转型专项规划顶层设计。围绕“客户驱动、效率驱动、技术驱动”，明确了澳洲公司“以依靠数字创新，加强产业链经营数字化、智能化应用，推动智慧物流，力促服务营销能力和运营管理能力的提升”的数字化转型发展愿景。通过加大数字化投入力度，深化集团统建系统的推广应用，稳步推进生产经营数字化升级，强化与客户系统对接能力，精准对接服务需求，努力实现数字赋能，提高全程物流服务效率，为客户物流运输提供更多增值服务。《澳洲公司“十四五”数字化转型》子规划经第七届董事会第十一次会议审议通过并下发实施。

“三个市场”战略推进有力。集运澳新分部紧盯第三国市场和沿岸市场开发，全年承揽货量 17.9 万 TEU。其中，集运澳洲公司在集运总部支持下，开通了南北美、南美航线，增加了欧地、中东航线包舱，重启澳洲沿岸运输服务。集运新西兰公司把握 RCEP 协议生效契机，大力开发东南亚和日本流向货源开发，货量同比分别提升 29% 和 25%。散运澳洲公司成功揽取第三国干散货 43 万吨，完成年度目标 215%，成效显著。海空货运全力开拓欧美市场、东南亚市场和南亚市场，2022 年第三国货运代理业务收入突破 626 万澳元，收入占比提升至 45.88%。

价值客户开发成效明显。澳洲区域各单位聚焦价值客户维护开发，紧紧围绕客户需求，不断丰富服务产品，优化服务品质，“一对一”量身定做服务方案，推动客户黏性更加牢固。海空货运通过复制与清源的合作模式，为晶科、SIPO

等核心客户量身打造了全程物流运输方案，有效保障客户物流运输畅通，成功完成了核心客户投标和签约工作。集运澳洲公司稳住投标客户的打底货盘，锁定南、北行投标货量 7.01 万 TEU 和 1.62 万 TEU，同比分别增长 7.9% 和 15%。集运新西兰公司注重加强对高贡献货类的市场开发和主要客户的把控，全年开发北行冷箱箱量 1.4 万 TEU，完成目标要求，实现冷箱单箱收入 USD2 429/TEU，完成指标 183%。

仓库支点作用稳步增强。区域公司坚决贯彻落实集团提出的“要发挥墨尔本、布里斯班仓储配送中心作用”的指示精神，加强仓储配送中心运营管理。将布里斯班原 4 700 个标准货架升级到 6 000 个标准货架，不仅增加了 20% 的堆存空间，而且满足了客户对不同规格货物的堆存要求。同时优化了墨尔本和布里斯班两个仓库 EDI 系统平台，实现与核心客户物流管理系统对接，满足了客户对海外仓库在收货、堆存、分拣、包装、配送一站式跟踪和查询需要。2022 年，仓储业务板块累计完成拆装箱 1 421TEU，出库订单处理 3 760 票，境内配送 1 517 票，仓储业务收入同比增长 26.68%。

【服务客户】

澳洲公司坚持以客户为中心，积极寻找和建立特殊时期下的商业模式、合作模式的创新，不断改善服务品质，发力推进服务、营销双驱动效应。

压实保供责任链条。在应对疫情下澳、新地区供应链迟缓，澳洲公司全力落实“六稳”“六保”工作任务，充分发挥区域范围内的端到端运输网络优势，主动响应客户在产业链供应链方面的需求，迅速推出“海铁联运、海陆联运”等定制化的服务产品，尽己所能，保障供应链高效畅通。2022 年，澳洲公司为客户提供全程物流服务超 2 万 TEU，打通了特殊时期的运输瓶颈。同时，为澳、新及南太岛国进博会参展商精心设计疫情期间的运输预案，为进博会展品运输保驾护航。

落实职责担当。澳洲公司充分发挥纽带桥梁作用，积极加强与船东、港口、监管机构间的沟通交流，通过多方面、多层次的交流与合作，为安全、高效、绿色发展尽心尽力，为船东船舶平稳运营提供有力保障。2022 年，澳洲公司聚焦属地化服务保障，全力做好抵澳船舶的代理和协检工作，全年共完成船舶代理任务 612 艘次，同比增长 4.08%；完成海服业务 401 艘次，同比增长 5.25%，助力集团专业公司规避船舶运营风险、保障船员安全。并在此基础上，做好“远望号”“雪龙号”等国家科考公务船在大洋洲地区的服务保障工作，以高效优质的服务，获得船东的好评。

【企业管理】

加强内控体系建设。在集团和公司董事会的领导下，澳洲公司结合区域实际情况，认真落实推进法治建设第一责任人职责和制度体系建设，不断增强法治意识、合规意识和风险管理意识，聚焦风险应对和完善风险防控措施，努力提升依法合规经营理念。在企业法治建设、风险内控、制度管理、合同管理、法务管理等方面取得了较好的成绩。2022 年，澳洲区域内没有发生重大风险、重大案件、纠纷事件。

经营能力迈上新台阶。澳洲公司各单位经营能力和服务保障水平也有了大幅度跃升。OCS 积极应对疫情和船期拖班影响，根据客户需求及时调整安排轮值班，合理安排堆存空间，为客户提还箱便捷提供保障。2022 全年，堆场进出场吞吐量 23.22 万 TEU，完成冷箱预检 5 140 台、冷箱供电 6 410 台、食品柜供应 8 627 台，较好满足了船东用箱需求。海空货运时刻紧跟核心客户供应链动态和服务需求，及时优化调整全程供应链运输方案，高效满足客户不断变化的运输需求。全年海空澳、新货运代理货量达到 7 212TEU，同比增长 39.67%。船务公司聚焦服务保障，全力做好抵澳船舶的代理和协检工作，全年共完成船舶代理任务 612 艘次，同比增长 4.08%；完成海服业务 401 艘次，同比增长 5.25%，助力集团专业公司规避船舶运营风险、保障船员安全。

运营效率取得新成绩。澳洲公司始终紧抓内

部管理不放松，在控成本、提效率上下功夫。2022 年，区域公司成本费用总支出低于收入增幅 1.52 个百分点，管理费用全年仅增长 6.4%，小于收入增幅近 20 个百分点，全员劳动生产率达到 131 万元 / 人，同比增长 1.01%。区域各单位突出重点，多措并举深挖内部潜力。OCS 抓住生产经营中的每一个环节，持续优化成本管控方法、减少相关物料耗用，推动成本费用占收入比下降 4.5 个百分点。海空货运梳理完善了仓储作业标准化流程，降低了服务差错率，劳动生产效率提升 1.5 个百分点。船务公司充分发挥内部人员专业优势，提高自代船比例，降低外包费用 46.35 万澳元。

着重抓好“两金”压控。“两金”压控是提质增效、强化风险防控的内生需求。2022 年，澳洲公司认真梳理本区域“两金”现状，厘清“两金”形成原因，有针对性地制定有效措施，明确工作责任，加快资金回流。2022 年底，澳洲公司应收账款余额 2 250.01 万元，同比增长 22.64%，低于营业收入增长近 2.52 个百分点，“两金”压控见到实效。

【安 全 生 产】

2022 年，疫情防控形势错综复杂，澳洲公司始终把全体员工身体健康和生命安全放在首位，把疫情防控作为最紧迫、最重要工作抓紧抓细抓实，坚决扛起疫情防控的重大责任。根据疫情防控形势，不断细化、优化各项常态化防控措施，坚决杜绝聚集性感染。同时，加大堆场、仓库等事故易发场所的安全管控，持续开展隐患排查和安全整治工作。

守稳守牢安全堤坝。澳洲公司各单位始终把全体员工身体健和生命安全放在首位，坚决扛起安全生产主体责任，层层传导压力，加大了对堆场、仓库等事故易发场所的安全管控，持续开展隐患排查和安全整治工作。全年，未发生任何一起责任性生产安全一般及以上等级事故，全面完成安全生产责任书目标要求，营造了持续安全稳定的良好工作局面。

织紧织密疫情防线。澳洲公司各单位按照疫情防控工作要求，做到“细”字当头，根据疫情发展形势，结合防控预案落实情况，适时调整防控措施，将精准防控和应急处置相结合，确保公司正常生产经营不断不乱、有序推进。

【风 险 管 控】

2022 年，澳洲公司按照集团《企业主要负责人履行法治建设第一责任人职责实施办法》要求，结合区域实际，在区域法治建设领导小组的领导下，贯彻落实集团法治建设方针政策、重要文件和会议精神，统筹推进区域依法治企工作，并对区域法治建设工作进行监督和评价。

公司董事会设立了审计与风险管理委员会。该委员会在法治建设方面的主要职责包括评估公司内部控制和风险管理体系并提出建议；推进公司法治建设并定期评估，提出完善意见等。公司将法治建设、风险管理作为约束性指标纳入所属企业负责人经营业绩责任书，组织实施考核。

公司积极按照集团要求开展合规管理强化年暨专项治理相关工作，通过组织实施公司《关于开展合规管理强化年暨专项治理相关工作的实施方案》，深入排查经营业务合规风险。同时，补充完善风险清单，严格执行集团关于特殊关联企业、投资负面清单、供应商黑名单。努力贯彻“管业务就要管合规”的要求，通过设置兼职风控合规专员，切实加强对经营行为的审核把关，力争把风险隐患控制排除在业务领域第一个环节。

公司按照集团和区域的《违规经营投资责任追究实施办法》的要求，成立了公司责任追究工作领导小组和工作小组，负责责任追究工作的整体部署、决策和处置。

公司的内控目标是认真履行海外区域公司职责，依法合规经营，保护资产安全、财务报告及相关信息真实完整，防范各类经营管理风险，确保员工人身、资产安全，在此基础上提高经营效率和效果，促进企业持续、健康发展。公司根据集团设定的经营目标、三级风险框架清单、《内部控制和风险管理办法》、《风险评估管理规定》

等相关规定，对2022年度区域内各类业务面临的重要风险进行梳理、辨识，结合下达的经营目标，全面系统地收集与实现经营目标相关的内、外部风险信息，确定了经济波动、政治政策、竞争对手、职业健康安全环保和经营活动合规风险为公司在年度面临的重要风险，同时对收集到的风险信息、结合各项业务管理及流程进行风险评估，制定相应的风险应对策略和措施。公司还修订了《制裁管理手册》，明确各类制裁风险及排查的方法和手段，积极组织相关查询方法培训，要求定期对客户和供应商进行双向排查，并保存查询记录。同时，法务部还第一时间通过不定时制裁风险提示，提高员工制裁风险防控意识，从源头上防范可能的制裁风险。

公司按照集团和集运总部的安排，先后多次组织完成了涉俄乌、白俄罗斯、朝鲜等制裁排查、合规风险排查和2021年内控缺陷整改等工作。

根据业务发展的要求，公司不断强化风险管控和将合规要求融入流程，调整完善经营活动和管理措施，尽可能地降低业务本身可能带来的风险。就下属海空货运Brisbane仓库开展的锂电池业务，召开专题总裁办公会认真讨论和梳理可能遇到的风险点，完善相应的危险品安全操作流程、安全操作培训和紧急疏散程序、遇险处置和投保安排、工作建议等。在争取最大限度满足客户需求的同时，对该项业务可能带来的风险做到有预案，最大限度地降低可能的安全风险。

澳洲公司结合区域实际，通过制定和组织实施年度制度制定计划，不断修订、增补和完善各项规章制度。先后制(修)订了各项规章制度72项。同时，结合日常管理工作需要，制（修）订了专项合规指南6项，涉及制裁应对、反垄断、隐私保护和数据泄漏应对等重点领域，为区域的风险防控、依法合规治企提供了制度上的有力保障。

2022年，澳、新地区没有任何新增重大案件，亦无因企业本身违规引发的重大案件。

【员工队伍】

面对2022年全球经济新形势与国际贸易新挑战，澳洲公司始终牢牢把握集团“三个领航”和“三个领先”的战略方向，充分激活人才强企关键动力，持续推动企业创新和高质量发展。通过深入研判行业发展趋势和市场需求，全面深化管理与考核机制，以高度的政治意识、大局意识和责任意识，立足当前，着眼长远，全面加强干部人才队伍建设，为公司在新时代中取得更为出色的业绩打下坚实基础。

为全面贯彻集团的战略目标并提升组织效能，澳洲公司依托“一人一岗”“目标导向”和“刚性考核兑现”原则，推进了经理层任期制和契约化管理。通过精心构建制度化、规范化考核体系，明确经理层成员的考核指标和奖惩机制。考核结果与薪酬、续聘或解聘等方面紧密挂钩，实现了管理与激励的良性互动。至2022年底，全体经理层成员已完成契约签订，全面强化内部管理严谨性和规范性，充分激发员工工作积极性和创新性，显著提升管理层的责任心、主动性和执行力。

为进一步规范薪酬分配和激励机制，澳洲公司与各下属公司负责人签订经营管理责任书，对经营管理责任和指标提出具体要求，强调考核结果运用，把效益与薪酬正向挂钩，有效提升下属公司负责人攻坚创效的积极性。同时通过科学构建激励机制，大幅度提升单位负责人与全体员工的工作积极性，显著激发企业内部发展活力，从而持续提升公司的综合效益。

澳洲公司充分认识到本地员工队伍建设是落实集团全局人才战略的重要环节，高度重视人才国际化培养。公司依托“十四五”人才发展规划，结合本地实际情况，全面加强人才管理规范化和制度化。同时，公司积极为具有发展潜力的当地年轻人才提供广阔的职业发展平台，稳妥推进人才选拔和培养，加快本地人才队伍构建速度。通过精心培养和选拔本地人才，有效增加公司中高层管理人才储备，以满足企业未来发展的多元需求。

2022年，澳洲区域管辖3家直属公司，1家合营公司，2家代管公司，共有员工227人（中方外派员工14人），其中区域总部16人，海空货运有限公司33人，大洋洲集装箱服务有限公司 28 人，澳洲船务有限公司 8 人。合营公司中远海运散运（澳洲）有限公司 4 人。代管公司中远海运集运（澳洲）有限公司 97 人，中远海运集运（新西兰）有限公司 41 人。2022 年，中远海运（澳洲）有限公司董事长、总裁、党委书记是张达宇。

【企业文化】

澳洲公司在企业文化方面全面深化战略布局，以员工培训为抓手，从组织结构到核心价值观、企业精神等，实现全面覆盖。借助于视听媒介、网络平台和电子通信等多样化的传播手段，公司显著增强对中国文化和集团发展历程的宣传力度，提升公司品牌影响力。同时，公司通过对年度杰出与优秀员工的识别和推广，有效激发了全员的工作激情和创新活力。此外，通过积极参与澳洲中国总商会组织的社交活动，如悉尼马拉松等，公司不仅丰富了中外员工的文化生活，而且显著增强团队内部的文化凝聚力和合作精神，为公司的高质量和可持续发展提供了强有力的文化支撑。（孙轶）

中远海运（日本）株式会社

中远海运（日本）株式会社

【公司概况】

中远海运（日本）株式会社〔简称“日本公司”，英文简称COSCO SHIPPING（Japan））,由原中远日本株式会社和中国海运日本株式会社整合而来，于2016年4月正式运营，是中远海运集团的直属全资子公司，是在日大型中国企业之一，是在日中国企业协会副会长单位。公司注册资本金4 000万元，注册地为日本东京都千代田区。

1977年，原中远总公司经交通部批准在东京设立办事处，并派出航运代表到日本工作，该办事处隶属中国驻日大使馆经济商务处领导。1994年6月，中远日本株式会社成立。该公司是中远在日本的全资子公司，也是直属中远集团的日本区域公司，统一管理中远集团驻日所有机构，并担负着对中远系统派驻日本的其他机构和合资企业进行内部指导和管理的责任。1993年9月，中远还在日本成立中远正和船务株式会社，2001年更名为樱花物流株式会社，2006年7月更名为中远服务株式会社。1994年4月，中远东方轮船株式会社成立。2002年7月，中铃海运服务株式会社成立。2005年1月，中远集运日本株式会社成立，该公司由中远集运100%控股，其业务为中远日本株式会社原有集装箱业务划转而来。2010年，配合集团备件供应业务重组，中远日本公司将中铃海运服务株式会社业务和工作人员转让到由远通公司（中远国际所属企业）在日本设立的新中铃株式会社。2017年6月7日，中铃海运服务株式会社注销关闭。

1996年4月，上海海运局成立上海海兴轮船株式会社，1997年更名为中国海运日本株式会社。1997年12月，中国海运日本株式会社和日本海运株式会社合资成立中海集装箱日本株式会社，股比分别为60%和40%。2000年12月，中国海运日本株式会社收购日本海运株式会社持有的股份，中海集装箱日本株式会社变为中国海运日本株式会社全资子公司。2007年9月，中国海运日本株式会社与日本运通株式会社合资成立中日世界物流有限公司。日本区域重组整合后，2016年11月29日，中海集装箱日本株式会社注销关闭；2017年6月28日，中日世界物流有限公司注销关闭；2019年1月1日，中国海运日本株式会社注销关闭。

2016年2月，中国远洋海运集团有限公司成立，对海外机构实施重组整合。根据新集团的安排，对中远日本株式会社和中国海运日本株式会社进行整合。4月，中远海运（日本）株式会社成立，成为中远海运集团直属的日本区域管理公司。公司设有行政人事部、财务管理部、战略发展部和油料业务部等4个部门，承担区域管理职能，具体负责区域内行政人事管理、财务管理、集团发展战略落地、油料供应业务、码头投资经营和管理、房地产经营和管理等业务。作为在日大型中国企业，日本公司还在“在日中国企业协会”中任副会长单位。日本公司直管全资子公司2家，代管公司3家，代管代表处2个。企业管理架构见图14–19。

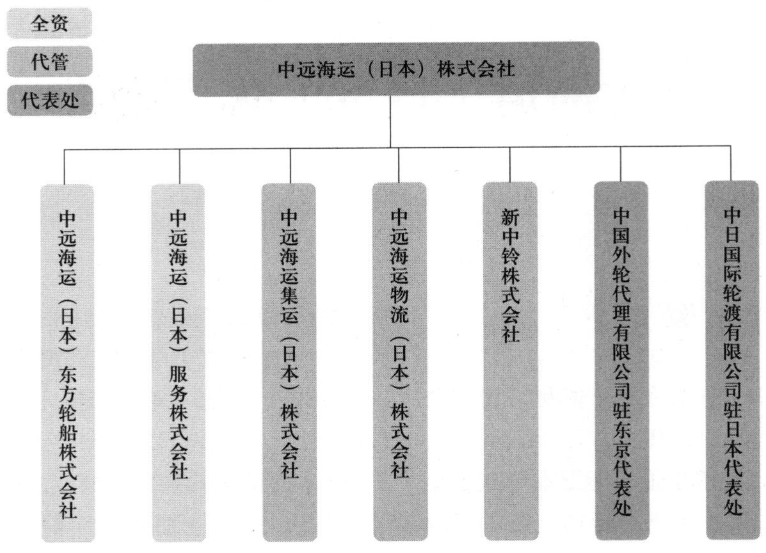

图14–19　中远海运（日本）株式会社管理架构图

【各公司情况简介】

中远海运（日本）东方轮船株式会社。成立于1994年4月，前身中远东方轮船株式会社。主要负责散货船舶、杂货船舶、油轮船舶代理及揽货等业务。2017年1月1日，正式更名中远海运（日本）东方轮船株式会社。

中远海运（日本）服务株式会社。成立于1993年9月，前身中远服务株式会社。主要负责公司房产的管理、租赁等业务。经营范围涵盖货物运输代理、保险代理、劳务派遣、旅行代理、小型货物快递、进出口贸易、集装箱修理、不动产的投资、经营、管理、租赁等。2017年11月16日，正式更名为中远海运（日本）服务株式会社。

中远海运集运（日本）株式会社。成立于2005年1月，前身中远集运日本株式会社。主要负责日本地区集装箱船的代理、揽货等业务，下属大阪支店、福冈营业所，以及海虹国际货运有限公司一个合营公司。2017年1月1日，正式对外更名为中远海运集运（日本）株式会社。

中远海运物流（日本）株式会社。成立于2008年11月，前身中远物流（日本）株式会社，由中远物流有限公司与中远集运（日本）株式会社合资成立，股比分别为55%和45%。主要负责日本区域物流业务、无船承运人、进出口拼箱和日本沿海、内陆、铁路、航空利用运输等业务。2017年6月19日，正式更名为中远海运物流（日本）株式会社。

新中铃株式会社。成立于2010年，负责日本地区船舶备件物料供应、船舶修理，以及化工品贸易等业务。

海虹国际货运有限公司。2001年成立，2016年，中远海运集运（日本）株式会社占股30%，中远海运国际货运代理有限公司占股70%。公司成立之初，由中远日本株式会社和中货总公司合资成立，中远日本株式会社所属中远服务公司拥有30%的股权。2007年，为理顺中远日本地区集装箱业务管理体制，中远服务公司将所持30%的股份转让至中远集运日本株式会社（现已更名为中远海运集运（日本）株式会社）。

【经营效益】

2022年，日本公司深入贯彻落实国务院国资委、集团和驻日使领馆对疫情防控工作的决策部署，确保员工身体健康和生命安全，在此基础上，全力以赴、攻坚克难、积极主动、认真细致地开展了各项工作，主动提质增效，加强风险管控，提升对标管理，确保疫情防控形势稳定，经营收入较2021年大幅提高。

2022年，日本实现营业收入36.47亿元（合并全额口径人民币收入），实现净利润1 295.77万元。其中净利润超额完成集团下达的年度必保指标的236%，完成奋斗目标129.58%。

【生产经营】

件杂货运输揽货业务，全年完成53.7万计费吨，同比增长1.3%。其中第三国业务量完成16.4万计费吨，超额完成考核指标121%。

散货运输揽货业务，全年完成86.5万计费吨，同比增长0.5%。其中第三国业务量34.5万计费吨，超额完成考核指标123%。

船燃油供应业务，全年完成供应量63万吨，同比减少12.1%。

非集装箱船舶代理业务，全年完成非集装箱船舶代理112艘次，同比减少56.67%；船舶港次160港次，同比减少12%。

2022年，日本公司以“四个领航”为方向，以常态化防疫为重点，确保疫情生产两不误，乘势而上增收创效。

聚焦主业，抢抓机遇，实现跨越式增长。日本公司燃油业务完整准确全面贯彻新发展理念，紧抓市场机遇，以客户需求为中心提供精准化服务，实现了严控风险、提质增效、稳中增长的目标，燃油业务毛利收益可达到202万美元，同比大幅增加63%，为公司超额完成各项指标作出了应有贡献。

重点推进“一带一路”和三个市场揽货业务。日本公司按照集团决策部署，结合日本情况拓展业务结构，多种方式并举，贯彻落实国家和集团战略部署工作，加大力度推进“一带一路”沿线业务和两头不在中国的第三国市场营销，积极主动进一步挖潜新增市场取得良好成效。集装箱业务方面，认真分析疫情对日本外贸流向的影响，跟踪汽车及相关配套产品在各新兴市场的发展情况，以及当地市场的需求变化，强化与总部和目的港联动沟通，重点加强非洲及南美等新兴市场的开发工作。件杂货业务方面，积极通过不同层面及多种方式，继续对“北极航线－冰上丝绸之路”相关业务进行推介和宣传，维护好相关客户关系，为今后第一时间恢复该项业务奠定良好基础。散货业务方面，第三国揽货量累计完成29.5万吨，同比增长20%，完成指标28万吨的105%。物流业务方面，物流日本充分依托集团的网络优势，运用以NVOCC为抓手的海陆空铁等多式联运手段，创新业务模式，延伸服务链条，深入挖潜可拓展市场转移的物流需求，强化两头不在中国的第三国市场营销，充分释放航运物流增值效应。

力求开源，增收创效取得阶段性成果。集装箱业务方面，努力克服疫情以及地域政治和冲突对供应链效率和端到端业务的影响，全力拓展集运全球区域范围内的端到端业务。新增东京至千叶流山市物流中心、横滨码头至海老明市的拖车服务。及时调整营销工作重点，将冷藏箱营销和市场开发重点转向东南亚、亚太、非洲拉美等新兴市场。杂货业务方面，协助中远海特船队营销成功揽取10船日本区域进口的风电货物。散货业务方面，重点围绕日本地区的传统谷物货载市场，强化与三菱商事、三井物产等日本重要客户合作，继续巩固日本地区的传统市场基础。能源业务方面，认真做好能源船舶现场管理和支持工作，确保能源抵日船舶安全整体操作平稳。物流业务，随着疫情缓和以及公司有的放矢精准施策，拼箱等业务逐步恢复、提升。

【疫情防控】

日本疫情在2022年暴发第6波和第7波，感染人数指数级增长，而日本政府防疫政策日益趋缓，并于10月11日开放国门，企业自身疫情防控难度加大。日本公司在集团和驻日使领馆对防疫工作的统一部署、安排和指挥下，始终保持高度重视疫情防控，坚持区域防疫一体化，采取防疫物资统筹管理、防疫资源区域共享、防疫措施统筹推进的措施，常态化抓好疫情防控工作。

日本公司坚持防疫工作小组例会制度，2022年度召开小组例会33次，传达使馆经商处防疫提醒16次，传达集团各项防疫文件和指示18次。会议根据日本疫情变化总结经验、商讨对策、动态调整和部署疫防措施，及时对公司防疫应急预案进行修订补充完善。全区域实施动态调整远程居家办公比例，到岗比例由2022年初最高比例不超过20%逐步调整为不超过60%。坚持实施错峰上下班、错峰午餐休息，并对高龄免疫力较弱的员工给予特殊关照等措施。全体中方员工及家属均已完成加强针疫苗注射，并积极引导当地员工响应政府倡议注射疫苗，建立疫防保护屏障。贯彻落实集团“防疫巡检回头看”指示要求，参加集团直接指导的3次防疫巡检回头看，日本区域开展了5次全覆盖疫防巡检，对各单位、员工宿舍、归国人员等进行防疫检查，特别注重“外防输入”，执行回国人员“一人一预案”，严格落实各项防疫措施，抓实抓细防疫工作。公司每月对东京、大阪、福冈三地办公区域进行消杀，2022年，公司共开展了10批次，疫情以来累计开展27批次。及时盘点、补充和发放防疫物资，并保持3～6个月的储备量。以上种种措施的严格实施，为区域防疫奠定了基础。截至2022年底，日本区域坚守住两条底线，疫防形势整体稳定。

同时做好抵日船舶船员的防疫工作。全年向8艘船舶补充防疫物资384件，并向各码头分代理发送专项疫情应对提示，督促指导各地分代理落实船舶船员疫情防抗和保障要求，提升紧急情况下的应对能力。配合航运公司开展船员紧急就医，5月1日，“峰云河”轮三副因病需要紧急在日本下地就医。日本公司领导高度重视，第一时间启动应急机制，联络医生上船检查并接船员下船就医，进行入院地协调，全程跟进治疗及国内专家提供治疗方案等，安排船员在日的疫防隔离、酒店入住直至回国健康码申报、机票预订、送机安排等，使得船员兄弟得到了及时良好的医护，避免了疫情感染，安全顺利回到祖国。

【发展战略】

以集团战略规划为指引，开启“换道超车”新征程。2022年，日本公司按董事会的指示和要求，以集团“十四五”战略规划为指引，就今后3～5年的发展方向、实施路径、行动举措等进行了主动思考、深入研判和提前布局。明确将嵌入集团日本区域数字化供应链综合服务能力建设体系作为公司战略布局的重要抓手和突破口。按照集团、日本公司战略实施要求，小步快跑、不断迭代，日本公司成立数字化供应链服务平台工作组，加大力度开展从客户需求入手，结合具体项目进入仓储业务，落实获取优质关键物流节点资源拓展延伸服务链条工作。公司全力推进千叶船桥仓储项目，掌控仓库资源工作，在项目组大力推动下，与仓库方面达成合作共识，开展了仓储业经营资质的申报工作，船桥仓储租用项目已取得阶段性进展；完善在日本当地延伸服务体系，努力实现关键物流节点资源的布局，为打造综合物流供应链服务平台打下良好基础。

【企业管理】

以培元筑基为目标，管理提升持续深化。日本公司积极落实集团改革三年行动相关工作要求，按期完成了区域公司改革三年行动清单各项任务，各单位推动改革制度化、长效化，持续推进改革措施落到实处，巩固改革成效，不断提升公司经营管理水平和能力，推进公司高质量发展。

持续加强风险管控和合规管理工作。日本公司高度重视风险防控，保持高度风险意识，积极落实风险防控措施，实时动态跟踪各类风险，制定风险防控措施，实施季度风险评估和季度重大风险跟踪监测；强化合规管理，认真组织开展合规管理强化年及合规管理问题专项治理工作，制定并发布实施了《中远海运（日本）株式会社合规管理办法》，将合规管理工作制度化、规范化；加强制度体系建设，强化公司内控管理，开展制度缺陷梳理排查、制度执行情况检查，结合内控缺陷整改各项任务，开展制度管理提升工作，进一步完善制度体系建设。

【数字化建设】

公司根据集团“十四五”数字化转型暨网信工作规划，结合日本区域实际情况，制定了日本区域“十四五”数字化转型暨网信工作规划，并积极组织实施，细化任务分解表逐项推进。与中远海科研究船视宝系统对燃油业务的帮助和支撑，包括对员工业务培训、开拓新客户、提供增值服务等方面；与海科公司北京分公司、TBK公司研究拓展使用集团特殊关联企业管理系统，探讨在TMIS和CJBONE系统中通过接口将数据导入，实现系统识别黑名单的功能。

【安全生产】

以安全意识为主线，严守安全工作底线。2022年，日本公司全区域安全生产保持平稳有序，未发生安全责任事故。公司高度重视安全工作，区域共开展疫防安全一体化全覆盖巡检5轮次，提出一般性整改建议10条，落实整改10宗；开展各类安全培训3次；接受上级安全风险巡视3次；修改应急预案4次；开展防台抗台活动4次，启动应急机制2次。公司牢固树立底线思维、红线意识，进一步提高认识，层层、人人担责、负责、尽责，统筹做好生产经营、疫情防控和安全生产“三位一体”工作。高度重视网信安全，贯彻落实集团网络安全工作指示和要求，按照集团的统一部署，做好日常安全管理和重点时段的网络安全保障和安全值守等工作。（李景石）

中远海运（韩国）有限公司

中远海运（韩国）有限公司

【公司概况】

中远海运（韩国）有限公司〔简称“中远海运韩国公司”或“韩国公司”，英文简称COSCO SHIPPING（Korea)〕，是中远海运集团的全资子公司，注册资本为52.8万美元。

中远海运韩国公司的前身是原中国远洋运输（集团）总公司1995年6月在韩国首尔成立的中远韩国有限公司(以下简称“中远韩国公司”)，是中国远洋运输（集团）总公司的全资子公司，注册总资本为52.8万美元。1996年9月，中远韩国公司代表中远集团收购了京汉海运公司韩方股东50%股份，由中远集团和中远韩国公司各持有99%和1%的股份。1998年6月，中远韩国公司出资1亿韩元收购了远城海运公司原韩方持有的40%股份，使之成为中远韩国公司的全资子公司。为配合航运主业和相关业务拓展的需要，中远韩国公司于1998年12月投资3亿韩元成立了中远韩国物流公司；2000年10月，投资3.5亿韩元成立中远韩国旅游公司（2007年注销）。2005年1月，为整合中远集团的海外集装箱运输资源，理顺当时的集装箱管理体制和管理架构，中远韩国公司持有的100%远城海运公司和中远韩国物流公司的股权分别转让给中远集装箱运输公司和远城海运公司。2007年，中远韩国公司与中燃有限公司在韩国成立了合资公司——中燃韩国有限公司，开展燃油供应和相关业务。

2016年，中远集团和中海集团实施战略重组，于2月18日成立中国远洋海运集团有限公司。中海韩国代理公司的非集装箱业务并入中远韩国公司，2016年8月，中远韩国公司更名为“中远海运（韩国）有限公司”。同年8月，中远海运韩国公司的股东也变更为中远海运集团。中远海运韩国公司作为中远海运集团在韩国地区的新的区域公司。

中远海运韩国公司是中远海运集团在韩国的区域管理公司，是中远海运集团在韩国地区的综合管理中心和对外形象宣传窗口，负责韩国区域内各项综合管理及中远海运集团在韩国地区航运业务的开拓，为区域内所有中远海运集团企业的经营活动提供必要的支持，并代表集团协调不同业务单元的关系，促进合作。公司还负责具体生产经营活动，主要包括对集团非集装箱船舶在韩国的代理及揽货业务，对京汉航运公司集装箱船舶代理及揽货业务。

2022年，公司设7个部门2个办事处，即代理部、运输部、散运部、物流部、财务部、行政人事部、战略发展部，釜山及仁川办事处。其中，釜山办事处于2020年初划归集运韩国公司管理。截至2022年12月底，公司共有45名员工，其中中方外派人员7人，韩国当地员工38人。公司负责人尹为宇。公司组织机构见图14–20。

【大事记】

1. 2022年2月，公司尹为宇董事长当选新一届韩国中国商会会长。

2. 2022年3月，制定《中远海运韩国公司“十四五”数字化转型暨网信工作规划》并启动实施。

3. 2022年6月，制定《中远海运（韩国）有限公司合规管理办法》，进一步加强合规风控工作。

4. 历经3年的反垄断调查应对取得阶段性成效，韩国公平委员会公告免除对中韩支线的罚款。

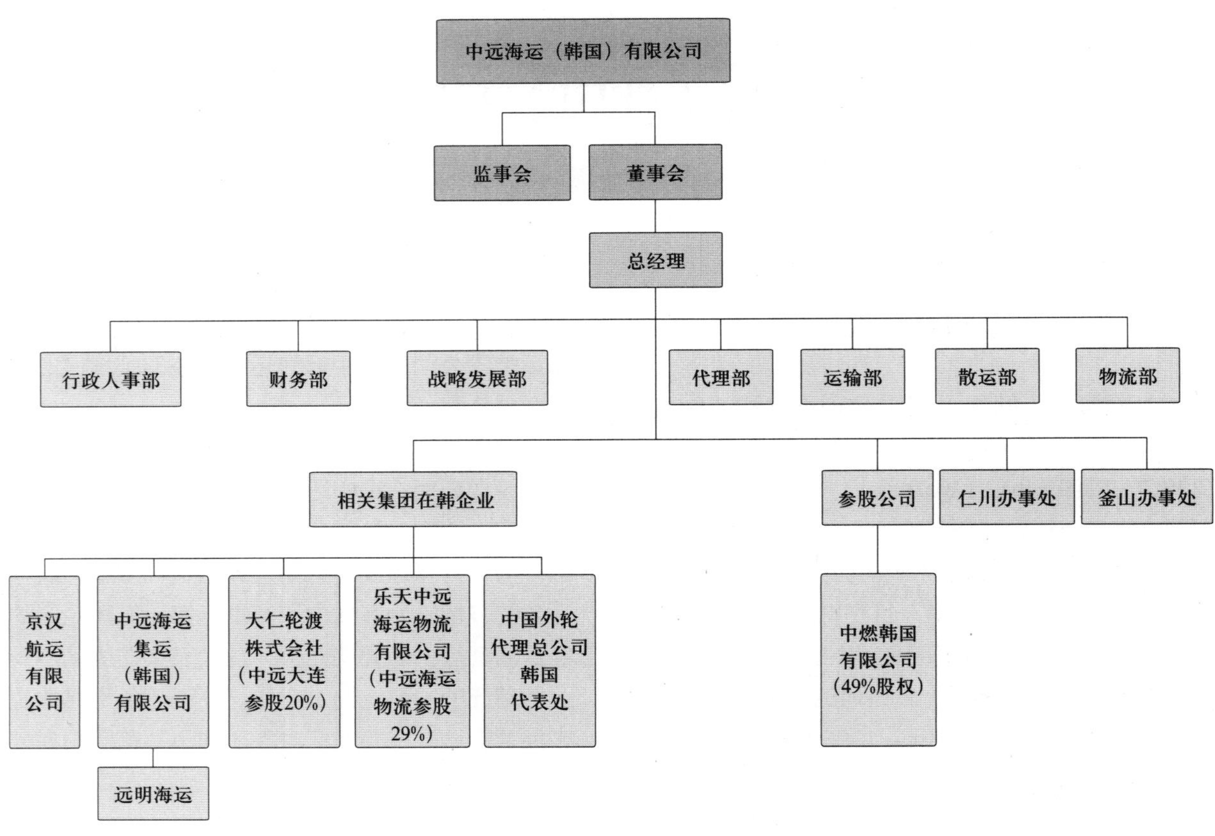

图14-20 中远海运（韩国）有限公司组织机构图

5. 全面完成改革三年行动方案工作清单所列改革项目，完成改革行动收官，进行阶段性总结，三年改革行动取得阶段性成果。

【“十四五”规划推进情况】

在集团指导下，结合新的情况，中远海运韩国公司不断细化对最新外部环境和市场趋势的研判，对“十四五”规划进行不断修改完善，并严格履行规范的审批程序，确保“十四五”规划契合集团对海外公司定位，充分结合区域实际情况，聚焦区域市场发展趋势。做好规划的宣贯和实施动员，组织动员各部门参与规划编制和完善，各司其职学习贯彻规划。积极部署推进规划实施落地，深入研究并制定规划重点项目落实方案，制定确保规划落地落实的保障措施，对规划重点项目及举措进行分解，任务落实到各部门有序推进实施。

2022 年公司“十四五”规划关键绩效指标和关键经营指标完成情况见表 14-25。

2022 年“十四五”规划关键绩效指标和关键经营指标完成情况表 表 14-25

序号	指标名称	单位	2021 年	2022 年指标	2022 年实际完成
1	营业总收入	万元	7 495	6 300	9 542
2	利润总额	万元	2 566	2 004	2 870
3	净利润	万元	2 024	1 500	2 274
4	总资产	万元	12 399	12 629	13 222
5	净资产	万元	5 920	7 323	7 237

续上表

序号	指标名称	单位	2021 年	2022 年指标	2022 年实际完成
6	净利润率	%	27	20	24
7	净资产收益率	%	34	20	31
8	资产负债率	%	52	57	45
9	全员劳动生产率	万元 / 人	140	123	138

【经营效益】

2022 年，韩国公司累计实现净利润 2 273.68 万元，完成全年必保指标的 151.58%，奋斗指标的 113.68%； 散货第三国揽货量 351.70 万吨，完成全年任务指标的 293.08%，RCEP 成员国间销售货量增幅 3.90%，完成全年指标的 169.57%；特种船第三国揽货量 21.00 万吨，完成全年任务指标的 116.67% ，RCEP 成员国间销售货量增幅 3.51%，完成全年指标的 152.61%；集运韩国公司第三国揽货箱量 17.9 万 TEU，按集运调整后的任务目标完成率为 103%。具体指标完成情况见表 14–26。

韩国区域公司 2022 年集团下达的经营责任书考核指标完成情况表 表 14–26

序号	公司	指标项目	2022 年考核目标	2022 年完成情况	完成全年指标程度
1	中远海运韩国公司	净利润	必保指标：1 500 万元；奋斗指标：2 000 万元	2 273.68 万元	必保指标完成率：151.58%；奋斗指标完成率：113.68%
2	中远海运韩国公司	第三国揽货量	散货：120 万吨 杂货：18 万吨	散货：351.70 万吨 杂货：21 万吨	散货：293.08% 杂货：116.67%
3	中远海运韩国公司	完成 RCEP 成员间销售货量	增幅不低于 2.3%	散货：增幅 3.90% 杂货：增幅 3.51%	散货：169.57% 杂货：152.61%
4	集运韩国公司	第三国揽货箱量	24.43 万 TEU	17.9 万 TEU	103%

【业务经营】

1. 集装箱船代理业务

2022 年，韩国区域集运业务完成代理船舶 574 艘次，比 2021 年同期 556 艘次增加了 18 艘次，增幅为 3.24%；完成代理箱量 30.31 万 TEU，同比下降 12.18%。

代理京汉航运公司船舶 333 艘次，同比增加 2.15%；代理京汉公司箱量 22.26 万 TEU，同比减少 14.6%。对上海仁川轮渡公司代理箱量 7.08 万 TEU，同比减少 13.68%；对大连集发渤海湾支线业务代理箱量为 2 504TEU，同比减少 0.08%。

2. 非集装箱船代理及揽货业务

2022 年，韩国公司代理非集装箱船舶 338 艘次，比上年增加 41 艘次，同比增加 13.8%。其中，特运多用途重吊船舶减少 43 艘次，特运沥青船舶增加 19 艘次，散运船舶增加 13 艘次，深圳中远 LPG 新增 1 艘次，中远海运厦门船舶减少 6 艘次，能源船舶增加 42 艘次，其他船舶增加 15 艘次。

【提质增效】

2022 年，公司管理费用总额 1 333 万元，同比降低 11.66%。随着中韩疫情防控措施年内放开，公司差旅费、业务招待费同比增长，但公司通过充分利用线上会议等办公手段，全年办公费同比减少77.52%，年度管理费用总额得到较好控制。

公司严控资金风险，加快运费回收和船舶使费资金结算。根据集团应收账款和存货“两金”清理压降工作要求，公司制定2022年“两金”压控目标及管理方案。财务部负责监督各业务部门运费回收情况，及时与各船公司进行船舶使费的定期账务核对及按期结算，缩短了应收账款的账龄时间，控制应收账款余额。截至2022年末，公司应收账款余额2 840万元，较年初增加274万元，增长10.68%，低于营业收入27.30%的增长幅度。其中，应收集团外客户账款1 980万元，较年初增长6.00%；年化应收账款周转率3.53，好于去年同期2.41周转水平，全面完成了2022年集团下达的“两金”压控任务目标。

【外 事 工 作】

2022年初，公司尹为宇董事长当选新一届韩国中国商会会长。公司运用商会平台，抓住中韩建交30周年有利契机，积极参加中韩建交30周年系列活动，包括大使馆举办的中韩建交30周年庆典，中国大使馆、韩国中国商会与韩国贸易协会共同举办的“第二届中韩企业家合作交流会”，中韩建交30周年产业合作交流会，中韩建交30周年商务合作论坛等重要活动。其中，尹为宇董事长出席中韩建交30周年商务合作论坛时发表题为《携手共克时艰，努力保障供应链安全畅通》的专题演讲，得到很好的反响。认真做好中韩建交30周年“首尔·中国日”线上参展安排，积极推介集团在韩业务。这些外事活动有效地提升公司影响力，为促进中韩经贸关系作出有益贡献。代表韩国中国商会出席韩国产业通商资源部通商交涉本部长与在韩中国商会的座谈会、韩国产业部就新税法改革征求意见会等重要涉外会议，积极发声，就在韩经营营商环境和政策改革提出建议，努力维护中资企业合理权益。

【疫 情 防 控】

克服疫情长期反复、当地防疫政策逐步放开等压力，坚持落实“一体化”防疫机制，组织和动员全体员工坚持执行严格防疫措施。落实集团防疫巡检要求，根据疫情形势变化和当地防疫政策调整，相应调整防疫应对方案，合理调整员工到岗比例安排，切实保障员工健康安全，保障生产经营管理工作正常开展。在各单位共同努力下，韩国区域“一体化”防疫措施执行有力，守住了员工不出现重症病例和聚集性感染的目标，疫情防控形势总体平稳。

【改革三年行动】

按照集团改革三年行动方案部署，面对较多难啃的“硬骨头”和改革行动收官的“硬任务”，对照公司改革三年行动方案工作清单（自我加压版），公司采取落实责任到人、倒计时逐项攻关的方式，高质高效地完成了改革任务。并将对标管理融入日常经营管理的长效机制，对标提升行动取得较好成效。

【董事会工作】

2022年初，公司根据集团董事会运作管理规定制定了年度董事会定期会议召开计划，并根据董事变动情况及时调整会议安排，克服困难按计划召开董事会，充分发挥了董事会参与公司决策、提升公司治理水平的积极作用。公司按照集团要求对董事会建设和运行情况进行全面自查，认真评估总结改革主要进展及成效、存在问题并做好改进安排。公司持续完善和规范董事会授权制度体系建设，按要求向集团上报董事会授权制度建立情况、反馈特别重要非受限事项情况；及时完成董事会授权事项行权备案，夯实董事会规范运作的基础。

【合规风控】

公司做好年度内控监督评价工作，重点包括公司落实上级风控工作要求、董事会建设和运行、重大风险和风险事件报告及资金内控监管制度的落实等内容。深入开展专项行动及合规管理强化年各项工作，深入开展经营业务合规风险排查，拟定自纠措施，积极开展缺陷整改。公司加强对合同审签流程及合同签署主体的管理，进一步规范合同管理工作。继续加强风险管理工作。按照集团重点风险监测预警指标体系，做好各项风险监测指标的监控；识别公司2022年度十大风险，协调统筹开展风险应对各项工作。编制合规指南并完成合规承诺书签署工作，规避国际制裁等相关风险，提升依法合规经营水平。继续加强供应商管理，做好供应商梳理和评价。严守风险底线，精心组织落实年度“两金”压降工作。

【监督审计】

公司根据集团要求组织区域内各公司开展2021年、2022年上半年内部审计统计信息填报工作。认真研究集团2022年内部审计重点关注事项，围绕公司年度整体目标，将“两金”压降、年度分红、资产负债率合理控制、境外大额资金管理等事项在日常财务工作中予以关注落实。及时总结违规投资责任追究体系建设运行情况，按要求开展违规投资经营问题梳理，完成“回头看”自查报告、共性问题检查总结报告，以及问题梳理排查总结报告等。

【制度建设】

一是持续优化完善制度体系。对照集团规章制度体系及年度规章制度计划，结合公司实际情况，制定、完善年度规章制度编制修订计划并认真实施。2022年底前全部完成年度规章制度制定及修订计划，完成新建制度3项，修订制度3项，规章制度体系日趋完备。二是开展制度专项提升工作。按照集团部署，在优化制度体系、突出制度建设重点、着力提升制度执行力等方面，研究制定落实各项工作举措和目标成果，着力提升公司制度管理各方面工作。

【数字化建设】

一是编制公司“十四五”数字化转型暨网信工作规划，制定行动计划专项实施方案，明确重点工作及任务清单，大力推进实施。二是梳理公司各系统优化升级需求，升级公司数字化硬件设施及对接各专业板块数字化应用。三是继续加强网络安全管理，重点加强网络安全设备管理、风险漏洞管理、员工行为管理和推进公司网络设备升级，并做好重大活动及节假日网信安全保障。

【反垄断调查应对】

保持战略定力，将反垄断调查纳入公司重点风险管理，冷静分析应对，充分调动各方资源，发挥法律顾问的专业优势，积极收集信息材料，组织申述材料。公司董事长带队出席听证会陈述，有理有据陈述事实和理据。最终韩国公平委员会公告免除对中韩支线的罚款，反垄断调查应对取得较好成果。

【安全生产】

公司严格落实安全生产规定和措施，韩国区域内无生产安全事故和人员安全事故发生，区域内新冠疫情防控形势平稳。针对集团内船舶到韩国港口的情况，严格落实防疫方案，考虑韩国政府对疫情管控不断放开，为了确保疫情对集团相关专业公司的船舶输入、输出，进一步对港口当地代理加强最大限度不接触原则，为船舶提供岸基支持保障，在更换船员过程中，提供在韩期间机场—酒店—防疫所—船舶的全闭环保障，防止韩国疫情输入船舶、船员，做好集团内船舶船员在韩国期间的疫情防护。（祝孝福）

中远海运（西亚）有限公司

中远海运（西亚）有限公司

【公司概况】

中远海运（西亚）有限公司（简称“西亚公司”，英文简称 COSCO SHIPPING West Asia），为中远海运集团全资子公司，注册资本金为 300 万迪拉姆，注册地为迪拜杰贝阿里（Jebel Ali）自贸区。

西亚公司前身为中远西亚有限公司和中国海运（西亚）控股有限公司。中远西亚有限公司 1997 年 3 月成立于阿联酋迪拜，注册资本 300 万阿联酋迪拉姆，注册地在迪拜杰贝阿里自由贸易区，员工 56 人，旗下有合资公司中远阿联酋瑞斯代理公司（占股比 49%）。中国海运（西亚）控股有限公司 2006 年 4 月 18 成立于迪拜海运城自贸区，注册资本 50 万美元，员工 76 人，旗下有合资公司中海（阿联酋）代理有限公司（占股比 49%），绿洲物流有限公司（占股比 49%）和中海（印度）代理有限公司（占股比 60%）。中远中海集团整合之初，中海（印度）代理公司划转集团东南亚公司管理，相应的公司员工 23 人划转东南亚公司。

西亚公司 2016 年 7 月实现重组合署办公，公司承接了原中远西亚有限公司和中国海运（西亚）控股有限公司的资产和业务。公司主要经营范围为船舶代理、货运代理、物流、投资等，代表集团管理辖区下属合资子公司；行使对下属公司和集团外派人员实施管理、监督、协调、服务的职能；对区域内的集装箱代理服务业务进行统筹管理和运营，负责监督、指导、协调各代理的日常工作；依托集团下属各板块业务单位，拓展散货、油轮、物流等业务在区域内的发展。2019 年底，西亚公司完成了所属亏损企业绿洲物流公司的清算关闭；2020 年 6 月完成中海阿联酋代理公司的清算关闭和注销；2020 年 11 月完成中海（西亚）控股公司的股权下挂至中远海运（西亚）有限公司。

西亚公司所属机构包括：三级公司 1 家，为中国海运（西亚）控股有限公司；四级公司 1 家，为中海印度代理有限公司，隶属于中国海运（西亚）控股有限公司。

截至 2022 年末，公司中方外派人员 3 人。

2022 年公司董事长、总裁是邱晋广。公司组织架构图见图 14–21。

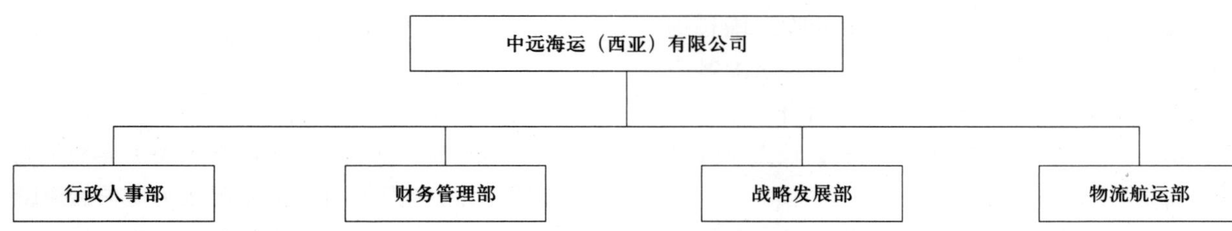

图14–21　中远海运（西亚）有限公司组织架构图

【经营效益】

2022年，公司资产总额10 873万元，比上年增加1 133万元，增长11.64%。公司负债总额1 092万元，比上年上升7万元，增长0.66%。公司资产负债率10.04%，同比下降1.10个百分点；净资产9 781万元，比上年增加1 126万元，增长13.01%。营业收入558.58万元，同比增长19.22%；净利润421.5万元，比上年上升了90.04万元，增长32.89%。

【经营业务】

2022年，公司揽取散杂货17.2万计费吨，同比增长61%，完成年度指标的382%。同年，代理散杂货船舶197艘次，同比增长39%。代理油轮合计437艘次，受俄乌战争导致原油需求增加影响，代理艘次同比增长8.3%。2022年服务护航舰艇1艘次。

【企业管理】

按照《集团“十四五”数字化转型暨网信工作规划》要求，在集团职能部门的指导下，西亚公司研究制定了《西亚公司数字化转型“十四五”发展规划》，持续推进“十四五”期间数字化转型工作。

落实集团开展对标世界一流管理提升行动的总体要求，按照季度和年度开展对标提升工作，公司加强对标指标的跟踪和分析，促进公司经营质量的提升。2022年，公司营业收入增长率19.22%，净利润增长率32.89%。区域KA客户货量占总货量的26%，较去年同期提升7个百分点；KA客户收入占总收入的19%，较去年同期提升12个百分点。

按照“四个统一”的总体部署，公司跟踪落实公司“改革三年行动工作清单”，完成进度符合集团考核要求。公司积极推进经理层成员任期制和契约化工作，规范完成了公司总裁岗位的岗位聘任协议、年度（任期）经营业绩责任书的签署。

【法治与风险管理】

西亚公司落实“合规管理强化年”活动总体部署，着力完善合规管理制度体系，将制度专项提升作为风控合规管理的常态化工作内容和重要抓手，研究修订了公司《董事会授权规则》和《董事会、董事长专题会及总经理办公会授权事项清单》。针对合规管理的机构及职责、工作重点及运行机制等方面不够明确、不够完善的问题，结合集团制度更新情况和海外经营管理的实际，研究制定了《合规管理办法》及风险评估标准、内控缺陷认定标准、合规管理评价标准，制定了《重大风险报告管理规定》。贯彻落实集团关于开展综合治理专项行动的工作要求，对照经营业务合规管理问题自查自纠任务清单进行全面自查，逐项落实自查涉及的各项重点工作任务。开展年度内控监督评价工作，对公司在董事会建设及运行情况、重大风险和风险事件报告制度及资金内控监管制度落实情况、内控评价工作开展情况等方面进行了全面梳理、评价和改进。

高度重视制裁风险的管理，在俄乌战争爆发、多国对俄制裁持续升级的情况下，制裁风险管理部门和制裁管理团队人员对涉俄业务进行了集中排查，根据上级对于涉俄业务的相关要求，第一时间暂停了涉俄业务的开展。保持对涉及俄罗斯美国风险提示的动态关注，向各业务部门持续发送风险提示，对照制裁风险管理措施和流程，强化对货物、客户的全面排查，开展风险识别与评估工作。

【队伍建设】

按照集团关于“远航”、“启航”人才库建设的总体部署，开展了民主测评和民主推荐和能力素质测评。按照集团人力资源数字化项目建设工作要求，完成了公司中方外派人员的人才分类统计工作，搭建了从“部门正职”到“员工”共7个层级的岗位能力素质模型。积极开展iHR数据治理工作，核对和维护系统数据。积极参与集团审计人才库、监督追责人才库建设，筛选推荐入库人选。

【安 全 生 产】

按照“党政同责、一岗双责”要求，紧紧围绕公司安全工作目标，做到知责明责、履责尽责，落实管业务必须管安全。严格执行公司安全管理制度，始终坚持问题导向，强化港口代理作业、仓储配送等高风险业务环节的安全检查，规范各类业务操作，及时查找事故隐患，有效控制项目安全风险。高度关注境外人员安全管理，持续开展境外中方人员安全风险排查，实现境外中方员工安全风险防范系列培训全覆盖，结合地区形势，加强安全风险警示，避免了人员安全事故的发生。

（刘剑）

中远海运（非洲）有限公司

中远海运（非洲）有限公司

【公司概况】

中远海运（非洲）有限公司（简称“非洲公司”，英文简称COSCO SHIPPING(Africa)），是中远海运集团在南非投资成立的全资子公司，为集团直属的二级公司，集团拥有非洲公司100%股权。非洲公司注册资本为1 000兰特，注册地为南非约翰内斯堡市，注册时间为1994年5月7日（原中远非洲公司注册时间）。2016年7月，根据集团的统一部署，原中远非洲公司和原中国海运非洲控股公司完成了整合并开始合署办公，后续完成一系列变更手续，即以原中远非洲公司为基础，变更公司名称、董事及股东，成立中远海运(非洲)有限公司。2016年7月4日，中远非洲公司更名为中远海运（非洲）有限公司。中海非洲控股公司在2018年完成注销。

非洲公司主要经营范围：船舶代理、货运代理、中非及第三国与非洲间全程物流供应链相关产业服务、船舶配件及服务、贸易、融资租赁和投资等非集团负面清单业务。

非洲公司业务及区域事务管辖范围：非洲西海岸自毛里塔尼亚及以南地区，和非洲东海岸自肯尼亚及以南地区的所有非洲区域。区域内管辖7家公司，其中中远海运非洲直属公司2家（以上均是包含区域本部），现有人员261人，其中集团派出人员18人。

非洲公司实际履行的职能包括两大块：集运业务和非集运业务。

集运业务：非洲公司目前代行集运非洲分部职能，通过肯尼亚、南非和尼日利亚三个国家公司作为东、南、西非分中心，为集运督促管理非洲区域内市场营销和开发、供应商协议谈判和管理、供应链物流、箱管操作、船舶码头操作、客户服务、BPS、分代理管理、财务结算、考核等各方面的工作。

非集运业务：主要业务包括非集装箱船舶代理、非集装箱业务的市场开发和营销、船舶配件加油及航修等服务、内陆综合物流、仓储投资等业务。非洲公司以直属的远南船务打造非洲区域船舶服务平台；以区域本部散运部为散、特运打造非洲区域的营销网络。

【企业组织形式和法人治理结构】

非洲公司是集团按南非公司法，在南非豪登省、约翰内斯堡市全资注册的有限责任公司。公司管理层有董事长1名，副总经理1名，财务总监1名。公司设有财务管理部、战略发展部、行政人事部、散货业务部共4个部门。截至2022年底，区域本部共有雇员13人，其中中方外派人员6人，当地员工7人。

非洲公司是集团直属二级公司，设有董事会，为公司经营决策最高机构。董事会共由4名董事组成，其中含董事长1名，外部董事3名，均为集团派出董事。非洲公司董事会还设有负责审计与风险和推进法治建设的专门委员会，并聘任非洲公司副总经理兼任公司总法律顾问。

根据非洲公司章程规定，目前非洲公司日常决策由董事长办公会行使总经理办公会职能。

根据非洲公司“三重一大”决策制度要求，在集团对直属公司的授权范围内，非受限事项的重大事项采用分级审批的方式。受限事项先经公司内相应的会议审议后报集团审批。公司本部各职能部门及下属公司为具体决议的执行层。公司财务部还兼具区域内监督审计职能。

【区域内各公司简介】

区域内公司及股权架构情况见表 14–27。

区域内公司及股权架构情况表 表 14–27

公司名称	股东名称	持股比例
中远海运（非洲）有限公司	中国远洋海运集团有限公司	100%
中远海运（非洲）远南船务有限公司	中远海运（非洲）有限公司	100%
中远海运物流（非洲）有限公司	中远海运物流供应链（香港）有限公司	55%
	中远海运（非洲）有限公司	45%
中远海运集运（南非）有限公司	中远海运集装箱运输有限公司	100%
中远海运集运（尼日利亚）有限公司	中远海运集运（南非）有限公司	70%
	Comet Shipping	20%
	Bollore 尼日利亚公司	10%
中远海运集运（肯尼亚）有限公司	中远海运集运（南非）有限公司	50%
	中坦公司	30%
	Rais Shipping Services (Kenya) Ltd.	20%
中远海运集运（加纳）有限公司	中远海运集运（南非）有限公司	60%
	Bollore 加纳公司	40%

注：上述集运尼日利亚公司和加纳公司中Bollore的股权已经和集运总部达成收购协议，但暂还未完成股权的最终交割。

【区域内主要企业情况】

1. 中远海运（非洲）远南船务有限公司

中远海运（非洲）远南船务有限公司原名为远南海事技术服务中心，注册时间为 1999 年 5 月 28 日，注册地为约翰内斯堡，办公场所位于德班。按照非洲区域公司的部署，整合集团内非集装箱船靠泊非洲地区的船代业务，2020 年 8 月，公司更名为“中远海运(非洲)远南船务有限公司”（简称“远南公司”）。远南公司是中远海运（非洲）有限公司下属全资单位，注册资本 1 000 兰特。公司现设有船代业务部、财务管理部，共有雇员 4 人，其中中方外派人员 1 人，当地员工 3 人。公司主要负责中远海运船舶在南非各港口的机务现场管理及机务保障，为中远海运及国内地方船东在南非地区的船舶提供修理、备件物料供应、消防救生检验，以及为中远海运系统内非集装箱班轮在西非、南非相关区域提供船舶代理及其他海事、技术咨询等服务。

远南公司 2022 年为 364 艘次船舶提供了现场服务，与 2021 年 325 艘次相比，增加 12%。其中：船舶航修 17 艘次，比 2021 年增加了 9 艘次；船舶物料供应 35 艘次，比 2021 年减少 3 艘次；船舶备件转运 40 艘次，比 2021 年增加 1 艘次；船舶检验 13 艘次，比 2021 年增加 2 艘次；代理业务 299 艘次，比 2021 年增加了 6 艘次；刮船底 20 艘次，比 2021 年增加了 2 艘次。总服务 364 艘次中，系统内为 291 艘次，占总艘数的 80%；系统外服务 73 艘次，增加了 19 艘次。

2022 年，公司收入 3 966 万元，比 2021 年同期 2 494 万元增加了 1 472 万元；经营利润（税前）为 965 万元，比 2021 年同期 645 万元增加了 320 万元。公司 2017—2022 年资产、收入和利润情况见表 14–28。

远南公司 2017—2022 年资产、收入和利润情况表 表 14–28

年份	总资产（万元）	收入（万元）	利润总额（万元）
2017 年	620.76	610.89	91.46
2018 年	639.81	802.45	210.29
2019 年	921.76	1 711.90	279.63
2020 年	2 639.56	2 175.55	445.50
2021 年	2 914.77	2 493.70	645.04
2022 年	3 782.16	3 966.25	965.03

2. 中远海运集运（南非）有限公司

中远海运集运（南非）有限公司（以下简称“南非公司”）是中远海运集装箱运输有限公司下属全资单位，注册资本 100 兰特。南非公司本部设在南非德班市，在约堡、开普敦和伊丽莎白港分别设有办事处。

南非公司的前身是中远非洲公司，1995 年 9 月，在南非合资成立的考斯瑞尼（Cosren）航运代理公司。2016 年 7 月 1 日，在中远、中海两大集团重组整合的背景下，Cosren 航运代理公司和中海南非代理公司完成了重组整合工作。2016 年 8 月 31 日，中远海运集运从中远海运非洲公司收购了南非公司的全部股权，南非公司从 9 月开始向集运上报财务报表，并于 9 月 7 日在当地完成了公司更名。

2016 年 11 月 30 日，南非公司从中海非控收购尼日利亚公司 60% 的股权，12 月开始合并尼日利亚公司财务报表。2017 年 2 月，南非公司又从当地合资方 Comet Shipping 收购了尼日利亚公司 10% 的股权。南非公司拥有尼日利亚公司 70% 的股权，尼日利亚当地的两家合资方 Comet 公司和 Bollore 公司分别拥有 20% 和 10% 的股权。

为完善中远海运海外代理网络，2017 年 6 月，集运总部在肯尼亚成立新的合资公司。新成立的中远海运集运（肯尼亚）有限公司股东由集运南非公司、中坦公司和原肯尼亚代理 Rais Shipping Services（Kenya）Ltd. 三方组成，所占股份分别为 50%、30% 和 20%，南非公司按股比出资 10 万美元。肯尼亚公司注册完毕，已于 2021 年 4 月 1 日正式对外营业。

2018 年 6 月，新设中远海运集运（加纳）有限公司，由中远海运集运（南非）公司持股 60%，Bollore 公司持股 40%。据此，南非公司按股比，以自有资金现金实际出资 30 万美元入股。加纳公司注册完毕，已于 2019 年 3 月 1 日正式对外营业。

南非公司服务于中远海运集运的集装箱航线经营，主要负责南非地区的集装箱业务海内外的协调和管理，负责在当地市场调研揽货、船舶代理、运使费审核结算、集装箱调运、信息跟踪、集装箱维修，以及集装箱货物在南非和周边地区的内陆运输等业务。经营远东至南非集装箱航线有 4 条，分别为 ZAX1、ZAX2、ZAX3 和 WAX4。内陆延伸服务扩展至南非境内各主要内陆点。公司业务区域除南非地区外，还负责东起莫桑比克、西至刚果（布）以南的非洲地区的各项业务。此外在南部非洲的跨境业务也取得快速发展，全程供应链服务延伸至津巴布韦、赞比亚、博茨瓦纳和莫桑比克等主要网点。

南非公司下设行政部、市场部、客服部、操作部、财务部和箱管部等 6 个部门。目前公司共有雇员 75 人，其中中方外派人员 4 人，当地员工 71 人。

南非公司 2022 年全年 local 出口箱量实际值 64 059TEU，比目标值超出 8 088TEU；local 进口箱量实际值 111 447TEU，比目标值少 4 851TEU；销售箱量实际值 88 606TEU，比目标值超出 11 433TEU。2022 年全年收取的滞期费为 5 348.21 万元，比目标值多出 2 448.21 万元。

2022 年，公司净利润为 876 万元，比目标值多 28 万元，主要是进出口箱量增加以及运费增长所致。2022 年末，超期应收账款余额为 95 万元，比目标值少 5 万元；应收账款回收天为 9 天，比目标值少 1 天，超额完成了应收账款各项指标。

南非公司 2017—2022 年资产、收入和利润情况见表 14–29。

南非公司 2017—2022 年资产、收入和利润情况表 表 14–29

年份	总资产（万元）	收入（万元）	利润总额（万元）
2017 年	4 562.97	4 178.01	1 645.49
2018 年	6 321.29	4 042.00	1 006.15
2019 年	6 564.29	4 034.35	323.46
2020 年	7 412.35	4 320.74	1 438.77
2021 年	15 871.76	5 286.35	1 497.57
2022 年	11 028.13	4 706.29	1 360.67

3. 中远海运物流（非洲）有限公司

中远海运物流（非洲）有限公司（简称“非洲物流”），成立于 1995 年 10 月 20 日，执行物流业务的区域管理职能，管辖地域为除北非外的其他非洲地区和国家。

非洲物流是物流总部直属三级公司。2018 年 9 月 1 日起成立合资公司，中远海运物流有限公司控股 55%，中远海运（非洲）有限公司控股 45%，注册资金为 850 万美元（260 万美元加 8 440 万兰特）。非洲物流注册资本为 1 000 兰特，注册地位于南非豪登省约堡市 City Deep 区，注册时间为 1995 年 10 月 20 日。公司设有业务部、财务部、商务部、行政人事部、战企部、仓储部共 6 个部门，共有雇员 12 人，其中中方外派人员 1 人，当地员工 11 人。公司地址位于南非的豪登省，No.1 Merino Ave. C/O Angus Road，City Deep，Johannesburg。

非洲物流业务范围以综合性物流业务为发展方向，包括货代、船代、现代物流等，具体包括：①工程物流。包括公路运输、大件运输、吊装、安装。②船舶代理业务。③货物海运。包括陆运、航空、NVOCC、多式联运、货物进出口清关、国内国际货运代理和订舱服务。④物流咨询服务。包括方案设计、技术咨询、供应链管理咨询、会展物流服务。⑤货物堆场、仓库、集装箱堆场。

非洲物流 2022 年完成内陆物流运输集装箱 8 576TEU，件杂货 40 210 计费吨，净利润为 291.93 万元，营业收入较上年增加 6 248.36 万元，增长 138.16%。 公司 2021—2022 年营收情况见表 14–30。

非洲物流 2021—2022 年营收情况表（单位：万元） 表 14–30

项目	2021 年	2022 年	增减数	增减幅度
一、营业总收入	4 522.4	10 770.76	6 248.36	138.16%
二、营业总成本	4 508.95	10 365.29	5 856.34	129.88%
其中：营业成本	3 367.42	9 090.36	5 722.94	169.95%
管理费用	1 021.09	1 355.3	334.21	32.73%
财务费用	120.43	–80.37	–200.80	–166.74%
加：投资收益	—	—	—	—
三、营业利润	13.45	405.46	392.01	2 914.57%
加：营业外收入	—	—	—	—

续上表

项目	2021 年	2022 年	增减数	增减幅度
减：营业外支出	—	—	—	—
四、利润总额	13.45	405.46	392.01	2 915.57%
减：所得税费用	–50.16	113.53	163.69	–326.34%
五、净利润	63.61	291.93	228.32	358.94%

【经 营 效 益】

除 2017 年受两大集团合并影响之外，非洲区域公司每年的总资产和收入都是递增状态。2018—2021 年，公司总资产、收入和利润总额总体递增。

2022 年，非洲物流实现利润总额 405.46 万元，比去年增加 392.01 万元，增长 2 914.57%；净利润 291.93 万元，增长 358.94%。营业收入较上年增加 6 248.36 万元，增长 138.16%。

本部营业总收入较上年增加 6 248.36 万元，增长 138.16%；管理费用较上年增加 334.21 万元，增长 32.73%。主要原因是员工人数增加，约堡仓库运营后临时工人和费用的增加，包括水电，燃油费等。南非电力公司经营不善，受电力危机影响，南非进入灾难状态，导致约堡仓库需要长时间依赖柴油发电机工作，导致管理费用增加。

非洲公司的主要财务数据见表 14–31、表 14–32。

非洲公司（合并）（单位：万元） 表 14–31

年份	总资产	收入	利润总额
2018 年	8 051.88	2 842.37	130.30
2019 年	9 411.00	3 863.00	157.00
2020 年	9 663.38	4 093.64	452.54
2021 年	9 092.63	4 920.88	289.76
2022 年	10 522.47	6 405.06	1 200.07

非洲公司（本部单户）（单位：万元） 表 14–32

年份	总资产	收入	利润总额
2018 年	7 412.11	1 915.45	1 201.56
2019 年	8 201.20	2 199.90	65.54
2020 年	7 032.89	1 988.20	177.77
2021 年	6 177.90	2 506.51	–181.83
2022 年	6 740.35	2 513.74	564.91

【生产经营情况】

非洲区域实现经营收入 6 405 万元，同比增长 30%，完成年度预算 158%；实现净利润 927 万元，同比增加 494%，完成年度预算的 927%。具体见表 14–33。

非洲公司 2022 年生产经营情况表 表 14–33

项目	2021 年	2022 年	同比	完成年度预算
经营总收入（万元）	4 920.88	6 405.06	30.16%	158%
净利润（万元）	156.07	927.07	494%	927%
承揽出口 local 箱量（TEU）	108 647	137 200	26.28%	117%
第三国间散货揽货量（万吨）	6	6	—	100%
非集运船舶代理现场服务（次）	325	364	12%	完成

【风险管控】

2022 年，公司上下认真贯彻落实国务院国资委和集团有关疫情防控的指示精神，压实疫情防控责任，提高疫情防控意识，杜绝麻痹思想和松懈心理，严格遵守所在国当地要求，因地制宜制定疫情防控相关措施，扎实、有效推进疫情防控各项工作。尽管全年遭受疫情肆虐，区域各公司防疫防控各项工作措施方案有效实施，员工思想状况良好，各公司经营秩序始终保持稳定有序。

妥善应对南非暴乱和 Transnet 黑客攻击事件。由于长期遭受疫情影响，加上原本非洲地区各国经济相对落后，就业形势不佳，社会治安形势日趋严峻。2022 年 7 月，南非爆发的严重社会暴乱和黑客攻击事件，在非洲公司党委的带领下，集运南非和非洲物流周密部署，积极组织公司员工妥善应对，在确保公司所有人员及财产安全的同时，公司正常生产经营秩序维持稳定。

区域中方员工坚守一线，努力做好“守土有责、守土尽责”，妥善应对各国每年数次乃至数十次的行业及全国性罢工、2022 年德班洪水等突发事件，努力防范化解各种风险。

【提质增效】

1. 集装箱业务

（1）2022 年，集运各国家公司努力疏通航运供应链的各个节点，大力加强市场开拓，改善货源结构，推动量价齐升，助力航线增收创效；加强与码头、海关等方面的沟通协调，尽最大可能确保到港船舶及时靠泊，提高在港船舶作业效率，缩短船舶在港时间，提高船舶运营效率；加强对堆场、车队及码头监督与协调、合理调配，加快集装箱周转效率；上海疫情暴发后，充分发挥主观能动性，发挥本地公司协同优势，尽可能减少需要集运总部协调和解决的事项，密切关注国内重点客户受到的相关影响，尽可能帮助客户解决其遇到的相关困难和问题，确保服务质量和客户满意度不受疫情影响。

（2）南非公司努力克服德班洪水及 Transnet 港口工人罢工影响，积极与各方协调，帮助客户解决提箱、集港等诸多困难；成功推行东行电商业务，已实现 95% 以上订舱通过电商平台。

（3）尼日利亚公司抓住锂矿出口迅速崛起先机，加强与中国客户沟通联系，积极抢占市场份额，取得积极成效；不断加大历史滞期费清理力度，历史滞期费催收工作取得了显著成效。

（4）加纳公司抓住传统的可可、腰果出口旺季，争取到特马、塔科拉迪双港同挂的业务契机，在出口业务箱量上取得了较大的增长；持续开发特马新港的港口服务能力，为稳定船舶靠泊、进出港效率，提升船舶在港作业效率提供了坚实的保障。

（5）肯尼亚公司克服新冠疫情和总统换届影响，在当地港口设备的老化和人员短缺的情况下，积极与码头高层保持有效的沟通，并定期组织与码头公司的会议交流机制，进一步提升了对船服务的质量和优化了船舶作业流程；经过精心筹备，内罗毕办公室顺利开张，打通了内罗毕、蒙巴萨和乌干达延伸服务线路，出口箱量不断上升。

2. 物流业务

非洲物流坚持以客户为中心，以市场为导向，做好铜精粉、铬矿等高值货物周转，不断提高仓库效能，进一步提升收入，提高效益水平。积极推进约堡仓库二期建设，不断完善自身服务产品，提升品牌影响力和业务规模。努力克服德班洪灾影响，在供应链紧张、集运市场供需不平衡的情况下，首次尝试整船散货业务，开动脑筋，积极寻求业务上的突破，帮助客户解决供应和运输上的问题，大力拓展业务范畴，不断提高营业收入。大力推进德班仓库工作，积极走访客户落实业务量。

3. 散杂货业务

综合业务部充分把握市场机遇，进一步发挥区域散杂货综合平台优势，加强与客户沟通协调，在业务开拓上成效显著，顺利为散运总部承揽6船共计33万吨散货业务。同时，综合业务部依托集团集装箱、散杂货综合船队运输资源，协同集运南非公司、远南公司，坚持以客户为中心，主动对接客户战略，以客户需求为出发点，了解客户运输需求，精准把握客户需求，深度融入客户供应链，不断探索“集改散”业务模式，成功用特运船舶为紫金矿业解决散货运输需求，先后共成交5载共12万吨铜精粉，充分展现了强大的中远海运综合物流供应链，既为集运解决了舱位爆满问题，也解决了客户需求，也为特运提供了高价值货物运输，取得了“三赢”的局面。

4. 船舶代理业务

区域远南公司努力做到对集团内船舶代理业务“应代尽代”，积极履行集团当地代理公司职责，妥善应对罢工、洪灾等突发情况，及时为集团船舶提供一手当地信息和动态，提前做好各项预案。远南公司借助服务品牌和服务口碑，积极揽取船舶代理业务，进一步拓展社会船舶业务，加强与公务船、科考船和社会船舶的沟通联系，开源节流，不断增加业务规模和收入，继续保持较好的经济效益。

【规划制定】

非洲公司根据集团“十四五”规划纲要，结合公司实际情况，相继制定《中远海运（非洲）有限公司“十四五”发展规划》《中远海运（非洲）有限公司“十四五”规划战略落地方案》等文件，明确非洲公司“十四五”指导方针：一是继续深耕非洲市场，依托集团全球综合供应链服务优势，夯实“一带一路”非洲沿线物流服务基础；二是充分发掘非洲市场的潜力和资源优势，为集团拓展非洲市场发挥“前沿阵地”作用，寻求在非洲市场实现突破性发展；三是重点聚焦在非中资企业建设项目，有效结合集团内专业公司资源，开发非洲大陆的工程物流项目和内陆物流延伸业务；四是利用并根植当地优势，把握场站、仓库等物流设施投资机遇，做好相应布局安排，寻求在非洲市场实现突破性发展。抓重点、补短板、强弱项，确保集团“十四五”规划在本区域的落地、落实。

【综合改革】

为扎实推进《中国远洋海运集团有限公司改革三年行动实施方案》落实落地，根据集团总体安排，非洲公司全面推行经理层成员任期制和契约化管理，制定上报《经理层任期制和契约化管理工作推进时间表》，并按时间节点抓紧制定相关工作方案，完成相关工作。

同时，充分运用好“2+N”改革工具包，研究制订远南“超额利润分享激励机制”，进一步完善区域激励机制，最大程度调动员工为公司增收创利积极性和主动性；优化内部资源，抓紧研究区域本部和远南“财务一体化”体制改革，进一步释放远南开拓市场、服务船东的活力。

【协同效应】

1. 协同集运端到端战略

（1）通过租赁、收购及合资等多种方式，在关键性城市和重要港口建设和发展自主管控运营的物流仓储中心。在约翰内斯堡仓储中心一期基础上，正在推进二期铁路专用线沿线地块的收购谈判，以进一步提升、扩大约翰内斯堡仓储中心的服务能力。

同时，积极在德班寻找合适标的，采用租赁、合资或收购等形式，通过前期的调研，加快筛选和谈判，加快集仓储、配送、装拆箱和堆场功能于一体的德班仓储中心的推进；通过筛选，通过银行、中介公司等渠道帮助提供相关投资信息。

（2）加强区域内部协同（区域、集运、非洲物流），并通过整合社会资源，积极拓展非洲内陆国家的延伸服务。

计划开辟南非—津巴布韦、南非—赞比亚、南非—刚果（金），以及肯尼亚—乌干达内陆延伸服务，并逐步建成有中远海运特色品牌和一定影响力的非洲内陆国家延伸服务产品。在协同和帮助集运扩大市场腹地和覆盖面的同时，实现区域自身的价值。

2. 协同散运和特运，积极拓展散杂货全程一体化服务

结合非洲本土矿产的独特资源优势（南非是锰、铬储、产量世界第一，且市场份额均在 70% 以上，左右行业市场），协同散运、特运，积极拓展散、杂货全程一体化服务，发展本土配套的装运场站及陆上运输等服务设施和能力。

3. 协同集团航运主业，加强自身常规服务网络和服务能力提升

（1）以远南为服务平台，加强区域内所有国家、港口代理服务资源的整合，提升对集团专业公司船舶的服务能力和水平，逐步形成品牌及影响力，积极拓展和扩大公共船舶服务业务。

（2）以区域综合业务部为平台，加强区域内国家公司和公共代理相关资源的整合，继续推进散、杂货营销代理平台的建设。

（3）结合集、散、特运在非洲区域的业务发展，加快区域内科特迪瓦、喀麦隆、莫桑比克等沿海，以及乌干达、津巴布韦、赞比亚等内陆自有代理服务点建设，不断完善区域代理服务网络和能力。

（4）非洲区域公司本部是集团直属公司，为规避非洲区域复杂多变的政治经济形势及法律环境欠完善的风险，特别是要避免牵连到集团总部，不适宜用区域公司本部作为操作业务的直接主体。非洲公司一直在积极寻找机会争取能捕获在东南部非洲具备一定服务网络及仓储、车队服务资源，与公司发展战略相匹配的中等规模本地物流公司，收购和控股经营，以进一步提升区域公司在本土物流延伸服务能力和盈利能力。

【队伍建设】

非洲公司坚持德才兼备、以德为先，五湖四海、任人唯贤，事业为上、公道正派，真正做到好中选优、优中选强。2022 年，积极向集运总部推荐，从区域内推荐选拔 2 名优秀的年轻外派干部就地提拔接任集运国家公司总经理，极大地调动非洲地区外派干部积极性，同时也保证了公司运作的稳定性；重视当地员工的培训和培养，当地员工分别在财务、法务、物流、系统操作等方面成为公司的骨干，为公司的健康发展，风险防控及业务开拓等方面作出积极贡献；进一步建立健全本土员工考核与激励机制，在依法用工的基础上，加强本土优秀人才的选拔与培养。

【安全工作】

非洲公司始终牢固树立安全发展的理念，坚持以人为本、生命至上，始终把安全生产放在重要位置。从党的初心的政治高度来认识和抓好安全生产工作，把做好安全生产工作作为“不忘初心”的重要实践和历史使命，作为非洲公司实现中长期规划的重要保障。同时，在区域内也不断号召并督促所有公司，要把安全发展贯穿到企业发展全过程，要求所有外派人员要自觉提高政治站位，主动适应新发展阶段，贯彻新发展理念。促进各公司在长期规划中构建新发展格局，正确处理好安全和发展的关系，安全与效益的关系，始终把安全作为头等大事来抓，不断增强做好安全生产工作的紧迫感、责任感和使命感，牢牢把安全生产工作抓在手上，为集团、集运和非洲公司的规划在非洲区域顺利落地作出有力支撑。

【财务工作】

1. 非洲公司把资金管理工作为财务管理的重点，严格审批程序，控制预算外资金支出，并积极做好汇率风险的控制。

2. 不断加强内部协作，提升应收账款管理。应收账款的管理始终是资金管理的重点，公司努力在业务流程的完善和强化监督方面下功夫。公司明确财务部牵头作为应收账款管理的第一责任部门。公司每周召开区域范围内各业务板块的应收账款专题会，督促催收工作，并仔细分析欠费产生的内部原因，从内部流程完善方面堵塞漏洞。在各方努力下，应收账款管理取得良好效果，全面超额完成上级确定的考核目标，整个区域公司范围内各业务板块的应收账款管理得到有效提升。

3. 紧密关注汇率、利率变化，采取有力措施控制风险，为降低汇率波动带来的风险，保持与银行的密切合作，不断获取最新金融信息，合理调整存款结构，积极提高资金收益，在近两年兰特持续波动时期有效对冲了风险。

4. 加强财务部门的独立第三方审核，财务审核更加细致。加强员工责任心教育，并要求财务部门与业务部门保持恰当的工作关系。

【风险防控】

非洲投资的最主要问题是面临着各种各样的风险，这些风险大多与其落后的经济发展水平相关。经过认真研判，在“十四五”期间主要有以下五大风险，即：政治风险、债务风险、法律风险、劳工风险和卫生风险。其中债务、法律和劳工风险是在全球其他国家和地区投资也会面临的风险，而政治风险和卫生风险在非洲尤为突出，是需要引起特别注意的问题。

1. 政治风险

就是由于东道国内部或外部的原因，政府所采取的政策或行动给大多数跨国公司的经营带来的负面影响。由于非洲国家多数是发展中国家，政治环境极为复杂，政府更迭频繁、区域矛盾冲突频发，存在很高的政治风险。中国企业对非洲投资面临的政治风险主要表现形式包括：战争及暴乱风险、国有化风险、第三国干预风险等。例如：2011 年，利比亚爆发内战，导致中国在利比亚的大量在建工程被迫终止，损失超过数十亿元；2015 年，马里首都巴马科丽笙蓝标酒店发生恐怖袭击事件，3 名某中资企业高管不幸遇难。

2. 债务风险

由于非洲国家越来越依赖国际债券市场为发展项目融资，加上原材料超级周期结束，以及经济增长和出口收入放缓，也导致对于依赖原材料出口的国家债务风险提高。新冠疫情暴发之前，非洲开发银行 (African Development Bank) 公布的 2020 年非洲经济展望报告指出，2008—2018 年 10 年间，非洲各国公共债务占非洲大陆 GDP 的比例从 38% 飙升至 56%。疫情令这一局面雪上加霜，该行 2021 年初估计，2020 年新冠疫情使非洲国内生产总值减少 2.1%，是 20 年以来的最差表现。受疫情影响，非洲大陆债务率从疫情前较为稳定的 60% 升至 70% ~ 75%。38 个拥有债务可持续性评级的非洲国家中，有 14 个国家属于债务压力高风险国家，6 个国家已经处于债务压力之下。

3. 法律风险

这种风险当然有部分属于企业违规操作的类型，但更多的时候是因为企业不了解国外的法律而误犯，还有一些则是东道国执法不当甚至故意借法律形式制造障碍而导致的。需要注意的是，法律风险是中国企业对非投资过程中经常遭遇的风险，随时都可能发生，并且可能因为某个员工或者具体事务等引起企业的整体法律风险，还会对企业造成财务和社会声誉上的损失。

4. 劳工风险

主要包括劳资纠纷、与工会关系的处理、对劳工权益保障不足等。例如，南非、莫桑比克、津巴布韦等南部非洲国家都对不同行业的最低工资标准、工作时间和休息休假等作出相关规定。这也是中国企业投资非洲时容易忽视的风险之一。中国企业在非洲市场投资如果存在明显的“路径依赖”，也就是照搬国内经验，容易引发劳工风险。

5. 卫生风险

新冠疫情对非洲的影响是最为迫在眉睫的卫生风险。穆迪 2021 年初认为，2021 年撒哈拉以南非洲地区财政收入和经济增长仍将深受疫情影响，该地区将不得不继续与低增长、低收入、高负债和脆弱的偿债能力作殊死斗争。非洲开发银行行长 Akinwumi Adesina 在 2021 年 1 月表示，2020 年和 2021 年，新冠疫情对非洲大陆国内生产总值造成的累计损失预计分别为 1 730 亿美元和 2 360 亿美元。该行预计，非洲大陆额外需要 1 250 亿美元至 1 540 亿美元应对截至 2020 年底的经济损失。此外，国际货币基金组织预计，截至 2023 年，非洲需要 3 450 亿美元的资金支持。

（李辉）

中远海运（南美）有限公司

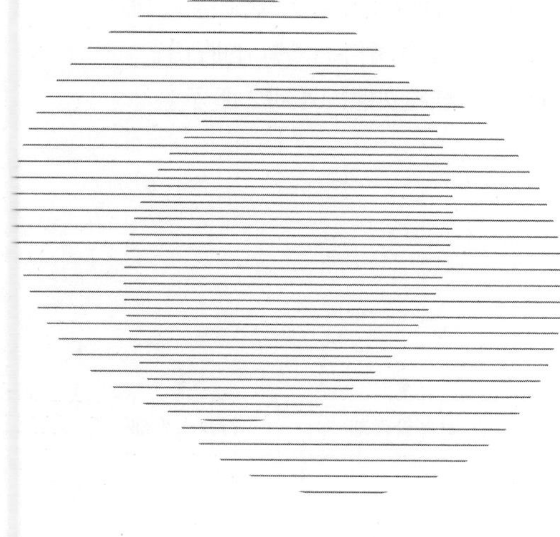

中远海运（南美）有限公司

【公司概况】

中远海运（南美）有限公司（简称“南美公司”，英文简称 COSCO SHIPPING（South America））,是中远海运集团直属二级单位，其前身为 2013 年 5 月 27 日中国海运（集团）总公司注册成立的中国海运南美控股有限公司。2016 年 3 月，中远海运集团决定对原中远集团、原中海集团在南美地区的资产和业务进行重组整合，成立中远海运（南美）有限公司。2016 年 9 月正式投入运营（2017 年 5 月公司正式完成更名），是中远海运集团在南美的区域管理公司。

南美公司注册资本合计 250 万美元，折合 585 万巴西雷亚尔，其中中远海运集团持有 95% 的股份，中远海运北美公司持有 5% 的股份。

南美公司的组织结构如图 14-22 所示。

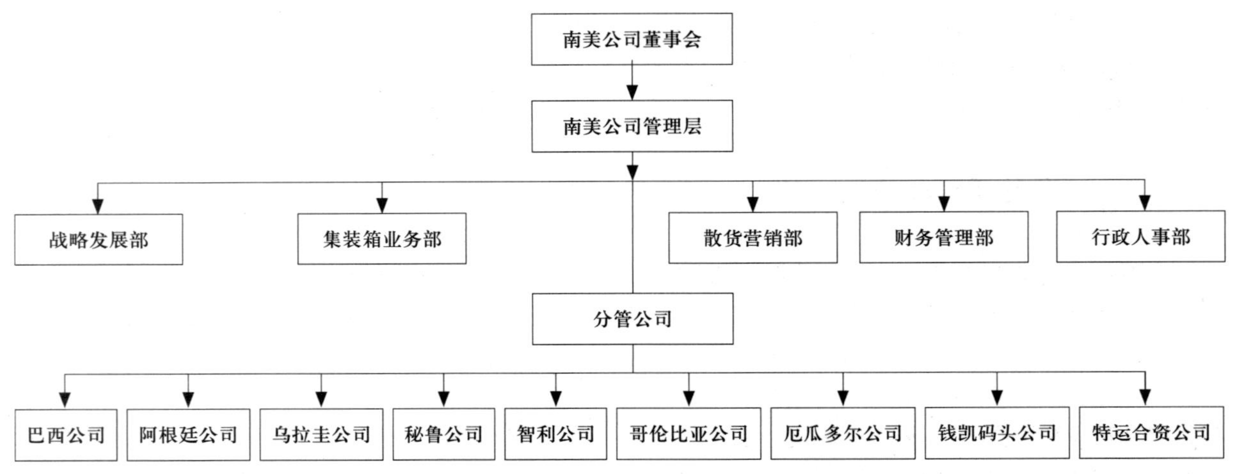

图14-22　南美公司的组织结构图

【经营业务】

南美公司经营的业务主要包括船舶代理、货运代理、集装箱买卖修理，船舶配件及修造船业、船舶加油及综合贸易、码头及仓储投资等。

【管理职能】

2022 年，南美公司实际履行的管理职能包括集运业务和非集运业务两大块。

1. 集运业务

南美公司下设集装箱业务部行使集运南美分部管理职责，管理集运总部下属的中远海运集运（巴西）有限公司、中远海运集运（阿根廷）有限公司、中远海运集运（乌拉圭）有限公司、中远海运集运（秘鲁）有限公司、中远海运集运（智利）有限公司、中远海运集运（哥伦比亚）有限公司和中远海运集运（厄瓜多尔）有限公司。主要负责南美区域内市场营销和开发、供应商协议谈判和管理、供应链物流、箱管操作、船舶码头操作、客户服务、BPS、分代理管理、财务结算、考核等各方面的工作。

2. 非集运业务

南美公司管理的业务主要包括：供应链业务、非集装箱船舶代理、非集装箱业务的市场开发和营销、集装箱买卖业务，退租和调运、船舶配件及修造船业、船舶加油及综合物流和贸易、码头及仓储投资等生产业务。

【公司组成与员工】

2022 年，南美公司设有集装箱业务部、战略发展部、行政人事部、财务管理部、散货营销部等 5 个部门。截至 2022 年底，公司共有雇员 32 人，其中中方外派人员 7 人，当地员工 25 人。

现任董事长、党委书记、总经理叶敬彪（2022 年 6 月 20 日任职），副总经理王坤辉（2022 年 7 月 11 日任职，原常务副总经理陈珲 2022 年 9 月 25 日离任）。

【发 展 战 略】

南美公司的发展战略立足南美市场，依托海外业务协同平台，强化以客户需求为导向的综合营销管理模式，创造价值，实现集团利益最大化。围绕航运主业，做实集运，培育发展非集运业务，服务综合航运物流供应商战略转型，打造集团在南美地区的数字化供应链业务管理平台。依托集团品牌效应及整合各专业公司在南美业务的规模优势，协助各专业公司在散货、件杂货、综合物流上积极拓展南美地区业务。

【经 营 效 益】

中远海运（南美）区域内各公司汇总口径 2022 年营业总收入为 37 701 万元，比上年 22 523 万元增加 67.38%；各公司合计利润总额为 10 709 万元，比上年 2 377 万元增加 350.53%；净利润 6 925 万元，比上年 1 562 万元增加 343.34% 。

【所管理公司概况】

1. 中远海运集运（巴西）有限公司

1994 年 6 月 8 日，中远美洲公司和巴西当地 CORY 公司共同出资成立中远巴西公司。公司主要从事船舶代理业务和集装箱货运代理业务。1998 年 10 月，CORY 公司退出。2007 年 12 月，中国远洋运输（集团）总公司和中远美洲公司将股份分别转予中远集运和中远集运美洲公司。2016 年 7 月 1 日，原中远巴西公司和原中海巴西公司正式合署办公，并顺利完成业务切换。2016 年 10 月，“COSCO SHIPPING LINES (BRASIL) S/A”的工商登记完成，注册资本 52 万巴西雷亚尔。公司设市场营销部、操作部、客服部、财务部、综合部等 5 个部门，在圣保罗和桑托斯设有办公室。截至 2022 年底，公司现有员工 78 名，其中中方外派员工 3 名，巴西籍员工 75 名。总经理为李政。

2. 中远海运集运（秘鲁）有限公司

中远海运集运（秘鲁）有限公司的前身是中远秘鲁公司，于 1996 年 6 月成立。2001 年初，中远秘鲁公司被中远集运美洲公司并购，从 2012 年开始秘鲁公司注册资本增至 50 万美元，2016 年 9 月 28 日正式更名为中远海运集运（秘鲁）有限公司。目前秘鲁公司股权结构是中远海运集运（香港）有限公司占股 99%，中远海运（南美）有限公司占股 1%。公司负责中远海运集远在秘鲁各口岸的船舶代理和货运代理业务，公司总部位于秘鲁首都利马市，有市区和卡亚俄港区两个办公场所，设有市场营销部、客服部、操作部、财务部、行政部等 5 个部门。截至 2022 年底，现有在职员工 48 人，其中外派员工 3 人。现任总经理为谢梓凯。

3. 中远海运集运（乌拉圭）有限公司

1996 年 10 月 1 日，中远南美公司与 Agencia Maritima Repremar S.A. 合资成立中远乌拉圭公司，注册资本为 200 万乌拉圭比索（按当时汇率折 25 万美元），中远南美公司占股 55%；Repremar 占股 45%。1999 年 9 月，中远南美公司收购了对方股份解除合营，成为中远乌拉圭公司的全资母公司。2003 年 7 月 1 日，中远南美公司撤销，中远乌拉圭公司 100% 的股权转让给中远美洲公司。2011 年 1 月，中远美洲公司将所持中远乌拉圭公司 100% 股份转给中远集运美洲公司。2016 年，中远集运美洲公司更名为中远海运集运（美洲）公司。2018 年 7 月 16 日，中远乌拉圭公司更名为中远海运集运（乌拉圭）公司。2020 年底，中远海运集运（美洲）公司将中远海运集运（乌拉圭）有限公司全部股权转让。目前中远海运集运（乌拉圭）公司是中远集运（香港）公司的全资子公司。公司下设操作部、市场销售部、客户服务部、财务部和行政部。截至 2022 年底，公司现有 19 名员工，其中中方外派人员 2 名。现任总经理为陈宁。

4. 中远海运集运（智利）有限公司

中远海运集运（智利）有限公司位于首都圣地亚哥，前身是中远智利公司，成立于 1996 年 9 月 6 日，由中远南美公司与智利当地代理 Somarco 合资组建，注册资本为 20 万美元，其中中远南美公司股比为 51%，代理公司 Somarco 股比为 49%。2016 年 9 月，新集运北美公司向合资方收购了 24% 股权，中远海运股比提高到 75%。2022 年 12 月 30 日，中远海运集运巴西公司购买中远海运集运北美公司持有的 75% 股份，完成股权交易后中远海运集运巴西公司占 75% 的股份，Somarco 占 25% 的股份。2022 年，公司设有销售部、操作部、财务部、单证客服部、行政部 5 个部门，业务范围包括中远海运集运船舶代理、市场营销、客户服务、供应商管理、集装箱设备管理等。截至 2022 年底，现有员工 43 人，其中中方员工 3 人。总经理为殷勇。

5. 中远海运集运（阿根廷）有限公司

中远海运集运（阿根廷）有限公司成立于 1995 年 9 月 25 日，前身是中远阿根廷海运股份有限公司，是由中远集团投资控股的独资公司，注册资本 10 万美元，固定资产 150 万美元。公司在阿根廷首都布宜诺斯艾利斯帕赛欧・科隆（Paseo Colon）大街 221 号一楼购 700 平方米办公楼一层作为办公地址。2011 年 1 月，由中远集运美洲公司以 220.8 万美元收购 98% 的股份，股份分配为 CCLA（中远集运北美有限公司）98%，CAI（中远北美有限公司）2%。2016 年整合更名为中远海运集运（阿根廷）有限公司，中远海运北美有限公司控股 2%，中远海运集运北美有限公司控股 98%。公司主营船舶代理业务和集装箱进出口货运代理服务。2022 年，中远海运集运北美有限公司将持有的 98% 股权转让给中远集运香港有限公司。目前股份分配为中远集运香港有限公司 98%、中远海运北美有限公司 2%。目前公司设有市场营销部、客服部、操作部、财务部和综合部 5 个部门，无下属分支机构和外派办事处。截至 2022 年底，公司有员工 31 名，其中中方外派员工 3 名，本地籍员工 28 名。总经理为万铁根。

6. 中远海运集运（厄瓜多尔）有限公司

中远海运集运（厄瓜多尔）有限公司成立于 2022 年 11 月 1 日，是中远海运集运（巴西）有限公司和厄瓜多尔当地代理 Delpac 合资组建，注册资本 30 万美元，其中中远海运集运巴西公司股比为 70%，合资方 Delpac 股比为 30%。截至 2022 年底，公司有员工 31 名，其中中方外派员工 2 名，本地籍员工 29 名。总经理为陈凯。

7. 中远海运集运（哥伦比亚）有限公司

中远海运集运（哥伦比亚）有限公司成立于 2019 年 7 月 13 日，在 2020 年 2 月 28 日正式启动运营，由中远海运集运（巴西）公司占股 70%，原本地代理 Oceanica SAS 占股 30%，注册资本为 20 万美元。公司设立在哥伦比亚首都波哥大，具体地址位于波哥大市 113 街 7–21 号 A 座八楼。公司主营中远海运和东方海外双品牌的船舶代理业务和集装箱进出口货运代理服务，目前设有市场营销部、客户服务部、操作部、综合部、财务部和数字化供应链发展部 6 个部门，以及东方海外哥伦比亚办公室，在卡塔赫纳设立有港口办公室，在麦德林、卡利和巴兰基亚三地设有销售网点。截至 2022 年底，公司现有员工 53 名，其中中方外派员工两名，本地籍员工 51 名。总经理为王明辉。

8. 中远海运特种运输（南美）有限公司

中远海运特种运输（南美）有限公司于2022年1月14日注册成立，由中远海运南美有限公司和中远航运（香港）投资发展有限公司合资组建。注册资金为144万巴西雷亚尔，股份分配为中远航运（香港）投资发展有限公司55%，中远海运南美有限公司45%。公司代表中远海运特运在南美地区开展揽货业务，协助其开展南美市场开发、客户维护、营销网络管理和船舶现场服务。公司位于巴西圣保罗市。截至2022年底，公司有员工8名，其中中方外派总经理1名，本地籍公司副总经理1名。按照规划，公司拟设财务行政部、市场营销部、业务操作部和技术保障部4个部门。总经理为单国洋。

9. 中远海运港口秘鲁钱凯公司

中远海运港口秘鲁钱凯公司于2019年5月成立。公司由中远海运港口有限公司和秘鲁Volcan Compañía Minera S.A.A.两家公司共同持股，其中中远海运港口有限公司持股60%，Volcan Compañía Minera S.A.A.持股40%，办公地址位于Av. Manuel Olguin 375 Surco，11 floor，Lima，Peru。中远海运秘鲁钱凯码头公司属于港口绿地项目，主要投资建设并运营秘鲁钱凯码头，项目总投资预计为12.98亿美元（不含税），主要建设4个主要泊位，以及后方辅建区和连接隧道，其中1～2号为多用途散货码头，共约620万吨吞吐能力，3～4号为集装箱码头，共约100万TEU吞吐能力，项目投产运营期预计为2024年。公司管理实行董事会领导下的总经理负责制，下设行政部、人事部、采购部、安全部、社区环境部、法律部、内部审计部、公共关系部、操作部、商务部、工程部和财务部。截至2022年12月31日，公司总资产5.47亿美元，在职员工75人，其中外派人员5人。总经理为陈立辉。

【所管理公司经营情况】

1. 中远海运集运（巴西）有限公司

2022年，在集运总部及南美公司的正确指导下，巴西公司各项业务顺利开展，并取得了较好的成绩。2022年，公司完成销售出口箱量92 687TEU，local出口箱量完成16 6947TEU，均完成上级下达的任务指标。

2. 中远海运集运（秘鲁）有限公司

2022年，秘鲁通过加强疫苗接种等有效手段，抗住奥密克戎变种的冲击，疫情逐步好转，国家经济处于复苏期。但由于新任总统缺乏执政经验，内阁多次更换，秘鲁经济所依赖的农产品和矿物出口量价均同比下降，经济复苏步伐缓慢。秘鲁公司在南美区域公司的指导下，在稳客户促生产提效益措施的基础上，克服疫情和船期紊乱带来的各种不利条件，积极进取，当地出口货量和运费收入实现大幅度增长。公司全年营业总收入10 751万元、利润总额935万元、净利润592万元；累计完成当地出口箱量45 028TEU，完成预算指标100%；当地运费收入6 823万美元，完成预算指标190%，达到历史新高。

3. 中远海运集运（乌拉圭）有限公司

2022年，在集运总部及南美公司的正确指导下，乌拉圭公司各个部门密切配合，全体员工共同努力，克服新冠疫情全球暴发的巨大困难，各项业务得以顺利开展，并取得了较好成绩。公司全年完成销售箱量14 513TEU，完成预算指标100%；local出口箱量完成14 555TEU，完成预算指标104%；local收入为3 100万美元，完成预算指标163%。公司营业总收入为14 983 817.12元，利润总额为1 614 908.22元，净利润为826 623.71元。

4. 中远海运集运（智利）有限公司

2022年，在集运总部及南美公司的正确指导下，智利公司按上级要求一方面加强疫情防控，确保公司财产和员工健康安全，另一方面狠抓生产经营，在品牌推广方面取得较好效果，全体员工努力拼搏市场、拓展客户群体，较好完成各项生产任务指标。2022年，local出口箱量完成80 846TEU，销售箱量完成86 345TEU。2022年，公司营业总收入6 461万元，利润总额为329万元，净利润为284万元，均完成上级下达任务指标。

5. 中远海运集运（阿根廷）有限公司

2022 年，在集运总部及南美公司的支持和指导下，阿根廷公司各项业务顺利开展，并取得了较好的成绩。全年 local 出口箱量完成 22 733TEU，完成预算指标 118%；销售箱量完成 18 451TEU，完成预算指标 106%；完成 local 收入 674.32 万美元，完成预算指标 200.39%；完成利润总额 288.14 万美元，净利润 235.31 万美元。在协同效应上取得明显成果，超额完成利润考核。

6. 中远海运集运（厄瓜多尔）有限公司

2022 年，在集运总部及南美公司的支持和指导下，厄瓜多尔公司的各项业务不断取得突破，较好地完成了全年任务。全年出口 local 箱量完成 20 035TEU，完成预算指标的 109%；销售箱量完成 20 605TEU，完成预算指标的 112%；历史滞期费清理比例达到 94.8%，当前滞期费保持在 90% 左右的水平；运费回收天保持在 7 ~ 9 天，信用期以外的放单保持零记录。

7. 中远海运集运（哥伦比亚）有限公司

2022 年，在集运总部及南美公司的支持和指导下，哥伦比亚公司的各项业务不断取得突破，较好地完成了全年任务。受疫情影响，市场总体货量下滑严重，但公司全年出口 local 箱量完成 22 567TEU，同比增长 47%；进口 local 箱量完成 67 796TEU，同比增长 12.5%。除箱量指标外，公司利润、滞期费实收、端到端客户开发等均超额完成指标，整体运营状况保持快速成长的趋势。

8. 中远海运特种运输（南美）有限公司

2022 年，在中远海运特运和南美公司的支持和指导下，特运南美公司各项业务得以顺利开展。年内完成签订 Bracell、LDC 和 JARI 三个纸浆长签合同，其中 Bracell 合同有效期 10+5 年，LDC 和 JARI 合同有效期 3+2 年；年内完成板材和纸浆现货揽货 12.8 万吨；全年完成监装任务 60 艘次 /98 港次，总操作货量约 236 万吨，较好地完成上级下达的任务。

9. 中远海运港口秘鲁钱凯公司

截至 2022 年底，钱凯公司仍处于建设间，没有从事生产经营。（徐国栋）

中国－坦桑尼亚联合海运公司

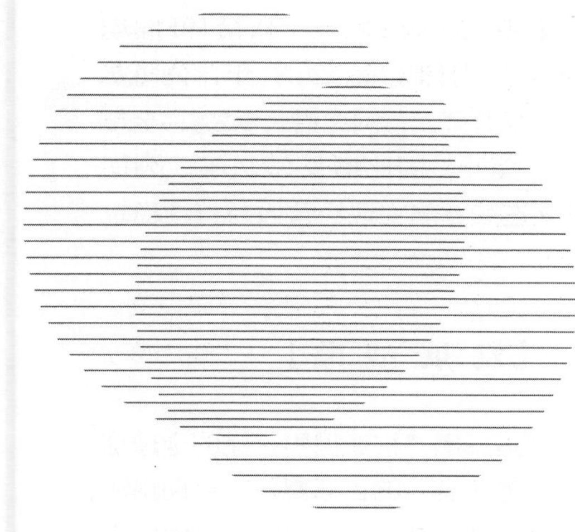

中国－坦桑尼亚联合海运公司

【公司概况】

1966 年 4 月 22 日，在国务院总理周恩来和坦桑尼亚总统尼雷尔倡议下，中坦两国政府签署备忘录，决定成立中国－坦桑尼亚联合海运公司（简称“中坦公司”，英文简称 SINOTASHIP）。1967 年 6 月 22 日，尼雷尔总统在达累斯萨拉姆亲自宣布中坦公司成立。

根据双方协议，中坦两国政府于 1967 年和 1971 年先后两次各投资 150 万英镑，总计 300 万英镑，作为公司注册资金（折合 857.8 万美元），双方政府各占公司 50% 股份。中坦公司是两国政府合资经营企业，也是中国政府最早对坦投资企业。公司本着“友好合作、平等互利”的原则，不断加强中坦两国航运合作，践行“一带一路”倡议在非洲落地生根，为增进中坦两国人民友谊作出积极贡献。公司曾被誉为“两国政府间企业合作的典范”。

中坦公司主要从事远东至东非的散杂货海上运输和船舶及集装箱代理业务。2009 年，公司首艘新造船 5.7 万 DWT 散货船“长顺 II”轮投入运营。2013 年底，公司作为中远海运集运在坦桑尼亚指定代理，开启集装箱代理业务。自 2016 年中远海运集团组建成立以来，公司逐步融入集团大家庭，推动业务多元化和公司转型发展，积极助力中远海运集运不断扩大东非航线的市场份额，其自身的代理业务量也持续快速增长。中坦公司立足坦桑尼亚和东非，积极融入“一带一路”倡议在非洲地区的推进，为客户提供包括海上运输在内的端到端全程物流运输服务。

【经营情况】

2022 年，中坦公司拥有 5.7 万吨载重吨船舶 1 艘，货运量 58.7 万吨，周转量 237.5 万吨 / 千海里。公司代理的集装箱业务量持续保持增长，2022 年代理重箱 6.4 万 TEU，同时积极推动集装箱“端到端”全程运输。2022 年，公司实现营业收入 731.5 万美元，同比增长 9.2%；全年净利润 207.2 万美元，同比增长 37.73%。公司自 2017 年以来连续 6 年实现经营效益持续稳定增长。

【发展战略】

围绕中远海运集团“打造世界一流的全球综合物流供应链服务生态”的目标愿景，借助集团全球网络和品牌优势，强化协同合作，努力将中坦公司打造成中远海运在东部非洲的桥头堡。公司业务从原有单一航运经营逐步发展为“航运＋船代＋物流＋资产管理”的“四轮驱动”，不断增强公司经营能力和防抗风险能力。公司船队发展采取“稳健经营、审慎投资”策略，在确保稳健经营和风险可控的基础上，努力提高经营绩效，不断积累资金，为推进船队发展奠定基础。

【公司业务】

中坦公司长期从事远东至东非的散杂货海上运输。除航运业务外，公司是集团旗下在坦桑尼亚唯一指定代理，主要代理两大类业务：一是集装箱船舶代理。公司是中远海运集运和东方海外双品牌在坦桑尼亚的共同代理，为抵港集装箱船舶提供代理和揽货服务，每周操作 3 班次抵港集装箱船舶。二是散杂货船舶代理。公司是中远海运特运在坦桑尼亚代理，为抵港件杂货和特种船舶提供代理和揽货服务，每月操作 2 ~ 3 艘抵港船舶。按照中远海运集团大力开发新兴市场的部署要求，公司加大本地市场开发，近年来集装箱代理业务持续快速发展。

为深入践行“一带一路”倡议和集团打造综合物流供应链服务生态战略，公司开拓了陆路延伸运输及综合物流业务，搭建由海上货物运输抵港后，从坦桑尼亚至刚果（金）、赞比亚、卢旺达等内陆邻国的陆路延伸运输网络，满足集运公司和系统内其他企业，以及外部客户到东中部非洲国家的货运需求，推进中远海运品牌不断走向非洲腹地，为客户提供更加满意的端到端全程物流服务。

【服务客户】

2022 年，中坦公司认真贯彻落实中远海运集团要求，公司在扎实做好疫情防控的基础上，坚持发展理念，紧抓生产经营，大力开拓市场，对接战略客户，加大与客户绑定力度，不断挖掘国内客户，努力提升经营绩效。作为中远海运集运和东方海外双品牌在坦桑尼亚的统一代理，公司积极克服全球供应链紊乱带来的物流不畅和运输困难，努力为船东提供满意服务。公司协助集运公司和东方海外克服港口拥堵和货物在中转港积压时间过长等因素，积极揽取回程重箱货物，进一步改善集运公司东非航线进出口舱位平衡状况、提升航线效益。

随着公司本地业务操作系统整体投入使用，不仅显著提高客户响应速度和业务处理能力，优化和规范了业务操作流程，同时也在进出口超期箱管理、滞箱费和运费催收管理等具体业务上发挥重要作用，有效防范集装箱超期风险和运费滞箱费收费风险，助力提升公司业务处理效率和客户服务水平，公司集装箱代理业务服务能力和服务质量稳步提升。

公司以行业先进企业马士基为目标，积极开展对标工作，以客户为中心，努力提升客户服务水平。公司克服港口拥堵、箱源短缺、货物中转时间长等种种困难，积极加强沟通，全力做好解释工作，取得客户理解和配合，增加了客户黏性。

【企业管理与风险管控】

公司双方员工在各项重大事务和生产经营中，按照“友好合作、平等互利”的原则，求同存异，合作共处，注重加强双方合作和团队建设。中方员工顾全大局、以身作则，认真落实集团战略目标和工作部署，围绕公司工作重点，加强与坦方的交流合作，团结和带动坦方员工，形成良好的工作氛围。

公司强化内部管理，认真贯彻落实集团提质增效和管理提升各项要求，梳理和补充完善《中坦公司投资管理规定（试行）》等内部管理制度，不断健全和完善公司治理环境，规范业务流程和内部监督。

公司进一步细化完善业务系统操作和审核流程，加强风险管控，不断优化进出口放单、订舱、放箱等操作流程，在提升服务效率、提高客户满意度的同时规避了潜在业务风险。

【安全生产】

中坦公司在安全管理方面始终以如履薄冰的心态，认真抓好船舶运输安全生产和船舶代理业务的操作安全。

坚守底线思维，努力保障各类安全。在认真抓好新冠疫情防控工作、确保员工生命安全和身心健康的同时，公司重点抓好船舶安全和企业合规经营。加强与“长顺 II”轮的船管公司和船员公司沟通，督促加强船舶和船员疫情防控，确保船舶无超期服役船员，保障船舶防疫物资供应。严格驾驶台安全航行及值班纪律，认真做好防台风、防污染、防碰撞、防海盗等各类重点安全工作，努力避免各类安全事故发生。在企业合规经营方面，公司未从事任何可能涉及各类制裁、各类敏感业务和高风险业务，避免突发事件的发生，筑牢风险防火墙，确保企业合规经营。坚持底线思维，强化主体责任落实，切实做好风险排查评估工作，双方员工相互尊重，平等相待，确保和谐良好的内部环境。

【员工队伍】

中坦公司员工队伍由中、坦双方员工组成。按照对等合作原则，公司管理部门和关键业务岗位实行双方对等设置。中方员工为集团外派干部，基本操作岗位主要为坦方员工。中方干部队伍始终是公司转型发展的中坚力量，随着集装箱代理业务快速发展和综合物流业务增长，公司不断调整充实当地员工队伍，坦方员工人数不断增加。公司认真组织并抓好当地员工的教育培训，不断提高他们的服务意识和业务能力，努力建设适应公司发展需求的人才队伍。

【企业文化】

中坦公司高度重视企业文化建设和中坦文化交流融合工作，倡导“友好合作，平等互利”。公司双方员工不断增强大局意识、合作意识、创业意识和发展意识，双方员工团结一致，加强合作，相互支持，努力拼搏，共同推动公司健康稳定发展。（顾菊根）

CHINA COSCO SHIPPING
CORPORATION LIMITED
YEARBOOK

中国远洋海运集团有限公司

年鉴

第十五篇

大事记

一月

1月3日 上海中远海运LNG亚马尔项目LNG船“弗拉基米尔·维泽”轮（Vladimir Vize）破冰之旅实现新突破，通过北极航道由Sabetta港穿过白令海峡，首次在冬季破100厘米厚冰层航行，顺利抵达江苏如东港，卸货天然气15.3万立方米，以最快速度助力冬季天然气保供。

1月17日 在习近平总书记视察天津港并提出“努力打造世界一流的智慧港口、绿色港口”[①]重要指示三周年之际，天津中远海运联合天津港集团主办了全球首个零碳码头《碳中和证书》颁发仪式，并与天津港集团、交通运输部天津水运工程科学研究院、金风科技共同签发了《港口碳中和实践白皮书》。

1月26日 中远海运港口与比利时泽布吕赫港务局举行“云签约”仪式，双方同意将中远海运港口泽布吕赫码头特许经营权延长15年至2055年。泽布吕赫码头是中远海运港口于欧洲西北部首家控股码头，是中远海运港口战略性枢纽港及多元化物流平台战略的重要组成部分，主要服务欧洲大陆及英伦诸岛。

二月

2月16日 中远海运集团与义乌市、普洛斯在中远海运集团总部签署战略合作框架协议。此次合作将充分发挥义乌市场采购贸易先发优势，中远海运集团的航运、港口、物流优势，以及普洛斯的基础设施和产业投资优势，重点拓展数字化、物流基础设施、物流供应链等领域合作内容，进一步完善全程供应链服务体系，构建多式联运集疏运网络，以物流促贸易、以贸易促市场、以市场带动生产，共同将义乌建设成全球重要的小商品组货中心、集疏运中心和贸易中心。

2月16日 2月16日下午（芬兰当地时间），中远海运特运圆满完成大客户Vestas交付的冬季冰区风电运输项目第一载，标志着公司成功开启为客户提供定制化的冬季冰区物流服务。

2月21日 由中央广播电视总台举办的第二届“中国品牌强国盛典”活动隆重举行。凭借在全力保障我国内外贸运输和全球供应链稳定中的突出表现和重要作用，中远海运获第二届“中国品牌强国盛典”十大“国之重器”品牌殊荣。

2月25日 由中远海运特运与上港集团所属上港物流合资成立的上海远至信供应链管理有限公司在上海开业。公司将以上海罗泾港为枢纽，共同利用全供应链的数据化助力实现浆纸产业的低碳化，专注浆纸供应链，携手打造全新的供应链综合服务平台，助力广大浆纸客户实现产业链供应链转型升级，为保障国内纸浆供应链畅通、为我国实现“双碳”目标作出贡献。

2月28日 中远海运能源运输股份有限公司“远瑞洋”轮在大连大船集团码头正式交船，并办理完结船舶登记，这是全球首艘LNG双燃料动力超大型原油船。

① 《习近平在京津冀三省市考察并主持召开京津冀协同发展座谈会时强调 稳扎稳打勇于担当敢于创新善作善成 推动京津冀协同发展取得新的更大进展》，《人民日报》2019年01月19日02版。

三月

3 月 10 日 由于中远海运旗下的集运对保护海洋环境和海洋生物的全力支持，被 NOAA（美国国家海洋和大气管理局）授予最高奖项“蓝宝石奖”，这是中远海运集运连续 3 年获得该奖项。

3 月中旬 中远海运积极响应深圳市政府、交通运输局号召，组织区域内华南集运、五洲航运、深圳船务等下属单位通力合作，通过跨境水路运输专班，义务协助深圳市红十字会运送援港抗疫捐赠物资。香港地区疫情暴发以来，中远海运多措并举，增运力、保畅通，确保防疫抗疫、民生等亟需物资快速进入香港。

3 月 18 日 中远海运集团 2 艘 700TEU 级长江干线电动集装箱船项目举行“云签约”仪式。中远海发航租事业部与扬州中远海运重工、上海泛亚航运分别云签署 700TEU 级电动集装箱船舶建造协议和船舶租赁协议，共同推动长江航运绿色零碳转型。700TEU 级集装箱船建造完成后将长期租赁给中远海运集运下属泛亚航运经营，航线为武汉至上海。

四月

4 月 12 日 习近平总书记来到中远海运所属洋浦国际集装箱码头小铲滩港区，了解港口建设发展情况，同现场作业人员、挂职干部代表等亲切交流。习近平强调，“振兴港口、发展运输业，要把握好定位，增强适配性，坚持绿色发展、生态优先，推动港口发展同洋浦经济开发区、自由贸易港建设相得益彰、互促共进，更好服务建设西部陆海新通道、共建‘一带一路’”“要把海南更好发展起来，贯彻新发展理念、推动高质量发展是根本出路。要聚焦发展旅游业、现代服务业、高新技术产业、热带特色高效农业，加快构建现代产业体系。要加快科技体制机制改革，加大科技创新和成果转化力度。要突出陆海统筹、山海联动、资源融通，推动城乡区域协调发展。要着力破除各方面体制机制弊端，形成更大范围、更宽领域、更深层次对外开放格局”①。

4 月 20—22 日 以“疫情与世界：共促全球发展，构建共同未来”为主题的博鳌亚洲论坛 2022 年年会在海南博鳌举行。国家主席习近平以视频方式出席本届年会开幕式，并发表题为《携手迎接挑战，合作开创未来》的主旨演讲。作为博鳌亚洲论坛核心服务商和基建投资商，中远海运集团坚持疫情防控和年会服务保障两手抓，确保年会成功安全举行。

4 月 25 日 中远海运完成空客第 600 架次飞机部件全程物流运输。

4 月下旬 中远海运集运下属越南公司凭借在越南经济社会发展中的作出的卓越贡献，得到当地政府部门、企业的认可，荣获越南经济时报 21 届杰出外资企业 50 强“金龙奖”。

五月

5 月 15 日 中远海运集运“天盛河”轮与锦州新时代集装箱码头有限公司 208 号泊位的 6.6kV 岸电设施顺利连船供电。船舶岸电可有效降低船舶靠港期间废气排放和噪声污染，是落实航运节能减排的重要措施。中远海运集团积极推广船舶使用岸电，力争在船舶靠港期间达到“零油耗、零排放、零噪音”。2022 年，中远海运集团完成 109 艘船舶的岸电改造，减少二氧化碳排放 5.4 万吨。

5 月 30 日 由交通运输部、中华全国总工会联合举行的“感动交通 2021 十大年度人物”线上视频报告表彰大会上，中远海运集团所属中远海运船员管理有限公司上海分公司轮机长刘宗昌、中远海运港口下属天津港集装箱码头有限公司全流程自动化升级改造创新攻坚团队获“2021 年感动交通年度人物”称号。

① 《习近平在海南考察时强调 解放思想开拓创新团结奋斗攻坚克难 加快建设具有世界影响力的中国特色自由贸易港》，《人民日报》2022年04月14日02版。

六月

6月7日 中远海运散运与国家电力投资集团铝电投资有限公司在银川举行几内亚项目增量运输合同签约仪式。双方进行了深入交流，并就进一步深化合作达成共识。

6月8日 金砖国家工商理事会举行年度会议。金砖国家工商理事会中方理事、中远海运集团董事长万敏视频出席会议。会议审议通过了《金砖国家工商理事会2022年度报告》和《金砖国家工商理事会关于携手共建高质量伙伴关系的联合声明》。

6月15日 中远海运特运《全优+呈现，打造世界一流纸浆运输一流品牌》入选国务院国资委2021年度中央企业品牌建设“品牌创建路径”典型案例。

七月

7月8日 中远海运集团董事长、党组书记万敏在第十二届泛北部湾经济合作暨2022北部湾国际门户港合作论坛开幕式期间宣布，中远海运北部湾港至北美西航线开通。本条航线开通标志着西部陆海新通道沿线省市首次拥有了直达北美的洲际航线，开创了东盟经北部湾前往北美地区的贸易新通道。

7月11日 我国第18个航海日以“引领航海绿色低碳智能新趋势”为主题，在大连举办论坛。辽宁省、交通运输部、中国科协、大连市及国际海事组织、国际航联等相关领导出席论坛并致辞。中远海运集团董事长、党组书记万敏受邀视频出席论坛，并发表题为《努力推动航运业高质量可持续发展》的主旨演讲。

7月17日 国务院国资委发布2021年度和2019—2021年任期中央企业负责人经营业绩考核结果：中国远洋海运集团有限公司入选48家2021年度考核结果为A级的企业，46家2019—2021年任期考核结果为A级企业。至此，中国远洋海运集团自2016年重组成立以来已连续6年获得A级。

7月26—30日 第二届中国国际消费品博览会在海南海口举办。中远海运集团首次参加消博会，率领下属4家企业中远海运集装箱运输有限公司、中远海运物流有限公司、海南港航控股有限公司及深圳一海通全球供应链管理有限公司齐聚展台。

7月29日 由北京市人民政府、国家发展改革委、工业和信息化部、商务部、国家互联网信息办公室、中国科学技术协会共同主办的“2022全球数字经济大会”在北京国家会议中心隆重开幕。会上，中远海运集团重点展示了全球航运商业网络（GSBN）、SynCon hub全程可视化一站式航运电商平台、智能集装箱冷链LOT应用、船货易平台、5G智慧码头、远海通智能关务平台系统、BMS系统、“智慧城市、智慧交通”数字化平台、智能船舶系统等。

八月

8月3日 2022年《财富》世界500强排行榜全球同步发布，中远海运集团位列榜单127位，比上年提升104位。自2016年重组以来，中远海运集团连续上榜《财富》世界500强，排名逐年提升。从2016年至2022年底，排名总提升338位。当月，《财富》首份中国ESG影响力榜发布，中远海运集团成功上榜。

8月4日 中国船舶集团旗下大船集团联合中远海运能源运输股份有限公司开发的应用碳捕捉系统的VLCC和苏伊士船型研发设计方案，分别获得了CCS、DNV、ABS船级社的原则性认可。

8月24日 吉林省人民政府与中远海运集团在长春签署合作框架协议。吉林省委书记景俊海，省委副书记、省长韩俊，中远海运集团董事长、党组书记万敏等出席签字仪式并见证签约。双方结合各自“十四五”发展规划和行业发展趋势进行了充分交流，希望加强多方位战略合作，进一步落实现代服务业与先进制造业深度融合，为打造汽车行业全球供应链服务体系，确保国家供应链、产业链稳定作出更大贡献。

8月31日 由商务部和北京市政府共同主

办的“2022 中国国际服务贸易交易会”在北京开幕。中远海运集团组织旗下中远海运集运、中远海运港口、中远海运物流和中远海运科技 4 家单位参展，以“服务合作促发展 绿色创新迎未来”为主题，旨在积极展示、发布和推广在航运科技、物流，以及港口等领域的前沿科技成果，利用多元化的航运数字化创新成果和应用场景实践，展现中远海运集团顺应航运业绿色、低碳、智能发展趋势。

九月

9 月 1 日 在 2022 年中国国际服务贸易交易会的成果发布大会上，中远海运集运联合中国银行，共同推出了“中银跨境 e 单通（中远海运 IQAXeBL）”电子提单服务。这是双方将自身传统业务优势和科技前沿创新相结合，充分利用区块链技术不可篡改、可追溯、可信任等优势，为客户提供的贸易结算全程“无纸化”新品牌服务。

9 月 8—9 日 第四届“丝路海运”国际合作论坛在福建厦门举行。本届论坛在国家发展改革委与交通运输部指导下，由福建省人民政府和中国航海学会共同举办。中远海运集团副总经理、党组成员林戟受邀出席主论坛并发表了题为《推动航运产业链突破，促进行业可持续发展》的演讲。

9 月 16 日 由商务部和东盟 10 国政府经贸主管部门及东盟秘书处共同主办，广西壮族自治区人民政府承办的“第 19 届中国 – 东盟博览会”在广西南宁国际会展中心隆重开幕。中远海运集团参展本次博览会。中远海运集团副总经理、党组成员黄小文以视频连线的方式出席论坛并发表演讲。

9 月 19—20 日 由工业和信息化部、国家发展改革委、交通运输部、国务院发展研究中心和浙江省人民政府联合主办的“产业链供应链韧性与稳定国际论坛”在杭州举行。在开幕式上，中共中央政治局委员、国务院副总理刘鹤以视频方式出席，宣读习近平主席贺信。中远海运集团受邀出席开幕式和主论坛活动。

9 月 23 日 中远海运海南自贸港（洋浦）——西非洲际航线开通首航仪式在洋浦国际集装箱码头举行，这是洋浦继 2020 年 9 月开通“洋浦—南太—北澳”洲际越洋航线后迎来的第二条洲际干线。该航线的开通，将进一步提升海南港口国际化水平和对外辐射能力，优化洋浦航线网络布局，助力洋浦打造区域国际集装箱枢纽港。

9 月 26 日 中远海运自主研发的“可折叠商品车专用框架”汽车出海新方案首航告捷，实现“零货损”的好成绩。8 月 18 日，“中远海运 · 太仓港商品车出口专线班轮首发仪式”在江苏太仓港举行。62 000 吨多用途纸浆船——“中远海运智慧”轮，使用中远海运自主创新研发的“可折叠商品车专用框架”，满载江淮、奇瑞、长安、江铃等多家汽车主机厂的商品车，开启前往南美的首航之旅。

十月

10 月 9 日 中远海运集团与上海汽车工业集团分别签署协议，中远海运集团通过无偿划转方式将所持有的旗下控股上市公司中远海运控股股份有限公司 5.00% 的股份划转至上汽总公司；上汽总公司向中远海运集团无偿划转其所持有的上海汽车集团股份有限公司 5.82% 的股份。本次股权合作是上述两大集团共同推动上市公司以股权为纽带开展全方位、多层次业务合作的重要举措。

10 月 12 日 大连中远海运重工、威海重工科技分别获得中国船级社、美国船级社颁发的供氨动力拖轮设计 AIP 证书和供氨系统设计 AIP 证书。

10 月 12 日 中远海运重工“氨动力双燃料发动机及供应系统研发和示范应用专项”科研项目取得重大进展，项目首型氨柴双燃料性能试验机在上海交通大学动力装置及自动化实验室成功点火和氨动力船舶和供氨系统设计 AIP 发布仪式。中远海运重工、上海交通大学，以及多家参研单位通过线上会议形式共同见证了首型试验机的成功点火。

10 月 25 日 中远海运集团与中石油合作项目首制船“少林”轮命名交船仪式在上海沪东中华船厂长兴岛码头举行，首次实现了中国租家、中国船东、中国造船、中国融资、中国监造、中国船管和中国保险的“中”字号 LNG 船舶产业链合作。该船采用全球最新一代双燃料低速推进动力系统，相比较中远海运前期投入运营的大型 LNG 船舶，其节能水平得到大幅提升。

10 月 28 日 中远海运控股股份有限公司发布关于订造 12 艘甲醇双燃料动力集装箱船舶的公告。根据公告，本次订造的 12 艘集装箱船舶均采用先进的绿色甲醇双燃料技术，并在设计建造中融合了主流的先进理念，集成了诸多节能减排技术；12 艘船舶单船运力为 24 000TEU，总价为 28.782 亿美元。该造船项目体现了中远海运集团积极推进清洁燃料船队建设、积极打造绿色航运与智能航运的发展理念。

十一月

11 月 3 日 中国远洋海运集团有限公司和中国旅游集团有限公司在沪签署《深化战略合作协议》。该协议的签署，是双方在 2018 年签订战略合作协议基础上，继续深化全面战略合作伙伴关系。双方本着“着眼长远、互惠互利、市场主导、合作共赢”的原则，将重点深化全球数字化供应链、邮轮、酒店、旅游、免税、产业金融、数字化等领域的资本及业务合作。

11 月 4 日晚 国家主席习近平以视频方式出席在上海举行的第五届中国国际进口博览会开幕式，并发表题为《共创开放繁荣的美好未来》的致辞。11 月 5 日，第五届中国国际进口博览会在国家会展中心（上海）正式开展。下午，由商务部、国务院国资委、联合国全球契约组织共同主办第五届虹桥国际经济论坛“践行全球发展倡议 建设世界一流企业”分论坛在国家会展中心（上海）举行。中远海运集团董事长、党组书记万敏出席分论坛并发表题为《顺应全球发展新趋势 推动世界一流企业建设行稳致远》的演讲。本届进博会，集团共有 11 家控股和参股企业参展。

11 月 5 日 中国远洋海运集团有限公司和中国第一汽车集团有限公司在沪签署战略合作框架协议。根据协议，双方将在巩固稳定长期合作关系基础上，充分发挥各自优势，积极推动战略规划对接，通过开展合资合作、拓展新兴市场、创新商业模式、实现资源共享等方式，共同打造领先的汽车产业全球供应链解决方案、数字化供应链生态圈，推进双方绿色低碳化智能化发展。

11 月 5 日 国务院国资委党委书记、主任郝鹏到中远海运集团，紧密结合国资央企实际宣讲党的二十大精神，对企业认真抓好党的二十大精神学习宣传贯彻工作进行调研指导。中远海运集团董事长、党组书记万敏，副总经理、党组成员孙云飞、冯波、陈扬帆、林戟，国务院国资委办公厅主任股长波、国资委综合研究局局长董朝辉参加调研。

11 月 7 日 由国务院国资委社会责任局指导、中国社会责任百人论坛承办的“共建 ESG 生态共促可持续发展——ESG 中国论坛 2022 冬季峰会”在第五届中国企业论坛上召开。中远海运集团获“进博会 5 周年突出贡献奖”，比雷埃夫斯港务局获“进博会 5 周年合作共赢奖”，中远海运所属中远海运能源在 426 家参与评级的央企控股上市公司中脱颖而出，入选“央企 ESG・先锋 50 指数”与“央企 ESG・风险管理先锋 50 指数”。此外，中远海运能源凭借“打造全球首艘 LNG 双燃料 VLCC，推进绿色航运”项目入选蓝皮书 ESG 优秀案例。

11 月 8 日 在香港海事处举办的“海事处‘伴你远航’颁奖典礼”上，中远海运集团获颁多个奖项。中远海运集团荣获 2021 年香港船舶注册最高总吨位船东、2021 香港船舶注册年度新增最高总吨位船东，以及庆回归 25 周年香港船舶注册处长期卓越伙伴奖。中远海运散货运输有限公司、东方海外货柜航运公司，以及上海远洋运输有限公司等荣获 2021 年港口国监督检查杰出表现奖。中远海能荣获资本力量 2022 年度最具投资价值奖。

11月15日 由商务部、科技部、工业和信息化部、国家发展改革委、农业农村部、国家知识产权局、中国科学院、中国工程院、深圳市人民政府联合主办的第二十四届中国国际高新技术成果交易会在深圳开幕。中远海运集团组织旗下中远海运发展、中远海运重工、广州中远海运、天津中远海运、中远海运科技、香港中远海运、中远海运港口等7家单位参展，全方位展示中远海运各业务领域在航运及航运相关业务板块的绿色、低碳、数字化最新科创成果。

11月15—16日 中远海运集团董事长、党组书记万敏一行，赴湖南省益阳市安化县考察定点帮扶工作，深入集团派驻第一书记所在的东坪镇槎溪村调研党建带动乡村振兴工作，考察了集团捐建的冷市镇大桥幼儿园等帮扶项目，与益阳市及安化县召开了“定点帮扶和乡村振兴工作座谈会”。

11月下旬 2022年鼎革奖数字化转型先锋榜评选结果揭晓，中远海运集团战略型人力资源数字化平台项目荣获“年度人力资源转型典范奖”，中远海运科技基于全球船舶AIS数据的航运数字化新基建项目“船视宝”荣获“年度新技术突破奖”。

11月22日 2022北外滩国际航运论坛在北外滩世界会客厅开幕，来自世界各地的政界、企业界、学界代表和专家们汇聚上海，分享智慧，凝聚共识，共促航运业新发展。在开幕式上，上海市委常委、副市长张为发布了上海航运业在科技、绿色、创新等方面的成果。中远海运集团发布了2022年绿色低碳和智能化转型实施成果。

11月22日 在“2022北外滩国际海运论坛”上，中远海运集团发布了“智能冷箱一站式前台为行业提供数字化解决方案”。新上线的智能冷箱一站式前台——“MY REEFER”，利用搭载第三代IoT技术的专属设备，通过实时感知、实时控制散布在全球4万多个智能冷箱的状态，结合AI算法，为客户提供全程可视可控、冷链自主管理的数字化解决方案，助力更多行业、更多客户打造新一代更可靠、更智能、更透明的全球冷链供应链。

十二月

12月1日 中远海运集团受邀担任上海交通大学国家卓越工程师学院理事单位。集团坚持科技领航，聚焦科技创新和转型发展，创新服务模式、推动数字化创新、建立产学研合作平台，加大研发投入，提高世界一流企业的核心竞争力，争做科技创新的引领者。2022年，中远海运集团申请专利839件，其中发明专利448件；获得专利授权407件，其中发明授权69件。

12月初 中远海运集团发布2023年海洋联盟DAY7航线产品，将提供丰富多样的服务选择，共计投入353艘船舶、462万TEU运力。新产品将于2023年1月1日起正式上线，与IMO 2023年环保新规的实施保持同步，彰显了海洋联盟积极履行承运人社会责任的担当和决心。

12月8日 中远海运发展2艘长江干线700TEU电动船开工仪式在扬州中远海运重工成功举行。作为绿色智能电动化科研示范船舶，本次建造的700TEU电动船是中远海运发展首艘电动船舶，是以“箱式电源”为主推进电源的万吨级江海直达船。此项目是中远海运发展积极践行国家“双碳”目标，打造绿色零碳航运示范，助力长江水域绿色转型的重要举措。

12月8日 2022年财联社第三届ESG企业高峰论坛暨2022财联社“致远奖”颁奖典礼在上海绿地会议中心举行。中远海控荣获“ESG先锋奖项”，体现了业界对中远海控多年来建立完善ESG履行机制、践行社会责任、坚持可持续发展观的高度肯定。

12月16日 由中远海运集团援建、大连中远海运物资供应有限公司承建的西藏洛隆县硕督镇小学供暖项目正式供暖，1000多名师生们感受到了跨越万里的“温暖”。

12月20日 中远海运特运举行V-RACK超宽框架应用线上交流会，多家车厂及业内相关单位参加了本次交流活动。会上，中远海运特运介绍了首创48英尺“可折叠商品车专用框架”，开启汽车海运新模式。

12月20日 中远海运重工旗下的启东中远

海运海工为欧洲顶尖疏浚公司设计建造的全球首艘起重能力最大、最先进的第四代自升式风电安装船 N966 交付启航。

12 月 26 日 中远海运港口阿布扎比码头年度吞吐量首次突破 100 万 TEU，全面超额完成 2022 年箱量目标，朝着中东地区枢纽港建设再进一步。

12 月 29 日 上海市人民政府与中远海运集团在沪签署战略合作协议。市委书记陈吉宁，市委副书记、市长龚正会见中远海运集团董事长万敏一行。副市长刘多，中远海运集团副总经理、总会计师孙云飞代表双方签约。根据协议，双方将在港航业务、全球数字化供应链建设、绿色低碳航运、智慧航运、航运科技创新、国资国企改革、高端航运服务、航运产融合作等领域开展合作，构建具有国际竞争力的物流供应链综合服务生态，共同打造上海国际航运中心升级版，更好服务长三角一体化发展国家战略。

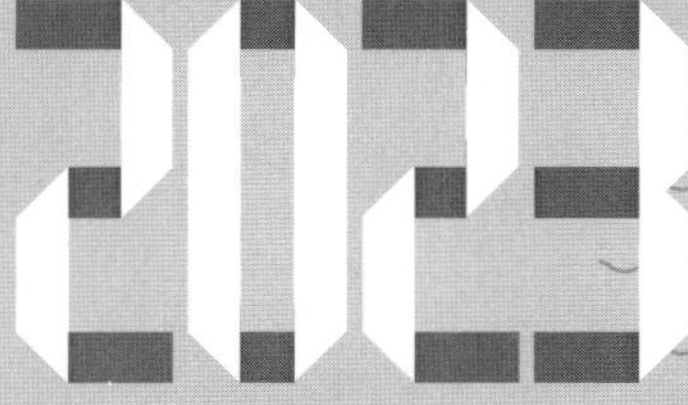

CHINA COSCO SHIPPING
CORPORATION LIMITED
YEARBOOK

中国远洋海运集团有限公司

年鉴

第十六篇

光荣册

2022 年中远海运集团获得荣誉奖项

2022 年中远海运集团获得荣誉奖项

1. 2 月 21 日，中远海运集团荣获中央广播电视总台举办的第二届“中国品牌强国盛典”十大“国之重器”品牌。

2. 3 月 10 日，中远海运集团旗下的中远海运集运被 NOAA（美国国家海洋和大气管理局）授予最高奖项“蓝宝石奖”，这是自 2000 年连续 3 年获得该项大奖。

3. 8 月 3 日，中远海运集团入选《财富》首份中国 ESG 影响力榜单 40 大企业。

4. 8 月 3 日财富 Plus APP 与全球同步发布了最新的《财富》世界 500 强排行榜，中远海运集团位列榜单第 127 位。

5. 11 月 8 日，中远海运集团荣获香港海事处颁发的多个奖项。

“2021 年香港船舶注册最高总吨位船东”；

“2021 香港船舶注册年度新增最高总吨位船东”；

“庆回归 25 周年香港船舶注册处长期卓越伙伴奖”；

中远海运散货运输有限公司、东方海外货柜航运公司及上海远洋运输有限公司等荣获 2021 年港口国监督检查杰出表现奖。

6. 11 月 9 日，中远海运集团荣获中国国际进口博览会 5 周年突出贡献奖，比雷埃夫斯港荣获中国国际进口博览会 5 周年合作共赢奖。

7. 11 月 12 日，2022 鼎革奖数字化转型先锋榜评选结果揭晓，中远海运集团战略型人力资源数字化平台项目荣获“年度人力资源转型典范奖”。鼎革奖数字化转型先锋榜是由《哈佛商业评论》中文版、思爱普（SAP）公司联合主办，清华大学全球产业研究院提供学术支持的企业数字化转型奖项，旨在探索数字化转型优秀案例，照亮中国企业数字化转型的创新之路。

8. 11 月 26 日，中远海运集团入选由新华社等主办的 50 大“2022 外国人喜爱的中国品牌”。

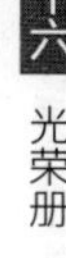

2022 年中远海运集团获省部级以上先进集体荣誉汇总表

2022 年中远海运集团获省部级以上先进集体荣誉汇总表

表 16–1

序号	直属单位名称	先进集体名称	先进集体人所在单位	所获荣誉称号	受表彰时间	表彰单位
1	中远海运集运	外贸电商工作组产品设计部	中远海运集装箱运输有限公司	2021 年上海市三八红旗集体	2022 年 3 月	上海市妇女联合会、上海市人力资源和社会保障局
2		上海中远海运集装箱运输有限公司	中远海运集装箱运输有限公司	2022 年全国五一劳动奖状	2022 年 4 月	中华全国总工会
3		中远海运集运机关爱心妈咪小屋	中远海运集装箱运输有限公司	上海工会五星爱心妈咪小屋	2022 年 9 月	上海市总工会女职工委员会
4		中远海运白羊座轮	中远海运集装箱运输有限公司	2021 年度上海市工人先锋号	2022 年 9 月	上海市总工会、上海市人力资源和社会保障局
5		中远海运资讯科技有限公司 IT 技术支持组	中远海运集装箱运输有限公司	2021 年度上海市工人先锋号	2022 年 9 月	上海市总工会、上海市人力资源和社会保障局
6		厦门集运莆田分公司	中远海运集装箱运输有限公司	2022 年度优秀班组竞赛“五一先锋号”	2022 年 10 月	厦门市总工会
7	中远海运散运	中远海运散货运输有限公司	中远海运散货运输有限公司	“全国和谐劳动关系创建示范企业”	2022 年 9 月	人力资源社会保障部、中华全国总工会
8		中远海运散货运输有限公司“合瀛”轮	中远海运散货运输有限公司	广东省工人先锋号	2022 年 4 月	广东省海员工会
9		中国海员工会中远海运散货运输有限公司委员会	中远海运散货运输有限公司	广东省海员系统“模范职工之家”	2022 年 12 月	广东省海员工会
10	中远海运特运	广州中远海运建设实业有限公司	中远海运特种运输股份有限公司	2022 年全国五一劳动奖状	2022 年 4 月	中华全国总工会
11	中远海运发展	佛罗伦资产管理有限公司	佛罗伦资产管理有限公司	香港特区“基金好雇主”	2022 年 10 月	香港特区政府
12		上海寰宇物流装备有限公司	中远海运发展股份有限公司	上海市五一劳动奖状	2022 年 9 月	上海市人民政府
13		“联合国全球契约组织‘一带一路’行动平台首个公共卫生健康试点项目”	中远海运发展股份有限公司	2022 年金砖国家可持续发展目标解决方案大赛民生改善组的佳作奖（Masterpiece Award）	2022 年 7 月 20 日	金砖国家工商理事会
14	中远海运物流供应链	中国太仓外轮代理有限公司巾帼关务团队	中国太仓外轮代理有限公司	2021 年上海市巾帼文明岗	2022 年 3 月	上海市巾帼建功活动领导小组
15		上海中远海运物流 BOS 中心项目组	中远海运物流供应链上海大区	工人先锋号	2022 年 9 月	上海市总工会

续上表

序号	直属单位名称	先进集体名称	先进集体人所在单位	所获荣誉称号	受表彰时间	表彰单位
16	中远海运物流供应链	广州中远海运航空物流有限公司	中远海运物流供应链空运物流事业部	全国交通运输行业文明单位文明示范窗口	2022年12月29日	交通运输部
17	中远海运重工	舟山中远海运重工有限公司	舟山中远海运重工有限公司	2020—2021年度全国“安康杯”竞赛活动优胜单位	2022年7月18日	全国总工会
18		舟山中远海运重工有限公司	舟山中远海运重工有限公司	提升职工生活品质省级试点单位名单	2022年7月13日	浙江省总工会
19		舟山中远海运重工有限公司	舟山中远海运重工有限公司	浙江省2022年“幸福共同体企业领头雁行动”名单	2022年8月19日	浙江省总工会
20		舟山中远海运重工有限公司	舟山中远海运重工有限公司	浙江省职工代表培训教学示范点	2022年11月28日	浙江省推行厂务公开工作领导小组办公室
21		南通中远海运船务	南通中远海运船务工程有限公司	2020—2021年江苏省“安康杯”竞赛组织工作优秀单位	2022年5月	江苏省总工会、江苏省应急管理厅
22		超大型集装箱船研发创新团队	南通中远海运川崎船舶工程有限公司	2022年中国航海学会科技突出贡献团队	2022年6月20日	中国航海学会
23	中远海运港口	南通通海港口有限公司	南通通海港口有限公司	2022年度江苏“港口企业20强”	2023年5月	江苏省交通运输厅
24		武汉中远海运港口有限公司	武汉中远海运港口有限公司	国家第四批多式联运示范工程创建项目	2022年11月	交通运输部、国家发展改革委
25		厦门远海码头《基于5G的自动化码头关键技术研发与应用》成果	厦门远海集装箱码头有限公司	2022年度全国水运系统职工岗位创新成果一等奖	2022年11月	中国海员建设工会全国委员会
26		厦门远海集装箱码头有限公司	厦门远海集装箱码头有限公司	2021—2022年度福建省“安康杯”竞赛先进单位	2022年7月	福建省总工会、福建省应急管理厅、福建省卫生健康委员会
27	广州中远海运	广州海宁海务技术咨询有限公司	广州海宁海务技术咨询有限公司	广东省五一劳动奖状	2022年4月	广东省总工会
28		广州净海油污水工程有限公司	广州净海油污水工程有限公司	广东省2022年科技型中小企业	2022年9月	广东省科学技术厅
29		广州净海油污水工程有限公司	广州净海油污水工程有限公司	2022年广东省创新型中小企业	2022年12月	广东省工业和信息化厅
30		广州中远海运船舶工程有限公司	广州中远海运船舶工程有限公司	2022年广东省创新型中小企业	2022年12月	广东省工业和信息化厅
31		广州海宁海务技术咨询有限公司	广州海宁海务技术咨询有限公司	2022年广东省创新型中小企业	2022年12月	广东省工业和信息化厅
32		广州净海油污水工程有限公司“周毅劳模和工匠人才创新工作室”	广州净海油污水工程有限公司	2022年度广东省海员系统劳模和工匠人才创新工作室	2022年12月	广东省海员工会

续上表

序号	直属单位名称	先进集体名称	先进集体人所在单位	所获荣誉称号	受表彰时间	表彰单位
33	广州中远海运	中远海运大厦工程项目（广州海建工作咨询有限公司公司承监）	广州海建工作咨询有限公司公司	2022 年度广东省建设工程优质工程奖（房屋建筑工程）	2022 年 6 月	广东省建筑业协会
34	天津中远海运	中远海运（天津）有限公司	中远海运（天津）有限公司	2022 年度碳达峰碳中和行动典型案例一等奖	2022 年 12 月	中国大连高级经理学院
35		天津鲲鹏信息技术有限公司	天津鲲鹏信息技术有限公司	2021 年度天津市科技进步特等奖	2022 年 2 月	天津市人民政府
36		天津鲲鹏信息技术有限公司	天津鲲鹏信息技术有限公司	2021“物联之星”年度评选之 RFID 行业年度新锐企业奖	2022 年 3 月	中国物联网应用产业联盟、深圳市物联网产业协会
37	中远海运人才发展院/青岛远洋船员职业学院	人力资源部薪酬室	中远海运人才发展院	山东省水运系统 2021 年度女职工建功立业标兵岗	2022 年 3 月	山东省海员工会
38		企管分院党建教研/课案开发室	中远海运人才发展院	山东省水运系统 2021 年度女职工建功立业标兵岗	2022 年 3 月	山东省海员工会
39		防疫办公室	中远海运人才发展院	山东省水运系统 2020—2021 年度“安康杯”竞赛活动先进班组	2022 年 2 月	山东省海员工会
40		职教分院工会	中远海运人才发展院	山东省水运系统“职工信赖的职工小家”	2022 年 11 月	山东省海员工会
41		职培分院船舶通信教研团队	中远海运人才发展院	山东省水运系统 2022 年度工人先锋号	2022 年 11 月	山东省海员工会
42		航海技术教学团队	中远海运人才发展院	2022 年山东省职业教育教学创新团队	2022 年 12 月	山东省教育厅

2022 年中远海运集团获省部级以上先进个人荣誉汇总表

2022年中远海运集团获省部级以上先进个人荣誉汇总表

表16-2

序号	直属单位名称	先进个人名称	先进个人所在单位	所获荣誉称号	受表彰时间	表彰单位
1	中远海运集运	于雪莲	中远海运集装箱运输有限公司	2021年度上海市巾帼建功标兵	2022年3月	上海市巾帼建功活动领导小组、上海市妇女联合会
2	中远海运散运	王月欣	中远海运散货运输有限公司	广东省海员系统先进女职工	2022年3月	广东省海员工会
3	中远海运散运	许永芳	中远海运散货运输有限公司	广东省海员系统先进女职工工作者	2022年3月	广东省海员工会
4	中远海运发展	黄健婷	中远海运发展有限公司	2021年度上海市三八红旗手	2022年3月	上海市妇女联合会、上海市人力资源和社会保障局
5	中远海运重工	杨学群	大连中远海运川崎船舶工程有限公司工会委员会	辽宁省劳动模范荣誉称号	2022年7月	辽宁省委、省政府
6	中远海运重工	王攀科	舟山中远海运重工有限公司	浙江金蓝领	2022年3月29日	浙江省总工会
7	中远海运重工	李高斌	舟山中远海运重工有限公司	浙江金蓝领	2022年3月29日	浙江省总工会
8	中远海运重工	刘丽萍	舟山中远海运重工有限公司	浙江工匠	2022年9月30日	浙江省总工会、人社厅
9	中远海运重工	翁海龙	舟山中远海运重工有限公司	《超高压水除锈污水集成回收处理法》浙江省第八批先进职业操作法	2022年12月30日	浙江省总工会
10	中远海运重工	黄剑	启东中远海运海工	江苏省五一劳动奖章	2022年4月	江苏省总工会
11	中远海运重工	吴向荣	启东中远海运海工	江苏省企业首席技师	2022年12月	江苏省人社厅
12	中远海运重工	顾林	南通中远海运船务	江苏省企业首席技师	2022年12月	江苏省人社厅
13	中远海运船员	倪迪	中远海运船员上海分公司船长	全国五一劳动奖章	2022年4月6日	中华全国总工会
14	中远海运船员	岳东海	中远海运船员上海分公司船长	上海市五一劳动奖章	2022年9月28日	上海市总工会、上海市人力资源和社会保障局
15	中远海运船员	倪新军	中远海运船员上海分公司轮机长	上海市五一劳动奖章	2022年9月28日	上海市总工会、上海市人力资源和社会保障局

续上表

序号	直属单位名称	先进个人名称	先进个人所在单位	所获荣誉称号	受表彰时间	表彰单位
16	中远海运船员	黄海明	中远海运船员广州分公司轮机长	广东省五一劳动奖章	2022年4月28日	广东省总工会、广东省人力资源和社会保障局
17	中远海运船员	朱海兵	中远海运船员广州分公司水手长	广东省五一劳动奖章	2022年4月28日	广东省总工会、广东省人力资源和社会保障局
18	中远海运船员	刘宗昌	中远海运船员上海分公司轮机长	感动交通2021年度人物	2022年5月30日	交通运输部
19	中远海运港口	陆洲	中远海运港口有限公司	中国港口协会科技进步奖一等奖	2022年12月	中国港口协会
20	中远海运港口	祝孝彬	中远海运港口有限公司	中国港口协会科技进步奖一等奖	2022年12月	中国港口协会
21	中远海运港口	陈训进、余志强、林进元	泉州太平洋集装箱码头有限公司	2022年福建省百万职工“五小”创新大赛三等奖	2022年11月	福建省总工会
22	广州中远海运	区敏	广州新海医院	广东省海员系统先进女职工	2022年3月	广东省海员工会
23	广州中远海运	周燕琼	中远海运（广州）有限公司	2022年海员系统优秀工会工作者	2022年3月	广东省海员工会
24	中远海运人才发展院/青岛远洋船员职业学院	李蕾	中远海运人才发展院	山东省水运系统2021年度女职工建功立业标兵	2022年3月	山东省海员工会
25	中远海运人才发展院/青岛远洋船员职业学院	任军文	中远海运人才发展院	山东省水运系统2020—2021年度“安康杯”竞赛活动优秀个人	2022年2月	山东省海员工会
26	中远海运人才发展院/青岛远洋船员职业学院	王学法	中远海运人才发展院	青岛市2022年五一劳动奖章	2022年4月	青岛市总工会
27	中远海运人才发展院/青岛远洋船员职业学院	王学法	中远海运人才发展院	2022年度青岛工匠	2022年11月	青岛市总工会
28	中远海运人才发展院/青岛远洋船员职业学院	李昕辉	中远海运人才发展院	第六届“青岛高校教学名师”	2022年10月	青岛市委教育工委
29	中远海运人才发展院/青岛远洋船员职业学院	刘向华	中远海运人才发展院	第三届在青高校“优秀思政名师”	2022年10月	青岛市委教育工委
30	中远海运人才发展院/青岛远洋船员职业学院	吴长营	中远海运人才发展院	公办高职、民办高校组“十佳辅导员”	2022年10月	青岛市委教育工委
31	中远海运人才发展院/青岛远洋船员职业学院	张彩霞	中远海运人才发展院	第二届青岛市高校思想政治理论课教学比赛一等奖	2022年10月	青岛市委教育工委
32	中远海运人才发展院/青岛远洋船员职业学院	娄惠茹	中远海运人才发展院	山东省第九届高校青年教师教学比赛优秀奖	2022年8月	山东省教育厅
33	中远海运人才发展院/青岛远洋船员职业学院	张雪伦	中远海运人才发展院	山东省第九届高校青年教师教学比赛优秀奖	2022年8月	山东省教育厅
34	中远海运人才发展院/青岛远洋船员职业学院	王杰	中远海运人才发展院	外研社“教学之星”大赛全国复赛一等奖	2022年6月	外语教学与研究出版社

2022 年中远海运集团获省部级以上科学技术奖及专利

2022年中远海运集团获省部级以上科学技术奖及专利

表 16–3

序号	直属单位名称	获奖集体 / 个人 / 项目名称	获奖集体 / 个人所在单位	所获科技奖项 / 专利 / 名称	受表彰时间	表彰单位
1	中远海运散运	显示屏幕面板的船舶监控及岸船通讯图形用户界面	天津中远海运散运数字科技有限公司	显示屏幕面板的船舶监控及岸船通讯图形用户界面	2022年2月9日	国家知识产权局
2		一种分析船舶经过选定区域方法、装置、电子设备及介质	天津中远海运散运数字科技有限公司	一种分析船舶经过选定区域方法、装置、电子设备及介质	2022年2月10日	国家知识产权局
3		一种基于北斗定位系统实施的船舶监控方法及电子设备	天津中远海运散运数字科技有限公司	一种基于北斗定位系统实施的船舶监控方法及电子设备	2022年2月12日	国家知识产权局
4		一种基于北斗通信系统的数据传输方法及电子设备	天津中远海运散运数字科技有限公司	一种基于北斗通信系统的数据传输方法及电子设备	2022年2月12日	国家知识产权局
5		一种船舶动态监控及通信系统	天津中远海运散运数字科技有限公司	一种船舶动态监控及通信系统	2022年3月28日	国家知识产权局
6		一种应用于PAYS服务的航行中船舶船位的判定方法	中远海运散货运输有限公司	一种应用于PAYS服务的航行中船舶船位的判定方法	2022年11月17日	国家知识产权局
7		电子海图数据更新的文件转换方法、系统、设备及介质	中远海运散货运输有限公司	电子海图数据更新的文件转换方法、系统、设备及介质	2022年11月18日	国家知识产权局
8		船舶油耗量预测方法、装置、设备及介质	中远海运散货运输有限公司	船舶油耗量预测方法、装置、设备及介质	2022年11月29日	国家知识产权局
9		人脸图像筛选方法及系统	中远海运散货运输有限公司	人脸图像筛选方法及系统	2022年12月5日	国家知识产权局
10		船舶航行环境风险预测方法、装置、电子设备和介质	中远海运散货运输有限公司	船舶航行环境风险预测方法、装置、电子设备和介质	2022年12月5日	国家知识产权局
11		全球数字供应链航运产业新基建平台	中远海运散货运输有限公司	产业链供应链数字经济杰出案例	2022年11月	全球产业链供应链数字经济大会组委会
12		基于北斗的大型船队调度与安全监控系统	天津中远海运散运数字科技有限公司	中国航海学会科学进步奖	2022年12月24日	中国航海学会
13		《防止船舶封闭处所缺氧危险作业安全规程》国家标准GB 16993—2021	中远海运散货运输有限公司	《防止船舶封闭处所缺氧危险作业安全规程》国家标准GB 16993—2021	2021年11月	国家市场监督管理总局、国家标准化管理委员会

续上表

序号	直属单位名称	获奖集体 / 个人 / 项目名称	获奖集体 / 个人所在单位	所获科技奖项 / 专利 / 名称	受表彰时间	表彰单位
14	中远海运散运	散货船能效等级提升技术改造案例	中远海运散货运输有限公司	2022 年度“碳达峰碳中和”行动典型案例二等奖	2022 年 12 月	国务院国资委、中国大连高级经济学院
15		Haining Box 船位采集软件 V1.0	中远海运散货运输有限公司	Haining Box 船位采集软件 V1.0	2022 年 5 月 31 日	国家版权局
16		船货易 APP	广州振华航科有限公司	船货易 APP	2022 年 9 月 30 日	国家版权局
17		中远海运散运应急中心信息平台	天津中远海运散运数字科技有限公司	中远海运散运应急中心信息平台	2022 年 5 月 30 日	国家版权局
18		中远海运散运生产经营管理系统 v1.0	天津中远海运散运数字科技有限公司	中远海运散运生产经营管理系统 v1.0	2022 年 10 月 10 日	国家版权局
19		中远海运散运客商交易平台	天津中远海运散运数字科技有限公司	中远海运散运客商交易平台	2022 年 10 月 10 日	国家版权局
20		中远海运散运航运经营信息平台 V1.0	国家版权中心	中远海运散运航运经营信息平台 V1.0	2022 年 10 月 10 日	国家版权局
21		中远海运散运低代码快速查询平台 V1.0	天津中远海运散运数字科技有限公司	中远海运散运低代码快速查询平台 V1.0	2022 年 6 月 30 日	国家版权局
22		船舶北斗定位与报文收发平台 V1.0	天津中远海运散运数字科技有限公司	船舶北斗定位与报文收发平台 V1.0	2021 年 8 月 31 日	国家版权局
23	中远海运特运	“纸浆吊梁设备关键技术研究及产品开发应用”项目（与广州中远海运合作）	中远海运特运、广州中远海运船舶技术工程有限公司	第五届全国设备管理与技术创新成果一等奖（技术类）	2022 年 6 月 27 日	中国设备管理协会
24	中远海运物流供应链	张家港中远海运金港化工物流有限公司	张家港中远海运金港化工物流有限公司	一种用于罐箱安全阀检测的检测装置	2022 年 3 月 11 日	国家知识产权局
25		中远海运物流供应链有限公司工程物流事业部	中远海运物流供应链有限公司工程物流事业部	一种化工塔器设备横向滚装方法	2022 年 6 月 28 日	国家知识产权局
26		张家港中远海运金港化工物流有限公司	张家港中远海运金港化工物流有限公司	堆高机示宽指示装置	2022 年 7 月 22 日	国家知识产权局
27		张家港中远海运金港化工物流有限公司	张家港中远海运金港化工物流有限公司	罐箱内部用维修用翻转机	2022 年 7 月 22 日	国家知识产权局
28		张家港中远海运金港化工物流有限公司	张家港中远海运金港化工物流有限公司	一种罐箱维修防坠落装置	2022 年 7 月 22 日	国家知识产权局

续上表

序号	直属单位名称	获奖集体 / 个人 / 项目名称	获奖集体 / 个人所在单位	所获科技奖项 / 专利 / 名称	受表彰时间	表彰单位
29	中远海运物流供应链	中远海运物流供应链有限公司工程物流事业部	中远海运物流供应链有限公司工程物流事业部	一种用于重大件货物滚装的运输滚装平台	2022 年 7 月 22 日	国家知识产权局
30		苏州中远海运化工物流有限公司	苏州中远海运化工物流有限公司	专用堵漏棒工具	2022 日年 8 月 2	国家知识产权局
31	中远海运科技	调度宝	中远海运科技股份有限公司	在 2022 年数字化转型与创新评选中获"年度供应链创新产品"奖	2022 年 12 月 8 日	数字产业创新研究中心
32		基于全球船舶 AIS 数据的航运数字化新基建项目"船视宝"	中远海运科技股份有限公司	2022 鼎革奖数字化转型先锋榜"年度新技术突破奖"	2022 年 11 月 12 日	《哈佛商业评论》中文版、思爱普（SAP）公司
33	中远海运重工	一种基于采集并分析大数据的船舶节能方法	南通中远海运川崎船舶工程有限公司	第五届船舶与海洋工程行业专利奖金奖	2022 年 9 月	中国船舶与海洋工程产业知识产权联盟
34		船舶水下检测智能装备关键技术与应用	大连中远海运川崎船舶工程有限公司	2021 年中国产学研合作促进会产学研合作创新成果奖一等奖	2022 年 6 月	中国产学研合作促进会
35		一种圆筒型 FPSO 船体的结构布置	南通中远海运船务工程有限公司	第二十三届中国专利奖优秀奖	2022 年 7 月	国家知识产权局
36		大型固液混输系统设计理论及关键技术与工程应用	南通中远海运船务工程有限公司	江苏省科学技术奖二等奖	2022 年 6 月	江苏省科学技术厅
37		复杂海底地质大型风电基础安装关键技术与系列装备	启东中远海运海洋工程有限公司，南通中远海运船务工程有限公司	机械工业科学技术奖一等奖	2022 年 10 月	中国机械工程学会、中国机械工业联合会
38		152 000DWT DP2 穿梭油轮建造项目	舟山中远海运重工有限公司	浙江省工业大奖	2022 年 8 月	浙江省工业经济联合会、浙江省企业联合会、浙江省企业家协会
39		"基于船舶智能制造下的精益 TPM 实践应用"项目	大连中远海运川崎船舶工程有限公司	第五届全国设备管理与技术创新成果二等奖（管理类）	2022 年 6 月 27 日	中国设备管理协会
40		"5G+ 船舶智慧指导检验技术"项目	舟山中远海运重工有限公司	第五届全国设备管理与技术创新成果二等奖（技术类）	2022 年 6 月 27 日	中国设备管理协会
41		船用低速柴油机排气阀阀杆关键技术研究	南京中远海运船舶设备配件有限公司	第五届全国设备管理与技术创新成果一等奖（技术类）	2022 年 6 月 27 日	中国设备管理协会
42		船用低速柴油机气阀制造关键技术及产业化	南京中远海运船舶设备配件有限公司	2022 年江苏省科学技术奖二等奖	2022 年 12 月	江苏省科学技术厅

续上表

序号	直属单位名称	获奖集体 / 个人 / 项目名称	获奖集体 / 个人所在单位	所获科技奖项 / 专利 / 名称	受表彰时间	表彰单位
43	中远海运重工	船用低速柴油机气阀制造关键技术及产业化	南京中远海运船舶设备配件有限公司	全国商业科技进步奖一等奖	2022 年 1 月	中国商业联合会
44	中远海运港口	自动化集装箱码头设计规范	中远海运港口有限公司	中国水运建设行业协会科学技术奖一等奖	2021 年 12 月	中国水运建设行业协会
45		5G 智慧港口厦门远海码头智能装卸示范区项目	中远海运港口有限公司	2022 年金砖国家可持续发展目标解决方案大赛技术创新优胜奖	2022 年 8 月	The Chinese Chapter of BRICS Business Council
46		超限治理智能管控系统	南通通海港口有限公司	第五届全国设备管理与技术创新成果二等奖（管理类）	2022 年 6 月 27 日	中国设备管理协会
47		基于三维立体照度研究的一种场桥投光灯布局方案	锦州新时代集装箱码头有限公司	第五届全国设备管理与技术创新成果二等奖（技术类）	2022 年 6 月 27 日	中国设备管理协会
48		MAFNOOD 数字化服务和流程自动化	中远海运阿布扎比码头	阿联酋阿布扎比港务局集团 MAFNOOD 大奖	2022 年 3 月	阿联酋阿布扎比港务局集团
49		MAFNOOD 人工智能和大数据	中远海运阿布扎比码头	阿联酋阿布扎比港务局集团 MAFNOOD 大奖	2022 年 3 月	阿联酋阿布扎比港务局集团
50		基于 5G+ 北斗高精度定位的智慧港口创新应用项目	厦门远海集装箱码头有限公司	卫星导航定位创新应用奖白金奖	2022 年 9 月	中国卫星导航定位协会
51		基于 5G 的自动化码头关键技术研发与应用	厦门远海集装箱码头有限公司	全国水运系统职工岗位创新成果一等奖	2022 年 12 月	中国海员建设工会全国委员会
52		智慧港航多云服务关键技术研究及应用	中远海运港口有限公司	2022 年度中国港口协会科学技术奖一等奖	2022 年 12 月 13 日	中国港口协会
53		港口疫情防控数字化管控平台	中远海运港口有限公司	2022 年度中国港口协会科学技术奖二等奖	2022 年 12 月 13 日	中国港口协会
54		场桥幕墙式照明系统	锦州新时代集装箱码头有限公司	2022 年度中国港口协会科学技术奖三等奖	2022 年 12 月 13 日	中国港口协会
55		5G 智慧港口项目	中远海运港口有限公司	2022 世界 5G 大会年度十大应用案例、揭榜赛二等奖	2022 年 8 月	2022 世界 5G 大会
56		全球首创传统集装箱码头全流程自动化升级改造项目	天津 TCT 码头	2022 港航物流业 TOP30 创新案例创新奖	2022 年 8 月	中国航务周刊
57		武汉阳逻国际港集装箱铁水联运二期铁路装卸自动化项目	武汉中远海运港口码头有限公司	2022 港航物流业 TOP30 创新案例创新奖	2022 年 8 月	中国航务周刊
58		发明专利	天津港集装箱码头有限公司	集装箱自动化码头外集卡全路径引导系统	2022 年 9 月 16 日	国家知识产权局

续上表

序号	直属单位名称	获奖集体／个人／项目名称	获奖集体／个人所在单位	所获科技奖项／专利／名称	受表彰时间	表彰单位
59	中远海运港口	实用新型专利	海通科创（深圳）有限公司、广州南沙海港集装箱码头有限公司	一种氢燃料电池牵引车	2022 年 1 月 18 日	国家知识产权局
60		实用新型专利	广州南沙海港集装箱码头有限公司	一种门机集卡智能控制放行装置	2022 年 3 月 15 日	国家知识产权局
61		实用新型专利	天津港集装箱码头有限公司	一种用于更换集装箱岸桥小车轨道的专用工具	2022 年 9 月 16 日	国家知识产权局
62		实用新型专利	天津港集装箱码头有限公司	一种集装箱起重机吊具垂缆辅助进缆筐装置	2022 年 5 月 17 日	国家知识产权局
63		实用新型专利	天津港集装箱码头有限公司	一种轮胎式集装箱龙门起重机用双向供电系统	2022 年 10 月 28 日	国家知识产权局
64		实用新型专利	南通通海港口有限公司；南通通镭软件有限公司	一种集装箱龙门起重机的行走定位装置	2022 年 11 月 11 日	国家知识产权局
65		实用新型专利	广州南沙海港集装箱码头有限公司	一种取电小车防撞装置	2022 年 8 月 30 日	国家知识产权局
66		实用新型专利	连云港新东方国际货柜码头有限公司	一种集装箱码头多站式闸口	2022 年 9 月 16 日	国家知识产权局
67		实用新型专利	连云港新东方国际货柜码头有限公司	一种集装箱码头多式联运作业系统	2022 年 9 月 16 日	国家知识产权局
68		中远海运港口（与其他单位共获荣誉）	中远海运港口有限公司	2022 年度中国港口协会科学技术奖一等奖	2022 年 12 月	中国港口协会
69		中远海运港口（与其他单位共获荣誉）	中远海运港口有限公司	2022 年度中国港口协会科学技术奖二等奖	2022 年 12 月	中国港口协会
70	广州中远海运	“纸浆吊梁设备关键技术研究及产品开发应用”项目（与中远海运特运合作）	中远海运特运、广州中远海运船舶技术工程有限公司	第五届全国设备管理与技术创新成果一等奖（技术类）	2022 年 6 月 27 日	中国设备管理协会
71	中远海运人才发展院/青岛远洋船员职业学院	青岛远洋船员职业学院	青岛远洋船员职业学院	发明专利“一种计算机网络安全入侵检测系统”	2022 年 8 月	国家知识产权局
72		青岛远洋船员职业学院	青岛远洋船员职业学院	发明专利“一种基于智慧安全管理平台的日志数据存储方法”	2022 年 11 月	国家知识产权局

2021 年度特别贡献奖、钻石团队、先进集体、先进个人名单

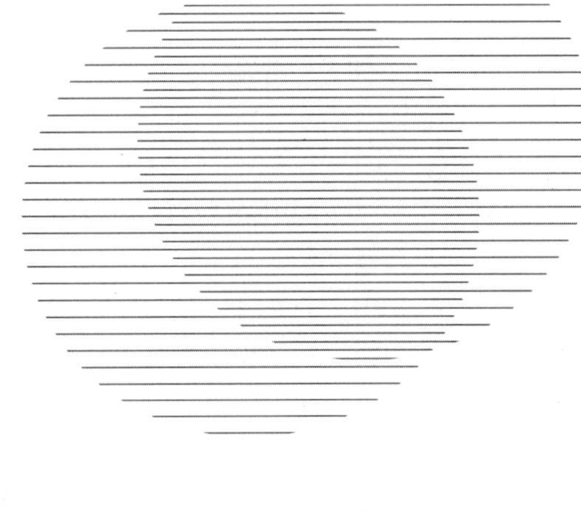

2021年度特别贡献奖、钻石团队、先进集体、先进个人名单

（2022年1月12日表彰）

特别贡献奖（1个）

集团船员群体

钻石团队（7个）

1. 中远海运集运双品牌创效团队

张炜、钱明、戈和悦、吴怀宇、康传亚、王坤辉、胡媛媛、宋涛、张峰、李刚、潘志刚、JOHN KNIGHT、林苑荔、陈绍珍、张宁

2. 中远海运散运领导班子

顾劲松、张治平、陈小雄、陈延、胡海兵、黄南、鲍旭、石福安

3. 中远海运集团稳外贸畅通国际物流团队

陶卫东、孟晔、陈巍、任海浩、王世逸、马晓静、黄丹丹、邓小彬、林峥曦、程菁、周培军、赵国宝、蔡春华

4. 中远海运集团船员换班防疫保障团队

秦岭、林晓烨、钟铁寒、张华、姜雄杰、王虎、周建华、范珏、李艳、孟海峨、孙晓艳、秦江平、肖步洲、田石泉、应海波、普枝培、方金云、李明昱

5. 海南港航琼州海峡港航一体化项目团队

王善和、林健、朱火孟、叶伟、王造、蔡泞检、高松、许楠楠、朱昌宇、李岩、曲明洋、周明

6. 中远海运港口T项目团队

李伟、姚莉、程兵、李明、刘鹤、潘秀华、陈浩梁、金鑫、张瑾、邱宇伟、张雪雁、徐淏

7. 中远海运发展发行股份购买资产并募集配套资金项目组

明东、蔡磊、张明明、黄丹湘、俞震、张叶龙、刘凯、黄健婷、高超、杨兵、尹雷波、戴成

先进集体（100个）

集团总部

1. 财务管理本部
2. 党组工作部
3. 研究咨询中心航运经营研究室

中远海运控股股份有限公司

4. 证券事务部

中远海运集装箱运输有限公司

5. 美洲贸易区
6. 欧洲贸易区
7. 上海分部客户服务部
8. 华南分部江门分公司
9. 厦门分部客户销售部
10. 上海泛亚航运有限公司内贸运营中心
11. 对标世界一流标杆创建工作团队
12. “六稳”“六保”工作团队
13. 舆情管理团队
14. 技术创新团队
15. “中远海运玫瑰”轮
16. “天祥河”轮
17. “中远亚丁”轮
18. “新洛杉矶”轮

中远海运散货运输有限公司

19. 远洋业务部
20. 船舶管理中心好望角型船舶管理部
21. 海南分部港口业务部
22. “合瀛”轮
23. “兰花海”轮

24.“新瑞海”轮

25.“玉霄峰”轮

26.“安国山”轮

27.“惠智海”轮

28.“远津海”轮

29.“广州发展3”轮

中远海运能源运输股份有限公司

30. 全面对标管理项目组

31. 新冠疫情防控船舶工作小组

32.“连运湖”轮

33.“远莲湾”轮

34.“远华洋”轮

中远海运特种运输股份有限公司

35.“永盛”轮

36.“进取”轮

37.“新光华”轮

38. 纸浆供应链项目组

中远海运发展股份有限公司/中远海运投资控股有限公司

39. 一站式供应链金融平台建设小组

40. 佛罗伦国际有限公司集装箱贸易团队

41. E项目处置小组

42. 宁波箱厂生产效率提升管理团队

43. 广州箱厂生产设备技术部

中远海运物流有限公司

44. 进口博览会专项工作小组

45. 营口中远海运百丰泰物流有限公司

46. 中国唐山外轮代理有限公司油气项目组

47. 青岛中远海运物流有限公司船务部

48. 上海中远海运物流有限公司孚能项目组

49. 宁波外代散杂货物流有限公司全程供应链事业部

50. 中远海运航空货运代理有限公司华东出口平台项目团队

51. 中远海运化工物流有限公司营销部市场拓展中心

中远海运重工有限公司

52. 南通中远海运川崎有限公司成本管控与供应链保障工作组

53. 扬州中远海运重工有限公司制造本部建造部

54. 大连中远海运重工有限公司安全环境监督部

55. 南京中远海运船舶设备配件有限公司经营部

56. 威海中远造船科技有限公司岸电项目组

57. 中远海运重工有限公司设计研究院基本设计部

中远海运资产经营管理有限公司

58. 中远海运人才发展院建设工程项目部

中远海运（上海）有限公司

59. 中海化工运输有限公司业务部

中远海运（广州）有限公司

60. 广州中远海运健康管理有限公司居家养老服务部

中远海运客运有限公司/中远海运（大连）有限公司

61.“永兴岛”轮

中远海运（天津）有限公司

62. 战略投资中通服供应链项目组

中远海运（青岛）有限公司

63. 青岛中远海运通导科技有限公司人才发展院项目组

中远海运大连投资有限公司

64.“同德源”轮

中远海运船员管理有限公司

65. 中远海运船员管理有限公司疫情防控、疫苗接种和船员换班工作专班

66. 中远海运船员管理有限公司广州分公司培训与证书管理部

67. 中远海运船员管理有限公司大连分公司能源船员一库

68. 中远海运船员深圳分公司疫情防控专班小组

中远海运（厦门）有限公司

69. 航运部

中波轮船股份公司

70. 航运部欧美航线室

71.“乾坤”轮

中国船舶燃料有限责任公司

72. 中国船燃南京公司扬州水上绿色服务区

73. “中燃 16”轮

74. 江苏中燃油品储运有限公司业务部

中石化中海船舶燃料供应有限公司

75. 福建燃供经营部

上海船舶运输科学研究所有限公司 / 中远海运科技股份有限公司

76. 上海船研所航运温室气体减排规则研究及应对团队

77. 中远海运科技网络安全保障团队

中远海运集团财务有限责任公司

78. 法务合规部

中远海运博鳌有限公司

79. 第四届中国国际进口博览会服务保障团队

中国远洋海运人才发展院

80. 服务保障中心

81. 职业培训分院培训项目部

中远海运财产保险自保有限公司

82. 上海国际航运保险中心（临港试点）助力合作项目工作组

海南港航控股有限公司

83. “六连岭”轮

84. 纪委工作部 / 监督审计部

中远海运（香港）有限公司 / 中远海运国际（香港）有限公司

85. 有船公司船舶安全防疫团队

86. 家居项目管理及产品设计开发团队

87. LNG 船舶服务项目组

中远海运港口有限公司

88. 厦门远海码头委派团队

89. 武汉码头管理团队

90. 营销部

中远海运（比雷埃夫斯）港口有限公司

91. 修船部

中远海运（北美）有限公司

92. 大陆桥物流有限公司

中远海运（欧洲）有限公司

93. 国企改革“三年行动”工作小组

中远海运（东南亚）有限公司

94. 职业经理人制度建设项目组

中远海运（澳洲）有限公司

95. 行政人事部

中远海运（日本）株式会社

96. 中远海运集运日本公司近洋营销团队

中远海运（韩国）有限公司

97. 京汉航运有限公司上海办事处

中远海运（西亚）有限公司

98. 中远海运集运（西亚）有限公司

中远海运（非洲）有限公司

99. 中远海运集运（南非）有限公司

中远海运（南美）有限公司

100. 营销和租船团队

先进个人（100 人）

集团总部

1. 蒋玲敏　行政事务本部机要保密室高级经理

2. 陈　吉　安全监管本部机务安全监督室高级经理

3. 邱　晨　法务与风险管理本部高级主管

中远海运控股股份有限公司

4. 徐宏伟　财务管理部总经理（兼财务证券党支部书记）

中远海运集装箱运输有限公司

5. 姚乐炜　美洲贸易区副总经理

6. 蔡彦燊　欧洲贸易区副总经理

7. 康传亚　亚太贸易区总经理

8. 季海松　拉美 / 非洲贸易区副总经理

9. 胡媛媛　冷箱贸易区总经理

10. 刘　宁　武汉分部总经理

11. 陈蔚疆　宁波分部副总经理

12. 吕观荣　天津分部总经理

13. 王卫东　青岛分部财务总监

14. 王宏元　大连分部客户销售部总经理

中远海运散货运输有限公司

15. 詹　坚　运营管理部资深专家

16. 李冰峰　审计管理室经理

17. 张培超　益丰船务企业有限公司副总经理

18. 张　锋　深圳远洋运输股份有限公司副总经理

19. 陈　丹　国能远海航运有限公司总经理

中远海运能源运输股份有限公司

20. 陈俊伟　油轮部室经理

21. 薛　周　安监部总经理助理

22. 李英姿　中远海运石油运输有限公司总会计师

中远海运特种运输股份有限公司

23. 付绍洪　经理、高级专家

24. 林远平　广州中远海运船舶供应有限公司总经理

中远海运发展股份有限公司 / 中远海运投资控股有限公司

25. 范　巍　战略发展部总经理

26. 蔡红军　东方国际集装箱（锦州）有限公司生产总监

27. 王付志　海汇商业保理（天津）有限公司航运物流业务部副经理

中远海运物流有限公司

28. 李　波　战略与企业管理部副总经理

29. 吕晓军　青岛远洋大亚物流有限公司总经理

30. 章　炜　上海中远海运物流有限公司总经理助理

31. 吴晓光　中国宁波外轮代理有限公司副总经理

32. 骆　帆　厦门中远海运物流有限公司综合管理部副总经理

33. 黄晨曦　广州中远海运物流有限公司货运部副总经理

34. 赵　黎　中远海运船务代理有限公司党委组织部 / 人力资源部部长 / 总经理

35. 张瑞峰　昆明中远海运物流有限公司副总经理

36. 林兆明　厦门中联理货有限公司总经理、党总支书记

中远海运重工有限公司

37. 史明川　大连中远海运川崎有限公司生产设计部部长助理

38. 冒燕祥　南通中远海运船务有限公司 / 启东中远海运

海工有限公司项目管理部调试经理

39. 周　炜　舟山中远海运重工有限公司舾装工区主任

40. 赵明超　上海中远海运重工有限公司人力资源部 / 组织部经理 / 部长

41. 李　娟　广东中远海运重工有限公司技术部经理

42. 沈　菊　南通远洋船舶配套有限公司技术质量部副部长

43. 凤　洁　中远海运重工有限公司经营中心造船部经理助理

中远海运资产经营管理有限公司

44. 吕国钊　设计管理部副总经理（主持工作）

中远海运（上海）有限公司

45. 赵春波　福州江阴建滔化工码头有限公司董事长、总经理、党支部书记

中远海运（广州）有限公司

46. 陈建尧　运营部 / 安全环保部 / 船管部总经理兼广州海宁海务技术咨询有限公司总经理

中远海运客运有限公司 / 中远海运（大连）有限公司

47. 程梦元　客运经理

中远海运（天津）有限公司

48. 宫树伟　天津中远海运金风新能源有限公司党支部书记 / 副总经理

中远海运（青岛）有限公司

49. 张　琳　青岛中远海运连云港公司总经理助理兼船舶服务中心总经理、支部书记

中远海运大连投资有限公司

50. 孙　阳　战企部副总经理

中远海运船员管理有限公司

51. 石永成　中远海运船员管理有限公司上海分公司能源船员库船长

52. 高分沛　中远海运船员管理有限公司上

海分公司船舶政委

53. 倪新军　中远海运船员管理有限公司上海分公司轮机长

54. 林清海　香港海宝航运有限公司“仁达”轮船长

55. 沈书俊　中远海运船员管理有限公司广州分公司船舶政委

56. 白建文　中国远洋海运船员管理公司广州分公司水手长

57. 陈杰中　远海运船员管理有限公司大连分公司能源船员一库轮机长 / 分公司培训师

58. 龙乃旺　中远海运船员天津分公司船舶政委

59. 余尚武　中远海运船员管理有限公司天津分公司船员资源开发部经理

60. 董　明　中远海运船员管理有限公司青岛分公司副总经理

61. 张荣刚　中远海运船员管理有限公司青岛分公司船长

62. 赵连超　中远海运船员管理有限公司深圳分公司大管轮

63. 钱　峰　中远海运对外劳务合作有限公司北京劳务事业分部船长

64. 周黎明　中远海运对外劳务合作有限公司船员管理部总经理

65. 张建良　中远海运船员管理有限公司海事技术服务中心引航船长

中远海运（厦门）有限公司

66. 陈旭阳 船管部副总经理（主持工作）

中波轮船股份公司

67. 黄　楠　人力资源部总经理 / 组织部部长、中波船员公司总经理、党委副书记

中国船舶燃料有限责任公司

68. 夏　旭　中国船舶燃料青岛有限公司总经理、党委副书记

69. 康　凯　中国船舶燃料大连有限公司内贸油部经理

中石化中海船舶燃料供应有限公司

70. 凌杞生　广东分部 / 广州燃供总经理、党委书记

上海船舶运输科学研究所有限公司 / 中远海运科技股份有限公司

71. 林建华　广州中海电信有限公司总经理

72. 郭照军　中远海运科技研发创新中心高级产品经理

中远海运集团财务有限责任公司

73. 刘兴强　总经理助理

中远海运博鳌有限公司

74. 孔庆贺　东屿岛旅游度假区运营管理中心总经理助理

75. 钟楚仪　财务部收益室副经理

中国远洋海运人才发展院

76. 姜　飞　党校工作部 / 开发与合作部业务设计与开发室负责人

77. 刘大伟　党校教学部 / 企业管理分院培训项目部负责人

78. 涂志平　职业教育分院机电系副主任

中远海运财产保险自保有限公司

79. 陈　琳　理赔部 / 防损服务部总经理

海南港航控股有限公司

80. 胡晓峰　办公室总经理兼档案中心总经理

81. 叶　伟　党委副书记、总经理

中远海运（香港）有限公司 / 中远海运国际（香港）有限公司

82. 李　强　香港（北京）投资有限公司总经理

83. 王居仁　中远关西涂料化工（上海）有限公司党委书记 / 总经理

84. 唐尔良　河北京石高速公路开发有限公司总经理

中远海运港口有限公司

85. 吕忠兴　南通通海港口有限公司总经理

86. 周　兰　企业管理部 / 信息发展部总经理

87. 任海军　西班牙码头有限公司财务总监

中远海运（比雷埃夫斯）港口有限公司

88. 李维娜　修船部总经理

中远海运（北美）有限公司

89. 高　强　洛杉矶西港池集装箱码头总

经理

90. 沈　淦　休斯敦操作中心海运操作部总经理

中远海运（欧洲）有限公司

91. 丁　健　中欧陆海快线公司副总经理

92. 万　堃　中远海运集运（西班牙）有限公司董事总经理

中远海运（东南亚）有限公司

93. 徐　扬　中燃国际石油（新加坡）有限公司总经理

94. 庄茂兵　ASL 航运与物流（印度）私人有限公司

中远海运（澳洲）有限公司

95. 陈　鹤　财务部副总经理

中远海运（日本）株式会社

96. 江　平　财务部总经理

中远海运（韩国）有限公司

97. 祝孝福　行政人事部总经理

中远海运（西亚）有限公司

98. 刘　剑　行政人事部副总经理

中远海运（非洲）有限公司

99. 赵国祥　中远海运（非洲）远南船务有限公司

中远海运（南美）有限公司

100. 林友斌　中远海运集运阿根廷公司市场部经理总经理

2021年度船舶“金牌三长”表彰名单

2021 年度船舶“金牌三长”表彰名单

（2022 年 1 月 12 日表彰，排名不分先后）

五星“金牌三长”（29 人）

邓萍山　吴文斌　李文浩　忻樟雄　蔡一苗　闲德均　周　强　俞时平　唐忠良　黄学年　吕均富
黄新堂　严正平　王国明　郁琦纯　崔其胜　陈剑铭　陆志晨　陈建周　王永全　张凤义　茅金龙
周　健　陈建云　常东晓　黎军龙　邓诗红　张群国　孙新勇

四星“金牌三长”（116 人）

邵志放　茅志刚　魏安启　林春源　於顺明　孙旭东　杨　涛　张春知　贺军涛　张　建　张育科
崔春胜　张玉忠　刘兴军　洪恩瑰　鲍同举　石　磊　孟祥友　李荣行　钟林辉　李洪凯　董金福
安增瑞　莫卫东　周　翔　丛龙洲　王耀平　黄　松　陈海民　梁耀付　邱向强　苏海琦　石　军
王　斌　汪　平　刘云龙　朱全红　喻荷章　孙亚平　张建林　林永辉　杨仁忠　朱建刚　任瑞柱
吴世梁　沈加亮　何自武　黄杰飞　陈超毅　田华松　胡桂安　陆德军　严红德　沈胜利　于鸿飞
刘仁川　曾广宏　邓杰华　蔡清溪　朱海腾　龚央丰　丁以泓　蒲连军　程建平　钱惠平　曹彧敏
侯　涛　李成先　余金贤　陈　勇　魏永刚　王雷强　彭灵智　时　斌　夏洪斌　袁炳权　金有龙
吴健允　臧兆田　孙洪伟　吕万玉　孟　捷　吴　涛　王　东　梁永忠　王龙明　郭建军　翟向东
杨　飞　姚应全　温汝雷　杜敬峰　黄家才　吴　涛　谢助国　程献忠　索传岭　孙文轩　杨立明
方志全　王　鑫　华　舸　叶　强　孟宪亮　王华峰　徐速辉　芮　宝　李宝善　卢连芳　李庆和
徐清军　段乃义　张英圣　汤红兵　张忠宏　黄怡胄

三星“金牌三长”（261 人）

亢　健　牟世龙　朱育良　杨锦碧　方海东　施永洲　梁善国　张　卫　黄夕元　李　伟　梁自辉
钱　进　金胜越　黄振晟　杨胜涛　卞令泽　朱　伟　唐文忠　许建海　吴贵宏　蔡远明　胡振飞
薛　强　顾方根　冯秀发　陆忠伟　刘　春　向显洪　李光伟　陈明洲　陈小木　严佩荣　吴瑜权
曾伟青　胡文胜　刘主春　郭　文　裴　志　韩全继　赵　前　宋玉彦　赵　亮　陈文海　贺　炯
凌　叶　谢小斌　张英军　邹来胜　段景安　李　忠　迟少雷　安家勇　张洪林　高旭堂　丘观奉
陆启航　刘义海　马青杰　黄桂文　陈宏胜　余新洪　陈少波　陈洪超　刘瑞斌　葛步海　赵会智
盛永兴　张明峰　康险峰　宋泽民　顾伟斌　施永忠　梁　炜　黄思海　孙成武　陈文斌　陈木海
朱海荣　李伟勇　李志伟　胡学文　范士兴　王伟祥　严荣斌　张建斌　曹奕波　杨志亮　黄吉建
李　林　邢廷武　余琪运　谭　荣　刘伯建　田永松　耿明亮　顾　敏　彭华山　张建宇　鲁国斌

蔡之悦　杜号之　赵新华　黄　理　王　勇　顾全兴　仓义雷　张爱民　李茂祥　赵子希　张　明
马　涛　陈孝佃　韩爱军　符祥开　徐允堂　罗志斌　华美远　黄利阳　况　忠　薛东明　张雷震
包慧明　熊九才　沙洪刚　刘祥信　冯永东　沈　杰　支建峰　王海波　周　纲　李雅慧　方伟浩
江志强　魏前军　张继荣　谭升云　邹坤伦　崔玉泉　赵学振　刘剑郎　赵明洋　许勇济　郭　勇
吴晓强　刘宗昌　王建禄　李能玉　吕武安　唐相青　王　鹏　王全保　刘庆路　徐强华　张玉龙
李军锋　雷进军　张伟坚　赵善景　余方元　李三军　王以慧　陈兴华　任君诚　李军建　李　良
晏建平　吴南军　杨九成　陈立军　杜永顺　倪　迪　肖秋连　何样纯　李　仁　董书勇　余运增
周　宾　汪真露　周桃玉　齐文征　郑晓光　黄安刚　李恩常　陈少忠　李福元　梁广利　高卫民
朱旭蓬　臧振友　王宝崎　乔启成　李宴国　程志刚　郑　斌　吴　超　孙兴文　李忠名　侯铁彪
卜广明　钟生吉　阚世民　魏峰欣　端占民　杜益龙　王　波　李宗成　黄春明　尤大勇　孙　威
朱鸿祥　王　峰　陆　斌　高　冲　苏建军　张国忠　周桂林　赖勇杰　范利军　唐忠平　常辉晓
周高杨　李怀磊　乔　生　吴志敏　杨玉国　马德全　卢贵格　李宝兴　李贵新　郝同聚　王尧千
常洪军　邢建欣　庄绍光　王宝生　杜国志　焦建中　彭庆彬　及立桥　王天发　王秀峰　郭建军
韩建河　王爱民　张　鹏　贾伟光　高洪军　陶宪宏　张振家　宗文平　徐　龙　袁　斌　曹福军
顾亚军　郭长清　项启国　张　强　孙　立　黄东海　徐　刚　林徐节

CHINA COSCO SHIPPING
CORPORATION LIMITED
YEARBOOK

中国远洋海运集团有限公司

年鉴

第十七篇

统计资料

船队统计

船 队 统 计

（截至 2022 年 12 月 31 日）

中远海运集团集装箱船队自有船舶船名录

表 17–1

序号	所属二级公司（经营）	所属公司（经营）	中文船名	英文船名	出厂时间	建造国家或地区	船旗	总载重量（吨）	载箱量(TEU)
1	中远海运集运	中远海运集运	中远波士顿	CMA CGM SCALA	2007–07–27	韩国	巴拿马	68 241	5 089
2	中远海运集运	中远海运集运	中远亚洲	COSCO ASIA	2007–08–06	韩国	巴拿马	109 968	10 062
3	中远海运集运	中远海运集运	中远纽约	CMA CGM CAPRI	2007–09–20	韩国	巴拿马	68 235	5 089
4	中远海运集运	中远海运集运	中远欧洲	COSCO EUROPE	2008–01–01	韩国	巴拿马	109 968	10 062
5	中远海运集运	中远海运集运	中远美洲	COSCO AMERICA	2008–03–13	韩国	巴拿马	109 968	10 062
6	中远海运集运	中远海运集运	中远非洲	COSCO AFRICA	2008–07–14	韩国	巴拿马	109 968	10 062
7	中远海运集运	中远海运集运	松云河	SONG YUN HE	1998–09–29	日本	巴拿马	24 237	1 432
8	中远海运集运	中远海运集运	峰云河	FENG YUN HE	1998–11–20	日本	巴拿马	24 251	1 432
9	中远海运集运	中远海运集运	天安河	TIAN AN HE	2010–06–07	中国	五星旗	63 165	5 089
10	中远海运集运	中远海运集运	天康河	TIAN KANG HE	2010–06–17	中国	五星旗	63 296	5 089
11	中远海运集运	中远海运集运	天福河	TIAN FU HE	2010–07–12	中国	五星旗	63 143	5 089
12	中远海运集运	中远海运集运	青云河	QING YUN HE	2000–05–29	中国	五星旗	25 679	1 702
13	中远海运集运	中远海运集运	天庆河	TIAN QING HE	2010–07–05	中国	五星旗	63 258	5 089
14	中远海运集运	中远海运集运	天锦河	TIAN JIN HE	2010–05–14	中国	五星旗	63 187	5 089
15	中远海运集运	中远海运集运	天盛河	TIAN SHENG HE	2010–05–06	中国	五星旗	63 292	5 089
16	中远海运集运	中远海运集运	凌云河	LING YUN HE	2000–09–02	中国	五星旗	25 723	1 702
17	中远海运集运	中远海运集运	飞云河	FEI YUN HE	2000–07–12	中国	五星旗	25 723	1 702
18	中远海运集运	中远海运集运	腾云河	TENG YUN HE	2000–04–24	中国	五星旗	25 723	1 702

续上表

序号	所属二级公司（经营）	所属公司（经营）	中文船名	英文船名	出厂时间	建造国家或地区	船旗	总载重量（吨）	载箱量(TEU)
19	中远海运集运	中远海运集运	天丽河	TIAN LI HE	2010-04-15	中国	五星旗	63 253	5 089
20	中远海运集运	中远海运集运	天秀河	TIAN XIU HE	2010-03-25	中国	五星旗	63 188	5 089
21	中远海运集运	中远海运集运	天宝河	TIAN BAO HE	2009-10-31	中国	五星旗	62 997	5 089
22	中远海运集运	中远海运集运	天隆河	TIAN LONG HE	2010-01-29	中国	五星旗	63 195	5 089
23	中远海运集运	中远海运集运	天兴河	TIAN XING HE	2009-12-03	中国	五星旗	63 001	5 089
24	中远海运集运	中远海运集运	天运河	TIAN YUN HE	2009-11-19	中国	五星旗	62 997	5 089
25	中远海运集运	中远海运集运	锦云河	JIN YUN HE	2000-06-27	日本	巴拿马	24 244	1 432
26	中远海运集运	中远海运集运	彩云河	CAI YUN HE	2000-09-14	日本	巴拿马	24 259	1 432
27	中远海运集运	中远海运集运	奇云河	QI YUN HE	2001-01-18	日本	巴拿马	24 261	1 432
28	中远海运集运	中远海运集运	密云河	MI YUN HE	2001-03-28	日本	巴拿马	23 853	1 432
29	中远海运集运	中远海运集运	中远菊花	COSCO KIKU	2002-01-31	日本	巴拿马	9 294	542
30	中远海运集运	中远海运集运	中远大洋洲	COSCO OCEANIA	2008-04-03	中国	中国香港	109 920	10 020
31	中远海运集运	中远海运集运	中远太平洋	COSCO PACIFIC	2008-07-09	中国	中国香港	109 920	10 020
32	中远海运集运	中远海运集运	中远高雄	COSCO KAOHSIUNG	2008-10-16	中国	中国香港	111 315	10 020
33	中远海运集运	中远海运集运	中远太仓	COSCO TAICANG	2009-03-03	中国	中国香港	111 499	10 020
34	中远海运集运	中远海运集运	中远奥克兰	COSCO AUCKLAND	2012-04-25	中国	中国香港	49 963	4 253
35	中远海运集运	中远海运集运	中远亚丁	COSCO ADEN	2012-04-05	中国	中国香港	49 963	4 253
36	中远海运集运	中远海运集运	中远休斯敦	COSCO HOUSTON	2012-05-31	中国	中国香港	49 963	4 253
37	中远海运集运	中远海运集运	中远科伦坡	COSCO COLOMBO	2012-06-13	中国	中国香港	49 963	4 253
38	中远海运集运	中远海运集运	中远德班	COSCO DURBAN	2012-06-22	中国	中国香港	49 963	4 253
39	中远海运集运	中远海运集运	中远福斯	COSCO FOS	2012-06-27	中国	中国香港	49 963	4 253
40	中远海运集运	中远海运集运	中远热那亚	COSCO GENOA	2012-08-10	中国	中国香港	49 963	4 253
41	中远海运集运	中远海运集运	中远海法	COSCO HAIFA	2012-09-06	中国	中国香港	49 963	4 253
42	中远海运集运	中远海运集运	中远吉达	COSCO JEDDAH	2012-10-25	中国	中国香港	49 963	4 253

续上表

序号	所属二级公司（经营）	所属公司（经营）	中文船名	英文船名	出厂时间	建造国家或地区	船旗	总载重量（吨）	载箱量(TEU)
43	中远海运集运	中远海运集运	中远伊斯坦布尔	COSCO ISTANBUL	2012-09-28	中国	中国香港	49 963	4 253
44	中远海运集运	中远海运集运	中远比雷埃夫斯	COSCO PIRAEUS	2013-03-22	中国	中国香港	49 963	4 253
45	中远海运集运	中远海运集运	中远桑托斯	COSCO SANTOS	2013-03-28	中国	中国香港	49 963	4 253
46	中远海运集运	中远海运集运	中远比利时	COSCO BELGIUM	2013-02-28	中国	中国香港	156 605	13 386
47	中远海运集运	中远海运集运	中远瓦伦西亚	COSCO VALENCIA	2013-04-25	中国	中国香港	49 963	4 253
48	中远海运集运	中远海运集运	中远圣保罗	COSCO SAO PAULO	2013-04-15	中国	中国香港	49 963	4 253
49	中远海运集运	中远海运集运	中远法国	COSCO FRANCE	2013-05-24	中国	中国香港	156 596	13 386
50	中远海运集运	中远海运集运	中远惠灵顿	COSCO WELLINGTON	2013-06-18	中国	中国香港	49 963	4 253
51	中远海运集运	中远海运集运	中远威尼斯	COSCO VENICE	2013-06-04	中国	中国香港	49 963	4 253
52	中远海运集运	中远海运集运	中远阿什杜德	COSCO ASHDOD	2013-08-12	中国	中国香港	49 963	4 253
53	中远海运集运	中远海运集运	中远伊兹密尔	COSCO IZMIR	2013-08-02	中国	中国香港	49 963	4 253
54	中远海运集运	中远海运集运	中远英格兰	COSCO ENGLAND	2013-08-30	中国	中国香港	156 618	13 386
55	中远海运集运	中远海运集运	中远亚喀巴	COSCO AQABA	2013-09-16	中国	中国香港	49 963	4 253
56	中远海运集运	中远海运集运	中远泗水	COSCO SURABAYA	2013-09-03	中国	中国香港	49 963	4 253
57	中远海运集运	中远海运集运	中远荷兰	COSCO NETHERLANDS	2013-11-18	中国	中国香港	156 549	13 386
58	中远海运集运	中远海运集运	中远西班牙	COSCO SPAIN	2014-02-14	中国	中国香港	156 572	13 386
59	中远海运集运	中远海运集运	中远意大利	COSCO ITALY	2014-04-29	中国	中国香港	156 610	13 386
60	中远海运集运	中远海运集运	中远葡萄牙	COSCO PORTUGAL	2014-07-07	中国	中国香港	156 610	13 386
61	中远海运集运	中远海运集运	中远丹麦	COSCO DENMARK	2014-09-24	中国	中国香港	156 610	13 386
62	中远海运集运	中远海运集运	中远多瑙河	COSCO SHIPPING DANUB	2016-11-29	中国	中国香港	111 290	9 092
63	中远海运集运	中远海运集运	中远海运伏尔加河	COSCO SHIPPING VOLGA	2017-01-18	中国	中国香港	111 290	9 092
64	中远海运集运	中远海运集运	中远海运泰晤士河	COSCO SHIPPING THAME	2017-04-11	中国	中国香港	111 290	9 092
65	中远海运集运	中远海运集运	中远海运塞纳河	COSCO SHIPPING SEINE	2017-06-13	中国	中国香港	111 401	9 092
66	中远海运集运	中远海运集运	中远海运喜马拉雅	COSCO SHIPPING HIMAL	2017-07-25	中国	中国香港	153 811	14 566

续上表

序号	所属二级公司（经营）	所属公司（经营）	中文船名	英文船名	出厂时间	建造国家或地区	船旗	总载重量（吨）	载箱量(TEU)
67	中远海运集运	中远海运集运	中远海运白羊座	COSCO SHIPPING ARIES	2018-01-15	中国	中国香港	197 021	19 273
68	中远海运集运	中远海运集运	中远海运莱茵河	COSCO SHIPPING RHINE	2017-09-04	中国	中国香港	111 244	9 092
69	中远海运集运	中远海运集运	中远海运金牛座	COSCO SHIPPING TAURU	2018-01-29	中国	中国香港	198 030	20 119
70	中远海运集运	中远海运集运	中远海运乞力马扎罗	COSCO SHIPPING KILIM	2017-12-22	中国	中国香港	153 811	14 566
71	中远海运集运	中远海运集运	中远海运阿尔卑斯	COSCO SHIPPING ALPS	2018-01-03	中国	中国香港	153 811	14 566
72	中远海运集运	中远海运集运	中远海运双子座	COSCO SHIPPING GEMIN	2018-04-10	中国	中国香港	198 030	20 119
73	中远海运集运	中远海运集运	中远海运狮子座	COSCO SHIPPING LEO	2018-04-23	中国	中国香港	197 021	19 273
74	中远海运集运	中远海运集运	中远海运宇宙	COSCO SHIPPING UNIVE	2018-06-12	中国	中国香港	198 485	21 237
75	中远海运集运	中远海运集运	中远海运室女座	COSCO SHIPPING VIRGO	2018-05-29	中国	中国香港	198 030	20 119
76	中远海运集运	中远海运集运	中远海运德纳里	COSCO SHIPPING DENAL	2018-06-13	中国	中国香港	153 811	14 566
77	中远海运集运	中远海运集运	中远海运摩羯座	COSCO SHIPPING CAPRI	2018-07-18	中国	中国香港	197 087	19 273
78	中远海运集运	中远海运集运	中远海运牡丹	COSCO SHIPPING PEONY	2018-05-31	中国	中国香港	146 587	13 800
79	中远海运集运	中远海运集运	中远海运天秤座	COSCO SHIPPING LIBRA	2018-07-17	中国	中国香港	198 030	20 119
80	中远海运集运	中远海运集运	中远海运星云	COSCO SHIPPING NEBUL	2018-10-23	中国	中国香港	198 485	21 237
81	中远海运集运	中远海运集运	中远海运天蝎座	COSCO SHIPPING SCORP	2018-08-20	中国	中国香港	197 021	19 273
82	中远海运集运	中远海运集运	中远海运茉莉	COSCO SHIPPING JASMI	2018-08-07	中国	中国香港	146 588	13 800
83	中远海运集运	中远海运集运	中远海运人马座	COSCO SHIPPING SAGIT	2018-10-17	中国	中国香港	199 934	20 119
84	中远海运集运	中远海运集运	中远海运玫瑰	COSCO SHIPPING ROSE	2018-09-26	中国	中国香港	146 588	13 800
85	中远海运集运	中远海运集运	中远海运安迪斯	COSCO SHIPPING ANDES	2018-09-12	中国	中国香港	153 811	14 566
86	中远海运集运	中远海运集运	中远海运双鱼座	COSCO SHIPPING PISCES	2019-01-17	中国	中国香港	196 996	19 273
87	中远海运集运	中远海运集运	中远海运樱花	COSCO SHIPPING SAKUR	2018-12-13	中国	中国香港	146 588	13 800
88	中远海运集运	中远海运集运	中远海运杜鹃花	COSCO SHIPPING AZALEA	2019-04-26	中国	中国香港	146 588	13 800
89	中远海运集运	中远海运集运	中远海运银河	COSCO SHIPPING GALAXY	2019-04-18	中国	中国香港	198 069	21 237
90	中远海运集运	中远海运集运	中远海运荷花	COSCO SHIPPING LOTUS	2019-05-08	中国	中国香港	146 588	13 800

续上表

序号	所属二级公司（经营）	所属公司（经营）	中文船名	英文船名	出厂时间	建造国家或地区	船旗	总载重量（吨）	载箱量(TEU)
91	中远海运集运	中远海运集运	中远海运山茶	COSCO SHIPPING CAMELLIA	2019-05-10	中国	中国香港	146 587	13 800
92	中远海运集运	中远海运集运	中远海运兰花	COSCO SHIPPING ORCHID	2019-08-30	中国	中国香港	146 588	13 800
93	中远海运集运	中远海运集运	中远海运太阳	COSCO SHIPPING SOLAR	2019-04-25	中国	中国香港	198 069	21 237
94	中远海运集运	中远海运集运	中远海运宝瓶座	COSCO SHIPPING AQUARUIS	2019-06-05	中国	中国香港	197 021	19 273
95	中远海运集运	中远海运集运	中远海运恒星	COSCO SHIPPING STAR	2019-06-27	中国	中国香港	198 485	21 237
96	中远海运集运	中远海运集运	中远海运行星	COSCO SHIPPING PLANET	2019-09-06	中国	中国香港	198 485	21 237
97	中远海运英国公司	中远海运英国公司	中远鹿特丹	COSCO ROTTERDAM	2002-02-01	克罗地亚	克罗地亚	69 098	5 446
98	中远海运英国公司	中远海运英国公司	中远上海	COSCO SHANGHAI	2001-07-25	克罗地亚	克罗地亚	69 098	5 446
99	中远海运英国公司	中远海运英国公司	中远安特卫普	COSCO ANTWERP	2001-09-01	克罗地亚	克罗地亚	68 910	5 446
100	中远海运英国公司	中远海运英国公司	中远中国香港	COSCO HONGKONG	2002-04-01	克罗地亚	克罗地亚	69 098	5 446
101	中远海运英国公司	中远海运英国公司	中远费利克斯托	COSCO FELIXSTOWE	2002-04-01	克罗地亚	克罗地亚	69 107	5 446
102	中远海运英国公司	中远海运英国公司	中远新加坡	COSCO SINGAPORE	2001-12-01	克罗地亚	克罗地亚	69 098	5 446
103	中远海运英国公司	中远海运英国公司	中远汉堡	COSCO HAMBURG	2001-10-01	克罗地亚	克罗地亚	69 098	5 446
104	中远海运集运	上海泛亚航运有限公司	天畅河	COSCO XIAMEN	2005-02-28	日本	五星旗	67 209	5 816
105	中远海运集运	上海泛亚航运有限公司	泛亚宁德	ALM WONDONGA	2006-04-01	韩国	塞浦路斯	68 030	5 060
106	中远海运集运	上海泛亚航运有限公司	泛亚广州	ALM ZURICH	2006-09-01	韩国	五星旗	68 030	5 060
107	中远海运集运	上海泛亚航运有限公司	泛亚天津	ALM ZURICH	2005-01-01	韩国	五星旗	67 025	5 029
108	中远海运集运	上海泛亚航运有限公司	泛亚上海	ALM ZURICH	2004-01-02	韩国	五星旗	67 025	5 029

续上表

序号	所属二级公司（经营）	所属公司（经营）	中文船名	英文船名	出厂时间	建造国家或地区	船旗	总载重量（吨）	载箱量(TEU)
109	中远海运集运	上海泛亚航运有限公司	天祥河	COSCO TIANJIN	2005-06-06	日本	五星旗	67 209	5 816
110	中远海运集运	上海泛亚航运有限公司	天顺河	COSCO DALIAN	2005-03-31	日本	五星旗	67 209	5 816
111	中远海运发展	中远海运发展	新大连	XIN DA LIAN	2001-10-01	中国	五星旗	69 023	5 668
112	中远海运发展	中远海运发展	新浦东	XIN PU DONG	2003-02-15	中国	五星旗	69 303	5 668
113	中远海运发展	中远海运发展	新天津	XIN TIAN JIN	2003-05-25	中国	五星旗	69 023	5 668
114	中远海运发展	中远海运发展	新青岛	XIN QING DAO	2003-05-09	中国	五星旗	69 423	5 668
115	中远海运发展	中远海运发展	新宁波	XIN NING BO	2003-08-25	中国	五星旗	69 323	5 668
116	中远海运发展	中远海运发展	新连云港	XIN LIAN YUN GANG	2003-01-01	中国	五星旗	68 944	5 668
117	中远海运发展	中远海运发展	新盐田	XIN YAN TIAN	2004-03-24	中国	五星旗	68 961	5 668
118	中远海运发展	中远海运发展	新厦门	XIN XIA MEN	2004-03-03	中国	五星旗	69 259	5 668
119	中远海运发展	中远海运发展	新赤湾	XIN CHI WAN	2004-06-01	中国	五星旗	69 271	5 688
120	中远海运发展	中远海运发展	新秦皇岛	XIN QIN HUANG DAO	2004-07-01	中国	五星旗	69 308	5 688
121	中远海运发展	中远海运发展	新福州	XIN FU ZHOU	2004-09-10	中国	五星旗	69 235	5 688
122	中远海运发展	中远海运发展	新烟台	XIN YAN TAI	2005-01-01	中国	五星旗	69 225	5 688
123	中远海运发展	中远海运发展	新常熟	XIN CHANG SHU	2005-06-01	中国	五星旗	69 229	5 688
124	中远海运发展	中远海运发展	新重庆	XIN CHONG QING	2003-07-10	中国	五星旗	50 188	4 051
125	中远海运发展	中远海运发展	新扬州	XIN YANG ZHOU	2004-03-29	中国	五星旗	50 137	4 051
126	中远海运发展	中远海运发展	新南通	XIN NAN TONG	2003-11-24	中国	五星旗	50 151	4 051
127	中远海运发展	中远海运发展	新苏州	XIN SU ZHOU	2004-02-15	中国	五星旗	50 137	4 051
128	中远海运发展	中远海运发展	新洋山	XIN YANG SHAN	2005-04-01	中国	五星旗	52 242	4 250
129	中远海运发展	中远海运发展	新泉州	XIN QUAN ZHOU	2005-05-12	中国	五星旗	52 216	4 250
130	中远海运发展	中远海运发展	新防城	XIN FANG CHENG	2005-07-12	中国	五星旗	52 160	4 250
131	中远海运发展	中远海运发展	新汕头	XIN SHAN TOU	2005-11-05	中国	五星旗	52 157	4 250

续上表

序号	所属二级公司（经营）	所属公司（经营）	中文船名	英文船名	出厂时间	建造国家或地区	船旗	总载重量（吨）	载箱量(TEU)
132	中远海运发展	中远海运发展	新黄埔	XIN HUANG PU	2005–08–09	中国	五星旗	52 247	4 250
133	中远海运发展	中远海运发展	新海口	XIN HAI KOU	2005–09–03	中国	五星旗	52 212	4 250
134	中远海运发展	中远海运发展	新北仑	XIN BEI LUN	2005–09–23	中国	五星旗	52 223	4 250
135	中远海运发展	中远海运发展	新长沙	XIN CHANG SHA	2005–11–06	中国	五星旗	52 214	4 250
136	中远海运发展	中远海运发展	新南沙	XIN NAN SHA	2005–10–16	中国	五星旗	52 191	4 250
137	中远海运发展	中远海运发展	新日照	XIN RI ZHAO	2005–11–22	中国	五星旗	52 191	4 250
138	中远海运发展	中远海运发展	新威海	XIN WEI HAI	2006–01–03	中国	五星旗	52 219	4 250
139	中远海运发展	中远海运发展	新湛江	XIN ZHAN JIANG	2006–02–18	中国	五星旗	52 279	4 250
140	中远海运发展	中远海运发展	新营口	XIN YING KOU	2006–03–12	中国	五星旗	52 186	4 250
141	中远海运发展	中远海运发展	新丹东	XIN DAN DONG	2006–04–16	中国	五星旗	52 210	4 250
142	中远海运发展	中远海运发展	新亚洲	XIN YA ZHOU	2007–08–01	中国	五星旗	102 396	8 533
143	中远海运发展	中远海运发展	新欧洲	XIN OU ZHOU	2007–11–11	中国	五星旗	102 461	8 533
144	中远海运发展	中远海运发展	新美洲	XIN MEI ZHOU	2008–04–01	中国	五星旗	102 453	8 533
145	中远海运发展	中远海运发展	新非洲	XIN FEI ZHOU	2008–04–01	中国	五星旗	102 379	8 533
146	中远海运发展	中远海运发展	新大洋洲	XIN DA YANG ZHOU	2009–04–20	中国	五星旗	102 418	8 533
147	中远海运发展	中远海运发展	新钦州	XIN QIN ZHOU	2012–03–01	中国	五星旗	66 904	4 738
148	中远海运发展	中远海运发展	新杭州	XIN HANG ZHOU	2012–05–19	中国	五星旗	67 040	4 738
149	中远海运发展	中远海运发展	新郑州	XIN ZHENG ZHOU	2012–07–10	中国	五星旗	67 041	4 738
150	中远海运发展	中远海运发展	新兰州	XIN LAN ZHOU	2012–08–10	中国	五星旗	67 061	4 738
151	中远海运发展	中远海运发展	新温州	XIN WEN ZHOU	2013–03–01	中国	五星旗	67 053	4 738
152	中远海运发展	中远海运发展	新徐州	XIN XU ZHOU	2013–03–01	中国	五星旗	66 926	4 738
153	中远海运发展	中远海运发展	新沧州	XIN CANG ZHOU	2013–05–01	中国	五星旗	67 001	4 738
154	中远海运发展	中远海运发展	新惠州	XIN HUI ZHOU	2013–07–23	中国	五星旗	66 967	4 738
155	中远海运发展	中远海运发展	新太仓	XIN TAI CANG	2008–07–07	中国	五星旗	52 245	4 250

续上表

序号	所属二级公司（经营）	所属公司（经营）	中文船名	英文船名	出厂时间	建造国家或地区	船旗	总载重量（吨）	载箱量(TEU)
156	中远海运发展	中远海运发展	新洋浦	XIN YANG PU	2008-07-22	中国	五星旗	52 200	4 250
157	中远海运发展	中远海运发展	新武汉	XIN WU HAN	2008-10-20	中国	五星旗	52 233	4 250
158	中远海运发展	中远海运发展	新漳州	XIN ZHANG ZHOU	2008-11-01	中国	五星旗	52 216	4 250
159	中远海运发展	中远海运发展	中海亚洲	CSCL ASIA	2004-07-07	中国	中国香港	101 612	8 468
160	中远海运发展	中远海运发展	新洛杉矶	XIN LOS ANGELES	2006-06-20	中国	中国香港	111 889	9 572
161	中远海运发展	中远海运发展	新上海	XIN SHANGHAI	2006-10-09	中国	中国香港	111 889	9 572
162	中远海运发展	中远海运发展	新香港	XIN HONG KONG	2007-02-01	中国	中国香港	111 889	9 572
163	中远海运发展	中远海运发展	新北京	XIN BEIJING	2007-04-19	中国	中国香港	111 889	9 572
164	中远海运发展	中远海运发展	中海之星	CSCL STAR	2011-01-15	韩国	中国香港	155 470	14 074
165	中远海运发展	中远海运发展	中海金星	CSCL VENUS	2011-04-29	韩国	中国香港	155 470	14 074
166	中远海运发展	中远海运发展	中海木星	CSCL JUPITER	2011-05-20	韩国	中国香港	155 470	14 074
167	中远海运发展	中远海运发展	中海水星	CSCL MERCURY	2011-07-15	韩国	中国香港	155 470	14 074
168	中远海运发展	中远海运发展	中海火星	CSCL MARS	2011-10-28	韩国	中国香港	155 470	14 074
169	中远海运发展	中远海运发展	中海土星	CSCL SATURN	2011-12-21	韩国	中国香港	155 470	14 074
170	中远海运发展	中远海运发展	中海天王星	CSCL URANUS	2012-03-09	韩国	中国香港	155 470	14 074
171	中远海运发展	中远海运发展	中海海王星	CSCL NEPTUNE	2012-05-22	韩国	中国香港	155 470	14 074
172	中远海运发展	中远海运发展	中海之春	CSCL SPRING	2014-01-08	中国	中国香港	121 849	10 036
173	中远海运发展	中远海运发展	中海之夏	CSCL SUMMER	2014-03-07	中国	中国香港	121 805	10 036
174	中远海运发展	中远海运发展	中海之冬	CSCL WINTER	2014-04-18	中国	中国香港	121 839	10 036
175	中远海运发展	中远海运发展	中海之秋	CSCL AUTUMN	2014-05-09	中国	中国香港	121 270	10 036
176	中远海运发展	中远海运发展	中海渤海	CSCL BOHAI SEA	2014-06-09	中国	中国香港	121 824	10 036
177	中远海运发展	中远海运发展	中海黄海	CSCL YELLOW SEA	2014-06-27	中国	中国香港	121 194	10 036
178	中远海运发展	中远海运发展	中海东海	CSCL EAST CHINA SEA	2014-09-02	中国	中国香港	121 186	10 036
179	中远海运发展	中远海运发展	中海南海	CSCL SOUTH CHINA SEA	2014-11-13	中国	中国香港	121 186	10 036

续上表

序号	所属二级公司（经营）	所属公司（经营）	中文船名	英文船名	出厂时间	建造国家或地区	船旗	总载重量（吨）	载箱量(TEU)
180	中远海运发展	中远海运发展	中海环球	CSCL GLOBE	2014-08-23	韩国	中国香港	184 320	18 982
181	中远海运发展	中远海运发展	中海太平洋	CSCL PACIFIC OCEAN	2014-12-23	韩国	中国香港	184 320	18 982
182	中远海运发展	中远海运发展	中海印度洋	CSCL INDIAN OCEAN	2015-01-23	韩国	中国香港	184 320	18 982
183	中远海运发展	中远海运发展	中海北冰洋	CSCL ARCTIC OCEAN	2015-03-20	韩国	中国香港	184 320	18 982
184	中远海运发展	中远海运发展	中海大西洋	CSCL ATLANTIC OCEAN	2015-04-29	韩国	中国香港	184 320	18 982
185	东方海外	东方海外	—	OOCL ATLANTA	2005-02-28	韩国	中国香港	105 337	8 063
186	东方海外	东方海外	—	OOCL ASIA	2006-03-17	韩国	中国香港	105 320	8 063
187	东方海外	东方海外	—	OOCL EUROPE	2006-07-26	韩国	中国香港	105 545	8 063
188	东方海外	东方海外	—	OOCL ZHOUSHAN	2006-09-15	中国	中国香港	52 214	4 583
189	东方海外	东方海外	—	OOCL AUSTRALIA	2006-11-30	中国	中国香港	52 217	4 583
190	东方海外	东方海外	—	OOCL TOKYO	2007-01-05	韩国	中国香港	105 423	8 063
191	东方海外	东方海外	—	OOCL SOUTHAMPTON	2007-05-30	韩国	中国香港	105 400	8 063
192	东方海外	东方海外	—	OOCL KOBE	2007-06-29	韩国	中国香港	50 554	4 578
193	东方海外	东方海外	—	OOCL YOKOHAMA	2007-07-25	韩国	中国香港	50 634	4 578
194	东方海外	东方海外	—	OOCL HOUSTON	2007-10-22	韩国	中国香港	50 585	4 578
195	东方海外	东方海外	—	OOCL BUSAN	2008-01-04	韩国	中国香港	50 567	4 578
196	东方海外	东方海外	—	OOCL TEXAS	2008-02-05	韩国	中国香港	50 610	4 578
197	东方海外	东方海外	—	OOCL PANAMA	2008-04-25	韩国	中国香港	50 633	4 578
198	东方海外	东方海外	—	OOCL NORFOLK	2009-02-13	韩国	中国香港	50 489	4 578
199	东方海外	东方海外	—	OOCL BRISBANE	2009-07-20	韩国	中国香港	50 575	4 578
200	东方海外	东方海外	—	OOCL NEW ZEALAND	2009-09-04	韩国	中国香港	50 490	4 578
201	东方海外	东方海外	—	OOCL SEOUL	2010-01-15	韩国	中国香港	105 358	8 063
202	东方海外	东方海外	—	OOCL WASHINGTON	2010-01-11	韩国	中国香港	105 358	8 063
203	东方海外	东方海外	—	OOCL DALIAN	2009-11-10	韩国	中国香港	50 464	4 578

续上表

序号	所属二级公司（经营）	所属公司（经营）	中文船名	英文船名	出厂时间	建造国家或地区	船旗	总载重量（吨）	载箱量(TEU)
204	东方海外	东方海外	—	OOCL CHARLESTON	2010-01-05	韩国	中国香港	50 518	4 578
205	东方海外	东方海外	—	OOCL NAGOYA	2009-11-23	韩国	中国香港	50 501	4 578
206	东方海外	东方海外	—	OOCL LE HAVRE	2010-01-08	韩国	中国香港	50 580	4 578
207	东方海外	东方海外	—	OOCL LONDON	2010-04-13	韩国	中国香港	104 911	8 063
208	东方海外	东方海外	—	OOCL LUXEMBOURG	2010-04-30	韩国	中国香港	104 935	8 063
209	东方海外	东方海外	—	OOCL GUANGZHOU	2010-05-17	韩国	中国香港	50 337	4 578
210	东方海外	东方海外	—	OOCL JAKARTA	2010-06-08	韩国	中国香港	50 411	4 578
211	东方海外	东方海外	—	OOCL SAVANNAH	2010-06-08	韩国	中国香港	50 340	4 578
212	东方海外	东方海外	—	OOCL CANADA	2011-07-18	中国	中国香港	101 412	8 888
213	东方海外	东方海外	—	OOCL BEIJING	2011-04-29	中国	中国香港	101 589	8 888
214	东方海外	东方海外	—	OOCL NEW YORK	1999-12-10	韩国	中国香港	67 660	5 770
215	东方海外	东方海外	—	OOCL SHANGHAI	1999-12-30	韩国	中国香港	67 584	5 770
216	东方海外	东方海外	—	OOCL POLAND	2013-01-22	韩国	中国香港	144 342	13 208
217	东方海外	东方海外	—	OOCL BRUSSELS	2013-03-26	韩国	中国香港	144 150	13 208
218	东方海外	东方海外	—	OOCL MIAMI	2013-01-16	中国	中国香港	101 566	8 888
219	东方海外	东方海外	—	OOCL BERLIN	2013-03-26	韩国	中国香港	144 143	13 208
220	东方海外	东方海外	—	OOCL MEMPHIS	2013-03-28	中国	中国香港	101 544	8 888
221	东方海外	东方海外	—	OOCL FRANCE	2013-04-30	韩国	中国香港	144 044	13 208
222	东方海外	东方海外	—	OOCL EGYPT	2013-07-26	韩国	中国香港	144 179	13 208
223	东方海外	东方海外	—	OOCL CHONGQING	2013-06-28	韩国	中国香港	144 060	13 208
224	东方海外	东方海外	—	OOCL BANGKOK	2013-09-13	韩国	中国香港	144 043	13 208
225	东方海外	东方海外	—	OOCL MALAYSIA	2013-10-16	韩国	中国香港	144 162	13 208
226	东方海外	东方海外	—	OOCL SINGAPORE	2014-05-23	韩国	中国香港	143 800	13 208
227	东方海外	东方海外	—	OOCL KOREA	2014-04-17	韩国	中国香港	144 131	13 208

续上表

序号	所属二级公司（经营）	所属公司（经营）	中文船名	英文船名	出厂时间	建造国家或地区	船旗	总载重量（吨）	载箱量(TEU)
228	东方海外	东方海外	—	OOCL UTAH	2015-03-31	中国	中国香港	101 279	8 888
229	东方海外	东方海外	—	OOCL TAIPEI	2015-01-07	中国	中国香港	101 147	8 888
230	东方海外	东方海外	—	OOCL HO CHI MINH CITY	2015-10-30	中国	中国香港	101 047	8 888
231	东方海外	东方海外	—	OOCL GENOA	2015-08-27	中国	中国香港	101 115	8 888
232	东方海外	东方海外	—	OOCL HONG KONG	2017-05-18	韩国	中国香港	191 422	21 413
233	东方海外	东方海外	—	OOCL GERMANY	2017-08-24	韩国	中国香港	191 688	21 413
234	东方海外	东方海外	—	OOCL JAPAN	2017-09-11	韩国	中国香港	191 640	21 413
235	东方海外	东方海外	—	OOCL UNITED KINGDOM	2017-09-29	韩国	中国香港	191 570	21 413
236	东方海外	东方海外	—	OOCL SCANDINAVIA	2017-11-28	韩国	中国香港	191 343	21 413
237	东方海外	东方海外	—	OOCL INDONESIA	2018-01-18	韩国	中国香港	191 374	21 413
238	东方海外	东方海外	—	OOCL OAKLAND	2007-05-24	日本	中国香港	66 940	5 888
239	东方海外	东方海外	—	OOCL KUALA LUMPUR	2007-03-28	日本	中国香港	66 940	5 888
240	东方海外	东方海外	—	OOCL ITALY	2007-06-29	日本	中国香港	66 940	5 888
241	东方海外	东方海外	—	OOCL BELGIUM	1998-09-30	韩国	中国香港	40 972	2 992
242	东方海外	东方海外	—	OOCL CALIFORNIA	1995-08-29	日本	中国香港	67 765	5 344
243	东方海外	东方海外	—	OOCL AMERICA	1995-11-28	日本	中国香港	67 741	5 344
244	东方海外	东方海外	—	OOCL SAN FRANCISCO	2000-09-15	中国	中国香港	67 286	5 714
245	东方海外	东方海外	—	OOCL CHICAGO	2000-10-27	中国	中国香港	67 278	5 714
246	东方海外	东方海外	—	OOCL MONTREAL	2003-05-19	韩国	中国香港	47 828	4 402
247	东方海外	东方海外	—	OOCL ROTTERDAM	2004-01-15	韩国	中国香港	105 450	8 063
248	东方海外	东方海外	—	OOCL HAMBURG	2004-02-26	韩国	中国香港	105 445	8 063
合计								24 045 753	2 150 843

中远海运集团集装箱船队租入船舶船名录

表 17–2

序号	所属二级公司（经营）	所属公司（经营）	中文船名	英文船名	出厂时间	建造国家或地区	船旗	总载重量（吨）	载箱量(TEU)
1	中远海运集运	中远海运集运	—	NAVIOS NERINE	2008–07–15	中国	巴拿马	56 464	4 730
2	中远海运集运	中远海运集运	—	PROGRESS C	1997–01–02	巴拿马	巴拿马	25 913	2 174
3	中远海运集运	中远海运集运	—	STRIDE	1997–01–01	巴拿马	巴拿马	24 766	2 174
4	中远海运集运	中远海运集运	—	FUTURE	1997–01–01	巴拿马	巴拿马	25 948	2 174
5	中远海运集运	中远海运集运	—	ADVANCE	1997–01–02	巴拿马	巴拿马	25 925	2 174
6	中远海运集运	中远海运集运	—	SPRINTER	1997–01–01	巴拿马	巴拿马	25 925	2 174
7	中远海运集运	中远海运集运	—	WARNOW MATE	2010–01–14	利比里亚	塞浦路斯	21 168	1 496
8	中远海运集运	中远海运集运	—	EXPRESS SPAIN	2011–01–20	韩国	马耳他	44 060	3 510
9	中远海运集运	中远海运集运	—	EXPRESS BLACK SEA	2010–06–30	韩国	马耳他	44 130	3 510
10	中远海运集运	中远海运集运	—	SEASMILE	2013–01–02	韩国	马耳他	62 603	5 071
11	中远海运集运	中远海运集运	盐田	YANTIAN	2006–04–28	韩国	希腊	107 483	9 469
12	中远海运集运	中远海运集运	中远希腊	COSCO HELLAS	2006–07–06	韩国	希腊	107 277	9 469
13	中远海运集运	中远海运集运	—	BEIJING	2006–06–08	韩国	马耳他	107 277	9 469
14	中远海运集运	中远海运集运	—	TOKYO TRADER	2014–06–01	中国	塞内加尔	13 101	1 103
15	中远海运集运	中远海运集运	—	MIMMI SCHULTE	2017–01–01	新加坡	新加坡	30 205	2 345
16	中远海运集运	中远海运集运	—	MOLLY SCHULTE	2018–01–01	新加坡	新加坡	30 079	2 345
17	中远海运集运	中远海运集运	—	LOUISA SCHULTE	2008–02–01	中国	塞内加尔	23 351	1 736
18	中远海运集运	中远海运集运	—	COLOMBO	2004–01–01	韩国	利比里亚	38 638	3 338
19	中远海运集运	中远海运集运	—	NATAL	2007–09–11	韩国	利比里亚	44 234	3 398
20	中远海运集运	中远海运集运	—	CONTSHIP SKY	2008–02–01	中国	蒙特塞拉特	13 826	1 118
21	中远海运集运	中远海运集运	—	NAVIOS MIAMI	2009–09–21	韩国	利比里亚	51 738	4 563
22	中远海运集运	中远海运集运	—	ATOUT	2010–05–12	德国	利比里亚	23 889	1 702

续上表

序号	所属二级公司（经营）	所属公司（经营）	中文船名	英文船名	出厂时间	建造国家或地区	船旗	总载重量（吨）	载箱量(TEU)
23	中远海运集运	中远海运集运	—	HENG HUI 6	2004-01-02	中国	五星旗	68 189	5 060
24	中远海运集运	中远海运集运	—	AS FIORELLA	2007-09-30	中国	葡萄牙	18 270	1 296
25	中远海运集运	中远海运集运	—	JOGELA	2014-01-01	葡萄牙	葡萄牙	62 134	4 957
26	中远海运集运	中远海运集运	—	ANTHEA Y	2015-08-08	菲律宾	利比里亚	111 300	9 115
27	中远海运集运	中远海运集运	—	KURE	1996-01-02	丹麦	利比里亚	90 456	7 403
28	中远海运集运	中远海运集运	—	HANSA FREYBURG	2003-01-02	中国	塞内加尔	10 714	1 740
29	中远海运集运	中远海运集运	—	AREOPOLIS	2000-12-01	德国	利比里亚	33 925	2 478
30	中远海运集运	中远海运集运	—	NAVIOS MAGNOLIA	2008-04-17	中国	巴拿马	55 477	4 730
31	中远海运集运	中远海运集运	—	AS PAMELA	2009-10-01	中国	安提瓜和巴布达	34 334	2 559
32	中远海运集运	中远海运集运	—	NORTHERN DELEGATION	2008-01-02	中国	利比里亚	42 002	3 534
33	中远海运集运	中远海运集运	—	SEAMAX WESTPORT	2007-01-01	韩国	蒙特塞拉特	111 016	9 038
34	中远海运集运	中远海运集运	—	NAVIOS DESTINY	2008-10-13	中国	蒙特塞拉特	50 638	4 253
35	中远海运集运	中远海运集运	—	SEASPAN OCEANIA	2004-07-07	韩国	中国香港	101 810	8 468
36	中远海运集运	中远海运集运	中海非洲	CSCL AFRICA	2004-01-01	韩国	中国香港	101 611	8 468
37	中远海运集运	中远海运集运	—	SEASPAN NEW DELHI	2005-10-18	韩国	中国香港	50 790	4 253
38	中远海运集运	中远海运集运	—	SEASPAN DUBAI	2005-02-01	韩国	中国香港	50 819	4 253
39	中远海运集运	中远海运集运	—	GOTTFRIED SCHULTE	2006-11-01	中国	中国香港	42 200	3 534
40	中远海运集运	中远海运集运	—	CSCL ZEEBRUGGE	2007-01-01	韩国	中国香港	111 889	9 572
41	中远海运集运	中远海运集运	中远福州	COSCO FUZHOU	2007-03-29	中国	中国香港	42 201	3 596
42	中远海运集运	中远海运集运	中远营口	COSCO YINGKOU	2007-07-05	中国	中国香港	42 201	3 596
43	中远海运集运	中远海运集运	中海长滩	CSCL LONG BEACH	2007-01-01	韩国	中国香港	111 889	9 572
44	中远海运集运	中远海运集运	中海蒙特维多	CSCL MONTEVIDEO	2008-01-01	中国	中国香港	33 800	2 500
45	中远海运集运	中远海运集运	中远日本	COSCO JAPAN	2010-03-10	韩国	中国香港	102 834	8 501
46	中远海运集运	中远海运集运	—	BERNHARD SCHULTE	2010-01-01	斯洛伐克	中国香港	59 287	4 600

续上表

序号	所属二级公司（经营）	所属公司（经营）	中文船名	英文船名	出厂时间	建造国家或地区	船旗	总载重量（吨）	载箱量(TEU)
47	中远海运集运	中远海运集运	中远韩国	COSCO KOREA	2010–04–05	韩国	中国香港	102 700	8 501
48	中远海运集运	中远海运集运	中远菲律宾	COSCO PHILIPPINES	2010–04–25	韩国	中国香港	102 713	8 501
49	中远海运集运	中远海运集运	中远马来西亚	COSCO MALAYSIA	2010–05–19	韩国	中国香港	102 796	8 501
50	中远海运集运	中远海运集运	中远印度尼西亚	COSCO INDONESIA	2010–07–05	韩国	中国香港	102 876	8 501
51	中远海运集运	中远海运集运	中远泰国	COSCO THAILAND	2010–10–20	韩国	中国香港	102 713	8 501
52	中远海运集运	中远海运集运	中远越南	COSCO VIETNAM	2011–04–21	韩国	中国香港	102 875	8 501
53	中远海运集运	中远海运集运	中远鲁珀特王子港	COSCO PRINCE RUPERT	2011–03–21	韩国	中国香港	102 742	8 501
54	中远海运集运	中远海运集运	中远荣耀	COSCO GLORY	2011–06–10	韩国	中国香港	141 588	13 114
55	中远海运集运	中远海运集运	中远自豪	COSCO PRIDE	2011–06–29	韩国	中国香港	140 666	13 114
56	中远海运集运	中远海运集运	中远发展	COSCO DEVELOPMENT	2011–08–10	韩国	中国香港	140 609	13 114
57	中远海运集运	中远海运集运	中远和谐	COSCO HARMONY	2011–08–19	韩国	中国香港	140 453	13 114
58	中远海运集运	中远海运集运	中远诚信	COSCO FAITH	2012–03–15	韩国	中国香港	140 599	13 114
59	中远海运集运	中远海运集运	中远卓越	COSCO EXCELLENCE	2012–03–09	韩国	中国香港	140 146	13 114
60	中远海运集运	中远海运集运	中远财富	COSCO FORTUNE	2012–04–30	韩国	中国香港	140 637	13 114
61	中远海运集运	中远海运集运	中远希望	COSCO HOPE	2012–04–20	韩国	中国香港	140 241	13 114
62	中远海运集运	中远海运集运	—	JUDITH SCHULTE	2013–07–29	中国	中国香港	111 862	9 403
63	中远海运集运	中远海运集运	—	JOHANNA SCHULTE	2013–10–01	中国	中国香港	111 862	9 403
64	中远海运集运	中远海运集运	—	JOSEPH SCHULTE	2012–09–10	中国	中国香港	111 862	9 403
65	中远海运集运	中远海运集运	—	SEASPAN HUDSON	2014–01–02	中国	中国香港	119 187	10 100
66	中远海运集运	中远海运集运	—	LAKONIA	2004–11–01	新加坡	中国香港	33 282	2 586
67	中远海运集运	中远海运集运欧洲公司	—	CONTSHIP IVY	2007–01–02	塞浦路斯	塞浦路斯	12 612	925
68	中远海运集运	中远海运集运欧洲公司	—	BALTIC SHEAWATER	2005–09–05	塞浦路斯	塞浦路斯	15 952	1 638
69	中远海运集运	中远海运集运欧洲公司	—	A.OBELIX	2008–09–02	德国	马耳他	23 866	1 702

续上表

序号	所属二级公司（经营）	所属公司（经营）	中文船名	英文船名	出厂时间	建造国家或地区	船旗	总载重量（吨）	载箱量(TEU)
70	中远海运集运	中远海运集运欧洲公司	—	CONTSHIP SEA	2007-01-01	中国	利比里亚	20 994	1 432
71	中远海运集运	中远海运集运欧洲公司	—	CONTSHIP RUN	2007-01-01	中国	利比里亚	20 994	1 432
72	中远海运集运	中远海运集运欧洲公司	—	AS ANITA	2009-01-02	韩国	利比里亚	28 632	1 992
73	中远海运集运	中远海运集运欧洲公司	—	TROUPER	2005-08-01	德国	葡萄牙	11 405	868
74	中远海运集运	中远海运集运欧洲公司	—	MOVEON	2001-10-01	德国	葡萄牙	11 382	868
75	中远海运集运	中远海运集运欧洲公司	—	STADT DRESDEN	2006-06-01	德国	葡萄牙	37 929	2 741
76	中远海运集运	中远海运集运欧洲公司	—	AS FATIMA	2008-01-02	中国	葡萄牙	18 343	1 300
77	中远海运集运	中远海运集运欧洲公司	—	AS CONSTANTINA	2005-02-01	葡萄牙	葡萄牙	37 880	2 741
78	中远海运集运	中远海运集运欧洲公司	—	AS ROSALIA	2009-02-02	中国	葡萄牙	21 410	1 496
79	中远海运集运	中远海运集运欧洲公司	—	CONTSHIP JET	2007-05-01	利比里亚	利比里亚	18 832	1 267
80	中远海运集运	中远海运集运欧洲公司	—	NAVIOS VERMILION	2007-01-01	中国	蒙特塞拉特	50 629	4 241
81	中远海运集运	中远海运集运欧洲公司	—	EF EMIRA	2008-02-29	德国	蒙特塞拉特	24 100	1 710
82	中远海运集运	中远海运集运欧洲公司	中海悉尼	CSCL SYDNEY	2005-01-01	中国	中国香港	50 764	4 253
83	中远海运集运	中远海运集运欧洲公司	中海布里斯班	CSCL BRISBANE	2005-01-01	韩国	中国香港	50 500	4 253
84	中远海运集运	中远海运集运欧洲公司	—	DELPHIS BOTHNIA	2016-08-01	韩国	中国香港	24 427	1 926

续上表

序号	所属二级公司（经营）	所属公司（经营）	中文船名	英文船名	出厂时间	建造国家或地区	船旗	总载重量（吨）	载箱量(TEU)
85	中远海运集运	中远海运集运欧洲公司	—	DELPHIS FINLAND	2016-11-01	韩国	中国香港	24 413	1 926
86	中远海运集运	中远海运集运欧洲公司	—	DELPHIS GDANSK	2017-01-03	韩国	中国香港	24 427	1 926
87	中远海运集运	新鑫海航运有限公司	—	GH RIVER	2021-01-01	巴拿马	巴拿马	28 000	1 710
88	中远海运集运	新鑫海航运有限公司	—	RICH SEAWAY	2006-12-05	中国	巴拿马	9 734	712
89	中远海运集运	新鑫海航运有限公司	—	BRIGHT LAEM CHABANG	2007-01-01	巴拿马	巴拿马	17 852	1 367
90	中远海运集运	新鑫海航运有限公司	—	GREEN HORIZON	2013-01-01	中国	巴拿马	21 957	1 736
91	中远海运集运	新鑫海航运有限公司	—	ISEACO WISDOM	1998-01-02	中国	巴拿马	18 618	1 367
92	中远海运集运	新鑫海航运有限公司	—	NZ NINGBO	1999-12-01	日本	巴拿马	29 277	2 011
93	中远海运集运	新鑫海航运有限公司	—	KUO LUNG	1998-02-01	中国	巴拿马	18 581	1 367
94	中远海运集运	新鑫海航运有限公司	—	GSS YANGON	1993-12-06	日本	巴拿马	18 421	1 367
95	中远海运集运	新鑫海航运有限公司	—	IBN AL ABBAR	1999-01-01	日本	巴拿马	24 376	1 560
96	中远海运集运	新鑫海航运有限公司	—	ISEACO GENESIS	1997-07-31	中国	巴拿马	18 581	1 367
97	中远海运集运	新鑫海航运有限公司	—	WARNOW BOATSWAIN	2007-10-30	中国	塞浦路斯	21 282	1 500
98	中远海运集运	新鑫海航运有限公司	—	JT GLORY	2007-03-23	中国	塞内加尔	23 484	1 738
99	中远海运集运	新鑫海航运有限公司	—	TEERA BHUM	2005-01-01	中国	塞内加尔	23 575	1 858

续上表

序号	所属二级公司（经营）	所属公司（经营）	中文船名	英文船名	出厂时间	建造国家或地区	船旗	总载重量（吨）	载箱量(TEU)
100	中远海运集运	新鑫海航运有限公司	—	ATLANTIC IBIS	2008-03-17	中国	利比里亚	27 245	2 015
101	中远海运集运	新鑫海航运有限公司	—	YA LU JIANG	2004-01-01	中国	五星旗	7 633	549
102	中远海运集运	新鑫海航运有限公司	中航盛	ZHONG HANG SHENG	2004-03-05	中国	五星旗	36 049	2 783
103	中远海运集运	新鑫海航运有限公司	金顺河	JIN SHUN HE	1997-08-19	韩国	五星旗	28 290	2 113
104	中远海运集运	新鑫海航运有限公司	金吉源	JIN JI YUAN	1998-08-10	中国	五星旗	35 187	1 803
105	中远海运集运	新鑫海航运有限公司	万兴达	WAN XING DA	1997-10-20	中国	五星旗	28 500	2 100
106	中远海运集运	新鑫海航运有限公司	万富达	WAN FU DA	1997-10-20	中国	五星旗	28 500	2 100
107	中远海运集运	新鑫海航运有限公司	—	CALA PAGURO	2007-05-23	日本	利比里亚	21 103	1 577
108	中远海运集运	新鑫海航运有限公司	—	AS FENJA	2004-10-21	德国	利比里亚	17 316	1 201
109	中远海运集运	新鑫海航运有限公司	—	AS PENELOPE	2005-06-29	韩国	利比里亚	34 741	2 572
110	中远海运集运	新鑫海航运有限公司	—	CTP FORTUNE	1998-01-01	日本	印度尼西亚	16 567	1 064
111	中远海运集运	新鑫海航运有限公司	—	OLYMPIA	2017-01-01	中国	马绍尔群岛	21 178	1 717
112	中远海运集运	新鑫海航运有限公司	—	CAPE FORBY	2006-01-16	德国	马绍尔群岛	20 307	1 440
113	中远海运集运	新鑫海航运有限公司	—	CAPE FAWLEY	2008-02-21	德国	蒙特塞拉特	20 358	1 440
114	中远海运集运	新鑫海航运有限公司	—	INSPIRE	2016-01-02	马绍尔群岛	马绍尔群岛	21 788	1 785

续上表

序号	所属二级公司（经营）	所属公司（经营）	中文船名	英文船名	出厂时间	建造国家或地区	船旗	总载重量（吨）	载箱量(TEU)
115	中远海运集运	新鑫海航运有限公司	中海利马	CSCL LIMA	2008-01-01	中国	中国香港	33 800	2 546
116	中远海运集运	新鑫海航运有限公司	—	TRADER	2006-06-23	中国	利比里亚	18 472	1 300
117	中远海运集运	新鑫海航运有限公司	—	MERATUS JAYAGIRI	2000-01-02	印度尼西亚	印度尼西亚	34 000	2 450
118	中远海运集运	新鑫海航运有限公司	—	CTP MAKASSAR	1998-05-21	印度	塞内加尔	16 567	1 064
119	中远海运集运	上海泛亚航运有限公司	汉海 2 号	HAN HAI 2 HAO	2019-03-06	中国	五星旗	13 167	1 080
120	中远海运集运	上海泛亚航运有限公司	—	BAL BRIGHT	2008-09-01	中国	巴拿马	12 561	907
121	中远海运集运	上海泛亚航运有限公司	—	ASIATIC QUEST	2008-01-01	新加坡	新加坡	12 500	1 049
122	中远海运集运	上海泛亚航运有限公司	—	ASIATIC WAVE	2007-01-02	新加坡	新加坡	12 559	1 134
123	中远海运集运	上海泛亚航运有限公司	船问网 101	CHUAN WEN WANG 101	2011-04-02	中国	五星旗	11 091	602
124	中远海运集运	上海泛亚航运有限公司	兴隆 29	XING LONG 29	2007-08-28	中国	五星旗	6 800	538
125	中远海运集运	上海泛亚航运有限公司	港宏 22	—	2012-03-01	中国	五星旗	12 037	730
126	中远海运集运	上海泛亚航运有限公司	中外运南海	ZHONGWAIYUN NANHAI	2016-03-23	中国	五星旗	71 198	4 015
127	中远海运集运	上海泛亚航运有限公司	—	HE BIN	1999-01-01	中国	五星旗	11 386	834
128	中远海运集运	上海泛亚航运有限公司	东成蓝天	DONGCHENG LANTIAN	2013-11-21	中国	五星旗	32 500	1 768
129	中远海运集运	上海泛亚航运有限公司	东成盛	DONG CHENG SHENG	2012-08-10	中国	五星旗	28 000	1 546

续上表

序号	所属二级公司（经营）	所属公司（经营）	中文船名	英文船名	出厂时间	建造国家或地区	船旗	总载重量（吨）	载箱量(TEU)
130	中远海运集运	上海泛亚航运有限公司	新鸿翔 76	XIN HONGXIANG76	2010–03–24	中国	五星旗	8 100	686
131	中远海运集运	上海泛亚航运有限公司	新鸿翔 57	XIN HONGXIANG57	2006–07–20	中国	五星旗	10 238	648
132	中远海运集运	上海泛亚航运有限公司	佰利达	BAI LI DA	2012–12–27	中国	五星旗	22 800	1 397
133	中远海运集运	上海泛亚航运有限公司	力洲劼海	LI ZHOU JIE HAI	2019–05–19	中国	五星旗	20 500	1 216
134	中远海运集运	上海泛亚航运有限公司	恒盛 868	HENG SHENG 868	2019–08–08	中国	五星旗	13 987	942
135	中远海运集运	上海泛亚航运有限公司	弘泰 222	HONG TAI 222	2018–10–31	中国	五星旗	20 820	1 338
136	中远海运集运	上海泛亚航运有限公司	昌盛集 8	CHANG SHENG JI 8	2019–09–09	中国	五星旗	21 183	2 001
137	中远海运集运	上海泛亚航运有限公司	弘泰 217	HONT TAI 217	2018–12–12	中国	五星旗	20 820	1 338
138	中远海运集运	上海泛亚航运有限公司	瀚旺	HAN WANG	2019–01–01	中国	五星旗	32 000	1 906
139	中远海运集运	上海泛亚航运有限公司	泰晟 57	TAI SHENG 57	2020–01–19	中国	五星旗	21 000	1 330
140	中远海运集运	上海泛亚航运有限公司	华鑫 968	HUA XIN 968	2020–07–26	中国	五星旗	15 843	578
141	中远海运集运	上海泛亚航运有限公司	弘泰 629	HONG TAI 629	2021–11–01	中国	五星旗	35 056	2 076
142	中远海运集运	上海泛亚航运有限公司	新永昌 19	XIN YONG CHANG 19	2021–11–09	中国	五星旗	35 056	2 070
143	中远海运集运	上海泛亚航运有限公司	力洲兴盛	LI ZHOU XING SHENG	2021–09–15	中国	五星旗	27 000	1 366
144	中远海运集运	上海泛亚航运有限公司	长虹泰安	CHANG HONG TAI AN	2021–12–17	中国	五星旗	21 585	1 128

续上表

序号	所属二级公司（经营）	所属公司（经营）	中文船名	英文船名	出厂时间	建造国家或地区	船旗	总载重量（吨）	载箱量(TEU)
145	中远海运集运	上海泛亚航运有限公司	驰强保庆	CHI QIANG BAO QING	2021–06–23	中国	五星旗	21 585	1 128
146	中远海运集运	上海泛亚航运有限公司	圣顺 87	SHENGSHUN 87	2021–01–01	中国	五星旗	35 110	2 068
147	中远海运集运	上海泛亚航运有限公司	弘泰 639	HONG TAI 639	2021–12–15	中国	五星旗	34 956	2 076
148	中远海运集运	上海泛亚航运有限公司	钱海 83	QIAN HAI 83	2011–12–08	中国	五星旗	11 920	802
149	中远海运集运	上海泛亚航运有限公司	华晟 57	HUA SHENG 57	2018–03–08	中国	五星旗	25 260	1 508
150	中远海运集运	上海泛亚航运有限公司	弘泰 223	HONG TAI 223	2017–09–21	中国	五星旗	21 060	1 330
151	中远海运集运	上海泛亚航运有限公司	—	XIN YONG CHANG 16	2019–05–14	中国	五星旗	21 060	1 330
152	中远海运集运	上海泛亚航运有限公司	汉华恒信	HAN HUA HENG XIN	2015–11–12	中国	五星旗	12 831	890
153	中远海运集运	上海泛亚航运有限公司	海顺丰 8	HAI SHUN FENG 8	2004–09–01	中国	五星旗	6 476	536
154	中远海运集运	上海泛亚航运有限公司	弘泰 229	HONG TAI 229	2017–09–21	中国	五星旗	21 060	1 330
155	中远海运集运	上海泛亚航运有限公司	弘泰 227	HONG TAI 227	2018–04–03	中国	五星旗	21 060	1 330
156	中远海运集运	上海泛亚航运有限公司	华祥 988	HUAXIANG 988	2010–07–01	中国	五星旗	17 500	956
157	中远海运集运	上海泛亚航运有限公司	延展 67	YAN ZHAN 67	2018–09–06	中国	五星旗	19 179	1 176
158	中远海运集运	上海泛亚航运有限公司	华鑫 878	HUA XIN 878	2009–06–06	中国	五星旗	2 647	435
159	中远海运集运	上海泛亚航运有限公司	华鑫 178	HUA XIN 178	2004–01–02	中国	五星旗	10 677	688

续上表

序号	所属二级公司（经营）	所属公司（经营）	中文船名	英文船名	出厂时间	建造国家或地区	船旗	总载重量（吨）	载箱量(TEU)
160	中远海运集运	上海泛亚航运有限公司	弘泰 25	HONG TAI 25	2011-12-01	中国	五星旗	10 325	724
161	中远海运集运	上海泛亚航运有限公司	弘泰 78	HONG TAI 78	2009-08-11	中国	五星旗	4 880	249
162	中远海运集运	上海泛亚航运有限公司	弘泰 22	HONG TAI 22	2010-06-15	中国	五星旗	10 565	720
163	中远海运集运	上海泛亚航运有限公司	华鑫 858	HUA XIN 858	2006-09-27	中国	五星旗	6 800	416
164	中远海运集运	上海泛亚航运有限公司	昌盛集 2	CHANG SHENG JI 2	2010-03-10	中国	五星旗	11 105	629
165	中远海运集运	上海泛亚航运有限公司	华旭达 68	—	2013-12-18	中国	五星旗	17 267	1 113
166	中远海运集运	上海泛亚航运有限公司	泰晟 29	—	2012-12-01	中国	五星旗	16 500	1 131
167	中远海运集运	上海泛亚航运有限公司	成功 83	CHENG GONG 83	2010-11-02	中国	五星旗	10 396	724
168	中远海运集运	上海泛亚航运有限公司	长恒 22	—	2011-09-05	中国	五星旗	7 566	345
169	中远海运集运	上海泛亚航运有限公司	华鑫 888	HUA XIN 888	2007-11-01	中国	五星旗	8 700	570
170	中远海运集运	上海泛亚航运有限公司	昌盛集 5	CHANG SHENG JI 5	2011-08-25	中国	五星旗	15 800	872
171	中远海运集运	上海泛亚航运有限公司	宝安城 89	BAO AN CHENG 89	2013-09-01	中国	五星旗	16 377	900
172	中远海运集运	上海泛亚航运有限公司	鹏安盛	—	2013-08-13	中国	五星旗	14 139	859
173	中远海运集运	上海泛亚航运有限公司	远泰 28	YUAN TAI 28	2015-06-26	中国	五星旗	14 473	933
174	中远海运集运	上海泛亚航运有限公司	昌盛集 6	CHANG SHENG JI 6	2014-03-30	中国	五星旗	15 564	872
175	中远海运集运	上海泛亚航运有限公司	宝安城 87	BAO AN CHENG 87	2008-07-01	中国	五星旗	12 608	616

续上表

序号	所属二级公司（经营）	所属公司（经营）	中文船名	英文船名	出厂时间	建造国家或地区	船旗	总载重量（吨）	载箱量(TEU)
176	中远海运集运	上海泛亚航运有限公司	石商	SHI SHANG 18	1997-05-01	中国	五星旗	24 669	1 613
177	中远海运集运	上海泛亚航运有限公司	恒盛 26	—	2014-07-09	中国	五星旗	18 011	1 113
178	中远海运集运	上海泛亚航运有限公司	昌盛集 7	CHANG SHENG JI 7	2014-04-17	中国	五星旗	24 076	1 427
179	中远海运集运	上海泛亚航运有限公司	瀚兴	—	2015-06-01	中国	五星旗	18 197	1 113
180	中远海运集运	上海泛亚航运有限公司	金源河	JIN YUAN HE	1991-06-01	中国	五星旗	21 138	1 599
181	中远海运集运	上海泛亚航运有限公司	金盛河	JIN SHENG HE	1995-11-01	中国	五星旗	21 087	1 599
182	中远海运集运	上海泛亚航运有限公司	金兴源	JIN XING YUAN	1999-03-01	中国	五星旗	44 541	2 241
183	中远海运集运	上海泛亚航运有限公司	金富源	JIN FU YUAN	1998-02-24	中国	五星旗	43 973	2 241
184	中远海运集运	上海泛亚航运有限公司	金祥源	JIN XIANG YUAN	1999-01-07	中国	五星旗	35 187	1 780
185	中远海运集运	上海泛亚航运有限公司	金秀河	JIN XIU HE	1998-05-18	中国	五星旗	28 500	1 386
186	中远海运集运	上海泛亚航运有限公司	惠金桥 593	—	2013-01-01	中国	五星旗	16 809	1 148
187	中远海运集运	上海泛亚航运有限公司	惠金桥 598	HUI JIN QIAO 598	2015-03-24	中国	五星旗	17 663	1 146
188	中远海运集运	上海泛亚航运有限公司	泛亚依波	EPONYMA	2017-09-01	巴拿马	巴拿马	11 635	1 096
189	中远海运集运	上海泛亚航运有限公司	中海门司	HANSA STEINBURG	2010-02-01	利比里亚	利比里亚	23 285	1 738
190	中远海运集运	上海泛亚航运有限公司	钱海 69	QIAN HAI 69	2019-11-10	中国	五星旗	15 406	676

续上表

序号	所属二级公司（经营）	所属公司（经营）	中文船名	英文船名	出厂时间	建造国家或地区	船旗	总载重量（吨）	载箱量(TEU)
191	中远海运集运	上海泛亚航运有限公司	泛亚新浪	WES SINA	2007-01-02	中国	安提瓜和巴布达	12 500	1 049
192	中远海运集运	上海泛亚航运有限公司	泛亚英特拉	CONSISTENCE	2021-01-01	中国	蒙特塞拉特	13 709	1 091
193	中远海运集运	上海泛亚航运有限公司	泛亚康泰	CONTESSA	2021-09-01	中国	马绍尔群岛	13 687	1 091
194	中远海运集运	上海泛亚航运有限公司	新其盛 16	XIN QI SHENG 16	2018-11-16	中国	五星旗	18 945	1 176
195	中远海运集运	上海泛亚航运有限公司	汉海 1 号	HAN HAI 1 HAO	2018-06-29	中国	五星旗	13 039	1 086
196	中远海运集运	上海泛亚航运有限公司	汉海 3 号	HAN HAI 3 HAO	2019-04-03	中国	五星旗	13 167	1 258
197	中远海运集运	上海泛亚航运有限公司	友和	YOU HE	2012-08-01	中国	五星旗	26 274	1 168
198	中远海运集运	京汉航运有限公司	—	ACACIA HAWK	2002-01-02	中国香港	中国香港	8 003	707
199	东方海外	东方海外	—	SPIL NIRMALA	2008-01-01	菲律宾	巴拿马	34 325	2 564
200	东方海外	东方海外	—	NUMBER 9	2007-01-01	菲律宾	巴拿马	50 525	4 253
201	东方海外	东方海外	—	DOLPHIN II	2007-01-01	菲律宾	巴拿马	65 992	5 095
202	东方海外	东方海外	—	OOCL DURBAN	2011-01-01	菲律宾	巴拿马	90 079	8 476
203	东方海外	东方海外	—	SPIL KARTINI	2008-01-01	菲律宾	巴拿马	51 870	4 218
204	东方海外	东方海外	—	OOCL BRAZIL	2010-01-01	菲律宾	巴拿马	90 013	8 476
205	东方海外	东方海外	—	VIOLETA B	2014-12-01	菲律宾	塞浦路斯	23 673	1 756
206	东方海外	东方海外	—	CAPE SYROS	2015-06-01	菲律宾	塞浦路斯	25 250	2 202
207	东方海外	东方海外	—	CAPE ORIENT	2016-01-01	菲律宾	塞浦路斯	25 250	2 202
208	东方海外	东方海外	—	CAPE FORTIUS	2017-01-01	菲律宾	塞浦路斯	25 250	2 210
209	东方海外	东方海外	—	SAN LORENZO	2014-01-01	菲律宾	塞浦路斯	21 900	1 708

续上表

序号	所属二级公司（经营）	所属公司（经营）	中文船名	英文船名	出厂时间	建造国家或地区	船旗	总载重量（吨）	载箱量(TEU)
210	东方海外	东方海外		AMALIA C	1998-01-01	菲律宾	马耳他	34 129	2 452
211	东方海外	东方海外	—	SAN PEDRO	2014-01-01	菲律宾	马耳他	21 737	1 715
212	东方海外	东方海外	—	SANTA LOUKIA	2015-01-01	菲律宾	马耳他	21 965	1 704
213	东方海外	东方海外	—	OOCL St. LAWRENCR	2005-01-01	菲律宾	马耳他	67 255	5 047
214	东方海外	东方海外	—	OREA	2015-01-01	菲律宾	马耳他	25 533	2 194
215	东方海外	东方海外	—	RIO GRANDE	2008-01-01	菲律宾	马耳他	50 842	4 253
216	东方海外	东方海外	—	SHILING	2005-01-01	菲律宾	新加坡	66 160	5 117
217	东方海外	东方海外	—	HANSA WOLFSBURG	2007-01-01	菲律宾	利比里亚	23 600	1 732
218	东方海外	东方海外	—	SINGAPORE	2004-01-01	菲律宾	利比里亚	38 638	3 338
219	东方海外	东方海外	—	VULPeECULA	2010-05-01	菲律宾	利比里亚	50 245	4 258
220	东方海外	东方海外	—	BUXMELODY	2008-01-01	菲律宾	利比里亚	37 950	2 702
221	东方海外	东方海外	—	FITA ROY	2011-01-01	菲律宾	利比里亚	23 382	1 740
222	东方海外	东方海外	—	SEATTLE C	2007-01-01	菲律宾	塞浦路斯	50 813	4 253
223	东方海外	东方海外	—	VANCOUVER	2007-01-01	菲律宾	塞浦路斯	50 500	4 253
224	东方海外	东方海外	—	BUXCOAST	2001-01-01	菲律宾	葡萄牙	79 398	6 892
225	东方海外	东方海外	—	BUXCLIFF	2001-01-01	菲律宾	葡萄牙	79 501	6 892
226	东方海外	东方海外	—	NORDIC ISTRIA	2011-01-01	菲律宾	葡萄牙	14 233	1 084
227	东方海外	东方海外	—	HANSA OSTERBURG	2007-01-01	菲律宾	葡萄牙	23 388	1 740
228	东方海外	东方海外	—	BRUSSELS	2000-01-01	菲律宾	葡萄牙	68 788	5 806
229	东方海外	东方海外	—	ANINA	2006-01-01	菲律宾	葡萄牙	13 720	1 008
230	东方海外	东方海外	—	SPECTRUM N	2009-01-01	菲律宾	利比里亚	34 344	2 546
231	东方海外	东方海外	—	VELA	2009-01-01	菲律宾	利比里亚	50 420	4 258
232	东方海外	东方海外	—	MANET	2001-01-01	菲律宾	利比里亚	30 442	2 272
233	东方海外	东方海外	—	AKITETA	2002-01-01	菲律宾	利比里亚	30 453	2 220

续上表

序号	所属二级公司（经营）	所属公司（经营）	中文船名	英文船名	出厂时间	建造国家或地区	船旗	总载重量（吨）	载箱量(TEU)
234	东方海外	东方海外	—	OOCL RAUMA	2009-01-01	菲律宾	荷兰	17 861	1 421
235	东方海外	东方海外	—	INESSA	2020-10-01	菲律宾	马绍尔群岛	23 380	1 774
236	东方海外	东方海外	—	GH BORA	2008-01-01	菲律宾	葡萄牙	38 080	2 702
237	东方海外	东方海外	—	LADY JANE	2005-01-01	菲律宾	马绍尔群岛	67 222	5 047
238	东方海外	东方海外	—	SEAMAX STRATFORD	2006-06-01	菲律宾	马绍尔群岛	103 378	8 533
239	东方海外	东方海外	—	INTEGRA	2017-01-01	菲律宾	马绍尔群岛	21 512	1 808
合计								9 362 755	743 490

中远海运集团原油及成品油船队自有船舶船名录

表 17–3

序号	所属二级公司（经营）	所属公司（经营）	中文船名	英文船名	出厂时间	建造国家或地区	船旗	总载重量（吨）
1	中远海运能源	中远海运能源	榕林湾	RONG LIN WAN	2017–07–18	中国	新加坡	109 699
2	中远海运能源	中远海运能源	楠林灣	NAN LIN WAN	2017–04–20	中国	新加坡	109 699
3	中远海运能源	中远海运能源	新龙洋	XIN LONG YANG	2017–05–19	中国	新加坡	308 375
4	中远海运能源	中远海运能源	新威洋	XIN WEI YANG	2017–07–20	中国	新加坡	308 313
5	中远海运能源	中远海运能源	新惠洋	XIN HUI YANG	2018–04–24	中国	新加坡	307 664
6	中远海运能源	中远海运能源	新茂洋	XIN MAO YANG	2018–10–08	中国	新加坡	307 664
7	中远海运能源	中远海运能源	山鹰座	SHAN YING ZUO	2010–11–05	中国	新加坡	75 588
8	中远海运能源	中远海运能源	孔雀座	KONG QUE ZUO	2011–06–27	中国	新加坡	75 579
9	中远海运能源	中远海运能源	远池	YUAN CHI	2009–07–27	中国	五星旗	42 005
10	中远海运能源	中远海运能源	远莲湾	YUAN LIAN WAN	2019–12–13	中国	五星旗	113 826
11	中远海运能源	中远海运能源	连平湖	LIAN PING HU	2005–01–01	中国	五星旗	71 940
12	中远海运能源	中远海运能源	连运湖	LIAN YUN HU	2006–05–30	中国	五星旗	75 493
13	中远海运能源	中远海运能源	远樟湖	YUAN ZHANG HU	2020–04–08	中国	五星旗	64 825
14	中远海运能源	中远海运能源	远荷湾	YUAN HE WAN	2020–04–03	中国	五星旗	113 642
15	中远海运能源	中远海运能源	连兴湖	LIAN XING HU	2006–08–01	中国	五星旗	75 504
16	中远海运能源	中远海运能源	连盛湖	LIAN SHENG HU	2006–09–01	中国	五星旗	75 499
17	中远海运能源	中远海运能源	远桉湖	YUAN AN HU	2020–06–23	中国	五星旗	64 898
18	中远海运能源	中远海运能源	远棠湾	YUAN TANG WAN	2020–07–16	中国	五星旗	113 684
19	中远海运能源	中远海运能源	远晶河	YUAN JING HE	2021–09–13	中国	五星旗	49 915
20	中远海运能源	中远海运能源	远玉河	YUAN YU HE	2022–02–22	中国	五星旗	49 842
21	中远海运能源	中远海运能源	柳林湾	LIU LIN WAN	2004–05–20	中国	五星旗	109 181
22	中远海运能源	中远海运能源	杨林湾	YANG LIN WAN	2004–08–18	中国	五星旗	109 411
23	中远海运能源	中远海运能源	榆林湾	YU LIN WAN	2004–11–18	中国	五星旗	109 277
24	中远海运能源	中远海运能源	新金洋	XIN JIN YANG	2004–11–28	中国	五星旗	297 376
25	中远海运能源	中远海运能源	新宁洋	XIN NING YANG	2005–04–11	中国	五星旗	297 439
26	中远海运能源	中远海运能源	新安洋	XIN AN YANG	2007–11–10	中国	五星旗	297 491
27	中远海运能源	中远海运能源	新甬洋	XIN YONG YANG	2010–07–10	中国	五星旗	309 266
28	中远海运能源	中远海运能源	新申洋	XIN SHEN YANG	2010–12–09	中国	五星旗	309 189
29	中远海运能源	中远海运能源	新厦洋	XIN XIA YANG	2011–02–11	中国	五星旗	309 140
30	中远海运能源	中远海运能源	平池	PING CHI	2002–12–25	中国	五星旗	42 196
31	中远海运能源	中远海运能源	安池	AN CHI	2003–04–27	中国	五星旗	42 203
32	中远海运能源	中远海运能源	昌池	CHANG CHI	2003–08–27	中国	五星旗	42 196

续上表

序号	所属二级公司（经营）	所属公司（经营）	中文船名	英文船名	出厂时间	建造国家或地区	船旗	总载重量（吨）
33	中远海运能源	中远海运能源	盛池	SHENG CHI	2003–12–18	中国	五星旗	42 147
34	中远海运能源	中远海运能源	兴池	XING CHI	2004–03–15	中国	五星旗	42 017
35	中远海运能源	中远海运能源	旺池	WANG CHI	2004–04–14	中国	五星旗	42 003
36	中远海运能源	中远海运能源	腾池	TENG CHI	2005–01–16	中国	五星旗	42 047
37	中远海运能源	中远海运能源	达池	DA CHI	2005–01–16	中国	五星旗	42 047
38	中远海运能源	中远海运能源	新埔洋	XIN PU YANG	2010–01–07	中国	五星旗	309 362
39	中远海运能源	中远海运能源	天鸿座	TIAN HONG ZUO	2016–09–02	中国	五星旗	64 986
40	中远海运能源	中远海运能源	天鹰座	TIAN YING ZUO	2016–11–29	中国	五星旗	64 982
41	中远海运能源	中远海运能源	天鹤座	TIAN HE ZUO	2017–03–28	中国	五星旗	64 982
42	中远海运能源	中远海运能源	麒麟座	QI LIN ZUO	2009–05–05	中国	五星旗	75 568
43	中远海运能源	中远海运能源	飞马座	FEI MA ZUO	2009–10–22	中国	五星旗	75 579
44	中远海运能源	中远海运能源	羚羊座	LING YANG ZUO	2010–01–15	中国	五星旗	75 573
45	中远海运能源	中远海运能源	海豚座	HAI TUN ZUO	2010–03–23	中国	五星旗	75 571
46	中远海运能源	中远海运能源	金牛座	JIN NIU ZUO	2005–08–05	中国	五星旗	75 493
47	中远海运能源	中远海运能源	狮子座	SHI ZI ZUO	2005–09–06	中国	五星旗	75 447
48	中远海运能源	中远海运能源	天龙座	TIAN LONG ZUO	2006–04–07	中国	五星旗	75 484
49	中远海运能源	中远海运能源	凤凰座	FENG HUANG ZUO	2006–06–13	中国	五星旗	75 514
50	中远海运能源	中远海运能源	瑞金潭	RUI JIN TAN	2007–04–01	中国	五星旗	52 687
51	中远海运能源	中远海运能源	黎平潭	LI PING TAN	2007–06–25	中国	五星旗	52 670
52	中远海运能源	中远海运能源	遵义潭	ZUN YI TAN	2007–09–09	中国	五星旗	52 662
53	中远海运能源	中远海运能源	泸定潭	LU DING TAN	2007–12–06	中国	五星旗	52 682
54	中远海运能源	中远海运能源	珊瑚座	SHAN HU ZUO	2010–05–22	中国	五星旗	75 596
55	中远海运能源	中远海运能源	鲸鱼座	JING YU ZUO	2010–07–19	中国	五星旗	75 577
56	中远海运能源	中远海运能源	百池	BAI CHI	2007–07–19	中国	五星旗	41 983
57	中远海运能源	中远海运能源	年池	NIAN CHI	2008–11–05	中国	五星旗	41 956
58	中远海运能源	中远海运能源	荣池	RONG CHI	2012–04–05	中国	五星旗	48 698
59	中远海运能源	中远海运能源	华池	HUA CHI	2012–08–21	中国	五星旗	48 743
60	中远海运能源	中远海运能源	富池	FU CHI	2012–07–20	中国	五星旗	48 769
61	中远海运能源	中远海运能源	贵池	GUI CHI	2012–10–25	中国	五星旗	48 801
62	中远海运能源	中远海运能源	秀池	XIU CHI	2012–11–26	中国	五星旗	48 781
63	中远海运能源	中远海运能源	丽池	LI CHI	2012–10–08	中国	五星旗	48 653
64	中远海运能源	中远海运能源	河池	HE CHI	2013–01–04	中国	五星旗	48 698
65	中远海运能源	中远海运能源	山池	SHAN CHI	2013–01–08	中国	五星旗	48 739
66	中远海运能源	中远海运能源	华川	HUA CHUAN	2013–01–08	中国	五星旗	6 323

续上表

序号	所属二级公司（经营）	所属公司（经营）	中文船名	英文船名	出厂时间	建造国家或地区	船旗	总载重量（吨）
67	中远海运能源	中远海运能源	梅林湾	MEI LIN WAN	2012-11-02	中国	五星旗	109 485
68	中远海运能源	中远海运能源	桦林湾	HUA LIN WAN	2012-12-07	中国	五星旗	109 475
69	中远海运能源	中远海运能源	飛池	FEI CHI	2005-12-11	中国	中国香港	42 036
70	中远海运能源	中远海运能源	躍池	YUE CHI	2006-03-16	中国	中国香港	42 053
71	中远海运能源	中远海运能源	千池	QIAN CHI	2008-06-30	中国	中国香港	45 541
72	中远海运能源	中远海运能源	新通洋	XIN TONG YANG	2009-01-04	中国	中国香港	297 183
73	中远海运能源	中远海运能源	秋池	QIU CHI	2009-01-15	中国	中国香港	45 484
74	中远海运能源	中远海运能源	中池	ZHONG CHI	2009-03-03	中国	中国香港	41 968
75	中远海运能源	中远海运能源	偉池	WEI CHI	2009-06-22	中国	中国香港	45 854
76	中远海运能源	中远海运能源	新潤洋	XIN RUN YANG	2009-07-07	中国	中国香港	297 244
77	中远海运能源	中远海运能源	新岳洋	XIN YUE YANG	2009-09-03	中国	中国香港	297 232
78	中远海运能源	中远海运能源	業池	YE CHI	2009-11-18	中国	中国香港	45 740
79	中远海运能源	中远海运能源	新漢洋	XIN HAN YANG	2009-12-12	中国	中国香港	297 293
80	中远海运能源	中远海运能源	白鷺座	BAI LU ZUO	2011-11-18	中国	中国香港	75 595
81	中远海运能源	中远海运能源	天鹅座	TIAN E ZUO	2012-02-23	中国	中国香港	75 594
82	中远海运能源	中远海运能源	新丹洋	XIN DAN YANG	2013-11-20	中国	中国香港	322 829
83	中远海运能源	中远海运能源	新连洋	XIN LIAN YANG	2014-01-06	中国	中国香港	322 861
84	中远海运能源	中远海运能源	桐林灣	TONG LIN WAN	2014-05-23	中国	中国香港	109 615
85	中远海运能源	中远海运能源	远鲲洋	YUAN KUN YANG	2020-08-28	中国	中国香港	310 297
86	中远海运能源	中远海运能源	遠鵬洋	YUAN PENG YANG	2021-02-26	中国	中国香港	310 298
87	中远海运能源	中远海运石油运输有限公司	辽油 123	LIAO YOU 123	2007-11-26	中国	五星旗	11 999
88	中远海运能源	中远海运石油运输有限公司	辽油 128	LIAO YOU 128	2007-03-29	中国	五星旗	14 365
89	中远海运能源	中远海运石油运输有限公司	辽油 602	LIAO YOU 602	2006-07-24	中国	五星旗	7 088
90	中远海运能源	中远海运石油运输有限公司	辽油 126	LIAO YOU 126	2006-08-04	中国	五星旗	14 386
91	中远海运能源	中远海运石油运输有限公司	辽油 121	LIAO YOU 121	2007-03-22	中国	五星旗	12 000
92	中远海运能源	中远海运石油运输有限公司	昆仑油 003	KUN LUN YOU 003	2008-01-29	中国	五星旗	12 929
93	中远海运能源	中远海运石油运输有限公司	昆仑油 202	KUN LUN YOU 202	2011-12-30	中国	五星旗	30 046
94	中远海运能源	中远海运石油运输有限公司	鄱阳湖	PO YANG HU	1994-03-08	中国	五星旗	61 957
95	中远海运能源	中远海运石油运输有限公司	昆仑油 106	KUN LUN YOU 106	2010-04-29	中国	五星旗	14 309

续上表

序号	所属二级公司（经营）	所属公司（经营）	中文船名	英文船名	出厂时间	建造国家或地区	船旗	总载重量（吨）
96	中远海运能源	中远海运石油运输有限公司	昆仑油 201	KUN LUN YOU 201	2011-12-15	中国	五星旗	30 119
97	中远海运能源	中远海运石油运输有限公司	华海 5	HUA HAI 5	2001-09-01	中国	五星旗	40 643
98	中远海运能源	中远海运石油运输有限公司	华海 6	HUA HAI 6	2002-12-01	中国	五星旗	40 643
99	中远海运能源	中远海运石油运输有限公司	华海 21	HUA HAI 21	2013-03-01	中国	五星旗	48 764
100	中远海运能源	中远海运石油运输有限公司	昆仑油 203	KUN LUN YOU 203	2012-07-09	中国	五星旗	30 032
101	中远海运能源	中远海运石油运输有限公司	昆仑油 205	KUN LUN YOU 205	2012-07-27	中国	五星旗	30 032
102	中远海运能源	中远海运石油运输有限公司	昆仑油 206	KUN LUN YOU 206	2012-10-19	中国	五星旗	30 032
103	中远海运能源	洋浦公司	连安湖	LIAN AN HU	2005-05-12	中国	五星旗	71 960
104	中远海运能源	海南能源运输	远盛湖	COSGRAND LAKE	2006-02-01	日本	巴拿马	298 997
105	中远海运能源	海南能源运输	远惠湖	COSGRACE LAKE	2006-07-31	日本	巴拿马	299 118
106	中远海运能源	海南能源运输	远怡湖	COSMERRY LAKE	2006-12-11	中国	巴拿马	298 920
107	中远海运能源	海南能源运输	连欢湖	LIAN HUAN HU	2015-12-16	中国	五星旗	50 239
108	中远海运能源	海南能源运输	连松湖	LIAN SONG HU	2015-12-04	中国	五星旗	72 745
109	中远海运能源	海南能源运输	连柏湖	LIAN BAI HU	2015-12-04	中国	五星旗	72 745
110	中远海运能源	海南能源运输	洋宁湖	YANG NING HU	2009-08-01	中国	五星旗	109 815
111	中远海运能源	海南能源运输	洋丽湖	YANG LI HU	2010-05-01	中国	五星旗	109 892
112	中远海运能源	海南能源运输	远山湖	YUAN SHAN HU	2010-04-01	中国	五星旗	297 316
113	中远海运能源	海南能源运输	连顺湖	LIAN SHUN HU	2005-06-01	中国	五星旗	71 956
114	中远海运能源	海南能源运输	远东海	YUAN DONG HAI	2020-08-30	中国	五星旗	158 677
115	中远海运能源	海南能源运输	远华洋	YUAN HUA YANG	2020-09-23	中国	五星旗	319 786
116	中远海运能源	海南能源运输	远兰湾	YUAN LAN WAN	2020-11-19	中国	五星旗	109 844
117	中远海运能源	海南能源运输	远贵洋	YUAN GUI YANG	2020-11-12	中国	五星旗	319 702
118	中远海运能源	海南能源运输	远南海	YUAN NAN HAI	2020-12-01	中国	五星旗	158 694
119	中远海运能源	海南能源运输	远福洋	YUAN FU YANG	2020-12-14	中国	五星旗	319 668
120	中远海运能源	海南能源运输	远菊湾	YUAN JU WAN	2021-01-12	中国	五星旗	109 844
121	中远海运能源	海南能源运输	远北海	YUAN BEI HAI	2021-01-12	中国	五星旗	158 840
122	中远海运能源	海南能源运输	远瑞洋	YUAN RUI YANG	2022-02-28	中国	五星旗	318 451
123	中远海运能源	海南能源运输	远秋湖	YUAN QIU HU	2014-10-21	中国	五星旗	308 581
124	中远海运能源	海南能源运输	远花湖	YUAN HUA HU	2015-12-08	中国	五星旗	308 000
125	中远海运能源	海南能源运输	远月湖	YUAN YUE HU	2014-10-13	中国	五星旗	308 000

续上表

序号	所属二级公司（经营）	所属公司（经营）	中文船名	英文船名	出厂时间	建造国家或地区	船旗	总载重量（吨）
126	中远海运能源	海南能源运输	桃林湾	TAO LIN WAN	2012-09-20	中国	五星旗	109 533
127	中远海运能源	海南能源运输	远春湖	YUAN CHUN HU	2014-06-25	中国	五星旗	308 013
128	中远海运能源	海南能源运输	洋美湖	YANG MEI HU	2010-02-01	中国	五星旗	109 855
129	中远海运能源	海南能源运输	远洋湖	YUAN YANG HU	2010-01-01	中国	五星旗	297 305
130	中远海运能源	海南能源运输	远大湖	COSGREAT LAKE	2002-12-01	中国	巴拿马	298 833
131	中远海运能源	海南能源运输	远荣湖	COSGLORY LAKE	2003-01-01	日本	巴拿马	299 145
132	中远海运能源	海南能源运输	远明湖	COSBRIGHT LAKE	2003-04-01	中国	巴拿马	299 079
133	中远海运能源	海南能源运输	远兴湖	COSGLAD LAKE	2010-01-29	中国	中国香港	297 388
134	中远海运能源	海南能源运输	远富湖	COSRICH LAKE	2011-10-14	中国	中国香港	297 163
135	中远海运能源	海南能源运输	远金湖	COSGOLD LAKE	2009-05-05	中国	中国香港	297 163
136	中远海运能源	海南能源运输	远翠湖	COSJADE LAKE	2009-01-01	日本	中国香港	298 216
137	中远海运能源	海南能源运输	远珍湖	COSPEARL LAKE	2008-01-01	日本	中国香港	298 195
138	中远海运能源	海南能源运输	远翔湖	COSFLYING LAKE	2015-04-16	中国	中国香港	310 421
139	中远海运能源	海南能源运输	远智湖	COSWISDOM LAKE	2015-11-18	中国	中国香港	308 019
140	中远海运能源	海南能源运输	远腾湖	COSRISING LAKE	2015-12-23	中国	中国香港	310 595
141	中远海运能源	海南能源运输	远尊湖	COSDIGNITY LAKE	2015-11-26	中国	中国香港	308 085
142	中远海运能源	海南能源运输	連囍湖	LIAN XI HU	2015-12-16	中国	中国香港	50 252
143	中远海运能源	海南能源运输	远誉湖	COSHONOUR LAKE	2015-12-18	中国	中国香港	307 953
144	中远海运能源	海南能源运输	远喜湖	COSLUCKY LAKE	2015-12-17	中国	中国香港	310 574
145	中远海运能源	海南能源运输	連樂湖	LIAN LE HU	2015-12-16	中国	中国香港	50 239
146	中远海运能源	海南能源运输	远旺湖	COSFLOURISH LAKE	2015-12-10	中国	中国香港	308 152
147	中远海运能源	海南能源运输	远贺湖	COSWISH LAKE	2015-12-10	中国	中国香港	318 737
148	中远海运能源	海南能源运输	連楊湖	LIAN YANG HU	2015-12-23	中国	中国香港	72 712
149	中远海运能源	海南能源运输	远新湖	COSNEW LAKE	2015-12-10	中国	中国香港	318 803
150	中远海运能源	海南能源运输	連杉湖	LIAN SHAN HU	2015-12-23	中国	中国香港	72 780
151	中远海运能源	海南能源运输	連桂湖	LIAN GUI HU	2015-12-23	中国	中国香港	72 822
152	中远海运能源	广州三鼎	三鼎长乐	—	2013-04-18	中国	五星旗	75 461
153	中远海运能源	广州三鼎	三鼎长春	—	2012-06-18	中国	五星旗	64 999
154	中远海运能源	北海船务	北海凤凰	BEI HAI FENG HUANG	2019-12-18	中国	五星旗	64 903
155	中远海运能源	北海船务	北海鲲鹏	BEI HAI KUN PENG	2020-06-23	中国	五星旗	64 810
156	中远海运能源	北海船务	北海麒麟	BEI HAI QI LIN	2020-09-04	中国	五星旗	64 926
157	中远海运能源	北海船务	北海新希望	BEI HAI XIN XI WANG	2021-07-07	中国	五星旗	14 932
158	中远海运能源	北海船务	北海名望	BEI HAI MING WANG	2013-07-05	中国	五星旗	116 166

续上表

序号	所属二级公司（经营）	所属公司（经营）	中文船名	英文船名	出厂时间	建造国家或地区	船旗	总载重量（吨）
159	中远海运能源	北海船务	北海展望	BEI HAI ZHAN WANG	2008-11-05	中国	五星旗	104 324
160	中远海运能源	北海船务	北海奋进	BEI HAI FEN JIN	2017-09-02	中国	五星旗	63 508
161	中远海运能源	北海船务	北海威望	BEI HAI WEI WANG	2007-08-02	中国	五星旗	104 405
162	中远海运能源	北海船务	北海开拓	BEI HAI KAI TUO	2017-05-18	中国	五星旗	63 401
163	中远海运能源	北海船务	北海厚望	BEI HAI HOU WANG	2011-08-30	中国	五星旗	56 168
164	中远海运能源	北海船务	北海众望	BEI HAI ZHONG WANG	2011-06-18	中国	五星旗	56 192
165	中远海运能源	北海船务	北海远望	BEI HAI YUAN WANG	2004-01-02	中国	五星旗	45 828
166	中远海运能源	北海船务	滨海 607	BIN HAI 607	1999-07-28	中国	五星旗	4 850
167	中远海运能源	北海船务	滨海 608	BIN HAI 608	1999-08-26	中国	五星旗	4 178
合计								22 572 733

中远海运集团原油及成品油船队租入船舶船名录

表 17-4

序号	所属二级公司（经营）	所属公司（经营）	中文船名	英文船名	出厂时间	建造国家或地区	船旗	总载重量（吨）
1	中远海运能源	中远海运能源	新恒洋	NAVE ELECTRON	2018-05-30	日本	黎巴嫩	313 239
2	中远海运能源	中远海运能源	新宜洋	DS VISION	2011-03-25	中国	黎巴嫩	297 345
3	中远海运能源	中远海运能源	新澄洋	DS VENTURE	2011-09-28	中国	黎巴嫩	297 345
4	中远海运能源	中远海运能源	鑫通洲	XIN TONG ZHOU	2005-09-08	中国	五星旗	69 999
5	中远海运能源	中远海运能源	新湾洋	XIN WAN YANG	2005-09-08	中国	中国香港	297 052
6	中远海运能源	中远海运能源	新顺洋	NAVE BUENA SUERTE	2011-03-29	中国	中国香港	297 491
7	中远海运能源	中远海运能源	新屿洋	XIN YU YANG	2005-09-08	中国	中国香港	296 919
8	中远海运能源	中远海运能源	新春洋	XIN CHUN YANG	2005-09-08	中国	中国香港	296 908
9	中远海运能源	中远海运能源	新海洋	XIN HAI YANG	2005-09-08	中国	中国香港	297 123
10	中远海运能源	中远海运能源	新丽洋	XIN LI YANG	2005-09-08	中国	中国香港	299 170
11	中远海运能源	海南能源运输	新浩洋	ALMI TITAN	2018-05-30	韩国	黎巴嫩	315 299
合计								3 077 890

中远海运集团 LNG 船队自有船舶船名录

表 17–5

序号	所属二级公司（经营）	所属公司（经营）	中文船名	英文船名	出厂时间	建造国家或地区	船旗	总载重量（吨）	LNG 立方数（立方米）
1	中远海运能源	LNG 公司（联合营）	巴布亚	PAPUA	2015–01–31	中国	中国香港	84 444	171 859
2	中远海运能源	LNG 公司（联合营）	南十字星	SOUTHERN CROSS	2015–06–30	中国	中国香港	84 318	171 859
3	中远海运能源	LNG 公司（联合营）	北斗星	BEIDOU STAR	2015–11–30	中国	中国香港	84 480	171 825
4	中远海运能源	LNG 公司（联合营）	天堂鸟	KUMUL	2016–04–29	中国	中国香港	84 379	171 877
5	中远海运能源	LNG 公司（联合营）	—	VLADIMIR RUSANOV	2018–03–26	韩国	中国香港	79 970	172 410
6	中远海运能源	LNG 公司（联合营）	—	VLADIMIR VIZE	2018–10–19	韩国	中国香港	79 970	172 410
7	中远海运能源	LNG 公司（联合营）	—	NIKOLAY URVANTSEV	2019–08–30	韩国	中国香港	79 970	172 410
8	中远海运能源	LNG 公司（联合营）	天枢星	LNG DUBHE	2018–10–19	中国	中国香港	80 155	174 089
9	中远海运能源	LNG 公司（联合营）	天璇星	LNG MERAK	2020–01–09	中国	中国香港	80 155	174 089
10	中远海运能源	LNG 公司（联合营）	天玑星	LNG PHECDA	2020–08–31	中国	中国香港	80 155	174 089
11	中远海运能源	LNG 公司（联合营）	天权星	LNG MEGREZ	2020–10–31	中国	中国香港	80 155	174 089
12	中远海运能源	CLNG	—	BORIS DAVYDOV	2019–01–18	韩国	塞浦路斯	98 000	172 610
13	中远海运能源	CLNG	—	NIKOLAY ZUBOV	2019–02–22	韩国	塞浦路斯	98 000	172 610
14	中远海运能源	CLNG	—	FEDOR LITKE	2018–01–08	韩国	塞浦路斯	98 000	172 610
15	中远海运能源	CLNG	—	BORIS VILKITSKY	2017–12–26	韩国	塞浦路斯	98 000	172 610
16	中远海运能源	CLNG	—	GEORGIY BRUSILOV	2018–12–10	韩国	塞浦路斯	98 000	172 610
17	中远海运能源	CLNG	—	EDUARD TOLL	2018–01–09	韩国	巴哈马群岛	98 000	172 610
18	中远海运能源	CLNG	—	RUDOLF SAMOYLOVICH	2018–09–06	韩国	巴哈马群岛	98 000	172 610
19	中远海运能源	CLNG	—	NIKOLAY YEVGENOV	2019–06–03	韩国	巴哈马群岛	98 000	172 610
20	中远海运能源	CLNG	—	VLADIMIR VORONIN	2019–08–13	韩国	巴哈马群岛	98 000	172 610
21	中远海运能源	CLNG	—	GEORGIY USHAKOV	2019–11–06	韩国	巴哈马群岛	98 000	172 610
22	中远海运能源	CLNG	—	YAKOV GAKKEL	2019–12–04	韩国	巴哈马群岛	79 880	172 610

续上表

序号	所属二级公司（经营）	所属公司（经营）	中文船名	英文船名	出厂时间	建造国家或地区	船旗	总载重量（吨）	LNG 立方数（立方米）
23	中远海运能源	CLNG	大鹏昊	DAPENG SUN	2008–04–03	中国	中国香港	83 050	147 236
24	中远海运能源	CLNG	大鹏月	DAPENG MOON	2008–07–10	中国	中国香港	83 050	147 236
25	中远海运能源	CLNG	闽榕	MIN RONG	2009–08–17	中国	中国香港	82 359	147 236
26	中远海运能源	CLNG	闽鹭	MIN LU	2009–03–11	中国	中国香港	82 598	147 236
27	中远海运能源	CLNG	大鹏星	DAPENG STAR	2009–12–10	中国	中国香港	82 428	147 236
28	中远海运能源	CLNG	申海	SHEN HAI	2012–09–20	中国	中国香港	82 625	147 000
29	中远海运能源	CLNG	泛亚	PAN ASIA	2017–10–13	中国	中国香港	83 312	174 000
30	中远海运能源	CLNG	泛美	PAN AMERICAS	2018–01–31	中国	中国香港	83 312	174 000
31	中远海运能源	CLNG	泛欧	PAN EUROPE	2018–07–10	中国	中国香港	83 312	174 000
32	中远海运能源	CLNG	泛非	PAN AFRICA	2019–01–08	中国	中国香港	83 312	174 000
33	中远海运能源	上海 LNG	中能福石	CESI GLADSTONE	2016–10–18	中国	中国香港	84 065	174 059
34	中远海运能源	上海 LNG	中能青岛	CESI QINGDAO	2017–01–06	中国	中国香港	84 064	173 999
35	中远海运能源	上海 LNG	中能北海	CESI BEIHAI	2017–06–01	中国	中国香港	84 000	173 999
36	中远海运能源	上海 LNG	中能天津	CESI TIANJIN	2017–09–26	中国	中国香港	84 000	173 999
37	中远海运能源	上海 LNG	中能温州	CESI WENZHOU	2018–01–31	中国	中国香港	84 000	173 999
38	中远海运能源	上海 LNG	中能连云港	CESI LIANYUNGANG	2018–05–31	中国	中国香港	84 000	173 999
39	中远海运能源	上海 LNG	少林	SHAO LIN	2022–10–25	中国	中国香港	79 997	174 089
40	中远海运能源	上海 LNG	武当	WU DANG	2022–12–15	中国	中国香港	79 997	174 089
合计								3 451 512	6 771 128

注：上海LNG，即上海中远海运液化天然气投资有限公司，为中远海运能源全资子公司；

CLNG，即中国液化天然气运输（控股）有限公司，中远海运能源持有其50%的股权。

中远海运集团 LPG 船队自有船舶船名录

表 17–6

序号	所属二级公司（经营）	所属公司（经营）	中文船名	英文船名	出厂时间	建造国家或地区	船旗	总载重量（吨）	LPG 立方数（立方米）
1	大连投资	上海中远海运液化气运输有限公司	长兴源	CHANG XING YUAN	2016–03–11	中国	五星旗	53 688	83 088
2	大连投资	龙鹏公司	吉祥源	JI XIANG YUAN	2012–06–13	中国	五星旗	3 176	3 700
3	大连投资	龙鹏公司	芙蓉源	FU RONG YUAN	1996–02–13	日本	五星旗	2 854	4 013
4	大连投资	龙鹏公司	百花源	BAI HUA YUAN	1997–10–07	日本	五星旗	3 338	3 500
5	大连投资	龙鹏公司	平安源	PING AN YUAN	2011–11–28	中国	五星旗	3 218	3 700
6	大连投资	龙鹏公司	同心源	TONG XIN YUAN	2008–05–31	中国	五星旗	2 736	3 500
7	大连投资	龙鹏公司	同德源	TONG DE YUAN	2007–12–28	中国	五星旗	2 716	3 500
8	大连投资	海南招港海运有限公司	招洋	ZHAO YANG	2011–09–15	中国	五星旗	2 080	2 680
9	大连投资	海南招港海运有限公司	招源	ZHAO YUAN	2021–01–18	中国	五星旗	3 850	4 985
10	大连投资	海南招港海运有限公司	招港	ZHAO GANG	2007–10–24	中国	五星旗	1 646	2 011
合计								79 302	114 677

中远海运集团干散货船队自有船舶船名录

表 17-7

序号	所属二级公司（经营）	所属公司（经营）	中文船名	英文船名	出厂时间	建造国家或地区	船旗	总载重量（吨）
1	中远海运散运	中远海运散运	宇华海	YU HUA HAI	2010-04-09	中国	巴拿马	297 846
2	中远海运散运	中远海运散运	远安海	YUAN AN HAI	2009-12-23	中国	巴拿马	56 957
3	中远海运散运	中远海运散运	远顺海	YUAN SHUN	2009-08-28	中国	巴拿马	56 956
4	中远海运散运	中远海运散运	盛茂海	SHENG MAO HAI	2011-02-10	中国	五星旗	56 901
5	中远海运散运	中远海运散运	盛泰海	SHENG TAI HAI	2012-01-18	中国	五星旗	57 076
6	中远海运散运	中远海运散运	盛康海	SHENG KANG HAI	2012-06-28	中国	五星旗	56 704
7	中远海运散运	中远海运散运	盛和海	SHENG HE HAI	2015-02-12	中国	五星旗	58 089
8	中远海运散运	中远海运散运	鹏錦	PENG JIN	2013-01-04	中国	五星旗	64 542
9	中远海运散运	中远海运散运	鹏福	PENG FU	2013-11-20	中国	五星旗	49 926
10	中远海运散运	中远海运散运	鹏安	PENG AN	2013-12-06	中国	五星旗	64 494
11	中远海运散运	中远海运散运	巨大	JU DA	2005-05-16	中国	五星旗	73 604
12	中远海运散运	中远海运散运	鹏泰	PENG TAI	2013-11-25	中国	五星旗	49 837
13	中远海运散运	中远海运散运	鹏利	PENG LI	2013-12-06	中国	五星旗	64 509
14	中远海运散运	中远海运散运	鹏宇	PENG YU	2013-11-29	中国	五星旗	49 998
15	中远海运散运	中远海运散运	鹏德	PENG DE	2014-01-02	中国	五星旗	64 464
16	中远海运散运	中远海运散运	康满	KANG MAN	2004-07-02	日本	五星旗	52 818
17	中远海运散运	中远海运散运	康寰	KANG HUAN	2004-07-30	日本	五星旗	52 810
18	中远海运散运	中远海运散运	康顺	KANG SHUN	2004-05-26	中国	五星旗	55 566
19	中远海运散运	中远海运散运	狮子峰	SHI ZI FENG	2011-07-27	中国	五星旗	56 605
20	中远海运散运	中远海运散运	新安宁	XIN AN NING	2009-02-16	中国	五星旗	55 256
21	中远海运散运	中远海运散运	新安平	XIN AN PING	2009-02-16	中国	五星旗	55 259
22	中远海运散运	中远海运散运	新安远	XIN AN YUAN	2009-04-30	中国	五星旗	55 277
23	中远海运散运	中远海运散运	康誉	KANG YU	2004-09-22	日本	五星旗	52 988
24	中远海运散运	中远海运散运	康弘	KANG HONG	2005-05-31	中国	五星旗	55 589
25	中远海运散运	中远海运散运	安昌	AN CHANG	2009-04-30	中国	五星旗	55 217
26	中远海运散运	中远海运散运	远智海	YUAN ZHI HAI	2005-09-23	中国	五星旗	75 450
27	中远海运散运	中远海运散运	新发海	XIN FA HAI	2004-02-22	中国	五星旗	174 766
28	中远海运散运	中远海运散运	远慧海	YUAN HUI HAI	2006-04-13	中国	五星旗	75 437
29	中远海运散运	中远海运散运	百安海	BAI AN HAI	2008-09-19	中国	五星旗	178 023
30	中远海运散运	中远海运散运	武竹海	WU ZHU HAI	2008-12-09	中国	五星旗	76 381
31	中远海运散运	中远海运散运	雁荡海	YAN DANG HAI	2008-11-28	中国	五星旗	53 443
32	中远海运散运	中远海运散运	年丰海	NIAN FENG HAI	2008-12-10	中国	五星旗	177 878

续上表

序号	所属二级公司（经营）	所属公司（经营）	中文船名	英文船名	出厂时间	建造国家或地区	船旗	总载重量（吨）
33	中远海运散运	中远海运散运	文竹海	WEN ZHU HAI	2008–09–18	中国	五星旗	76 463
34	中远海运散运	中远海运散运	九华海	JIU HUA HAI	2008–01–03	中国	五星旗	53 377
35	中远海运散运	中远海运散运	普陀海	PU TUO HAI	2007–11–28	中国	五星旗	53 377
36	中远海运散运	中远海运散运	天宝海	TIAN BAO HAI	2004–12–08	中国	五星旗	174 505
37	中远海运散运	中远海运散运	天禄海	TIAN LU HAI	2005–03–07	中国	五星旗	174 398
38	中远海运散运	中远海运散运	金竹海	JIN ZHU HAI	2009–05–27	中国	五星旗	76 450
39	中远海运散运	中远海运散运	银竹海	YIN ZHU HAI	2009–06–26	中国	五星旗	76 463
40	中远海运散运	中远海运散运	新旺海	XIN WANG HAI	2003–10–22	中国	五星旗	174 733
41	中远海运散运	中远海运散运	海皇星	HAI HUANG XING	2005–06–23	中国	五星旗	73 581
42	中远海运散运	中远海运散运	桃花海	TAO HUA HAI	2012–05–18	中国	五星旗	115 184
43	中远海运散运	中远海运散运	荷花海	HE HUA HAI	2012–06–20	中国	五星旗	115 079
44	中远海运散运	中远海运散运	菊花海	JU HUA HAI	2012–06–26	中国	五星旗	115 075
45	中远海运散运	中远海运散运	梅花海	MEI HUA HAI	2013–10–18	中国	五星旗	115 198
46	中远海运散运	中远海运散运	鹏龙	PENG LONG	2012–10–25	中国	五星旗	49 970
47	中远海运散运	中远海运散运	兰花海	LAN HUA HAI	2013–11–26	中国	五星旗	115 118
48	中远海运散运	中远海运散运	盛祥海	SHENG XIANG HAI	2010–10–29	中国	五星旗	56 936
49	中远海运散运	中远海运散运	盛丰海	SHENG FENG HAI	2011–01–03	中国	五星旗	56 879
50	中远海运散运	中远海运散运	盛德海	SHENG DE HAI	2013–11–01	中国	五星旗	56 721
51	中远海运散运	中远海运散运	盛宁海	SHENG NING HAI	2014–03–10	中国	五星旗	56 716
52	中远海运散运	中远海运散运	中海昌运 6	ZHONG HAI CHANG YUN 6	2012–05–11	中国	五星旗	56 639
53	中远海运散运	中远海运散运	中海昌运 1	ZHONG HAI CHANG YUN 1	2009–01–03	中国	五星旗	57 796
54	中远海运散运	中远海运散运	中海昌运 2	ZHONG HAI CHANG YUN 2	2009–04–12	中国	五星旗	57 791
55	中远海运散运	中远海运散运	青峰岭	QING FENG LING	2013–11–15	中国	五星旗	34 473
56	中远海运散运	中远海运散运	石龙岭	SHI LONG LING	2013–12–12	中国	五星旗	34 510
57	中远海运散运	中远海运散运	中腾海	ZHONG TENG HAI	2009–07–17	中国	五星旗	178 242
58	中远海运散运	中远海运散运	远信海	YUAN XIN HAI	2009–09–02	中国	五星旗	178 076
59	中远海运散运	中远海运散运	德明海	DE MING HAI	2008–06–10	中国	五星旗	76 432
60	中远海运散运	中远海运散运	德新海	DE XIN HAI	2008–09–17	中国	五星旗	76 528
61	中远海运散运	中远海运散运	武夷海	WU YI HAI	2008–06–05	中国	五星旗	53 443
62	中远海运散运	中远海运散运	宝月岭	BAO YUE LING	2013–10–12	中国	五星旗	49 183
63	中远海运散运	中远海运散运	宝日岭	BAO RI LING	2013–10–30	中国	五星旗	49 280
64	中远海运散运	中远海运散运	宝祥岭	BAO XIANG LING	2013–11–26	中国	五星旗	47 514

续上表

序号	所属二级公司（经营）	所属公司（经营）	中文船名	英文船名	出厂时间	建造国家或地区	船旗	总载重量（吨）
65	中远海运散运	中远海运散运	宝安岭	BAO AN LING	2014-03-28	中国	五星旗	47 483
66	中远海运散运	中远海运散运	宝星岭	BAO XING LING	2014-12-11	中国	五星旗	49 204
67	中远海运散运	中远海运散运	宝辰岭	BAO CHEN LING	2015-03-16	中国	五星旗	49 256
68	中远海运散运	中远海运散运	宝和岭	BAO HE LING	2015-05-26	中国	五星旗	47 442
69	中远海运散运	中远海运散运	宝宁岭	BAO NING LING	2014-12-20	中国	五星旗	47 443
70	中远海运散运	中远海运散运	宝广岭	BAO GUANG LING	2015-03-16	中国	五星旗	49 272
71	中远海运散运	中远海运散运	宝源岭	BAO YUAN LING	2015-05-26	中国	五星旗	49 258
72	中远海运散运	中远海运散运	宝达岭	BAO DA LING	2015-03-16	中国	五星旗	49 252
73	中远海运散运	中远海运散运	宝仁岭	BAO REN LING	2015-06-15	中国	五星旗	47 761
74	中远海运散运	中远海运散运	宝德岭	BAO DE LING	2015-06-26	中国	五星旗	49 281
75	中远海运散运	中远海运散运	盛恒海	SHENG HENG HAI	2013-11-08	中国	五星旗	56 649
76	中远海运散运	中远海运散运	盛诚海	SHENG CHENG HAI	2013-11-08	中国	五星旗	56 633
77	中远海运散运	中远海运散运	盛安海	SHENG AN HAI	2012-11-19	中国	五星旗	56 564
78	中远海运散运	中远海运散运	盛旺海	SHENG WANG HAI	2009-10-28	中国	五星旗	57 208
79	中远海运散运	中远海运散运	盛发海	SHENG FA HAI	2009-11-27	中国	五星旗	57 631
80	中远海运散运	中远海运散运	盛兴海	SHENG XING HAI	2009-08-18	中国	五星旗	57 291
81	中远海运散运	中远海运散运	盛达海	SHENG DA HAI	2010-05-13	中国	五星旗	57 614
82	中远海运散运	中远海运散运	盛荣海	SHENG RONG HAI	2010-06-29	中国	五星旗	57 631
83	中远海运散运	中远海运散运	盛昌海	SEHNG CHANG HAI	2010-11-22	中国	五星旗	57 563
84	中远海运散运	中远海运散运	玉龙岭	YU LONG LING	2011-04-26	中国	五星旗	32 005
85	中远海运散运	中远海运散运	九峰岭	JIU FENG LING	2011-08-15	中国	五星旗	32 034
86	中远海运散运	中远海运散运	七仙岭	QI XIAN LING	2012-06-15	中国	五星旗	34 551
87	中远海运散运	中远海运散运	盛平海	SHENG PING HAI	2012-11-19	中国	五星旗	56 564
88	中远海运散运	中远海运散运	日观峰	RI GUAN FENG	2010-08-11	中国	五星旗	75 566
89	中远海运散运	中远海运散运	月观峰	YUE GUAN FENG	2010-09-15	中国	五星旗	75 581
90	中远海运散运	中远海运散运	玉柱峰	YU ZHU FENG	2011-01-03	中国	五星旗	75 519
91	中远海运散运	中远海运散运	翠屏峰	CUI PENG FENG	2011-06-21	中国	五星旗	75 486
92	中远海运散运	中远海运散运	芙蓉峰	FU RONG FENG	2011-08-22	中国	五星旗	75 444
93	中远海运散运	中远海运散运	云密峰	YUN MI FENG	2011-11-07	中国	五星旗	75 421
94	中远海运散运	中远海运散运	云龙峰	YUN LONG FENG	2012-01-03	中国	五星旗	75 394
95	中远海运散运	中远海运散运	集贤峰	JI XIAN FENG	2012-03-07	中国	五星旗	75 410
96	中远海运散运	中远海运散运	朝阳峰	ZHAO YANG FENG	2012-04-20	中国	五星旗	75 396

续上表

序号	所属二级公司（经营）	所属公司（经营）	中文船名	英文船名	出厂时间	建造国家或地区	船旗	总载重量（吨）
97	中远海运散运	中远海运散运	凤凰峰	FENG HUANG FENG	2012–06–19	中国	五星旗	75 396
98	中远海运散运	中远海运散运	玉霄峰	YU XIAO FENG	2012–12–25	中国	五星旗	75 398
99	中远海运散运	中远海运散运	安顺山	AN SHUN SHAN	2010–08–02	中国	五星旗	57 644
100	中远海运散运	中远海运散运	安裕山	AN YU SHAN	2010–09–19	中国	五星旗	57 617
101	中远海运散运	中远海运散运	安盛山	AN SHENG SHAN	2011–01–13	中国	五星旗	57 679
102	中远海运散运	中远海运散运	安隆山	AN LONG SHAN	2011–01–02	中国	五星旗	57 617
103	中远海运散运	中远海运散运	安茂山	AN MAO SHAN	2011–02–28	中国	五星旗	57 684
104	中远海运散运	中远海运散运	安锦山	AN JIN SHAN	2011–06–15	中国	五星旗	57 714
105	中远海运散运	中远海运散运	安悦山	AN YUE SHAN	2011–06–08	中国	五星旗	57 654
106	中远海运散运	中远海运散运	安华山	AN HUA SHAN	2011–09–16	中国	五星旗	57 695
107	中远海运散运	中远海运散运	安绣山	AN XIU SHAN	2011–08–15	中国	五星旗	57 662
108	中远海运散运	中远海运散运	安泰山	AN TAI SHAN	2011–12–21	中国	五星旗	57 784
109	中远海运散运	中远海运散运	安康山	AN KANG SHAN	2011–11–29	中国	五星旗	57 672
110	中远海运散运	中远海运散运	嘉诚山	JIA CHENG SHAN	2004–09–28	中国	五星旗	59 872
111	中远海运散运	中远海运散运	嘉祥山	JIA XIANG SHAN	2005–01–01	中国	五星旗	59 999
112	中远海运散运	中远海运散运	嘉和山	JIA HE SHAN	2005–04–01	中国	五星旗	59 949
113	中远海运散运	中远海运散运	嘉信山	JIA XIN SHAN	2004–12–15	中国	五星旗	59 831
114	中远海运散运	中远海运散运	嘉永山	JIA YONG SHAN	2005–06–14	中国	五星旗	59 853
115	中远海运散运	中远海运散运	嘉顺山	JIA SHUN SHAN	2005–10–31	中国	五星旗	60 306
116	中远海运散运	中远海运散运	嘉安山	JIA AN SHAN	2005–06–05	中国	五星旗	59 958
117	中远海运散运	中远海运散运	嘉宁山	JIA NING SHAN	2005–08–01	中国	五星旗	57 599
118	中远海运散运	中远海运散运	安国山	AN GUO SHAN	2009–04–25	中国	五星旗	57 700
119	中远海运散运	中远海运散运	安民山	AN MIN SHAN	2009–09–20	中国	五星旗	57 652
120	中远海运散运	中远海运散运	安强山	AN QIANG SHAN	2009–12–10	中国	五星旗	57 667
121	中远海运散运	中远海运散运	安信山	AN XIN SHAN	2010–01–15	中国	五星旗	57 559
122	中远海运散运	中远海运散运	安惠山	AN HUI SHAN	2010–02–11	中国	五星旗	57 668
123	中远海运散运	中远海运散运	安诚山	AN CHENG SHAN	2010–04–16	中国	五星旗	57 691
124	中远海运散运	中远海运散运	安永山	AN YONG SHAN	2010–04–29	中国	五星旗	57 652
125	中远海运散运	中远海运散运	盛吉海	SHENG JI HAI	2010–08–21	中国	五星旗	56 915
126	中远海运散运	中远海运散运	宇中海	YU ZHONG HAI	2010–02–10	中国	巴拿马	297 959
127	中远海运散运	中远海运散运	远宁海	YUAN NING SEA	2004–03–08	中国	巴拿马	55 580
128	中远海运散运	中远海运散运	远平海	YUAN PING SEA	2004–03–08	中国	巴拿马	55 646
129	中远海运散运	中远海运散运东南亚	—	COS LUCKY	2003–04–03	日本	新加坡	52 395

续上表

序号	所属二级公司（经营）	所属公司（经营）	中文船名	英文船名	出厂时间	建造国家或地区	船旗	总载重量（吨）
130	中远海运散运	中远海运散运东南亚	—	COS ORCHID	2006–02–23	中国	新加坡	55 539
131	中远海运散运	中远海运散运东南亚	—	COS PROSPERITY	2006–03–28	中国	新加坡	55 550
132	中远海运散运	中海散运（香港）维利公司	中海兴旺	CSB FORTUNE	2010–02–05	中国	中国香港	228 990
133	中远海运散运	中海散运（香港）维利公司	中海希望	CSB HOPE	2010–09–10	中国	中国香港	229 008
134	中远海运散运	中海散运（香港）维利公司	中海吉祥	CSB PROPITIOUSNESS	2011–02–25	中国	中国香港	229 127
135	中远海运散运	中海散运（香港）维利公司	兴隆	FLOURISH	2011–11–11	中国	中国香港	228 694
136	中远海运散运	中海散运（香港）维利公司	中海繁华	CSB PROSPERITY	2012–02–08	中国	中国香港	315 279
137	中远海运散运	中海散运（香港）维利公司	中海荣华	CSB GLORY	2011–12–28	中国	中国香港	315 063
138	中远海运散运	中海散运（香港）维利公司	中海韶华	CSB BRILLIANT	2012–04–27	中国	中国香港	315 228
139	中远海运散运	中海散运（香港）维利公司	中海年华	CSB YEARS	2012–06–26	中国	中国香港	315 085
140	中远海运散运	中海散运（香港）维利公司	中海英华	CSB HERALD	2012–06–20	中国	中国香港	315 145
141	中远海运散运	中海散运（香港）维利公司	中海才华	CSB TALENT	2013–01–30	中国	中国香港	315 042
142	中远海运散运	中海华润	华润电力 2	HUA RUN DIAN LI 2	2012–08–30	中国	五星旗	45 541
143	中远海运散运	中海华润	华润电力 3	HUA RUN DIAN LI 3	2012–11–19	中国	五星旗	45 567
144	中远海运散运	中海华润	华润电力 5	HUA RUN DIAN LI 5	2013–02–22	中国	五星旗	45 555
145	中远海运散运	中海华润	中海华润 1	ZHONG HAI HUA RUN 1	2013–09–09	中国	五星旗	75 397
146	中远海运散运	中海华润	华润电力 6	HUA RUN DIAN LI 6	2013–04–15	中国	五星旗	45 560

续上表

序号	所属二级公司（经营）	所属公司（经营）	中文船名	英文船名	出厂时间	建造国家或地区	船旗	总载重量（吨）
147	中远海运散运	中海华润	华润电力10	HUA RUN DIAN LI 10	2013-12-24	中国	五星旗	45 536
148	中远海运散运	中海华润	华润电力7	HUA RUN DIAN LI 7	2013-08-27	中国	五星旗	45 523
149	中远海运散运	中海华润	华润电力8	HUA RUN DIAN LI 8	2013-10-18	中国	五星旗	45 500
150	中远海运散运	中海华润	华润电力9	HUA RUN DIAN LI 9	2013-11-15	中国	五星旗	45 536
151	中远海运散运	中国矿运	远河海	YUAN HE HAI	2018-01-11	中国	新加坡	398 229
152	中远海运散运	中国矿运	远谷海	YUAN GU HAI	2018-05-16	中国	新加坡	397 936
153	中远海运散运	中国矿运	远谊海	YUAN YI HAI	2018-09-17	中国	新加坡	398 093
154	中远海运散运	中国矿运	远宝海	YUAN BAO HAI	2018-10-26	中国	新加坡	398 087
155	中远海运散运	中国矿运	远津海	YUAN JIN HAI	2019-01-25	中国	新加坡	398 316
156	中远海运散运	中国矿运	远神海	YUAN SHEN HAI	2019-05-31	中国	新加坡	398 017
157	中远海运散运	中国矿运	远福海	YUAN FU HAI	2019-08-16	中国	新加坡	398 407
158	中远海运散运	中国矿运	远华海	YUAN HUA HAI	2019-10-15	中国	新加坡	398 075
159	中远海运散运	中国矿运	远穗海	YUAN SUI HAI	2019-11-18	中国	新加坡	397 833
160	中远海运散运	中国矿运	远千海	YUAN QIAN HAI	2020-01-16	中国	新加坡	398 152
161	中远海运散运	中国矿运	南沙荣耀	NANSHA HONOR	2020-12-16	中国	新加坡	324 294
162	中远海运散运	中国矿运	海珠荣兴	HAIZHU PROSPERITY	2021-03-08	中国	新加坡	324 330
163	中远海运散运	中国矿运	南沙荣光	NANSHA GLORY	2021-09-29	中国	新加坡	324 284
164	中远海运散运	中国矿运	海珠荣旺	HAIZHU FLOURISH	2021-08-10	中国	新加坡	324 794
165	中远海运散运	中国矿运	远真海	YUAN ZHEN HAI	2013-03-29	中国	新加坡	399 687
166	中远海运散运	中国矿运	远识海	YUAN SHI HAI	2013-07-22	中国	新加坡	399 983
167	中远海运散运	中国矿运	远见海	YUAN JIAN HAI	2013-11-22	中国	新加坡	399 686
168	中远海运散运	中国矿运	远卓海	YUAN ZHUO HAI	2014-07-11	中国	新加坡	399 665
169	中远海运散运	香港航运	宏元	HONG YUAN	2009-12-03	中国	巴拿马	76 574
170	中远海运散运	香港航运	舟山海	ZHOU SHAN HAI	2009-10-20	中国	巴拿马	56 988
171	中远海运散运	香港航运	金州海	JIN ZHOU HAI	2009-11-30	中国	巴拿马	56 976
172	中远海运散运	香港航运	岱山海	DAI SHAN HAI	2010-01-05	中国	巴拿马	56 946
173	中远海运散运	香港航运	普兰海	PU LAN HAI	2010-03-12	中国	巴拿马	56 966
174	中远海运散运	香港航运	宏盛	HONG SHENG	2010-07-30	中国	巴拿马	76 546
175	中远海运散运	香港航运	马莲海	MA LIAN HAI	2014-05-08	中国	巴拿马	115 297
176	中远海运散运	香港航运	宏泰	HONG DAI	2010-04-30	中国	巴拿马	76 556
177	中远海运散运	香港航运	郁香海	YU XIANG HAI	2014-03-10	中国	巴拿马	115 088

续上表

序号	所属二级公司（经营）	所属公司（经营）	中文船名	英文船名	出厂时间	建造国家或地区	船旗	总载重量（吨）
178	中远海运散运	香港航运	天发海	TIAN FA HAI	2014–02–18	中国	巴拿马	207 891
179	中远海运散运	香港航运	远旺海	YUAN WANG HAI	2011–06–16	中国	巴拿马	207 906
180	中远海运散运	香港航运	宏兴	HONG HING	2010–07–26	中国	巴拿马	76 549
181	中远海运散运	香港航运	中兴海	ZHONG XING HAI	2011–05–06	中国	巴拿马	207 978
182	中远海运散运	香港航运	长山海	CHANG SHAN HAI	2010–06–29	中国	巴拿马	56 907
183	中远海运散运	香港航运	衢山海	QU SHAN HAI	2010–05–06	中国	巴拿马	56 965
184	中远海运散运	香港航运	新柳林海	XIN LIU LIN HAI	2004–06–23	中国	巴拿马	55 676
185	中远海运散运	香港航运	—	PLACID SEA	2004–07–19	中国	巴拿马	55 676
186	中远海运散运	香港航运	津达海	JIN DA HAI	2014–04–23	中国	巴拿马	207 811
187	中远海运散运	香港航运	康馨海	KANG XIN HAI	2014–06–10	中国	巴拿马	115 339
188	中远海运散运	香港航运	港寰	C H S WORLD	2006–01–02	中国	中国香港	174 232
189	中远海运散运	香港航运	港宇	C H S COSMOS	2006–03–02	中国	中国香港	174 091
190	中远海运散运	香港航运	港辉	C H S SPLENDOR	2006–01–13	日本	中国香港	170 000
191	中远海运散运	香港航运	港生	C H S CREATION	2006–09–28	中国	中国香港	174 110
192	中远海运散运	香港航运	宏景	HONG JING	2008–08–21	日本	中国香港	82 354
193	中远海运散运	香港航运	合恒	HE HENG	2008–12–16	中国	中国香港	297 592
194	中远海运散运	香港航运	新鞍钢	NEW ANSTEEL	2009–02–13	日本	中国香港	297 488
195	中远海运散运	香港航运	合通	HE TONG	2009–07–01	中国	中国香港	297 633
196	中远海运散运	香港航运	宏宇	HONG YU	2009–09–15	中国	中国香港	76 364
197	中远海运散运	香港航运	合永	HE YONG	2009–10–02	中国	中国香港	297 738
198	中远海运散运	香港航运	中远鞍钢	COSCO ANSTEEL	2009–10–14	日本	中国香港	297 719
199	中远海运散运	香港航运	宏富	HONG FU	2009–11–20	中国	中国香港	76 402
200	中远海运散运	香港航运	合平	HE PING	2009–12–08	中国	中国香港	297 759
201	中远海运散运	香港航运	合瀛	HE YING	2010–07–30	日本	中国香港	297 679
202	中远海运散运	香港航运	慈云山	CI YUN SHAN	2010–11–10	中国	中国香港	56 687
203	中远海运散运	香港航运	合利	HE LI	2010–12–22	日本	中国香港	297 381
204	中远海运散运	香港航运	恒盛	HENG SHENG	2011–01–18	中国	中国香港	207 987
205	中远海运散运	香港航运	恒茂	HENG MAO	2011–03–09	中国	中国香港	207 980
206	中远海运散运	香港航运	太平山	TAI PING SHAN	2011–09–28	中国	中国香港	56 607
207	中远海运散运	香港航运	恒顺	HENG SHUN	2011–09–25	中国	中国香港	207 941
208	中远海运散运	香港航运	笔架山	BI JIA SHAN	2012–01–01	中国	中国香港	56 625
209	中远海运散运	香港航运	恒隆	HENG LONG	2011–11–18	中国	中国香港	207 900
210	中远海运散运	香港航运	倚龙山	YI LONG SHAN	2013–10–15	中国	中国香港	56 637
211	中远海运散运	香港航运	福全山	FU QUAN SHAN	2013–10–22	中国	中国香港	56 621

续上表

序号	所属二级公司（经营）	所属公司（经营）	中文船名	英文船名	出厂时间	建造国家或地区	船旗	总载重量（吨）
212	中远海运散运	香港航运	锦泰峰	JIN TAI FENG	2012-06-27	中国	中国香港	93 758
213	中远海运散运	香港航运	锦文峰	JIN WEN FENG	2012-06-27	中国	中国香港	93 696
214	中远海运散运	香港航运	锦华峰	JIN HUA FENG	2013-01-10	中国	中国香港	93 738
215	中远海运散运	香港航运	五桂山	WU GUI SHAN	2013-11-08	中国	中国香港	56 625
216	中远海运散运	香港航运	寿臣山	SHOU CHEN SHAN	2013-11-18	中国	中国香港	56 621
217	中远海运散运	香港航运	中海祥和	CS SERENITY	2014-03-18	中国	中国香港	180 364
218	中远海运散运	香港航运	锦霞峰	JIN XIA FENG	2014-02-18	中国	中国香港	81 537
219	中远海运散运	香港航运	中粮 1	COFCO 1	2014-01-23	中国	中国香港	81 531
220	中远海运散运	香港航运	中海顺和	CS GRACE	2014-06-06	中国	中国香港	180 429
221	中远海运散运	香港航运	中海康和	CS SALUBRITY	2014-09-03	中国	中国香港	180 301
222	中远海运散运	香港航运	中海泰和	CS HARMONY	2015-06-25	中国	中国香港	180 193
223	中远海运散运	香港航运	丰德海	FENG DE HAI	2015-11-30	中国	中国香港	63 356
224	中远海运散运	香港航运	京津海	JING JIN HAI	2015-09-21	中国	中国香港	77 872
225	中远海运散运	香港航运	京鲁海	JING LU HAI	2015-11-03	中国	中国香港	77 927
226	中远海运散运	香港航运	珍珠海	ZHEN ZHU HAI	2015-09-02	中国	中国香港	39 746
227	中远海运散运	香港航运	琥珀海	HU PO HAI	2015-11-06	中国	中国香港	39 781
228	中远海运散运	香港航运	蓝宝海	LAN BAO HAI	2015-12-29	中国	中国香港	39 779
229	中远海运散运	香港航运	珊瑚海	SHA HU HAI	2016-08-30	中国	中国香港	39 765
230	中远海运散运	香港航运	新富海	XIN FU HAI	2016-12-15	中国	中国香港	178 332
231	中远海运散运	香港航运	丰和海	FENG HE HAI	2016-11-16	中国	中国香港	63 244
232	中远海运散运	香港航运	丰秀海	FENG XIU HAI	2016-11-28	中国	中国香港	63 409
233	中远海运散运	香港航运	绿松海	LV SONG HAI	2016-11-24	中国	中国香港	38 863
234	中远海运散运	香港航运	岫玉海	XIU YU HAI	2016-12-16	中国	中国香港	38 836
235	中远海运散运	香港航运	建国海	JIAN GUO HAI	2016-12-08	中国	中国香港	38 767
236	中远海运散运	香港航运	华盛海	HUA SHENG HAI	2017-04-26	中国	中国香港	81 233
237	中远海运散运	香港航运	复兴海	FU XING HAI	2016-12-22	中国	中国香港	38 801
238	中远海运散运	香港航运	广元海	GUANG YUAN HAI	2017-05-12	中国	中国香港	207 392
239	中远海运散运	香港航运	宁静海	NING JING HAI	2017-04-11	中国	中国香港	63 573
240	中远海运散运	香港航运	丰惠海	FENG HUI HAI	2017-06-16	中国	中国香港	63 261
241	中远海运散运	香港航运	丰丽海	FENG LI HAI	2017-08-29	中国	中国香港	63 424
242	中远海运散运	香港航运	丰茂海	FENG MAO HAI	2017-06-28	中国	中国香港	63 413
243	中远海运散运	香港航运	安定海	AN DING HAI	2017-05-16	中国	中国香港	38 801
244	中远海运散运	香港航运	宁悦海	NING YUE HAI	2017-04-20	中国	中国香港	63 562
245	中远海运散运	香港航运	新丽海	XIN LI HAI	2017-05-05	中国	中国香港	178 302
246	中远海运散运	香港航运	丰收海	FENG SHOU HAI	2017-11-28	中国	中国香港	63 366

续上表

序号	所属二级公司（经营）	所属公司（经营）	中文船名	英文船名	出厂时间	建造国家或地区	船旗	总载重量（吨）
247	中远海运散运	香港航运	德胜海	DE SHENG HAI	2017-05-16	中国	中国香港	38 822
248	中远海运散运	香港航运	广亨海	GUANG HENG HAI	2017-06-06	中国	中国香港	207 389
249	中远海运散运	香港航运	华兴海	HUA XING HAI	2017-07-28	中国	中国香港	81 108
250	中远海运散运	香港航运	宁泰海	NING TAI HAI	2017-07-11	中国	中国香港	63 475
251	中远海运散运	香港航运	新昌海	XIN CHANG HAI	2017-09-12	中国	中国香港	178 361
252	中远海运散运	香港航运	广利海	GUANG LI HAI	2017-06-30	中国	中国香港	207 241
253	中远海运散运	香港航运	新达海	XIN DA HAI	2017-12-28	中国	中国香港	178 438
254	中远海运散运	香港航运	丰泽海	FENG ZE HAI	2018-06-28	中国	中国香港	63 413
255	中远海运散运	香港航运	康诚	KANG CHENG	2004-04-30	中国	中国香港	55 541
256	中远海运散运	香港海宝	仁达	REN DA	2010-06-18	中国	中国香港	228 888
257	中远海运散运	香港海宝	义达	YI DA	2010-11-30	中国	中国香港	228 850
258	中远海运散运	香港海宝	礼达	LI DA	2011-11-03	中国	中国香港	228 771
259	中远海运散运	香港海宝	智达	ZHI DA	2012-01-16	中国	中国香港	228 749
260	中远海运散运	香港海宝	风华	FENG HUA	2013-07-29	中国	中国香港	180 010
261	中远海运散运	香港海宝	光华	GUANG HUA	2013-09-25	中国	中国香港	179 872
262	中远海运散运	香港海宝	文德	WEN DE	2013-12-10	中国	中国香港	82 097
263	中远海运散运	香港海宝	铭德	MING DE	2014-01-20	中国	中国香港	82 111
264	中远海运散运	上海友好	友好 1	YOU HAO 1	2012-05-18	中国	五星旗	47 715
265	中远海运散运	上海友好	友好 2	YOU HAO 2	2012-08-28	中国	五星旗	47 664
266	中远海运散运	上海友好	友好 3	YOU HAO 3	2014-09-25	中国	五星旗	44 972
267	中远海运散运	上海银桦	银桦 1	YIN HUA 1	2013-11-05	中国	五星旗	48 413
268	中远海运散运	上海银桦	银桦 2	YIN HUA 2	2014-06-06	中国	五星旗	48 843
269	中远海运散运	上海时代	银绣	YIN XIU	1995-08-01	日本	五星旗	28 730
270	中远海运散运	上海时代	时代 1	SHI DAI 1	2007-09-01	中国	五星旗	76 610
271	中远海运散运	上海时代	时代 2	SHI DAI 2	2007-12-01	中国	五星旗	76 509
272	中远海运散运	上海时代	时代 8	SHI DAI 8	2012-09-01	中国	五星旗	75 458
273	中远海运散运	上海时代	时代 9	SHI DAI 9	2012-11-06	中国	五星旗	75 458
274	中远海运散运	上海时代	时代 10	SHI DAI 10	2012-12-28	中国	五星旗	75 414
275	中远海运散运	上海时代	时代 11	SHI DAI 11	2012-12-28	中国	五星旗	75 467
276	中远海运散运	上海时代	时代 20	SHI DAI 20	2010-10-01	中国	五星旗	115 663
277	中远海运散运	上海时代	时代 21	SHI DAI 21	2010-11-01	中国	五星旗	115 496
278	中远海运散运	上海时代	银顺	YIN SHUN	2009-04-01	中国	五星旗	53 496
279	中远海运散运	上海时代	银宁	YIN NING	2008-01-01	中国	五星旗	53 380
280	中远海运散运	上海时代	银平	YIN PING	2010-05-01	中国	五星旗	53 380

续上表

序号	所属二级公司（经营）	所属公司（经营）	中文船名	英文船名	出厂时间	建造国家或地区	船旗	总载重量（吨）
281	中远海运散运	上海时代	银能	YIN NENG	2010-06-01	中国	五星旗	53 478
282	中远海运散运	上海时代	银浦	YIN PU	1997-04-01	日本	五星旗	46 663
283	中远海运散运	上海时代	银宝	YIN BAO	1996-03-01	中国	五星旗	45 513
284	中远海运散运	上海时代	银致	YIN ZHI	2009-09-01	中国	五星旗	57 924
285	中远海运散运	上海时代	银连	YIN LIAN	2010-01-01	中国	五星旗	57 664
286	中远海运散运	上海时代	银远	YIN YUANG	2010-06-01	中国	五星旗	57 674
287	中远海运散运	上海时代	银杰	YIN JIE	2010-04-01	中国	五星旗	57 586
288	中远海运散运	上海时代	银福	YIN FU	2012-05-01	中国	五星旗	48 909
289	中远海运散运	上海时代	银禄	YIN LU	2012-06-01	中国	五星旗	48 886
290	中远海运散运	上海时代	银浩	YIN HAO	2012-10-25	中国	五星旗	48 910
291	中远海运散运	上海时代	银彩	YIN CAI	2012-12-18	中国	五星旗	48 929
292	中远海运散运	上海时代	银瑞	YIN RUI	2012-12-20	中国	五星旗	44 945
293	中远海运散运	上海时代	银雪	YIN XUE	2013-01-26	中国	五星旗	44 945
294	中远海运散运	上海时代	银鹤	YIN HE	2014-01-20	中国	五星旗	44 952
295	中远海运散运	上海时代	银年	YIN NIAN	2013-11-18	中国	五星旗	44 926
296	中远海运散运	上海时代	天龙星	TIAN LONG XING	1995-08-01	德国	五星旗	37 532
297	中远海运散运	上海嘉禾	嘉禾航运 1	JIA HE HANG YUN 1	2012-02-29	中国	五星旗	53 106
298	中远海运散运	上海嘉禾	嘉禾航运 2	JIA HE HANG YUN 2	2012-07-18	中国	五星旗	53 007
299	中远海运散运	国能远海	神华 801	SHEN HUA 801	2013-10-18	中国	五星旗	75 331
300	中远海运散运	国能远海	神华 802	SHEN HUA 802	2013-10-28	中国	五星旗	75 380
301	中远海运散运	国能远海	神华 803	SHEN HUA 803	2013-11-14	中国	五星旗	75 403
302	中远海运散运	国能远海	神华 805	SHEN HUA 805	2014-04-08	中国	五星旗	75 347
303	中远海运散运	国能远海	神华 806	SHEN HUA 806	2014-06-06	中国	五星旗	75 285
304	中远海运散运	国能远海	神华 808	SHEN HUA 808	2014-07-01	中国	五星旗	75 411
305	中远海运散运	国能远海	神华 811	SHEN HUA 811	2013-12-03	中国	五星旗	76 150
306	中远海运散运	国能远海	神华 812	SHEN HUA 812	2014-04-10	中国	五星旗	76 124
307	中远海运散运	国能远海	神华 502	SHEN HUA 502	2013-06-19	中国	五星旗	44 899
308	中远海运散运	国能远海	神华 503	SHEN HUA 503	2013-08-08	中国	五星旗	44 842
309	中远海运散运	国能远海	神华 505	SHEN HUA 505	2013-10-10	中国	五星旗	44 942
310	中远海运散运	国能远海	神华 506	SHEN HUA 506	2013-10-10	中国	五星旗	44 942
311	中远海运散运	国能远海	神华 508	SHEN HUA 508	2013-10-25	中国	五星旗	44 849
312	中远海运散运	国能远海	神华 522	SHEN HUA 522	2013-11-20	中国	五星旗	45 948
313	中远海运散运	国能远海	神华 523	SHEN HUA 523	2013-07-05	中国	五星旗	44 826

续上表

序号	所属二级公司（经营）	所属公司（经营）	中文船名	英文船名	出厂时间	建造国家或地区	船旗	总载重量（吨）
314	中远海运散运	国能远海	神华 525	SHEN HUA 525	2013-10-25	中国	五星旗	44 942
315	中远海运散运	国能远海	神华 526	SHEN HUA 526	2013-09-11	中国	五星旗	44 831
316	中远海运散运	国能远海	神华 528	SHEN HUA 528	2013-10-25	中国	五星旗	44 806
317	中远海运散运	国能远海	神华 511	SHEN HUA 511	2013-11-15	中国	五星旗	46 116
318	中远海运散运	国能远海	神华 512	SHEN HUA 512	2013-11-15	中国	五星旗	46 116
319	中远海运散运	国能远海	神华 513	SHEN HUA 513	2013-11-15	中国	五星旗	46 116
320	中远海运散运	国能远海	神华 515	SHEN HUA 515	2014-03-12	中国	五星旗	47 691
321	中远海运散运	国能远海	神华 516	SHEN HUA 516	2014-04-16	中国	五星旗	47 640
322	中远海运散运	国能远海	神华 518	SHEN HUA 518	2014-07-01	中国	五星旗	47 676
323	中远海运散运	国能远海	神华 531	SHEN HUA 531	2013-11-15	中国	五星旗	47 476
324	中远海运散运	国能远海	神华 532	SHEN HUA 532	2014-03-10	中国	五星旗	47 509
325	中远海运散运	国能远海	神华 533	SHEN HUA 533	2014-03-10	中国	五星旗	47 525
326	中远海运散运	国能远海	神华 535	SHEN HUA 535	2014-03-10	中国	五星旗	47 525
327	中远海运散运	国能远海	神华 536	SHEN HUA 536	2013-10-15	中国	五星旗	47 555
328	中远海运散运	国能远海	神华 538	SHEN HUA 538	2014-07-02	中国	五星旗	47 500
329	中远海运散运	国能远海	神华 561	SHEN HUA 561	2014-03-31	中国	五星旗	47 727
330	中远海运散运	国能远海	神华 562	SHEN HUA 562	2013-07-25	中国	五星旗	47 676
331	中远海运散运	国能远海	神华 563	SHEN HUA 563	2013-12-31	中国	五星旗	47 566
332	中远海运散运	国能远海	神华 501	SHEN HUA 501	2011-12-01	中国	五星旗	46 032
333	中远海运散运	国能远海	神华 521	SHEN HUA 521	2012-03-01	中国	五星旗	44 799
334	中远海运散运	国能远海	新世纪 188	XIN SHI JI 188	2010-09-01	中国	五星旗	57 587
335	中远海运散运	国能远海	新世纪 168	XIN SHI JI 168	2010-03-01	中国	五星旗	57 587
336	中远海运散运	国能远海	新世纪 128	XIN SHI JI 128	2009-12-01	中国	五星旗	57 662
337	中远海运散运	国能远海	宁骅	NING HUA	1993-11-01	中国	日本	69 607
338	中远海运散运	国能远海	新世纪 198	XIN SHIJI 198	2010-07-01	中国	五星旗	57 690
339	中远海运散运	广州振华船务	宝瑞岭	BAO RUI LING	2014-08-19	中国	五星旗	47 521
340	中远海运散运	广州京海	京海兴	JING HAI XING	2017-09-16	中国	五星旗	6 588
341	中远海运散运	广州京海	京海盛	JING HAI SHENG	2017-10-13	中国	五星旗	6 574
342	中远海运散运	广州京海	京海旺	JING HAI WANG	2017-12-05	中国	五星旗	6 584
343	中远海运散运	广州京海	京海昌	JING HAI CHANG	2010-01-26	中国	五星旗	15 034
344	中远海运散运	广发航运	广州发展 1	GUANG ZHOU FA ZHAN 1	2010-01-28	中国	五星旗	57 732
345	中远海运散运	广发航运	广州发展 2	GUANG ZHOU FA ZHAN 2	2010-05-12	中国	五星旗	57 708
346	中远海运散运	广发航运	广州发展 3	GUANG ZHOU FA ZHAN 3	2010-09-25	中国	五星旗	57 114

续上表

序号	所属二级公司（经营）	所属公司（经营）	中文船名	英文船名	出厂时间	建造国家或地区	船旗	总载重量（吨）
347	中远海运散运	广发航运	广州发展 4	GUANG ZHOU FA ZHAN 4	2011–03–23	中国	五星旗	57 025
348	中远海运散运	大唐航运	中海昌运 3	ZHONG HAI CHANG YUN 3	2009–08–19	中国	五星旗	57 858
349	中远海运发展	中远海运发展	青云山	QING YUN SHAN	2016–03–01	中国	中国香港	63 442
350	中远海运发展	中远海运发展	青平山	QING PING SHAN	2015–10–01	中国	中国香港	63 473
351	中远海运发展	中远海运发展	青华山	QING HUA SHAN	2016–08–18	中国	中国香港	63 457
352	中远海运发展	中远海运发展	青泉山	QING QUAN SHAN	2016–12–02	中国	中国香港	63 473
353	中远海运发展	中远海运发展	惠智海	HUI ZHI HAI	2020–12–18	中国	中国香港	210 918
354	中远海运发展	中远海运发展	惠吉海	HUI JI HAI	2021–02–08	中国	中国香港	209 486
355	中远海运发展	中远海运发展	惠中海	HUI ZHONG HAI	2021–01–28	中国	中国香港	211 006
356	中远海运发展	中远海运发展	惠信海	HUI XIN HAI	2021–01–12	中国	中国香港	210 947
357	中远海运发展	中远海运发展	惠祥海	HUI XIANG HAI	2021–05–12	中国	中国香港	209 569
358	中远海运发展	中远海运发展	惠昌海	HUI CHANG HAI	2021–03–04	中国	中国香港	208 912
359	中远海运发展	中远海运发展	惠錦海	HUI JIN HAI	2021–05–28	中国	中国香港	209 561
360	中远海运发展	中远海运发展	惠華海	HUI HUA HAI	2021–03–26	中国	中国香港	211 000
361	中远海运发展	中远海运发展	惠國海	HUI GUO HAI	2021–04–19	中国	中国香港	210 909
362	中远海运发展	中远海运发展	惠康海	HUI KANG HAI	2021–06–25	中国	中国香港	210 945
363	中远海运发展	中远海运发展	惠民海	HUI MIN HAI	2021–06–07	中国	中国香港	210 940
364	中远海运发展	中远海运发展	惠泰海	HUI TAI HAI	2021–05–10	中国	中国香港	211 044
365	中远海运发展	中远海运发展	惠盛海	HUI SHENG HAI	2021–04–22	中国	中国香港	208 873
366	中远海运发展	中远海运发展	惠繡海	HUI XIU HAI	2021–06–30	中国	中国香港	209 534
367	中远海运发展	中远海运发展	惠正海	HUI ZHENG HAI	2021–07–16	中国	中国香港	209 485
368	中远海运发展	中远海运发展	惠和海	HUI HE HAI	2021–09–06	中国	中国香港	209 574
369	中远海运特运	广东省远洋	毓鹏海	YU PENG HAI	2010–11–30	中国	五星旗	75 486
370	广州中远海运	中远海运（广州）有限公司	新粤顺	XIN YUE SHUN	2011–08–15	中国	五星旗	57 534
371	中国–坦桑尼亚联合海运公司	中国–坦桑尼亚联合海运公司	长顺 2 号	CHANG SHUN Ⅱ	2009–09–18	中国	巴拿马	56 962
合计								39 687 620

中远海运集团干散货船队租入船舶船名录

表 17–8

序号	所属二级公司（经营）	所属公司（经营）	中文船名	英文船名	出厂时间	船旗	总载重量（吨）
1	中远海运散运	中远海运散运	浙银聚和 1	ZHE YIN JU HE 1	2022–01–01	五星旗	79 991
2	中远海运散运	中远海运散运	浙银聚和 2	ZHE YIN JU HE 2	2022–01–01	五星旗	79 993
3	中远海运散运	中远海运散运	育明	YU MING	2012–12–25	五星旗	45 308
4	中远海运散运	中远海运散运	育德	YU DE	2015–09–24	五星旗	57 720
5	中远海运散运	中远海运散运	信致远 1	XIN ZHI YUAN 1	2010–01–01	五星旗	56 970
6	中远海运散运	中远海运散运	海保	HAI BAO	2010–01–01	五星旗	34 042
7	中远海运散运	中远海运散运	海康	HAI KANG	2010–01–01	五星旗	35 215
8	中远海运散运	雅达公司	—	SAMC TRANSPORTER	2006–01–01	巴拿马	206 306
9	中远海运散运	雅达公司	—	BENITAMOU	2008–01–01	巴拿马	206 291
10	中远海运散运	雅达公司	大通	DA TONG	2013–01–01	巴拿马	81 104
11	中远海运散运	雅达公司	—	OCEANIC POWER	2013–01–01	巴拿马	78 173
12	中远海运散运	雅达公司	—	ROYAL KNIGHT	2013–01–01	巴拿马	58 721
13	中远海运散运	雅达公司	—	TAI KEYSTONE	2017–01–01	巴拿马	84 703
14	中远海运散运	雅达公司	—	ARETHOUSA	2001–01–01	塞浦路斯	169 770
15	中远海运散运	雅达公司	—	ASL URANUS	2008–01–01	利比里亚	82 372
16	中远海运散运	雅达公司	—	TAI KINDNESS	2021–01–01	利比里亚	84 100
17	中远海运散运	雅达公司	—	BBG KUANTAN	2022–01–01	利比里亚	81 989
18	中远海运散运	雅达公司	—	TAHO EUDAIMONIA	2022–01–01	利比里亚	84 110
19	中远海运散运	雅达公司	—	TAI KEENNESS	2022–01–01	利比里亚	81 600
20	中远海运散运	雅达公司	—	ASL JUPITER	2012–01–01	利比里亚	81 642
21	中远海运散运	雅达公司	—	MEDI HAKATA	2014–01–01	利比里亚	58 078
22	中远海运散运	雅达公司	—	DELSA	2015–01–01	马耳他	63 166
23	中远海运散运	雅达公司	—	SIDARI	2007–01–01	马耳他	75 204
24	中远海运散运	雅达公司	—	ORIENT ORCHID	2022–01–01	新加坡	82 000
25	中远海运散运	雅达公司	—	ORIENT PEONY	2022–01–01	新加坡	82 000
26	中远海运散运	雅达公司	—	ISEACO GRACE	2011–01–01	新加坡	61 683
27	中远海运散运	雅达公司	—	XING HE HAI	2016–01–01	新加坡	61 473
28	中远海运散运	雅达公司	—	KM MT JADE	2008–01–01	利比里亚	81 487
29	中远海运散运	雅达公司	瑞宁 7	RUI NING 7	2010–01–01	五星旗	53 478
30	中远海运散运	雅达公司	观澜湖	GUAN LAN HU	2001–01–01	五星旗	75 924
31	中远海运散运	雅达公司	新春晓	XIN CHUN XIAO	2013–01–01	五星旗	46 947
32	中远海运散运	雅达公司	—	CAPTAIN GEORGE	2013–01–01	利比里亚	82 140

续上表

序号	所属二级公司（经营）	所属公司（经营）	中文船名	英文船名	出厂时间	船旗	总载重量（吨）
33	中远海运散运	雅达公司	—	YANGZE 10	2010-01-01	利比里亚	93 217
34	中远海运散运	雅达公司	—	DIVA	2011-01-01	利比里亚	56 582
35	中远海运散运	雅达公司	—	SAMC MG	2006-01-01	利比里亚	206 180
36	中远海运散运	雅达公司	—	SINO OCEAN	2002-01-01	利比里亚	53 733
37	中远海运散运	雅达公司	—	EVER EXCELLENT	2021-01-01	利比里亚	81 935
38	中远海运散运	雅达公司	—	PAN NAVIGATOR	2019-01-01	韩国	82 079
39	中远海运散运	雅达公司	—	WIKANDA NAREE	2013-01-01	泰国	53 857
40	中远海运散运	雅达公司	—	ALPHA PROGRESS	2012-01-01	希腊	81 251
41	中远海运散运	雅达公司	—	UNION MARINER	2013-01-01	希腊	81 964
42	中远海运散运	雅达公司	—	BOSPORUS	2016-01-01	希腊	179 177
43	中远海运散运	雅达公司	—	MSXT HERA	2018-01-01	马绍尔群岛	81 738
44	中远海运散运	雅达公司	—	ORION GLOBE	2015-01-01	马绍尔群岛	81 837
45	中远海运散运	雅达公司	—	ARCH.SEALTIEL	2018-01-01	马绍尔群岛	60 365
46	中远海运散运	雅达公司	—	PANSTAR	2005-01-01	马绍尔群岛	76 629
47	中远海运散运	雅达公司	—	PEACE	2006-01-01	马绍尔群岛	55 709
48	中远海运散运	雅达公司	—	EVMAR	2016-01-01	马绍尔群岛	82 039
49	中远海运散运	雅达公司	—	ELECTRA	2013-01-01	马绍尔群岛	87 150
50	中远海运散运	雅达公司	—	SHUN CHANG	2010-01-01	中国香港	93 322
51	中远海运散运	雅达公司	—	HEBEI QINHUANGDAO	2011-01-01	中国香港	95 368
52	中远海运散运	雅达公司	—	HEBEI TANGSHAN	2012-01-01	中国香港	95 326
53	中远海运散运	雅达公司	嘉安	PEACE	2011-01-01	中国香港	75 597
54	中远海运散运	雅达公司	—	FLOURISH POWER	2012-01-01	中国香港	95 379
55	中远海运散运	雅达公司	—	GNG CONCORD 1	2015-01-01	中国香港	75 396
56	中远海运散运	雅达公司	—	TIGER SOUTH	2012-08-30	中国香港	76 255
57	中远海运散运	雅达公司	—	TIGER WEST	2012-08-30	中国香港	76 230
58	中远海运散运	雅达公司	—	TIGER NORTH	2013-07-02	中国香港	76 250
59	中远海运散运	雅达公司	—	GNG CONCORD 2	2014-12-01	中国香港	75 336
60	中远海运散运	雅达公司	—	GNG CONCORD 3	2015-01-01	中国香港	75 478
61	中远海运散运	雅达公司	—	PACIFIC ADVANCE	2015-01-01	中国香港	63 507
62	中远海运散运	雅达公司	—	XING HAO HAI	2016-01-01	中国香港	61 452
63	中远海运散运	雅达公司	—	ETERNAL RESOURCE	2012-01-01	中国香港	107 342
64	中远海运散运	雅达公司	—	CSSC YUAN JING	2018-01-01	中国香港	81 618
65	中远海运散运	雅达公司	—	CSSC HE MEI	2019-01-01	中国香港	81 522
66	中远海运散运	雅达公司	佳跃	JIA YUE	2019-01-01	中国香港	63 800
合计							5 458 320

中远海运集团杂货特种船队自有船舶船名录

表 17–9

序号	所属二级公司（经营）	所属公司（经营）	中文船名	英文船名	出厂时间	建造国家或地区	船旗	总载重量（吨）	载箱量(TEU)	车位数（个）
1	中远海运特运	中远海运特运	宁海湾	NING HAI WAN	2010–04–08	中国	巴拿马	6 118	0	0
2	中远海运特运	中远海运特运	大华	DA HUA	1998–07–01	日本	巴拿马	16 957	685	0
3	中远海运特运	中远海运特运	平海湾	PING HAI WAN	2009–08–12	中国	巴拿马	6 115	0	0
4	中远海运特运	中远海运特运	大富	DA FU	1998–10–01	日本	巴拿马	16 957	685	0
5	中远海运特运	中远海运特运	中远盛世	ZHONG YUAN SHENGSHI	2011–02–12	中国	巴拿马	14 868	0	5 381
6	中远海运特运	中远海运特运	祥安口	XIANG AN KOU	2021–06–08	中国	利比里亚	48 430	0	0
7	中远海运特运	中远海运特运	新耀华	XIN YAO HUA	2022–01–19	中国	利比里亚	81 799	—	—
8	中远海运特运	中远海运特运	天健	TIAN JIAN	2016–11–17	中国	五星旗	37 979	1 015	0
9	中远海运特运	中远海运特运	天祺	TIAN QI	2016–10–19	中国	五星旗	37 940	1 015	0
10	中远海运特运	中远海运特运	天乐	TIAN LE	2015–12–12	中国	五星旗	38 146	1 015	0
11	中远海运特运	中远海运特运	天真	TIAN ZHEN	2016–03–22	中国	五星旗	38 007	1 015	0
12	中远海运特运	中远海运特运	中远海运卓越	COSCO SHIPPING ZHUO	2019–09–29	中国	五星旗	61 991	473	0
13	中远海运特运	中远海运特运	中远海运锦绣	COSCO SHIPPING JIN X	2019–11–12	中国	五星旗	62 003	473	0
14	中远海运特运	中远海运特运	吉祥松	JI XIANG SONG	2011–12–29	中国	五星旗	27 352	1 391	0
15	中远海运特运	中远海运特运	如意松	RU YI SONG	2012–03–22	中国	五星旗	27 302	1 391	0
16	中远海运特运	中远海运特运	中远海运长青	COSCO SHIPPING CHANG	2020–04–15	中国	五星旗	62 001	473	0
17	中远海运特运	中远海运特运	平安松	PING AN SONG	2012–06–18	中国	五星旗	27 352	1 391	0
18	中远海运特运	中远海运特运	幸福松	XING FU SONG	2012–09–17	中国	五星旗	27 292	1 391	0
19	中远海运特运	中远海运特运	大德	DA DE	2014–08–10	中国	五星旗	28 738	1 035	0
20	中远海运特运	中远海运特运	大良	DA LIANG	2014–09–29	中国	五星旗	29 636	1 035	0
21	中远海运特运	中远海运特运	大信	DA XIN	2014–07–10	中国	五星旗	28 738	1 035	0
22	中远海运特运	中远海运特运	大智	DA ZHI	2014–08–14	中国	五星旗	29 496	1 035	0

续上表

序号	所属二级公司（经营）	所属公司（经营）	中文船名	英文船名	出厂时间	建造国家或地区	船旗	总载重量（吨）	载箱量(TEU)	车位数（个）
23	中远海运特运	中远海运特运	中远海运兴旺	COSCO SHIPPING XING	2020-06-12	中国	五星旗	62 014	473	0
24	中远海运特运	中远海运特运	常安口	CHANG AN KOU	1999-08-06	克罗地亚	五星旗	12 781	0	4 100
25	中远海运特运	中远海运特运	常荣口	CHANG RONG KOU	2000-01-10	希腊	五星旗	12 781	0	4 310
26	中远海运特运	中远海运特运	中远海运鹏程	COSCO SHIPPING PENG	2020-07-15	中国	五星旗	62 002	473	0
27	中远海运特运	中远海运特运	大庆	DA QING	2017-04-12	中国	五星旗	28 604	1 035	0
28	中远海运特运	中远海运特运	大祥	DA XIANG	2017-06-28	中国	五星旗	28 577	1 035	0
29	中远海运特运	中远海运特运	大贵	DA GUI	2017-12-07	中国	五星旗	28 621	1 035	0
30	中远海运特运	中远海运特运	泰安口	TAI AN KOU	2002-11-28	中国	五星旗	20 247	0	0
31	中远海运特运	中远海运特运	康盛口	KANG SHENG KOU	2003-08-15	中国	五星旗	20 275	0	0
32	中远海运特运	中远海运特运	天恩	TIAN EN	2017-11-03	中国	五星旗	37 125	1 015	0
33	中远海运特运	中远海运特运	天惠	TIAN HUI	2017-12-04	中国	五星旗	37 130	1 015	0
34	中远海运特运	中远海运特运	天佑	TIAN YOU	2018-05-15	中国	五星旗	37 077	1 015	0
35	中远海运特运	中远海运特运	乐从	LE CONG	2000-12-01	中国	五星旗	29 109	1 089	0
36	中远海运特运	中远海运特运	乐和	LE HE	2001-02-01	中国	五星旗	29 471	1 089	0
37	中远海运特运	中远海运特运	乐里	LE LI	2000-09-13	中国	五星旗	29 467	1 089	0
38	中远海运特运	中远海运特运	乐宜	LE YI	2000-09-13	中国	五星旗	29 474	1 089	0
39	中远海运特运	中远海运特运	祥瑞口	XIANG RUI KOU	2011-07-13	中国	五星旗	48 293	0	0
40	中远海运特运	中远海运特运	盛华湾	SHENG HUA WAN	2018-09-19	中国	五星旗	7 641	0	0
41	中远海运特运	中远海运特运	康华湾	KANG HUA WAN	2018-09-19	中国	五星旗	7 651	0	0
42	中远海运特运	中远海运特运	泰华湾	TAI HUA WAN	2018-04-12	中国	五星旗	7 652	0	0
43	中远海运特运	中远海运特运	荣华湾	RONG HUA WAN	2018-05-09	中国	五星旗	7 939	0	0
44	中远海运特运	中远海运特运	致远口	ZHI YUAN KOU	2012-08-20	中国	五星旗	38 000	0	0
45	中远海运特运	中远海运特运	天王之星	TIAN WANG ZHI XING	2007-03-28	中国	五星旗	9 106	630	0
46	中远海运特运	中远海运特运	海王之星	HAI WANG ZHI XING	2008-03-20	中国	五星旗	9 106	630	0
47	中远海运特运	中远海运特运	新大强	XIN DA QIANG	1998-11-30	日本	五星旗	16 957	685	0

续上表

序号	所属二级公司（经营）	所属公司（经营）	中文船名	英文船名	出厂时间	建造国家或地区	船旗	总载重量（吨）	载箱量(TEU)	车位数（个）
48	中远海运特运	中远海运特运	新大中	XIN DA ZHONG	1998–06–30	日本	五星旗	16 957	685	0
49	中远海运特运	中远海运特运	中远海运进取	ZHONG YUAN HAI YUN JIN QU	2019–06–15	中国	五星旗	62 045	473	0
50	中远海运特运	中远海运特运	中远海运创新	ZHONG YUAN HAI YUN CHUANG XIN	2019–04–18	中国	五星旗	62 042	473	0
51	中远海运特运	中远海运特运	中远海运开拓	ZHONG YUAN HAI YUN KAI TUO	2019–01–11	中国	五星旗	62 051	473	0
52	中远海运特运	中远海运特运	大青霞	DA QING XIA	2011–07–26	中国	五星旗	28 341	1 666	0
53	中远海运特运	中远海运特运	广州湾	GUANG ZHOU WAN	2017–05–10	中国	五星旗	13 307	0	0
54	中远海运特运	中远海运特运	金州湾	JIN ZHOU WAN	2017–06–10	中国	五星旗	13 265	0	0
55	中远海运特运	中远海运特运	大吉	DA JI	2016–12–19	中国	五星旗	28 612	1 035	0
56	中远海运特运	中远海运特运	祥云口	XIANG YUN KOU	2011–01–20	中国	五星旗	48 232	0	0
57	中远海运特运	中远海运特运	珍珠湾	ZHEN ZHU WAN	2008–07–28	中国	五星旗	6 315	0	0
58	中远海运特运	中远海运特运	澎湖湾	PENG HU WAN	2008–11–02	中国	五星旗	6 327	0	0
59	中远海运特运	中远海运特运	天禧	TIAN XI	2016–01–26	中国	中国香港	38 098	1 015	0
60	中远海运特运	中远海运特运	星海湾	XIN HAI WAN	2010–01–02	中国	巴拿马	6 123	0	0
61	中远海运特运	中远海运特运	安海湾	AN HAI WAN	2009–11–16	中国	巴拿马	6 165	0	0
62	中远海运特运	中远海运特运	中远腾飞	ZHONG YUAN TENG FEI	2011–06–01	中国	巴拿马	14 707	0	5 381
63	中远海运特运	中远海运特运	永盛	YONG SHENG	2002–09–04	罗马尼亚	中国香港	19 462	1 226	0
64	中远海运特运	中远海运特运	凤凰松	FENG HUANG SONG	2009–04–28	中国	中国香港	27 300	1 391	0
65	中远海运特运	中远海运特运	大丹霞	DA DAN XIA	2009–10–15	中国	中国香港	28 451	1 685	0
66	中远海运特运	中远海运特运	孔雀松	KONG QUE SONG	2010–02–01	中国	中国香港	27 382	1 391	0
67	中远海运特运	中远海运特运	大紫云	DA ZI YUN	2010–02–05	中国	中国香港	28 451	1 642	0
68	中远海运特运	中远海运特运	麒麟松	QI LIN SONG	2010–08–30	中国	中国香港	27 307	1 391	0
69	中远海运特运	中远海运特运	中远太行山	COSCO TAI HANG SHAN	2010–06–30	中国	中国香港	31 898	0	0
70	中远海运特运	中远海运特运	中远井冈山	COSCO JING GANG SHAN	2010–06–30	中国	中国香港	31 898	0	0

续上表

序号	所属二级公司（经营）	所属公司（经营）	中文船名	英文船名	出厂时间	建造国家或地区	船旗	总载重量（吨）	载箱量(TEU)	车位数（个）
71	中远海运特运	中远海运特运	金兴岭	JIN XING LING	2010–06–18	中国	中国香港	31 907	0	0
72	中远海运特运	中远海运特运	卧龙松	WO LONG SONG	2010–11–25	中国	中国香港	27 000	1 391	0
73	中远海运特运	中远海运特运	金广岭	JIN GUANG LING	2009–07–29	中国	中国香港	31 830	0	0
74	中远海运特运	中远海运特运	金旺岭	JIN WANG LING	2010–09–27	中国	中国香港	31 775	0	0
75	中远海运特运	中远海运特运	中远昆仑山	COSCO KUN LUN SHAN	2010–10–25	中国	中国香港	31 917	0	0
76	中远海运特运	中远海运特运	金远岭	JIN YUAN LING	2009–11–02	中国	中国香港	31 907	0	0
77	中远海运特运	中远海运特运	中远武夷山	COSCO WU YI SHAN	2010–01–19	中国	中国香港	31 956	0	0
78	中远海运特运	中远海运特运	大玉霞	DA YU XIA	2011–01–14	中国	中国香港	28 348	1 666	0
79	中远海运特运	中远海运特运	大翠云	DA CUI YUN	2011–05–20	中国	中国香港	28 367	1 666	0
80	中远海运特运	中远海运特运	杜鹃松	DU JUAN SONG	2011–08–18	中国	中国香港	27 438	1 391	0
81	中远海运特运	中远海运特运	莲花松	LIAN HUA SONG	2011–10–21	中国	中国香港	27 412	1 391	0
82	中远海运特运	中远海运特运	牡丹松	MU DAN SONG	2012–03–19	中国	中国香港	27 410	1 391	0
83	中远海运特运	中远海运特运	芙蓉松	FU RONG SONG	2011–11–09	中国	中国香港	27 421	1 391	0
84	中远海运特运	中远海运特运	大彤云	DA TONG YUN	2011–11–25	中国	中国香港	28 378	1 666	0
85	中远海运特运	中远海运特运	大虹霞	DA HONG XIA	2012–05–10	中国	中国香港	28 377	1 666	0
86	中远海运特运	中远海运特运	木棉松	MU MIAN SONG	2012–08–20	中国	中国香港	27 372	1 391	0
87	中远海运特运	中远海运特运	大彩云	DA CAI YUN	2012–09–18	中国	中国香港	28 377	1 666	0
88	中远海运特运	中远海运特运	紫荆松	ZI JING SONG	2012–11–12	中国	中国香港	27 403	1 391	0
89	中远海运特运	中远海运特运	大昌	DA CHANG	2013–10–31	中国	中国香港	28 500	970	0
90	中远海运特运	中远海运特运	大泰	DA TAI	2013–09–11	中国	中国香港	29 041	970	0
91	中远海运特运	中远海运特运	大康	DA KANG	2013–07–17	中国	中国香港	29 863	970	0
92	中远海运特运	中远海运特运	大安	DA AN	2013–05–28	中国	中国香港	29 000	970	0
93	中远海运特运	中远海运特运	祥和口	XIANG HE KOU	2016–05–05	中国	中国香港	48 163	0	0
94	中远海运特运	中远海运特运	天福	TIAN FU	2015–12–12	中国	中国香港	38 146	1 015	0
95	中远海运特运	中远海运特运	天寿	TIAN SHOU	2016–01–26	中国	中国香港	38 134	1 015	0

续上表

序号	所属二级公司（经营）	所属公司（经营）	中文船名	英文船名	出厂时间	建造国家或地区	船旗	总载重量（吨）	载箱量(TEU)	车位数（个）
96	中远海运特运	中远海运特运	天禄	TIAN LU	2015-12-16	中国	中国香港	38 122	1 015	0
97	中远海运特运	中远海运特运	新光华	XIN GUANG HUA	2016-12-08	中国	中国香港	97 692	0	0
98	中远海运特运	广州远海汽车船运输有限公司	玉衡先锋	YU HENG XIAN FENG	1998-01-01	日本	五星旗	13 418	0	5 380
99	中远海运发展	中远海运发展股份有限公司(联合营)	中远海运和谐	COSCO SHIPPING HARMONY	2021-01-29	中国	中国香港	61 921	—	—
100	中远海运发展	中远海运发展股份有限公司(联合营)	中远海运远景	COSCO SHIPPING VISION	2021-04-29	中国	中国香港	61 943	0	—
101	中远海运发展	中远海运发展	中远海运繁荣	COSCO SHIPPING FAN RONG	2022-11-18	中国	五星旗	61 537	—	—
102	中远海运发展	中远海运发展	中远海运昌盛	COSCO SHIPPING CHANG SHENG	2022-12-23	中国	五星旗	61 567	—	—
103	中远海运发展	中远海运发展	中远海运辉煌	COSCO SHIPPING GLORY	2020-11-20	中国	中国香港	61 962	—	—
104	中远海运发展	中远海运发展	中远海运荣耀	COSCO SHIPPING HONOR	2020-11-21	中国	中国香港	62 013	—	—
105	中远海运发展	中远海运发展	中远海运优雅	COSCO SHIPPING GRACE	2021-12-20	中国	中国香港	61 614	—	—
106	中远海运发展	中远海运发展	中远海运挚诚	COSCO SHIPPING SINCERE	2022-04-15	中国	中国香港	61 641	—	—
107	中远海运发展	中远海运发展	中远海运智慧	COSCO SHIPPING WISDOM	2022-08-10	中国	中国香港	61 570	—	—
108	中远海运发展	中远海运发展	中远海运源泉	COSCO SHIPPING FOUNTAIN	2022-09-26	中国	中国香港	61 570	—	—
109	中远海运客运	中远海运客运	顺龙海	SHUN LONG HAI	2022-06-28	中国	五星旗	10 838	140	237
110	中远海运客运	中远海运客运	畅龙海	CHANG LONG HAI	2022-10-19	中国	五星旗	10 838	140	237
111	中远海运集运	中日轮渡	苏州号	SU ZHOU HAO	1992-04-13	日本	五星旗	3 721	229	—
112	中波公司	中波公司	克拉舍夫斯基	KRASZEWSKI	2011-10-25	中国	利比里亚	30 300	1 904	0
113	中波公司	中波公司	诺沃维耶斯基	NOWOWIEJSKI	2016-04-06	中国	塞浦路斯	31 664	1 919	0
114	中波公司	中波公司	帕德雷夫斯基	PADEREWSKI	2016-12-21	中国	塞浦路斯	31 673	1 919	0
115	中波公司	中波公司	赫贝特	HERBERT	2022-02-18	中国	利比里亚	61 762	804	—
116	中波公司	中波公司	皮莱茨基	PILECKI	2022-04-20	中国	利比里亚	61 747	804	—
117	中波公司	中波公司	阿斯尼克	ADAM ASNYK	2009-12-10	中国	马耳他	30 332	1 904	0

续上表

序号	所属二级公司（经营）	所属公司（经营）	中文船名	英文船名	出厂时间	建造国家或地区	船旗	总载重量（吨）	载箱量(TEU)	车位数（个）
118	中波公司	中波公司	奥尔坎	WLADYSLAW ORKAN	2003-11-12	中国	马耳他	30 435	1 904	0
119	中波公司	中波公司	斯塔夫	LEOPOLD STAFF	2004-12-11	中国	马耳他	30 435	1 904	0
120	中波公司	中波公司	帕兰道夫斯基	PARANDOWSKI	2010-11-26	中国	马耳他	30 346	1 904	0
121	中波公司	中波公司	乾坤	QIAN KUN	2011-12-12	中国	五星旗	30 280	1 904	0
122	中波公司	中波公司	中波恒星	CHIPOLBROK STAR	2010-07-09	中国	中国香港	30 346	1 904	0
123	中波公司	中波公司	中波寰宇	CHIPOLBROK GALAXY	2010-12-22	中国	中国香港	30 330	1 904	0
124	中波公司	中波公司	中波太平洋	CHIPOLBROK PACIFIC	2015-12-16	中国	中国香港	31 616	1 919	0
125	中波公司	中波公司	中波大西洋	CHIPOLBROK ATLANTIC	2016-07-05	中国	中国香港	31 661	1 919	0
126	中波公司	中波公司	泰兴	TAI XING	2021-12-11	中国	中国香港	61 711	804	—
127	中波公司	中波公司	永兴	YONG XING	2022-06-15	中国	中国香港	61 642	804	—
128	中波公司	中波公司	中波太阳	CHIPOLBROK SUN	2004-02-05	中国	中国香港	30 397	1 904	0
129	中波公司	中波公司	中波明月	CHIPOLBROK MOON	2004-05-04	中国	中国香港	30 460	1 904	0
130	中波公司	上海中波航运有限公司	宝安	CHIPOL BAOAN	2009-10-26	中国	利比里亚	32 486	1 158	0
131	中波公司	上海中波航运有限公司	泰安	CHIPOL TAIAN	2010-02-04	中国	利比里亚	32 486	1 158	0
132	中波公司	上海中波航运有限公司	长安	CHIPOL CHANGAN	2010-05-15	中国	利比里亚	33 217	1 158	0
133	中波公司	上海中波航运有限公司	永安	CHIPOL YONGAN	2010-07-16	中国	利比里亚	33 217	1 158	0
134	中波公司	上海中波航运有限公司	雄安	CHIPOL XIONGAN	2012-07-01	中国	利比里亚	28 262	1 699	0
135	中波公司	上海中波航运有限公司	广安	CHIPOL GUANGAN	2011-07-11	中国	利比里亚	28 259	1 699	0
136	中波公司	上海中波航运有限公司	长江	CHIPOL CHANG JIANG	2015-01-05	中国	中国香港	36 947	1 880	0
137	中波公司	上海中波航运有限公司	黄河	CHIPOL HUANG HE	2015-03-31	中国	中国香港	36 947	1 880	0

续上表

序号	所属二级公司（经营）	所属公司（经营）	中文船名	英文船名	出厂时间	建造国家或地区	船旗	总载重量（吨）	载箱量(TEU)	车位数（个）
138	中波公司	上海中波航运有限公司	太湖	CHIPOL TAI HU	2015-08-11	中国	中国香港	36 947	1 880	0
139	中波公司	上海中波航运有限公司	东海	CHIPOL DONG HAI	2016-03-18	中国	中国香港	36 947	1 880	0
140	中波公司	上海弘发航运有限公司	弘发上海	HONG FA SHANG HAI	1997-09-26	中国	五星旗	21 963	1 094	0
141	上海海运	中海化工运输有限公司	金海瀚	JIN HAI HAN	2022-08-26	中国	五星旗	7 991	—	—
142	上海海运	中海化工运输有限公司	金海涛	JIN HAI TAO	2013-04-01	中国	五星旗	7 914	0	0
143	上海海运	中海化工运输有限公司	金海澜	JIN HAI LAN	2013-04-19	中国	五星旗	7 900	0	0
144	上海海运	上海中远海运（香港）有限公司	金海瀛	JIN HAI YING	2022-06-28	中国	中国香港	13 692	—	—
145	上海海运	上海中远海运（香港）有限公司	金海洲	JIN HAI ZHOU	2022-10-20	中国	中国香港	13 692	—	—
146	厦门远洋	中远海运（厦门）有限公司	长安城	CHANG AN CHENG	2017-11-02	中国	五星旗	37 898	264	—
147	厦门远洋	中远海运（厦门）有限公司	广安城	GUANG AN CHENG	2017-06-21	中国	五星旗	37 898	264	—
148	厦门远洋	中远海运（厦门）有限公司	平安城	PING AN CHENG	2017-02-28	中国	五星旗	37 898	264	—
149	厦门远洋	中远海运（厦门）有限公司	瑞安城	RUI AN CHENG	2016-06-07	中国	五星旗	37 898	264	0
150	厦门远洋	中远海运（厦门）有限公司	荣安城	RONG AN CHENG	2015-12-25	中国	五星旗	38 557	264	0
151	厦门远洋	中远海运（厦门）有限公司	宁安城	NING AN CHENG	2010-12-05	中国	中国香港	30 780	0	0
152	厦门远洋	中远海运（厦门）有限公司	都安城	DU AN CHENG	2011-05-09	中国	中国香港	31 785	0	0
合计								4 943 180	117 893	25 026

中远海运集团杂货特种船队租入船舶船名录

表 17–10

序号	所属二级公司（经营）	所属公司（经营）	中文船名	英文船名	船型	出厂时间	建造国家或地区	船旗	总载重量（吨）	载箱量(TEU)
1	中远海运特运	中远海运特运	鼎秦	GREAT QIN	纸浆船	2017–02–22	中国	巴拿马	64 928	494
2	中远海运特运	中远海运特运	鼎周	GREAT ZHOU	纸浆船	2017–12–28	日本	巴拿马	64 794	494
3	中远海运特运	中远海运特运	鼎商	GREAT SHANG	纸浆船	2016–07–20	日本	新加坡	64 942	494
4	中远海运特运	中远海运特运	鼎汉	GREAT HAN	纸浆船	2017–05–26	日本	巴拿马	64 793	494
5	中远海运特运	中远海运特运	鼎河	GREAT WOODS	纸浆船	2009–06–27	中国	利比里亚	53 021	2 033
6	中远海运特运	中远海运特运	鼎江	GREAT FOREST	纸浆船	2010–04–27	中国	利比里亚	53 021	2 033
7	中远海运特运	中远海运特运	鼎海	GREAT SEA	纸浆船	2010–06–27	中国	利比里亚	53 021	2 033
8	中远海运特运	中远海运特运	鼎湖	GREAT CRYSTAL	纸浆船	2009–12–17	中国	利比里亚	53 021	2 033
9	中远海运特运	中远海运特运	振华 33	ZHEN HUA 33	半潜船 / 甲板船	2017–03–02	中国	五星旗	50 517	—
10	中远海运特运	中远海运特运	华洋 1	RED ZED I	半潜船 / 甲板船	2015–04–28	中国	利比里亚	51 969	—
11	中远海运特运	中远海运特运	华洋 2	RED ZED II	半潜船 / 甲板船	2015–04–28	中国	利比里亚	51 969	—
12	中远海运特运	中远海运特运	长江卫士	YANGTZE KEEPER	木材船	2015–04–12	中国	马绍尔群岛	39 172	—
13	中远海运特运	中远海运特运	先锋虎	TIGER PIONEER	多用途船	2015–07–07	中国	中国香港	63 462	—
14	中波公司	中波公司	—	LILA MUMBAI	重吊船	2003–07–01	中国	利比里亚	29 912	1 868
15	中波公司	中波公司	黄海拼搏	HUANGHAI STRUGGLER	重吊船	2014–05–21	中国	中国香港	31 777	—
16	中波公司	上海弘发航运有限公司	联舶威鸿运	LOA FORTUNE	多用途船	2014–12–02	中国	巴拿马	24 322	1 445
17	中波公司	上海弘发航运有限公司	石井联合	STONEWELL UNITY	多用途船	2012–04–01	中国	利比里亚	33 287	1 158
18	中波公司	上海弘发航运有限公司	里海和谐	CASPIAN HARMONY	重吊船	2015–10–01	中国	中国香港	31 777	1 644
19	中波公司	中海化工运输有限公司	恒晖 55	HENG HUI 55	散装化学品船	2012–06–26	中国	五星旗	4 399	0
20	上海海运	中海化工运输有限公司	丰海 23	FEGN HAI 23	散装化学品船	2011–05–20	中国	五星旗	8 074	—

续上表

序号	所属二级公司（经营）	所属公司（经营）	中文船名	英文船名	船型	出厂时间	建造国家或地区	船旗	总载重量（吨）	载箱量(TEU)
21	上海海运	中海化工运输有限公司	丰海 30	FENG HAI 30	散装化学品船	2012-06-26	中国	五星旗	6 555	—
22	上海海运	上海中远海运（香港）有限公司	裕如	YU RU	散装化学品船	2011-06-08	中国	中国香港	16 686	—
23	上海海运	上海中远海运（香港）有限公司	粤油 908	YUE YOU 908	散装化学品船	2019-01-23	中国	中国香港	13 703	—
合计									929 122	16 223

中远海运集团客轮船队自有船舶船名录

表 17–11

序号	所属二级公司（经营）	所属公司（经营）	中文船名	英文船名	出厂时间	建造国家或地区	总载重量（吨）	载箱量(TEU)	车位数（个）	客位数（个）
1	中远海运客运	中远海运客运	吉龙岛	JI LONG DAO	2021–06–04	中国	8 498	—	264	1 375
2	中远海运客运	中远海运客运	祥龙岛	XIANG LONG DAO	2021–12–26	中国	8 498	—	264	1 375
3	中远海运客运	中远海运客运	普陀岛	PU TUO DAO	2005–04–21	中国	3 873	0	81	1 428
4	中远海运客运	中远海运客运	葫芦岛	HU LU DAO	2005–08–29	中国	3 873	0	81	1 428
5	中远海运客运	中远海运客运	长山岛	CHANG SHAN DAO	2012–05–15	中国	7 671	0	120	1 211
6	中远海运客运	中远海运客运	棒棰岛	BANG CHUI DAO	1995–09–03	荷兰	4 228	0	81	1 200
7	中远海运客运	中远海运客运	龙兴岛	LONG XING DAO	2010–12–01	中国	7 744	0	120	1 400
8	中远海运客运	中远海运客运	永兴岛	YONG XING DAO	2011–03–22	中国	7 744	0	120	1 400
9	中远海运客运	三沙南海梦之旅邮轮有限公司	南海之梦	NAN HAI ZHI MENG	2011–12–05	中国	5 995	0	—	721
10	海南港航	琼州轮渡	海峡二号	HAI XIA ER HAO	2012–04–26	中国	852	0	30	600
11	海南港航	琼州轮渡	紫荆九号	ZI JING JIU HAO	2012–01–12	中国	1 828	0	40	680
12	海南港航	琼州轮渡	紫荆十一号	ZI JING SHI YI HAO	2012–08–08	中国	2 191	0	45	959
13	海南港航	琼州轮渡	紫荆十二号	ZI JING SHI ER HAO	2013–12–11	中国	3 050	0	45	960
14	海南港航	琼州轮渡	紫荆十五号	ZI JING SHI WU HAO	2016–12–11	中国	3 246	0	45	968
15	海南港航	琼州轮渡	紫荆十六号	ZI JING SHI LIU HAO	2016–05–06	中国	3 213	0	45	874
16	海南港航	琼州轮渡	紫荆二十二号	ZI JING ER SHI ER HAO	2018–01–18	中国	1 655	0	60	999
17	海南港航	琼州轮渡	紫荆二十三号	ZI JING ER SHI SAN HAO	2018–01–31	中国	1 640	0	60	999
18	海南港航	琼州轮渡	双泰 11	SHUANG TAI 11	2009–04–15	中国	1 446	0	36	650
19	海南港航	琼州轮渡	双泰 12	SHUANG TAI 12	2009–08–24	中国	1 446	0	36	650
20	海南港航	琼州轮渡	双泰 16	SHUANG TAI 16	2012–11–28	中国	2 423	0	40	680
21	海南港航	琼州轮渡	海装 2 号	HAI ZHUANG 2 HAO	2010–10–08	中国	1 639	0	40	680

续上表

序号	所属二级公司（经营）	所属公司（经营）	中文船名	英文船名	出厂时间	建造国家或地区	总载重量（吨）	载箱量(TEU)	车位数（个）	客位数（个）
22	海南港航	琼州轮渡	双泰 18	SHUANG TAI 18	2011-08-03	中国	2 634	0	42	960
23	海南港航	琼州轮渡	双泰 19	SHUANG TAI 18	2011-09-29	中国	2 617	0	42	960
24	海南港航	琼州轮渡	双泰 26	SHUANG TAI 26	2015-01-26	中国	2 623	0	50	960
25	海南港航	琼州轮渡	双泰 27	SHUANG TAI 27	2015-01-30	中国	2 652	0	50	960
26	海南港航	琼州轮渡	双泰 37	SHUANG TAI 37	2019-07-10	中国	3 294	0	50	999
27	海南港航	琼州轮渡	海装 6 号	HAI ZHUANG 6 HAO	2011-12-13	中国	2 268	0	46	780
28	海南港航	琼州轮渡	海装 8 号	HAI ZHUANG 8 HAO	2012-03-14	中国	2 222	0	46	780
29	海南港航	琼州轮渡	南方 6 号	NAN FANG 6 HAO	2012-01-13	中国	2 221	0	46	780
30	海南港航	琼州轮渡	腾胜宝昌	TENG SHENG BAO CHANG	2012-11-06	中国	2 035	0	46	963
31	海南港航	琼州轮渡	双泰宝昌	SHUANG TAI BAO CHANG	2008-05-13	中国	1 931	0	46	939
32	海南港航	琼州轮渡	扬帆海安	YANG FAN HAI AN	2015-01-07	中国	2 863	0	48	988
33	海南港航	琼州轮渡	银紫荆	YIN ZI JING	2010-10-18	中国	1 890	0	45	900
34	海南港航	琼州轮渡	信海 12 号	XIN HAI 12 HAO	2004-12-31	中国	1 404	0	40	790
35	海南港航	琼州轮渡	铜鼓岭	TONG GU LING	2014-03-14	中国	2 393	0	47	999
36	海南港航	琼州轮渡	尖峰岭	JIAN FENG LING	2014-01-17	中国	2 404	0	47	999
37	海南港航	琼州轮渡	鹦哥岭	YING GE LING	2014-01-14	中国	2 555	0	47	999
38	海南港航	琼州轮渡	黎母岭	LI MU LING	2014-02-18	中国	2 546	0	47	999
39	海南港航	琼州轮渡	五指山	WU ZHI SHAN	2013-12-27	中国	2 513	0	47	999
40	海南港航	琼州轮渡	白石岭	BAI SHI LING	2013-12-24	中国	2 529	0	47	999
41	海南港航	琼州轮渡	六连岭	LIU LIAN LING	2014-12-08	中国	2 556	0	46	999
42	海南港航	琼州轮渡	凤凰岭	FENG HUANG LING	2014-11-25	中国	2 641	0	46	999
43	海南港航	琼州轮渡	海棠湾	HAI TANG WAN	2014-12-30	中国	2 764	0	46	999
44	海南港航	琼州轮渡	信海 16 号	XIN HAI 16 HAO	2007-09-21	中国	2 298	0	46	986

续上表

序号	所属二级公司（经营）	所属公司（经营）	中文船名	英文船名	出厂时间	建造国家或地区	总载重量（吨）	载箱量(TEU)	车位数（个）	客位数（个）
45	海南港航	琼州轮渡	信海 19 号	XIN HAI 19 HAO	2011-12-27	中国	2 511	0	41	972
46	海南港航	琼州轮渡	宝岛 12 号	BAO DAO 12 HAO	2010-01-15	中国	2 238	0	41	986
47	海南港航	琼州轮渡	宝岛 16 号	BAO DAO 16 HAO	2012-06-20	中国	2 511	0	41	972
48	海南港航	琼州轮渡	海峡一号	HAI XIA YI HAO	2012-01-18	中国	1 222	0	30	600
49	海南港航	琼州轮渡	双泰 29	SHUANG TAI 29	2016-12-29	中国	3 160	0	50	999
50	海南港航	琼州轮渡	双泰 28	SHUANG TAI 28	2016-11-08	中国	3 165	0	50	999
51	海南港航	琼州轮渡	双泰 36	SHUANG TAI 36	2019-05-31	中国	3 307	0	50	999
52	海南港航	琼州轮渡	海口九号	HAI KAO JIU HAO	2013-08-30	中国	3 202	0	50	986
53	海南港航	琼州轮渡	海口六号	HAI KOU LIU HAO	2011-08-31	中国	2 436	0	60	966
54	海南港航	琼州轮渡	海口 16 号	HAI KOU 16 HAO	2015-12-28	中国	3 315	0	60	986
55	海南港航	琼州轮渡	海装 18 号	HAI ZHUANG 18 HAO	2017-07-07	中国	2 479	0	50	998
56	海南港航	琼州轮渡	金紫荆	JIN ZI JING	2004-07-15	中国	1 488	0	35	650
57	海南港航	海南海峡股份有限公司	信海 11 号	XIN HAI 11 HAO	2002-12-15	中国	989	0	38	499
58	海南港航	海南海峡股份有限公司	棋子湾	QI ZI WAN	2008-08-26	中国	3 200	0	69	844
59	海南港航	海南海峡股份有限公司	长乐公主	CHANG LE GONG ZHU	2017-01-10	中国	2 191	0	50	466
60	中远海运集运	中日轮渡	新鉴真	CHINJIF	1994-04-02	日本	4 321	250	—	345
61	厦门远洋	中远海运（厦门）有限公司	新五缘	XIN WU YUAN	2016-06-17	中国	47	0	0	322
62	厦门远洋	星旅远洋邮轮	鼓浪屿号	PIANO LAND	1995-03-31	德国	6 715	—	—	2 014
63	厦门远洋	厦门闽台轮渡有限公司	中远之星	COSCO STAR	1993-09-01	日本	5 868	256	136	683
64	中远海运青岛	烟台中韩轮渡有限公司	新香雪兰	XIN XIANG XUE LAN	2020-12-09	中国	11 921	312	0	700
合计							204 892	818	3 567	59 959

注：1. 除“新五缘”是客轮，“鼓浪屿号”是邮轮外，其余全为客滚船；

2. 表中“琼州轮渡”为琼州海峡(海南)轮渡运输有限公司简称；

3. “鼓浪屿号”船旗为百慕大群岛，“中远之星”船旗为中国香港，其余船舶全为五星旗。

中远海运集团客轮船队租入船舶船名录

表 17–12

序号	所属二级公司（经营）	所属公司（经营）	中文船名	英文船名	船舶类型	出厂时间	建造国家或地区	船旗	总载重量（吨）	载箱量(TEU)	车位数（个）	客位数（个）
1	大连投资	韩国大仁轮渡	飞龙	BIRYONG	客滚船	1995–09–22	日本	巴拿马	3 429	145	0	510
2	中远海运客运	中远海运客运	万通海	WAN TONG HAI	客滚船	2010–11–29	中国	五星旗	7 447	0	192	1 618
3	中远海运客运	中远海运客运	万荣海	WAN RONG HAI	客滚船	2008–06–02	中国	五星旗	3 252	0	69	1 108
合计									14 128	145	261	3 236

中远海运集团客运船队游览客船名录

表 17–13

序号	所属二级公司（经营）	所属公司（经营）	中文船名	英文船名	船舶类型	出厂时间	建造国家或地区	船旗	总载重量（吨）	客位数（个）
1	上海中远海运	上海巴士旅游船务有限公司	振宇	ZHEN YU	游览客船	2007–07–03	中国	五星旗	1 116	448
2	上海中远海运	上海巴士旅游船务有限公司	金灿灿	JIN CAN CAN	游览客船	2009–09–08	中国	五星旗	1 117	300
3	上海中远海运	上海巴士旅游船务有限公司	康宁	KANG NING	游览客船	2010–03–08	中国	五星旗	1 273	450
4	上海中远海运	上海巴士旅游船务有限公司	蓝森	LAN SEN	游览客船	2015–11–12	中国	五星旗	2 080	500
合计									5 586	1 698

注：游览客船并没有统计在集团船舶总数内。

2020—2022 年中远海运集团客、货运量统计表

2020—2022 年中远海运集团客、货运量统计表

表 17–14

类别	单位	2020 年	2021 年	2022 年
货运	万吨	134 259.64	136 095.23	134 451.99
	亿吨海里	37 097.96	38 677.96	38 530.87
客运	万人	364.23	423.35	934.42
	亿人海里	1.40	1.31	1.88
内贸货运	万吨	68 545.78	6 702.73	66 586.86
	亿吨海里	4 534.33	4 430.45	4 018.23
外贸货运	万吨	65 713.86	68 492.50	67 865.13
	亿吨海里	32 563.63	34 247.51	34 512.64
煤炭	万吨	26 288.35	28 499.90	25 698.11
石油及天然气	万吨	22 747.43	24 373.84	25 717.09
其中：原油	万吨	14 719.41	15 744.65	16 875.44
金属矿石	万吨	14 877.30	14 329.46	15 076.42
钢铁	万吨	1 043.82	1 168.89	1 243.57
矿材	万吨	1 068.58	557.54	537.61
水泥	万吨	667.47	624.97	382.82
木材	万吨	151.59	147.26	97.51
非金属矿石	万吨	295.49	82.15	168.44
化肥及农药	万吨	227.10	188.80	178.71
盐	万吨	106.17	60.21	202.07
粮食	万吨	1 845.83	1 041.91	1 179.76
机械	万吨	3 759.53	3 395.80	4 188.91
化工原料	万吨	204.35	274.68	286.85
有色金属	万吨	2.70	2.55	3.75
轻工医药	万吨	281.63	441.66	677.32
农副产品	万吨	7.78	7.35	10.05
集装箱运量	万吨	58 937.64	59 118.99	53 266.99
箱量	TEU	53 484 770	55 952 932	54 392 303
其中：重箱	TEU	42 288 625	43 246 251	38 788 727
车辆数	辆	1 714 536	1 827 142	3 615 263

注：表中2022年客运量与2020年、2021年相比大幅增加，原因是海峡股份完成琼州海峡航运一体化项目，船舶从18艘增加到49艘，客运量全部统计在海峡股份报表中，因此增长了一倍多。

2020—2022 年中远海运集团运输及生产统计表

2020—2022 年中远海运集团运输及生产统计表

表 17–15

指标	单位	2020 年	2021 年	2022 年
船舶艘数	艘	1 387	1 349	1 394
船队载重吨	万吨	11 138.17	11 187.06	11 382.72
平均船龄	年	9.67	10.35	11.07
单船平均载重吨	万吨	8.03	8.29	8.15
货运量	万吨	134 259.64	136 095.23	134 451.99
货运周转量	亿吨海里	37 097.96	38 677.96	38 530.87
集装箱重箱运量	万 TEU	4 228.86	4 324.63	3 878.87
全球投资码头	个	58	58	56
全球集装箱码头数	个	51	51	49
全球集装箱码头吞吐能力	万 TEU	12 940	13 326	13 179
全球集装箱码头吞吐量	万 TEU	13 354.74	14 053.25	13 952.22
新造船产能	万载重吨	748	748	748
装备制造业新造船交付量	艘	60	55	66
装备制造业新造船交付吨位	万载重吨	579.16	629.26	589.00
海工产品产能数量	个	6	6	6
全球船舶燃料销量	万吨	2 770	2 819.55	2 830.00
“一带一路”沿线航线布局	条	189	195	181
中欧快线箱运量	万 TEU	12.22	15.30	18.10
中欧班列箱运量	万 TEU	5.54	5.76	3.42

注：船舶艘数指标中，上海中远海运浦江旅游观光平台下属上海巴士旅游船务有限公司的4艘观光客船没有统计在内。

2007—2022 年中远海运集团世界 500 强排名一览表

2007—2022 年中远海运集团世界 500 强排名一览表

表 17–16

年份	世界 500 强排名	年收入（百万美元）
2007 年	488	15 413.5
2008 年	405	20 840.0
2009 年	327	27 430.3
2010 年	未进入	—
2011 年	399	24 249.7
2012 年	384	28 796.5
2013 年	401	28 736.0
2014 年	451	26 805.5
2015 年	432	27 483.0
2016 年	465	22 965.4
2017 年	366	29 743.1
2018 年	335	34 667.8
2019 年	279	42 607.7
2020 年	264	44 655.1
2021 年	231	47 998.3
2022 年	127	84 129.5

注：1. 2007—2016年为中远集团数据；

2. 年份是《财富》杂志公布的年份，年收入为上一个年度的数据。

2022 年末中远海运集团员工队伍统计表

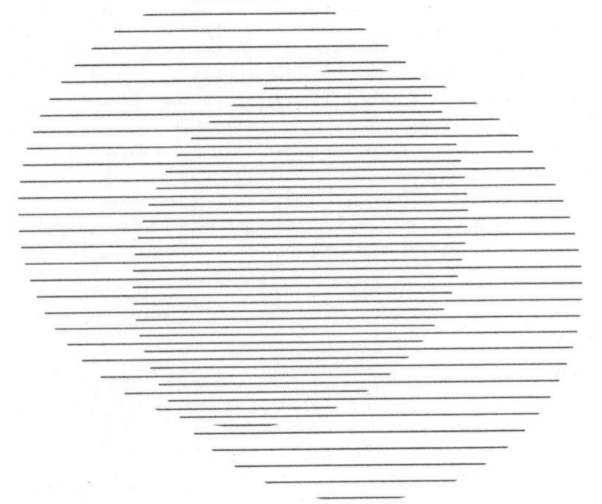

2022年末中远海运集团员工队伍统计表

表 17–17

（单位：人）

类别	合计	陆地员工		船员	
		小计	其中中方	小计	其中中方
劳务合同职工	105 588	75 975	61 305	29 613	29 613
其中在岗职工	103 596	74 262	59 612	29 334	29 334
派出职工	186	186	186	0	0
其他人员	1 806	1 527	1 507	279	279
劳务派遣用工	24 011	8 325	8 308	15 686	15 490
其他从业人员	2 896	821	647	2 075	2 054
总计	132 495	85 121	70 260	47 374	47 151

注：其他从业人员包括返聘人员、外部董事、直属单位派出人员等。

2022 年末中远海运集团船员队伍统计表

2022 年末中远海运集团船员队伍统计表

表 17–18

（单位：人）

类别	合计	运输船员	港作船员	客服船员
船员总量	47 374	46 313	509	552
高级船员	22 948	22 729	203	16
其中船长	2 474	2 434	40	0
轮机长	2 636	2 603	33	0
政委	1 271	1 265	0	6
大副	2 377	2 351	26	0
大管轮	2 193	2 173	20	0

2020—2022 年中远海运集团社会责任投入统计表

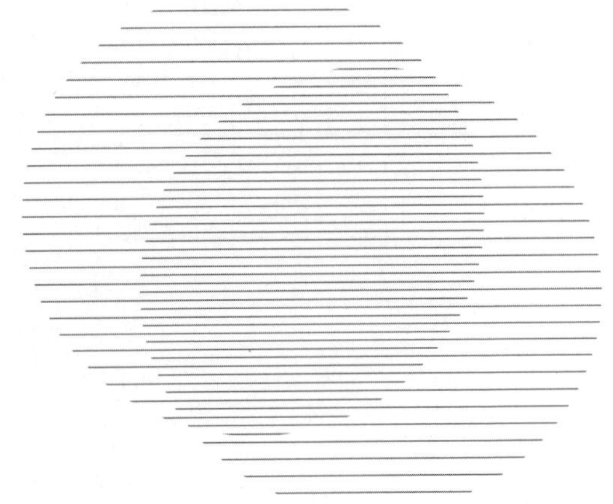

2020—2022 年中远海运集团社会责任投入统计表

表 17–19

指标	单位	2020 年	2021 年	2022 年
中远海运慈善基金会投入扶贫资金	万元	883	402	9 091
累计扶贫投入	亿元	1.21	1.13	1.59
公益慈善支出	万元	14 899	13 386	14 006
组织慈善公益项目	个	79	57	59
环保投入	亿元	10.58	5.51	4.18
能源消耗总量	万吨标准煤	1 123.98	1 190.08	1 139.73
二氧化硫气体排放量	万吨	8.70	7.43	7.07

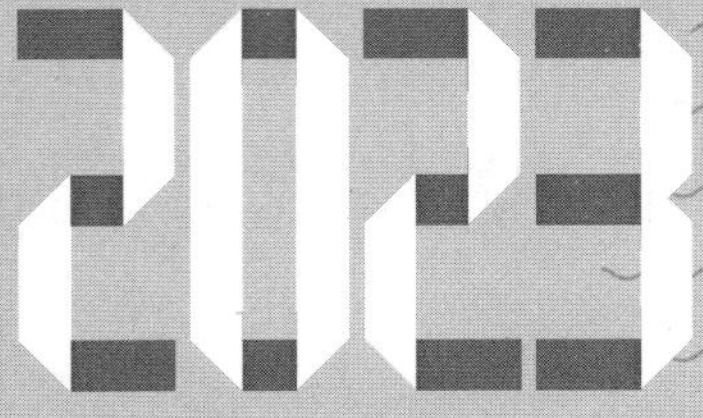

CHINA COSCO SHIPPING
CORPORATION LIMITED
YEARBOOK

中国远洋海运集团有限公司

年鉴

索引

使用说明

一、本索引按汉语拼音音序排列。具体如下：数字开头的，排在最前面；以英文字母开头的排在其次；汉字标目则按首字的音序、音调依次排列，首字相同时，则以第二字排序，依次类推。

二、索引标目后的数字，表示索引内容所在的年鉴正文页码；数字后面的英文字母 a、b，表示年鉴正文的栏别，合在一起即指该页码及左右两个版面区域。年鉴中用表格反映的内容，则在索引标目后面用括号注明（表）字，以区别文字标目。

三、为反映索引款目间的隶属关系，对于二级标目，采用上一级标目下缩两格的形式编排，之下按照习惯的顺序排列，不再按照汉语拼音音序排列。

0–9

A–Z

H

J

K

L

M

N

P

Q

R

S

T

W

X

Y

Z